U0903210

广东旅游年鉴

2009

（总第6期）

广东旅游年鉴编纂委员会

图书在版编目（CIP）数据

广东旅游年鉴．2009/广东旅游年鉴编纂委员会编．
—广州：广东旅游出版社，2010.7
ISBN 978－7－80766－217－4

Ⅰ．①广… Ⅱ．①广… Ⅲ．①旅游业—广东省—
2009—年鉴 Ⅳ．①F592.765－54
中国版本图书馆 CIP 数据核字（2010）第 085491 号

《广东旅游年鉴》编辑部
地址：广州市黄埔大道西 463 号　邮编：510630
邮购电话：020－88346181
出版发行：广东旅游出版社
地址：广州市中山一路 30 号之一　邮编：510600
印刷：广州市东扬彩色印刷有限公司
889 毫米×1194 毫米　16 开　31 印张　1000 千字
2010 年第 1 版第 1 次印刷
定价：200.00 元

编 辑 说 明

一、《广东旅游年鉴》是由广东省旅游局主办，全省21个地级以上市旅游局共同参与编纂的大型资料性工具书，创办于2004年，尔后逐年出版，国内外公开发行。其宗旨是全面记录和真实反映广东省旅游业的发展情况，为社会各界及海外人士了解和研究广东旅游提供基本资料。

二、《广东旅游年鉴》2009卷所记载的内容主要反映2008年度广东旅游业的情况，考虑到记载的连贯性，个别内容在时间上有所跨越。

三、《广东旅游年鉴》采用分类编辑法。主体内容设篇目、分目、条目三个结构层次，以条目作为表现内容的基本形式。本卷设有12个篇目，即重要图片、文献·讲话、纪念改革开放30周年特辑、广东旅游业概况、广东国际旅游文化节、首届广东开放论坛文献专辑、各市旅游业、政策法规、旅游发展规划、全省旅游业统计资料、各级旅游管理机构、名录。

四、《广东旅游年鉴》2009卷“全省旅游业统计资料”篇中所归类的全省旅游业统计数字，已经省旅游局规划统计处核准。“各市旅游业”篇中所列举的旅游统计数字，由各地级以上市旅游局提供。由于两者统计口径、方法、范围不一，如与“全省旅游业统计资料”篇中的数字不一致的，应以本统计资料数字为准。如与以前公布的数字或其他文稿中所列举的数字有差异，皆以本书为准。

五、本年鉴的编辑出版工作得到省有关部门、各市旅游局的大力支持，谨此致谢。如有疏漏之处，敬请批评指正。

广东旅游年鉴编辑部
2009年12月

广东旅游年鉴编纂委员会

主　任　杨荣森（广东省旅游局局长）

副主任　曾维炳（广东省旅游局巡视员）

周开生（广东省旅游局副局长）

张振林（广东省旅游局副局长）

王志红（广东省旅游局副局长）

梅其洁（广东省旅游局副局长）

委　员　邱招贤（广东省旅游局办公室主任）

梁　晖（广东省旅游局机关党委专职副书记、党办主任）

曾晓峰（广东省旅游局政策法规处处长）

甘达坚（广东省旅游局行业管理处处长）

毛　诚（广东省旅游局市场开发处处长）

于非已（广东省旅游局规划统计处处长）

李振德（广东省旅游局教育培训处处长）

余　斌（广东省旅游局人事处处长）

刘益华（广东省旅游局监察室主任）

蔡立斌（广东省旅游局机关工会主席）

廖国强（广东省旅游质量监督管理所所长）

冒超球（广东省旅游职业技术学校校长）

朱　力（广州市旅游局局长）

陈　威（深圳市文体旅游局局长）
刘福祥（珠海市文体旅游局局长）
陈华佳（汕头市旅游局局长）
朱粤平（佛山市旅游局局长）
陈　波（韶关市旅游局局长）
古敏生（河源市旅游局局长）
陈建新（梅州市旅游局局长）
崔　爽（惠州市旅游局局长）
张林海（汕尾市旅游局局长）
梁少虾（东莞市旅游局局长）
车　卫（中山市旅游局局长）
周锦新（江门市旅游局局长）
施耀祖（阳江市旅游和外事侨务局局长）
林　红（湛江市旅游局局长）
李清汉（茂名市旅游局局长）
郑时广（肇庆市旅游发展局局长）
雷玉春（清远市旅游局局长）
伍　茸（潮州市文物旅游局局长）
谢锐锋（揭阳市旅游局局长）
袁伙月（云浮市旅游局局长）

《广东旅游年鉴》2009 卷特邀编委

《广东旅游年鉴》编辑部

目　　录

重要图片

文献·讲话

纪念改革开放 30 周年特辑

广东旅游业概况

广东国际旅游文化节

首届广东开放论坛文献专辑

各市旅游业

政策法规

旅游发展规划

全省旅游业统计资料

各级旅游管理机构

名　　录

旅游企业形象宣传

重要图片

2008年12月4日，2008广东国际旅游文化节暨泛珠三角旅游推介大会在中山市落下帷幕。省长黄华华致辞，副省长雷于蓝主持闭幕式。图为中共中央政治局委员、省委书记汪洋出席闭幕式并宣布大会闭幕。

2008年11月28日，2008广东国际旅游文化节暨泛珠三角旅游推介大会开幕式在广州天河体育中心举行。国家旅游局局长邵琪伟、世界旅游组织秘书长弗朗西斯科·弗郎加利分别致辞，副省长万庆良主持开幕式。图为省长黄华华致辞并宣布大会开幕。

□ 2008年11月27日，中共中央政治局委员、省委书记汪洋（前排中），国家旅游局局长邵琪伟（前排右五），省长黄华华（前排左五）在广州珠岛宾馆出席《国家旅游局 广东省人民政府建立局省紧密合作机制备忘录》签字仪式。图为签字仪式后合影。（宋善海 摄）

□ 2008年11月27日，省长黄华华与国家旅游局局长邵琪伟（右）共同签署《国家旅游局 广东省人民政府建立局省紧密合作机制备忘录》。

□ 2008年5月12日，中共中央政治局委员、省委书记汪洋（左二），省长黄华华（左三），副省长万庆良（左一）率省政府办公厅、省旅游局主要负责人专程赴北京拜访国家旅游局的领导。

□ 2008年10月28日，省长黄华华（左二）率领的广东代表团访问西班牙期间，在马德里专程拜会联合国世界旅游组织秘书长弗朗西斯科·弗郎加利（左三）和世界旅游组织副秘书长塔勒布·瑞法（右一）。

2008年11月28日，由省政府举办的主题为“现代旅游合作与发展”的首届“广东开放论坛”研讨会在广州举行。省长黄华华、国家旅游局局长邵琪伟、联合国世界旅游组织秘书长弗朗西斯科·弗郎加利、副省长万庆良分别发表主旨演讲，省政协副主席汤炳权出席论坛。

2008年8月12～20日，副省长万庆良(中)先后考察广东中旅(集团)有限公司、深圳华侨城集团公司等旅游企业，详细了解旅游企业应对国际金融危机的情况。省政府副秘书长刘晓捷、省旅游局局长杨荣森陪同考察。 (欧阳勇 摄)

□ 2008年11月10日，国家旅游局副局长杜一力在广州召开“国家旅游局深入学习实践科学发展观活动(广东)调研座谈会”。图为杜一力召集部分广东旅游企业代表开展旅游调研座谈时的情形。

□ 2008年8月15日，广东省旅游局与梅州市人民政府，广州市旅游局与梅州市旅游局在广州举行“客家文化生态旅游示范区”、“客家文化生态旅游基地”合作共建协议签约仪式在广州举行。

□ 2008年12月31日，广东省旅游局与建设银行广东省分行在广州签署战略合作协议。

□ 2008年9月3～16日，省旅游局借助中共中央政治局委员、省委书记汪洋率团访问东盟四国之机，组成旅游分团分别与印尼、越南、马来西亚和新加坡旅游部门开展旅游推介与交流活动。图为杨荣森局长拜会越南文化体育旅游部副部长陈战胜的情景。

□ 2008年3月5日，省旅游局召开干部职工大会。会上宣布中共广东省委的决定：郑通扬同志不再担任省旅游局党组书记、局长职务，任命杨荣森同志为省旅游局党组书记、局长职务。图为郑通扬(左)和杨荣森亲切握手。

□ 2008年7月25日，省旅游局局长杨荣森在广州会见澳门旅游局局长安栋梁(左)率领的访问团一行。

□ 2008年7月4日，中国大陆居民赴台旅游首发团广东分团共105人搭乘南航包机从广东白云机场起飞抵达台湾桃园机场，成为中国大陆第一批赴台游客。图为大陆居民赴台旅游首发团广东分团合影。

□ 2008年6月17日，广东赴美首发团一行90人前往美国开展旅游合作交流活动。图为中国赴美旅游首发团广东分团合影。

□ 2008年12月14～26日，省旅游局在中山大学举办全省旅游高层管理人员培训班。

□ 2008年4月11日，东莞市在河南郑州举办东莞旅游（郑州）推介会。省旅游局副局长曾维炳（中）出席东莞市旅游局与中国康辉旅行社集团有限责任公司旅游合作协议签字仪式。

2008年4月18～20日，由广东省旅游局、中山市人民政府联合主办的2008广东旅游系统迎奥运"中山杯"乒乓球比赛在中山市举行。图为组委会领导为获奖单位和运动员颁奖后合影。

2008年4月27日，由省旅游局与云浮市政府共同主办2008云浮旅游文化节暨云浮第二届旅游文化美食节在市英东体育馆举行。省旅游局副局长周开生(右二)出席开幕仪式。

□ 2008年6月23日，第三届中日韩旅游部长会议在韩国釜山举行，会议签署《釜山协议》。图为签字仪式结束后，国家旅游局局长邵琪伟（前排中）同省旅游局纪检组长、监察专员张振林（右二）等中方代表一起合影。

□ 2008年12月26日，省旅游局副巡视员王志红（中）在国家4A级旅游景区、世界文化遗产——开平碉楼与村落开展旅游调研。

□ 2008年11月28日，由国家旅游局和广东省人民政府共同主办的2008广东国际旅游文化节暨泛珠三角旅游推介大会在广州隆重开幕。以“五彩岭南——和谐广东 共享旅游”为主题的开幕式大型文艺晚会，吸引亿万观众观看。

□ 2008年12月4日，2008广东国际旅游文化节暨泛珠三角旅游推介大会在中山市落下帷幕，并举行以“彩舞南天”为主题的盛大闭幕式晚会。

（以上照片除署名外，均由省旅游局和相关市旅游局提供）

文献·讲话

（第 1～16 页）

在全省旅游工作会议上的讲话

广东省省长　黄华华

（2009 年 2 月 23 日）

广东省省长黄华华

同志们：

省人大、政协“两会”刚刚结束，我们就在这里召开全省旅游工作会议，认真总结2008 年旅游工作，对下一步旅游业的改革发展进行部署。这不仅对于我省应对当前困难、促进旅游业平稳较快发展具有重要意义，而且对于谋划新时期旅游业大发展大提升、推动全省经济社会又好又快发展将起到重要作用。希望全省各级政府及各部门特别是旅游管理部门认真贯彻落实省委、省政府关于旅游工作的决策部署和这次会议精神，开拓进取，真抓实干，努力推动我省旅游业改革发展再上新台阶。下面，我讲三点意见。

一、2008 年我省旅游业在严峻形势下取得显著成绩，为促进全省经济社会平稳较快发展作出重要贡献

2008 年是我省发展史上极不寻常、极不平凡的一年。我省接连遭遇到了历史罕见的低温雨雪冰冻灾害、超强台风和严重洪涝灾害，特别是下半年以来受到国际金融危机的严重影响，加上我国发生“5·12”汶川特大地震，全省经济社会发展面临改革开放 30 年来前所未有的困难和挑战，旅游业发展也受到严重冲击。面对严峻形势，全省各级政府及各部门特别是旅游部门在省委、省政府的正确领导和国家旅游局的关心支持下，坚定信心、迎难而上，抢抓机遇、开拓创新，推动我省旅游业继续保持平稳较快发展的良好势头，呈现实力提升、结构优化、影响扩大的喜人局面。突出体现在五个方面：

（一）旅游综合实力迈上新台阶。各级政府和旅游系统在复杂多变形势下主动工作，想新招、创高招、出实招，推动我省旅游业在高基数基础上继续保持平稳增长，旅游综合实力稳居全国前列。全年全省旅游业总收入达 2641 亿元，比上年增长 7.6%，占全国 1/5；旅游外汇收入 92 亿美元，增长 5.4%，占全国近 1/4；国内旅游收入突破 2000 亿元大关，达 2004 亿元，增长 11.9%，占全国近 1/4。国内旅游人数 3 亿多人次，占全国 1/5 强；口岸入境旅游人数 1 亿多人次，占全国 4/5，其中入境过夜旅游人数 2568 万人次，增长 10.2%，占全国近一半。目前，全省有 18 个地级以上市和 3 个县级市被评为中国优秀旅游城市，成为全国名副其实的旅游大省。

（二）旅游改革开放取得新突破。紧紧把握庆祝改革开放 30 周年的机遇，以开展解放思想学习讨论活动和学习实践科学发展观活动为强大动力，主动加强与国家旅游局的沟通联系，强化与世界旅游组织及各国的交流合作，迅速打开我省旅游改革开放的新局面。省委、省政府制定出台《关于加快我省旅游业改革与发展建设旅游强省的决定》。省政府与国家旅游局建立紧密合作机制，共同推动旅游强省和全国旅游综合改革示范区建设。进一步完善旅游、外经贸、外事、侨务等联合工作机制，大力开展旅游招商和推介活动，全年旅游招商引资额超过 380 亿元。特别是配合汪洋书记出访东盟四国，开展旅游交流合作，签订合作意向项目 15 个、投资额 3.9 亿美元。配合省政府代表团出访，在西班牙举行“活力广东”旅游推介会，与加泰罗尼亚大区签署旅游合作协议，扩大了我省旅游的国际影响力。

（三）旅游产业体系建设取得新进展。积极配合我省建设现代产业体系的决策部署，推动旅游制造业、旅游服务业、旅游基础设施等加快发展，旅游食、住、行、游、购、

娱等产业要素进一步完善。目前全省共有旅行社1074家，旅游酒店和招待所8000多家，其中三星级以上841家；大型旅游景区景点300多家，其中国家3A级以上90家。旅游新业态发展迅猛，会展旅游、高尔夫旅游、游艇旅游等成为新的旅游热点，旅游房地产、旅游制造业蓬勃兴起。大型旅游企业综合实力和竞争力进一步增强，涌现出如广州岭南集团、广东中旅、粤海酒店集团、广州长隆、深圳华侨城、珠海海泉湾等一批有较强影响力的大型旅游企业。

（四）旅游精品建设取得新成果。紧跟国际国内旅游发展新趋势，狠抓旅游精品项目培育，加强宣传促销推介，打造了一批具有较强竞争力的名牌线路、产品。全省形成了以广州、深圳为中心的珠三角地区至粤东、粤西、粤北3条各具特色的旅游干线，首批推出8条粤港澳“一程多站”精品旅游线路。东部华侨城、太子港邮轮码头扩建、海上丝绸之路博物馆等重点旅游项目建设加快。特别是近年来成功打造广东国际旅游文化节这一金字招牌，连续成功举办了四届旅游文化节。2008广东国际旅游文化节签订投资项目112宗，合同外资金额近23亿美元，成为境内外知名节庆品牌，产生了良好的经济社会效益。

（五）旅游区域合作发展打开新局面。充分发挥旅游的综合带动功能，统筹规划和推进区域旅游合作发展，促进形成了区域旅游协调并进的新格局。2002年以来，省财政共投入旅游扶贫资金2.5亿元，扶持山区旅游项目330个，带动外资、民资开发旅游在建项目与合同项目资金200多亿元，有力地推动了欠发达地区经济社会发展。广州等珠三角6市与梅州、河源、揭阳、清远、韶关、汕尾等市签订对口帮扶协议，鼓励引导广之旅、南湖国旅等企业参与山区旅游开发建设和经营管理。粤港澳旅游合作不断深化，我省居民赴港澳“个人游”、港澳在粤投资设立旅行社更加便利，“144小时便利签证”措施扩展到全省。2008年，我省共办理个人赴香港旅游签注近673万个，赴澳门旅游签注近547万个，均占全国八成左右，“一江珠水、三颗明珠”品牌越擦越亮。泛珠三角区域旅游合作深入推进，资源共享、优势互补、互利共赢的无障碍旅游区建设向纵深推进。

旅游业的平稳较快发展，为全省经济社会在复杂困难的国际国内形势下平稳较快发展作出了积极贡献。2008年，全省生产总值达35696亿元，增长10.1%；财政总收入8470亿元，增长9.3%；外贸进出口总额6833亿美元，增长7.8%，城乡居民收入持续增长，社会各项事业全面进步。这是在党中央、国务院的正确领导下，省委、省政府团结带领全省人民艰苦奋斗的结果，其中凝聚着全省旅游系统同志们的辛勤汗水和智慧。庆良同志分管旅游工作以来，思想解放、思路开阔，谋划有方、领导有力，为推动我省旅游工作上新水平做了大量卓有成效的工作。以荣森同志为班长的省旅游局领导班子始终保持良好的精神状态，心齐实干，奋发有为，团结带领全省旅游系统广大干部职工认真贯彻落实省委、省政府的决策部署，奋力拼搏、开拓进取，为我省旅游事业的发展尽职尽责，作出了重要贡献。借此机会，我代表省委、省政府，向你们并通过你们向全省旅游系统广大干部职工表示衷心的感谢！

二、进一步认清形势，更好地发挥旅游业在推动我省争当实践科学发展观排头兵进程中的重要作用

2009年是我省深入贯彻落实科学发展观、实施《珠江三角洲地区改革发展规划纲要》的关键一年，也是加快建设全国旅游综合改革示范区和旅游强省的重要一年。旅游业发展既面临前所未有的严峻挑战，也面临前所未有的重大机遇，总体上是机遇大于挑战。挑战方面主要有四个：一是受国际金融危机影响，国际市场旅游消费预期普遍下降。据世界旅游组织预测，2009年全球国际过夜旅游人数增长率将不会超过2%，甚至可能出现零增长，特别是美欧日韩和东南亚等我国我省主要客源市场旅游需求增长不容乐观。二是国内经济下行压力加大，居民收入增长难度加大，旅游等消费预期可能减弱。三是国内兄弟省区市旅游业发展呈现“百舸争流、百花争艳”的局面，旅游市场竞争加剧。四是我省旅游业发展中长期存在的整体形象不够鲜明、旅游精品不多等问题仍未得到有效解决，旅游核心竞争力亟待提升。

但与此同时，我们更要看到加快我省旅游业发展的五大机遇：一是国家大力支持我省旅游业的改革发展。国家制定出台《珠江三角洲地区改革发展规划纲要》，把珠三角的改革发展上升为国家战略，赋予珠三角建设探索科学发展模式试验区、深化改革先行区、扩大开放的重要国际门户、世界先进制造业和现代服务业基地、全国重要的经济中心等五大定位，并专门对我省建设全国旅游综合改革示范区、建成亚太地区具有重要影响力的国际旅游目的地和游客集散地等进行部署，为我省旅游业改革发展提出了新要求、拓展了新空间、注入了新动力。二是省委、省政府对旅游业的改革发展寄予厚望、大力扶持。我省首次制定出台《关于加快我省旅游业改革与发展建设旅游强省的决定》，省财政也在非常困难的情况下增加旅游促销、旅游扶贫等经费，为旅游业加快发展提供了强力支撑。三是我省经济社会发展长期向好的基本面和趋势没有改变。人民生活水平持续提高，旅游休闲日益成为人民群众的重要生活方式。特别是近年来农村居民人均旅游花费占人均纯收入的比例不断上升，旅游发展潜力巨大。四是区域合作日趋紧密。随着粤港澳大珠三角和泛珠三角区域合作不断深化，我省与印尼、越南、马来西亚和新加坡等东盟国家的旅游交流合作进一步向纵深推进，与西班牙、美国等欧美国家的旅游交流与合作持续向好，旅游发展空间广阔。五是旅

游业发展的基础扎实。我省旅游业经过多年的快速发展，逐步形成了一套比较完善的运行管理机制，积累了应对非典影响、亚洲金融危机冲击等有效办法和丰富经验，奠定了在困难形势下加快发展的物质技术和人才基础。

因此，全省各级政府及各部门特别是旅游系统的同志们必须坚定信心、沉着应对，抢抓机遇、加快发展，勇于危中寻机，敢于危中求进，推动我省旅游业改革发展再上一层楼，努力在以下四个方面发挥更大作用：

第一，在扩大内需、推动经济平稳较快发展上发挥更大作用。省委十届四次全会明确提出“三促进一保持”的决策部署，这是今年包括旅游业在内的全省各项工作的中心任务。保持经济增长的关键是扩大内需，其中的重点之一就是扩大旅游消费。旅游消费与汽车、住房、家电一起，是我省最重要的四大消费市场。旅游业作为朝阳产业，在促进投资、扩大消费等方面带动力强。据测算，发达国家旅游消费支出每增加一个单位，工业产值可扩大2.71个单位，国民收入可扩大1.36个单位，投资可扩大0.25个单位。发展中国家旅游业的带动作用更大，分别可以扩大工业产值、国民收入和投资3.7个、2.7个和0.9个单位。旅游业与相关产业的投资带动比例是1∶7。因此，中央和省委、省政府都高度重视旅游业的综合拉动作用。胡锦涛总书记明确要求“着力发展服务消费和旅游消费，不断增强最终消费能力”；汪洋书记要求“下工夫抓好今年旅游工作，为拉动内需作贡献”。我们必须认真落实中央和省委、省政府的决策部署，切实下工夫优化旅游服务，提升旅游发展水平，更好地满足人民群众日益增长的旅游需求，为保持经济平稳较快发展作贡献。

第二，在促进现代服务业发展、构建现代产业体系上发挥更大作用。加快构建现代产业体系是省委、省政府的重要决策部署，也是我省提升产业国际竞争力、构筑产业发展新优势的重大任务。我省推进现代产业体系建设的核心是坚持现代服务业和先进制造业“双轮驱动”。旅游业作为现代服务业的重要组成部分，上下游产业链长，横向涉及行业多，关联带动性强。旅游业的大发展，不仅有利于直接拉动交通运输、商业零售、邮电通讯、文化娱乐、餐饮住宿等吃住行游娱购等相关产业发展，而且有利于带旺人流物流资金流，进一步推动我省商务会展、金融服务等生产性服务产业发展。因此，要通过大力发展旅游业，促进提高现代服务业在国民经济中的比重，更好地推进现代产业体系建设。

第三，在推动“双转移”、促进区域协调发展上发挥更大作用。区域发展不协调是长期制约我省科学发展的重要瓶颈。省委、省政府针对这个问题作出了推动产业和劳动力“双转移”的重大决策。这既是旅游业发展必须服从和服务的重大工作，也是旅游业发展不容错过的重大机遇。我省东西北地区地域辽阔、资源丰富、风景优美，具有发展旅游业的巨大潜力和商机。大力开发东西北地区旅游资源，有利于吸纳大量农村富余劳动力就地就近就业，有利于带动欠发达地区脱贫致富，有利于拓展发展腹地，推动珠三角地区与东西北地区优势互补、协调发展。旅游业的改革发展必须坚定不移地服务于“双转移”，以旅游业的协调发展促进全省城乡区域协调发展。

第四，在改善民生、建设和谐社会上发挥更大作用。旅游是民生之要义、社会和谐之载体，对于促进就业和活跃人民群众精神文化生活具有重要作用。受国际金融危机影响，我省部分劳动密集型、资源密集型企业出现生产经营困难，部分企业甚至破产倒闭，引起下岗失业人员特别是农民工下岗失业增多，直接影响到人民群众生活水平的提高和社会的和谐稳定。扩大就业、保持就业稳定的任务非常繁重。旅游业作为劳动力密集、就业门类多、包容性强的产业，是扩大就业的重要渠道。据世界旅游组织统计，旅游业直接就业每增加1人，可带动间接就业增加5人。我们必须认真贯彻落实国家关于大力发展旅游业促进就业的决策部署，加强旅游相关职业技能培训，创造更多就业机会。

三、再接再厉，乘势而上，努力开创广东旅游强省建设的新局面

做好当前和今后一段时期的旅游工作，必须深入贯彻落实科学发展观，以解放思想为引领，以改革开放为动力，以“三促进一保持”为核心，以贯彻实施《珠江三角洲地区改革发展规划纲要》为主轴，坚持培育旅游大市场与扩大消费相结合，发展旅游大产业与促进现代产业体系建设相结合，打造旅游大品牌与增强文化软实力相结合，推动旅游大合作与促进城乡区域协调发展相结合，促进旅游大家乐与构建和谐社会相结合，加快转变旅游发展模式，全面提升旅游业发展质量和效益，加快推进旅游强省建设。重点抓好“八个着力”：

（一）着力实施政府主导战略，推进全国旅游综合改革示范区建设。要积极借鉴国际经验，通过政府主导形成旅游综合竞争优势，加快建设全国旅游综合改革示范区。一是强化对旅游业改革发展的支持和指导。各级政府、各部门要认真贯彻落实省委、省政府加快旅游业改革与发展建设旅游强省的决定，配合《珠江三角洲地区改革发展规划纲要》的实施，统筹谋划、加快推进旅游业的改革发展。要强化旅游行政管理部门职能，完善市、县旅游管理机构，加强对旅游业发展的指导和帮扶。二是强化旅游业改革的先行先试。多年来，我省旅游业发展走在全国前列，曾有全国第一家合资旅游企业、全国首次开办居民“港澳游”等领先全国的10大创举。在新的历史时期，要坚持科学发展、先行先试，着力在深化旅游管理体制改革、构建区域旅游共同市场、建立旅游卫星账户等方面下工夫，争取拿

出更多创新举措，为全国旅游改革发展提供新鲜经验。三是强化旅游发展的规划引导。要科学编制全省和各地区旅游发展规划，维护规划的权威性和严肃性，统筹推进全省旅游开发建设。要积极争取国家旅游局优先编制粤港澳区域旅游发展总体规划，推进粤东、粤西和滨海旅游等区域和专业规划的编制，努力构建“四大特色区域”：将珠三角地区建设成为以广州、深圳为中心的具有国际知名度和强大影响力的都市旅游圈，粤东地区建设成为以潮客民俗、华侨文化、海洋文化为主体的特色文化旅游区域，粤西地区建设成为具有热带、亚热带风情的国际性滨海旅游目的地，粤北地区建设成为具有体验型、休闲型、观光型等特点的生态休闲旅游圈。四是强化市场配置资源的重要作用。要充分运用市场手段，积极调动社会各界特别是广大企业参与旅游开发建设发展，引导和动员社会各界关心旅游、参与旅游，依靠全社会力量办旅游。

（二）着力试行国民旅游休闲计划，积极引导和促进旅游消费。在全国率先试行国民旅游休闲计划，是我省旅游业发展的创举，也是拉动内需、激活消费、促进就业、推动发展的重要载体。各地、各部门要认真贯彻落实省政府《关于试行国民旅游休闲计划的若干意见》，切实把它作为当前旅游工作的头等大事和落实“三促进一保持”的重要任务来抓。珠三角等有条件的地区和单位要先行先试，加大试行力度，为全省积累经验。一是深度开发省内旅游市场。要大力发展休闲旅游，扶持创建一批示范基地和示范旅行社。要针对城市周边游、周末游、乡村游等日益成为城市居民重要生活方式的特点，大力开展“广东人游广东·粤游粤精彩”活动，开发更多能放松身心、有吸引力和针对性的旅游项目和线路。重点开发我省东西北地区丰富的生态、森林、农业、民俗、滨海等旅游资源，吸引更多城市居民走出家门、走入乡村。二是深度开发假日旅游市场。受金融危机影响，很多人都不看好今年春节“黄金周”，但这7天全省参团出境游、国内游和省内游近22万人次、远超去年同期。假日消费也异常畅旺，春节七天全省银行卡跨行刷卡消费达22亿多元，仅广州市七大百货公司销售额就达近3.4亿元。这充分体现了“黄金周”拉动消费的强大能力。要结合试行国民旅游休闲计划，根据带薪休假、弹性安排的原则，形成相对集中的长假期，更好地发挥长假期对旅游、消费的拉动效果。三是深度开发国内旅游市场。要加强与兄弟省区市特别是旅游资源丰富地区的交流合作，推进客源互送、优势互补。充分发挥我省会展、商贸等产业发达的优势，进一步优化交通、餐饮、住宿、旅游资讯等服务，配套开发更多吸引力强的精品景点、精品线路，吸引外省游客在从事商贸活动的同时，更多地参与旅游活动，增强广东旅游的吸引力。四是深度开拓境外旅游市场。要针对入境游客的特点，开发针对性强的景区景点和线路，吸引更多入境游客延长在我省的停留时间。

（三）着力推进旅游投资开发，构建具有广东特色的现代旅游产业体系。要充分把握当前国家和我省扩大投资、推进现代产业体系建设的契机，通过发挥政府投资的示范和拉动作用，激发民资，引进外资，多渠道加大旅游开发投资力度，狠抓旅游重点项目和产业链关键环节建设，努力构建具有广东特色的现代旅游产业体系。一是开展旅游招商引资。要充分发挥我省人口多、市场大、旅游资源丰富、旅游客源多的优势，积极吸引中央企业、外资企业、民营企业到我省投资发展，高起点、高品位、高标准开发建设一批高水平的重大项目和旅游精品。二是发展旅游制造业。这是旅游业发展的新亮点，也是大有可为的重要产业。要充分发挥我省制造业基础雄厚、旅游业发达的综合优势，加强对旅游制造业的政策宣传和引导，支持引导相关企业开展旅游产品的技术改造、产品开发、生产销售，建设旅游产品交易市场，打造全国旅游制造业基地。要瞄准旅游制造业的高端，结合我省游艇、高尔夫旅游发达的优势，培育壮大旅游房车、邮轮、游艇制造以及高尔夫用品、旅游保健防护用品、特殊旅游用品等行业。要以旅游市场需求为导向，充分发掘岭南美食、民俗、民间艺术的商业价值，大力发展广东特色工艺旅游制造业。三是发展旅游新业态。要在提高观光、商务会展旅游的基础上大胆推陈出新，不断培育发展旅游新业态。重点是深入挖掘美食、文化、修学、购物、高尔夫、温泉、自驾车、探险等多种旅游潜力，积极发展工业旅游、农业旅游、滨海旅游、科技旅游、文化旅游，打造生态旅游精品，培育文化旅游名品，开发休闲旅游新品，不断完善多元化旅游产品服务体系。四是发展旅游服务外包业务。要抢抓国家大力发展服务外包业和广州、深圳两市批准为中国服务外包示范城市的大好机遇，鼓励有条件的企业积极承接跨国公司旅游服务外包业务，带动相关产业发展。

（四）着力培育旅游品牌，打造高水平的旅游精品。我省旅游业竞争力不强的重要因素之一就是缺乏类似九寨沟、黄山、杭州等旅游品牌，没有到广东非去不可的地方。下来必须在打造旅游精品、形成旅游特色、培育知名品牌上狠下工夫，多打品牌、多造名牌、多出精品。一要打造名牌景区景点。大力实施“百亿工程”，推动金融机构加大对重点旅游项目的信贷支持，加大旅游重点项目开发建设力度，重点打造一批4A、5A级旅游景区景点。要充分发挥世界遗产、国家级风景名胜区的品牌影响力，加强对现有重点景区的包装和宣传，推动重点景区提升为名牌、精品景区，把品牌擦得更响、更亮、更有吸引力。要加强对韶关丹霞山申报世界自然遗产工作的指导，加快推进景区环境综合整治，限期落实景区违章建筑的拆迁工作，力争申报成功。二要打造名牌旅游企业。加强对旅游企业的指导和扶持，重点是鼓励引导优势企业进行股份制改造和上市，推动旅游企业从单一的景区或旅行社经营方式，向上下游延伸产业链，加快实现多元化经营，向集团化、网络化、国际化发展。要加强对长隆、华侨城、海泉湾、广之旅、广东中旅、南湖国旅等名牌企业的支持引导，推进企业强强联合，加快培育和打造我省旅游业“航空母舰”。三要打造更多名牌旅游线路。旅游发展已经进入消费导向的阶段，单个的旅游景区景点对游客的吸引力已经大大降低。要加强旅游资源整合，将众多的旅游点串成一条线，促进旅游线路的专题化、个性化和多样化，提升旅游体验水平。要立足本省旅游资源，积极推进与周边兄弟省区的合作，共同打造精品线路。四要打造更多名牌旅游节庆。要认真筹办2009广东国际旅游文化节，着力丰富旅游文化节的文化内涵，通过与友城活动、华侨回国观光活动等相结合，与岭南悠久历史、灿烂文化、民风民俗相融合，进一步提高吸引力和群众参与度。全省各地的特色节庆活动，要主动与国际旅游文化节对接，丰富文化节的内涵，同时借助文化节的品牌扩大自身影响，形成综合效应。

（五）着力深化旅游合作发展，推动区域旅游的互动发展。一是提高省内旅游合作水平。要加大对山区、东西两翼旅游业的扶持力度，积极引导珠三角企业到山区和两翼开发旅游资源，创办旅游企业，组织旅游客源，带动形成东西北地区旅游业新一轮发展热潮。加大旅游扶贫资金投入，拓宽扶贫渠道，探索利用绩效评估和竞争性分配方式，创新投入机制和项目筛选模式，提高旅游扶贫的质量、效益和水平。二是深化粤港澳旅游合作。要认真贯彻落实珠三角改革发展规划纲要，围绕“一国两制三地”的大珠三角国际旅游区主题形象，加强与港澳的旅游联合促销，推动三地旅游发展优势互补，吸引更多国际游客到大珠三角地区旅游，共同打造国际旅游中心。认真抓好旅游业对港澳开放先行先试的相关工作，吸引港澳旅游企业到我省投资发展，开发设计更多精品旅游线路，吸引更多港澳游客经常到我省休闲度假。要有针对性地开发与港澳游配套的旅游线路，落实144小时便利化签证，营造便捷顺畅的旅游环境，吸引更多到港澳的国内外游客到广东旅游。三是深化泛珠三角区域旅游合作。要以资源、产品、市场、管理为纽带，全面推进泛珠三角区域无障碍旅游区建设，深化资源和线路共享、客源互动等合作。与此同时，要加强与其他兄弟省区市的旅游交流合作。四是深化与东盟及国际旅游合作。借助我省与东盟建立旅游协调联络机制的契机，加强与东盟乃至亚太地区的旅游合作，提升与欧美和非洲国家旅游合作水平。

（六）着力开展旅游宣传推介促销，扩大广东旅游的国际影响力和吸引力。旅游是典型的注意力经济。宣传促销是提升整体形象、扩大旅游影响力的重要手段。省政府已经决定加大对旅游宣传促销的资金支持。各地、各部门要创新宣传促销方式，增强宣传推广的针对性、专业性和有效性。要整合各市县旅游宣传促销资源和资金，集中力量开展境外和境内旅游促销，突出强化“活力广东”的整体旅游形象，避免多头出击、内部竞争。要充分发挥华人华侨、华人社团、华侨企业等的作用，借助其资源优势和网络渠道，全方位、立体化宣传推介广东，扩大广东旅游在广大侨胞和华人聚集区的影响力。要加强与友好省州、城市的沟通交流，利用国际会展、国际友好城市、国际旅游文化节等平台举办丰富多彩的旅游推介活动。与此同时，要密切与国家旅游局驻外办事处、港澳旅游部门驻外办事处等的沟通与联系，联合参加境内外促销活动。特别要充分把握下半年世界旅游组织在我省举办年会的大好机遇，集中力量开展系列有针对性的宣传推广和参观考察活动，借助世界旅游组织的网络力量扩大我省旅游的国际知名度。

（七）着力加强旅游规范化标准化建设，树立广东安全文明、活力和谐的国际旅游形象。规范化、标准化建设是决定旅游整体形象的重要基础性工作。我省要建设旅游强省，就必须瞄准国际旅游先进水平，狠抓规范化、国际化、标准化建设，不断提高旅游公共服务水平。要切实优化旅游市场环境，加快修订《广东旅游管理条例》等法规，加强对旅游管理工作的指导。加大旅游执法和监督检查力度，整顿规范旅游市场秩序，切实维护广大游客的合法权益。要强化旅游行业管理，借鉴国际经验深化旅游行业管理改革，加快推进诚信体系和行业标准化建设，构建与国际接轨的旅游行业管理体制。要加强旅游行业协会建设，要加快推进旅游基础设施和配套服务设施建设，要强化旅游安全意识，落实旅游安全责任制，坚决防止旅游安全事故发生。

（八）着力抓好作风转变和工作落实，提高旅游队伍的执行力公信力。省委十届四次全会明确提出今年是抓落实年。我省旅游业改革发展的目标方向和思路重点都已经明确，接下来必须狠抓落实。各级政府要切实把旅游业的改革发展纳入经济社会发展的整体规划，统一谋划、统一部署、统一考核，确保领导到位、措施到位、责任到位。各有关部门要关心支持旅游发展，积极帮助解决旅游业发展中存在的困难和问题，形成促进旅游强省建设的强大合力。要将推进旅游强省和全国旅游综合改革示范区的各项任务细化、量化，明确进度要求，层层分解落实到各地、各有关部门。与此同时，要完善旅游教育培训体系，加快培养中高级旅游经营管理人才和生产服务一线技能型人才，建立完善旅游人才激励、评定和保障机制，引导优秀人才向旅游业集聚。

同志们，广东旅游业的改革发展大有可为、前景广阔。让我们在省委、省政府的正确领导下，解放思想、改革创新、顽强拼搏，全力促进我省旅游业平稳较快发展，为全省经济社会又好又快发展、争当实践科学发展观排头兵作出新贡献！

在国家旅游局与广东省人民政府《关于建立局省紧密合作机制备忘录》签字仪式上的致辞

广东省省长　黄华华

（2008 年 11 月 27 日）

广东省省长黄华华

尊敬的邵琪伟局长，同志们：

在举国上下喜迎改革开放 30 周年、2008 广东国际旅游文化节即将隆重举行的时刻，国家旅游局与广东省政府签署建立局省紧密合作机制备忘录，这是广东旅游业发展中的一大喜事。在此，我谨代表广东省委、省政府对局省合作备忘录的签署表示热烈祝贺！对邵琪伟局长和国家旅游局长期以来对广东工作的关心支持表示衷心感谢！

广东作为中国改革开放的先行省，经过 30 年的改革发展，已经成为全国的经济大省、旅游大省。2007 年，广东旅游总收入达 2455 亿元，旅游外汇收入达 87 亿美元，均占全国的 1/5 强；入境游客超过 1 亿人次，占全国的八成，培育和打造了广东国际旅游文化节等知名旅游品牌，成为全国旅游经济最发达、旅游吸引力最强的地区之一。

当前，广东的改革发展正站在新的历史起点上，处于全面转入科学发展轨道的关键时期。大力发展旅游业是新时期广东落实科学发展观、促进经济社会又好又快发展的重要着力点。省委、省政府明确提出建设旅游强省的目标，把旅游业作为建设现代产业体系的重要组成部分加快发展。国家旅游局与我省签署紧密合作机制备忘录，全力支持广东开展旅游综合改革试点、推进粤港澳旅游合作，对于我省推动旅游业新一轮大发展大提高，有效应对世界经济金融危机的冲击、保持经济又好又快发展的良好势头，争当实践科学发展观的排头兵必将起到重要作用。我们将以备忘录的签署为新起点，全面加强与国家旅游局的合作，积极探索，勇于创新，全面推进旅游业的改革发展，加快建设旅游强省和中国旅游综合改革示范区，努力为全国旅游业科学发展作出新贡献。同时也希望国家旅游局和海内外旅游、传媒界一如既往地关心支持广东旅游业发展。让我们携手合作，共创广东和我国旅游业发展的美好明天！

谢谢大家。

在国家旅游局与广东省人民政府《关于建立局省紧密合作机制备忘录》签字仪式上的讲话

国家旅游局局长　邵琪伟

（2008 年 11 月 27 日）

国家旅游局局长邵琪伟

尊敬的汪洋书记，黄华华省长，女士们、先生们、朋友们：

2008 广东国际旅游文化节暨泛珠三角旅游推介大会即将隆重开幕。今天，国家旅游局与广东省人民政府在这里共同签署《关于建立局省紧密合作机制备忘录》。在此，我谨代表国家旅游局对《备忘录》的签署表示热烈的祝贺！对广东省委、省政府长期以来高度重视、关心和支持旅游业发展，表示衷心的感谢！

改革开放 30 年来，广东经济社会和旅游业迅猛发展，取得了举世瞩目的成就，为中国旅游业的发展作出了巨大贡献。广东省的旅游创汇、入境旅游人数、国内旅游接待人数等主要旅游经济指标长期稳居全国首位，形成了庞大的旅游产业规模；旅游大环境显著改善，产业规模快速扩大，产业体系日益完善，粤港澳区域旅游合作稳步推进。我们欣喜地看到，广东正向旅游强省目标阔步迈进。

在新的历史发展时期，深入贯彻落实科学发展观，进一步提升旅游业发展水平，充分发挥旅游业的带动作用，促进经济社会发展，是国家旅游局和广东省人民政府共同的历史使命。我们相信，国家旅游局与广东省人民政府《关于建立局省紧密合作机制备忘录》的签署，将充分发挥广东旅游在全国旅游改革发展中排头兵和试验田作用，有力推动广东旅游业在新的历史起点上实现新的跨越。同时，也将给全国创造宝贵的经验。

国家旅游局将全力支持广东改革开放，我们也衷心希望广东旅游业不断提升旅游国际化、现代化、特色化水平，为广东经济社会又好又快发展和中国旅游业的发展作出更大的贡献。

衷心祝愿广东省各项事业蓬勃发展！祝各位身体健康、工作顺利！

谢谢大家！

谋划三大新课题 实现九个新突破

——在全省旅游工作会议上的总结讲话

广东省副省长 万庆良

（2009 年 2 月 23 日 · 根据记录整理）

广东省副省长万庆良

同志们：

今天，省政府在这里召开全省旅游工作会议，非常重要。今天《南方日报》旅游专刊里有一个权威声音栏目，中共中央政治局委员、省委书记汪洋指出："旅游业是现代服务业的重要组成部分，在产业结构转型升级、拉动内需、刺激消费、促进就业、推动经济发展中越来越显示出重要性，广东作为旅游大省，要努力打造旅游强省。"省委副书记、省长黄华华指出："要加快广东旅游改革步伐，把广东建设成为中国的旅游强省；进一步提高旅游发展水平，加强粤港澳合作，积极开展先行先试。"这个权威声音传达了一个信息，就是省委、省政府对旅游业改革发展的高度重视、亲切关怀。中午看了《增城乡村旅游》手册，刚才又听了朱泽君同志关于增城旅游发展的经验介绍，深受启发。记得去年参加全省旅游工作会议时，我提出旅游是个大产业、大品牌、大家乐。这次听了增城的情况介绍，我觉得旅游业不仅体现在大产业、大品牌、大家乐上，在推动农村扶贫、缩小城乡差距、推进区域统筹等方面也发挥着更重要的作用。我们要从五个更高的层面来理解和把握旅游业的内涵：一是从建立现代产业体系的高度来理解和把握，二是从实现区域协调发展的高度来理解和把握，三是从统筹城乡发展的高度来理解和把握，四是从农民增收这一国计民生的高度来理解和把握，五是从提高人民生活质量和幸福指数的高度来理解和把握。从这些层面看，从事旅游工作的同志们都肩负着这样的重任：把旅游业的内在效能最大地释放、辐射出来，发挥旅游业在保增长、扩内需、调结构、促民生等方面的积极作用，推动"三促进一保持"在旅游业的贯彻实施，促进广东经济社会又好又快发展、争当实践科学发展观的排头兵。

今年的全省旅游工作会议，内容非常丰富充实，既有率先启动国民旅游休闲计划的盛大仪式，又有新闻发布会；既有黄华华省长的重要讲话，又有杨荣森局长的工作报告；既有市县党政领导的发言，又有旅游企业代表的交流。可以说，这次会议是一次回顾总结成绩、研究分析形势、谋划部署工作的会议，也是一次相互交流、相互推介、相互取经进而推动旅游业大发展大提升的会议。特别是黄华华省长的重要讲话，鼓舞了士气，提振了信心，明确了思路，找准了目标，制定了措施，抓住了重点。黄华华省长提出的"八个着力"，是做好今年和今后一段时期我省旅游工作的重要指南。

这次会议主要有三个特点：最重要的内容是黄华华省长的主题讲话，最重要的任务是落实试行国民旅游休闲计划，最重要的节点是打造"五一"黄金周。可以说，我省今年旅游工作的指导思想已经非常明确，就是按照"三促进一保持"的要求，把思想和行动统一到汪洋书记关于打造旅游强省、推动经济发展的重要指示上来，统一到黄华华省长关于"四大挑战"、"五大机遇"的形势分析和"五个结合"、"八个着力"的工作部署上来，把干劲鼓得更足，力气用得更大，工作抓得更实，加大油门、开足马力、迈快步子，依靠内力、借助外力、形成合力、提高战斗力，做到强势推进、强力执行、强化落实，推动我省旅游工作、旅游产业、旅游事业在2009年有新发展、新突破、新成效。

如何贯彻落实汪洋书记的重要指示和黄华华省长的重要讲话精神，我认为关键是要谋划三大新课题、实现九个新突破。

第一个新课题是如何全力打造“五一”黄金周。省政府刚刚发布的《关于试行广东省国民旅游休闲计划的若干意见》（粤府〔2009〕19号文）对这个任务作了专门要求。上午的新闻发布会上，公布了通过弹性安排打造“五一”旅游黄金周的计划。如何打造“五一”黄金周？关键有三点：一是要积极主动做好各项准备工作，包括思想准备、组织准备和市场准备，各级各部门、各旅行社、各景点景区和旅游服务单位都要积极主动做好准备工作。二是做好工作方案，明确目标、任务和要求。省旅游局要制定全省打造“五一”黄金周的工作意见；各地级以上市要根据各自情况认真研究，制定打造“五一”黄金周的工作方案，并于3月中旬报省政府。各市场主体，包括重要的旅行社、重要的景点景区，要研究制定打造“五一”黄金周的实施方案。要通过工作研讨会、协调会和媒体通气会等形式推进工作。三是要加强舆论宣传，力争在3月底之前向社会公布“五一”黄金周的安排与部署，进行正确引导，形成全社会良好共识。

第二个新课题是如何打造旅游市场动员力。我省旅游客源是全国最大的，但旅游市场的动员力并不是全国最强的。怎么打造和提升广东旅游市场的动员力？大家都要研究、思考和谋划。我认为，所谓旅游市场动员力，就是要把整个旅游市场的各种要素、各种力量、各种资源整合起来，使2009年整个广东旅游市场能够红红旺旺，人气冲天，能够动员吸引9000多万广东人最大限度地参与旅游活动，能够动员吸引省外的游客到广东旅游，能够动员吸引外国的游客到广东旅游。因此，要从全球化、一体化、精品化、规模化的思路来谋划打造广东旅游市场动员力。一是定位全球化。要以世界眼光、战略思维来谋划广东旅游市场动员力，学一学世界先进市场主体的经验和措施，看一看世界先进旅游市场的内容和标准，听一听先进旅游管理的要求和办法，进一步树立世界眼光，打造国际品牌。二是市场一体化。不管是广东之内还是广东之外，旅游市场都要点、线、面形成一体化的新格局，包括跨省、跨境、跨国界。要借《珠江三角洲地区改革发展规划纲要》的东风，重点研究推动珠三角旅游市场一体化；重点研究粤东、粤西、粤北与珠三角地区旅游市场一体化；重点研究粤港澳以及东盟地区旅游市场一体化等。三是线路精品化。高起点定位、高标准规划、高质量建设，根据我省实际打造“岭南文化、活力商都、黄金海岸、美食天堂”等精品景点和线路。四是主体规模化。我省的旅游市场主体，包括旅行社、景点景区总体上还处于满天星星、满江鱼虾的状态，当然也有广东中旅、南湖国旅、广之旅、华侨城、长隆、海泉湾等一些龙头企业。但和上海、北京相比，我省旅游业真正的“航空母舰”还没有形成。我们既要“铺天盖地”，又要“顶天立地”，既要“满天星星”，又要“皓月当空”。如何做强做大市场主体，省里要考虑，各市也要考虑。

在打造旅游市场动员力方面，我们还要策划组织一系列活动来大力推进：第一是宣传活动。为什么广东旅游市场动员力不强，这与旅游宣传不够有关系。汪洋书记去年9月出访越南时就明确提出中央电视台要有广东的旅游宣传内容。省旅游局要统筹策划，加大力度，争取从2009年开始广东的旅游宣传能出现在中央媒体、海外媒体上，做到报纸有字、电台有声、电视有画、网络有点击。第二是促销活动。包括省内珠三角与东西北地区的旅游促销活动，跨省的与广西、湖南、四川、云南、江西、安徽、黑龙江等国内重点旅游省区的促销活动，粤港澳促销活动，以及与东盟、友好省州等有关国家的促销活动。第三是招商活动。发展旅游是硬道理，新上项目是硬政绩，招商引资是硬本事。我们要大抓招商、抓大招商，大抓项目、抓大项目，通过省里统筹举办、重点市自办、市与市联办等形式，开展招商引资活动，引进战略投资者，以大招商引来大项目，以大项目推动大发展。第四是节庆活动。省里有广东国际旅游文化节，各个市也要有自己的旅游主题节庆活动，没有的必须把这个空白补上。每个市至少要有一项重大活动，每季度至少要有一场大型活动。黄华华省长一再强调，我们有人，有人就有人气，有人气就能带来财气、带旺地气、带出名气。要打造一批鲜明主题、鲜明风格的节庆活动，把旅游市场搞活、搞旺。通过这些宣传促销、招商引资、节庆活动，我们要在旅游人次上实现新突破。增城是一个县级市，但旅游人次超过1000万，非常了不得。我们要看一看全省旅游人次没有突破100万的市有哪些？没有突破200万的有多少？把情况摸清楚，并通过开展系列活动进一步打造旅游市场动员力。

第三个新课题是如何打造旅游核心竞争力。核心竞争力是管理学概念，是指稀缺的、不可替代的、有价值的资源。目前我省旅游发展存在“满山放羊，遍地开花，村村点火，处处冒烟”的问题。市、县、镇、村都说要发展旅游，但缺乏类似九寨沟、黄山、丽江等具有广泛影响力的知名旅游品牌。我们一定要明确自己的核心优势是什么？竞争优势是什么？核心竞争力是什么？“不怕你有没有，就怕你无中生有。不怕做不到，就怕想不到”。各地一定要结合实际，围绕独特的资源、独特的服务、独特的亮点、独特的价值来打造自己独特的核心竞争力。各市、县旅游局要围绕打造当地旅游的核心竞争力，给党委政府当好参谋、当好助手，提出建设性、创造性的意见来。

在谋划三大新课题的同时，要努力实现九个新突破：一是在推进实施国民旅游休闲计划上实现新突破。二是在打造旅游精品上实现新突破。三是在挖掘旅游经济新增长点上实现新突破。四是在提高广东旅游知名度影响力上实现新突破。五是在开拓旅游市场上实现新突破。要树立大市场、大合作、大企业的思路，用三只眼睛来谋划和开拓旅游市场，一只眼睛看广东、一只眼睛看全国、一只眼睛看世界，这样才能确立市场一体化的大观念。六是在加强旅游发展规划指导上实现新突破。七是在优化旅游管理服务上实现新突破。八是在旅游人才队伍建设上实现新突破。重点是抓好导游队伍、企业家队伍、管理队伍和研究队伍四支队伍建设。九是在精心筹办2009广东国际旅游文化节上实现新突破。广东国际旅游文化节是今年旅游工作的重头戏，需要进一步创新办节思路、完善办节机制、提高办节水平。今年的筹备工作要及早启动、及早谋划，重点要抓好以下九项工作：①尽快成立旅游文化节组委会，今年要增加省港澳办、省台办、省贸促会等单位作为承办单位，相关工作组的设置也要作出相应的调整完善。②尽快制定完善总体工作方案。吸取往届的经验，提前科学谋划开幕式、闭幕式的时间，争取邀请党和国家领导人出席开幕式。统筹安排各地级以上市的主题活动，争取做到互联互动。③加大市场化运作力度。坚持节俭办事，用好财政每一分钱。在市场化运作方面力度更大一些、步伐更快一些，争取花小钱办大事，少花钱多办事。④丰富旅游文化节的文化内涵。大力宣传广府、潮汕、客家文化精品，深入挖掘南粤特色旅游文化资源，打造更多富有地方特色和文化内涵的精品力作和品牌项目。⑤精心策划好旅游招商会和相关投资推介活动。⑥做好境外嘉宾、旅游企业和相关组织的邀请工作。加强与世界旅游组织的沟通联系，全力促进世界旅游组织年会能够在国际旅游文化节期间在我省召开。⑦做好“侨”字这篇文章。⑧积极主动加强与港澳和泛珠三角兄弟省区的合作与交流。⑨提高群众参与度。精心策划更多群众喜闻乐见的活动，吸引更多群众参与。

同志们，做好今年的旅游工作，任务艰巨、责任重大。省委、省政府和国家旅游局对我们寄予厚望，全省人民对我们充满期望。让我们在省委、省政府的正确领导下，深入贯彻落实科学发展观和《珠江三角洲地区改革发展规划纲要》，围绕“三促进一保持”的中心，以更加敏锐的反应、更加创新的意识、更加有力的措施、更加扎实的作风，强势推进抓落实，全力以赴克难关，确保完成各项旅游工作任务，为推动全省经济社会又好又快发展、争当实践科学发展观排头兵共同努力奋斗！

在2009年全省旅游工作会议上的讲话

广东省旅游局党组书记、局长　杨荣森

（2009年2月23日）

省旅游局局长杨荣森

尊敬的万庆良副省长，各位领导、同志们：

今天，省政府在广州召开全省旅游工作会议，黄华华省长、万庆良副省长亲自出席会议并作重要讲话，充分体现了省委省政府对旅游产业发展的高度重视和亲切关怀。万庆良副省长主管旅游工作以来，先后5次到省旅游局检查指导部署工作，深入到旅游企业调研，并对广东旅游新一轮发展作了一系列重要指示、批示，对旅游业发展的重要问题深入研究、亲自部署、亲自协调，为广东旅游科学发展把方向、出思路，强势推进广东旅游业改革发展。全省旅游系统一定要以此为动力，勤奋工作，努力工作，扎实工作，不辜负省委省政府的厚爱和期望。现根据大会安排，我简要地传达全国旅游工作会议精神，并作旅游工作报告。

一、2009年全国旅游工作会议精神

国家旅游局于2009年1月7－8日在北京市召开了2009年全国旅游工作会议。国家旅游局邵琪伟局长在会上作了工作报告，王志发副局长作了总结讲话。会议全面回顾了2008年全国旅游业工作，总结了五个方面的主要成绩：一是全国旅游行业团结一心，积极应对各种困难和挑战，保持了旅游业平稳发展。预计全年国内旅游可达17亿人次，增长约6%；国内旅游收入8700亿元，增长约12%；入境旅游人数1.30亿人次，下降约2%；入境过夜旅游人数5300万人次，下降约3%；旅游外汇收入400亿美元，下降约5%；出境旅游人数4600万人次，增长约12%；旅游总收入可达1.14万亿元，增长约4%。二是积极服务北京奥运，提升了旅游业国际形象。三是积极推进发展方式转变，促进了旅游业科学发展。四是加快推进改革创新，增强了旅游业发展后劲。五是加快对外开放步伐，旅游交流与合作进一步加强。

会议在总结过去成绩的时候，高度评价了广东旅游业发展的成绩，并5次提到了广东，主要内容有：支持广东服务业开放先行先试，推动广东省开展旅游综合改革试点，推动实施国民旅游休闲试点；国家旅游局与安徽、吉林、广东、湖北等省人民政府建立了工作会商制度，积极探索与地方政府协同促进旅游业发展的新方式；委托广东省审批在广东设立的港资澳资旅行社等。

会议高度概括了中国旅游业30年改革发展的宝贵经验：一是坚持政府主导型发展战略，统筹各种社会资源发展大旅游；二是坚持不断扩大对外开放，积极融入全球旅游经济体系；三是坚持不断改革创新，推动旅游业向深度和广度发展；四是坚持保护和开发相统一，自觉推动发展方式转变；五是坚持以人为本的理念，在构建和谐社会中发挥重要作用。

会议分析了当前我国旅游业发展面临的三大挑战和五大机遇。挑战为：一是世界经济增长明显减速，对旅游业发展将产生重大影响。二是受国内经济下行压力加大的影响，居民旅游消费预期减弱。三是海内外市场激烈变动，旅游企业困难加剧。机遇为：第一，我国经济社会发展的基本面没有改变，旅游业发展的动力依然强劲。第二，改革开放30年奠定的坚实基础，将有力地支撑中国旅游业发展。第三，国家宏观政策对旅游业发展十分有利，中国旅游业发展环境良好。第四，国内旅游需求稳定增长，将有效缓解入境游客增幅下降的压力。第五，我国入境旅游仍然具有巨大的发展潜力。

会议强调，在去年底召开的中央经济工作会议上，中央把今年经济工作的主要任务确定为“保增长、扩内需、调结构”。胡锦涛总书记明确要求“着力发展服务消费和旅游消费，不断增强最终消费能力”；温家宝总理指出要“积极开发与节假日调整相适应的旅游、文化、体育健身和网络、动漫等热点消费”。王岐山副总理最近也作出重要批示，要求全国旅游行业“认真贯彻中央旨在提振信心，确保经济增长，扩大内需的方针”，“从服务、管理、改革、开放入手，全面提高我国旅游业的质量、结构和效益，以体现科学发展观要求”。这是党中央、国务院统揽全局作出的科学决策，为全国旅游工作指明了方向，提出了明确要求，也寄予了殷切期望。会议要求全国旅游工作者一定要坚定信心，明确任务，扎实工作，把中央的部署和要求落到实处。

会议明确了2009年全国旅游工作的总体要求：以邓小平理论和“三个代表”重要思想为指导，深入贯彻落实科学发展观，认真贯彻落实党的十七大、十七届三中全会和中央经济工作会议精神，进一步解放思想、深化改革、扩大开放，大力发展国内旅游、积极发展入境旅游、有序发展出境旅游，着力提振市场信心、着力培育消费热点、着力提升服务质量、着力转变发展方式，努力保持旅游业平稳较快发展。预期目标是：力争实现国内旅游人数18.5亿人次，同比增长9%；国内旅游收入9500亿元，同比增长9%；实现入境旅游人数1.32亿人次，同比增长1.5%；入境过夜旅游人数5400万人次，同比增长2%；旅游外汇收入415亿美元，同比增长1%；出境旅游人数5000万人次，同比增长9%；实现旅游总收入1.23万亿元，同比增长8%。力争实现新增旅游就业50万人。重点工作是：第一，积极应对金融危机，着力扩大国内旅游消费，确保旅游业平稳较快发展。抓住一切有利因素，千方百计撬动旅游市场。积极推动落实带薪休假制度，研究制定《国民旅游休闲计划》；适应旅游市场变化，大力开发旅游消费新热点；深入研究扩大内需的新政策，不断增加有效供给；积极努力帮助企业克服困难，增强旅游经营者信心；统筹兼顾，毫不松懈地开拓入境旅游市场。第二，继续深化改革开放，着力推进旅游业转变发展方式，促进旅游业科学发展。创新旅游业统筹协调机制，开创旅游发展新格局。继续支持广东在扩大开放、先行先试中开展旅游综合改革试点。继续创新工作机制，加强与相关部门的合作联动。完善旅游目的地评价机制，推进中国旅游目的地体系建设。切实转变旅游行政职能，提高统筹协调旅游业发展的能力和水平。进一步扩大旅游对外开放，不断增强旅游业发展活力。第三，坚持不懈抓好各项基础工作，着力解决发展中的突出问题，努力提高推动科学发展的能力。加强旅游市场监管，提高旅游服务质量；创新宣传促销方式，提高旅游市场推广水平；加强信息和保障服务建设，提升旅游公共服务水平；推进法规制度建设，引导旅游业规范化发展；加强人才队伍建设和教育培训工作，增强旅游业发展后劲；大力加强旅游部门自身建设，努力把各级旅游部门建设成为廉洁、务实、高效、人民满意的学习型和服务型机关。

全国旅游工作会议材料已编进会议材料发给大家，请各市旅游部门会后认真学习领会，结合本地实际贯彻落实。

二、2008年广东旅游业发展情况

2008年，在省委省政府和国家旅游局的正确领导下，在万庆良副省长的直接领导和亲自指挥下，各地党委政府高度重视，各有关部门大力支持，全省旅游系统团结奋进，迎难而上，扎实工作，最大限度地化解了雨雪冰冻灾害、国际金融危机等因素的不利影响，实现了平稳较快增长。其中，旅游总收入、旅游创汇、入境旅游人数等各项指标继续位居全国前列。旅游的综合带动功能越来越明显，对全省经济社会发展的贡献越来越大。据统计，2008年全省旅游直接从业人员130万人、间接从业人员650多万人，旅游就业总量约占全省就业总数的14.4%。全省旅游及相关企业上缴税金约350亿元，占全省税收总额的4%。

在这一年里，按照省委省政府的部署，广东旅游系统广泛开展了解放思想学习讨论活动和深入学习实践科学发展观活动，开展了广东旅游大调研，认真查找差距，查找制约广东旅游科学发展的难题，进一步理清发展思路，寻找对策。

为了推进广东旅游实现新一轮大发展，汪洋书记、黄华华省长、万庆良副省长等领导专程赴国家旅游局，就落实CEPA、深化粤港澳旅游合作、加快广东旅游改革与发展事宜深入交换了意见，达成了多项共识，取得了突破性成果。国家旅游局全力支持我省旅游业先行先试，建设旅游强省和中国旅游综合改革示范区，并与广东省人民政府共同签署了《关于建立局省紧密合作机制备忘录》。省委省政府出台了《关于加快我省旅游业改革与发展建设旅游强省的决定》，为广东旅游改革与发展指明了方向，注入了强大的活力和动力。

为了贯彻落实《决定》，推进旅游强省建设，广东省旅游局分别与凤凰卫视·凤凰周刊、中山大学、南方影视传媒集团、南方报业传媒集团，梅州市、汕头市、河源市和韶关市人民政府签署了合作协议，与建设银行广东省分行签署战略合作协议，形成了全社会共同关注、重视、支持旅游发展的良好局面。

为了加强区域旅游交流与合作，拓展广东旅游业发展空间，广东省旅游局借助省委、省政府主要领导出访的有利时机，在印度尼西亚、越南、马来西亚、新加坡和西班牙分别举办了大型旅游推介会，并与印尼文化旅游部、西班牙加泰罗尼亚大区旅游局签署了旅游合作框架协议，初步建立与上述5国旅游管理部门之间的协调联络机制。积极争取国家同意广东旅游在落实CEPA方面先行先试，将"144小时便利签证措施"扩展到全省，推出了一批粤港澳"一程多站"精品旅游线路，积极推动邮轮旅游的发展。加强与泛珠三角及其他兄弟省市的合作交流，邀请了上海等13个省市区的主要媒体及组团社代表来粤采风踩线。大力推动"广东人游广东——粤游粤精彩"活动，鼓励珠三角城市与山区市签订对口帮扶协议，在管理协作、人才培养、客源互送等方面扶持山区旅游发展。

为了进一步擦亮广东国际旅游文化节品牌，提升广东旅游国际知名度和美誉度，国家旅游局和广东省人民政府成功举办了2008广东国际旅游文化节暨泛珠三角旅游推介大会。期间，汪洋书记、黄华华省长会见了世界旅游组织秘书长弗朗加利先生，争取世界旅游组织对广东旅游发展给予大力支持。

根据国家旅游局的统一部署，广东成功组织了赴美赴台旅游首发团，广东居民赴美赴台旅游正式启动，开启了两岸和中美旅游交流合作的新篇章。

为了推进旅游重大项目建设，打造旅游精品，广东旅游业全面加强招商引资工作，全省全年招商引资合同金额超过380亿元。

为了推动会展旅游发展，提升我省温泉等拳头旅游产品的国际影响力，我们邀请了世界温泉科学大会暨世界温泉及气候养生联合会在珠海召开第61届年会，来自世界各地的400多名专家、学者参加了大会。

三、2009年广东旅游工作安排

2009年，是我省旅游业贯彻落实《珠江三角洲地区改革发展规划纲要（2008－2020年）》和省委省政府《关于加快我省旅游业改革与发展建设旅游强省的决定》，全面推进旅游强省和中国旅游综合改革示范区建设的重要一年。我们清醒地认识到，这一年，我们面临的经济形势仍然很严峻，金融危机对旅游业的冲击后果还会进一步显现；旅游业改革发展的新矛盾和新问题还会不断出现。但我们也要看到，旅游业的发展还是面临着难得的机遇，上午黄华华省长已经为我们作了精辟的分析。我们认为，应对金融危机之际，其实正是旅游业发挥作用、大显身手之时。正如世界旅游组织秘书长弗朗加利所说，旅游业不仅是经济的加速器而且也是危机的减震器，还是负面影响的减缓器。省委省政府对旅游业寄予厚望。汪洋书记明确批示，要下工夫抓好今年旅游工作，为扩大内需作出贡献。黄华华省长提出要在拉动旅游上大做文章，要重点关注包括旅游、房地产、汽车、家电等"四大市场"的发展，旅游业要在推动经济平稳较快发展、构建现代产业体系、促进区域协调发展、构建和谐社会等方面发挥更大的作用。这些都是我们旅游业改革发展的莫大机遇。我们要坚定信心，充分把握并运用好这些机遇，切实采取有力措施加快旅游业改革与发展。

今年全省旅游业发展的预期目标是：国内旅游收入2180亿元，增长11.22%；旅游外汇收入96亿美元，增长4.35%；旅游总收入2880亿元，增长10.6%。新增旅游就业岗位10万人，间接就业人数50万人。现代旅游产业体系建设进一步加快，旅游综合实力进一步提升，旅游总体形象更加鲜明，旅游基础设施和配套设施不断完善，旅游环境更加优化，旅游综合带动和辐射能力进一步增强。围绕目标，根据省委省政府的部署，2009年我们将重点做好以下几项工作：

（一）抓好《珠江三角洲地区改革发展规划纲要（2008－2020年）》和省委省政府《关于加快旅游业改革发展建设旅游强省的决定》的贯彻落实工作。

1. 全省旅游系统要认真学习、深刻领会、全面贯彻落实《纲要》和《决定》。

2. 省旅游局将在广泛征求21个地级以上市政府、省直相关部门意见的基础上，研究制定《纲要》和《决定》的实施细则和办法，大力推进有关政策措施落实。

3. 全面推进全国旅游综合改革示范区建设。推进珠三角区域和粤港澳区域旅游一体化，努力打造珠三角区域旅游圈和粤港澳区域旅游圈。选择有条件的城市作为我省旅游综合改革试点市，推进先行先试综合改革各项措施。

4. 制定全省旅游总体规划和珠三角区域旅游发展规划，争取国家旅游局尽快启动粤港澳旅游规划编制工作。推进粤东粤西和滨海旅游规划工作。

（二）积极试行国民旅游休闲计划。

省政府已制定下发了《关于我省试行国民旅游休闲计划的若干意见》，这对我省拉动内需、刺激消费、促进就业、推动发展意义重大。

1. 各级旅游管理部门要把这项工作纳入重要议事日程，大力推进、及时总结、不断提高，边试行、边探索、边完善，为我省试行国民旅游休闲计划积累经验，探索思路。

2. 研究制定相关实施细则和操作办法。

3. 加强与教育、妇联、共青团、工会等部门的合作，大力试行国民旅游休闲计划，做到月月有活动、有亮点。

4. 落实带薪休假制度，弹性安排带薪休假时间，配合省政府制定相关休假办法。

5. 积极探索推行"国民旅游休闲卡"，创建一批旅游休闲示范旅行社和基地，打造一批旅游休闲产品和精品线路。

6. 推动开发旅游集散中心、游客咨询中心和跨行政区域的旅游专线。

7. 充分发挥旅游扶贫资金等财政资金的作用，重点支持开发和完善一批乡村旅游休闲项目等。

8. 充分发挥各地、各部门、各旅游市场主体的积极性，组织策划形式多样的国民旅游休闲活动。

（三）推进一批重大旅游项目建设、打造精品品牌。

1. 争取财政等部门的支持，加大招商引资力度，积极引进战略投资者，重点扶持3－5个省级旅游大项目建设，争取创建2个以上5A级景区、12个以上4A级景区，推出一批精品旅游线路。

2. 大力实施“百亿工程”，抓好省旅游局与建行广东分行银企战略合作协议150亿元综合授信及相关金融服务的落实工作，促进旅游项目上马。

3. 整合包装各地市具有投资潜力的旅游项目，高水平、高质量开发一批地市级重点旅游项目。

4. 支持韶关丹霞山申报世界自然遗产。

5. 推动旅游企业做大做强，加大对龙头企业的扶持力度，着力培育知名旅游业品牌。

（四）大力开展旅游宣传促销。

1. 联合各地市旅游局和旅游企业，加大在中央电视台、南方卫视、《中国旅游报》等国内和行业主流媒体，以及凤凰卫视、凤凰周刊和海外华文媒体的广告投放力度，提升广东旅游总体形象。3月2日将在CCTV－4《海峡两岸》播放30秒钟的广东旅游宣传广告。与南方卫视《潮流假期》共同办好《粤游粤精彩》旅游类电视节目。

2. 继续开展“旅游好新闻”和“广东旅游十大新闻”评选，充分调动新闻媒体宣传广东旅游的积极性。

3. 创新宣传促销方式，通过平面媒体、广播电视媒体和互联网等多种渠道，全方位、立体式推介广东旅游。

4. 积极试行国民旅游休闲计划，推动各市旅游合作，开通城市旅游专线，大力开展“广东人游广东——粤游粤精彩”活动，培育国民旅游消费市场。与省妇联共同举办“春游南粤，三八同乐”活动，与各地市以及共青团、教育厅等部门合作举办系列主题活动，继续扩大省内旅游消费市场。

5. 加大对兄弟省市区的宣传促销，继续邀请兄弟省市区旅游管理部门、旅游业界和主流媒体来我省考察采风，推动国内旅游市场的繁荣；与北京、湖南、海南、安徽、辽宁、四川等省市签署旅游合作协议，共同举办主题活动，实行优势互补、资源共享、客源互送。

6. 借助国家旅游局驻外办事处、香港旅游发展局和澳门旅游局驻外办事处等的优势，拓宽营销渠道，加强与境外客源市场旅游管理部门和业界的沟通与合作。发挥广东侨乡优势，与省侨办合作，加强与我国境外华侨团体的联系和沟通，争取更多的华人华侨回广东探亲访友、寻根问祖、休闲旅游。与省教育厅合作，共同邀请日本、韩国、新加坡等国家修学旅游组织者来粤考察采风，共同开发青少年修学旅游市场。加强与民航部门合作，通过在国际热点航线上放置广东旅游专刊和播放广东旅游专题片，开展航线和旅游精品线路联合促销。加强与国际旅游组织与行业协会的合作，聘请一批国外高校学科带头人、行业协会负责人等作为广东旅游大使，争取在我省举办高规格的国际会议，推动我省商务会展旅游的发展。充分调动各地、各旅游市场主体的积极性，利用国家旅游局主办的各类大型旅游展，务实高效地开拓国际旅游市场。

7. 加强与各部门各行业合作，与省林业局、海洋与渔业局、科技厅等部门合作，共同策划和开展森林生态、滨海休闲、科普教育等旅游宣传推广活动。与省委宣传部和各类文化单位合作，开展唱广东（广东旅游歌曲大赛）、写广东（广东旅游征文大赛）、画广东（广东旅游名景写生）等活动。

（五）深化粤港澳旅游合作。

1. 突出“一国两地三制”大珠三角国际旅游特色，共同打造粤港澳国际知名旅游区。

2. 落实CEPA，先行先试，大力引进港澳旅游企业到我省投资旅游项目，加快推进落实“144小时便利签证”措施，联手推广“一程多站”旅游精品线路，吸引更多国际游客来广东旅游。

3. 争取设立广东省旅游局驻港澳办事处，重点把港澳的国际游客组织到广东旅游。

4. 配合公安、边检等部门推动优化广东居民赴港澳个人游政策。

5. 进一步推动莞深港、中珠澳、江门与香港等开展旅游合作与交流。

6. 大力推进粤港澳旅游便利化对接。

（六）提升旅游企业核心竞争力。

1. 为应对当前金融危机、积极争取各方支持，切实减轻旅游企业负担，免除旅游行业的各种不合理收费，尽快推动落实旅游企业实行与一般工业企业同等的用水、用电、用气价格。

2. 鼓励优势旅游企业重组扩张，引导和扶持旅游企业实现集团化经营，通过股份制改造和企业上市等做大做强企业集团，努力打造一批具有较强市场竞争力和经济带动力的旅游企业“航空母舰”。

3. 推动旅游企业改革和技术创新，延伸旅游产业链，推进旅游产业集聚和产业协作，提升旅游产业素质，推动旅游产业结构转型升级。

4. 引导、推动服务水平较高的旅游经营者结成优质旅游联盟，推广诚信旅游经营，加强行业自律，提高旅游服务质量，提高旅游企业效益。

（七）办好2009广东国际旅游文化节。

1. 扩大旅游文化节的活动规模和覆盖面，提高国际化水平。扩大邀请我省主要客源国家旅游机构、跨国旅游集团、国际投资商和业界人士参与，不断优化国际嘉宾的层次和结构。

2. 创新旅游文化节的办节机制，提高市场化运作水平。通过招标、委托或授权等形式，大力引进意愿强、资质好、实力雄厚的市场主体参与策划、承办、协办活动，以资金、实物、服务和技术等多种形式进行赞助。

3. 丰富旅游文化节的项目和活动，提高群众参与水平。精心策划更多岭南特色的文化精品项目，丰富各项活动的内涵，增强活动的参与性、互动性和娱乐性，把旅游文化节办成老百姓喜爱的盛大节庆。

（八）培育旅游新业态、新产品，打造旅游制造业基地。

1. 围绕“2009中国生态旅游年”主题，大力发展生态旅游、休闲度假旅游，积极鼓励和引导绿色消费，把生态旅游和休闲度假旅游培育成新的消费热点。创建一批生态旅游、休闲旅游示范基地。

2. 以传统观光、商务会展旅游产品为抓手，带动美食旅游、文化旅游、修学旅游、购物旅游、高尔夫旅游、温泉旅游、自驾车旅游、探险旅游、康体旅游等多种旅游产品开发，支持广州、深圳、湛江等有条件的市发展游艇旅游、邮轮旅游等。

3. 利用我省成熟的制造业体系发展现代旅游制造业，培育壮大旅游房车、旅游保健防护用品、旅游纪念品、高尔夫用品、特殊旅游用品生产产业，打造旅游制造业基地。大力支持和引导高附加值旅游产品的技术改造、产品开发、生产销售和专利保护，提升旅游制造业的规模化和品牌化生产水平。

（九）加强旅游法规化标准化信息化制度化建设。

1. 推动修订完善《广东旅游管理条例》，加强旅游行业管理，促进旅游服务规范。

2. 推行绿色饭店标准，制定推行旅游餐饮标准、温泉标准，大力宣贯旅行社、星级饭店、滨海旅游安全标准，完善旅游安全责任制和应急处理机制。

3. 以“活力广东网”为核心、各市各旅游企业旅游网为基础，建设集宣传、咨询、交易、教育等功能为一体的广东旅游信息网。

4. 推动全省统一使用12301旅游服务热线，及时处理游客咨询和投诉。

5. 完善出境游接待社备案制度。

6. 加快旅游业诚信体系建设。

（十）锻造一支高素质的旅游人才队伍。

1. 以“团结、和谐、奋进、创新”为目标，在全省旅游管理机构深入开展创建“学习型、创新型、服务型”机关活动。

2. 加强与国内外旅游教育培训部门的合作交流，逐步形成高等教育、普通教育、职业教育和培训相结合的旅游教育培训体系，重点培养中高级旅游经营管理人才和生产服务一线的技能型人才。

3. 继续举办高层旅游管理人员培训班和旅游扶贫培训班，加大对我省旅游高端和专业人才的培养力度。

4. 建立健全导游人员职业的准入、激励、保障和责任追究机制，推动导游人员等级纳入国家职业资格等级评定序列，实行导游员聘任薪酬与职业资格挂钩制度。

5. 举办全省导游人员技能大赛，全面提高导游从业人员素质。

6. 创新旅游人才管理体制机制，推行旅游优秀人才奖励制度，促使优质人才向旅游业集聚。培育旅游人才市场，建立广东旅游人才信息库，推动人力资源优化合理配置。

7. 大力弘扬旅游从业人员爱岗敬业、忠于职守、乐于奉献的职业精神，多层次、全方位地培养符合建设旅游强省要求的、德才兼备的旅游人才队伍。

活力广东
GUANGDONG
Guangdong——Spot of vitality

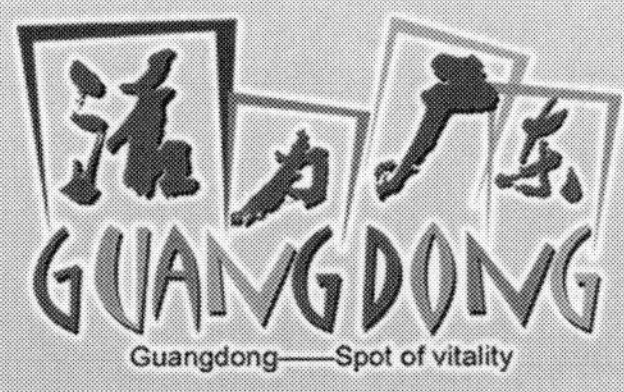

纪念改革开放30周年特辑

（第17～74页）

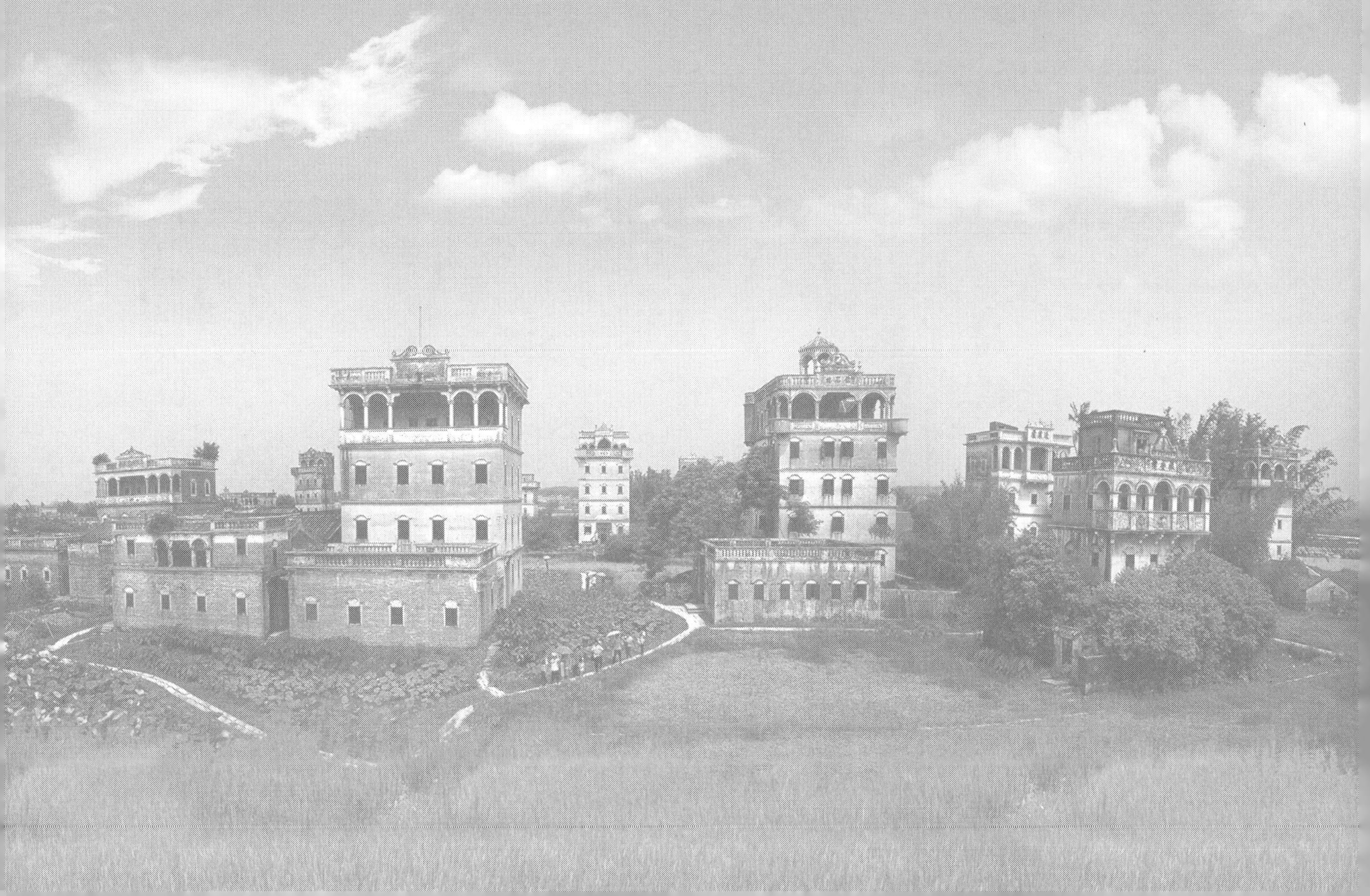

1978—2008 年广东省旅游局历任局长名单

杨可忠 1978 年 8 月 23 日至 1982 年 2 月 11 日任省革委会外事办公室副主任兼省旅行游览事业管理局局长。

崔振青 1980 年 8 月 22 日任省旅行游览事业管理局副局长（曾主持过全面工作）。

李耀祺 1984 年 2 月 9 日任省旅游总公司（旅游局）总经理（局长）。

龚恩光 1985 年 8 月 1 日任省旅游总公司（旅游局）总经理（局长）；1989 年 7 月 18 日任省旅游局局长。

黄　继 1989 年 9 月 18 日至 1993 年 2 月 19 日任省旅游局局长。

吕伟雄 1993 年 2 月 19 日至 2000 年 3 月 22 日任省旅游局局长。其中从 1993 年 9 月 29 日起兼任省旅游集团公司总经理。

郑通扬 2000 年 3 月 22 日至 2008 年 3 月 19 日任省旅游局局长。

杨荣森 2008 年 2 月 29 日至现在任省旅游局局长。

2008 年 11 月 28 日，省旅游局举办“开放与发展——广东旅游 30 年图片展”。

广东省旅游局历任领导职务变动情况一览表

姓名	性别	籍贯	党内职务	行政职务	任职时间
杨可忠	男	山东	党组书记	省外办副主任兼省旅游局长	1978年8月—1982年2月
陈　斌	男	安徽	党组副书记	省旅游局副局长	1978年8月—1984年4月
赵　明	男	江苏	党组成员	省旅游局副局长	1978年8月—1984年4月
陈　立	男	江苏	党组成员	省旅游局副局长	1978年8月—1984年4月
徐　英	女	广东	党组成员		1978年8月—1983年8月
李崇明	男	山西	党组成员		1978年8月—1985年10月
马　丹	女	四川	党组成员	省旅游局副局长	1978年10月—1984年4月
马　凡	男	河北	党组成员	省旅游局副局长	1978年10月—1984年4月
惠荣才	男	山东	党组成员	省旅游局副局长	1979年5月—1984年5月
崔振青	男	山东	党组副书记	省旅游局副局长（曾主持过全面工作）	1980年8月—1984年4月
朱一明	男	山东	党组成员	省旅游局副局长	1982年8月—1986年2月
粟茂臣	男	湖南	党组成员、党组副书记	省旅游局副局长	1984年1月—1991年12月
李耀祺	男	广东	党组副书记	省旅游局局长	1984年2月—1985年8月
龚恩光	男	广东	党组书记	省旅游局局长	1985年8月—1989年7月（1984年1月—1985年7月任省旅游局副局长）
王禄良	男	海南	党组成员	省旅游局副局长	1985年8月—1995年4月（1992年5月—1995年4月任党组副书记）
汪　汉	男	安徽	党组成员、纪检组长	省旅游局副局长	1985年8月—1993年10月
魏荣光	男	广东	党组成员、纪委书记		1986年3月—1993年12月
邝光月	男	广西	党组成员、纪检组长		1987年3月—1990年9月
黄　继	男	广东	党组书记	省旅游局局长	1989年9月—1993年2月
杨小鹏	男	河南	党组成员		1991年1月—2000年2月
苏建和	男	广东	党组成员	省旅游局副局长	1991年12月—2005年4月
吕伟雄	男	广东	党组书记	省旅游局局长	1993年2月—2000年3月
刘建新	男	广东	党组成员	省旅游局副局长	1994年3月—1997年9月
罗果静	女	广东	党组副书记	省旅游局副局长	1995年8月—2000年6月
曾宪融	男	广东	党组成员	省旅游局副局长	1995年11月—1999年2月
潘啟新	男	广东	党组副书记、纪检组长		1995年11月—1999年1月
陈小松	男	广东	党组成员	省旅游局副局长	1998年3月—2000年2月

续表

姓名	性别	籍贯	党内职务	行政职务	任职时间
郑通扬	男	河北	党组书记	省旅游局局长	2000 年 3 月—2008 年 3 月
徐代明	男	广东	党组成员、纪检组长	监察专员	2000 年 2 月—2007 年 5 月
杨荣森	男	广东	党组书记	省旅游局局长	2008 年 2 月—（2005 年 4 月—2008 年 1 月任省旅游局副局长）
曾维炳	男	广东	党组成员 机关党委书记	省旅游局巡视员	2009 年 10 月—（2004 年 5 月—2009 年 9 月任省旅游局副局长）
周开生	男	湖南	党组成员	省旅游局副局长	2009 年 10 月—
张振林	男	广东	党组成员	省旅游局副局长	2009 年 3 月—（2007 年 12 月—2009 年 2 月任省旅游局纪检组长、监察专员）
王志红	女	广东	党组成员	省旅游局副局长	2009 年 3 月—（2007 年 12 月—2009 年 2 月任省旅游局副巡视员）
梅其洁	男	湖南	党组成员	省旅游局副局长	2009 年 9 月—

注：1978—2000 年资料由《旅游志》办公室提供。

2008 年 11 月 28 日，参加首届“广东开放论坛——现代旅游业合作与发展”的与会领导为荣获“广东旅游十大首创之星”单位颁奖。

广东旅游30年纪事

【广东旅游产业规模居全国前列】 改革开放30年来，广东的旅游业从小到大、从弱到强，形成了庞大的旅游产业规模，“行、游、住、吃、购、娱”旅游六要素得到全面发展。1978至2008年的30年间，广东旅游入境总人数从1978年的169.91万人次增加到2008年的10323万人次，累计达到12亿人次，年均增长14.7%；旅游外汇收入从1978年的5000万美元增加到2008年的92亿美元，旅游创汇累计达759亿美元，年均增长19%；全省旅游总收入从1978年的10亿元增加到2008年的2668亿元，年均增长20.5%。

旅行社数量居全国之首。截至2008年底，广东拥有旅行社总数为1074家，其中国际旅行社209家，国内旅行社865家。旅行社从业人员为31478人。广东每年约有30至40家国际社和国内社分别进入全国国际社和国内社百强行列。

酒店建设始终走在全国前列，有的酒店曾是全国酒店经营管理和服务的样板。截至2008年底，广东省纳入统计范围的旅游住宿设施达到7138家，客房40万多间，床位69万多张。拥有星级饭店1164家，其中白金五星级1家，五星级68家，四星级176家，三星级589家，二星级以下330家，直接从业人员51.5万人。

在旅游景区（点）建设方面，主题公园、旅游度假区、海滨度假区、高尔夫球场和温泉度假区的建设均走在全国前列。截至2008年底，全省共有大小景区（点）1500多个。国家A级以上旅游景区99家，其中5A级旅游景区2家，4A级旅游景区57家，3A级旅游景区28家，2A级旅游景区12家；广东拥有1个国家级、24个省级旅游度假区；7个国家级和19个省级风景名胜区；10个国家级、59个省级、271个市县级自然保护区；22个国家级、62个省级、325个市县级森林公园；66处全国重点文物保护单位、252处省重点文物保护单位；70多个高尔夫球场、70多处温泉度假区、33个海滨旅游度假区、20多个人造主题公园。全省形成了以广州、深圳为中心的珠三角至粤东、粤西、粤北三条各具特色的旅游干线。

据计算，2008年广东旅游业带动相关产业增加收入1万亿元，直接和间接为社会提供140万个就业机会，旅游业直接从业人员已达到130多万人。

【广东率先开办省内居民港澳游】 广东毗邻港澳，具有前往港澳和东南亚地区探亲、旅游的优势。1983年5月30日，广东省驻香港中资机构——粤海企业有限公司以［粤海（1983）0107号］文向省政府报送《关于开办广东省内人士到港澳旅游业务的报告》。同年6月18日和6月26日，广东省副省长杨立、省长梁灵光都先后作出批示，表示同意这个报告。同年6月16日，省公安厅也专门为此设计了一种不占香港、澳门入境指标的证件。同年7月18日，省政府以《关于开办省内人员到港澳旅游业务事》函复粤海企业有限公司，同意开办广东省内人员到港澳旅游业务。随后在香港新华社支持下，与港英当局达成协议。同年11月15日，经省政府批准，由广东省旅游服务公司和广东（香港）旅游有限公司联合经营的广东省内居民赴香港探亲旅游业务开始试办，首团一行25人，由深圳罗湖口岸出境抵达香港。截至1983年12月中旬，共组团20个、499人。1983年12月28日，省政府向国务院呈报《关于试办广东省内居民赴香港旅游的情况报告》，把试办“香港游”的目的和指导思想，试办的过程与出团人数，以及香港新闻媒体、港澳同胞和海外华侨同胞的反应等情况作了汇报。1984年2月21日，省政府批转省旅行游览事业管理局（简称“省旅游局”）《关于1983年试办“香港游”旅游团的情况和1984年工作方案》。同年4月27日，经省政府批准，广东省旅游服务公司和广东（澳门）旅游有限公司联合开办经营广东省内居民赴澳门探亲旅游业务。首团一行25人，由拱北口岸出境抵澳门。这是新中国成立后第一次以民间团体形式，允许居民自费赴境外旅游的尝试，在国内外引起巨大反响。

为方便“香港游”团队出入境，除深圳罗湖口岸外，于1984年4月，经省政府同意，将海口、湛江、江门、汕头、珠海九洲港作为省内居民“香港游”回程入境口岸。1986年5月10日和7月31日，先后批准增设广州洲头咀、开平三埠、海口、湛江、江门、汕头港和中山港，1987年7月30日和12月，批准增设肇庆港、番禺莲花山港和汕尾港，1988年2月7日批准增设顺德容奇港作为“香港游”出入境口岸；1995年11月29日，港英当局同意“香港游”团队可以有限量地经香港机场出入境。湛江市旅游公司率先开办“香港游直航团”，首团一行42人，从湛江机场出境。

省内居民赴港澳游业务由省旅游局统一领导和管理，具体业务由属下的广东省旅游服务公司同广东（香港）旅游有限公司、广东（澳门）旅游有限公司联合经营。根据规定，凡持有港澳成人身份证的港澳同胞、华侨、外籍华人均可委托办理内地亲友参加港澳游，广东居民经所属单位同意，并经公安机关批准发给旅游证件，均可参加。港澳游以参团方式出游，参加者必须以集体方式出入境，不得滞留港澳。开办之初，对组织港澳游的旅行社在组团人数上实行配额办法，以便控制总量，后逐步放开。旅行社采用包价综合服务，由对方亲属在境外买单。1988 年 6 月 23 日，省政府批准省旅游局的请示，同意“港澳游以现有境外付款为主，同时增设省内付款买单业务”。至此，港澳游也开创了境内外均可付款的先例。自 1984 至 2006 年以来，有数百万计的人参加了港澳团体游；至 2008 年底，全省办理以个人游方式赴香港签注的有 2376 万人次，赴澳门有 2041 万人次。

港澳游开创了中国居民大量出境探亲旅游的先河，此举备受外国和港澳媒体的高度赞扬和华侨、港澳台同胞的拥护，同时也为广东扩大引进侨资、港资和外资铺开道路。随着港澳探亲旅游的稳步实施，许多“三资企业”人员、外贸工作人员也逐步借探亲旅游的渠道到港澳洽谈业务，促进了广东对外经济贸易的发展。

2003 年 7 月 28 日，广东又有 5 个城市开通内地居民以个人身份赴港澳旅游（简称“自由行”）。至 2008 年 7 月 28 日开通 5 周年之际，广东已有近 50 个城市开通了港澳“自由行”。据深圳边防总站统计，由该总站 5 年检查的单向出境“自由行”旅客达到 2400 万人次。

【广东率先开创出境游】 1980 年代中期，广东城乡居民申请出国探亲旅游者增多，每年经批准的仅有 3000 人左右，且办理签证的时间过长。1988 年 4 月 19 日，省政府转发省旅游局《关于开办中国公民赴泰国探亲旅游业务的工作方案的请示》，1989 年 4 月 14 日，国家旅游局批准同意省旅游局开办本省居民赴新加坡探亲旅游业务，1991 年 2 月 23 日，省政府同意授权由省旅游局统一领导和管理的广东海外旅游总公司和广东省中国旅行社具体主办省内居民赴东南亚（新加坡、马来西亚、泰国）及其联线的旅游业务。至此，广东省继率先在全国创办省内居民“港澳游”之后，又开创出境游业务先例，为国家旅游局出台有关出境旅游政策和出境旅游市场的形成提供了经验。此后，广东公民出国旅游的国家和地区越来越多，2008 年 6 月，启动了中国公民赴美旅游。

随着广东经济的持续发展，城镇居民收入普遍提高和办理出境旅游手续的进一步简化，广东居民出境旅游保持高速增长。截至 2008 年底，广东省出境游组团社总数达到 136 家。2008 年度全省旅行社组团出境旅游为 348.89 万人次，比上年下降 6.12%，出境旅游业务收入为 70.24 亿元，占全省旅游业务收入总量的 26.40%。

【粤港澳大三角国际旅游区】 广东毗邻港澳，人脉相通，三地旅游业界一直在如何实现相互间人来交往更加便利进行积极的探讨。尤其是在 1983 年试办“香港游”和 1984 年试办“澳门游”成功后，1987 年 5 月，省旅游局提出“粤港澳大三角旅游区”的战略构想，即加强以珠三角为重点的广东全省和香港、澳门这个大三角旅游区域的旅游业务合作，使香港的“金融中心”、“购物天堂”，澳门的娱乐名城与广东的风景名胜互相补充、互为依靠、互相联结。这一战略构想一经提出，得到国家旅游局和省政府的肯定与重视。

为加快“粤港澳大三角国际旅游区”的建设步伐，三地旅游界积极配合，共同推进。1988 年 7 月 11 ~ 14 日，粤港澳大三角旅游发展研讨会在中山市召开；1989 年 12 月，粤港澳旅游协作区联席会议在珠海市召开，并把会议上发表的近 40 篇论文汇编成《旅游之光》论文集，这是全国第一部旅游理论文集；1990 年 3 月 12 ~ 13 日，首届粤港澳旅游界联欢洽谈会在广州举办；1991 年 3 月 15 ~ 17 日，第二届粤港澳旅游界联欢洽谈会在肇庆市召开；1992 年 3 月 16 ~ 18 日，1992 粤港澳大三角旅游界联欢洽谈会在深圳市深圳湾大酒店、南海酒店和香蜜湖度假村召开；1993 年 3 月 23 ~ 25 日，1993 粤港澳旅游界（第三届）联谊洽谈会在澳门召开；1994 年 5 月 24 ~ 26 日，1994 粤港澳旅游界联谊洽谈会（第四届）在香港举行。随着时间的推移，“粤港澳大三角旅游区”的战略构想由理论层面推进到实施论证阶段。1993 年 12 月，省旅游局与香港旅游协会、澳门旅游司在香港联合成立“港澳珠江三角洲旅游推广机构”，由广东、香港和澳门三地的旅游部门共同成立一个工作小组，共同推广和发展三地的旅游业。它的成立标志着三地旅游业的合作关系从理论构想进入实际合作阶段。“港澳珠江三角洲旅游推广机构”成立后，在三地旅游市场联合推广和游客互流方面做了大量工作。粤港澳三地旅游部门在 1997 年 2 月、1999 年 6 月联合召开“粤港澳旅游发展研讨会”，会议提出在联合推广的基础上，三地应在资源开发、景区酒店的规划建设、信息交流、人才培训、区域旅游交通等方面进行合作。2000 年 10 月，由香港旅游协会、澳门旅游协会和省旅游局三方共同合作开放的全球首个珠江三角洲旅游资源网站（www. pearlriverdelta. org）正式开通。

粤港澳旅游区日益受到国际旅游界的高度关注，2000 年 11 月，国务院批准广东十城市实施“144 小时便利签证措施”后，每年有越来越多的到港澳的外国人来广东旅游。2003 年 7 月，广东居民个人赴港澳旅游业务在中山、东莞、江门、佛山试办；2004 年 1 月，“个人游”业务扩大到广州、深圳等八市；2004 年 5 月该业务扩大到全省。2008 年广东省口岸入境旅游人数达 1.03 亿人次，其中香港同胞 7221 万人次，澳门同胞 2270 万人次。至 2008 年底，广东已办理个人赴港澳旅游签注5636.4万人次，其中香港3048.6万，澳门2587.8万，占全国八成左右。个人游极大地促进粤港澳三地人流、物流、资金流、信息流的增加，有力地促进粤港澳经济繁荣发展。

广东积极加强与港澳的旅游合作，并取得显著成效：(1) 建立粤港澳对口部门沟通协调机制。三地旅游管理部门定期于每个黄金周前举行高层会晤，互相通报口岸通关情况，方便游客合理选择口岸出入境，高度关注高致病传染病的预防控制，商讨游客投诉三方协调受理和处理有关事宜，加强旅游市场联合监管。(2) 启动黄金周个人游信息通报和预警工作。三地旅游管理部门会同当地出入境、边检等有关部门，共同实施黄金周个人游信息通报和预警工作。黄金周期间，省旅游局在各主要媒体的重要版面或时段发布个人游预警信息，包括公安部门办证情况、旅行社组团港澳游计划出团人数、主要口岸出入境情况、香港地区酒店订房率、澳门地区酒店订房率以及港澳地区酒店参考房价等。通过实施预警机制，达到有效疏导客流合理分流的效果。(3) 实行三方协调处理的配套措施。实行旅游投诉当地受理、联合监管等措施，游客如在异地发生投诉或纠纷，一般都能在当地及时解决。(4) 推动“144小时便利签证措施”政策的落实。为到香港、澳门的外国人组团进入珠江三角洲（含汕头市）提供“144小时便利签证措施”是国家支持粤港澳三地发展的特殊政策。广东省出台具体的实施细则，加快推进政策所需的软硬件建设。组建省协调小组，建立联席会议制度。每年通过“144小时便利签证措施”渠道进入广东的外国游客已达30多万人。(5) 积极落实CEPA，推动旅游企业合作。港资广东永安国际旅行社有限公司和广州康泰国际旅行社申请试点经营广东省居民前往香港、澳门的团队旅游业务，已获得国家旅游局正式批准，广东将支持更多的港澳资旅行社在广东设立分支机构。(6) 共同开拓国际旅游市场。粤港澳旅游推广机构专门设计覆盖三地的“一程多站”旅游线路，吸引国内外游客将粤港澳三地列入同一个旅游行程中，提升粤港澳旅游圈知名度。近年来，粤港澳旅游业界联合参加了德国柏林展、英国伦敦展、日本JATA展、印度旅游展和香港国际旅游展等国际知名旅游展，并分别在日本、韩国、法国、美国、加拿大、泰国等重点市场开展促销活动，共同培育主要国际客源市场。三地多次邀请国际知名媒体和买家来粤港澳考察，2007年，香港旅游部门邀请德国和加拿大主流媒体访问粤港澳。同时，邀请香港国际旅游展的海外旅行商300多人分别赴粤港澳三地进行旅游考察。(7) 推动区域内互动促销。2006年9月，由香港局牵头，泛珠三角各兄弟省区旅游局共同参加了亚太旅游协会（PATA）香港旅游交易会，广东组织近200人的广东旅游买家团参加。

【率先为外国游客入境游实行便利措施】 1994年6月18日，国务院副总理钱其琛在广东考察工作期间，听取省旅游局代表省政府起草的《关于加快广东省旅游业发展有关问题的汇报提纲》，首次提出要对国外游客在广东主要口岸入境实行“72小时便利签证”政策。同年9月15日，经国务院批准，公安部、外交部、国家旅游局、国家安全部、海关总署联合下发《关于为到香港的外国人组团进深圳经济特区旅游提供便利的管理办法》。明确规定：“对到香港的外国人由指定旅行社组团进深圳特区旅游的可以简化入境审批手续，提供便利；对到香港的外国人经国家旅游局指定的在港中资旅行社组团进深圳特区旅游，停留不超过72小时。”指定的旅游团入境口岸为罗湖、皇岗、蛇口，并设立了专用通道。国家旅游局首批指定的香港中资旅行社为：香港中旅（集团）有限公司、香港中国国际旅行社有限公司、广东（香港）旅游有限公司、香港招商局旅游有限公司、香港粤海国际旅行社有限公司和香港深业旅游贸易公司。同年11月10日，深圳市政府发布了关于为到香港的外国人进入深圳特区旅游提供便利的“公告书”，同年12月1日，《关于到香港的外国人组团进深圳特区旅游提供便利的管理办法》正式实施。深圳旅游局在罗湖、皇岗等口岸举行仪式，欢迎首批利用便利签证入境的外国游客。1996年11月15日，深圳市政府召开“72小时便利签证”协调领导小组工作会议，决定从12月1日起增加文锦渡、沙头角两个口岸为“72小时”便利签证口岸。这一便利措施极大地方便了外国游客。当年，深圳经济特区就增加了1万多入境的外国游客，并呈现逐年增多的趋势。至2000年，深圳市共接待3.5万个团队，外国游客43.9万人次。

2000年4月10日，为吸引到香港、澳门的众多外国游客到珠江三角洲地区旅游，发挥粤港澳三地区旅游优势互补和长期形成的环形旅游线路的优势，推进广东旅游业的发展，省旅游部门在深圳实行“72小时”入境旅游便利措施的基础上，报经省政府和国务院批准，又率先提出在珠江三角洲的广州、深圳、珠海、惠州、东莞、中山、江门、佛山、肇庆以及汕头，对到港澳的外国游客入境游实行“144小时”入境旅游的便利措施。

2001年广东省迅速出台“144小时便利签证措施”的实施细则，全面部署、加快推进“144小时便利签证措施”所需的软硬件建设。省旅游局牵头组织公安、边检和省直有关部门分别在香港、澳门召开便利措施介绍会。省旅游局还组织“144小时”措施介绍团到泰国、马来西亚、新加坡等地进行宣传。

“144小时便利签证措施”实行后，入境游、商贸和招商引资活动进一步增加，粤港澳旅游合作进一步加强，为建立中国粤港澳大三角旅游区作出了巨大贡献。

【创建中国优秀旅游城市活动】 1995年3月，国家旅游局发出《关于开展创建和评选中国优秀旅游城市活动的通知》。1998年国家旅游局在全国范围内部署开展创优工作。1996年6月28日，省政府在广州成立创建中国优秀旅游城市工作指导委员会，由刘维明副省长任主任，旅游、宣传、公安、工商、交通、民航等部门负责人为委员。创优指导委员会秘书处设在省旅游局综合处（1997年改设为指导委员会办公室），负责创优日常具体工作。同日，指导委员会举行第一次会议，部署创优工作。会后，广州、深圳、珠海、肇庆四市争创“中国优秀旅游城市”活动全面铺开。在创建中国优秀旅游城市活动中，广东省坚持把创建中国优秀旅游城市作为推动旅游业全面、协调、可持续发展的重要举措和建设旅游强省的系统工程来抓。各参创城市普遍成立主要领导挂帅的创优组织委员会，组织有关部门各负其责、协调联动，逐级分解落实责任，并明确工作标准、时限要求和保障措施，确保各项工作严格按照标准如期顺利完成。在创优过程中，各参创城市抓好旅游线路策划、旅游精品打造、旅游宣传促销、旅游行业管理等旅游产业体系建设，着力抓好旅游交通、旅游厕所、旅游咨询服务、城市环境卫生、公共信息图形符号等旅游配套功能设施建设，着力抓好旅游步行街、美食街和城市美化、亮化、绿化、净化等系列工作。

至2008年底，全省共有6批18个地级市和3个县级市被国家旅游局命名为“中国优秀旅游城市”。1998年12月，广州、深圳、珠海、肇庆4市被国家旅游局命名为“中国优秀旅游城市”。此后，中山（2000年）、佛山（2000年）、江门（2000年）、汕头（2000年）、惠州（2000年）、南海（2000年）、韶关（2001年）、清远（2001年）、阳江（2001年）、东莞（2003年）、潮州（2003年）、湛江（2003年）、河源（2003年）、开平（2003年）、梅州（2005年）、茂名（2005年）、阳春（2007年）17个市被国家旅游局命名为“中国优秀旅游城市”。

1998年12月1日，深圳市举办创建中国优秀旅游城市国家验收末次会议

【创建旅游强县】 2002年，国家旅游局作出创建旅游强县的工作部署，决定在基层行政县深入实施政府主导型旅游发展战略，倡导深度发展和可持续发展原则，推动全国旅游产业不断趋向合理布局和结构深化，于2003年颁布《创建旅游强县工作导则》和《创建旅游强县工作指导意见》。广东省于2004年启动创建旅游强县工作，截至2008年底，全省共创建“中国旅游强县”2个：梅州市梅县（2007年）、清远市清新县（2007年）；“广东省旅游强县（市）”13个：清远市清新县（2005年）、梅州市梅县（2006年）、河源市东源县（2006年）、清远市阳山县（2006年）、阳江市阳东县（2006年）、清远连州市（2007年）、云浮市新兴县（2007年）、肇庆市德庆县（2007年）、惠州市龙门县（2007年）、清远市英德市（2008年）、韶关市乳源县（2008年）和仁化县（2008年）、汕头市南澳县（2008年）。

【创立全国首个跨省区无障碍旅游区】 广东是广西旅游的重要客源地、旅游开发建设主要的资金来源地和连接泛珠三角经济区、海外的重要枢纽，两省区又互为近邻，旅游资源和旅游市场都具有互补性。为贯彻落实《泛珠三角区域合作框架协议》，真正实现旅游区域合作和旅游资源一体化，2004年6月23日，两广签署《两广旅游交流与合作协议书》。内容主要包括：在区域内，允许双方旅行社无需经过地接社或配备地陪，对旅游团队操作实行组团、接待“一条龙”服务；互相开放旅游市场，支持具备条件的旅行社跨省（区）设立分支机构；为双方旅游车辆入城、入景区给予方便；加强两省区旅游质监部门的合作，共同协调处理涉及双方的旅游投诉。从2005年1月1日起，两广共同加快“无障碍旅游区”的建设，并在旅游市场、产品路线、宣传促销、项目投资、人才培训等方面开展密切合作。按照有关协议，2004年9月18日，广州、佛山、肇庆和桂林、梧州、贺州6个城市旅游部门负责人在肇庆市举办“2004中国·肇庆自驾车旅游文化高层论坛暨两广六市无障碍旅游区启动仪式”，签署《两广六市关于打造无障碍旅游区的共同守则》，把“无政策障碍、无市场障碍、无交通障碍、无服务障碍”和安全、便利、舒适的旅游环境作为共同遵守的准则。同年底，广西壮族自治区旅游局印发《关于启动两广无障碍旅游区规范两广旅行社经营活动的通知》，与自治区交通厅和公安厅联合下发《关于规范广西、广东两省区旅游团队交通运输合作与管理的通知》，广东省旅游局也印发类似文件，从而加快了两广无障碍旅游区的建设。

2006年5月，两广九城市旅游合作机构加上广西的来宾市在广西召开两广城市区域旅游合作联席会议，共同研究和讨论了如何加大两广城市区域旅游合作的具体事宜。9月，两广政府再度携手，借助两广开展扶贫协作10周年之际，两省区旅游局正式签订《广东省与广西壮族自治区开展无障碍旅游合作协议书》，就两省区无障碍旅游的全面深入合作达成共识。之后，两省区旅游局又在桂林阳朔《印象·刘三姐》山水剧场，共同举行了“十百千万”两广旅游扶贫总动员仪式，即两省区旅游界将“共同打造两广十条精品线路、百个山水人文景点，启动千辆自驾车、万名游客旅游规模”的旅游扶贫协作。11月，广东云浮、茂名、湛江、阳江和广西北海、钦州、防城港、玉林、贵港、来宾等十城市签订区域旅游合作框架协议，共同签署《两广十市自驾车旅游合作协议》，成立两广首个自驾车无障碍旅游联盟。

由于两广本着“优势互补，资源共享，市场共拓，合作共赢”的原则，率先在全国开展无障碍旅游合作，极大地促进了两地旅游的对外开放与发展。两广间旅游的相互客流量大幅增长，由合作前广东每年接待广西游客约300万人次，广东到广西的游客约500万人次，到合作或无障碍旅游区正式启动后，广东接待广西游客年达546万人次，广东赴广西的游客达900万人次，为全国其他省区开展类似的旅游合作提供了宝贵的经验。

2006年9月22日，广东省与广西壮族自治区举行“十百千万”两广旅游扶贫协作与交流活动

【实施旅游扶贫工程】 省旅游局为开发山区旅游资源，于2002年1月正式向省委、省政府提出在全省范围内“实施旅游扶贫工程”的设想。1月15日，部分人大代表、政协委员组成考察团，到连山、连南、阳山县和连州市开展旅游扶贫专题调研。2月，省九届人大五次会议和省政协八届五次会议期间，共有14个代表团的100多位人大代表和政协委员，提出了关于“旅游扶贫”的提案，该提案被作为重要议案批转给政府各有关部门办理。4月15日，省旅游局向中共中央政治局委员、省委书记李长春呈送《关于全面启动旅游扶贫工作的汇报》。4月16日，李长春批示：旅游扶贫，大有可为。

2002年4月30日，省政府颁布的《关于加快我省旅游企业发展的意见》中提出：“把旅游扶贫工作纳入全省扶贫工作计划，建立旅游扶贫示范区（点），加快山区和欠发达地区旅游产业的发展”。9月，省委、省政府作出《关于加快山区发展的决定》，规定“从2002年开始，连续五年，省每年安排3000万元，用于扶持贫困地区尤其是山区的旅游基础设施建设”。同年9月6日，首批旅游扶贫工程正式启动。省旅游局与旅游扶贫项目所在地的旅游管理部门和项目开发责任人签订了《广东省旅游扶贫项目实施和专项资金管理使用目标责任书》。

旅游扶贫专项资金投入的基本面及扶持的对象范围包括：粤北山区和东西两翼地区，旅游资源和开发条件较好、预期扶贫拉动效益显著、弱势群体相对集中的贫困山区；以50个山区县为基础，以16个贫困县为重点，适当兼顾少数民族县、水库移民区和贫困渔民区、归难侨聚集地。具体操作办法是：省委、省政府相关部门统筹做好协调、配合工作，旅游和财政部门共同负责旅游扶贫重点项目的初选和扶贫资金的落实、监管工作，省旅游局和各市旅游局成立旅游扶贫工作领导小组，负责旅游扶贫项目的筛选、旅游政策配套等相关事宜。省旅游局科学遴选旅游扶贫重点项目，规范旅游扶贫项目操作规程，建立完备的“项目库”和“资料库”，协调解决制约山区旅游的交通瓶颈，协助山区开拓客源市场，引导山区招商引资，加快山区旅游从业人员培训。粤北和东西两翼的地方政府也加大对地方配套设施的建设力度，并向省政府提交加大旅游扶贫力度的建议。2007年省政府决定再次加大旅游扶贫专项资金的投入，从每年3000万元增加到5000万元。

旅游扶贫工程的建设促进了山区经济和旅游业的大发展。据统计，实施旅游扶贫工程7年间，全省共确定7批330个旅游扶贫重点项目，投入专项资金达2.5亿元，覆盖粤北山区和东西两翼85个县（市、区）。旅游扶贫项目直接招商引资总额达20.3亿元，地方和其他部门投入配套资金16.3亿元，旅游扶贫项目所在县吸引旅游投资总额达215亿元，解决了4万多人的直接就业，交通和公路部门协助解决旅游扶贫项目所在地旅游交通瓶颈道路180多条共3600多公里。

【广东国际旅游文化节】 2005年11月25日至12月11日，广东省成功举办首届广东国际旅游文化节。这是由国家旅游局和省政府共同主办，省旅游局、外经贸厅、文化厅等部门以及部分地级市以上人民政府承办的一次规模盛大的旅游产业盛会，也是广东改革开放后首次举办的大型旅游节庆活动。整个旅游文化节以岭南文化为主线，以世界旅游文化发展潮流为背景，以国内外市场为着眼点，呈现了广东改革开放的新面貌，谱写了广东改革开放的新篇章，推动了广东经济强省和文化大省的建设。

纳入本届国际旅游文化节的活动项目达60个，其中广州主会场举办25个活动项目，深圳、汕头、江门、湛江、珠海、清远、韶关、阳江等市的分会场也都分别举办活动项目。整个活动项目包括：开幕式、闭幕式、泛珠三角（简称“泛珠”）旅游花车大巡游、岭南民间艺术汇演、德国巴州慕尼黑啤酒节、德国拜仁慕尼黑足球精英队访粤友谊赛、国际时装设计大赛、泛珠旅游花船大巡游、美食技艺大赛、深圳国际旅游文化节、汕头旅游文化节、江门碉楼文化节、五邑水上婚礼、蔡李佛国际武术邀请赛、中国温泉之乡大展演、开平曲艺之乡大汇演、珠海沙滩音乐派对、清远盘王节、阳江风筝节等。

文化节还荟萃了58台岭南民间艺术展演，包括遂溪和番禺的醒狮、潮汕英歌舞、中山咸水歌、汕尾渔歌、潮州音乐、客家山歌等，让海内外游客领略到岭南醇厚绵长的民俗风情。

省内21个地级以上市以及泛珠“9+2”地区的34辆花车巡游，展现了“南粤秀”、“广府风”、“客家情”、“潮汕韵”、“南海潮”、“百越神”和“泛珠颂”等旅游文化特色，体现了活力四射的岭南文化和中国南方文化，强化了泛珠区域的旅游合作与交流。

首届广东国际旅游文化节，还邀请了国际旅游组织秘书长特使以及澳大利亚、新西兰、法国、比利时、英国、新加坡、韩国、泰国等世界各地的旅游部门负责人与会，世界500强企业中的两家旅游企业美国运通国际、日本JTB和全球跨国旅游集团世界旅游五强之一的瑞士可尼旅游集团还带着洽谈项目而来，有1000多家境外旅行社、6000多名海外嘉宾参加了开幕式和有关活动。在旅游招商会上，广东签订意向合同的外资金额为16.29亿美元。在签约项目中，投资额超3000万美元的有26个，超1亿美元的项目有5个。

2006年11月24～30日、2007年11月23～29日、2008年11月28至12月4日又成功地举办了2006、2007、2008广东国际旅游文化节暨泛珠三角旅游推介大会。

蔚蓝船说

【广东五星级饭店的建设】 1987年入境广东的境外客人从1979年的168万人次猛增到2530多万人次，占全国境外客人入境总人数的94%。为解决吃、住等难题，广东采取国家、地方、集体分别筹措，引进侨资、外资，中外合资、合作等模式，迅速建设和改造了一大批饭店、宾馆，涌现出白天鹅宾馆、中国大酒店、花园酒店、东方宾馆4家具世界先进水平的酒店。这4家五星级豪华酒店中，既有中外合资，自己设计、建造和管理的白天鹅宾馆，又有中外合作，由香港管理集团管理的中国大酒店和中外合资经营的、由国际酒店管理集团管理的花园酒店，还有由旧改新的东方宾馆。1995年全世界拥有1000间客房以上的五星级饭店共69家，中国占有4家并全部落在广东。

广东的五星级酒店在合资合作形式和管理模式上均在全国起到了示范作用。1987年8月28日，省旅游局向省委、省政府提交《走中国特式的管理道路——广州三间中外合资大酒店的对比》的调查报告。该报告在当时召开的全国人民代表大会上以简报形式刊发。国家旅游局多次转发此报告。

1988年国家开始推行饭店星级评定标准，涉外宾馆改称为星级饭店。1989年5月22日，国家旅游局在广州白云宾馆召开首批旅游涉外饭店星级评定发布会，宣布广州地区22家旅游饭店成为中国首批星级饭店。1990年，广州白天鹅宾馆、中国大酒店、东方宾馆、花园酒店、深圳南海酒店以及上海市的希尔顿饭店成为全国首批五星级饭店。其中，白天鹅宾馆为全国第一个自己设计、建造、管理的现代化高级宾馆，其服务和管理方式已成为全国现代化饭店的榜样，为旅游学校的酒店管理专业提供了教学示范。

广东中心城市的五星级饭店建设带动了其他市县、乡镇的宾馆建设。1996年东莞市第一家五星级酒店——银城酒店开业经营。2000年樟木头三正半山酒店正式营业，成为全国首家乡镇五星级酒店。2004年长安镇成为全国首个拥有3家五星级酒店的乡镇。至2008年底，东莞市有五星级酒店20家，五星级酒店数量在全国大中城市中名列第三，仅次于北京、上海。东莞五星级酒店以民营资本投资为主，其中金凯悦集团拥有凤岗金凯悦大酒店和石龙金凯悦大酒店2家五星级酒店，三正集团拥有樟木头三正半山酒店和塘厦三正半山酒店。此外，也吸引了喜来登、雅高等国际品牌进驻。

至2008年底，全省已拥有五星级以上饭店68家。其中广州花园酒店被评为全国首批白金五星级饭店，深圳威尼斯皇冠凯悦酒店被评为全国第一家文化主题饭店，东莞金凯悦、三正半山等2家酒店评为全国首批乡镇五星级饭店。

【广东赴美旅游首发团】 美国一直是广东第二大入境外国客源市场。2007年美国访粤游客人数为64.2万人次；从广东口岸出境赴美游客人数为12.8万人次。为加强广东省与美国的旅游合作与交流，增进双方人民的友谊，促进两地旅游产业的发展，按照国家旅游局指示，省旅游局组织广东赴美旅游首发团一行共90人，于2008年6月17日赴美开展为期12天的旅游交流活动。

中国旅游首发团按期访美，是落实两国政府签署《关于便利中国旅游团队赴美利坚合众国旅游的谅解备忘录》的一项重要内容。此次活动由中国国旅总社等单位组织，共250名游客，分别从京、沪、穗三地出发，标志着中国公民赴美团队旅游正式启动。赴美首发团先后游览华盛顿、纽约、洛杉矶、夏威夷等美国著名城市及旅游景点。

6月19日下午，在美国首都华盛顿停留期间，首发团全体成员进入美国国会山参议院办公大楼参观。随后，前往"奥德赛"邮轮参加由美国商务部、美国国家旅游协会、美国旅游业协会等部门举办的欢迎仪式，美国商务部部长古铁雷斯、中国国家旅游局局长邵琪伟出席欢迎仪式并致辞。6月21日，首发团前往纽约大都会博物馆参观，并出席纽约市旅游局举办的欢迎仪式。6月23日，前往洛杉矶环球影城参加洛杉矶市政府和旅游局举办的欢迎仪式。在夏威夷停留期间，主办方精心安排夏威夷民族舞蹈及音乐表演，广东游客进一步体验当地人民的热情好客及风土人情。

首发团访问期间，省旅游局抓紧与美国相关州政府和旅游管理部门建立沟通交流机制，为本省旅游业界与美国旅游业界的合作交流搭建平台。

【大陆居民赴台旅游广东首发团】 2008年7月4日凌晨，省外宣办、省台办、省公安厅、省旅游局、民航中南管理局、南方航空公司以及广州市相关部门和单位，广东省5家台湾游试点组团社以及广东首发团105名游客在广州白云机场举行"大陆居民赴台湾旅游暨两岸周末包机（广州）启动仪式"。

7月4日6点30分，广东首发团搭乘南航包机由广州白云机场起飞，于当日8点05分率先抵达台湾桃园机场，成为赴台游大陆首发团。在桃园机场，"台湾旅游观光局"举行盛大迎宾仪式。桃园县、台北县、南投县也以各种不同方式欢迎大陆观光客抵台。

这次广东首发团由广东省中国旅行社、广州广之旅国际旅行社、深圳口岸中国旅行社、广东省拱北口岸中国旅行社、中山中国国际旅行社5家旅行社负责组团，各组团社分别派出一名副总经理和领队全陪，严格执行《大陆居民赴台湾地区旅游领队人员管理办法》、《大陆居民赴台湾地区旅游注意事项》、《〈大陆居民赴台湾地区旅游团名单表〉管理办法》等规定，并制定赴台旅游突发事件应急预案。省台办组织新闻媒体随团采访报道。

广东分团在台湾旅游行程为：广州—台北—台中—日月潭—阿里山、嘉义—台南、高雄—垦丁、台东—花莲—宜兰、台北—广州。环岛全程时间为10天，行程达1700公里。主要参观景区（点）包括："国父"纪念馆、苗栗县三义木雕博物馆、南投县知名佛教道场中台禅寺、阿里山、日月潭、高雄爱河、垦丁"国家公园"、太鲁阁景区、宜兰东北角海岸风景区、邓丽君墓园、野柳风景区、阳明山公园以及台北"故宫博物馆"等。此次台湾之旅平均每人消费4万元新台币，折合人民币约1万元，105名团友至少在台湾消费100多万元人民币。

台湾一直是广东重要入境旅游客源市场。1987～2007年底，台湾居民来大陆累计超过4700万人次，大陆居民赴台湾累计超过163万人次；2007年台湾居民来大陆超过462万人次，其中台湾访粤游客人数为229.17万人次。大陆居民赴台近23万人次。随着两岸关系进入新阶段，大陆居民赴台旅游的逐渐开放，粤台旅游合作前景广阔。

【广州国际旅游展销会】 广州国际旅游展销会创办于1993年，最初由广州市旅游局主办，是中国境内最早的由地方旅游局主办的国际旅游展销会。展销会主要内容包括：专业洽谈日、公众开放日、展商旅游产品、服务推介会以及世界各地民族风情文艺表演等。展示范围包括：国家、地区旅游局及旅游协会；出入境旅行社；酒店、酒店集团及度假中心；旅游景点及主题公园；航空公司及航空联盟；游览车、汽车租借及铁路机构；游轮及海上游；会议展览及商务中心；商务及奖励旅游；旅游教育与培训；旅游相关服务公司；旅游纪念品生产厂及经销商；旅游媒体、网络公司及电子商务企业等。

历届旅游展销会吸引着来自境内外展商、旅游业界专业人士及广大旅游爱好者和市民前来洽谈、参观。参展商遍及全国30多个省、直辖市和自治区，香港和澳门特别行政区以及近40个国家。其规模之大、人数之多，已成为世界旅游界了解广州、华南乃至整个中国旅游市场的窗口，成为国内外旅游界对外的重要交流、展示和销售活动平台，成为亚太地区重要的旅游展销会之一。

从2002年开始，广州国际旅游展销会由省旅游局和广州市旅游局共同主办，参观范围和规模有了更进一步扩大。2003年春节前后，广东突然遭遇"非典"疫情，3月26～28日，第11届广州国际旅游展销会如期举办。本届展销会共设展位400多个，其中，境外展位110个，主要来自欧、亚、非、美、大洋洲和中国港澳台等20多个国家和地区；国内参展展位有290个，共来自全国30多个省、直辖市和自治区，吸引着境内外展商、旅游业界专业人士及广大旅游爱好者和市民达4.5万人次。其中，前来参观洽谈的境内外专业人士达5000多人，包括境外旅游买家和参展商1500多人，中国对外开放的24个目的地国家都有展商前来参展。2005年之后，广州国际旅游展销会又与国家旅游局主办的中国国际旅游网上博览会同时同地举办。至2008年，广州国际旅游展销会已成功举办16届。

【抗击低温雨雪冰冻灾害】 2008年1月中下旬至2月上旬，广东省遭受了80年一遇的持续大范围低温、雨雪和冰冻极端天气，对全省旅游业的发展造成较为严重的影响。其受灾景区在地域主要为粤北韶关、清远两市，受损主要体现在供电设备、道路、植被等不同程度的损坏，尤其在景区景观上带来严重的影响。据初步统计，两市16个景区受损中断营业。其中韶关市南岭国家森林公园、南方红豆杉森林公园、广东大峡谷，清远市大旭山、广东第一峰、神笔洞等景区受灾最为严重。各地旅游部门、旅游企业在省旅游局和地方政府的支持下，多方途径，筹集资金，加快灾后重建步伐，并在重建中提高景区有关服务配套设施的建设标准，借机改善景区林相、林貌，在春节前已陆续营业。

灾后南岭国家森林公园一角　卢东华摄

【白天鹅宾馆、花园酒店、中国大酒店的建设】 1979年以后，广州依托毗邻港澳、华侨众多，地理位置优越，海陆空交通便利，在全国率先引进外资建设白天鹅宾馆、广州花园酒店、中国大酒店首批三个五星级酒店。

白天鹅宾馆：位于广州沙面岛南边，濒临三江汇聚的白鹅潭畔。1979年4月4日，省旅行游览事业管理局同香港知名人士霍英东、彭国珍签署在广州合作兴建白鹅潭宾馆的初步协议书。1979年4月6日，国务院批准《关于霍英东在穗建造旅游饭店的请示报告》。1979年4月11日，中国旅行游览事业管理总局局长卢绪章正式与霍英东、彭国珍签订兴建白鹅潭饭店协议。1979年6月10日，广东省计划委员会批复同意双方的合作兴建白鹅潭饭店。1979年6月20日，省旅行游览事业管理局党组副书记、副局长陈斌作为白鹅潭饭店的内地合作方代表与香港维昌发展公司的代表霍英东、彭国珍正式签订合约，双方出资合作在广州兴建白鹅潭饭店，并聘请著名建筑设计师佘畯南、莫伯治等负责设计，店名改称为“白天鹅宾馆”。设计楼高34层，客房843间，总建筑面积11万平方米，总投资4981万美元和300万元人民币。实际总投资5600万美元，其中港方提供1350万美元（含设备追加费100万美元）贷款作为投资。同日，合作双方代表与珠江外资建设公司签订白天鹅宾馆建设工程总承包合同。1979年10月，白天鹅宾馆破土动工。1982年10月5日，白天鹅宾馆总经理朱一明（内地合作方授权代表）与霍英东、彭国珍签订《合作经营白天鹅宾馆协议书》，合作经营期限15年。1982年10月16日白天鹅宾馆建成并部分试业。1983年2月6日正式开业。

白天鹅宾馆是中国第一家中外合作的五星级宾馆，也是中国第一家由中国人自行设计、施工、管理的大型现代化酒店。1985年7月1日，被“世界一流酒店”组织接纳为中国首家成员，1990年2月8日，被国家旅游局评为首批五星级酒店之一，1995年荣列国家旅游局举办的首次全国“百优五十佳饭店”评选榜首，并连续多年被《国际旅游指南》和国际著名报刊评为国际商务人士到广州的首选酒店。自开业后，白天鹅宾馆共接待40多个国家的元首和政府首脑，有英女王伊丽莎白二世，美国总统布什、尼克松，德国总理科尔，以及卡斯特罗、基辛格、西哈努克、李光耀等国际名人。邓小平曾三次莅临白天鹅宾馆并亲笔题字。白天鹅宾馆把国际先进酒店的管理经验与中国的国情相结合，走出一条融会中西管理模式的酒店管理之路。

广州花园酒店：位于广州市繁华商业中心区，是广州岭南国际企业集团有限公司旗下酒店，占地面积4.8万平方米、建筑面积18万多平方米，828间客房、800多套写字楼与公寓、12个各具特色的餐厅与酒吧。1980年3月28日，广州岭南置业公司代表、广州市副市长林西与香港花园酒店有限公司代表、香港知名人士利铭泽签订《关于在广州合作建造与经营花园酒店协议书》。8月13日，省政府办公厅发出《关于批准广州岭南置业公司和香港花园酒店有限公司在广州合营花园酒店的通知》。花园酒店总投资9.5亿元，由世界设计大师贝聿铭为花园酒店提出设计理念，并画出“Y”字形楼体式样的设计概念草图，具体设计为香港著名建筑设计师司徒惠。12月26日，广州花园酒店举行奠基典礼，时任广东省委第二书记，副省长，广州市第一书记的杨尚昆为酒店奠立基石。1983年2月，花园酒店主体结构建筑完工交付。1984年2月2日，邓小平为酒店题名“花园酒店”。1984年10月28日，花园酒店试业。1985年8月28日，花园酒店全面开业，成为当时全国规模最大的酒店，拥有全国最大的酒店大堂、全国最大的酒店会议中心、全国最大的酒店大理石镶金壁面。正式开业后，花园酒店成为广州旅游业和高级商务、政务活动的品牌形象，成功举行了香港与澳门基本法起草委员会历次会议、中国电影金鸡百花奖、交易会开幕酒会、世界大都会年会、申亚评估团陈述会、各国驻穗领事馆国庆酒会等活动。至

1997年，花园酒店提前还清全部投资本息17亿元，合作双方分红3.3亿元。2005年1月1日，花园酒店结束中外合作期，全部产权收归广州市政府。2007年6月18日，广州花园酒店被全国旅游饭店星级评定委员会评定为白金五星级饭店，是全国首批三家，也是华南地区唯一一家白金五星级饭店。至2008年5月，酒店累计经营收入86.22亿元，净利润13.88亿元，上缴国家利税费9.91亿元。

中国大酒店：1980年香港六大财团领军人物胡应湘、郑裕彤、李嘉诚、冯景禧、郭得胜、李兆基先生等共同组建的香港新合成发展有限公司与广州羊城服务发展公司（后为广州羊城兆业企业集团有限公司）签署合作经营合同，合作投资1.25亿美元兴建中国大酒店。位于越秀公园西面的象岗山上，占地面积1.9万平方米，楼高18层，酒店建筑面积16.8万平方米，有1017间客房、19个酒吧。1984年6月10日，酒店全面开业。在香港新世界酒店管理公司的管理下，中国大酒店在开业9年的时间内就全部还清本息，创造了国内酒店用最短时间还清投资本息的纪录。1998年中国大酒店率先引进世界500强酒店业旗舰万豪国际集团的优化管理机制，成为广州第一家由国际酒店管理公司管理的酒店。至2008年6月，中国大酒店营业收入近90亿元，经营利润达40亿元，上缴国家税收10多亿元，在全国酒店业中名列前三位。2004年6月10日，中国大酒店与香港新合成发展有限公司合作完满结束，产权收归国有。2005年3月29日，中国大酒店加入岭南国际企业集团。2006年12月5日，中国大酒店与万豪国际管理公司签署自2007年起10年管理合同。从1996年起，连续13年荣获由世界权威的饭店星级评定机构——美国服务科学学会颁发的国际服务业最高荣誉桂冠，也是国际公认的最具权威的优质服务奖“钻石五星奖”。2007年7月1日，斥资5.3亿元更新改造，以“时尚中国，环保中国”的风格定位，打造更完善更具国际化的硬件设施，培养更专业更优秀员工和获得更好的经济效益、社会效益作为发展的核心理念。

广州中国大酒店

【长隆旅游度假区】 位于广州番禺区，从1980年代末开始投资经营管理。度假区下辖长隆欢乐世界、香江野生动物世界、长隆水上乐园、长隆国际大马戏、广州鳄鱼公园、高尔夫练习中心、香江大酒店等经营实体。

长隆欢乐世界——过山车

香江野生动物世界于1997年12月正式对外开放。它集动植物保护、研究、养殖、旅游观赏、科普教育于一体，是中国拥有动物种群最多、数量最大的大型国家级野生动物园。园区占地面积近2000亩，有来自世界各地的珍禽异兽400多种、2万多只（头），其中有白虎、雪虎、白狮、白袋鼠、北极熊、中华鲟、食蚁兽等世界珍稀动物。2004年首创国内自驾游观赏动物模式。2006年景区内展出澳大利亚国宝树熊以及袋鼠等多种珍奇动物。中国唯一一家坐落于野生动物世界范围内的生态酒店——长隆酒店于2001年投资建成。世界最大的高尔夫练习中心2003年投入使用，占地数百亩，拥有280条国际标准、全球顶级超宽打道。世界最大的鳄鱼公园——广州鳄鱼公园于2004年向游客开放。它拥有鳄鱼10万多条，占全国鳄鱼总量的70%以上。长隆国际大马戏拥有全球最大的专业马戏表演场，始创于2000年，秉承“荟萃全球马戏精华”的一贯理念，坚持全球化采购国际顶尖马戏节目，2005年10月，正式独立经营，成为长隆集团旗下独立的文化娱乐品牌。2006年4月，长隆欢乐世界正式开园。占地面积1500多亩，拥有游乐设施近70套。园区由加拿大FORREC公司主持规划设计。集世界领先游乐和顶尖演艺为一体，绝大多数项目为欧美原装引进，拥有垂直过山车、国际特技剧场、四维影院、十环过山车、摩托过山车、超级大摆锤、超级水战、U形滑板八大世界或亚洲之最，同时还拥有国内最大的室内儿童恒温游乐城——开心乐园，以及适合儿童和全家游玩的游乐设施近40套。被誉为“广州夏威夷”的长隆水上乐园2007年5月开业，亚洲最大水上乐园正式落户长隆。

该度假区坚持“以人为本、和谐为重、科学发展”的管理理念。主题公园已建立和逐步完善ISO 9000质量管理体系及ISO 14000环境质量体系，并正在全面导入ERP系统等，将管理水平和信息化技术成功结合。2007年5月，被评定为首批国家5A级旅游景区。2007年接待游客人数800万人。

【全国地方旅行社第一个中国驰名商标——广之旅】 2006年6月，华南地区最大的旅行社“广之旅”被国家工商总局商标局认定为“中国驰名商标”，成为全国地方旅行社中第一个“中国驰名商标”，也是继国旅总社、中旅总社之后，中国旅游业的第三个驰名商标。

广之旅国际旅行社股份有限公司（简称“广之旅”）前身为广州市旅游公司，成立于1980年12月5日。1997年整体转制为股权结构多元化股份有限公司。主要经营出境游、国内游、入境游三大旅游业务，并兼营电子商务旅行、会展服务、旅游汽车出租、电脑软件、海外留学咨询等业务。至2007年，公司在马来西亚、香港、澳门、湖南、四川等国家和地区设有分支机构，在珠三角有160多个营业门市部，省内员工有近1000人，形成以广、深、珠为核心，以粤、港、澳为依托，以泛珠三角为辐射范围的网络经营流程。业务遍及全球80多个国家和地区，拥有一套国内领先水平的24小时客服热线系统。是华南地区规模大、实力强、知名度较高的大型旅行社之一。

中国用户满意鼎

广之旅在发展过程中注重创新经营模式，开发新型旅游产品，多渠道扩大产品覆盖面和收容量，强调客户至上原则，收到良好效果。1983年广之旅在全国创办特区游，旋即在全国掀起特区旅游热。同年11月15日，参与开办香港游，翻开了新中国成立以来内地居民出境旅游历史一页。1987年广之旅作为发起人，联合广州地区的旅行社，创立全国首家旅游联合体。并在报纸上刊登广告，开了国内游广告上报的先河。1993年广之旅成为市属首家以旅游接待为主的超亿元旅行社。1994年在全国旅行社首创并倡议旅游服务质量保证金制度。次年，国家旅游局在全国旅行社推行此做法。2000年广之旅专业网站——中国旅行热线（www.cnto.com）成功突破在线支付的关口，被誉为首家“网上旅行社”。同年，成为全国首家通过ISO9001认证的股份制旅行社。2001年7月，广之旅被国家信息产业部批准为“国家电子商务试点单位”。2002年起，广之旅全力开拓市场，不断壮大经营规模，并采取品牌特许经营，参股、控股当地旅行社，设立非法人分社等形成建立多层次网络体系。2003年“非典”疫情后，根据游客注重健康游的需求开辟了以生态游为主体的发展模式。2004年营业总收入达7.01亿元。同年，公司还打破传统模式，推出“自游通”、“新联假期”、“高品保”3个旅游新项目，成为旅游市场顶级产品。2005年8月，获得全国旅游质量管理的最高荣誉——“中国用户满意鼎”，成为中国旅游业中第一个获得“满意鼎”的旅行社。2006年“广之旅”图文组合商标被国家工商总局认定为“中国驰名商标”。2007年创全国首家“旅游名店城”——时代广场旅游名城店和中山五路国际旅游名城店，首推“旅游头等舱服务”。2007年广之旅接待中外旅客人数近150万人次，营业收入超17亿元，其中，国内游业绩为广东第一，全国第二。广之旅香港组团人数一直居全国首位，获香港旅游发展局颁发“香港通”博士证书。此外，还先后获得澳大利亚旅游局颁发的“树熊奖”，泰国政府旅游局授予“泰国之友”，新加坡旅游局颁发的“中国旅游业优质产品名家之旅”奖等十几个境外政府授予的奖项和荣誉称号。

【华侨城旅游度假区】 深圳华侨城原属宝安县光明华侨畜牧场沙河分场，总面积12平方公里。1981年由沙河分场改为沙河华侨企业公司。1985年11月，华侨城总体设计规划由新加坡大地顾问公司和深圳市工程设计咨询顾问公司、深圳华侨城设计室联合承担。根据华侨城的地形、地貌分区，北为工业区，南为住宅和旅游区。

1986年11月，华侨城经济发展总公司成立。1997年1月30日，国务院侨办批复同意华侨城经济发展总公司独家设立股份公司；8月18日，华侨城实业股份有限公司成立；9月10日，“华侨城A”股票在深交所上市。同年更名为华侨城集团公司。

1989年11月，华侨城锦绣中华微缩景区建成开放，占地31.5万平方米。1991年10月，华侨城中国民俗文化村建成开放，占地25万平方米。1994年6月，华侨城世界之窗建成开放，占地48万平方米，成为“一步迈进历史，一日游遍中国”，“让世界了解中国，让中国了解世界”为宗旨的主题公园群。1998年10月1日，一座大型的融观赏性、娱乐性、趣味性于一体的中国现代主题乐园——深圳欢乐谷正式开业，占地35万平方米。至此，华侨城在深圳湾畔打造出一个深受游客喜爱的旅游胜地，成为中国最大的主题公园群。

2001年1月，华侨城旅游度假区及锦绣中华微缩景区、中国民俗文化村、世界之窗、欢乐谷等四大主题公园被评为全国首批4A级旅游景区；2004年华侨城旅游度假区入选“深圳八景”；2007年5月被评为全国首批5A级旅游景区；2006年和2007年连续两年入围亚太地区十大主题公园。自主题公园锦绣中华开业起，华侨城旅游度假区累计接待游客1亿人次，度假区旅游总收入过百亿元，实现利税总额30亿元。

2006年7月，华侨城集团历经4年打造的北京欢乐谷盛大开园；11月，华侨城旅游研究院揭幕。2007年2月，华侨城集团投资35亿元打造的大型山地生态旅游区东部华侨城正式开放，占地9平方公里，以生态旅游、休闲度假、体育娱乐为主题，由世界茶艺博览园、公众体育公园和综合生态旅游区三大园区及度假酒店、公寓等配套设施组成，同年4月获中国首个“国家生态旅游区”称号。

经过24年的发展，华侨城发展成为一个跨区域、跨行业经营的大型国有企业集团，培育了房地产及酒店开发经营、旅游及相关文化产业经营、电子及配套包装产品制造等三项国内领先的主营业务。华侨城集团公司已拥有华侨城控股（SZ000069）、华侨城（亚洲）控股（3366.HK）、康佳集团（SZ000016）三家境内外上市公司及锦绣中华、民俗文化村、世界之窗、欢乐谷、波托菲诺、新浦江城、何香凝美术馆、OCT-LOFT创意文化园、华夏艺术中心、长江三峡旅游、华北城大酒店、威尼斯酒店、茵特拉根大酒店、城市客栈等一系列国内著名的企业和产品品牌。连续六年入选中国企业500强。

【石景山旅游中心】 位于珠海市吉大景山路中心商业区。1979年10月14日，由珠海市旅游总公司与澳门珠海旅游发展有限公司签订协议，采用包干合作经营方式（珠海市旅游总公司承诺拿出土地、道路、水电、通讯方面作为投入，澳门珠海旅游发展有限公司出资金、出技术、出管理人才，合作期12年）。签约后报广东省革命委员会，并很快得到批准。1979年12月2日，珠海石景山旅游中心举行奠基典礼。中心占地6万平方米。第一期工程投资1100万港元（两年之后又追加投资），建筑面积为4500平方米。于1980年2月3日正式动工，同年10月15日第一期工程竣工并正式营业。投入营业的有旅馆、中餐厅、西餐厅、咖啡厅、旅游商场、娱乐表演场、停车场等。酒店建筑为“西班牙蜂巢”式，共有客房60间（套），床位数120张，餐厅座位400个。还设有工艺美术品及土特产商店3间，娱乐演奏大厅1座，停车场1个，燃放烟花场1个。招收员工240名。1981年营业收入360万元，纯利润109万。旅游中心第二期工程包括高尔夫球场、网球场、射击场、烟花场等，按五星级标准设计建造的涉外商务酒店，由楼高5层的主楼、4层高的湖景阁商务楼以及六栋别墅组成，共有客房207间（套）。另设计有总统套房、中餐厅、西餐厅、国际会议厅、商务中心、游泳池、健身房、乒乓球室、卡拉OK歌舞厅、桑拿、停车场等餐饮娱乐及辅助设施。

这是全国第一家与港澳合作经营的旅游企业。酒店聘请澳门行家任总经理，实行程序化、制度化、标准化的科学管理方法，开全省旅游宾馆饭店现代化建设之先河，成为广东省旅游饭店管理体制改革的一个典范。

1981年试行劳动合同制度，成为全国第一个推行劳动合同制度的用工单位。1992年5月25日被评为涉外三星级商务酒店。

1996年11月1日，酒店按国际五星级标准改建后重新开业。占地面积10万平方米，总建筑面积2.3万平方米，总投资额达1.2亿元，由楼高5层的主楼、4层高的湖景阁商务楼以及六幢别墅组成，客房总数达210间，员工436名。2003年12月5日，由香港华诚行100%股权收购，珠海石景山旅游中心变更为一家港资企业。

【珠海度假村酒店】 位于珠海市吉大石花东路。酒店占地面积23万平方米，由酒店主楼、别墅区等组成，拥有近500间各式客房、89栋别墅及游泳池等娱乐设施，是一家集旅业、餐饮、康乐、旅游为一体的度假型酒店。

1984年10月1日对外营业。酒店先后经历中外合作、中外合资、独资经营三个阶段。1990年2月，珠海度假村酒店被国家旅游局评定为首批四星级酒店。2000年3月，晋升为五星级酒店，成为全国首家五星级度假型酒店。1994~1996年珠海度假村酒店连续三年被评为“全国最佳星级饭店”（其中1995年被评为“百优五十佳饭店”）。1997年被评为“中国标志性饭店”，并获得“环境艺术金奖”、“总统套房金奖”和“特色餐厅金奖”三项大奖。1997年成立酒店管理公司，先后接管20多家酒店。

【海泉湾度假城】 位于珠海西部平沙镇。由香港中旅集团国际投资有限公司投资兴建。整个项目占地面积为3平方公里，总投资逾30亿元。是以天然海洋温泉为核心元素，融温泉中心、豪华酒店、主题乐园、康体中心、商业区和现代剧院为一体的综合性海滨度假胜地。2007年4月，被国家旅游局授予全国首家“国家旅游休闲度假示范区”称号。

海泉湾度假城首期工程投资22亿元，占地约1平方公里。开发的重点有大型温泉中心，五星级度假酒店、会议会展中心、康体保健中心、大型水陆游乐园和渔人码头等。由美国著名的EDSA、WATG公司，加拿大FORREC，日本的NIHON SEKKEI，美国的WILSON&ASSOCLATES、INC、HBA，香港的CELL公司分别担纲度假城的总体规划及景观设计、建筑设计、主题乐园规划设计、温泉项目和室内装修的设计。于2006年1月22日全面开业。海泉湾度假城不断进行产品深度开发，相继推出加勒比海岸、园林温泉、高尔夫练习场、温泉养生医疗项目、休闲垂钓区等系列新产品。2008年7月，推出国家级自驾车营地和全新大型晚会。

2006年度假城接待游客302.5万人次，营业收入达3.58亿元。2007年，全年经营收入达到3.75亿元，比上年增长4%。

【丹霞山入选首批世界地质公园】 丹霞山位于广东省韶关市境内，总面积292平方公里。历史上曾被列为广东四大名山之首，为岭南第一奇山。1980年起对外开放，1988年被批准为国家重点风景名胜区，1995年被评为国家地质地貌自然保护区，2000年被评为国家4A级旅游区，2001年被评为国家地质公园。2004年2月13日，经联合国教科文组织批准入选首批世界地质公园，同年7月5日，丹霞山世界地质公园正式揭幕开园。

丹霞山是世界丹霞地貌命名地。在中国已经发现的783处丹霞地貌中，丹霞山是发育最典型、类型最齐全、造型最丰富、景色最优美、研究最充分的丹霞地貌集中分布区。1930年代，中国著名地质学家陈国达教授在对丹霞山以及华南地区的红石山地作了深入考察研究后，以发育最典型的丹霞山为名，将这类地貌命名为“丹霞地貌”，并逐渐成为世界地质学专用名词。丹霞山由红色沙砾构成，以赤壁丹崖为特色，古人取其“色如渥丹，灿若明霞”之意，称之为丹霞山。丹霞山整体呈现出一种红层峰林式结构，由680多座顶平、山陡、麓缓的山峰构成，山石林立，高低参差，错落有致，形象万千，宛如一座红宝石雕塑园，故又称“中国红石公园”。丹霞山由丹霞、韶石、巴寨、矮寨、锦江画廊五大景区组成，以阳元石之雄、阴元石之奇、巴寨之险、锦江之秀、锦石之幽、韶石之韵闻名。现有别传禅寺以及80处石窟寺，历代文人墨客在此留下许多传奇故事、诗词和摩崖山刻，成为珍贵的历史文化遗产。

丹霞山被评为首批世界地质公园，填补了广东无世界名山的空白，随着丹霞山在国内外知名度的提高，吸引了来自世界各地的游客。2004至2007年，丹霞山景区共接待游客512.81万人次，景区门票收入11806.82万元。

2004年丹霞山世界地质公园揭幕

【万绿湖生态旅游】 万绿湖位于河源市东源县境内，依托华南地区最大的人工湖——新丰江水库而设，建于1958年，因处处是绿、四季皆绿而得名。湖区总面积1600平方公里，其中林地面积1100平方公里，水域面积370平方公里，蓄水总量139亿立方米。湖内设有新丰江国家森林公园和新港省级自然保护区，分布着大小360多个绿岛。整个湖区自然资源丰富，生态环境优美，湖水水质常年保持国家地表水Ⅰ类标准，空气质量长期达到国家一级标准。

1984年以前，万绿湖仅是一个用于蓄水发电、调节航运、防洪灌溉和供应饮用水的普通型水库，其旅游资源没有得到重视和开发。1984年省政府批准将新丰江水库开辟为旅游区。1994年8月，新丰江库区建成首个旅游景点——得绿寨（后改名为“奇松岛”），新丰江水库定名为“万绿湖”。至1998年底，万绿湖已建成旅游景区（点）6个。

为保护原生态环境，万绿湖风景区坚持在湖区内进行长期植树造林，“湖内游览，湖外吃住”，并在全国首创导游员兼任环保宣传员的制度，1998年7月，万绿湖被列入广东省首批“环境教育基地”。

2002年7月，万绿湖评定为国家4A级旅游区，成为河源市目前唯一的国家4A级旅游景区；2004年2月，万绿湖获省工商行政管理局评定的“广东省著名商标”；2008年9月，万绿湖被评为“广东省最受游客喜爱的景点”。

至2008年4月，万绿湖已开发出自然观光、生态野趣、客家风情、娱乐参与等四大系列9个景区（点），客源市场已拓展到国内多个省份，累计接待游客700多万人次，旅游收入7亿多元，为湖区群众1万多人提供了就业机会。同时，万绿湖在全市第三产业中形成了“万绿河源”的品牌效应，带动了全市旅游业及交通、酒店、房地产、物流等行业的快速发展，发挥出显著的经济效益、生态效益和社会效益。

万绿湖

【中山温泉宾馆】 1979年11月，中山温泉宾馆由港澳地区知名人士霍英东、何鸿燊投资兴建，是改革开放后国内第一家与港澳合资旅游宾馆。1980年12月开业，2000年12月，宾馆被评为四星级酒店。

中山温泉宾馆占地面积105万平方米，其中园林绿化面积23万平方米，水面20万平方米，含人工湖13个；建筑面积5.3万平方米，有主楼11幢，别墅14座，客房300间，设多种规模多功能会议厅和商务中心等娱乐服务设施。

1984年8月，霍英东与温泉宾馆合作，建成占地46.6万平方米的中国内地第一个具有举办国际锦标赛水平的大型高尔夫球场——阿诺·庞玛球场。1993年建成积尼·告斯高尔夫球场。两座球场多次成功举办国际赛事。

宾馆开业后，先后接待邓小平等党和国家领导人、柬埔寨西哈努克亲王等外国国家元首及国内外各界知名人士。至2007年，温泉宾馆共接待海内外游客290万人次，累计为国家创汇1.52亿元，上缴利税3405.68万元。1988年被评为全省16个最佳酒店之一，1995年被评为全省500强企业。

【梅州客家山歌旅游节活动】 2006年2月11～13日，梅州市在梅城举行客家山歌旅游节系列活动。

“客家美食嘉年华”活动由梅州市委、市政府主办，于2月11～13日在梅城鸿都客天下美食城举行。来自梅城及各县（市、区）的26家星级饭店和酒楼食府设置37个展台或档口，烹制和展示238种独具风味的客家美食。中国烹饪协会授予梅州市“中国客家菜之乡”牌匾，并授予梅县雁南飞茶田度假村围龙食府、雁鸣湖旅游度假村银湖大酒店和大埔县金帆大酒店“中华餐饮名店”牌匾。

客家山歌旅游节开幕式于2月12日下午在梅城剑英体育馆广场举行。随后举行经贸项目签约仪式、千人山歌大对唱、客都民俗风情巡游表演、花车队伍巡游活动。客家山歌旅游节期间共有经贸签约项目1498个，投资总额435.1亿元；开幕式现场签约95项，投资总额128.3亿元。由梅县山歌剧团、文化馆、民间山歌手及高级中学学生共1200人组成的合唱队，举行“千人山歌大对唱”表演，创造了“规模最大的山歌对唱活动”大世界基尼斯之最。风情表演有蕉岭腰鼓竹板、大埔花环龙、丰顺大锣鼓、五华竹马舞、兴宁杯花舞、平远船灯等。节目洋溢着浓郁的客家风情气息。花车巡游队伍有山歌旅游节花车、山歌之乡花车、文化之乡花车、华侨之乡花车、足球之乡花车、旅游景区花车、有关企业的花车、各县（市、区）的花车共39辆，形成五彩缤纷的花车长龙。晚上8时，在梅州迎宾馆广场举行音乐焰火晚会。2月13日上午在梅州迎宾馆举行客家文化研讨会，56人出席研讨会，共收到论文32篇。同时，闽粤赣边区域旅游研讨会在梅城客都大酒店举行。会议形成《闽粤赣边区域旅游研讨会会议纪要》，强调开展区域旅游合作，共同推介“客家风情之旅”、“红色之旅”、“蓝色海岸之旅”。客家山歌旅游节闭幕式暨客家妹旅游使者形象大赛总决赛于2月13日晚在梅城剑英体育馆举行。

梅州山歌节场面恢宏

【中国（江门）侨乡华人嘉年华及中国（江门）侨乡旅游节】 2004年10月17日，首届中国（江门）侨乡华人嘉年华暨第四届（2004）中国（江门）侨乡旅游节在江门市开幕。来自世界各地的华侨华人、港澳台同胞等嘉宾2000多人出席盛会。

首届中国（江门）侨乡华人嘉年华暨第四届中国（江门）侨乡旅游节活动由省侨务办公室、省旅游局、省归国华侨联合会、省海外交流协会和江门市人民政府共同举办。嘉年华活动由“大巡游”、“华人论坛”和“侨乡之旅”三大主题板块组成。“大巡游”邀请海内外几十支艺术表演队和富有侨乡特色的当地民间民俗表演队伍巡游表演。“华人论坛”邀请海外重要华人社团代表以及各界华人精英与会，为增进海内外华人相互了解提供一个信息平台。“侨乡之旅”则通过“中国（江门）侨乡旅游节”的形式，组织海内外游客游览江门五邑独特的旅游景点。“侨乡之旅”有侨乡美食节、旅游线路设计大赛、外国客人游侨乡、珠三角万人游江门等活动。江门各市区还分别举办了茶庵旅游文化节、葵乡文化艺术节、海岛欢乐节、碉楼文化节、温泉欢乐节、生态旅游节等。

嘉年华活动期间还举行了大型文艺晚会、院士路落成、江门科技经济发展院士咨询会等10多项活动。10月19日晚，在市区东湖广场举行中国（江门）侨乡华人嘉年华暨第四届中国（江门）侨乡旅游节闭幕式文艺晚会。

中国（江门）侨乡华人嘉年华及旅游节为境外华人搭建了一个交流与合作的平台，让他们了解中国、了解侨乡。首届嘉年华成功举办后，江门市委、市政府决定把每两年一届的华人嘉年华活动和每年一届的中国（江门）侨乡旅游节办成五邑华人乃至全球华人盛会。至2008年，江门市委、市政府共举办了三届中国（江门）侨乡华人嘉年华活动和七届中国（江门）侨乡旅游节。

【中国最美十大海岛之一——海陵岛】 2005年10月，由《中国国家地理》杂志社和34家新闻媒体发起评选中国最美的地方，阳江市海陵岛被评为全国最美十大海岛之一。

首批国家4A级旅游景区——大角湾全景图

海陵岛位于阳江市南部，全岛面积107.8平方千米，海岸线长123.5千米，四面环海，中心为盆地，为广东第四大海岛。设有海陵、闸坡两镇。海陵岛以环境优美、资源丰富著称，仅在岛南岸沿线就点缀着12处风景各异的天然海滩，总面积达20平方千米，约占全岛陆地面积的1/5。沿岸沙滩水质优良，无污染，沙质纯净细腻，洁白松软，波浪适中。

海陵岛有广东省唯一一个国家4A级海滨旅游景区——大角湾风景区，有被载入上海吉尼斯纪录的中国最长海滩——十里银滩。北洛湾、马尾岛等景点入选广东省名胜风景区，以生态海滨公园为主题的东方银滩欢乐广场备受游人青睐。宋代沉船“南海Ⅰ号”成功打捞进馆，给海陵岛增添了无限生机和吸引力。同时，国家六大中心渔港——闸坡渔港、国家小城镇经济综合开发示范镇——闸坡镇、广东海上丝绸之路博物馆、国家水下考古基地、国家沙滩排球训练与比赛基地等第一批“国字”招牌项目也相继落户海陵岛。此外，岛上还有太傅墓、灵谷庙、古炮台、镇海亭、观音阁、金龟望月等10多处人文景观，增添了海陵岛的海洋文化底蕴。

2003年8月，岛上出现了神奇的“海市蜃楼”，2004年近岸出现海豚结伴戏水的动人场景，2005年多次发现百年大海龟等，为当地居民和外来游客平添了无穷的乐趣。2007年滨海旅游业发展创历史新高，共接待国内外游客约189.2万人次，旅游总收入达7.95亿元。至2008年，海陵岛已开辟了海滨风光游、文化古迹游、家乡风情游、休闲逍遥游等旅游专线。

【恩平市被命名为全国首个“中国温泉之乡”】 恩平市以温泉多著名，已发现地热水出露点4处，分别是位于那吉镇那吉河床砂卵石中的热水镬温泉，位于良西镇月水村旁月水温泉，位于大田镇朗底河中朗底温泉，位于良西镇黑坭村的黑坭温泉。据初步统计，该市地热水总流量达10782立方米/日，平均日流量达2000立方米以上，各热水点水温均在60°C以上，最高达87°C，富含丰富的硫、氟、钴、锰、氡等多种元素。1993年起，恩平市利用外资民资，开发利用地热资源，发展温泉旅游业，建设了一个大规模、高品位的温泉之乡。2003年3月20日，恩平市被中国矿业联合会命名为“中国温泉之乡”，成为全国第一个“中国温泉之乡”；2005年被批准为国家地质公园，成为全国唯一的地热类国家地质公园。恩平市温泉旅游度假区以数量多、质量好、特色强等特点，成为全国生态旅游、休闲旅游的新亮点。恩平市年接待游客由1997年的10万人次发展到2007年的216.3万人次，旅游收入达8.29亿元。温泉旅游已成为恩平市第三产业的龙头，带动了全市第三产业的发展。

恩平市目前已建成金山温泉、帝都温泉、锦江温泉和温泉乐园等旅游度假景区。

金山温泉度假区位于那吉镇，开发热水镬温泉资源。1994年恩平市首次引进外资合作开发建设金山温泉度假区，1997年对外营业。该温泉有露天泉眼300多处，日均温泉流量2600立方米，常年水温80℃，是广东省第一个露天大型温泉景区。景区占地面积800亩，开发利用面积580亩，累计投资超过1.5亿元。该温泉已发展成为环境优美、功能齐全，集温泉疗养、健身康乐、商务会议于一体的国家4A级旅游景区。

温泉乐园，位于那吉镇，是1994年与金山温泉一起引进外资合作开发的项目，由民资企业投资7000万元，利用金山温泉度假村水资源，建有各类豪华别墅和多种日式特色浴池，1997年对外开放营业。

帝都温泉度假区，位于良西镇，开发月水温泉资源。1998年恩平市引进外资开发建设帝都温泉度假村，2000年正式营业。该旅游区自然园林面积200多万平方米，温泉园林面积10多万平方米。首期投资7000多万元。2002年帝都温泉获准注册为“名泉帝都”，2002年12月，被世界养生大会组委会选定为世界温泉养生基地。

帝都温泉

锦江温泉，位于大田镇，开发朗底温泉资源，2000年由外商首期投资8000多万元开发建设。锦江温泉的项目以动感取胜，首创温泉冲浪和温泉漂流，有50多个功能各异的特色温泉池，先后被评为国家4A级旅游景区、“最适合家庭出游的动感温泉”。

【湛江美食节】 2001年10月10日，首届湛江美食节由湛江市人民政府主办，湛江市旅游局等单位协办。本届美食节以“创出品牌，食出文化”为主题，以分展的形式来开展，以烹饪技艺竞赛和菜品展示为重头戏，市内规模以上餐饮企业、星级饭店均有参加。本届美食节未设主会场，以各大宾馆酒楼为会展会场，举行了各项美食烹饪大赛。如银海酒店的“名菜”比赛，海滨宾馆的“名宴”比拼，太和山庄的“名师”斗高低等。首届美食节历时两个月，评选出湛江“十大名菜”“十大名宴”“十大名厨”“十大名店”以及一批“湛江名菜、名宴、名厨”。通过这次美食盛事，树立了一批餐饮企业的品牌，促进了当地旅游业的发展。

2002年11月23日至12月1日，第二届湛江美食节在赤坎金沙湾新城举行。本届美食节以“地方小吃”为主题，市内餐饮企业120多家参展，展出湛江风味小食近千种，评出了“炸虾饼”“炭烧蚝”等“湛江名小吃”30个，“牛杂串”等“最受欢迎奖”30个，以及“最佳创意奖”“最佳特色奖”“优胜奖”等若干名，吸引游客16万人次。2003年11月22日，举行第三届湛江美食节。以“吃海鲜，到湛江”“海鲜美食在湛江”为主题，评出“烧汁生蚝”“椰香肥虾”等“十大海鲜金牌名菜”10个，“烧汁带子”等“湛江海鲜名菜”20个，“麦香虾”“家乡海豆芽”等“湛江海鲜名小食”30个，“龙虎榜”奖20个。2004年11月20日，第四届湛江美食节以“荟萃南北美食精华，弘扬湛江美食文化”为主题，云集了200余家本地外地的餐饮企业参展。评选出“两味鲜沙虫”等“十佳海鲜创新菜”，“烤乳狗”等“十佳特色菜”，“油焗雷州毛蟹”等“十佳海鲜小食”和“烂镬炒粉”等“十佳风味小食”。2005年11月24日，2005湛江海鲜美食节暨赤坎啤酒节在赤坎海田家私城内广场开幕。本届美食节、啤酒节展区共15000平方米，设展位280个，特色展位8个。除有特色美食、著名啤酒、品牌汽车、服装工艺品展示外，还有美食烹饪技艺大赛、啤酒竞饮大赛、美食文化展览、中国名家书画展、儿童游戏娱乐、大型劳务招聘会等节庆项目。2008年11月9日，2008湛江旅游美食啤酒节在市体育中心开幕。旅游美食啤酒节为期10天，活动包括庆典、展销、比赛、表演、互动游戏等五大类。

2004年湛江美食节

【肇庆星湖风景名胜区】 位于肇庆城区东北面，包含七星岩和鼎湖山两大景区，总面积19.56平方公里。其中七星岩面积8.23平方公里，鼎湖山面积11. 33平方公里。1956年8月，建湖筑堤的第一期工程竣工。

七星岩景区由五湖、六岗、七岩、八洞组成，湖中有山，山中有洞，洞中有河。七星岩以喀斯特岩溶地貌的岩峰、湖泊景观为主要特色，七座排列如北斗七星的石灰岩岩峰巧布在面积达6.3平方公里的湖面上，20多公里长的湖堤把湖面分割成五大湖，风光旖旎，被誉为“人间仙境”、“岭南第一奇观”。七星岩景区文化底蕴丰厚，区内摩崖石刻是全国重点文物保护单位，是南中国保存得最多、最集中的摩崖石刻群。

在对七星岩景区仙女湖的自然水体、绿岛、芦苇、丛林等资源整合包装的基础上，2005年1月，推出全国第一个湿地公园——星湖湿地公园，是南中国最大的丹顶鹤观赏园。园中常年栖息的鸟类有180多种，约4万只。

鼎湖山景区以亚热带雨林和飞瀑流泉为其景观特色，鼎湖山是岭南四大名山之一。有野生高等植物1856种，其中珍稀濒危的国家重点保护植物23种，以鼎湖山为原生地的植物有30种。鼎湖山多样的生态和丰富的植物为动物提供了充足的食源和良好的栖息环境。因此这里的动物种类和数量也很多，有鸟类178种，兽类38种，其中国家保护动物15种。1998年12月，经中南林学院森林旅游研究中心测定，鼎湖山的负离子含量最高达到每立方厘米10.56万个，为当时国内所测定的最高的负离子含量区。

1956年鼎湖山成为我国第一个自然保护区。1979年又成为我国第一批加入联合国教科文组织“人与生物圈”计划的保护区，建立了“人与生物圈”研究中心，成为国际性的学术交流和研究基地。1982年被评为首批国家重点风景名胜区。1998年被中央文明办、国家建设部、国家旅游局授予“全国十大文明风景旅游区示范点”称号。2000年被评为首批国家4A级旅游景区。2000年被评为“全国重点风景名胜区推行ISO14001环境管理体系示范区”。2007年被评为“全球优秀生态旅游景区”。年接待游客量约220万人次。

【改革开放30周年纪念活动】

〖举办“广东旅游十大首创之星”评选活动〗 10月18日至12月28日，省旅游协会主办了以“开放与发展”为主题的“广东旅游十大首创之星”评选活动。采取专家提名、公众投票、评委审评等相结合的办法，从全省3000家旅游企事业单位中甄选出30个单位作为候选提名，并在《凤凰周刊》、《南方都市报》、广东省人民政府网、活力广东网等数十家媒体上刊登候选单位简介和评选表，共收到1500万张有效票。12月28日，国家旅游局局长邵琪伟、广东省省长黄华华、世界旅游组织秘书长弗朗西斯科·弗朗加利等为荣获“广东旅游十大首创之星”单位颁牌。它们分别是：广州白天鹅宾馆、深圳华侨城旅游度假村、江门开平碉楼与村落、广东铁青南方快车、梅州雁南飞茶田度假村、中山温泉高尔夫球场、肇庆鼎湖山、广州广之旅国际旅行社、羊城晚报社、中山大学管理学院旅游管理系。

附，30个候选单位名单：1. 最大的主题公园景区（深圳华侨城旅游度假区）；2. 最大的综合旅游度假区（广州长隆旅游度假区）；3. 首个世界遗产景区（江门开平碉楼群）；4. 首家高尔夫球会（中山温泉高尔夫球会）；5. 首家星级合资酒店（广州白天鹅宾馆）；6. 首个环保生态旅游区（河源万绿湖景区）；7. 首家全国农业旅游示范点（梅州雁南飞茶田度假村）；8. 首家联合国“人与生物圈”森林旅游区（肇庆鼎湖山）；9. 首家现代温泉度假村（江门恩平金山温泉）；10. 首家开展出境游组团社（广东国旅国际旅行社股份有限公司）；11. 首家白金五星级酒店（广州花园酒店）；12. 最大的高尔夫球会（深圳观澜湖高尔夫球会）；13. 最早的旅游高等教育机构（中山大学管理学院旅游酒店管理系）；14. 最早开设旅游版面的新闻媒体（羊城晚报）；15. 首家导入CI的旅游公司（广州广之旅国际旅行社）；16. 首家国家旅游休闲度假示范区（珠海海泉湾）；17. 最早开通穗港直通车的铁路客运公司（广深铁路总公司）；18. 最早的连锁旅游酒家集团（广州酒家集团）；19. 最早的旅游定点购物商店（广州友谊商店）；20. 首家获得国际大奖的漂流旅游景区（清远黄腾峡生态旅游区）；21. 最早开展探险旅游项目的旅游公司（广东中旅）；22. 首家大型旅游汽车公司（广东中旅汽车服务公司）；23. 最大旅游航空客运单位（南方航空广州营业部）；24. 最早的在线旅行服务提供商（纵横天地电子商务有限公司）；25. 最早的自驾游社会组织（广东省自驾旅游协会）；26. 最早的专业旅游出版社（广东旅游出版社）；27. 最早的旅游专列（广东铁青南方快车）；28. 最早的合资出租汽车公司（广州白云出租汽车公司）；29. 首家国家生态旅游示范区（深圳东部华侨城）；30. 首家世界地质公园（丹霞山世界地质公园）。

“广东旅游十大首创之星”评审委员会成员

〖全省旅游行业举办服务技能大赛〗 为纪念改革开放30周年，全面展示改革开放以来旅游业所取得的巨大成就，国家旅游局于2008年11月11～13日在山东青岛举办“纪念改革开放30周年”全国旅游饭店服务技能大赛。全省各地纷纷开展大赛前的初赛，省旅游局于8月在东莞举行广东赛区“嘉华杯”选拔赛。同时，各地级以上市旅游局通过举办形式多样的比赛活动纪念改革开放30周年。珠海市举办“2008珠海市金牌导游暨导游新星大赛”；汕头市旅游局联合市总工会、市妇联共同举办“汕头市女导游岗位技能竞赛”，评选出“十佳女导游员”和“优秀女导游员”；阳江市开展“阳江十佳”导游评比活动；湛江市旅游局与湛江市总工会共同举办“微笑在湛江”2008导游之星评选活动等。

（资料由相关单位提供，涂继文、林维庆整理）

1978—2008年广东旅游大事记

1978年

7月6日 省革委会发出《关于成立广东省旅行游览事业管理局的通知》，正式批准成立广东省旅行游览事业管理局，下辖中国国际旅行社广州分社。

8月23日 省政府任命杨可忠为省革委会外事办公室副主任兼省旅行游览事业管理局局长。

1979年

1月10日 广东省旅游工程领导小组派遣广州市副市长林西率领广州地区商贸代表团，赴香港考察并商谈有关合资建设酒店事宜，与香港知名人士霍英东、彭国珍等就《投资计划意向草案》达成共识。

1月 广东省旅行游览事业管理局开始正式办公，下设办公室、政治处、基建规划处、宣传处、交通处。

2月22日 省委第一书记、省长习仲勋致信国务院副总理余秋里，信中介绍香港知名人士霍英东先后8次到广州、5次到北京商谈在珠江河畔兴建旅馆事宜。请示从速审批广东上报的兴建旅游饭店工程《投资计划任务书》。

2月26日 全国人民代表大会常务委员会副委员长廖承志致函中国旅行游览事业管理总局局长卢绪章，力促与霍英东在广州建造饭店的谈判取得成功。

4月4日 省旅行游览事业管理局同香港知名人士霍英东、彭国珍签署在广州合作兴建白鹅潭饭店的初步协议书。

4月5日 国务院利用侨外资筹建饭店领导小组办公室向国务院递交《关于霍英东在穗建造旅游饭店的请示报告》，翌日，国务院批准《关于霍英东在穗建造旅游饭店的请示报告》。

4月6日 国务院批准《关于霍英东在穗建造旅游饭店的请示报告》。

4月11日 中国旅行游览事业管理总局局长卢绪章正式与霍英东、彭国珍签订在广州兴建白鹅潭饭店协议。

5月4日 由国务院副总理李先念主持召开的国务院办公会议决定，允许广东利用侨资、外资在广州市兴建一座旅游饭店。

5月21日 汕头地区行政公署旅行游览事业管理局成立。

5月22日 深圳市旅行游览事业管理局成立。与深圳市旅游公司合署办公，两块牌子、一套班子。1981年底，深圳市旅行游览事业管理局在机构调整中撤销。

5月25日 经国务院批准和省政府同意，为国旅广州分社兴建600床位的南湖宾馆选址在广州同和原省委第六宾馆地盘内，至1981年南湖宾馆建成开业。由省中旅社兴建600床位的华侨酒店选址在广州市站前路，至1983年2月建成开业。

6月10日 广东省计划委员会根据国家计委和中国旅行游览事业管理总局的通知，批复同意省旅行游览事业管理局与香港知名人士霍英东、彭国珍合作在广州合作兴建白鹅潭饭店。

6月20日 省旅行游览事业管理局党组副书记、副局长陈斌作为白鹅潭饭店内地合作方代表与香港维昌发展公司代表霍英东、彭国珍正式签订合约，双方出资合作在广州兴建白鹅潭饭店，并聘请著名建筑设计师佘畯南、莫伯治等负责设计，馆名改称为“白天鹅宾馆”。同日，合作双方代表与珠江外资建设公司签订白天鹅宾馆建设工程总承包合同。同年10月，白天鹅宾馆破土动工。1982年10月16日白天鹅宾馆建成，部分试业。1983年2月6日正式开业。

7月12日 国家计划委员会分别向国家旅游总局及广东省计划委员会转发关于霍英东在穗建造旅游饭店的审批通知。

7月15日 中共中央、国务院原则同意并批转中共广东省委《关于对外经济活动实行特殊政策和灵活措施的报告》。《报告》将旅游列入初步规划设想，提出到1985年侨汇、旅游等非贸易外汇收入达到15亿美元。

8月 深圳西丽湖度假村建成开业，它是中国第一家旅游度假村。1982年底，省旅游局、省财政厅在西丽湖度假村召开现场会议，推广该度假村“艰苦奋斗，勤俭办旅游”的经验。

10月18日 省旅行游览事业管理局发文向省政府汇报关于利用侨资、外资在广东兴建旅游饭店及旅游设施等情况。

12月2日 由珠海市旅游总公司与澳门珠海旅游发展有限公司签订协议，用包干合作经营方式兴建的珠海石景山旅游中心举行奠基典礼。它是国内第一家引进国外先进饭店管理经验的与港澳合作经营的旅游饭店。

1980 年

1 月 联合国教科文组织“人与生物圈计划”国际协调理事会将鼎湖山列入国际潮湿雨带林保护网，并在鼎湖山设立热带森林生态系统定位研究站。

2 月 22 日 经国务院批准，肇庆鼎湖山自然保护区列为国际性科研基地。肇庆地区行署旅游局成立。

3 月 28 日 广州市副市长林西代表广州市政府与香港知名人士利铭泽代表的港澳投资方在广州签订《关于在广州合作建造与经营花园酒店协议书》。

4 月 中国国际旅行社肇庆支社成立。由省旅行游览事业管理局拨款 80 万元和地方自筹资金建设的肇庆芙蓉宾馆落成开业。

6 月 30 日 省委办公厅发文通知，为落实国务院批转中国旅行游览事业管理总局《关于改变全国高级饭店管理体制的建议》，中共广东省委书记办公会议决定：将广州白云宾馆拨给省旅行游览事业管理局管理使用，除主要用于接待旅游外宾外，必要时也接受其他统一安排的接待任务。同时决定，省委南湖宾馆改变体制，交省旅行游览事业管理局管理使用，在完成中央领导的接待任务外，可开放接待外国旅游者。

7 月 28 日 省政府发文通知，经省委同意，撤销中共广东省委旅游工作领导小组，另成立省政府旅游工作领导小组，组长由副省长梁威林兼任，成员由省直各有关部门和广州民航局、铁路局、省军区、广州市政府、广州市服务局等单位负责人组成。主要任务是统一领导和协调全省的旅游工作。省旅游工作领导小组办公室设在省旅行游览事业管理局。

8 月 6 日 省政府办公厅批准珠海市公安局外事科办理由澳门中旅社接待的外国旅游者到佛山、江门、新会、顺德、中山、南海等 6 个开放市县旅游的入境签证。

8 月 22 日 省政府任命崔振青为省旅行游览事业管理局副局长。

10 月 17 日 省政府办公厅批准广东（香港）旅游公司直接办理外国人入境旅游签证。

12 月 26 日 广州花园酒店举行奠基典礼。广州花园酒店于 1985 年 8 月 28 日全面开业。

12 月 28 日 广东中山温泉宾馆建成开业。该宾馆于 1979 年 8 月由省旅行游览事业管理局局长杨可忠同港澳知名人士何贤、霍英东、何鸿燊组建的中澳投资建设有限公司与中山市政府签约，以合资的形式兴建。总投资 4800 万港元，于 1979 年 10 月开始动工建设。

1981 年

1 月 1 日 为加快广东旅游业对外开放，经省政府同意，取消外国人在广州市行政区域内旅行限制。

1 月 25 日 深圳经济特区第一家深港合资企业深圳市竹园宾馆建成开业。该宾馆于 1979 年 12 月 31 日立项，1980 年初动工，是由香港妙丽集团董事长、《天天日报》社长刘天就出资，深圳出地皮和劳动力合作兴建的。

3 月 16 日 省旅行游览事业管理局委托广州造船厂自行设计制造的“旅游 1 号”双体型旅游专用游船投入使用。这是广东用于接待外国旅游团队游览珠江的第一条游船。

5 月 6 日 省旅行游览事业管理局转发国家旅游总局《关于在旅游部门开展文明礼貌活动的通知》，在全省旅游部门开展文明礼貌服务月活动。

8 月 经国家出版局同意，广东旅游出版社在广州成立。它隶属于省旅行游览事业管理局，是中国最早成立的以编辑出版旅游宣传品和旅游书刊为主的地方性综合出版社。

9 月 省旅行游览事业管理局同广州市教育局商定，与广州市第 103 中学联合开办广州市旅游职业高级中学，同时成立广州市旅游职业培训中心，为旅游宾馆培养初级管理人员和服务员。

9 月 21 日 省政府首次在广州召开全省旅游工作会议。副省长梁威林作旅游工作报告。中共广东省委书记、省长刘田夫作指示。这次会议传达贯彻全国旅游工作会议强调的“要走中国式旅游道路”和对旅游业“实行统一领导，分散经营的管理体制”的精神，对全省旅游工作进行全面部署。

10 月 惠阳地区旅行游览事业管理局成立。1987 年改为惠州市旅游局。

11 月 佛山地区旅行游览事业管理局成立，与佛山地区外事办公室合署办公，两块牌子、一套班子。同月，省旅行游览事业管理局总结通报了珠海石景山旅游中心推行经理负责制、岗位责任制、奖惩制和劳动合同制度等先进经营管理经验，并上报国家旅游总局，得到国家旅游总局的肯定和好评。

12 月 22 日 汕头市政府成立旅游风景区管理领导小组，与汕头市旅游公司合署办公。

12 月 30 日 珠海市旅游总公司与澳门海沃发展有限公司签约，合作经营兴建珠海宾馆，总投资 4000 万港元。于 1982 年 12 月 16 日建成对外营业。

1982 年

1 月 6 日 经广州市政府批准，广州市旅游局成立，与广州市服务局、广州市旅游公司三块牌子、一套人员。

1月 省旅游局迁至广州市环市西路185号新楼办公。

2月8日 国务院公布第一批国家历史文化名城，广州市榜上有名。

2月 省旅行游览事业管理局交通处从业务处室转制为企业，成立省旅游汽车公司，成为局直属企业。同月，广东省旅游服务公司成立。该公司为省旅行游览事业管理局下属企业，业务归口中国旅游服务公司指导。

3月 鉴于全省旅游工作已逐步走上轨道，省政府决定撤销省旅游工作领导小组及其办公室。统管全省旅游工作任务移交省旅行游览事业管理局负责。职能机构设有办公室、业务管理处、规划处、财务处、审计处、培训处、宣传处、政治处和纪检组，人员编制共60人。

4月 中山市政府设立旅游办公室，对全市旅游业进行管理。

7月5日 省旅行游览事业管理局下发《关于拨款修建外宾厕所的通知》。同年8月28日又下发《修建旅游外宾公厕计划任务书》。全省通过利用国家旅游总局拨款和地方自筹资金的办法，先后在佛山祖庙等人流集中的地方，新建了一批符合卫生标准、可供外宾使用的公共厕所。此项工作延续至1983年。

8月 省旅行游览事业管理局与省工商行政管理局联合发布《关于非旅游部门不得经营对外旅游业务的通告》，首次对旅游市场进行整顿。

8月5日 省旅行游览事业管理局向省政府呈报《关于广东省各级旅游管理机构设置情况报告》，建议尽快设立和完善各级旅游管理机构。

8月23日 第五届全国人民代表大会常务委员会第24次会议作出《关于批准国务院直属机构改革实施方案的决议》，确定中国旅行游览事业管理总局更名为中华人民共和国国家旅游局，简称"国家旅游局"。自此，各省（区）旅行游览事业管理局相应改称为"省（区）旅游局"。广东省旅行游览事业管理局正式改名为广东省旅游局。

8月25日 省旅游局副局长崔振青与英国伊沈实业有限公司总裁沈坚百在广州南湖宾馆签订了兴建"中国古代文化游乐中心"初步协议书。副省长梁威林、郭棣活等参加签字仪式。

10月18日 由中山温泉宾馆与香港时煌有限公司签订协议，合作兴建的中山温泉高尔夫球场开始动工兴建，投资总额1500万港元，占地面积50万平方米，1984年8月25日建成开业。它是中国第一个具有国际水准的高尔夫球场。

11月8日 广东肇庆星湖风景名胜区（含七星岩、鼎湖山）列入第一批国家重点风景名胜区。

12月15日 江门市旅游局成立，与市外事办公室合署办公。

1983年

1月25日 由省旅游局牵头，中南四省、区（广东、广西、湖南、江西）旅游局在广州白云宾馆联合召开第一次"中南四省（区）区域旅游协作会议"。对联合开展中南区域性旅游外联招徕业务等问题开展讨论。

2月9日 中共中央总书记胡耀邦等中央领导到白天鹅宾馆视察。

3月3日 省旅游局向省政府呈报《开辟深圳、珠海两日游的报告》，经省政府批准后，具有广东特色的特区国内旅游业务迅速发展。

4月15日 国务院批复省政府，同意深圳西冲开辟为旅游专用口岸，对外开放。

5月30日 广东省驻香港中资机构粤海企业有限公司向省政府呈送《关于开办广东省内人士到港澳旅游业务的报告》。同年7月18日，省政府函复粤海公司同意开办广东省内人员到港澳旅游业务。同年11月15日，经省政府批准，由省旅游局属下的广东省旅游服务公司与广东（香港）旅游有限公司联合经营的广东省内居民赴香港探亲旅游业务开始试办。

6月 经韶关市政府批准，设立韶关市旅游局与韶关市旅游总公司，实行两块牌子、一套班子。

7月15日 香港三菱顺捷公司和中山长江旅游区合作，由香港三菱顺捷公司投资5800万港元、中山长江旅游区投资2230万港元和504万元人民币兴建的全国第一个具有东南亚先进水平的大型综合游乐场——中山长江乐园建成开业。1997年3月，中山长江乐园的游乐设备全部迁往四川乐山。

9月 珠海湾仔旅游服务公司开始经营有特色的旅游项目——澳门环岛游。1995年7月20日，由珠海濠江旅行社投资经营的"濠江明珠"号游船竣工，澳门环岛游增加夜游项目。

9月 由香港上海汇丰银行、香港美丽华集团、招商局集团和中国银行深圳分行4家股东投资的深圳蛇口南海酒店动工兴建，1986年3月26日建成开业，1990年9月21日经国家旅游局评定为深圳市第一家五星级饭店。

9月 由珠海市旅游总公司与日本高尔夫振兴株式会社合作，投资100亿日元建设的珍珠乐园破土动工，1985年5月建成开业。它是珠海市第一家中外合资的大型游乐场。

11月10日 全国首届烹饪名师技术鉴定表演赛在北京举行。广州市泮溪酒家特级点心师罗坤被评为"最佳点心师"，北园酒家特级厨师黎和、泮溪酒家特级点心师刘惠端分别被评为"优秀厨师"和"优秀点心师"。

11月14日 中国国际旅行社湛江支社成立。

1984年

1月10日 省旅游局印发《关于广东省珠三角为主体的区域性旅游业初步设想》，提出以广州为中心将深圳、珠海、江门、佛山、肇庆旅游点连成网的珠江三角洲区域旅游发展规划，开发特色旅游，争取把粤港澳大三角旅游区广东段的建设纳入国家重点建设项目。

1月26~31日 邓小平在中共广东省委书记刘田夫、省长梁灵光等陪同下视察广东。26日，视察深圳蛇口工业区，登上“明华”号游轮，为游轮题写了“海上世界”景名。之后前往珠海，视察珠海石景山旅游中心、珠海宾馆、九洲港和珠海直升机场，于29日题写：“珠海经济特区好”。同日下午视察中山温泉宾馆，翌日上午登上罗三妹山俯瞰中山温泉全景。31日，到广州视察白天鹅宾馆。

2月9日 经省政府同意，省旅游局改为广东省旅游总公司，同时挂省旅游局牌子。省政府任命李耀祺为总经理、局长。广东省旅游总公司（省旅游局）由局机关9个处室精简为6个处室，即：局办公室、政治处、教育培训处、宣传处、企财处、规划处。总公司下属单位为：中国国际旅行社广州分社、广东省旅游汽车公司、广东省旅游服务公司、白云宾馆、南湖宾馆、白天鹅宾馆、广东省旅游出版社、广东省旅游建设发展公司。

2月21日 省政府批转省旅游局《关于一九八三年试办“香港游”旅游团的情况和1984年工作方案》和《香港旅游组团试行办法》。

3月7日 广东省副省长李建安主持召开省政府党组会议，听取省旅游局工作汇报，并在3月27日印发《省政府党组会议纪要》。这次会议提出：“解放思想，大胆改革，努力发展广东旅游新局面。”决定多渠道筹集旅游建设资金，重点抓好“三线（广州至中山、珠海、韶关）两湖（肇庆星湖、惠州西湖）一岛（海南岛）”旅游网点的规划建设；继续放宽政策，办好“香港游”、筹办“澳门游”，有计划发展“国内游”等10项措施。

3月 经中山市政府批准，撤销中山市旅游办公室，成立中山市旅游总公司，同时挂中山市旅游局的牌子，实行两块牌子、一套班子。

3月16日 湛江市旅游局成立，与湛江市旅游公司实行一套班子，两块牌子。

3月29日 珠海市拱北宾馆建成试业。它是全国第一家依照秦朝“阿房宫”古宫殿式建筑的中外合作饭店。

4月8日 省旅游局属下的南湖旅游中心与香港三菱顺捷投资有限公司签订合同，合作兴建、经营的“南湖游乐园”开始动工，总投资1.17亿港元和2336万元人民币。1985年9月28日建成开业。

4月17日 省旅游局发出《关于对全省旅游系统的翻译、导游人员进行统一考核的通知》，首次对翻译、导游人员进行统考。

4月25日 韶关市旅游局成立。

4月27日 经省政府批准，广东省旅游服务公司和广东（澳门）旅游有限公司联合开办经营广东省内居民赴澳门探亲旅游业务。首团一行25人，是日由拱北口岸出境抵澳门。

5月24日 中共中央总书记胡耀邦视察中山温泉宾馆和长江乐园，并题词：“发展旅游，促进四化”。省长梁灵光陪同视察。

6月10日 广州中国大酒店全面开业。它是由广州市羊城服务发展公司与香港知名人士胡应湘、李嘉诚、李兆基、郑裕彤、冯景禧、郭得胜等6大财团联手组成的香港新合成发展有限公司合作投资1.25亿美元，于1980年动工兴建的现代化商务旅游饭店。

6月28日 省旅游局属下的广东省旅游建设发展公司（乙方）与海南黎苗族自治州旅游公司（甲方）、榆林陆军53813部队（丙方）和三亚市旅游公司（丁方）签订合同，联合开发大东海海滨泳场。

7月11日 经国务院批准，深圳梅沙码头开辟为对港澳地区开放的旅游专用口岸，同年8月15日正式使用。

7月24日 国务院批转国家旅游局《关于推广北京建国饭店经营管理方法有关事项的请示》，在全国选择50家饭店进行试点。广东省选择了白云宾馆、东方宾馆、流花宾馆、华侨大厦、华侨酒店等五家国营企业作为试点单位，开始实行经理负责制、层级管理制和岗位服务责任制，在人事、经营、财务等方面，按照“建国饭店”模式进行重大改革，扩大了企业的自主权。

7月 肇庆地委将肇庆地区行署旅游局、星湖管理处和肇庆地区贸易发展公司三个单位合并，统称为肇庆地区旅游贸易发展总公司。

9月1日 广东省旅游发展公司成立。该公司为省旅游局直属企业，经营旅游饭店、景区（点）和房地产设计、建设等业务。

9月8日 省政府以粤办函〔1984〕786号文，同意省旅游局筹建广东省旅游学校。学校属中专性质，实行多层次办学，既招收职工中专班，又招收普通中专班。

10月1日 广东珠海度假村建成开业。它是珠海经济特区发展公司与港商吴兆声合作经营的综合性旅游企业，1981年4月破土动工，总投资2亿港元；1990年被评为四星级饭店，1994年度和1996年度被评为全国最佳星级饭店。

11月 广州东方乐园动工建设。由广州东方宾馆与香港建图公司合资兴建，总投资7205万元，建成后由东方宾馆经营，是一座融自然园林与游乐设施为一体，具有浓郁地方特色和民族风采的现代化娱乐场所。1985年7月1日，广州东方乐园开业。1985年12月，东方乐园被国际游乐场协会第67届年会吸收为会员，成为中国第一个跨进世界组织的游乐园；1987年12月24日至1988年1月2日，东方乐园承办由省文化厅和广州市旅游局联合举办的“广东省首届民间艺术节”；1990年9月27日至10月31日承办由国家旅游局、文化部、中国文联主办的“首届中国旅游艺术节暨广东欢乐节”；1992年9月、1995年9月、1997年9月又先后三次承办“中国旅游艺术节暨广东欢乐节”；2004年东方乐园歇业。

12月16~21日 省政府在广州南湖宾馆召开全省旅游工作会议。会议传达中央、国务院领导对旅游工作的指示，总结全省旅游工作情况，部署1985年全省旅游工作任务。副省长杨立主持会议，省长梁灵光到会作了重要讲话。

12月18日 由白藤湖旅游公司投资1360万元，于1983年初动工建设的中国第一家农民度假村——白藤湖农民度假村在珠海市斗门县竣工开业。

12月下旬 凌霄岩风景区南、北两个洞口分属阳春、云浮两县的村民，因景区权属问题多次发生纠纷，省政府派出工作组进行调解处理。经过反复协商，阳春、云浮两县代表签订《处理凌霄岩旅游风景区纠纷问题的协议书》。1992年10月20日，省政府再次发出《关于妥善解决凌霄岩风景区争议问题的通知》，责成阳春、云浮两县政府“尊重历史，承认现实”，按照1984年双方达成的协议书，解决凌霄岩的纠纷问题。1993年1月26日，凌霄岩风景区又一次发生毁坏性纠纷，省政府派出调查组进行调解后，于同年6月4日发出《关于尽快修复凌霄岩风景区问题的通知》，6月22日，该景区初步修复，重新开放。

1985年

1月5日 省委、省政府批准省旅游局《关于进一步发展我省旅游事业的意见》。

1月初 省旅游局接受省援助西藏办公室下达的任务，选派40人进藏负责山南地区泽当饭店的基建装修和员工培训等工作，经过10个月的建设，泽当饭店在西藏自治区成立二十周年大庆时顺利开业。

2月初 为拓展美、加地区外国人和华侨同胞来华旅游业务，省旅游局在美国三藩市设立了广东国际有限公司旅游部，至1986年1月，扩大经营业务范围，将旅游部更名，在当地注册为粤华旅游有限公司。地址：美国三藩市（CHINA INTERNAL TRAVEL SERVICE GD. INC. 138B WORLDTRADE CENTER SAN FRANCISCO CA9411，U. S. A）。

2月28日 广东深圳沙头角口岸对外开放，这是继罗湖、文锦渡之后的第三个深港陆路边境口岸。

5月1日 潮州市旅游局及旅游发展总公司正式成立，实行一套班子、两块牌子。

6月27日 省政府颁布《广东省旅行社管理暂行规定》，使统一审批、管理、监督旅行社有章可循。同年7月24日，省旅游局根据《广东省旅行社管理暂行规定》，发出《关于整顿、登记各类旅行社的通知》，在全省范围内对各部门、各单位开办的旅行社（旅游公司）进行全面清理、登记。

7月 茂名市旅游局成立。同茂名市旅游服务公司合署办公，实行一套班子、两块牌子。1988年11月12日正式更名为茂名市旅游局。

7月1日 白天鹅宾馆被“世界一流酒店”组织吸收为正式成员，成为中国第一个加入世界一流酒店组织的现代化旅游宾馆。

7月10日 中国境内第一个“迪士尼”式游乐中心——深圳香蜜湖“中国娱乐城”举行试车典礼。

8月1日 省政府任命龚恩光为广东省旅游总公司（旅游局）总经理（局长）。

10月17日 省公安厅、省旅游局联合下发《关于对内地人员赴深圳、珠海旅游加强管理的通知》，明确经营组织内地人员赴深圳、珠海特区游必须具备的条件及申请、审批办法。

11月11日 经国务院批准，将广东省华侨管理局领导下的深圳沙河华侨企业公司交由国务院侨办直接领导，取名“华侨城”。该企业移交华侨城4.8万平方米土地，总人口5748人，总投资1.4091亿元。同日，深圳特区华侨城建设指挥部成立。

1986年

1月 中共中央总书记胡耀邦在中共中央委员、广东省委书记林若的陪同下视察肇庆，并游览七星岩景区。

4月 广东粤菜烹调培训中心成立。这是由国家旅游局委托广东省旅游局开办的全国四大菜系培训中心之一。

6月13日 广州东方宾馆在世界“促进国际旅游1986年度金酒店金杯奖”第二届颁奖大会上，被授予金酒店金杯奖。同日，省旅游局发出《关于认真做好旅游旺季接待安全卫生工作的通知》，要求各涉外旅游宾馆、交通、游览、餐饮、娱乐、购物场所进行安全、卫生大检查，全面落实防火、防盗、防毒措施，做好旺季旅游接待工作。

6月25日 经汕头市政府批准，汕头市旅游总公司加挂汕头市旅游局牌子，行使全市旅游行政管理职能。

9月初 省政府批准撤销广东省旅游总公司，保留广东省旅游局。

9月26日 省政府成立省旅游协调小组，杨立副省长任组长，成员由省计委、经委、建委、经贸委、财政厅、公安厅、交通厅、文化厅、二轻厅、旅游局、物价局、民航局、铁路局、外汇管理局、中国银行和海关广东分署等19个部门的负责人组成，对全省旅游业的发展进行统筹安排和协调。

10月8日 为充分利用香港拓展海外旅游业务，省旅游局与粤海集团公司商定，批准广东（香港）旅游有限公司与中国国际旅行社广州分社合作经营粤海国际旅行社有限公司的协议书。在香港合资注册设立“粤海国际旅行社有限公司”。地址：香港九龙尖沙咀宝勒巷18号粤海国际酒店二楼。其主要经营业务范围：宣传广东旅游，开展市场调查，代理省内各大宾馆订房业务，组织外国人、华侨和港澳台同胞来广东旅游。

10月13日 省政府同意并转发省旅游局《关于加强省内居民赴澳门旅游管理工作的意见》的通知，强调澳门游要严格执行省的统一规定，有计划安排出团，实行统一收费标准，严格审查把关，确保澳门游正常进行。

12月8日 国务院批准广东潮州市列入国家历史文化名城。

1987年

2月4日 中共中央委员、广东省委书记林若在林子东（注：林则徐的玄孙女）“关于规划建设虎门旅游区”的信件上批示，由省旅游局牵头会同文化厅和东莞市政府组成联合调查组实地调查并提出整修建设方案，报省委、省政府研究决定。

2月10日 省旅游局制定《全省旅游教育培训发展规划和设想》。

5月1日 中国国际旅行社广州分社日语翻译廖朝裕和广东深圳市雅园酒店员工赖燕玲获得中华全国总工会颁发的“五一”劳动奖章和全国旅游系统“优秀工作者”称号。国家旅游局于5月20日发出《关于学习廖朝裕先进事迹的通知》。省旅游局作出在全省旅游系统开展向廖朝裕等学习的决定。

5月 省旅游局在广州召开全省市、地旅游局长会议，研究制定广东省“七五”旅游发展计划，正式把建立“粤港澳大三角旅游区”定为广东旅游发展战略的重点。杨立副省长出席会议并讲话。

6月 由广州日报社的《交通旅游报》首创，与中国南方航空公司、白云机场和广州地区主要旅行社联合开办“夏日好时光”旅游、交通大型咨询活动。此后，每年夏季都举办一次，至2000年已先后在广州的中华广场、人民公园、天河城、文化公园等地共举办13届旅游、交通咨询活动。同月，广东省旅游学会正式成立。编辑出版了《广东旅游》刊物。

6月8日 省政府发出《关于加强对省内居民赴泰国探亲旅游管理工作的通知》。遵照《通知》精神，各级人民政府组织旅游、公安、工商行政管理部门，对泰国和港澳私人旅行社在本市、县私设的办事处、代办入境签证的联络点以及省内各地非法经营泰国探亲旅游业务的单位和个人进行检查、清理、整顿，并按照国务院颁发的《关于管理外国企业常驻代表机构的规定》和《旅行社管理暂行条例》进行处理。

9月18日 省政府发出《关于认真做好台湾同胞回内地探亲旅游接待工作的通知》。

9月25日 由广州市服务旅游局主办的广州市“首届美食节”开幕，至12月10日闭幕。此后，每年举办一届，至2008年共举办22届美食节。

9月27日 广东省、广州市旅游界在广州花园酒店举行“世界旅游日”庆祝活动。

10月9~12日 省旅游局在广州召开全省旅游系统思想政治工作会议。同时，与省公安厅联合召开全省旅游安全保卫工作会议。

10月14日 省旅游局、广州市旅游局发出《关于进一步加强导游人员管理的通知》，根据《导游人员管理暂行规定》，定期或不定期派出旅游监察人员到各主要人、出境口岸和主要参观点进行监察检查。

10月19日 省旅游局发出《关于加强对旅行社（公司）名称登记使用管理以及有关事项的通知》，对擅自改变已核准登记的名称、地址、经营范围、经营方式的旅行社（公司）进行清查处理。

11月11日 湛江至香港直航旅游包机公司成立，湛江—香港正式通航。

11月12~13日 省旅游局在广东大厦召开旅游优质服务竞赛活动总结表彰大会。共有17个先进单位、20个先进集体、28名先进工作者得到表彰。

12月24日~1988年1月2日 广东省首届民间艺术节在广州东方乐园举办。此后每年秋季举办一次，于1990年改名为中国旅游艺术节暨广东欢乐节。

年内 广东国际大厦开始动工兴建，1992年竣工投入使用。该大厦高200米，占地约18997.6平方米，主楼63层，是20世纪90年代初中国的第一高楼，也是广州市标志性建筑之一。

1988年

1月7日 中共中央政治局委员、上海市委书记、市长江泽民率领上海考察团到广州花园酒店参观视察。

1月 惠阳地区改为惠州市，原惠阳地区行署旅游局改为惠州市旅游局。

2月7日 省政府同意增设顺德容奇港为“香港游”出入境口岸。

3月8日 省旅游局向省政府呈报《关于开办中国公民赴泰国探亲旅游业务的工作方案的请示》。方案提出统一领导管理，分段负责经营，以民间方式对外，精心组织，慎重稳妥地开展此项业务的可操作性意见。4月19日，省政府发出《转发省旅游局关于开办中国公民赴泰国探亲旅游业务的工作方案的请示的通知》，要求涉及这项业务的旅游部门和公安、外事、海关、卫检、银行、人事、运输等单位，共同把这项具有广东地方特色的旅游业务办好。

4月22日 省旅游局发出《关于全省导游进行考试及颁发导游证书的通知》，并成立导游人员考评委员会，具体筹办组织实施导游考试和颁证工作。

5月6日 广州地区酒店协会正式成立，会员共由42家宾馆、酒店组成。

5月 肇庆星湖风景区管理委员会易名为肇庆星湖风景名胜区管理局，原来与星湖管委会合署办公的肇庆地区旅游局分出，单列设置肇庆市旅游局。

6月23日 省政府同意“港澳游”增加新的业务项目：一是允许省内因经济业务或其他公事业务活动有关人员和“三资”企业业务人员，利用“港澳游”渠道出去，手续从简，有急事者，可优先安排；二是增设“港澳游”省内付款业务；三是增设“澳门一天游”业务，以收取人民币为主，适当收取少量外汇。

6月24日 省政府以粤府〔1988〕202号文批复同意成立广东省旅游学校。

7月11日 汕尾市旅游事业管理局成立，与汕尾旅游总公司实行一套人员、两块牌子。1997年9月，更名为汕尾市旅游局。

7月16日 梅州市旅游局成立，与市旅游总公司合署办公，实行一套人员、两块牌子。

7月11～14日 省旅游局在中山市召开全省旅游局长会议暨粤港澳大三角旅游发展研讨会。匡吉副省长作了重要讲话。会议提出了“粤港澳大三角”旅游发展的战略构想。

8月1日 广东南海西樵山和韶关丹霞山被列入第二批国家重点风景名胜区。

9月初 经国家旅游局授权，省旅游局向全省已批准经营旅游业务的第一、二、三类旅行社颁发全国统一印制的《旅行社业务经营许可证》。

9月7日～11月7日 中国青年旅行社广东分社组织“广东省各界青年赴美自行车旅游考察团”一行30人，骑自行车横跨美国大陆。这是中国青年第一次到美国进行有组织的旅游考察活动。

9月 中共中央委员、广东省委书记林若到肇庆视察指导工作，召集省旅游局和肇庆市有关方面开会研究加快星湖风景区开发建设和经营管理问题。

11月16～23日 国家旅游局局长刘毅视察广东旅游业，充分肯定广东旅游工作成绩，认为广东旅游业抓住发展的重点，指示认真总结经验。

11月18日 国家旅游局、外交部联合印发《关于国外旅行团组签证通知问题的规定》，授权广东省旅游局负责本省一类旅行社所组织的旅行团（组）核发签证通知。

11月 国家旅游局在珠海市举办国际旅游展销会，国家副主席王震出席开幕式并剪彩。这是继北京、杭州之后，中国举办的第三次国际旅游展销会。同月，肇庆地区改为肇庆市，经市政府批准设立肇庆市旅游局。

12月10日 为做好广东省导游人员参加全国统考的准备工作，省旅游局发出《关于对全省导游人员进行资格考试工作的意见》。明确考试的范围、对象、命题、科目和合格标准以及考前培训、报名方法和考点设置等各项具体事宜，并开始接受申请报名；1989年2月27日，省旅游局在全省地、市设立12个考场，首次对全省导游人员，统一进行资格考试，考试合格者获得中华人民共和国导游证书。

1989年

1月2日 广州市政府办公厅发布《外地旅行社驻广州旅游办事机构管理暂行办法》，规定外地旅行社在广州设立办事机构，必须办理登记手续。

2月 河源市旅游局成立，与市旅游总公司合署办公，实行一套班子、两块牌子。

3月16日 珠海市旅游局成立。

4月1～7日 广东省旅游界以“旅游促发展”为主题口号，在全省开展多种形式的旅游宣传周活动。

4月14日 省政府办公厅函复省旅游局，同意广东海外旅游总公司开办广东省内居民赴新加坡探亲旅游业务。同年8月，首团一行33人赴新加坡旅游。这标志着广东率先开放中国公民自费出国旅游。

4月 深圳市政府决定成立深圳市旅游管理办公室，同年11月28日与深圳市旅游协会合署办公承担深圳市旅游行政管理职能。

5月1日 由省旅游局规划、国家旅游局立项，国家财政首期拨款500万元（后改为贷款）建设的潮州宾馆正式开业。该宾馆于1988年初开工，总投资2500万元。

5月4日 经省政府同意，省政府办公厅发出转发省旅游局《关于我省实行旅游全行业管理的意见》的通知，将旅行社（旅游公司）、宾馆（酒店）和接待旅游者的车、船公司和商店、餐馆、娱乐场所等纳入旅游行业管理。

5 月 24 日 省政府批准公布：广州白云山、博罗县罗浮山、清远飞来峡、梅州阴那山、新会圭峰山、番禺莲花山、汕头礐石、乐昌金鸡岭、惠州西湖、湛江湖光岩、英德宝晶宫、阳春灵霄岩、阳江闸坡镇大角湾—马尾岛和从化温泉等 14 个风景名胜区列为第一批省级风景名胜区。

5 月 25 日 国家旅游局在广州白云宾馆召开首批旅游涉外饭店星级评定发布会，宣布广州地区白云宾馆等 22 家旅游饭店被评为中国第一批星级饭店。

7 月 18 日 省政府任命龚恩光为省旅游局局长。

9 月 4 ~ 11 日 广东省旅游界访港澳促销代表团在香港、澳门地区进行大规模的对外宣传促销活动。

9 月 18 日 省政府任命黄继为省旅游局局长。

9 月 21 日 深圳“锦绣中华”微缩景区建成试业。

9 月 省政府下发通知，成立鼎湖山管理协调领导小组。

10 月 22 日 梅县叶剑英元帅故居纪念馆于 1987 年 7 月动工修建，是日竣工对外开放。原纪念馆面积 1560 平方米，1994 年扩建为 3546 平方米，设 5 个陈列室，展出伟大的革命家叶剑英光辉的一生；1996 年，纪念馆再次进行扩建，扩建工程于 1997 年 1 月 30 日全面竣工，扩展馆位于原馆址后方，建筑面积 2800 平方米，由旅游乡贤叶华、谢文治和梅县、雁洋镇两级政府集资兴建。

11 月 22 日 中国深圳旅游洽谈会暨深圳“锦绣中华”微缩景区正式开业开幕典礼在深圳举行。国务院副总理吴学谦出席开幕式。“锦绣中华”于 1987 年动工，由香港中旅集团公司和华侨城集团公司合资兴建，1989 年 9 月 21 日第一期工程建成。它是中国第一个大型的人造景观区。

12 月 由省旅游局牵头组织，粤港澳旅游界 40 余人，在珠海市召开了粤港澳旅游协作区的首次会议。会议讨论联合推销及成立三地旅游协调机构等问题。

12 月 24 ~ 26 日 由广东省旅游局首先发起牵头组织的中国南方七省区（广东、福建、湖南、湖北、广西、贵州、云南）旅游协作会议在广州市举行。会议就如何共同利用各省区的旅游资源和优势，形成一个有竞争力的区域网络，共同对外促销等问题进行探讨并达成协议。1990 年 8 月 11 日，南方 7 省（区）旅游协作区第二次联席会议在昆明举行，特邀四川省和海南省代表参加。会议决定接纳海南省为协作区成员，将协作区改为 8 省（区）。1991 年 4 月 11 ~ 15 日，广东、广西、云南、贵州、四川、湖南、湖北、福建、海南等省（区）旅游局，联合在昆明市举办 1991 中国南方 9 省、区民俗旅游展销会。来自 18 个国家和地区的 141 位旅游客商和国内旅游界的代表 123 人参加了展销会，推出各具特色的民俗风情旅游线路。

1990 年

1 月 2 日 省旅游局发出《在全省旅游单位中开展树文明新风系列活动的通知》。

2 月 8 日 国家旅游局对外公布全国第三批星级饭店名单。其中，广东省的白天鹅宾馆、中国大酒店和上海市的静安大酒店成为中国首批五星级饭店。同年 4 月 8 日，省旅游局受国家旅游局委托，在白天鹅宾馆举行星级饭店颁证大会，向白天鹅宾馆和中国大酒店颁发五星级饭店标志牌及证书。

3 月 8 日 广东省与山东、河北、湖北、四川等省旅游部门组成中国旅游展销团，参加在美国芝加哥举行的第三届美国国际旅游展销会。

3 月 12 ~ 13 日 首届粤港澳旅游界联欢洽谈会在广州举行。广东、香港、澳门旅游界代表共 400 多人出席了这次活动，以促进三地旅游业的合作和发展为主题，互相交流信息并洽谈旅游业务。

3 月 15 ~ 19 日 省旅游局召开的全省旅游工作会议在广州举行，明确 1990 年全省旅游工作的重点和方向。

3 月下旬 广东海外旅游总公司与澳门总统有限公司合作，在中国境内首次推出特殊旅游项目——由外国旅游者自驾英产“迷你”型号吉普车畅游广东。

4 月 2 日 经东莞市政府批准，东莞市旅游总公司加挂市旅游局的牌子，赋予旅游行政管理职能。

5 月 10 ~ 12 日 由省旅游局与团省委联合举办的以“青春在旅游中闪光”为主题的旅游服务行业青年职工业务技能竞赛在广州白云宾馆举行。全省各市 200 多名选手参加这次竞赛活动。共有 30 名选手被评为“旅游行业青工技术能手”。

6 月 15 日 国务院批准，授权广东省旅游局可通知中国驻日本、美国、加拿大大使馆和香港签证处核发韩国人来华旅游签证，进一步扩大了韩国民间来华旅游业务。

6 月 25 ~ 28 日 首届全国旅游行业青工服务技能竞赛在山东省青岛市举行。省旅游局选派白天鹅宾馆 4 名青工和中国国际旅行社 1 名青年导游组成广东代表队参加竞赛并获得团体亚军。

7 月 16 日 广州市花园酒店被评定为五星级饭店。

7 月 16 ~ 19 日 全省旅游局长会议在汕头市召开。会议决定自 9 月 1 日起，在全省实行旅游最低限价，并开展旅游价格大检查。

8 月 2 日 由广州铁路局管理经营的广州至桂林 36/38 次空调豪华旅游特快列车正式开通，为国内外旅游者提供设备完善、项目齐全的服务。

9 月 21 日 广州东方宾馆被评定为五星级饭店，成为国内国营涉外饭店的第一家五星级宾馆。

9月25日~10月31日 广州美食节以东方乐园为主会场，开设有144个点档的风味食街，首次引进烹饪比赛。

9月20日~10月31日 由国家旅游局、文化部、中国文联、广东欢乐节组委会主办，广东省、广州市旅游局和省文化厅、广州市文化局承办的1990中国旅游艺术节暨广东欢乐节在广州东方乐园举办，这是中国第一次举办旅游艺术节，共有近200万中外游客参加。

9月26日~10月5日 由国家旅游局主办、广东省旅游服务公司承办的首届中国旅游购物节（广州主会场）在中央酒店举行。来自全国各地的几百个厂家参加了产品展销。其中，广东省80多家企业推出了富有“广货”特色的产品共30多个种类1000多个品种参加展销。1991年9月5~15日、1992年9月1日和1993年9月1~7日，省旅游服务公司又先后3次承办了1991中国旅游购物节和1993中国旅游购物节暨第十四届全国旅游产品订货会（广州分会场）的组织和接待服务工作。

10月7~10日 中国旅游交易会在上海市举行。广东馆是此次交易会中最大的展馆。广东省旅游局局长黄继率领全省旅游界代表200人参加展览、观摩和促销，与海外客户洽谈658家次，签订合约148个，约定旅行团648个。

10月30日 广东省海外旅游总公司、广东省中国旅行社经国家旅游局批准，正式承办中国公民赴东南亚3国旅游业务。

11月9~13日 广州市选派9位厨点师组成中国烹饪代表团参加在卢森堡举行的1990世界杯烹饪大赛，获团体赛项7块金牌。

11月12~30日 由国家旅游局主办、广东省旅游局承办的第四期全国旅游局长研讨班在中山温泉宾馆举行，重点研讨加强全国旅游行业的宏观管理等问题。

11月16日 省旅游局向省政府呈报《关于在我省开展旅游涉外餐馆和商店实行定点管理的意见》，明确提出涉外餐馆和商店须由省旅游局统一核发定点证书和标志牌，纳入旅游行业管理。

12月 白天鹅宾馆在全国率先引入国际饭店行业金钥匙服务。1995年，首届中国饭店委托代办研讨会在白天鹅宾馆举行，建立北京、上海、南京、广州四个地区的金钥匙服务网络。鉴于该项服务模式在中国获得不断发展，国际饭店金钥匙组织于1997年接纳中国金钥匙组织为第31个成员国团体会员。

1991年

1月2日 经省政府同意，省旅游局下发《关于对旅游涉外餐馆和商店实行定点管理的通知》，规定涉外餐馆和商店的基本条件、服务质量标准和监督管理办法。

1月10日 为加强对省内居民境外游业务的领导和管理，省旅游局决定把广东海外旅游总公司从中国国际旅行社广州分社分离出来。自此，广东海外旅游总公司成为主办境外游的专业性公司。

1月18日 深圳阳光酒店开业。该酒店是由湖南湘投阳光集团全资控股的中外合作企业，注册资金3550万美元，1993年9月18日经国家旅游局评为五星级饭店，1996年评为全国最佳星级饭店。

2月5日 省旅游局、省物价局联合下发《关于一、二类旅行社（公司）外联及接待海外旅游者收取宣传推广费的通知》，规定旅行社外联或接待跨省（区）和省内旅行团每个人天加收宣传费1元上交省旅游局作为综合宣传推广旅游的专项费用。

2月23日 省政府同意由省海外旅游总公司和省中旅社组织增办泰国—新加坡和新加坡—马来西亚联线游业务。由省旅游局统一制定实施方案并加强管理。

2月28日 全国旅游行业精神文明建设会议在北京召开。国家旅游局、中国财贸工会授予广东日语翻译廖朝裕等9人为全国旅游行业劳动模范，张振林、李德标、张汉林等16人为全国旅游行业先进工作者，乐昌九泷十八滩漂流管理小组等7个班（组）为全国旅游行业先进集体，陈少卿（流花宾馆）等9人为全国旅游行业青年服务标兵，西樵山中旅社的宋锦全为全国旅游行业“新长征突击手”称号。

3月12日 省旅游局发出《关于广东省旅游系统工作人员在对外交往活动中保持廉洁的规定》，严禁旅游从业人员在对外接待中私收回扣、索要小费、套换外汇、套购免税商品或要求、暗示旅游者资助本人或子女出国留学旅游。

3月15~17日 第二届粤港澳旅游界联欢洽谈会在肇庆松涛宾馆举行。联欢洽谈会由省旅游局主办，港澳地区129家旅行社和省内旅游部门、企业的代表共219人参加。与会人员参观考察了“龙之旅”线路。

3月18日 省旅游局、省劳动局联合下发《广东旅游行业工人技术培训考核管理的实施意见》，规定：“旅游涉外饭店中式烹饪、中式面点、西式烹饪、西式面点、宴会服务、外宾客房服务、美容美发、酒吧调酒等八个工种必须经技术考核，取得技术等级证书才能上岗。”

4月 省旅游局在广州召开全省旅游工作会议暨全省旅游行业精神文明建设会议，第一次在旅游行业表彰为重振广东旅游业和加强精神文明建设作出贡献的47个先进单位和70位先进个人。会议决定，以“岗位学雷锋、行业树新风”为主题，在全省旅游行业开展“学先进、创优质、迎接1992中国友好观光年”活动。

5月17日 清远市编制委员会批复，清远市旅游总公司增挂清远市旅游局的牌子。

6月 广东省成立1992中国（广东）友好观光年组织委员会。由匡吉副省长任名誉主任，组委会办公室设在省旅游局宣传处，开始着手制订活动方案，进行一系列宣传活动。

7月4日 省旅游局、省公安厅联合下发《关于进一步加强赴深圳、珠海特区游管理问题的通知》。要求各市旅游局、公安局加强对特区旅游经营单位和边防证的管理。

7月6日 省旅游局副局长粟茂臣在白天鹅宾馆商务中心会见“台湾海峡交流基金会”访问团一行9人。会谈就广东省旅游业取得的成就和广东对台旅游政策以及发展两岸旅游需要解决的问题作了介绍，要求台湾当局尽快开放大陆同胞赴台旅游观光。

7月18日 省旅游局发出《关于旅游外联管理的若干规定》，对旅行社外联接待工作、签订合同和申请核发旅游签证通知等事宜加强规范管理。

9月2日 中国旅游购物节在广州交易会会场举行。

9月 广东深圳黄田国际机场试航成功并于10月投入使用。省旅游局在1991年还先后召开6次民航、旅游协调会，较好地解决旅游高峰期外国旅游团到广东“进得来、出得去、散得开”等问题。

10月1日 中国民俗文化村在广东深圳华侨城正式开业。这是国内第一个荟萃各民族民间艺术、民俗风情和民居建筑于一体的大型旅游文化娱乐区。国家旅游局副局长何光玮出席开幕仪式。

11月20日~12月9日 第五期全国旅游局长研讨班在中山温泉宾馆举行，研讨班以加强旅游行业管理和促进市场开发为主题进行研讨。

12月6日 省政府同意省旅游局下发执行《广东省关于违反旅行社管理规定的处罚办法》，严厉查处违纪违章经营，维护旅游市场秩序。

12月18日 国家旅游局资源开发司和中国旅游报共同主办的“中国旅游胜地四十佳”评选揭晓暨证书颁发大会在广东珠海市举行。“珠海旅游城”和深圳“锦绣中华”榜上有名。其中，珠海市是全国第一个以整体景观获选“旅游胜地四十佳”的城市。

1992年

1月1日 省旅游局组织广州、深圳、珠海等口岸城市旅游界举行盛大的1992中国（广东）友好观光年迎宾活动。晚上，在东方宾馆举行招待会，欢迎首日抵穗的海外旅游者，拉开了1992中国（广东）友好观光年的序幕。同日，广东省召开全省旅游局长会议，部署1992中国友好观光年各项工作。观光年的宗旨是：宣传中国尤其是广东省继续改革开放和稳定发展的形势，树立欢乐、祥和、友好的形象，推动旅游业的发展，增进中国人民同世界人民之间的友谊。

1月21日 邓小平在南方视察期间，在省委书记谢非、深圳市委书记李灏、香港中旅集团总经理马志民等陪同下，参观深圳“锦绣中华”和中国民俗文化村。

2月2日 经国务院批准，佛山市成为国内继广州之后第二个直通香港的铁路客运口岸。

2月20日 广东省首次对全省第一、二类旅行社1991年度旅游经营情况进行审计和业务年检。此项工作延续至6月10日结束。

3月3日 深圳市政府批准华侨城成立深圳世界之窗有限公司，并开始着手兴建世界之窗景区。1994年初，世界之窗景区竣工。1994年2月28日，中共中央总书记、国家主席江泽民参观视察世界之窗景区，并欣然题写“世界之窗”四个大字。1994年6月18日，世界之窗景区正式开业。它是由香港中旅集团公司和华侨城集团合作投资6.5亿元（香港中旅集团公司占51%、华侨城集团占49%）兴建的大型旅游文化景区。

3月16~18日 1992粤港澳大三角旅游界联欢洽谈会在深圳市深圳湾大酒店、南海酒店和香蜜湖度假村召开。出席洽谈会的有广东、香港、澳门的旅游界代表和部分外国旅游商以及有关方面的特邀代表500多人（其中港澳代表300人）。

4月8日 经揭阳市委、市政府批准，揭阳市旅游总公司加挂揭阳市旅游局的牌子，赋予旅游行政管理职能。

5月11日 广州市旅游事业管理委员会成立。该委员会由广州市旅游文物事业发展规划领导小组改组而成。由广州市长黎子流任主任，石安海、黄伟宁副市长和市商委主任陈棠任副主任。办公室设在广州市旅游局，该局局长马惠国任办公室主任。

5月22日 省政府批准建立肇庆北岭旅游开发区，同年7月3日举行奠基仪式。肇庆北岭旅游开发区原称为“肇庆旅游度假区”。4月初，参加省政府在香港举办的招商会，共推出29个项目，签订合同或达成意向投资金额为56.5亿港元。

5月 经省政府批准同意，设立七星岩旅游度假区，是广东省批准设立的第一个省级旅游度假区。

6月10~13日 1992中国旅游交易会在北京中国国际贸易中心举行。广东省由29个单位组成参展团，展出广东旅游资源照片36幅，推出广东省7条国家级和省级旅游线路、8条旅游专线、18个节庆活动以及丰富多彩的旅游景点，突出了具有鲜明地方特色的广东旅游整体形象。会上，签订各类组团意向合同150多项。

6月11~17日 省旅游局组织白云宾馆、泮溪酒家等主要旅游饭店、酒家名厨师、名点心师，到北京国际饭店参加1992中国友好观光年美食节技术表演活动。

6月18日 阳江市海陵岛经济开发试验区成立。滨海旅游被列为首先开发项目。

7月13日 经汕头市政府批准，汕头市旅游（集团）公司成立，挂市旅游局牌子，实行一套人马、两块牌子，行使旅游行业管理职能。

7月15日 省旅游局开始为省内22家一类旅行社、170家二类社和87家三类社换发新版《旅行社业务经营许可证》。

7月17日 省政府批准设立上下川岛旅游开发综合试验区。7月30～31日，省长朱森林到台山县上下川岛视察。此后，全省各市、县政府领导亲自抓旅游规划或制订优惠政策，出现一个规模空前的引进利用外资或多业联合出资兴建旅游区（点）的热潮。1993年7月，中共中央政治局委员、广东省委书记谢非到台山市川岛旅游综合开发试验区视察，并题词：“发展旅游，振兴川岛”。

7月26～29日 由珠海市政府主办，珠海旅游局、文化局、体委承办的首届海上欢乐节在珠海海滨沙滩举行。本届欢乐节设有体育、文艺表演和购物等20多个活动项目，参观者达40万人次。

9月13～19日 澳门旅游司在广东举办“澳门周”旅游文化宣传活动，同时在广州举办澳门美食节。澳门官方和旅游界人士及演员近百人参加此次活动。“澳门周”期间，澳门旅游司司长安栋梁率领该司驻世界各地22个旅游办事处代表，实地考察广东珠江三角洲的旅游业，并与省旅游局就粤澳旅游联合和宣传等问题达成意向性协议。

10月4日 国务院正式批准建立11个国家级旅游度假区。广州南湖国家旅游度假区是其中的一个，这是广东省首个国家级旅游度假区。

11月21日 由国家旅游局主办、省旅游局协办的1992中国（中山）旅游研讨会和全国旅游工作会议，在中山温泉宾馆召开。国务院副总理吴学谦、广东省省长朱森林出席会议并讲话。国家旅游局局长刘毅在会上作工作报告。会议提出一手抓海外促销，一手抓国内建设，国际和国内旅游一起上，旅游创汇突破40亿美元。来自部分省市主管旅游工作的副省长、副市长、秘书长及全国各省市旅游局长共100人出席会议。会议邀请国内外专家讲学，研讨中国及世界旅游业发展趋势等问题。

12月14日 为纠正旅游行业不正之风，省旅游局发出《关于加强对涉外旅游团队实行定店购物管理的通知》，从1993年1月1日起，在全省范围内实施旅行团定点购物管理。

1993年

1月7日 广东省佛山市新火车站建成投入使用，佛山至香港九龙直通火车开通。国务院总理李鹏，中共中央政治局委员、中共广东省委书记谢非，省长朱森林参加剪彩仪式。翌日起，每天开行两对佛山往返香港九龙的直通客车，这是中国内陆第一个直通香港的客货运铁路口岸。

1月14日 广州东方宾馆股份有限公司成立。公司以东方宾馆为主体，由6家国营企业、3家内联企业和9家合资合作或参股企业组成，拥有国家股、法人股和个人股，资本总额2.12亿元。公司股票“穗东方”于11月18日在深圳上市，成为广东第一家上市的旅游股份制企业。

2月19日 省政府任命吕伟雄为省旅游局局长。

3月2～5日 由韶关市旅游局主办，以促进山区市旅游业发展为主题的首届韶关、清远、梅州、河源4个山区市旅游界联谊会在韶关市举行。此后，上述4市政府或旅游局分别每年轮流主办一次。

3月23～25日 1993粤港澳旅游界（第三届）联谊洽谈会在澳门召开。会议期间，三地旅游界负责人就共同关心的交通、出入境管理、服务质量、价格、旅游线路等问题交换了意见，并一致同意尽快成立三地联合推广机构。

3月～4月 省旅游局会同省劳动局组织实施全省旅游宾馆（饭店）高级服务师的考核，共有209人参加。考核项目有前台、客房、中餐、西餐、日餐和调酒服务。通过专业知识实际技能的考试，有172人合格，取得省劳动局颁发的高级服务师证书。

5月3日 省旅游局发出《关于配合香港中国旅游协会对广东省内主要旅游线实行最低限价的通知》，抑制香港各旅行社经营广东境内短线游价格的恶性竞争。

5月10日 省政府公布第二批省级风景名胜区：韶关市乐昌县九泷十八滩、潮州市西湖、汕尾市陆丰县玄武山——金厢滩、深圳市梧桐山、肇庆开封县龙山、云浮龙洞。

5月28～31日 由广州市旅游局主办的1993广州国际旅游展销会在中国出口商品交易会举行。海内外旅游界共有10万人前往参观洽谈。此后，每年举办一次。1999年改为由省旅游局和广州市旅游局共同主办。2005年之后，又与国家旅游局主办的中国国际旅游网上博览会同时同地举办，称为“二展合一”。2008年，省旅游局、广州市旅游局与德国汉诺威展览会（中国）有限公司正式建立战略合作关系，由汉诺威公司自2008年起负责展会的具体承办工作，合约期限为10年。至2008年展销会共举办16届。

6月5日 粤港澳旅游界高层人士座谈会在香港举行。三方代表一致同意成立联合推广机构，以“一江珠水，三颗明珠”为主题，统一设计旅游行程，制作宣传资料，在国际市场上共同推广包括粤港澳三地在内的珠江三角洲旅游项目。

7月31日 省长朱森林主持召开省政府常务工作会议，听取省旅游局的工作汇报，并就加快发展广东旅游业提出具体意见。

8月5日 省政府批准建立南海市西樵山旅游度假区。

8月10日 国家旅游局发布通知，广东肇庆市端砚厂、河源市旅游工艺厂、汕尾市旅游服装制品厂和东兴玉石首饰有限公司列入首批全国旅游商品定点生产企业。1994年8月25日，广东省佛陶集团股份有限公司、广东省南玉工艺总公司、广东省顺德市红旗金属制品厂、河源参茸保健品有限公司、汕头儇联曼源生物保健品有限公司，经国家旅游局、国内贸易部、轻工总会批准为第二批全国旅游商品定点生产企业。1995年3月23日，广州市南方玉雕厂、广州市鹰金钱企业集团公司、广州织金彩瓷工艺厂、广州市富豪表业公司、广州羊城药业股份有限公司、广州岭头电镀总厂、广州玛莎寝饰品有限公司，经国家旅游局、国内贸易部、轻工总会、纺织总会批准为第三批全国旅游商品定点生产企业。

9月6日 省政府同意以广东省中国国际旅行社（含广东海外旅游总公司）为核心企业成立广东省旅游集团公司。集团公司作为省旅游局下属企业单位国有资产（包括白天鹅宾馆中方资产）的代表，承担原属省旅游局的债务责任。9月29日，省政府任命吕伟雄兼任省旅游集团公司总经理。

9月29日 省政府批准建立肇庆七星岩旅游度假区。同日，省政府发出《关于加快发展我省旅游业的通知》，提出进一步开放旅游市场、开征旅游景点建设专项资金、审批旅行社实行总量控制和经营权招标等5项加速发展广东旅游业的重要措施。

10月11日 经省政府批准，即日起进一步放宽在广东省工作的外地户口人员赴港澳旅游和出国旅游的限制，增设港澳游和出国游在境内付款和担保业务。

10月11～12日 全省旅游工作会议在广州白云宾馆召开。会议提出了新的战略目标：在今后8年内，全省旅游经济总产值实现翻两番，到20世纪末，旅游行业总产值达350亿元，基本形成一个宏观调控有力，与国际旅游市场协调运作、高效灵活的经济产业体系，使广东逐步成为国际知名的旅游大省。

10月20日 省旅游局发出《关于进一步加强澳门游管理工作的通知》，整顿“澳门游”市场秩序。

10月25日 省旅游局发出《关于兴建省级旅游度假区有关问题的通知》，对度假区的必备条件、规划、建设、经营管理、筹集资金和申报审批等事项做了规定。

11月2日 省民政厅同意成立广东省旅游协会，按照国务院《社会团体登记管理条例》的规定，发给社会团体法人登记证。经过一年筹办组建，广东省旅游协会于1994年12月1日在白天鹅宾馆召开成立大会，全省各旅行社、宾馆（饭店）等会员代表共400多人参加会议。副省长刘维明、省政府副秘书长蒋月明和港澳知名人士霍英东、吴福被聘为协会名誉正、副会长，省旅游局局长吕伟雄、副局长王禄良当选为正、副会长；1998年12月10日，省旅游协会召开第2届会员代表大会，选举产生了新一届协会领导机构，审议通过了协会工作报告和新章程。经省民政厅批准，2004年9月13日成立广东温泉行业协会；2006年5月29日成立广东酒店行业协会；2007年1月22日成立广东省自驾旅游协会；2007年3月26日成立广东旅行社行业协会。

11月23日 由珠海经济特区隆益实业公司与香港南迪投资有限公司合作兴建的中国第一个国际赛车场——珠海国际赛车场奠基。1994年4月正式动工，同年11月3～5日，由珠海市政府主办，举行中国（珠海）国际汽车大赛第一次城市道路汽车赛，外国车手及随行人员共1000多人参加赛事。此后，每年举行一次。1996年11月，赛车场竣工，赛事移进赛车场举行。

11月27日 中共中央政治局委员、广东省委书记谢非就广东旅游事业发展作出指示：“广东的旅游业应花工夫、花力量抓，把它经营好，发展好，要把旅游业作为一个非常重要的产业、重要的经济组成部分来发展。”

12月10～12日 由国家旅游局主办、广东省旅游局承办的1993中国国内旅游（首届）交易会在广州举行。共有30个省、直辖市、自治区的833家旅游企业参展，设展台250个，展场面积达4000多平方米。参加交易会的正式代表3500人，非正式代表7000多人。

12月18日 深圳市委扩大会议原则通过《关于加快深圳旅游业发展的若干意见》，确立了深圳旅游业的总体发展目标。

12月12日 广东省旅游集团公司正式成立。公司是在原省旅游局直属企业的基础上，以广东省中国国际旅行社、广东海外旅游总公司为核心企业组建而成，拥有旅游企业23家，固定资产约100亿人民币，是以旅游业为主，集旅、工、贸、产、销于一体的多种经济成分并存的经济实体。省旅游局机关与集团公司机构及人员编制，实行统一调配、管理和使用，设立7处、3室、1部、2办，即：资源开发处、市场开发处、旅行社饭店管理处、出境旅游管理处、综合处、政策法规处、人事处，局办公室、局党委办公室、纪检（监察）室以及工会委员会和团委。

1994年

1月4日 经国务院批准，肇庆、佛山、梅州、海康

（雷州）列入第三批公布的国家历史文化名城。

1月6~16日 省旅游局派出12个调查小组，分赴全省20多个市进行调查研究，了解全省旅游业的发展趋势和存在问题，并提出解决问题的相应措施和办法。

2月18日 南海市西樵山旅游度假区人民政府成立，这是广东第一个旅游度假区政府。

2月22日 省旅游局制定下发《关于审批旅行社实行总量控制、经营权招标和交营业保证金的暂行办法》，明确审批旅行社的计划指标和竞标条件、竞标方法与交纳保证金的标准。同年4月15日，省旅游局在省国旅礼堂举行1994年省属单位三类旅行社经营权招标大会，共有11个单位中标。这是中国审批旅行社历史上首次进行的公开招标。至1994年底，全省有17个地级市开展此项工作，申请设立旅行社的中标单位共63家。

3月9~12日 由省旅游局主办的广东首届导游大赛在广州南湖旅游中心举行。全省有17个市和省直一类社导游共55人参赛，初赛评出前16名进入复赛。

3月27~29日 亚太旅游协会（PATA）副主席兰顿·艾维斯一行3人来广东参观访问。省旅游局作为PATA的会员于4月份出席在韩国召开的PATA第四十三届年会。

5月7日 省政府批准设立深圳湾、丹霞山、海陵岛、川岛、白藤湖、从化温泉、潮州、水东湾、吉兆湾、春湾—凌霄岩、丰顺温泉、均安、飞霞—银盏、新兴温泉、北山湾、青澳湾、威远岛、仙鹅湖、东海岛、九洲岛、翠亨村、芙蓉等22个省级旅游度假区。

5月24~26日 1994粤港澳旅游界联谊洽谈会（第四届）在香港举行，近400人出席会议。三方高层人士代表一致同意成立粤港澳大三角联合推广机构。

5月25日 省旅游局在香港富豪酒店召开座谈会，通报珠江三角洲旅游区联合推广工作的进展情况，出席会议的有国家旅游局长刘毅和省旅游局长及粤、港、澳三地旅游机构的负责人。

5月28日 省旅游局和香港旅游协会、澳门政府旅游司在香港旅游协会总部召开座谈会，与国家旅游局驻外办事处的代表就加强合作、共同发展三地旅游进行了洽商。

6月18日 国务院副总理钱其琛到广东省考察工作，省旅游局代省政府起草了《关于加快广东省旅游业发展有关问题的汇报提纲》，提出了国外游客在广东主要口岸“72小时”便利签证等重大政策。

6月7日 省政府颁布《广东省旅游景点发展专用资金征收使用暂行办法》。规定从7月1日起对全省境内从事旅游经营活动的单位，年营业额在30万元以上的企业，按营业额的3‰征收旅游景点发展专用资金。6月15~18日，省旅游局在深圳市召开全省旅游景区建设工作会议，公布省政府批准的22个省级旅游度假区名单和全省旅游景点发展专用资金征收使用办法。

6月18日 深圳市世界之窗正式开业。世界之窗是以弘扬世界文化精华为主题的大型旅游文化景区。该景区建设资金达6.5亿元，占地48万平方米。

6月20日 中共中央总书记、国家主席江泽民视察世界之窗，称赞景区“错落有致，反映的文化内涵较深，绿化搞得好”。

6月21日 全省旅游安全工作会议在番禺莲花山召开。同月，中共中央总书记、国家主席江泽民在中共中央政治委员、广东省委书记谢非等领导的陪同下，参观梅州叶剑英元帅故居和纪念馆。

6月24日 省旅游局发布《广东省国内旅行社服务质量基本标准实施细则》，对国内旅行社安排游客食、住、行、游、购、娱六个方面提出量化要求。

6月28日 广东省首家专业性翻译导游服务公司——广州市南星导游服务公司成立。该公司除承办导游人员业务培训、为旅行社提供导游服务和咨询服务、为各企业单位提供文字和口语翻译服务外，还发展配备英、日、法、朝、俄、印尼、阿拉伯等10多个语种的翻译导游人员，为经贸洽谈、技术交流、商务旅游、国际展览和会议提供高层次翻译导游人才。

7月8日 中国酒店协会（CNTA）在北京评选出中国旅游涉外饭店百强。广州有6家进入前30名，分别是中国大酒店、花园酒店、白天鹅宾馆、东方宾馆、广东国际大厦、流花宾馆。

8月11日 省旅游局在香港举行新闻界座谈会，旨在消除因华南水灾对本省旅游业造成的影响。省旅游局领导及广州、中山、珠海、佛山、肇庆、湛江、清远等市旅游局长参加会议。香港各大报刊和电台、电视台记者30多人参加座谈会。会后各大报纸、电视台对广东旅游最新情况作大量正面报道。

8月17~20日 省旅游局与香港中国旅游协会联合邀请香港新闻界多名记者到韶关、广州、三水、肇庆等市采访，宣传华南水灾后本省旅游业迅速恢复的情况。香港《大公报》、《中新报》、《新报》、《新晚报》、《经济日报》、《商报》、《东方日报》、《文汇报》、《星岛日报》、《华侨日报》记者参加考察，并陆续在各大报刊作报道。

8月30日~9月1日 省旅游局与省外办、省纠正不正之风办公室在广州联合召开全省清理公费出国（境）旅游工作会议。

9月15日 公安部、外交部、国家旅游局、国家安全部、海关总署联合发出《关于到香港的外国人组团进深圳经济特区旅游提供便利的管理办法》的通知，对到香港的外国游客进深圳旅游实行“72小时”便利措施。

9月24日 经云浮市政府批准，云浮市旅游局挂牌成立，赋予旅游管理职能。同时加挂云浮市旅游公司牌子，实行一套人马、两块牌子运作。

10月 珠海市圆明新园开始动工兴建，首期工程由市政府、市旅游局自筹资金2.5亿元，经过3年建设，于1997年2月7日竣工开业。它是国内第一个按1∶1比例恢复当年北京圆明园建筑风貌的旅游景区。

10月2日 从化市温泉天湖旅游风景区铁索桥断裂，桥上100多名游客掉落水中，造成21人受伤、溺死亡38人的特大安全事故。

10月~12月 省旅游局组织全省各旅游度假区规划、设计、管理人员等共48人，分组分批赴美国、法国、意大利考察学习旅游度假区规划、建设、管理经验。

11月3~5日 珠海市举办"中国（珠海）国际汽车大赛第一次城市道路汽车赛"。外国车手及随行人员1000多人参加赛事。此后，车赛每年举办一次，到1996年起，赛事移到珠海国际赛车场举行，为珠海吸引了大批境内外游客。

11月28日~12月6日 由国家旅游局主办广东省旅游局承办的第八期全国旅游局长研讨班在广东中山温泉宾馆举行。会议确定"一手抓国际旅游，一手抓国内旅游"，深化企业改革，办好"1995民俗风情游"等作为1995年工作重点。

12月20日 省旅游局印发《广东省出境（国）旅游报名点管理规定》。

12月20~25日 第二次全省旅游景区建设工作会议在广州、番禺、三水、肇庆巡回举行，边考察边开会。副省长刘维明在会上强调要加快广东省旅游景区的建设。

12月 "粤港澳旅游联合推广机构"成立。以"一江珠水，三颗明珠"为主题，正式向国际旅游市场推出珠三角旅游区。

1995年

1月 梅州雁南飞茶田度假村开始动工兴建，该度假村由广东宝丽华集团公司投资1.8亿人民币。于1997年10月8日建成开业。

1月8日 国家旅游局副局长何光玮视察建设中的潮州美人城工地。

1月26日~2月15日 由人民日报社事业发展局、中共广州市委宣传部和广州市旅游局联合主办的1995中华民俗风情巡展在广州东方乐园隆重举行。来自云南、贵州、广西和新疆等地的藏、苗、傣、彝、布依和哈尼等20多个少数民族的200多名民俗风情演员，展示了各自民族独特风格的歌舞、服饰、风土人情、民俗礼仪和竞技游戏等节目，演出达1000多场次，参观游客达25万多人次。这是为庆祝广州市被国务院授予"全国民族团结进步模范市"称号而举办的一次大型社会文化艺术活动。

3月 全国旅游导游大赛在北京举行。广东铁道青年旅行社的饶志军和肇庆市中国旅行社的何小丰分列"1995中国国内旅游十佳导游员"的第八、九名；广东省中国旅行社的黄竹青、广州东方国际旅游公司的苏洁、中山海外旅游公司张成焕、韶关中旅社杨一龙4位选手，被授予"1995中国国内旅游优秀导游员"称号。

3月14~16日 由省旅游局主办的首届珠江三角洲旅游区联谊协作会议在广州东方宾馆召开。广州、深圳、珠海、中山、东莞、惠州、江门、佛山、肇庆、韶关等市旅游局负责人出席会议，会议就建立珠江三角洲各市之间的旅游线路联网、价格优惠、整体对外宣传促销、旅游景点开发及旅游商品生产的协作交流等问题达成共识。第二届联谊协作会议于1996年3月27~30日在珠海宾馆举行。

3月28日 肇庆至九龙客运列车正式通车。

4月27日 省旅游局印发《广东省旅游景点发展专用资金使用管理暂行规定》，进一步规范专用资金的投资行为和投放重点。

5月3日 "为广东旅游争光"表彰大会在广州白天鹅宾馆隆重举行。广东省旅游界的代表100多人出席会议。大会奖励了广东省中国国际旅行社、广东省中国旅行社等25家"全国100强"一、二类旅行社，广东省三茂旅行社等5家"全国30强"三类旅行社，白天鹅宾馆等10家全国最佳星级饭店，以及广东省获得"1995中国国内旅游十佳导游"称号和"1995全国优秀调酒师"称号的先进集体和个人。

5月30日 省旅游局发出《关于加强国内旅游报名点管理的通知》，本着既搞活又加强管理的原则，对以"个人承包"、变相出让经营权，乱找联营协作单位、乱设分支机构的旅行社进行检查和规范管理。

6月27日 省旅游局局长吕伟雄等在广州白天鹅宾馆会见并宴请以普拉德克副局长为团长的泰国政府旅游局代表团一行。针对泰国旅游市场混乱的问题，普拉德克递交了一份获得泰国政府批准注册登记合法的泰国旅行社名单，希望广东省旅游局积极配合，共同抓好泰国旅游市场的管理工作。

7月1日 《广东省旅行社质量保证金暂行规定实施方案》正式施行。同日，广东省旅游质量监督管理所成立。8月17日在广州流花宾馆召开全省旅游质量监督管理所工作会议，向全省21个地级市质监所发标志牌。之后，各市质监所先后挂牌运作，并设旅游投诉电话。

7月~8月 省旅游局、省教育厅和共青团广东省委联合举办"畅游大好河山，爱我锦绣中华，投身旅游天地，培育一代新人"的1995广东中学生夏令营旅游活动，8月

13日，东莞市旅游服务公司响应号召，组织中学生200多人，包专机到北京卢沟桥等地，以纪念中国反法西斯战争胜利50周年为主题，进行爱国主义教育。

9月12日 广州市第一批支援长江三峡库区建设项目之一，由广州市旅游局属下的广州市旅业公司、广州泮溪饮食服务公司企业集团和四川省万县市川东轮船公司合作，共同投资1400万元建造的大型旅游客轮“泮溪皇宫号”正式开航。

9月25日 广州——大阪航线开通，结束日本游客只有经过香港才能进入广东的历史，解决了因日本至香港航线机位饱和而影响日本游客来广东旅游的问题。

9月29日 由广州市政府投资4000多万元，经过3年建成的白云山云台花园正式对游人开放。

9月29日~10月15日 由国家旅游局和广东欢乐节组委会联合主办，广州新穗旅游中心有限公司及广州东方乐园承办的“1995中国旅游艺术节暨广东欢乐节”在东方乐园举行。

10月 广州南湖大河马水上世界动工兴建。该水上世界占地4万平方米，由南湖娱乐有限公司投资1000万美元，1997年6月1日建成开业，其主要设施均由美国、英国、澳大利亚引进，占地4万平方米，是东南亚规模最大的水上游乐场。

10月18日 由广州中国广大公司、南方证券公司、东方宾馆集团、广州发展集团、和友公司等组成的广州世界大观股份有限公司开发的大型旅游文化景区——广州世界大观建成开业。

11月12日 由香港东兴集团投资兴建的汕头市帝豪酒店举行奠基暨开工典礼。国家旅游局局长刘毅、香港东兴集团董事局主席黄耿标先生为奠基石揭幕。

12月1~4日 1995中国国内旅游交易会在海南省海口市举行。省旅游局组织全省旅行社、饭店和部分旅游景点、度假区代表367人参加。广东旅游交易团设立参展摊位52个，获得1995国内旅游最佳组织奖、深圳“锦绣中华”展台获最佳展台奖、珠海市展台被评为优秀展台。

12月19~20日 由省旅游局和省旅游协会、学会举办的广东省旅游文化研讨会在广州召开。来自全省各级旅游部门和文化、城建、园林、宗教等相关部门的负责人及专家学者共80多人参加。

12月28日 广梅汕铁路正式开通客运列车。它的开通为促进粤东旅游发挥了重要作用。

1996年

1月11日 省旅游局印发《广东省景区（点）建设管理基本要求》，强调有计划、高质量进行旅游资源开发和景区建设。

1月13日 广东省中国国际旅行社在中山纪念堂举行仪式，欢迎该社接待的第400万名国际游客。来自日本大阪的一村和男成为幸运儿，接受省政府颁发的证书和一方名贵端砚。

1月18~19日 广东省旅游景区建设会议在南海市西樵山召开。

1月23日 广东省两家出境游主办社——广东海外旅游总公司和广东省中国旅行社，在广州红棉大酒店同广州、深圳、珠海等省内16个城市的42家旅游公司分别签订出境旅游业务委托代理合同书。

1月25~27日 由中国国内旅游协会和中国风景名胜区协会共同举办的“星湖杯”全国风景名胜区、旅游景点导游（讲解员）大赛在肇庆星湖举行。来自东莞虎门林则徐纪念馆的李素群获“中国景点十佳导游”。

2月9日 粤港澳珠江三角洲联合推广机构第23次会议在澳门召开。会议着重讨论1996年和1997年市场推广工作及财务预算计划。

3月7日 “羊城之旅全国旅游协作网”在广州成立。该协作网由广州市羊城旅游公司发起，全国有40多家旅行社、轮船公司、宾馆、酒店参加。这是全国最早的跨地区旅游业务协作网之一。

3月9~13日 国家旅游局在广东佛山宾馆召开1995全国优秀星级饭店表彰大会暨星级饭店总经理研讨会。会议于3月10日对评选出的110家“1995全国优秀星级饭店”、“1995全国优秀星级饭店五十佳”以及“最佳星级饭店前十名”进行表彰奖励并颁发证书。广东白天鹅宾馆等10家星级饭店被评为“最佳星级饭店”。

3月15日 省旅游局在佛山市华侨大厦召开“为广东旅游争光”表彰大会，全省旅游界代表共100多人出席大会。大会表彰1995年度广东省进入全国一、二类旅行社100强的39家旅行社，进入全国国内旅行社50强的10家旅行社，进入全国百家优秀饭店的17家饭店，荣获1995中国海关“旅客年”先进集体暨世界海关组织表彰的“先进集体”——珠海市旅游局，荣获“全国职业道德建设十佳单位”的旅游单位。

3月20日 番禺飞图梦幻影城“太空漫游”活动项目发生重大事故，一名香港游客乘气球坠地身亡。

3月25日 省旅游局在《羊城晚报》刊登启事，正式向社会征集广东旅游形象设计宣传用语和图案标志。

4月17日 省长卢瑞华到粤北视察工作，乘坐国内首列由旅行社管理的旅游列车“大瑶山号”，为羊城铁路国际旅行社题词：“羊城铁旅显特色，大瑶山号展文明”。

4月25~26日 省旅游局局长吕伟雄会见在穗访问的韩国观光公司总社长金泰渊一行。双方就旅游发展等问题交换意见。在穗期间，金泰渊一行还拜会省政府分管旅游的副省长刘维明。

5月22～23日 省旅游局召开的广东省旅游纪检监察会议在汕头市龙湖宾馆举行。

5月25～28日 省旅游局在佛山禅城宾馆举办星级饭店检查员培训班，为加快饭店评星培养骨干。

6月2日 省旅游局发布《公告》，根据国务院批准实行的旅行社质量保证金制度的规定，将全省372家已足额交纳旅游质量保证金的旅行社、30家只缴10万元保证金由二类社被降为三类的旅行社、13家无能力交纳保证金被吊销经营资格的三类旅行社的名单和经营许可证号码向社会公众公布。

6月10～20日 省旅游局领导带领部分市旅游局、旅行社、旅游景点负责人到杭州、上海、南京、无锡、苏州、扬州等华东6市进行宣传促销活动，推介“广东游”。

6月16日 省旅游局、省公安消防总队联合发出通知，要求全省各市对所有旅游星级饭店和十层以上的非星级饭店进行灭火自救应急能力考核。

6月18日 根据国家旅游局和国家统计局《关于旅游统计体制改革的通知》精神，省旅游局在省统计局的业务指导下，接手承担全省旅游行业统计工作任务，在全省21个市旅游局配备了电脑，使广东省成为全国第一个采用电脑网络实施旅游全行业统计归口管理的省份。同日，由省旅游局主办、主管的《广东旅游报》创刊。该报为周刊，彩色印刷，对开四版，发行量约5万份。

6月23～24日 省旅游局在中山市召开全省旅游局长会议。会议就旅游如何为当地服务，创建优秀旅游城市，开发建设旅游景点，增强全省旅游饭店灭火自救应急能力考核，增强旅游行业统计等工作进行部署。

6月28日 省创建中国优秀旅游城市工作指导委员会在广州成立。广州、深圳、珠海、肇庆四市争创“中国优秀旅游城市”活动全面铺开。

7月 中央电视台投资兴建的第四个大型现代化综合拍摄基地和旅游度假区——南海影视城首期工程动工兴建。1998年12月26日建成对外开放。

7月2～9日 省旅游局与肇庆市旅游局共同举办1996粤西旅游新线路推介会，邀请港、澳和珠江三角洲95家旅行社和16家新闻单位分3批考察肇庆、封开、德庆、怀集等旅游区，共同推出一批新的旅游线路。

7月3日 由亚太旅游协会（PATA）组织召开的珠江三角洲旅游研讨会在澳门举行。省旅游局局长吕伟雄出席会议并作题为“岭南文化与珠江三角洲旅游区的深层次发展”的演讲。

7月4日 省物价局、省旅游局联合下发《关于纠正强迫住宿旅客办理平安保险问题的通知》，纠正一些部门在酒店强行开办住宿旅客办理保险的问题。

8月4日 “国旅假期”（广东省中国国际旅行社、广东海外旅游总公司）与东源县政府签订旅游扶贫协议书，决定捐资50万元用于改善万绿湖风景区的交通、接待等设施。同年8月17日，由“国旅假期”组织的“游万绿，献爱心”旅游扶贫活动首发式在白云宾馆举行，10月16日，河源市万绿湖“国旅假期”号游船启航暨万绿湖“镜花岭”观景台竣工举行庆典仪式。

8月12日～9月20日 由省旅游局、省环保局、省卫生厅共同发起的1996广东旅游景区、度假区管理卫生年活动进入片区考评阶段，在5个片区中，评出14个优胜景区。

8月19日 经中国证监会批准，广东金马旅游集团股份有限公司向社会公开发行的股票，在深圳证券交易所挂牌上市。金马集团股票代码0602。

8月27日 国家旅游局在《1995年度全国一、二类旅行社业务年检情况通报》中把广东省的一、二类社划为中国国际旅行社的第一集团军。

9月9日 湛江、茂名、阳江3市遭受15号强台风的强烈袭击，旅游景点、景区设施受到不同程度的破坏，损失近1.16亿元人民币。

9月11日 “广东省创建中国优秀旅游城市工作指导委员会第二次全体会议”在珠海召开。刘维明副省长出席会议。

9月23日 经民航总局批准，梅州—汕头—吉隆坡包机即日开通。此航线的开通，方便了两国三地的商贸、旅游、探亲等往来。同年11月28日，由中国南方航空公司经营的广州—北京—阿姆斯特丹国际航线开通，为远距离国际游客提供了方便。

9月28日 全国首列由旅行社经营管理的境外旅客列车即日起从广东肇庆首发香港九龙。该列车由广东省羊城铁路旅行社经营管理，沿途停佛山、常平、深圳等站。

10月1日 省政府颁布施行《广东省县级旅游行业管理暂行规定》，确定县级旅游局对本县旅游实行全行业管理的职责和权限。

10月 位于深圳香蜜湖度假村内的深圳水上乐园开始动工兴建，1997年5月建成，正式对外营业。该乐园隶属深圳特区发展公司，占地面积9.2万平方米，耗资2.3亿元，引进美国、加拿大、瑞典和日本生产的先进技术和设备，内设高台滑道、造浪和冲浪池、漂流河等16个游乐项目，是具有国际一流水准的水上乐园。1999年因严重亏损停业。

11月5～10日 首届中国国际航空航天博览会在珠海举行。国务院总理李鹏为航展剪彩，副总理吴邦国宣布每逢双年在珠海举办一届航展。第二届和第三届航展分别于1998年11月至22日、2000年11月6日至12日在珠海市中国国际航空航天博览中心举办。至2008年，航展共举办7届。

11月11日 广东省旅游质监所发出《关于实行国内旅游组团合同制的通知》，决定从1997年1月1日起试行《广东省国内旅游组团标准合同》和《广东省国内旅游报名须知及责任细则》。

11月15日 深圳市政府召开"72小时"便利签证协调领导小组工作会议，决定从12月1日起增加文锦渡、沙头角两个口岸为"72小时"便利签证口岸。

11月23日 广州新穗旅游中心有限公司与新世界发展（中国）有限公司、香港永盛电影制作公司等联合兴建的项目"东方电影世界2000"首期改造工程落成开幕式在东方乐园举行。来自内地及港澳的嘉宾游客8万余人参加了开幕式。

11月28日 "广州十大旅游美景"经广大群众投票和有关专家的评比揭晓。这10大美景按分数高低顺序排列分别是：百粤冠祠（陈家祠）、云台花园（白云山风景名胜区）、五羊仙庭、镇海楼（越秀公园）、辛亥之光（中山纪念堂、黄花岗）、世界大观、金蛇狂舞（飞龙世界游乐城）、莲花胜境（莲花山旅游区）、东方游·情中留（东方乐园）、西关商廊（广州商业步行街）、六榕花塔（六榕寺）。

12月8日 深圳市旅游集团公司与日本名铁观光株式会社、香港百盛旅运有限公司达成协议，以合资的方式成立旅行社——华名国际旅业有限公司。这是深圳特区实行特殊政策自行审批的中国第一家中外合资旅行社。

12月17～22日 中国国内旅游展销会在上海举行。广东省旅游企业代表337人组成广东交易团参加展销会，广东共设40个摊位，推出了"五彩缤纷广东游"的全新形象。

12月26日 国家旅游局局长何光暐在广东国际大酒店接见广东省旅游局局、处两级干部，并发表讲话，他赞扬广东是全国旅游业的龙头，希望广东旅游业深化改革，再创新优势。

12月28日 广州雕塑公园首期工程完成。首期工程为羊城旅游区，有6大景点，融历史与艺术、雕塑与园林、观赏与教育于一体，再现了中华民族及岭南地区5000年灿烂的历史和文化。

同年 由民营企业家苏志刚创办的香江实业有限公司投资兴建的广州香江野生动物世界开始动工建设，占地1.5平方公里，1997年12月28日建成开业。它是中国也是亚洲最大的野生动物主题公园。2000年12月28日又建成长隆（夜间）野生动物世界。

同年 由香港御温泉国际管理集团投资1.32亿元人民币兴建的珠海御温泉度假村，于本年底破土动工，1998年2月28日竣工开业。它是集温泉休闲、客房、餐馆、会议、保健、娱乐为一体的四星级度假村。

1997年

1月1日 省长卢瑞华发表元旦献词，欢迎来自海内外的游客。祝愿1997中国旅游年在广东办出新意、办出特色、办出效益。为1997中国（广东）旅游年拉开了帷幕。同日上午，省旅游局局长吕伟雄等带领旅游界人士和文艺队伍一行400多人，在广州黄埔港码头，欢迎乘坐"太阳海盗号"豪华游船抵穗的700多名外国游客。深圳、珠海等口岸城市也在口岸举行仪式欢迎入境旅游团。

同日，广州市旅游局举办1997广州旅游花车大巡游活动。来自广州地区部分景区（点）及宾馆旅游企业和澳大利亚、泰国、香港等国家和地区的40部花车从天河体育中心出发，巡游到中山纪念堂，并举行迎接1997中国旅游年仪式。

1月23日 省旅游局结合广东旅游实际，提出"三大一新"的工作思路：着眼大区域、营造大环境，塑造新形象，发展大旅游。

2月7日 广东珠海圆明新园建成开业。这是珠海市委、市政府和市旅游局以97香港回归为契机，自筹首期建设工程2.5亿元资金，经过三年兴建而成。它是国内第一个按1∶1比例恢复当年北京圆明园建筑风貌的旅游景点。

2月28日～3月2日 1997广州国际旅游展销会在广州中国出口商品交易会举行。为1997中国（广州）旅游年重点活动内容。

3月15日 1997中国（汕头）旅游年的首批欧美游客乘坐豪华游船"花之歌"抵达汕头市。来自挪威、美国、瑞士、德国、英国、加拿大、荷兰、澳大利亚等10多个国家的120多名游客在汕头观光一天，先后参观汕头市金砂小学、汕头桃园住宅区、金福水晶玻璃厂和抽纱工艺商场。

4月4日 深圳市人大常委会颁布《深圳经济特区旅游管理条例》，把深圳旅游业纳入"以法治旅，以法护旅，以法促旅"的轨道。这是广东省内第一部由人大颁布的旅游法规。

4月22～28日 广东省人大常委会安排在穗的全国和省人大代表共30多人组成视察团，分4路对广州、深圳、珠海、佛山、中山、东莞、潮州、汕头、清远、韶关10个市的旅游业发展情况进行深入的视察和调查研究。5月14日省人大主任朱森林听取视察团工作汇报后要求各地将旅游业作为第三产业的龙头来发展。这次人大代表视察旅游业，是在广东旅游发展进程中的第一次。

4月24日 羊城旅游公司正式推出北京、桂林、海南、厦门、张家界、湖南衡山等6条自助旅游线路。

5月4日 广州市旅游界在天河体育中心举行"鼓舞升平迎接香港回归"大型旅游活动。来自港、澳及海外旅游界代表2000多人与广东旅游界人士近万人，以回归和旅游为主题，组织1997面大鼓、1997面彩旗、1997只信鸽和各种文艺活动。

5月8日 广东省著名旅游胜地清远飞来峡风景区遭受千年未遇的特大暴风雨、泥石流袭击。景区内公路塌方、桥梁冲毁、水电中断，飞来寺被夷为平地，珍贵历史文物损失殆尽，直接经济损失1亿多元。

6月9日 广东省重点建设项目虎门大桥正式建成通车。中共中央政治局委员、国务院副总理邹家华，中共中央政治局委员、广东省委书记谢非，全国政协副主席叶选平等领导参加通车仪式。

6月10日 中共中央宣传部公布100个爱国主义教育示范基地名单，广东省的孙中山故居纪念馆、广州起义烈士陵园、鸦片战争博物馆（虎门炮台）、三元里人民抗英斗争纪念馆榜上有名。

6月14日 国家旅游局首批公布的出国游组团社增加到60多家，其中广东省中国旅行社、广东省海外旅游总公司、广州市旅游公司、汕头市旅游总公司、深圳市旅游总公司和珠海经济特区环球国际旅行社6家成为广东首批特许经营中国公民自费出国旅游业务的组团社。

5月~6月 东莞市抓住香港即将回归祖国的有利时机，巧妙地把爱国主义教育基地——鸦片战争纪念馆的建成和大型历史故事片《鸦片战争》的上映与东莞固有的“田园风情”和现代化“都市气派”、虎门大桥建成通车等建设成就紧密结合，经过精心策划和设计，推出了“东莞之路”旅游线路。

6月25日 省旅游局在广州花园酒店召开全省旅游行业“为人民服务，树行业新风”动员大会。全省入选全国百优星级饭店和百强旅行社的代表，广州地区星级饭店和各类旅行社的代表，景点、定点商店、餐馆的代表共300余人参加了会议。会上推广了全国文明窗口示范单位——广州天河大厦、深圳粤海酒店、广东铁路青年旅行社精神文明建设的典型经验。

7月29日 为了推动广东省旅游经济可持续性发展，广东省旅游发展战略研究工作机构正式成立，着手开展调研工作，对全省旅游经济发展的总体方向、模式、规模以及旅游业界各要素进行全局性筹划和战略性部署。

8月 由省旅游局和广州市电信局合作建立的广东旅游信息网站正式启用。

8月9日 珠海金海滩海滨游泳场发生旅游团2人溺水死亡、2人失踪的安全事故。

9月5~8日 省旅游局召开全省第五次旅游景区景点工作会议。会议深入探讨了旅游资源的内涵及如何“跳出旅游，发展旅游”、“跳出广东，规划广东”的旅游发展战略问题。

9月19~21日 “第九届国际潮团联谊年会”在汕头市举行。李瑞环、谢非等出席会议并讲话，乔石、田纪云、钱其琛、雷洁琼、叶选平等发来贺电。

9月23~31日 由省中旅组织的“罗布泊荒漠旅游探险团”172人，徒步穿越了被人们称为“生命禁区”、“死亡之海”的罗布泊荒漠。这是中国历史上旅游探险的一个壮举。

9月26日~10月12日 “1997中国旅游艺术节暨广东欢乐节”在广州东方乐园举行。本次艺术节为期17天。来自广西、山西、四川、吉林等地的10余支表演团队共500多名演员参加演出。

10月8日 全省旅行社总经理会议在广州花都市召开。省、市旅游局长和各旅行社总经理共500余人参加会议，这是广东省第一次大规模的全省性旅行社总经理会议。同年12月2日，全省旅行社体制改革座谈会在顺德市召开。省、市旅游管理部门负责人和80多家旅行社代表共100多人参加。

10月31日 由广东省和上海市两地旅游局和电视台联合主办的大型旅游文艺晚会“五彩缤纷沪粤情”在两地同时播出。

11月6日 全国新华书店精神文明先进示范单位——深圳书城举行文化旅游景点揭碑仪式。书城占地6000平方米，建筑面积41000平方米，楼高30层，经销各类书刊和音像制品，陈列品种达8万种，是全国第一家集文化传播、艺术鉴赏、旅游休闲为一体的文化旅游景点。

11月8日 广州市天河区东圃镇农民自筹资金2.5亿元建设的“广州航天奇观”正式开业，这是中国目前最大的融航天、科幻、游乐于一体的大型游乐景点。航天奇观首期工程占地320多亩，内设10多个旅游场馆及水上活动区、园林景区、奇观景区、游乐活动区、实物展场等。

12月28日 深汕高速公路全线通车。深圳至汕头两地行程由过去的8小时缩短为3小时，赴粤东旅游交通进一步改善。

12月30日 肇庆市旅游委员会成立。由市旅游局、星湖管理局和七星岩度假区指挥部3家分管的局面结束。

1998年

2月25日~3月3日 省旅游局在肇庆、广州两地举办全省旅游局长研讨班，来自全省各级旅游管理部门的负责人共170多人参加会议。

3月10日 省旅游局发出《关于开展“广东人游广东”活动的通知》，7月4日，省旅游局在广州天河宏城广场举办了“广东人游广东1998嘉年华”大型旅游宣传促销活动。全省20个市的旅游管理部门、主要旅行社、酒店、景区景点500多位促销人员参加了活动。这一活动得到全省各地的热烈响应，“千人游广州”、“南海万人行”、“十万人游省城”等活动迅速展开。同年12月19日，省旅游局在深圳市举办广东人游广东“嘉年华”活动。

3月12~22日 省旅游局、省林业厅在肇庆鼎湖山联合举办广东省首届“森林生态旅游导游员”培训班。来自全省17个森林公园、自然保护区和19个市旅行社选派的160名学员接受培训，并颁发森林生态旅游专业导游证书。

5月15日 广东第一家私营旅行社——乐昌长城旅行社，在韶关市投标诞生。此后，广东各地旅行社先后启动体制改革，从而结束广东国有旅行社一统天下的局面。

5月18日 广东省旅游发展战略研究会成立。

5月22日 在广东省第八次党代会上，广东旅游业率先被列为新经济增长点。同年召开的广东省经济工作会议、省政府全体（扩大）会议、省委工作会议上，省委、省政府多次强调发展旅游业是确保实现全年增长目标，增创广东发展新优势的战略任务。同时，把旅游业列为培育新经济增长点的调研课题之一。

6月2~6日 省旅游局在粤东召开第六次全省旅游资源开发工作会议。来自全省各市政府及旅游局的负责人共100余人参加会议。副省长许德立出席会议并讲话。

6月27日 省政府发布《广东省海滨游泳场安全管理规定》。《规定》自9月1日正式实施，各级旅游行政管理部门开始对海滨泳场进行全面的审核登记。

6月28日 清远市清新温矿泉对外开放。清新温矿泉于1996年开始建设，经过2年多时间，建成占地面积5.5平方公里，集度假旅游、温泉滑草、民族风情、商务活动于一体的大型温泉文化旅游区。

6月30日 中央精神文明建设委员会办公室、建设部、国家旅游局联合发出通知，公布“首批全国文明风景旅游区示范点”，肇庆星湖风景名胜区名列其中，成为广东省第一个入选首批示范点的风景旅游区。

7月21~22日 省旅游局组织部分新闻单位、旅行社和旅游管理部门组成的“穿越乳源大峡谷考察队”，徒步穿越乳源大峡谷。

8月 中国首批国际青年旅馆——广州、肇庆、珠海市“国际青年旅馆”先后开业。国际青年旅游联合会总裁穆特应邀为国际青年旅馆开业剪彩。

9月1~5日 省旅游局与省林业厅联合召开广东省森林生态旅游座谈会。广州等10个市的旅游部门、林业部门和森林公园的负责人共70余人参加会议，与会代表考察河源、肇庆、韶关、广州等地的生态旅游业的发展状况，并就如何认识广东省森林生态旅游业的可持续发展进行座谈。

10月1日 由深圳华侨城集团投资10亿元兴建的大型旅游主题公园——深圳欢乐谷建成开业。公园占地面积17万平方米，包括欢乐广场、卡通城、冒险山、欢乐岛、玛雅海滩水上公园等项目组成。它是继锦绣中华、中国民俗文化村、世界之窗之后建成的第四个参与性强、科技含量高的大型旅游主题公园。

11月16~19日 省旅游局、省海洋与水产厅联合召开广东省海洋生态旅游座谈会。来自全省旅游部门、海洋与水产部门和相关单位共100多位代表参加座谈。

11月29日~12月1日 由省旅游局主办的1998广东省饭店业服务技能大赛在东莞市举行。来自全省21个市的394名选手代表全省50万饭店业从业人员分别参加中餐厅服务、烹饪、调酒、插花、蔬果雕刻、客户服务、接待服务、海报设计、服饰展示9个项目角逐。佛山宾馆、广州中国大酒店、中山市代表队、东莞银城酒店分别获项目桂冠，其中佛山宾馆夺得6项第一。

12月2日 省政府针对出租小汽车跨市营运引起的“的士风波”，向各市发出通知，允许出租小汽车跨市运送旅客并按照旅客的要求将旅客直接送达目的地。

12月8日 梅州、河源、韶关等9个市经广东省旅游局批准在广州设立旅游推广站。

12月18日 国家旅游局发出《关于命名第一批中国优秀旅游城市的通知》，广州、深圳、珠海、肇庆市被授予“中国优秀旅游城市”称号，深圳市在副省级城市中排列第一名。

12月21日 省政府转发省旅游局《关于加强酒店和旅店建设管理的请示》，决定对全省的酒店和旅店建设实施新的调控措施。

1999年

1月1日 广东省生态旅游年开年仪式在肇庆鼎湖山举行，拉开1999生态旅游年的序幕。同日，由广州地区旅游事业管理委员会主办，广州市旅游局承办，广州赛马会协办的1999广州贺年缤纷大巡游在广州市举行。

1月3~5日 由国家旅游局召开的全国旅游工作会议暨创建中国优秀旅游城市工作会议在广西桂林举行。广州、深圳、珠海、肇庆市从会上捧回“中国优秀旅游城市”证书和城标。2000年12月28日，国家旅游局发布《关于命名第二批中国优秀旅游城市的决定》，中山市、佛山市、江门市、惠州市和南海市（县级市）被命名为“中国优秀旅游城市”。至2008年底，广东省“中国优秀旅游城市”总数增加至21个（18个地级以上市和3个县级市）。

1月19日 省政府在广州召开广东省旅游工作会议。中共中央政治局委员、广东省委书记李长春给大会发来贺信，省长卢瑞华、副省长许德立在大会上分别作重要讲话，省人大主任朱森林等出席了会议。省旅游局局长吕伟雄作

1998年旅游工作总结和1999年工作计划报告。

2月18日 中共中央政治局委员、广东省委书记李长春在副省长许德立陪同下视察香江野生动物世界，并强调旅游业作为全省经济支柱产业要树立更加光辉的形象。

4月26日 汕头市人大常委会发布《汕头经济特区旅游资源保护和开发管理规定》。

5月31日~6月4日 由省旅游局和省农业厅联合发起的全省农业生态旅游推广会，以边考察边推介的方式，在珠江三角洲和粤西成功召开。来自全省的农业旅游企业负责人、珠江三角洲和香港的旅行社经理，以及省内各大传媒的记者共200多人出席会议。

6月11日 省政府批准梅州雁南飞茶田、汕头龙虎滩、南海南国桃园、恩平金山温泉、清新温矿泉5个为省级旅游度假区。至此，全省拥有国家级旅游度假区1处，省级旅游度假区29处。

6月18日 省旅游协会旅游教育培训专业委员会在白云宾馆召开"99广东旅游教育培训研讨会"，来自全省部分旅游院校、旅行社、旅游饭店的培训部门、旅游行政部门代表共45人参加研讨会。

6月22日和8月31日 广东省"西三角旅游组织"和"粤东旅游协作圈"相继成立。西三角旅游组织由湛江、茂名、阳江市旅游管理部门和有关单位组成，旨在协调粤西3市，联合推出海洋旅游、亚热带农业生态旅游和工业旅游等特色产品，吸引珠三角客源，并逐步开拓省外和境外市场；粤东旅游协作圈由揭阳、汕头、潮州、梅州、汕尾市旅游管理部门组成，旨在促进粤东5市合作，发挥潮汕文化和客家文化的独特优势，开拓港澳、东南亚和江西、福建客源市场。

6月25日 省旅游局、香港旅游协会和澳门政府旅游司在澳门联合举行粤港澳旅游发展研讨会。三方就粤港澳大三角旅游区未来5年的发展战略方向等问题开展积极的研讨。一致同意进一步扩大合作范围，争取把粤港澳大三角旅游区建成21世纪中国重要的旅游目的地。

9月1日 广东省首批连接广州、深圳、珠海、肇庆、南海市的5条旅游穿梭巴士线路正式投入营运。

9月12日 中国国内第一家青年旅馆协会——广东青年旅馆协会在广州宣告成立并举行第一次会议。同年11月，广东青年旅馆协会被国际青年旅馆协会（IYHF）正式接纳为附属会员组织。

10月12日 国家旅游局批准广东省试办中外合资旅行社——广州康泰国际旅行社有限公司和广东永安国际旅行社有限公司。上述两家中外合资旅行社分别于11月26日和12月17日相继挂牌营业。这是国家旅游局和对外经济贸易部于1999年4月出台《中外合资旅行社试点暂行办法》后，在国内出现的首批两家试点合资旅行社。

10月21日 中央文明办、国家建设部、国家旅游局联合发文，授予广东省深圳华侨城旅游度假区为第二批"全国文明风景旅游区示范点"。

11月26日 广东铁青国际旅行社有限责任公司成功开行了国内首趟豪华旅游专列——"南方快车"。

11月22~27日 "1999首届全国旅游歌曲大奖赛"在深圳市和广州番禺区（原番禺市）举行，国家旅游局局长何光玮在颁奖仪式上致辞并给获奖者颁奖。

12月5日 国家旅游局局长何光玮致信深圳市委书记张高丽，指出深圳市旅游产业发展需要与之相匹配的地位，期待深圳市早日单独设立旅游局，结束长期以来旅游局与贸易发展局合署办公的历史。

2000年

1月14日 全国旅游工作会议在深圳富临酒店召开。各省、市、自治区旅游局局长和全国有关旅游企事业单位、旅游协会的负责人350多人出席这次会议。国家旅游局局长何光玮在大会上作工作报告。会上省旅游局局长吕伟雄作了广东推行国民旅游计划的发言。同日，全省旅游局局长会议在富临酒店召开。

1月17日 "中国旅游协会第四届全体理事会"在深圳举行。

1月18~21日 "第四十七届国际饭店'金钥匙'组织年会"在广州召开。来自世界各大洲30多个国家的近千名代表参加大会。这是代表2000年国际饭店业软件服务最高水平的"金钥匙"组织首次在中国召开的年会。

1月28日 省物价局《关于广东粤之路旅游服务中心有关服务收费的复函》（粤价函〔2000〕56号），同意省旅游局属下的广东粤之路旅游服务中心，为出境旅游提供咨询服务及代办有关出境旅游手续时收取服务费。

2月19~20日 中共中央总书记、国家主席江泽民视察茂名旅游景点。19日下午，登上茂名根子镇观荔亭，亲手种下了"中华红"荔枝纪念树，走访了当地农家；20日下午，巡视了宝光塔、冼太庙及瀛洲公园。2月24日，江泽民视察广州上下九路商业步行街。

2月24日 国务院副总理钱其琛主持召开协调会，研究《关于为到港澳的外国人进入珠江三角洲地区旅游提供便利管理办法》，国家旅游局局长何光玮参加会议。

3月31日 省政府以粤府办〔2000〕39号文，批准省旅游局由省政府直属事业单位改为省政府主管旅游业的直属行政管理机构。设立三处一室，即局办公室、质量规范与管理处、资源与市场开发处和人事教育处。编制36人，设局长1名，副局长2名，正副处长（主任）12名。3月22日，省政府任命郑通扬为省旅游局局长。

3月27~30日 省九届人大常委会第17次会议批准《广州市旅游管理条例》。从7月1日起正式实施。

5月6日 省编制办公室同意设立广东省旅游发展研究中心，隶属于省旅游局，为正处级独立法人事业单位。

6月30日 省旅游局、省公安厅、海关总署广东分署联合印发《关于为到香港、澳门的外国人组团进入珠江三角洲地区旅游提供便利签证的管理办法实施细则》的通知，在深圳市实行"72小时"入境旅游便利签证的基础上，对到港澳后进入广州、深圳、珠海、惠州、东莞、中山、江门、佛山、肇庆和汕头10个城市旅游的外国人，实行"144小时"入境便利签证。

8月1日 俄罗斯哈巴罗夫斯克（伯力）至广州的航线正式开通，俄远东航空公司每周有一航班飞机来往飞行。

8月初 省旅游局组织召开全省出境旅游工作会议，与出境游经营单位和法人代表签订了业务责任书，明确了经营单位责任。同时，省旅游局还下发了整顿出境旅游市场的通知，要求各经营单位做好自查自纠工作，各级旅游管理部门加强监督检查，加大对违法从事出境游的处罚力度，对违法者实行"一次性死亡"。

8月19日 全国县级市第一家五星级酒店——开平潭江半岛酒店开业。

8月31日 汕头市人大常委会发布《汕头经济特区旅游业务条例》。

9月7~9日 由省体委与韶关市政府联合举办的亚太汽车拉力赛在广东韶关市举行。中国、日本、韩国、新西兰、马来西亚、澳大利亚以及台湾和香港地区的选手参加赛事。这是广东韶关地区自解放以来举办的第一个具有国际性的赛事。

9月15~17日 省旅游局在东莞举办大型旅游新亮点展示会，共有250多家旅游企业参展，推出100个休闲度假好去处和100个假日观光新亮点，吸引了4万多市民参观。

9月16~17日 广州市旅游局主办的"欢乐假期总动员——2000年广州国庆旅游信息全接触"大型活动在时代广场隆重举行。为社会各界和广大市民提供旅游引导和咨询服务。除举行精彩文艺表演外，还举办免费乘坐观光巴士、"一元钱旅游线路拍卖"等活动。

10月1日 由珠海市政府主办、珠海市旅游局、文化局等部门承办的首届国际沙滩文化节在珠海市举行，沙滩节活动丰富多彩，有展现各国风情的沙雕节、美食节、象棋大赛、沙滩排球和足球赛、烟花汇演和篝火狂欢晚会等。首届国际沙滩文化节为期1个月适逢国庆和珠海航展，吸引了大量游客。

10月2日 广之旅国际旅行社组织约200名中国游客前往日本游览，开始了中国公民持旅游签证赴日本之旅。

11月 粤港澳旅游合作机构——珠江三角洲旅游推广机构在上海举行的第二届中国国际旅游交易会上正式推出了三角洲旅游网站（www. pearlriverdelta. org）。

11月18日~12月18日 国家旅游局组织13个评定组对全国181个旅游区（点）开展4A级旅游区（点）的等级评定。广东的珠海圆明新园、肇庆星湖风景名胜区、深圳华侨城旅游度假区、深圳观澜湖高尔夫球会、丹霞山风景名胜区、阳江海陵岛大角湾风景名胜区、广州白云山风景名胜区、清新温矿泉旅游度假区、广州野生动物世界、孙中山故居、西樵山风景名胜区11处列入全国首批4A级旅游区。截至2008年底，全省共有99家A级以上旅游区，其中5A级旅游景区2家，4A级旅游景区57家。

2001年

3月29日 省政府在广州花园酒店主持召开全省旅游工作会议，省长卢瑞华和主管旅游工作的副省长汤炳权在会上作了发言。

3月30日~4月1日 第八届广州国际旅游展销会在广州中国出口商品交易会展览厅举行。来自50多个国家和地区的旅游商以及全国30多个省、市、自治区的参展单位参加。

4月28日 德庆盘龙峡景区建成开放、德庆学宫（孔庙）修复重光，德庆正式推出"广东'龙之旅'——龙母故乡德庆游"旅游专线。

5月25日 首届中国边境城市文化贸易旅游艺术节在茂名市开幕。

7月19日 "2001年华侨城旅游狂欢节"在深圳开幕。国家旅游局局长何光玮，深圳市委书记张高丽出席开幕式并宣布开幕。

8月13~17日 中国烹饪协会、广东烹饪协会和肇庆市人民政府联合举办全国粤菜烹饪技术大赛。

9月17日 省政府办公厅主持召开全省假日旅游协调会议，对"十一"黄金周旅游提出了明确要求和详尽安排。广州、深圳、珠海等市都建立了节假日旅游指挥中心、统计预报中心、旅游咨询中心、安全质量监测系统及节假日24小时值班制度。节假日前和节假日期间，省假日办对各地工作进行了抽查，保证了假日旅游安全有序。

12月22~24日 省旅游局与江门市政府在江门市联合举办广东生态旅游展销会。

10月1日 深圳市政府重点投资建设的大型生态旅游区——深圳西部海上田园度假区正式开业，是继深圳华侨城之后又一大型景区。

10月 首次"两广九市"区域旅游合作会议在茂名市召开。

11月8~11日 省旅游局在广州番禺区举办广东省

（番禺）旅游商品展。

12月14～17日 深圳市举办“辽宁（广东）商品展示及经贸洽谈会”。辽宁省副省长刘克田、深圳市副市长宋海、广东省旅游局局长郑通扬、辽宁省旅游局局长陈晞参加辽宁旅游说明会暨签约仪式。

2002年

1月1日～3月3日 由广东省旅游局、广州市旅游局和广州市番禺区人民政府联合举办的“广东（广州）民间艺术节”在长隆夜间动物世界拉开帷幕。

2月14日 省人大第九届人大常委会第30次会议通过《广东省旅游管理条例》。于同年4月1日起施行。

4月15日 省旅游局向省委书记李长春呈送关于全面启动旅游扶贫计划的报告。李长春于次日作出重要批示：“旅游扶贫，大有可为。各部门都要开动脑筋，为广大山区贫困地区做些实事。”

5月31日～6月6日 由中共肇庆市委、市政府与省旅游局共同举办的“肇庆国际旅游节”在肇庆举行。全国政协副主席叶选平、国家旅游局副局长张希钦参加盛会。

6月24日 省政府发布《关于加快我省旅游企业发展的意见》，并全面启动旅游扶贫工作。2002年，确定首批旅游扶贫重点项目14个，首次投入扶贫资金3000万元。截至2008年底，全省共确定7批共330个旅游扶贫重点项目。其中97个追加项目、9个旅游扶贫贷款贴息项目。累计投入扶贫资金达2.5亿元。

9月16日 粤港澳旅游信息平台建设启动。省旅游局正式推出“活力广东网”。

9月19日 广东省首批旅游扶贫重点项目暨江门市侨乡旅游推介会在江门市举行。

10月30日 国家旅游局副局长顾朝曦在广东南海出席中国第一个旅游目的地营销系统（DMS）——南海DMS正式建成新闻发布会并讲话。该系统已通过由国家旅游局信息中心主持、中科院院士何新贵为组长的专家小组的论证和鉴定。

2002年 广东省正式全面启动广东旅游新形象宣传口号——“活力广东”。

2003年

1月3日 省政府同意由省财政一次性安排5000万元专款用于省旅游局购置新办公场地。2005年12月28日，省旅游局办公新址由广州市环市西路185号迁入广州市黄埔大道西463号。办公楼共九层，首层建筑面积为910平方米，整栋大楼建筑面积为7800平方米。

1月22日 广东省旅游工作会议在广州召开。常务副省长汤炳权出席会议并讲话。

1月27日 深圳皇岗—香港落马洲口岸24小时旅游通关正式实行。

3月26～28日 由广东省旅游局和广州市旅游局主办的“2003年广州国际旅游展销会暨中国出口商品交易会”在广州举行。

4月8日 由省旅游局组织的“活力广东”号旅游专列正式启程。该旅游专列有500名宣传促销人员，行程4965公里，经湖南、湖北、河南、河北、北京和山东等省，沿途通过旅游推介会、广场促销、民族风情表演等多种方式展现广东的旅游资源和产品。

4月14日 中共中央总书记、国家主席胡锦涛视察广州市北京路商业步行街。

5月21日 国家旅游局局长何光玮在省旅游局局长郑通扬和珠海市市长王顺生的陪同下，到珠海度假村酒店、御温泉度假村、“浪漫九洲”游轮等旅游企业检查了解防治“非典”工作落实情况，并慰问工作在一线的旅游企业员工。

5月22日 广东省常务副省长汤炳权率领省政府有关部门赴广州长隆集团调研，研究在“非典”期间对旅游企业的具体扶持政策。同日，由香港中旅集团的国际投资有限公司独资兴建，总投资逾30亿元、首期投资21亿元的珠海海洋温泉度假区（后改名为“珠海海泉湾度假区”）正式动工兴建。

5月23日 世界旅游组织（WHO）发布解除对广东旅游警告。

5月26日 省政府常务会议决定对旅游骨干企业在非常时期为保生存求发展所需贷款提供5000万元财政贴息，以帮助旅游企业度过难关，促进旅游业的复苏。

6月1日 由省旅游局主办的“‘活力广东、阳光行动’启动仪式暨首团出发仪式”在中山纪念堂举行。标志着广东“非典”疫情之后省内游全面启动。

6月5日 世卫组织解除粤港旅游警告后首次粤港澳旅游合作高层会议在广州召开。粤港澳三地旅游高层齐聚一堂，共商重振三地旅游发展大计。

6月10～11日 广东省常务副省长汤炳权深入肇庆市调研外贸和旅游工作。

6月13日 广东省扶持受“非典”影响首批重点旅游企业贴息贷款签字仪式在广州长隆酒店举行。常务副省长汤炳权和省财政厅、省旅游局负责同志出席签字仪式。首批10家享受贴息贷款的重点旅游企业与相关受理贴息贷款业务的银行签订了相关合同，省政府为旅游救市10亿元贴息贷款中首批重点旅游企业的2.8亿元到位。

6月30日 省旅游局在广州中山纪念堂举行“除非典、

庆七一，全面振兴广东旅游”大型旅游活动启动仪式，推出“活力广东，阳光行动”旅游市场振兴计划。常务副省长汤炳权出席仪式并讲话。

7月28日 根据CEPA的有关安排，经公安部出入境管理局批准，自即日起，中山、东莞、江门、佛山4个城市试办常住居民个人赴港澳旅游。8月20日，经国务院批准，增加广州、深圳、珠海三市为内地居民个人赴港、澳旅游的试点城市。12月14日，国家旅游局副局长孙刚出席国务院副秘书长徐绍史主持召开的会议，研究广东扩大居民个人赴港澳旅游的问题。2004年1月1日，汕头、潮州、梅州、肇庆、清远、云浮6市开办个人赴港澳旅游。5月1日，湛江、阳江、茂名、韶关、揭阳、河源、汕尾7市开办个人赴港澳旅游。至此，全省全面开办居民个人赴港澳旅游。

9月18日 省旅游局与海南省旅游局联合举行“活力广东、魅力海南千车万人自驾游”新闻发布会。

9月28日 中国第一个区域性旅游目的地营销系统——粤港澳旅游信息平台一期建设工程项目通过国家专家组的验收。同日，珠海市旅游目的地营销系统项目通过专家组验收，并正式投入使用；广州市旅游目的地营销系统正式签约。

11月7~9日 广州市人民政府和中国烹饪协会联合在广州国际会议展览中心广场举办“第二届西餐饮食文化节”。

11月13~14日 全省旅游扶贫工作会议在河源市召开。会议的主要内容是传达贯彻省委、省政府《关于加快山区发展的决定》精神，总结旅游扶贫工作取得的成绩和经验，研究部署今后一段时期旅游扶贫工作的目标和任务。

12月9~10日 马来西亚文化艺术及旅游部副部长一行到广东阳江进行旅游考察和交流活动。

12月10日 国家旅游局发布《关于命名廊坊等45个市为“中国优秀旅游城市”的决定》，东莞市、潮州市、湛江市、河源市、开平市被命名为“中国优秀旅游城市”。

12月26日 “第十七届广州国际美食节”在广州天河体育中心开幕。

2004年

2月3日 中共中央政治局委员、广东省委书记张德江到广州陈家祠视察，指示陈家祠要做好各项工作，为文化大省建设作出贡献。

2月5日 省旅游局局长郑通扬在广东旅游大厦会见来访的韩国京畿道文化观光局局长李起洙一行。

2月13日 韶关市丹霞山被联合国教科文组织评选为中国首批世界地质公园。

3月13日 广东省常务副省长汤炳权在京参加“两会”会见人民日报社记者时表示，广东省旅游扶贫引发了磁场效应和观念的变化。

3月19日 省政府在广州主持召开全省旅游发展大会。中共中央政治局委员、广东省委书记张德江对大会和广东省旅游工作作出批示。省长黄华华出席会议并讲话。

4月7日 全省首批创建全国工农业旅游示范点共有20家，其中拥有全国工业旅游示范点6家，农业旅游示范点14家。截至2007年底，全省共拥有全国工业旅游示范点11家，农业旅游示范点26家。

4月27日 河源市举办首届客家文化旅游节。

5月11日 广东省旅游协会第三届代表会议在广州召开。广东省常务副省长汤炳权被推举为广东省旅游协会名誉会长，省旅游局局长郑通扬被选举为广东省旅游协会会长。

5月26日 全国首批4A级旅游景区——深圳观澜高尔夫球会以10珠场180洞的规模，被世界吉尼斯世界纪录组织认证为“世界最大的高尔夫球会”。国家体育总局党组书记李壹坚、国家旅游局局长何光玮、广东省副省长许德立、全国政协常委厉有为和深圳观澜高尔夫球会董事局主席朱树豪等共同出席认证仪式。

5月27日 世界最大的鳄鱼公园在广州市番禺区建成开放。

5月31日~6月4日 常务副省长汤炳权率领广东省政府代表团前往湖南考察旅游业。其间，广东与湖南签订了两省旅游合作协议，汤炳权与湖南省委副书记、常务副省长于幼军，副省长贺同新出席签约仪式。

6月10日 在第18届香港旅游国际旅游展上，广东省旅游协会、香港旅游业协会和法国政府旅游局签署了协议书，为进一步开发三地间的旅游交流与合作确定了框架性目标。

6月23日 广东与广西两省在广州签订《旅游交流与合作协议书》。常务副省长汤炳权、广西壮族自治区副主席张学军出席签约仪式。

6月25日 粤湘旅游合作首个大型活动“千车万人游湖南”启动，由广州广之旅和湖南广之旅共同组织的广东千人旅游团启程前往湖南旅游。

6月30日 省旅游局与江西省旅游局、景德镇、三清山、婺源签订《江西省与广东省旅游交流与旅游合作协议书》及《“9+2”粤赣万人互动合作意向书》。

7月12日 广东省常务副省长汤炳权在省政府会见马来西亚旅游部长拿督廖麦克。

7月14日 首列“活力广东号”泛珠三角旅游专列从广州火车站出发前往江西井冈山。

7月14~16日 首届“泛珠三角区域经贸合作洽谈会”

在广州国际会展中心举行。

7月16日 广东饭店在全国率先开展更换星级标牌的工作，并在广州白天鹅宾馆举行授牌仪式。国家旅游局副局长顾朝曦、省旅游局局长郑通扬等出席仪式。同日，第十六届全国（部分）旅游城市局长协作会议在深圳市召开。

7月17日 广东韶关、湖南郴州和江西赣州三市旅游局在广州市南沙国际会展中心举行红三角旅游推介会，并签署旅游护照红三角框架合作协议。

7月26日 广州、佛山、肇庆与广西壮族自治区的桂林、梧州、贺州等六市在桂林签署《"两广六市无障碍旅游区"协议》。广东省常务副省长汤炳权、广西壮族自治区副主席张学军出席签署仪式。

7月29日 "粤黔旅游合作暨深圳与黔南州、毕节地区旅游合作协议、捐建'深圳希望小学'意向书签字仪式"在贵阳举行。广东省常务副省长汤炳权、贵州省副省长包克辛等出席签字仪式。

8月12日 广东省与吉林延边州在延边签署两地旅游交流与合作框架协议。

8月20日 贵州与广东旅游合作协议在贵阳签订。协议包括泛珠三角旅游合作、客源市场开发、联合宣传推介旅游线路、推动双方信息化建设等。

9月13日 中国首个温泉旅游专业分会——广东省旅游协会温泉分会成立大会分别在珠海市和江门市召开。

10月11～12日 由广东省旅游局、广西壮族自治区旅游局和茂名市人民政府主办的"两广九市"区域旅游合作第一次会议在茂名市召开。会议签署《两广九市区域旅游合作框架协议》和《两广九市关于打造无障碍旅游区的合作守则》。广东的阳江、湛江、茂名、云浮和广西的北海、防城港、钦州、玉林、贵港九市的领导参加会议。2006年5月25日，广西来宾市加入后，由"两广九市"修订为"两广十市"，每年轮流召开两次联席会议。

10月15～16日 国家旅游局副局长顾朝曦在省旅游局局长郑通扬的陪同下考察恩平温泉。

10月17～20日 由江门市与省侨办、省旅游局、省侨联、省海外交流协会联合举办的"中国（江门）侨乡华人嘉年华暨2004中国（江门）侨乡旅游节"在江门举行。

11月19日 广东省第三批旅游扶贫重点项目授牌暨责任书签约仪式在广州举行。广东省常务副省长汤炳权、省政府副秘书长唐豪、省旅游局局长郑通扬等为新增的第三批旅游扶贫重点项目授牌。

11月17～30日 澳门特别行政区旅游局、珠海市旅游局、珠海市香洲区人民政府共同举行"2004澳门国际烟花比赛和珠海欢乐节"。

2005年

1月1日 省旅游局与广西壮族自治区旅游局率先启动全国首个无障碍旅游区。之后，又陆续与泛珠其他省（区）的江西、贵州、湖南、海南、四川等省区旅游局签订无障碍旅游区协议。

1月18日 省旅游局、省发展和改革委员会、省委宣传部联合评选公布"活力广东红色100"广东红色旅游景点和线路。5月16日，由省旅游局主办的"活力广东"号红色旅游泛珠行火车专列与湖南、广西、云南、贵州等泛珠省市开展一系列红色旅游友好合作和交流活动。全面启动《2004—2010年广东红色旅游发展规划》的编制工作。

1月28日 河源市博物馆被列为"世界最大恐龙蛋收藏"的吉尼斯世界纪录。

3月4日 由国家旅游局主办，广东省旅游局、广州市旅游局、北京金旅雅途信息科技有限公司共同承办的"2005年中国国际旅游网上博览会"和"2005年广州国际旅游展销会"开幕。

3月29日 广州岭南国际企业集团有限公司成立。集中了广州商旅界的名优企业，涵盖"住、食、行、游、购、娱"等领域。至2006年末，公司资产总额54.66亿元，净资产23.74亿元。

4月21日 中共中央政治局委员、广东省委书记张德江在2005广东国际旅游文化节筹委会呈报的总体工作方案文件上批示："精心组织，取得成效。"

5月25日 由省旅游局组织的"活力广东"红色旅游专列抵达广西，同时启动"万辆自驾车桂粤两省无障碍旅游"活动仪式。省旅游局局长郑通扬和广西壮族自治区旅游局局长肖建刚在南宁签署两省"关于开展红色旅游交流与合作协议"。

6月1～3日 广东省常务副省长汤炳权率省政府考察团赴江西进行旅游专题考察。就共同打造两省七市红色旅游无障碍区、开通粤赣红色旅游专列、开展粤赣万人互动游和自驾车旅游等方面达成广泛合作。

6月12日 由国家旅游局和广东省人民政府共同举办的首届广东国际旅游文化节于11月25日至12月1日在广东各地举行。组委会通过"活力广东网"向全社会公开征集会徽、宣传口号。飘舞飞扬的"文"字构成会徽，"活力广东 欢乐祥和"为主题词。

6月20～24日 省政协组织部分委员到粤东地区开展旅游扶贫工作专题调研。

9月24～25日 首届泛珠三角（广东汕尾）民间艺术节在汕尾举行。

9月16日 中共中央政治局委员、广东省委书记张德江考察韶关旅游扶贫项目。

9月20日 广东省旅游扶贫工作会议在广州召开。常务副省长汤炳权出席会议并发表讲话。

11月23日 中共中央政治局委员、广东省委书记张德江对办好2005广东国际旅游文化节作出重要批示："办好广东国际旅游文化节意义重大，一定要精心组织，务求实效。要把旅游与经济发展、文化建设、构建和谐社会有机结合起来，推动广东、泛珠旅游业和第三产业优势互补，更快更好发展。"

11月25日~12月11日 2005广东国际旅游文化节为广东27年来首次举办的广东国际旅游文化节。由国家旅游局和广东省人民政府共同举办。11月25日在广州天河体育场举行开幕式，国家旅游局局长邵琪伟出席开幕式并宣布开幕，省委副书记、省长黄华华致欢迎词；12月1日晚，广州市政府在白鹅潭珠江江面上举办闭幕式，中共中央政治局委员、广东省委书记张德江，省委副书记、省长黄华华，常务副省长汤炳权等领导出席。

11月25日 中共中央政治局委员、国务院副总理吴仪发来贺信，祝贺2005广东国际旅游文化节取得圆满成功。

12月10日 中共中央政治局常委、全国人大常委会委员长吴邦国在中共中央政治局委员、广东省委书记张德江等陪同下，先后视察梅州叶剑英元帅故居和纪念馆、雁南飞茶田度假村。

2006年

1月5~7日 中国烹饪协会副秘书长乔德林率专家组一行8人，对梅州客家菜系进行认真评估验收后授予梅州市"中国客家菜之乡"称号。

1月17日 中国矿业联合会命名清远市为"中国温泉之乡"，属全国第二个以地级市命名的"中国温泉之乡"。

1月26日 省旅游局对清新县创强工作进行验收，正式命名清新县为"广东省旅游强县"。

2月15日 省委、省政府在广州召开全省旅游工作会议。广东省常务副省长汤炳权出席会议并讲话。大会为清新县颁发"广东省旅游强县"牌匾。

2月17日 "广东乡村游"启动仪式在广州中山纪念堂举行。省内多家大型旅行社组织上千名"乡村游"首发团游客参加广州主会场的启动仪式。

3月3日 全国旅游信息化工作座谈会在广州召开，国家旅游局副局长顾朝曦出席会议并讲话。

3月3~5日 由国家旅游局主办、广东省旅游局、广州市旅游局和北京金旅雅途信息科技有限公司承办的2006年中国国际旅游网上博览会以及由广东省旅游局、广州市旅游局主办的2006年广州国际旅游展销会在广州国际会议展览中心举行。参展商来自31个国家和地区，境内外的买家、参展商及参观者达6万多人次。

4月3日 开平碉楼与村落申遗工作会议在开平市召开。国家文物局文物保护司司长顾玉才、国际古迹遗址理事会副主席郭旃、广东省副省长雷于蓝、省文化厅厅长曹淳亮、省文物局局长苏桂芬等领导出席会议。

4月19日 江门（恩平）、阳江、云浮三地四市（县）粤西五大景区（国恩寺、锦江温泉、大角湾、开平碉楼、歇马"举人村"）在锦江温泉举行共同打造粤西旅游黄金线路新闻发布会暨乡村旅游推介会。

4月21日 广东省旅游局、广西壮族自治区旅游局、南方日报社、广西日报社、肇庆市人民政府联合主办的"两广旅游合作论坛暨旅游城市配套设施建设高峰会"在肇庆市怀集县召开。

4月26日 "寻找广东最美的乡村"评选活动在清远市清新县举行。评选活动由省旅游局联合南方影视传媒集团、南方日报社、羊城晚报社、南方网、活力广东网、深圳报业集团《游遍天下》杂志社等共同举办。11月24日，在2006旅游大促销暨广东国际旅游展览会上，省旅游局与省建设厅为获奖单位举行颁奖授牌仪式。

4月27~28日 全省创建绿色饭店工作会议在东莞召开。省创建绿色饭店领导小组副组长、省旅游局副局长杨荣森出席会议并作动员讲话。会议全面部署全省创建绿色饭店工作。

5月14日 省旅游局在广州举办全省"百万市民进乡村"活动首发仪式。

5月28日 全国诚信旅游活动经验交流会暨2005年度"双百强"旅行社表彰大会在广州召开。国家旅游局副局长张希钦等领导出席会议。

5月29日 广东省酒店行业协会第一届会员代表大会在广州召开，广东省酒店协会正式成立。

6月15日 国家旅游局调研组在清远市清新县讨论评审"中国旅游强县"标准。清新县被省旅游局推荐为全国首批申报"中国旅游强县"示范县。

7月2~3日 国家旅游局在珠海召开"《旅行社管理条例》（南方片区）修订"座谈会。广东省30家旅行社代表参加了座谈会。

7月18日~8月19日 瑞典卡尔十六世国王一行乘坐"哥德堡"号抵达广州南沙港。开始为期1个月的友好访问。

7月18日 广东省省长黄华华会见瑞典卡尔十六世国王一行，双方就"哥德堡"号访问广州、加强旅游合作等问题交换意见。

7月19日 粤黔旅游合作座谈会暨粤黔旅游合作签约仪式在广州举行。

7月中旬 韶关发生超百年一遇的特大洪涝灾害。全市旅游业总的经济损失超过1亿元。全市旅游系统通过努力，在较短的时间内恢复旅游市场秩序。

8月9日 省旅游局与韶关、梅州、河源、潮州市人民政府在广州中山纪念堂共同主办“万绿湖又绿，丹霞石更红，潮汕茶更浓，山歌迎客来——旅游抗灾献爱心广州地区游客赴灾区爱心之旅首团出发仪式”。

8月21~26日 广东省常务副省长汤炳权率团赴新疆开展旅游协作与交流活动，与新疆维吾尔自治区签订旅游交流与合作协议。

9月6日 首届中国旅游精品推广峰会在深圳召开。会上评选出18家“中国优秀旅游名县”。清新县为广东唯一获此殊荣的县。

9月17~18日 由中国生态学学会旅游生态专业委员会和连州市人民政府主办的“首届中国生态旅游标准建设研讨会”上，授予连州地下河景区“中国生态旅游示范区实验基地”牌匾，成为中国继福建武夷山、日照伍莲山后第三个获此殊荣的名胜景区。

9月21~23日 广东省常务副省长汤炳权率领省旅游局、有关市旅游局、旅游企业和游客代表共200多人前往广西开展“十百千万”两广旅游扶贫协作与交流活动。签署《广东省与广西壮族自治区开展无障碍旅游合作协议书》，两地旅游企业将共同经营十条旅游精品线路、百个山水人文景点、千辆自驾车、万名游客旅游扶贫协作项目。

9月25日 广东省旅游协会与省旅游质量监督所联合发布《广东省旅行社出境旅游、国内旅游高品质产品服务标准》。该标准于同年10月1日开始正式实施。

10月22日 海丰县委、县政府在红场举行红色旅游启动仪式，省旅游局局长郑通扬等领导出席启动仪式并作讲话，来自广州、深圳、惠州、汕头等地12个旅游团500多名游客由红场出发，踏上红色之旅。

10月24日 召开两广十市区域旅游合作联席会议暨中国古代海上丝绸之路文化研讨会议。研讨会由广东省旅游局、广西壮族自治区旅游局、阳江市人民政府主办，广东的茂名市、湛江市、阳江市、云浮市，广西的北海市、防城港市、钦州市、玉林市、贵港市、来宾市派领导参加。

10月25日 国务院副总理李岚清视察七星岩景区。

10月27日 在北京召开的全国导游大会上，广东国旅国际旅行社有限公司的高级导游王璇被授予“全国模范导游员”称号；苏洁等22名导游荣获“全国优秀导游员”称号。

11月16~25日 国家旅游局在广东举办全国旅游局长研讨班。

11月24~30日 广东省成功举办2006广东国际旅游文化节暨泛珠三角旅游推介大会。24日晚，中共中央政治局委员、国务院副总理吴仪出席开幕式并宣布开幕，中共中央政治局委员、广东省委书记张德江，国务院副秘书长徐绍史，国家旅游局局长邵琪伟，广东省省长黄华华等领导出席开幕式。本届旅游文化节由国家旅游局和广东省人民政府主办，省旅游局、文化厅等部门以及全省部分地级市以上人民政府承办。

11月27~29日 首届广东（阳江）温泉旅游节在阳江市举行。温泉旅游节由省旅游局、阳江市人民政府、广东省旅游协会主办，阳江市旅游局、阳江市旅游协会、阳江温泉度假村、信息时报社、中国温泉在线网承办。

12月26日 广东省迎来2006年第1亿位入境游客，成为全国首个入境游客突破1亿人次的省份。

12月29日 省长黄华华作出重要批示：2006广东国际旅游文化节暨泛珠三角旅游推介大会办得好，内容多、形式活、规模大、效果好，真正办出了水平，办出了特色，办出了品牌。要认真总结成功经验，及早筹备2007国际旅游文化节，真正把它办成境内外知名品牌。

12月31日 召开广东旅行社行业协会成立大会。

2007年

1月1日 深圳、香港两地旅游部门联合启动“优质诚信香港游”活动。深圳市22家组团社共同签订《“优质诚信香港游”公约》和《联合抵制香港游“零负团费”不正当竞争公约》。

1月10日 经省旅游强县评定委员会评定，德庆县被评为“广东旅游强县”。

1月16日 肇庆市旅游发展局与肇庆市国资委签订《市属国有旅游企业交接协议书》，将肇庆旅游集团有限公司和七星发展公司等31家国有旅游企业移交给市国资委管理。

2月7日 教育部下发教职成厅〔2007〕1号文，广东省旅游职业技术学校被教育部列入“2006年认定的国家级重点中等职业学校名单”。

2月9~16日 省旅游局组织广州、深圳、珠海、佛山、中山、东莞等市旅游企业和游客代表以及新闻媒体组成广东旅游代表团共1000余人参加以“盛世华夏，活力广东”为主题的2007年悉尼华人春节大巡游活动。其间，举办2007年中国广东—悉尼旅游推介会。

3月16~17日 由国家旅游局和日本国土交通省共同主办的中日旅游交流年闭幕式在广州市举行。国家旅游局局长邵琪伟、日本国土交通大臣冬柴铁三和广东省副省长雷于蓝出席开幕式并致辞。

3月30日 国家旅游局在汕头市召开2007年全国旅游纪检监察暨行风建设工作会议。

4月19日 由广东省旅游局、梅州市人民政府、广东省旅游协会主办，广东省自驾旅游协会、梅州市旅游局承办的“广东省自驾旅游协会成立大会”在梅州市举行。

4月23日 经省旅游强县评定委员会评定，东源县获得“广东旅游强县”称号。

4月27日 在全国旅游系统先进集体、劳动模范和先进工作者表彰大会上，广东省中国旅行社股份有限公司等5个单位被评为“全国旅游系统先进集体”称号；广之旅国际旅行社股份有限公司导游培训师黄咏柔（女）等12人被评为“全国旅游系统劳动模范”称号；韶关市丹霞山风景区监察大队大队长张文彬等4人被评为“全国旅游系统先进工作者”称号。

5月8日 全国旅游景区质量等级评定委员会批准广州长隆旅游度假区、深圳华侨城旅游度假区为国家5A级旅游景区。

5月13日 梅州市、梅县两级政府隆重举行叶剑英纪念园开园庆典活动。中共中央政治局委员、广东省委书记张德江，全国人大常委会原副委员长邹家华，全国政协原副主席叶选平，广东省委副书记、省长黄华华为新落成的叶剑英纪念园剪彩。

5月17日 广东温泉行业协会成立大会在广州市举行。

6月8日～19日 广州市旅游局联合市外宣办前往瑞典哥德堡市举办“广州旅游文化周”活动。

6月16日 国家旅游局授予港中旅（珠海）海泉湾度假区为“国家旅游休闲度假示范区”称号。

6月16日 肇庆市首次举办旅游招商推介会，签约旅游项目28个，总投资额13.42亿元。

6月22日 柬埔寨副总理兼国防部长涅文才参观游览肇庆星湖风景名胜区。

6月28日 在新西兰基督城召开的联合国教科文组织第31届世界遗产委员会大会上，开平碉楼与村落被正式列入《世界遗产名录》，成为中国第34处世界遗产，广东省第1处世界文化遗产。

6月16日 白金五星级旅游饭店授牌仪式在北京举行。国家旅游局局长、全国星评委主任邵琪伟为广州花园酒店颁发“白金五星级饭店”证书和标牌。

6月17日 国家旅游局在北京召开中国旅游景区分会成立暨全国5A级旅游景区颁牌大会。深圳华侨城旅游度假区、广州长隆旅游度假区接受颁牌。

6月28日 深圳东部华侨城试业。国家旅游局、国家环保总局共同授予东部华侨城为“国家生态旅游示范区”。

8月31日 由省纠风办、广东电台、省旅游局、江门市委市政府、开平市委市政府共同主办的“民声热线”大型广播录播活动——“活力广东”和谐旅游大家谈户外大型活动在江门开平立园碉楼举行。

9月4日 广东省旅游职业技术学校被人事部、教育部授予“全国教育系统先进集体”称号。

9月9日～10月9日 省旅游局分期分批组织广东旅游促销队伍和游客团队共5000人在日本举办“广东宣传月”活动。

9月28日 湛江市举办中国雷琼湛江湖光岩世界地质公园揭碑开园仪式。

10月12～14日 由惠州市人民政府、广东省旅游局、广东省林业局、中国旅游报社和国际度假联盟组织共同主办的首届森林休闲度假旅游国际高峰论坛在惠州龙门县南昆山温泉大观园举行。

10月21～23日 “两广十市”区域旅游合作（云浮）联席会议在云浮市召开。

11月12日 广东省监察厅、省政府纠风办、省文明办联合评选阳江市海陵岛旅游有限公司护理部（集体）和茂名市国旅有限公司导游部经理肖秋波为2007年政府系统和行业“窗口之星”。

11月23～29日 由国家旅游局和广东省人民政府联合举办的2007广东国际旅游文化节暨泛珠三角旅游推介大会在广州市开幕。中共中央政治局委员、广东省委书记张德江，组委会主任、省长黄华华，国家旅游局副局长王志发，组委会执行主任、常务副省长汤炳权出席开幕式，国务院副总理吴仪致信祝贺。29日，闭幕式和文艺晚会在佛山市举行。

11月24日 2007旅游大促销暨广东国际旅游展览会在广州市天河体育中心开幕；2007广东国际旅游文化节“友城之夜”在广州中山纪念堂举行，来自13个友好城市的表演团体与国内同行同台献演；广州白云国际机场举办“白云启航”专场推介会，首次推出“白云启航”品牌。同日，省旅游局、省林业局在广州联合举办“广东省森林生态旅游新闻发布会暨森林生态旅游项目投资签约仪式”。22家旅游投资公司与广东22个自然保护区、森林公园签订合作意向书，计划投资63亿元，开发广东的森林生态旅游。为广东林业生态业规模最大的一次引资。

11月28日 国家旅游局命名广东省清新县、梅县为“中国旅游强县”。

12月8～13日 粤赣闽“千里客家文化长廊”系列活动在梅州举办。

12月8～13日 由广东省旅游局、梅州市人民政府、广东省旅游协会共同主办的“广东第一个自驾旅游日暨梅州精彩客都自驾旅游周”活动在梅州市举行。

12月27日 省政府在广州市召开全省旅游扶贫工作会议。常务副省长汤炳权等领导为南澳岛生态旅游区等70个2007年度旅游扶贫重点项目授牌。

12月28日 在水中沉睡840多年的“南海Ⅰ号”古沉

船经过长时间缜密勘探和科学运作，于2007年12月22日整体打捞出水。“南海Ⅰ号”顺利平移到阳江市海陵岛十里银滩安置点——“水晶宫”。

2008年

1月11日 全国人大常委会副委员长许嘉璐参观考察七星岩、鼎湖山景区。

1月25日 中国矿业联合会授予阳江市为“中国温泉之乡”。

2月6~12日 肇庆市开展“冰雪无情人有情·请外来工到肇庆过大年”活动，全市旅游景区（点）共接待外来工游客53万人次，减免景区门票金额1800万元。

2月22日 国家旅游局局长邵琪伟出席深圳华侨城集团和国旅集团战略合作签字仪式。

2月29日 省政府任命杨荣森为省旅游局局长。3月5日，省旅游局召开干部职工大会，省委组织部宣布中共广东省委的决定：任命杨荣森为广东省旅游局党组书记、局长，郑通扬不再担任广东省旅游局党组书记、局长职务。

3月4日 肇庆市人民政府与香港旅游业议会在香港联合举办肇庆旅游（香港）春茗联谊会，肇港两地旅游界、新闻界人士共300多人参加。

3月17~22日 首届“2008年广东省领导干部旅游资源开发与管理专题研讨班”在穗举行。

3月21日 省旅游局局长杨荣森在穗会见了来访的意大利歌诗达邮轮有限公司亚太区副总裁司马模一行。

4月4日 首次由境外会展公司承办的“2008广州国际旅游展销会”在广州锦汉展览中心开幕。来自36个国家和地区的425家企业参展。

4月10日 中共中央政治局常委、全国政协主席贾庆林在中共中央政治局委员、广东省委书记汪洋等陪同下考察丹霞山风景名胜区。

4月18~20日 由广东省旅游局、中山市人民政府联合主办的2008广东旅游系统迎奥运“中山杯”乒乓球比赛在中山市举行。全省旅游系统共组织22支代表队、152名运动员参加了比赛。

5月12日 中共中央政治局委员、广东省委书记汪洋，省委副书记、省长黄华华，副省长万庆良率省政府办公厅、省旅游局主要负责人专程赴北京拜访国家旅游局，争取国家旅游局对广东旅游业发展的支持。

5月14日 省旅游局在四川省汶川县发生“5·12”里氏8.0级大地震后，立即启动旅游应急响应机制，举行向四川省地震灾区捐款仪式。局机关和直属单位共捐款和交纳“特殊党费”56250元。至5月15日下午，全省旅游系统向地震灾区共捐款7644万元。

5月18日 国家文物局在首都博物馆举行授牌仪式，广东博物馆、西汉南越王博物馆、孙中山故居纪念馆获评首批国家一级博物馆。

6月3日 举行2008广东国际旅游文化节暨泛珠三角旅游推介大会首场新闻发布会。

6月17日 广东赴美旅游首发团一行90人前往美国开展旅游合作交流活动。

6月23~25日 中共中央政治局委员、广东省委书记汪洋在梅州市考察叶剑英纪念园、广东客家博物馆等旅游景区。

7月4日 大陆居民赴台旅游首发团广东分团共105人乘南航包机从广东白云机场起飞抵达台湾桃园机场，成为中国大陆第一批赴台游客。

7月10日 省旅游局组织省内10家主要旅行社参加由中共中央政治局委员、广东省委书记汪洋，省委副书记、省长黄华华率领的广东省代表团赴四川成都开展对口援建活动。广东省人民政府和四川省人民政府在成都举行“广东—四川旅游合作”协议签字仪式。“万名老广游四川”活动也同时拉开序幕。

7月16日 广东省上半年旅游经济形势分析会在穗召开。

7月25日 省旅游局局长杨荣森在穗会见了澳门特别行政区政府旅游局局长安栋梁率领的访问团一行，双方就进一步加强旅游合作等问题交换意见。

7月28日 四川省旅游局在广东迎宾馆举行“汶川地震百年不遇　四川旅游依然美丽”考察旅游宣传推介活动。

8月7日 经省政府批准，白天鹅酒店集团正式挂牌成立。

8月12~20日 副省长万庆良在省旅游局局长杨荣森等陪同下先后到广东中旅（集团）有限公司、深圳华侨城等旅游企业开展旅游调研。

8月15日 省旅游局与梅州市人民政府、广州市旅游局、梅州市旅游局在广州市举行“客家文化生态旅游示范区”、“客家文化生态旅游基地”合作共建协议签约仪式。

8月25~26日 全国旅游饭店服务技能大赛广东赛区“嘉华杯”选拔赛在东莞市举行，全省有19个市的代表队、共99名选手参赛。

8月26~27日 省旅游局与云浮罗定市罗镜镇开展“支部互帮互助”活动和“春风送暖——爱心父母”捐款仪式。

8月27日 广东省绿色旅游饭店节能减排工作推广现场会在东莞市召开。

8月25~29日 省旅游局邀请上海、江苏、浙江、辽宁、山东、河南6省市的主流媒体以及主要旅行社负责人访粤，开展“活力广东　精彩岭南”采风、踩线活动。

9月3～17日 省旅游局组织韶关、河源、肇庆、揭阳等市旅游局、旅游招商项目单位和重点旅游企业代表组成广东旅游分团参加由中共中央政治局委员、广东省委书记汪洋率领的广东经贸旅游代表团访问印尼、越南、马来西亚、新加坡东盟四国。

9月12～13日 省委副书记、省长黄华华考察梅州市的院士广场、客家公园、广东客家博物馆、黄遵宪纪念馆和梅州将军馆。

9月27日 由广东省旅游局、梅州市政府、广州日报社、广州电视台共同主办的"选美广东"评选活动颁奖仪式在雁南飞茶田度假村隆重举行。

10月9日 省旅游局召开深入学习实践科学发展观活动动员大会。

10月15日 深圳市举行《"优质诚信香港游"公约》续签仪式。

10月18日～11月1日 省旅游局组织省内部分旅游骨干企业代表组成广东旅游分团参加由省长黄华华率领的广东代表团访问希腊、西班牙和土耳其。10月24日，黄华华见证了由广东省旅游局局长杨荣森和加泰罗尼亚大区旅游局局长维拉尔塔签署两省区旅游合作协议书。10月27日，黄华华参加了由中国驻马德里旅游办事处、西班牙马德里大区旅游局和广东省旅游局在马德里Westin Palace酒店联合举办中国广东旅游说明会。

10月22日 由世界休闲组织、广东省旅游局、阳江市政府主办的2008中国（阳江）海上丝绸之路旅游文化研讨会在阳江温泉度假村举行。

11月5～10日 省旅游局邀请北京、黑龙江、吉林、河北、陕西、重庆、湖北7省市的主流媒体以及主要旅行社负责人访粤，开展"活力广东　魅力岭南"采风、踩线活动。

11月10日 国家旅游局副局长杜一力到广东开展旅游调研活动。

11月15～16日 中共中央政治局常委、中央纪委书记贺国强等领导视察叶剑英纪念园、广东客家博物馆、黄遵宪纪念馆、雁南飞茶田度假村、客家民居围龙屋等旅游景区。

11月24日～12月5日 广州市旅游局举办第22届广州国际美食节。

11月25日 中共广东省委、广东省人民政府发布《关于加快我省旅游业改革与发展建设旅游强省的决定》（粤发〔2008〕20号）。

11月26日 世界温泉科学大会暨世界温泉及气候养生联合会第61届年会在珠海举行，是该联合会首次在中国召开年会，来自世界各地的400多名专家学者参加大会。同日，茂名市举行第3届茂名旅游美食节开幕暨十大美食、十佳餐馆颁奖仪式。

11月27日 国家旅游局与广东省人民政府在广州珠岛宾馆签署了《关于建立局省紧密合作机制备忘录》。同日，广东省旅游局分别与汕头市签订共建"汕头生态滨海旅游示范区"框架协议，与韶关市签订进一步加强紧密合作事宜的框架协议，与河源市签订共建"广东省生态旅游示范区"协议，还与凤凰卫视《凤凰周刊》、中山大学、南方影视传媒集团、南方报业传媒集团签署了合作协议。

11月28日 由国家旅游局和广东省人民政府共同主办的2008广东国际旅游文化节暨泛珠三角旅游推介大会在广州开幕，12月4日在中山市落下帷幕。同日，由省政府主办的首届"广东开放论坛——现代旅游业合作与发展"在广州举行。国家旅游局局长邵琪伟、广东省省长黄华华、世界旅游组织秘书长弗朗加利发表主旨演讲，与会领导为"广东旅游十大首创之星"颁奖。

12月6日 由省旅游局和梅州市人民政府、省旅游协会、梅县人民政府共同主办的"2008广东自驾旅游日暨梅州精彩客都自驾旅游周系列活动"启动仪式在梅州雁南飞茶田度假村举行。

12月31日 省旅游局与建设银行广东省分行在广州市签署战略合作协议。

（1979～2000年资料由《旅游志》办公室提供，执笔：王绍木，其他资料由涂继文整理）

1978—2008 年广东旅游主要统计资料

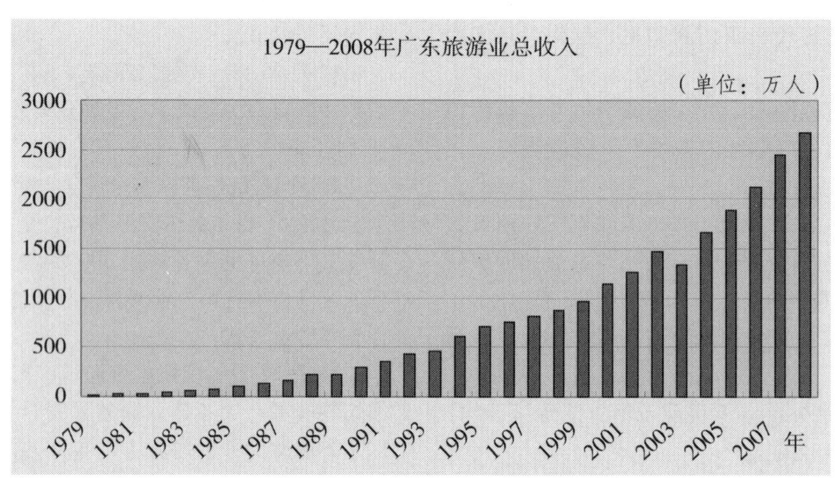

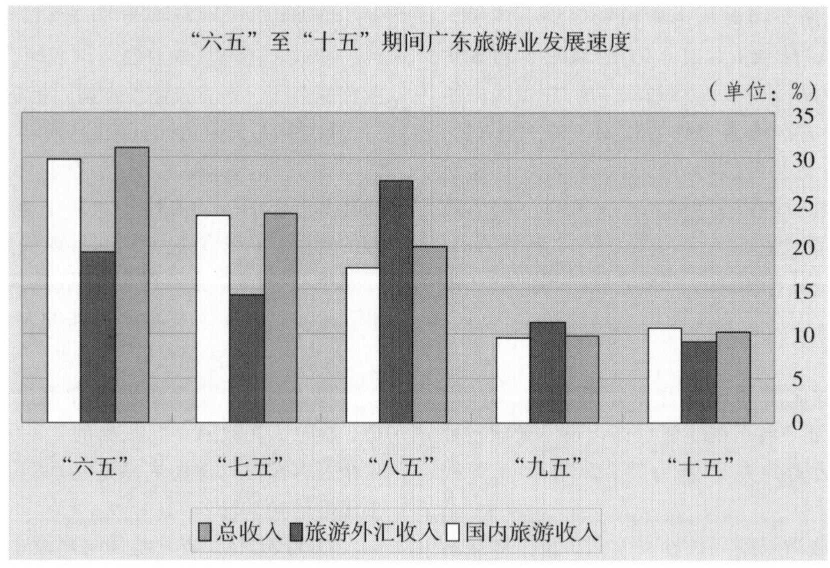

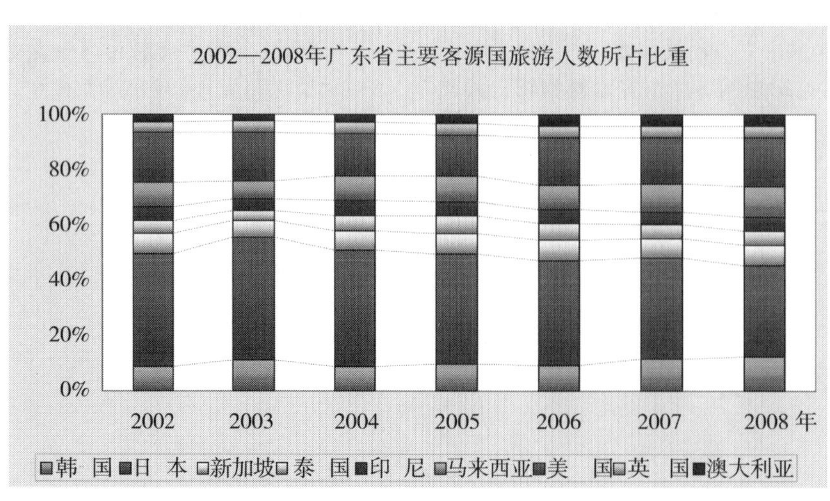

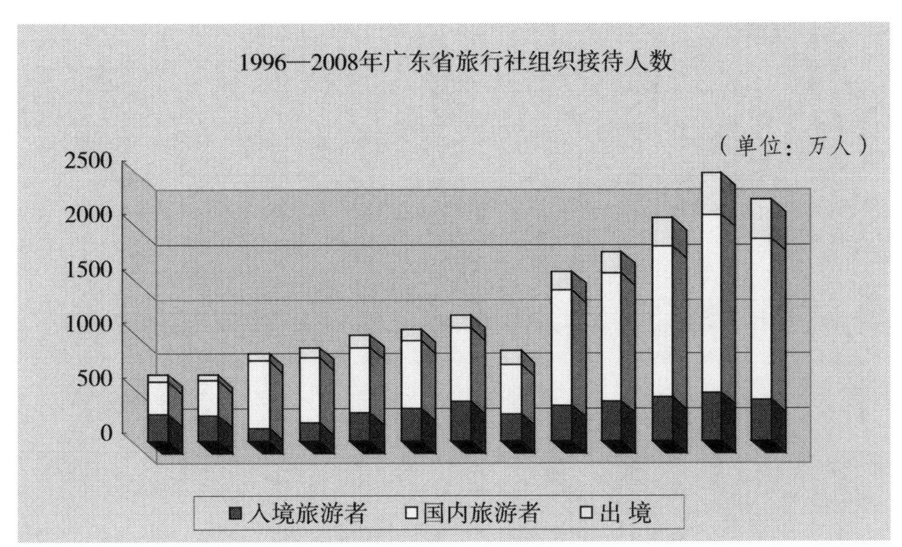
1996—2008年广东省旅行社组织接待人数
（单位：万人）
2500
2000
1500
1000
500
0
■入境旅游者 □国内旅游者 □出境

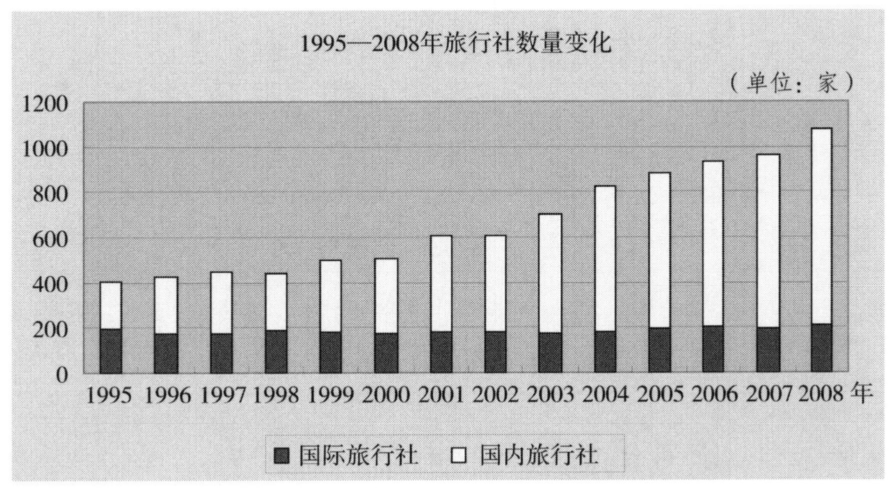
1995—2008年旅行社数量变化
（单位：家）
1200
1000
800
600
400
200
0
1995 1996 1997 1998 1999 2000 2001 2002 2003 2004 2005 2006 2007 2008 年
■国际旅行社 □国内旅行社

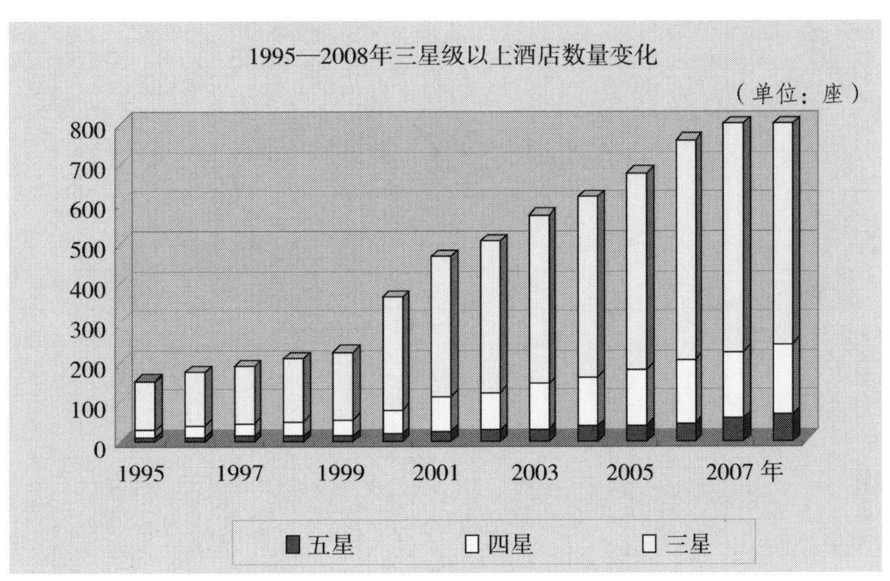
1995—2008年三星级以上酒店数量变化
（单位：座）
800
700
600
500
400
300
200
100
0
1995 1997 1999 2001 2003 2005 2007 年
■五星 □四星 □三星

1978—2008 年广东省国际旅游（外汇）收入构成

Foreign Exchange Earnings from International Tourism

单位：万美元　　　　(USD 10000)

指标 / 年份	全省总计 Provincial Total	商品性收入 Commodity Earnings	商品 Sales Revenue	餐饮 Catering Trade Income	劳务性收入 Service Earnings	旅行 tour	景区 View Tourism Fee	宿费 Accommodation Fee	长途交通费 Long Distance Transportation Fee	民航 Civil Aviation	铁路 Railway	轮船 Ships	汽车 Motor Vehicles	市内交通费 Local Transportation Fee	邮政电讯费 Postal and Telecommunication Fee	文化娱乐费 Cultural and Recreational Fee	其他 Others
1987	53817	29545	25438	4108	24271	2726		8486	7758	4807	2039	628	283	437	1007	522	3335
1988	60051	31293	26338	4955	28759	2664		10337	9957	5959	2506	1176	317	431	1445	487	3438
1989	53566	25000	19819	5514	28233	2415		9609	9982	5660	22249	1827	246	338	1998	685	3207
1990	71683	32665	23922	8743	39018	5598		13716	11068	5563	2863	2273	368	471	2450	1567	4149
1991	82030	37200	26162	11038	44831	5116		16493	12315	6427	22968	2715	205	471	3565	1721	5151
1992	112271	45621	28369	17252	66650	5379		25212	16365	8242	3531	3761	830	1942	3405	5440	8907
1993	111122	43406	29081	14325	67717	5062		26594	17222	7688	3883	4776	875	1984	3550	5910	7395
1994	201337	79737	34730	45008	121600	4405		45190	25037	12376	3724	6760	2176	5884	5416	14541	21128
1995	239368	94790	41291	53499	144578	5242		53738	29692	14521	4693	7946	2532	6784	6249	16769	26104
1996	263827	100007	54638	45369	163820	5646		55089	45289	26280	8970	7032	3007	5277	11872	13191	27456
1997	280055	86145	45929	40216	193910	5993		39768	87337	70253	5881	6442	4761	4921	12162	14843	28886
1998	294192	81890	53900	27990	212302	9205		38097	103626	80805	10377	4243	8201	5682	11190	16286	28216
1999	327245	77230	48432	28798	250015	13417		42869	124680	102100	7527	4581	10472	9163	9817	21271	28798
2000	411221	87837	40834	47003	323384		14804	59216	173535	113086	43589	6991	9869	7813	9458	37010	21548
2001	445082	121953	69432	52521	323130		12907	56971	141981	112606	8902	11127	9346	7121	17358	30266	56526
2002	509090	90618	47854	42764	418472		49382	88582	181236	115563	8655	12218	44800	10691	10181	50400	28000
2003	426752	75962	40115	35847	350790		41395	74255	151924	96873	7255	10242	37554	8962	8535	42248	23471
2004	538041	97385	60261	37125	440656		39815	62413	192081	126978	12375	16679	36049	11299	11299	48424	75326
2005	639739	159295	104917	54378	480444		16633	78048	246939	143302	67173	23031	13435	11515	21111	46701	59496
2006	753278	247829	129564	118265	505450		22598	174761	184553	167981	5273	3766	7533	20339	8286	55743	39170
2007	870402	286362	149709	136653	584040		26112	201933	213248	194100	6093	4352	8704	23501	9574	64410	45261
2008							27533	212920	224851	204660	6424	4589	9178	24779	10095	67914	47723

备注：广东省旅游外汇总收入 1978 年（5000 万美元）、1979 年（10000 万美元）、1980 年（15000 万美元）、1981 年（45000 万美元）、1982 年（45000 万美元）、1983 年（40000 万美元）、1984 年（41800 万美元）、1985 年（36300 万美元）、1986 年（49200 万美元）。

1978—2008年广东省旅游主要经济统计数据

单位：万美元 (USD 10000)

指标＼年份	1978	1979	1980	1981	1982	1983	1984	1985	1986	1987	1988	1989	1990	1995	1996	1997	1998	1999	2000	2001	2002	2003	2004	2005	2006	2007	2008
国际游客出入境人数(万人次)	335.62		1045.15				2384	3309.7	4164.53	4832.59	5562.56	4713.65	5024.23	7442.18	8167.78	9105.74	10267.92	11822.3	13431.21	14504.43	16067.35	13934.71	15731.67	19154.84	19968.30	20657.42	
外国人	21.29		53.61				109	140.28	157.37	185.38	186.43	144.2	189.45	357.46	434.48	416.13	425.71	502.74	573.95	632.40	741.57	553.79	742.74	1079.19	1187.71	1348.04	
华侨	5.71		7.99				7	8.72	10.19	11.57	10	9.49															
港澳同胞	308.62		983.55				2268	3160	3994.37	4629.11	5306.95	4497.04	4739.04	6913.78	7534.53	8437.88	9576.56	11007.54	12479.92	13473.90	14922.36	13099.54					
香港同胞																							11999.23	12709.42	13446.14	14268.10	
澳门同胞																							2655.22	4933.13	4887.54	4580.47	
台湾同胞								0.7	2.6	6.53	59.18	62.92	95.74	170.94	198.77	251.73	265.65	312.02	377.34	398.00	403.4	281.38	334.48	433.10	446.91	460.81	
入境旅游人数	169.91	394.89	532.09	718.12	733.4	885.77	1198.39	1678.06	2140.74	2530.2	2888.15	2392.81	2527.54	3615.03	4002.74	4545.37	5157.04	5923.19	6729.18	7256.40	8032.77	6991.13	8741.00	9579.12	10039.55	10318.86	10323.47
外国人	10.23		26.04	34.59	35.89	42.45	53.81	67.37	74.34	87.17	88.48	71.33	91.69	167.51	206.52	206.07	208.7	246.57	283.59	313.20	361.5	285.78	457.00	537.27	591.91	672.16	615.95
华侨	1.58		3.06	3.19	3	2.9	3.31	4.57	5.14	5.88	5.13	4.72	*														
港澳同胞	158.1		502.99	680.3	694.5	840.42	1141.27	1603.37	2059.99	2433.86	2764	285.67	2388.76	3364.15	3697.73	4213.94	4815.93	5521.02	6254.38	6744.90	7471.06	6566.38					
香港同胞																							6001.94	6358.78	6728.67	7134.61	7221.16
澳门同胞																							2086.56	2467.90	2497.11	2282.92	2270.28
台湾同胞						0.2	0.3	0.38	1.27	3.29	30.54	31.09	47.09	83.37	98.49	125.36	132.41	155.6	191.21	198.30	200.21	138.97	195.50	215.17	221.86	229.17	216.08
城市接待过夜旅游人数(万人次)										1790.86	2082.25	1914.04	2231.04	3504.75	5943.42	6354.76	6661.81	6909.28	7662.95	8484.20	9457.74	8688.85	10508.39	11566.61	12811.25	14545.44	16181.39
入境旅游者										487.03	529.49	392.25	541.48	620.68	691.1	739.16	788.65	876.02	1198.94	1292.40	1394.48	1187.27	1540.97	1792.97	2021.92	2330.94	2607.05
#外国人										79.22	65.75	43.49	56.36	137.85	144.66	158.43	154.95	172.22	212.85	240.40	277.79	232.51	366.80	463.91	524.65	597.52	609.00
华侨										13.12	12.12	8.16	11.52														
港澳同胞										394.69	451.62	340.6	412.97	430.55	492.93	502.42	550.5	602.77	813.84	869.00	911.91	805.47	984.76	1106.20	1258.04	1478.59	1747.11
台湾同胞													60.63	52.28	53.51	78.31	83.2	101.03	172.25	183.00	204.78	149.29	189.41	222.86	239.23	254.83	250.94
国内游客										1303.83	1552.76	1521.79	1689.56	2884.07	5252.32	5616.60	5873.16	6033.26	6464.01	7191.80	8063.26	7501.58	8967.42	9773.64	10789.33	12214.50	13574.34
#宾馆(酒店)接待人数													2231.04	2790.88	3509.6	3824.42	2566.65	2788.83	2828.27	2744.29	3204.3	2300.55					
国际游客													541.48	528.24	555.29	575.73	480.61	539.58	564.56	585.02	675.3	410.92					
外国人													67.88	132.07	140.77	138.84	115.81	136.8	134.14	166.01	221.01	116.25					
港澳同胞													412.97	352.32	354.57	366.87	299.95	325.01	363.22	299.04	325.25	211.33					
台湾同胞													60.63	43.85	59.95	70.02	64.85	77.77	67.2	119.97	129.04	83.34					
国内游客													1689.56	2262.64	2954.31	3248.69	2086.04	2249.25	2043.18	2159.27	2529	1889.63					
团体出境旅游人数(万人)							3.03	6.44	7.88	11.96	24.49	21.49	23.53	67.71	71.89	59.74	73.28	93.35	116.20	103.93	121.55	126.2	171.79	196.28	256.45	382.04	348.36
港澳游								6.44			24.48	20.9	23.19	58.67	64.87	47.74	53.24	62.7	86.07	67.93	81.11	87.83	111.02	137.16	181.04	281.59	244.17
其他											0.01	0.59	0.34	9.04	7.02	12.00	20.04	30.65	30.13	36.00	40.44	38.37	60.77	59.12	75.41	100.45	104.19

备注：* 表示1990年以后“华侨”并入“外国人”中。

1981—2008年广东省旅游基本情况

指标＼年份	1981	1982	1983	1984	1985	1986	1987	1988	1989	1990	1991	1992	1993	1994	1995	1996	1997	1998	1999	2000	2001	2002	2003	2004	2005	2006	2007	2008
旅游宾馆（酒店）（家）															962	994	1048	1056	1193	2655	2634	2656	3647	3696	3837	5106	4664	7138
按星级分：五星															10	13	15	15	15	19	28	30	33	39	41	47	58	68
四星															20	27	31	35	40	61	86	93	112	124	140	158	168	176
三星															121	134	143	159	171	283	351	382	426	452	496	555	575	589
二星															168	185	191	207	205	339	415	448	468	418	412	372	344	310
一星															19	24	26	25	24	48	51	55	56	38	39	32	26	20
未评星级															624	611	642	615	738	1905	1703	1648	2552	2625	2709	3941	3493	5974
客房（万间）	1.11	1.23	1.57	2.03	2.83	3.84	5.14	6.05	6.59	7.27	8.30	8.99	1.00	10.36	11.56	14.84	19.08	19.77	19.78	20.23	20.59	21.30	24.63	26.70	27.93	34.61	41.86	40.05
床位（万张）	2.66	2.95	3.52	4.45	6.36	8.32	11.27	13.16	14.25	15.58	17.80	19.01	21.27	21.47	23.54	29.84	37.95	40.16	40.17	40.17	39.86	40.22	46.16	48.66	51.26	60.21	77.35	69.47
客房出租率（%）	74.1	74.8	64.7	72.7	72.4	64.8	67.4	72.4	61.7	63.1	68.5	73.7	71.1	63.9	57.4	57.05	57.6	56.3	57.6	58.0	61.6	60.9	56.5	60.5	61.4	59.64	61	61.6
旅行社（家）	86	90	76	76	108	109	113	266	275	275	257	277	304	347	404	429	447	438	501	504	610	610	701	821	884	934	964	1074
国际旅行社															197	171	171	191	179	176	181	179	176	184	194	203	196	209
国内旅行社															207	258	276	247	322	328	429	431	525	637	690	731	768	865

备注：从2007年起，广东拥有白金五星级饭店1家。

1978—2008年广东省旅游总收入情况

项目 年份	旅游收入								
	总收入（亿元）	全国排序	增减 + －%	其中：国际（亿美元）	增减 + －%	全国排序	其中：国内（亿元）	增减 + －%	全国排序
2008	2668.00	2	8.67	91.78	5.45	1	2029.93	13.29	3
2007	2455.06	2	15.80	87.04	15.54	1	1791.81	17.90	3
2006	2120.10	2	12.62	75.33	17.76	1	1519.74	12.28	2
“十五”时期	年均增幅		10.36	年均增幅	9.24		年均增幅	10.82	
2005	1882.60	1	13.13	63.97	18.95	1	1353.54	11.03	1
2004	1664.05		24.36	53.78	26.04	1	1219.085784	23.74	
2003	1338.11		－8.79	42.67	－16.19	1	985.19	－5.82	
2002	1467.08		16.15	50.91	14.40	1	1046.06	16.88	
2001	1263.09		9.84	44.5	8.22	1	895.01	10.51	
“九五”时期	年均增幅		9.82	年均增幅	11.44		年均增幅	9.57	
2000	1149.95		15.35	41.12	15.99	1	809.87	15.10	
1999	961.83		10.08	32.72	11.22	1	691.21	9.66	
1998	873.73		7.57	29.42	5.07	1	630.30	8.67	
1997	812.22		6.56	28.00	6.00	1	580.00	6.71	
1996	762.21		5.90	26.38	10.22	1	543.52	5.97	
“八五”时期	年均增幅		19.93	年均增幅	27.40		年均增幅	17.52	
1995	719.74		19.00	23.93	18.87	1	512.91	19.48	
1994	604.82		32.00	20.13	3.00	1	429.28	24.07	
1993	458.20		7.29	11.11	－1.07	2	346.00	8.50	
1992	427.07		21.79	11.23	36.95	1	318.89	18.00	
1991	350.66		20.90	8.20	15.01	2	270.25	18.11	
“七五”时期	年均增幅		23.68	年均增幅	14.46		年均增幅	23.44	
1990	290.05		33.95	7.13	33.02		228.81	25.00	
1989	216.54		0.52	5.36	－10.82		183.05	5.13	
1988	215.43		26.23	6.01	11.71		174.12	30.12	
1987	170.66		24.92	5.38	9.35		133.82	26.96	
1986	136.62		36.31	4.92	35.54		105.40	32.00	
“六五”时期	年均增幅		31.12	年均增幅	19.33		年均增幅	29.78	
1985	100.23		27.93	3.63	－13.16		79.85	32.53	
1984	78.35		36.07	4.18	0.45		60.25	40.02	
1983	57.58		23.83	4.00	－11.11		43.03	38.14	
1982	46.50		30.47	4.50	0.00		31.15	41.85	
1981	35.64		37.82	4.50	200.00		21.96	1.24	
“五五”时期	年均增幅			年均增幅			年均增幅		
1980	25.86		48.03	1.50	50.00		21.69	48.16	
1979	17.47		74.70	1.00	100.00		14.64	58.27	
1978	10.00			0.50			9.25		

1981—2008 年广东省旅行社接待人数
ANNUAL TOURISTS RECEIVED BY TRAVEL AGENCY 1981 – 2008

单位：万人次　　Unit：10000 person – times

年份 Year	合计 Total	入境旅游者 Inbound Tourists	外国人 Foreigners	港澳台同胞 Compatriots of Hong Kong、Macao and Taiwan	国内旅游者 Domestic Tourists	出境旅游者 Outbound Tourists
1981		93. 10	41. 83	51. 27		
1982		105. 40	41. 22	64. 18		
1983	155. 00	154. 95	48. 97	105. 98		0. 05
1984	186. 71	183. 68	55. 45	128. 23		3. 03
1985	191. 54	185. 10	58. 59	126. 51		6. 44
1986	203. 58	195. 70	55. 20	140. 50		7. 88
1987	230. 07	218. 11	61. 47	156. 64		11. 96
1988	248. 29	223. 80	51. 92	171. 88		24. 49
1989	152. 89	131. 40	27. 00	104. 40		21. 49
1990	218. 93	195. 40	34. 76	160. 64		23. 53
1991	253. 08	221. 90	46. 36	175. 54		31. 18
1992	263. 12	224. 80	40. 13	184. 67		38. 32
1993	264. 43	222. 10	38. 28	183. 82		42. 33
1994	264. 21	203. 93	35. 35	168. 58		60. 28
1995	324. 90	257. 19	49. 52	207. 67		67. 71
1996	616. 61	249. 01	55. 35	193. 66	295. 71	71. 89
1997	613. 92	242. 40	52. 28	190. 12	311. 78	59. 74
1998	810. 87	124. 79	25. 16	99. 63	612. 79	73. 29
1999	861. 44	171. 06	34. 91	136. 15	597. 03	93. 35
2000	977. 45	264. 22	58. 68	205. 54	597. 03	116. 20
2001	1023. 91	302. 51	75. 22	227. 28	617. 50	103. 90
2002	1154. 22	362. 28	92. 53	269. 75	670. 38	121. 55
2003	830. 87	255. 03	53. 80	201. 22	450. 65	125. 19
2004	1558. 98	331. 43	90. 30	241. 13	1055. 76	171. 79
2005	1742. 29	368. 79	110. 79	258. 00	1174. 30	199. 20
2006	2044. 00	402. 84	111. 88	290. 96	1384. 71	256. 45
2007	2460. 90	448. 64	128. 37	320. 27	1630. 22	382. 04
2008	2289. 55	377. 73	101. 09	276. 64	1553. 16	358. 66

2002—2008年广东省主要客源国旅游人数

单位：人次

国别 Nationality ＼ 年份	2002	2003	2004	2005	2006	2007	2008
合　计 Total	2777998	2325147	3667989	4639133	5246564	5977103	6089965
韩　国 Korea	149003	115519	185941	239213	265076	400764	324946
日　本 Japan	671640	476589	891496	962727	1077452	1280254	857245
菲律宾 Philippines	29201	11409	25525	30847	35923	38668	33250
新加坡 Singapore	124086	61877	140842	179559	203588	245643	198030
泰　国 Thailand	76355	39501	116650	150502	172310	174074	130201
印　尼 Indonesia	86935	45929	114290	128428	142359	161669	128426
马来西亚 Malaysia	146381	64580	184941	220598	256084	353167	292148
美　国 United States	298064	188072	322752	361224	477750	583172	451920
加拿大 Canada	51461	27076	59975	67844	91404	124764	94133
英　国 United Kingdom	62163	44617	91895	105238	129976	146172	112122
法　国 France	49268	22825	74893	99158	99438	122765	96766
德　国 Germany	52008	26531	67949	87158	139206	129050	93714
意大利 Italy	30415	15182	41439	56071	203406	91767	66470
俄罗斯 Russia	17316	6048	23308	26692	36000	41660	38321
澳大利亚 Australia	46502	24887	57963	73346	112352	138879	110028
新西兰 New Zealand	8919	4580	13156	15702	18601	24789	16242
其　他 Others	878281	1149925	1254974	1834826	1785639	1919846	3046003

广东省历年黄金周旅游接待人数和收入统计表

时　间	接待人数（万人次）	同比增长（%）	过夜旅游者（万人次）	同比增长（%）	一日游游客（万人次）	同比增长（%）	旅游收入（万元）	同比增长（%）
2009 年春节	2271.68	10.44	554.29	14.51	1717.39	9.18	1091083.00	8.73
2008 年“十一”	1900.06	7.95	551.27	8.78	1348.79	7.85	1039388.00	7.70
2008 年“五一”	786.51	-60.70	185.75	-69.21	600.76	-57.03	371500.17	-63.44
2008 年春节	2057.02	1.89	484.05	-7.10	1572.97	5.01	1003520.00	-2.50
2007 年“十一”	1760.12	13.98	506.75	7.87	1253.37	16.65	964989.00	12.96
2007 年“五一”	2001.47	7.59	603.30	3.02	1398.17	9.69	1016000.00	9.20
2007 年春节	2018.90	7.97	521.02	2.32	1497.88	10.09	1029216.60	9.04
2006 年“十一”	1543.57	4.63	469.79	-2.70	1074.41	8.27	854239.60	7.84
2006 年“五一”	1860.20	6.07	585.60	6.36	1274.60	5.93	930349.00	7.00
2006 年春节	1869.80	8.50	509.20	9.90	1360.60	7.70	943814.00	10.80
2005 年“十一”	1475.20	6.00	482.90	2.20	992.30	7.96	792147.00	8.46
2005 年“五一”	1753.80	5.89	550.60	1.18	1203.20	8.19	869485.00	6.00
2005 年春节	1726.55	10.47	463.42	10.17	1263.33	10.60	851851.00	12.18
2004 年“十一”	1391.70	7.80	472.50	5.50	919.20	9.04	730386.00	8.96
2004 年“五一”	1656.30	14.20	544.20	10.05	1112.10	16.34	820234.80	18.36
2004 年春节	1562.85	1.25	420.61	-4.33	1142.24	3.46	759348.00	0.66
2003 年“十一”	1291.00	9.55	448.00	10.46	843.00	9.08	670343.00	7.64
2003 年春节	1543.49	23.48	439.65	15.70	1104.04	26.90	754369.00	13.29
2002 年“十一”	1178.40	12.08	405.56	17.90	772.84	9.25	622709.37	13.31
2002 年“五一”	1450.37	12.52	494.47	1.80	955.90	19.00	693000.00	11.00
2002 年春节	1250.00	2.00	380.00	5.35	870.00	0.52	666000.00	8.90
2001 年“十一”	1051.41	26.25	344.01	19.10	707.40	1.46	549562.59	7.76
2001 年“五一”	1289.01	10.22	485.73	14.30	803.28	7.89	624344.00	10.99
2001 年春节	1226.23		360.70		865.54		611600.98	
2000 年“十一”	832.80		288.84		697.22		509987.56	
2000 年“五一”	1169.49		424.96		744.54		562522.75	
合　计	39917.93		11977.17		28095.07		20331990.42	

活力广东
GUANGDONG
Guangdong——Spot of vitality

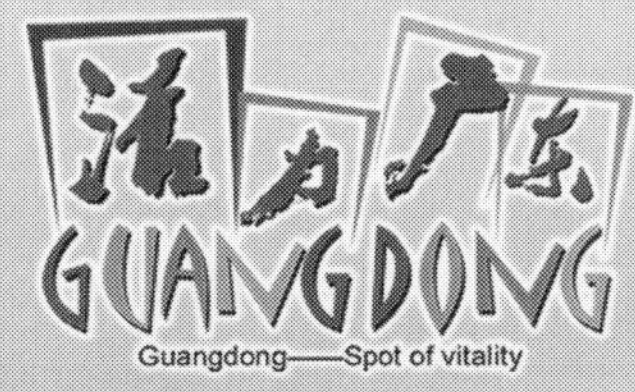

广东旅游业概况

（第75～126页）

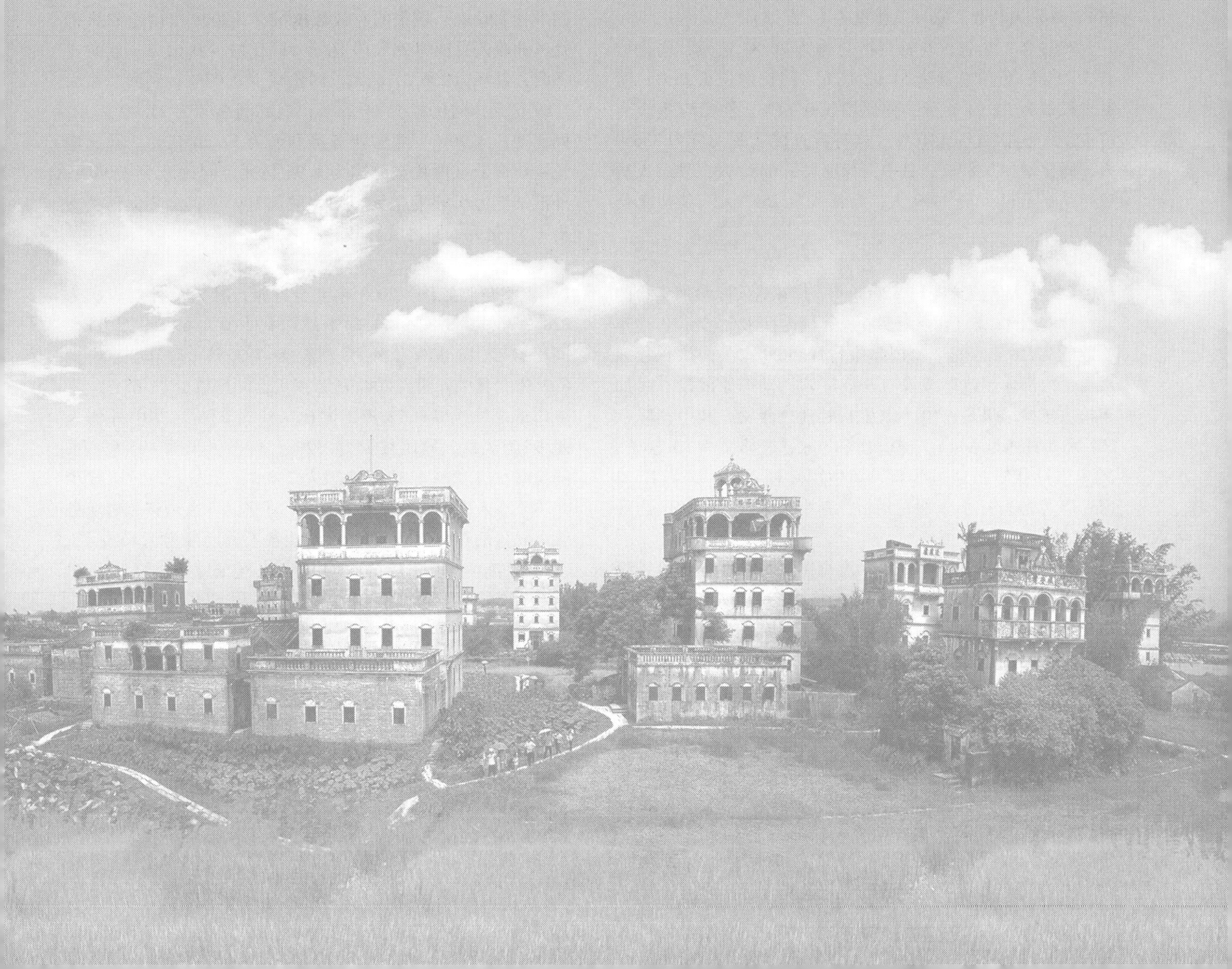

旅游行业管理

广东省旅行社业

【旅行社业规模】 截至2008年底，广东省经批准设立并领取《旅行社业务经营许可证》的旅行社共有1074家，其中国际社209家，国内社865家；完成工商注册登记手续的共有1054家，其中国际社208家，国内社846家。2008年度全省新增加已完成工商注册登记手续的旅行社共93家，同比增长9.68%。其中国际社增加10家，同比增长5.05%；国内社增加83家，同比增长10.88%。

2008年度经省旅游局批准设立的旅行社共121家，其中国内旅行社110家，国际旅行社9家（含国内旅行社升格），外资旅行社2家（具体见表1、2、3）。

2008年，全省旅行社资产总额为76.83亿元，同比增长3.75%；负债总额为51.92亿元，同比增长5.25%；所有者权益为24.91亿元，同比增长0.74%。注册资本金为17亿元，同比减少1.10%。旅行社直接从业人员为33659人，同比增加3.87%，其中：管理人员6382人，导游人员7215人，领队人员4539人，会计人员2567人，其他人员12956人。

【旅行社业务年检结果】 2008年，广东省实际参加年检的旅行社有1032家（国际社206家，国内社826家），占应年检数的97.92%。有2家国际旅行社和20家国内旅行社因歇业、内部体制改革或没有开展经营活动等原因没有参加年检。年检结果是：1015家旅行社通过年检，其中国际社202家（具体见表4），国内社813家，合格率为96.30%；26家旅行社暂缓通过年检，其中国际社4家，国内社22家；13家旅行社不予通过年检，其中国际社2家，国内社11家。

国家旅游局依照《2008年度全国旅行社业务年检排序标准》，通过对全国旅行社进行经济指标和综合指标考核，排出了“2008年度全国双百强旅行社”（具体见表5、6）、“2008年度全国三大业务十强旅行社”、“2008年度全国十强旅行社集团”、“2008年度全国利税双十强旅行社”。广东省进入“2008年度全国三大业务十强旅行社”的“国内游十强旅行社”有：广东南湖国际旅行社有限责任公司（名次列第5）、广州广之旅国际旅行社股份有限公司（名次列第6）；进入“出境游十强旅行社”有：广州广之旅国际旅行社股份有限公司（名次列第4）、广东省中国旅行社股份有限公司（名次列第7）、广东南湖国际旅行社有限责任公司（名次列第10）；进入“2008年度全国十强旅行社集团”有广州广之旅国际旅行社股份有限公司（名次列第5）；进入“2008年度全国利税双十强旅行社”的“利税十强国际旅行社”有广东省中国旅行社股份有限公司（名次列第4）。

【经营规模和效益】 根据1032家旅行社（国际社206家，国内社826家）填报的有效数据统计，2008年度全省旅行社营业收入总额为245.10亿元，同比减少0.61%；旅游业务收入总额为236.31亿元，同比减少0.07%；利润总额为1.89亿元，同比减少24.22%；毛利润总额为21.49亿元，同比增长4.90%；旅游业务毛利润为17.20亿元，同比增长4.06%；实缴税金总额为1.95亿元，同比减少4.38%；外汇结汇为0.93亿美元，同比增长1.95%；全年促销费支出1.57亿元，同比增长12.47%。

【入境旅游业务】 2008年度全省旅行社入境外联人次为328.3万，同比减少11.64%，其中外国人69.25万人次，同比减少18.06%；外联人天为793.55万，同比减少6.91%，其中外国人208.63万人天，同比减少13.65%。入境接待人次为400.78万，同比减少9.25%，其中外国人90.95万人次，同比减少15.37%；接待人天为885.99万，同比减少4.45%，其中外国人248.12万人天，同比减少8.78%。入境旅游营业收入为24.46亿元，占全省旅游业务收入总量的10.35%，入境旅游业务毛利润额为1.65亿元，占旅游毛利润总量的9.60%，入境旅游业务毛利率为6.75%。

【国内旅游业务】 2008年度全省旅行社国内旅游组织人次为1627.19万，同比减少5.66%；组织人天为3665.67万，同比减少9.42%。接待人次为1576.69万，同比减少14.72%；接待人天为2493.22万，同比减少15.44%。国内旅游业务收入为141.61亿元，占全省旅游收入总量的59.93%；国内旅游毛利润额为11.01亿元，占旅游毛利润总量的 64.02%，国内旅游业务毛利率为 7.78%。

【出境旅游业务】 2008 年度全省旅行社出国旅游组织人次为 105.13 万，同比增长 1.70%，组织人天为 611.72 万，同比增长 11.43%。港澳旅游组织人次为 243.76 万，同比减少 11.72%；组织人天为 521.89 万，同比减少 6.28%。出境旅游业务收入为 70.24 亿元，占全省旅游业务收入总量的 29.73%，出境旅游业务毛利润额为 4.54 亿元，占全省旅游业务毛利润总量的 26.40%；出境游业务毛利润率为 6.47%。

【旅行社类别经营状况】 2008 年度全省国际旅行社营业收入总额为 199.82 亿元，占全省总量的 81.53%；利润总额为 1.81 亿元，占全省总量的 95.69%；旅游收入总额为 192.36 亿元，占全省总量的 81.40%；旅游毛利润总额为 14 亿元，占全省总量的 81.45%；实缴税金 1.65 亿元，占全省总量的 84.70%；全年促销费支出为 1.31 亿元，占全省总量的 83.21%；营业利润率为 0.91%，旅游业务毛利润率为 7.28%。

全省国内旅行社营业收入总额为 45.28 亿元，占全省总量的 18.47%；利润总额为 817.09 万元，占全省总量的 4.31%；旅游收入总额为 43.95 亿元，占全省总量的 18.60%；旅游毛利润额为 3.19 亿元，占全省总量的 18.55%；实缴税金 298.73 万元，占全省总量的 15.30%；全年促销费支出 2643.91 万元，占总量的 16.79%；营业利润率为 0.18%，旅游业务毛利润率为 7.26%。

【旅行社结构分布状况】 2008 年，全省旅行社按地区分布，旅行社数量排在前五位的地级市依次为：广州（193 家）、深圳（183 家）、珠海（86 家）、佛山（66 家）、汕头（60 家），五市旅行社总量占全省总量的 55.79%。

经对全省 21 个地级市旅行社经营的旅游业务营业收入、旅游业务毛利润、实缴税金、外汇结汇、入境外联人天、入境接待人天、国内组织人天、国内接待人天等八项指标进行综合排名，前五名地级市依次为：广州、深圳、佛山、珠海、中山。

【旅行社类别结构】 2008 年，国际旅行社数量占全省总量的 19.74%，从业人员占全省总量的 64.08%，资产总额占全省总量的 83.46%，旅游业务收入占全省总量的 81.40%，旅游毛利润占全省总量的 81.45%，实缴税金占全省总量的 84.70%。

国内旅行社数量占全省总量的 80.27%，从业人员占全省总量的 35.93%，资产总额占全省总量的 16.54%，旅游业务收入占全省总量的 18.60%，旅游毛利润占全省总量的 18.55%，实缴税金占全省总量的 15.30%。

【旅行社所有制结构】 2008 年，全省旅行社中国有独资企业占 14.05%，其中国际旅行社占 4.18%，国内旅行社占 9.87%；集体所有制企业占 1.33%，其中国际旅行社占 0.1%，国内旅行社占 1.23%；股份制企业占 0.38%（国际社）；有限公司企业占 19.90%，其中国际旅行社占 9.38%，国内旅行社占 10.52%；私营企业占 63.51%，其中国际旅行社占 4.93%，国内旅行社占 58.58%；外资合资、独资企业占 0.76%（国际社）。

【旅行社遵纪守法情况】 2008 年，全省旅行社行业全面贯彻落实科学发展观，积极开展诚信经营活动，坚持抓规范管理、抓服务质量、抓安全生产，有效地推动了旅游行业的诚信建设。旅行社以经济责任为核心的责权利相结合的各种管理制度进一步健全和完善，法制观念、市场竞争意识、安全生产意识不断增强。守法经营，按章纳税，认真执行行业操作规范和服务标准，与旅游者签订旅游合同，并积极履行合同规定的责任和义务，旅行社服务质量总体状况良好。2008 年全省受理旅游投诉 489 宗，结案 489 宗，结案率 100%，与去年同比下降 37.4%，没有动用质保金进行赔付。全年未出现重大的旅游质量投诉案件，未发生重大安全责任事故，旅行社责任险投保率为 99.81%，旅行社质量保证金缴交率为 99.91%。

（罗美玲）

【旅行社资质等级评定】 2008 年，在国家旅游局的关心指导下，省旅游局扎实推进旅行社等级评定工作，由局党组书记、局长杨荣森担任广东省旅行社资质等级评定工作领导小组组长，质量规范与管理处负责旅行社资质等级评定工作的具体实施，吸收了省旅行社协会、旅游行业专家、学者加入评定委员会，并对《广东省旅行社资质等级划分与评定》标准作出进一步修订。截至 2008 年底，全省共评出 18 家四星级、三星级旅行社（列具体名称），还有 6 家旅行社申报评定五星级。

（邹飞祥）

表1：2008年度省旅游局批准设立的国内旅行社名单

序　号	旅行社名称	许可证编号
1	兴宁市鹏飞旅行社有限公司	L－GD－GN00989
2	肇庆市中达旅行社有限公司	L－GD－GN00990
3	佛山市万顺旅行社有限公司	L－GD－GN00991
4	汕头市顺驰旅行社有限公司	L－GD－GN00992
5	肇庆市精彩假期旅行社有限公司	L－GD－GN00993
6	佛山凤腾旅行社有限公司	L－GD－GN00994
7	汕头市澄海区愉悦旅行社有限公司	L－GD－GN00995
8	云浮市假日旅行社有限公司	L－GD－GN00996
9	英德市小岛旅行社有限公司	L－GD－GN00997
10	珠海市鼎峰旅行社有限公司	L－GD－GN00998
11	珠海新一天旅行社有限公司	L－GD－GN00999
12	阳江市黄金假期旅行社有限公司	L－GD－GN01000
13	深圳市深航假期旅行社有限公司	L－GD－GN01001
14	深圳市卓悦旅行社有限公司	L－GD－GN01002
15	深圳市开泰旅行社有限公司	L－GD－GN01003
16	肇庆市和平旅行社有限公司	L－GD－GN01004
17	深圳市商旅通旅行社有限公司	L－GD－GN01005
18	广州市金泰旅行社有限公司	L－GD－GN01006
19	广州市蓝岸旅行社有限公司	L－GD－GN01007
20	广州市天崖旅行社有限公司	L－GD－GN01008
21	清远新基旅行社有限公司	L－GD－GN01009
22	深圳市白鹭旅行社有限公司	L－GD－GN01010
23	东莞市优游旅行社有限公司	L－GD－GN01011
24	东莞市携程旅行社有限公司	L－GD－GN01012
25	茂名市同乐假日旅行社有限公司	L－GD－GN01013
26	深圳市嘉景旅行社有限公司	L－GD－GN01014
27	深圳市天地间旅行社有限公司	L－GD－GN01015
28	深圳市新明扬旅行社有限公司	L－GD－GN01016
29	珠海市华旅旅行社有限公司	L－GD－GN01017
30	佛山市华之旅旅行社有限公司	L－GD－GN01018
31	佛山市美之旅旅行社有限公司	L－GD－GN01019
32	陆丰市陆之旅旅行社有限公司	L－GD－GN01020
33	陆丰市东陆旅行社有限公司	L－GD－GN01021

续表

序　号	旅行社名称	许可证编号
34	湛江市风光旅行社有限公司	L－GD－GN01022
35	清远市缤纷旅行社有限公司	L－GD－GN01023
36	汕头市和泰旅行社有限公司	L－GD－GN01024
37	新丰县交通旅行社有限公司	L－GD－GN01025
38	惠州市假日旅行社有限公司	L－GD－GN01026
39	深圳市卓越嘉美旅行社有限公司	L－GD－GN01027
40	珠海四季旅行社有限公司	L－GD－GN01028
41	珠海市飞越旅行社有限公司	L－GD－GN01029
42	广州龙润旅行社有限公司	L－GD－GN01030
43	肇庆市天下行旅行社有限公司	L－GD－GN01031
44	珠海新天地旅行社有限公司	L－GD－GN01032
45	珠海拱北中旅麒麟商务旅行社有限公司	L－GD－GN01033
46	中山市阳光假期旅行社有限公司	L－GD－GN01034
47	深圳市新金銮旅行社有限公司	L－GD－GN01035
48	韶关市武江区康乐旅行社有限公司	L－GD－GN01036
49	始兴县新华书店新华旅行社	L－GD－GN01037
50	中山市世纪行旅行社有限公司	L－GD－GN01038
51	中山市大视角旅行社有限公司	L－GD－GN01039
52	东莞市天马旅行社有限公司	L－GD－GN01040
53	梅州春秋旅行社有限公司	L－GD－GN01041
54	梅州市嘉和旅行社有限公司	L－GD－GN01042
55	深圳市辉阳假期旅行社有限公司	L－GD－GN01043
56	深圳市阳晨旅行社有限公司	L－GD－GN01044
57	深圳市八方商务旅行社有限公司	L－GD－GN01045
58	潮州东南旅行社有限公司	L－GD－GN01046
59	湛江市中泰旅行社有限公司	L－GD－GN01047
60	清远市永安旅行社有限公司	L－GD－GN01048
61	汕头市康乐旅行社有限公司	L－GD－GN01049
62	深圳顺心旅行社有限公司	L－GD－GN01050
63	深圳市乐途旅行社有限公司	L－GD－GN01051
64	东莞市松山湖旅行社有限公司	L－GD－GN01052
65	新兴县翔顺旅行社有限公司	L－GD－GN01053
66	潮州市天伦旅行社有限公司	L－GD－GN01054
67	汕尾市阳光旅行社有限公司	L－GD－GN01055
68	佛山市粤龙旅行社有限公司	L－GD－GN01056

续表

序　号	旅行社名称	许可证编号
69	珠海市美好旅行社有限公司	L－GD－GN01057
70	广州市乐游旅行社有限公司	L－GD－GN01058
71	广州市禾协之旅旅行社有限公司	L－GD－GN01059
72	惠州市四海达旅行社有限公司	L－GD－GN01060
73	佛山市羊城之旅旅行社有限公司	L－GD－GN01061
74	深圳市中诚假期旅行社有限公司	L－GD－GN01062
75	英德市安泰旅行社有限公司	L－GD－GN01063
76	英德市潮流旅行社有限公司	L－GD－GN01064
77	连平县金色阳光旅行社有限公司	L－GD－GN01065
78	清远市花花假期旅行社有限公司	L－GD－GN01066
79	深圳市龙洲旅行社有限公司	L－GD－GN01067
80	佛山市金之旅旅行社有限公司	L－GD－GN01068
81	珠海华青旅行社有限公司	L－GD－GN01069
82	深圳市广通联旅行社有限公司	L－GD－GN01070
83	云浮市伴你同游旅行社有限公司	L－GD－GN01071
84	中山市广博旅行社有限公司	L－GD－GN01072
85	肇庆市佰乐通旅行社有限公司	L－GD－GN01073
86	广州洋溢旅行社有限公司	L－GD－GN01074
87	广州鑫南旅行社有限公司	L－GD－GN01075
88	广州中洋旅行社有限公司	L－GD－GN01076
89	鹤山市八方商旅旅行社有限公司	L－GD－GN01077
90	佛山市星辰旅行社有限公司	L－GD－GN01078
91	广州市佰信旅行社有限公司	L－GD－GN01079
92	佛山市康怡假期旅行社有限公司	L－GD－GN01080
93	深圳市悦达旅行社有限公司	L－GD－GN01081
94	珠海驿站旅行社有限公司	L－GD－GN01082
95	汕头市新天地旅行社有限公司	L－GD－GN01083
96	鹤山春秋假日旅行社有限公司	L－GD－GN01084
97	茂名市神马旅行社有限公司	L－GD－GN01085
98	东莞市宏途旅行社有限公司	L－GD－GN01086
99	东莞市金泰旅行社有限公司	L－GD－GN01087
100	东莞市江南假期旅行社有限公司	L－GD－GN01088
101	深圳市旅程天下旅行社有限公司	L－GD－GN01089
102	佛山市缤纷旅行社有限公司	L－GD－GN01090
103	广州携旅旅行社有限公司	L－GD－GN01091

续表

序　号	旅行社名称	许可证编号
104	广州市粤航金铁商务旅行社有限公司	L－GD－GN01092
105	广州百众旅行社有限公司	L－GD－GN01093
106	揭东县金凤凰旅行社有限公司	L－GD－GN01094
107	珠海国华旅行社有限公司	L－GD－GN01095
108	清远市青旅旅行社有限公司	L－GD－GN01096
109	广东中旅（肇庆）旅行社有限公司	L－GD－GN01097
110	深圳市金都旅行社有限公司	L－GD－GN01098

表2：2008年度省旅游局批准设立的国际旅行社名单

序　号	旅行社名称	许可证编号
1	东莞市景鸿国际旅行社有限公司	L－GD－GJ00246
2	东莞市东华国际旅行社有限公司	L－GD－GJ00247
3	广州市澳信国际旅行社有限公司	L－GD－GJ00248
4	东莞市四海国际旅行社有限公司	L－GD－GJ00249
5	汕头市商之旅国际旅行社有限公司	L－GD－GJ00250
6	广州空港之旅国际旅行社有限公司	L－GD－GJ00251
7	肇庆市青年国际旅行社有限公司	L－GD－GJ00252
8	东莞市青年国际旅行社有限公司	L－GD－GJ00253
9	中国国旅（深圳）国际旅行社有限公司	L－GD－GJ00254

表3：2008年度省旅游局批准设立的外资旅行社名单

序　号	旅行社名称	许可证编号
1	翠明假期（广东）旅行社有限公司	L－GD－GJ00242
2	佳天美（广州）国际旅行社有限公司	L－GD－GJ00243

表4：2008年度广东通过年检的国际旅行社名单

（202 家）

序　号	许可证编号	旅行社名称
1	L – GD – GJ00001	广东国旅国际旅行社股份有限公司
2	L – GD – GJ00002	广东省中国旅行社股份有限公司
3	L – GD – GJ00003	广东省中国青年旅行社
4	L – GD – GJ00004	广州广之旅国际旅行社股份有限公司
5	L – GD – GJ00005	汕头市旅游总公司
6	L – GD – GJ00006	珠海海外旅游有限公司
7	L – GD – GJ00007	深圳市深旅国际旅行社有限公司
8	L – GD – GJ00009	广东铁青国际旅行社有限责任公司
9	L – GD – GJ00010	深圳中国国际旅行社有限公司
10	L – GD – GJ00011	广州东方国际旅行社有限公司
11	L – GD – GJ00012	中山市海外旅游有限公司
12	L – GD – GJ00013	佛山市禅之旅国际旅行社有限公司
13	L – GD – GJ00014	江门市大方旅游国际旅行社有限公司
14	L – GD – GJ00017	湛江市旅游总公司
15	L – GD – GJ00018	深圳招商国际旅游有限公司
16	L – GD – GJ00020	中国康辉汕头旅行社有限公司
17	L – GD – GJ00022	广州招商国际旅游公司
18	L – GD – GJ00023	深圳市口岸中国旅行社有限公司
19	L – GD – GJ00025	深圳市中国旅行社有限公司
20	L – GD – GJ00026	中山中国国际旅行社有限公司
21	L – GD – GJ00027	中山中国旅行社
22	L – GD – GJ00028	深圳市深华国际旅行社有限责任公司
23	L – GD – GJ00029	广东顺之旅国际旅行社有限公司
24	L – GD – GJ00030	惠州环宇国际旅行社有限公司
25	L – GD – GJ00031	深圳华侨城国际旅行社有限公司
26	L – GD – GJ00033	肇庆市中国旅行社有限公司
27	L – GD – GJ00034	深圳中青旅国际会议展览有限公司
28	L – GD – GJ00036	佛山市南海中旅假日国际旅行社有限公司
29	L – GD – GJ00037	广东省香江旅游公司
30	L – GD – GJ00038	佛山国旅国际旅行社有限公司
31	L – GD – GJ00039	佛山市中旅国际旅行社有限公司
32	L – GD – GJ00040	江门市中国旅行社有限公司

续表

序　号	许可证编号	旅行社名称
33	L－GD－GJ00041	汕头市中国旅行社有限公司
34	L－GD－GJ00042	广东省拱北口岸中国旅行社有限公司
35	L－GD－GJ00044	广州天马国际旅行社有限公司
36	L－GD－GJ00045	深圳市报业国际旅行社有限公司
37	L－GD－GJ00046	广东省三茂铁路国际旅行社
38	L－GD－GJ00047	珠海市旅游有限公司
39	L－GD－GJ00048	深圳市鹏运国际旅行社有限公司
40	L－GD－GJ00049	深圳市九洲国际旅行社有限公司
41	L－GD－GJ00050	珠海航空国际旅行社有限公司
42	L－GD－GJ00051	深圳机场国际旅行社有限公司
43	L－GD－GJ00052	深圳市巨邦国际旅行社有限公司
44	L－GD－GJ00053	广东熊猫国际旅游有限公司
45	L－GD－GJ00054	广东省从化温泉中国国际旅行社
46	L－GD－GJ00055	广东粤侨国际旅行社有限公司
47	L－GD－GJ00056	广州交易会国际旅行社有限公司
48	L－GD－GJ00057	广东金色国际旅行社有限公司
49	L－GD－GJ00060	增城市安达国际旅行社
50	L－GD－GJ00062	广州市番禺旅游总公司
51	L－GD－GJ00063	广州市番禺中国旅行社
52	L－GD－GJ00064	广州市花都国际旅行社有限公司
53	L－GD－GJ00065	东莞市国际旅行社有限公司
54	L－GD－GJ00066	东莞市中国旅行社有限公司
55	L－GD－GJ00067	潮州市中国旅行社有限公司
56	L－GD－GJ00068	潮州中国国际旅行社有限公司
57	L－GD－GJ00069	汕头中国国际旅行社
58	L－GD－GJ00071	揭阳市中国旅行社
59	L－GD－GJ00076	中山温泉国际旅行社有限公司
60	L－GD－GJ00077	中山市东方国际旅行社有限公司
61	L－GD－GJ00078	中山菊城假期国际旅行社有限公司
62	L－GD－GJ00080	肇庆星湖国际旅行社有限公司
63	L－GD－GJ00082	云浮市中国旅行社有限公司
64	L－GD－GJ00083	珠海中国国际旅行社有限公司
65	L－GD－GJ00084	梅州市旅游总公司
66	L－GD－GJ00085	梅州市中国旅行社有限公司
67	L－GD－GJ00086	汕尾市旅游总公司

续表

序　号	许可证编号	旅行社名称
68	L－GD－GJ00087	湛江中国国际旅行社有限公司
69	L－GD－GJ00088	湛江市中国旅行社有限公司
70	L－GD－GJ00090	河源市旅游总公司
71	L－GD－GJ00091	河源市中国旅行社
72	L－GD－GJ00093	佛山市顺德区中旅国际旅行社有限公司
73	L－GD－GJ00094	佛山市三水中旅集团有限公司国际旅行社
74	L－GD－GJ00095	佛山海外国际旅行社有限公司
75	L－GD－GJ00096	佛山市高明区旅游公司
76	L－GD－GJ00097	佛山市高明区中国旅行社
77	L－GD－GJ00098	惠州市中国旅行社
78	L－GD－GJ00100	清远市国旅国际旅行社有限责任公司
79	L－GD－GJ00101	清远市中旅国际旅行社有限公司
80	L－GD－GJ00106	台山市旅游公司
81	L－GD－GJ00108	鹤山市中国旅行社
82	L－GD－GJ00109	广东省珠江国际旅行社
83	L－GD－GJ00112	广东省天马国际旅行社有限公司
84	L－GD－GJ00113	广州市丽景国际旅行社
85	L－GD－GJ00114	广东中妇旅国际旅行社有限责任公司
86	L－GD－GJ00115	广东中信国际旅行社有限公司
87	L－GD－GJ00116	广东省职工国际旅行社
88	L－GD－GJ00117	广东和平国际旅行社有限公司
89	L－GD－GJ00119	深圳市宝安中国旅行社有限公司
90	L－GD－GJ00122	汕尾市中国旅行社
91	L－GD－GJ00123	茂名市国旅国际旅行社有限公司
92	L－GD－GJ00124	阳江市国旅国际旅行社有限公司
93	L－GD－GJ00125	阳江市中国旅行社有限公司
94	L－GD－GJ00127	佛山市三水之旅国际旅行社有限公司
95	L－GD－GJ00128	广东南湖国际旅行社有限责任公司
96	L－GD－GJ00129	深圳市罗湖国际旅行社有限公司
97	L－GD－GJ00130	深圳市南油国际旅行社有限公司
98	L－GD－GJ00131	深圳市海外国际旅行社有限公司
99	L－GD－GJ00132	深圳市南山国际旅行社有限公司
100	L－GD－GJ00133	深圳市东星国际旅行社有限公司
101	L－GD－GJ00135	中青旅广州国际旅行社有限公司
102	L－GD－GJ00136	深圳市职工国际旅行社有限公司

续表

序　号	许可证编号	旅行社名称
103	L－GD－GJ00137	珠海国际金融旅行社有限公司
104	L－GD－GJ00139	台山中国旅行社
105	L－GD－GJ00140	梅县中国旅行社
106	L－GD－GJ00143	韶关市中国旅行社有限责任公司
107	L－GD－GJ00144	广东羊城之旅国际旅行社有限公司
108	L－GD－GJ00146	广州快达国际旅行社
109	L－GD－GJ00148	广东粤新国际旅行社有限公司
110	L－GD－GJ00149	广东活力商务国际旅行社有限公司
111	L－GD－GJ00151	揭阳市光辉国际旅行社有限公司
112	L－GD－GJ00152	江门市国旅国际旅行社有限公司
113	L－GD－GJ00153	茂名市中国旅行社
114	L－GD－GJ00154	广东绿色国际旅行社
115	L－GD－GJ00156	深圳市中侨国际旅行社有限公司
116	L－GD－GJ00157	广东省羊城铁路国际旅行社
117	L－GD－GJ00158	珠海神州国际旅行社
118	L－GD－GJ00159	佛山市华银国际旅行社有限公司
119	L－GD－GJ00160	佛山市口岸国际旅行社有限公司
120	L－GD－GJ00161	从化市华夏国际旅行社
121	L－GD－GJ00162	深圳市广深铁路国际旅行社有限公司
122	L－GD－GJ00164	广州花园国际旅行社
123	L－GD－GJ00166	珠海市君悦国际旅行社有限公司
124	L－GD－GJ00167	珠海市澳国旅国际旅行社有限公司
125	L－GD－GJ00168	珠海石景山国际旅行社有限公司
126	L－GD－GJ00169	珠海国际度假旅行社有限公司
127	L－GD－GJ00170	深圳市宝中旅行社有限公司
128	L－GD－GJ00171	广州康泰国际旅行社有限公司
129	L－GD－GJ00173	广州南沙国际旅行社
130	L－GD－GJ00174	佛山市康辉国际旅行社有限公司
131	L－GD－GJ00175	开平市广旅国际旅行社
132	L－GD－GJ00177	深圳市世纪假日国际旅行社有限公司
133	L－GD－GJ00178	深圳市航空国际旅行社有限公司
134	L－GD－GJ00179	广东永安国际旅行社有限公司
135	L－GD－GJ00180	广东自游商旅国际旅行服务有限公司
136	L－GD－GJ00181	汕头天驰国际旅行社有限公司
137	L－GD－GJ00182	揭阳市旅总国际旅行社

续表

序　号	许可证编号	旅行社名称
138	L－GD－GJ00184	广东时尚国际旅行社有限公司
139	L－GD－GJ00186	中山市青年国际旅行社有限公司
140	L－GD－GJ00187	广东风光国际旅行社有限公司
141	L－GD－GJ00189	广东国泰国际旅行社有限公司
142	L－GD－GJ00190	东莞康辉国际旅行社有限公司
143	L－GD－GJ00191	广州花都国都国际旅行社有限公司
144	L－GD－GJ00192	广州岭南国际旅行社有限公司
145	L－GD－GJ00193	珠海里程国际旅行社有限公司
146	L－GD－GJ00194	潮州市潮之旅国际旅行社有限公司
147	L－GD－GJ00195	深圳市鹏翔国际旅行社有限公司
148	L－GD－GJ00196	深圳市广铁青国际旅行社有限公司
149	L－GD－GJ00197	深圳顺风旅行社有限公司
150	L－GD－GJ00198	深圳市鹏城康辉旅行社有限公司
151	L－GD－GJ00199	深圳市南方国际旅行社有限公司
152	L－GD－GJ00200	珠海九洲国际旅行社
153	L－GD－GJ00201	佛山市顺德广之旅国际旅行社有限公司
154	L－GD－GJ00202	珠海海天国际旅行社有限公司
155	L－GD－GJ00203	惠州市青年国际旅行社有限公司
156	L－GD－GJ00204	佛山市上游国际旅行社有限公司
157	L－GD－GJ00205	东莞市腾龙假日国际旅行社有限公司
158	L－GD－GJ00206	佛山市天宁国际旅行社有限公司
159	L－GD－GJ00208	佛山明媚假期国际旅行社有限公司
160	L－GD－GJ00209	广州市领航国际旅行社有限公司
161	L－GD－GJ00210	广州市良辰美景国际旅行社有限公司
162	L－GD－GJ00212	潮州市风光国际旅行社有限公司
163	L－GD－GJ00215	珠海阳光国际旅行社有限公司
164	L－GD－GJ00216	广州国之旅国际旅行社有限公司
165	L－GD－GJ00217	广州大都市国际旅行社有限公司
166	L－GD－GJ00218	广州教育国际旅行社有限公司
167	L－GD－GJ00219	广州美联国际商务旅行社有限公司
168	L－GD－GJ00220	胜景旅游（广东）有限公司
169	L－GD－GJ00221	广东南方传媒国际旅行社有限公司
170	L－GD－GJ00222	广东省广弘中旅国际旅行社有限公司
171	L－GD－GJ00223	广州市汇粤国际旅行社有限公司
172	L－GD－GJ00224	广州西敏国际旅行社有限公司

续表

序　号	许可证编号	旅行社名称
173	L－GD－GJ00225	中山市职工国际旅行社有限公司
174	L－GD－GJ00226	广东天天假期国际旅行社有限公司
175	L－GD－GJ00227	深圳市建南国际旅行社有限公司
176	L－GD－GJ00228	深圳市特色国际旅行社有限公司
177	L－GD－GJ00229	深圳市鹏之旅国际旅行社有限公司
178	L－GD－GJ00230	深圳市捷旅国际旅行社有限公司
179	L－GD－GJ00231	康泰国际旅行社（深圳）有限公司
180	L－GD－GJ00232	深圳市国贸国际旅行社有限公司
181	L－GD－GJ00233	深圳市金冠国际旅行社有限公司
182	L－GD－GJ00234	佛山市康健国际旅行社有限公司
183	L－GD－GJ00235	广州携程国际旅行社有限公司
184	L－GD－GJ00236	深圳市沙头角旅游有限公司
185	L－GD－GJ00237	深圳市深联国际旅行社有限公司
186	L－GD－GJ00238	广州成功之路国际旅行社有限公司
187	L－GD－GJ00239	深圳市海韵国际旅行社有限公司
188	L－GD－GJ00240	汕头市乐观国际旅行社有限公司
189	L－GD－GJ00241	肇庆市活力国际旅行社有限公司
190	L－GD－GJ00242	翠明假期（广东）旅行社有限公司
191	L－GD－GJ00243	佳天美（广州）国际旅行社有限公司
192	L－GD－GJ00244	佛山广之旅国际旅行社有限公司
193	L－GD－GJ00245	港中旅京华国际旅行社（深圳）有限公司
194	L－GD－GJ00246	东莞市景鸿国际旅行社有限公司
195	L－GD－GJ00247	东莞市东华国际旅行社有限公司
196	L－GD－GJ00248	广州市澳信国际旅行社有限公司
197	L－GD－GJ00249	东莞市四海国际旅行社有限公司
198	L－GD－GJ00250	汕头市商之旅国际旅行社有限公司
199	L－GD－GJ00251	广州空港之旅国际旅行社有限公司
200	L－GD－GJ00252	肇庆市青年国际旅行社有限公司
201	L－GD－GJ00253	东莞市青年国际旅行社有限公司
202	L－GD－GJ00254	国旅（深圳）国际旅行社有限公司

表5：2008年度广东省进入全国国内旅行社100强名单

序号	许可证编号	旅行社名称	名次
1	L－GD－GN01001	深圳市深航假期旅行社有限公司	45
2	L－GD－GN00757	佛山市南湖旅行社有限公司	49
3	L－GD－GN00388	广州市假日通旅行社有限公司	51
4	L－GD－GN00016	广东省罗浮山旅游开发总公司	65
5	L－GD－GN00688	广州幸运旅行社有限公司	66
6	L－GD－GN00852	深圳新景界商务旅行社有限公司	69
7	L－GD－GN00880	深圳市新景界东旭旅行社有限公司	70
8	L－GD－GN00025	广州市职工旅行社	77
9	L－GD－GN00563	广州市中国旅行社	90
10	L－GD－GN00790	中山市南湖旅行社有限公司	95
11	L－GD－GN00508	湛江广之旅旅行社有限公司	98
12	L－GD－GN00473	清远市星辉旅行社有限公司	99

表6：2008年度广东省进入全国国际旅行社100强名单

序号	许可证编号	旅行社名称	名次
1	L－GD－GJ00002	广东省中国旅行社股份有限公司	9
2	L－GD－GJ00004	广州广之旅国际旅行社股份有限公司	10
3	L－GD－GJ00010	深圳中国国际旅行社有限公司	13
4	L－GD－GJ00131	深圳市海外国际旅行社有限公司	36
5	L－GD－GJ00007	深圳市深旅国际旅行社有限公司	37
6	L－GD－GJ00042	广东省拱北口岸中国旅行社有限公司	43
7	L－GD－GJ00031	深圳华侨城国际旅行社有限公司	45
8	L－GD－GJ00001	广东国旅国际旅行社股份有限公司	47
9	L－GD－GJ00178	深圳市航空国际旅行社有限公司	49
10	L－GD－GJ00018	深圳招商国际旅游有限公司	50
11	L－GD－GJ00023	深圳市口岸中国旅行社有限公司	65
12	L－GD－GJ00013	佛山市禅之旅国际旅行社有限公司	73
13	L－GD－GJ00038	佛山国旅国际旅行社有限公司	79
14	L－GD－GJ00039	佛山市中旅国际旅行社有限公司	80
15	L－GD－GJ00036	佛山市南海中旅假日国际旅行社有限公司	82
16	L－GD－GJ00029	广东顺之旅国际旅行社有限公司	83
17	L－GD－GJ00049	深圳市九洲国际旅行社有限公司	86
18	L－GD－GJ00170	深圳市宝中旅行社有限公司	92
19	L－GD－GJ00003	广东省中国青年旅行社	95
20	L－GD－GJ00078	中山菊城假期国际旅行社有限公司	98

2008 年度全国旅行社业务年检排序标准

一、2008 年度全国双百强旅行社排序标准

1. 入选“全国双百强旅行社”的基本条件

（1）通过本年度旅行社业务年检；

（2）自觉遵守国家和行业法规，年检年度内未受过任何处罚；

（3）经省级旅游局核实，年检年度内无重大安全、质量责任事故和重大投诉。

2. “全国百强国际旅行社”排序办法

（1）入境旅游外联人天、接待人天，国内旅游组织人天、接待人天等四项指标之和进入全国国际旅行社前300名。

（2）在以上300家旅行社中，以入境旅游外联人天、接待人天，国内旅游组织人天、接待人天，旅游业务营业收入，旅游业务毛利润，实缴税金，旅游结汇八项指标进行排序，将此八项指标位次之和由小到大选取前100名旅行社。其中，旅游业务毛利润、旅游业务营业收入、实缴税金、旅游结汇四项指标中，任何一项未进入单项排序前300名的旅行社都被排除。

（3）当旅行社名次相同时，以旅游业务营业收入名次为先，决定其最后排序位次。

3. “全国百强国内旅行社”排序办法

（1）国内旅游组团人天、接待人天两项指标之和进入全国国内旅行社前800名。

（2）在以上800家旅行社中，以国内旅游组团人天、接待人天，旅游业务营业收入，旅游业务毛利润，实缴税金五项指标进行排序，将此五项指标位次之和由小到大选取前100名旅行社。其中，在旅游利润、旅游收入、实缴税金三项指标中，任何一项未进入单项排序前800名的旅行社都被排除。

（3）当旅行社名次相同时，以旅游业务营业收入名次为先，决定其最后排序位次。

二、2008 年度全国三大业务十强旅行社排序标准

1. 入选全国三大业务十强旅行社的基本条件

（1）通过本年度旅行社业务年检；

（2）自觉遵守国家和行业法规，年检年度内未受过任何处罚；

（3）经省级旅游局核实，年检年度内无重大安全、质量责任事故和重大投诉。

2. “全国国内游十强旅行社”排序办法

（1）国内旅游组织人天、接待人天两项指标之和进入全国旅行社前100名。

（2）在以上100家旅行社中，以国内旅游的组团人天、接待人天、营业收入、毛利润四项指标进行排序，将此四项指标位次之和由小到大选取前10名旅行社。其中，在国内旅游业务营业收入、国内旅游业务毛利润两项指标中，任何一项未进入单项排序前100名的旅行社都被排除。

（3）当旅行社名次相同时，以国内旅游业务营业收入名次为先，决定其最后排序位次。

3. “全国入境游十强旅行社”排序办法

（1）入境旅游外联人天、接待人天两项指标之和进入全国旅行社前100名。

（2）在以上100家旅行社中，以入境旅游的外联人天、接待人天、营业收入、毛利润四项指标进行排序，将此四项指标位次之和由小到大选取前10名旅行社。其中，在入境旅游业务营业收入、入境旅游业务毛利润两项指标中，任何一项未进入单项排序前100名的旅行社都被排除。

（3）当旅行社名次相同时，以入境旅游业务营业收入名次为先，决定其最后排序位次。

4. “全国出境游十强旅行社”排序办法

（1）出国旅游组织人天、港澳旅游组织人天两项指标之和进入全国旅行社前100名。

（2）在以上100家旅行社中，以出国旅游组织人天、港澳旅游组织人天、出境旅游业务营业收入、出境旅游业务毛利润四项指标进行排序，将此四项指标位次之和由小到大选取前10名旅行社。其中，在出境旅游业务营业收入、出境旅游业务毛利润两项指标中，任何一项未进入单项排序前100名的旅行社都被排除。

（3）当旅行社名次相同时，以出境旅游业务营业收入名次为先，决定其最后排序位次。

三、2008 年度全国十强旅行社集团排序标准

1. 入选“全国十强旅行社集团”的基本条件

（1）集团成员通过本年度旅行社业务年检；

（2）集团成员自觉遵守国家和行业法规，年检年度内未受过任何处罚；

（3）经省级旅游局核实，年检年度内全集团旅行社无重大安全、质量责任事故和重大投诉。

2. “全国十强旅行社集团”排序办法

（1）集团旅游业务营业收入总额、旅游业务毛利润总额两项指标之和进入旅行社集团的前100名。

（2）在以上100家旅行社集团中，以集团旅行社成员企业数、旅行社子公司（包括子公司的旅行社子公司）数、外联组织人天、接待人天、旅游业务营业收入总额、旅游业务利润总额六项指标进行排序，将此六项指标位次之和由小到大选取前10名旅行社。其中，在集团旅行社成员企业数、旅行社子公司数、外联组织人天、旅游业务营业收入总额等四项指标中，任何一项未进入旅行社集团单项排序前100名的都被排除。

（3）当旅行社名次相同时，以旅游业务收入名次为先，决定其最后排序位次。

四、2008年度全国利税双十强旅行社排序标准

1. 入选“全国利税双十强旅行社”的基本条件

（1）通过本年度旅行社业务年检；

（2）自觉遵守国家和行业法规，年检年度内未受过任何处罚；

（3）经省级旅游局核实，年检年度内无重大安全、质量责任事故和重大投诉。

2. “全国利税十强国内旅行社”排序办法

（1）以利润总额、实缴税金两项指标之和进行排序，取前10名旅行社。

（2）当旅行社名次相同时，以实缴税金名次为先，决定其最后排序位次。

3. “全国利税十强国际旅行社”排序办法

（1）以利润总额、实缴税金两项指标之和进行排序，取前10名旅行社。

（2）当旅行社名次相同时，以利润总额名次为先，决定其最后排序位次。

广东省旅游饭店业

【星级饭店规模】 2008年，全省共增加62家星级饭店。其中向国家旅游星级饭店评定委员会推荐五星级饭店11家，评定四星级饭店13家，三星级以下饭店36家（具体见“2008年度广东省星级饭店评定情况一览表”）。截至2008年底，广东省共有星级饭店1164家，其中白金五星1家，五星级饭店68家，四星级饭店176家，三星级饭店589家，二星级饭店310家，一星级饭店20家。

【广东星级饭店特点】 2008年度广东省酒店业数量、规模、档次、接待人数、营业收入等主要指标继续居全国前列，并呈现以下趋势：一是商务酒店蓬勃发展。广东经济活动频繁，商务会展旅游发达，催生出全国数量最多、设施设备完善的商务酒店；二是主题酒店逐渐兴起。以盛唐温泉文化为主题的古兜温泉旅游度假村、以威尼斯水城文化为主题的威尼斯皇冠假日酒店、以沐浴文化为主题的御温泉酒店等成为有代表性的主题酒店；三是温泉酒店大量涌现。广东温泉旅游资源非常丰富，已开发的温泉度假村超过70家，相当一部分达到国际水平；四是乡村旅馆崭露头角。随着交通条件的改善，依靠山区良好的自然生态条件，乡村旅馆迅速发展。惠州南昆山、南海西樵山、南岭国家森林公园等乡村旅馆备受游客青睐；五是经济型连锁酒店异军突起。7天、如家、锦江之星、粤海之星、汉庭快捷等经济型连锁酒店遍布广东，满足了大众旅游的发展需求；六是公寓酒店方兴未艾。每年两届广州交易会以及周边城市频繁举办的大型会展等因素，珠三角地区的公寓酒店应运而生。此外，广东酒店业国际化、集团化水平步伐加快，世界上排名前十位的酒店集团如洲际、雅高、喜达屋、万豪、丽思卡尔顿和香格里拉等10多个国际酒店品牌先后落户广东。在国际品牌酒店的影响下，全省酒店业集团化趋势明显加快，目前已有岭南集团、粤海国际酒店管理集团、粤旅集团、广东中旅集团、广东省广晟酒店集团、恒大酒店管理集团等。

【参加全国旅游饭店服务技能大赛】 2008年11月11～13日，为纪念改革开放30周年，全面展示改革开放以来旅游业所取得的巨大成就，国家旅游局在山东青岛举办“纪念改革开放30周年”全国旅游饭店服务技能大赛。省旅游局于8月在东莞市嘉华大酒店举行了广东赛区“嘉华杯”选拔赛。全省共组织19支代表队、99名参赛选手分别参加中式铺床、中餐宴会摆台、西餐宴会摆台、鸡尾酒调制、中式烹调5个项目的比赛，共聘请32名裁判员，领队教练37名。来自各大旅游饭店的代表全情投入，全面展示了旅游饭店行业形象，促进了旅游服务质量的提升和旅游技能人才的培养。广东代表队在参加全国旅游饭店服务技能大赛各个项目比赛中，获得团体总分二等奖和优秀组织奖。其中：中国大酒店的谭斌获得鸡尾酒调制全国一等奖，东莞嘉华大酒店的蔡青获得西餐宴会摆台全国二等奖，深圳东方银座美爵酒店的马高峰获得中式铺床全国三等奖，中山京华世纪酒店的卢兰美获得中餐宴会摆台全国三等奖。上述获奖选手均被国家旅游局授予“全国旅游行业技术能手”荣誉称号。

【召开全省绿色旅游饭店节能减排工作推广现场会】 2008年8月27日，全省绿色旅游饭店节能减排工作推广现场会在东莞召开。省市旅游局领导和全省主要星级饭店负责人参加了会议。会上，中国大酒店、嘉华大酒店、深圳东华假日酒店、广东逸豪酒店管理有限公司的负责人作节能减排经验介绍。会议总结推广了全省12家旅游饭店的节能减排工作经验，并组织与会饭店企业的领导参观学习。会议提出了全省饭店业在管理节能、技术节能、设备运行节能等方面在未来三年内要实现节能30%的目标。会议号召全省各饭店企业采取有力措施积极推进节能减排降耗，坚持“4R原则”：减量化原则（Reducing），减少物质和能源的投入，减少废物污水排放，提高环境效益；再使用原则（Reusing），变物品的一次性使用为多次使用和调剂使用；再循环原则（Recycling），将使用后的物品回收利用，使之成为再生资源；替代原则（Replacing），使用无污染或再生物品，节约资源，减少污染等。

按照《旅游饭店星级的划分与评定》（GB/T14308－2003）、《绿色旅游饭店》（LB/T007－2006）要求，在开展绿色饭店创建过程中，引导饭店企业推行环保节能，倡导绿色消费。如：全省仅将中央空调热能回收转变为热水能耗的饭店就有近500家。此外，还普遍在声控、温控、水控的节能方面进行了配套改造，客用毛巾也提倡重复使用。过去酒店大堂温度一般都控制在20～22℃之间，创建绿色饭店后，则升至23～25℃。同时鼓励酒店提升科技含量，对中央空调风管系统的清洗净化消毒，推行酒店管道纯净水系统；引导酒店利用互联网进行销售，鼓励酒店宽带上网接入客房、会议室和公共场所，推广信息化服务；鼓励企业牢固树立绿色经营和发展理念，摈弃“先污染、后治理”的老路，务实推进创建绿色饭店进程；宣传教育与制度建设并举，培养有绿色意识的员工，营造优秀企业文化；加强设备更新改造，为游客提供绿色环保的产品和服务，节约能源、降低消耗、保护环境，提高可持续发展水平，做到经济、社会与环境效益的高度统一。

2008年，全省共创建绿色饭店40家。截至2008年底，广东省共有绿色饭店840家。

【星级饭店复核】 2008年6月至11月，省星级饭店评定委员会在全省范围内开展了满五年期五星级饭店评定性复核工作。对星级酒店进行评定性复核84家，年度性复核995家，取消星级饭店51家；2008年全省共培训星评员154名，内审员256名。截至2008年底，全省星评员达500人，其中国家级星评员8人，内审员达到1250人。

2008年3月19日，广东省旅游局在广州举办全省旅游饭店星级检查员培训会议　涂继文摄

（邹飞祥）

2008 年度广东省星级饭店评定情况一览表

地区	饭店名称	星级	星级评定批复时间	开业时间	饭店地址	电话	房间数	床位数	餐位数	总投资额（万元）	所有制性质
广州	嘉逸国际酒店	五	2008. 12. 1	2004. 7. 7	广州市天河北路 468 号	020 38803333	251	285	762	15000	有限责任
	广州市豪悦酒店	四	2008. 11. 5	2006. 4. 1	广州市番禺区桥南街桥南路 196 号	020 84832222	149	24	200	2000	私营
	阳光酒店	三	2008. 6. 5	2005. 2. 1	广州市花都区新华镇建设北路 119 号	020 86896333	50	97	260	200	私营
	金怡酒店	三	2008. 6. 16	2005. 12. 1	广州市番禺区市桥禹山西路 333 号	020 22879388	62	98	1500	3000	有限责任
	广州金宝酒店	三	2008. 7. 9	2007. 9. 30	广州市花都区新华街凤凰北路三东市场南侧	020 86895122	32	44	100	2000	私营
	广州正和大酒店	三	2008. 7. 25	2005. 12. 18	广州市番禺区南郊陈涌金业街 1 号	020 23883333	87	99	576	7000	有限责任
	广东省三茂大酒店	三	2008. 10. 15	1986. 1. 1	广州市环市东路 374 号	020 61321614	75	137	300	4500	国营
	广东南洋冠盛酒店	三	2008. 11. 5	2007. 8. 28	广州市天河区天府路 11 号	020 61398888	207	360	1200	15000	私营
	广东红叶酒店	三	2008. 12. 9	1998. 4. 1	广州市机场西乐嘉路 8 号	020 86348988	179	302	350	4226	股份有限
深圳	布吉金鹏大酒店	三	2008. 1. 30	2001. 12. 23	深圳市布吉镇布吉街金鹏路 26 号	0755 28527777	98	142	800	2600	私营
	千柏洲商务酒店	三	2008. 1. 29	2006. 5. 1	深圳市西乡鹤洲广场路 3 号	0755 29980000	76	98	100	1500	私营
珠海	粤财假日酒店	五	2008. 10. 7	2001. 11. 27	珠海市吉大景山路 188 号	0756 3228888	338	499．0	938	46000	外商投资
	昌安假日酒店	五	2008. 12. 23	2006. 10. 31	珠海市粤海中路 2130 号	0756 8866888	163	231	680	18000	私营
	鸿银酒店	三	2008. 1. 10	2003. 3. 28	珠海市金湾区三北镇金海大道南	0756 3986688	107	191	70	1500	私营
	学苑宾馆	三	2008. 7. 1	2005. 9. 1	珠海市香洲梅华东路 276 号	0756 2152788	103	211	5000	2000	集体

续表

地区	饭店名称	星级	星级评定批复时间	开业时间	饭店地址	电话	房间数	床位数	餐位数	总投资额（万元）	所有制性质
珠海	五月天酒店	三	2008.11.10	2007.7.13	珠海前山明珠北路383号	0756 8586888	55	96	180	800	有限责任
	优派酒店	三	2008.12.3	2007.5.1	珠海香洲区红山路163号	0756 266555	54	81	700	6000	有限责任
韶关	莱斯大酒店	五	2008.10.7	2004.10.1	韶关市浈江区启明北路8号	0751 8198888	217	349	700	49000	有限责任
	香榭丽宫酒店（原众益福大酒店）	四	2008.3.4	2007.10.1	韶关市浈江区韶南大道中2号	0751 8299928	98	165	560	8200	有限责任
	乐昌迎宾大酒店	四	2008.12.22	2007.5.1	乐昌市金融街52号	0751 5555555	160	266	700	18000	私营
	濠景酒店	三	2008.2.26	2003.6.18	韶关市解放路124号	0751 8186666	61	110	50	1400	外商投资
河源	和润假日酒店	三	2008.4.22	2007.3.28	河源市紫金县城金山大道	0762 7839388	125	193	200	3000	私营
惠州	富华大酒店	四	2008.3.4	2001.12.28	惠州市博罗县城罗阳二路72号	0752 6268888	131	180	920	6000	外商投资
	金华悦商务酒店	四	2008.3.4	2005.1.9	惠州市下埔大道28号	0752 2088888	768	1210	3100	30300	股份合作
	金世纪假日酒店	四	2008.3.4	2004.4.27	惠州市惠城区沥林镇惠樟路	0752 3868888	188	289	600	317	港澳台商投资
	万事达华侨酒店	四	2008.9.24	2006.7.9	惠州市惠东县城	0752 8163888	205	307	1000	15310	有限责任
	明月湖大酒店	三	2008.6.2	2003.4.30	惠州市黄塘路118号综合楼	0752 2389688	100	215	580	1200	有限责任
	南洋大酒店	三	2008.12.2	2007.10.1	惠州市惠阳区白云三路16号	0752 3821188	40	57	350	6000	私营
汕尾	东陆酒店	四	2008.4.24	1998.11.16	陆丰市东海镇洛川东路3号	0660 8830988	246	466	1452	11000	有限责任
	富之城酒店	三	2008.4.24	2004.10.5	汕尾市海丰县城广富路439号	0660 6692888	105	146	968	5000	私营
	新洲宾馆	三	2008.4.24	2006.1.20	汕尾市区汕尾大道中段西侧	0660 3333666	99	185	120	2000	有限责任

续表

地区	饭店名称	星级	星级评定批复时间	开业时间	饭店地址	电话	房间数	床位数	餐位数	总投资额（万元）	所有制性质
东莞	帝豪花园酒店	五	2008. 12. 23	2006. 1. 26	东莞市大朗镇美景中路 769 号	0769 83122222	469	604	2388	68000	有限责任
	丰泰花园酒店	五	2008. 12. 23	2005. 10. 30	东莞市虎门镇田村横圳水库侧	0769 85708888	370	571	2323	45000	有限责任
	富豪酒店	三	2008. 2. 1	1995. 7. 1	东莞市常平镇西面	0769 83998888	128	132	150	4000	私营
	天鹅湖酒店	三	2008. 2. 1	1998. 8. 8	东莞市常平镇木枪村	0769 83338388	120	148	120	5000	私营
中山	汇景酒店	四	2008. 5. 21	2006. 1. 1	中山市东升镇龙昌路同乐大街交汇处	0760 2222222	132	222	950	8000	有限责任
	长命水海逸酒店	四	2008. 5. 21	2007. 1. 8	中山市五桂山长命水大街 9 号	0760 8202222	123	193	920	6500	集体
江门	鹤山碧桂园凤凰酒店	五	2008. 10. 7	2005. 7. 15	江门鹤山市沙坪镇鹤山大道 623 号	0750 8866388	111	202	780	20000	港澳台商投资
佛山	名都大酒店	五	2008. 12. 23	2003. 9. 23	佛山市南海大沥镇广佛路南 68 号	0757 85788888	308	411	880	28000	有限责任
	哥顿酒店	五	2008. 12. 23	2005. 9. 12	佛山市顺德区容桂大道中 38 号	0757 28386888	200	296	1200	22000	有限责任
	祈福（仙湖）酒店	四	2008. 6. 16	2004. 2. 16	佛山市南海丹灶镇仙湖度假村	0757 85449988	234	468	2300	1200	有限责任
	中联大酒店	三	2008. 2. 2	1999. 1. 15	佛山市南海盐步平地广佛路 82 号	0757 85783888	92	157	68	2500	私营
	置业宾馆	三	2008. 4. 15	1996. 12. 28	佛山市南海大沥广云路段	0757 85511888	138	259	60	2000	私营
	皇都酒店	三	2008. 6. 5	2006. 4. 1	佛山市佛平路 19 号	0757 86128333	158	255	100	2630	有限责任
	雅苑酒店	二	2008. 9. 5	2000. 2. 20	佛山市顺德区乐从镇	0757 28336238	70	133	96	1400	私营
	黄岐大金地宾馆	二	2008. 11. 25	2006. 3. 8	佛山市南海区黄岐番阳西路 39 号	0757 85939888	42	60	210	120	私营
阳江	莱茵堡酒店	三	2008. 2. 15	2006. 1. 26	阳江市建设路 239 号	0662 3188888	78. 0	128. 0	600. 0	3500. 0	有限责任

续表

地区	饭店名称	星级	星级评定批复时间	开业时间	饭店地址	电话	房间数	床位数	餐位数	总投资额（万元）	所有制性质
阳江	嘉华酒店	三	2008. 2. 15	1994. 10. 24	阳江市区石湾北路口	0662 3183333	62	125	460	4300	私营
	新朗商务酒店	三	2008. 4. 25	2007. 10. 17	阳江阳春市东湖西路 47 号	0662 8878888	88	170	400	5000	有限责任
	天堡商务酒店	三	2008. 12. 25	2005. 9. 23	阳江市东风一路 42 号	0662 3299888	150	285	95	350	有限责任
湛江	皇冠假日酒店	五	2008. 9. 1	2002. 11. 8	湛江市乐山大道 31 号	0759 3188888	416	598	600	80000	港澳台商投资
	南海宾馆	四	2008. 5. 6	1986. 6. 1	湛江市坡头区合作路 17 号信箱	0759 3950388	181	299	1000	5341	私营
茂名	茂名国际大酒店	五	2008. 10. 7	2003. 11. 2	茂名市双山三路 99 号	0668 2986888	265	489	568	20000	股份有限
	东园大酒店	四	2008. 6. 16	2006. 5. 16	茂名市官山四路 33 号	0668 2737888	93	123	1800	7000	私营
清远	国金商务酒店	三	2008. 1. 29	2007. 5. 1	清远市清城区北门街 92 号	0763 3821888	66	124	200	1500	有限责任
	东方大酒店	三	2008. 1. 29	1997. 4. 28	清远市英德建设路口	0763 2233998	44	85	400	1900	私营
	连南迎宾馆	三	2008. 1. 29	2003. 12. 25	清远市连南瑶族自治县三江镇	0763 8670988	50	100	600	3800	私营
	阳山雄风宾馆	三	2008. 7. 10	2006. 11. 23	清远市阳山县城南大道 76 号	0763 7892888	132	238	130	1200	私营
云浮	卓成大酒店	三	2008. 6. 16	2006. 2. 23	云浮市云城区兴云东路 241 号	0766 8986888	76	108	1080	1600	股份合作
	金鹏大酒店	三	2008. 6. 16	2005. 1. 1	云浮市兴云中路 5 号金鹏大厦	0766 8987666	89	172	315	315	有限责任

旅游安全管理

【概况】 2008年，省旅游局认真履行安全生产监管职责，组织动员全省旅游行业深入贯彻省委、省政府关于安全生产的方针政策，狠抓旅游安全监督管理，思想认识有新高度，制度建设有新突破，行业监管有新手段，安全防范有新方法。开展了春节黄金周、“十一”黄金周安全大检查以及旅游业隐患治理和百日督查等活动，全面动员和部署抗冰救灾、抗震救灾、防汛防灾、维稳综治、奥运安全等工作。全省旅游安全形势保持平稳良好的态势，未发生重特大安全责任事故。

【及时下发文件通知全力部署抓安全】 2008年，省旅游局要求各市旅游管理部门要把安全生产作为行业管理的重中之重来抓，认真制定实施旅游安全工作方案，做到“年初计划有安排、日常时段有检查、季度半年有总结、特殊时期有措施、突发事件有预案”。全年有针对性地下发了一系列文件通知，全力部署抓好落实，主要包括：《关于认真抓好今冬明春旅游安全工作的通知》、《关于贯彻落实省政府防范重特大安全事故会议精神，做好旅游安全工作的通知》、《转发广东省安全生产百日督查专项行动方案的通知》、《关于做好灾害性雨雪冰冻天气应对工作的通知》、《关于进一步做好旅游安全工作的紧急通知》、《关于停止组团前往和途经四川地震灾区旅游的紧急通知》、《关于全力做好抗震救灾工作的紧急通知》、《关于加强旅游交通安全工作的通知》、《关于开展奥运前旅游安全督查的通知》、《关于协助做好奥运马术比赛有关旅游服务与安全保障工作的通知》、《关于做好国庆旅游黄金周旅游安全生产工作的通知》、《关于开展旅游安全地方标准调研的通知》、《转发关于深圳市龙岗区9·20特大火灾事故通报，开展旅游安全消防交叉检查的通知》、《关于做好2009年旅游春运准备工作的通知》等。各市旅游局把旅游安全列入重要议事日程，召开旅游安全和奥运服务工作会议，并制订旅游应急管理工作要点、旅游行业安全工作方案、百日督查专项行动实施意见等，结合旅游工作实际，贯彻国家旅游局、省政府、省安委会有关安全生产的文件和会议精神，把旅游行业安全监管责任层层落实到位，确保万无一失。

【规范管理健全安全规章制度】 2008年，省旅游局进一步健全安全生产工作领导小组、应急管理协调委员会，主要领导亲自挂帅，其他局领导、各处室（所、中心）主要负责人担任副组长和成员，办公室设在质量规范与管理处，制定了旅游安全工作制度，按照“谁主管、谁负责，谁审批、谁负责，谁发证、谁负责”原则，明确监管职责和任务分工，把旅游安全与推行国民旅游休闲计划、建设中国旅游综合改革示范区等中心工作统筹考虑，完善“纵向到底、横向到边”的责任机制和管理网络。在行业管理日常工作中，把旅游安全作为测评审批的重要依据，实行一票否决制度，安全生产责任制不落实，安全条件不达标，未经公安、消防、工商、卫生等部门认可的企业，一律不受理审批或评定。

【面对突发自然灾害抓旅游安全】 2008年1月中旬至2月上旬，全国大范围出现罕见的持续大范围低温、雨雪和冰冻天气，铁路、民航、高速公路交通严重受阻，大量外来务工人员滞留广东，旅游安全生产形势十分严峻。省旅游局及时下发《关于做好灾害性雨雪冰冻天气应对工作的通知》，迅速启动应急预案，积极妥善应对突发灾害，组织全省旅游业配合政府部门落实抗灾防灾的各项措施，鼓励游客就地旅游、就近旅游，劝导外来务工人员留粤过年。春节期间，全省未发生旅游安全事件；“5·12”汶川大地震发生后，省旅游局立即启动应急机制，全力救援地震灾区的广东游客，并迅速通知旅行社立即停止组织赴灾区或途经灾区的旅游，对已经组团的旅游团队，要立即终止途经灾区旅游，并做好说服解释工作。经查实，广东在四川游客共有1112人，通过各方努力，加强与当地旅游部门、旅行社等方面沟通协调，及时把广东游客转移至安全地带，直至全部游客安全返粤。

【开展安全生产百日督查专项行动】 2008年，省旅游局根据省安委会关于安全生产百日督查专项行动的统一部署，制定了工作方案并精心组织实施。由局领导带队，率5个工作组，对广州、深圳、韶关、清远、潮州、汕尾、阳江、茂名、中山、佛山10市进行督查，抽查了24家旅行社、30家星级酒店和43家旅游景区。督查以资料审查、现场检查、抽样调查相结合的形式进行，督促各级旅游部门提高认识，深化旅游安全隐患排查治理工作，加大安全隐患排查整改力度，落实旅游企业安全监管责任和防范措施等。

【黄金周假日旅游安全】 2008年9月，深圳龙岗区“9·20”特大火灾事故发生后，省旅游局进一步加大对“十一”黄金周安全检查力度，在企业自查、各市检查的基础上，省旅游局专门派出人员进行督查。在督查的同时组织各市开展旅游安全交叉检查，由各市派出工作组检查对方旅游安全工作，学习其成功经验，并指出薄弱环节，落实旅游安全监管责任和防范措施。2008年共组织省市督查和交叉检查6批100人次，抽查150家旅行社、220家酒店和190家景区。假日期间，要求各级坚持节假日值班制度，召开黄金周安全工作专题会议，确定省、市、县各级旅游管理部门每天由局领导带队轮流值班，实行24小时值班，向社会公布旅游投诉电话、旅游咨询电话等，随时受理旅游投诉，处置各种突发安全事件，确保游客生命财产安全。

【做好在岗人员培训及安全教育】 2008年，全省旅游安全工作突出重点，一方面加强了对旅游行业重点岗位和特殊工种从业人员的教育培训，实行严格的执业资格制度和上岗制度，要求导游人员及其他一线服务人员适时提醒游客可能出现的安全问题，阻止游客在旅游行程中进行违反有关安全规定的活动；另一方面加强对游客的宣传引导，要求各地深入开展“安全生产月”等活动，利用旅游咨询中心在旅游安全引导方面的作用，于旅游黄金周、节假日、暑期等旅游旺季向游客宣传理性消费和安全文明旅游，派发安全旅游提示单张，营造共同关注旅游安全的氛围。

旅游创优与创强工作

【总体情况】 创建广东省旅游强县工作是创建中国优秀旅游城市的延伸和扩展。2002年，国家旅游局作出创建旅游强县的工作部署，决定在基层行政县深入实施政府主导型旅游发展战略，倡导深度发展和可持续发展原则，推动全国旅游产业不断趋向合理布局和结构深化，于2003年颁布《创建旅游强县工作导则》和《创建旅游强县工作指导意见》。广东省于2004年启动创建旅游强县工作，5年来共评定13个“广东省旅游强县”、2个“中国旅游强县”，由省领导亲自授匾。2008年，省旅游局完成仁化、乳源、英德、南澳四县（市）的验收，经省委党廉办、省人事厅审核并报省政府批准，正式命名以上四县（市）为“广东省旅游强县”。全省各地在创建旅游强县过程中，立足于当地资源条件和产业发展现状，把旅游业当作国民经济重要产业、先导产业、第三产业的龙头、支柱产业来抓，构建“党政主导、部门联动、全民参与、实惠百姓”的创强机制；营造全社会重视、支持旅游的良好氛围，加快了旅游交通、公共安全、卫生保障、生态环保、宾馆餐饮等配套设施建设；改善旅游接待和服务配套功能，提高旅游产业地位，优化旅游发展环境，以旅游服务质量提高和旅游功能与城市之间的配套为导向，突出县域的旅游特色和城市之间的协调统一，推动旅游业综合素质的全面提高。

省旅游局积极发挥宏观指导作用，一是督促各县指定和落实旅游发展规划，确保资源有序开发利用；二是督促各县建立健全各级旅游管理机构，着力培植龙头旅游企业，逐步完善旅游市场管理服务体系；三是引导各县抓好招商引资，加快旅游资源开发建设，同时加强原有景区的配套建设和管理，提升旅游产品质量和档次；四是指导各县开展旅游产品宣传推介，认真整合旅游精品线路，开拓旅游客源市场；五是督促各县抓好旅游队伍培训，提高从业人员整体素质。

【工作人员行为规范】 省旅游局在开展创强验收实际工作中，摸索总结经验，把勤政廉政工作贯彻于创强工作全过程，制定了如下制度：1. 忠于职守，清正廉洁，不吃请受礼；2. 实事求是，客观公正，不拔高压低；3. 团结协作，认真负责，不自行其是；4. 严守纪律，保守秘密，不乱发议论；5. 不住当地高档宾馆；6. 不准搞迎送活动，不准挂迎接验收组之类横幅标牌；7. 不干扰城市领导工作，除首次末次会议需要请创强组委会领导出席外，其他活动不请当地领导参加；8. 通过验收经党组讨论，命名经省委党廉办、省人事厅审核同意并报省政府批准，牌匾由省政府领导亲自颁授。

【2008广东旅游十大新闻】 （1）国务院批准的《珠江三角洲地区改革发展规划纲要（2008－2020年）》中明确指出：“优化发展现代服务业要重点发展旅游业，建设全国旅游综合改革示范区，建设与港澳地区错位发展的旅游中心，建成亚太地区具有重要影响力的国际旅游目的地和游客集散地”；（2）5月12日，广东省委、省政府主要领导专程赴国家旅游局，就进一步落实CEPA、深化粤港澳旅游合作、加快广东旅游改革发展等与国家旅游局领导深入交换意见，国家旅游局全力支持广东旅游业先行先试，建设旅游强省

和中国旅游综合改革示范区；（3）11月25日，中共广东省委、广东省人民政府发布《关于加快我省旅游业改革与发展建设旅游强省的决定》；（4）11月27日，国家旅游局与广东省人民政府共同签署《关于建立局省紧密合作机制备忘录》，就深化粤港澳旅游合作、加快广东省旅游业改革与发展问题达成共识；（5）2008年，广东旅游业广泛开展解放思想大讨论和深入学习实践科学发展观活动，找准影响和制约旅游科学发展的突出问题，进一步理清了发展思路，出台了一系列政策措施，推动广东旅游科学发展；（6）2008年，广东省旅游局先后与梅州、汕头、河源和韶关市人民政府签署合作协议，与凤凰卫视·凤凰周刊、中山大学、南方影视传媒集团、南方报业传媒集团签署合作协议，与建设银行广东省分行签署战略合作协议；（7）11月28日至12月4日，国家旅游局和广东省人民政府共同主办2008广东国际旅游文化节暨泛珠三角旅游推介大会并取得圆满成功。同时，广东省人民政府主办，广东省旅游局、凤凰卫视·凤凰周刊和中山大学联合承办了主题为“现代旅游业合作与发展”的广东开放论坛；（8）根据国家旅游局的统一部署，6月17日，广东赴美首发团一行90人前往美国开展旅游合作交流活动。7月4日，大陆居民赴台旅游首发团广东分团共105人乘南航包机从广东白云机场起飞，顺利抵达台湾桃园机场，成为中国大陆第一批赴台游客。广东省居民赴美赴台旅游正式启动；（9）借助省委、省政府主要领导出访的有利时机，广东省旅游局在印度尼西亚、越南、马来西亚、新加坡和西班牙分别举办了大型旅游推介会，并与印尼文化旅游部、西班牙加泰罗尼亚大区旅游局签署了旅游合作框架协议，初步建立与上述五国旅游管理部门之间的协调联络机制；（10）11月26日，世界温泉科学大会暨世界温泉及气候养生联合会第61届年会在珠海海泉湾度假区隆重举行，这是该联合会首次在中国召开年会，来自世界各地的400多名专家学者参加了大会。

旅游标准化建设

【总体情况】 2008年，省旅游局扎实推进旅游标准化进程，加强与省质监局的沟通协调，争取成立全省旅游标准化领导小组，搭建旅游标准化体系框架。本着先易后难、突出重点的工作原则，对全省的旅游标准进行梳理，加强调查研究，明确主题定位，围绕着餐饮、住宿、交通、游览、购物、娱乐等旅游要素，研究编制以国家标准、行业标准为主体，地方标准、企业标准为补充的标准框架。

【加快旅游行业标准制定】 2008年，省旅游局加强与省质监局、标准化研究院、高等院校、旅游企业及行业协会的合作，着力研究制定广东地方标准，形成国家标准、地方标准、行业标准和企业标准相互衔接、相互补充的旅游标准体系。陆续出台了《双人皮艇漂流旅游安全规程》、《温泉旅游服务规范》、《“渔家乐”旅游服务质量规范》等。在借鉴兄弟省市经验的基础上，省旅游局率先就旅游安全制定《旅游安全质量规范》系列地方标准。先后联合省标准化研究院、白云宾馆、花园酒店、广之旅等单位组成工作组赴江门、阳江实地调研考察，完成了《旅游安全管理规范　旅行社》、《旅游安全管理规范　星级酒店》、《旅游安全管理规范　海滨旅游》、《旅游安全管理规范　旅游景区》、《广东省旅游餐饮服务质量标准》等文件的起草调研工作。加强调查研究，广泛听取企业和基层意见，研究进一步推进漂流、自驾车游等新兴旅游项目的标准制定，通过不断努力，争取形成覆盖面广、约束力强、应用性高的旅游标准体系。

【各地加快推进旅游行业标准】 2008年，广州市先后出台《广州市乡村旅游区（点）服务规范》、《广州市工业旅游景区服务规范》和《广州市特色旅游购物街区旅游服务规范》，颁布了乡村旅游点、特色旅游购物街区评定细则等；深圳市承担了国家旅游局《旅游娱乐场所基础设施与服务规范》国家标准拟定工作和《游乐（园）场安全和服务质量》国家标准的修订工作，组织完成了《诚信旅行社评价规范》和《旅游行业安全检查规范》两个标准的专家评审会和修订工作，并报市质监局立项报批为深圳市的技术性规范文件。总体来看，全省各级旅游管理部门对标准化建设认识到位，把标准转变成企业管理、信誉、服务等方面的“软实力”；推动行业协会和企业积极参与旅游标准化工作，把管理成果和实践经验上升为标准，创建品牌，提升企业质量管理水平。

整顿和规范旅游市场工作

【总体情况】 2008年，广东省旅游行业"以三优一满意"（优美环境、优良秩序、优质服务、游客满意）为工作目标，以旅游"六要素"（行、游、住、吃、购、娱）为整治重点，把整顿规范与市场培育发展、综合治理与专项整治、日常监管与重点检查相结合，全省各地加强了对旅游市场整治工作的领导，健全工作机构，制定工作方案，集中开展整治行动，着力解决影响和制约旅游业发展的突出问题，形成了旅游管理部门、旅游企业、旅游者相互联动、共同参与、综合治理的市场整治新格局。

【规范出境游市场秩序】 2008年，台湾游、美国游相继开放，出境游市场进一步繁荣，但也出现一些违规经营现象。省旅游局以出境游市场整治为重点，结合奥运旅游服务准备工作，采取明查与暗访结合的方式，从旅游线路报价、旅游广告、旅游合同、价格包含的服务项目、自费项目和成本核算等方面入手，对旅游广告、导游和领队人员、门市部、营业部等重点环节进行整治，对超范围经营、非法转让许可证、低于成本促销、价格欺诈、社会旅馆商务中心非法招徕游客等违法违规行为进行打击。一是开展旅游合同专项检查，查处旅行社不与游客签订统一规范合同，故意隐瞒旅游购物、自费项目等行为；二是开展旅游广告专项检查，查处低于成本报价、欺诈宣传、超范围经营和使用模糊性、攀附性、误导性语言的违规广告，遏制实际操作与广告宣传不一致现象；三是开展旅游购物商店、观光、娱乐自费项目专项检查，查处旅游目的地、游客集散地、以旅游团队为主要销售对象的土特产店、社会餐馆违规收受回扣的行为；四是开展旅行社业务档案专项检查，查处组团社与地接社之间低于成本价操作团队，委托非旅行社机构接团、向导游卖团、收取人头费等违规行为；五是开展旅行社门市部专项检查，查处旅行社违反"四统一"规定，放任门市部违规组团，个人、部门私自经营组团业务的行为；六是开展导游执业专项检查，查处导游、领队人员诱迫旅游者购物、参加自费景点和项目，私自收受回扣，擅自更改旅游行程或降低服务标准行为。

【巩固成果、开展督查】 黄金周安全接待工作是旅游市场综合治理工作的重点，在每个黄金周前，省旅游局均部署各市开展安全生产和旅游市场秩序大检查。各市旅游部门早部署、早安排、早行动，深入景区和旅游企业对安全和服务质量开展地毯式、拉网式的检查，在黄金周前夕再派出工作组赴各市进行督查。督查以资料审查、现场检查、抽样调查相结合的形式进行，重在督促各级旅游部门提高认识，从旅游线路报价、广告、合同签订、价格包含的服务项目、自费项目和成本核算等各方面入手，对低于成本促销、价格欺诈、社会旅馆商务中心非法招徕游客等行为进行严格清查，健全旅游市场监管体系，并落实各项旅游安全防范措施。在奥运前夕派出5个工作组对广州、深圳、韶关、清远、潮州、汕尾、阳江、茂名、中山、佛山10个市进行督查；"十一"黄金周前夕派出5个工作组对广州、深圳、珠海、韶关、河源、惠州、江门、肇庆、清远、云浮10市进行旅游安全督查。督查后，逐一打电话给各市旅游部门，要求加强旅游市场监管，提高旅游服务质量，对重大旅游安全隐患进行严格把关，对不规范的经营行为进行严厉打击，确保黄金周旅游繁荣、安全、文明、有序。

【健全机制加强监管】 针对旅游市场存在的问题，因时制宜、因地制宜，创新工作方法，完善旅游质量监管制度，打击与建设并举、整顿与规范并重，促进旅游市场秩序与旅游环境不断好转。重申旅行社操作四原则"阳光作业、公开合同、公平条款、透明行程"，督促旅行社加强内部管理，提高服务质量，讲诚信、树形象、抓质量、促发展，扭转"重经营、轻安全、重效益、轻质量、重宣传、轻管理"的认识误区，增强核心竞争力。加强行业发展指导的政策调研，更注重服务企业，研究行业管理深层次问题，鼓励旅行社企业创新经营模式，发展观光、休闲、度假、会议、展览、商务结合的旅游产品，从根源上维护旅游市场秩序的良好稳定，培育"大型旅行社集团化，中型旅行社专业化，小型旅行社零售化"批零体系。

（邹飞祥）

旅游质量监督管理工作

【总体情况】 2008年，广东省旅游质量监督管理系统围绕“优质服务年”主题开展工作，有效地推动了全省旅游服务质量水平的提高。在行政执法方面，全省各级旅游质监所共立案136件，已结案113件，作出没收违法所得决定39次，没收违法物品一批，没收违法收入9.6万元。做出罚款决定41次，共计22.06万元，召开2次听证会，没有提起行政复议的案件；在市场检查方面，共查处非法经营旅游业务39件，查处超范围经营旅行社业务28件，查处违法旅游广告46宗，查处违法购物点5处，查处违规旅游景点6处，查处其他违法行为21件；在导游IC卡检查方面，共检查带团人员6141人，查处无证导游87人，对7名导游的违规行为作出扣分处罚，并责令其纠正。

【旅游维权工作】 2008年，全省旅游质监系统接到旅游维权诉求共819宗，立案687宗，不受理132件，已结案638件，结案率为93%，为4663名游客追回补偿金额76.13万元，没有动用旅行社质保金进行赔付。其中，省旅游质量监督管理所共接到旅游维权诉求97宗，立案74宗，赔付金额19.15万元。全省未发生一宗因游客不服处理而向上级机关申诉的案例。在春节冰冻雨雪灾害和“5·12”汶川大地震期间，全省旅游质监系统坚持24小时值班，协助旅行社做好滞留游客的安置工作。认真处理旅行社与游客所签订旅游合同因冰冻、地震灾害无法履行、变更、取消等纠纷。全省共计为游客退回团款500多万元。

【做好旅游消费引导工作】 省旅游质量监督管理所于2008年编制了《旅游温馨提示》宣传卡，并在广深珠等城市的热点景区、景点和人流量较大的场所免费派发，引导游客理性消费，增强自我保护意识，有效地遏制不法人员利用“广深珠游”、“港澳游”进行旅游欺诈活动，净化旅游市场；全省旅游质监系统分别与省、市工商局、消委会、主流媒体、旅行社等联合举办“明白消费，理性维权”的系列活动。通过召开旅行社诚信旅游座谈会；编辑出版“3·15”诚信旅游特刊；开展“消费与责任”为主题的现场咨询等活动，为广大游客理性消费、合法维权，企业诚信经营起到教育引导作用。

【暂退质保金助旅行社渡难关】 2008年，世界金融危机的冲击，给全省旅行社业带来暂时经营困难。为帮助旅行社度过难关，由省旅游质监部门牵头在全省范围内就旅行社质量保证金在保障旅游者和旅游经营者双方权益等方面进行调研摸底。全省共计为1000多家旅行社暂退还质保金15612万元，有效缓解了企业经营资金困难的情况。

【学习培训工作】 2008年，湛江、肇庆、惠州、广州等市旅游质监部门分别举办业务培训班。省旅游质量监督管理所积极协助做好培训工作，并免费为参加培训的学员赠送国家旅游局质监所编著的《旅游服务案例分析》。省旅游质监系统改革培训方式和内容，扩大培训范围，将旅行社、饭店、景区协会会员一并纳入培训。据统计，全年共接受培训达1000多人次，参加对象包括市、县旅游局、质监所、旅行社、酒（饭）店、景区景点以及导游公司。通过培训学习，学员更深地了解和掌握旅游投诉处理和旅游市场执法的政策法规、受理程序、业务技能、工作方法等。

【建立跨省区质监互动协作平台】 2008年，广东省旅游质监部门加强与兄弟省市旅游质监系统特别是泛珠三角区域旅游质监工作的联系和交流，为跨区域旅游服务质量得到及时、有效的监管。省旅游质量监督管理所分别与泛珠三角地区的福建、安徽、广西、湖南、天津等11个省（市）旅游质监所签订了区域互动协作协议，定期与相关的互动省市旅游质监所开展业务交流，借助整个旅游市场监管互动工作机制，及时地解决旅游者在前往协作城市旅游过程中遇到的旅游服务质量问题。

【统一服装树立形象】 为贯彻全省旅游质监工作会议精神，适应建设“团结、和谐、奋进、创新”旅游质监队伍的需要，增强旅游质监工作人员的责任意识和执法水平，改变以往由于没有着统一的质监工作服装而带来种种不便。为树立旅游执法队伍新形象，在2008年6月12日召开的全省旅游纪检监察行风建设暨旅游质量监察管理大会上，省旅游质量监督管理所为省、21个地级以上市旅游局局长、分管旅游质监工作的副局长以及在编在岗的质监工作人员统一配制旅游质监系统工作服装，实现全省质量监督工作着装上岗、统一形象。省旅游质量监督管理所制定服装使用的管理方法，在全省范围内开展执法巡查，文明执法，与广州、珠海、江门、清远、河源、韶关、汕尾等市旅游局开展着装联合执法行动，相关媒体进行跟踪报道，取得良好的社会效应。

大会为全省旅游质监系统工作人员统一配制服装

【做好建章立制管理工作】 建立并完善全省旅游投诉情况半年通报制度，省旅游质量监督管理所将每半年统计出来的各旅行社的投诉情况进行实名通报，以进一步规范旅游企业的经营活动，为旅游强省的建设营造良好的市场环境。省旅游质量监督管理所针对出境游投诉热点的东南亚、日韩、港澳等旅游目的地，在省属的20多家出境游组团社中建立了出境游接待社备案制度，以进一步提高出境游服务质量。省旅游质监监督管理所与广州市旅行社协会建立互派联络员和诚信自律通报机制，引导旅行社诚信经营，并通报了个别旅行社违反旅游诚信公约进行变相经营“香港一日游”的行为，及时纠正市场的不良趋势。

【全省旅游投诉情况分析】 2008全省各级旅游质监所共接到各类旅游投诉616件，正式受理489件，比上年减少293件，同比下降37.5%，结案470件，结案率为96%。全省理赔总额为61.50万元，比上年减少52.67万元，同比下降85.6%。其中：国内游理赔32.88万元，占理赔总额的53.5%，比上年减少24.20万元，同比下降73.6%；出境游理赔28.62万元，占理赔总额的46.5%，比上年减少28.20万元，同比下降98.5%。按三大市场划分，入境游投诉1件，占投诉受理总数的0.2%，比上年减少3件，同比下降75%；国内游投诉361件，占投诉受理总数的73.8%，比上年减少231件，同比下降39%；出境游投诉127件，占投诉受理总数的25.9%，同期减少59件，同比下降31.7%。按被投诉对象分类：投诉旅行社382件，占投诉受理总数的78.1%，同期减少133件，同比下降25.8%；投诉饭店43件，占投诉受理总数的8.8%，同期减少28件，同比下降39.4%；投诉景点34件，占投诉受理总数的6.9%，同期减少47件，同比下降58%；投诉交通7件，占投诉受理总数的1.4%，同期减少12件，同比下降63.2%；投诉购物3件，占投诉受理总数的0.61%，同期减少31件，同比下降91.2%；投诉餐饮4件，占投诉受理总数的0.8%，同期减少1件，同比下降20%。其他问题投诉16件，占投诉受理总数的3.3%，同期减少41件，同比下降71.9%。投诉的主要问题有：投诉降低住宿、交通和餐饮等服务标准82件，占投诉受理总数的16.8%，同期减少38件，同比下降31.7%；投诉旅行社擅自增减游览项目47件，占投诉受理总数的9.6%，同期减少37件，同比下降44.1%；投诉导游服务质量问题121件，占投诉受理总数的12.7%，同期减少59件，同比下降48.8%；投诉因航班等交通工具导致行程延误或变更45件，占投诉受理总数的9.2%，同期减少29件，同比下降5.9%；其他问题投诉253件，占投诉受理总数的51.7%，同期减少130件，同比下降26.6%。

2008年旅游投诉的主要特点：一是旅游投诉总量明显下降。2008年旅游业受各种自然灾害与国际金融危机的影响，旅游市场严重降温，四川、云南、湖南等热门旅游线路组团人数明显下降，是旅游投诉下降的主要原因之一。二是国内游北京、海南线路投诉居多。全省共接到北京、海南游的投诉各26件，各占省外游的40%。北京奥运会的举办，带旺了北京游，全省各旅行社北京游报名火爆，但旅行社出团人数多，旅游目的地接待能力有限，旅行社对地接社的接待服务质量监控不到位，旅游服务质量难以保障，主要体现住宿不达标、导游服务质量差方面。三是旅行社违反合同约定、导游服务不规范问题引发的投诉仍占一定比重。在旅游行程中，旅行社擅自更改旅游行程，减少游览项目和降低旅游住宿，是引发游客投诉的主要问题。导游轻讲解重购及推荐自费项目，未能妥善安排游客行程，纠纷化解能力差，消极应对游客不满导致矛盾升级的投诉比重有所增加。旅行社在处理行程取消退款、报名预定机票、旅游途中意外伤亡等方面不够完善的问题依然存在；部分旅行社工作人员服务态度也有待改进。这些问题反映了旅游市场扩大的同时，旅行社服务滞后，导游服务技能有待加强。四是旅游安全投诉明显减少。为贯彻落实国家旅游局《关于做好奥运服务与旅游安全工作的通知》精神，全省各级旅游部门不断加强旅行社、景区、酒店的安全监督管理工作以及加大安全检查力度，排查了各项安全隐患，避免了旅游安全事故的发生。

（符常青）

旅游资源与市场开发

2008 年广东旅游市场宣传促销

【总体情况】 2008 年，广东旅游市场宣传促销坚持“走出去”与“请进来”并举，在国内外开展旅游推广活动，大力宣传“活力广东”旅游形象。一是组织参加境外旅游展和市场宣传推广活动。参加由国家旅游局组织的境外旅游宣传促销活动，包括印度旅游展、德国柏林展、日本JATA、香港国际旅游博览会、韩国国际旅游展以及台北展等，不仅提升了广东旅游在国际上的知名度，也让更多的国外旅游批发商和游客了解广东旅游资源和旅游产品。二是多次组团到国内主要客源市场开展促销活动。先后参加了北京国际旅游博览会、中国（上海）国际旅游交易会、中国（郑州）国内旅游交易会、第四届海峡旅游博览会、浙江旅游展、湖南旅游节、海南旅游节等。全省各市加大国内旅游宣传推介力度，广深珠三市联合组织推广团赴国内各地宣传推广。粤东五市与厦门签订了《厦门与粤东五市旅游合作协议》。汕头市与海峡西岸四省 23 个市共同签署了《海峡西岸旅游区域合作联盟厦门宣言》。增进了国内旅游业界对广东旅游资源的认识和了解，宣传了广东旅游形象，吸引了更多国内游客来广东旅游。三是以科学、实效为原则，构建完善全方位、立体式、多元化旅游宣传促销网络。旅游宣传促销投入逐步增加，旅游宣传策略、方式和手段不断创新。加强与国家旅游局驻外办事处、粤港旅游部门驻外办事处、省外办、侨办等有关部门的沟通与联系；建立与《南方都市报》、《凤凰周刊》等媒体的合作伙伴关系，通过主流新闻媒体宣传广东特色旅游资源和产品；加大“请进来”力度，邀请北京、上海、江苏、浙江、辽宁、黑龙江、吉林、河北、湖北、山东、河南、重庆、陕西等省市主要媒体及组团社代表来粤采风踩线，通过他们对广东文化的深入了解和对旅游资源魅力的切身感受来宣传广东，共同打造“活力广东”的旅游品牌形象。四是借助领导外访的有利契机，开展对外交流与合作。充分利用中共中央政治局委员、广东省委书记汪洋出访印尼、越南、马来西亚和新加坡东盟四国，广东省委副书记、省长黄华华出访西班牙的大好时机，组成广东旅游分团。在东盟期间，广东省与印尼文化旅游部签署了旅游合作框架协议，与新加坡、马来西亚、越南达成旅游合作意向，共签订 15 个旅游招商项目合作意向书，投资额达 3.9 亿美元。在西班牙，省旅游局与加泰罗尼亚大区旅游局签订了旅游合作协议书。初步建立了广东与上述五国的旅游合作联系协调机制，在双方旅游管理部门和旅游企业间搭建了友好合作的平台。

【2008 广东旅游十大新闻】 （参见第 97 ~ 98 页）

【创新旅游宣传促销方式】 2008 年，省旅游局继续围绕“活力广东”宣传主题，结合“岭南文化、活力商都、黄金海岸、美食天堂”四大品牌，按照国际客源市场游客的新需求，重新策划并制作了系列旅游宣传资料，包括制作多语言版本的旅游地图、旅游分类手册、“广东精品线路”手册等；根据游客的偏好重新设计和制作一批特色鲜明、携带方便的旅游促销品和纪念品，如印制“活力广东”旅游促销服和制作旅游招贴画、名片夹、U 盘等旅游宣传品及纪念品；利用多种媒介加强对广东旅游形象的宣传。在传统媒体方面，加强了与媒体的联系与沟通，借助各类宣传推广活动以及大型节庆活动，加大宣传力度，根据各类媒体的不同特点，合作策划旅游宣传特别节目或制作旅游专刊专版。在网络媒体投放方面，借助活力广东网及中国主要门户网站，开展网络促销活动。

【广东国际旅游文化节】 2008 年 11 月 28 日，由国家旅游局和广东省人民政府共同举办的 2008 广东国际旅游文化节暨泛珠三角旅游推介大会在广州开幕。中共中央政治局委员、广东省委书记汪洋出席 12 月 4 日在中山举办的闭幕式晚会。国家旅游局局长邵琪伟、广东省省长黄华华、世界旅游组织秘书长弗朗西斯科・弗朗加利出席开幕式并致辞。本届旅游文化节由广东省旅游局、外经贸厅、文化厅以及全省部分地级以上市人民政府承办，主会场设在广州市，分会场设在深圳、珠海、汕头、佛山、韶关、河源、惠州、中山、江门、湛江、肇庆、清远、潮州、揭阳等 14 市，梅州、东莞、茂名、云浮等市也有多项活动项目纳入。整个旅游文化节活动项目达 140 项，除了在开幕式、闭幕式、旅游招商会、旅游大促销、友城之夜、岭南民间艺术展演等传统项目做到推陈出新外，还增加了广东开放论坛、天合联盟销售执行理事会暨航空产品推介会、“成龙和他的朋友们”广州爱心演唱会、大学生旅游文化节、网上旅游文化节、中国首届客家文化节等特色项目。

本届旅游文化节具有规模大、创新多、规格高、国际化程度大、社会参与广以及市场运作效果显著等特点。邀请的嘉宾包括世界旅游组织及亚太旅游组织有关负责人、瑞典斯科纳省和厄瓜多尔瓜亚斯省官员，8个国际友好省州政府代表团，瑞士可尼、日本JTB、美国运通等世界旅游500强企业高层代表，天合联盟成员以及国家有关部委和泛珠三角有关省区领导、各国驻穗领事官员、海外重要华侨社团侨领、港澳台知名人士、全国31个省区市旅游局领导等。越南、印尼、马来西亚、新加坡及西班牙等国专门组织了较大规模的旅游代表团出席相关活动，肯尼亚、以色列、毛里求斯、南非等国首次组团参加。澳大利亚、越南、日本、印度、印尼、韩国、菲律宾、马来西亚、突尼斯、埃及、土耳其和香港、澳门等15个国家和地区政府、旅游部门及企业组团参加旅游大促销暨广东国际旅游展览会。瑞典、俄罗斯、厄瓜多尔、墨西哥、印尼、日本、韩国、澳大利亚等国政府代表团和文艺团体参加了“情系五洲、欢聚羊城”国际友城文艺晚会。

本届旅游文化节在社会参与及市场化运作上取得突破。据统计，参与省直大型活动项目赞助的大型企业达30多家，协办闭幕式晚会的赞助企业有20多家，各类赞助折价逾1000万元人民币。旅游招商会吸引超过1000名境内外客商，签订投资项目112宗，合同吸引外资金额22.49亿美元。

【举办2008旅游大促销暨广东国际旅游展览会】 2008年11月29日至12月1日，由广东省旅游局主办的2008旅游大促销暨广东国际旅游展览会在广州天河体育中心南广场举行。它作为2008广东国际旅游文化节暨泛珠三角旅游推介大会的重要活动之一，已成功举办4届，成为宣传展示境内外旅游目的地形象和旅游企业产品的窗口、促进旅游企业与公众面对面交流的桥梁、推动区域旅游合作和招商引资的平台、展示中外旅游目的地民俗文化魅力的舞台，在国内外各类旅游展中享有较高的品牌知名度和美誉度。

为了凸显本届旅游展览会的特色，主办部门精心策划了五个主题展区，包括广东国际友好国家及东盟风采展区，粤港澳联合展区，泛珠旅游合作展区，森林生态、滨海旅游产品展区以及广东温泉一条街。通过主题展区的设计，丰富了旅游展览会的内涵，扩大了活动层面，贴切了旅游文化节的主题。本届旅游展览会更加注重国际性，邀请到的境外参展单位包括：澳大利亚新南威尔士州旅游局、日本国家旅游局、日本兵库县、日本国自治体国际化协会、越南文化体育旅游部、印度驻广州总领馆、印尼文化旅游部、韩国旅游发展局、菲律宾旅游局、马来西亚旅游局、突尼斯旅游局、埃及驻华使馆旅游处、土耳其旅游局、日本群马县等，还有香港旅游发展局、澳门旅游局、全日空以及香港永安旅游、香港美和旅游等地区的旅游主管部门及企业。来自俄罗斯、日本、马来西亚等演出队伍参与了旅游大促销演出活动，为本届旅游展览会增添了国际色彩。

【广州国际旅游展销会】 2008年4月4~6日，2008年广州国际旅游展销会在广州锦汉展览中心举行。广东省旅游局、广州市旅游局与德国汉诺威展览会（中国）有限公司建立战略合作关系，由汉诺威公司自2008年起负责展会的具体承办工作，合约期限为10年。本届展会共吸引来自36个国家和地区的425家企业参展，展出面积达15025平方米。其中，汇集了来自非洲、美洲、亚洲、欧洲等国家和地区的23个官方展团，包括：奥地利、菲律宾、马来西亚、尼泊尔、瑞士、泰国、西澳大利亚、西班牙、印度尼西亚、中国香港、中国澳门等，境外展商数量高达43.7%，比上一届增长3.7%。

【开展“我最喜爱的森林生态、滨海旅游景区”评选活动】 2008年10月6日至11月15日，由广东省旅游局和广东省林业局共同主办“我最喜爱的森林生态、滨海旅游景区”评选活动。评选采用公众投票和专家评分相结合的方式进行，全省共有62家森林生态旅游景区和22家滨海旅游景区参与评选，网上投票数约为200万，短信投票数约为35万。专家评审会凭借对候选森林生态、滨海旅游景区的了解和认识，从景区市场知名度和美誉度、旅游效益、旅游接待和管理等方面对候选景区进行综合分析和评价，并参考网络评选和短信评选的结果，最终评出“我最喜爱的森林生态、滨海旅游景区”各10个。2008年11月29日，颁奖仪式在广州举行。“我最喜爱的森林生态旅游景区”是（排名不分先后）：韶关丹霞山风景名胜区、龙门南昆山生态旅游区、韶关南岭国家森林公园、河源万绿湖风景区、肇庆鼎湖山、德庆盘龙峡生态旅游区、佛山市南海区西樵山国家森林公园、梅州雁南飞茶田度假村、从化流溪河国家森林公园和惠州博罗罗浮山风景名胜区；“我最喜爱的滨海旅游景区”是（排名不分先后）：阳江闸坡大角湾旅游区、台山川岛滨海旅游度假区、惠州海滨温泉旅游度假区、汕头南澳岛、汕尾市红海湾南澳半岛旅游区、茂名放鸡岛海上游乐世界、湛江东海岛旅游度假区、珠海外伶仃岛滨海旅游度假区、深圳金沙湾海滨度假区和惠东巽寮湾滨海度假区。

【2008广东旅游好新闻评选结果】 2008年11月至12月，省旅游局组织开展了2008广东旅游好新闻评选活动。报纸网络类·中央及省市媒体（含广州、深圳、港澳媒体）共评出特等奖1篇、一等奖4篇、二等奖8篇、三等奖12篇和优秀奖7篇。其中南方日报社陈戈撰写的通讯《中美旅游业界捕捉美国游商机》获特等奖。羊城晚报社马勇、许

静等2人撰写的消息《广东将率先推行国民旅游计划》，广州日报社罗磊撰写的“专题专版”《“选美广东”系列报道》，中国旅游报社张俊撰写的“专题专版”《首届“广东开放论坛”现代旅游业合作与发展》，南方新闻网张楷煌制作的“网络专题”《2008广东国际旅游文化节暨泛珠三角旅游推介大会活动》获一等奖；广播电视类·中央及省市媒体（含广州、深圳、港澳媒体）共评出特等奖1篇、一等奖2篇、二等奖2篇、三等奖6篇和优秀奖10篇以及最佳专题专版奖1篇。其中广东南方电视台杨海涛、黄刚、孔宪胜等3人制作的“电视类”《感谢恩人　感谢生活（上、下）》获特等奖。广东电视台陈章瑾制作的“电视类”《中国首个访美旅行团在美受到热烈欢迎》、广州电台张婧、梁皓明制作的“广播类”《台湾游首团归来　广东游客收获别样多》获一等奖；报纸网络类·地市级媒体共评出一等奖3篇、二等奖6篇、三等奖10篇和优秀奖9篇；广播电视类

地市级媒体共评出特等奖1篇、一等奖3篇、二等奖6篇、三等奖8篇和优秀奖16篇以及最佳专题专版奖1篇。

（白登亮）

旅游规划与旅游投资

【旅游规划】　2008年，广东省旅游局启动《粤东区域旅游发展规划》、《粤西区域旅游发展规划》和《广东省滨海旅游发展规划》的编制工作。《粤东区域旅游发展规划》由暨南大学承担，《粤西区域旅游发展规划》和《广东省滨海旅游发展规划》由中山大学承担。《汕头市旅游发展总体规划（2008－2025）》、《惠州旅游发展总体规划（2008－2020）》等付诸实施。

【景区评定工作】　2008年，全省加大旅游景区的建设力度，全年新增4A级旅游景区9家、3A级旅游景区5家。4月22日，全国旅游景区质量等级评定委员会批准佛山市顺德长鹿休闲度假农庄为国家4A级旅游景区；10月25日，全国旅游景区质量等级评定委员会批准广州起义烈士陵园、广州动物园、中国科学院华南植物园、广州市陈家祠旅游景区、梅州市叶剑英纪念园、梅州市灵光寺旅游区、清远市聚龙湾天然温泉度假村、潮州市东山湖温泉度假村8家旅游景区为国家4A级旅游景区；2008年，省旅游景区质量等级评定委员会先后批准广州荔湾区博物馆（1月20日）、湛江三岭山森林公园（3月10日）、清远九州驿站英德天门沟景区（9月5日）、清远英德茶叶世界（9月5日）、揭阳世铿院（10月20日）5家旅游景区为国家3A级旅游景区。

【新认定旅游规划设计单位】　2008年6月17日，经省旅游规划设计单位资质等级认定委员会初审，全国旅游规划设计单位资质等级认定委员会认定：深圳市麟德旅游规划顾问有限公司、广东新空间旅游规划有限公司为甲级资质旅游规划设计单位；暨南大学为乙级资质旅游规划设计单位。

【珠三角地区旅游发展改革调研】　2008年9月，为制定《珠江三角洲地区改革发展规划纲要（2008－2020年）》，由国家发展和改革委员会、教育部、卫生部等部门组成社会发展专题调研组来粤开展调研工作。国家旅游局安排领导，就加快珠三角地区旅游业发展课题进行了专题调研，并实地考察广州、东莞和深圳三市的重点旅游景区。调研组认为，珠江三角洲地区是广东省旅游经济最发达的地区，旅游经济总量位居全国前列，旅游业成为现代服务业的重要组成部分，产业发展达到世界旅游中等发达国家水平。珠江三角洲地区是广东旅游市场最活跃、最集中和消费水平最高的区域，为全国三大区域旅游市场之一，是中国对外开放和国际化程度最高的区域之一，是中国、亚太乃至世界上重要的旅游客源输出地，也是全国重要的国际旅游目的地。近年来，旅游在广东省的对外贸易合作、人文交流以及促进港澳经济社会的繁荣稳定中发挥越来越重要的作用。因此，调研组建议：旅游业是广东省和珠三角地区现代服务业的支柱产业，是推进粤港澳合作、维护港澳长期繁荣和稳定的优势产业，是推进“双转移”战略实施、优化产业结构的重要产业；珠三角地区要建设发展成为在亚太地区特别是粤港澳地区具有重要影响力的游客集散地、我国重要的国际旅游目的地；要成为广东建设“全国旅游综合改革试验区”和旅游强省的重要支撑区域，在旅游发展体制和机制上做出新探索，形成新经验和新模式；珠三角旅游业要成为广东争当全国贯彻落实科学发展观排头兵和建设社会主义和谐社会的重要力量。在12月国务院批复的《珠江三角洲地区改革发展规划纲要（2008－2020年）》中，主要的调研建议正式被采纳，成为广东旅游新一轮发展的纲领性指导文件。

【旅游投资】　2008年，广东旅游投资主体多元化，形成了

国家和地方政府加大财政投入、外资和内资加快投入、全社会共同参与旅游投资的格局。仅在2008广东国际旅游文化节举办的旅游招商会上共签订投资项目112宗，合同吸引外资金额22.49亿美元。各市旅游项目吸引了众多的旅游投资者。深圳市：由东部华侨城总投资40亿元的东部华侨城二期工程进展顺利，其中东部华侨城的“大峡谷”之“明日世界”于2008年12月28日建成开放；投资20亿元的大型综合旅游娱乐社区“欢乐海岸”开工；投资90亿元的蛇口太子港邮艇码头及周边娱乐旅游区改扩建工程正抓紧进行。珠海市：引进以海洋为主题的超大型旅游项目——珠海长隆国际海洋度假区于2008年底动工建设。河源市：分别投资10亿元的万绿湖国际会议度假中心和九连山黄牛石旅游度假区正在紧锣密鼓建设之中。中山市：2008年中山市“3·28”经贸招商洽谈会共签约10个旅游项目，达29.06亿元。江门市：全年在建旅游项目约80亿元，洽谈中的旅游项目超过100亿元，其中包括西班牙DATAGA集团COMORPA公司投资15亿欧元开发建设的上川岛旅游招商项目；计划投资25亿开发建设的恩平良西生态园旅游项目（已投入1.5亿元）；香港和记黄埔地产有限公司计划总投资21亿元的银湖湾游艇休闲度假区。茂名市：广东富盈集团投资13.5亿元建设五星级饭店，投资1.5亿元的电白御水温泉旅游区，投资3000多万元建设放鸡岛海上游乐世界。肇庆市：2008年肇庆旅游招商推介会签约旅游合作项目28个，签约金额45.75亿元。清远市：总投资6亿元的伯爵园国际旅游度假村已进入建设阶段，佛冈森波拉度假森林、英德连江口沙滩休闲等外资项目开业。云浮市：新上大型建设景区项目5个，吸引各类投资2.15亿元；计划投入2亿元用于改造龙山露天温泉。梅州市：全年共投入资金7.2亿元开发旅游景点建设；12月12日，由梅州市人民政府、香港贸易发展局、广东省经贸委、省农业厅、省外经贸厅、省旅游局联合主办，香港嘉应商会、香港梅州联会协办的“广东梅州（香港）经贸农业旅游招商推介会”在香港举行，共签约旅游招商项目5个，投资总额30.5亿元；投资1.5亿元的丰顺县富豪温泉度假村已启动建设。

（陈卫东）

区域旅游合作

【2008广东居民赴港澳旅游基本情况】 2008年，全省旅行社组团省内居民赴港旅游164.2万人次，同比增长6.53%；全省旅行社组团省内居民赴澳旅游87.1万人次，同比下降31.62%。

【粤港澳旅游合作】 2008年，粤港澳三地旅游部门通力合作，重点推进个人游政策，整合区域优势旅游资源，开展联合促销和互动促销，打造粤港澳旅游信息平台，形成粤港澳客流圈。截至2008年年底，全省共办理个人赴香港旅游签注673万个，赴澳门旅游签注547万个，占全国总量8成左右。粤港澳三地旅游界多次联合举行粤港澳旅游推广机构会议、粤港经贸旅游合作交流会，并联合组团参加了印度旅游展、德国柏林展、日本JATA及东京展、香港国际旅游博览会、2008旅游大促销暨广东国际旅游博览会等，共同推介粤港澳国际旅游品牌。宣传推介粤港澳“一程多站”精品旅游线路，并邀请海外旅游业界考察和体验“一程多站”旅游线路，不断强化“一江珠水、三颗明珠”的粤港澳国际旅游区品牌形象。配合“144小时便利签证”扩展到全省的有利政策，在港澳开展了新政策的宣传推广活动，让更多的境外游客了解便利签证新措施，吸引更多到港澳旅游的国际游客来广东旅游。

【签署一批旅游合作协议书】 2008年8月5日，粤港合作联席会议第十一次会议在广州白天鹅宾馆举行。会议取得了丰硕成果，根据会议达成的共识，粤港双方有关专责小组将就推进CEPA实施和加工贸易企业转型升级，以及加强粤港在教育、医疗、旅游、建筑、社会服务、科技创新、人才中介、应急管理等领域合作，共签署了11个协议。其中广东省旅游局局长杨荣森与香港特区旅游事务署专员区璟智女士共同签署了《粤港旅游合作协议书》；2008年8月15日，广东省旅游局与梅州市人民政府、广州市旅游局、梅州市旅游局在广州市举行“客家文化生态旅游示范区”、“客家文化生态旅游基地”合作共建协议签约仪式。广东省副省长万庆良出席签约仪式，常务副市长李金元主持签约仪式，梅州市市长李嘉与广东省旅游局局长杨荣森共同签署了《梅州市人民政府与广东省旅游局共建“客家文化生态旅游示范区”的紧密型合作框架协议》；梅州市旅游局局长陈建新与广州市旅游局局长朱力共同签订了《梅州市旅游局与广州市旅游局共建“客家文化生态旅游基地”的框架性合作协议》；2008年11月27日，国家旅游局与广东省人民政府在广州珠岛宾馆签署了《关于建立局省紧密合作机制备忘录》。广东省旅游局分别与汕头市人民政府共同签订共建“汕头生态滨海旅游示范区”框架协议，与韶关市人民政府共同签订进一步加强紧密合作事宜的框架协议，与凤凰卫视·凤凰周刊、中山大学、南方影视传媒集团、南方报业传媒集团签署了合作协议。2008年12月31日，广东省旅游局与建设银行广东省分行在广州市签署战略合作协议。

【内地和香港签署CEPA补充协议五】 2008年7月29日签署的《内地与香港关于建立更紧密经贸关系的安排》补充协议五（CEPA），新增29项内地对香港开放措施，涉及旅游等多个专业领域。有关旅游的内容是：委托广东省审批香港旅游及与旅游相关的服务提供者在广东设立合资、独资和合作旅行社，并且允许香港永久性居民中的中国公民参与内地导游人员资格考试，考试合格者依照有关规定领取导游人员资格证书。

【内地和澳门签署CEPA补充协议五】 2008年7月30日签署、2009年1月1日生效的《〈内地与澳门关于建立更紧密经贸关系的安排〉补充协议五》，在《安排》及其四个补充协议的基础上，对澳门进一步扩大开放。在服务贸易方面，内地在18个领域共采取27项具体措施，其中对旅游、海陆空运输等16个领域在原有开放承诺的基础上，进一步采取简化审批程序、放宽市场准入条件、取消股权限制、放宽经营范围和经营地域等条件，同时新增2个咨询领域。有关旅游的内容是：委托广东省审批澳门旅游及与旅游相关的服务提供者在广东设立合资、独资和合作旅行社，并且允许澳门永久性居民中的中国公民参加内地导游人员资格考试。考试合格者依照有关规定领取导游人员资格证书。

【内地澳门联手合作共同拓展海外市场】 2008年1月29日，中山、珠海、澳门旅游部门领导举行了本年度工作会面，制定2008年的市场推广目标。会上，三地领导初步定下2008年的合作方向，同意加强联合促销活动。三地旅游局将赴韩国参加旅游展览并举行联合推广活动，提升知名度及吸引更多海外旅客到三地作连线旅游。此外，三地由内地积极推介中、珠、澳旅游产品，并连续在其他旅游领域加强交流合作，包括宣传手法多元化及优化行业管理等。

2008年6月4~9日，为配合“中珠澳—大香山”旅游产品的宣传，中山、珠海、澳门旅游局组织三地旅游企业及媒体代表共同在首尔举行的韩国世界旅游展览会（KOTFA）上，首次携手在韩国推广区域旅游，共同推进三地旅游业的发展，联合举办中、珠、澳记者招待会。这次推广活动，三地旅游局组织共50人的旅游代表团赴首尔，分别由澳门特区政府旅游局副局长文绮华、中山市旅游局局长车卫和珠海市旅游局副科长腾文率领。

2008年6月24日，中山、珠海、澳门旅游局组织三地旅游企业赴美国、加拿大举行中珠澳旅游产品推介会，并在加拿大温哥华举行了第七届世界中山同乡恳亲大会。

【澳门、珠海、深圳、台湾旅游研讨会在澳举行】 2008年10月28日，由澳门特别行政区政府旅游局举办的“澳门、珠海、深圳、台湾”旅游研讨会在澳举行。来自两岸四地的旅游单位的领导和旅游业界逾百名代表就旅游业最新发展进行交流，增进了解四地旅游业的情况及探讨新的商机，促进彼此在旅游业务上的合作及推动区域旅游业的发展。出席此次研究会的有澳门特别行政区政府旅游局局长安栋梁、深圳市旅游局局长李小甘、珠海市旅游局副局长秦凤尝、澳门特别行政区政府旅游局副局长文绮华、台湾旅行商业同业公会理事长姚大光等四地的旅游单位领导及业界代表。

【附：2008年度签订的部分旅游合作协议】

〖国家旅游局　广东省人民政府关于建立局省紧密合作机制备忘录〗 为深入贯彻党的十七大精神，全面落实科学发展观，进一步解放思想、落实CEPA政策，用世界眼光谋划广东旅游新发展，促进广东“中国旅游综合改革示范区”和旅游强省建设，更好发挥广东旅游在全国旅游改革发展中排头兵和试验田作用，国家旅游局和广东省人民政府经过认真协商，就深化粤港澳旅游合作、加快广东旅游业改革与发展问题达成共识。双方一致认为，在新的历史发展时期，进一步提升旅游业发展水平，发挥旅游业的带动作用，促进经济社会发展，是双方共同的历史使命。为此，国家旅游局和广东省人民政府决定建立更加紧密的合作机制，共同推进我国旅游业的改革创新和发展，共同推动广东旅游在新的起点上实现新的跨越。特制定本备忘录。

一、建立局省紧密合作工作机制

国家旅游局和广东省人民政府共同建立局省旅游工作会商委员会（简称会商委员会），围绕推进广东旅游又好又快发展的目标任务，加强协调合作，共同研究解决国家旅游局和广东省人民政府支持广东旅游业发展的有关事项。

为加强日常有关工作的沟通联系，双方建立联络员制度，国家旅游局联络员由规划发展与财务司司长担任，广东省人民政府联络员由省政府一位副秘书长和广东省旅游局局长担任。国家旅游局规划发展与财务司和广东省旅游局负责局省紧密合作日常的沟通与协调，及时通报合作工作进展，安排工作计划，推动工作落实。

二、国家旅游局支持广东旅游发展的工作重点

（一）支持广东省开展旅游综合改革试点。把广东省作为全国“国民旅游计划”的试验省份，支持广东省率先推行国民旅游计划，落实带薪休假制度，推动把修学旅游列入中小学课程。支持广东省建设高标准的国际邮轮码头，支持和鼓励广东建立旅游卫星账户，把广东省列为省级旅游卫星账户的试点省份。支持广东省发展旅游制造业，打造旅游制造业基地。重点指导广东省修编旅游发展规划，优先安排编制粤港澳旅游规划。

（二）支持广东省深入落实 CEPA 政策，推进粤港澳旅游合作。委托广东省审批港澳服务提供者在广东设立合资及独资旅行社。允许获得内地授权的香港旅游企业组织开展迪士尼定点团队旅游，先在深圳试点，为在深圳暂住一年以上的民营、中外合资和外资企业工作的非广东户籍居民在广东省办理中华人民共和国出入境通行证赴香港旅游。推动内地与港澳旅游有关从业人员资格互认，优先考虑获得内地资格的港澳有关人员在广东注册执业。

（三）把广东省作为国家加强旅游市场监督管理和提高游客满意度的试点省份，积极研究港澳地区在广东省设立的旅行社经营广东居民团队前往经国家批准的旅游目的地旅游业务的事宜。

（四）对广东省举办的重大旅游会议、旅游活动给予指导和支持，与广东省继续主办好广东国际旅游文化节等重大旅游节庆活动。

（五）支持广东省向有关方面积极争取更加有利于旅游发展的口岸航权及政策，对广东省旅游工作给予更多的关注和指导。

三、广东省人民政府支持旅游发展的工作重点

（一）把旅游业纳入现代服务业的重要组成部分加快发展，积极实施“集聚化、精品化、国际化、多元化、人文化”旅游发展战略，推动广东旅游在新的起点上实现新的跨越。推动各级政府把旅游业的改革与发展纳入当地经济社会发展的总体规划，督促各相关部门按照职能分工，把加快旅游业改革与发展纳入议事日程。

（二）推进旅游政策法规体系建设，出台《关于加快我省旅游业改革与发展建设旅游强省的决定》，修订《广东省旅游管理条例》。加大财政对旅游业投入，进一步支持旅游业发展。

（三）大力打造旅游品牌和塑造旅游总体形象。未来五年，着力策划、包装和推广若干条精品旅游线路，重点培育、打造一批具有核心竞争力的大型旅游企业集团。加快完善旅游配套设施建设。

（四）积极推动中国旅游综合改革示范区的建设，大力推行国民旅游计划，在政策、资金、机构等方面给予积极的支持和配套。

（五）加强旅游人才培养和开发，优化旅游人才结构。

本备忘录一式两份。

（二〇〇八年十一月二十七日）

〖广东省旅游局与汕头市人民政府关于共建“汕头生态滨海旅游示范区”框架协议〗 为贯彻党的十七大和省委十届三次全会精神，全面落实科学发展观，建设广东省“全国旅游综合改革示范区”，促进区域协调发展，提升粤东旅游中心城市功能，开发粤东滨海旅游精品，打造滨海旅游休闲度假基地，推动汕头经济社会和旅游业又好又快发展，经研究，广东省旅游局与汕头市人民政府决定共建“汕头生态滨海旅游示范区”，特签订如下框架协议：

一、明确共建目标。双方同意通过科学规划和合理开发汕头市滨海生态旅游资源，共同努力把汕头建设成为集潮汕风情与滨海自然生态为一体的“汕头生态滨海旅游示范区”。

二、建立合作长效机制。为不断拓展合作渠道和空间，推进共建工作有序有效开展，双方同意建立联席会议制度和工作协调机制，成立共建“汕头生态滨海旅游示范区”工作领导小组，定期举行联席会议，共同研究制订共建区域旅游发展战略，协调解决共建过程中的重大事项。

三、加强规划编制工作。省旅游局协助汕头市组织高层次专家编制“汕头生态滨海旅游示范区”规划，加强对“汕头生态滨海旅游示范区”科学布局和合理开发的指导。

四、双方同意在广东省建设“全国旅游综合改革示范区”政策指导下，共同推进如下主要工作：

1. 制订出台创建“汕头滨海生态旅游示范区”政策措施；

2. 加强汕头滨海生态旅游资源开发和保护工作；

3. 建设南澳生态型海滨旅游强县，打造汕头生态滨海旅游休闲度假基地；

4. 大力宣传推介“汕头生态滨海旅游示范区”；

5. 与共建“汕头生态滨海旅游示范区”相关的其他工作。

五、本合作框架协议为原则性内容，具体合作项目由双方另行签订协议。

六、本框架协议自签订之日起生效。

七、本框架协议一式两份，双方各执一份。

（二〇〇八年十一月二十七日）

〖广东省旅游局与韶关市人民政府关于进一步加强紧密合作框架协议〗 为深入贯彻党的十七大和省委十届三次全会精神，全面落实科学发展观，进一步推动韶关市经济社会和旅游业又好又快发展，努力把韶关市建设成为国内一流、国际知名的生态旅游休闲度假基地，经共同研究，广东省旅游局（以下简称省旅游局）与韶关市人民政府（以下简称韶关市）就进一步加强紧密合作事宜达成如下框架协议：

一、明确共建目标。双方共同努力把韶关市打造成为国内一流、国际知名的生态旅游休闲度假基地。

二、建立共建机制。为不断拓展合作渠道和空间，推进共建工作有序有效开展，双方同意建立联席会议制度，定期举行联席会议，协调、解决工作推进过程中的有关问题。

三、加强规划编制工作。省旅游局支持韶关市组织高层次专家修订旅游规划，加强对韶关市生态旅游资源的科学布局和合理开发。

四、加强领导。韶关市把发展壮大旅游业纳入党委政府的重要议事日程，把旅游业作为重要的支柱产业，严格保护、科学规划、合理开发、永续利用。

五、共同推进和完成如下主要工作任务：

1. 支持韶关市实施国民旅游计划，加强旅游基础设施建设和发展旅游制造业；

2. 进一步加大宣传推介力度，努力提高韶关市的旅游知名度；

3. 共同努力促进韶关市旅游业招商引资；

4. 大力支持丹霞山申报世界自然遗产和创建国家5A级旅游区，努力把丹霞山风景区旅游品牌做大做强。

六、本协议为原则性内容，具体合作项目由双方另行签订协议。

七、本协议一式两份，双方各执一份，经双方签字协议有效，并共同监督执行。未尽事宜，双方商议解决。

（二〇〇八年十一月二十七日）

〖广东省旅游局与河源市人民政府关于共建“广东省生态旅游示范区”合作协议〗 为全面落实科学发展观，深入贯彻省委十届二次、三次全会精神，促进我省“全国旅游综合改革示范区”和旅游强省建设，推动河源市旅游业又好又快发展，经认真研究和深入协商，双方决定加强紧密合作，共同努力将河源市创建成为“广东省生态旅游示范区”（以下简称“生态旅游示范区”），特签订如下协议：

一、明确共建目标。紧抓省委省政府将河源定位为生态发展区的机遇，积极先行先试，大力发展河源市生态旅游业，省旅游局支持河源市建设“生态旅游示范区”，支持河源市作为我省建设全国旅游综合改革示范区的重要组成部分。

二、加强规划编制和标准体系建设。省旅游局协助河源市组织高层次专家编制“生态旅游示范区”总体规划、特色专项旅游规划和重点生态旅游景区规划，研究制定“生态旅游示范区”标准，指导、推动河源市乃至全省生态旅游业发展。

三、建立合作共建机制。建立会晤制度和工作协调机制，定期举行联席会议，协调、解决共建项目推进中的重大问题。联席会议设立常设机构，由双方有关职能部门及处室负责人组成。

四、为建设“生态旅游示范区”，共同推进和完成如下主要工作任务：

1. 共同促进河源市旅游业招商引资，支持河源市旅游扶贫项目开发建设；

2. 大力宣传推介河源市“生态旅游示范区”，共同策划宣传“活力广东”和“客家古邑·万绿河源”旅游形象，提升河源市旅游知名度；

3. 加强河源市旅游人才和队伍建设，建立旅游干部队伍双向挂职长效机制，促进干部交流与人才合作。

五、本协议为原则性内容，具体合作项目由双方另行签署协议。

六、本协议一式两份，双方各执一份，经双方签字协议有效，并共同监督执行。未尽事宜，双方商议解决。

（二〇〇八年十一月二十七日）

〖梅州市人民政府、广东省旅游局共建“客家文化生态旅游示范区”协议书〗 为全面落实科学发展观，深入贯彻省委十届二次、三次全会和汪洋书记视察梅州重要讲话精神，推动绿色崛起，实现科学发展，打造“客家文化与生态旅游”精品，建设旅游休闲基地，进一步推动梅州经济社会和旅游业又好又快发展，经甲、乙双方共同研究，决定共建“客家文化生态旅游示范区”，特签订如下协议：

2008年8月15日，省旅游局杨荣森局长与梅州市李嘉市长共同签订《客家文化生态旅游示范区协议》

一、明确共建目标。甲、乙双方同意通过科学规划和合理开发梅州市客家文化与生态旅游资源，努力把梅州建设成为集客家文化与自然生态为一体的具有鲜明区域特征的“客家文化生态旅游示范区”。

二、建立共建机制。为不断拓展合作渠道和空间，确保共建工作有序有效开展，甲、乙双方同意建立联席会议制度和工作协调机制，成立“创建客家文化生态旅游示范区工作领导小组”，定期举行联席会议，协调、研究、解决共建项目推进中的重大问题。

三、加强示范区规划编制工作。组织高层次专家做好“客家文化生态旅游示范区”规划，为建设“客家文化生态旅游示范区”提供科学的理论依据和可行的工作思路、方法。

四、共同推进和完成如下主要工作任务：

1. 加强客家文化与生态旅游资源保护和开发工作；

2. 建设客家文化生态旅游示范县和示范基地；

3. 加大力度宣传推介“客家文化生态旅游示范区”。

五、本协议为原则性内容，有关具体合作项目，双方应另行签订具体合作协议。

六、本协议一式六份，由双方的代表人签字和加盖公章后各执三份。

（二〇〇八年八月十五日）

〖**广东省旅游局与香港凤凰卫视·凤凰周刊关于建立紧密合作伙伴关系框架协议**〗 为了加快广东旅游强省建设步伐，提升广东作为重要的国际旅游目的地的知名度和影响力，整合广东的优势旅游资源，进一步宣传广东旅游形象和旅游产品，共同推动广东旅游市场的繁荣和发展，广东省旅游局与凤凰卫视·凤凰周刊以相互促进与加快发展，长期合作与互利共赢为原则，经双方友好协商，决定建立战略合作伙伴关系，并达成如下框架协议：

一、凤凰卫视·凤凰周刊积极协助广东省旅游局制定广东旅游整体宣传战略和策略。

二、利用凤凰卫视·凤凰周刊的综合传媒资源，搭建广东旅游宣传推广的最佳平台，全方位、多角度地宣传广东旅游拳头产品和线路。

1. 协助广东省旅游局联系凤凰卫视中文台等，在有关新闻节目中播出广东旅游有价值的重要新闻；

2. 在《凤凰周刊》上设固定或不固定栏目宣传广东旅游，并将广东省旅游局列为香港《凤凰周刊》常务理事单位，刊登在周刊版权业上，享受常务理事单位的各项增值服务。

3. 凤凰卫视·凤凰周刊将积极配合广东省旅游局做好重大节庆、会展、论坛等的新闻宣传工作。

三、协助广东省旅游局联系落实凤凰网和活力广东网的相互链接和信息互动，共同策划和开展网络营销活动。

四、凤凰卫视·凤凰周刊积极协助广东省旅游局策划和开展境外宣传推介活动，在境外媒体邀请和宣传报道等方面予以支持，并协助邀请境外媒体来广东考察采风。

五、广东省旅游局为凤凰卫视·凤凰周刊在广东各市采集旅游行业素材及开展各项宣传活动提供便利和支持。

六、双方共同举办高规格的旅游行业评选活动和旅游论坛，提升活动的影响力和宣传效果。

七、双方建立固定的协调联络机制，定期沟通合作计划和项目的进展情况；成立专门的工作小组，负责落实各项合作内容。

八、本协议一式两份，双方各执一份，经双方签字协议有效，并共同监督执行。未尽事宜，双方商议解决。

（二〇〇八年十一月二十七日）

〖**广东省旅游局与南方报业传媒集团关于建立紧密合作伙伴关系框架协议**〗 为了加快广东旅游强省建设步伐，提升广东作为重要的国际旅游目的地的知名度和影响力，整合广东的优势旅游资源，进一步宣传广东旅游形象和旅游产品，共同推动广东旅游市场的繁荣和发展，广东省旅游局与南方报业传媒集团以相互促进与加快发展，谋求双方长期合作与互利共赢为原则，决定建立战略合作伙伴关系，并达成如下框架协议：

一、南方报业传媒集团积极协助广东省旅游局制定广东旅游媒体宣传战略和策略。

二、南方报业传媒集团以其综合传媒优势，搭建广东省旅游局发布旅游信息与旅游相关资讯的第一平台：

1. 南方报业传媒集团将在旗下系列报刊优先安排省旅游局时政新闻报道和旅游专题报道。

2.《南方都市报》将推出月度特辑，实时发布我省旅游产业相关政策和发展动态。

3. 南方报业传媒集团将积极配合广东省旅游局做好重大节庆、会展、论坛等的新闻宣传工作。

三、南方报业传媒集团相关网站与广东省旅游局“活力广东网”相互链接、信息互动，共同策划和开展网络营销活动。

四、南方报业传媒集团积极协助广东省旅游局共同策划和开展境内外宣传推介活动，在媒体邀请和宣传报道等方面予以支持和协助。

五、广东省旅游局为南方报业传媒集团在省内各市采集旅游行业素材提供便利和支持。

六、双方共同举办高规格的旅游行业评选活动和旅游论坛，提升活动的影响力和宣传效果。

七、双方建立固定的协调联络机制，定期沟通合作项目的进展情况；成立专门的工作小组，负责落实各项合作内容。

八、本协议一式两份，双方各执一份，经双方签字协议有效，并共同监督执行。未尽事宜，双方商议解决。

（二〇〇八年十一月二十七日）

〖**广东省旅游局与南方影视传媒集团关于建立紧密合作伙伴关系框架协议**〗 为了加快广东旅游强省建设步伐，提升广东作为国际旅游目的地的知名度和影响力，整合广东的优势旅游资源，进一步宣传广东旅游形象和旅游产品，共同推动广东旅游市场的繁荣和发展，广东省旅游局与南方影视传媒集团以合作共赢为原则，决定建立战略合作伙伴关系，并达成如下框架协议：

一、南方影视传媒集团积极协助广东省旅游局制定广东旅游媒体宣传战略和策略。

二、南方影视传媒集团发挥旗下的传媒资源，开设广东旅游节目，与集团专业旅游频道实行紧密型合作，搭建旅游部门、旅游企业、旅游消费者信息沟通的最佳平台。

三、南方影视传媒集团积极协助广东省旅游局策划和开展境内外宣传推介活动，在媒体邀请和宣传报道等方面予以支持和协助。

四、广东省旅游局为南方影视传媒集团在省内各市采集旅游行业素材提供便利和支持。

五、实现南方影视传媒集团相关网站与广东省旅游局“活力广东网”的相互链接和信息互动，共同策划和开展网络营销活动。

六、双方共同举办高规格的旅游行业评选活动和旅游论坛，提升活动的影响力和宣传效果。

七、双方建立固定的协调联络机制，定期沟通合作项目的进展情况；成立专门的工作小组，负责落实各项合作内容。

八、本协议一式两份，双方各执一份，经双方签字协议有效，并共同监督执行。未尽事宜，双方商议解决。

（二〇〇八年十一月二十七日）

〖广东省旅游局与中山大学紧密合作框架协议〗 为进一步加强广东省旅游局与中山大学在科研与人才培养方面的紧密合作，合力研究解决广东旅游发展所面临的重大问题，经广东省旅游局与中山大学友好协商，达成如下合作框架协议：

2008 年 11 月 27 日，省旅游局局长杨荣森与中山大学校长黄达人在广州珠岛宾馆共同签订《广东省旅游局与中山大学紧密合作框架协议》

一、双方同意在今后五年内，主要在广东旅游研究、旅游教育培训、专业人才培养、旅游政策咨询等领域加强合作，合作内容可依据实际情况适时补充。

二、为总结广东旅游发展的经验和成果，双方共同组织编写《广东旅游绿皮书》，每两年出版一期，共同对广东旅游进行系统研究。

三、双方积极开展人才培养和理论培训合作。

1. 中山大学为广东省旅游局提供人员岗位培训和在职教育；

2. 广东省旅游局为中山大学开展科学研究和学生实习提供便利条件，优先接受中山大学学生实习，中山大学优先向广东省旅游局推荐实习生；

3. 双方积极开展联合培养硕士研究生及博士研究生等方面的合作。

四、双方定期共同举办大型旅游对话论坛，邀请国内外知名旅游专家学者与企业家，探讨旅游业的改革与发展，寻求旅游专业人才培养新机制。

五、除以立项方式承担的项目外，中山大学将积极参与广东省旅游局领导的科研工作，提供必要的科研与技术支持。

六、为进一步落实合作协议，双方建立固定的协调联络机制，定期沟通合作项目的进展情况；成立专门的工作小组，促进双方信息交流与资源共享。

七、本协议一式两份，双方各执一份，经双方签字协议有效，并共同监督执行。

八、本协议为框架性协议，具体项目的实施以广东省旅游局与中山大学签订的项目协议书为准。

（二〇〇八年十一月二十七日）

〖广东省旅游局　香港特别行政区政府旅游事务署粤港旅游合作协议书〗 为进一步落实 CEPA、深化粤港旅游合作、促进两地旅游资源共享和优势互补、充分发挥旅游对两地经济和社会发展的综合带动功能，本着合作共赢、互惠互利、稳步推进的原则，经协商，广东省旅游局和香港特别行政区政府旅游事务署（以下简称“粤港双方”）就以下安排达成共识：

第一条

广东省旅游局争取有关部门支持，稳步开展香港服务者在粤设立合资及独资旅行社的审批工作；香港旅游事务署将鼓励业界积极配合。

第二条

广东省旅游局争取有关部门支持，在准备工作就绪后，组织实施获内地授权的香港旅游企业开展迪士尼定点团队旅游，先在深圳试点，为在深圳暂住一年以上的民营、中外合资合作和外资企业工作的非广东籍居民在广东省办理中华人民共和国出入境通行证赴香港旅游；香港旅游事务署欢迎此试点计划。

第三条

粤港双方支持推动粤港旅游合作，协调有关旅游规划的信息沟通，有效利用两地旅游资源和产品优势，促进两地旅游业持续发展，可合作的领域包括：

1. 加强推广诚信旅游。广东省旅游局督促广东省组团社和香港地接社签订接团合同；负责为内地其他省份赴港旅游团队在广东省提供中转业务的广东注册旅行社，必须与省外组团社和香港地接社签订中转接待合同；提高旅游行程和消费项目的透明度，加强对游客的保障。

2. 联合开展宣传工作，重点推广“一程多站”式旅游线路，参与对方举办的大型推广活动。

3. 加强粤港旅游机构沟通，定期交流。

第四条

粤港双方各负其责，共同推进本协议条款的落实。

上述合作协议经粤港双方协商签订，简、繁体文本各两份，具有同等效力。解释权由粤港双方共同负责。

（二〇〇八年八月五日）

备注：广东省旅游局局长杨荣森与香港特区旅游事务署专员区璟智女士在广州白天鹅宾馆签署此协议书。

〖广东省旅游局　中国建设银行股份有限公司广东省分行政银战略合作协议〗

第一章　合作目的

第一条　进一步深入贯彻落实科学发展观，加快我省旅游业改革与发展，加快建设旅游强省步伐，大力推进旅游重大项目建设，做强做大旅游产业，积极应对金融风暴，拉动内需，刺激消费，促进经济发展，充分发挥旅游部门和商业银行的优势，甲、乙双方积极推动建立紧密、稳定的合作关系。

第二章　合作原则

第二条　互利互惠、共谋发展。

第三章　合作目标

第三条　实现甲方及省内大型旅游企业和乙方100亿元综合授信以及其他相关金融业务的全方位紧密合作关系。

第四章　合作期限

第四条　从2009年1月1日至2011年12月31日。

第五章　甲方提供的支持

第五条　信息支持

甲方同意按照社会主义市场经济规则要求，根据国家产业政策及广东省国民经济和社会发展的需要，在符合国家保密法律法规的前提下，及时将省内大型旅游企业实施的重大建设项目信息和金融需求情况向乙方通报。乙方有为相关项目的商业信息进行保密的义务。

经甲方同意，乙方可列席甲方及省内大型旅游企业研究有关项目开发和规划会议，使乙方及时了解和介入项目前期工作。

第六条　工作支持

甲方同意优先向乙方推荐省重点旅游建设项目，协助省内大型旅游企业与乙方建立信息通道，鼓励省内大型旅游企业在同等条件下优先选择乙方提供金融服务，优先选择乙方作为融资牵头行，联名卡项目、本外币信用卡收单等业务优先选择乙方作为合作行或经办行。

甲方同意乙方申请成为甲方主持的国民旅游休闲计划试点单位。

对乙方与旅游企业合作过程中出现的问题，甲方积极协调解决。

第六章　乙方提供的支持

第七条　授信支持

乙方根据广东省委、省政府《关于加快我省旅游业改革与发展建设旅游强省的决定》精神，在符合国家相关法律、法规及乙方的信贷规章制度和信贷审批条件的前提下，向省内大型旅游企业提供100亿元人民币综合授信额度支持。

具体项目由甲乙双方联络部门提出合作计划，搭建平台组织银企直接对接，落实合作项目。有关融资和审贷决策，由企业和银行自行协商解决。乙方为旅游企业提供便利和优先。

第八条　业务支持

（一）乙方同意与甲方下属协会推出联名卡，并为省内大型旅游企业本外币信用卡收单业务提供金融服务。

（二）乙方同意与甲方共同开展宣传营销活动，并为在具备出境旅游经营资格的旅行社办理出境旅游的客户优先提供包括购汇等各项个人金融服务。

第九条　综合支持

乙方同意充分发挥自身的商业银行综合服务优势和传统业务优势，向省内大型旅游企业提供优质金融服务和创新性金融产品，包括但不限于财务顾问、融资咨询、结算、资金管理、结售汇、资产重组、内保外贷、企业上市、债券发行与债券承销等。

第七章　协议的落实

第十条　甲、乙双方将共同关注省内大型旅游企业和重大建设项目的新思路、新政策，密切合作，不断加强调查研究，共享信息和成果。

第十一条　为更好地贯彻落实各建设项目的融资事项，甲乙双方分别成立项目融资合作协调组，甲方由规划统计处牵头，乙方由公司业务部（集团客户部）牵头，双方及时互相通报项目信息，确保项目融资工作按计划完成。

第十二条　双方根据友好协商后的其他金融合作项目的要求指定专门部门进行业务对接，共同推进合作项目的发展。

第八章　其他

第十三条　本协议未尽事宜，经甲乙双方讨论协商，可签订补充协议。

第十四条　本协议自双方法定代表人（负责人）或授权代理人签字并加盖公章之日起生效。

第十五条　本协议一式陆份，双方各执叁份。

（二〇〇八年十二月三十一日）

备注：省旅游局局长杨荣森与中国建设银行股份有限公司广东省分行行长曾俭华在省政府3号楼签署此协议书。

旅游扶贫与城乡游

2008年广东省旅游扶贫工作概述

【总体情况】 2008年是广东旅游扶贫工程战略实施的第7年。全省旅游扶贫工作继续深入开展，对贫困山区旅游业的扶持力度继续加大，专项资金的使用和管理进一步规范化，扶贫效应进一步扩大，有效促进了山区旅游业乃至县域经济的发展。主要包括以下几项工作：一是确定了2008年旅游扶贫重点项目；二是探索开展了2008年旅游扶贫贷款贴息项目的遴选；三是顺利完成了2006年度旅游扶贫专项资金使用的绩效评估工作；四是举办了山区旅游人才扶贫培训班。2008年度全省共安排旅游扶贫资金共5000万元。

【旅游扶贫贷款贴息项目】 为加大旅游招商引资力度，拓宽旅游扶贫融资渠道，省旅游扶贫工作领导小组决定，从2008年省旅游扶贫专项资金中安排500万元资金对以往的旅游扶贫项目贷款给予贴息。按照《关于做好旅游扶贫贷款贴息项目申报有关事项的通知》（粤财外〔2007〕76号），经层层遴选，从17个申报项目中选出10个贷款贴息项目。2008年广东贷款贴息旅游扶贫项目及其金额具体为：梅州市的梅县叶剑英纪念园（180万元），惠州市的龙门县南昆山温泉旅游大观园（120万元），湛江市的雷州天成台度假村（15万元），肇庆市的鼎湖区凤凰黄金沟生态旅游度假村（10万元）、广宁县古水河景区游客服务站（15万元）、德庆县花世界生态旅游扶贫项目（30万元）、封开县千层峰景区（20万元），清远市的阳山县广东第一峰旅游风景区（50万元），揭阳市的揭西黄满磜瀑布旅游区（60万元）。

【遴选年度旅游扶贫项目】 2008年，全省各地共申报旅游扶贫项目119个。为做到遴选工作的公平公正，省旅游局从各处室抽调人员组成考察小组，以抽签的形式确定各考察组的考察线路。经考察组对各申报项目进行实地调研，并与省财政厅一起研究论证，确定了南澳县环岛公路景观带等68个重点扶持项目及其各项目的资金分配方案。截至2008年底，全省共确定了7批共330个旅游扶贫重点项目，投入旅游扶贫资金2.5亿元，资金投向以51个山区县为基础、以16个特困县为重点，覆盖粤北山区和东西两翼85个县（市、区）。

【旅游扶贫工程产生效应】 2002年以来，全省旅游扶贫工程取得显著成效，突出表现在以下五个方面：一是有力促进欠发达地区旅游资源开发，推动了旅游业迅猛发展。旅游扶贫资金主要投向山区县、特困县、粤北山区以及东西两翼的县（市、区），旅游扶贫项目直接加快了各地旅游基础设施建设，解决了项目开发及运营管理中面临的困难和问题，不仅直接带动了欠发达地区的旅游开发，而且极大地坚定了社会各界参与旅游、投资旅游、开发旅游的信心和决心，有力地推动了全省旅游业的协调发展，促进形成了“欠发达地区崛起、两翼齐飞”的区域旅游发展新格局。如肇庆市旅游扶贫开发以来，以七星岩、鼎湖山为中心，整合全市8个县（市、区）的旅游景点，着力打造“肇庆千里旅游画廊”，投入总资金7.8亿元。二是有力促进欠发达地区基础设施建设，优化了发展环境。各级党委、政府以及发改、财政、经贸、旅游、交通、文化、林业、民族、劳动等部门积极发挥职能作用，整合资源，加强协作，不断完善欠发达地区各项基础设施建设，大力优化发展环境，为欠发达地区旅游发展创造条件。至2008年底，全省交通部门协助解决旅游扶贫项目所在地旅游交通瓶颈道路180多条、共计3600多公里；通讯、供电、供水等部门为旅游扶贫项目的开发建设给予了大力支持和协作，基本实现旅游开发到哪里，基础设施建设配套到哪里，为贫困地区改变落后面貌发挥了重要作用。如，茂名信宜天马山旅游扶贫项目在开发初期，当地投入1000多万元，修通了14公里水泥路，建起了移动通讯基站，开通了有线电视信号，既促进了旅游发展，也解决了群众行路难、通电难、看电视难、打电话难等问题。肇庆怀集为旅游扶贫项目配套投入3亿元，改造、建设景区、景点公路300多公里，形成了全县快速便利的旅游道路网络。三是有力地促进欠发达地区招商引资，带动了地方经济发展。至2008年底，全省旅游扶贫项目所在地吸引外资、侨资、民资开发旅游项目与合同协议资金共215亿元，涉及景区建设、旅游住宿、餐饮、旅游商品加工生产、旅游道路等多个方面，一大批大中型景区、中高档酒店、度假村在东西北地区迅速崛起，为欠发达地区经济发展增添了新活力。例如，揭西县在旅游扶贫的带动下，吸引外资兴办旅游项目10个，已投入建设资金10亿元，建成了京明温泉度假村、大北山森林公园等一批景区（点）和旅游接待宾馆，推动了该县县域经济快速发展壮大。四是有力促进欠发达地区农民就业，带动了群众脱贫致富。旅游扶贫是一条投入较少、回收较快、返贫率低、成效高的扶贫之路。旅游扶贫开发为景区及周边的农村劳动力提供了新的就业机会，同时为农副产品销售提供了大市场。很多旅游扶贫项目所在地群众通过从事餐饮、旅业、娱乐和工艺品、土特产的销售等，人均收入实现倍数式增长，迅速走上了脱贫致富的道路。截至2008年底，旅游扶贫项目已直接解决就业人数4万人，间接带动就业25万人，形成了“开发一处、致富一方、带动一片”的良好效应。如，清新温矿泉度假区有2000多名员工，其中1400多名是当地三坑镇的农民，温矿泉的开发还带动了当地第三产业的发展，饮食、服务、酒店、交通等各行各业日趋兴旺，全镇工商户上千个，就业人数6000多人；梅州大埔的旅游开发，极大地促进了当地陶瓷、茶叶、蜜柚等土特产的销售，扶贫点农民人均收入由3800元增至6600多元。五是有力促进欠发达地区人才素质提高，推动社会全面进步。欠发达地区的旅游开发带来了人流、资金流、信息流，打破了贫困地区相对封闭落后的状态，促使农民解放思想、更新观念，提高市场经济意识和文明意识。与此同时，欠发达地区旅游业的发展还促进农民参加各种培训，主动学习旅游服务、礼仪礼节、科学种养、环境卫生等方面的知识，积极参加技能比赛，提高了农村旅游从业人员的整体素质，推动欠发达地区新农村建设和社会进步。

【旅游扶贫工作守则】 为规范旅游扶贫工作职责，建设廉洁、勤政、务实、高效的旅游扶贫工作队伍，按照党风廉政建设有关要求，结合我局旅游扶贫工作实际，制定本《守则》。

第一条 本《守则》适用于旅游扶贫工作组全体成员以及阶段性从事旅游扶贫工作和旅游扶贫项目资金管理工作的人员。

第二条 扶贫工作人员必须认真学习和掌握党和政府关于扶贫工作的方针政策，熟悉旅游扶贫资金项目管理办法和各项规章制度，努力促进旅游扶贫工作的程序化、规范化、制度化。

第三条 坚持旅游扶贫项目申报、筛选和审批工作的公开、公平、公正。开展旅游扶贫项目考察，应从全局各处室抽调人员参加，抽签决定旅游扶贫考察线路，集体讨论旅游扶贫项目筛选与专项资金分配初步方案。

第四条 严格把握旅游扶贫资金投放对象、范围和标准，不准报批与旅游扶贫无关和不按程序上报的人情项目；不准报批不调研、不论证、盲目上马的项目；不准擅自改变旅游扶贫资金投向。

第五条 扶贫工作人员必须始终牢记旅游扶贫的宗旨和任务，秉公办事，恪尽职守。严禁挤占、挪用、肢解、截留、提留回扣和贪污扶贫资金；严禁接受礼金以及其他有价证券、购物券；严禁参加可能影响公正执行公务的娱乐、宴请活动；不得参与旅游扶贫项目开发与有偿中介活动；不得私自参加与旅游扶贫项目有关的庆典活动。

第六条 加强保密意识，遵守保密纪律，严禁泄露旅游扶贫项目酝酿讨论过程中的任何意见和信息。在省政府正式公布前，严禁泄露旅游扶贫项目和资金分配方案的有关信息。

第七条 在旅游扶贫考察调研活动中，旅游扶贫工作人员应主动交纳食宿等相关费用，不得增加当地负担。

第八条 旅游扶贫工作人员必须讲正气，树立良好的职业道德和形象，敢于揭发旅游扶贫开发工作中违规、违纪和违法事件，敢于同歪风邪气作斗争，主动接受有关部门、群众的监督检查。

第九条 旅游扶贫小组具体负责《守则》的监督和实施。对于违反有关规定的，进行批评教育，限期整改；对于屡教不改、造成严重损失的，从重处理；对于违纪、违法的，移交纪检、监察和司法部门惩处。

2008年广东省重点旅游扶贫项目名录

一、汕头市（2个）

1. 南澳县环岛公路景观带
2. 澄海区前美古村

二、韶关市（7个）

1. 丹霞山风景区
2. 始兴县车八岭国家级自然保护区
3. 翁源县九曲水生态旅游度假区
4. 仁化县高坪省级自然保护区

5. 新丰县佛手瓜村
6. 乳源县天景山仙人桥景区
7. 乐昌市龙王潭生态旅游区

三、河源市（6个）

1. 河源市游客服务中心
2. 源城区响水国际生态旅游度假区
3. 东源县万绿湖客家风情馆
4. 和平县旅游土特产街
5. 龙川县鹿湖生态旅游区
6. 连平县九连山桃园旅游风景区

四、梅州市（7个）

1. 兴宁市神光山旅游区
2. 丰顺县黄花村乡村游景区
3. 大埔县李光耀祖居“中翰第”和田家炳旧居“拱辰楼”
4. 蕉岭县长潭旅游区
5. 平远县南台山景区
6. 梅县灵光寺旅游区购物一条街
7. 五华县七目嶂生态旅游景区

五、惠州市（3个）

1. 惠东县巽寮旅游度假区配套项目
2. 博罗县松光英、白官坳村农家乐
3. 惠阳区崇林世居

六、汕尾市（3个）

1. 陆河县瑞龙庄园
2. 海丰县鲘门自驾车旅游驿站
3. 陆丰市金厢滩黄金海岸红色旅游区

七、阳江市（3个）

1. 红树林生态旅游区
2. 阳春市春湾风景区
3. 海陵岛渔家民俗博览馆

八、湛江市（7个）

1. 湛江旅游集散中心
2. 霞山区特呈岛生态农家乐、渔家乐
3. 坡头区炭之家乡村休闲旅游度假山庄
4. 廉江市茗皇茶文化大观园
5. 吴川市吴川吉兆湾旅游度假区
6. 徐闻县神州木兰生态旅游园
7. 遂溪县遂溪马六良特色乡村旅游区

九、茂名市（5个）

1. 信宜市龙玄峡漂流
2. 高州市根子荔枝文化旅游区
3. 高州市高凉岭旅游区
4. 化州市中火嶂休闲度假旅游区
5. 茂港区第一滩旅游度假区

十、肇庆市（5个）

1. 鼎湖区七星岩景区夜间文化表演项目
2. 封开县杨池古村
3. 德庆县禾棚农家乐休闲旅游度假区
4. 怀集县旅游服务中心
5. 四会市贞山仙女潭

十一、清远市（5个）

1. 英德市英德宝晶宫碧落洞考古休闲观光区
2. 连山县壮家“七月香”戏水节表演区
3. 阳山县阳山鱼水旅游风景区
4. 连州市福山旅游生态园景区
5. 连南县盘古王文化园

十二、潮州市（4个）

1. 潮州旅游咨询服务中心
2. 潮安县千果山旅游区
3. 潮安县凤凰山畲族祖地民俗村
4. 饶平县潮州乡村民俗文化村

十三、揭阳市（5个）

1. 揭东县万竹园生态旅游景区
2. 揭西县大北山省级森林公园
3. 普宁市南岩古寺玉佛国文化风景区
4. 大南山华侨管理区大南山八国风情旅游度假区
5. 惠来县华家海滨度假村

十四、云浮市（6个）

1. 云浮旅游咨询服务中心
2. 新兴县飞天蚕生态茶园
3. 新兴县六祖文化苑
4. 罗定市龙湾农家旅馆
5. 罗定市罗镜历史文化旅游度假区
6. 云安县仙人谷生态旅游区

（张蕊青）

机关作风和旅游行风建设

广东省旅游局机关主题学习活动

【解放思想学习讨论活动】 2008年，根据《中共广东省委关于开展“继续解放思想，坚持改革开放，争当实践科学发展观的排头兵”学习讨论活动的通知》（粤发〔2007〕22号）精神，省旅游局结合全省旅游工作实际，制定了《广东省旅游局开展“继续解放思想，坚持改革开放，争当实践科学发展观的排头兵”学习讨论活动方案》，在全局范围内广泛开展了解放思想学习讨论活动。成立了以党组书记、局长杨荣森为组长的省旅游局学习讨论活动领导小组。整个学习讨论活动从2008年1月开始至5月底结束，分学习动员、讨论调研和决策部署三个阶段进行，并通过开展一系列活动推动解放思想学习讨论活动的深入进行。

一是广泛宣传发动，营造舆论声势和学习氛围。2008年1月24日，省旅游局组织了理论中心组（扩大）学习会，邀请了省委讲师团副团长朱新行作专题辅导报告。还编印了8期专题简报，出版了解放思想学习讨论宣传专栏等。二是动员全省旅游系统开展解放思想学习讨论活动。针对广东旅游发展中存在的主要矛盾和问题，列举了当前影响广东旅游科学发展的15个重点问题供各地讨论，进一步统一思想，为广东旅游科学发展问计献策。按照省委要求，省旅游局领导确定了深圳、广州、惠州、肇庆、清远、云浮等六个市和本局六个处室、直属单位为学习讨论联系点，深入基层了解实际情况，加强与各市工作的联系，全力推进学习讨论活动的深入开展。三是走出去学习取经，查找不足。2008年4月8～11日，党组书记、局长杨荣森率局领导班子、部分市旅游局长和机关处长，赴北京、上海进行考察学习。从中开阔了视野，找准了广东旅游发展的不足和存在的差距，增强了忧患意识。四是组织献策活动，广开言路，广听民意。在学习讨论活动中，发动社会各界分析广东旅游发展问题，建言献策。2008年3月至4月间，省旅游局面向全省旅游系统和社会各界开展了“我为广东旅游发展献一策”活动，共收到了来自北京、上海、天津、江苏、广东、广西、吉林等省（市、区）各界人士和全省旅游系统干部职工提出的计策88份、建议400多条。省旅游局组织专家对公开征集的计策开展评选，《推行国民旅游计划》、《创新宣传口号，推介广东旅游》获一等奖，《提升粤港澳合作水平，打造国际知名旅游区》、《打造文化软实力》、《大力发展MICE旅游市场》等获二等奖，省旅游局对获奖计策给予奖励，并作为推动广东旅游科学发展的举措被采纳。学习讨论办公室把征集的计策整理印发机关各支部（总支），要求结合工作实际吸取消化，改进工作。2008年3月20日，省旅游局在广州召开了全省旅游局长座谈会，各市旅游局局长结合本地旅游发展实际，围绕广东旅游发展如何落实科学发展观、如何打造旅游强省各抒己见，深入查找存在问题，共同商议推进广东旅游落实科学发展观的对策。五是广泛开展调查研究，为科学发展决策打下基础。按照省委解放思想学习讨论活动调研阶段的统一部署，省旅游局认真制定调研方案，围绕制约广东旅游发展的瓶颈和问题，组织各处室列出了33个调研题目，并在此基础上提炼了创新旅游发展模式、打造旅游品牌、推进协调发展、党风行风建设以及营造旅游发展大环境等五个方面重大调研专题，由局领导带队到各市旅游局和旅游企业深入开展调研。调研活动进行得扎实、深入、有效，形成了高质量的调研报告，从全局性和战略性的高度，提出了广东旅游下一步发展目标和科学发展思路。省旅游局学习讨论活动办公室把调研报告汇总成册，印发各支部（总支）参考，引导全体干部职工进一步解放思想，更新观念，推进广东旅游科学发展。六是组织“‘六个想一想’回头看”活动，抓好成果转化。为确保省旅游局解放思想学习讨论活动成效落到实处，组织开展了“‘六个想一想’回头看”总结活动，各处室通过讨论和总结，想一想通过解放思想学习讨论活动，解放了哪些思想，更新哪些观念；找到哪些在落实科学发展观存在的问题和差距；创新哪些推动广东旅游科学发展的举措和办法；在落实科学发展观上做了哪些工作，还有哪些工作应继续做好；在推动广东旅游科学发展上取得哪些成效；还存在哪些不足和问题，应采取哪些措施改进和补救。各处室、各单位通过回顾总结学习讨论的成果，结合工作实际，梳理形成了一系列指导、改进旅游工作的办法和建议，使解放思想学习成果得到了转化。学习讨论办公室在各处室、各单位总结基础上，形成了省局的总结报告。

通过开展解放思想学习讨论活动，全省旅游系统进一步解放了思想，查找在落实科学发展观存在的不足，提出了争当实践科学发展观排头兵的对策和措施。解放思想学习讨论活动成果斐然，省委省政府作出《关于加快旅游业改革与发展 建设旅游强省的决定》，确立了广东建设旅游强省目标，省政府与国家旅游局签订的《国家旅游局 广东省人民政府关于建立局省紧密合作机制备忘录》，广东作为全国旅游综合改革示范区，创新旅游发展模式，先行先试，在全国旅游发展中先走一步，努力把广东建设成为辐射全国、影响亚太地区、具有一定国际水准的旅游目的地，成为中国出入境的客流中心和集散地。

2008 年 3 月 5 日，省旅游局召开解放思想学习讨论活动动员大会

【开展学习实践科学发展观活动】 2008 年 9 月至 2009 年 3 月，按照中央和省委的部署，在省委学习实践活动第五指导组的指导下，省旅游局扎实开展了深入学习实践科学发展观活动，圆满完成了学习调研、分析检查、整改落实三个阶段的工作任务，达到了“党员干部受教育、科学发展上水平、人民群众得实惠”的学习效果。

在学习调研阶段，以“深化思想认识，转化调研成果”为目标，从广泛发动、深入学习、深化调研、主题实践活动四个环节抓好落实。专门下发《关于认真组织学习实践活动第一阶段“五个一天”和“四个一次”活动的通知》，组织全体党员干部认真阅读《科学发展观重要论述》、《深入学习实践科学发展观活动领导干部学习文件选编》等科学发展观书籍；以中心组学习报告会形式，邀请省委党校教授作专题辅导报告；由局领导牵头，局机关各处室负责人参与的就旅游业如何科学发展等问题深入到全省旅游饭店、旅行社走访调研，广泛听取各方面的意见和建议。

在分析检查阶段，以“总结经验教训，完善发展思路”为目标，认真完成征求意见、找准问题、分析原因、理清思路各项任务。一是汇总社会各界对旅游科学发展的意见和建议 10 大类 79 条。二是以发放意见函和座谈会等形式组织群众评议，形成了局领导班子贯彻落实科学发展观的分析检查报告。三是开好党组专题民主生活会，局党组“一班人”深入查找在贯彻落实科学发展观和党性党风党纪方面存在的问题和不足。四是发放调查问卷 650 份对局机关作风进行了评议。五是研究制定了帮扶企业纾困对策、加快向旅行社退还旅游质量保证金工作、与金融机构建立战略合作关系，推动实施“百亿投资计划”等。

在整改落实阶段，以“创新体制机制，实现人民群众满意”为目标，省旅游局党组针对制约广东旅游科学发展的突出问题，研究制定了《省旅游局贯彻落实科学发展观整改落实方案》，提出了 10 大类 88 项具体整改措施。

学习实践科学发展观活动取得明显成效：一是坚持以科学发展观武装头脑，局领导班子和全体干部职工思想认识有新提高。二是积极应对国际金融危机，建设现代产业体系有新突破。三是先行先试，建设中国旅游综合改革示范区有新进展。四是推进广东旅游科学发展，建设旅游强省有新亮点。五是解决基层旅游局、旅游企业和游客反映的突出问题有新举措。六是加强和改进党的建设，机关作风建设有新成效。七是营造旅游发展大环境，广东旅游科学发展有新成果。

2008 年 10 月 9 日，省旅游局召开深入学习实践科学发展观活动动员大会

【“三创建三促进”主题学习实践活动】 2008 年 2 月至 10 月，按照省直机关工委的部署和要求，广东省旅游局在全局范围内开展了以“创建学习型、创新型、服务型机关，促进解放思想，促进改革开放，促进科学发展”为主要内容的“三创建三促进”学习实践活动。

在创建学习型机关方面：省旅游局根据省直机关工委《关于开展“读书·思考·进步”专题读书活动的通知》（粤直党工通〔2008〕5 号）要求，局机关党委把读好书、勤思考和建设学习型机关作为活动主题。局机关党委向干部职工赠送《细节决定成败Ⅱ》一书，发挥了“工会之家”阅览室的作用。还就如何贯彻落实科学发展观，在解放思想中破解旅游发展难题；如何以“三型”（学习型、服务型、创新型）机关建设的新成效推动机关党建工作的改革创新；如何坚持用排头兵的精神、排头兵的实践，创造排头兵的业绩，为广东旅游争当实践科学发展观的排头兵作出新的贡献等问题进行了深入的思考。

在创建创新型机关方面：自5月份以来，省旅游局按照省纪委有关行政效能监察工作的规定及实施细则的要求，制定了省旅游局贯彻落实行政效能监察的工作目标，制定了《广东省导游行业督查规程》，并于2008年10月22日在活力广东网上向社会公布。

在创建服务型机关方面：一是继续做好“春风送暖”行动。2007年省直工委、广东省妇联共同开展了“春风送暖——万名‘爱心父母’牵手困境儿童志愿行动”，省旅游局共结对帮扶了51名困境儿童，为做好跟踪回访及继续助学活动，8月25日，省旅游局选派“爱心父母”代表到龙湾镇中安村、大石村与捐助儿童及家长见面、座谈，并将第二学年的资助款18900元送到困境儿童手中。二是开展“城乡基层党组织互帮互助”活动。根据省委组织部《关于开展城乡基层党组织互帮互助活动的意见》（粤组通〔2008〕7号）精神，从2008年6月至2010年12月，省旅游局机关基层党组织对口云浮罗定市罗镜镇基层党组织开展互帮互助活动。按照农村党支部和城市党支部“一帮一”结对子的要求，省旅游局13个党支部将与罗镜镇遴选出的10个村党支部和3个学校党支部开展互帮互助结对子的活动。在第一年开展的互帮互助活动中，全局13个党支部与基层党组织过组织生活16次，慰问困难群众81名，帮扶困难党员13人，资助贫困学生13人，为群众切切实实办了好事实事14件。

旅游行风建设

【召开全省旅游纪检监察行风建设暨旅游质量监督管理会议】 2008年6月12～13日，广东旅游纪检监察行风建设暨旅游质量监督管理会议在惠州召开。中纪委驻国家旅游局纪检组监察局二室主任周政、省直机关纪工委书记翁汉涛参加会议并讲话。省旅游局局长杨荣森就进一步加强全省旅游行风建设和旅游质量监督工作进行动员部署。大会由省旅游局纪检组长、监察专员张振林主持。全省各地级以上市旅游局负责纪检监察、行风建设和旅游质量监督管理的局领导及相关工作负责人共120多人参加会议。会议对全省旅游纪检监察和行风建设工作进行了总结，并对全省旅游系统行风建设的先进单位和个人进行了表彰。会议印发了《关于聘请广东省旅游局政风行风特邀监督员的决定》和《广东省旅游局特邀政风行风监督员工作制度》，省旅游局在全省旅游系统特聘29名政风行风监督员，并颁发证书。

【纪律教育学习月活动】 2008年7月至9月，省旅游局组织开展了纪律教育学习月活动。纪律教育学习月以“增强党性观念，推进科学发展”为主题，按照局党组书记、局长杨荣森提出的以抓好纪律教育学习月为契机，促进省旅游局党风廉政建设，重点抓好“八个一”活动：即开好一个纪律教育学习月动员大会；上好一堂反腐倡廉辅导课——邀请省直纪工委书记翁汉涛作纪律教育学习月辅导报告；读好一本廉政教育书——《反腐倡廉教育读本2008》；解剖好身边一个腐败典型案例；组织观看一场反腐倡廉电教片——《清风南粤》、《廉政勤政一面旗》、《镜戒》、《用金钱堆砌的坟墓》等；参观一个省纪律教育示范点；各党支部（总支）开好一次专题纪律教育民主生活会；各党支部（总支）写好一份纪律教育学习月活动总结。还为每名党员干部赠发了《诸葛亮廉政思想教育读本》。纪律教育学习月活动的开展，进一步增强了党员干部立党为公、执政为民的理念，提高了依法行政、廉洁从政的法制意识，筑牢了党员领导干部拒腐防变的思想道德防线。

【开展行政效能监察工作】 按照省纪委关于认真做好行政效能监察工作及其实施细则的要求，省旅游局结合实际，制定贯彻落实行政效能监察工作目标，并把省旅游局主要职责相关的旅游审批项目、导游考试和旅游投诉作为2008年旅游局行政监察的重点内容，并将有关资料形成行政电子文档在政府网上予以公开，确保依法行政和机关效能得到全面落实。

旅游行业精神文明建设

【建设“团结、和谐、奋进、创新”旅游局机关】 2008年2月，省旅游局主要领导实现新老交替，以杨荣森为班长的领导班子提出了建设“团结、和谐、奋进、创新”省旅游局机关的目标。

【旅游抗震救灾】 2008年5月12日，四川省汶川发生强烈地震。省旅游局随即发出《关于向四川省地震灾区捐助的通知》，号召全省旅游系统广大干部职工和旅游企业踊跃捐款。截至5月24日，全省旅游系统共向四川地震灾区捐款7644万元。省旅游局机关和直属单位226名党员交纳“特殊党费”共56250元。

灾情发生后，省旅游局迅速下发《关于停止组团前往和途经四川地震灾区旅游的紧急通知》和《关于迅速查清在四川地震灾区境内外游客有关情况的紧急通知》，至5月17日广东滞留在四川灾区的1111名游客全部安全返粤。

7月10日，中共中央政治局委员、省委书记汪洋，省委副书记、省长黄华华率领广东省代表团赴四川成都开展对口援建活动。省旅游局组织省内10家主要旅行社参加。其间，广东省旅游局曾维炳副局长与四川省旅游局张谷局长共同签订《关于协助四川省旅游业灾后重建框架协议》。广东省中旅与四川省国旅、广东省国旅与峨眉山旅游股份有限公司、广之旅与九寨沟联合经营股份有限公司、广东南湖国旅与九寨沟童话世界产品有限责任公司、深圳国旅与峨眉山旅游股份有限公司、深圳市海外国际旅行社与四川美丽华旅行社、深圳市口岸中旅与成都联运旅行社、深圳华侨城中旅与四川美丽华旅行社、深圳招商国旅与港中旅国际（成都）旅行社、广东省拱北口岸中旅与成都中国青年旅行社分别签订援助或合作协议。

【举办广东旅游系统迎奥运“中山杯”乒乓球比赛】 2008年4月18～20日，由广东省旅游局、中山市人民政府共同主办，中山市旅游局承办，以“旅游迎奥运 乒乓促和谐”为主题的2008广东旅游系统迎奥运“中山杯”乒乓球比赛在中山市乒乓球馆举行。副省长万庆良出席开幕仪式并致辞。组委会主任、省旅游局局长杨荣森，组委会执行主任、中山市委副书记、市长李启红，组委会执行主任、省旅游局副巡视员谢宏治等领导以及裁判员、教练员、运动员共500多人参加开幕式。全省旅游系统22支代表队、152名乒乓球选手按照国际乒联新的比赛规则，先后进行团体赛、领导组单打、男子组单打、女子组单打项目的比赛。珠海、广州、东莞市旅游局分别获团体赛第一、第二、第三名；车卫（中山市旅游局）、梁渭林（中山市旅游局）、谢宏治（省旅游局）分别获领导组单打冠、亚、季军；张洪铭（珠海市旅游局）、叶永壮（东莞市旅游局）、林海权（广州市旅游局）分别获男子组单打冠、亚、季军；杨瑞红（佛山市旅游局）、郑鸿薇（省旅游局）、谢莉（中山市旅游局）分别获女子组单打冠、亚、季军；中山市旅游局获最佳组织奖；深圳市旅游局等13个单位获优秀组织奖。

【开展“春风送暖——爱心父母送爱心”活动】 按照省妇联和省直机关工委的部署，省旅游局开展了“春风送暖——爱心父母送爱心”活动，连续三年资助罗定市龙湾镇51名困境儿童上学，2008年8月26日，爱心父母代表到龙湾镇中安村、大石村与捐助儿童及家长见面、座谈，并将第二学年的资助款18900元送到困境儿童手中，当地政府和被资助儿童及家长倍受感动。2008年，按照省委组织部的部署，组织机关13个党支部与罗定市罗镜镇基层党支部开展互帮互助“结对子”活动。

【旅游行业典型】 2008年，国家旅游局和全国妇联联合举办“巾帼文明岗”和“巾帼建功标兵”评选活动，广州市东方宾馆客房部等18个旅游企业获“巾帼文明岗”称号、广州流花宾馆集团股份有限公司餐饮部部长贺瑞燕等36名女职工获“巾帼建功标兵”称号；在国家旅游局、共青团中央联合举办“全国青年文明号单位”创建活动中，江门市恩平金山温泉度假酒店前厅部等4个青年集体榜上有名。至2008年底，全省共涌现出28个“全国青年文明号单位”；在中央文明办、住房和城乡建设部、国家旅游局联合开展“创建全国文明风景旅游区”活动中，广州白云山风景名胜区等3家单位获此殊荣，韶关市丹霞山风景名胜区获“全国创建文明风景旅游区工作先进单位”。在全省旅游系统行业“窗口之星”活动评选中，新白云宾馆有限公司等7个集体荣获“窗口之星”先进单位，深圳市银湖旅游中心的夏丽丽等3名个人荣获“窗口之星”先进个人。

（李　娜）

旅游教育培训

旅游人力资源开发工作

【概况】 2008年5月，省旅游局成立教育培训处，被赋予拟订并指导实施全省旅游行业人才教育培训等职责。全省旅游教育培训工作得到进一步加强，导游人才队伍建设、山区旅游人才培养、旅游管理人才培训等工作取得新的成效。

【举办旅游资源开发与管理专题研讨班】 2008年3月17～22日，由中共广东省委组织部主办、广东省旅游局协办、华南理工大学承办的首届2008年广东省领导干部旅游资源开发与管理专题研讨班在广州市举行。副省长万庆良出席开班仪式并作讲话。省旅游局局长杨荣森为研讨班作首场报告会。中国社科院、未来旅游研究会、美国普渡大学、华南理工大学等有关专家学者分别就旅游发展战略、旅游资源开发、旅游规划与管理、旅游城市建设等专题进行了授课与研讨。全省各地级以上市分管副市长和旅游局主要负责人和省有关部门负责人共50人参加研讨班学习。

旅游资源开发与管理专题研讨班

【组织两次全国导游人员资格考试】 2008年3月和9月，全省组织完成了两次全国导游人员资格考试，报考人数为17084人，通过人数为5935人，通过率达34.7%。其中，2008年度全省英语、日语、朝鲜语、法语、德语、泰语、西班牙语、印尼语等八个语种的考试人数1990人，通过考试人数571人；7月13～17日，在汕头举办全省考评员研讨班，来自全省各现场考试点的231名拟任用的考评员参加了研讨和培训；2008年2月和8月，分别举办了两期导游人员资格考试英语考前培训班，共有230名英语考生参加培训。

【中级导游员等级考核】 2008年9月13日，广东省共组织393人参加全国中级导游等级统考，其中：中文362人，英语27人，日语1人，德语2人。全省共有135名考生通过考试，取得中级导游等级证书。为提高考试通过率，8月21～24日在广州举办了中级导游等级考试中文考前培训班，共有47名考生接受培训。

【举办中高级导游员研讨会】 2008年3月22～23日，结合"2008中国奥运旅游年"宣传主题，省旅游局培训部门在广东科学馆举办了2007年度中高级导游员研讨会，共有851名中高级导游员参加。研讨会邀请中共广州市委宣传部和中国社会科学院的教授作题为"学习贯彻十七大精神，争当实践科学发展观的排头兵"及"2008北京奥运对中国旅游及社会经济的影响"专题讲座。

2008年全省中高级导游继续教育研讨会

【饭店管理人员岗位培训】 为提升广东省饭店中高层管理人员的服务水平和管理能力，提高星级饭店管理人员的持证上岗率，省旅游局于2008年7至8月在东莞汇景酒店、广州燕岭大厦、广州三寓宾馆分别举办全省旅游饭店总经理和人力资源部、餐饮部、前厅客房部、公关销售部等四个部门经理岗位培训班。来自全省379名中高层管理人员（其中总经理班106人）参加学习培训。培训班采取专家授课、经验介绍、互动交流、座谈讨论以及实地考察等多种形式，丰富培训内容，创新培训方法。培训班为学员提供了一个业务提高、同行交流的良好平台。

2008 广东省饭店总经理岗位培训班

【山区县旅游局长培训】 为逐步改善旅游扶贫景点景区旅游人才缺乏的状况，提升扶贫地区旅游产业竞争力，2008年12月14～26日，省旅游局培训部门在中山大学管理学院举办了全省旅游扶贫高层管理人员培训班。来自全省21个市、122个县（区、市）旅游局、财政局和旅游扶贫项目（点）的363名高层管理人员参加了培训。省旅游局党组书记、局长杨荣森出席开班仪式并作动员讲话。党组成员、纪检组长、监察专员张振林主持开班仪式。本次培训班通过理论学习、课堂讨论与实地参观考察相结合的办法进行，共同研究探讨了进一步加快广东省旅游业发展的工作思路和措施，提高了学员的旅游开发、推广和管理水平。

【推行职业英语等级考试项目】 2008年，广东省旅游服务中心培训部与省劳动与社会保障厅下属的省职业技能鉴定指导中心合作，在全省开展酒店职业英语等级考试与认证项目。2008年6月15日至7月5日和11月，酒店职业英语等级（初级）考试在全省16考点开考，共有1600多名考生应考，考生大都是来自全省各星级酒店的员工和旅游职业院校的在校学生。考试采用网上报名、网上付费、网上选择考试时间、网上打印准考证、题库随机选题、人机考试、网络改卷评分等在国内旅游行业尚属首创的考试模式。

为探讨酒店职业英语等级考试与认证项目，省旅游培训主管部门与多方合作，多次组织全省各市旅游局培训科（处）负责人及酒店培训负责人进行研讨，共同探索提高广东省酒店业一线员工英语服务水平的途径；精心制定《广东省酒店职业英语考试工作的实施方案》；编写不同等级、不同岗位工种的《酒店职业英语》教材；举办了两期酒店职业英语考评员、培训师培训班，培养了112名考评员和培训师；开发设置从网上报名、网上缴费到人机对话考试、网络改卷评分的考试系统等等。

【旅游教育培训交流与合作】 2008年，省旅游教育培训主管部门为加强与国内外同行的交流与合作，先后分期分批组织旅游教育培训人员到陕西、河南等旅游大省，学习考察当地的导游人员资格考试、导游员管理、领队证考试及培训等方面的工作情况，吸取外省好的做法和经验，为广东在导游人员资格考试创新、领队证培训、导游员纳入国家职业资格等级工作以及导游员劳动用工管理等方面的决策提供参考与思路。

2008年11月7日，利用澳大利亚昆士兰州政府旅游教育培训代表团访问广东的机会，广东—昆士兰旅游及酒店管理职业培训研讨会在广州举行。全省12家旅游院校的负责人与澳方就国际旅游职业人才培养的途径等问题进行了深入探讨，双方希望在旅游教育培训方面寻求更多的合作机会。

广东—昆士兰旅游及酒店管理职业培训研讨会

【开展全省旅游教育培训资源普查】 按照开展全国旅游人才资源调查的要求，为摸清广东省旅游教育培训人才的总量、结构和素质状况，于2008年10月，省旅游教育培训主管部门组织力量对全省旅游院校、旅游培训机构开展资源普查。通过对全省旅游院校及培训机构师资、在校生、学生就业及开展教育培训情况等调查，为整合全省旅游教育培训资源，充分发挥本地旅游院校、教育培训机构的作用，以及制定广东省旅游教育培训政策、加强对全省旅游教育培训工作的指导提供决策依据。

【建章立制工作】 2008年，广东省旅游教育主管部门制定了《教育培训公章使用与管理》、《培训部人员工作守则和工作制度》及《培训部财务管理制度》；修订并完善了《广东省导游人员资格考试考务工作手册》、《广东省导游人员资格考试巡考工作手册》、《广东省导游人员资格考试考评员工作手册》、《广东省酒店职业英语等级考试工作手册》和《广东省旅游行业发证工作程序》等制度。

【协助有关市旅游局举办旅游高管研讨班】 2008年，清远、肇庆市旅游局举办了旅游企业管理人员岗位培训班。广东省教育培训主管部门为两市在课程设置、授课师资挑选等方面提供帮助，赢得各方面好评。

【广东旅游院（系）基本情况】 截至2008年底，全省共有高、中等旅游院校（包括完全的旅游院校或开设有旅游系或旅游专业的院校）89所，其中高等院校33所，中等院校56所。2008年旅游院校在校生为59246人，其中高等院校28006人，中等院校31240人。2008年旅游院校共有旅游专业教师1434人，其中高等院校399人，中等院校1098人。

附：广东旅游院系简介（续）

【广东外语艺术职业学院】 位于广州五山传统大学区，分为五山和燕岭两个校区。于2001年经广东省人民政府批准建立，是广东省唯一一所实行五年制专科提前单独招生全日制普通高等学校。学院以外语、艺术、现代信息技术为重点，外贸商务、电子信息、艺术设计、传媒、公共事业管理、旅游、文秘等多门类学科并举，开设26个专业（方向），开展全日制和成人学历教育，全日制在校生7346人。

该学院旅游英语专业创办于2005年。设有2个专业方向：旅游英语和酒店管理（涉外），学制3年，主要面向广东招收普通高中毕业生，同时也面向海南、湖南、山东、河南、江西等五省招收普通高中毕业生。现有全日制在校生280人。拥有专业带头人2人，现有专业教师16人（含专任教师9人）。其中教授1人，副教授2人，讲师5人，助教1人，均获硕士学位。兼职教师9人，均为行业经验人士。本专业成立了旅游英语和旅游酒店管理专业指导委员会，其成员参与专业、课程建设，参与专业教学与实践工作。

本专业立足建立具有地域特色的专业课程体系，采用“分层推进、商学交替”的培养模式，较好地适应市场变化；实施商学结合，融“教、学、做”为一体的实践教学体系，增强了学生的职业技能；设立了“旅游协会”，开展以“导游技能大赛”、“导游形象大赛”为品牌的校园文化活动，提升学生的文化艺术修养和职业素质；建有功能齐全、设备先进的语言实验室，商务旅游中心，客房操作、前厅、酒吧茶艺、导游、旅游电子商务等实训室；与省内多家旅行社、酒店建立校外实习基地。本专业已与珠三角区域数十家行业协会、企业集团签订见习、实习及推荐毕业生就业协议。毕业生具备酒店基本管理与服务能力，有较强的创新能力、实践能力和外事接待能力。就业方向主要有：旅行社、景区、高级酒店、宾馆、会展等从事中文和英文导游、领队、餐饮、客房及会务服务与基层管理工作。

【东莞市旅游职业学校（东莞市高级技工学校）】 位于东莞市莞龙大道下桥路段，占地面积120亩，是一所公立性质的全日制技工学校。学校创办于1987年，2003年经东莞市委市政府批准，学校增挂东莞市旅游职业学校的牌子。目前，旅游系设有导游、星级酒店管理、烹饪技术三个专业。截至2008年年底在校学生达5000余人。该校自1991年开办旅游专业以来，坚持以“就业导向，能力本位，立足东莞，面向市场，服务社会”为办学宗旨，走特色办学之路，注重理论教学与实践训练的结合，强调学生实际操作能力的培养。学校所开设的每一个专业在校内都设有实训场所，实际操作训练占总课时的一半以上，并广泛与各企业合作，共同制定人才培养计划，实现学生与社会的零距离对接，学生对口就业率达98.5%。

学校现有专职教师156人，其中高级讲师、高级技师40人，讲师、技师76人，中级以上职称或职业资格的教师占教师总数的73%，“双师型”教师占专业技术课教师总数的60%。有40多位教师持有国家级考评员资格证书。

东莞市高级技工学校

【电子科技大学中山学院旅游管理专业】 电子科技大学中山学院，于2002年10月经教育部批准成立，是中国独立学院协作会的副理事长单位之一，全国高等学校教学研究独立学院专门委员会副主任委员单位。学院坚持“厚德、博学、求是、创新”的办学理念，结合中山市支柱产业和学院优势设置专业，努力培养高层次应用型人才。

学院现有全日制在校学生人数逾万人，生源来自全国30个省市自治区。教职员工700多人。专任教师中，具有副高以上职称的占教师总数的38%，具有硕士以上学历的占教师总数的70%以上。目前开设了电子工程系、计算机工程系、化学与生物系、自动化工程系、经济与管理系、人文社科系、外国语系、艺术设计系等8个教学系33个本科专业。

中山学院旅游管理专业目前拥有在校本科生294名。分为四个年级，即2006届和2007届为公共事业管理（旅游管理方向）、2008届为行政管理（旅游与会展经济管理方向）、2009届为行政管理（会展经济与酒店管理方向）。该专业专任教师中，副高以上职称的占12.5%，有硕士以上学位的占75%，双师型教师占50%。旅游管理专业采用新型教学模式，注重“教、学、做”一体化，以实现“素能本位、课证融合、学训合一、顶岗实习”的人才培养目标。本专业围绕校园企业孵化基地，为学生创立相关的旅游企业模拟实践基地，锻炼学生对旅游业务员经营管理的内容实践。为发展涉外旅游，学院与港澳企业合作，筹办培训基地。与相关旅游企业建立了实习基地。

【清远职业技术学院】 成立于2002年，是经广东省人民政府批准、国家教育部备案、清远市人民政府主办的综合性公办高等院校。学院坐落在清远市区。学院规划用地3461亩，已建成面积近千亩，建筑面积21万平方米的新校园首期工程。先后被授予“广东省文明单位”、“广东省职业道德建设先进单位”、“广东省高校治安综合治理先进学校”等荣誉称号。

该院确立了“以就业为导向，以质量求生存，以创新谋发展，以特色铸品牌”的办学理念。设有护理学院、外语与经贸学院、机电工程学院、继续教育学院等4个二级学院和师范教育系、旅游与家政管理系、食品药品系、计算机应用技术系、艺术系等5个系，开设专业30个。学院面向全国13个省（市、区）招生，现有在校生13000多人，其中全日制普通专科学生8450人，中专学生692人，成人教育学生4300多人。学院现有教职工500多人，其中专任教师390多人，副高以上职称教师90多人，研究生以上学历80余人。

学院旅游管理专业于2003年开始招生，分酒店管理、旅行社与景区管理两大方向进行培养，目前在校学生400多人。建立了校内外实践教学基地，校内实训设施有形体礼仪实训室、模拟餐厅、客房实训室、商务文秘实训室、烹饪实训室、茶艺实训室、旅游摄影实训室等旅游管理专业实训场所。校外实践基地中，与清远市旅游局签订了全面合作协议，与省内多家旅游景区、旅行社和酒店结成实训实习就业基地。专业教师中相当数量兼任全国导游员、酒店服务、人力资源管理等方面的职业技能考核考评员，双师素质良好。还聘请10多名行业专家担任旅游管理专业建设指导委员会委员。

【韩山师范学院旅游管理系】 成立于2007年4月，开设旅游管理、地理科学、烹饪工艺与营养三个专业。有师范非师范本科、专科和高等职业教育等多种办学模式，是集教学、科研和社会服务于一体具有较强应用性的教学系。现任教师22人。其中正教授3人，副教授7人。博士、硕士6人。具有高级以上专业技术资格教师12人。经广东省职业技能鉴定中心批准，具有中餐厨师（潮菜）、营养配膳员、茶艺师、企业进销存管理师、酒店系统管理师、餐饮企业系统管理师等6个工种的职业技能鉴定资格。旅游系拥有模拟导游实验室、模拟客房、中餐演示室和操作室、西餐演示室和操作室、中式西式面点演示室、模拟酒吧及服务技能训练室。

该系先后主持了《潮州市归湖镇旅游发展规划》、《饶平石壁山旅游景区总体规划》、《潮州文化的修学旅游开发研究》、《饶平县“中华海龙”旅游景区总体规划》、《饶平县海山“海滩岩田”修学馆规划设计》、《饶平县张竞生文化公园旅游景区总体规划》等项目，与潮州市内多家旅行社等旅游企业搭建共建实践平台，培养大批旅游业专业人才。

【汕头职业技术学院】 于2002年3月29日经广东省人民政府批准，由汕头市人民政府主办，在原汕头教育学院（含汕头幼儿师范学校）、汕头商业供销学校、汕头机电学校和汕头市教师进修学校等院校的基础上合并设立的全日制普通高职院校。学院占地1251.5亩。由院本部、金园校区、新津校区和东墩校区4个校区组成。现有全日制大、中专在校生13156人，在编教职工710人，其中硕士以上学位者107人。学院设有计算机系、机电工程系等15个教学、教辅部门。共开设54个大专专业（含方向）和10多个中职类专业。

旅游管理专业于2002年经广东省教育厅批准设立，同年开始招生，隶属于汕头职业技术学院经济管理系。主要为潮汕地区及广东省的旅游景区、旅行社等旅游企业培养高素质技能型专门人才。2008年在校学生184人。旅行社方面至今已经有四届毕业生，导游从业资格证书获取率90%，历届毕业生的就业率均接近100%；酒店管理方面的专业计划于2009年8月开始招生。

汕头职业技术学院

（凌丽莉）

旅游行业协会

广东省旅游协会

【总体情况】 2008 年，全省旅游业遭受年初冰冻灾害、“5·12”汶川大地震、国际金融危机等不良因素的影响，省旅游协会紧紧围绕政府的中心工作，充分发挥协会的服务、协调、自律和桥梁作用，以“团结、和谐、奋进、创新”作为自身建设目标，按照协会章程完成了年度各项工作任务。

【旅游节庆活动好戏连台】 2008 年，省旅游协会组织并参与了一系列旅游相关的活动。4 月 25 日至 10 月底，组织所属各旅游协会参加了由国家体育总局水上运动管理中心、省体育局、省旅游局、清远市人民政府和省旅游协会主办的“2008‘黄腾峡杯’国际自然水域漂流精英赛暨首届广东（清远）国际漂流旅游文化节”；8 月至 12 月，参加了由省旅游局、河源市人民政府和省旅游协会共同主办的以“访客家古邑·游万绿河源”为主题的第二届广东自驾旅游节和第五届河源市客家文化旅游节系列节庆活动；成功举办第三届广东自驾游最佳线路评选活动，评选出“最受自驾游客喜爱”的景点等；10 月 29 日，参加了由省旅游局、清远市人民政府、省旅游协会主办，清远市旅游局、清城区人民政府协办，清远市新银盏温泉旅游度假村承办的“2008 广东清远温泉旅游文化节暨千家知名旅行社走进清远”活动；11 月 25 ~28 日，广东温泉行业协会和珠海海泉湾温泉度假区共同承办了世界温泉科学大会；9 月至 10 月，组织开展了首届广东大学生旅游文化节；与广州先锋创意投资策划有限公司联合主办第二届广东浪漫之旅·大龄青年交友大型活动；协助拍摄《广东旅游经典节庆 50 强》大型电视系列片。该系列片是由省旅游局和南方日报联合推出的，全面展现岭南历史文化和自然景观精髓，填补了广东缺乏深度反映旅游文化电视题材的空白。

【举办“广东人游广东——粤游粤精彩”活动】 2008 年 10 月 18 日，由省旅游局主办、省旅游协会承办的“广东人游广东——粤游粤精彩”活动在广州中山纪念堂举行启动仪式。省政府副秘书长刘晓捷、省旅游局局长杨荣森参加启动仪式并讲话。广州、深圳等 12 个地级以上市旅游局局长，珠三角地区的旅行社和聚龙湾天然温泉度假村、香江温泉、新银盏温泉等景区的负责人及来自各大旅行社的近千名省内游游客、自驾游客参加活动。广州与梅州、深圳与河源、珠海与揭阳、佛山与清远、东莞与韶关、中山与汕尾 12 个地市旅游局签订《旅游合作客源互送协议》；广东国旅与香江温泉、广州华岭美与聚龙湾天然温泉度假村等 9 对旅行社和景区签订了合作协议。本次活动对于引导省内游的发展起到积极的推动作用。

【首届广东大学生旅游文化节】 2008 年 9 月至 10 月，由省旅游协会主办、广州市华舜文化传播有限公司承办的首届广东大学生旅游文化节在广州大学城举行。活动以“领略岭南文化·纵览百越风情·捕捉南国神韵·体验地道广东”为主题，在高校中广泛宣传推广“活力广东”旅游新形象。

【万众一心，抗震救灾】 2008 年 3 月 12 日，省旅游协会与省交通、商业、食品、粮食、乳业等行业协会联名发出“关于稳定市场价格，共同应对雪灾”的倡议。广东旅行社行业协会为此向全行业发出“旅游不忘公益赈灾”和“爱之旅”的倡议书，各会长单位带头开展“支持重建、加大促销”，“热心公益、旅游扶贫”等活动，如以组团捐款、实物捐赠、提前结算团款等形式赈灾。广东省自驾旅游协会组织本协会车友会、车行及各相关单位，深入到灾区捐款捐物。广东酒店行业协会除主动捐款外，动员各会员企业开展对口支援，到重灾区招聘员工到广东培训等。

【加强国内外旅游协会交流与合作】 2008 年，省旅游协会与省食品、交通、建筑、瓶装饮用水、证券期货、房地产、服装、家具、美容化妆品等行业协会参加了由国家民政部在广东开展的行业协会改革与发展研讨会；与日本群马县观光协会建立联系，邀请该协会参加 2008 广东国际旅游文化节举行的旅游资源推介会；协助太平洋岛国驻中国区代表处在穗开展旅游促销介绍会；与西班牙旅行社协会建立两会合作关系；第三届广东国际温泉旅游节邀请了意大利、俄罗斯、乌克兰、罗马尼亚、白俄罗斯、匈牙利、法国、日本、韩国等 10 多个国家的同行和 SPA 的权威专家，同温泉行业的同行进行交流与研讨。

【广东酒店行业协会】

〖**酒店协会承担社会功能**〗 受广东省财政厅委托，广东酒店行业协会（下称“酒店协会”）承办了2009—2010年中央党政机关工作人员广东（不含深圳市）出差住宿及会议定点饭店选定、签约及相关管理工作。截至2008年底，共有123家酒店通过竞标被确定为政府“定点饭店”。12月上旬，按照国家财政部和省财政厅的要求，酒店协会分别与中标单位签订协议并颁发牌匾，进行网上注册管理；2007年9月29日，受省技术监督局和省旅游局委托，酒店协会起草了《广东省餐饮服务标准》（草拟）。新的餐饮服务标准融入了广东餐饮接待、服务、楼面、厨房等相关内容；2008年3月，受省工商行政管理局委托，酒店协会对参加省属酒店业在2008年度开展的“守合同、重信用”活动中成绩突出的5家酒店评定为“守合同、重信用”企业，并由省工商行政管理局颁发牌匾。

〖**积极发展与服务会员**〗 2008年3月，广东酒店行业协会会长办公会议和会员年会在广州丽思·卡尔顿酒店召开。会议邀请万豪国际酒店集团中国区副总裁林聪先生作了《酒店客房发展趋势》的演讲，与会的350多家酒店总经理聆听了演讲。与此同时，酒店协会在广州香格里拉大酒店承办了“日本食文化与烹调发展推介会”。2008年7月6日还组织了深圳酒店用品展，国际卫浴与泛珠三角绿色酒店、房地产发展国际论坛等系列管理论坛。截至2008年底，广东酒店行业协会会员单位由协会成立时的100家发展至253家。

〖**开展合作与交流活动**〗 2008年，广东酒店行业协会采取“请进来”与“走出去”相结合的办法，加强合作与交流。4月7～11日，上海虹桥宾馆管理人员一行16人参观考察广州的香格里拉酒店、广州丽思·卡尔顿酒店、花园酒店，深圳的华侨城洲际大酒店，东莞的三正半山酒店、嘉华大酒店，珠海的海湾大酒店等；2008年6月15～20日，副会长单位广晟酒店管理公司部分管理人员专程赴江苏、浙江两省具有典型代表性的酒店开展调研考察活动。

〖**抗震救灾**〗 2008年，广东酒店行业遭遇年初冰冻雪灾、“5·12”四川汶川大地震带来的冲击，酒店经营普遍面临困境。在此情况下，酒店行业协会积极开展灾后重建、热心公益事业、抗震救灾等系列活动。5月14日，省旅游局组织向地震灾区捐款活动，会长单位白天鹅宾馆第一时间捐款10万元，副会长单位广州花园酒店、监事长单位广州大厦等单位都积极响应。据统计，广东酒店行业共捐款约30万元。酒店行业协会还动员各会员企业开展对口支援，到重灾区招聘16名员工到广东接受培训就业。

〖**领导机构组成**〗

会　长：

杨小鹏　原白天鹅宾馆总经理

副会长：

吴　伟　广州如家酒店管理有限公司董事、总经理

李进茂　广东省旅游协会副会长、秘书长

沈宜初　广州市堡龙酒店管理有限公司总裁

冼　锋　中国饭店管理有限公司广东公司总经理

郑越东　广州花园酒店总经理

齐　雁　广东国际大酒店总经理

贺邦富　广东省广晟酒店集团有限公司董事长

郑玮玲　粤海（国际）酒店管理集团公司董事总经理

金　阳　深圳市华侨城酒店集团有限公司总裁

李鸿斌　珠海度假村酒店董事总经理

方伟群　汕头经济特区金海湾大酒店总经理

何　滔　韶关市韶华酒店总经理

戴俊明　广东三正集团广东三正国际酒店管理有限公司助理总经理、CEO

吕庆生　中山国际酒店总经理

罗　锋　中山汉威酒店管理有限公司常务副总经理

黎建青　佛山宾馆总经理

杨晓飞　肇庆星湖大酒店

监事会主席：

邝云弘　广州大厦总经理

监　事：

李添彬　深圳晶都酒店总经理

【广东旅行社行业协会】

〖**召开旅行社行业工作会议**〗 2008年3月6日，2008年广东旅行社行业协会第一次会长工作会议在广州召开。会议总结协会成立以来的工作情况及存在的问题，讨论通过2008年工作设想；5月27日，召开第二次会长工作会议，开展专题讨论抗震救灾应对措施。

〖**参与政府和行业协会开展的活动**〗 2008年，广东旅行社行业协会组织会员单位参加2008“黄腾峡杯”国际自然水域漂流精英赛暨首届广东（清远）国际漂流旅游文化节、第二届广东自驾旅游节、第五届河源市客家文化旅游节系列节庆活动、2008广东清远温泉旅游文化节暨千家知名旅行社走进清远活动、第三届广东国际温泉旅游节、第三届广东自驾游最佳线路评选活动、广东人游广东——粤游粤精彩活动启动仪式等。年内，还与广东省工商局开展“守

信用、重信用单位”和“广东旅游十大首创之星”两项评选活动，参与省旅游局组织的广东旅游大发展系列调研活动。

〖领导机构组成〗
会　长：
李建奇　广东省中国旅行社股份有限公司董事、总经理
副会长（以下排名不分先后，共14个单位）：
李进茂　广东省旅游协会副会长兼秘书长
郑　烘　广州广之旅国际旅行社股份有限公司董事长、总裁
吴　斌　深圳中国国际旅行社有限公司执行董事兼总经理
陈冀凯　东莞市国际旅行社有限公司总经理
张汉林　汕头市旅游总公司总经理
胡文强　广东省拱北口岸中国旅行社有限公司总经理
杜修远　佛山市禅之旅国际旅行社有限公司总经理
谷训才　广东国旅国际旅行社股份有限公司董事总经理
赵　祁　广东南湖国际旅行社有限公司董事长
张学克　广东省铁青国际旅行社有限责任公司总经理
沈泽朋　潮州市中国旅行社有限公司总经理
刘建进　湛江市中国旅行社有限公司总经理
罗红霞　清远市国旅国际旅行社有限责任公司董事长
王子乐　中山中国国际旅行社总经理
秘书长：
黄绍希　广东省旅游协会副秘书长
广东旅行社行业协会监事会名单：
监事会主席：
林栋礼　江门大方旅游国际旅行社有限公司董事长、总经理
监事会成员：
高玲玲　广东中妇旅国际旅行社有限责任公司总经理
李木胜　深圳市海外国际旅行社有限公司总经理

【广东省自驾旅游协会】

〖**基本情况**〗　2008年，广东省自驾旅游协会按照年初工作目标开展卓有成效的工作。4月19日，完成了自驾旅游协会网站改版并正式推出，为会员提供了交流平台；6月，协会派人前往湘潭、韶山市进行旅游采风活动；9月5日，承办了“‘中国红色之旅·百万自驾车湘潭韶山行’系列活动启动仪式暨‘激情岁月’万人同唱东方红大型红色交响合唱音乐会首演式”新闻发布会；9月16日和12月26日，两次组织广东自驾车队前往湘潭，参加纪念毛泽东诞辰115周年的大型纪念活动；7月30日，在省旅游局举行“第二届广东自驾旅游节”新闻发布会，省旅游局局长杨荣森和其他局领导出席活动；8月29日，“第二届广东自驾旅游节之连平森林度假之旅”在连平举办启动仪式；9月20日，“客家美食赏‘花’之旅”在河源紫金举办；11月15日，组织开展“龙川、和平县温泉体验之旅”；12月8日，“第二届广东自驾旅游节”在河源万绿湖举行。其间，对河源市等5个单位授予“广东省自驾旅游接待基地”牌匾，举行了“第三届广东自驾旅游节”举办地（惠州市）的会旗交接仪式和“万绿湖赏枫之旅”的发车仪式；12月8日，开通广东省自驾旅游服务热线“969711”。年内，省自驾旅游协会还相继前往湖南、江西、广西开展实地考察，并建立服务站；在省内对肇庆、韶关、清远、惠州、佛山、从化等地做实地调研。通过举办一系列调研与考察活动，自驾旅游协会的影响不断扩大，“广东自驾旅游日”被提升为“广东自驾旅游节”。

〖领导机构组成〗
会　长：
钟戈鸣　广东国邦投资公司董事长
常务副会长：
李进茂　广东省旅游协会副会长兼秘书长
副会长：
李招培　广东省自驾旅游协会副会长兼秘书长
武旭峰　广东旅游出版社总策划
陈文君　广州城市职业学院旅游与公共管理学院院长
张伟强　广东商学院旅游学院院长、教授、博士生导师
丁月华　华工信元集团董事长、中科院院士
缪韶清　广州市超粤旅行社有限公司董事长
陈彩安　梅州雁鸣湖旅游度假村总经理
秘书长：
李招培　广东省自驾旅游协会副会长（兼）
执行秘书长：
李致君　广东合智策划传播机构董事总经理
副秘书长：
景小华　南方日报资深编辑
袁　忠　华南理工大学新闻传播学院研究生导师
卢　遥　广州大学中法旅游学院院长助理、培训主任
谢　军　广州市正亚文化传播有限公司副总经理
孙大伟　梅州雁鸣湖旅游度假村总监
钟一鸣　天安保险广东分公司营管部总经理
卢　伟　深圳市卓越律师事务所主任
王兴有　家庭期刊集团《旅游界》杂志运营总监
邓　忠　客属联谊会、客家人杂志社副主席、运营总监
张启慧　广州澳利旅游信息咨询有限公司总经理
监事长：
胡见阳　广州威英科技公司董事长
监　事：
骆若愚　深圳信京投资有限公司总经理
黄映延　惠州市旅游产品生产供应总公司副总经理

【广东温泉行业协会】

〖**举办国际温泉节**〗 2008年11月25~28日，第三届广东国际温泉旅游和世界温泉及气候养生联合会的第61届年会在珠海海泉湾举行。国际温泉节主要内容包括第61届年会、世界温泉科学大会、世界温泉及气候养生联合会2007年度颁奖大会等。大会有来自俄罗斯、意大利、法国、罗马尼亚、乌克兰、白俄罗斯、突尼斯、安道尔、哈萨克斯坦、日本、韩国、古巴、中国10多个国家及台湾地区的温泉和SPA的专家、学者、业者近400人参加。会议研讨了世界温泉SPA领域最前沿的课题，共收到世界各国关于温泉研讨论文54篇，并经整理汇编成册出版发行，它为中国温泉向养生、保健方面发展起到了借鉴作用，为温泉研究提供了丰富素材。在世界温泉联合会第71周年颁奖典礼上，广东温泉行业协会会长王长乐，副会长姜忠平、文飞、吴江徽以及秘书长张建彬和副秘书长赵永明获得“年度杰出贡献奖”等奖项。

〖**成立广东温泉研究所**〗 2008年11月25日，广东温泉研究所——海泉湾温泉研究所正式持牌成立。该研究所与海泉湾合办，协会邀请了水质、地质、营销等方面的专家加入。它的成立表明广东在温泉学术研究方面迈出实质性的一步，学术滞后于产业发展的局面有望得到缓解。

〖**加入世界温泉及气候养生联合会（FEMTEC）**〗 2008年6月，广东温泉行业协会向世界温泉及气候养生联合会（FEMTEC）正式递交入会申请，并获得通过。11月25日，世界温泉及气候养生联合会会长尼古拉·斯托拉赞科和秘书长恩贝托·索利曼向广东温泉协会会长王长乐颁发证书和牌匾，广东温泉行业协会正式加入世界温泉及气候养生联合会（FEMTEC）。王长乐会长还全票当选世界温泉及气候养生联合会的副主席。

〖**开通温泉网**〗 温泉网（www. gdhsa. com）网站以一个行业网站的模式和要求建设，内容涵盖温泉产业的方方面面，重点突出广东温泉协会的网上办公、协会会员介绍、温泉旅游预订、专家顾问、行业数据库、行业供求信息、招聘培训等内容。网站以传播温泉文化、引导温泉消费、服务广大会员为宗旨，不断丰富内容和完善不同板块的功能，积极传播“泉在广东”的品牌和内涵。

〖**行业交流与服务温泉企业**〗 2008年1~6月，福建、贵州等省市先后组团来粤考察温泉，商谈有关交流与合作等事宜。广东温泉协会还分别在韶关、湖南和上海举办了两期行业精英沙龙；9月，协会编印了英、日双语《泉在广东》宣传册并在第三届国际温泉节上作为会议资料赠送与会嘉宾，扩大了广东温泉在国际上的影响；协助省旅游局开展“广东人游广东——粤游粤精彩”系列活动，在活动启动仪式上，聚龙湾温泉、新银盏温泉和香江温泉分别与合作单位签约。

〖**领导机构组成**〗

会　长：

王长乐　港中旅（珠海）海泉湾度假城总裁

副会长（排名不分先后，共10个单位）：

吴江徽　珠海御温泉度假村总经理

姜忠平　碧水湾温泉度假村总经理

肖成业　中山仙沐园娱乐服务有限公司董事长

梁瑞廉　恩平市锦江温泉董事长

郑坚明　恩平市帝都温泉董事长

韩　明　新会古兜温泉董事长

刘国华　清远清新温矿泉旅游度假区总经理

邓秩兴　阳江温泉度假村董事长

彭大龙　韶关曹溪温泉假日度假村有限公司总经理

文　飞　佛冈聚龙湾温泉旅游度假村总经理

秘书长：

张建彬　广东省旅游协会副秘书长

监事会主席：

杨富超　韶关市龙华山温泉度假村董事长

（张建彬）

活力广东
GUANGDONG
Guangdong——Spot of vitality

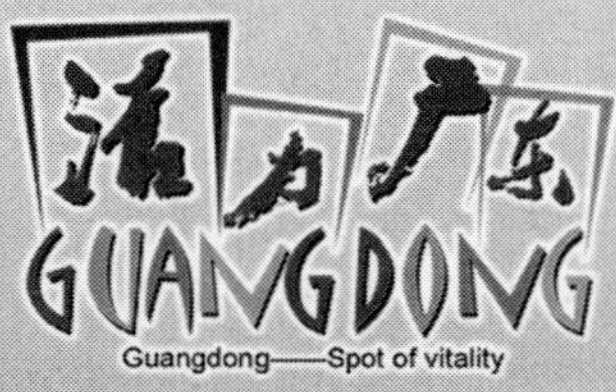

广东国际旅游文化节

（第 127 ~ 152 页）

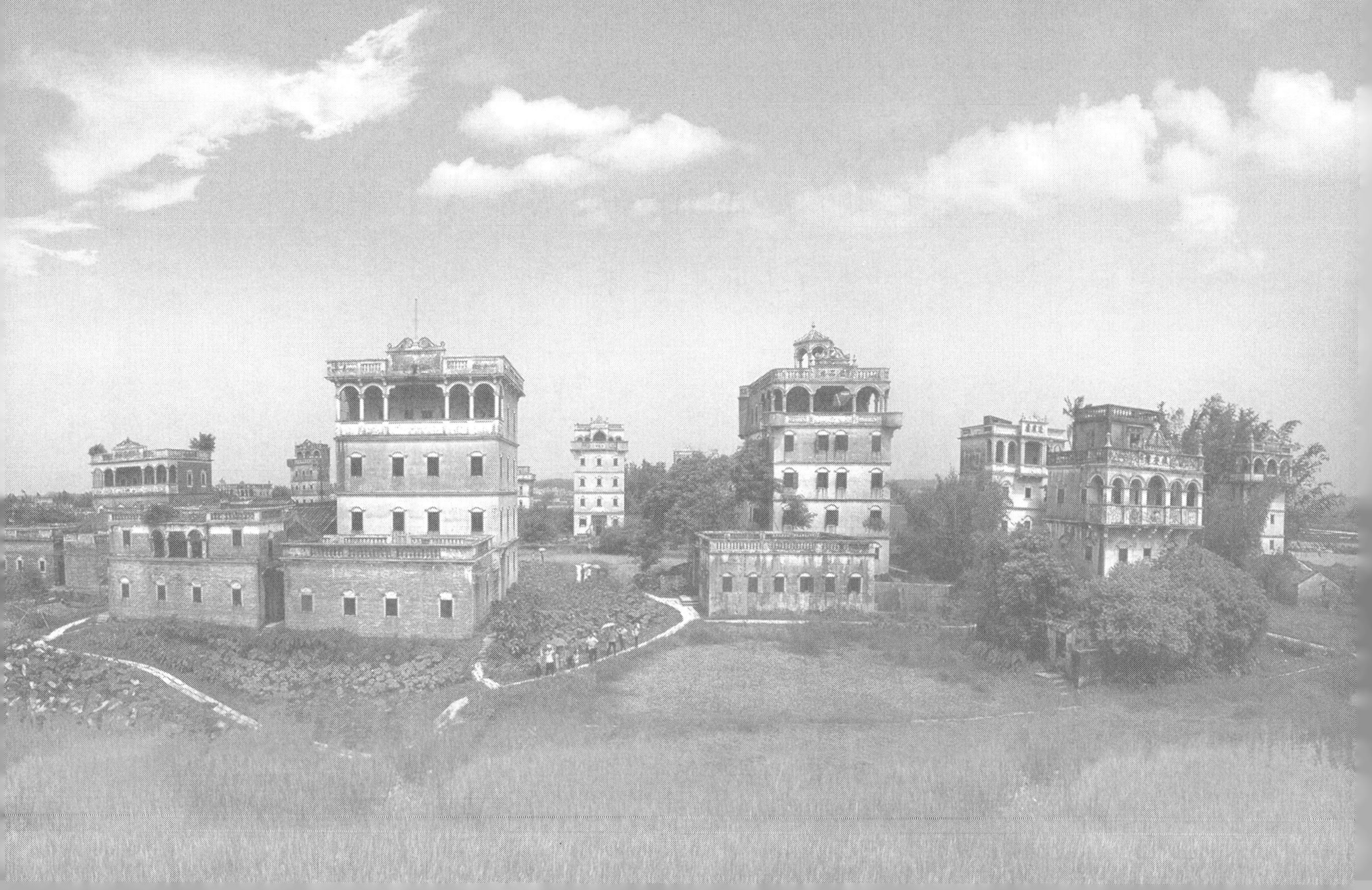

黄华华省长在2008广东国际旅游文化节暨泛珠三角旅游推介大会开幕式上的致辞

（2008年11月28日）

尊敬的世界旅游组织秘书长弗朗加利先生及夫人，尊敬的邵琪伟局长，各位嘉宾，女士们、先生们、朋友们：

今日南粤科学发展谱新章，今宵花城万众欢腾庆盛会。由国家旅游局和广东省政府共同主办的2008广东国际旅游文化节暨泛珠三角旅游推介大会即将隆重开幕。在此，我谨代表广东省委、省政府和本届旅游文化节组委会，对出席盛会的各位领导和嘉宾表示热烈的欢迎！

今年是我国改革开放30周年。广东作为中国改革开放的先行省，30年来经济社会发展取得辉煌成就，旅游业发展突飞猛进，旅游总收入、旅游创汇、入境旅游人数等主要指标稳居全国前列。今日的广东，已成为全国名副其实的旅游大省，正朝着建设旅游强省和中国旅游综合改革示范区的宏伟目标阔步迈进。

广东国际旅游文化节是全面展示广东改革开放发展成就和独特旅游文化魅力的舞台，是广东增进与各国、各地区交流合作的重要平台。2008广东国际旅游文化节，秉承“活力广东、欢乐祥和”的主题，更全面、更深入展示南粤大地的无比生机、无限精彩和无穷魅力，必将成为南粤人民与世界各国朋友共同欢庆的盛会，成为隆重纪念我国改革开放30周年的盛典，成为促进国际旅游文化交流的盛宴。

珠江流水情牵四海，南粤大地锦绣迷人。我们热情欢迎海内外宾朋常来广东，共同分享活力广东、开放广东、和谐广东的无穷魅力，携手共创美好未来！

现在我宣布，2008广东国际旅游文化节暨泛珠三角旅游推介大会开幕！

黄华华省长在2008广东国际旅游文化节暨泛珠三角旅游推介大会闭幕式上的致辞

（2008年12月4日）

各位领导，各位来宾，女士们、先生们、朋友们：

经过7天精彩纷呈的展演，2008广东国际旅游文化节暨泛珠三角旅游推介大会圆满完成各项节庆活动，即将落下帷幕。在此，我谨代表广东省委、省政府对旅游文化节圆满成功表示热烈的祝贺！对关心、支持、参与本届旅游文化节的各位来宾朋友和全体工作人员表示衷心的感谢！

举办广东国际旅游文化节是省委、省政府落实科学发展观、推动旅游文化建设、促进经济社会发展、增进国际交流合作的重大举措。在海内外社会各界的关心支持下，本届旅游文化节项目多、规格高、创意新、影响广，办出了特色、办出了水平、办出了实效。旅游文化节期间，来自世界旅游组织和80多个国家、地区的11000多名境外嘉宾出席开幕式；旅游招商会共签订投资项目112宗、外资金额22.5亿美元；分布在全省14个主分会场的140个独具风情的活动项目，向海内外嘉宾展示了“活力广东”的无穷魅力，展示了广东人民良好的精神面貌，在全省范围内形成了热烈和谐的节庆氛围，为广东科学发展注入了强大动力，为纪念改革开放30周年献上了一份厚礼。

欢乐的歌声回响南粤大地，辉煌的盛会长留宾朋心中。今晚，在美丽的中山市，让我们共同庆祝这一旅游文化盛会圆满成功。我们热切期待着来年与各位嘉宾朋友再次相聚，共谱旅游文化交流合作的新篇章！

黄华华省长在2008广东国际旅游文化节暨泛珠三角旅游推介大会欢迎宴会上的致辞

（2008年11月28日）

尊敬的各位领导、各位嘉宾，女士们、先生们：

花城迎盛会，把酒会宾朋。今天，我们非常高兴与参加2008广东国际旅游文化节的各位新朋老友欢聚一堂。在此，我谨代表广东省委、省政府对各位嘉宾朋友表示热烈的欢迎！对大家长期以来给予广东的关心支持表示诚挚的感谢！

广东国际旅游文化节是广东省政府与国家旅游局携手打造的国际旅游文化盛会。自2005年以来已成功举办了三届，在推动旅游与文化融合、扩大旅游业开放与合作等方面取得了显著成效，成为广东和我国加强国际旅游交流合作的重要平台和品牌。本届旅游文化节在我国隆重纪念改革开放30周年前夕举办，具有特别的重要意义。我相信，在各位来宾朋友的关心支持和积极参与下，2008广东国际旅游文化节一定会办出特色、办出水平，更有力地推动广东和全国旅游业发展，更有效地增进中外旅游交流合作。

祝2008广东国际旅游文化节暨泛珠三角旅游推介大会圆满成功！祝各位领导和嘉宾朋友身体健康、工作顺利！

弗朗西斯科·弗朗加利秘书长在2008广东国际旅游文化节暨泛珠三角旅游推介大会开幕式上的致辞

（2008年11月28日）

尊敬的汪洋书记、黄华华省长，尊敬的各位来宾，女士们、先生们：

晚上好！首先，我谨代表世界旅游组织并以我个人名义，向2008广东国际旅游文化节暨泛珠三角旅游推介大会表示热烈的祝贺！

旅游业是世界经济的重要组成部分，是极富发展潜力的朝阳产业。旅游业的发展不仅给许多国家提供了大量的就业机会，带来了丰厚的外汇收入，还给国民带来丰富的物质和精神享受。当前，随着全球绿色时代的到来，旅游业发展愈加引起各国政府的重视，被摆在了更加重要和突出的位置。中国是世界出境旅游增长最快、国内旅游市场最大的国家。中国政府高度重视旅游业发展，改革开放30年，旅游业蓬勃发展，发展规模和速度创造了世界旅游史的奇迹。我们预测，到2020年，中国将成为世界第一大旅游入境国和第四大旅游出境国，越来越多的旅游者将踏上中国这块热土，享受充满神奇和奥妙的愉快旅程。

今天晚上，我很高兴再次来到中国，来到广东，和世界各地的朋友们共庆旅游文化盛会。这是我第一次来广东，广东朋友的热情好客以及改革开放的巨大成就给我留下了深刻的印象，我也强烈地感受到广东大力发展旅游的决心。众所周知，广东是中国第一经济大省和旅游大省，拥有众多的历史文化遗产、灿烂的岭南文化、勤劳的南粤人民、秀丽的自然风光、浓郁的现代气息，拥有像广东国际旅游文化节这样富有内涵和品位的精品。我们世界旅游组织每年都派员出席广东国际旅游文化节，感觉它一年比一年精彩，一年比一年更有吸引力。广东不愧是中国的旅游大省，广东旅游业将迎来更广阔的前景，广东必将成为全世界旅游爱好者向往和流连的胜地。

2008广东国际旅游文化节暨泛珠三角旅游推介大会总体工作方案

一、名称

2008广东国际旅游文化节暨泛珠三角旅游推介大会

二、主办和承办单位

（一）主办单位：国家旅游局、广东省人民政府

（二）承办单位：省旅游局、文化厅、外经贸厅、侨办、外办，广州、深圳、珠海、汕头、佛山、韶关、河源、惠州、中山、湛江、肇庆、清远、潮州、揭阳等市人民政府，中国南方航空股份有限公司，广州白云国际机场股份有限公司。

三、主题宣传口号

活力广东　欢乐祥和

四、会标

沿用“2007广东国际旅游文化节暨泛珠三角旅游推介大会”会标主体，将会标中的年份改为“2008”。

五、指导思想和原则

坚持以科学发展观为统领，认真贯彻落实省委、省政府和国家旅游局领导的重要指示和批示精神，积极解放思想，以世界眼光筹办好广东国际旅游文化节，构建我省旅游文化对外交流合作平台，打造旅游文化精品品牌，推动广东旅游文化又好又快发展，推动经济强省、文化大省、和谐广东建设，推动粤港澳和泛珠三角区域旅游合作与发展。

2008广东国际旅游文化节暨泛珠三角旅游推介大会要坚持“政府主导、社会参与、市场运作”的原则，做到“八个结合”、“六个突出”：

（一）坚持“八个结合”：一是与继续解放思想，争当实践科学发展观排头兵紧密结合；二是与迎接和纪念改革开放30周年，宣传广东改革开放取得的巨大成就紧密结合；三是与推动“2008中国奥运旅游年”活动紧密结合；四是与打造广东旅游精品，营造良好旅游环境、增强旅游吸引力、建设旅游强省紧密结合；五是与推进大珠三角、泛珠三角区域旅游合作和第三产业发展紧密结合；六是与促进县域经济发展、建设社会主义新农村紧密结合；七是与推动招商引资、构建开放型经济体系紧密结合；八是与坚持以人为本，提高人民群众生活水平、提高人民群众幸福指数相结合。

（二）做到“六个突出”：一是突出活动项目的旅游文化特色，提升广东国际旅游文化节的层次和内涵；二是突出国际化、专业化，吸引更多的海外旅游业界人士和游客参与；三是突出市场运作，扩大旅游文化节的参与主体，创新办节形式，有效利用社会赞助、竞标活动冠名权、广告经营权等形式提升活动的市场运作效果；四是突出区域旅游合作，提升省内各区域和大珠三角、泛珠三角区域旅游合作水平；五是突出招商引资工作，提高旅游业招商引资水平；六是突出打造旅游文化精品，提升广东旅游的国际吸引力。

六、组织机构

成立2008广东国际旅游文化节暨泛珠三角旅游推介大会组委会负责组织筹备工作，国家旅游局邵琪伟局长、广东省黄华华省长担任组委会主任，万庆良副省长担任组委会执行主任，省政府有关部门和主会场、分会场所在地主要领导担任组委会副主任。组委会办公室设在省旅游局，负责日常筹备工作。办公室下设秘书行政组、外联接待组、大型项目组、经贸招商组、财务统筹与监督管理组、安全保卫组、新闻宣传组、卫生防疫组、广州活动组等九个工作组。

七、举办时间和地点

（一）举办时间

2008年11月28日（星期五）开幕，12月4日（星期四）闭幕。

（二）举办形式及地点

1. 采取主会场和分会场结合的形式；

2. 开幕式会场设在广州市天河体育中心，由组委会牵头举办；

3. 闭幕式会场设在中山市，由中山市政府牵头举办；

4. 有条件的市政府可向组委会办公室申请设立分会场，经组委会同意后组织实施。分会场申报的截止日期为2008年4月30日。

八、主要活动

2008广东国际旅游文化节暨泛珠三角旅游推介大会活动项目有3类：（一）省有关部门牵头组织的活动；（二）有关市政府组织的活动；（三）境内外企事业单位或社会团体组织的活动。

九、工作要求

（一）统一思想，提高认识。继续举办广东国际旅游文化节暨泛珠三角旅游推介大会，是全面贯彻落实省委省政府继续解放思想、坚持改革开放、争当实践科学发展观的排头兵以及建设经济强省、文化大省、和谐广东和实现富裕安康的重要举措，对促进广东的经济社会全面发展、充分发挥旅游的综合功能具有重要意义。各地、各有关部门要进一步统一思想，提高认识，增强工作的主动性和责任心，确保本届旅游文化节取得圆满成功。

（二）协同配合，形成合力。组委会办公室要加强组织领导，发挥协调作用，统筹协调各主分会场、各承办单位，统筹安排各项重大活动；各有关单位要从大局出发，充分发挥自身优势，全力以赴做好各项筹备工作，形成省市联动、协同配合的工作格局；各市、各单位要在总体工作方案框架下合理安排各项活动；各成员单位要齐心协力，相互配合，相互支持，确保各项工作任务的完成。

（三）严把质量，打造精品。旅游文化节是一次旅游的盛会，文化的盛典，是充分展示岭南文化、提高广东文化软实力的有效途径。各会场组委会及活动项目牵头单位要严格优选各活动项目，将旅游文化节与各地旅游节庆活动以及旅游宣传促销活动结合起来，与广府文化、潮汕文化、客家文化结合起来，在保留传统经典项目的基础上推陈出新。要深入挖掘本地特色旅游文化资源，打造出一批精品力作和品牌项目。各承办单位要按照组委会总体工作要求和具体标准，精心策划，严密组织，认真落实各项承办工作。

（四）拓宽市场，敢于创新。继续运用市场机制筹集活动经费、扩大社会参与面以及灵活运用市场运作机制是本届旅游文化节努力的方向。各活动项目的牵头或负责单位要大胆创新办节手段，根据活动项目实际情况采用招标、委托承办、联办、协办等形式，最大限度地引进有实力的企事业单位和社会团体参与，形成政府与社会的合力，共同办好广东国际旅游文化节。

（五）扩大影响，营造声势。要尽早做好与友好关系国家和地区的广泛联系，积极开展宣传工作，以吸引广东主要客源国、友好省州、友城和泛珠三角各省区以及其他兄弟省份到我省参展、参演，充分体现活动的国际性、参与性、实效性和群众性，推动广东、泛珠三角各区域旅游业和第三产业的优势互补，促进共同发展。

（六）严格预算，分级负责。继续按照“统筹协调、分级承办、分级负责”的原则，由省、市和相关部门以及企、事业单位独立承担各自的活动经费。应由省承担的费用，由组委会办公室按照勤俭办事的原则编制预算，按程序报批，并按有关制度严格管理；社会征办项目的费用，由承办单位自筹解决。

（七）科学管理，强化监督。要切实加强对使用财政资金项目的规范与管理，规范采购模式，完善采购管理办法，增强采购的计划性，采购单位按规定编报政府采购预算，并根据预算编报政府采购实施计划。省财政部门要加强经费预算管理，指导监督本届旅游文化节各个项目的财务收支及政府采购工作。省审计部门要加强对各项财务支出的审计监督。

（八）加强协作，落实责任。各有关单位特别是各工作组要根据总体工作方案的指导思想和原则要求，按照职责分工，抓紧研究和制订工作方案，落实机构、人员和职责分工，广泛宣传，积极发动，做好嘉宾邀请和接待等工作。各有关单位必须于2008年4月30日前将工作人员名单、工作方案和工作进度计划报组委会办公室统一汇总。

（九）健全机制，完善管理。建立健全旅游文化节督导机制、通报机制和奖惩机制。组委会和有关各市政府要指定专人对各地、各单位、各项目的工作进度情况进行监督检查，及时通报旅游文化节组织筹备情况。对为旅游文化节作出突出贡献的单位和个人要给予表彰奖励；对工作不力的单位和个人要给予批评；工作失职，严重影响到旅游文化节正常进行的，要追究其负责人的责任。切实落实各项管理制度，确保旅游文化节筹备和组织工作的顺利进行。

组委会及办公室人员组成和工作职责

一、组委会

主　任：

邵琪伟　国家旅游局局长

黄华华　广东省省长

执行主任：

万庆良　广东省副省长

副主任：

刘晓捷　省政府副秘书长

杨荣森　省旅游局局长

方健宏　省文化厅厅长

梁耀文　省外经贸厅厅长

傅　朗　省外办主任

吴锐成　省侨办主任

林耀明　省委办公厅副主任

曹鉴燎　广州市副市长

卓钦锐　深圳市副市长

钟世坚　珠海市市长

蔡宗泽　汕头市市长

陈云贤　佛山市市长

郑振涛　韶关市市长

刘小华　河源市市长

李汝求　惠州市市长

李启红　中山市市长

陈耀光　湛江市市长

杨浩明　肇庆市市长

徐萍华　清远市市长

汤锡坤　潮州市市长

陈奕威　揭阳市市长

司献民　南方航空股份有限公司总经理

张克俭　白云机场股份有限公司总经理

二、组委会办公室

办公室主任：

杨荣森　省旅游局局长（兼）

办公室常务副主任：

杜佐祥　省文化厅副厅长

曾维炳　省旅游局副局长

周开生　省旅游局副局长

张振林　省旅游局纪检组长、监察专员

办公室副主任：

李守进　省委宣传部副部长、省政府新闻办主任

张永强　省公安厅副厅长

欧　斌　省财政厅副厅长

吴　军　省外经贸厅副厅长

黄　飞　省卫生厅副厅长

王世彤　省外办副主任

陈仰豪　省侨办副主任

陈绍康　广州市政府副秘书长

陈文江　深圳市政府副秘书长

金展扬　珠海市副市长

余健明　汕头市副市长

麦洁华　佛山市副市长

邹永松　韶关市副市长

吴有必　河源市副市长

杨灿培　惠州市副市长

韩泽生　中山市副市长

麦教猛　湛江市副市长

孙　德　肇庆市副市长

曾贤林　清远市副市长

陈建新　潮州市副市长

叶少明　揭阳市副市长

陈　港　南方航空股份有限公司营销委主任

马心航　白云机场股份有限公司副总经理

（一）秘书行政组

组　长：

张振林　省旅游局纪检组长、监察专员

副组长：

郭才武　省委办公厅调研员

贺　宇　省府办公厅处长

何日火　省政府办公厅调研员

邱招贤　省旅游局办公室主任

余　斌　省旅游局处长

曾晓峰　省旅游局处长

冯宏海　省政府办公厅副处长

柯显东　广州市旅游局处长

联络员：

邱招贤　省旅游局办公室主任

成员单位：

省委办公厅（郭泽生）、省政府办公厅（涂华峰）、省旅游局（李录春、凌木森、刘健民、张云欣、梁永忠、孙朝晖、涂继文、何文柯、陈桂林、赵雪竹、张蕊青、邓春香、马亮、陈婷）、省外办（李志坚）、省体育局（伍曦、郑凤玲）、省文联（叶蓝）、广州市政府办公厅（李俊雄）、南方航空股份有限公司（王震、谢枫、何鹏翔）、白云机场股份有限公司（谭萍）、广州天河体育中心（林彬、焦锐）。

工作职责：

1. 协助领导组织开展办公室日常工作；

2. 准备领导讲话、相关文件和资料；

3. 统筹审查各分会场、活动承办单位、参与或争办项目单位的活动方案以及相关宣传品；

4. 检查、督导各工作组、各项目承办单位工作；

5. 统筹组织、协调各项活动日程；

6. 协调相关领导出席活动；

7. 接受社会赞助和捐赠事宜，统筹集资广告、集资回报的落实和集资实物的管理等工作；

8. 组织开展本届旅游文化节社会参与及市场化运作工作；

9. 编印活动简报；

10. 负责公文核发和印章管理；

11. 制作信封、信笺等；

12. 编印活动指南；

13. 编制本组各项活动费用预算和款项支付进度计划，对已批准的预算范围内的具体经费开支进行审核把关；

14. 组委会交办的其他工作。

（二）外联接待组

组　长：

周开生　省旅游局副局长

副组长：

巫东朋　省政府接待办副主任

麦月嫦　省旅游局调研员

甘达坚　省旅游局处长

于非己　省旅游局处长

吴晓生　省侨办调研员

李宏志　省外办副处长

侯振富　省台办副处长

联络员：

甘达坚　省旅游局处长

成员单位：

省委办公厅接待办（董芸生）、省政府接待办（陈志杰、武晨）、省旅游局（胡珍、吴小丽、姚霖尹、张国辉、张建新、孔宪辉、蔡涛、罗美玲、张莉莉、董晓红、邹飞祥、潘维嘉、刘超、符常青、黄麟）、省文化厅（符林敏）、省外事办（李志坚）、省侨办（叶欣）、省台办（林伟胜）、省港澳办（车作斌）、海关总署广东分署（潘婉雯）、省公安边防总队（钟剑）、广州边检总站（张彦）、深圳边检总站（陈龙）、珠海边检总站（许丰永）、南方航空股份有限公司（王蓉、赵瑞萍、曾玉萍）、广州铁路（集团）公司（徐建春）、广州市政府办公厅（李俊雄）、酒店协会（李帆）、广州天河体育中心（林彬、区和平）、导游协会（王晓宁）、广东省机场管理集团公司（黄雅思）、省中旅（江澜）、广东国旅（陈玉燕）、广之旅（叶鑑泉、姚嘉怡）、广东铁青（宋玲奇）、南湖国旅（陈伊哲）、南航明珠酒店（刘永强、韦正东、陈晓良）、花园酒店（冯文伟）、新白云宾馆（王意铭）、东方宾馆（何玉卿）。

工作职责：

1. 负责制定和组织实施本届旅游文化节接待方案；

2. 联络并邀请有关国家和地区，兄弟省（市、区）领导；

3. 提出特邀嘉宾名单；

4. 落实开幕式等系列活动的嘉宾名单；

5. 发送请柬、邀请函及相关资料；

6. 协调有关部门安排特邀海外嘉宾的入、出境礼遇；

7. 组织落实领导、嘉宾的欢迎酒会；

8. 协调相关部门或单位做好嘉宾食、宿、行等后勤接待工作；

9. 向嘉宾派发宣传推介资料和纪念品；

10. 编制本组各项活动费用预算和款项支付进度计划，对已批准的预算范围内的具体经费开支进行审核把关；

11. 组委会交办的其他工作。

除组委会统一邀请的领导嘉宾外，各单位按谁邀请、谁负责的原则，做好嘉宾的各项接待工作。

（三）大型项目组

组　长：

曾维炳　省旅游局副局长

副组长：

毛　诚　省旅游局处长

陈小明　省文化厅处长

王　莉　省文化厅处长

李振德　省旅游局调研员

孙旭阳　广东电视台副台长

梁　柱　广东电台旅游电视频道总监

黄林炎　省侨办副处长

联络员：

毛　诚　省旅游局处长

成员单位：

省旅游局（陈卫东、梁耀坚、田志强、白登亮、林珏懿、李健仪、晏曾节、张海燕）、省文化厅（张梅、李剑先、于万东）、省建设厅（汤洞、潘泽军）、省外办（李宏志）、广东电视台（钟新宁、赵坚、范穗康、王伟华）、广东电台（李伟东、蒙乃康）、省教育厅（谢东星）、团省委（何刚、刘扬）、省旅游学校（张江、董家彪、刘金明、黄伟钊、丁创歆、苏华）、广州天河体育中心（区和平、吴愉、吴伟）。

工作职责：

1. 负责开幕式、闭幕式、花车巡游、旅游大促销等省政府相关部门组织的大型活动的组织、协调、审核和主要省定项目的实施工作；

2. 开幕式、旅游大促销场地的租用、布置、协调；

3. 编制本组各项活动费用预算和款项支付进度计划，对已批准的预算范围内的具体经费开支进行审核把关；

4. 组委会交办的其他工作。

（四）经贸招商组

组　长：

吴　军　省外经贸厅副厅长

副组长：

宋晓军　省投资促进局局长

杨子江　省投资促进局副局长

司庆伟　省贸促会副会长

刘益华　省旅游局调研员

联络员：

刘益华　省旅游局调研员

成员单位：

省发展改革委（陈建军）、省经贸委（陈绩）、省外经贸厅（李志强、修文）、省侨办（杨应棉）、省外办（吴雅莉）、省旅游局（潘玲）、省台办（黄秋鸣）、省贸促会（蔡伊乐）。

工作职责：

1. 负责旅游招商会等活动的组织、协调、策划和实施工作；

2. 编制本组各项活动费用预算和款项支付进度计划，对已批准的预算范围内的具体经费开支进行审核把关；

3. 组委会交办的其他工作。

（五）财务统筹与监督管理组

组　长：

欧　斌　省财政厅副厅长

副组长：

邝　慧　省财政厅调研员

莫羡春　省政府参事室处长

张　梅　省文化厅副处长

钟尔慧　省审计厅副处长

阮　静　省旅游局副调研员

联络员：

阮　静　省旅游局副调研员

成员单位：

省财政厅（黄丹妮）、省文化厅（张梅）、省旅游局（陈宇锋）、省审计厅（李畅）。

工作职责：

1. 负责申请旅游文化节所需经费；

2. 受政府委托对各工作小组及大型项目单位申报的预算进行审核；

3. 负责旅游文化节总账户的管理，对各有关单位的经费预算、主要费用的支付、结算，进行监督审查；

4. 配合有关部门对旅游文化节费用开支进行审核；

5. 组委会交办的其他工作。

（六）安全保卫组

组　长：

张永强　省公安厅副厅长

副组长：

邹文强　省公安厅治安管理局副局长

苏武辉　省公安厅国内安全保卫局副局长

董贵龙　省公安厅消防局副局长

何　靖　广州市公安局副局长

林海城　省委办公厅警卫局处长

梁　晖　省旅游局党办主任

潘茂嘉　省政府办公厅调研员

龚　鸣　省公安厅治安管理局副处长

王惠棠　省公安厅交通管理局副处长

邱志冬　广州市国家安全局副处长

联络员：

梁　晖　省旅游局党办主任

成员单位：

省公安厅治安管理局（申斌、李广民）、省公安厅交通管理局（朱子威）、省委办公厅警卫局（李芝林）、省公安厅国内安全保卫局（王玉珍）、省旅游局（林平、申继民、张旭军、曹颖、李娜）、广州市公安局（彭国安、罗兴强、彭海明）、广州市国家安全局（区雷）、有关市公安局、广州市天河体育中心（吴伟才、瞿鹏粤）。

工作职责：

1. 负责本届旅游文化节安全保卫工作的组织、协调、

指导和检查；

2. 负责开幕式及其他大型活动的交通指挥、协调，开幕式车辆停放以及所需警车的安排落实；

3. 活动证件的制作、发放和管理；

4. 编制本组各项活动费用预算和款项支付进度计划，对已批准的预算范围内的具体经费开支进行审核把关；

5. 组委会交办的其他工作。

（七）新闻宣传组

组　长：

莫高义　省政府新闻办副主任

副组长：

曾胜泉　省委宣传部副处长

刘端雄　省政府办公厅副处长

王永清　省新闻办主任助理

沈卫红　省侨办副处长

陈瑞东　省旅游局副处长

联络员：

陈瑞东　省旅游局副处长

成员单位：

省政府新闻办公室（孙朝阳）、省府办公厅（张岩）、省旅游局（邹璐璐、赵丽帆、周赫）、省外办（陈谦）、省台办（杨凯帆）、南方广播影视传媒集团（赵晖）、南方日报报业集团（刘健东）、南方新闻网（欧阳农跃、田海燕）、羊城晚报报业集团（马勇）。

工作职责：

1. 负责本届旅游文化节新闻宣传工作的组织、协调、指导和实施；

2. 协调召开本届旅游文化节新闻发布会；

3. 策划与实施本届旅游文化节的专题节目和专题报道；

4. 按照组委会接待工作的规定，做好海内外记者的邀请、接待、安排采访以及新闻记者的管理工作；

5. 印制和发送宣传海报、特刊、记者接待手册以及其他宣传资料；

6. 发布本届旅游文化节相关信息；

7. 编制本组各项活动费用预算和款项支付进度计划，对已批准的预算范围内的具体经费开支进行审核把关；

8. 组委会交办的其他工作。

（八）医疗卫生防疫组

组　长：

黄　飞　省卫生厅副厅长

副组长：

叶兆怡　省卫生厅调研员

廖国强　省旅游质监所所长

邹　勇　广州市卫生局副处长

邱建锋　省卫生监督所副所长

联络员：

廖国强　省旅游质监所所长

成员单位：

省卫生厅（邓平、张伟、麻尚春、郭洁吾）、省旅游局（肖伟棠）、广州市卫生局（姚毅文）、省卫生监督所（叶兵、彭国超、甘日华、钟汉光、蔡锐）、广州市卫生监督所（江林丽）、广州市天河体育中心（李新华）。

工作职责：

1. 负责本届旅游文化节的公共场所卫生、饮食、疾病预防、医疗急救、重要嘉宾保健等工作的协调、联络、检查；

2. 编制本组各项活动费用预算和款项支付进度计划，对已批准的预算范围内的具体经费开支进行审核把关；

3. 组委会交办的其他工作。

（九）广州活动组

组　长：

陈绍康　市政府副秘书长

副组长：

朱　力　市旅游局局长

联络员：

林小丽　市旅游局办公室调研员

成员单位：

广州市旅游局（柯显东、林小丽）、市文化局（蔡锦明）、市外事办（郑钧）、市经贸委（黄恩强）、市公安局（何靖）、市交委（叶印华）、市卫生局（熊远大）。

工作职责：

1. 负责落实主会场组织的活动项目；

2. 做好组委会在主会场举办的各项活动的协调配合工作，以及主会场市容市貌、环境营造等工作；

3. 组委会交办的其他工作。

2008广东国际旅游文化节暨泛珠三角旅游推介大会主要活动项目

【省有关部门牵头组织的活动】

1. 活动名称：2008广东国际旅游文化节泛珠三角旅游推介大会开幕式晚会

活动时间：11月28日晚

活动地点：广州天河体育场

活动内容：晚会以“和谐广东，共享旅游”为主题，浓墨重彩地以“蓝、绿、金”三大色块，体现以岭南文化为背景的广东旅游特色，展示和谐广东的魅力。整场晚会洋溢浓烈的现代气息，借助流行的视听元素、时尚的节目包装和高科技手段，以打造美轮美奂的视觉盛宴，体现深厚的广东特色、海洋特色、开放特色和都市底蕴。

2. 活动名称：2008年海外杰出华人广东行系列活动

活动时间：11月26日~12月1日

活动地点：广东各地

活动内容：省侨办组织“侨领、华商广东行”、“杰出华裔青年南粤文化行”、“华裔政要广东行”、“海外华文媒体广东行”等四大系列活动，并邀请400多名海外嘉宾参加。

3. 活动名称：广东开放论坛——现代旅游业合作与发展

活动时间：11月28日

活动地点：广州丽思卡尔顿酒店

活动简介：由广东省旅游局与凤凰卫视共同承办。旨在进一步解放思想，以世界眼光、战略思维谋划广东旅游新一轮大发展，促进广东旅游产业现代化、国际化，努力开创广东旅游产业发展新局面。活动方式以“体验式小型博览会”+“高峰论坛”为主。

4. 活动名称：2008广东国际旅游文化节泛珠三角旅游招商会

活动时间：11月28日

活动地点：广州市东方宾馆

活动内容：省政府领导发表演讲，介绍广东投资环境和外经贸、旅游业发展前瞻；2~3位旅游行业代表介绍投资体会；来宾与企业家交流。

5. 活动名称：天合联盟销售执行理事会暨航空产品推介会

活动时间：11月28日

活动地点：广州市东方宾馆

活动内容：邀请全球国际航空公司联盟——天合联盟各成员公司的官员及南航海外旅行社客户代表参加。集中展示广东改革开放30年来，在经济、文化、旅游、交通等领域取得的巨大成就，发挥天合联盟各成员公司在全球范围内的资源优势，促进广东的经济与旅游事业的发展。

6. 活动名称：2008泛珠三角旅游花车大巡游

活动时间：11月28日~12月3日

活动地点：广州天河体育场等地

活动简介：由泛珠三角9+2地区各省区、省内各地级以上市及东盟四国、国际友城组织的花车进行花车巡游和表演活动。花车设计既与开幕式晚会相适应，又展现广东及泛珠地区丰富的旅游资源和人文特色。

7. 活动名称：2008旅游大促销暨广东国际旅游展览会

活动时间：11月29日~12月1日

活动地点：广州天河体育中心南广场

活动内容：展会采用户外展示与旅游促销表演相结合的新形式，推出六个各具特点的主题展区，力争打造国内最大的户外旅游展示平台。展览会上，每天三个时段上演具有各地旅游风情特色的节目，全方位、多方面展示各地独具特色的旅游资源，让与会人员和参观者深刻了解各地丰富多彩的旅游风情。

8. 活动名称：“友城之夜”系列活动

活动时间：11月29日

活动地点：中山纪念堂

活动内容：“友城之夜”文艺晚会是广东海外友好城市欢聚一堂的艺术盛会。来自世界各地的友好省（区、州、县）表演团体和全省艺术精英齐聚中山纪念堂，为来宾献上具有浓厚地域及民族特色的节目。

9. 活动名称：岭南民间艺术展演

活动时间：11月29日~12月3日

活动地点：英雄广场、罗岗区黄陂员工楼文化广场、海珠区中大北门广场、中山图书馆广场和越秀区文化馆

活动简介：整个活动设有“三台晚会”和“两台展览”。“三台晚会”即深圳市组台的具有现代都市文化的表演、南海区组台的一场代表珠三角地区风俗的乡镇文化表演、青海省组台的一场具有浓郁民间艺术气息的表演。“两台展览”即大型航拍图片展和青海民间艺术展，航拍图片

展包括《大漠舞东风——神州发射系列掠影》和《大漠舞东风——珠三角鸟瞰》两个专题。青海省非物质文化遗产项目有唐卡、地毯、剪纸等展览。

10. 活动名称：印度—中国广东旅游合作研讨会

活动时间：12 月 3 日

活动地点：中国大酒店丽晶殿

活动内容：为进一步加强广东与印度的旅游合作与交流，广东省旅游局与印度驻广州总领馆、印度旅游局驻北京办事处于旅游文化节期间联合举办“印度—中国广东旅游合作研讨会”。印度与广东旅游业界的代表在研讨会上相互交流、共同推进广东与印度旅游业的合作与发展。

11. 活动名称：网上旅游文化节

活动时间：2008 年 11 月 ~2009 年 7 月

活动地点：广东国际旅游文化节官方网站（www. gditcf. com）

活动内容：包括旅游文化节网上直播，网上旅游博览会等内容，为旅游及相关企业提供更为个性化的服务，使之成为“永不落幕的旅游展览会”。

【境内外企事业单位或社会团体组织的活动】

12. 活动名称：第三届广东自驾游最佳路线评选

活动时间：8 月 ~12 月

活动地点：广东各地

活动内容：分为参选线路静态展示、自驾游活动、活动成果展示三个阶段。以自驾游线路的展示和考察为核心，为广东省内各优质的自驾游景点（区）搭建了互补型的特色自驾游线路，形成“以点带线”的整体自驾游效应，提高各区域自驾游整体竞争力。

13. 活动名称：广东浪漫之旅

活动时间：8 月 ~12 月

活动地点：广东各地

活动简介：以“活动带宣传、宣传促活动”的方式，全面配合 2008 广东国际旅游文化节的开展，力争在 2010 年前完成 1000 万人次的活动参与量。

14. 活动名称：（首届）广东大学生旅游文化节

活动时间：10 月 11 日 ~11 月 31 日

活动地点：广州大学城（主会场）、省内著名景区及知名企业单位

活动内容：开展“广东大学生旅游形象大使评选”、“旅行 DIY 创意征集”、“广东旅游体验及旅游文化作品评比”、“旅游文化高校大巡展”、“闭幕式颁奖晚会”等系列活动。

15. 活动名称：2008 广东国际旅游文化节暨世界美酒节

活动时间：12 月 24 日

活动地点：广州白云国际会议中心

活动简介：系列活动进一步推动了东西方美酒文化的交流与共鸣，让“美酒、美人、美心、美景、美食”有机交融。有近千名外国嘉宾、国内企业家、代理商、经销商、品酒爱好者以及参加旅游文化节活动和酒文化交流的宾客欢聚一堂，共同交流与合作。

16. 活动名称：“成龙和他的朋友们”广州爱心演唱会

活动时间：11 月 30 日

活动地点：广州天河体育场

活动内容：演唱会旨在发扬 2008 北京奥运会的精神、展现广东改革开放 30 年巨大成就，为中国慈善事业作出贡献。成龙先生携手他的朋友们共同奉献一场精彩的演出。

【广州市分会场】

17. 活动名称：2008 第二届广州金牌导游员大赛

活动时间：6 月 20 日 ~11 月 30 日

活动地点：广州各相关景区

活动内容：活动主题为“迎亚运、金牌导游员与您同行”，内容包括初赛、半决赛（晚会）、总决赛（晚会）、旅游企业高峰论坛、金牌导游员迎亚运社区行、金牌导游员商业点行、金牌导游员景点行、金牌导游员美食名店行和集中培训及彩排等十项活动。评选出第二届广州十佳金牌导游员等。11 月 30 日在广东科学馆举行。

18. 活动名称：“百里珠江·水上画廊”广州风情游活动

活动时间：7 月 25 日 ~12 月 31 日

活动地点：珠江广州河段及沿岸相关旅游景区

活动内容：天字码头上船，向东行至黄埔古港码头，上岸参观黄埔古港博物馆，品尝当地的小吃，参观黄埔军校旧址博物馆，从黄埔军校码头上船继续向东行至文冲船厂江面，观沿江岸边各类船只景观，欣赏琶洲会展中心现代化建筑的风韵。

19. 活动名称：2008 和谐番禺·文明旅游形象大使比赛

活动时间：9 月 27 日 ~11 月 28 日

活动地点：番禺各大旅游景区、番禺广场、易发商业街

活动内容：包括文明旅游形象大使初赛、准决赛、总决赛等活动。举行番禺“新八景”授牌仪式。

20. 活动名称：泛珠三角旅游花船大巡游

活动时间：11 月 22 日 ~12 月 7 日

活动地点：珠江河段（白鹅潭—广州大桥）

活动内容：由泛珠三角 9 +2 旅游城市、省内各地级市旅游局及旅游企业参与，制作具有显著代表标志的花船，在珠江河面上进行大巡游活动，向广大游客、市民展示泛珠三角各地富有浓郁文化特色、各类精彩旅游项目及品牌

旅游资源。

21. 活动名称：2008 首届广州（南沙）滨海旅游欢乐节

活动时间：11 月 24～26 日

活动地点：南沙天后宫、滨海公园

活动内容：包括风筝欢乐节、婚纱摄影活动、沙滩排球友谊赛、沙雕作品展、啤酒烧烤篝火晚会、沙滩音乐狂欢派对等六项活动。

22. 活动名称：第二十二届广州（国际）美食节

活动时间：11 月 24 日～12 月 5 日

活动地点：广州市正佳广场

活动内容：以“品赏健康美食，体验休闲生活”为主题，在主会场举办开幕式、美食体验、地方名优特产及包装食品展、美食总动员、“食在广州”精品展示、饮食文化展、美食游、名菜名点评比、闭幕式暨颁奖典礼等活动；广州市各区（县级市）、美食街区、特色餐饮企业等设分会场，举办美食系列活动及民俗节庆活动。

23. 活动名称：2008 中国广州（增城）登山旅游节

活动时间：11 月 25 日～12 月 31 日

活动地点：增城市白水寨风景区名胜区

活动内容：以“绿色生态·欢乐增城”为主题，内容包括新闻推介会、登山节开幕式、全民健身、群众登高健身活动和白水寨风景名胜区旅游主题活动等四项主要活动。

24. 活动名称：广东旅游文化节庆 50 强（大型旅游电视系列片）

活动时间：11 月下旬

活动地点：广东电视台移动频道

活动内容：系列片从广东现有的各类旅游文化节庆活动入手，使广东国际旅游文化节与省内各地大小逾百个极具鲜明特色的旅游文化节庆活动交相辉映。50 集的系列片探究了岭南文明之根、岭南文化之脉和岭南民俗之魂。

25. 活动名称：从化市旅游文化节

活动一：2008 广东国际旅游文化节·中国旅游从化温泉养生论坛

活动时间：12 月 13～14 日

活动地点：广东省从化市碧水湾温泉度假区、广东省温泉宾馆

活动内容：邀请国内知名专家学者考察从化旅游资源，举办从化温泉养生专家论坛、温泉企业家沙龙和从化旅游产业大发展专家征询会。

活动二：从化市旅游宣传推介暨旅游招商会

活动时间：12 月 7 日

活动地点：广州花园酒店国际会议大厅

活动内容：介绍从化旅游的整体情况和招商环境，举行项目签字仪式。在天河体育中心组织相关旅游企业参加联展。

26. 活动名称：2008—2009 国际旅游小姐冠军总决赛中国·广东赛区

活动时间：12 月底

活动地点：广东各地

活动内容：2003 年以来，国际旅游小姐大赛在中国主办总决赛已历经五届。本次大赛融入了广府文化、岭南文化、客家文化、潮汕文化元素，立体式推荐广东，提高广东旅游的影响力和吸引力，让世界更加了解广东、关注广东。

【深圳分会场】

27. 活动名称：2008 深圳国际旅游文化节开幕式晚会

活动时间：10 月 16 日

活动地点：深圳世界之窗环球舞台

活动简介：以“精彩深圳、欢乐之都”为主题，邀请海内外的著名歌手出席演唱旅游经典歌曲，同时还邀请了国外的旅游专业表演团体参演，呈现了一台有特色、有影响、有创意的视觉盛宴，突出深圳主题公园之都、滨海旅游、自然生态、国际都市等特色，从而推动国际滨海旅游城市的建设，提升深圳在国际上的知名度。

28. 活动名称：2008 非洲文化聚焦

活动时间：10 月 23 日～11 月 2 日

活动地点：深圳市

活动内容：非洲 7 国 8 个文艺团组演出、非洲 4 国 5 个艺术展览、中非文化政策圆桌会议及非洲文化人士访问计划四大板块。

29. 活动名称：2008“中国杯”帆船赛

活动时间：10 月 24～27 日

活动地点：深圳大亚湾海域

活动简介：“中国杯”帆船赛是首个由中国人创办的大帆船国际赛事，是目前唯一在国内举行的大帆船赛事，包括开幕式、闭幕式、风帆音乐季、体育营销经济论坛、中国杯高尔夫名人邀请赛等系列精彩活动。

30. 活动名称：2008F1 摩托艇世界锦标赛中国深圳大奖赛

活动时间：10 月 25～26 日

活动地点：深圳南山区

活动简介：F1 摩托艇世界锦标赛是由国际摩托艇联合会于 1981 年发起组织的，是与奥运会、世界杯足球赛、F1 赛车世界锦标赛齐名的国际体育赛事。大赛突出“体育＋人文＋环境”的新理念、张扬时代特点和城市风格，强调观赏性、娱乐性和参与性，体现深圳高端旅游特色。

31. 活动名称：“魅力福田、都市风情”——畅游福田区 CBD 活动

活动时间：10 月 28 日～11 月 28 日

活动地点：深圳福田区

活动内容：（1）畅游福田区 CBD，感受广东最美的乡村；（2）走进福田红树林，体验福田生态旅游；（3）体验都市风情魅力，品味福田中外文化；（4）漫步福田购物天堂，享受福田购物乐趣。

32. 活动名称：第七届深圳黄金海岸旅游节

活动时间：10 月 ~ 11 月

活动地点：深圳盐田区

活动简介：以“黄金海岸——蓝色乐章、滨海休闲”为主题，由第四届深圳（大梅沙）沙滩音乐节、第三届深圳大梅沙国际风筝节、第二届深圳（大梅沙）国际游艇及设备展览会、2008 盐田旅游风光摄影赛、首届深圳大梅沙啤酒文化狂欢节等活动组成。

33. 活动名称：2008 深圳珠宝节

活动时间：10 月 ~ 11 月

活动地点：深圳水贝珠宝项链街区、各大商场、星级酒店、金光华广场等

活动简介：开幕式、珠宝嘉年华、第三届花式调酒大赛等。其中“首届中国国际珠宝设计大赛”获奖作品展、“百花奖”翡翠玉雕作品展、珠宝模特秀、珠宝基地观光休闲游等给公众带来视觉冲击。

34. 活动名称：“激情南山　动感欢乐”季

活动时间：10 月 ~ 12 月

活动地点：深圳南山区

活动简介：包括南山区社区艺术节、南山区动漫文化节、“崛起的珠三角”大型航空摄影展、民歌演唱会、动物狂欢节、青青趣味农运会、大洋洲风情文化节、冰雪节、国庆中国狂欢节、国际魔术节、流行音乐节等。

35. 活动名称：第七届全国杂技比赛

活动时间：11 月 21 ~ 28 日

活动地点：深圳市

活动简介：经过层层选拔的全国杂技精英云集深圳，角逐国内最高专业水准的文化桂冠，为全市人民带来前所未有的艺术享受。

36. 活动名称：周末好去处——旅游进社区活动

活动时间：11 月

活动地点：深圳各大社区

活动简介：联合主要旅游景点、旅行社，进入深圳具有代表性的十个社区开展推介活动，全面推广深圳精彩的旅游线路。

37. 活动名称：“精彩深圳”旅游摄影大赛

活动时间：11 月

活动地点：深圳市

活动简介：组织全市专业摄影师和业余爱好者参赛，拍摄深圳市区旅游景点、旅游节庆活动及市容市貌，评选出优秀作品，展示深圳优美的旅游风光，突出深圳旅游“精彩深圳，欢乐之都”的品牌形象。

38. 活动名称：第五届宝安区“沙井金蚝节”

活动时间：12 月

活动地点：深圳宝安区

活动简介：以“蚝乡旅游、优美宝安”为主题，突出地方特色，围绕“蚝”文化，开展“沙井金蚝美食节”、摄影比赛及优秀作品展、“蚝民、蚝乡、蚝情”社区蚝文化系列活动等，进一步推动“沙井蚝乡游”市场的发展。

39. 活动名称：情系龙岗·客家风情文化旅游周

活动时间：12 月

活动地点：深圳岗街道龙园景区

活动简介：通过客家风情表演等系列活动，向广大市民游客全面展现龙岗淳朴的客家民俗风情。

40. 活动名称：光明新区第二届“绿色旅游文化节”

活动时间：12 月

活动地点：深圳市光明新区、光明农科大观园及相关旅游企业

活动简介：设主体活动和专项活动。主体活动包括开幕式、光明新区旅游产业发展研讨会、光明新区旅游业发展经验交流会、闭幕式晚会等；专项活动分绿色光明摄影大赛、绘画大赛、光明美食节等。

41. 活动名称：“创意十二月”系列活动

活动时间：12 月

活动地点：深圳市

活动简介：以“我的创意·我的梦想”为主题，包括深圳城市双年展等十几项内容，激发了深圳广大市民的创意热情，推动深圳的创意文化与产业发展，搭建一个高规格的、具有广泛影响力的创意设计平台。

42. 活动名称：第六届全球通·中外艺术精品演出季

活动时间：2008 年第四季度

活动地点：深圳市

活动简介：演出季已成为发展深圳著名的重要文化品牌之一，多样化风格的演出季表演项目都是在国内外享有盛誉的文化精品，为深圳市民了解高雅文化，让演出文化走进市民大众提供了一个交流的平台。

【珠海分会场】

43. 活动名称：2008 珠海“爱与分享”沙滩音乐派对

活动时间：10 月 3 ~ 4 日

活动地点：珠海吉大海滨泳场

活动内容：珠海沙滩音乐派对活动于每年“十一”黄金周期间举办。主会场设在珠海中心城区情侣路海滨泳场。自 2003 年举办首届音乐派对活动以来，约有 25 万游客和市民参与其中。以“爱与分享”为主题的沙滩音乐派对，是

珠海“文化盛市”的重要举措。

44. 活动名称：第三届广东珠海国际温泉旅游节暨世界温泉及气候养生联合会第61届年会

活动时间：11月26～29日

活动地点：港中旅（珠海）海泉湾度假区

活动内容：借广东国际旅游文化节的大舞台，打造广东旅游界国际知名精品盛事，向世界推广广东温泉，让广东温泉走向世界，不断丰富广东温泉内涵，进一步打造“泉在广东”的金字招牌，用温泉向世界诠释“浪漫珠海”的深层含义。

45. 活动名称：2008万山海岛旅游文化节

活动时间：4月25日～11月12日

活动地点：外伶仃岛、大万山岛、东澳岛等

活动内容：（1）万山民俗文化暨青口节。包括万山港澳流动渔民妈祖祭祀、传统戏剧、品万山特产青口及生晒海味美食；（2）浪漫南沙湾，诚邀各界人士与游客欢聚东澳晚会联欢；（3）东澳首届集体婚庆节，通过蜜月阁婚誓、浪漫之漂、求子泉植同心树和沙滩篝火等活动，让游客充分体验珠海渔村的婚庆文化。

46. 活动名称：珠海“新十景”评选活动

活动时间：10月～12月31日

活动地点：珠海市

活动内容：为进一步推介“浪漫之城、幸福珠海”的旅游品牌，打造一批深受市民和游客喜爱并具有市场前景的旅游景点。诚邀市民、游客、旅游界人士参与珠海“新十景”评选活动，由大众投票选出20个景点，再经评委投票选出珠海“新十景”。

47. 活动名称：2008珠海美食节

活动时间：12月16～25日

活动地点：珠海国贸海天城露天广场

活动内容：珠海拥有丰厚的美食资源，荟萃全国各地的精品美食，积淀了独特的美食文化。自2005年起，珠海每年举办美食节，充分挖掘珠海餐饮文化的内涵，弘扬中华美食文化，彰显珠海独具魅力的人文气息。是一个内容丰富多彩、全民皆可参与的美食文化节。

48. 活动名称：2008年中国珠海国际大学生九洲港务集团杯高尔夫邀请赛

活动时间：9月21～24日

活动地点：珠海金湾、翠湖高尔夫俱乐部

活动内容：旨在推广高尔夫运动，促进大学生高尔夫运动的发展，加强与国际高校的交流合作，繁荣发展高校高尔夫教育水平，提升高校高尔夫专业的知名度和美誉度。

【汕头分会场】

49. 活动名称：汕头市分会场开幕式

活动时间：12月3日

活动地点：汕头市林百欣国际会展中心南广场

活动内容：打造一场高质量开幕式，呈现富有汕头特色的旅游文化节目，展示汕头改革开放的成就，体现浓郁的地方特色。

50. 活动名称：汕头市第十四届潮汕美食节

活动时间：12月3～14日

活动地点：汕头市林百欣国际会展中心南广场和市区各有关宾馆、酒家

活动内容：（1）在时代广场举办美食广场，安排100个展位，各参展单位在店内开展美食节优惠活动；（2）推出特色美食旅游，由各旅行社向海内外推介汕头美食旅游线路，组织游客来汕旅游；（3）组织评选“美食之家”；（4）举办美食烹饪大赛。

51. 活动名称：潮汕美食文化研讨会

活动时间：12月上旬

活动地点：汕头市

活动内容：围绕“潮汕美食与潮汕旅游”开展讨论，邀请专家学者作主题报告，组织有关专家学者和旅游界代表交流论文，编印出版论文专集。

52. 活动名称：首届旅游产品（汕头）博览会、第三届中华名茶（汕头）博览会

活动时间：12月12～16日

活动地点：汕头市林百欣国际会展中心

活动内容：旨在加强汕头与周边地区旅游同业者的交流与互动，向市民介绍旅游特色产品，为各参展商提供旅游宣传推介、展示的平台。茶博会上展销各地名茶、茶饮料、茶保健品、茶食品以及交流潮汕工夫茶等茶文化，推介茶文化旅游项目。

53. 活动名称：汕头市第十届国际食品博览会

活动时间：12月3～14日

活动地点：汕头林百欣国际会议展览中心

活动内容：设标准展位600个，来自海内外近200家食品企业将在展会上一一亮相。还举办了“泰国商品（汕头）展览会”。

54. 活动名称：汕头市女导游员岗位技能大赛

活动时间：9月～12月

活动地点：汕头市

活动内容：通过举办女导游员岗位技能竞赛活动，为全市女导游员提供一个业务交流、才艺展示的平台，从中发现和培养优秀女导游人才，进一步提升旅游行业导游员素质，培养良好职业素养，提高岗位服务技能，评选出汕头市“十佳女导游”。

55. 活动名称：“印象e汕头”旅游摄影大赛

活动时间：10月20日～12月20日

活动地点：汕头市

活动内容：为充分展现改革开放30年来汕头旅游业发展所取得的成就，在全市举办“印象e汕头”旅游摄影大赛。参赛作品内容反映出汕头市优美的旅游大环境，特色鲜明的海滨风光，多姿多彩的民俗风情，独特的美食文化，完善的旅游配套设施等。

56. 活动名称：第二届“爱我汕头”南澳登山节

活动时间：12月13日

活动地点：汕头市南澳县黄花山海岛国家森林公园

活动内容：登山节共1000人参加，设游客登山、自行车环岛及“赛扶”自行车比赛等三个项目。

【佛山分会场】

57. 活动名称：2008佛山旅游文化节启动仪式暨2008佛山美食欢乐节

活动时间：9月28日（开幕式）~10月5日

活动地点：佛山禅城区东方广场

活动内容：（1）2008佛山旅游文化节启动仪式暨佛山美食欢乐节开幕式，并为“天下第一粥”（最大锅粥）揭幕；（2）绝活大表演；（3）佛山创新名菜、美点评选活动；（4）佛山名食府；（5）八大菜系美食廊；（6）中华名小吃；（7）2008佛山啤酒节；（8）特产食品精品街；（9）美食一日游；（10）文艺大汇演；（11）幸运大抽奖；（12）趣味饮食赛。

58. 活动名称：“和谐佛山·秋色辉煌”大型民俗灯会

活动时间：11月8日（举行亮灯仪式）~2009年元宵节

活动地点：佛山禅城区文华公园

活动简介：主要彩灯包括迎宾大牌楼、和谐大彩灯、欢乐祥和、岭南花盛开、乐在佛山其乐融融、民族大团结等40多种具有佛山民俗风情、色彩各异、美轮美奂的佛山灯色。

59. 活动名称：武动佛山·2008佛山武术文化节

活动时间：11月8~13日

活动地点：佛山市

活动内容：包括武动佛山·2008佛山武术文化节开幕式，中国第二届国际咏春黐手擂台赛，武动佛山·首届中国武术文化论坛，龙迷大聚会、李小龙纪念馆、铜像落成揭幕，中国第二届国际咏春拳黐手擂台赛颁奖暨2008佛山武术文化节闭幕式，中国武术协会咏春黐拳段位考核等内容。

60. 活动名称：2008佛山旅游文化节五区活动

活动时间：5月~11月

活动地点：佛山市各区

活动内容：（1）2008佛山旅游文化节——陶都禅城；（2）2008佛山旅游文化节——有为南海；（3）2008佛山旅游文化节——美食顺德；（4）2008佛山旅游文化节——绿色高明；（5）2008佛山旅游文化节——生态三水。

【韶关分会场】

61. 活动名称：“红三角”精品线路评选活动

活动时间：9月27日~10月31日

活动地点：韶关市

活动内容：旨在进一步加强韶关、赣州和郴州三地旅游的交流与合作，提高“红三角”旅游产品和旅游资源的知名度及影响力，推动“红三角”旅游联盟的大发展，拓展港澳客源市场，促进三地旅游业的健康快速发展。

62. 活动名称：2008“红三角”导游大赛

活动时间：10月~11月

活动地点：预赛地点韶关、郴州、赣州，决赛地点韶关

活动内容：“红三角”地区的广东韶关市、江西赣州市、湖南郴州市三地紧密相连，有着丰富的生态资源、厚重的人文资源和美丽的自然风光。举办2008“红三角”导游大赛活动，旨在更好地整合三地旅游资源，相互交流学习，提升旅游服务水平。

63. 活动名称：“红三角”旅游商品大赛

活动时间：10月~11月

活动地点：韶关市

活动内容：通过大赛，评选出“红三角”优秀旅游商品，分土特产和工艺纪念品两大类，设金奖、银奖和优秀旅游商品奖。

64. 活动名称：“丹霞地貌”国际学术研讨会

活动时间：12月28~31日

活动地点：韶关丹霞山世界地质公园

活动内容：旨在进一步推动丹霞地貌研究事业的发展，交流国际上有关丹霞地貌的研究成果，促进丹霞自然遗产和资源的科学保护与合理开发。会议重点交流国内外丹霞地貌及资源保护利用的研究成果，推动丹霞地貌资源的保护及永续利用。

65. 活动名称：丹霞山竹筏漂流开漂仪式

活动时间：11月

活动地点：韶关丹霞山世界地质公园

活动内容：锦江竹筏漂流项目位于广东丹霞山西部的夏富锦江下游，主打推出“姐妹峰—仙山琼阁—童子拜观音”水上黄金旅游线路，漂流河段长约8公里，历时2.5小时。

66. 活动名称：韶关市第五届旅游美食欢乐节

活动时间：12月

活动地点：韶关市西河全民健身广场

活动内容：以“弘扬中华饮食文化，传播科学健康理念，倡导安全营养饮食”为主题，是一次盛大的旅游美食

购物欢乐节庆活动，已成为凝聚餐饮人心，汇聚业界智慧，促进行业发展的有效平台。

67. 活动名称："我最喜爱的韶关休闲好去处"评选

活动时间：9月~11月

活动地点：韶关市

活动内容：于10月开始初选，11月进行复选。全面梳理韶关旅游产业资源，加快旅游产品开发步伐，推出一批新兴休闲旅游目的地，推动"韶关人游韶关"，营造全市旅游业发展的良好氛围。

68. 活动名称：韶关市旅游征文摄影大赛

活动时间：9月~12月

活动地点：韶关市

活动内容：营造全民支持丹霞山申报世界自然遗产的良好氛围，展示韶关丰富多彩的旅游风光。9月至11月为报名时间，12月为评选时间。

69. 活动名称：纪念张九龄诞辰1330周年大会暨学术研讨会及系列活动

活动时间：8月~11月

活动地点：韶关市区（市图书馆、韶关学院、韶关电视台等）

活动内容：通过举办张九龄1330周年纪念活动，进一步打造韶关山水名城、历史文化名城，提高韶关知名度，促进韶关旅游经济的快速发展。

70. 活动名称：第二届乳源瑶族"十月朝"风情旅游文化节

活动时间：11月5~19日

活动地点：乳源县瑶族自治县

活动内容：以"团结、和谐、进步"为主题，凸显瑶族五彩文化和乳源"世界过山瑶之乡"、"世界红豆杉之乡"、"中国水电之乡"等特色。活动项目包括：（1）五福齐聚——庆典开幕式；（2）五韵律动——十月朝系列活动；（3）五湖同心——世界过山瑶文化研讨会；（4）五味留香——瑶山美食节；（5）五彩争妍——乳源彩石展。

71. 活动名称：2008新丰云髻赏枫活动

活动时间：11月

活动地点：新丰云髻山旅游区

活动内容：凸现新丰广东最美乡村、最佳自驾游目的地的魅力，突出"云髻山—新丰江之源"旅游品牌，实现打造"旅游大县"和创建"三角休闲度假基地"的战略目标。联合珠三角地区主要媒体、知名旅行社和演艺界人员参加云髻赏枫活动。

72. 活动名称：东华寺落成开光暨万行法师升座庆典活动

活动时间：10月2日

活动地点：翁源县东华寺

活动内容：邀请佛教界知名人士、商业界人士、佛教居士和佛教信徒约5万多人次参加，活动将在传统、隆重、祥和、创新的气氛中举行。

73. 活动名称：始兴福满堂旅游节

活动时间：9月~12月

活动地点：始兴县

活动内容：以满堂客家大围景区开业为契机，以"福满堂"、"盛唐宰相张九龄故居寻踪游"、"始兴生态自驾游——洗肺不洗车"为主题，充分展示始兴"宰相故里，客家福地"、"生态自驾休闲旅游"和"客家围楼文化"。

74. 活动名称：乐昌市首届旅游节

活动时间：10月29~30日

活动地点：乐昌市

活动内容：举办《千年佗城、魅力乐昌》旅游摄影比赛、首届龙王潭重阳登高节、乐昌市旅游商品展销会、"挖马蹄，品农家菜"特色乡村游等活动，着力打造千年佗城、魅力乐昌的旅游品牌。

75. 活动名称：2008南雄姓氏珠玑文化节暨梅关古道梅花节

活动时间：11月8~22日

活动地点：韶关南雄珠玑、梅关景区

活动内容：活动内容包括赏梅活动、梅花摄影大赛、梅花诗词欣赏、品尝梅子酒和登山比赛等。

【河源分会场】

76. 活动名称：首届中国客家文化节

活动时间：9月

活动地点：河源市区、龙川县

活动内容：包括客家文化研讨会暨第二届《客家文学》征文颁奖大会、客家美食嘉年华、龙川建县2222周年庆典暨客家特色文艺汇演、百位客家历史人物评选活动、河源客家历史人文图片展。

77. 活动名称：森林度假之旅

活动时间：8月29~30日

活动地点：连平县

活动内容：度假路线为新河漂流—九连山森林度假村—内莞田园风光、圣迹苍岩—品九连山鹰嘴蜜桃，全程体验连平美好自然风光。

78. 活动名称：自驾游河源风光·风情摄影比赛

活动时间：7月~11月

活动地点：河源市

活动内容：7月至11月，开展自驾游主题活动。12月8日，展览比赛作品颁奖和获奖作品。

79. 活动名称：品客家美食、赏紫金花朝之旅

活动时间：9月

活动地点：紫金县

活动内容：参加客家美食嘉年华品尝客家美食，在紫金御临门温泉欣赏紫金花朝戏并体验温泉，游览越王山。

80. 活动名称：客家文化之旅

活动时间：10 月

活动地点：龙川县

活动内容：参观赵佗故城体验客家文化，游览霍山。

81. 活动名称：温泉休闲体验之旅

活动时间：11 月

活动地点：和平县

活动内容：体验热龙温泉、天上人间温泉、兴隆村民俗文化，游览翠山竹海等。

82. 活动名称：万绿湖访绿赏枫之旅

活动时间：12 月

活动地点：东源县

活动内容：万绿湖探胜、生态野趣、漂流体验、生态度假。

83. 活动名称：第二届广东自驾旅游节暨第五届河源市客家文化旅游节开幕式活动

活动时间：12 月 8 日

活动地点：河源市

活动内容：举行广东自驾游最佳线路、河源最受自驾游客喜爱的景点及自驾游河源风光·风情摄影比赛颁奖典礼、自驾游河源风光·风情摄影作品展、广东省自驾旅游综合服务平台开放仪式、自驾车维修服务点挂牌仪式等活动。

【惠州分会场】

84. 活动名称：第三届惠州国际滨海旅游节（主会场）

活动时间：9 月 22 日 ~10 月 7 日

活动地点：惠东巽寮湾喜来登酒店

活动简介：由惠州市人民政府和广东省旅游局联合主办，惠东县人民政府、惠州市旅游局及金融街控股股份公司承办，旨在打造惠州“滨海休闲”的旅游品牌。

85. 活动名称：首届惠东滨海民俗文化节

活动时间：9 月 22 日 ~10 月 22 日

活动地点：惠州海滨温泉度假区

活动简介：旨在展示惠东渔家风情，把旅游与渔家文化紧密相连，凸显惠州滨海旅游文化特色。

86. 活动名称：“客家文化”旅游节

活动时间：9 月 26 日 ~10 月 5 日

活动地点：惠阳秋长周田村叶挺故居

活动简介：旨在进一步展示惠州的旅游资源，打造惠州“红色旅游”品牌，充分展示叶挺故居及其周边客家民俗文化。

87. 活动名称：“罗浮论剑”国际武术旅游节暨葛洪文化园动工典礼

活动时间：9 月 26 日

活动地点：博罗罗浮山风景名胜区

活动内容：弘扬中国武术及展示罗浮山博大精深的宗教文化，提升罗浮山旅游的知名度。9 月 26 日在罗浮山风景名胜区举办首届“罗浮论剑”国际武术旅游节暨葛洪文化园动工典礼。

88. 活动名称：惠州市第四届美食嘉年华活动月

活动时间：9 月 29 日 ~10 月 5 日

活动地点：惠州下埔滨江公园

活动内容：联合市区内各大宾馆酒店同时展现各自的特色美食，开展美食美点评选等活动。

89. 活动名称：2008 年惠州市饭店服务技能大赛

活动时间：9 月 19 日

活动地点：康帝国际酒店

活动内容：组织业界开展客房中式铺床、酒店海报设计、酒店服饰与才艺表演、中式冷拼及蔬果雕刻等 4 个工种的实操比赛，全面提升惠州饭店从业人员的综合素质和服务水平。

90. 活动名称：“森林度假·温泉养生”旅游节

活动时间：9 月 26 ~28 日

活动地点：龙门南昆山温泉大观园

活动内容：包括开幕式和旅游精品线路参观等活动，更好地宣传龙门森林生态及温泉旅游资源。

【中山分会场】

91. 活动名称：2008 中山市岭南水乡旅游文化节

活动时间：11 月 1 ~4 日

活动地点：中山市民众镇

活动内容：包括开幕式、名优农产品展、中山美食嘉年华、“伟人故里，休闲中山”旅游摄影展、水乡运动会和动物演艺秀等活动。

92. 活动名称：2008 中国国际食品工业经贸洽谈会

活动时间：11 月 7 ~9 日

活动地点：中山市黄圃国际会展中心

活动内容：（1）2008 食洽会开幕典礼暨项目签约仪式；（2）中国腊味食品推广；（3）2008 全国食品工业经济运行发布会；（4）产品展示，贸易洽谈（包括中欧国际红酒评酒会；中外糖酒副食品品尝会、国际干果坚果暨珠三角食品新品推介会）；（5）中山（黄圃）啤酒美食节；（6）烟花综艺晚会；和谐黄圃经济社会文化图片展；（7）活力黄圃游园晚会；（8）广东省中国历史文化名镇民间艺术荟萃；（9）黄圃工业成果专线游及历史文化名镇民俗文化游。

93. 活动名称：2008 中国（中山）南方绿化苗木博览会

活动时间：12 月 26～28 日

活动地点：中山市古镇农业示范区中心片

活动内容：包括开幕典礼、绿博会展览、第七届省港澳台盆景艺术博览会，全面展示国内外绿化乔木及园林花木最新发展成果，研讨发展趋势，引领产业导向，搭建产需平台。

94. 活动名称："伟人故里，休闲中山"旅游摄影大赛及展览

活动时间：10 月 30 日～11 月 4 日

活动地点：民众镇岭南水乡

活动内容：包括"伟人故里，休闲中山"旅游摄影大赛；"伟人故里，休闲中山"旅游摄影展览；制作《伟人故里 休闲中山》旅游画册等。

95. 活动名称：2008 广东国际旅游文化节暨泛珠三角旅游推介大会闭幕式大型文艺晚会

活动时间：12 月 4 日晚

活动地点：兴中体育场

活动内容：晚会以中山丰富的民间艺术为基础，以原生态广场艺术表演为主，舞台艺术表演为辅，以高科技丰富多彩的舞美手段为看点，分《序幕》、《狮鼓迎宾》、《水乡之韵》、《鹤舞安康》、《飘色如意》、《菊颂吉祥》、《金龙腾飞》7 个篇章，集中展示了具有浓郁中山乡土特色的舞狮、咸水歌、鹤舞、飘色、菊花会、舞龙等民间艺术元素。海内外特邀嘉宾和游客代表以及新闻媒体记者共 7000 多人观看晚会。

【湛江分会场】

96. 活动名称：广东省第五届珠江三角洲地区与山区及东西两翼经济技术合作洽谈会

活动时间：11 月 13～14 日

活动地点：湛江市

活动内容：山洽会是促进全省区域交流合作的良好平台，珠三角各对口的生产商、投资商和采购商通过交流洽谈、对接项目，加快推动全省及山区东西两翼与珠三角地区联手建立产业转移工业园区，使珠江三角洲地区与山区及东西两翼地区进一步拓展合作领域、挖掘合作潜力、提升合作层次。

97. 活动名称：湛江旅游美食啤酒节

活动时间：11 月 8～18 日

活动地点：湛江市赤坎区

活动内容：该项活动已连续举办六届，集中展示了湛江的特色旅游美食文化，成功地打造了"吃海鲜到湛江"的美食品牌。

98. 活动名称：2008 湛江海滨酒吧街欢乐节

活动时间：11 月中旬

活动地点：湛江市霞山区

活动内容：包括化装大巡游、歌舞、技艺、民间艺术表演、啤酒竞饮、游戏玩乐、时尚车展、购物、娱乐、品尝美食等，让富有当地特色的红土文化与都市时尚艺术得到汇聚交融。

99. 活动名称："微笑在湛江"2008 湛江导游之星技能竞赛

活动时间：7 月～11 月

活动地点：湛江市

活动内容：大赛分专业组和非专业组。分别进行海选、初赛和决赛，包括导游讲解、知识问答、才艺表演等内容。

100. 活动名称：2008 廉江红橙・旅游文化节

活动时间：11 月下旬

活动地点：湛江廉江市

活动内容：已连续举办六届。以"活力橙乡，数字廉江"为主题，是一次融休闲旅游、生态风情、家电展览、经贸合作于一体的橙乡文化盛会。

【肇庆分会场】

101. 活动名称：活力广东，精彩肇庆——2008 广东国际旅游文化节・肇庆旅游嘉年华

活动时间：11 月 29 日晚

活动地点：星湖西堤龙舟赛观礼台

活动内容：举办肇庆旅游嘉年华启动仪式、"星湖渔乐坊"表演活动。推出一台集轻松搞笑，演员与观众互动，融合肇庆民间传说于一体的艺术表演。新建设一条西堤休闲旅游街，与原有的大型音乐喷泉、游船以及啤酒坊、茶坊等休闲娱乐元素相结合，成为肇庆娱乐新天地。

102. 活动名称："魅力肇庆"专用邮资图暨星湖风景名胜区邮资明信片门票启用仪式

活动时间：11 月 30 日

活动地点：七星岩牌坊广场

活动内容：举办"魅力肇庆"专用邮资图和星湖风景名胜区邮资明信片门票启用仪式以及歌舞表演等活动。

103. 活动名称：七星岩牌坊广场文化展示

活动时间：11 月 30 日

活动地点：七星岩牌坊广场

活动内容：旅游故事会；肇庆非物质文化遗产图片展；文化展示活动，包括红歌会、讲古台、曲艺、街舞、交谊舞等。

104. 活动名称：星湖休闲文化岛奠基仪式

活动时间：11 月 30 日

活动地点：星湖黄峰岗公园

活动内容：举行星湖休闲文化岛奠基仪式、项目效果图展示等活动。

105. 活动名称：鼎湖山第三届国际森林旅游登山节

活动时间：11 月 30 日

活动地点：鼎湖山蘑菇亭

活动内容：包括登山节启动仪式、攀越亚热带沟谷雨林之旅等活动。

106. 活动名称：七星岩旅游欢乐节

活动时间：11 月 30 日

活动地点：星湖国家湿地公园

活动内容：包括“中国观鸟在星湖”摄影获奖作品展、星湖湿地公园旅游新线游等活动。

107. 活动名称：肇庆市第三届乡村旅游美食节

活动时间：12 月 13 ~ 21 日

活动地点：肇庆市体育中心

活动内容：美食大展示、啤酒狂欢节、中国美食绝活大表演、文艺大汇演、大胃王比赛、美食万人游、翻唱拉阔秀、旅游时尚生活嘉年华等活动。

108. 活动名称：2008 中国（四会）柑橘玉器文化节暨建县 2222 周年庆典

活动时间：12 月 27 日

活动地点：四会县

活动内容：包括玉器文化节暨建县 2222 周年庆典开幕式，“翡翠杯”征文、书画摄影大赛，翡翠玉器展销，翡翠玉器精品评选、拍卖，大型文艺晚会等。

109. 活动名称：德庆龙母感恩节

活动时间：12 月 12 日

活动地点：德庆悦城龙母祖庙

活动内容：感恩龙母和万民接福仪式；悦城龙母庙会民间艺术表演；全国百名著名书法家挥毫献艺感恩龙母、百名善信百万捐资感恩龙母、百名善信添（万块）砖加（万块）瓦感恩龙母。

110. 活动名称：封开广信文化节

活动时间：11 月 27 ~ 28 日

活动地点：封开县

活动简介：有开幕式、广信民间艺术汇演，探寻岭南奇境及广信文化之旅，广信文化论坛，封开民歌演唱会，“岭南奇境——封开”摄影展，广信旅游商品展销会等。

111. 活动名称：广宁竹子节

活动时间：11 月 28 日

活动地点：广宁县

活动内容：第三届竹子节暨招商推介会，第三届竹子节文艺晚会，第二届竹子美食节，竹乡风光摄影展，百团“竹之旅”。

【清远分会场】

112. 活动名称：首届广东省（清远）国际漂流旅游文化节

活动时间：4 月 25 日 ~ 10 月底

活动地点：黄腾峡生态旅游度假区

活动内容：举办漂流精英赛、万人游清远、“生态・漂流・旅游”专题学术报告会、漂流摄影大赛、黄腾峡首届美食文化节、黄腾峡漂流大赛啤酒狂欢节和黄腾峡 2008“漂流勇士”大奖赛等一系列丰富多彩的旅游文化活动。

113. 活动名称：连山县壮族七月香戏水节

活动时间：8 月 7 日

活动地点：连山壮族瑶族自治县县城佛山希望小学门前河段

活动内容：以“万民戏水”为主题，展示壮族民间民俗文化，内容包括壮家山歌表演、壮家锣鼓表演、取圣水祈福仪式、水上舞台表演、过情人桥、万民戏水狂欢、广场专场演出等。

114. 活动名称：2008 广东清远温泉旅游文化节暨全球千家知名旅行社走进清远

活动时间：10 月 29 ~ 30 日

活动地点：新银盏温泉度假村

活动内容：由文化节启动仪式、清远温泉旅游文化展、旅游景点考察、“新银盏温泉亲情之夜”答谢晚宴等组成。邀请省内外知名旅行社、行业组织机构、旅游业界代表和新闻媒体等 500 多人参加。

115. 活动名称：第十届中国瑶族盘王节

活动时间：11 月 13 日

活动地点：连山壮族瑶族自治县县城吉田镇

活动内容：湖南、广东和广西三省区的 9 个县（市、区）派队参加，举办盘王祭祀仪式、大型主题文艺演出、“瑶族舞蹈”大赛、风情游行、瑶族文化学术研讨会等瑶族民俗风情活动。

116. 活动名称：连南县排瑶耍歌堂

活动时间：11 月 13 日

活动地点：连南瑶族自治县

活动内容：“耍歌堂”又称“盘王节”，是八排瑶民喜庆丰收，最为隆重、规模盛大的传统节日。清远市连南县定于每年农历十月十六日举行的“耍歌堂”是传承历史文化的传统节日，是全国瑶族共同的传统节日。

117. 活动名称：第四届中国四驱越野车节

活动时间：12 月 3 ~ 13 日

活动地点：阳山县

活动内容：共有 150 辆赛车参赛，决出年度全国汽车场地越野锦标赛总冠军。中国越野车系列赛（阳山站）同时拉开战幕。车节期间举办了广东省第二届登山节、品牌汽车展销、啤酒美食节、越野 E 族年会等。

118. 活动名称：第四届连州国际摄影年展

活动时间：12月6～11日

活动地点：连州市

活动内容：包括专业摄影主题展、连州采风摄影大赛、摄影器材展示、清远市摄影家协会会员摄影作品展等系列活动。

【潮州分会场】

119. 活动名称：旅游美食、商品交流会

活动时间：11月下旬

活动地点：潮州市体育馆

活动内容：包括潮汕四市特色小食展销、全国各地特色小食展销、潮州及各地旅游工艺品展销、潮州及各地土特产展销等。

【揭阳分会场】

120. 活动名称：揭阳市特色美食节暨贺新春年货展销会

活动时间：2008年12月中下旬～2009年1月

活动地点：揭阳市临江路

活动内容：举办美食节和新春年货展销会，以展示当地餐饮、旅游业的发展。

121. 活动名称：国际阳美玉器节

活动时间：10月21～25日

活动地点：揭阳市阳美玉都

活动内容：以弘扬八千年玉器文化，展示新世纪珠宝辉煌为宗旨，各地玉器精品云集玉都，各界玉石珠宝协会领导、海内外珠宝客商、玉雕艺术家汇聚阳美。

【梅州市举办的活动】

122. 活动名称：2008广东自驾旅游日暨梅州精彩客都自驾旅游周系列活动

活动时间：11月30日～12月6日

活动地点：梅州市

活动内容：由广东省旅游局与梅州市人民政府联合举办，旨在延续和扩大2007年12月在梅州举办的“广东第一个自驾游日梅州精彩客都自驾旅游周”系列活动的品牌效应。包括启动仪式、“客都风情·悠悠自驾”大型摄影展、大型品牌车型试驾体验会、客家风情节庆活动、自驾游爱好者狂欢活动等。

123. 活动名称：“客都风情·悠悠自驾”摄影大赛

活动时间：5月～12月

活动地点：梅州市

活动内容：活动由梅州市旅游局与广东省摄影家协会共同主办，以“客都风情·悠悠自驾”摄影大赛拉开广东自驾旅游日暨梅州精彩客都自驾旅游周系列活动的序幕，充分展示客家文化深厚底蕴和旅游新貌，全面提升梅州旅游知名度及影响力。

124. 活动名称：“梅州市十大自驾游景区”评选活动

活动时间：5月20日～8月10日

活动地点：梅州市

活动内容：通过网民投票、评委全面衡量，评选出雁南飞茶田度假村、雁鸣湖旅游度假村、叶剑英纪念园、灵光寺旅游区、五指石风景名胜区、汤湖热矿泥山庄、三河坝旅游区、千江温泉度假村、龙鲸河漂流景区、长潭旅游区等景区为“梅州市十大自驾游景区”。

125. 活动名称：梅州市十大经典客家民居系列评选活动

活动时间：10月～12月

活动地点：梅州市

活动内容：旨在充分展示和反映梅州深厚的客家民居文化、客家民俗风情和人文历史底蕴，促进对客家民居和名人故居的保护与开发利用，为游客提供更多的梅州人文旅游新亮点，丰富“世界客都”文化内涵，提高梅州文化旅游品牌的知名度。

126. 活动名称：首届梅州（香港）客家书画文化节

活动时间：8月7～17日

活动地点：香港

活动内容：以“世界客都·文化梅州”为主题，内容包括开幕仪式、书画作品展览、知名书画家现场挥毫交流和共同作画、业界座谈交流等。

127. 活动名称：“牵手闽粤赣、同游客家地”活动

活动时间：9月～12月

活动地点：梅州市

活动内容：梅州、龙岩、赣州三市旅游界联手推出“千里客家文化长廊之旅”、“闽粤赣边区域客家风情特色游”等线路。9月6日，由广州市广之旅组织的首发千人团抵梅州畅游“世界客都”，拉开“同游客家地”活动序幕。

128. 活动名称：第三届中国客家山歌旅游节

活动时间：9月11～13日

活动地点：梅州市

活动内容：9月11日晚，由梅州市委、市政府主办的“第三届中国客家山歌旅游节”隆重开幕，独具客家文化特色的山歌对唱、客家民俗歌舞、竹板歌等节目闪亮登场，来自海内外嘉宾、专家学者共3000多人观看表演。

129. 活动名称：“选美广东”颁奖仪式

活动时间：9月27～28日

活动地点：梅州市

活动内容：活动由广东省旅游局、梅州市政府共同主办。在“选美广东——名城美景·我心所动”的评选活动

中，梅州市荣获“我最喜爱城市”，雁鸣湖旅游度假村摘取“我最心动景区”桂冠。

130. 活动名称：2008广东梅州—香港经贸、农业、旅游招商推介会

活动时间：2008年12月12日～2009年1月4日

活动地点：香港

活动内容：包括经贸、农业、旅游招商推介会，招商项目签约，梅州城市形象、招商环境、旅游产品宣传展示，名优绿色产品展销，客家文艺表演等活动。

【东莞市举办的活动】

131. 活动名称：2008年第七届东莞美食节

活动时间：10月1～7日

活动地点：东莞市南城富民商业步行街

活动内容：通过美食文化向八方宾客展示东莞悠久的历史文化、良好的城市包容性和美好的发展前景，对弘扬中华传统饮食文化、加强国内外餐饮业的交流与合作、促进东莞餐饮业发展起着积极影响。

132. 活动名称：第四届东莞国际啤酒节

活动时间：9月28日～10月7日

活动地点：东城体育公园

活动内容：东莞国际啤酒节是东莞最具代表性的文化商贸交流活动和标志性旅游节庆之一。内容包括“东莞制造”——凸显本土文化独特开酒仪式、“黄旗山大典”——精彩纷呈开幕式晚会、啤酒节大型花车艺术巡游、惊险刺激啤酒嘉年华、妙趣横生啤酒乐园、扣人心弦酒王邀请赛、“东城不眠夜”金牌DJ狂欢、“同享快乐东莞”新莞人免费畅饮啤酒节、“多彩中华”美食节等。

【茂名市举办的活动】

133. 活动名称：茂名旅游产业发展论坛暨旅游风光摄影大赛

活动时间：4月28日

活动地点：茂名市区

活动内容：论坛邀请国内旅游专家就“旅游资源开发与规划”、“城市旅游品牌塑造和旅游产品营销”作专题演讲。同时还举办了“加快茂名旅游科学发展”征文评奖活动和茂名旅游风光摄影大赛。

134. 活动名称：“畅游放鸡岛，感受荔乡情”茂名旅游推介活动

活动时间：6月10～13日

活动地点：茂名市区

活动内容：举办放鸡岛第三届海钓大赛，旨在打造放鸡岛为南中国海最大的海钓基地。来自广东、海南、广西、北京、香港、澳门、台湾等地的钓鱼爱好者参加了比赛。

135. 活动名称：冼太夫人文化节活动

活动时间：12月21～23日

活动地点：高州市区

活动内容：农历十一月二十四日是冼夫人的诞辰，茂名市为此举办了冼夫人文化研讨会等一系列纪念活动。其间还举行了舞龙醒狮、飘色巡游等民间艺术活动，以表达对冼夫人的深切怀念。

136. 活动名称：中国第一滩全国动力伞锦标赛

活动时间：8月

活动地点：中国第一滩旅游度假区

活动内容：中国第一滩是国内开展动力伞训练和比赛的基地之一。本届比赛邀请到国内10个省市的20多名动力伞选手参加，比赛项目分为经济型飞行、踢桩、定点等，大会还安排有部分表演项目，精彩刺激。

137. 活动名称：苗寨坐妹节

活动时间：11月16～18日

活动地点：天马山生态旅游区

活动简介：“坐妹”是苗族青年男女恋爱的一种形式。在节庆期间，烧起一堆篝火，全村男女老少特别是青年男女围着篝火唱歌、跳舞、打油茶，重头戏是对情歌。

138. 活动名称：大仁山道教祈福法会

活动时间：12月

活动地点：大仁山旅游区

活动内容：祈福大会以“香、花、灯、水、果、茶、食、宝、珠、衣”供奉天上诸神，祈求上苍庇佑，为民赐福。2008年祈福大会以“消灾解难，转鸿运”为主题，祈求道气长存，光照人间。

【云浮市举办的活动】

139. 活动名称：广东（云浮）新兴六祖文化节

活动时间：12月中上旬

活动地点：新兴县

活动内容：包括开幕式、祈福法会、主题论坛、专题文艺晚会、参观佛教艺术长廊等。旨在弘扬禅宗六祖文化，再创中国佛教辉煌，打造“禅宗圣地六祖故里、山水温泉生态新兴”旅游品牌。

140. 活动名称：第二届云浮旅游文化节

活动时间：10月21～28日

活动地点：云浮市英东体育馆中心广场

活动内容：包括美食广场大汇演、旅游服务技能大赛、啤酒狂欢嘉年华活动等。逾千家本地和全国各地知名特色餐饮、风味小吃企业、特产商家进场经营，以共同打造美食盛会。

（涂继文　整理）

2008广东国际旅游文化节暨泛珠三角旅游推介大会情况总结报告

在国家旅游局和省委省政府的高度重视和正确领导下，2008广东国际旅游文化节暨泛珠三角旅游推介大会于11月28日在广州市隆重开幕，12月4日在中山市胜利闭幕。本届旅游文化节深入贯彻落实中共中央政治局委员、省委书记汪洋同志，组委会主任、国家旅游局局长邵琪伟同志，组委会主任、省长黄华华同志的重要指示精神，在组委会执行主任、副省长万庆良同志的统筹指挥下，组委会副主任、省政府副秘书长刘晓捷同志亲自督导，各市各部门高度负责、密切配合、精心组织，组委会各工作组勇于创新、务实高效、扎实工作，社会各界积极响应、热情参与、大力支持，全部活动项目顺利开展，如期圆满完成，取得了良好的经济社会效益，办出了特色、办出了水平、办出了实效，进一步擦亮了广东国际旅游文化节这一国际知名节庆品牌。据统计，旅游文化节期间，来自80个国家和地区逾11000名境外嘉宾莅粤参会；旅游招商会吸引超过1000名境内外客商，签订投资项目112宗，合同吸引外资金额22.49亿美元。我省旅游市场繁荣兴旺，有力地拉动了社会消费需求。

一、基本情况

本届旅游文化节主会场设在广州市，分会场设在深圳、珠海、汕头、佛山、韶关、河源、惠州、中山、湛江、肇庆、清远、潮州、揭阳等13市，梅州、东莞、茂名、云浮等市开展了有关活动项目。本届旅游文化节活动项目达140项，主要分为省有关部门组织的活动、有关市政府组织的活动以及境内外企事业单位和社团组织的活动等三类。在充分借鉴、吸收前三届成功经验的基础上，本届旅游文化节勇于创新、敢于突破，进一步深化运作机制，提升了活动品位，创新了办节形式，提高了国际化水平。一系列丰富多彩、引人入胜的节庆活动在南粤大地轮番上演，好戏连台、高潮迭起、奇葩竞放、亮点纷呈。

（一）规模宏大，覆盖面广。本届旅游文化节会场和活动项目总数分别比上届增加2个和31项，覆盖范围为历年最广，活动项目为历年最多，遍布全省大部分城镇和乡村。各地异彩纷呈的节庆活动吸引了成千上万游客游玩观赏，全省人民与海内外游客共享7天喜庆欢乐、隆重热烈的节日。开幕式晚会由2000余名演职人员倾情演绎，闭幕式晚会的演职人员近5000名，深深打动和震撼了35000名现场观众，为逾亿电视观众奉献了一场美轮美奂的豪情盛宴。旅游大促销暨国际旅游展览会展位近500个，国内参展单位来自15个省（区）以及全省21市；国际展位达46个，参展商来自15个国家和地区。阵容庞大的旅游花车花船大巡游由37辆风情独特的花车和17艘璀璨华丽的花船组成，连续多天在广州主要街道以及珠江航道进行盛大巡游，让广大市民和游客啧啧称叹。岭南民间艺术展演组织演出、展览22场次，受众逾30多万人次，受到广大市民游客的热烈好评。2008佛山旅游文化节大型民俗彩灯会展位绵延近1公里，43组灯色、4000多件彩灯耀眼夺目，吸引超过200万市民和游客赏灯游园。各地分会场今年的活动数量大多超过往年，规模更大、规格更高，一位连跑各地数场活动的摄影记者感慨：“文化节拍了三年，今年的拍摄任务最多，很多活动的规模都让我大为震撼！”

（二）创新多，亮点纷呈。本届旅游文化节在传统项目上进一步提升品位、创新形式、深化内涵；在新型项目上拓宽视野、创新思维、大胆策划、精心组织，打造时尚新颖、品位高尚、极具吸引力和影响力的精品活动。开幕式、闭幕式、旅游招商会、旅游大促销、友城之夜、岭南民间艺术展演等传统经典项目推陈出新、精彩纷呈；广东开放论坛、天合联盟销售执行理事会暨航空产品推介会、“成龙和他的朋友们”广州爱心演唱会、大学生旅游文化节、网上旅游文化节、中国首届客家文化节等新增项目各具内涵，特色彰显。岭南民间艺术展演首次联合省外顶尖演出团体，全面提高了晚会的层次和品位。首届广东开放论坛聚焦现代旅游业合作与发展，是近年来广东举办的最高规格的旅游论坛。河源市举办的中国首届客家文化节赢得了海内外客属同胞的热烈响应和积极参与。首次举办的网上旅游文化节，把旅游文化节延伸至互联网，让世界共同分享广东国际旅游文化节的精彩和欢乐。

（三）嘉宾规格高，影响大。本届旅游文化节的嘉宾规模更大、层次更高、代表性更广、专业性更强等特点，尤其是国际重量级贵宾云集，极大提高了广东旅游的国际知名度和影响力。世界旅游组织秘书长弗朗加利、世界旅游组织亚太部主任徐京、亚太旅游组织副总裁米歇尔·耶特、瑞典斯科纳省第一副省长卡塔莉娜·艾林森女士、厄瓜多尔瓜亚斯省副省长哈尔枚·诺加莱斯·托雷斯，8 个国际友好省州政府代表团、瑞士可尼、日本 JTB、美国运通等世界旅游 500 强企业高层代表及天合联盟成员等纷纷出席盛会。国家有关部委和泛珠三角有关省区领导、各国驻穗领事官员、海外重要华侨社团侨领、港澳台知名人士、全国 31 个省区市旅游局领导等莅粤观摩。许多外宾感叹："百闻不如一见，来了才发现广东比想象中更好更美，如此繁荣，想不到旅游业发展如此生机勃勃。"

（四）国际化程度高，旅游文化交流更广。通过连续三届的成功打造，广东国际旅游文化节国际影响力进一步扩大，世界各国旅游业界对本届旅游文化节表现出极大的关注和兴趣，逾 1000 家旅游企业代表参加了各类活动。越南、印尼、马来西亚、新加坡及西班牙等国专门组织了较大规模的旅游代表团出席，肯尼亚、以色列、毛里求斯、南非等国首次组团参加。澳大利亚、越南、日本、印度、印尼、韩国、菲律宾、马来西亚、突尼斯、埃及、土耳其和香港、澳门等 15 个国家和地区政府、旅游部门及企业组团参加旅游大促销暨广东国际旅游展览会。瑞典、俄罗斯、厄瓜多尔、墨西哥、印尼、日本、韩国、澳大利亚等国政府代表团和文艺团体参加了"情系五洲、欢聚羊城"国际友城文艺晚会。在广州举办的印度—中国广东旅游合作研讨会、在深圳举办的 2008 非洲文化聚焦等国际性旅游文化交流活动，有力推进了广东与世界各国的旅游合作和文化交流。

（五）办节方式活，市场运作效果好。本届旅游文化节深入贯彻"政府主导、社会参与、市场运作"原则，全面建立了互利共赢的社会参与及市场化运作机制，通过创新办节理念，开创性地推出了企业竞标承办、企业自带项目参与、企业赞助支持三种合作方式，突破了以往单一的合作模式。凡是企业能承办的项目、凡是企业能运作的活动、凡是企业能提供的服务，都交给企业来办。据统计本届旅游文化节各类赞助折合人民币逾 2000 万元；参与本届旅游文化节的企业自带项目近百项，进一步扩大旅游文化节的社会影响力。

（六）贴近百姓生活，群众参与性强。为实现全民参与、共享欢乐，本届旅游文化节推出了一系列与百姓日常工作生活密切的活动项目，吸引了大批民众参与。广州国际美食节让广大市民和游客切身体会到"食在广州"的魅力，开展了一次别开生面的味觉旅游；增城登山旅游节吸引了 3000 多名市民登高健身；首届广东大学生旅游文化节让广大莘莘学子领略到广东旅游风采；深圳周末好去处旅游进社区活动丰富了市民假日生活；珠海东澳首届集体婚庆节让广大市民共享喜庆浪漫。本届旅游文化节为全省人民营造了和谐、喜庆、热烈的节日氛围。

二、主要收获

广东国际旅游文化节为南粤人民和广大游客带来精彩和欢乐，为广东经济社会的又好又快发展作出了积极贡献。黄华华省长在旅游文化节闭幕式致辞中指出，本届旅游文化节向海内外嘉宾展示了"活力广东"的无穷魅力，展示了广东人民良好的精神面貌，为纪念改革开放 30 周年献上了一份厚礼，也为广东的科学发展注入了强大动力。

（一）有力促进了旅游业思想大解放，全省旅游业改革与发展的新局面进一步打开。举办旅游文化节是旅游业继续解放思想的重要体现，也是促进旅游业改革与发展的重要抓手。以全面贯彻落实思想大解放为指导，百余项活动更加注重突出改革、创新和发展主题，更加注重推进旅游业发展和旅游强省建设。筹备和举办旅游文化节期间，汪洋书记、黄华华省长与邵琪伟局长，就推进广东旅游业改革与发展、建设旅游强省深入交换意见并达成多方面的共识；与世界旅游组织秘书长弗朗加利会晤，促成世界旅游组织在输送先进发展理念和管理经验等方面对广东给予大力指导和支持。在汪洋书记的见证下，国家旅游局和省政府签署了关于建立局省紧密合作机制备忘录，形成了局省合作的长效机制，广东旅游业先行先试、率先发展和加快发展的基础进一步夯实。广东省委省政府对新时期旅游产业发展高度重视，首届广东开放论坛以"现代旅游业合作与发展"为主题，邵琪伟局长、黄华华省长和世界旅游组织秘书长弗朗加利亲自登台演讲，国内外著名专家学者、企业代表及新闻媒体共同研讨旅游业发展的前瞻性、全局性和战略性问题，广泛发动社会各界参与，广泛收集各方意见建议，为我省旅游业新一轮改革与发展营造了声势，进一步理清了思路。各市政府和旅游部门纷纷借助本届活动广开发展言路、聘请资深顾问、成立专业机构，推动旅游业改革与发展进程。从化温泉养生论坛、韶关"丹霞地貌"国际学术研讨会、梅州自驾车论坛等均取得了丰硕成果。揭阳市聘请了 11 位国内知名玉器专家作为发展顾问。中国温泉行业高端论坛举行期间，广东首家温泉研究所在珠海挂牌成立。在系列活动的大力推动下，我省加快旅游业改革与发展的氛围日益浓厚，要求更为迫切，动力不断增强，新局面进一步打开。世界旅游组织秘书长弗朗加利表示，明年将在广东召开世界性旅游会议，组织知名专家来粤考察旅游产业，为广东旅游资源开发和产业结构调整提供更多更好的机会。

（二）充分展现了改革开放巨大成就，广东良好国际形象进一步树立。本届旅游文化节全面展示了我省改革开放 30 年来的伟大成就，为广东良好形象的树立提供了实时性、近距离、全方位的宣传平台。开幕式晚会以"五彩岭南"为主题，以广东旅游发展为线索，通过广场艺术、行为艺术、歌舞表演、视频艺术以及焰火表演等多种艺术手法，充分展示了广东旅游发展历程，充分展示了广东改革开放成就，为国际社会全面了解认识广东提供了大平台。来自境外的1万多名嘉宾和众多游客深切感受到，改革开放30年来，广东变化巨大，发展成就惊人。瑞典斯科纳省第一副省长卡塔莉娜·艾林森女士说："此次旅游文化节的活动非常精彩，特别是"友城之夜"的演出给我留下了深刻的印象，令人难以忘怀。"国际友城各代表团一致表示，广东国际旅游文化节的策划和组织协调工作值得借鉴，希望不断加强与广东的友好交流与合作。世界温泉科学大会暨世界温泉及气候养生联合会主席尼古拉·斯托拉先生表示，中国、广东温泉产业规模巨大，产值惊人，将大力推进与中国、广东温泉产业的多层次交流合作。

（三）悉心培育了大批旅游精品，我省旅游品牌竞争力进一步提升。旅游大促销暨国际旅游展览会、旅游花车花船大巡游、旅游招商会、海外杰出华人广东行、友城之夜、岭南民间艺术汇演等经典项目历经多年打造，魅力与日俱增，成为旅游文化节极富影响力、凝聚力和吸引力的品牌项目。旅游大促销暨国际旅游展览会特装展风采迷人，人潮如涌。花车巡游吸引了全国兄弟省市区、全省21市以及印尼、马来西亚、新加坡、越南等国家参与，各花车以鲜明独特的主题、优美别致的造型、风情浓郁的表演吸引了大批市民和游客观赏。开幕式上短短二十分钟花车巡演，精彩动人，令观众欢呼喝彩，过目难忘。友城之夜晚会精致优雅、美轮美奂的节目令观众目不暇接、美不胜收。参与表演的澳大利亚昆士兰州歌手尼克·菲利普斯对旅游文化节赞赏有加，他说："我参加了不少节庆活动，感觉广东国际旅游文化节是最棒的。"广东开放论坛等一批新项目经过精心策划筹备，以与时俱进的主题定位、高品位的旅游文化内涵、广泛的社会参与性、全方位的宣传报道，打出了新名片，树立了新品牌。闭幕式气势恢宏、地方特色浓郁，观众赞不绝口。来自澳门的陈女士说："实在是太精彩了，从头到尾都是高潮！"

（四）大力推动了旅游产业结构调整升级，我省现代旅游产业体系建设进一步完善。深圳分会场适应市民和游客旅游消费需求的发展趋势，举办了F1摩托艇世界锦标赛中国深圳大奖赛、国际游艇展等活动，引领市场培育航海、邮轮、游艇、水上运动等新型旅游业态，推动旅游产业链向高端方向延伸。珠海、韶关、河源、惠州、中山、肇庆、清远等市隆重推出了温泉、滨海、森林、田园等以休闲度假为主题的活动项目，有效推动了休闲度假型旅游产品开发和产业群体系建设。网上旅游文化节的首次举办以及大量活动的网络参与进一步密切了旅游与互联网的关系，促使旅游电子商务加快发展。亚太旅游组织副总裁米歇尔·耶特说："广东国际旅游文化节集中体现着旅游市场，也合理调整着旅游产业结构。"

（五）有效带动了国际国内需求和招商引资，南粤经济社会发展动力进一步增强。世界旅游组织秘书长弗朗加利先生在讲话中指出："大力发展旅游业有助于削减世界金融危机对经济发展带来的影响。"在当前国际金融危机影响外贸出口的形势下，广东国际旅游文化节充分发挥旅游业旺市生力军的作用，以超强的消费需求扩充力和招商引资带动力为我省经济社会发展注入了强大动力。旅游文化节期间，旅行社、旅游景区景点、酒店等企业纷纷组合推出多款"应节"线路和产品，极大地繁荣了旅游市场。据不完全统计，参与本届旅游文化节各项活动的市民游客逾亿人次，庞大的客流和消费量带旺了餐饮、住宿、文化、艺术、体育、交通运输等产业的市场需求，为众多行业的繁荣发展汇聚了大量人气、提供了无限商机。潮州旅游美食节10天接待游客15万人次，营业额近百万元。各分会场所在市均反映，节庆期间旅游及关联产业的市场需求比平时大幅提升，增加量达4成以上。在广聚客源的同时，旅游文化节以独具风情的节目向海内外嘉宾展示了我省良好的投资环境，大大增加了客商的投资热情和信心。旅游招商会推出广东百家优秀旅游景点图片展和"活力广东、群星璀璨"宣传册，1000多名境内外客商参加，签订投资项目112宗，合同吸引外资22.5亿美元。

（六）全面激发了岭南旅游文化活力，我省旅游文化事业发展进一步推进。本届旅游文化节为岭南文化的挖掘、展示、演绎和传承增添了新的生机。开幕式文艺晚会制作了15首原创歌曲，由著名歌唱家演唱，配以优美舞蹈，令观众陶醉其中。晚会创作的主题曲《五彩岭南》，美妙动听，将岭南旅游文化元素传唱四海。岭南民间艺术汇演荟萃我省民间艺术精华，在广州主要广场轮番展演，让岭南文化精粹与百姓实现"亲密接触"。中山岭南水乡旅游文化节将当地特色文化元素融入美食嘉年华活动，游客在尽情享受各类美味佳肴的同时，领略和品味到水乡文化的独特魅力。梅州客家山歌旅游节弘扬濒临失传的《竹板声声》、《七盏灯》等民俗表演形式。

（七）广泛营造了浓厚的欢乐氛围，和谐社会构建进一步加快。"成龙和他的朋友们"倾情演绎慈善之歌，大爱之心令人深受感染。与人为善、助人为乐的善举美德在演唱会现场3万多名观众心中深深植根。韶关旅游文化节以"处处让您感受欢乐"为宗旨，先后推出福满堂客家旅游文化节、瑶族十月朝风情旅游节以及云髻山枫叶节等项目，为广大市民游客营造了一个又一个欢乐浪潮。佛山旅游文化节开幕式以灯色、醒狮、人龙舞、粤剧等文化艺术演绎"和"文化。云浮市举办了《神州和乐》大型交响乐演出和禅宗六祖文化与构建和谐社会研讨会，宣传弘扬和谐文化，为构建社会主义和谐社会添砖加瓦。

（八）极大密切了互动合作关系，全方位旅游合作发展格局进一步巩固。推动合作与发展是历届旅游文化节的重要内容，更是本届活动的一大亮点。广东开放论坛等多项活动主题直奔“合作与发展”。旅游文化节期间签署各类旅游协议近百项。在国家旅游局和广东省政府建立紧密合作机制备忘录签字仪式上，省旅游局与凤凰卫视传媒集团、南方报业传媒集团、南方广播影视传媒集团、中山大学以及汕头、韶关、河源市政府分别签署了合作协议。在旅游大促销暨国际旅游展览会开幕式上，广东省旅游协会与日本群马县观光国际协会签订了《开展旅游友好交流与合作协议》；广东省旅游局与澳大利亚新南威尔士州旅游局签订了《旅游交流与合作协议》，与广西旅游局签署了《共同打造区域旅游精品线路协议》，与西藏林芝地委签订了《粤林旅游援助框架协议》；广之旅与瑞士可尼集团签订了《战略合作备忘录》。清远市旅游局及企业与珠三角部分市以及香港、湖南永州、广西贺州等签订了无障碍旅游协议，在互相推介、互送客源等方面迈出了合作共赢的新步伐。深圳、湛江、清远等市分会场也取得了旅游业界合作互动的新成果。

三、做法与体会

本届旅游文化节的成功举办归功于国家旅游局和省委省政府领导的高度重视和大力支持，归功于各级各部门的密切配合和紧密协作，归功于旅游业界及全社会的热烈响应和积极配合，归功于国际社会、国内各省区的热情关注和深入参与，归功于组委会全体工作人员的精心筹备和辛勤劳动。我们的主要做法与体会是：

（一）领导重视，提供有力组织保障。办好广东国际旅游文化节是省委省政府的重要决策，也是今年我省旅游工作的重中之重。汪洋书记、邵琪伟局长、黄华华省长等领导高度重视，多次专题听取筹备工作汇报，亲自研究部署推动各项工作。万庆良副省长多次召开旅游文化节协调会以及现场办公会，直接统筹指挥各项筹备工作；多次专程赴京拜访国家旅游局邵琪伟局长，共同研究旅游文化节筹备工作。刘晓捷副秘书长亲自督导，具体策划组织，大力推动各项筹备工作顺利开展。汪洋书记、邵琪伟局长、黄华华省长等领导亲自出席开幕式、闭幕式和广东开放论坛等重要活动，给广大参与筹备工作的干部职工及现场嘉宾观众以极大鼓舞。各主分会场、各级各部门领导高度重视、亲自挂帅、重点部署，为旅游文化节的圆满成功提供了有力的组织保障。

（二）突出重点，打造精品项目。为使旅游文化节办得更有特色、更有水平、更有实效，组委会办公室在全面监督落实整体活动筹备工作的基础上，集中力量、精心组织、科学策划，高规格、高要求、重细节、抓创新，全力打造精品项目。开闭幕式晚会承办单位在当地市委市政府的全力支持下，把晚会承办工作作为一项重要政治任务来抓，全力以赴，精心编排，大胆创新，整台晚会做到了大手笔、大舞台、大阵容、大气势。广东开放论坛是本届旅游文化节的一大亮点，组委会专门成立了论坛筹备工作小组，抽调精干人员，细化活动方案，确保了论坛高规格、大影响和好成效。旅游大促销暨国际旅游展览会、旅游花车花船大巡游、友城之夜系列活动、岭南民间艺术展演等传统精品项目经过精雕细琢、推陈出新，办出了新意、办出了特色。

（三）多方联动，形成强大合力。本届旅游文化节覆盖全省大部分地区，涉及众多部门、18个地级以上市、上百个企事业单位，是一项庞大的系统工程。组委会办公室进一步健全“部门联动、省市联动、国内外联动”的协调机制和“政府主导、社会参与、市场运作”的市场竞争机制，全面完善、规范运作流程和标准，对各个活动项目筹备机构切实加强管理，强化统筹组织、协同作战，充分发挥各市、各部门、各单位的主动性和积极性，形成了强大合力。省府办公厅、省旅游局、外经贸厅、文化厅、侨办、外办等部门各尽其责，协调配合，定期会晤，集中办公；各市委市政府高度重视，密切与组委会办公室联系，明确责任、合理分工、加强督办，有效保障了筹备工作的顺利开展。广州、中山市委市政府全力支持，积极调动各种资源推进筹备工作。团省委从各大高校招募培训了1500名青年志愿者，为旅游文化节提供了3000多人次的志愿者服务。武警战士700余人、警官学员1800余人、省旅游学校学生近800人参与了重要活动现场秩序维护、文艺节目演出等工作。

（四）热情接待，追求细致专业。本届旅游文化节境内外嘉宾数量大、规格高，接待工作任务繁重。黄华华省长高度重视，亲笔签署海外重点嘉宾邀请函，并多次作出重要指示。省府办公厅牵头，与组委会外联接待组专门成立了工作小组，协调公安、交通、边防等部门为重要嘉宾提供便利和礼遇，在机场首次开通旅游文化节嘉宾快速入境通道。欢迎宴会、贵宾出入境礼遇、嘉宾旅游考察、导游和车辆安排等问题均安排专人跟进落实。外联接待组通过严格筛选，在全省范围内甄选出212家推荐接待酒店、106家指定旅行社、58名导游大使，专门承担嘉宾接待任务；进一步完善《接待服务指南》，精心制作《嘉宾活动手册》，强化细节意识，以周到、细致、温馨、灵活的个性化服务，赢得了广大嘉宾的一致好评。

（五）积极宣传，营造浓郁氛围。本届旅游文化节积极创新宣传推广方式，分阶段、分层次、多渠道、多形式在海内外营造了良好舆论氛围。组委会新闻宣传组先后组织召开了15场新闻发布会（吹风会），组织记者以专访、专版、专题、专贺、考察等多种形式及时、全面、深入地宣传各阶段筹备工作情况。据统计，海内外100余家媒体对旅游文化节进行了深度报道，参与采访报道的记者达400余人，相关报道超过2000余篇（条）。其中，头版（条）约

50篇（条），专版近100个，专刊2期共64版；网页超过300个，点击率近3000万次。在广州市委市政府的大力协助下，组委会在省内公共交通工具以及广州市内主要交通干道、主要交通枢纽、主要旅游景区等场所开展了多形式的宣传推广，形成了全社会宣传推广旅游文化节的良好局面。

（六）安全第一，强化安保卫生保障。省公安厅牵头的安全保卫组牢固树立“安全第一”的意识，坚决克服麻痹大意思想，提高警惕，加强防范，严密监测，及时排除隐患；积极督促各项大型活动承办单位制定、完善、落实安保方案，重点抓好开闭幕式等重要活动场所的安保和消防工作；严格制作各类活动出入证件，组织专业人员对活动场地勘察、检查，累计派出警力逾1.8万人次到活动现场维护秩序，确保了各项活动安全有序、万无一失；认真开展社会面治安整治和防控工作，为旅游文化节创造了良好的社会治安环境。省卫生厅牵头的卫生防疫组主动联系指导各主分会场、接待单位做好卫生保障工作，制定和细化卫生保障应急预案，组织专门人员对医疗救护、灭害、食品卫生、饮用水卫生进行研究部署，重点加强主要活动的卫生保障工作。旅游文化节期间，省市卫生部门先后派出医护人员310人次分赴活动现场，实现了旅游文化节零卫生事故。

四、下一步的努力方向

（一）继续推进国际化，进一步打造国际品牌。今后的工作要在“国际”二字上下工夫，不断优化旅游文化节国际嘉宾的层次和结构，采取多种方式，全面邀请我省主要客源国家旅游机构、跨国旅游集团、国际投资商和业界人士参与。充分利用省领导出访的大好时机和旅游部门、旅游企业两个国际合作平台，采取多种渠道、多种方式，全面加强与我国我省各类驻外机构、华人华侨社团的沟通与合作，全方位、立体化推广旅游文化节，努力扩大和提升旅游文化节的影响力和吸引力，把旅游文化节办成国际知名的节庆品牌。

（二）继续推进市场化，进一步创新办节机制。要在成功举办几届旅游文化节的基础上，加大改革创新力度，积极借鉴国内外办节的先进经验，加大市场化运作的力度和深度，扩大市场运作的覆盖面，不断提高旅游文化节的社会效益和经济效益。通过招标、委托或授权等形式，大力引入意愿强、资质好、实力雄厚的市场主体参与策划、承办、协办旅游文化节活动。不断拓宽融资渠道，积极引导各类社会资源和力量，以资金、实物、服务、技术等多种形式赞助支持广东国际旅游文化节。

（三）继续推进大众化，进一步提高群众参与度。坚持“以人为本”、“科学发展”理念，对旅游文化节的内涵、特色、形式进行再丰富、再促进、再提升和再发展，精心策划更多内涵深刻、形式新颖、拿得出、叫得响、群众喜闻乐见的岭南文化精品项目，增强活动的观赏性、互动性、娱乐性，让广大人民群众共同分享旅游文化节的精彩和喜悦，在全社会大力营造欢乐和谐的节庆氛围，把旅游文化节办成广东人民的盛大节庆。

2008广东国际旅游文化节暨泛珠三角旅游推介大会是展示良好形象、营造欢乐和谐的盛会，更是吹响前进号角、再创辉煌乐章的盛典。在新的历史起点上，广东旅游业正借助旅游文化节带来的新机遇，加大思想解放力度，加快改革创新步伐，全面落实科学发展观，努力建设全国旅游综合改革示范区和旅游强省，为促进广东经济社会又好又快发展，争当全国实践科学发展观排头兵作出更大贡献。

（执笔：李录春、陈桂林、唐　珊）

首届广东开放论坛文献专辑

（第 153 ~ 170 页）

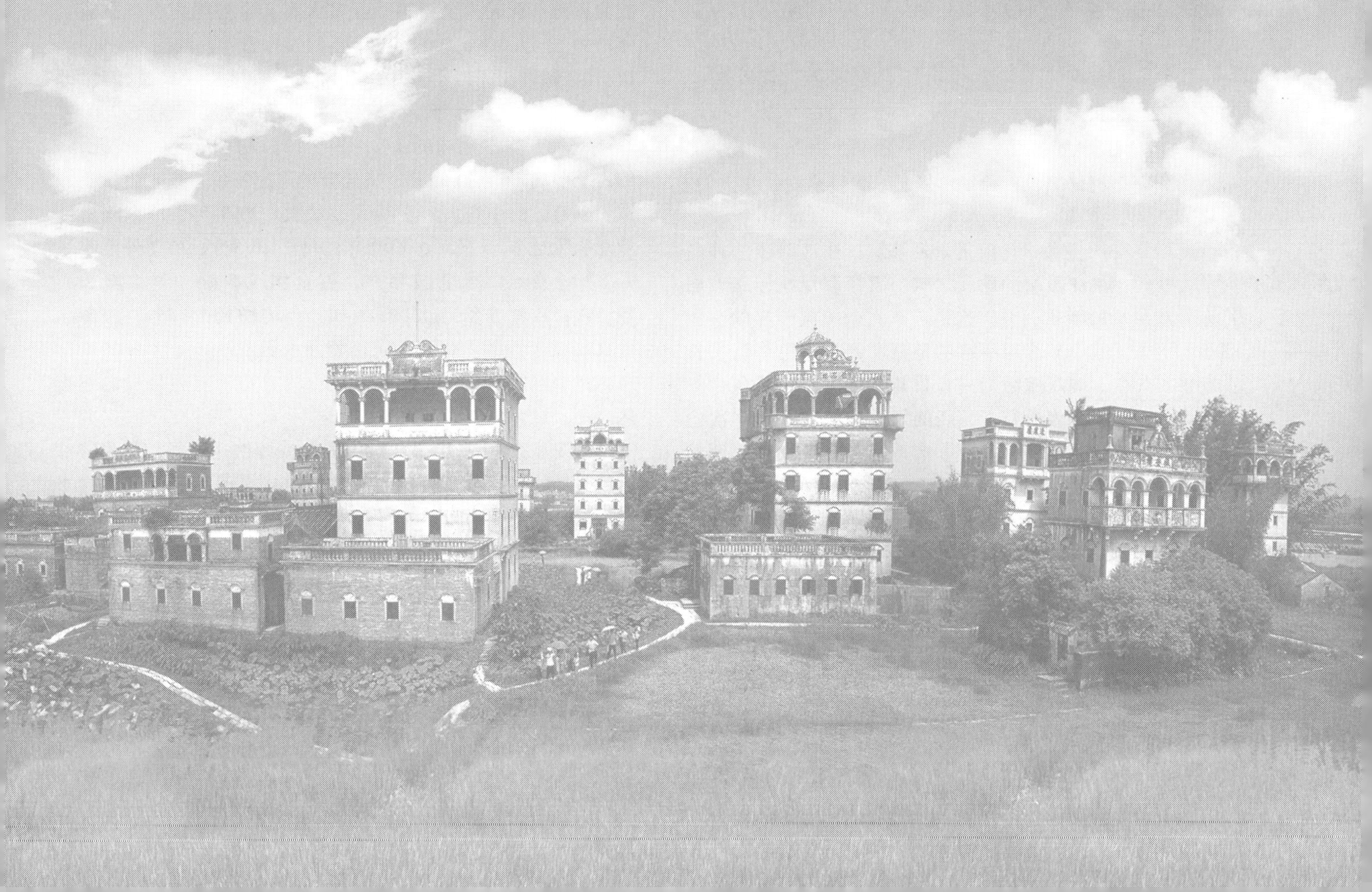

首届广东开放论坛文献专辑

以世界眼光谋划推动广东旅游强省建设

——在2008广东开放论坛上的演讲

广东省省长　黄华华

(2008年11月28日)

广东省省长黄华华

尊敬的弗朗加利秘书长、邵琪伟局长，各位来宾，女士们、先生们：

花城飘香庆盛会，岭南美景迎嘉宾。在这温暖的仲冬时节，我们相聚在美丽的珠江之畔，满怀喜悦地迎来首届广东开放论坛的隆重召开，这是广东和全国旅游界的一大盛事。今天，我们非常荣幸地邀请到世界旅游组织秘书长弗朗加利先生、国家旅游局局长邵琪伟先生，以及各位专家学者、企业家和旅游行业、新闻媒体的朋友参加本次论坛。在此，我谨代表广东省委、省政府，对各位嘉宾朋友的到来表示热烈欢迎！

在我国改革开放迎来30周年的重要时刻，我们举办广东开放论坛，主要是着眼在新的历史起点上，回顾总结中国特别是广东30年对外开放的成功经验，面向未来寻找破解科学发展难题的新思路，进一步增创广东对外开放的新优势。本届论坛围绕“现代旅游业合作与发展”的主题，汇集全球旅游业界的精英翘楚，深入研讨，密切交流，增进共识，必将对进一步推动广东旅游的对外交流合作，谋划新时期旅游业更好更快发展发挥重要的推动作用。我今天发言的题目是“以世界眼光谋划推动广东旅游强省建设”，希望能够跟大家一起分享广东旅游业改革开放和发展的认识与经验，并藉此增进与各国各地区的旅游交流与合作。

广东是中国改革开放的先行省。30年来，广东在党中央、国务院的正确领导下，充分发挥“毗邻港澳、华侨众多”的地缘人缘优势，坚持解放思想，推进改革开放，经济社会发展取得举世瞩目的辉煌成就，从一个落后的边陲农业省份一跃成为全国第一经济大省。全省国内生产总值年均增长13.8%，2007年达到31084亿元，约占全国的1/8，继超过亚洲四小龙中的新加坡、香港后又超过台湾；来源于广东的财政总收入、地方一般预算收入分别达7750、2786亿元，均占全国的1/7；进出口总额达6340亿美元，约占全国的1/3。伴随着经济社会的迅速发展，广东旅游业从无到有、由小到大，不断发展壮大。2007年，广东旅游业总收入达2455亿元，30年年均增长20.9%；旅游外汇收入87亿美元，居全国第一，占全国1/5强，年均增长19.5%；入境游客超过1亿人次，年均增长15.3%；旅游业直接就业人数130万，间接就业人数650万。今日的广东，是中国旅游经济最发达、旅游活力和吸引力最强的地区之一，成为名副其实的旅游大省。

广东旅游业30年来之所以能够持续快速发展，最关键的就是始终坚持改革开放。旅游业是广东改革开放的先行领域，其发展历程正是广东改革开放历程的缩影和写照。在30年来波澜壮阔的改革发展大潮中，广东旅游业勇立潮头、解放思想，坚持改革、扩大开放，抢抓机遇、大胆创新，开创了许许多多中国的先河：1979年创办的中山温泉宾馆是全国第一家中外合资企业；1980年兴建的珠海石景山旅游中心是全国第一家合作企业；1983年率先开办省内居民“港澳游”；1988年率先开创出境游业务；1994年率先为外国游客由香港进入广东旅游实行便利措施；1996年率先推出县级旅游行业管理地方法规；2004年率先创立中国首个跨省区泛珠三角无障碍旅游区。特别是近年来着力打造的粤港澳大三角国际旅游区，是世界上唯一具有“一国、两制、三地”特点，荟萃不同社会制度和历史文化的旅游区。2005年以来连续举办的三届广东国际旅游文化节暨泛珠三角旅游推介大会，更是以其国际性、时代性、丰富性迅速发展为海内外知名的节庆品牌。正是坚持改革开放，坚持率先探索、开拓创新，广东旅游业始终走在全国的前面，为中国的旅游业发展起到重要示范带动作用。

广东旅游业30年来取得的发展成绩和经验，得益于我国的改革开放政策，得益于中央的正确领导和国家旅游局的指导，也是与世界旅游组织的热忱帮助和各国、各地区朋友的关心支持紧密相联的。借此机会，我代表广东省委、省政府对国家旅游局、世界旅游组织以及所有关心支持广东旅游业发展的朋友们表示衷心的感谢！

女士们、先生们，当前我国正进入科学发展的新时代，我省正处于全面转入科学发展轨道的关键时期。广东旅游业经过30年的改革发展，正站在新的历史起点上，面临着广阔的发展前景和前所未有的大好机遇。

第一，世界旅游业迅速崛起、前景广阔。旅游业作为新兴的朝阳产业，近年来得到了世界各国各地区的高度重视，连续多年发展速度超过世界经济增长速度，成为世界经济发展的重要推动力。当前，虽然世界经济受到金融危机的冲击出现增长放缓的情况，对旅游业发展产生一定影响，但危中有机、困难中蕴含机遇，虚拟经济泡沫的破灭使得各国各地区更加重视旅游业等实体经济的综合拉动作用，经过调整、优化、提升的旅游业必将迎来新的发展机遇。

第二，中国进入了全面建设小康社会的新阶段，旅游业发展空间广阔。我国政通人和，经济繁荣，社会和谐，全面建设小康社会进程不断加快，人民生活水平日益提高，居民外出旅游的需求日益高涨，旅游消费在消费结构中的比重越来越大。特别是最近中央政府作出了促进消费、扩大内需的重大决策部署，我国经济基本面良好，继续保持持续较快增长，必将为旅游业发展带来广阔空间。

第三，广东省高度重视旅游业发展，旅游业迎来了大发展大提高的黄金时期。省委、省政府确定了建设旅游强省的宏伟目标，制定出台了关于加快旅游业改革与发展建设旅游强省的决定，并把旅游业作为推进现代产业体系建设的重要组成部分。旅游业在广东经济发展、文化建设、民生改善、社会和谐中的地位越来越重要、作用越来越突出。完全可以说，广东旅游业又迎来了一个大发展的春天。

第四，广东旅游业基础良好、优势突出、商机无限。广东旅游发展有5大优势：一是文化底蕴深厚。广东是岭南文化的发祥地、海上丝绸之路的发源地、近代革命的策源地、改革开放的前沿地，广府、客家、潮汕文化荟萃，美食、民俗、民间艺术等岭南文化底蕴深厚，发展旅游业得天独厚。二是区位优势突出。广东地处岭南，濒临南海，毗邻港澳，粤港澳大珠三角旅游区“一江珠水、两种制度、三颗明珠”驰名中外。广东与泛珠三角内地八省区签订了双边旅游合作协议，泛珠三角无障碍旅游区逐步形成。同时，广东地处中国—东盟自由贸易区的中心地带，侨胞众多、经贸联系紧密，合作前景广阔。三是旅游资源丰富。广东山川、湖泊、温泉、森林、海洋等自然旅游资源丰富，名人故居、革命圣地、改革地标等人文旅游资源不胜枚举，高尔夫、美食、购物、休闲等现代旅游资源丰富，特别是我省东西两翼和粤北地区地域辽阔、风景优美、民俗民风独特，许多旅游资源仍然“藏在深闺人未识”，开发潜力巨大。四是产业配套完善。广东旅游交通、通讯等基础设施日趋完善，全省共有旅行社964家，居全国第一；各类酒店、招待所8000家，其中五星级58家、四星级168家；大型旅游景区、景点300多个，其中国家5A级旅游区（点）2个、4A级48个。全省形成了以广州、深圳为中心的珠三角至东西两翼和粤北山区的3条各具特色的旅游干线，旅游发展基础良好。五是市场空间广阔。目前，广东人均GDP超过4500美元，正向宽裕型小康水平迈进，人民群众对旅游的需求更加迫切。随着我省争当实践科学发展观排头兵、率先基本实现社会主义现代化进程的推进，特别是即将相继举办2010年广州亚运会、2011年深圳世界大学生运动会等大型活动，必将为旅游业发展带来新的机遇。

面对新形势、新机遇，广东将深入贯彻落实科学发展观，以深化改革、扩大开放为动力，以世界眼光、战略思维谋划、推动旅游业的新一轮大发展大提高，努力开创旅游科学发展新局面，把广东建设成为辐射华南、服务全国、影响亚太、面向世界，具有较高国际水准的旅游目的地，建设成为中国的旅游强省和旅游综合改革示范区。为此，我们将着力实施政府主导型旅游发展战略，加大对旅游业发展的扶持力度，充分调动社会各界积极参与旅游业发展，形成旅游业发展的强大合力；着力创新旅游体制机制，完善旅游发展法律法规，优化旅游发展环境，增强广东旅游业发展活力；着力推进旅游与文化融合，打造岭南特色旅游文化精品，提升旅游的核心竞争力；着力优化旅游发展布局，发挥旅游的带动效益，提升珠三角旅游发展水平，培育山区、东西两翼旅游发展新亮点，提高广东旅游业区域协调发展能力。

各位来宾，女士们、先生们，当今世界是开放的世界，合作、发展是世界的永恒主题，也是旅游发展的永恒主题。合作的旅游更有活力，开放的旅游更具魅力，发展的旅游需要合力。广东将深入推进与世界各国、各地区的旅游交流与合作，共同提升旅游发展水平，实现互利共赢。

一、积极推进旅游市场国际化。全面推进旅游市场的对内对外开放，在深度开拓省内、国内旅游市场的同时，加大海外市场促销力度，打造国际化旅游目的地，吸引更多游客到广东旅游。同时积极引导推动广东居民“走出去”到世界各地旅游，全面融入国际旅游业发展潮流。

二、积极推进旅游资源国际化。充分发挥广东的旅游资源优势，扩大旅游业招商引资，引进国际知名旅游企业和旅行社联合开发，提高旅游资源开发利用水平，努力提供更多符合国际旅游者需求的旅游产品。同时，积极推动我省有实力的旅游企业“走出去”开发利用国外旅游资源，积极参与国际市场竞争。

三、积极推进旅游管理国际化。加强旅游软环境建设，学习借鉴先进地区的旅游开发管理经验，按照国际标准加快完善旅游交通、景区、酒店、商场等基础设施和服务设施，加强旅游人才的引进、培养和使用，努力造就一支适应旅游国际化的专业人才队伍，推动旅游管理水平和服务标准与国际接轨。

四、积极推进旅游品牌国际化。加快推动旅游产业优化升级，打造更多旅游名景名企和旅游休闲黄金线，推动知名旅游企业、著名景区景点、重点旅行社的对外合作，进一步扩大广东国际旅游文化节和广交会、高交会、中博会等知名品牌的国际知名度和影响力，培育广东的世界旅游名牌和龙头企业。

五、积极推进旅游合作国际化。做好我国政府已批准CEPA在广东旅游业先行先试这篇大文章，深化粤港澳大珠三角和泛珠三角区域旅游合作。以友好省州、城市为基础，全面推进与世界各国、各地区的旅游合作，拓展国际旅游合作的领域和空间。

女士们、先生们，“改革开放，活力广东添双翼；科学发展，南粤旅游跨五洲”。我相信，在党中央、国务院的正确领导和国家旅游局的关心支持下，在社会各界的积极参与下，广东旅游业的未来一定会更加美好！我们诚挚欢迎世界各国、各地区的朋友到广东观光旅游、投资兴业，携手共创更加辉煌的明天！

最后，预祝本届论坛取得圆满成功！祝各位来宾朋友在粤期间工作顺利、身体健康！

谢谢大家。

在首届广东开放论坛上的演讲

国家旅游局局长　邵琪伟

（2008 年 11 月 28 日）

国家旅游局局长邵琪伟

尊敬的各位来宾，女士们、先生们、朋友们：

上午好！很高兴参加广东省为纪念改革开放 30 周年举办的“首届广东开放论坛”。30 年前，中山温泉、珠海石景山游乐园等第一批中外合资企业在这里诞生，开启了中国对外开放的序幕。本届论坛以“现代旅游业合作与发展”为主题，反映了旅游业在广东省改革开放 30 年历程中的特殊作用，体现了在新一轮解放思想推动下，广东省继续大力发展旅游业的坚定信心。在此，我谨代表国家旅游局，对本届论坛的召开表示热烈的祝贺！

我们知道，中国现代旅游业是改革开放的产物。随着我国现代化进程的加快和人民生活水平的不断提高，旅游业已发展成为关联度大、综合性强的新兴产业，成为人民大众生活的重要组成部分。回顾改革开放 30 年来中国旅游业发展历程，认真总结经验，坚持解放思想，弘扬开放精神，推动科学发展，是我们站在新的历史起点上，克服前进道路上的困难，推动旅游业平稳较快发展的前提和基础。这里，我从三个方面作一简要的回顾总结。

——发展历程。改革开放 30 年，是中国经济社会发生翻天覆地变化的 30 年，也是旅游业由小到大，不断赶超，成为世界旅游大国的 30 年。改革开放之初，在小平同志关于加快发展旅游业五次重要讲话的直接推动下，旅游业成为了我国最早开放的行业和最早同国际接轨的一个领域，并在一系列加快发展举措的推动下，实现了从“事业接待型”向“经济产业型”的迅速转变。随着改革开放的不断深入，社会主义市场经济体制基本确立，我国旅游业逐步形成了入境、国内、出境三大旅游市场同步发展的格局，产业规模、要素和体系逐步壮大完善，旅游业成为了国民经济新的增长点和重要产业。进入新世纪以来，旅游业自觉适应国际国内形势的深刻变化，立足促进经济社会又好又快发展的战略，进一步融入经济、社会、文化、外交、民生等大局，对国计民生的影响愈益显现，成为最具发展活力和前景的现代服务业的重要领域。

——发展成就。改革开放的伟大实践，创造了旅游业 30 年跨越式发展的显著成就，为国民经济和社会发展做出了积极贡献。在国家外汇储备十分短缺的年份里，旅游业成为国家创汇的重要渠道，为增加我国外汇收入发挥了积极作用。在现代化建设过程中，旅游业作为国民经济的重要产业，对 GDP 的贡献不断增大，对促进城乡建设和民生改善的作用明显提高。旅游业的发展增强了国民环境保护意识和文化保护意识，提升了国家“软实力”和大国形象。2007 年我国入境接待 1.3 亿人次，入境过夜达 5472 万人次，创汇 419 亿美元；国内旅游 16.1 亿人次、收入 7771 亿元；出境旅游 4095 万人次；旅游总收入首次突破 1 万亿元。旅游直接和间接安置就业约 6000 多万人，累计带动 700 多万人脱贫致富。旅游产业规模不断壮大，旅行社达到 19.7 万家；星级饭店 1.3 万家；全国县级以上旅游景区约 2 万个；优秀旅游城市 306 个；高中等旅游院校 1641 所。与 1978 年相比，入境接待、过夜人次和创汇收入分别增长了 72、70 和 159 倍，星级饭店增长了 93 倍，旅行社增长了几百倍。国内旅游已经发展成为中国旅游市场的主体；出境旅游和有关产业要素历经从无到有的发展，实现了历史性的突破。

——发展经验。改革开放30年，我国旅游行业坚持服从和服务于经济社会发展大局，始终将发展作为第一要义，成功走出了一条有中国特色的旅游发展之路。坚持政府主导型发展战略，统筹各种社会资源，积极发展“大旅游”，在基础薄弱的条件下，大力培育、发展和壮大旅游业；坚持不断扩大对外开放，统筹开发国际国内两种资源、两个市场，积极融入全球发展体系；坚持不断改革创新，探索发展新机制，开拓工作新领域，推动旅游业向深度和广度发展；坚持保护与开发相统一，注重资源节约与环境保护，自觉推动发展方式的转变；坚持贯彻“以人为本”的理念，努力实现旅游发展成果让人民大众共享，在构建和谐社会中发挥更加多元的促进作用。

广东是全国改革开放的排头兵。长期以来，广东旅游业界以敢为天下先的精神，在国内批准设立了第一家中外合资饭店，建设了第一个具有世界水平的主题公园，开展了第一批个人赴港澳游业务，是试行“144小时便利签证”政策的省份，为推进我国旅游业改革开放探索了经验、作出了重要贡献。目前，广东旅游业界在省委省政府的正确领导下，不仅继续保持着在全国旅游业发展领先的优势，而且正采取一系列重要举措，以建设旅游强省为目的，开始了新一轮更加开放的大发展。

朋友们：

今年以来，我国面临着极其复杂的国内外形势。国内接连遭受低温雨雪冰冻灾害和汶川特大地震的严重影响，最近一个时期国际金融市场剧烈动荡，对我国旅游业的不利影响已经开始显现。我主要客源市场增幅下降，国内旅游增长放缓，出境旅游增幅回落，旅游投资规模收紧，旅游企业经营收入和利润下降。据了解，许多省份的宾馆饭店客房率下降，全国旅游业发展正面临严峻的挑战。

在困难和挑战面前，全国旅游行业按照党中央、国务院的部署，坚定信心，积极应对，努力创新，促进发展。因为我们深切地认识到，发展是硬道理，保持经济平稳较快发展，是贯彻落实科学发展观的根本要求和具体体现。为抵御国际金融危机的严重冲击，近期，国家作出了调整宏观政策、出台十项实际举措的重大决策部署。全国旅游系统采取有力措施，精心做好落实中央决策的各项工作。总体看，当前我国仍处于重要战略提升期，经济发展的基本面没有改变，支撑旅游业发展的基础保持良好。展望未来，我国人民生活水平将稳步提高，旅游业将保持平稳较快发展，用科学发展观促进旅游业又好又快发展的正确思路和自觉行动，必将为满足人民群众旅游需求带来更多的实惠。

——坚持以科学发展观为指导促进旅游业发展。旅游行业要用科学发展观统揽全局，在发展中将更加注重质量和效益，注重经济和社会、人与自然的协调，注重资源开发与环境保护并重，注重城乡之间、区域之间均衡，注重依靠科技进步和自主创新。通过转变旅游发展方式，推动旅游产业结构优化升级，促进旅游业的发展更加全面、协调和可持续。

——坚持以扩大内需为目标促进旅游业发展。要充分发挥旅游对扩大内需、促进消费的积极作用。主动引导大众旅游休闲需求，推动落实带薪休假制度，扩大假日旅游消费；推动包括珠三角在内的区域旅游协调发展，促进旅游消费市场繁荣。要按照国家新增投资的要求，建设和规划一批拉动内需效果明显的旅游项目，发挥旅游业的综合带动作用。

——坚持以国内旅游为基础促进旅游业发展。我们要把发展国内旅游放在更为突出的位置，将持续拓展国内旅游市场；要继续大力发展入境旅游，扩大国际市场份额。要切实加快乡村旅游发展，扩大城乡旅游交流，建设覆盖城乡的系列旅游目的地。要通过规范旅游市场秩序，提升旅游产品和服务质量，进一步优化旅游消费环境。

——坚持以市场机制为导向促进旅游业发展。我们要通过深化改革，进一步增强市场经济的意识，不断创新体制机制，更大程度发挥市场在旅游资源配置中的基础作用，吸引社会生产要素更多地流向旅游产业。要树立全球经济一体化、国内外旅游市场一体化的观念，统筹发展，兼顾内外，加快建立统一、高效的旅游大市场。

——坚持以生态文明为要求促进旅游业发展。我们要充分发挥旅游业资源节约型、环境友好型产业的优势，加强旅游目的地环境保护和文化保护及多样性建设。要大力倡导生态旅游、文明旅游、绿色旅游，推动旅游企业节能减排，增强全行业生态保护意识，实现旅游业生态文明建设水平的不断提升。

——坚持以扩大开放为手段促进旅游业发展。我们要进一步扩大对外开放，不断引进和吸收国外资金、技术、管理，促进中国旅游业全面融入到旅游全球化发展格局中。要促进旅游业“走出去”与“请进来”战略的实施，积极主动参与国际旅游市场竞争，积极务实参与全球旅游业交流与合作，增强我国旅游业的国际竞争力。

朋友们：

发展与变革永无止境。站在新的历史起点上，沐浴改革开放春风一路走来的旅游业，必将在今后的发展中，继续解放思想，坚持改革创新，坚持扩大开放，抵御各种风险，推动科学发展，不断开创新局面，努力为人民、为国家、为世界作出新的更大贡献。

谢谢！

构建旅游大产业　打造旅游大品牌
推动旅游大家乐　实现旅游大发展

——在“广东开放论坛——现代旅游业合作与发展”上的主题演讲

广东省副省长　万庆良

（2008 年 11 月 28 日）

广东省副省长万庆良

各位嘉宾，女士们、先生们、朋友们：

下午好！今天，我非常荣幸出席广东开放论坛，与大家共同探讨现代旅游业合作与发展，研究应对国际金融海啸的方略和举措，谋划以世界眼光、战略思维推动广东旅游的新一轮大发展。借此机会，我围绕“构建旅游大产业，打造旅游大品牌，推动旅游大家乐，实现旅游大发展”的主题，与各位嘉宾朋友交流几点看法。

今年是中国改革开放 30 周年。30 年来，中国创造了世界经济的一个奇迹，广东书写了中国发展史的一个传奇，而广东旅游业的发展历程则是这个传奇故事中最精彩夺目的篇章之一。改革开放 30 年来，广东旅游业从无到有、从小到大、从弱到强，旅游经济年均增速超过 20%，2007 年全省旅游总收入、旅游外汇收入均占全国的 1/5 强，入境旅游人数占全国的八成，成为中国名副其实的旅游大省。回顾广东旅游业 30 年的发展历程，我们有几点体会：一是始终坚持解放思想，大胆改革开放。中国第一家中外合资旅游企业、第一家涉外五星级酒店、第一个经营出境游企业等，改革开放 30 年中国旅游业许多弥足珍贵的“第一”称号，都打上了广东的烙印。二是始终坚持着眼大局，将旅游业放在全省经济社会发展全局中来谋划和发展。充分发挥旅游业的综合带动作用，以旅游业的大发展促进现代产业体系建设和经济国际化，使广东旅游业更具时代特征；坚持以人为本，大力建设绿色旅游产业体系，开发更多适应群众需求的旅游产品，使广东旅游业更具群众特色；推动旅游与文化进一步融合，在旅游发展中注入更多的文化内涵，提升旅游的文化品位，使广东旅游业更具岭南特点。三是始终坚持合作共赢，全面推进旅游业的区域、国际合作。深入推进粤港澳大珠三角国际旅游区建设，与泛珠三角兄弟省区合作共建无障碍旅游区，加强与东盟地区的旅游合作，发挥侨乡优势全面推进与各国、各地区的旅游交流，不断拓展广东旅游发展空间。四是始终坚持名牌带动，大力培育打造旅游龙头典型。突出地方特色，围绕“活力广东”的旅游总体形象，大力发展以商务为主的会展旅游、以温泉高尔夫美食为主题的休闲度假旅游、以民俗节庆历史遗迹为主题的历史文化旅游和健康时尚旅游，成功培育和打造了华侨城、长隆、海泉湾、丹霞山、罗浮山等一批知名旅游企业和景区景点。特别是近年来着力打造的广东国际旅游文化节，知名度和影响力显著增强，成为广东旅游影响全国、走向世界的又一块金字招牌。

广东旅游发展取得的显著成绩，离不开中央的正确领导和全省上下的共同努力，离不开国家有关部门、各兄弟省区市以及海内外各界的关心支持。借此机会，我代表广东省政府对大家表示衷心的感谢！

当前，世界旅游业的发展正在发生一系列深刻变化，从国际上看，旅游业作为新兴的朝阳产业，各国政府高度重视，很多发达国家和发展中国家都提出实施“国民旅游计划”，近年来旅游业总体发展速度高于全球经济总体增长速度。据世界旅游组织预测，2010 年世界旅游业接待人数将达到10亿人次，2020年可能达到16亿人次，国际旅游收入将达到2万亿美元。但同时，我们必须看到，由美国次贷危机引发的世界金融危机、经济寒流仍在发展之中，并由虚拟经济向实体经济蔓延，世界经济增长明显放缓，对全球旅游业发展带来严重影响，旅游消费需求下降，旅游投资信心受挫，旅游投融资难度加大，旅游企业经营困难加大，部分旅游从业人员收入受到严重影响，民航、交通、通讯、餐饮、商业零售等相关行业也将受到重大影响。与1998年亚洲金融危机和2003年“非典”相比，这次危机对旅游业冲击的程度更猛、影响的范围更大、持续的时间更长，旅游业保持快速健康发展的难度更大。从国内看，中国旅游业异军突起，成为世界第四大入境旅游接待国和亚洲最大的客源输出国，国际旅游业界普遍看好我国。世界旅游组织预计，到2015年我国将成为世界第一大入境旅游目的地国和第四大客源输出国，旅游业总收入将达到2.5万亿元人民币，相当于国内生产总值的8%～11%。特别是针对日益严峻的国际经济形势，中央政府审时度势，及时调整宏观经济政策，作出了扩大投资、促进消费、拉动内需的重大决策部署并出台一系列政策措施，我国经济基本面良好，继续保持持续较快增长，旅游业快速健康发展的前景更广。从广东自身看，经过30年的快速发展，广东形成了较为完善配套的旅游产业、基础设施和服务体系，积累了较为雄厚的旅游经济基础。省委、省政府认真贯彻落实中央的决策部署，及时制定出台了扩大内需、保持经济平稳较快发展的16项政策措施，明确提出加强旅游基础设施建设，大力发展旅游休闲产业，为旅游业发展注入强大动力。但同时，我们也清醒看到，对照世界旅游业发展的先进水平，对照国内先进省区市，我省整体旅游形象还不够鲜明，旅游名牌不大，旅游精品不多，旅游产业不强，旅游业快速健康发展的任务更重。

面对新形势、新机遇、新挑战，广东省委十届三次全会站在新的历史起点上，明确提出要坚持面向世界、服务全国，把广东建设成为提升我国国际竞争力的主力省、探索科学发展模式的试验区、建设中国特色社会主义的先行地，争当实践科学发展观的排头兵，为广东旅游业发展指明了前进方向、提出了更高要求。当前和今后一段时期，我们将深入贯彻落实科学发展观，坚持以世界眼光、全球视野、战略思维谋划广东旅游业发展，积极有效应对国际金融危机的影响，构建旅游大产业、打造旅游大品牌、推动旅游大家乐、实现旅游大发展，努力建设旅游强省和中国综合旅游改革示范区。

一、构建旅游大产业，开拓旅游业发展新格局。旅游业关联度高、辐射面广、产业链长，综合效益十分明显。据测算，旅游收入每增加1元，第三产业产值就相应增加10.2元；旅游业每投入1美元，相关产业的收入就能增加4.3美元；旅游部门每增加1个就业人员，社会就能增加5个就业机会。我们要通过构建旅游业大产业，促进相关产业发展，带动区域经济发展，真正实现“一业兴、百业旺”。一是树立大旅游观念。坚持跳出旅游看旅游，从单纯的吃、喝、玩、乐上跳出来，切实把旅游发展放在广东争当实践科学发展观排头兵的大局中来谋划，按照大文化、大市场、大服务、大产业的思路来规划和组织实施大旅游，更好地发挥旅游的综合带动作用，以旅游促开放，以旅游惠民生，以旅游增和谐，以旅游促发展。二是坚持政府主导，加强政策引导和行业管理。强化产业政策引导，积极采取规划、立法、经济等手段，将旅游业纳入建设现代产业体系的重要内容。建立健全协调机制，加快解决地区割据和行业壁垒等问题，为旅游发展创造良好条件。三是创新旅游产品和服务，鼓励新兴业态的发展。积极发展乡村旅游、工业旅游、会展旅游、科技旅游、教育旅游、邮轮旅游等，形成丰富多样的旅游产品体系。培育壮大旅游房车、邮轮、游艇制造和高尔夫用品等生产企业，打造旅游制造业基地。大力发展休闲旅游，加快开发一批满足高端消费的康体保健、温泉养生、高尔夫等休闲度假旅游产品，完善旅游产品体系。

二、打造旅游大品牌，提升旅游业核心竞争力。品牌就是知名度、就是竞争力。广东建设旅游强省，必须努力打造旅游精品、形成旅游特色、培育知名品牌，通过抓品牌带动旅游业整体水平的提高。一是全面实施旅游精品战略。高起点定位、高标准规划、高质量建设，在旅游开发、建设中注重打造精品景点和线路，提高旅游发展的质量效益。引导旅游企业树立大品牌观念，从政策、资金、技术等方面重点扶持华侨城、长隆、中旅、广之旅等具有较好发展潜力的旅游企业做强做大。二是着力打造“岭南文化、活力商都、黄金海岸、美食天堂”四大旅游品牌。充分展示岭南艺术、岭南民俗和历史文化的独特魅力，深挖岭南旅游文化内涵，推广“岭南文化”旅游品牌。依托以广州、深圳为中心的珠三角都市圈，重点发展商务、会展、购物、主题公园、温泉、高尔夫旅游，提升“活力商都”旅游品牌。充分发掘和利用广东海岸线长、岛屿众多、气候适宜等丰富的海洋资源优势，大力发展滨海旅游，培育“黄金海岸”旅游品牌。充分发挥“食在广东”的品牌优势，打造广东饮食文化金字招牌，优化“美食天堂”旅游品牌。三是加大旅游招商引资力度。发挥广东旅游资源丰富的优势，加强对重点旅游项目的招商，打造更多知名旅游景区。建立多元化投融资机制，加快旅游企业改革步伐，通过与国内外大企业重组、联合等多种方式，培育更多知名旅游企业。

三、推动旅游大家乐，实现旅游和谐发展。以人为本、促进和谐是旅游业发展的核心。旅游是“大家乐”、“乐大家”，满足人民群众求知、求美、求真、求奇、求异的需要，让大家游得开心、玩得快乐，提高人民群众的幸福指数。一是积极推行国民旅游计划。按照先行先试、重点突破、分步实施、整体推进的原则，分三步走：首先在珠三角地区重点城市试点，然后推广到珠三角地区所有城市，最后在全省铺开。在试点城市全面落实带薪休假制度，探索试行弹性休假制度，重点选择一批中小学校推行修学旅游，支持有条件的景区创建“国民旅游示范基地”，通过完善配套设施、实行优惠票价、提升服务质量等措施，让人民群众参与旅游、共享旅游。二是以人为本，进一步丰富旅游产品。加强旅游基础设施建设，依托高速公路网打造全省3小时车程旅游圈。完善旅游交通通信、医疗卫生、餐饮住宿、生态环保等配套设施建设，不断提高旅游服务质量。增强旅游产品的多样性、参与性、休闲性和娱乐性，使广大游客通过旅游增长知识、增加阅历、增加愉悦。三是加强区域和国际旅游合作。积极推动粤港澳大珠三角、泛珠三角、环北部湾、广东—东盟等区域旅游合作，签署合作协议，联合促销，信息共享，打造无障碍旅游区，为区域内游客互动营造良好的环境和氛围。加强旅游与外事、外经贸、侨务、港澳台事务等管理部门的合作，优化对华人华侨、友好省州游客、港澳台同胞的旅游服务，树立我省良好的旅游目的地形象。

各位嘉宾、各位朋友，展望新时期广东旅游业发展，商机无限、活力无限、前景无限。我相信，在中央的正确领导和国家旅游局的高度重视下，在各位嘉宾朋友的关心支持下，广东旅游业一定能够战胜金融海啸带来的困难和挑战，为广东争当实践科学发展观排头兵，为全国旅游业科学发展作出新的贡献。

最后，祝本次论坛取得圆满成功！祝各位嘉宾朋友身体健康、工作顺利、家庭幸福！

谢谢大家。

在首届广东开放论坛上的演讲

联合国世界旅游组织秘书长　弗朗西斯科·弗朗加利

（2008年11月28日）

联合国世界旅游组织秘书长弗朗西斯科·弗朗加利

尊敬的广东省省长黄华华先生，尊敬的中国国家旅游局局长邵琪伟先生，尊贵的各位来宾，女士们，先生们：

早上好！

首先，我非常荣幸参加这次“广东开放论坛——现代旅游业合作与发展”。我谨代表联合国世界旅游组织向这次庄严的聚会表达我最诚挚和热烈的祝贺。

自从我上次踏上广东这片美丽的热土，时间飞逝，日月如梭，这片土地孕育着丰厚的文化和历史资源，经济欣欣向荣，充满活力。然而，距离我上次遇见广东省省长黄先生的时间却并不长，他今年10月带领了一支盛大的代表团访问了联合国世界旅游组织在西班牙马德里的总部。

我很高兴的告诉大家，这是世界旅游组织第四次代表出席广东国际旅游文化节暨泛珠三角旅游推介大会。我们看重这一事件的重要意义不仅因为大会在广东举办，而且因为该会议具有广泛的地区影响力，覆盖整个珠江三角洲地区。旅游在该地区社会和经济发展中扮演着重要角色。广东省不仅是中国重要的旅游目的地而且是中国最主要的旅游客源地之一。我们世界旅游组织因而非常重视与广东省未来的旅游合作，愿意在旅游开发和促销方面进行进一步实质性合作。

女士们先生们，此时此刻作为二战后全球经济经历的最严峻的动荡时刻，我们的论坛正是在这样的背景下举办。国际金融危机对“实体经济”的影响日益增强，该次金融海啸危及全球。旅游业也不例外。虽然2007年国际游客数量达到9.03亿，增长率6%；旅游收入达到8560亿美元，创增长率5.6%纪录，但是在当前形势下，2008年的前景并不乐观。尽管如此，令人振奋的是，截至2008年8月底，我们仍可以看到世界旅游业以3.8%速率平稳增长。然而，很显然，这种上升趋势在这个夏季发生了逆转。消费者行为，特别是北美和欧洲的游客行为开始发生改变。他们尽量减少旅游中的弹性消费，而且前所未有地更加偏好低价航空和经济型住宿。

我们又一次处于困难时刻，全球整体经济状况深刻地影响着旅游业。我们不能再如过去几年一样期待双倍的数字增长。但是，作为世界旅游组织的负责人，我想告诉大家，我们关注并忧心忡忡，因为毫无疑问不良的经济状况必然会在世界范围内影响到旅游业。但是，我们坚信，旅游业是有着高度弹性和抗危机性的行业。我们不需要恐慌，也不需要悲观，因为旅游是社会的一种内在现象。在工业化世界里，旅游的需求、休闲与娱乐已经根深蒂固地存在于人们的观念里。即使是在危机关头，消费者也会用尽所能以保留这种权利和奢望。旅游需求持续存在，尽管表达的方式可能会有所变化。

作为我个人，将坚定不移地相信，旅游业不仅是经济的加速器而且也是危机的减震器，旅游业还是负面影响的减缓器，因而应对这次金融危机也不例外。试想那些新兴旅游国家不断增加的旅游客流对经济的贡献，试想2007年超过4000万中国人出境旅游，而且这一数量在2008年还将继续增加，我们对此就深信不疑，充满信心！

旅游业必将获得新生，世界旅游组织对此坚信不疑。阿兰·格林斯潘谈到最近的次贷危机时说，旅游将不会发生危机！他的继任者，本·博南克也认为要想恢复世界经济，需要一系列刺激经济发展的手段。女士们，先生们，我们的旅游业不需要刺激。世界旅游组织将会尽己所能帮助旅游业抵御当前的金融风暴。这是我们的使命。出于同样的原因，我们也不会忘记旅游业应该承担的责任——减少贫困、对抗全球气候变化，这些也同样是世界旅游组织作为联合国下属机构的使命之一。然而，处于紧迫之中的政策制定者们为了缓解当前形势，政策制定很可能出现不利于可持续发展、短视化的倾向。因为金融风暴导致许多发展中国家经济增长放缓，出口拉动作用下降，出口量和出口值减少。而那些贫穷国家，几个月前就已经因粮食危机经济遭受重创，在这一时刻，他们将更加需要旅游为他们带去财富和工作机会。

女士们、先生们，中国旅游业在过去15年的发展速度令世人瞩目。入境旅游者人数从1990年的1050万人次增长到2007年的5400万人次，2007年旅游外汇收入达到420亿美元。这些数据表明中国旅游业发展迅猛，因此我们世界旅游组织对中国未来前景十分看好，中国必将在2020年超过法国、西班牙和美国，并成为世界第一大旅游目的地国。

另外我想在此强调的是，虽然中国出境旅游起步较晚，但是发展十分迅猛，2007年中国的出境旅游人数已达4000万人次，成为世界第六大出境旅游国。中国已经成为全世界发展最快的、亚太地区第一大出境旅游市场。而且，中国还有一个其他国家难以比拟的巨大的国内旅游市场。总而言之，中国正不断为世界旅游业的蓬勃发展做出的卓越贡献已是不争的事实。中国促进了亚太区域内的旅游流动，也改变了旅游格局。

正如邵琪伟局长所言，世界旅游组织和中国有着多年的互惠互利关系。这种良好的关系已经建立于各个领域和各个层次之上。世界旅游组织怀着极大的兴趣观察到中国旅游业发展步伐快速，令人钦佩。中国有两个旅游项目值得称赞，因为它们真实地反映了一个国家，尤其是发展中大国，把旅游业作为社会经济发展的主要工具之一，并通过旅游业刺激当地经济，创造就业，造福于当地人民。其中一项项目是根据不同的类别选拔中国最佳旅游城市。前三个中国最佳旅游城市——杭州、成都和大连分别由世界旅游组织和国家旅游局联合提名选出。该项目将有助于推动旅游业在中国各个城市的进一步发展。更为重要的是，它也将作为其他亚洲国家评估旅游目的地表现的一个典范。此外，还将为世界旅游组织建立世界优秀旅游目的地网络中心奠定良好基础。

另一个项目是中国最近才推出的，即关于乡村旅游“百/千/万”项目。该项目旨在中国的100个县、1000个乡和10000个村发展农村旅游项目。如果这项雄伟的计划可以实现，那么世界上最大的国家将以规模化的方式对世界旅游组织的“ST—SP—可持续旅游—消除贫困行动”尽献自己的力量。世界旅游组织的这一行动与联合国一贯所提倡的发展目标始终保持一致，即消减贫困，女性赋权。

女士们，先生们，近年来，世界旅游组织已经与泛珠三角区域的许多省份展开了合作。在我们的协助下，制订了云南、四川、贵州和海南在内的许多省份的旅游发展总体规划。此外，我们还一直与广东省保持着发展和促进旅游业各种活动的良好合作关系。

世界旅游组织承诺继续支持和援助中国广大地区，特别是包括香港特别行政区和澳门特别行政区在内的泛珠三角地区。我们坚定地致力于此，是因为我们相信一个事实，中国处于亚洲旅游业增长的核心。中国旅游业的成功将不仅有利于亚洲旅游业健康发展；更为重要的是，这些经验也将成为世界其他地区的典范。

谢谢大家！

国际传媒与泛珠三角旅游发展

凤凰卫视董事局主席　刘长乐

凤凰卫视董事局主席刘长乐

能获邀参加此次广东省旅游开放论坛，我深感荣幸。在此，我谨代表香港凤凰卫视传媒集团对论坛的召开表示诚挚的祝贺。

我今天演讲的题目是《国际传媒与泛珠三角旅游发展》。

改革开放30年，广东成绩举世瞩目

每次来到广东，我心里都感到无比的亲切。因为在这块热土上，我总能感受到中国的脉搏，看到社会发展的缩影。

今年是改革开放30年，全国各地都在回顾30年，总结30年，而这30年最值得研究、最具有影响力的就是广东。因为，30年前，中国的市场经济是在广东率先开启的，其后20余年，全国各地几乎都在复制广东模式，都在追赶广东。30年来，广东的成就是举世瞩目的，从GDP上看，从1978年到2007年，广东以年均增长13.8%的速度，连续17年居全国第一；从制度上看，广东最先放开劳动力市场，不拘一格选人才，搅活了全国人员凝固不动的潭水，让“闯深圳”、“闯广东”连续多年成为中国人的梦想，也为广东积淀下丰厚的人才储备；从文化上看，广东胸怀抱负，广开门路接纳港澳媒体多元文化以厚其民众底蕴，打造全国最早3家报业集团以丰其产业利其声音，迄今为止，以南方报业为代表的广东媒体，都是全国最新锐最具有影响力的媒介，堪称中国传媒人的脊梁；从教育看，广东教育体系全面建成并获得巨大发展，仅2007年一年的教育经费支出就已达1142.3亿元，名列全国第一，义务阶段教育在校生规模约占全国1/10，是名副其实的教育大省和全国教育改革的综合试验区；从高新技术发展看，广东自1992年起就在国内首创“科技进步活动月”，1995年起广东成为全国专利第一大省，深圳首创并连续举办“高交会”，广州首创并连续举办“留交会”……30年来，广东的影响遍及全国，提起广东，大家就会想到“敢为天下先”，想到“时间就是金钱”、“效率就是生命”，这些在今天看来很平常的口号，在当年如一股股强烈的冲击波，激荡着国人的思想，让神州大地从此风起云涌。

今年，全国大事频生，全球金融危机震荡，既是改革开放30年的终结，也是下一个30年的开始。作为改革开放的前沿，广东怎么办？向何处去？能否挺住？同样是全国各地瞩目的焦点。一年来，我们欣喜地看到，广东没有停留脚步，而是提出进一步解放思想的战略方针，努力将产业危机向产业升级扭转，这无疑将是一种质的跨越。

因此，广东30年，值得尊敬。

泛珠三角的机遇与挑战

广东旅游这30年来的成就也是显著的，从1978年“友谊商店”率先突破外宾特供红线开始，到国内第一家向国内普通民众打开大门的五星级宾馆白天鹅宾馆落成；从旅游收入连续20多年稳居全国第一，占全国旅游总收入约1/4河山，到粤港澳大珠三角、9+2泛珠三角的成形……无不深嵌广东创新和开拓的锐意。

广东的旅游资源和香港比起来既有历史积淀的差异，又有制度上、法规上的局限，但是，我们仍然可以看到广东对香港旅游的赶超是很快的，不仅购物环境、服务意识差距日渐缩短，在推陈出新上也层出不穷，什么主题公园游、高尔夫游、温泉游、茶田游等等概念频生。这样好的发展态势下，广东旅游业要进一步加强和媒体的互动，充分利用媒体资源，扩大品牌效应，带动广东经济发展。

旅游品牌是典型的形象工程，既涉及吃、住、行、游、购、娱诸多要素，又关联购物环境、服务意识、商业精神等体现一个地区政治、经济、文化、法制等文明程度的方面，因此旅游产业在现代社会具有重要的指标性意义。而传媒对旅游产业的推动作用是巨大的。以西方“探索”频道、“国家地理杂志”频道等为代表的大成本大制作的电视纪录片，就是旅游与传媒结合的精品。它所呈现的，是拥有普世价值的“科学”与“探险”，既有极高的文化内涵，又有鲜明的地域特色，非常值得广东旅游界借鉴。

广东和中国西部比起来，在自然条件上有天然的劣势，可是，泛珠三角9省区2个特别行政区联合在一起，共同开发境外旅游资源，就厉害了。现在全球经济处于萧条时期，应该看到这对未来旅游产业既是挑战，又是机遇。可以充分利用这个时期，融合多方文化，休憩自然资源，多方推动区域游和境外游。国外最近有个报道，一家电话公司通过对数以万计的电话调查发现，金融危机固然造成了失业加剧，经济萎缩，但卡拉OK等行业却开始火爆，看电视的开始增多，说明人们对心理压力的释放需求加大。因此，泛珠三角要抓住各国经济不景气、宣传成本降低的机遇，加大海外旅游品牌的宣传，多推概念旅游，掀起海外华人寻根热，使大中华文化景观、泛珠三角自然美景深入海内外人心，成为其一生的向往。

携手凤凰纵横华人世界

旅游是注意力经济，而传媒是实现这个注意力经济的重要手段。旅行者的出游行为是以收集和比较旅游信息为前提的，而在有效传达这些信息的媒体里，电视的作用是最大的。

以凤凰卫视为例，凤凰卫视制作的《纵横中国》、《九洲深呼吸》、《世纪大讲堂》等节目，对各地历史文化的推介和挖掘，作出了巨大贡献。尤其是《纵横中国》节目，以“向世界介绍中国文化地理，从独特的新视角全方位展示区域地理文化特色”为主旨，每到一省，都受到当地民众的热烈欢迎，好评如潮，不仅观众追捧，连一些省份的政府部门也纷纷来电，要求尽早到他们那里去“纵横”一下。这种传播效果是一般广告所不能达到的。

其实凤凰本身就是一个不停行走的电视台，我们秉持的理念就是走出去，让华人了解世界，让世界认识中国。从1999年开始，我们先后组织了探寻五大文明古国、世界主要宗教发源地的“千禧之旅”，深入欧洲各国民间生活的“欧洲之旅”，纵穿地球南北两极的“两极之旅”，走遍非洲的“非洲之旅”，追寻中国人航海文明史的“‘凤凰’号下西洋”等；在中国大陆，我们成功地进行了探访中国塔克拉玛干等八大沙漠、四大沙地的“穿越风沙线”，追问中国先民生存状态的“寻找远去的家园”，显示中国渴望世界接纳之情的“申奥万里行”，等等。几年来，通过对不同种族、不同宗教、不同生活方式和不同文化内涵的历史现象进行探索，对弘扬世界各地的政治经济文化、加深世界各国人民之间的了解，都起到了积极的推介作用。

随着中国的经济崛起和开放加速，国际传媒纷纷进入中国，施加的文化影响越来越多；海内外华人间的合作与交流越来越多；对中国好奇的外国游客和去外国旅游的国内游客也越来越多，凤凰卫视更激流勇进，提出进一步深化“走出去”的战略：跻身国际传媒舞台，背依全球华人，以弘扬中华文化为己任，力争在国际社会发出华人的声音，抢占华人话语权，并做中国和世界的沟通桥梁。几年来，凤凰传媒在东南亚各国，在美洲、欧洲，在港澳台的影响力和公信力都取得了巨大成就。

古人云，“水之积也不厚，则其负大舟也无力”。在未来的30年，广东旅游业、泛珠三角旅游业可以多和凤凰卫视合作，借助我们的国际化传媒平台，跨地域地施加影响力。我们也愿意把广东推介给世界，不独因为广东是中国的门户，看中国要先看广东，还因为海外华语多粤语，海外华人多粤人。广东是东南亚各国华人的根，是全世界唐人街交流的纽带，而凤凰卫视则是全世界华人的交流平台，两相结合，共同携手，必将成就一段辉煌。

谢谢！

坚定信心　增进共识　紧密合作　互惠共赢

——在广东旅游文化节上的发言

中国南方航空股份有限公司党委书记　谭万庚

（2008 年 11 月 28 日）

中国南方航空股份有限公司党委书记谭万庚

尊敬的各位领导，各位嘉宾，女士们、先生们：

大家好！

非常荣幸能够作为航空业界的代表，参加这一广东、全国乃至全球旅游业界的盛大聚会。在此，我谨代表南方航空，对广东国际旅游文化节的举办表示热烈的祝贺！对各位领导、旅游界同仁和媒体朋友们长期以来的关心与支持表示衷心的感谢！

今年是中国改革开放 30 周年。30 年改革开放的历史，既是我们强国富民的历史，也是中国航空业和旅游业携手同行，互促共荣，从小到大、由弱而强的历史。目前，中国民航客运量已经排名世界第二，中国已经成为全球第四大入境游接待国、亚洲最大出境游客源国。而在改革开放前沿的广东，得益于广东经济的持续快速增长，航空和旅游更是取得了骄人发展和长足进步。广东已经多年位居中国旅游大省前列，而以广州为总部基地的南方航空，2007 年客运量近 5700 万人次，排名世界第四、亚洲第一，连续 29 年居国内各航空公司之首。南航和广东旅游业的发展充分表明，航空与旅游的发展唇齿相依、兴衰与共。旅游兴则航空兴。目前中国民航的客源构成中，已有近三成为旅游客源。

女士们、先生们：

航空业与旅游业共同创造了持续快速的增长，但今天，我们需要共同面对前所未有的考验。当前正在蔓延中的金融危机，正在从局部发展到全世界，从发达国家传导到新兴市场，从金融领域蔓延到实体经济。

与亚洲金融危机、“9·11”、SARS 对航空业、旅游业的影响相比，这一次金融海啸给我们带来的冲击可能更加深刻、更加广泛、更加持久。对此，我们应有足够的思想准备和积极的应对措施，切不可心存侥幸或掉以轻心。

我们看到今天航空业和旅游业的困境，但我们更要看到，我们仍然有着令人鼓舞的现实和充满希望的未来。

令人鼓舞的是，当前中国经济平稳较快发展的基本态势没有改变。为了应对危机，中国政府及时根据形势变化，进一步加强宏观调控，着力扩大内需，大力调整经济结构，实施积极的财政政策和适度宽松的货币政策，出台了一系列促进经济发展的有力政策和措施。而自 9 月份以来，中国航空业已经逐步走出负增长的阴影，显示出“回暖”迹象，9 月份客运量同比微增 0.7 个百分点，10 月份客运量同比增幅则迅速攀升至 8.65%。“春江水暖鸭先知”，在未来中国经济仍将平稳、快速增长的宏观背景下，作为国民经济“晴雨表”的航空业和旅游业有望保持较高的增长率。

我们深信，中国航空业和旅游业的成长空间仍然广阔。旅游发达国家发展实践表明，当国家人均 GDP 达到 3000 至 5000 美元，将进入旅游消费的爆发性增长期。随着中国人均 GDP 将由近 2000 美元向 3000 美元跨越，消费市场、消费结构、产业结构都将发生显著的变化，旅游消费需求将大幅度提升。世界旅游组织预测，到 2015 年，中国将成为世界上第一大旅游接待国、第四大旅游客源国和世界上最大的国内旅游市场。旅游业的持久繁荣，必将直接带动航空业的持续增长。

女士们、先生们：

在经济全球化的今天，我们更加深刻地认识到合作共赢这一商业原则的重要。特别是在席卷全球的金融危机面前，合作更是当前生存之道、持久共赢之道。

今天，航空业和旅游业之间早已是彼此依存、兴衰与共。从某种意义上讲，航空公司也是旅游产业链上的一个重要环节。在严峻的形势面前，在共有的未来面前，我们认为，全球旅游业、航空业应当采取更加积极负责的态度，加强沟通，增进共识，坚定信心，积极应对金融危机带来的挑战。同时，我们非常愿意借这个机会，与全球旅游业界和相关部门一起，采取广泛、紧密的合作，切实加强协同与整合，积极延伸、整合旅游产业链，共同提升我们整体的竞争层次和竞争能力。

南航作为中国最大的航空公司，近年来为应对日益激烈的市场竞争，提出了两大战略目标：一是做大做强航空运输主业，走"国际化规模网络型航空公司"发展之路；二是以航空运输为基础，通过产业化转型，向航空产业链两端延伸，以强大的产业链参与全球竞争与合作。

在加强合作方面，我想主要有三点。一是资本层面的合作，二是企业层面的合作，三是产品方面的合作。

资本合作方面，10 月底南航正式参股辽宁省机场管理集团，在拓展、延伸及整合产业链方面迈出了探索的步伐。下一步，我们将进一步加强与旅游行业企业，包括旅行社、代理人、酒店乃至景区等的深入合作，积极推进资源整合和产业升级。

企业合作方面，去年南航加入天合联盟，成为中国第一家加入世界航空联盟的航空公司，主动融入世界航空旅游市场。目前，我们与国外 62 家、国内 5 家航空公司签署了特殊比例分摊 SPA 协议，将航线网络延伸至全球各主要城市。与国外 14 家、国内 3 家航空公司开展代码共享合作，不断丰富和完善我们的航线网络，为旅游业的发展构筑更为便利的空中桥梁。我们非常重视和旅游业界的合作，和中国最大的旅行社国旅、中旅、青旅结为战略伙伴关系，和最大的旅游代理商携程签订了大代理协议，共同拓展双方合作的领域和层次。下一步，我们将进一步加强和国内外的大型旅行社、代理人加强合作，共享行业成长、共促行业繁荣。

产品合作方面，我们已经连续三年在全球各主要市场举办产品推介会，通过与旅行社合作开发旅游产品，提升竞争层次和水平，形成长期、稳定的互利合作关系，实现双赢。今天还要举行南航产品推介活动，希望旅游界各位同仁给我们多提宝贵意见和建议。

同时，我们非常希望能够得到各位领导和专家的指教。相信本次会议取得的丰硕成果和各位专家的真知灼见，必将有助于航空业和旅游业更好地应对各种危机和挑战。

最后预祝本次会议圆满成功，谢谢大家！

中山大学党委书记郑德涛先生在广东旅游开放论坛上的发言稿

中山大学党委书记郑德涛

尊敬的弗朗西斯科·弗朗加利秘书长，尊敬的邵琪伟局长，尊敬的黄华华省长，尊敬的刘长乐总裁，女士们，先生们：

上午好！

首先感谢广东省旅游开放论坛邀请我出席论坛并作演讲，我谨代表中山大学对论坛的胜利召开表示诚挚的祝贺。我今天演讲的题目是《中国旅游教育的新机遇》。

30年前中国旅游业开始起步，为中国旅游教育发展提供了发展契机。1978年中国设立首个旅游高等专科院校——上海旅游高等专科学校，开始培养旅游高级人才。在旅游业进一步发展对人才需求的带动下，1980年代初开始在全国8所综合性大学设立旅游本科专业来培养更高层次的旅游人才。可以说，从一开始，中国旅游教育就是因旅游业的产生而起步，是中国旅游业的发展催生了中国旅游教育。

从1978年到2008年这30年是中国旅游业迅猛发展的30年，也是中国旅游教育从无到有、快速发展的30年。中国旅游业30年的迅猛发展为中国旅游教育的快速发展提供了重要机遇。根据2007年中国旅游业统计公报，截止到2007年末，全国共有高等旅游院校及开设旅游系（专业）的普通高等院校770所，中国旅游教育已建立起包括高等职业教育、本科、硕士、博士在内的完整的人才培养体系。

中国旅游教育与旅游业发展紧密相关，这一点从中国各省旅游业发展和旅游教育机构横向比较中可以更清楚地看出来。中国旅游最发达的几个省市如北京、上海、广东、山东、江苏等同时也是中国旅游教育发展最早、最好的省份。

广东作为中国旅游业最发达的省份，无论是国际、国内旅游收入还是广东省外出旅游的人数，多年来一直居各省市之首。与此相应，旅游教育也一直走在全国前列，旅游在校生人数居全国第一。在国家和广东省有关部门对旅游学科发展的大力支持下，在全国和广东旅游业快速发展的推动下，中山大学、华南师范大学、华南理工大学、华南农业大学、广州大学、广东外语外贸大学、暨南大学等十几所高校均成立了旅游学院或设立了旅游系。应广东乃至全国旅游业发展的需要，广东高校在全国率先开设了包括会展管理、主题公园管理、遗产旅游等在内的一系列与旅游实践紧密相联的新课程，旅游教育无论是规模还是水平在全国均居于领先地位。

中山大学是孙中山先生于1924年亲手创办的知名高等学府，有着深厚的历史渊源及学术传统，目前已发展为学科门类齐全的一所综合性重点大学。作为全国最早开展旅游教育的综合性大学之一，又地处改革开放前沿阵地、旅游大省广东，一直以来，中山大学的旅游教育得到了国家和广东的大力支持和关心指导，取得了良好的成绩。随着国家旅游业的快速发展，对照新世纪以来新形势和新要求，我们深深感到，目前机遇与挑战并存，高校旅游教育的规模和质量必须随旅游业的迅猛发展而相应扩大和提高，科学研究水平必须应旅游业的要求而不断提升。现代大学办好教学教育，做好科学研究，依托自身优势直接服务社会，是时代赋予的职责和使命。在借鉴国外著名学府的办学经验的基础上，学校必须在旅游高等教育方面不断开拓创新，进一步提升旅游教育水平，为中国旅游业培养更多更好的人才，提供更多更好的智力支持。

旅游业要做大做强，首先必须有一支具有世界眼光、全球思维、专业知识和实践经验兼具的高层次人才队伍。

虽然中国目前建立起了完整的旅游人才培养体系，但是在人才培养规模和水平方面离建设旅游强国的要求还有差距。中国旅游业在酒店管理、旅游规划、旅游电子商务等方面都急需大量专业复合型人才。旅游院校，尤其是高等旅游院校和著名学府，必须担当起为旅游业输送高层次、高水平的经营、管理和研究人才的任务。在这方面，旅游发达国家和地区的旅游教育为我们提供了借鉴。美国康奈尔大学、瑞士洛桑酒店管理学院和香港理工大学等都是旨在培养高层次旅游人才的综合性或专门性大学。

1986年，中山大学成为8所率先设立旅游本科专业的大学之一；2000年，中山大学成为经教育部学位办批准设立的全国第一批旅游管理博士点；2004年，成立旅游学院，成为全国排名前列综合性大学里唯一设有旅游学院的高等学府；2008年中山大学与开平市合作设立全国首个以旅游研究为主要内容的政府型的旅游博士后研究站。回顾中山大学旅游教育的办学历程，正是一个从无到有、从本科到博士后人才培养体系规模逐渐完善壮大的过程。

我还想说的是，高等院校不仅承担着培养人才的任务，还是旅游研究的重要基地，要通过旅游科学研究为旅游业发展提供智力支持。随着中国旅游业从资源开发转向质量提高、旅游从少数人的专利向大众型、普及型的生活方式的转变，旅游业面临许多新问题。譬如旅游流动规律的研究、旅游与社区发展的研究、世界遗产地发展旅游的新问题、旅游与地方文化保护的问题等等。不对这些问题进行深入调查和研究，就难以解答中国旅游实践界的困惑，也无法对旅游研究提供以中国为案例地的理论建构，难以为中国旅游业进一步发展提供理论指导。中国旅游业特殊的发展过程和发展方式要求高校科研人员运用新的方法、新的思路进行深入研究，才能回答一系列实践性和理论性课题。作为中山大学自身而言，近些年来，学校采取了很多措施来提升旅游研究的水平，如进一步加大高层次人才及青年教师的引进培养工作，鼓励学者开展创新性、前沿性的研究；不断加大学科发展投入和加强制度建设，争取国家和地方重大项目；不断加大对国际交流的支持力度，通过每年定期举办国际会议和与国外高校间的教师互访项目，进一步加强国际合作，将中国的旅游研究介绍给国外，在国际旅游研究界发出中国旅游研究者的声音并引起关注。这些举措在提升我校的旅游研究水平方面已收到了成效。

得益于广东省乃至全国的旅游大发展，给我们提供了旅游教育、旅游研究和社会服务三者完美结合的机会。在国家对旅游研究的不断重视和科研投入不断加大的支持下，中山大学承担了大量国家自然和社会基金的旅游研究项目。近年来，我们主持了中国三个旅游计划单列市桂林、苏州、黄山的旅游发展总体规划，主持了以湖南、湖北、新疆喀纳斯旅游区、香格里拉大旅游区、西双版纳为代表的中国省级和知名旅游区的旅游发展总体规划，主持了以丹霞山、珠海、东莞、肇庆、惠州等为代表的广东省的旅游城市和景区的旅游发展总体规划，并促成了丹霞山申报中国地质公园及进一步申报世界自然遗产公园的工作。在这些项目的带动下，中山大学旅游研究的广度和深度都获得了提升。在与旅游实践紧密相关的研究领域如主题公园、城市旅游、会展旅游、社区旅游、现代服务业、饭店管理等方面，我们也做了大量深入研究，为旅游实践提供了高层次的智力支持。同样地，通过在旅游实践中的探索、积累和总结，也推动了在旅游研究的理论建构方面如旅游地生命周期、旅游者行为、旅游区域开发等取得有一定影响力的研究成果。

女士们，先生们，中国旅游业的大发展为旅游教育提供了大发展的历史契机。我坚信，只要我们教育界同仁齐心协力，中国旅游教育的明天一定会更好！最后祝愿广东开放论坛取得圆满成功，祝愿广东旅游业明天更辉煌！

谢谢大家。

广东旅游业：实践与理论互动前行

中山大学　保继刚

（2008 年 11 月 28 日）

中山大学保继刚

尊敬的万庆良副省长、尊敬的 Geoffery Wall 教授、尊敬的谭万庚书记，尊敬的杨荣森局长、各位专家、各位来宾：

下午好！

冬日的广州，风清气爽。日月光华，旦复旦兮，时光奔流。很高兴与各位专家和朋友共同出席广东开放论坛。“现代旅游业合作与发展”这个主题寓意深远，高度概括了广东旅游业改革开放三十年走过的历程以及未来面临的形势与任务。

回眸广东旅游业从封闭单一中艰难启程，并不断走向开放、繁荣、多元的步履。广东旅游业见证了开放与多元、成就与繁荣、创新与改革；广东旅游业历经了不断收获和回报、不断革新和奉献的历程；广东旅游业更是实践与理论相得益彰、互动前行，不仅使实践充满生命活力，也使旅游研究走向不断深化。今天我在这里与大家共同分享“广东旅游业：实践与理论互动前行”这个话题，引证广东旅游的改革实践与理论研究的引入、碰撞、接纳、推进的互动关系。

这种互动关系主要从三个方面阐述。

一、广东旅游业——领先地位与示范效应

广东旅游整体保持良性发展，游客数量、旅游收入呈增加态势，可持续的、系统的旅游发展观被广泛接受，广东已经成为中国旅游市场的领先者。无论是旅游收入、入境旅游接待、出境旅游组织还是国内旅游的发展，广东的各项旅游经济指标都处在全国领先地位。从入境旅游来看，2007 年，广东国际旅游外汇收入实现 87 亿美元，十多年来广东旅游外汇收入占全国的比例一直持续保持在 20% 以上；广东外国游客人数及海外旅游人数占全国的比例不断攀升，分别从 1997 年的 18% 和 13% 上升到 2007 年的 27% 及 19%，远远高于北京和上海。从国内旅游来看，广东国内旅游收入占全国的比例维持在 25% 左右，2007 年国内旅游收入实现 1791 亿元；国内游客人数 2007 年突破 12287 万人次，占全国 8% 的比例。

此外，无论是新产品的开发，还是新企业的兴起，抑或是新制度的变革，广东也始终引领开拓创新。这里不妨举几个广东拥有全国示范和带动效应的例子。

主题公园：1989 年 9 月，深圳锦绣中华主题公园正式对外开放，投资 1 亿元港币，开业 1 年多就基本收回投资。1989 年～1998 年，“锦绣中华”开业 10 年共接待游客 1832 万人次。“锦绣中华”的巨大成功，开创了中国主题公园的历史，树立了“中国旅游史上的里程碑”，在全国产生了极大的示范效应。“锦绣中华”之后，主题公园在全国、特别是在珠江三角洲各地雨后春笋般涌现。

城市旅游：我国的城市旅游在 1990 年代中期率先在广州、深圳和珠海等广东城市兴起，其中“珠海模式”成为中国城市旅游发展的典范。此外，依托珠三角产业和商务往来带动而发展起来的购物旅游、商务旅游也具有很强的示范效应，其中广州、深圳、东莞就是典型。

会展、事件旅游：依托发达的制造业及城市集散功能，广州、深圳、东莞会展业发展十分迅猛。另外，2010 年的广州亚运会、2011 年的深圳世界大运会是世界性的大型事件活动。以此为基础而迅速成长起来的会展、事件旅游对全国具有很强的示范作用。

休闲度假旅游：珠三角地区具有旺盛的旅游需求和极

强的消费能力，广东休闲度假旅游走在全国的最前端。从1990年代末期开始，广东省相对成熟的旅游消费市场所带动的现代温泉旅游、高尔夫旅游以及以南昆山为代表的山地休闲度假旅游迅速发展并逐步走向成熟。

二、广东旅游业——案例与理论支持

在世界旅游业发展进程中出现过，但在我国旅游业发展过程中尚未普遍出现的问题基本上都首先在广东出现，“广东经验”具有全国性意义，广东旅游业为理论研究提供了强有力的案例支撑。多年来，中山大学对广东旅游的关注一直没有间断，并取得了丰硕的研究成果。研究从最具示范效应的主题公园开始到城市旅游、会展旅游、休闲度假旅游等，构成了一个内容丰富、体系完善的研究系统。以深圳华侨城为案例点的主题公园研究；以珠海、广州为案例点的城市旅游研究；以广交会、东莞为案例的会展旅游研究；以恩平温泉、中山温泉为案例的现代温泉研究；以南昆山为案例的山地度假旅游研究；以观澜湖等地为案例的高尔夫旅游研究以及以开平碉楼为案例的世界遗产旅游研究等等。这些研究很大程度上加速了我国旅游理论在一些重要领域的突破和拓展，如主题公园理论、城市旅游理论和会展、事件旅游理论等。在这里也不妨举一些突破性的研究成果。

主题公园研究：博士论文1篇，国际合作项目3项，国家资助项目1项。

城市旅游研究：国家自然基金资助项目2项，教育部重点资助项目1项，省部级资助项目2项，专著2本。

会展、事件旅游研究：博士论文3篇，专著1本，广交会集团委托重要研究项目1项。

三、实践与理论：相得益彰，互动前行

伴随着旅游业的发展，理论界不断追问求解，不断深化对旅游业规律的认识，把实践提升到理论的高度来审视，并让理论再回到实践指导下一步的行动。从这个行动与认知的循环过程中，实践与理论碰撞交流、兼收并蓄，并不断相互推进发展。

目前广东旅游业的实践与理论研究已经形成了一个互动与完整的系统：旅游管理部门对市场的规范和完善，加之旅游市场本身供给与需求的对接，还有理论界对旅游系统中产生的问题分析、提升以及旅游策略的提出与推广。三者之间形成了有效的互动机制，而这种互动机制又会在各个方面表现出对广东旅游教育乃至整个中国旅游教育的拉动作用。这种“产业带动理论研究、产业带动教育，同时理论的发展与教育的成熟反过来规范及推动产业的进一步发展”的循环模式将为广东旅游业谋求更广阔的发展空间。同时，我们把这些经验与理论推广运用于中国其他区域旅游业的发展，如我们承担的国家旅游局委托项目：香格里拉生态旅游区规划、新疆喀纳斯湖旅游发展规划；国家计委、国家旅游局、国家西部开发办项目：西部旅游投资规划（西南片）；湖北省旅游发展总体规划，湖南省旅游发展总体规划；桂林市、苏州市、黄山市、惠州市、珠海市、韶关市、东莞市、赣州市等旅游发展总体规划；西双版纳在澜湄次区域旅游合作中的战略研究等。

总之，这种互动使我们欣喜地看到，中国旅游研究与教育正在实践变革与理论创新的互动中一步步成长起来。

最后我要强调的是，当前全球金融剧烈动荡，世界经济面临空前严峻的考验，旅游业也不例外。但我坚信合作与信心是战胜危机的有效途径，也是战胜危机的力量源泉。广东作为全国旅游业的领先者与示范者，我深信，只要把握机遇，创新与合作，广东旅游业必将迎来一个崭新的局面。

谢谢大家！

各市旅游业

（第 171 ~ 290 页）

广州

山水城花 岭南映象

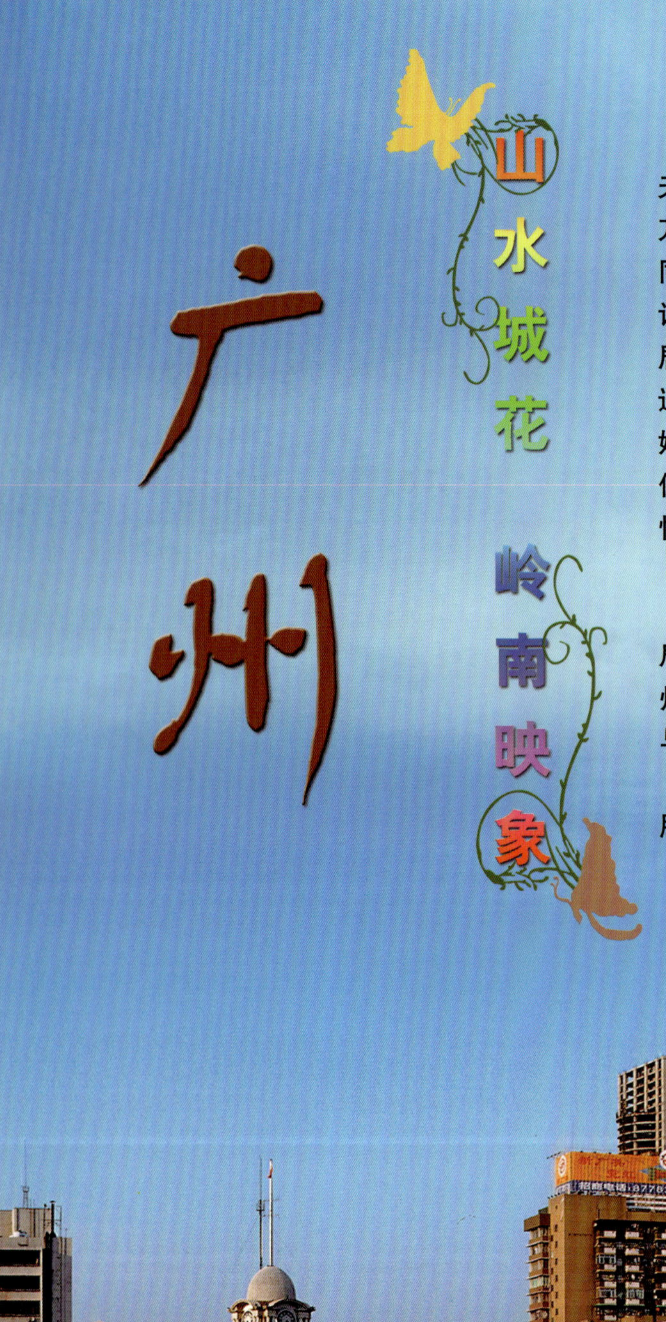

“六脉皆通海，青山半入城”，这是古人对广州的描绘。今天，经过30年改革开放快速发展的广州已成为一个人口突破一千万，经济总量位居全国第三的现代化城市。在经济快速增长的同时，广州力求保持“青山绿地”和“碧水蓝天”，并千方百计“惠民富民”，有着2200多年历史的岭南古城正向着现代化宜居城市快步迈进。广州旅游业经过30年来的改革发展，产业规模迅速壮大并不断升级，目前已经形成涵盖食、住、行、游、购、娱六要素全面发展的综合性产业，在全国旅游局中占有重要的位，各项经济指标占全省、甚至全国的较大比重，实现了历史性跨越。

站在新的起点上，广州紧紧围绕建设国家中心城市和全省“首善之区”的目标，以世界眼光谋划广州旅游业发展的大格局，推动旅游业实现新的跨越式发展，努力将旅游业培养成广州市经济发展的支柱产业，将广州市建设成为旅游强市，构建与港澳地区错位发展的国际旅游中心。

广州，为你绽放，为你喝彩，张开热情的怀抱，欢迎四方宾朋的到来！

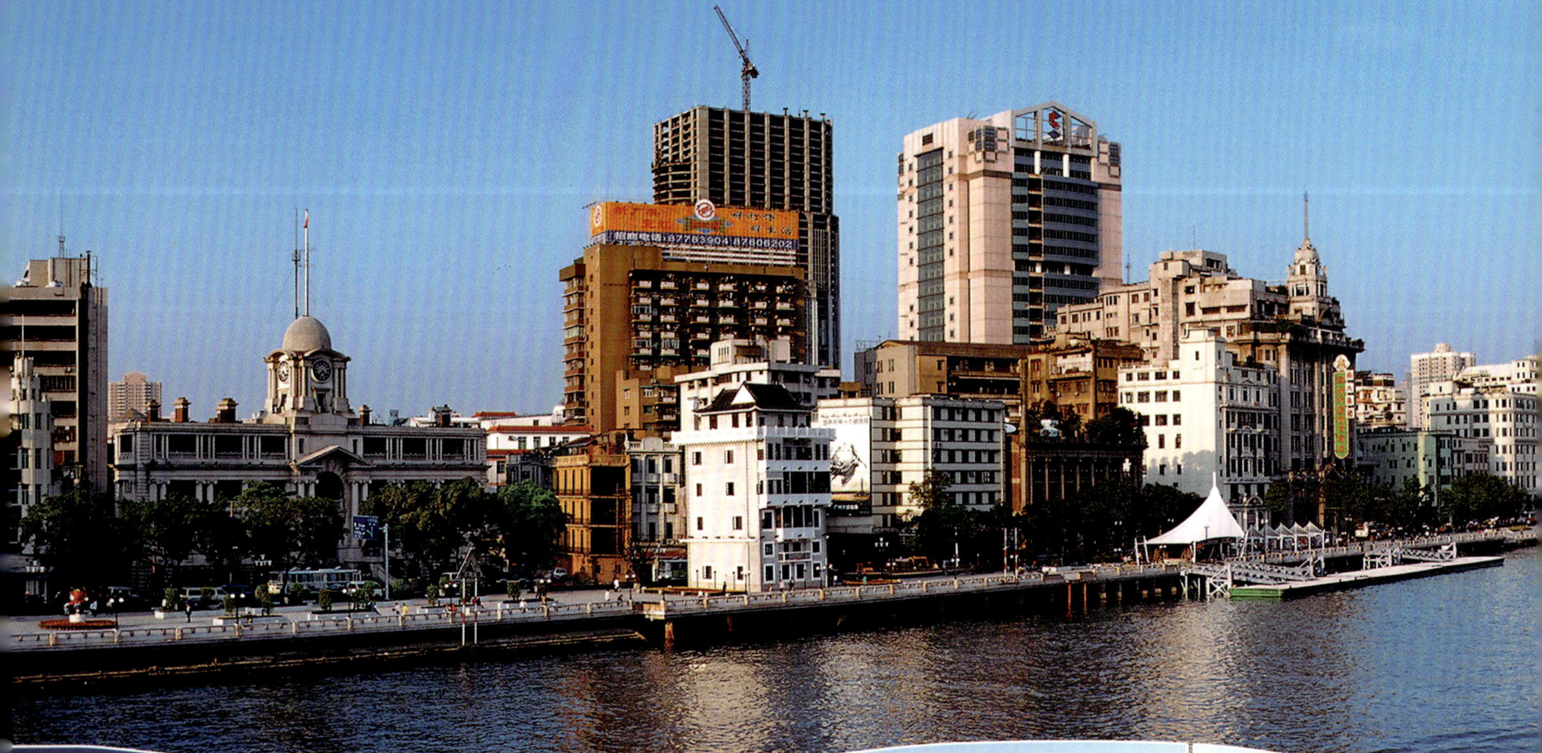

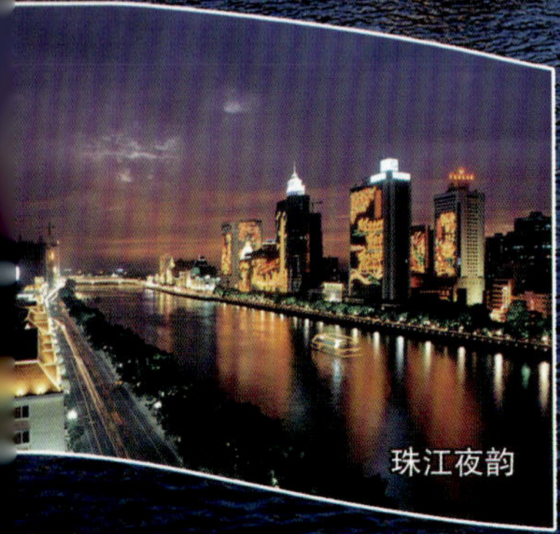

珠江夜韵

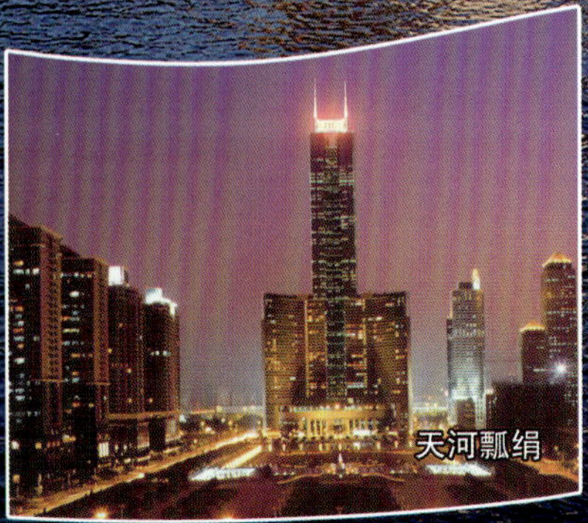

天河瓢绢

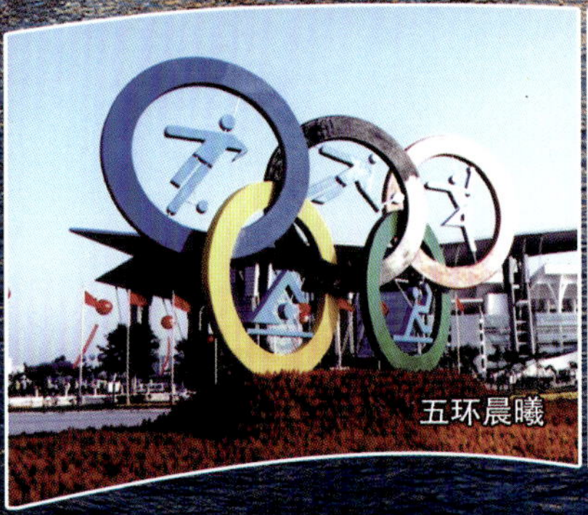

五环晨曦

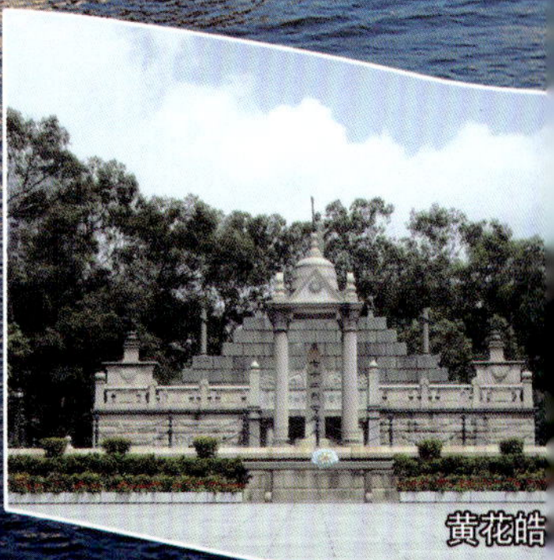

黄花皓

大都市新景象
广东奥林匹克
体育中心夜景
美丽的广州
麓湖公园
山水城花
花城春意浓
越秀新晖
古祠留芳
莲峰观海
云山叠翠

Opening Ceremony
千年羊城

激情广州

番禺新八景

宝墨生辉
（宝墨园）

莲峰观海
（莲花山旅游区）

大学新城
（广东科学中心、广州大学城）

国家AAAA级旅游景区

余荫留光
（余荫山房）

夫山叠翠
（大夫山森林公园）

沙湾粤韵
（沙湾古镇）

番禺瀚映
（番禺博物馆）

番禺是中国南方最大城市广州市辖下的一个区，位于南海之滨，珠江口西岸，拥有2222年的历史，面积700多平方公里，人口100多万。她优越的自然条件和交通位置、发达的商贸旅游和加工业、深厚的文化积淀、淳朴热情的民风，吸引着来自世界各地的目光，她是一座名副其实的“文化水乡、旅游乐园”。

番禺有着丰富的旅游资源，拥有一个首批国家AAAAA级旅游景区长隆旅游度假区；三个国家AAAA级旅游景区莲花山旅游区、宝墨园及广东科学中心；两个全国重点文物保护单位广东四大名园之一的余荫山房和莲花山石景区；“中国历史文化名镇”沙湾古镇；“中国历史文化名村”大岭村。

2009年，番禺旅游亮点纷呈。1月14日，区内首家旅游问询中心在莲花山客运港挂牌，为游客提供全方位的番禺旅游咨询服务。4月16日，长隆酒店荣膺TTG 2009年度“中国最佳主题酒店奖”； 7月4日，总占地面积36万平方米的全国最大生态主题酒店——新长隆酒店开业；8月19日，星河湾酒店得到“世界一流酒店组织”确认，正式成为该组织在中国大陆的第六家成员酒店。9月28日，宝墨园的姊妹园——南粤苑开业，成为全区旅游的又一新亮点。12月28日，广东科学中心被评为国家AAAA级旅游景区，全区新增一AAAA级旅游景区。2009年，番禺荣获“中华民族文化生态旅游最佳目的地”称号。全年全区接待游客1373.72万人次，旅游总收入65.15亿元，分别比上年增长13.7%和14.8%。

广州市番禺区旅游局

电话：(020) 39993831　**传真**：(020) 39993817

深圳
Shenzhen
精彩深圳 时尚之都
深圳市文体旅游局
Universiade SHENZHEN 2011

孙中山的家乡
孙文纪念公园
国家4A级旅游景区
詹园
中山温泉

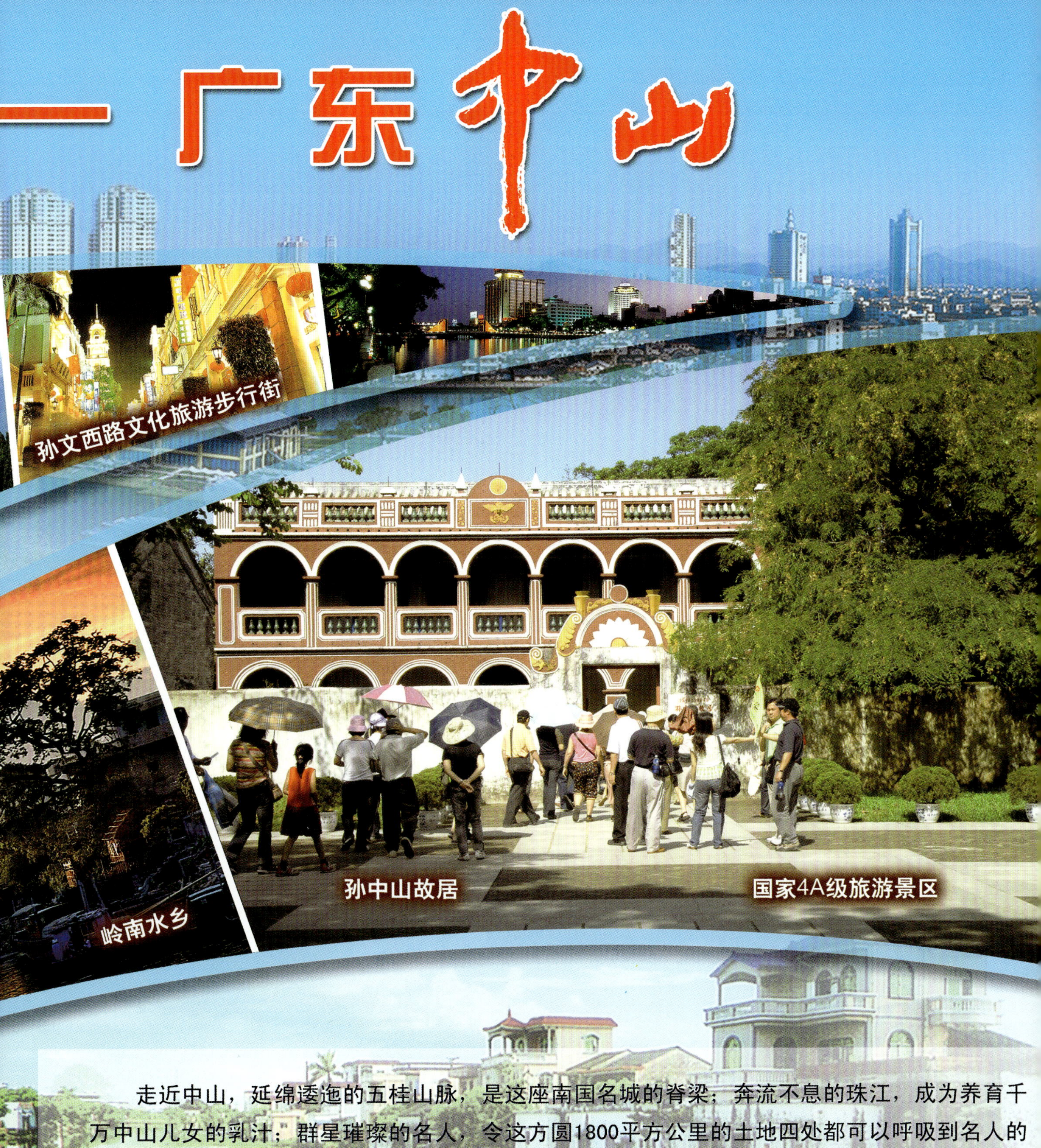

走近中山，延绵逶迤的五桂山脉，是这座南国名城的脊梁；奔流不息的珠江，成为养育千万中山儿女的乳汁；群星璀璨的名人，令这方圆1800平方公里的土地四处都可以呼吸到名人的气息。这里，不仅是一片投资的热土，而且是安居的乐土。这里，传统民俗和现代文明有机交融，东西文化实现了无缝的对接。这里，丰富的旅游资源，厚实的文化底蕴，足以让人们再三回味。包容、博爱、好客、热情的中山人，正敞开广阔的胸怀，迎接四面八方的游客。

中山市旅游局
咨询电话：114
旅游投诉热线：86-760-88805211
中山旅游网网址：www.zhongshantour.com.cn

佛山
三水荷花世界

2009年是佛山旅游业持续发展、喜获丰收的一年，上半年，佛山全市旅游收入91.01亿元，与去年同比增长15.09%，其中国内旅游收入71.46亿元，与去年同比增长18.86%；旅游外汇收入2.86亿美元，与去年同比增长24.16%；全市旅游景区点接待境内外游客1002万人次，与去年同比增长9.18%，主要旅游酒店接待游客376.7万人次，与去年同比增长2.95%，其中境外游客43.6万人次，与去年同比增长2.95%。

佛山是国家历史文化名城，山清水秀，历史悠久，文化灿烂，旅游资源十分丰富，是珠三角地区重要旅游目的地之一，曾先后获得“国家级历史文化名城”、“中国优秀旅游城市”、“国家卫生城市”、“国家园林城市”、联合国“人类住区优秀范例”城市、“武术之城”、“中国厨师之乡”、“国家环保模范城市”等多项殊荣。佛山是观光游览、度假休闲、商务洽谈的好去处。今年佛山市将举办2009佛山旅游文化节。本届文化节将向您展现佛山历史文化名城精髓——佛山秋色大巡游。在规模宏大、万人空巷、欢声雷动的秋色巡游中，您将情不自禁地赞叹佛山民间文化艺术的无比精妙，留下令人终生难忘的美好回忆。欢迎您到佛山来！

悠游南海

南海旅游资源丰富，传统旅游景观与现代休闲项目交相呼应。西樵山“岭南文明的灯塔”依然照耀珠三角；桂城千灯湖迷人夜色增添城市魅力。

南海旅游精彩纷呈，“文康武鸿”与“南海美食”大放异彩。黄飞鸿狮艺武术蜚声国内外；无论置身都市还是乡间小肆，都可以品尝到特色南海美食。

南海旅游不断开拓，生态旅游与文化体验相得益彰。仙湖水秀、西岸山青、桃园林茂；到保利洲际酒店享受世界高端商旅服务，到平洲玉器街、九江双蒸酒博物馆、蒙娜丽莎文化艺术馆感受不同文化。

2009年，南海广大旅游工作者在区委、区政府“敢于求变，善于求进；产业升级，区域升值”的工作主题的指引下，以西樵山创建5A景区为突破带动南海旅游产业提升，以创新节庆活动形式拉动城市假日经济，以培育发展新兴旅游项目增强旅游发展后劲，以“南海黄飞鸿”和“南海美食”品牌为主打拓宽南海旅游市场，以区域旅游合作为平台促进旅游经济发展，以高星级酒店建设为抓手全面提升旅游接待水平。全年共接待游客848万人次，与去年同比增长7.2%；实现旅游总收入61.4亿元，与去年同比增长10%。

2009年4月7日，区旅游局与区餐饮业协会联合主办了“广府名菜点”评比会，共评出12家“广府菜名食府”、12家“广府菜特色店”和24道“广府名菜”、13道“广府名点”，并制作了精美的宣传册《慧食图》和《慧食指南》。

2009年4月25日至5月5日，旅游、文化、体育等多部门和镇街积极配合，创新举办了“珠三角2009休闲欢乐节”，进一步提升了南海城市形象。

2009年4月29日，西樵山举行“创绿色家园 建五星南海”西樵山创建5A旅游景区十二项工程暨粤游粤精彩万人漫步西樵山活动启动仪式，标志着西樵山创建5A旅游景区的工作全面启动。

2009年5月27日，在香港中华厨艺隆重举办了第二届“香港·南海名厨精英会”，进一步弘扬南海、香港饮食文化，促进两地交流。

2009年10月1日至5日，由国家体育总局、中国龙狮运动协会、广东佛山南海区政府和西樵镇人民政府联合主办的“黄飞鸿杯”第五届世界华人狮王争霸赛暨水上飞狮绝技大赛、中华棍王大汇演在西樵山天湖公园举行，从全国海选了10路狮王参赛。

2009年9月18日，南海区旅游协会召开了第四次会员大会，选举了新一届的会长和理事会成员。

2009年10月17日，在桂城千灯湖市民广场，来自全区八个镇街400多名师生代表共同参与和见证了“有为南海 纷呈精彩”——南海科学发展体验之旅启动仪式。

2009年南番顺旅游联盟继续深入合作，以联盟形象参加广州旅游展、香港旅游展和广东国际旅游展，并举行了南番顺旅游资源珠三角推介活动，进一步树立了南番顺旅游联盟品牌。

南海黄飞鸿狮艺武术队亮相2009年6月11日至14日举行的第23届香港国际旅游展，精彩的高桩醒狮表演已经连续七届作为旅游展开幕典礼表演重头戏，得到海内外嘉宾的赞赏。

韶关旅游局与中视金桥签署协议　王晓梅局长致辞　对导游进行年度表彰　乳源县与花都区结为“友好旅游区县”　启动仪式

2008，韶关旅游繁花似锦

2008年韶关旅游经历了冰雪洪灾、世界金融风暴等来自大自然和经济社会的负面影响，然而在全市旅游人的共同努力下，不但抗击了种种突至而来的冲击，而且实现了韶关旅游经济历史性的突破：2008年游客人数达到了1044.25万人次，同比增长22.31%；旅游收入52.6亿元，同比增长29.42%。

在经济大环境不利的围逼下，韶关区域旅游市场通过管理和经营的适时调整，形成自我蓄势发展的动力，供需关系出现利好的现象。这种现象主要得益于市委市政府长期实施的强势主导、科学整合所形成的旅游发展战略格局。

从开始创建中国优秀旅游城市以来，韶关的旅游市场走过了催生、培育的初期发展过程；到了2008年，从旅游经济的种种现象表明正发生了新的变化：韶关旅游业出现了多种经营、共谋发展、逐渐壮大的良好态势，旅游业的载体不断增加，蓄势能力正在增强。如鲜为人知的花卉文化、道教文化、民俗文化等为资源或内容的景区景点正在适时勃发：翁源的兰花基地、新丰的枫叶节及樱花峪，南雄的梅花节；翁源的东华寺、始兴的铜钟寨天然“性趣”博物馆、乳源的以道教文化为特色的天景山仙人桥景区和《瑶乡风情》大型歌舞等。新的旅游线路也相继出现：乳源的“天景山仙人桥—广东大峡谷—天井山森林公园”、“南岭国家森林公园—红豆杉森林公园”；始兴的“广东自驾游十佳线路之满堂围—车八岭—东湖坪—丹霞山”等。从区域经济来看，我市旅游业的发展正从因景区景点、旅游设施和文化节庆等载体的增多而形成多个县域旅游经济带的最新格局。如乳源县2008年旅游接待人数达116万人次，旅游收入达5亿多元，有效地带动了县域经济的发展。这是因韶关地缘所形成的兼容文化土壤和巧借市场经济“无形之手”结合的产物。换言之，韶关旅游业的发展正处于顺应旅游市场运作的新时期。

纵观2008年我市的旅游业发展尤其是景区建设来看，出现了有本地资源产品和非本地资源产品的交汇。这是我们在探索“大丹霞、大南华、大南岭”总体规划中出现的新颖另类的旅游初级产品。我们的思维定势正在进一步地梳理和拓宽，既有特色，也要有地缘中的兼容。这更符合大旅游、大产业、大市场发展战略的初衷。同时也表明了地处粤北山区的韶关正不断地增加与国内外旅游市场的维系。今后更需要脉准市场走势，思维与时俱进，挑战与良机并存，打出韶关旅游发展的好牌。

927咨询活动表演

乳源大峡谷高空表演

樱花灿烂在新丰

乳源大峡谷新门楼

自驾游到新丰云髻山

汕头

中国优秀旅游城市
——汕头，欢迎您！

汕头素有“海滨邹鲁、美食之乡”之美称，人文历史独特，潮菜名扬四海；阳光明媚，气候宜人，青山绿水，碧海蓝天，是旅游休闲的好地方；交通发达，资源丰富，设施完备，接待规范，定能使人感受到旅游的无限魅力和乐趣。汕头正着力构建区域旅游中心城市和生态滨海旅游示范区，汕头的明天会更好……

客家古邑·万绿河源欢迎您

河源，1988年建市，辖源城区、东源县、和平县、龙川县、紫金县、连平县1区5县，总面积1.58万平方公里，总人口340万。

河源是催生岭南文化的客家古邑，是岭南文化发祥地之一，是中国革命策源地之一。

河源是广东可持续发展的生态屏障。近年来，河源先后获得“中国优秀旅游城市”、“全国生态环境保护最佳范例城市”、“中国十大特色休闲城市”、“全国卫生先进城市”、“港澳及海外华人心目中最适宜人居、旅游和创业城市”等称号。2009年河源“城市综合增长竞争力”并列全国第1位，万绿湖被评为“中国优质饮用水资源开发基地”。

河源是连接珠三角与长三角的“黄金通道”。除大京九、广梅汕铁路、惠河、粤赣、梅河高速公路外，正在规划建设广河、河紫、广赣、汕昆、粤湘、东环6条高速公路和惠河城际轻轨。河源将逐步成为粤东北陆路交通枢纽。

河源生态环境优美，名胜古迹众多。河源山清水秀，风光旖旎，拥有一流水质、一流森林、一流空气，境内有万绿湖这一广东著名生态旅游品牌；有亚洲第一高音乐喷泉；有世界上唯一的集恐龙蛋化石、恐龙骨骼化石、恐龙足印化石“三位一体”的恐龙遗址，被誉为“中华恐龙之乡”，恐龙蛋化石馆藏量创吉尼斯世界纪录；有具有浓郁客家风情的苏家围、南园古村；有尘封了半个世纪的旷世胜景与完好的原生态自然渔村——万绿谷；有龙源温泉、热龙温泉、御临门温泉和天上人间温泉等丰富的温泉休闲度假产品；有“地下龙宫”之称的黄龙岩、圣迹苍岩；有“粤东丹霞”之称的霍山，以及“南越王”赵佗故城等。

河源独特的区位优势、丰富的资源优势、良好的生态优势、深厚的人文优势、强劲的后发优势，这五大优势助推河源经济蓬勃发展。近年来，在市委市政府的正确领导和省旅游局的具体指导下，河源市旅游业取得了快速发展。旅游业规模不断壮大，旅游“六大要素”体系逐步完善。入市游客和旅游总收入以每年15%以上的速度快速增长。2008年，河源市委市政府作出了“关于建设广东省生态旅游示范区，加快旅游业转型升级的决定”，提出“以良好的生态环境为基础，以丰富优美的生态资源为依托，以生态旅游规划为先导，集约开发生态旅游资源。通过扩规模、建精品、增特色、塑品牌，着力培育旅游产业集群，大力发展生态观光、生态休闲、生态度假旅游产业，加快实现旅游业转型升级，将生态优势转化为经济优势和竞争优势，形成规模经济和支柱产业，打造区域生态旅游驰名品牌和泛珠三角生态旅游休闲度假目的地”。

河源正积极实施建设广东省生态旅游示范区和旅游强市战略，充分发挥拥有一流的森林、空气、水资源生态环境优势和山、河、湖、泉、林、龙（恐龙）、史等旅游资源丰富的优势，以休闲度假为重点，挖掘生态旅游资源，打造旅游精品，形成“山水休闲、生态野趣、温泉保健、恐龙奇观、客家风情、漂流历险、美食养生、红色经典”等特色旅游产品，打造“客家古邑·万绿河源·温泉之都·恐龙故乡”等特色品牌，努力把河源建设成为“泛珠三角”客家文化、恐龙文化生态保护基地和人们回归自然的休闲度假胜地、山水生态旅游名城。

客家古邑——万绿河源欢迎您!

相约在大陆最南端——

湛江，是“中国优秀旅游城市”中最富热情、最具活力的城市，也是“中国十大休闲城市”之一。她位于中国大陆最南端的雷州半岛，三面大海相拥，四季花开如春，拥有蓝色滨海旅游与海洋旅游资源、绿色生态与农业旅游资源、红土风情与历史文化资源，蓝、绿、红三大色块亮丽逼人，特点突出。

“蓝”的是海：漫长的海岸线，赐给湛江一个个美丽的港湾。中国第五大岛东海岛，平整笔直的海滩，足以让越野车纵横驰骋；波平浪缓的海湾，是最理想的海滨浴场。吉兆湾的海，弯曲多变，礁石林立，层次分明，水急浪高；徐闻的海，是珊瑚的家园，色彩斑斓绚丽，奇妙无比。硇洲岛上，峭壁怪石，海浪滔天；古老的灯塔和火山遗址，让人发怀古之幽思。

“绿”的是环境：16万年前一场壮观的地质运动，给湛江留下了世界少见的平地火山湖泊——世界地质公园湖光岩，灌木丛生、绿阴如盖。由于地处热带，无论是在城市还是乡间，到处是怡然清新的绿色，榕树、菠萝树、香蕉树、大王椰以及连片的果林、桉树林、橡胶林……在这些绿色植物装点下，湛江大地一年四季春意盎然、绿意无限，原生态景观令人陶醉。

“红”的是土地：雷州半岛丰富的矿物质，赋予了湛江肥沃的红色土地。在这片红色土地，勤劳的湛江人民创造了源远流长、灿烂辉煌的红土文化。两千多年前，海上丝绸之路始发港就位于湛江市徐闻县境内，久远的历史，塑造了南疆人丰富多彩的民间生活和民俗风情，湛江的人龙舞、醒狮、飘色、傩舞、蜈蚣舞、貔貅舞、鹰雄舞、雷州换鼓、安铺八音、雷歌、雷剧等民间艺术异彩纷呈，引人入胜。

朋友们，我们真诚地期待着，和您相聚在中国大陆最南端！

德庆

2009年，德庆旅游在县委、县政府的正确领导下，在上级旅游主管部门的指导下，以打造“珠三角首选休闲度假区”为目标，试行“国民旅游休闲计划”，抢抓“广佛肇”旅游一体化机遇，大力发展休闲旅游，优化旅游发展环境，完善旅游配套设施，提升旅游接待服务水平，旅游综合实力大大提高，旅游经济推动县域经济发展的效应显著。一年来，德庆旅游各项工作成绩显著：一是获得多块“硬招牌”，6月，德庆醉然居假日酒店获得广东省星评委授予“四星级旅游饭店”称号，9月，德庆盘龙峡景区获得广东省林业局、省旅游局授予“森林生态旅游示范基地”称号，10月，德庆悦城龙母祖庙、盘龙峡、德庆学宫获得了国家旅游局授予“国家AAAA级旅游景区”称号，11月，德庆县荣获“中国十大休闲胜地”称号。二是旅游特色活动深入开展，继续举办好“请到德庆过大年”、“龙母华诞”、“孔庙春秋祭孔”、“文昌诞”、“状元礼”、“龙母生辰诞”、“龙母得道诞”、“龙母感恩节”等活动，德庆盘龙峡还创新策划举办了周薪2万元的“薰衣草天使”评选活动，引起全省旅游界的轰动效应。三是积极推进旅游综合项目建设，加快盘龙峡、龙母祖庙、花世界、三洲岩、青云山五大休闲旅游度假基地建设，重点抓好了盘龙水寨、悦城“一河两岸”产业带、龙母民俗文化村等项目建设，加快沙旁黄龙盆地景区开发，着力打造特色农家乐休闲旅游走廊。四是旅游经济保持平稳较快增长，2009年全县共接待游客340.9万人次，实现旅游总收入18.45亿元，与2008年同期相比分别增长了12.9%和12.5%，为德庆县社会经济发展发挥了重要作用。

德庆孔庙

盘龙峡盘龙天堂度假村

悦城龙母感恩节

精彩清城
休闲名都
清城区是清远市委市政府的所在地，是清远市政治、经济、文化、旅游的中心。位于广东省中部，面积1112平方公里。东邻广州、从化，南面与广州花都区、佛山市三水区相连，107国道纵贯全区，市区距广州市中心仅60多公里，距广州新白云国际机场仅28公里，京广、武广铁路、广清高速公路、广清轻轨、清佛公路及珠江支流北江等贯穿全区，水陆空交通便利，与珠三角地区构成“一小时生活圈”，被称为北江明珠。近年来清城区旅游业在区委区政府的正确领导下取得了跨越式的发展，已开发的旅游景点有16个，其中国家AAAA级旅游景区3个，二星级以上酒店20家，旅行社20家，旅游基础设施和各种配套要素齐全。“十一五”期内将以邓小平理论和“三个代表”重要思想为指导，全面落实科学发展观，大力实施市委、市政府“三化一园”发展战略，按照《清远市旅游发展总体规划》的要求，坚持以政府为主导、企业为主体、招商引资为动力，健全市场机制，科学规划布局，优化资源配置，强化宣传推介，打造区域品牌，提升配套能力，做大产业规模，增强产业竞争力，由北向南形成山(林)、水(体)、城(市景观)、田(园区风光)、泉(温泉)的旅游景观布局，实现旅游产业旺区的大跨越，着力把我区打造成为面向珠三角，辐射全国乃至东南亚的高端商务旅游胜地和生态休闲度假型旅游城市，成为全市旅游的中心站和集散地。
连州市石兰古寨
国家4A级旅游景区
——连州地下河
国际摄影年展
连州市旅游局局长陈仪宁
连州
连州市位于广东省西北部，面积2663平方公里，辖10个镇和2个瑶族乡，人口53万，是三省（粤、湘、桂）六县市区域中心重要的旅游城市，区域位置优越，交通便利。2009年清连高速的开通，从省城广州出发3个小时可直达，是“粤北旅游中心城市之一”和“珠三角旅游目的地”。
连州是广东省历史文化名城，2007年荣获“中国生态旅游大县”，2008年荣膺“广东省旅游强市”，2009年荣获“中华民族文化旅游名城”和“中华文化生态旅游强市”称号。连州地下河景区是清远市第二个国家4A级景区，成为我国第二个“中国生态旅游示范区”，如今正向国家5A级旅游景区迈进。连州瑶安天光山百里摄影长廊、三水乡挂榜村荣膺“广东最美乡村”称号，星子黄村和潭岭村荣获“广东旅游特色村”称号。此外湟川三峡风光旖旎，既有“漓江山水之秀美”，又有“长江峡谷之奇趣”，被称为岭南第一画廊；“岭南第一谷”天龙峡迤逦秀美；天下道家七十二福地之四十九福山悠远深邃……
连州市旅游局充分利用从2005年开始的每年一度的连州国际摄影年展这一平台，与旅游充分结合起来将“让连州走向世界，让世界了解连州”，借助摄影年展的效应，不断提升连州旅游的知名度和影响力。
连州市旅游局　联系电话：0763-6638128　http://www.gdlzta.gov.cn

中国红石公园——丹霞山

丹霞山位于广东省韶关市东北郊，总面积292km²，是国家级风景名胜区、国家级自然保护区、国家AAAA级旅游区和国家地质公园。2004年2月13日，经联合国教科文组织批准成为世界地质公园。2009年2月经联合国教科文组织批准列为世界自然遗产提名地。

“色如渥丹，灿若明霞”，丹霞地貌是指有陡崖的陆相红层地貌。丹霞山以赤壁丹崖为特色，是世界“丹霞地貌”命名地。具有典型性、多样性和不可替代性，在地层、构造、地貌表现、发育环境演化等方面的研究在世界丹霞地貌区中最为详细和深入，已经成为全国乃至世界丹霞地貌的研究基地、科普旅游和教学实习基地。园内有大小石峰、石堡、石墙、石柱等600多座，群峰如林、疏密相生、错落有致、造型奇绝、鬼斧神工，宛如一方红宝石雕塑园，故又称“中国红石公园”。风景特色集雄、险、奇、秀、幽于一身，超凡脱俗，别具一格，乃大自然之瑰宝。

公园主要分为丹霞景区、韶石景区、巴寨景区、飞花水景区、仙人迹景区与锦江画廊游览区。目前已开发有丹霞景区的长老峰游览区、阳元石游览区、翔龙湖游览区。锦江画廊和巴寨景区是以自然山水观光为主，集科普、考察、攀岩、探险、休闲度假为一体的风景区。

地址：广东省韶关市丹霞山风景名胜区　邮编：512300
旅游热线：0751-6291330　网址：www.danxiashan.org.cn

宝塔峰

天生桥

茶壶峰

宝塔峰卧龙岗森林步道

一帆风顺

东部群峰

阳元山

龙湖探幽

惠州西湖

HUIZHOU WEST LAKE

惠州西湖位于广东省惠州市，与市区相连，是以山水资源为主体，融自然景观和人文景观于一体的城市型湖泊类风景名胜区。游览面积3.2平方公里，水面面积1.5平方公里。自形成、发展至今已有一千六百多年的历史，素以五湖（平湖、丰湖、南湖、鳄湖、菱湖）、六桥（西新桥、拱北桥、烟霞桥、迎仙桥、明圣桥、圆通桥）、十四景（留丹点翠、芳华秋艳、花洲话雨、红桥春醉、孤山苏迹、玉塔微澜、苏堤玩月、象岭飞云、西新避暑、荔浦风清、南苑绿絮、飞鹅揽胜、丰山浩气、水帘飞瀑）著称。古色古香的亭台楼阁隐现于树木葱笼之中，景域妙在天成，有“大中国西湖三十六，唯惠州足并杭州”的史载。历代以苏东坡为代表的四百多位文人墨客踏足惠州，感怀西湖，挥笔抒怀，为西湖留下宝贵的文化遗产。现新建有东坡园，旨记录东坡寓惠功业，弘扬东坡文化，还有丰渚园，可在岭南园林建筑中观鱼赏荷、品茶寻韵、流香听瀑，体验文化熏陶。

惠州西湖是国家级风景名胜区，全国AAAA级旅游景区，是惠州唯一通过ISO环境、质量管理双项认证的景区。作为生态观光型景区，90%以上的绿化率和广阔的水域形成一个天然氧吧，有红花湖补充新鲜活水，白鹭、灰鹭及鸬鹚在西湖鸟岛筑巢，国家二级保护动物天鹅也在鳄湖安家繁殖，西湖以一流的生态环境吸引众多游人。

中国国家风景名胜区

国家AAAA级旅游景区

地址：惠州市惠城区鳄湖路　电话：0752-2248116　邮编：516001

千年南粤无尽云山。

广州

白云山

白云山，是新“羊城八景”之首、国家4A级景区、国家重点风景名胜区和全国文明风景旅游区。它位于广州市的东北部，为南粤名山之一，自古就有“羊城第一秀”之称。山体相当宽阔，由30多座山峰组成，为广东最高峰九连山的支脉。面积20.98平方公里，主峰摩星岭高382米，峰峦重叠，溪涧纵横，登高可俯览全市，遥望珠江。每当雨后天晴或暮春时节，山间白云缭绕，蔚为奇观，白云山之名由此得来。

白云山景色秀丽，自古以来就是广州有名的风景胜地。如“蒲涧濂泉”、“白云晚望”、“景泰僧归”等，均被列入古代“羊城八景”。1960年代和1980年代，白云山分别以“白云松涛”和“云山锦秀”胜景两度被评为“羊城新八景”之一。清末时有白云寺、双溪寺、能仁寺、弥勒寺等古寺及白云仙馆、郑仙岩、百花冢等名胜古迹。每逢九九重阳佳节，羊城人民更以登白云山为乐事，届时，扶老携幼，人流熙熙攘攘的热闹场景便构成羊城一幅独特的风情画。

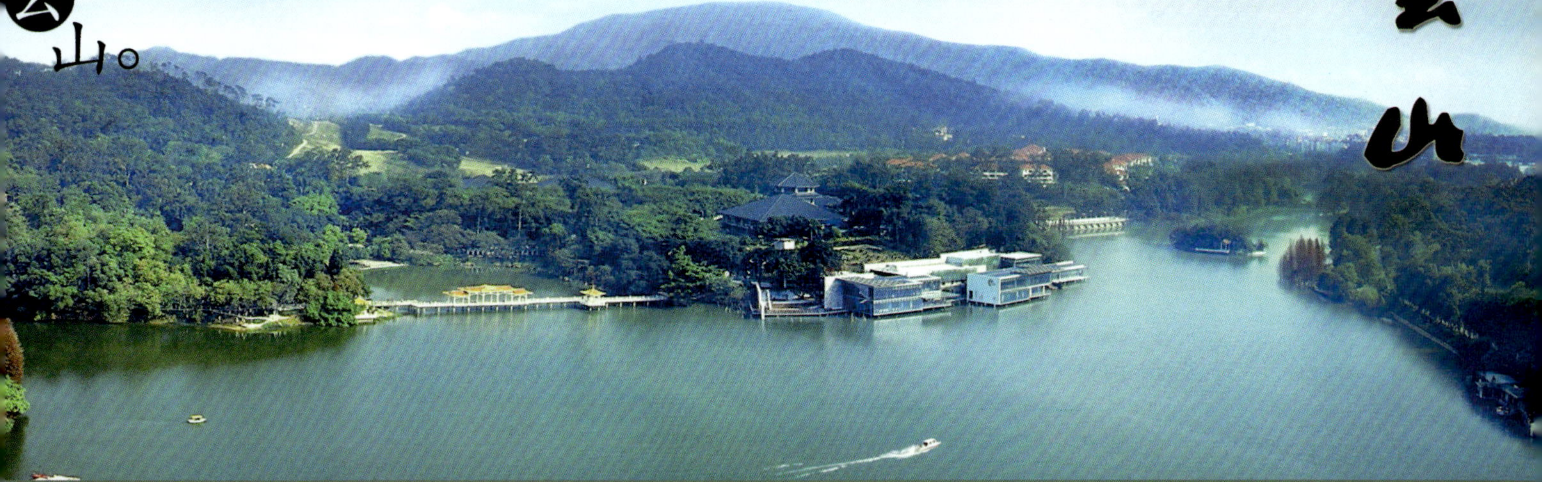

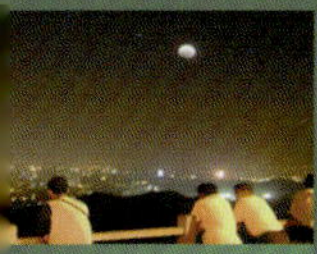
白云晚望

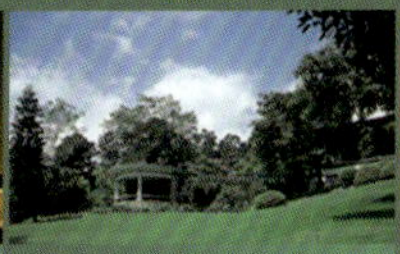
仙岩鸣春

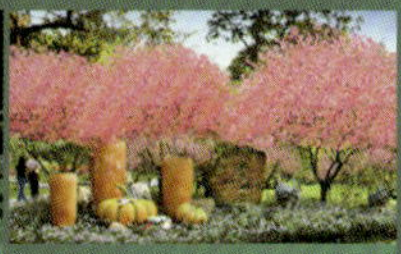
桃园报春

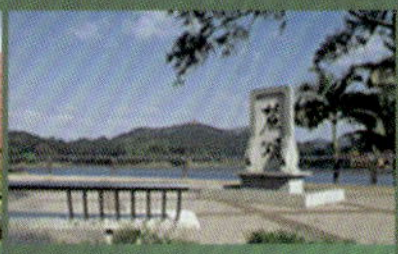
麓湖霞影

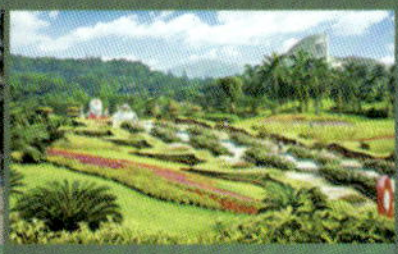
云台花影

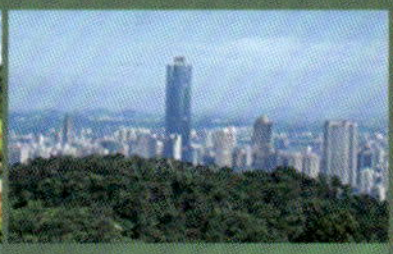
摩星祈福

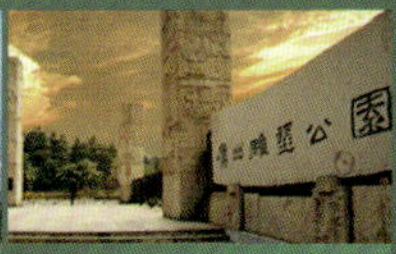
雕塑艺海

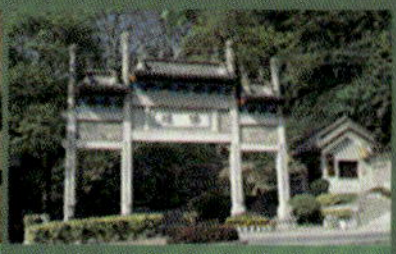
能仁古寺

芙蓉旅游度假区

芙蓉省级旅游度假区又名芙蓉嶂，距离广州市仅20分钟车程。 区内有花都八景之一“芙蓉飞瀑”，还有公路和生态登山路直达芙蓉峰。半山腰有远近闻名的龙王庙、温湖烧烤场，芙蓉峰下有万人天然泳场、芙蓉峡漂流、野战俱乐部、环湖情侣道，沿湖两岸还有各具特色的酒店、餐馆，为游客提供吃、住、娱乐、休闲等配套设施，并可为单位社团提供不同类型的会议中心。

2006年被评为中国南方最佳城郊旅游度假区，2009年被评为国民旅游休闲示范单位。

旅游咨询电话：020-86853355

网址：www.frdj.com　　邮箱：frdj-lyb@163.com

古木奇峰藏锦绣，青山碧水出芙蓉

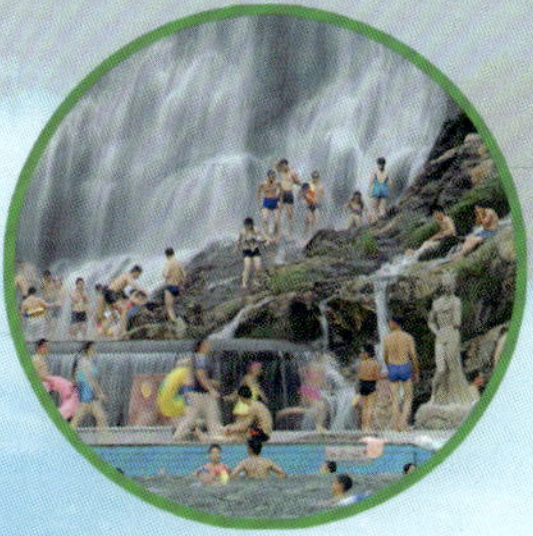

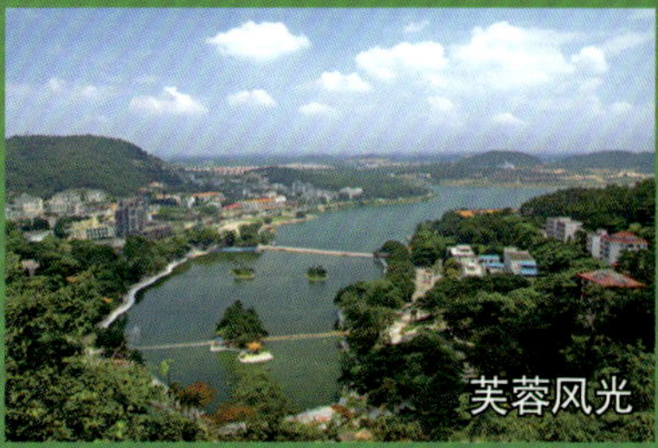
芙蓉风光

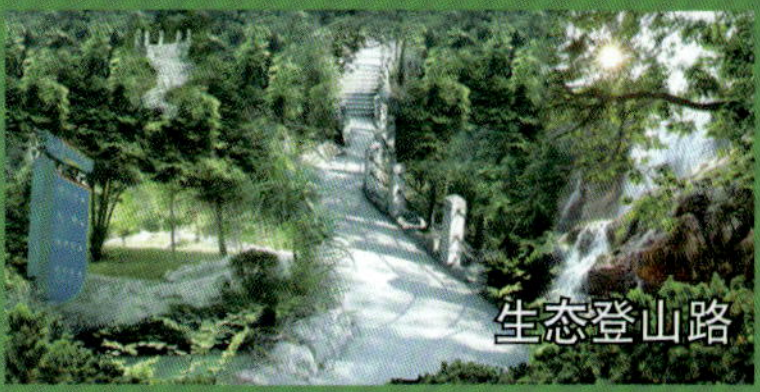
生态登山路

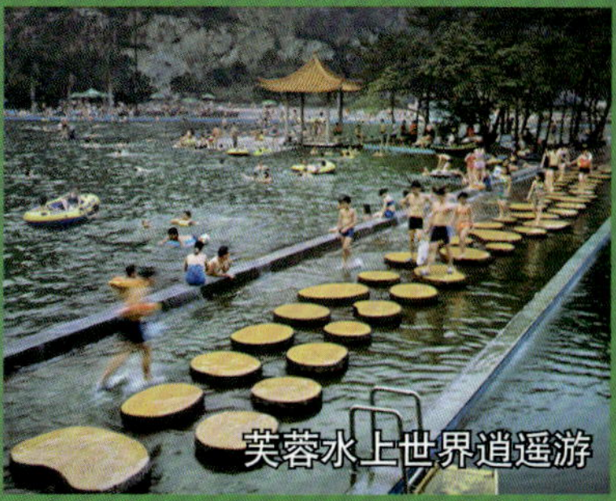
芙蓉水上世界逍遥游

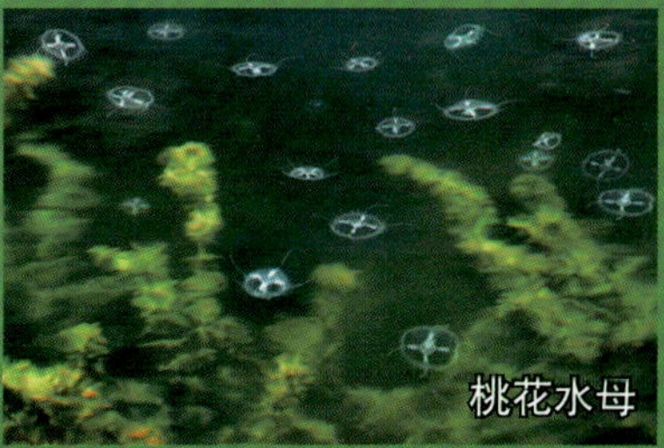
桃花水母

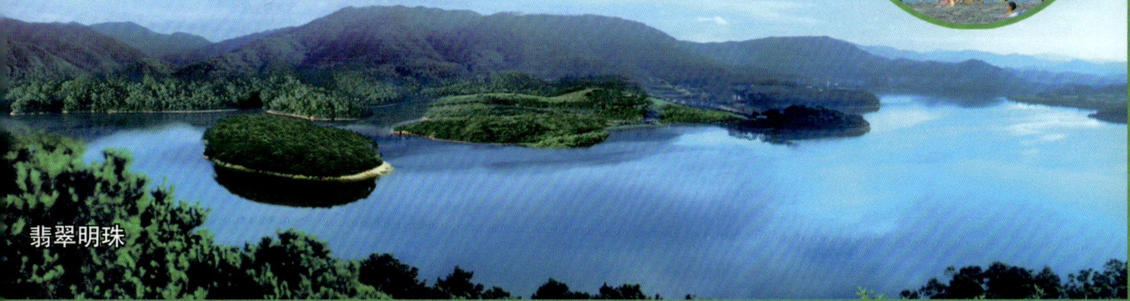
翡翠明珠

南风古灶 ANCIENT NANFENG KILN 世界陶文化圣地

南风古灶是1506创意城的文化旅游圣地，建于明代正德年间（1506-1521），500年来薪火不断，是世界上持续使用至今最古老、保存最完好的龙窑，被称为“活的文物，移不动的国宝”，是国家4A级旅游景区及世界陶文化圣地。

园区以陶文化及武术文化为根，集旅游、艺术、休闲、生态、创意及时尚于一体，是国民休闲游、文化科普游、学生修学游、企业考察、会议会展、工业遗产游的最具创意的旅游圣地。

The Ancient Nanfeng Kiln, a cultural tourist attraction subordinate to 1506 Creative City, was built in Ming Dynasty (1506-1521), it' s wood-fire has been lasted for 500 years,keep producing in it' s origanal way all along until today.It is the most long-live and best perserved ancient dragon kiln in China and even in the world, and is known as a “living relic and unmovable national treasure”. It is National 4A GradeTourist Attractions and ceramic culture holy land of the world.

The Ancient Nanfeng Kiln, which bases on the culture of ceramic and martial arts, integrates with tourism, arts, recreation, ecology, creative and fashion, is the most innovative tourist destination of national leisure travel, cultural and scientific tour, students study tours, business visits, conference Exhibition as well as industrial legacy tour.

南风古灶交通图示 traffic information

海丰红宫红场革命旧址

红宫红场革命旧址是第一批全国重点文物保护单位之一，全国爱国主义教育示范基地。它位于海丰县城红场路13号，占地面积近2.5万平方米。

红宫原为“孔庙”，始建于1379年。1927年10月，革命先驱彭湃同志在中国共产党的领导下，领导海丰工农武装夺取了政权；同年11月18日至21日在这里召开了海丰工农兵代表大会，会场外墙刷以红色，场内用红布盖壁裹柱，会上宣布了海丰苏维埃政府成立——中国第一个苏维埃政权在此诞生；孔庙从此改称为“红宫”。

“红场”毗邻红宫，原名“东仓埔”，1927年12月1日海丰人民在这里举行了有五万多人参加的庆祝县苏维埃政府成立大会，彭湃在会场大门上亲手写了“红场”两字，红场从此得名；1928年春，红二师、红四师部队与海丰工农革命在这里会师。

地址：广东海丰县城红场路13号　　邮编：516400　　电话：0660-6866083

广州市

综　述

【总体情况】　2008年，广州旅游围绕广州市委大力发展现代服务业和建设“首善之区”的主战略，深入贯彻落实科学发展观，按照全市旅游工作会议的部署，努力转变旅游经济增长方式，加快旅游资源整合，优化旅游市场环境，强化城市旅游宣传推广，拓展旅游客源市场，加强旅游行业管理服务，促进旅游政风行风建设。尽管受雪灾、地震、特大暴雨等自然灾害、国际金融危机和其他各种因素的影响，但旅游经济各项指标仍保持一定增长。据统计，2008年广州市共接待游客11145.92万人次，比上年增长1.79%。其中过夜旅游者3528.74万人次，比上年增长5.69%，占来穗旅游人次数总量的31.66%；接待一日游游客7617.18万人次，与上年基本持平。旅游业总收入为837.71亿元，比上年增长4.96%。

【旅游行业规模】　截至2008年底，广州市拥有星级酒店218家，其中白金五星级1家、五星级8家、四星级31家、三星级110家、二星级66家、一星级2家；共有旅行社198家，其中国际社66家（出境游组团社37家）、国内社132家；A级景区（点）21家，其中5A级旅游景区1家、4A级旅游景区13家、3A级旅游景区5家、2A级旅游景区2家。

【重大旅游决策】　市人大制定了《广州市旅游条例》。该《条例》经广东省第十届人大常委会批准，于2008年12月1日起施行；根据《旅游景区质量等级评定管理办法》及国家标准《旅游景区质量等级的划分与评定》，制定了《广州市旅游景区评定工作暂行管理办法》。该《办法》经市法制办审查通过，将于2009年1月1日起实施。

【广州旅游工作会议】　2008年1月25日，广州市旅游工作会议在市政府礼堂召开。广州市副市长曹鉴燎出席会议并讲话。会议就进一步优化产业结构、优化广州旅游发展环境、重视发展水上旅游项目、重视入境游等十一个方面的工作提出了新要求。市旅游局党委书记、局长朱力传达了全国旅游工作会议精神，总结了2007年广州旅游的发展情况、部署了2008年广州旅游的主要工作。增城市旅游局、白云山风景名胜区管理局、广东省中国旅行社的代表分别作经验介绍。市政府有关部门负责人，各县（区）政府分管负责人及旅游局局长，广州岭南集团负责人，各星级宾馆、旅行社、景区景点、车船公司负责人，各旅游院校负责人，各旅游协会负责人共500多人参加会议。

【2008广州国际旅游展销会】　2008年4月4～6日，2008广州国际旅游展销会在广州锦汉展览中心举行。展销会共吸引来自36个国家和地区的425家企业参展，展出面积达15025平方米。其中，汇集了来自非洲、美洲、亚洲、欧洲等国家和地区的23个官方展团，包括：奥地利、菲律宾、马来西亚、尼泊尔、瑞士、泰国、西澳大利亚、西班牙、印度尼西亚、中国香港、中国澳门等，境外展商数量高达43.7%，比上届增长3.7%。

本届展销会由广东省旅游局、广州市旅游局与德国汉诺威展览会（中国）有限公司正式建立战略合作关系，由汉诺威公司自2008年起负责展会的具体承办工作，合约期限为10年。

2008 广州国际旅游展销会

【广州市举办旅游商品现场会】　2008年1月11日，广州旅游商品工作现场会在陈家祠召开。广州市副市长曹鉴燎，广州市旅游局党委书记、局长朱力，广州市旅游管理委员会成员单位负责人等100余人出席会议。会议总结回顾了近年来全市发展旅游商品工作所取得的成绩，布置了今后广州发展旅游商品的几项中心工作，发布了广州特色旅游商品专柜标志，公布了首批10个“广州特色旅游商品专柜”试点单位名单并颁发牌匾。广州特色旅游商品专柜试点单位包括：白云山风景名胜区、陈家祠、黄埔军校、余荫山房、越秀公园、中山纪念堂、西汉南越王博物馆、宝墨园、广州市工艺美术总公司工艺旅游品商场、从化清香农产品有限公司。

【广东国际旅游文化节广州主会场系列活动】 广州作为2008广东国际旅游文化节主会场，共举办了第22届广州国际美食节、泛珠三角旅游花船大巡游、和谐番禺·文明旅游形象大使评选活动、从化旅游文化节、2008中国广州（增城）登山旅游节、2008首届广州（南沙）滨海旅游欢乐节、“百里珠江·水上画廊”广州风情游活动、2008广州金牌导游员大赛等8项活动。其中于2008年11月22日至12月7日举办的花船大巡游地点设在珠江河段（白鹅潭—广州大桥），巡游花船共15艘，以现有的珠江夜游游船组成基本游船队伍，按照正常营运航班安排参与巡游，不给沿岸交通、治安、市容卫生造成影响。巡游花船邀请到了省内各地级市及部分旅游企业参与认购，宣传并展示了各地富有浓郁文化特色、各类精彩旅游项目，以吸引更多的市民、游客共同参与珠江游。

【第二十二届广州国际美食节】 2008年11月24日至12月5日，广州市举办第二十二届广州国际美食节。主会场设在正佳广场，分会场分别设在荔湾泮塘路美食园、南沙滨海公园、花都喜立登饮食风情街、白云山山顶公园、东都大世界等30多个场所。本届美食节以“品赏健康美食，体验休闲生活”为主题，包括开幕式、餐饮行业高峰论坛、美食体验、“食在广州”精品展示、美食总动员、名菜名点评比、食品行业科技展、名优特产及包装食品展、饮食文化展、美食游、网上美食节和闭幕式暨颁奖典礼等活动内容。

【2008中国广州（增城）登山旅游节】 2008年11月27日至12月31日，由广州市旅游局和增城市政府共同主办的“2008中国广州（增城）登山旅游节”在省级风景名胜区白水寨举行。登山旅游节期间，举行了派潭自行车游、森林瑜伽教室、森林寻宝之旅、“发现白水寨之美”拍摄大赛、带上画笔去登山、“菜心王中王”厨神大比拼等活动。

【奥运旅游】 2008年，广州市在境外宣传促销活动中突出奥运主题。在参加的西班牙马德里旅游展、德国柏林展、

广州美食节主会场设在广州正佳广场

香港国际旅游展、海峡旅游博览会、PATA展、日本JATA展及宣传促销、美国芝加哥会议奖励旅游展、俄罗斯伏尔加河沿岸促销、英国伦敦展等宣传促销活动中，加强对2008北京奥运的宣传促销，以吸引更多境外游客来穗旅游。

2月份，广州市赴华东地区展开了为期7天的以“庆奥运，迎亚运，畅游广州”为主题的宣传推广活动。此外，还动员和组织广州各大旅行社设计和推出奥运旅游延伸线路产品，更好地服务参加奥运会的各位运动员和国际游客。

【旅游抗冰冻灾害】 2008年1月28日，广州市成立了由局党委书记、局长朱力为组长的抗冰救灾工作领导小组，启动紧急预案，指导全市旅游业积极开展抗冰救灾工作。具体措施包括：设置滞留旅客接待点24小时为滞留旅客提供服务。设立滞留旅客住宿免费接送点，安排局机关干部和15家酒店工作人员24小时轮值收送旅客。至2月1日，共安置火车站滞留旅客116名、误机滞留旅客3000多名，劝说游客节前退团约5000多名。协调南航为所有滞留和停团旅客全额退款。积极劝导群众留在广州过节。截至2月3日止，现场劝导12000人次；下发了《关于2008年春节前后旅游活动安排事宜的紧急通知》、《关于做好滞留火车站、机场乘客接待工作的紧急通知》，要求各旅行社立即停止开展北上旅游业务，劝说游客更改行程和日期。要求各星级宾馆、各景区景点做好滞留广州旅客住宿接待工作并提供住宿、门票优惠。各项措施均得到了旅游企业的大力支持和响应，爱群大酒店、新华酒店和五羊城酒店承诺提供房价五折优惠，华南植物园和烈士陵园承诺提供半价门票优惠，广州岭南国际旅行社等承诺提供珠江三角洲和广州一日游6折优惠。

【旅游抗震救灾】 “5·12”汶川发生强烈地震后，广州市旅游局积极开展“献爱心——向灾区群众献爱心捐款”

特别主题实践活动。先后5次发动机关干部职工、离退休干部捐款6.351万元、交纳特殊党费1.519万元；根据市委、市政府《关于在全市开展向四川省汶川县地震灾区捐建过渡安置房活动的通知》要求，广州市旅游局决定为汶川地区援建一间诊所。局机关干部职工共筹措捐款2.185万元。9月，全局干部职工积极响应市委、市政府关于开展“爱心捐赠，真情送暖——为四川地震灾区捐赠御寒衣被”活动，共捐衣被折合人民币5830元。此外，共发动广州地区旅行社协会会员112家，捐款约180万元。广州地区酒店行业协会223个会员单位，捐款和实物约433.2019万元。广州主要景区（点）42家企业，捐款约456.114万元。广州市旅游院校捐款27.7323万元。

2008年7月，广州市旅游局积极配合成都市旅游局来穗的旅游宣传推广工作，并与成都市旅游局、广东旅游行业协会、成都市旅游协会共同签署了《爱之旅倡议书》，组织大批广州游客到四川去旅游，有力地支持了四川旅游业的恢复和重建。9月，还选派干部参加“市对口支援汶川威州镇恢复重建前线工作组经济恢复专责小组”，开展灾后重建工作。

【旅游业应对复杂多变的经济形势】 2008年，广州旅游业积极应对全球金融危机对旅游业造成的冲击。一是充分与媒体合作，加强对广州旅游的宣传。与广东电视台联合制作并推出《畅游广州》旅游专题栏目。与多方媒体合作，大力宣传广州旅游的新产品新亮点。春节黄金周前，分别在部分媒体、广州旅游网等发布景区最新资讯；二是充分利用参加旅游展会及促销机会，主动“走出去”宣传。广州市在国内举办和参加的活动主要有：在华东地区展开为期7天的亚运旅游宣传推广活动、2008（第十二届）长江三角洲南京旅游交易会、2008中国国内旅游交易会、2008中国北方旅游交易会、哈尔滨市“精彩广深珠”旅游推介会。参加境外的旅游展会与促销活动主要有：西班牙马德里旅游展、德国柏林展、香港国际旅游展、海峡旅游博览会、PATA展、日本JATA展及宣传促销、美国芝加哥会议奖励旅游展、俄罗斯伏尔加河沿岸促销、英国伦敦展；三是紧紧抓住大型活动机会，加强广州城市形象与旅游资源的宣传。4月初的广州国际旅游展览会，吸引了约6万名参展商、买家、业内人士及观众参加；四是加强区域合作，推动广州旅游的整体发展。2008年，广州已加入的国际组织有TPO、PATA和世界美食城市联盟。在联盟中大力宣传“食在广州”，以美食推动国际旅游市场拓展。广州市还继续充分发挥广深珠旅游联席机构的作用，推广“精彩广深珠”区域旅游产品，联合参加了广州国际旅游展销会、香港国际旅游展销会、中国国际交易会（上海）等宣传推广活动，派发广深珠旅游联合宣传资料。

旅游接待与收入

【入境旅游】 2008年，广州市接待入境旅游者612.48万人次，比上年增长0.19%。其中外国人214.49万人次；旅游外汇收入31.3亿美元，比上年下降1.92%。

【国内旅游】 2008年，广州市接待国内过夜旅游者2916.26万人次，比上年增长6.92%；国内旅游收入620.15亿元，比上年增长11.75%；旅行社组团国内游541.36万人次，比上年下降17.43%。其中，组团省内游391.75万人次，比上年下降17.39%，组团省外游149.61万人次，比上年下降17.52%。

【出境旅游】 2008年，广州市旅行社组团出境游165.02万人次，比上年下降16.74%。其中，组织香港游59.08万人次，比上年下降12.87%；组织澳门游49.72万人次，比上年下降35.86%；组织出国游56.23万人次，比上年增长6.32%。

【假日旅游】 春节黄金周期间，全市共接待游客790.5万人次，与上年同比增长（下同）7.3%，其中过夜游客88.26万人次；接待一日游游客702.24万人次。实现旅游收入31.52亿元，增长2.23%。

“五一”假期（1～3日）期间，全市共接待游客341.49万人次，其中过夜游客72.19万人次，一日游游客269.3万人次。实现旅游收入11.37亿元。

“十一”黄金周期间，全市共接待游客863.14万人次，增长7.41%，其中过夜游客185.23万人次，一日游游客677.91万人次。实现旅游总收入39.89亿元，增长9.3%。

旅游宣传促销与节庆活动

【概述】 2008年，广州市旅游局深度拓展国内外重点客源市场，积极谋求针对主要客源市场的促销新形式与方法。全年共参加境内旅游展6次，组织境内旅游促销32次；参加境外旅游展9次，组织境外旅游促销6次，有力地在主要客源市场宣传推广了广州的旅游形象，促进了广州旅游的发展。

【旅游宣传促销】 2008年，广州市继续坚持“走出去”和“请进来”战略，结合实际有选择性地参加国内外旅游交易会和组织国内外促销，加强与国内外旅游机构的沟通与合作，邀请境外买家考察广州旅游资源，在主要客源市场宣传推广了广州的旅游形象，促进了广州旅游业的发展。

一是参加国内外旅游交易会和国际会议。先后参加了西班牙马德里旅游展（1月30日至2月3日）、德国柏林展（3月5~9日）、香港国际旅游展（6月12~15日）、第四届海峡旅游博览会（9月8~12日）、PATA（印度）展（9月16~19日），日本JATA展及宣传促销（9月14~23日），美国芝加哥会议奖励旅游展（9月23~25日），俄罗斯伏尔加河沿岸促销（9月26~10月6日）、英国伦敦展（11月），并配合9月的日本JATA展在日本东京举办了广州旅游宣传推广恳谈会。应世界旅游及旅行理事会（World Travel and Tourism Council，简称WTTC）邀请，受广州市市长张广宁委托，组团参加了于2008年4月在迪拜举办的第八届世界旅游及旅行高峰会议。国内市场方面，于2月份赴华东地区开展“办奥运，迎亚运，畅游广州”主题宣传推广活动，在上海、杭州举办“广州旅游上海（杭州）推介会”，并参加2008第十二届长江三角洲南京旅游交易会；4月份赴郑州市参加“2008中国国内旅游交易会”，以“活力广东，精彩广深珠”的整体形象宣传推广；6月份组织广深珠联合推广团参加在延吉市举行的2008中国北方旅游交易会，会后赴哈尔滨市举办“精彩广深珠”旅游推介会；11月份参加中国国际旅游交易会（上海）。在上述各项展会和活动中，与相关旅游部门进行了广泛交流和业务洽谈，先后派发各种宣传资料约万余份、宣传光碟约几千余份，取得了良好的宣传效果。二是实施“请进来”战略，协助汉诺威展览会（中国）有限公司邀请境外买家考察广州国际旅游展销会。广州市旅游局与汉诺威展览会（中国）有限公司共同邀请了来自美国、加拿大、欧洲、日本、韩国、东南亚地区等200多名境外买家前来参观。各大参展团还从世界各地带了自己的买家团、观摩团前来参展及洽谈旅游业务，大大推动了广州乃至中国的入境游发展。

积极完成国际性旅游组织的有关工作，在国际交流与合作平台上发挥更大作用。广州目前已经加入的国际组织有亚太城市旅游振兴机构（TPO）、亚太旅游协会（PATA）和世界美食城市联盟。其中美食联盟是广州市旅游局参加的第一个以美食为主的国际合作机构，广州市作为世界美食城市联盟中代表中国的执行委员，参加了1月份在意大利热那亚召开的第一次执行委员会议。此外，还参加了4月份在澳大利亚墨尔本召开的TPO第12次执行委员会议，10月份在韩国釜山举办的PO2008论坛和世界旅游投资峰会，以及9月份在印度举办的PATA2008交易会，进一步利用国际旅游组织的平台宣传推广广州，扩大广州的国际影响力。

加强与国外旅游机构的交流与合作，共同推动旅游业的发展。4月，与日本福冈市观光会展局签订了合作协议，9月，与全日空公司签订了旅游合作备忘录，并先后与日本函馆市代表团、德国法兰克福会议及旅游推广局、台湾旅游业品质保障协会代表团、韩国光州广域市代表团、日本航空公司、南非旅游局进行业务会谈。

及时更新和编写旅游宣传资料。与中国旅游出版社联合编写的《中国乡村旅游指南——广州》已正式出版；编印的《广州特色旅游商品荟萃》已在政府部门、旅游问讯中心，旅游景区（点）、星级酒店免费发放；编印了一批《广州特色乡村旅游（含服务规范标准）》和《广州特色购物街区（含服务规范标准）》宣传资料；新编印的《广州旅游导图》（3万册）和《广州休闲度假手册》（3万册）、《广州旅游概览》（1万册）已在宣传推广活动中广为派发。

【旅游节庆活动】 2008广东国际旅游文化节广州系列活动丰富多彩，广州市旅游局共举办和参与10项大活动，包括美食节、花车巡游、花船巡游、广东旅游大促销、和谐番禺·文明旅游形象大使评选活动、从化旅游文化节、2008中国广州（增城）登山旅游节、2008首届“广州（南沙）滨海旅游欢乐节”、“百里珠江·水上画廊”广州风情游活动等。

旅游行业管理

【旅游质量监督】 2008年，广州市受理旅游服务质量问题的有效投诉共计50宗，理赔金额44676.6元，与上年基本持平。其中国内游投诉37宗（包括省内游16宗，省外游21宗），出境游投诉13宗，投诉主要集中在导游服务质量差、旅行社擅自变更旅游项目、旅行社降低接待标准、延误及变更日程等方面，其他类投诉17宗。在处理旅游投诉工作中，我所始终坚持以人为本的宗旨，努力为人民群众和社会提供一个便捷、公正、高效、和谐的解决旅游服务质量投诉的服务窗口。2008年旅游消费者和旅行社对广州市旅游局调解解决的旅游投诉的满意度较高，没有出现因投诉处理不当而引起的诉讼案，投诉案件的结案率为100%，其中通过调解方式成功解决投诉纠纷的比率比较高，占结案总数的95%。

【旅游市场整治】 2008年，广州市旅游管理部门加强与公安、工商等职能管理部门的联合执法，全年共进行旅游市场联合执法检查7次，检查涉嫌违规经营旅游业务的疑点40处，立案处理7宗，对在穗违规设立办事处的行为作出给予罚款的行政处罚。针对社会上个别不法分子利用路边派发宣传卡片，以组织旅游为幌子，不择手段坑害旅游消费者，给广州旅游城市的形象造成严重负面影响的情况，在组织市场联合整治的同时，积极采取措施，建立了政府推动、协会主导、企业参与的城市旅游服务信息咨询体系，提高了公共旅游咨询服务的社会覆盖面和影响力。上半年全市共发放10多万份《广州旅游消费警示》到各星级酒店和旅游景区景点，即方便游客查询，又杜绝了各类旅游诈骗案件发生。依照导游IC卡记分管理办法，加强对全市导游检查的力度和关键环节的监督工作，每周对导游市场的检查已形成制度。全年在市内口岸和景区景点共检查带团导游101人次，其中处罚无证带团人员6宗，导游证未通过年审暂扣证或待查7宗，扣4分处理2宗。

【旅行社管理】 2008年，广州市对197家旅行社进行业务年检。其中185家（62家国际社、123家国内社）旅行社年检通过。

全年通过审批新设立的国内旅行社11家：广州市天涯旅行社有限公司、广州龙润旅行社有限公司、广州市乐游旅行社有限公司、广州禾协之旅旅行社有限公司、广州市洋溢旅行社有限公司、广州市鑫南旅行社有限公司、广州中洋旅行社有限公司、广州佰信旅行社有限公司、广州携旅旅行社有限公司、广州市粤航金铁商务旅行社有限公司、广州百众旅行社有限公司；晋升国际社2家：广州市澳信国际旅行社有限公司、广州空港之旅国际旅行社有限公司；审批设立港澳投资的旅行社2家：佳天美（广州）国际旅行社有限公司、翠明假期（广东）旅行社有限公司。

全面启动广州旅行社资质等级评定工作。为了贯彻落实国家旅游局关于开展诚信旅游建设的部署，按照《广州地区诚信旅行社测评标准体系》，经广州旅游管理委员会统一组织测评，授予74家旅行社为2008年度"广州地区诚信旅行社"。对旅行社分支机构的备案。门市部备案687个，分社备案2家。

广州市为荣获2008年度广州地区诚信旅行社颁奖

【旅游安全管理】 2008年，旅游行政主管部门认真贯彻落实《安全生产法》和《广州市安全生产条例》，加强对旅游行业安全生产工作的监管。全年开展以"治理隐患、防范事故"为主题的安全生产月活动，认真开展旅游行业安全生产隐患大排查工作。重大节假日和黄金周前，与市安监局、市质监局等有关部门，对重点旅游企业进行安全生产大检查。全年共组织安全检查12次，出动检查力量120人次，检查酒店、景区、旅行社共67家，发出整改通知书18份，落实整改项目18个，消除了事故隐患，确保了旅游安全。继续推进旅游企业安全生产主体责任考核工作，按照《广州地区旅行社安全生产考核标准（试行）》，重点抓丽景国际旅行社、恒安旅行社、番禺中国旅行社等32家第二批试点旅行社的检查考核指导工作。

【导游员管理】 截至2008年底，广州市共有持证导游14245人。按等级分类，高级导游30人，中级导游564人，初级导游13651人。其中中高级导游占4.2%，初级占95.8%；按语种分类，中文导游11939人，粤语导游1201人，英语导游818人，日语导游160人，其他语种127人。其中中文与粤语导游占92.2%，外语导游占7.8%；按学历分类，大专以上学历9617人，占67.5%，高中（中专）学历4611人，占32.5%；按所属单位分类，翔旅导游公司4872人，占34.3%，南星导游公司3605人，占25.3%，中旅导游公司3542人，占24.9%，旅行社2226人，占15.6%。为做好2007年度导游人员的继续教育工作，广州市旅游局下发了《关于开展2007年度导游人员继续教育工作的通知》。至年底，全市共有5578名导游通过刷卡，占导游总数的39.2%。

【旅游饭店管理】 2008年，广州市共有218家星级饭店参加复核。年度复核饭店共198家，需参加评定性复核（5年期重评）的饭店20家，其中四星级3家，三星级11家，二星级5家，一星级1家。因不能正常经营（转营或停业等原因）取消星级的饭店4家；因装修改造、准备拆建等原因暂缓通过年检复核的饭店2家。其余星级饭店通过年检复核。

2008年，广州市新评定的星级饭店有11家，其中嘉逸国际酒店为五星级、广东南洋冠胜酒店等10家酒店为三星级。

【旅游标准化工作】 2008年，广州市旅游行业首批3个地方技术服务规范面世。出台了《广州市乡村旅游区（点）服务规范》、《广州市工业旅游景区服务规范》和全国第一个旅游购物街区服务标准——《广州市特色旅游购物街区旅游服务规范》，颁布了乡村旅游点、特色旅游购物街区评定细则。填补了广州市旅游业标准化工作以及国内旅游购物相关标准的空白，有效规范和促进了全市乡村旅游、工业旅游和购物旅游的发展。

【广州地区旅游协会更名为广州旅游促进会】 2008年8月

10日，广州地区旅游协会召开理事会议，会上一致通过了广州地区旅游协会变更为广州旅游促进会。本次理事会通过了由广州市旅游局局长朱力担任会长职务的决议。并获得广州市民间组织管理局批准。

【广州地区酒店行业协会成立20周年庆典】 2008年12月22日，广州地区酒店行业协会在广州香格里拉大酒店举行了以“携手奋进　和谐共赢”为主题的二十周年志庆活动。广州市政府、广东省旅游局、广州市旅游局、各区（县级市）旅游局、国家及各省市旅游饭店协会的领导、旅游界专家学者、新闻媒体及全体会员单位近500位酒店总经理及高层管理人员参加了本次盛会。曹鉴燎副市长在会上作重要讲话，充分肯定了20年来广州酒店业和酒店行业协会工作所取得的成绩，并要求广州酒店业团结起来，为提高行业效益，实现和谐共赢作贡献。

【广州地区旅游景区协会召开第二届会员大会】 2008年10月10日，广州地区旅游景区协会在流花宾馆召开第二届会员大会。会议通过调整会费等内容并选举产生第二届理事会成员，同时召开第二届第一次理事大会，经全体理事投票选举出会长单位、副会长单位、常务理事单位和秘书长。白云山风景名胜区管理局连任会长单位；副会长单位为番禺莲花山旅游区、长隆旅游度假区、广东美术馆、中山纪念堂、宝墨园、西汉南越王博物馆、黄花岗公园、越秀公园、广东民间工艺博物馆、旅之广旅游发展公司（白水寨风景区）、碧水湾温泉度假村。中科院华南植物园为第二届理事会新当选的副会长单位。

【广州旅游信息协会正式成立】 广州旅游信息协会于2008年6月27日成立。会员覆盖了全市各区县的旅游行政管理部门、旅游企业、信息化企业及相关企业等115个单位和个人，其中会长1个、副会长单位8个、常务理事单位20个、个人常务理事5个、理事单位30个、一般会员单位及个人51个。协会成立后，制订了网站信息发布规定和网络安全应急预案。于2008年9月正式推出“领先”数字旅游应用推广计划，共包括五大项目：建立信息化需求档案、“广州旅游同业网络销售平台”项目、“广州旅游信息搜索引擎”项目、“广州旅游图库”项目、“企业名片”手机营销管理平台。组织中国广州旅游网通讯员360名分批次召开通讯员座谈会8次，培训通讯员63名。

【美国游、台湾游开放】 2008年6月17日，广州市旅游局局长朱力率领首个广州旅游团顺利赴美。台湾游7月份有限度开放，省中旅、广之旅为指定组团社，首团于7月4日准时出发。对于2008年新开放的旅游目的地，旅行社把握相关政策，做好领馆签证专办人员的登记和签证员的资格审核工作，与台办、610办、公安局做好协调工作，美国游、台湾游没有发生政治问题和重大安全事故。

广州居民首次组团赴台旅游

【广州地区旅行社行业协会召开换届改选大会】 2008年3月28日，广州地区旅行社行业协会换届改选大会在广州召开。共有112家会员单位参加，大会产生新一届理事会，正副会长8家（广东国旅国际旅行社股份有限公司、广州广之旅国际旅行社股份有限公司、广东省中国旅行社股份有限公司、广东铁青国际旅行社有限责任公司、广东省中国青年旅行社、广东自游商旅国际旅行服务有限公司、广东南湖国际旅行社有限责任公司、广东羊城之旅国际旅行社有限公司），常务理事单位7家，理事单位22家，监事单位3家。

大会根据《广东省行业协会条例》和《关于全省行业协会整改的指导意见》，进行了由专业性协会转变为行业性协会的整改，并向民间组织管理局提出重新登记和变更的申请，依法办理组织机构代码证、国税登记和地税登记等事宜。

2008年4月22日，广州地区旅行社行业协会召开第二届理事会第一次会议。会议审议通过了理事会一系列工作制度，包括财务管理制度、信息通报制度、印章、文件管理制度、会长会议制度、秘书处工作制度和协会正、副秘书长人选等。

2008年9月3日协会召开了第二届二次理事会会议。会议审议并通过三项议题：一是《广州地区旅行社行业协会诚信旅游宣传广告自律公约》；二是广州地区旅行社行业协会“十一”黄金周曼谷芭堤雅双飞六天游、澳洲五大名城双飞七天游、新马双飞五天游3条出境游线路行业指导价；三是对“香港一日游”最低成本价的进行重新核定，最低成本价为98元/人。

【广州亚运会总部饭店、官方饭店和指定接待饭店产生】

2008年，广州地区酒店行业协会积极配合广州亚组委会、广州市旅游局联合开展第16届亚运会官方饭店和指定接待饭店推选活动和服务规范标准制定工作。

按照广州亚组委要求，广州地区酒店行业协会发动了符合条件的酒店积极参与亚运会住宿接待工作，用一流的服务，展现广州酒店行业的风采，为举办一届有特色、高水平的亚运会作出最大贡献。经过选定，已产生1家总部饭店、60家官方饭店和指定接待饭店。广州地区酒店行业协会还参与了《第16届亚运会总部饭店服务规范》、《第16届亚运会官方饭店和指定接待饭店服务规范》和《第16届亚运会亚运城住宿服务规范》等文件的起草制定与修改工作。

第十六届亚运会总部饭店赞助商、官方饭店和首批指定接待饭店签约揭牌仪式

【广州酒店行业举办服务技能系列大赛】 2008年10月8日，由广州地区酒店行业协会承办的“迎亚运盛会　展行业风采”——广州酒店行业服务技能系列大赛之“南天酒店用品市场杯”调酒技能大赛在中国大酒店举办。来自全市23家星级酒店及旅游大专院校的64名职业调酒师参加了本次大赛，300多名业内同行参与观摩交流。本次赛事为近年来规格最高、规模最大、参赛人数和单位最多的调酒技能大赛之一。大赛得到广州市总工会、市劳动和社会保障局等政府相关职能部门及有关单位的重视与支持，大赛成绩可同时作为国家职业资格认证的操作部分，获奖选手将获得“广州市技术能手”、“广州市职工经济创新能手”等荣誉称号。以“迎亚运盛会　展行业风采”为主题的广州酒店行业服务技能系列大赛活动历时两年，将全面提升广州地区酒店行业整体服务素质和水平，为亚运会接待提供优质服务。

旅游资源开发和景区(点)建设

【概述】 2008年，经过政府部门和社会力量的共同努力，广州旅游新产品层出不穷。长隆水上乐园二期夏季推出后，再度引起火爆，接待人次屡创新高；花山香草世界以香草特色餐饮吸引了众多游客，美食兵团接二连三组团前往品尝；由政府投入19亿建成的广东科学中心，成为广州标志性新景观；岭南印象园突出岭南建筑、岭南艺术，是博物馆建设的创新模式和有益尝试；响水峡生态度假区利用原生态，开发建设漂流、露营、野外拓展和景观带。

【旅游投资和招商引资】 2008年度全市旅游建设项目共18个，总占地规模为6232公顷，计划投资总额23.2461亿元，已投资11.4061亿元。其中亿元以上的投资项目有6个，分别是天鹿湖森林公园（投资4.9亿），响水峡生态度假区（投资1.8亿元），大金峰百花果园（投资1.6亿元），动感温泉旅游度假村（投资1.5亿元），锦绣香江温泉酒店（投资1.1亿元），喜力登饮食风情街（投资1亿元）。

【旅游区（点）与基础设施建设】 2008年6月，受台风“风神”影响，白水寨风景名胜区内各景点、基础设施、旅游配套服务设施均遭到不同程度的破坏，白水仙瀑景区及大丰门漂流景区停业修复景区，并重新对亲水栈道路线进行了更科学的规划和设计，新修建了多个观景平台、休憩亭和戏水区等，使软硬件再上一个更高的档次，并于2008年9月28日重新对外开放。

2008年白云山风景名胜区为申报国家级5A景区，先后完成了风景区76座厕所设置更新和改造工作，并在此基础上按照三星级厕所的标准，完成了风景区主要道路和景点共5座厕所的星级改造；完成了白云山南门游客中心的升级改造，游客中心面积和硬件设施得到提升；委托专业设计公司对风景区公共信息和品牌视觉系统进行全面规划设计，全面规范风景区公共信息图形符号和各类标识牌；完成了风景区网站升级改造和风景区电子商务系统，风景区数字虚拟景区建设已全面启动；做好了游客休闲平台、休息设施建设和完善工作。

【新开发、新建设景区（点）】

〖广东科学中心〗 位于广州番禺区小谷围岛西端，三面环水，东靠广州大学城。为大型公益性科普教育基地，具有科普教育、科技成果展示、学术交流和休闲旅游四大功能。展馆整体建筑形象为“科技航母”，象征广东科技发展奋勇向前。广东科学中心一期建成开放的展示内容体系包括8个主题展馆（儿童天地、实验与发现、数码世界、交通世界、绿色家园、飞天之梦、人与健康、感知与思维），4座科技影院（巨幕影院、球幕影院、动感影院、4D影院），开放实验室，数字家庭体验馆和室外科学广场。以主题式设计思路演绎综合性科学知识，注重采用高新技术手段将科学性、知识性、趣味性有机融合为一体，让观众在动手参与、亲身体验中获得教育。

〖**岭南印象园**〗 位于广州大学城（小谷围岛）南部，占地面积16.5公顷。包括岭南文化游览区和山顶休闲公园两大板块。岭南文化游览区主要有岭南民间技艺、岭南美食、岭南茶座等内容。其中岭南怀旧建筑独具特色，按旧时风貌复原的老钟表店、老照相馆、老百货公司、老银行、老当铺、老邮局、老报馆、老影院、老服装店、老药房、老酒铺等。园内还有展示岭南民间技艺，如石湾陶瓷、新会葵艺、肇庆端砚、阳江风筝、佛山木版年画、郁南手指画等，不仅有成品售卖，还设计有互动环节，游客可以观赏到传统的竹升面、广绣、广彩、牙雕、双蒸米酒、中药丸等制作工艺。

〖**花山香草世界**〗 位于广州市花都区花山镇，以种植香草为主题，是集香草育苗、种植、食用、旅游观光、科普教育为一体的生态农业基地。占地面积660余亩。园区分为薰衣草王国、香薰园、玫瑰园、万国蔬果园、婚纱摄影、农家博物馆、儿童手工课堂、美食点心坊、儿童科普教育园、香草食用研究基地等项目。如：香草世界公园，它收集和引种世界各地著名香草，香草中含有香罗勒、迷迭香、百里香、鼠尾草、薰衣草、香蜂草、柠檬香茅、洋甘菊、奥勒冈，以打造香草生态农业基地。

〖**响水峡生态度假区**〗 为流溪河源头的纯生态景点，占地398平方公里。景区内有四季缤纷的花海、千峰竞翠的峡谷、如练悬空的瀑布、纯天然的古河漂流和老少佳宜的峡谷乐园等，是集观光、旅游、休闲、娱乐于一体的大型旅游胜地。夏季期间，响水峡景区推出全新花海漂流，在花谷中畅享漂流的快感，在漂流的终点拥抱近千亩的富良野花海，既震撼，又浪漫。响水峡的富良野花海占地近千亩，在山谷中绽放着四季娇艳的各式鲜花，4月，数百亩茹根花海在响水峡盛放，宛如茫茫雪海，洁白无瑕，一片浪漫景致，让人心醉。

【**红色旅游**】 2008年，广州市一方面积极推进免费开放工作，发挥红色旅游和爱国主义经典景区作用。另一方面，配合文明城市申报创建工作，加强和提高红色旅游景点资源利用和接待游客的服务质量。3月，广州农讲所纪念馆被定为广东省第一批免费开放的博物馆，广州起义纪念馆也于9月1日起免费开放。为保证免费开放工作顺利开展，各相关红色旅游景区在开放前制定免费开放条文，加强人员配置。免费开放后，各相关景区游客人数均大幅增长，进一步发挥了红色旅游景区的宣传教育作用和社会效益。为了配合广州申报全国文明城市，各红色旅游景区不断完善展览内容和接待服务工作。还根据红色景区的特色，增设高质量的临时展览、展出，设置影视厅播放红色影视作品及红色书籍资料阅览点。

【**乡村旅游**】 2008年，广州市将“乡村游”作为旅游资源整合的主要方向，针对国家法定节假日调整后，短假期明显增加，乡村游市场更受市民欢迎的特点，重点整合包装推出了从化市的大丘园农庄、宝趣玫瑰世界、溪头村，增城市的白水仙瀑、派潭镇、西境村、汀塘村仙榄园，花都区的花山香草世界、梯面镇，天河区的华南植物园、黄埔区长洲岛的农家乐，海珠区小洲村等成为短假期乡村旅游的热选地点之一。还制定了《乡村旅游区（点）服务规范》，并组织了广州市《乡村旅游区（点）服务规范》发布会暨乡村旅游采风活动。

【**工农业示范点建设**】 广州大丘园农庄，位于广州从化市城郊。占地600余亩。以发展高经济价值农作物仙蜜果（火龙果）为主，并结合精致休闲旅游业为主轴。农庄实行企业管理体系化、农业生产科学化，种植过程完全符合国家绿色有机种植标准、环境设备现代化，农庄内空气清新，景观自然天成，是集农业观光、饮食、购物、科教于一体的现代化精致休闲生态农庄。

【**广州旅游信息化工作会议**】 2008年7月8日，广州旅游信息化工作会议在广州东方宾馆召开。各区（县级市）旅游局、广州地区旅行社、星级酒店、景区景点、旅游车船、旅游院校等有关负责人以及广州旅游信息协会全体会员单位代表约550人参加。广州市副市长曹鉴燎出席会议。会议由市政府副秘书长陈绍康主持。广州市旅游局党委书记、局长朱力作了题为《实施信息化带动旅游业优化升级战略，努力构建现代旅游业》的工作报告。会议宣读了有关部门对广州旅游信息协会正式成立的批复，并表彰了2007年广州旅游信息化工作先进单位和中国广州旅游网优秀信息员。会议期间，举办了“信息赢未来——广州旅游信息化前沿展示”，展示了广州旅游企业的最新旅游信息化产品和技术。

【**旅游商品**】 2008年5月中旬，由广州市旅游局、广州市经贸委共同主办的广州市特色旅游商品推荐活动正式启动。经过公众投票和专家推荐，形成了广州特色旅游工艺品、广州特色旅游纪念品、广州旅游景区纪念品、广州旅游土特产品四大系列。广州特色旅游工艺品包括广彩、《五羊传说》（仿骨雕）、五羊玉雕、《越秀新晖》（骨雕）、广绣、粤剧经典人偶、香木球、牙雕小件、榄雕、西关风情铜雕；

广州特色旅游纪念品包括彩色微雕艺术指甲钳、《五羊雕像》、《广州风情》雕塑作品系列、亚运吉祥物套装、亚运会徽赛龙舟纪念币、岭南民俗记事套组徽章、广州名称历史沿革纪念章、五羊传说二折木书、广州风光盘、粤剧戏服摆件；广州景区旅游纪念品包括陈家祠变色杯、余荫山房琉璃座、余荫山房屏风、中山纪念堂木雕、西汉南越王钥匙扣、南越王翡翠玉佩、白云山白玉印章、黄埔军校牌匾、白虎系列公仔、黄埔军校金雕画；广州旅游土特产品包括清香荔枝干、宝生园蜂产品、采芝林汤料系列、洋塘马蹄粉、豆豉鲮鱼罐头、广式腊味、广式月饼、广州凉茶、鸡仔饼、老婆饼。

旅游教育培训和精神文明建设

【概述】 2008年，广州市旅游局扎扎实实抓好旅游从业人员的教育培训工作，有效地提高了旅游从业人员的素质。与广州市人事局信息中心合作，充分利用政府现有的网络技术资源和培训机构的先进软件及技术支持，采取网上远程教育培训与网上考核相结合的新模式，创新了导游教育培训模式。市旅游局开通了网络教育课程12门，有6377人次在网上完成了培训教育课程，并将网上远程教育的范围覆盖到全行业，加强对酒店、景区景点和旅行社管理人员的教育培训。

2008年，广州地区共举办了2次全国导游人员资格考试，共有6306人参加了考试，有2331人获得通过；参加全国中级导游员等级考试的有150人，有46人获得通过；参加广东省旅游局举办的星级饭店岗位培训培训班并取得经理岗位证书的有74人；参加广东省酒店职业英语初级考试的有867人，606人通过了考试。

广州市旅游局围绕亚运会和创文明城市的工作任务，联合广州地区旅游协会教育专业委员会专家及各旅游院校，加强政府、企业和院校间的合作，组建并强化了广州旅游教育培训的师资队伍，为提升广州旅游从业人员素质奠定良好的师资基础。

【2008第二届广州金牌导游员评选】 2008年6月至11月，由广州市旅游局和广州日报报业集团共同举办了“2008第二届广州金牌导游大赛”评选活动及“2008第二届广州金牌导游服装暨迎亚运城市旅游接待服装设计大赛”。大赛共评选出38名金牌导游。其中“最佳金牌导游”10名，“最佳才艺奖”、“最佳形象奖”、“最受网上人气支持奖”、“最佳景点讲解奖”、“最佳导游知识奖”、“最受媒体欢迎奖”、“最受市民欢迎奖”等7个单项奖各1名。“最佳金牌导游”中，广东省中旅导游服务公司李卓获得第一名，广东铁青李谨获得第二名，广东国旅闵晓丽获得第三名。与此同时举办的“2008第二届广州金牌导游服装暨迎亚运城市旅游接待服装设计大赛”，有32套作品进入总决赛，最后评出了广州金牌导游职业服装和礼仪服装一、二、三等奖。

2008年度广州市金牌导游评选揭晓

（刘正军、李柳燕、贾　佳、方永钦、丁劭筠、叶放峥、何毅坚、韩　卫、林文上、魏　萍）

深圳市

综　述

【总体情况】　2008年，是深圳旅游业发展历程中极不平凡的一年。全市旅游行业万众一心、迎难而上，努力克服冰雪灾害、地震、金融海啸等对旅游业的影响，以建设国际滨海旅游城市为目标，积极发展高端旅游，不断探索旅游管理体制的改革创新，全力构建公众旅游服务体系，全市旅游业发展的基本面保持了良好的态势，产业体系和配套日趋完善，作为中国重要的旅游目的地、客源地和出境游集散地的地位日益巩固，旅游业总收入、旅游外汇收入、过夜入境游客等主要旅游经济指标继续位居全国大中城市前列。

2008年，深圳市旅游业平稳发展，但受宏观经济形势影响，主要旅游经济指标增幅放缓，个别指标有所下降。全年接待海内外游客6755.3万人次，比上年增长2.93%。其中接待入境游客2687.05万人次，比上年增长0.36%，接待国内游客4068.25万人次，比上年增长4.71%；接待的入境游客中，过夜入境游客869.57万人次，比上年增长4.6%，过夜外国游客151.42万人次，比上年下降6.32%；旅游业总收入517.83亿元，比上年增长1.31%。其中旅游外汇收入27.08亿美元，比上年增长3.24%；宾馆酒店客房出租率61.53%，比上年下降1.2个百分点；旅行社接待总人数592.24万人次，比上年下降12.37%；主要旅游景点接待入园游客2660.23万人次，比上年增长1.07%。

【旅游行业规模】　深圳旅游业已初步形成文化主题公园旅游、都市商务会展旅游和滨海休闲度假旅游三大特色。截至2008年底，已建成各类景区景点100多处，其中5A级旅游景区1处，4A级旅游景区2处；拥有各类旅游住宿设施1600多家。共有星级饭店143家，其中五星级饭店10家，四星级饭店28家，三星级饭店67家，二星级饭店38家。全市宾馆酒店日住宿接待能力达14万多人；拥有旅行社185家，其中：国际社42家、国内社143家；外资旅行社3家；深圳目前全市有规模的歌舞厅、音像市场等文化娱乐企业2100多家；全市拥有14家高尔夫球场，其中观澜湖高尔夫球会是世界上最大的球会，有216个球洞，欧米茄世界杯高尔夫球赛连续12年在该球会举办。

【重大旅游决策】　2008年12月15日正式启动“香港迪士尼定点团队旅游”，由港中旅京华国际旅行社具体实施，于12月22日首发团156名游客顺利完成香港魅力之旅。此项工作是中央和省政府赋予深圳及香港特别行政区的一项旅游民生政策。

深圳市旅游局在试点两年的基础上，通过与市法制、市发改、市财政等部门协调，制定了《关于对旅行社组织外国游客来深实行奖励的办法》并经市政府批准实施。《办法》从2008年开始，有效期5年，为深圳市大力发展入境旅游注入一支“强心剂”。2008年度，深圳市旅游局共拨出经费45万元作为当年入境游奖励金。宝安中旅、世纪假日等旅行社均获得奖励。

1月25日，深圳市召开2008年旅游工作会议

【2008深圳国际旅游文化节】　2008年10月16日，2008深圳国际旅游文化节正式开幕，活动持续2个月，由F1摩托艇世界锦标赛中国深圳大奖赛、“中国杯”帆船赛、“周末好去处”旅游进社区活动、“精彩深圳”旅游摄影大赛、第五届宝安区沙井金蚝节、深圳珠宝节、第七届全国杂技比赛等15项活动组成。

【第七届深圳黄金海岸旅游节】　2008年10月19日至11月18日，由深圳市盐田区人民政府和深圳市旅游局主办的第七届深圳黄金海岸旅游节在深圳盐田区举行。活动以“黄金海岸——蓝色乐章、滨海休闲”为主题，共举办了第四届深圳（大梅沙）沙滩音乐节、第三届深圳大梅沙国际风筝节、第二届深圳（大梅沙）国际游艇及设备展览会、首届深圳大梅沙啤酒文化狂欢节等活动项目。

【奥运旅游】 2008 年，深圳市加强做好“中国奥运旅游年”主题宣传活动，市旅游局策划制作了《精彩深圳欢乐行》宣传折页，奥运会期间共在北京、青岛、香港等奥运比赛场馆、运动员酒店、赛事举办城市交通枢纽等场所发放了 8.8 万多份资料。

【旅游抗震救灾】 “5·12”汶川大地震发生后，深圳市旅游行业迅速应对，并召开全市旅行社紧急会议，立即停止组团前往灾区，做好灾区团队的安全和生活事宜，并要求组团旅行社每隔半小时与市旅游局报告一次情况。截止到 2008 年 5 月 13 日，全市共有 15 个旅游团队滞留灾区，共计 233 人，无人员伤亡。

2008 年 5 月 14 日，深圳市旅游局与深圳市旅游协会联合发出《关于奉献爱心救助四川大地震受灾群众的倡议书》，据不完全统计全市旅游行业干部职工累计捐款 4347.60 万元；全局 36 名党员共交纳“特殊党费” 1.84 万元。联合深圳市旅游协会、深圳市慈善会发起“你一元，我一元，重建灾区新家园”募捐活动，倡导每名游客朋友报名参团、或入住酒店、或参观景点一次，倡议其捐出一元钱，相应的旅游企业捐出一元钱，集中起来后，用于灾区主要旅游设施的重建和旅游人才的培养等。

2008 年 5 月 20 日，得知四川省旅游局急需 250 顶帐篷用于救灾，深圳市旅游局与各区旅游局和有关旅游企业联系，紧急筹集帐篷。经盐田区旅游局组织协调，深圳市金沙湾海滨度假区捐献 146 顶、小梅沙度假村捐献 120 顶、大梅沙商贸公司王勇先生个人捐献 400 顶，共计 666 顶帐篷、总价值近 10 万元，并通过深航快运连夜运往四川灾区；应四川省什邡市的要求，按照市援建四川灾区过渡安置房领导小组办公室的指示，深圳市旅游规划专家、华侨城集团杨宝忠参与什邡市地震灾区援建工作。

旅游接待与收入

【入境旅游】 2008 年，全市接待入境游客 2687.05 万人次，旅游外汇收入 27.08 亿美元，分别比上年增长 0.36% 和 3.23%。其中，接待入境旅游者 869.57 万人次，比上年增长 4.60%（入境外国人 151.42 万人次，同比下降 6.32%）。

【国内旅游】 2008 年，全市接待国内游客 4068.25 万人次，国内旅游收入 329.62 亿元，分别比上年增长 4.71% 和 5.91%；旅行社组团国内游 215.88 万人次，比上年下降 11.71%。其中省内游 120.69 万人次，省外游 95.19 万人次，分别比上年下降 2.26% 和 21.34%。

【出境旅游】 2008 年，全市组团出境游 97.20 万人次，比上年增长 1.95%。其中港澳游 64.94 万人次，比上年增长 3.28%，出国游 32.26 万人次，比上年下降 0.61%。

【假日旅游】 2008 年春节、“五一”（5 月 1 ~ 3 日）、“十一”黄金周期间，全市旅游接待总人数为 846.8 万人次，旅游收入 71.08 亿元。

旅游宣传促销与节庆活动

【旅游宣传促销】 2008 年，深圳市作为 2008 广东国际旅游文化节暨泛珠三角旅游推介大会分会场共举办了 2008 深圳国际旅游文化节、第七届深圳黄金海岸旅游节等 16 个活动项目，参加了在广州主会场举行的花车巡游、旅游展销会等活动，展示了“精彩深圳、时尚之都”的旅游魅力。深圳市旅游局组织参加了广州国际旅游交易会、莫斯科国际旅游展、香港国际旅游博览会等会展，开展南美促销考察，举办广深珠联合参加北方旅游交易会和哈尔滨旅游推介会及与香港联合举办山西太原旅游推介会，继续将东部华侨城作为重点进行推介。在平面媒体、电子媒体和户外媒体保持适度的旅游形象广告的投放，大力推广 12 条“精彩深圳欢乐行”旅游线路，与深圳晚报社合作开展“周末好去处”旅游进社区活动，以媒体宣传和旅行社现场收客相结合的形式大力拓展本地游市场。

2008 年 11 月 29 ~ 30 日，世界旅游组织秘书长弗朗西斯科·弗朗加利访深

【2008F1 摩托艇世界锦标赛中国深圳大奖赛】 2008 年 10 月 25 ~ 26 日，由国际摩托艇联合会、国家体育总局、深圳市人民政府联合主办的“2008F1 摩托艇世界锦标赛中国深圳大奖赛”在深圳南山区举行。F1 摩托艇世界锦标赛是由

国际摩托艇联合会于1981年发起组织的，是与奥运会、世界杯足球赛、F1赛车世界锦标赛齐名的国际体育赛事。本次大赛突出“体育+人文+环境”的新理念、张扬时代特点和城市风格，强调观赏性、娱乐性和参与性，体现深圳高端旅游特色。

【2008“中国杯”帆船赛】 2008年10月24~27日，由中国帆船帆板运动协会、深圳第二十六届世界大学生夏季运动会组委会执行局主办的“2008年‘中国杯’帆船赛”在深圳大亚湾海域开赛。“中国杯”帆船赛是首个由中国人创办的大帆船国际赛事，是目前唯一在国内举行的大帆船赛事，也是唯一一个以“中国杯”命名的自主体育品牌赛事。帆船赛既是大帆船运动领域的专业赛事，同时也是以大帆船运动为核心的海洋文化盛典，包括开幕式、闭幕式、风帆音乐季、体育营销经济论坛、中国杯高尔夫名人邀请赛等系列精彩活动，体现了体育产业与高端旅游产业的结合。

【“周末好去处”——旅游进社区活动】 2008年11月，由深圳市旅游局和深圳晚报社共同主办的“周末好去处”——旅游进社区活动陆续在深圳各大社区举行。活动旨在构建和谐社区，丰富市民假日生活，推动深圳一日游市场发展，发动广大旅游爱好者探访深圳，认识深圳，热爱深圳；联合主要旅游景点、旅行社，进入深圳具有代表性的10个社区开展推介活动，全面推广深圳精彩的旅游线路，产生了积极的效果。

【“精彩深圳”旅游摄影大赛】 2008年11月，深圳市旅游局组织全市专业摄影师和业余爱好者参赛，拍摄全市旅游景点、旅游节庆活动及市容市貌，并评选出一批优秀作品。通过摄影大赛的优秀作品，展示深圳优美的旅游风光，突出深圳旅游“精彩深圳，欢乐之都”的品牌形象。

【深圳宝安第五届沙井金蚝节】 2008年12月1~31日，第五届沙井金蚝节由深圳市旅游局、宝安区人民政府主办，沙井街道办事处、宝安区贸工局承办。本届“沙井金蚝节”以“蚝乡旅游、优美宝安”为主题，突出地方特色，围绕“蚝”文化，开展文艺演出、“沙井金蚝美食节”、摄影比赛及优秀作品展、“蚝民、蚝乡、蚝情”社区蚝文化系列活动以及“蚝情万千一日游”等，进一步推动“沙井蚝乡游”市场发展。

【情系龙岗 客家风情文化旅游周】 2008年11月29日，由深圳市龙岗区旅游局主办，深圳市旅行家旅行社、深圳市天然园山风景区共同承办的“2008广东深圳国际旅游文化节——情系龙岗·客家风情旅游周”活动启动。通过为期一周的文化旅游、客家风情表演等系列活动，向广大市民和游客全面展现龙岗淳朴的客家民俗风情、生活习惯和特色建筑。

【2008深圳珠宝节】 2008年10月28日至11月3日，2008深圳珠宝节由深圳市人民政府、中国珠宝玉石首饰行业协会主办，罗湖区人民政府、深圳市贸工局、深圳市旅游局、深圳市黄金珠宝首饰行业协会承办。珠宝节的主会场设在水贝项链街区黄金步道广场，分会场分别设在金光华广场、华润万象城、水贝国际珠宝交易中心、金丽国际珠宝交易中心。本届珠宝节是政府首次主办的大型珠宝行业盛会，分为“深圳珠宝嘉年华”、“全国中心城区商务商贸研讨会”和“花式调酒大赛”三大主题。主要活动包括开幕式、珠宝嘉年华、第三届花式调酒大赛等。

【光明新区第二届“绿色旅游文化节”】 2008年12月，由深圳光明新区管委会主办的第二届“绿色旅游文化节”在光明新区开幕。本届旅游文化节设有主体活动和专项活动。主体活动包括开幕式、光明新区旅游产业发展研讨会、光明新区旅游业发展经验交流会、闭幕式晚会等；专项活动包括绿色光明摄影大赛、绘画大赛、光明美食节等。

【“激情南山 动感欢乐”季】 2008年10月至12月，由南山区旅游局、南山区文化局、南山各大景点联合主办的“激情南山，动感欢乐”季在南山区正式启动。内容包括：南山区社区艺术节、南山区动漫文化节、“崛起的珠三角”大型航空摄影展、民歌演唱会、动物狂欢节、青青趣味农运会、大洋洲风情文化节、冰雪节、国庆中国狂欢节、国际魔术节、流行音乐节等。活动的成功举办充分展示了人文南山、激情南山、浪漫南山的魅力。

【第七届全国杂技比赛】 2008年11月21~28日，由国家文化部和深圳市人民政府主办，深圳市委宣传部、深圳市文化局和南山区人民政府承办的第七届全国杂技比赛在深圳市举行。被誉为“杂技奥斯卡”的全国杂技比赛是中国文化技术政府最高奖——文华奖的组成部分，所颁奖项为文华奖。本届杂技比赛首次采用节目分类评选，参赛节目共分为平衡、柔韧、腾翻、攀援和操持5类。本届比赛是深圳首次主办国家级的杂技大赛，深圳有多个节目入选此次比赛，分别是深圳宝安区福永杂技艺术团的《梦幻西游》，雅特杂技艺术团的《律动·球》，大宇杂技股份有限公司的《女子流星》、《倒立技巧》和河北吴桥杂技艺术学校深圳沙井分校的《蹬人空竹》。

旅游行业管理

【旅游市场监督】 2008年，深圳市共检查旅游团队67个、导游67人，收缴伪造的“导游证”6张，查处无证带团5人。共接到各类咨询投诉电话7148次（属于投诉电话1183次），有效投诉为591宗，书面投诉共130宗，理赔金额24万元，召开投诉协调会130次，到旅游企业现场了解情况共74人次。

深圳市旅游局联合龙岗区及相关部门联合整治旅游购物“黑店”，全年共取缔4家进行购物欺诈的“黑店”，扣缴摄像机、手表等仿冒商品一批；聘请了20名旅游社会监督员，其中有2名人大代表、3名政协委员，进一步强化了旅游市场的社会监督。每季度编印旅游质监简报，加强与旅游企业的信息交流，定期公布旅行社投诉量，促进旅行社提高服务质量。全年对华东、山东、新疆、黄山等线路开展跟踪暗访，及时发现和纠正旅游市场中存在的问题。

年内，深圳市深入开展“优质诚信香港游”活动，定期到出境游组团社营业部检查港澳游业务，及时发现和纠正各类违反“优质诚信香港游”活动公约的行为。召开了《“优质诚信香港游”公约》续签仪式，全市28家具有出境游组团资格的旅行社和3家外地旅行社深圳分公司签约。多次组织全市联合市场检查，打击非法经营港澳游的行为，维护市场秩序，全年共取缔3家非法港澳游业务的宾馆商务中心及1家非法经营旅游业务的机构，并依法给予相应的罚款。4月19日，深港旅游联席会议在深圳东部华侨城召开，深圳市旅游局局长李小甘与香港旅游事务署专员区璟智等就进一步推进深港旅游合作进行了充分的沟通和磋商。

深港旅游联席会议

【旅游安全】 2008年，深圳市旅游局组织制定并发布了《深圳市旅游突发事件应急预案》。6月份在全市开展旅游安全生产月活动，实行旅游企业安全交叉大检查，共抽调旅游企业的安全管理人员共258人组成41个检查小组，对261家旅游企业进行了全面的安全大检查，检查覆盖率达100%，当场下达整改通知书35份。

严格按照市委市政府的部署，认真吸取南山“2·27”重大火灾事故和龙岗“9·20”特大火灾事故的惨痛教训，指导并组织开展了行业大排查和安全隐患百日大排查行动，共出动451人次，检查109家企业，发出整改通知书28家，督促整改了18家，取得了阶段性的成果，并建立企业安全生产检查隐患档案及台账制度。

【旅行社管理】 2008年，为优化旅行社经营机制，深圳市推出“八统一”管理，推广了深圳国旅、宝安中旅、深航国旅、世纪假日4家旅行社创新经营模式；完成了2007年度旅行社业务年检，共有9家旅行社进入全国国际社和1家旅行社进入国内社百强排名，继续在全国大中城市中名列前茅；加强了出境旅游业务的指导和监督。加强了赴台湾地区旅游以及赴美国游等出境旅游的管理监督工作；指导监督深圳市口岸中国旅行社首次开展台湾游业务，参加了赴台湾地区旅游领队人员培训班，为全市组团社办理了一批新的签证专办员证，加强了组团社出境游名单表和港澳游名单表的审核管理工作。

【旅游饭店管理】 2008年，深圳市加快星级酒店评定工作，完成了全市星级酒店评定复核工作，初评7家酒店，对20家酒店进行了评定性复核，对110家酒店进行了年度复核工作，对13家达不到星级标准要求和存在安全隐患的星级酒店进行了相应的处理（其中3家限期整改，9家取消星级）。

【旅游标准化工作】 2008年，深圳市承担了国家旅游局《旅游娱乐场所基础设施与服务规范》国家标准拟定工作和《游乐（园）场安全和服务质量》国家标准的修订工作；积极推动、配合盐田区开展旅游标准化示范区试点工作，联合盐田区编制《旅游企业标准体系编制指南》及广东省地方标准《景区安全要求》的制定工作；编制《深圳市旅游公共标识实施方案》，组织召开旅游标识系统盐田区现场会，推广盐田经验，推动宝安、龙岗、南山以及光明新区的旅游标识系统建设工作；组织完成了《诚信旅行社评价规范》和《旅游行业安全检查规范》两个标准的专家评审会和修订工作，并报市质监局立项报批为深圳市的技术性规范文件。

旅游资源开发和景区（点）建设

【旅游投资和招商引资】 2008年，深圳市加快引进境外著名旅行社、酒店管理公司的步伐，与日本JTB等国际知名大旅行社合作有了新的进展，香港康泰旅行社、港中旅京华旅行社分别落户深圳；威斯汀酒店、登喜路、希尔顿、四季酒店等外资酒店管理公司陆续签约进驻深圳。

【旅游区（点）与基础设施建设】 年内，东部华侨城二期工程、深圳湾15公里海滨风景线改造工程进展顺利，大型综合旅游娱乐社区“欢乐海岸”基础工程初见成效，占地超过100万平方米的蛇口太子港邮轮码头及周边娱乐旅游区改扩建工程有关规划通过评审。

【旅游信息化建设】 2008年，深圳市完成了旅游咨询中心触摸屏中文版、英文版的升级改造工作。整个系统共有“景点、酒店、旅行社、线路、深圳概况、城市热点、交通、美食、购物、娱乐、温馨提示、旅游咨询网点周边概况”12个栏目内容。

深圳旅游网数据库应用系统得到升级，顺利完成了新旧系统的数据对接，并与中国旅游网、香港、北京、大连、天津、活力广东、携程旅游网等43个海内外知名网站实现链接。

深圳旅游网韩文版的升级改造工作进展顺利。韩文版网站的内容栏目有：首页、景点、酒店、线路、美食、购物、娱乐、旅行社、交通指引、节庆活动和温馨提示等11个主栏目内容，上传的信息达12万字。

完成了深圳旅游网日文版的升级改造工作，旅游网日文版网站包括首页、景点、酒店、线路、美食、购物、娱乐、旅行社、交通指引、节庆活动和温馨提示等11个模块内容。深圳市旅游局全年上传的信息达到12万多字。

旅游教育培训和精神文明建设

【旅游行业精神文明建设】 2008年，华侨城集团在国际游乐园及景点协会（IAAPA）组织的IAAPA美国年展中荣获“4金3银”奖牌，获奖数量位居“世界旅游景区集团八强”第三，旅游客流量位居“世界旅游景区集团八强”第七，2008年达1700万人次，比上年增加200万人次。

2008年8月20日，广东省副省长万庆良等领导来深调研旅游工作。听取了深圳市旅游工作情况汇报，参观了华侨城集团发展规划展览、华侨城创意文化园、波托菲诺等景点。

2008年10月24日，2008中国（国际）休闲发展论坛在杭州正式开幕，东部华侨城受邀参加并被评为“中国十大休闲文化基地”。东部华侨城一期茶溪谷、云海谷试业一年多以来，获得多项荣誉：被国家环境保护部和国家旅游局联合授予“国家生态旅游示范区”称号，成为中国首个也是目前唯一获得此项殊荣的旅游区；被授予“深圳市循环经济标兵单位”；地产项目天麓大宅荣获联合国“全球最佳人居环境奖”；荣获“深圳首批10家绿色景区”和“深圳市科普教育基地”；《天禅》晚会荣获“首届亚洲青年艺术节金奖”；云海谷荣获“中国最佳球场质量奖”和“深圳市地标球场”；茵特拉根酒店获“年度旅游贡献奖”、全球酒店“五星金钻奖”、“中国酒店金枕头奖”、“2008年度中国最佳新开业酒店”等。

经旅游企业推荐，广东省旅游局“窗口之星”评选工作领导小组审定，深圳市银湖旅游中心员工夏丽丽被评为2007年度旅游系统“窗口之星”。

万庆良副省长到深圳调研旅游工作

【旅游教育培训活动】 组织做好2008年导游资格证书考试、导游年审培训教育和考评员培训工作；编制了《深圳市社会经济动态汇编－2007年》（导游员专用版）；举办2008年深圳市导游大赛，全市360名导游参加了比赛，前30名选手获得入户指标；委托深圳市旅游协会组织了酒店英语等级培训工作，全市9家酒店参加了培训，70多人通过培训获得证书。

与市劳动保障局、总工会成功举办2008年深圳市旅游行业职工技能竞赛（前厅服务员），全市40家酒店154人报名参加了大赛，共有56名选手获得了深圳市首批前厅服务员高级技能资格证书及入户指标，88名选手获得前厅服务员中级技能资格证书；组织代表队参加“纪念改革开放30周年”全国旅游饭店服务技能大赛广东赛区选拔赛，并获得中式铺床的第一名、西餐摆台、鸡尾酒调制的第三名、中餐摆台的优秀奖、中式烹饪的二等奖和三等奖，深圳市代表队获得团体二等奖，深圳市旅游局获得优秀组织奖等荣誉。

（金　超）

珠海市

综　述

【总体情况】　2008年，珠海市共接待海内外游客1913.92万人次，比上年增长8.23%。其中接待入境游客388.06万人次，比上年增长5.63%；国内游客为1525.86万人次，比上年增长8.91%。全市旅游总收入155.08亿元，比上年增长7.04%。其中旅游外汇收入9.48亿美元，比上年增长5.1%，占全省比重10.33%；国内旅游收入89.18亿元，比上年增长17.16%。

【旅游行业规模】　截至2008年底，珠海市共有星级酒店88家，其中五星级饭店8家，四星级8家，三星级酒店64家，二星级酒店8家；旅行社89家，其中国际社16家，国内社73家。拱北口岸中旅社在全国百强旅行社排名中位居第38位，列全省第4位，珠海濠江旅行社进入全国国内旅行社纳税前10名；拥有景区景点40多个，其中海泉湾度假区、御温泉已成为国内外知名休闲旅游品牌，圆明新园和农科中心为国家4A级旅游景区；高尔夫球会5个，国际标准的高尔夫球场6个。

【沙滩音乐派对】　10月3～4日晚，珠海市在海滨泳场举办第六届珠海沙滩音乐派对，共吸引7.9万名群众参与。珠海沙滩音乐派对已成为珠海重要的节庆活动之一，是珠海市文化旅游的一张名片。

珠海市举办第六届沙滩音乐派对

【修订《珠海市旅游条例》】　2008年，珠海市旅游局依照法定程序提请市人大常委会将1998年颁布实施的《珠海市旅游管理条例》修订为《珠海市旅游条例》，并于2008年5月29日经广东省十一届人大常委会第二次会议批准，于2008年8月1日起正式实施。

【规范旅行社用工】　2008年珠海市旅游局与珠海市劳动和社会保障局联合出台了《关于进一步规范旅行社劳动用工的意见》和《珠海市兼职导游劳动合同书》。它对于规范旅行社劳动用工行为，维护导游人员劳动权益，完善珠海旅游环境，实现和谐用工，构建和谐社会发挥了积极的引导作用。

【第七届中国（珠海）国际航空航天博览会】　2008年11月4～9日，第七届中国（珠海）国际航空航天博览会在珠海航展中心举行，为历届最大一次规模航展。据统计，航展期间珠海市总收入3.75亿元人民币，共接待游客64万人次，比上届增长7%，过夜游客23万人次，增长15%，平均开房率81%，增长1个百分点，游客满意度为96.7%。

【第三届广东（珠海）国际温泉旅游节】　2008年11月25～28日，由广东省旅游局、广东省旅游协会、世界温泉及气候养生联合会、广东温泉行业协会、海泉湾度假区、御温泉度假村等单位共同举办的“第三届广东国际温泉旅游节和世界温泉科学大会暨世界温泉及气候养生联合会第六十一届年会”在珠海海泉湾度假区举行。国家旅游局、广东省相关领导，10多个国家和地区的近300名国际温泉和SPA的权威专家，全国众多省市的旅游主管部门、温泉企业和SPA开发商、管理公司、主流媒体等单位的400多名代表参加了世界温泉高峰论坛，论题涉及温泉保健、温泉度假产品开发、温泉资源可持续利用、SPA与温泉的结合等内容。本次大会是一次规模最大、规格最高的温泉行业盛事，它的成功举办对于温泉和SPA休闲产业的发展将产生深远影响。

【奥运旅游】　2008年4月18～20日，珠海市旅游局从全市旅游系统选派9名运动员参加由广东省旅游局在中山市举办的“2008年广东旅游系统迎奥运乒乓球比赛”活动。珠海市参赛运动员获得男子团体第一名、男子单打第一名、第五名。

【旅游抗震救灾】 “5·12”四川汶川大地震后，珠海市旅游协会总会发动全体从业人员积极捐款捐物，共筹得善款105.71万元。2008年7月上旬，珠海市旅游协会在西藏大厦举办“我们万众一心·‘5·12’”大地震图片展，各会员及新闻媒体等80多家单位，近300人参加。

【旅游业应对复杂多变的经济形势】 2008年，由于受到国内外宏观环境的影响，珠海市旅游业发展增速放缓，部分旅游经济指标出现下滑，整体接待情况不容乐观。珠海市旅游局深入企业调研，了解企业的实际困难，为企业应对金融危机出谋划策；暂退了部分保证金支持旅行社度过金融危机冲击难关，组织开展旅游企业员工的技能、技巧等免费培训活动；进一步加强区域旅游合作，促进旅游大发展；召开各种座谈会，召集企业积极研究应对措施；扩大内需，积极开拓国内旅游市场；及时推出珠海旅游年活动，以节庆活动带动旅游经济发展。

旅游接待与收入

【入境旅游】 2008年，珠海市接待入境游客388.06万人次，比上年增长5.63%。其中入境旅游者286.22万人，比上年增长1.48%；过夜外国人49.31万人，比上年下降2.66%；旅游外汇收入9.48亿美元，比上年增长5.1%。

【国内旅游】 2008年，珠海市接待国内游客1525.86万人次，比上年增长8.91%。其中国内旅游者829.22万人次，比上年增长9.42%；国内旅游收入89.18亿元，比上年增长17.16%。

【出境旅游】 2008年，珠海市旅行社组团出境游22.00万人次，比上年下降1.28%，其中：香港游为9.24万人次，增长52.56%；澳门游为9.23万人次，下降30.81%；出国游为3.53万人次，增长22.35%。

【假日旅游】 2008年春节黄金周期间，全市共接待游客73.48万人次，旅游收入3.79亿元人民币，同比分别下降9.97%和11.66%；“五一”（5月1～3日）假期，共接待游客45万人次，旅游收入2.7亿元，同比分别增长26.20%和22.68%；“十一”黄金周期间，共接待游客99.18万人次，旅游收入达5.32亿元，同比分别增长5.67%和6.19%。

旅游宣传促销与节庆活动

【概述】 2008年，珠海市旅游局紧紧围绕全市旅游工作重点，加大市场宣传力度，积极宣传推广珠海旅游年系列活动，继续强化区域旅游合作，全面提升旅游宣传资料的形象与内涵，巩固港台市场，取得了良好的效果。

【旅游宣传促销】 2008年，在珠海电视台《城市点评》、《新旅游时代》等开设专题栏目，每周二在珠海特区报开设《旅游周刊》；与专业的高尔夫期刊社合作制作了《2008年珠海高尔夫温泉之旅》特辑，发行14万册；为配合国际赛车和珠海航展的宣传，在《中国旅游报》刊登了一系列关于国际赛车赛事和珠海航展的全版彩页广告；为更好地宣传珠海市旅游资源，塑造“浪漫之城·幸福珠海”的旅游城市形象，珠海市旅游局对《珠海旅游》中文小册子进行了改版；在《旅游界》、《大众报》杂志上对珠海进行了专题报道；制作了韩文版珠海旅游宣传册；加大与珠海机场合作宣传。全年印发的旅游宣传资料142万份，分发到三星级以上酒店及旅游咨询中心、高尔夫球会等游客主要集散地。

广深珠三地旅游局加强协作，联合参加了2008广州国际旅游展销会、2008中国（郑州）国内旅游交易会、第二十二届香港国际旅游展、第四届海峡旅游博览会，充分宣传展示珠海市旅游资源，加强了与国内省市以及香港、台湾旅游业界的交流与合作，取得了良好的效果。经过广深珠三地旅游局的共同协商，《广深珠港澳旅游合作草案》已获通过。在中珠澳“大香山”旅游合作方面，三地共赴韩国参加国际旅游展，并在韩国首尔举办了中珠澳旅游推介会，珠海市着重展示了温泉、高尔夫等产品。2008年9月18日，由澳门专业导游协会主办的“粤港澳专业导游首次交流会议”在澳门市举行。来自粤港澳近百名专业导游参加。珠海市共派出12名导游代表。会议就三地业界关心的问题进行了讨论和交流。

粤港澳首次举办专业导游交流会议

【旅游节庆活动】 2008年，珠海市委、市政府借助珠海市被国家权威机构评为“首届十大幸福城市”和“和谐名城”的契机，于2008年2月19日在珠海圆明新园西洋楼举行“浪漫之城·幸福珠海2008旅游年”启动仪式。旅游年活动以各种城市活动为主线，统一包装珠海城市文化盛事、体育赛事、旅游节庆、会议会展等主题活动，涵盖了32个活动项目，营造了活动月月举办、亮点季季呈现的旅游氛围。

旅游行业管理

【旅游市场监督】 2008年，珠海市旅游局联合珠海市工商、公安、城市执法等相关职能部门共出动执法人员350人次，车辆74台次，检查旅行团252个，导游337人次，旅游景点52个次、旅行社79家次、旅游购物点80家次；对42家签证代办点或商务中心进行逐一检查，对11家涉嫌非法从事旅游业务的黑点以及8家涉嫌超范围经营的旅行社进行立案查处；出台了珠海一日游经营行为规范，联合珠海市城管局整顿一日游市场，优化旅游市场环境。

【旅游安全】 2008年6月，珠海市旅游局联合珠海市安监局、市公安消防局、市应急办等单位共同举办“2008年珠海市旅游安全生产应急知识普及月”活动。在全行业开展了旅游安全知识竞赛、旅游安全科普知识咨询、旅游突发事故应急处置演练观摩暨旅游行业安全文化建设展示、灭火技能实操竞赛等一系列活动。为配合北京奥运会的成功举办，珠海市积极开展“迎奥运，保安全”系列活动，强化了酒店安全和反恐防恐工作。

【旅行社管理】 2008年，珠海市新增国内旅行社13家。共有12家旅行社申报首批示范性星级旅行社资质等级评定，经初评向省旅游局推荐首批7家星级旅行社，其中五星级旅行社2家，四星级旅行社3家，三星级旅行社2家。

【导游员管理】 2008年，珠海市开展了两次全国导游人员资格考试工作。共有1968人报考，约700余人通过导游资格考试。同时完成了导游的注册、IC卡办理、合同档案管理等工作。2008年7月中旬，珠海市共有21名拟任用的考评员参加了广东省导游现场考试考评员研讨班。全市共有15名初级导游员报名参加中级导游员年度等级考试，通过率33.3%。

【旅游饭店】 2008年珠海市纳入复核的酒店共有79家。其中69家进行年度复核，10家进行评定性复核，有74家酒店通过复核，5家酒店未达标被取消星级资格。新评定星级酒店有7家，其中珠海粤财假日酒店、珠海昌安假日酒店被评定为国家五星级饭店。

【行业协会】 2008年7月2日，全国旅游饭店服务技能大赛广东赛区珠海预选赛在珠海市德翰大酒店举行。从全市19家酒店选派68名选手参加西餐宴会摆台和中式铺床两个项目的比赛。2008年8月，珠海市选送6名选手参加广东赛区的比赛，分别获得西餐宴会摆台第二名、中式铺床第三名以及优秀奖。2008年11月14日在珠海度假村酒店举行“新星、金牌导游大赛决赛”，有81名参赛选手分为各院校取得导游证的学生和旅行社专职导游两组，经过激烈角逐，拱北口岸中国旅行社的周晓燕荣获“金牌导游”称号，吉林大学珠海学院的赵梓卉荣获“新星导游”称号。2008年10月，举办了“首届珠海优秀导游词创作大赛”活动，共有23篇导游词参加了评选，其中由海天国际旅行社选送的导游词《从梅溪牌坊开始认识珠海》获首届珠海优秀导游词评选一等奖。2008年9月23日，珠海市旅游协会导游分会组织全市90多名专业导游在珠海市海泉湾度假区开展“精英导游特训营培训”活动。

珠海市组织导游特训营培训

旅游资源开发和景区(点)建设

【概述】 2008年，珠海市拥有景区景点40多个，其中海泉湾度假区、御温泉已成为国内外知名休闲旅游品牌，圆明新园和农科中心为国家4A级景区，外伶仃岛为3A级景区；高尔夫球会5个，国际标准的高尔夫球场6个；珠海情侣路成为城市重要的旅游观光带和城市名片。

【旅游投资和招商引资】 2008年，长隆国际海洋度假区项目落户珠海。该项目规模大、投资强度大、起点高，将打造成为珠海又一龙头的旅游景区；积极推进以国际连锁品牌酒店香格里拉酒店为代表的国际高端酒店落户珠海，相关项目土地挂牌方案正在由国土、规划部门研究推进；海泉湾二期项目于2008年底作为珠海市重点项目之一如期开工；灯笼沙旅游项目已于2008年8月28日正式签约。

【红色旅游】 珠海市主要红色旅游资源为位于淇澳岛的苏兆征故居、万山海洋开发区解放万山群岛登陆点和香洲烈士陵园，分别为省级、市级、市级文物保护单位，均已纳入《广东省红色旅游发展规划》。

【旅游扶贫】 2008年7月16日，珠海市副市长金展扬带领珠海市旅游局张梅生一行到斗门区斗门村检查指导扶贫工作。现场查看了斗门村改造好的硬底化村道以及急需改造的王保桥。分别与斗门区、斗门镇、斗门村委有关领导进行座谈，就如何搞好新农村建设问题提出了三点要求：一要按照市委市政府建设生态文明新特区、科学发展示范市的总体要求，认真做好规划；二要充分利用斗门村连接金台寺和御温泉两大旅游品牌的地理优势和生态优势，走特色旅游、生态旅游的路子，带领村民致富；三是要求区、镇、村各级部门、各级干部要廉洁自律，管理好市委市政府下拨的扶贫资金，做到专款专用，确保有限的资金用到最需要的地方。

珠海野狸岛夜景

【旅游信息化】 开设旅游服务网站"OK珠海旅游网"，公布有关旅游信息和业务工作，"OK珠海旅游网"覆盖面广、信息量大，包括"食、住、行、游、购、娱"旅游六要素资讯，增设了人性化的便民服务信息平台，方便市民及游客了解珠海旅游。同时为保证网站正常运转，指定信息中心专人负责管理及维护，确保信息畅通。

旅游教育培训和精神文明建设

【概述】 2008年，珠海市针对旅游行业的实际和市场发展的需要，开展各类培训和讲座共计14项，培训人数达4000多人次。较好地完成了省旅游局和市旅游局指定的初、中、高级导游培训、酒店职业英语考评员培训、酒店服务员技能培训等培训项目。

【旅游教育培训活动】 2008年3月18日，珠海市邀请国内资深旅游专家魏小安教授作主题为"进一步解放思想，加快珠海成为粤港澳地区游客集散地和旅游目的地城市的建设"的专题讲座。市委副书记钱芳莉、市政协副主席刘佳以及相关部门领导、全市旅游企业、部分高校代表约400多人聆听讲座。

2008年珠海市旅游局和珠海市旅游协会联合开展"星级酒店评定标准"以及"酒店前厅特色服务"和"酒店节能降耗"等专题讲座。由酒店专业人士授课，全市各酒店管理人员参加了培训，收到良好的效果。2008年6月上旬，在珠海市第一职业中等学校举办2008年度酒店职业英语等级考试，全市共有39名酒店从业人员参加考试，通过率达到了58.9%；2008年5月21日，珠海市旅游协会邀请市劳动职业培训中心的领导就新出台的《劳动合同法》开展专题讲座；2008年7月和8月，旅游协会分别组织珠海市旅游饭店中层、高层管理人员参加由省旅游局组织的"全省旅游饭店中高层管理人员岗位资格培训班"，共有21人参加并通过考核；2008年10月，旅游协会与吉林大学珠海学院联合开展继续教育培训，共有12名旅游企业人员参加。

【旅游行业精神文明建设】 2008年9月至11月，珠海市分别举办"2008珠海市金牌导游暨导游新星"大赛。经初赛、复赛、决赛，珠海市拱北口岸中旅周晓燕被授为"金牌导游"，并评选出5名"新星导游"。同时组织全市旅游企业开展创建2008年度市级"青年文明号"活动。

【旅游行风建设】 2008年，按照国家和省旅游局的部署，珠海市全面推进诚信旅游体系建设，形成旅游企业诚信评价体系；通过旅行社业务年检体系和导游员记分制管理体系，建立旅行社经营信誉数据库、旅行社经营管理人员信誉数据库和旅游从业人员信誉数据库，形成规范的诚信旅游管理体系。

纪 事

7月3~5日 2008年度香港小姐"旅游大使"评选活动在珠海海泉湾举行。

10月3~4日 第六届珠海沙滩音乐派对在海滨泳场举办，共吸引了7.9万名群众参与。

11月4~9日 第七届中国（珠海）国际航空航天博览会在珠海航展中心举行。

11月25~28日 第三届广东国际温泉旅游节和世界温泉科学大会暨世界温泉及气候养生联合会第六十一届年会（世界温泉高峰论坛）在珠海海泉湾度假区举办。

11月29日 珠海外伶仃岛海滨度假区在全省"我最喜爱的森林生态、滨海旅游景区"评选活动中榜上有名。

（陈雪萍、金　璐）

汕头市

综述

【总体情况】 2008年，汕头市旅游局坚持以科学发展观为指导，围绕市委市政府的中心工作，认真贯彻落实全省旅游工作会议精神，按照“三年打基础、五年大变化、十年大发展”的目标，着力打造滨海休闲度假旅游品牌，旅游经济继续保持积极健康向上走势。全年接待过夜旅游者618.06万人次，比上年增长10.99%；旅游收入67.89亿元，比上年增长10.50%。

【旅游行业规模】 截至2008年年底，汕头市拥有星级饭店42家，其中五星级3家、四星级7家、三星级20家、二星级10家、一星级2家。各类可供出租住宿设施近300家，床位数约3万张，年可接待游客600多万人次；拥有旅行社63家，其中国际旅行社7家，国内社56家；拥有旅游景区（点）20多处，其中4A级景区3处、3A级景区1处，占地面积145.8平方公里；拥有国家农业旅游示范点1处、国家级森林公园1处、省级旅游度假区2处；旅游购物、旅游餐饮推荐单位有7家，旅游车船公司有5家。全市旅游从业人员2.2万人。

【召开全市旅游工作会议】 2008年2月28日，汕头市召开全市旅游工作会议。副市长余健明出席会议并讲话。会议对2007年全市旅游工作进行了总结，提出了2008年的工作目标。会议要求通过打造滨海休闲度假旅游品牌，发展独具特色滨海度假游、美食游、潮汕文化游、绿色生态游和革命老区红色游等，把汕头市建设成为广东东翼旅游中心城市，力争实现全年接待海内外游客623.8万人次，旅游收入68.8亿元，增幅均达12%的目标。

【重大旅游活动】 2008年8月21日，汕头市市长蔡宗泽带队拜访省旅游局领导，争取省旅游局给予汕头市在旅游政策、资金、项目上的支持，双方初步达成共同“建设汕头生态滨海旅游示范区”的意向。

2008年10月31日，汕头市委书记黄志光带队拜访国家旅游局领导，争取国家旅游局加强对汕头旅游工作的指导并给予政策、项目等方面的支持。

2008年11月27日，在广东省人民政府与国家旅游局签订建立局省紧密合作备忘录仪式的同时，汕头市市长蔡宗泽与省旅游局局长杨荣森共同签订《汕头市人民政府与广东省旅游局关于共建“汕头生态滨海旅游示范区”框架协议》。

2008年，汕头市积极配合国家旅游局编制《海峡西岸旅游区总体规划》，并作为海峡西岸旅游区总体规划中的核心城市，以争取更多项目列入规划，提升汕头在海峡西岸旅游区总体规划中的地位。

共建“汕头生态滨海旅游示范区”框架协议签约仪式

【奥运旅游】 2008年，为喜迎北京奥运会，汕头市开展一系列围绕奥运为主题的活动。3月3日，由汕头市人民政府主办，濠江区人民政府、汕头市旅游局、汕头市体育局承办，金味集团赞助的“2008年中国奥运旅游年”启动仪式在汕头游泳跳水馆广场举行。活动旨在弘扬奥运精神，宣传推广奥运旅游年——“北京奥运·相约中国”的主题，推动全民健身运动，促进汕头旅游事业发展。省旅游局局长郑通扬，市领导谢泽生、余健明等出席活动并率逾千人的自行车车队沿南滨路环岛骑行20公里，抵达中信度假村。12月13日，汕头市举办第二届“爱我汕头”南澳登山节，共有1千多人参加攀登黄花山及自行车环岛行活动。

旅游接待与收入

【入境旅游】 2008年，汕头市共接待入境游客13.93万人次，比上年下降7.24%；旅游外汇收入6490.64万美元，比上年增长9.34%。旅行社接待入境游客14.42万人次。

【国内旅游】 2008年，汕头市共接待国内旅游604.13万人次，比上年增长11.50%；国内旅游收入63.38亿元，比上年增长11.36%。

【出境旅游】 2008年，汕头市旅行社组织出境游30236人次，比上年下降2.99%。其中，海外游9724人次，香港游18624人次，澳门游1888人次。

【假日旅游】 2008年，汕头市针对国家调整法定假日带来的新变化，积极做好各方面的工作，旅游黄金周在促进消费、拉动内需和服务民生上的作用明显。春节黄金周，因雪灾影响，全市旅游住宿设施接待游客8.64万人次，同比下降9.81%；主要旅游景区点接待游客123万人次；旅游收入2.9亿元，同比下降3.57%。“十一”黄金周，全市接待游客7.03万人次，同比增长9.33%；主要旅游景区点接待游客91.2万人次；旅游收入2.07亿元，同比增长3.75%。

汕头市举办“十一”黄金周旅游工作会议

旅游宣传促销与节庆活动

【旅游宣传促销】 2008年，汕头市以“积极营造旅游大环境，促进旅游大整合，着力打造滨海休闲度假旅游品牌”为指导思想，多渠道、全方位开展宣传促销工作，并取得实效。年初，中央电视台第四频道连续播放《万里海疆快乐行·汕头编》系列节目；先后在《凤凰周刊》、《旅行家》等媒体刊登多期旅游宣传广告和专访文章；邀请中央电视台拍摄并制作旅游宣传片《中国汕头》；编制《粤东旅游指南》、旅游宣传小册子（中文）、旅游折页等；4月8～12日，汕头市组织旅游企业参加由国家旅游局在郑州举办的中国国内旅游交易会。交易会上，汕头市设立旅游展台备受关注，散发宣传资料数万份。由副市长余健明率领的推介团先后在武汉、洛阳开展旅游推介活动，汕头的海岛旅游、美食旅游受到与会者的热捧。7月7～9日，华中（武汉、郑州）旅游界和新闻界一行30多人考察团莅临汕头开展旅游考察。考察团一行参观考察了市中心区小公园、海滨长廊、人民广场、时代广场等主要景点，以及南澳岛、礐石风景区、中信高尔夫海滨度假村、陈慈黉故居等景区。向客人展示了汕头的海湾、华侨、美食等旅游特色资源，推介了“海岛风味餐”、“特色农家餐”等潮汕美食。9月6～11日，第四届海峡旅游博览会在厦门召开，汕头市旅游局局长陈华佳参加了“海西旅游区”23个城市的旅游局局长共同签署的《海峡西岸旅游区域合作联盟厦门宣言》，以打造对台旅游前沿合作平台。10月28日，汕头市旅游局副局长陈斌等参加国家旅游局和省旅游局组织的西班牙推介活动。

【第十四届潮汕美食节】 2008年12月3～14日，由汕头市人民政府主办，市旅游局和市餐饮业协会承办的第十四届潮汕美食节在时代广场举行。全市共有61家星级宾馆、知名餐馆和传统名店参加，设展位105个。美食节期间，第十届中国（汕头）国际食品博览会、2008泰国商品交易会、首届汕头旅游产品博览会暨第三届中华名茶（汕头）博览会等展会也轮番登场。本届美食节评选出汕头市龙湖宾馆等10家单位为“美食之家”，月眉湾酒楼等8家单位为“优秀展位”，粽球（老妈宫粽球店）等3个品种为“最受欢迎潮汕小吃”，玉米鸡肉卷（金上士快餐有限公司）等12个品种为“美食广场优秀品种”。美食节的成功举办得到了百事可乐公司、汕头美食网、中国移动汕头公司等单位的支持。为扩大影响，主办方采取电视、网络、短信等多种宣传形式，让市民和游客全方位了解美食节及有关活动。整个活动进场游客超过40万人次，销售收入达360万元。

第十四届潮汕美食节

【莲华乡村旅游节】 2008年4月30日至5月3日，以“绿色活力、回归自然、休闲度假”为主题的汕头市莲华乡村旅游节在澄海区莲华镇举行。4月30日，莲华乡村旅游节在莲花山温泉度假村举行开幕仪式，余健明副市长和省市有关部门领导出席活动，并为荣获省特色旅游镇（村）的单位授牌。

【“2008年汕头·潮阳杨梅节”】 2008年5月31日，“2008年汕头·潮阳杨梅节”旅游文化系列活动开幕式在潮阳区西胪镇举行，余健明副市长出席开幕式并宣布旅游文化系列活动正式启动，市纪委副书记许景峰等推动旅游文化系列活动启动吉祥杆。

为整合侨乡文化、民俗文化、农业生态等资源，汕头举办各种特色旅游节。2008年6月9日，在中信高尔夫海滨度假村举办了首届潮汕端午民俗文化节；2008年6月28日，举办了潮南雷岭荔枝节；2008年9月14日，在中信高尔夫海滨度假村举办了2008潮俗中秋文化节；2008年10月20日至12月31日，在汕头旅游公众网上举办了“印象e汕头”旅游摄影大赛；2008年11月11至12日，举办首届粤东侨博会；2008年11月9至12日，举办了第三届（汕头）国际潮剧节。

旅游行业管理

【旅游市场监督】 2008年4月下旬，汕头市开展规范旅游合同专项行动。整治的重点包括旅行社与地接社签订“委托地接业务合同”，与旅游相关的接待企业签订合同，与旅游者签订“旅游组团合同”等。先后对20余家旅行社进行检查，发现问题18个，收回旅游合同专项检查自查表60余份；5月，根据走访摸查和群众举报，汕头市旅游行政管理部门联合市公安、工商部门对3处非法经营网点进行了查处。7月下旬，先后在南澳县、澄海区和汕头乐观旅行社启动旅游服务质量提升行动活动。全年查处违规广告7次、发出限期整改通知书4份，对4名导游证未年审的导游员带团进行了处理，对1名持假导游证和一外地导游员携团款离职事件在汕头旅游政务网进行了通报，并在《汕头都市报》进行了曝光。全年共受理各类投诉32宗，情况反映37起，咨询40起，求助2起，其他4起，调解纠纷3起，调解成功率为100%，为游客挽回经济损失2万余元。

【旅游安全】 2008年，汕头市旅游行业坚持“安全第一、预防为主”的方针，加强检查监督。2008年1月24日，针对国家法定节假日的调整带来的新变化，副市长余健明亲自带队对春节黄金周旅游安全工作进行全面的检查，并就强化旅游安全管理，消除旅游安全隐患等问题提出具体要求。印发了《关于汕头市旅游局2007年安全生产工作总结及2008年安全生产工作要点的通知》、制订了《汕头市旅游局安全生产百日督查专项行动工作方案》等文件。坚持每季度召开一次安全生产和消防安全会议，做好应对各种突发事件和应急事件的安全预警，经受了冰雪灾害、地震以及奥运会等特殊时期的考验。全年没有发生重大旅游安全事故，实现了“安全、秩序、质量、效益”四统一的目标，在全市年度安全生产责任制考核中被评为“优秀”。

【旅行社管理】 2008年，汕头市旅游局按要求开展旅行社业务年检。60家参加年检的旅行社中，通过年审的有58家，注销的有2家（汕头经济特区金海湾旅行社、汕头市信天游旅行社有限公司）。9月份，汕头市惠康旅行社有限公司被注销。全年批准设立的国内旅行社共5家，分别为：汕头市顺驰旅行社有限公司、汕头市澄海区愉悦旅行社有限公司、汕头市和泰旅行社有限公司、汕头市康乐旅行社有限公司、汕头市新天地旅行社有限公司。

2008年，汕头市继续开展创建优秀旅行社活动。汕头市中国旅行社有限公司等2家旅行社被评为“2007年度汕头市最佳国际旅行社”；汕头假日旅行社有限公司等2家旅行社被评为“2007年度最佳国内旅行社”；汕头天驰国际旅行社有限公司等3家旅行社被评为“2007年度汕头市优秀国际旅行社”；汕头市红头船旅行社有限公司等7家旅行社被评为“2007年度优秀国内旅行社”。汕头市旅游局联合市财政局对组织游客进入汕头旅游的旅行社实行奖励。汕头市旅游总公司等3家旅行社获得“组接总量奖”；汕头市金潮旅行社有限公司获得“年度增幅奖”；汕头市旅游总公司等3家旅行社获“特色创意奖”。

【旅游饭店管理】 2008年，根据国家旅游局和省旅游星级饭店评定委员会的要求，按照《旅游饭店星级的划分与评定（GB/T14308—2003）》和《星级饭店访查规范》的国家行业标准，汕头市旅游饭店星级评定委员会制定下发了有关通知，从10月份开始，组织对全市星级饭店进行重新评定和复核。全市应参加年度复核的饭店共42家，实际复核的有38家。共有26家三星级以下酒店通过复核（其中评定性复核2家），3家星级饭店暂缓通过，限期半年整改，4家星级饭店延期一年复核（其中2家为延期一年评定性复核），其他四、五星级饭店的复核上报省星评委审定。

8月25~26日，汕头市旅游局组队参加了“纪念改革开放30周年”全国旅游饭店服务技能大赛广东赛区“嘉华杯”选拔赛。汕头市代表队由5名选手组成，共参加了中式铺床、中餐宴会摆台、西餐宴会摆台、鸡尾酒调制、中式烹调等项目，其中鸡尾酒调制项目获得第二名、中式铺床及中餐宴会摆台项目获得第三名，汕头市还荣获“最优秀组织奖”。

【导游员管理】 2008年，汕头市加强对导游人员业务培训，全年共举办导游员年审培训班10期（次），每次集中一个主题，每期半天。全年检查导游IC卡10人次，查扣导游证5张。9月，汕头市旅游局与市总工会、市妇联共同举办“汕头市女导游员岗位技能竞赛”。竞赛内容包括了模拟导游、知识问答及才艺展示三个环节。通过初赛、决赛，林青等10名导游员荣获“汕头市十佳女导游员”，朱敏娜等8名导游员荣获“汕头市优秀女导游员”，汕头市旅游总公司等5家旅行社荣获“优秀组织奖”。

汕头市举办女导游员岗位技能竞赛

旅游资源开发和景区(点)建设

【旅游规划】 2008年，汕头市积极配合国家旅游局做好《海峡西岸旅游区总体规划》的编制工作，汕头市被列为海峡西岸旅游区总体规划的核心城市，通过争取更多项目列入规划，以提升汕头市在总体规划中的地位；协助省旅游局做好《粤东区域旅游发展规划》、《省滨海旅游业发展总体规划》的编制工作；积极推进了《汕头市旅游发展总体规划（2008—2025）》（征求意见稿）的修订工作，在广泛征求各有关单位意见的基础上进一步得到完善。

【旅游投资及招商引资】 2008年，汕头市用于旅游基础设施及景区（点）建设总额达8236万元，比上年15325.5万元减少46.26%。其中，财政拨款273.5万元（含省扶贫款220万元）；自筹资金5317万元；民间捐资2645.5万元。

主要投入项目包括：大型科技娱乐园区的蓝水星乐园项目续建投入4761万元，比上年的13035万元减少63.48%。截至2008年年底，蓝水星乐园工程累计投入资金85863万元，超计划投资金额4036万元。该乐园已完成主场馆的结构施工及园区环境设施建设，场馆游乐设备进入调试、报检阶段。潮阳区共投入2084万元。其中，大峰风景区由民间捐资1550万元新建仿和平古桥、大峰渡江石像和九曲桥等景观。莲花峰、明安里、灵山寺、古雪岩等景区点也投入一定资金完善配套设施。潮南区仙湖风景区由民间捐资420万元，新建成郑成功纪念馆、新石器时代博物馆、郑成功像等。礐石风景名胜区由私人捐资17.5万元，新建赵世光碑廊，由财政拨款12.5万元用于配套设施修缮。濠江区巨峰风景区由民间捐资300万元新修公共厕所和餐厅，植树造景，营造良好生态环境。

【旅游区（点）与基础设施建设】 2008年，汕头市继续推进旅游区（点）质量等级评定工作，指导澄海协和生态园、大自然休闲农庄等旅游区的评A工作，推动各旅游区（点）加强管理、完善配套、提高服务水平。1月，汕头市共有1县4镇5村获得“广东省旅游特色县镇村”称号，即：南澳县（最美岛屿）被评为“广东省旅游特色县”；潮阳区铜盂镇（灵山古迹）、潮南区仙城镇（湖光生态）、南澳县深澳镇（渔家乐）、澄海区莲华镇（民俗胜地）等4镇被评为“广东省旅游特色镇”；澄海区前美村（潮汕民居）、南澳县黄花山村（海岛森林）、濠江区珠浦社区（奇峰巨石）、澄海区西浦村（写生基地）、潮阳区芦塘村（杨梅橄榄）等5村被评为“广东省旅游特色村”。11月，南澳岛荣获广东省旅游局和广东省林业局评定的“广东省十佳滨海旅游景区”称号。

【旅游扶贫】 2008年，省下拨汕头市旅游扶贫资金共180万元（南澳100万元，前美村80万元）。南澳县利用省扶贫款100万和自筹资金70万元，继续进行环岛景观带的建设；同时，在黄花山景区开发旅游观光茶场，建设乡村旅馆等。澄海区前美村投入扶贫款80万元，依托侨宅“陈慈黉故居”和潮汕民居群，整合自然村落与历史文化资源，计划建成具有侨文化和潮汕民居特色的前美古村。

【旅游强县】 2008年，南澳县委、县政府结合当地旅游业发展的实际情况，全力推进创建“广东省旅游强县”工作。9月，汕头市旅游局对南澳县创建“广东省旅游强县”进行初审，认为该县创强各项工作基本符合“广东省旅游强县”要求，于2008年9月向省创强办报送了初审材料，提请省创强工作领导小组对南澳县创强工作进行考核验收。

【工农业示范点】 2008年，汕头农业科学园投入28万元新建厕所一座，增加季节性花卉片区种植，并加强其他服务设施修缮配套。该园是国家首批工农业旅游示范点，汕头农业高新科技研究基地和展销中心，青少年农业科技教育实践基地，现已建成开放科研园、遗传育种园、兰园、仙人球园和潮汕名果园等十几个功能园区。

【旅游信息化】 2008年，汕头市旅游局与金旅雅途网络技术公司签订合同，完成了汕头旅游公众网和政务网的框架确定、资料收集和调试工作，设置了“公众网”和“政务网”两个子网，于10月正式升级为汕头旅游门户网站（http：stly. gov. cn）。升级后的汕头旅游网分为公众网和政务网，定位更加明确，强化了公众服务和行业服务功能。

旅游教育培训和精神文明建设

【旅游教育培训活动】 2008年3月和9月，汕头市旅游局分别组织了2场次全国导游人员资格考试，参加考生470人，通过考试136人。年初，邀请了市委党校教授对国际国内热点问题进行授课，市旅游局机关全体干部，各区（县）旅游局正、副局长，全市各星级酒店总经理、旅行社总经理，A级旅游区负责人共100多人参加。7月14～16日，广东省2008年全国导游人员资格考试考评员培训班在汕头中信高尔夫海滨度假村举行，来自全省旅游界业内资深人士230多人进行了为期3天的培训考核和考察。9月至12月，全市共举办了10期次导游员年审教育培训班。12月25～26日，协助省旅游局组织全省旅游扶贫培训班学员东线考察活动。

举办美食与旅游论坛，邀请旅游专家授课

【旅游行业精神文明建设】 2008年6月10日，市长蔡宗泽率领市政府领导莅临汕头市旅游局开展旅游调研。陈华佳局长汇报了全市旅游工作情况，并提出加快汕头市旅游业发展的意见和建议。蔡宗泽充分肯定了局领导班子解放思想、共克时艰的工作态度，还就汕头市旅游业的发展提出了具体指导。汕头市旅游局在全行业开展了“青年文明号”、“巾帼文明岗”和“巾帼建功标兵”创建活动。

纪　事

2月28日　汕头市召开全市旅游工作会议。

4月8～12日　副市长余健明率领旅游推介团先后在武汉、洛阳开展旅游推介活动。

6月10日　市长蔡宗泽莅临汕头市旅游局开展旅游调研。

7月19日　由汕头市旅游局主办的“汕头市旅游服务质量提升行动启动仪式暨优质诚信香港游首发式”在市区举行。举办此次活动旨在全面提升汕头市旅游质量，树立汕头旅游新形象，打造“诚信旅游城市”这一品牌。

9月14日　由汕头市人民政府主办，汕头市旅游局、濠江区人民政府承办，濠江区旅游局与中信度假村酒店协办的汕头市2008潮俗中秋文化节在中信度假村举行。本次文化节以“共品潮汕月，畅享海湾情——欢聚中信度假村”为主题，活动内容丰富多彩，吸引上万名市民及游客参与。副市长余健明出席活动。

9月24日　由汕头市旅游局、市总工会、市妇联举办的汕头市女导游员岗位技能竞赛圆满结束。通过初赛、决赛，林青等10名导游员被评为“十佳女导游员”，朱敏娜等8名导游员被评为“优秀女导游员”称号，汕头市旅游总公司等5家旅行社获得“优秀组织奖”。

11月27日　市长蔡宗泽与省旅游局局长杨荣森在广州珠岛宾馆签署《汕头市人民政府与广东省旅游局关于共建“汕头生态滨海旅游示范区”框架协议》，共同推进“汕头滨海生态旅游示范区”建设。中共中央政治委员、广东省委书记汪洋，国家旅游局局长邵琪伟，广东省委副书记、省长黄华华出席签字仪式。

12月3～14日　汕头市作为2008广东国际旅游文化节暨泛珠三角旅游推介大会的分会场，举办的活动包括：汕头市分会场开幕式、汕头市第十四届潮汕美食节、潮汕美食文化研讨会、首届旅游产品（汕头）博览会、第三届中华名茶（汕头）博览会、汕头市第十届国际食品博览会、“印象e汕头”旅游摄影大赛、“金味杯”首届环南澳岛自行车赛等，进一步展示了汕头市的潮汕文化、潮汕美食、旅游精品，打造了汕头海滨休闲度假旅游目的地，宣传汕头新形象，提高汕头在海内外的知名度。

（庄为建、陈少文）

佛山市

综述

【总体情况】 2008年，佛山举办了“2008佛山旅游文化节”，吸引过百万市民和游客参与。旅游资源开发方面，西樵山制定了创建5A级旅游景区方案并逐步落实，长鹿农庄被评为国家4A级景区。佛山推动酒店高端化、品牌化、连锁化，佛山恒安瑞士酒店试营业，顺德哥顿酒店、南海名都酒店通过国家星评委五星级评定。新增旅行社8家。开展“2008中国奥运旅游年”活动，以“狮舞岭南，传奇佛山”为主要宣传口号，组织旅游企业参加了香港国际旅游展、广州国际旅游展、中国国内和国际旅游交易会。与此同时，旅游行业积极做好抗击雪灾、震灾工作，倡导文明旅游、开展“隐患治理年”活动，构建和谐旅游氛围。全年实现旅游总收入184.25亿元，与2007年同比增长15.32 %（其中旅游外汇收入5.7亿美元，与2007年同比增长13.87 %，国内旅游收入137.30亿人民币，与2007年同比增长15.82 %）。

【全市旅游工作会议】 2008年1月25日，佛山市人民政府召开2008年佛山市旅游工作会议。佛山市副市长麦洁华、广东省旅游局纪检组长、监察专员张振林到会并讲话。市政府副秘书长周文主持会议。五区分管旅游的副区长、市有关单位、五区旅游局和市旅游协会副会长单位以及部分新闻媒体记者共120多人参加会议。

会上，各区汇报了2007年旅游工作情况和2008年工作打算。市旅游局局长朱粤平对2007年佛山旅游工作进行了总结，并部署2008年的工作任务。2007年是佛山旅游业持续发展、喜获丰收的一年，也是全面实施“十一五”旅游规划、向建设旅游强市目标深入推进的一年。全市旅游战线干部职工积极筹备和组织“2007佛山旅游文化节”，落实旅游发展规划，加强景区建设，开展旅游主题活动，强化宣传促销，推进区域协作，扩大产业规模，增强企业实力，规范旅游市场，营造了旅游经营环境。全年实现旅游总收入159.78亿元，与上年同比增长23.41%。其中旅游外汇收入5.01亿美元，与上年同比增长20.66%，国内旅游收入118.55亿人民币，与上年同比增长24.61%；全市主要旅游景区（点）接待游客2202万人次，与上年同比增长7.35%；城市接待过夜游客796万人次，与上年同比增长5.89%。其中接待国际游客99万人次，与上年同比增长10.83%。会议要求全市旅游行业要抓住机遇，迎接挑战，扎实推动各项工作的落实。2008年全市旅游业主要经济指标，预期全年实现旅游总收入190亿元，与2007年同比增长19%（其中旅游外汇收入6亿美元，与2007年同比增长20.5%）；主要旅游景区（点）接待游客2312万人次，与2007年同比增长5%；城市接待过夜游客835万人次，与2007年同比增长5%（其中接待国际游客105万人次，与2007年同比增长5.7%）。

麦洁华副市长要求全市旅游业战线以科学发展观为统领，继续解放思想，不断创造新的辉煌。并提出四点希望：一是抓住奥运机遇，组织好奥运主题旅游年系列活动；二是要弘扬佛山特色，继续办好佛山旅游文化节；三是抓好品牌建设，强化资源整合，规划整合资源，增强旅游产品吸引力；四是坚持依法治旅，抓好旅游市场环境建设，倡导诚信旅游，力保旅游安全。

【旅游行业规模】 截至2008年底，佛山市拥有星级酒店96家，其中五星级4家、四星级17家、三星级45家、二星级29家、一星级1家；共有旅行社68家，其中国际社21家、国内社47家；拥有4A级旅游景区（点）5家，景区从业人员3450人。

【“2008中国奥运旅游年”启动仪式】 2008年3月6日，佛山市在南海区西樵山森林公园隆重举行“2008中国奥运旅游年”启动仪式。佛山市副市长麦洁华，佛山市旅游局局长朱粤平等市、区、镇相关领导、新闻记者和1000多名游客、近200名登山选手以及奥运会冠军陈小敏出席启动仪式。佛山市围绕“2008中国奥运旅游年”主题，大力挖掘、整合全市体育旅游资源并推出两条旅游主打线路（黄飞鸿纪念馆——岭南明珠体育馆——南海西樵山；佛山鸿胜馆——吴勤烈士陵园——佛山世纪莲体育中心——李小龙乐园），以此推动体育与旅游的完美结合，弘扬中华武术文化，擦亮佛山武术品牌。各协办旅行社结合奥运主题年活动，纷纷策划推出多条贯穿于全年的“迎奥运专题游”线路。启动仪式前，还举办了“2008佛山旅游迎奥运登山大赛”。

【全市旅游景区（点）建设暨旅游局长座谈会】 2008年7月4日，佛山市旅游景区（点）建设暨旅游局长座谈会在南海区丹灶祈福酒店举行。会议传达了省旅游局2008年旅游市场工作会议主要精神，并结合佛山旅游业的实际，提出佛山旅游资源与市场开发工作要实现“三个转变”：一是从传统的旅游营销模式向现代营销模式转变；二是从游客输出向游客输出与营造旅游目的地并重转变；三是将旅游营销向旅游营销与旅游招商引资并重转变。各区旅游局长进行了专题汇报。朱粤平局长通报了全市上半年主要旅游经济指标，提出了下半年的工作重点。

【西樵山启动创建5A级景区】 2008年8月上旬，西樵山旅游度假区初步制定了创建5A级旅游景区工作实施方案。按照“量入为出，效能最优”原则，对景区内重点旅游项目进行提升改造，完善优化旅游服务设施，实现“水平提高，游客满意，景区达标”和顺利通过5A级景区评审的目标。改造工程将突出西樵山地质文化、石器文化和岭南理学文化特色，争创“岭南文化新高地”。方案的制定，标志着西樵山创建5A级景区工作全面启动。南海区委、区政府十分重视西樵山创建5A级旅游景区工作，成立了创建工作领导小组，组长由区长区邦敏担任，成员包括区各有关部门分管领导；制定了《西樵山创建5A级旅游景区系统工程工作方案》，提出以西樵山创建5A级旅游景区为抓手，全面推动西樵产业升级，节能减排、“三旧”改造等系统工程。

【举办2008佛山旅游文化节】 2008年9月28日至10月5日，佛山市成功举办2008佛山旅游文化节启动仪式暨2008佛山美食欢乐节。据统计，仅开幕式后7天时间，共有40多万市民前来现场观看表演，享受美食之趣；“和谐佛山·秋色辉煌”大型民俗彩灯会亮灯仪式暨武动佛山·2008佛山武术文化节开幕式文艺晚会集中展示了800年佛山彩灯历史和改革开放以来的辉煌成就及光辉前程，时间持续3个月；武术文化节展现出武术之城的佛山博大精深的中国功夫，吸引了众多的海内外武林人士。佛山旅游文化节期间，各区也举办了丰富多彩的活动，如禅城区的2008第五届中国·石湾陶艺文化节，南海区的纪念康有为诞辰150周年系列活动，顺德区的第三届顺德私房菜大赛、万人龙舟宴、岭南风味美食展，第二届万人濑粉节、现代服务业（休闲旅游）项目签约、高明土特产风情推介、岭南山林水都生态游等系列活动，三水区的首届瓜果欢乐节、首届中国三水饮品节“欢乐体验之旅”等活动。

2008佛山旅游文化节民俗彩灯会开幕式

【参加全国旅游饭店服务技能大赛广东赛区选拔赛】 2008年8月25～26日，“纪念改革开放30周年”全国旅游饭店服务技能大赛广东赛区选拔赛在东莞市嘉华酒店盛大举行。全省19个地级市代表队、99名选手参加了中式铺床、中餐宴会摆台、西餐宴会摆台、鸡尾酒调制、中式烹调等五个项目的比赛。佛山市选派的7名参赛选手以娴熟的技能、独特的创意、优雅的仪态、流利的问答，在激烈的竞争中脱颖而出：佛山宾馆彭伟源获得中式烹调第一名，佛山宾馆欧伙容获得中式铺床第二名，佛山宾馆麦静岚获得鸡尾酒调制第二名，佛山宾馆梁梦娟获得西餐宴会摆台第三名，佛山宾馆廖志敏获得中餐宴会摆台第四名，高明富湾湖酒店莫问获得中式烹调第六名，南海旺阁渔村林云建获得“优秀选手奖”。参赛的7名选手均获奖。佛山市代表队以总分第一的成绩获得“团体一等奖”和“最优秀组织奖”，显示了佛山旅游饭店的整体实力和服务水平。

【旅游抗灾救灾】 “5·12”地震后，佛山市旅游局立即与各区、各旅行社取得联系，及时摸清全市旅游团队在灾区的情况。并发出紧急通知，要求及时报告滞留震区团队数量及人数、游客安全等情况，尽快撤离震区，确保安全，凡有团队滞留在川的旅行社需每日逐级报告情况，全市按上级要求停止组团赴灾区旅游。

全市旅游系统干部职工积极行动，发起了爱心赈灾募捐大行动。据统计：全市旅游行政管理部门共捐款6.6万元，其中市旅游局3.34万元，五区旅游局3.26万元。市旅游协会发动全市旅游经营单位共捐款318.54万元，以及灾区急需的棉衣棉被、食品等价值数万元物资一批。其中恒安瑞士大酒店捐款50万元，佛山宾馆、金城大酒店各捐款30万元，曾获佛山“十大杰出青年”称号的旺阁渔村总经理吴荣开个人捐资20万元，上游国旅廖海辉董事长个人捐赠10万元。此外，各旅游企业还积极通过申请领养受灾孤儿、献血、出资让四川籍员工回乡与亲人见面等方式表达对灾区人民的爱心。

旅游接待与收入

【概述】 2008年，佛山市实现旅游总收入186.12亿元，比上年增长16.49%；全市主要旅游景区（点）接待游客2150万人次，与上年同比下降2.34%；城市接待过夜游客802万人次，与上年同比增长0.8%。

【国内旅游】 2008年，全市实现国内旅游收入138.24亿元，占旅游总收入的74.2%。全市旅游饭店共接待过夜国内游客192万人次，占总人次的88%。

【入境旅游】 2008年，全市旅游外汇收入5.81亿美元，与上年同比增长16.13%，占旅游总收入的25.8%；全年接待入境游客26万人次，占全市接待旅游总人次的12%，比上年下降13.46%。在入境游客中，外国人12万人次，占46%，同比下降16.02%；港澳台同胞14万人次，占54%；前十位客源国依次为：日本、美国、韩国、印度、马来西亚、澳大利亚、意大利、德国、新加坡、英国。

【出境旅游】 2008年，佛山旅行社组团出境游294593人次，其中香港游158531人次，澳门游71870人次，出国游64192人次。

【假日旅游】 2008年春节黄金周全市旅游收入6.23亿元，与上年同比增长28.22%。其中旅游外汇收入1705.84万美元，同比增长29.27%；旅游景区点共接待游客152.66万人次，同比增长10.79%；主要旅游饭店接待过夜人数819万人次，与2007年同比增长2.9%。

主要特点：一是旅游企业积极为外来工送温暖。全市旅游企业积极响应政府号召，采取各种措施为留在佛山市过年的“新广东人”送来关怀，让他们过一个快乐的春节。二是景区节庆活动丰富，气氛浓。各主要景区节目内容热烈喜庆，活动形式多彩多姿，吸引不少珠三角和本地游客。三是港澳游、出国游受青睐。雨雪天气造成旅行社省外游、省内游组团人次的下降，有更多的人选择了港澳游、海外游。四是及时启动紧急预案。各级旅游部门启动紧急预案，及时掌握各方面动态，密切监控在外出行团队安全情况；同时引导和协助旅行社积极劝说报名参团的游客尽量参加省内游以及东北、北京、海南等地的长线游，避开华东、江西、湖南、贵州等雪灾重灾区的旅游线路，减少或避免造成损失。

2008年“五一”假期（5月1~3日），全市接待国内外游客88万人次，与上年同比增长8.97%。其中接待入境游客9万人次，同比增长16.78%；旅游总收入3.25亿元，同比增长17.39%，其中旅游外汇收入758万美元，同比增长19.78%。

主要特点：一是旅游部门重视宣传促销，效果明显。节前，佛山市旅游局、江门市旅游局共同启动“江门市民万人游佛山、佛山市民万人游江门”活动，带动了两地及周边城市市民旅游的热情。二是景区活动丰富多样，精彩连连。三是城郊游、短线游火爆，游客大增。由于“五一”假期的调整，众多市民选择在本地景区度假，佛山主要景区、景点接待游客同比增加13.66%。各旅行社节前做好市场调研，更注重国内产品的搭配，推出众多涵盖省内大部分景点的路线，方便游客报名，多条短线游、港澳自助游和自驾游线路受到市场追捧。四是强化各项安保措施，确保安全。全市仅收到轻微旅游投诉4宗，未发生重大旅游安全责任事故。

2008年“十一”黄金周期间，佛山旅游市场“进出两旺”，实现“八个增长”：全市旅游收入达7.31亿元，与2007年同比增长17.32%。其中旅游外汇收入同比增长16.54%；各主要旅游景区（点）接待游客231.06万人次，同比增长5.10%。其中接待国内游客同比增长5.10%，接待境外游客同比增长8.19%；主要旅游饭店接待过夜游客4.93万人次，同比增长6.48%；旅行社组团4.38万人次，同比增长5.95%；旅行社接待1.44万人次，同比增长3.43%。

主要特点：一是旅游文化节顺利启动，五区活动精彩纷呈。二是旅行社组团、接待均有增长，长线旅游较受追捧。受假期调整影响，历经清明、“五一”、端午三个小长假之后，更多市民选择在“十一”黄金周出游，佛山市旅行社组团人次数增多。三是乡村度假旅游、城市观光旅游火爆，旅游餐饮生意兴隆。四是旅游市场监控有力，确保安全。全市未发生大旅游事故或重大旅游投诉。

旅游宣传促销与节庆活动

【概述】 2008年，佛山市以提升佛山旅游形象为目标，创新促销手段，进一步开拓国内外旅游市场。一是开展“2008中国奥运旅游年”活动。举办了佛山市“2008中国奥运旅游年”启动仪式，策划推出了多条“迎奥运专题游”线路；二是拓展海内外客源市场。以“狮舞岭南，传奇佛山”为形象宣传口号，开展形式多样的促销推介工作。组织旅游企业参加了香港国际旅游展、广州国际旅游展、中国国内和国际旅游交易会。市政府麦洁华副市长、刘珊副秘书长代表佛山市出席在郑州举行的世界旅游城市市长论坛；三是加强区域旅游合作，实现多层次、多角度的共赢发展。加强两广六市旅游协作，贯彻落实联席会议制度，共同打造跨境无障碍旅游区和六市旅游精品线路。扩大珠三角城市间旅游合作，与江门市旅游局联合举办“佛山市民万人游江门，江门市民万人游佛山活动”；南海、顺德区联合广州番禺区，积极打造“南番顺”旅游品牌，以整体形象对外宣传促销，举办首届“南、番、顺龙舟文化节”。市政协蔡河义主席、市政府麦洁华副市长率市旅游交流合作考察团赴河北省邯郸市开展交流合作，互签《旅游合作协议》和《旅行社合作协议》。与云浮市旅游界开展互动活动，组织两市记者团分赴两地采风报道，并在佛山市举行旅游推介活动。协助内蒙古、山东、江西、湖南等省多个城市来佛山市开展旅游交流合作。

2008 两广六市旅游合作协议（贺州）签约仪式

【筹备和组织 2008 佛山旅游文化节】 2008 年，佛山市旅游局会同市文广新局、体育局等部门和各区政府进行多次研究，提出了 2008 佛山旅游文化节活动方案，经市政府同意下发执行。同时，在广泛调查研究，吸收以往办节经验的基础上，拟出了《2008 佛山旅游文化节启动仪式及佛山美食欢乐节活动方案》；协助市文广新局、市体育局分别制定《2008 佛山贺奥运、庆丰收大型民俗彩灯会活动方案》、《武动佛山 -2008 佛山武术文化节活动方案》；协助各区按不同特色策划陶都禅城、有为南海、美食顺德、绿色高明、生态三水等丰富多彩的主题活动等；协助市政府召开 2008 佛山旅游文化节动员会议，确保旅游文化节各项活动的顺利推进；配合市政府举办佛山旅游文化节开幕式和 2008 佛山美食欢乐节，并取得圆满成功；还组织协调各区举办了 20 多项丰富多彩的节庆活动。

【参加广州国际旅游展销会】 由广东省旅游局、广州市旅游局主办的 2008 广州国际旅游展销会于 2008 年 4 月 4 ~ 6 日在广州锦汉展览中心隆重举行。本届展会共吸引了来自 36 个国家和地区的 425 家企业参展。佛山市共有 60 多家旅游经营单位、140 多人参加本次盛会。由南海区、番禺区、顺德区旅游局于 2007 年成立的“南番顺”旅游品牌，也首次亮相展销会，成为媒体和参会人员采访、咨询的重点对象。佛山市精心布展的 20 个展位，以各自不同的风格和特色，图文并茂地展示了佛山的历史文化、武术文化、陶瓷文化、水乡风情，并获广州国际旅游展销会组委会颁发的“最佳展台奖”。

【出席世界旅游城市市长论坛】 2008 年 4 月 10 日，佛山市副市长麦洁华、市政府副秘书长刘珊出席在郑州举办的世界旅游城市市长论坛，向世界介绍佛山旅游文化，重点推介 2008 年下半年将举办的 2008 佛山旅游文化节。麦洁华副市长代表佛山与世界旅游城市市长及会议代表一起共同签署了《郑州宣言》。本届旅游交易会规模盛大，佛山各参展单位以为契机，积极开展宣传推广、业务洽谈、学习交流等活动，全面展示佛山特色的旅游产品和旅游资源，交易会上派发宣传资料 1 万多份。

佛山市旅游代表团在第十五届（郑州）国内旅游交易会展台

【“狮舞岭南、传奇佛山”亮相香江】 2008 年 6 月 12 日至 15 日，第二十二届香港国际旅游展暨第三届商务及会奖旅游展在香港会展中心隆重举行。本此展会佛山共设展位 16 个，创下历届展位之最，近百参展人员向客商和香港市民推介了佛山丰富多彩的岭南特色旅游资源，重点推介了“2008 佛山迎奥运旅游专题”和“2008 佛山旅游文化节”旅游精品线路。“南番顺”旅游联盟，首次在展会亮相，三地旅游部门强强联手，着重展示和推介了“游在南海，玩在番禺，食在顺德”的旅游特色线路，初步达到了资源共享，优势互补的目的。

【邯郸、佛山两市携手旅游合作】 2008 年 9 月 17 ~ 19 日，佛山市政协主席蔡河义、副市长麦洁华和市政府周文副秘书长率领佛山市旅游交流合作考察团，赴河北省邯郸市开展交流与合作活动。两地旅游业界本着优势互补，资源共享，客源互换，利益互惠的原则，共同签署了《旅游合作协议》和《旅行社合作协议》。双方郑重承诺，将互推旅游招商项目，互通资讯、联合推介，加强行业管理合作，优化两地旅游环境，在交通、订房、门票等多方面给予最优惠的价格；部分旅游企业家考察了邯郸市的投资环境、旅游资源和旅游招商项目，对广府古城、滏泉湖等旅游综合开发项目达成初步合作意向。佛山市中旅公司董事长、总经理陈树根与邯郸市有关旅行社签订了“邯郸市·佛山市旅行社合作协议书”，与邯郸市国旅联合推出“北京、承德、西柏坡、邯郸、红旗渠、焦作、郑州双飞七天”包团线路，并于“十一”黄金周后出首团。

旅游行业管理

【旅游饭店建设】 2008年，佛山市加快旅游饭店建设的步伐。年内，佛山恒安瑞士酒店成功试营业；保利集团与洲际酒店管理集团合作将千灯湖酒店纳入“洲际”品牌，预计于2009年投入使用；顺德哥顿酒店、南海名都酒店顺利通过国家星评委五星级评定；南海仙湖祁福酒店新评为四星级酒店。截至2008年底，全市共有星级酒店95家。同时，全市经济型连锁酒店迅速发展，如城市客栈、七天等连锁店也加快布点经营。

【旅行社管理】 2008年，根据国家旅游局《关于开展2007年度全国旅行社业务年检工作的通知》的要求，佛山市参加年审的旅行社有59家，参审率和通过率均达100%。在旅游业务收入、实缴税金、国内组织人天等指标上均呈现出增长的态势，多项指标均列全省前列，经营状况继广州、深圳后名列全省第三。全市旅行社规模扩大，全年新增旅行社8家。至年底，全市旅行社总数达68家，其中国际旅行社21家，出境游组团社14家。全市共有6家旅行社被国家旅游局评为“双百强旅行社”，其中国际旅行社5家、国内旅行社1家。广东省工商行政管理局认定佛山市禅之旅国际旅行社有限公司的“禅之旅”商标为广东省著名商标，实现了佛山市旅行社著名商标零的突破。积极做好了国际陶瓷博览会、机械装备展览会、国际物流洽谈会、广交会等大型会展活动的旅游服务接待工作。

【开展“隐患治理年”活动】 2008年，制定实施了《佛山市旅游行业安全生产“隐患治理年”活动实施方案》及《佛山市旅游行业百日督查专项行动方案》。在全市旅游经营单位尤其是饭店、景区开展形式多样的安全生产培训和演练，提高从业人员安全工作能力素质，培训率达到80%以上。配合有关部门开展安全检查特别是重要节日活动前的检查工作，认真排查存在隐患，督促落实各项整改措施，确保全年无重大旅游安全责任事故。

【妥善处理旅游投诉】 佛山市市、区旅游部门加强了对旅游投诉案件的受理工作，保持24小时投诉电话畅通，收到有效投诉12宗，理赔金额8135元，有效投诉办结率100%。参加市政府、佛山电台联合举办的《民生直通车》节目，接受游客和企业的咨询，现场受理投诉，并积极做好跟进落实，收到了很好的社会效果。

旅游资源开发和景区(点)建设

【旅游规划】 2008年，佛山市结合城市建设带来的机遇，提出旅游发展的新思路。禅城区将祖庙东华里片区“岭南天地”建设定位为融合岭南民俗文化、禅城时代特色和现代商业文明，辐射珠三角，影响华南地区的集文化、旅游、居住、商业为一体的综合街区，成为佛山的城市中心和城市标志；结合“传奇古镇，创意禅城”城市口号和石湾陶瓷文化产业园建设，将南风古灶打造成为陶文化旅游胜地和世界级的陶瓷文化旅游主题旅游区。南海区把保利水城商业中心、平洲玉器街、里水万顷洋农业示范区等一批有潜力的项目纳入旅游新资源开发推介，提出了《关于建设南海生态休闲产业功能区的建议》，得到区委、区政府的重视和肯定。顺德区对碧江村发展旅游创意文化产业开展调研，邀请省旅游规划专家对其进行考察和初步规划，力争将其打造成旅游业发展的新增长点。高明区着手进行《高明区旅游整合提升及实施战略规划》、《高明区深步水库旅游片区控制性详细规划》两个旅游规划的编制工作。三水区全面启动了《三水区旅游发展总体规划》编制工作。

【大型旅游项目开发建设】 2008年，西樵山加快创建5A级旅游景区的步伐，制定了创建工作方案，充实了机构和人员，正在逐步落实。南风古灶景区将石湾公园纳入景区范围之内，投入5000万元对旧厂房进行规划改造，新增了国际陶艺培训中心、陶瓷创意中心、艺术街、陶瓷作品展示中心等新景点和项目，景区范围和内涵得到很大提升。仙湖度假区投入1500万元，改造景区大门，建设“展翅大雁”景观，配备入口广场、花坛等。长鹿农庄完善扩建了动物世界等景点，并被评为国家4A级景区。李小龙博物馆主体工程已建成完工。高明区加快富逸湾五星级商务酒店、银海高尔夫球新会所、金谷朗旅游度假区、泰康山农业园区等四个优质旅游签约项目建设，合同总投资达到15亿元。

【召开景区开发现场会】 2008年2月28日，佛山市在南方古灶旅游景区召开现场观摩及景区开发工作座谈会，共商旅游区域合作与发展大计。佛山市旅游局及全市五区旅游局正、副局长、各有关科室负责人共30多人参加。南风古灶是佛山市新兴的大型旅游景区，2007年下半年以来，石湾陶瓷文化产业园的建立为陶瓷文化与陶瓷产业的结合提供了契机，通过加强区域合作和资源共享，努力把南风古灶建设成为国家级4A甚至5A景区，打造成陶文化旅游胜地和世界级的陶瓷文化旅游主题旅游区。与会人员从南风古灶旅游开发与陶瓷创意产业园发展的经验中受到启示。市旅游局局长朱粤平就“景区开发建设上新水平，做强做大佛山大旅游”提出了独到见解。

举办2008年旅游景区开发座谈会

【打造特色旅游品牌】 2008年，在省旅游局主办的首届“选美广东”评选活动中，佛山获得“佛山最喜爱城市”、石湾镇街道办获得“佛山最爱乡镇”的称号。大良街道和碧江村成功申报为“广东省旅游特色镇”和“旅游特色村”，大良街道成功申报为“中国最具魅力旅游目的地”荣誉称号，勒流镇成功申报为“中华美食名镇”。大良街道美食风情街进展顺利，成为集餐饮、旅游、购物于一体的品牌景点。芦苞镇、大旗头村分别被评为“广东省旅游特色镇”和“广东省旅游特色村”。侨鑫生态园正式挂牌成为“广东省青少年科技教育基地”和“广东省科普教育基地”。三水侨鑫生态乐园总经理王佳被国家旅游局和中华全国妇女联合会联合授予全国“巾帼建功标兵”荣誉称号。

【新评A级景区】

〖佛山长鹿休闲度假农庄〗 由广东长鹿集团于2001年投资3.75亿元兴建。位于顺德伦教三洲，毗邻珠江干流，占地40万平方米。长鹿农庄是一家集岭南历史文化、顺德水乡风情、农家生活情趣，以吃、住、玩、赏、娱、购于一体的“农家乐”主题乐园，先后被授予“园林式单位”、顺德区“科普教育基地”、“民俗文化活动基地”、“佛山十大魅力乡村游景区”、“全国农业旅游示范点”。2008年4月22日被国家星评委评为国家4A级旅游景区。

长鹿休闲度假农庄主要由长鹿休闲度假村、机动游乐主题公园、水世界主题公园、农家乐主题公园和动物主题公园五大园区组成。它是以岭南水乡风情临水建筑为原型，从返璞归真、回归自然出发，营造出有层次、有情趣、有历史文化内涵的农庄。古树、老井、菜园、小桥、流水、人家、原始手工作坊，凸显出中国传统的农庄文化；碧水、绿树、家禽、白鹭，构成农庄浓郁的诗情画意；羊咩、牛哞、鸡鸣、犬吠，谱就农庄自然交响乐；瓜棚荷塘、水车石磨、草屋篱笆、茂林修竹、栈道凉亭，使古朴的农庄更添魅力。此外，建立高科技农业种植园和养殖场等生态农业设施，把长鹿休闲度假农庄建设成为标准化、国际化的生态休闲农庄。

旅游教育培训和精神文明建设

【旅游精神文明建设】 2008年，佛山市旅游局在机关深入开展以“廉政、效能、服务”为主题的机关作风建设活动，围绕“发展科学、环境优美、社会和谐、人民幸福”的总体要求，全面加强机关作风建设，增强机关干部廉政勤政意识，提高机关办事效率和服务水平。以优化简化审批和办事程序，加强效能监察和改革干部考核工作为抓手，开展“学、比、摆、测、改”等活动，机关作风建设得到根本转变。

以北京举办奥运会为契机，在全市旅行社发放《文明旅游指南》，引导市民文明出游。与媒体积极合作，充分发挥报刊、广播、电视、网络覆盖面广、渗透力强的特点，开辟专栏，广泛宣传旅游法规和旅游常识。每个黄金周前，通过媒体发布“旅游消费警示”，告诫市民旅游“零负团费”的各种表现形式及危害，引导游客理性消费和依法维权。

【旅游教育培训】 2008年，佛山市共组织完成对763名参加全国导游人员资格考试笔试、口试（佛山考点）的考前培训和考试工作；全市共有26人参加中级导游考试，其中12人获得中级导游证书；有33人参加省酒店星评培训并获得证书；选派40名酒店工作人员参加省旅游局组织的酒店英语培训；组织代表队参加“纪念改革开放30周年”全国旅游饭店服务技能大赛（广东赛区）选拔赛五个项目的比赛。参赛的7名选手全部获奖，以总分第一的成绩获得“团体一等奖”和“最优秀组织奖”。

（汝百乐）

韶关市

综　述

【总体情况】　2008 年，韶关市旅游经济克服冰雪洪灾、世界金融危机等负面影响，实现了新的突破。丹霞山已被国家建设部正式列为世界自然遗产提名地，乳源、仁化县双双被评为“广东省旅游强县”，始兴车八岭自然保护区荣升为“世界生物圈保护区”，莱斯大酒店成为韶关第一家五星级旅游饭店。据统计，韶关市全年接待海内外游客 1044.25 万人次，比上年增长 22.31%；旅游收入 52.60 亿元，比上年增长 29.42%。完成了市委、市政府下达同比增长 8%的目标。

【旅游行业规模】　截至 2008 年底，全市共有星级饭店 54 家，其中五星级 1 家，四星级 7 家，三星级 36 家，二星级以下 10 家；拥有旅行社 44 家，其中国际社 1 家，国内社 43 家；国家 4A 级景区 2 家（丹霞山风景区、曹溪度假村）；旅游运输公司 2 家（鸿运旅游运输公司、喜安旅游运输公司）。

【重大旅游决策】　2008 年，《韶关旅游发展总体规划（初稿）》经多次修改，拟提请韶关市旅游委评议；《韶关市旅游营销规划》正在抓紧制定。邀请加拿大籍旅游营销策划专家、教授郑泽国来市开展旅游市场调研，组织旅行社分会各理事召开旅游市场分析会，组织景区分会召开韶关市旅游景区（点）市场经营分析座谈会议等。2008 年 2 月，乳源县出台《关于加快旅游产业发展的决定》（乳联发〔2008〕3 号）。

【重大旅游活动】　2008 年，韶关市委书记徐建华、市长郑振涛、副市长邹永松亲自参加北京、上海等地的旅游宣传推介活动。

【丹霞山申遗工作全面展开】　2008 年，丹霞山风景名胜区管委会联合湖南、江西、福建等 10 个景区以中国丹霞地貌共同申报世界自然遗产工作取得进展，9 月被国家建设部正式列为世界自然遗产提名地。丹霞山申遗工作得到省领导的高度重视，成立了由省政府副省长林木声为组长，省政府、省建设厅、韶关市政府等部门组成的申遗工作领导小组，省政府出台了《丹霞山风景名胜区保护和管理条例》，重新修订了《丹霞山风景名胜区总体规划（2007－2025）》等。

韶关市委市政府将丹霞山申遗列为全市重点工作之一，市领导多次主持召开丹霞山现场办公会议，专题研究景区规划建设及申遗拆迁等工作。2008 年 4 月，韶关市政府拨付 200 万元申遗启动经费，并连续 5 年每年支付贷款贴息 400 万元；2008 年 7 月，邀请到联合国教科文组织地学部伊德教授、国际自然联盟科学顾问克里斯·伍德、保罗·丁沃、帝姆·柯斯盖和中山大学地理系彭华教授等专家深入丹霞山进行科学考察；举办了“韶城青年支持丹霞山申报世界自然遗产万人签名”、“丹霞山申遗，短信助力”和“首届穿越丹霞山”等大型宣传活动；2008 年 8 月和 9 月，编制完成了中国丹霞申遗综合文本上报国家建设部，并将英文版总文本提交中国联合国教科文组织全委会等。

2008 年，丹霞山景区建设步伐加快。仁化县成功引进韩国宇宙集团拟投资 13 亿元，用 5 年时间分四期建设旅游观光度假村及龙王坪户外运动休闲基地；完成了 5.3 公里长的巴寨游步道和 7 公里长的西部景区旅游公路建设；完成了景区 7.3 公里安全通道规划、勘测设计以及阳元山 1 公里环形木栈道旅游步道的改造；完成了锦江水上竹筏漂流项目建设和景区中的 80 多块标识牌更换等。

丹霞山申报世界自然遗产国际专家座谈会

【旅游抗震救灾】 2008年1月下旬，乳源瑶族自治县遭遇百年一遇的冰雪灾害，造成交通中断，桥梁毁坏，旅游景区的基础设施严重损毁。南岭国家森林公园、天井山森林公园、南方红豆杉森林公园、广东大峡谷等景区直接经济损失达3600多万元。灾情发生后，韶关市旅游管理部门迅速启动重大自然灾害应急预案，成立了以旅游局长为组长的抗寒救灾领导小组。各旅游企业积极开展重建自救工作，截至4月中旬，全县各旅游景区投入基础设施修复资金达800多万元。广东省自驾旅游协会、广之旅、深圳人车行自驾车俱乐部、广州汽车俱乐部、康佳通讯科技等企业先后组织100多台车次，共捐赠衣物、食品和现金达120多万元。

2008年6月25～29日，新丰县遭遇罕见洪灾。全县旅游系统经济损失达1017万元。新丰县旅游局迅速启动应急预案，掌握受灾情况，各旅行社按要求停止旅游接待工作，紧急疏散游客等措施。

3月1日，广之旅与广州日报联手推出“爱心大接力，旅游大赈灾”的大型旅游赈灾活动。首发团500人为乳源大桥镇捐款近10万元、捐物价值数万元；深圳口岸中旅和深圳报业集团共同推动“深圳口岸中国旅社韶关温暖行”活动。组织180多人为受灾严重的乐昌三溪镇小学捐赈现金1.5万，物资5万元；3月8日，由羊城晚报报业集团和广之旅共同组织的“驰援粤北赈灾行”旅游团200多名企业家和游客专程自驾前往乳源必背镇，共捐赠价值数万元的药品、棉被、大米、食用油等。副市长邹永代表市政府为旅游团设欢迎晚宴。

【旅游业应对复杂多变的经济形势】 加强区域合作，共同面对复杂多变的经济形势对旅游业造成的影响。市旅游部门通过走出去宣传推介与近300家各地旅行社建立联系，先后与广之旅、南湖国旅、康辉国旅、上海春秋等品牌大社建立友好合作关系，积极推进和中山、东莞、江门、赣州、郴州等城市互动。邀请了旅行家、旅奇、东方之旅、东森电视台等十余家境内外旅游专业媒体作韶关旅游专题推广。乳源县旅游局前往湖南莽山参观考察做多种宣传推介，进一步促进两地的市场互动。邀请珠三角旅行社到乳源考察踩点，加强交流，寻求合作；提高乳源旅游的知名度和影响力，对巩固和开拓珠三角客源市场起到了良好的宣传效果。台湾旅游行业品质保障协会到乳源考察旅游项目，县旅游协会与台湾日月潭原住民观光文化发展协会签订了协议，必背瑶寨与台湾日月潭原住民邵族文化村结为“友好姊妹景区”。南雄市旅游局认真贯彻市委、市政府的决策，把招商引资工作摆上重要的议事日程，作为重中之重的工作来抓。通过参加各种经贸活动，广交朋友，采取“走出去，请进来”的办法，主动到广州、东莞等地与外商洽谈，同时，邀请客商来南雄实地考察，开展以诚招商、以情招商活动。目前，已达成协议的旅游开发项目有1个，正在洽谈的项目有2个。始兴县旅游局和市旅游局一起邀请韩国航空旅游联盟、台湾旅游行业品质保障协会及参加广州旅游节的几十家外省旅行社，到满堂客家大围、深渡水、车八岭、东湖坪踩点串线，2008年到始兴踩线的旅行社已有近100家次。进一步扩展了始兴旅游的知名度。曲江区于11月5～8日在枫日温泉度假村举办“2008世界亚裔小姐大赛广东复赛”，11月10日，在上海举办魅力韶关专题推介会，共有上海当地50多家旅行社和十几家媒体参加。南雄市旅游局为进一步加强区域合作，共求发展，于4月5日组团参加了“广州旅游展销会”；5月8日，邀请全国26个省的省级电视台来南雄采风，宣传南雄；6月17日，邀请湖南、湖北60多家旅行社的“负责人”考察南雄的旅游线路；6月22日，中央电视台国际频道摄制组已到南雄，准备把南雄的旅游向国际推广；11月23日，举办了珠玑巷姓氏文化节，这一系列活动的开展，加强了与周边地区旅游的交流合作，拓宽了客源市场，提升了南雄旅游的形象。

旅游接待与收入

【概述】 2008年，全市共接待海内外游客1044.25万人次，比上年增长22.31%；实现旅游总收入52.60亿元，比上年增长29.42%。其中：曲江区共接待游客人数180.4万人次，实现旅游收入3.15亿元，与上年同期分别增长28.5%和64.02%；南雄市共接待游客人数66.29万人次，实现旅游收入2.48亿元，同比分别增长37.65%和35.5%；乐昌市旅游接待游客人数77.39万人次，实现旅游收入28540.3万元，同比分别增长25.54%和34.78%；始兴县接待游客人数49.9万人次，实现旅游收入2.4亿元，同比分别增长58.37%和37.9%；翁源县共接待游客人数22.58万人次，实现旅游收入5986万元，同比分别增长23.79%和31.27%；新丰县接待游客人数37.5万人次，实现旅游收入1.45亿元，同比分别增长20.2%和35.3%；乳源县接待游客人数116万人次，实现旅游收入5.16亿元，同比分别增长14.08%和20.56%；丹霞山景区接待游客人数174万人次，景区旅游总收入2.80亿元，同比均增长10%。游客仍以国内为主，全市旅游经济继续保持健康、快速地发展。

【入境旅游】 2008年，韶关市接待入境旅游者6.07万人次，比上年下降18.42%。其中外国人0.25万人次，比上年下降9.20%；旅游外汇收入2159.07万美元，比上年下降18.42%。

【国内旅游】 2008年，韶关市接待国内游客达1038.18万人次，比上年增长22.84%；接待国内过夜旅游者639.47

万人次，比上年增长 26.21%，平均停留天数 1.12 天，比上年缩短 0.4 天；国内旅游收入 51.10 亿元，比上年增长 32.29%，占旅游总收入的 97%。

【出境旅游】 2008 年，韶关市旅行社组团出境游 0.47 万人次，比上年下降 2.55%。其中，组织香港游 0.21 万人次，比上年下降 6.69%；组织澳门游 0.16 万人次，比上年增长 6.67%；组织出国游 0.11 万人次，比上年下降 6.13%；在出国旅游人数中，依次为新马泰、日本、德国、澳大利亚等国。

【黄金周假日旅游】 2008 年，韶关市春节黄金周期间共接待游客 66.1 万人次，实现旅游收入 2.83 亿元，分别比上年增长 3.09% 和 4.81%。

“五一”（5 月 1～3 日）小长假共接待游客 37.08 万人次，实现旅游收入 1.61 亿元，同比分别增长 2.29% 和 7.22%。

“十一”黄金周期间共接待游客 104.45 万人次，实现旅游收入 4.66 亿元，同比分别增长 62.89% 和 72.56%。

旅游宣传促销与节庆活动

【旅游宣传促销】 2008 年，韶关市采取“走出去”与“请进来”相结合的办法，共开展旅游宣传促销活动 20 多次。2008 年 11 月 10 日，韶关市委、市政府与省旅游局联合在上海举办“神奇丹霞，魅力韶关”旅游推介会。会上，韶关市旅游局与上海出租汽车协会签署旅游合作意向书；丹霞山管委会与上海春秋国旅签署合作协议；广之旅旅行社韶关分公司、广东省中旅韶关分公司、韶关风情、风采假日等旅行社分别与上海春秋国旅、宝钢国旅、浦新以及金舜旅行社等签署市场拓展合作协议。2008 年 12 月 4 日，由韶关市委、市政府和广东省旅游局联合举办的“‘神奇丹霞 魅力韶关’——广东韶关旅游（北京）推介会”在北京国际饭店举行。韶关市委副书记、市长郑振涛出席推介会并致辞。韶关市委常委、常务副市长陈向新，国家旅游局旅游促进与国际联络司司长祝善忠，北京旅游局副局长安金明，广东省政府副秘书长李红军，广东旅游协会副会长张植林以及北京市 150 家旅行社负责人，海内外 66 家新闻媒体参加了推介会。本次旅游推介会旨在进一步拓展北京旅游市场，全面实施“南延北拓”发展旅游市场战略，推动以北京为首的环渤海等国内主要客源市场。会上，韶关市旅游局、丹霞山管委会分别与中视金桥国际传媒有限公司、中国电视艺术家协会旅游电视委员会，国旅总社、中旅总社、中青旅控股公司等旅行社分别与韶关的旅游企业签署了市场推广合作协议。

2008 年韶关市旅游部门还先后邀请中央电视台、东方卫视、南方卫视等 30 余家电视台，华中、华东和珠三角等地的主要媒体开展旅游专题报道；在广州电视台黄金时段、深圳长途大巴上投放旅游宣传专题片，在“丹霞号”列车上摆放旅游宣传册、自助游地图；在《韶关日报》、韶关电视台、电台等媒体推广韶关一日游线路，并借助移动短信开展咨询服务；“十一”黄金周期间派发宣传资料 10 万余份，及时解答游客的咨询等。

“神奇丹霞，魅力韶关”广东韶关（上海）旅游推介会

【旅游节庆系列活动】 2008 年，韶关市旅游局除本身开展一系列活动外，还发动各区（县）举办形式多样的旅游节庆活动。乳源县旅游局以县庆 45 周年为契机，组织召开乳源瑶族自治县成立 45 周年旅游推介（座谈）会。会上对乳源丰富的旅游资源进行多媒体演示推介，发布乳源最新旅游信息，推介出 3 条精品旅游路线。举办了“五味留香——瑶山美食节”，评选出了乳源瑶山“十大名菜、六大名小吃、六大名特产”。大批游客吃在乳源、玩在乳源。

乐昌市旅游局结合“2008 中国奥运旅游年”主题和 2008 广东国际旅游文化节活动，组织开展了庆祝建县 1500 周年暨乐昌旅游系列活动。陆续举办了“星之光”杯旅游摄影大赛、白水寨生态园试业仪式、韶关中国国际旅行社乐昌营业部开业仪式、《千年佗城、魅力乐昌》旅游摄影比赛、首届龙王潭重阳登高节、龙王潭生态旅游区敬老月活动、首批旅游商品专卖点授牌仪式、首届旅游节暨龙王潭人口疏散基地奠基仪式和“乐昌特色一日游”、“九峰花果山摘果农家乐游”、乐昌迎宾大酒店四星级评定等系列活动。

【参加广东国际旅游文化节活动】 韶关市作为 2008 广东国际旅游文化节分会场，共举办了 2008“红三角”精品旅游线路评选、“红三角”导游大赛、“红三角”旅游商品大赛、纪念张九龄诞辰 1330 周年大会暨学术研讨会及系列活动、韶关市第五届旅游美食购物欢乐节、韶关市旅游征文摄影大赛、始兴县福满堂客家旅游文化节、东华寺落成开光暨万行法师升座庆典活动、首届乐昌旅游文化节、2008南雄姓氏珠玑文化节暨梅关古道梅花节、第二届乳源瑶族“十月朝”风情旅游文化节等11项活动。按照组委会要求参加了广州主会场的花车花船、旅游大卖场、旅游招商等活动。

新丰县旅游局于11月策划和承办了为期一个月的“2008广东国际旅游文化节系列活动之新丰枫叶节”。枫叶节以“赏枫景、品文化、尝美食”为主题，其间开展了美食汇展、省书画名家云髻山采风、省港澳摄影爱好者采风、现场音乐互动等系列活动。前来旅游观光、摄影采风成为本次活动的一大亮点，让游客和市民了解到新丰地道、浓郁的客家文化和原生态、秀丽的自然景色，凸现了“云髻山·新丰江之源”的旅游品牌。

【南雄珠玑巷姓氏文化节】 2008年11月23日在“广府人故乡”广东南雄珠玑巷内举行。来自“粤赣湘三省六县”边际旅游合作体的成员代表和万余名游客参加。珠玑巷姓氏文化节突出“万姓同根、万宗同源、寻根联谊、合作发展”的主题。南雄县旅游部门以传承和弘扬珠玑文化传统为出发点，突出珠玑巷157个姓氏的文化内涵，集中展现当地旅游特色，推出业余采茶戏表演、飘色巡游、农家宴、姓氏宗亲联谊等活动。通过“看、游、玩、品、购、聚”，使游客进一步了解珠玑巷历史渊源变迁，领略珠玑文化，享受珠玑民俗风情，增进珠玑桑梓情感。

【2008年世界亚裔小姐广东赛区复赛】 2008年11月7日晚，由广东省侨联青年委员会、广东电视台等单位主办的2008年世界亚裔小姐广东赛区复赛在粤北曲江白水温泉举行。世界亚裔小姐选美大赛是一项国际性赛事，每年一届，选拔赛分赛区举行。当晚，共有36名佳丽展开激烈角逐，最终有26名佳丽脱颖而出，晋级准决赛。

旅游行业管理

【旅游市场监督】 2008年春节黄金周前后，韶关市对全市旅游市场开展大检查，抽查了各县（市、区）旅行社、酒店共22家，检查了市区21家旅行社，共出动122人次，检查导游66人次。据统计，2008年共出动检查人员128人次，检查旅游企业89家次，检查导游157人次。在检查过程中，对于各旅行社的超范围经营、旅游广告、“零负团费”等社会反映强烈的问题进行核实，并作出处理。

乳源县先后成立了韶关地区首个县级旅游协会和旅游质量监督管理所。其他各县也积极筹备拟成立县旅游协会和县旅游质量监督管理所。

【旅游安全】 2008年，韶关市旅游局制定了《韶关市旅游行业安全生产“隐患治理年”活动方案》，分别与各县（市、区）旅游局和各景区、旅游接待饭店签订安全责任书。2008年4月9日，召集各县（市、区）旅游局质监员及部分旅行社负责处理投诉的工作人员参加培训班。及时召开全市春节黄金周旅游工作会议，下发了《关于认真做好元旦、春节期间旅游安全工作的通知》，按照省旅游局和市安委办要求对消防、春运和隐患治理等方面进行专项检查。全年通过定期和不定期的安全检查，及时消除了景区和旅游接待饭店的安全隐患。

【旅游饭店管理】 2008年，韶关市开展对星级饭店复核工作。其中有2家饭店暂缓通过（粤通酒店、仁化和景酒店）、有3家饭店取消星级饭店资格（悦来酒店、金悦酒店、平湖山酒店）、有2家饭店暂停三星级饭店资格（河珊酒店、韶华酒店）；10月底，莱斯大酒店通过国家旅游局批准，成为韶关首家五星级饭店；11月，乐昌迎宾大酒店成为乐昌首家四星级饭店。新丰百乐宫大酒店新评为三星级饭店；全市共创建绿色饭店25家。

【旅行社管理】 2008年，韶关市开展了旅行社年检和导游员年审工作。新批设5家旅行社。开展了2008年国内游客抽样调查培训工作，专门开设调查员培训班。

【导游员管理】 截至2008年底，韶关市共有持卡导游1233名。2008年7月4日，韶关市旅游局召开全市暑期旅游营销暨导游表彰大会。会上，对陈玉梅等10名2007年度韶关市“十佳导游”、周新叶等10名2007年度韶关市“优秀导游”进行了表彰，并拍摄“十佳”导游宣传短片。

韶关市旅游局表彰“十佳”、“十优”导游人员

【行业协会】　2008年3月7日，韶关市旅游协会饭店分会召开全体理事会议，选举产生了第三届分会理事和分会会长、副会长、秘书长。新的分会组成以后，制定了《韶关市规范旅游饭店和餐饮行业经营行为的试行办法》。在全市旅游饭店和餐饮行业中开展优质服务年暨创“优质服务名店”活动，至2008年底，全市评比出“优质服务名店”旅游饭店17家、餐饮企业8家；组织会员企业举办了“纪念改革开放30周年”全国旅游饭店服务技能大赛广东赛区韶关分赛区的比赛和优胜者参加省赛区比赛；成功举办了韶关市职工烹饪技能大赛及韶关市第五届旅游美食购物欢乐节等一系列活动。

旅游资源开发和景区(点)建设

【概述】　韶关旅游资源丰富、旅游市场蓬勃发展。如鲜为人知的花卉文化、道教文化、民俗文化正在适时勃发：翁源的兰花基地，新丰的枫叶节及樱花峪，南雄的梅花节；翁源的东华寺、始兴的铜钟寨天然“性趣”博物馆、乳源的以道教文化为特色的天景山仙人桥景区和《瑶乡风情》大型歌舞等。新的旅游线路也相继推出：乳源的“天景山仙人桥—广东大峡谷—天井山森林公园”、“南岭国家森林公园—红豆杉森林公园”；始兴的“广东自驾游十佳线路之满堂围—车八岭—东湖坪—丹霞山”等。

【旅游规划】　2008年，韶关市从政府层面编制的旅游规划项目包括：《始兴县生态旅游总体规划（2002—2020年）》、《满堂客家大围旅游景区总体规划》和《东湖坪民俗文化村总体规划》以及翁源县正在修订的《东华山旅游风景区总体规划》；由私营业主编制的旅游规划项目包括：《总甫温泉度假区旅游规划》、《车八岭生态旅游总体规划》，《沈所旅游区规划》和《深渡水项目规划》等。

【旅游投资和招商引资】　2008年，始兴县完成了东湖坪景区和满堂围景区的停车场、景区步道、公共厕所、购物点等基础设施建设；总甫温泉成立协调小组，完成了土地征租、项目总体规划等事项；沈所旅游景区的铜钟寨景点完成了门楼、景区道路、客服中心等基础设施建设。

曲江区旅游局加大对小坑国家森林公园的建设力度，拟申报广东省旅游扶贫项目，以争取资金支持；11月初，总投资为8亿元的温泉休闲度假村项目已破土动工；枫日温泉度假村申报4A旅游景区和小坑大森林温泉世界度假村项目均完成了前期准备工作。

乐昌市完成了龙王潭别墅区的实地勘察、土地测量和图纸设计以及别墅区开发规划文本方案，于2008年10月30日举行奠基仪式；白水寨风景区于2008年7月8日举行试业仪式；杨东山十二渡水景区已完成8座园林桥的建设及2公里的步行道的铺设；后洞生态庄园被评为“省级森林公园”；古佛岩正在抓紧创建国家4A景区等。

翁源县东华山风景区东华寺于2008年10月2日举行落成庆典仪式，仅10月份至2008年底，共有19个旅游团1400多游客来翁源观光旅游；九曲水生态旅游度假村引资2500多万元加快建设，预计2009年5月前可以竣工；同时还加快对龙仙镇、江尾镇创建农业生态观光园，依托田园风光发展农家乐等乡村旅游项目，推动三华李、九仙桃、兰花等发展壮大。

新丰县与外商签订云髻山旅游区总体开发建设的合同，项目总投资约8亿元，用3年的时间建设成为国家4A级旅游区和国家五星级饭店度假村，正在进行征地、拆迁、规划设计等前期准备工作；由外商投资2亿元的云天海原始森林温泉度假村项目，现已完成征地补偿、拆迁、勘探设计、景区道路开挖下水道、主楼基础工程等前期工作，现正进行主楼主体工程及温泉池等项目的建设，2008年共投入资金6000万元，计划于2009年9月对游客试业开放；曲礼农庄项目已完成了景区步道、农家餐厅、农房改造等建设，其中农家餐厅已于5月份对游客开放试业，农庄的住宿于“十一”黄金周前对游客开放。鲁古河、万亩果园、松山温泉等一批旅游项目也正对外招商。

【旅游区（点）与基础设施建设】　2008年，乐昌市完善了市区通往各景区（点）、特别是龙王潭、古佛岩、白水寨的交通标识；在韶关至坪石、韶关至乐昌、乳源至乐昌、仁化至乐昌、丹霞山至龙王潭的主要枢纽路段，设置了全国旅游交通统一专用标识牌。

翁源县旅游局积极做好道路标识、旅览标识及东华寺环形道路建设和停车场征地等工作，在106国道、官龙公路、S244线等公路上重新设立了道路标识。

始兴县的车八岭自然保护区被联合国教科文组织批准为“世界生物圈保护区”；以东湖坪、车八岭、满堂围等景区为主的旅游线路荣膺“广东自驾游十佳线路”；东湖坪景区被评为“魅力韶关我最喜爱的休闲旅游好去处”，满堂客家大围被评为“魅力韶关最具特色的旅游好去处”；乳源县、必背镇、必背镇必背口村、南岭国家森林公园、必背瑶寨分别被评为“广东省旅游特色县”、“广东省旅游特色镇”、“广东省旅游特色村”、“广东省十佳森林生态旅游景区”、“2008年全国民族文化旅游新兴十大品牌”。

【新开发、新建设景区（点）】

〖天景山仙人桥景区〗　位于广东省乳源瑶族自治县洛阳镇境内，为历史上有名的“西京古道”必经之路，距县城38千米，京珠高速乳源县城出口可直达。仙人桥属喀斯特地貌形成的天然景观景，大自然的鬼斧神工在半山峭壁间造就了秀奇险峻的仙人桥。景区内自然生态原始，景色优美迷人，集山水岩溶地貌、仙踪奇迹、道教文化、仙人桥于一体，是理想的科普探险、休闲、旅游胜地。主景区仙人桥，天然桥高约138米，内拱106米，宽53米，长156米，秀、奇、峻、美的大自然令世人称绝，被称为“天下第一洞天”。沿悬崖开凿的登仙山后，入凌霄宝殿，可感悟醍醐灌顶、聆听道德释心。景区还是“西京古道遗址”之所在，这里还留下了王母圣筵、仙人造桥、舜帝亲民、始祖传经布道、韩愈讲经等神话传说。

仙人桥游客中心　林遥轩摄

〖樱花峪〗　位于新丰县黄礤镇偏北5千米处。景区面积近千亩。是广东省内开发以樱花为主题的综合性农业旅游区。樱花品种达20多种，其中种植八重樱和寒绯樱居多。

【乡村旅游】　2008年，韶关市乡村旅游得到进一步发展。南雄市把农业观光游和生态游作为发展旅游的主攻方向，发挥当地黄烟生产及生态环境的优势，把基础和条件较好的黄坑许村作为农业观光游示范点，并对项目进行规划，争取上级资金的支持。

翁源县旅游六要素“食、住、行、游、购、娱”已日趋完善，通过对东华寺、兰花基地的开发建设，为翁源县的一日游、二日游奠定了基础，填补了整个县内没有景点的历史。

【创建旅游强县】　2008年，韶关市旅游局加强创强工作的指导力度，对乳源、仁化县创强工作进行初检，并提出整改意见。乳源县通过抓好旅游基础设施建设，如公路改造升级、旅游交通指示牌建造、星级旅游公厕改造，对通往主要景区的公路进行上等级硬底化改造，开通县城至各主景区的旅游专线车和公共汽车，形成了以县城为中心的1.5小时旅游交通圈，以及加强培训，提高导游人员素质等措施，于2008年7月底通过省旅游强县专家组验收，成为广东省第10个旅游强县。

仁化县大力实施“旅游经济”发展战略，县委、县政府自2007年5月提出创建广东省旅游强县以来，制定了旅游强县的工作目标和落实创强责任制，对旅游安全、旅游卫生环境、城市服务功能等进行督促检查，对各旅游景区（点）、宾馆酒店进行环境卫生、安全、服务质量等方面进行有效整治等措施。共整理102万文字资料，装订成创强文书档案79卷，图片资料4本。2008年2月，仁化县被评为“广东省旅游特色县”，于9月顺利通过验收。

2008年7月28~29日和9月26~27日，省派出的创强工作领导小组按照《创建广东省旅游强县的标准》，采取听汇报、察看现场、抽样调查、综合考评等方法，先后对乳源县、仁化县创强工作进行全面验收，均获通过。

旅游教育培训和精神文明建设

【旅游教育培训活动】　2008年，韶关市旅游局于3月和9月份两次组织参加全国导游人员资格考试。据统计，第一次有324人报考，通过考试的有113人，合格率34.9%；第二次有302人报考，通过考试的有100人，合格率33.1%。全市导游人员资格考试工作各环节操作规范，考试秩序良好。韶关市共有持卡导游1233名。

2008年全市参加上级组织的培训班3次、共20人次。1月22日至25日，选派韶关学院和韶关市旅游学校的3位老师参加省旅游局举办的酒店职业英语等级考试考评员、培训师培训班，并获通过，取得广东省酒店职业英语等级考评员资格。

韶关市共组织培训班4次、1300人次。先后邀请旅游营销专家郑泽国为全市及乳源县、南雄市旅游管理部门干部和旅游企业管理人员进行了旅游营销理论讲座，邀请广东省政府参事黄宗伟教授等举行座谈。

【旅游行业精神文明建设】　2008年初，根据市委市政府《关于印发〈韶关市开展“解放思想，深化改革，争当全省山区科学发展排头兵”学习讨论活动实施意见〉的通知》精神，韶关市旅游局认真开展了学习讨论活动。成立了由领导挂帅的局“解放思想深化改革年”活动领导小组，制定了《市旅游局开展“解放思想，深化改革，争当全省山区科学发展排头兵”学习讨论活动实施方案》，结合全市旅游发展形势，开展了以《破解旅游发展难题，加快旅游休闲基地建设》为主要内容的专题调研。通过大讨论、大调研等形式多样的主题实践活动，提出了《关于市生态发展区和有限开发区建设需争取扶持的政策措施的建议》，并代拟起草了《韶关市人民政府与广东省旅游局关于进一步加强紧密合作框架协议》及其配套措施等文件。

2008年，韶关市向省旅游局推荐全国“巾帼文明岗”、“巾帼建功标兵”候选人员名单和材料。其中有2名“巾帼建功标兵”、1个“巾帼文明岗”通过审定，由国家旅游局推荐参加全国评选；丹霞山景区监察大队荣获省总工会颁发的“广东省工人先锋号”称号，景区新山门售票组荣获“韶关市巾帼文明岗”、“全国青年文明号”示范窗口等称号；长老峰票站荣获“粤北女职工文明岗”称号。8月，丹霞山景区顺利通过由省文明办、省建设厅、省旅游局组织的全国文明单位创建工作先进单位省级测评，现已上报中央文明委，推荐为全国文明风景旅游区先进单位。

纪　事

1月1日　韶关市风度名城举行《韶关之旅》、《丹霞山交响诗》首发式暨签名赠阅活动，共赠阅书籍600多册。

1月3~7日　中国众程旅游联盟应邀来韶关召开年会。来自北京、大连等全国31家旅行社代表到丹霞山、始兴东湖坪、南华寺及乳源南岭国家森林公园参观考察。

2月5~21日　韶关市春节期间，外来务工人员可享受景区门票五折优惠，部分星级酒店8折优惠。全市共优惠5505人次，优惠金额达79890元。

2月8日　韶关市旅游局在韶关火车站举行“丹霞号”恢复通车仪式。副市长邹永松等领导出席通车仪式。

3月10~11日　韩国BBS佛教考察团来韶关考察交流。11日，考察团一行专门考察南华禅寺。

3月25~29日　加拿大籍旅游营销策划专家、教授郑泽国一行6人到新丰县、翁源、曲江、乳源县开展旅游市场调研。

4月4~6日　韶关市组织各（县、市）旅游局领导以及20家景区和10多家旅行社共50多人参加2008广州国际旅游展销会。派发宣传资料5万多份。

5月7日　韶关市组织召开全市旅游系统“五一”假期总结暨2008年旅游市场营销工作会议。

6月11~16日　韶关市组织参加2008香港国际旅游展销会。

6月16日　邀请湖北“武汉旅游联盟”、湖南长沙“湖湘天下”两大旅游联盟主席率一行45人对丹霞山、始兴东湖坪、南雄珠玑古巷、梅关古道等景点进行为期3天考察。

6月19日　邀请中央电视台英文国际频道（CCTV-9）《旅游指南》栏目组人员历时12天拍摄反映韶关民俗风情的旅游宣传专题片。

7月2~5日　省旅游扶贫项目考察组对韶关申报的9个旅游扶贫项目进行验收考察。

7月4日　韶关市旅游局召开全市暑期旅游营销暨导游表彰大会。

7月3~10日　韶关市旅游局与丹霞山管理委员会共同举办“神奇丹霞，天下韶关”旅游大篷车活动。

8月2~3日　深圳市组织1500名游客参加支持丹霞山申遗万人签名活动。

8月24日　乳源瑶族自治县必背瑶寨风景区与台湾南投县日月潭风景区结为友好姊妹景区。

9月6日　韶关市在韶关火车站举行“天下韶关一日游”启动仪式。联合推出“神奇丹霞一日游”、“丹霞山、南华寺一日游”、“南岭森林公园一日游”等8条精选线路。

9月27日　举办世界旅游日暨“十一”黄金周中山公园旅游咨询活动。

9月28日　韶关市仁化县创建“广东旅游强县”通过省的检查验收。

10月2~8日　澳大利亚新南威尔斯州旅游局北区局长胡伟权来韶关考察。

10月6~17日　韶关旅游局与广东丹霞山管委会联合组织20多家景区（点）及旅行社负责人前往环渤海地区开展“冬季到丹霞山看春天”推介会活动。

10月22日　“2008魅力韶关旅游文化节新闻吹风会”在广州举行。

10月24~26日　湖南省组织多家电视台、报社等媒体一行21人来韶关丹霞山采访报道。

10月27日　市旅游局与市科技信息局联合开展旅游电子商务平台建设专题培训班。

11月6日　莱斯大酒店被评定为五星级饭店。

11月10日　韶关市委、市政府与省旅游局联合在上海举办“神奇丹霞，魅力韶关”旅游推介会。

11月29日　在全省“我最喜爱的森林生态、滨海旅游景区”评选活动中，韶关丹霞山风景名胜区和韶关南岭国家森林公园双双荣膺十大“我最喜爱的森林生态旅游景区”。

12月4日　由韶关市委、市政府和广东省旅游局联合举办的“神奇丹霞　魅力韶关”——广东韶关旅游（北京）推介会在北京国际饭店举行。

12月22日　乐昌迎宾大酒店被评定为四星级饭店。

（申敏新）

河源市

综　述

【总体情况】 2008年，河源市旅游系统以科学发展观为统领，共克时艰，旅游经济继续保持平稳增长的发展态势。全年接待海内外游客723.1万人次，旅游收入31.02亿元，分别比上年增长16.2%和15.14%。

【旅游行业规模】 截至2008年底，全市拥有旅行社29家，其中国际社2家，国内旅行社27家；共有导游人员740人，其中：中级导游员7人、初级导游员733人；旅游讲解员264人；拥有星级饭店30家，其中：五星级1家、四星级2家、三星级14家、二星级以下饭店13家；绿色饭店总数6家；拥有国家A级旅游景区4家，其中：4A级1家、3A级1家、2A级2家；拥有2处省级自然保护区和环境教育基地、1处国家森林公园、1处国家级文物保护单位、1处省级历史文化名城、6处省级文物保护单位、22处市级文物保护单位、2家全国工农业旅游示范点；荣获省级“旅游强县”、“温泉特色县”各1个，“特色镇”、“特色村”各2个；全市旅游系统有大专以上学历的715人，高中、中专学历的10416人；专业人员416名（高级职称13名，中级职称38名，初级职称365名），技术工人263名（高级职称9名，中级26名，初级228名）。旅游直接从业人员3.69万人。

【重大旅游决策】 2008年，河源市委、市政府按照“生态发展区”优先发展生态旅游的要求，对旅游业进行了新的定位。市委书记陈建华作出批示：省委、省政府将河源定位为“生态发展区”，应将旅游业作为支柱产业来培育，要重新修订规划；7月，刘小华市长率队专程拜会省旅游局领导，并召开座谈会，就如何提升河源旅游地位、提高品牌影响力、加大投入、加强地区协作、共同建设“广东生态旅游示范区”等问题进行深入商谈并达成共识。于11月27日签订了《关于共建“广东省生态旅游示范区”合作协议书》，共建“广东生态旅游示范区”正式启动。同时，河源市委、市政府出台了《关于建设广东生态旅游示范区，加快旅游业转型升级的决定》。《决定》具体明确了关于建设“广东生态旅游示范区”的重要性及发展目标，对开发生态旅游精品，强力推进旅游业转型升级等问题提出了新要求，提出了市县要将旅游宣传促销经费和旅游产业发展基金纳入财政预算。河源市旅游局率先提出建立“万绿生态旅游度假区”的构想，并作为“广东省生态旅游示范区”的核心区域进行策划和规划，为建设生态旅游示范区探索科学发展模式。

【全市旅游工作会议】 2008年3月28日，河源市召开旅游工作会议。市委书记陈建华、市长刘小华出席会议并讲话。吴有必副市长主持会议。陈建华作题为《打造旅游名城，促进科学发展》的讲话。会议提出了加快河源市旅游业发展要做到“科学规划，提升档次；挖掘内涵，打造精品；保护生态，增创特色；招商选资，培育龙头；加大宣传，打响品牌；加强协调，增强合力”六点意见。市长刘小华要求旅游工作抓好“八件事”：即抓规划、抓项目、抓文化、抓产业、抓管理、抓质量、抓促销、抓队伍。河源市旅游局局长古敏生传达了2008年全省旅游工作会议精神，总结部署了全市旅游工作。各县（区）政府县区长、市直和中央、省驻河源有关单位负责人、分管旅游工作的副县区长、旅游局长、万绿湖管委会、全市旅游景区、旅行社及星级饭店主要负责人，市区未评星的酒店负责人共186人参加会议。

【全市旅游景区规划建设管理工作会议】 2008年9月24～25日，河源市召开旅游景区规划建设管理工作会议。市委书记陈建华、市长刘小华出席会议并讲话。各县区委书记、县区长及市直、中央和省驻河源有关单位主要负责人参加了会议。会后成立了由市长担任主任委员的河源市城市规划委员会旅游规划分会。市政府出台《河源市旅游景区规划建设管理若干规定》。

【旅游抗震救灾】 “5·12”汶川发生强烈地震后，河源市旅游局要求县区旅游管理部门认真贯彻上级关于抗震救灾各项工作要求，切实抓好落实。同时，针对抗击冰雪灾害、支持汶川地震灾区恢复重建等情况，迅速发动全市旅游系统开展“慈善一日捐”、“抗寒救灾”、“送温暖献爱心”、“四川地震抗震救灾”等募捐活动。全市旅游系统党员干部职工共筹集善款、交纳“特殊党费”59.62万元和1000元港币。

【旅游业应对复杂多变的经济形势】 2008年，受国际金融危机和诸多复杂因素影响，河源市旅游经济指标增幅均明显减缓。1至10月，全市累计接待游客622.3万人次，与上年同比增长18.5%，增幅同比放缓5.2%；全市星级酒店、社会旅馆及家庭旅馆业共接待游客279.73万人次，同比增长14.2%；全市30家旅行社共接待游客21.04万人次，同比下降28.5%。组团国内游4.34万人次，同比下降34%。其中：省内游2.36万人次，同比下降47%，省外游1.98万人次，同比下降7%，出境游0.29万人次，同比增长4%；全市30家旅游景区（点）接待游客220.51万人次，同比下降5.4%，增幅放缓4.9%。

面对复杂多变的经济形势，河源市采取如下应对措施：一是加大对“客家古邑·万绿河源”总体形象的宣传力度，拓展客源市场。上半年主要组织旅游企业赴外宣传推介，下半年重点是开展旅游节庆活动；二是加快旅游重点项目建设。一批大的旅游新项目正在建设和规划筹建中；三是制定出台有关管理文件，加快旅游业转型升级。先后出台《关于建设广东生态旅游示范区，加快旅游业转型升级的决定》和《河源市旅游景区规划建设管理若干规定》。通过强化行业管理，推动旅游业转型升级，激活旅游市场，为全年旅游经济复苏和止落回暖创造了条件。

旅游接待与收入

【入境旅游】 2008年，河源市共接待入境旅游者3.99万人次，比上年减少5.02%。其中外国人1425人次，比上年减少8.83%；旅游外汇收入930.66万美元，比上年减少12.88%。

【国内旅游】 2008年，河源市累计接待游客723.1万人次，比上年增长16.2%。其中：国内过夜游客326.06万人次，比上年增长13.89%，一日游游客393.05万人次，比上年增长18.46%；国内旅游收入达到30.38亿元，比上年增长16.25%。

2008年，河源市星级饭店、社会旅馆及家庭旅馆共接待游客330.04万人次，同比增长13.62%；全市接待过夜国内游客核定出租间8669160天，实际出租间2562846天，平均开房率29.56%，平均房价158元/间天，同比上年154元/间天增加4元/间天。其中星级饭店平均开房率59.24%。

2008年，河源市旅行社组团国内旅游人数5.52万人次，比上年下降47.82%。其中省内游3.09万人次，比上年下降50.53%；省外游2.43万人次，比上年下降43.90%。

【出境旅游】 2008年，河源市旅行社组团出境游3637人次，比上年增长2.89%。其中组织香港游2342人次，比上年减少7.72%；组织澳门游656人次，比上年增长24.01%；组织出国游639人次，比上年增长36.54%。

【假日旅游】 2008年春节黄金周期间，全市共接待入市游客28.92万人次，比上年同期增长1.4%。其中接待过夜旅游者7.24万人次，同比下降7.25%；一日游游客21.68万人次，同比增长4.6%；实现旅游收入10510.4万元，同比下降0.7%；人均花费人民币363.43元；全市住宿设施平均开房率达60%。“五一”（5月1~3日）期间，全市共接待入市游客17.76万人次；其中过夜旅游者3.13万人次；一日游游客14.63万人次；实现旅游收入5564.63万元；人均花费人民币313.32元；全市星级饭店住宿设施平均开房率达79.9%。“十一”黄金周期间，全市共接待入市游客56.61万人次，同比增长18.1%；其中过夜旅游者10.61万人次，同比增长3.8%；一日游游客46.01万人次，同比增长21.9%；旅游收入20361.5万元，同比增长7.1%；人均花费人民币359.68元；全市住宿设施平均开房率达50.1%（其中星级饭店以及档次较高的非星级酒店平均开房率达84.6%）。

【经营情况分析】 2008年，河源市旅游业保持15%以上的增长速度。其主要原因：一是基数小，故增幅较大。全市旅游接待人数和旅游总收入原来的基数比较小，随着通往河源的多条高速公路的开通，景区景点的增加和接待酒店的增多，入市游人数和旅游总收入每年均有较大幅度的增长；二是新增的小长假，对全市短途旅游人数的增加起到促进作用。2008年取消“五一”长假，新增加了清明、端午节等小长假，珠江三角洲地区的居民将河源等周边地区作为短途旅游首选目的地，这也是全市旅游接待人数有所增加的因素；三是加大对“客家古邑·万绿河源”总体形象的宣传力度，拓展了客源市场。上半年组织旅游企业参加2008华南自驾车游及户外用品博览会和广州、香港国际旅游展销会。组织全市旅游企业到江西赣州等地推介，同时组织万绿湖等相关旅游企业在广东电视台新闻频道做了半年的城市形象宣传和旅游广告，进一步提高河源旅游知名度，拓展了客源市场；四是客家文化游成为假日旅游新亮点。从9月中旬开始，河源市举办客家文化旅游节，举行了客家民艺大巡游、客家美食嘉年华、客家山歌比赛等系列活动，丰富了客家文化内涵、增强了客家文化的吸引力，宣传了河源的客家美食，推动了河源市美食旅游；五是加强旅游景区规划建设管理工作，提高旅游景区规划建设管理水平；六是加快重点旅游项目的招商和规划建设工作，促进旅游业转型升级。此外，强化行业管理，整顿规范旅游市场秩序；加强旅游人才培训，提高从业人员素质；旅游设施的进一步完善也是实现增幅较大的原因。

存在问题：受雪灾、取消“五一”长假、地震灾害及暴雨天气影响，全市上半年景区景点接待人数有所下降，全年景区景点接待人数为263.37万人次，同比下降0.9%；港澳台游客比例低。全年接待入境游客仅为3.99万人次，占总人数的0.55%；河源市晚上娱乐场所少，旅游商品种类不多，地方特色不突出，致使人均旅游花费偏低，景区大部分靠门票收入为主；旅游企业的硬件、软件还处于较低水平，难以吸引高端游客，商务客源也较少。

应对措施：以建设广东省生态旅游示范区为动力，加快旅游业的转型升级步伐；以承办“世界客属第二十三届恳亲大会”为契机，完善城市旅游功能；以“客家古邑·万绿河源”为总体形象，加大宣传促销力度；以质量等级评定为抓手，加强旅游景区的规划、建设和管理；以发展乡村旅游为重点，通过“创强”促进县域旅游经济和农村经济的发展；以增加旅游总收入为目的，大力发展旅游制造业；以建设“公园之城”为目标，加快重点项目的招商和规划建设工作；以提高服务质量为核心，整顿规范旅游市场秩序，加强旅游从业人员培训教育。

旅游宣传促销与节庆活动

【中国首届客家文化节】 2008年9月19～21日，由中国民协、广东省文联、河源市委市政府联合主办的“中国首届客家文化节”在河源市举行。中国首届客家文化节包括“客家交响诗篇——土楼回响”迎宾交响音乐会、中国首届客家文化节开幕式暨客家民间文化艺术巡游、客家美食嘉年华活动、客家民间文艺汇演暨龙川建县2222年纪念晚会、客家山歌大赛等系列活动。各省客属社团、港澳台和海外部分客属团体嘉宾以及全国各客家地区民间艺术表演者共3000多人参加。广东省委常委、宣传部部长林雄，中国文联书记处书记、中国民间文艺家协会副主席白庚胜出席开幕式并讲话。广东省人大常委会副主任钟阳胜出席客家民间文艺汇演暨龙川建县2222年纪念晚会。广东省政协民族宗教委员会主任杨华维、省文联党组副书记廖曙辉出席开幕式。河源市委副书记龚佐林主持开幕式。刘小华市长致辞，市委书记陈建华宣布中国首届客家文化节开幕。

本届客家文化节得到了全国各客家地区的积极响应，参加文艺汇演的有20个节目，参加山歌大赛的有25个节目，参加客家民间艺术巡游的共有22个代表队。在文化节开幕式上的客家民间文化艺术巡游中，各表演队表演了精彩节目，他们分别来自四川、江西、海南、广西、贵州、福建、澳门和广东的广州、深圳、梅州、东莞、汕尾、中山、惠州、韶关、云浮，以及河源市各县区。韶关仁化月姐歌、闽西客家风俗舞蹈、赣南客家风情舞蹈、惠州麒麟舞、云浮郁南禾楼舞、紫金花朝戏、和平采茶戏、龙川马灯舞等尽显民间风情和各地特色，集中展示了绚丽多彩的中国客家民间文化。整个文化节活动精彩纷呈，充分展示了“客家古邑、万绿河源”的城市形象，起到了传承客家文化、展示客家风情、弘扬客家精神的效果。

【第二届广东自驾旅游节】 2008年12月8日，由广东省旅游局、河源市人民政府和广东省旅游协会共同主办的2008广东国际旅游文化节河源分会场之第二届广东自驾旅游节、第五届河源市客家文化旅游节在河源万绿湖风景区举行，活动以“访客家古邑，游万绿河源”为主题。省旅游局副局长曾维炳、河源市市长刘小华等领导出席开幕式。自驾旅游节期间，组委会根据河源市五县一区旅游产品的特色，针对自驾游客的旅游需求，精心推出5条精彩的自驾游线路并组织主题推广活动，即8月至12月，每个月都举办一项自驾主题活动，由河源市各县区人民政府分别具体承办，分别有连平县森林度假之旅、紫金县红色自驾游活动、龙川县客家文化之旅、和平县温泉休闲体验之旅和东源县万绿湖访绿赏枫之旅。此次活动全方位地展现出了河源市独具特色的客家文化和良好生态资源及产品，充分领略了河源市的旅游特色和客家风情，进一步提高了河源在国内外的知名度和美誉度。开幕式结束后，举行了广东省自驾旅游节旗帜交接仪式，惠州市旅游局代表从广东省自驾旅游协会钟戈鸣会长手中接过旗帜。

河源市在广州举办2008广东国际旅游文化节河源分会场之第二届广东自驾旅游节、第五届河源市客家文化旅游节新闻发布会

【旅游宣传促销】 2008年，河源市为进一步打造和提升“客家古邑·万绿河源”旅游总体形象，在客源市场上实现了新的扩张，积极采取“走出去，请进来”相结合的宣传促销方式进行全方位宣传河源旅游产品，以此来激活外省、港澳地区和周边旅游市场。

【参加旅游交易会、展销会】 2008年3月，组织参加广州国际旅游展销会；4月，组织参加郑州国内旅游交易会、山东菏泽经贸洽谈会；5月中旬组织到江西赣州、上饶、鹰潭、吉安等市开展旅游推介和交流活动；6月，组织参加在深圳举行的2008华南自驾车游及户外用品博览会和香港国际旅游展销会；7月，组织有关旅游企业到深圳大梅沙举办河源旅游户外宣传活动；9月，市旅游局参加了省旅游局组织的配合省委汪洋书记出访东盟四国（印尼、越南、马来西亚、新加坡）的系列经贸、旅游促销活动；同月，在深圳市旅游局的支持下，参加第四届厦门海峡旅游博览会。

参加“2008香港国际旅游展销会”

【参加“2008千里客家文化旅游长廊”系列活动】 2008年，河源市参加了8月18日在江西省赣州市上犹县举行的“2008千里客家文化旅游长廊”系列活动预备会和在江西省赣州市定南县举行的“千里客家文化旅游长廊系列活动”暨“东江源——九曲”生态旅游节等活动，与粤赣闽3省10个客家地区（三明、龙岩、抚州、吉安、赣州、韶关、梅州、河源、惠州、深圳）地级市旅游局负责人就“2008千里客家文化旅游长廊系列活动”主会场相关事宜及今后如何进一步加强区域合作进行了探讨，在多个方面达成共识。“千里客家文化旅游长廊”系列活动的举办，揭开了粤赣闽3省客家地区区域旅游合作的新篇章，为我市旅游资源和旅游产品的推介提供新平台，为河源拓展旅游空间迎来了新的发展机遇。

【组织企业开展旅游形象宣传和旅游广告活动】 2008年，河源市旅游局、市旅游协会联合市内主要旅游景区和有关酒店、旅行社等有关旅游企业与广东新闻频道合作，内容包括在广东电视台新闻频道播放“河源旅游城市形象宣传片”及“《纵横天下游》栏目特约赞助广告”，并作为广东电视台未来主播大赛的外景拍摄基地和培训基地开展系列宣传促销活动。

旅游行业管理

【旅游市场监督管理】 2008年，河源市旅游局全面贯彻实施《广东省旅游管理条例》（以下简称《条例》），严格履行《条例》赋予的职责。一是加强行业管理，按照《条例》，并结合《旅行社管理条例》及《导游人员管理条例》规定审批市内旅行社和做好导游人员资格考试工作。同时，加强对旅馆业的管理，市政府出台《河源市旅馆业管理暂行规定》，以此来促进旅游业水平上档次。二是开展治理“零负团费”专项活动，印发《河源市旅游系统治理整顿“零负团费”专项行动工作方案》，并通过市旅游协会向全体会员单位发起《杜绝“零负团费”倡议书》，要求会员单位为旅游市场健康发展，自觉抵制“零负团费”经营行为；协会与全体会员签订《诚信经营承诺书》，承诺不参与低价恶性竞争。同时，开展专项整治行动，严肃查处旅游违规，对河源市旅游市场旅游广告进行清理，督促涉嫌广告违规的旅行社进行整改，切实维护了旅游市场秩序。三是加强旅游执法检查。联合公安、消防、物价等部门开展联合执法和安全检查。对未经审批非法参与旅游客运的公司（车队）车辆、游船（艇）进行重点整顿；规范导游人员带团行为，对导游讲解内容，带团的规范进行检查，不断促进全市导游队伍的业务素质和服务水平的提高；以局纪检组牵头开展旅行社业务专项整顿，主要包括旅行社的业务档案、规范经营、旅游合同签订、旅游意外保险、旅游宣传资料、旅游租车合同、诚信经营、导游工服、环保袋的佩带等情况检查；在各旅游企业普遍设立旅游投诉电话，并制定完备的旅游投诉制度，做到100%受理，100%处理。

【旅游安全管理】 2008年，河源市旅游局按照目标管理、层层推进的责任制做法，在年初就向各县区旅游管理部门签订安全责任书，进一步健全了旅游安全责任机构，完善了旅游安全管理、旅游风险控制预案。同时在全市旅游行业组织开展“百日安全生产活动”和“春节”、“十一”黄金周前安全大检查，配合交通部门针对旅游道路交通运输安全情况复杂、隐患较多的特点加强旅行社租用旅游车（船）的监管；积极配合卫生、工商、食品药品监督等部门，加强了A级旅游景区、星级饭店及旅游线路沿线宾馆饭店、食品购物点食品卫生安全的管理和整治工作；主动协调配合公安、安监、质监、消防等部门加强对星级饭店和旅游景区特种设施设备的安全管理。

【旅行社管理】 2008年，河源市对所有旅行社开展了业务年检，全市30家旅行社均通过业务年检复核工作。新批准注册旅行社2家。截至2008年年底，全市共有旅行社30家，其中国际旅行社2家、国内旅行社28家。

【导游员管理】 2008年，河源市重视加强对导游思想政治教育、业务技能、旅游安全知识的培训和培养，完成了以市区（属）导游为主的导游服务体系建设，并开展对导游劳动合同的检查。全年对290名导游IC卡进行年审，对游客多次投诉、服务质量差及连续多年没有参加年检的导游作出不予通过处理。截至年底，河源市已持有国家导游资格证书740人。

【旅游饭店管理】 2008年，河源市共有住宿设施479家，客房12762间，公寓239套，总床位26737张；其中星级饭店30家，客房2274间，床位4284张。完成了年度星级饭店的复核工作。全市30家星级饭店通过年度复核及通过重新评定的27家，并对设施设备陈旧老化，服务质量严重下滑的星级饭店提出警告、限期整改及摘星处理。给予取消星级饭店处理的6家，给予限期整顿的1家。截至2008年底，河源市翔丰国际酒店、新世界酒店、万豪国际酒店、金碧花园酒店、假日酒店、新江大酒店被省旅游局评定为“绿色饭店”。

【旅游行业协会】 2008年，河源市旅游协会始终坚持“自我管理、自我约束、自我服务”的办会宗旨，以加强协会自身建设为突破口，充分发挥协会作用，积极配合市旅游主管部门组织实施市委、市政府《关于建设广东生态旅游示范区，加快旅游业转型升级的决定》的旅游发展战略，协助搞好第五届客家文化旅游节活动和组织会员单位参加市委宣传部、市社科联开展的河源市第四届哲学社会科学普及周暨第二届社会科学学术年会活动，并协助行业分会开展相关活动；配合政府有关部门动员全市旅游企业参与“慈善一日捐”、“抗寒救灾”、“送温暖献爱心”、“四川地震抗震救灾”等募捐活动，全市旅游系统共捐款60多万元。

旅游资源开发和景区(点)建设

【旅游投资】 2008年，河源在新建、续建和完善旅游项目上投资约3亿元，包括旅游基础设施建设，旅游项目建设和旅游景区完善项目配套等。全市各县（区）在继续完善整修现有景区（点）的基础上继续努力整合资源开发建设新的景区景点。投资上10亿元、标准为五星级的万绿湖国际会议度假中心正加紧施工建设，东江画廊投资1000万元建设画廊渔港项目已迎客开业，万绿谷休闲度假旅游区投资3200万元已正式开放。

【旅游招商引资】 2008年，河源市旅游招商引资和大型重点旅游项目规划建设继续稳步推进。在参加2008广东国际旅游文化节泛珠三角旅游招商会上，河源市与外商签订了旅游项目6宗，投资总额11277万美元。其中外商出资9913万美元。

【旅游区（点）与基础设施建设】 2008年，河源市政府召开全市旅游规划建设管理工作会议，成立了河源市城市规划委员会旅游规划分会，由市长亲自担任主任委员，出台《河源市旅游景区规划建设管理若干规定》。截至2008年底，万绿湖国际会议度假中心正在加紧施工建设；连平九连山黄牛石旅游度假区正在规划和做好前期工作并将动工建设；东江画廊渔港项目建成开张迎宾客；万绿谷休闲度假旅游区已正式开放；河源恐龙遗址公园正在招商；河源客家文化公园、高尔夫球场、响水旅游区、颐和大温泉等一批大项目也正在规划与建设之中。同时，万绿湖景区新开发了绿港观鱼项目，龙源温泉、热龙温泉、天上人间温泉和御临门温泉扩大了规模，增加了旅游项目及内容，加强了景区的管理。御临门温泉度假村创4A工作进展顺利，已通过市旅游局自评，已向省旅游局申报验收。目前，全市共有旅游区（点）30家，已形成了以万绿湖为代表的生态游，以苏家围为代表的客家风情游，以御临门温泉、龙源温泉、热龙温泉为代表的温泉休闲游，以恐龙文化和赵佗文化为代表的历史文化游等四大旅游产品和线路。

【新开发、新建设景区（点）】 2008年，河源市新开发、新建设景区（点）包括：投资3200万元的万绿谷休闲度假旅游区，位于东源县新回龙镇东星村万绿湖畔，旅游区总面积22平方公里，离市区33公里。是万绿湖环湖公路上第一个原生态自然渔村，拥有尘封了半个世纪的旷世胜景与完好的原生态自然风貌；万绿湖休闲度假旅游区首期开发叶屋坪湖边渔家休闲度假区和原生态体验区两大主题，区域面积5平方公里。是一个集客家文化、渔家水乡田园生活、休闲娱乐、旅游度假、商务会议及渔家特色饮食文化于一体的原生态旅游区。在全省“最喜爱的森林生态、滨海旅游景区”评选活动中，万绿湖休闲度假旅游区被评为“我最喜爱的森林生态旅游景区”。

【旅游扶贫】 2008 年，河源市继续加大旅游扶贫开发力度，积极向省旅游扶贫办推荐、申报旅游扶贫重点项目，其中河源市游客服务中心、源城响水国际生态旅游度假区、东源万绿湖客家风情馆、和平旅游土特产街、龙川鹿湖生态旅游区、连平九连山桃园旅游风景区等6个项目获得省旅游扶贫专项资金410万元。

东源县万绿谷休闲度假风景区

旅游教育培训和精神文明建设

【旅游行业精神文明建设】 2008 年，河源市旅游行业继续开展“讲诚信，树形象，促发展”活动。4月，河源市旅游局被河源市委市人民政府，河源军分区表彰为“创建全国双拥模范城工作先进单位”，张美芳被评为“先进个人”；市旅游总公司总经理赖金凤于2008年1月23日经北京奥组委审批通过为广东河源2008北京奥运会火炬手，并于5月参加北京（广东）奥运火炬传递。5月，河源市翔丰国际酒店被国际酒店领袖机构理事会授予“创新服务奖”称号，7月，市翔丰国际酒店员工李坤杰在全国旅游系统“巾帼建功”评选活动中被授予全国旅游系统“巾帼建功标兵”荣誉称号，9月，市翔丰国际酒店在中国饭店业企业领袖峰会第二届年会上荣膺“中国酒店百强金钻奖”殊荣，总经理李军入选“中华英才百福榜”，荣获“中华英才白金勋章”。

【旅游行风建设】 2008 年，河源市旅游局继续开展“抓作风、促效能、创事业、树形象”主题活动。一是从改进机关作风和提高机关效能入手，着力查找和解决旅游发展中的重点问题，迅速整改，注重实效。二是公开向社会征集对全市旅游工作的建议和意见，针对性地制定了整改措施，建立健全相关工作制度。三是开展对全市旅行社的执法监察检查，基本摸清了全市旅行社的业务情况。四是坚持旅游系统行风监督员制度，组织监督员深入到全市的景区（点），在旅游饭店和游客当中进行明查暗访，广泛听取市民和游客的反映，及时向旅游管理部门提出意见和建议，促使旅游管理部门工作作风的改进。

【旅游教育培训】 2008 年，河源市共举办各类培训班22期，参训人数3394人次。其中组织参加报考国家导游资格培训班2期共394人，通过考试143人。至年底，河源市拥有国家导游资格人数已达740人。

纪　事

7月30日 河源市政府市长刘小华率队专程拜会省旅游局领导，并召开了座谈会。双方就共同建设“广东生态旅游示范区”等问题达成共识。

8月18日 河源市旅游局参加在江西省赣州市上犹县举行的“2008千里客家文化旅游长廊”系列活动预备会和在江西省赣州市定南县举行的“2008千里客家文化旅游长廊系列活动”暨“东江源——九曲”生态旅游节等活动。

9月 河源市旅游局参加了省旅游局组织的配合省委汪洋书记出访东盟四国（印尼、越南、马来西亚、新加坡）的系列经贸、旅游促销活动。

9月20日 中国首届客家文化节在河源市文化广场开幕。国内各省客属社团、港澳台和海外部分客属团体嘉宾，全国各地区民间艺术表演者共3000多人齐聚河源，讲客家方言，听客家山歌，跳客家舞蹈，尝客家美食。省委常委、宣传部部长林雄，中国文联书记处书记、中国民间文艺家协会副主席白庚胜出席开幕式。

9月24～25日 河源市召开了全市旅游景区规划建设管理工作会议。市委书记陈建华、市长刘小华出席会议并讲话。

11月28日 河源市参加2008广东国际旅游文化节泛珠三角旅游招商会。河源市与外商签订了投资项目6宗，投资总额11277万美元，其中外商出资9913万美元。

11月29日 河源市万绿湖风景区被评为“我最喜爱的森林生态旅游景区”。

12月2日 中共河源市委、市政府出台《关于建设广东生态旅游示范区，加快旅游业转型升级的决定》（河委发〔2008〕20号。

（吴运坚）

梅州市

综　述

【总体情况】　2008年，梅州市旅游行业抢抓机遇，共克时艰，迎难而上，成功举办了一系列大型旅游活动，前来旅游观光的游客及自驾车旅游者逐月上升，有效激活和带旺了旅游市场，从而促进旅游经济实现逆势增长。全市共接待国内外游客461万人次，比上年增长15%；旅游总收入46.4亿元（含旅游商品出口创汇收入），比上年增长12%。

【旅游行业规模】　截至2008年底，梅州市共有旅行社33家，其中国际旅行社3家，国内旅行社30家；星级饭店31家，其中四星级饭店2家，三星级饭店14家，二星级饭店14家，一星级饭店1家；全国红色旅游经典景区1个，国家4A级旅游区景4个，国家3A级旅游景区2个，全国农业旅游示范点2个；国家森林公园2个，省级森林公园1个，省级风景名胜区2个，省级旅游度假区2个，省级自然保护区6个，各类景区景点58个；旅游汽车公司2家。

【中央领导视察旅游业】　2008年11月15～16日，中共中央政治局常委、中央纪委书记贺国强在广东省委副书记、深圳市委书记刘玉浦，广东省委常委、省纪委书记朱明国，梅州市委书记刘日知、市长李嘉、市委副书记陈小山等陪同下，先后视察梅州院士广场、东山书院、客家公园、广东客家博物馆、黄遵宪纪念馆、梅县雁洋镇的雁南飞茶田度假村、客家民居围龙屋等景区。16日，贺国强在叶剑英纪念园向叶剑英元帅铜像敬献花篮，并参观叶剑英元帅故居和生平事迹展览。

【汪洋书记考察梅州旅游业】　2008年6月23～25日，中共中央政治局委员、广东省委书记汪洋到梅州市开展专题调研。并参观考察叶剑英纪念园、院士广场、客家公园、广东客家博物馆、黄遵宪故居人境庐等旅游景区。广东省委常委、秘书长肖志恒，梅州市委书记刘日知、市长李嘉、市委副书记陈小山陪同考察。

【省领导考察旅游业】　2008年9月12～13日，广东省委副书记、省长黄华华，省委常委、广州市委书记朱小丹，省人大常委会副主任谢强华，省政府秘书长、办公厅主任徐尚武在梅州市委书记刘日知、市长李嘉、市委副书记陈小山、市委常委兼宣传部长林碧红等陪同下，先后考察院士广场、客家公园、广东客家博物馆、黄遵宪纪念馆和梅州将军馆。

【签约共建示范区】　2008年8月15日，“客家文化生态旅游示范区”、“客家文化生态旅游基地”共建协议签约仪式在广州举行。广东省副省长万庆良、梅州市市长李嘉、省旅游局局长杨荣森等出席签约仪式。常务副市长李金元主持签约仪式。李嘉与杨荣森共同签订了《梅州市人民政府与广东省旅游局共建“客家文化生态旅游示范区”的紧密型合作框架协议》；梅州市旅游局局长陈建新与广州市旅游局局长朱力共同签订了《梅州市旅游局与广州市旅游局共建“客家文化生态旅游基地”的框架性合作协议》。万庆良代表省政府对签约活动表示祝贺，并指出：合作共建具有创新性、突破性和导向性的意义，对探索广东旅游业今后的发展是一个有利的尝试，希望签约各方把握新机遇，谋划新突破，精心打造文化、生态、休闲品牌，为全省旅游业的发展总结经验和提供示范。

梅州市人民政府与广东省旅游局签订“客家文化生态旅游示范区”签约仪式　钟小丰摄

【全市旅游产业发展大会】　2008年6月2日，梅州市委、市政府在市委礼堂召开全市旅游产业发展大会。梅州市委书记刘日知、广东省旅游局副局长周开生出席会议并讲话。李嘉市长总结了2008年和部署2009年全市旅游产业发展工作。会议强调，全市各级各部门要树立“大旅游、大产业”理念，坚持把旅游产业作为先锋产业和重点产业来发展，围绕打造“世界客都”品牌，突出大营销思维，推动大招商突破，努力实现梅州旅游产业的大发展。大会由市委常委、常务副市长李金元主持。大会还为3名受聘担任“梅州市旅游发展战略顾问”的专家教授颁发了聘书。

【梅州（香港）客家书画文化节】 2008年8月7～17日，由梅州市政府、香港梅州联会、香港嘉应商会、香港崇正总会、香港裕华国产百货有限公司联合主办，梅州市旅游局承办的首届“梅州（香港）客家书画文化节”在香港举行。梅州市委副书记陈小山、副市长陈卫平，香港知名人士余国春、田家炳、李东海等，全国政协委员、香港特别行政区行政会议成员曾钰成，香港《文汇报》副社长韩力，梅州市旅游、外侨、统战部门负责人及客家书画家代表团和香港各界人士共500人参加开幕式。陈小山、曾钰成、余国春、田家炳先后致辞并为开幕式剪彩。陈卫平主持开幕剪彩仪式。客家书画文化节期间，共展出梅州当今客家知名书画艺术家的作品58件，展示出客家文化的深厚底蕴、独具特色的人文景观、如诗如画的山川风貌、丰富多彩的旅游产品，使海内外宾客和广大香港市民尽情观赏书画作品的同时，深切感受“世界客都·文化梅州”的独特魅力。

梅州（香港）客家书画文化节现场 肖根平摄

【“选美广东”颁奖仪式】 2008年9月27日，由广东省旅游局、梅州市政府、广州日报社、广州电视台共同主办，梅州市旅游局承办的“选美广东”大型评选活动颁奖仪式在雁南飞茶田度假村举行。省旅游局副局长曾维炳，梅州市委常委、常务副市长李金元，广州日报社报业集团副总编辑周成华，广州电视台党委副书记付岩，广东省有关市旅游局负责人、有关专家学者及新闻媒体记者等共180人参加颁奖仪式。本次“选美广东”评选活动自2007年9月至2008年4月，城市投票共计147.3578人次，景区投票383.8869人次，最终评选出梅州、河源、潮州、肇庆、韶关、湛江、茂名、广州、佛山、珠海10个“我最喜爱城市”。梅州的雁鸣湖旅游度假村、肇庆的盘龙峡和鼎湖山、增城的白水寨、河源的万绿湖、茂名的老虎滩、韶关的丹霞山和南华寺、惠州的海滨温泉、从化的碧水湾被评为“我最心动景区”。曾维炳、李金元、周成华、付岩为获评城市和景区代表颁发奖牌。

选美广东颁奖仪式

【自驾旅游日周系列活动】 2008年12月6日，由广东省旅游局、梅州市人民政府、广东省旅游协会、梅县人民政府主办，梅州市旅游局、梅县旅游局、雁南飞茶田度假村承办的“2008广东自驾旅游日暨梅州精彩客都自驾旅游周系列活动”启动仪式和雁南飞茶香节开幕式在雁南飞茶田度假村举行。本次活动以“活力广东、魅力梅州”、“悠悠自驾日、浓浓客都情”为主题。省旅游局副巡视员王志红，梅州市委常委、常务副市长李金元以及广州、深圳、佛山、东莞、中山、惠州、河源、汕头、潮州、汕尾、揭阳、福州、厦门、漳州、泉州、龙岩、赣州市旅游局负责人，梅州市各县（市、区）政府领导及旅游局长，海内外有关媒体记者、摄影家，车行车友、旅游界人士等共500人参加了启动仪式。李金元在启动仪式上致辞。与会领导为获评“中国最佳文化生态旅游目的地”、“2008年度中国节庆大奖”的梅州市代表、入选“广东旅游十大首创之星”的雁南飞茶田度假村代表和在“客都风情·悠悠自驾”摄影大赛中5名大奖获得者以及“梅州市十大自驾游景区”代表颁奖授牌。12月7日，“第一届广东自驾车友发烧论坛”在雁南飞茶田度假村举行，来自省内外的有关专家学者、自驾车友共同围绕如何发展自驾游的主题进行了研讨。

2008 广东自驾旅游日暨梅州精彩客都自驾旅游周系列活动启动仪式

【旅游招商】 2008年12月12日，由梅州市人民政府、香港贸易发展局、广东省经贸委、省农业厅、省外经贸厅、省旅游局联合主办，香港嘉应商会、香港梅州联会协办的"广东梅州（香港）经贸农业旅游招商推介会"在香港湾仔君悦大酒店隆重举行。梅州市委书记刘日知、市长李嘉，省旅游局副局长曾维炳等出席推介会。共签约旅游招商项目5个，投资总额30.5亿元。

旅游接待与收入

【入境旅游】 2008年，梅州市共接待入境旅游者8.75万人次，比上年增长3.18%。其中：外国游客2.32万人次，比上年增长57.33%；香港游客3.46万人次，比上年下降3.4%；澳门游客1.18万人次，比上年增长16.7%；台湾游客1.80万人次，比上年下降25.7%。旅游外汇收入3028.14万美元，比上年增长12.37%。

【国内旅游】 2008年，全市共接待国内游客451.68万人次，比上年增长15%。其中接待过往游客344.82万人次，比上年增长8.32%；国内旅游收入34.45亿元，比上年增长20.11%。

【出境旅游】 2008年，全市旅行社组团出境游1725人次，比上年下降27.52%。其中，组织香港游672人次，比上年增长11.07%；组织澳门游120人次，比上年下降71.07%；组织出国游933人次，比上年下降31.45%。

旅游宣传促销与节庆活动

【宣传促销】 2008年，为充分展示旅游新风貌，进一步提升"世界客都"与广东最受欢迎自驾游目的地品牌形象，梅州市旅游局与广东省摄影家协会于2008年5～10月联合举办了"客都风情·悠悠自驾"摄影大赛，共征集参赛摄影作品5000张。12月，由梅州市旅游局将82张评为优秀的摄影作品编印成7000本《客都风光》大型旅游宣传画册；年内，梅州市旅游局共编印3万份"客都文化之旅、休闲之旅、红色之旅"折页，1万份"世界客都梅州"中英文折页，1万份"梅州市十大自驾游景区"折页，1万本《客都旅游》杂志；与南方卫视台合作拍摄旅游专题片，制作了1万只《一座围龙屋、一座客家城》光盘，与汕头、潮州、揭阳、汕尾四市旅游局联合编印《粤东旅游指南》；《中国旅游报》、《南方日报》、《南方都市报》、《新快报》、《南方工报》、《深圳特区报》、《环球游报》、《海峡生活报》、《梅州日报》和香港《文汇报》、《星岛日报》以及《旅行家》等报纸杂志分别以专版、图片等形式向广大读者全面系统地介绍"世界客都·文化梅州"的旅游资源。

年内，梅州市旅游局组织各县（市、区）旅游局及旅游企业先后参加了广州国际旅游展销会、第22届香港国际旅游展览会、第43届香港工展会。通过设立展位、图文展示、派发资料、播放录像等形式，大力宣传推介全市旅游产品，进而提升了梅州旅游在海内外的知名度和吸引力。

【客家山歌旅游节】 2008年9月11～22日，由梅州市委、梅州市人民政府主办的"第三届中国客家山歌旅游节"分别在梅城剑英体育馆、亮胜艺术中心、百花洲影剧院、文化公园广场、院士广场举行。11日晚，广东省人大常委会副主任谢强华，原中央电视台台长杨伟光，《光明日报》副总编辑何东平，中国科学院院士、清华大学教授张楚汉，中国工程院院士江欢成、古德生，香港嘉宾余国春、刘宇新、罗焕昌、何冬青、林光如、梁亮胜，梅州市领导刘日知、李嘉及海内外宾客等共3000人出席开幕式。本届旅游节主要活动项目有：客家山歌独唱、客家山歌对唱、客家山歌打擂台、客家山歌表演唱、客家山歌歌伴舞、客家山歌民俗风情展演、客家妹时代风采大赛总决赛，让海内外宾客尽享独具客家特色的旅游文化盛宴。

【各县（市、区）节庆活动】 2008年12月2日，平远县举办了脐橙旅游节；12月6～7日，梅县举办了雁南飞茶香节；12月6～9日，梅江区在梅城嘉信大酒店举办了客家山歌美食嘉年华活动；12月6日，蕉岭县在长潭旅游区举办了金橘节；12月6日，五华县在汤湖热矿泥山庄举办了热矿泥浴节；12月6～7日，大埔县举办了客家风情旅游节；12月9日，兴宁市在国家森林公园神光山举办了客家山歌飘神光活动；12月12～13日，丰顺县在千江温泉度假村举办了第二届温泉文化旅游节。

旅游行业管理

【旅游市场监督管理】 2008 年，梅州市加大对旅游市场监督检查力度。全年出动检查人员 96 人次，检查旅行社 25 家、星级饭店 21 家、景区景点 48 个、旅游团队 53 个、导游 76 人次、旅游客车 30 辆，纠正导游违规行为为 12 人次，处罚无证上岗导游 16 人；受理旅游投诉 17 宗，结案率 100%。

7 月 8 日，按照省统一部署，梅州市旅游局执法大队行政执法人员首次穿上全省统一的旅游执法制服。

【旅游安全管理】 2008 年春节、“十一”黄金周前夕，梅州市假日旅游协调办公室针对国家法定假日调整带来的新变化，两次召开会议进行动员部署，要求各级各有关部门坚持“安全第一、预防为主”的方针，切实加强旅游安全管理工作。对泮坑旅游区、千佛塔景区、雁鸣湖旅游度假村、灵光寺旅游区、阴那山旅游度假区、富源大酒店、田园大酒店、友谊宾馆等景区、饭店进行检查督导，重点检查了消防设备、餐饮场所、娱乐场所、登山设施、水上游乐设施，对检查中发现的问题提出整改意见，及时排除安全隐患。全年未发生旅游安全责任事故。

【旅行社管理】 2008 年 3 月，梅州市旅游局依照《旅行社业务年检实施办法》的规定，完成了对全市 33 家旅行社的业务年检工作，通过率 100%。4 月 8 日，梅州市旅行社业务年检结果在《梅州日报》上予以公告。全年批准新增 3 家国内旅行社（1 月份设立了兴宁市鹏飞旅行社；6 月份设立梅州市嘉和旅行社、梅州春秋旅行社）。

【旅游饭店管理】 2008 年 3 月，梅州市旅游局依照《旅游饭店星级的划分与评定》的标准，完成了对全市 32 家星级饭店年度复核，通过率 100%，并将复核结果以公告形式刊发于 4 月 8 日的《梅州日报》第 4 版。

【导游员管理】 2008 年 4 月至 8 月，梅州市旅游局联合梅江区旅游局、梅县旅游局，开展提高导游服务质量的专项整治行动。共出动检查人员 50 人次，查验旅行社 14 家，检查导游 33 人次，对带团超时购物及降低服务标准的 10 名导游进行处罚。专项整治行动，使导游人员的综合素质和服务水准得到提高，旅游市场环境得到进一步净化，有效地维护了旅游消费者权益。

旅游资源开发和景区(点)建设

【景区（点）建设】 2008 年 1 月 1 日，客家公园全面建成并正式开放。客家公园位于梅州市区东区小溪唇，占地 163.2 亩，于 2005 年 3 月 28 日动工兴建，总投资 1.5 亿元。主要由广东客家博物馆、黄遵宪纪念馆、梅州将军馆、大学校长馆、纪念亭、诗林、碑林组成，分为纪念景区、人文秀区、服务小区三大功能区，融客家建筑、客家文化艺术、客家民俗风情于一体，成为内涵丰富、独具客家特色的人文景区。

2008 年 5 月 1 日，梅江区客天下旅游产业园的“三大文化景观”——《客家赋》巨型石雕、《客家墟日图》铜雕、《自我完善》雕塑落成；同日，平远县投资 1000 万元，建造集自然风光、人文景观、休闲娱乐于一处的南台山森林公园石龙寨景区竣工；10 月 1 日，雁南飞茶田度假村斥资 2000 万元，按国家 5A 级旅游区标准兴建的游客服务中心和生态停车场启用；10 月 1 日，大埔县投入 250 万元，对位于高陂镇党溪村的新加坡首任总理李光耀的祖居“中翰第”进行整体修缮，并向游客开放；2008 年底，广东千江集团投资 3000 万元，建设丰顺县千江温泉度假村第 3 期高级温泉区竣工。

2008 年 8 月，梅县雁南飞茶田度假村、雁鸣湖旅游度假村、叶剑英纪念园、灵光寺旅游区，平远县五指石风景名胜区，五华县汤湖热矿泥山庄，大埔县三河坝旅游区，丰顺县千江温泉度假村、龙鲸河漂流景区，蕉岭县长潭旅游区被市自驾游景区评选活动组委会评为“梅州市十大自驾游景区”；11 月，叶剑英纪念园、灵光寺旅游区被国家旅游局评为国家 4A 级旅游区，梅州市被中国生态学会旅游生态专业委员会评为“中国最佳文化生态旅游目的地”；12 月，雁南飞茶田度假村被广东省旅游协会评为“广东旅游十大首创之星”，雁南飞茶田度假村、雁鸣湖旅游度假村被评为“广东自驾游十佳线路”。

【乡村旅游工作】 2008 年 1 月，广东省旅游局公布“广东省乡村旅游特色县镇村”评选结果：梅县被评为“广东省乡村旅游特色县”，梅县雁洋镇、蕉岭县长潭镇入选“广东省乡村旅游特色镇”，梅县南口镇侨乡村、雁洋镇桥溪村，大埔县三河镇汇城村，平远县长田镇官仁村，丰顺县砂田镇黄花村入选“广东省乡村旅游特色村”。4 月 20 日，梅州市茶山古村落保护开发有限公司挂牌成立，为全市首家保护古村落和开发乡村旅游的专业公司。8 月 12 日，梅县人民政府与梅州市旅游局共同举行评审会，《茶山村旅游项目策划》通过评审。茶山村位于梅县水车镇，现存 34 座杠式、锁头式、殿堂式、自由式、座院式的传统客家民居，山清水秀，景色秀丽，生态环境优雅。旅游项目策划通过评审，为加强保护客家民居古村落和进行乡村旅游开发奠定了良好基础。

【主要景区（点）介绍（续）】

〖广东客家博物馆〗 位于梅州市区。建筑面积达1.5万平方米，外观为圆形客家土楼造型。主场馆由“客从何来”、“客家风情”、“地标围屋”、“人文秀区”、“客家腾飞”五大部分组成。整个客家博物馆融收藏研究、展示传播、参观游览于一体，为省内第一家、国内规模较大的综合性客家博物馆之一，是“世界客都·文化梅州”重要标志。客家博物馆陈列有大量客家民居及民俗场景模型、客家服饰、民间实物、生产工具、生活用品、古典家具以及图片资料等，以再现客家传统民俗文化。通过声、光、电等多媒体现代展览手段，记载并叙述了历史上客家人多次大迁徙的艰难历程，是海内外游客感受客家文化的新亮点。

〖南华又庐〗 坐落于梅县南口镇侨乡村，始建于清光绪十二年（1886年），于清光绪三十年（1904年）竣工。南华又庐坐西北向东南，方形平面布局，占地面积10816平方米，建筑面积11220平方米，为梅州市内规模最大的客家民居。南华又庐中轴对称，主体规整，由门坪、堂屋、外围墙、后庭院、横枕屋、后花园组成，内分上中下三堂，左右两侧各分四堂。上堂后面有枕屋一排，厨房两间，枕屋背后辟为果园，种植各样岭南佳果；右边为花园，建有莲池、假山，种植许多奇花异草。全屋共有118个房间，分布众多大小厅堂及天井，各堂既可独立又可连体，故有“屋中屋”和“十厅九井”之称，显示出设计者的匠心独运与非凡才艺。身临其境，随处可见雕龙画凤的梁柱、精雕细刻的家具、华丽典雅的厅堂，给人眼前一亮之感。2002年7月，南华又庐被列为广东省重点文物保护单位。近年来，慕名而来的众多中外建筑专家、民俗学者、媒体记者及游客络绎不绝，使南华又庐成为梅州市“客都文化之旅”的一大热点。

【乡村游基地——黄花村】 为2007年9月新开辟的乡村游基地。位于丰顺县东北部砂田镇，距梅州市区55公里。黄花村方圆1.5平方公里，四面环山，群峰竞秀，林木茂盛，空气清新，环境幽雅，主要景点有：笔峰、墨池、院士石、将军庙、黄花天池、仰山公祠、原始森林公园、水口生态美景、李国平院士故居、客家特色民居。具有300多年历史的原始森林，植被保存完好，古树参天，花木遍布，曲径通幽，流水淙淙，实为天然氧吧。黄花天池位于原始森林公园顶端，水清如镜，鱼虾成群，在此垂钓，其乐悠悠。著名数学家李国平院士、华南理工大学教授李铭榘、华中科技大学教授李德华、华中师范大学院长李工宝、武汉大学教授李小川、李健行等30多名专家学者，均为黄花村人，属名副其实的教授村。

《云顶人家》——高山围龙屋　何志林摄

旅游教育培训和精神文明建设

【旅游教育培训】 2008年3月，梅州市旅游局组织141人参加第1次全国导游人员资格考试，其中38人通过率27%；9月，组织286人参加第2次全国导游人员资格考试，其中83人通过率29%。为配合“2008中国奥运旅游年”活动，市旅游局于7月8~9日组织全市38家主要宾馆酒店的100名前厅服务人员，集中在梅州市职业技术学校参加“迎奥运酒店英语培训”。此次培训采用互动教学法、模拟酒店场景、训练实用口语为主，有效提升了全市酒店行业接待外国游客的服务水平。12月27日，坐落于梅州市东郊的嘉应学院“地理科学与旅游学院”挂牌成立，开设地理信息系统、地理科学、旅游管理、物业管理4个专业。

【导游演讲大赛】 为提升导游队伍综合素质和服务技能，市旅游局于11月13~14日在梅州迎宾馆举行了“首届客都导游演讲大赛总决赛”，共有39名导游参与决赛角逐。梅县中国旅行社导游池彬娜荣获冠军，平远县五指石旅行社导游鲁燕玲、梅州市金海旅行社导游叶雪梅获亚军，梅州市客乡情旅行社导游金青、梅州市旅游总公司导游庄冬梅、梅州市中国旅行社导游刘苏琴获季军。

【精神文明建设】 2008年5月14日，梅州市旅游局机关举行抗震救灾捐款仪式，随后通过特殊党费、工会、妇女组织形式继续捐款，全局干部职工为四川省地震灾区共捐款12000元。同时，市旅游局向全市旅游行业发出倡议书，积极开展“情系汶川”烛光行动，为灾区人民奉献爱心。截至5月底，全市旅游行业共捐款177733元。国家4A级旅游区雁南飞茶田度假村高度重视精神文明建设，以人性化的科学管理，不断引导女职工爱岗敬业，自强不息，奋发进取。围绕度假村的中心任务，制定了完善的学习培训、岗位目标和奖励机制，努力为女职工的成长创造良好的条件与环境，进而提升了女职工的思想品德、职业道德和服务水准，涌现出一批岗位管理骨干与文明服务标兵。占度假村员工75%的女职工始终以规范的礼仪礼节、精湛的服务技能接待每一位游客，深受海内外游客的好评。2月，雁南飞茶田度假村被中华全国妇女联合会授予“全国‘三八’红旗集体”荣誉称号。7月，梅州市旅游局市场促销与管理科科长古瑞雪，被国家旅游局和中华全国妇女联合会授予“全国旅游系统巾帼建功标兵”荣誉称号；雁南飞茶田度假村游客服务中心班组，被国家旅游局和中华全国妇女联合会授予“全国旅游系统巾帼文明岗”荣誉称号。

梅州市举办第四十三届工展会

纪　事

1月1日　客家公园建成开放。

6月2日　梅州市委、市政府在市委礼堂召开全市旅游产业发展大会。

8月2日　梅州市旅游局与丰顺县人民政府，在丰顺县龙鲸河漂流景区联合举办迎奥运激情漂流比赛。

8月7~17日　由梅州市旅游局承办的首届“梅州（香港）客家书画文化节”在香港裕华国货公司举行。

8月15日　广东省旅游局、梅州市人民政府、广州市旅游局、梅州市旅游局，在省旅游局大楼举行“客家文化生态旅游示范区”、“客家文化生态旅游基地”合作共建协议签约仪式。

9月6日　由广州市“广之旅”组织的首发团600多名游客抵达梅州，拉开了“千车万人游梅州”活动的序幕。

9月11~22日　由梅州市委、市政府主办的“第三届中国客家山歌旅游节”在梅城举行。

9月27日　“选美广东”评选活动颁奖仪式在雁南飞茶田度假村隆重举行。

10月24日　由梅州市旅游局与广东省摄影家协会共同举办的“客都风情·悠悠自驾”摄影大赛圆满结束。

11月1~3日　国家旅游局派驻香港亚洲旅游交流中心主任林山率香港商界及媒体考察团一行33人，参观考察了雁南飞茶田度假村、雁鸣湖旅游度假村、叶剑英纪念园。

11月7~8日　由广东省旅游局组织的“活力广东·魅力岭南”旅游界及新闻界采风团一行90人，先后到雁南飞茶田度假村、雁鸣湖旅游度假村、叶剑英纪念园、客家公园采风。

11月15日　2008世界旅游大使冠军总决赛广东赛区决赛，在雁鸣湖旅游度假村湖心岛广场隆重举行。

12月6日　“2008广东自驾旅游日暨梅州精彩客都自驾旅游周系列活动”启动仪式在雁南飞茶田度假村隆重举行。

12月19~20日　航天英雄费俊龙、聂海胜参观雁南飞茶田度假村、叶剑英纪念园等旅游景区。

（饶贵祥）

惠州市

综　述

【总体情况】　2008年是极不平凡的一年，惠州市旅游业在市委、市政府的正确领导下，坚持以科学发展观为统领，开展了创建全国文明城市和组织奥运火炬传递等重大活动，努力克服年初冰冻雪灾、“5·12”汶川大地震、洪灾等自然灾害以及国际金融危机带来的影响。全市旅游总收入96.55亿元，同比增长14.59%，相当于全市国内生产总值GDP（1290亿元）的比重达到7.48%；接待国内外游客1805.17万人次，同比增长15.21%。其中过夜游客807.66万人次，一日游游客997.51万人次，分别比上年增长14.21%、16.03%。旅游总收入及接待总人数从2006年全省地级市中的第七位跃居到第五位，全市旅游经济呈现出稳步、持续、健康发展的良好势头。

【旅游行业规模】　截至2008年底，惠州市共有旅行社37家，其中国际社3家、国内社34家；星级饭店增至63家。其中：五星级饭店2家、四星级饭店9家，三星级饭店39家，二星级饭店13家；全市已建成的旅游景区（点）60多处。其中国家4A级旅游区4处（惠州西湖、南昆山生态旅游区、南昆山温泉大观园、龙门温泉旅游度假区），国家3A级景区2处（香溪堡、冠和博物馆）；国家级重点风景名胜区2处（惠州西湖、罗浮山）；国家级自然保护区2处（惠东港口海龟国家级自然保护区、象头山国家级自然保护区）；国家森林公园2处（南昆山、广东御景峰）；国家生态风景区1处（白盆湖国家生态风景区）；全国工农业旅游示范点1处（永记生态园）；省级自然保护区4处（罗浮山、南昆山、惠东古田、惠东莲花山）；省级森林公园1处（博罗东山森林公园）；省历史文化名城2处（惠州市、惠东县平海古城）；全市旅游从业人员约2.75万人，其中2008年新增0.7万人，间接从业人员约16.50万人。拥有导游人员1134人。

【重大旅游活动】　2008年4月30日，博罗县人民政府在罗浮山宝田国际度假会议酒店召开罗浮山风景名胜区创建国家4A级旅游景区动员大会。

2008年6月12～13日，全省旅游纪检监察行风建设暨旅游质量监督管理会议在罗浮山宝田国际会议中心召开。惠州市旅游局为会议的成功举办积极作准备。

2008年8月28～29日，博罗县人民政府、惠州市旅游局共同在罗浮山宝田国际度假会议酒店举办第三届惠州国际滨海旅游节博罗分会场“罗浮论剑”国际武术旅游文化节新闻发布会。组织深圳鹏城康辉旅行社等10家旅行社、自驾车俱乐部以及广州、深圳、惠州、东莞等新闻媒体代表分别到朱明洞、黄龙观、景田百岁山矿泉水、罗浮山客家文化村、泰美雷公峡漂流、凯泉高尔夫俱乐部等景区进行实地踩线活动。

【奥运旅游】　2008年是奥运年，奥运火炬接力经过惠州。惠州市旅游局协助市委宣传部做好主流媒体的安保、住宿接待和奥运火炬传递沿线旅游景点的宣传等工作，对指定入住的顺天云景、涛景、南方大酒店等地进行摸底调查，确保奥运火炬接力活动的顺利进行；编印惠州旅游资源产品的宣传资料，在新闻发布会上向国内外媒体记者派送，并在直播奥运火炬接力过程中重点介绍沿途的风光胜景，最大限度聚焦惠州旅游，提升惠州旅游的国际知名度和影响力。

【旅游抗震救灾】　“5·12”汶川发生特大地震后，惠州市旅游局及时转发省旅游局《关于停止组团前往和途经四川地震灾区旅游的紧急通知》和《关于迅速查清在四川地震灾区境内外游客有关情况的紧急通知》，迅速与全市各旅行社联系，及时摸清在震区游客的情况，通知旅行社停止一切游览活动，尽快撤离灾区，妥善处理各种突发事件。

2008年5月28日至6月15日，龙门县遭遇特大洪灾的袭击，旅游业遭受严重损失。受第6号台风“风神”的影响，特大暴雨使该县各旅游景区（点）再次受灾，经济损失达2685万元，其中直接经济损失1363万元，间接经济损失1322万元。

旅游接待与收入

【入境旅游】　2008年，惠州市接待入境旅游者132.79万人次，比上年增长9.50%。其中：台湾同胞14.21万人次，澳门同胞2.71万人次，香港同胞83.54万人次，外国人32.33万人次，分别比上年增长5.77%、9.36%、10.64%、8.29%；旅行社接待入境游客2.49万人次，比上年减少17.7%；旅游外汇收入3.31亿美元，比上年增长15.42%。

【国内旅游】 2008年，惠州市接待国内旅游者674.87万人次，比上年增长15.18%；国内旅游收入73.55亿元，比上年增长17.83%；旅行社组团国内游39.40万人次，比上年下降7.77%。其中，组团省内游30.65万人次，比上年下降1.38%，组团省外游8.75万人次，比上年下降24.84%。

【出境旅游】 2008年，惠州市旅行社组团出境游2.46万人次，比上年增长4.43%。其中，组织香港游1.50万人次，比上年增长17.64%；组织澳门游0.50万人次，比上年增长12.01%；组织出国游0.46万人次，比上年下降27.64%。

【假日旅游】 2008年，惠州市春节黄金周共接待海内外游客141.93万人次，旅游总收入5.05亿元人民币，与上年同比分别增长7.81%和8.84%。景区（点）共接待游客129.03万人次，同比增长7.88%；宾馆、酒店接待过夜游客10.48万人次，同比增长3.46%。其中，入境旅游者1.68万人次，同比增长15.86%，国内游客8.8万人次，同比增长1.38%；旅行社接团人数1.3万人次，同比增长38.3%，组团外出人数1.12万人次，同比增长14.29%。

“五一”（5月1～3日）期间共接待海内外游客87.05万人次，旅游总收入2.78亿元人民币。景区（点）接待游客59.28万人次；宾馆、酒店接待过夜游客24.31万人次。其中，入境旅游者1.86万人次，国内游客22.45万人次；旅行社接团人数1.44万人次，组团外出人数2.02万人次。

“十一”黄金周共接待海内外游客151.38万人次，旅游总收入4.28亿元人民币，与上年同比分别增长34.98%和45.58%。景区（点）接待游客123.16万人次，同比增长34.57%；宾馆、酒店接待过夜游客22.24万人次，同比增长34.06%。其中，入境旅游者2.03万人次，同比增长48.18%；国内游客20.21万人次，同比增长32.79%；自驾车游人数113.37万人次，同比增长50.88%；旅行社接团人数3.06万人次，同比增长52.24%；组团旅游人数2.92万人次，同比增长43.84%。

旅游宣传促销与节庆活动

【概述】 2008年，惠州市作为2008广东国际旅游文化节暨泛珠三角推介大会分会场成功地举办了第三届惠州国际滨海旅游节系列节庆活动；借助社会力量整合旅游资源，用好市政府下拨的200万元专项旅游宣传促销经费，收效显著；继续实施“走出去”和“请进来”战略，积极参加省旅游局组织的各种旅游交易会、展销会，赴各主要客源地举办专场旅游推介会；编印了《文明惠州》、《休闲惠州》、《人文惠州》（再版）等大量旅游宣传资料，完善旅游网站功能，多次邀请旅行商和新闻媒体记者来惠州采风踩线，进行全方位、立体式的宣传推介。

【龙门农民画“奥运绘”公益展销】 2008年6月3日，由广东省文化厅、省体育局、省旅游局和龙门县人民政府联合举办的中国龙门农民画“奥运绘”展览在广州越秀区文化馆开幕，展期7天。主办方同时举办龙门农民画公益拍卖和赈灾义卖活动，所得大部分款项捐献给四川汶川地震灾区。

【旅游宣传促销】 2008年3月26～29日，惠州市旅游局组织15家旅游企业参加广州国际旅游展销会；4月11～13日，由杨灿培副市长带队组团参加在郑州举行的2008中国（郑州）世界旅游城市市长论坛及中国国内旅游交易会；9月，博罗县旅游局与广东省地图出版社合编新的《博罗县交通游览图》，一次性印刷5000份。该局还重新编印《博罗旅游招商投资指南》5000份，拍摄制作博罗旅游风光VCD光碟100张，与邮政部门共同制作发行罗浮山旅游风光明信片；10月，博罗县旅游局与当地旅游专家谢泽南共同编著罗浮山文化指南书籍——《南睹罗浮春》，首次印刷6000册；10月5～9日，惠州市旅游局参加在江西省井冈山市举行的中国红色旅游博览会，6月12～15日，组织10多家旅游企业参加香港国际旅游交易会，并邀请香港10多家旅行商到惠州踩线；10月25日，博罗县人民政府、惠州市旅游局共同在深圳市福田区嘉信茂购物广场举办“千车万人游罗浮山”博罗（深圳）旅游推介会；11月9日，由省旅游局邀请的北京、黑龙江等7省市主流媒体及主要旅行社负责人一行85人组成的“活力广东 魅力岭南”采风、踩线访粤团到龙门县考察。

2008年11月，惠州市旅游局组织部分旅游企业赴四川成都和重庆武隆开展旅游产品推介和考察活动。12月2～8日，又组织部分旅游企业赴湖南省长沙、株洲、衡阳三市进行旅游宣传推介活动。年内，云南昆明市、江西赣州市和井冈山市、福建厦门市、河南郑州市、重庆武隆县、广东韶关市和汕尾市先后来惠州开展宣传推广活动。

【举办海峡两岸温泉旅游协作恳谈会】 2008年11月14日，由中国温泉在线主办的海峡两岸温泉旅游协作恳谈会在龙门县南昆山温泉大观园举行。这是两岸地区温泉行业协会首次联手。中国温泉在线总经理竺炜坚，台湾温泉学会会长陈俊廷，台中麒麟峰温泉董事长、台湾温泉学会台中会长林清潭等嘉宾出席恳谈会。陈俊廷会长在会上作了《如何在温泉度假中增进健康：建构温泉浴场迈向国际卫生防疫的无菌空间》的主题报告。南昆山温泉大观园还与台湾温泉学会签署《关于联合举办2009年度两岸温泉小姐选美活动的合作意向书》。与会代表参观体验了南昆山温泉大观园。

【旅游节庆活动】 2008年1月1日，龙门县与广州广之旅国际旅行社股份有限公司在县城龙珠广场共同举办“鱼跃龙门，泉力创新——千车万人游龙门”活动；4月6日，惠州市旅游局启动“东方威尼斯”杯2008文明惠州旅游摄影大赛“文明惠州”万人游惠州摄影活动；5月8日，“龙门农民画奥运主题展”在市行政中心开幕。国家文化部副部长周和平，省文化厅副厅长杜佐祥，市委副书记陈仕其，副市长谢端，龙门县县长许志晖等出席画展剪彩仪式；9月26日至10月3日，由博罗县人民政府、惠州市旅游局共同举办的第三届国际滨海旅游节博罗分会场“罗浮论剑”国际武术旅游文化节在罗浮山朱明洞景区举行；9月28日，由龙门县委宣传部、县文化广电新闻出版局、县旅游局和县文联联合举办的“李林根·龙门旅游景区诗联自书展”开幕。“诗联自书展”为文化和旅游的有机结合做了新的尝试，为旅游注入了文化基因，提升了龙门旅游品位和档次；9月28日至10月7日，以“千年客家文化、百年红色经典”为主题的惠阳区客家文化旅游节在叶挺故居隆重举行。仅叶挺故居就吸引游客近8000人次。

【第三届惠州国际滨海旅游节】 2008年9月22日~10月7日，由广东省旅游局和惠州市人民政府联合主办，惠东县人民政府、惠州市旅游局和金融街惠州置业有限公司承办的第三届惠州国际滨海旅游节在惠州隆重举行。开幕式主会场设在巽寮金海湾喜来登度假酒店，分会场设在惠城区、惠阳区、惠东县、博罗县、龙门县大亚湾经济技术开发区。23日上午，省人大常委会副主任钟阳胜，副省长万庆良，惠州市委书记、市人大常委会主任黄业斌，市委副书记、市长李汝求，市政协主席刘耀辉等领导；省有关部门和各兄弟市有关负责人；境内外旅游业界专家学者、客商，以及媒体记者等300多人参加开幕式。万庆良副省长在开幕式上致辞。

本届国际滨海旅游节以“休闲惠州·多彩之都”为主题，以“休闲惠州、度假天堂”，“休闲惠州、胜人一筹”，“浪漫滨海、享受阳光”等为宣传口号。宗旨是推介惠州的名山秀水、人文历史、民俗风情，特别是滨海旅游资源，打造惠州滨海度假旅游品牌，树立惠州滨海旅游新形象。主会场活动项目包括：惠州金海湾滨海旅游国际论坛、CCTV2《倾国倾城》惠州专题晚会、金海湾杯2008中国职业模特大赛总决赛等系列活动。旅游节期间，在市区下埔滨江公园和康帝国际酒店分别举办了“美食嘉年华”活动及“东江客家饮食文化展”，龙门县南昆山温泉大观园举办了“森林度假·温泉养生节”、惠阳区叶挺故居举办了“客家文化旅游节”、大亚湾南海旅游度假村举办了“大亚湾海洋休闲旅游欢乐节”、博罗罗浮山风景名胜区举办了“‘罗浮论剑’国际武术旅游节暨葛洪文化园动工典礼”等。

省市领导为第三届惠州国际滨海旅游节揭幕

【龙门县举办“森林度假·温泉养生”旅游节】 2008年9月26日，龙门县“森林度假·温泉养生”旅游节暨全县旅游工作会议在南昆山温泉大观园隆重开幕。此次旅游节以“创强塑造新形象，信息提升竞争力”为主题，宣传推介龙门丰富的旅游资源及精品线路，擦亮“森林度假·温泉养生”旅游品牌。惠州市副市长杨灿培等市领导和龙门县委书记、县人大常委会主任邓炳球，县委副书记、县长许志晖，县政协主席杨绍冲等县四套班子领导及县直正科以上领导、乡镇区场（街道）党政一把手、旅游协会成员单位参加。

【惠州市第四届美食嘉年华活动月】 2008年9月29日至10月5日，惠州市第四届美食嘉年华活动月在惠州下埔滨江公园举行。本届美食嘉年华活动月以“惠民和谐、喜庆狂欢”为主题。开幕式上有长8米、高3米的“锦绣鹅城”巨型艺术蛋糕精彩亮相，整个美食嘉年华有精彩的婚纱秀及绝活表演，并特别设立“第四届惠州美食嘉年华十大名点”和“现场十大美食小吃”评比活动，共设立展位168个，来自惠州本地以及全国各地美食商家参展，推出美食品种达100多种，交易金额近200万元，人流量近30万人次。

【参加2008广东国际旅游文化节活动】 2008广东国际旅游文化节暨泛珠三角推介大会举办期间，惠州市作为分会场共举办了2008年惠州市饭店服务技能大赛等7项活动。在广州主会场，惠州市制作的花车，特装展位独具特色，获花车评比三等奖；罗浮山风景名胜区和南昆山生态旅游区在“我最喜爱的森林生态、滨海旅游景区”评选中荣获“我最喜爱的十大森林旅游度假景区”，惠东巽寮湾滨海旅游度假区和惠州海滨温泉旅游度假区摘取“我最喜爱的十大滨海度假景区”桂冠。

惠州花车亮相开幕式

旅游行业管理

【旅游市场监督】 2008年，惠州市旅游局依法维护旅游投诉者的合法权益，共接到各类旅游投诉案件77起，涉及旅游质量投诉的案件有2宗，已全部结案，为旅游投诉者挽回经济损失近万元；7月，在全市实行旅游投诉电话24小时值班制度；8月，对大亚湾区和惠东巽寮湾滨海度假区等7处海滨泳场进行安全检查，对相关海滨泳场在证照手续、安全急救、经营设施等方面存在问题的单位提出整改要求，清理了个别更名或者停业的海滨泳场；9月，联合市公安局、市交通局到巽寮景区和罗浮山景区开展旅游包车联合专项执法检查，共检查旅游包车10多辆，对导游持证上岗情况一并进行了检查，未发现违规车辆和无证导游；12月，召开了全市星级饭店食品安全专项整治会议，布置食品安全整治工作。

【旅游安全管理】 2008年，惠州市旅游局在春节、“五一”小长假、“十一”黄金周前均派出旅游安全专项检查组，对全市星级饭店、旅行社和旅游景区进行安全检查，排查旅游安全隐患。同时，积极配合省市检查组，对全市旅游企业进行20余次的专项安全检查，强化旅游从业人员的旅游安全观念，对旅游安全生产检查中存在的问题进行查漏补缺，确保在消防、卫生食品、森林防火、水上船舶等方面的安全，全年无重特大涉旅责任安全事故发生。

【旅行社管理】 2008年，惠州市旅游局进一步加强对旅行社管理。2月底，完成了全市所辖的35家旅行社2007年度业务年检工作，其中32家旅行社通过年检；对3家旅行社作出暂缓通过年审，并要求做好整改工作。为营造良好的旅游市场秩序，市旅游局先后派出执法检查人员41人次，共检查8家国际旅行社及部分国内旅行社，检查组团合同140余份，询问旅行社工作人员60余人，检查旅游广告50余份，先后对市内2家旅行社擅自刊登超范围经营的旅游广告进行查处。对博罗县圆洲镇两家贴有违规字样的咨询服务部，责成县旅游局进行查处。

年内，根据省旅游局制定的《广东省旅行社资质等级划分与评定》标准，惠州市旅游局对环宇国旅、青年旅行社和西湖中旅申报的等级资质评定材料进行复核上报。

【导游员管理】 2008年，惠州市旅游局完成了全市560张导游IC卡2007年度年审工作。全年共对658名导游人员进行计分管理专项检查，有效地规范了导游人员的行为。3月和9月，认真组织2008年度全国导游资格考试（笔试、口试）工作，确保考试工作的公平、公正和规范。

【旅游饭店管理】 2008年8月至10月，惠州市完成了南方大酒店等7家三星级、二星级饭店的评定性复核，对其余42家星级酒店进行年度复核。全年共向省星评委推荐申报6家四星级、1家五星级饭店，其中4家四星级、2家三星级饭店已评定，并有3家饭店被取消星级。

2008年7月2日，“纪念改革开放30周年”全国旅游饭店服务技能大赛广东惠州赛区选拔赛在惠州康帝国际酒店隆重举行。8月，惠州市旅游局组织优胜者参加全国旅游饭店服务技能大赛广东赛区选拔赛，荣获团体第三名及优秀组织奖，并获个人二等奖1名，三等奖3名；9月19日，惠州市旅游饭店服务技能大赛在康帝国际酒店开幕。本次大赛在原有传统项目上，结合旅游饭店功能和服务又有所创新，主要分酒店服务与才艺展示、海报设计技能、中式铺床技能、蔬果雕刻技艺、中厨冷拼技能等五个项目。

【行业协会】 2008年4月17～18日，惠州市旅游协会年会在惠阳新都会大酒店隆重开幕。惠州市政协副主席许玩宏、市旅游局局长崔爽、广东省旅游协会、惠阳区政府、政协有关领导，市、县（区）旅游局领导，兄弟省、市、县（区）友好旅游企业负责人，省、市、县（区）各级新闻媒体，惠州市旅游协会会员单位代表共170多人出席。

旅游资源开发和景区(点)建设

【概述】 2008年，惠州市旅游局加强对罗浮山风景名胜区和惠州海滨温泉度假区评定4A级景区工作的指导，对照标准认真抓好硬件和软件建设，于10月顺利通过省旅游局的初评并上报国家旅游局。4月7日和4月9日，惠州市先后召开市政府工作会议和市政府常务会议，专题研究部署“东江游”项目具体实施方案。按照会议精神，惠州市旅游局于4月28日报送关于做好“东江游”工作的请示。多次与市国资委等相关单位保持沟通与协商，跟踪督导“东江游”项目的进程。成立了“东江游”项目经营管理公司，购置了两艘游船，拟于2009年1月下水首航。

【旅游规划】 2008年2月19日，《惠州市旅游发展总体规划》终期评审会在惠州宾馆举行并获通过；4月，《罗浮山风景名胜区总体规划修编方案》得到广东省人民政府的批准，并上报国务院；6月10日，惠州市旅游局在惠州宾馆召开惠阳区崇林世居，博罗县象头山抽水蓄能电站、航天育种科技园、黄山洞，龙门县乌坭社区、青溪村等旅游项目概念规划意见征询会；9月12～13日，由广东省旅游局、林业局、华南师范大学和惠州市规划建设局等单位组成的专家评审组审阅并通过《广东龙门县南昆山生态旅游区总体规划》和《广东龙门县南昆山旅游区综合服务中心详细规划》。龙门县县长许志晖、县委常委杨慧红等县领导及县旅游、环保、发改、规划建设、国土资源、林业、水利等单位负责人参加评审会。

《博罗县旅游发展总体规划》经过反复修改和完善于12月23日获博罗县人大常委会审议通过。

【广东城乡游】 2008年2月17日，广东省旅游局公布“广东省旅游特色县镇村”评选结果，龙门县入选“广东省旅游特色县”，永汉镇入选“广东省旅游特色镇”，乌坭村、热水锅村、功武村、下坪村、嘉义庄村5个村入选“广东省旅游特色村”。在2008广东国际旅游文化节上，由省旅游局与省林业局共同主办的“我最喜爱的森林生态·滨海旅游景区”评选活动结果揭晓，罗浮山风景名胜区和南昆山生态旅游区荣膺“我最喜爱的十大森林旅游度假景区”，惠东巽寮湾滨海旅游度假区和惠州海滨温泉旅游度假区摘取了“我最喜爱的十大滨海度假景区”桂冠。11月，惠州市举办旅游行政管理人员培训班，学习考察重庆市乡村游（农家乐）的成功经验，并结合本地开展乡村游（农家乐）的实际情况，广开思路，科学谋划。惠州市旅游局支持挂点村南昆山乌坭社区，划拨10万元旅游扶贫资金铺设3千米长的游客观光路，邀请旅行社和投资商到乌坭社区踩线，设立网页，印制宣传册子，整合旅游资源，着力开发出别具特色的乡村游线路，使之形成以农家餐馆为基础，依托南昆山生态旅游区，吸引游客“吃农家饭、享农家乐、体验田园生活”的旅游乡村。

【新开发、新建设景（区）点】

〖金海湾（巽寮）国际滨海旅游度假区〗 位于惠东县稔平半岛西南部，毗邻香港、深圳，与中海壳牌石化城隔海相望，距离深汕高速公路稔山出入口33公里。区域总面积105平方公里。拥有27公里的海岸线，10多公里的半月形优质沙滩，1米多深、200多米宽的平坦浅水湾，是良好的天然海水浴场。下辖巽寮、赤砂、榄涌、渔业4个行政村，35个村民小组，总人口9706人。巽寮自然资源得天独厚，历史文化悠久，瑰丽的自然景观资源和深厚的人文资源交相辉映，是一颗璀璨的滨海明珠。先后被评为“广东省东部地区的重点旅游景点”、“一级旅游功能区和一级保护区”、“广东省国民休闲度假基地”、“广东省十大滨海旅游度假基地”等。2008年被国家有关部门评为“全国最佳休闲名镇”。

该度假区引进北京金融街控股股份有限公司投资开发旅游项目，全力打造“巽寮湾”滨海旅游品牌，努力把资源优势转化为产业优势。在整个创A工作中，共投入资金3.0183亿元，其中2.98亿元用于道路建设投资，383万元用于各项配套设施的整改。

〖金色海岸度假区〗 地处惠东县巽寮镇，东与铁涌接壤，南与平海相连，西与大亚湾经济开发区隔海相望，北与稔山镇交界，毗邻香港、深圳，现为广东省唯一的滨海旅游资源处女地。拥有20.2平方公里的控制版图，27公里长的海岸线。海滨有10多公里的半月形优质沙滩，海水水质和大气环境质量均为国家一级（类）标准。1米多深的平坦浅水达200多米之宽，是良好的天然海水浴场。惠州金海湾喜来登度假酒店位于惠东县巽寮湾滨海旅游度假区富巢湾，占地10公顷，总投资3.5亿元人民币，建筑面积3.8万平方米，共有客房300余间（套）。该酒店是“金色海岸”的首个项目。

金色海岸度假区

〖天然温泉度假村〗 位于龙田镇赖屋村，由龙门兴运温泉旅游度假有限公司投资兴建，度假村规划用地面积1200亩，已依法取得486亩国有土地使用权和地下水资源的采矿权，另外700多亩土地正在办理征地手续。本项目前期预计投资人民币5亿元，后期预计投资人民币7亿元，建设期为五年。

主体标志性建筑——五星级客家围酒店已进入室内装修阶段，预计在2008年年底完工，建成后拟申请三项吉尼斯世界纪录。国际会议中心建筑面积8000平方米，装备有最先进的高科技影音系统和同声传译设备，将于2009年10月交付使用。高尔夫球场是作为五星级客家围酒店附属的健康娱乐设施。第一期工程已投入1.5亿元，已建成池区、接待大厅、宾馆、办公楼、餐饮中心等基础设施。首期项目已于2008年8月16日试业。

天然温泉度假村

【旅游扶贫】 2008年，惠州市共有6个省旅游扶贫重点项目和一个贷款贴息项目。获得省旅游扶贫专项资金200万元、贴息贷款120万元。

惠州市旅游局重视旅游扶贫项目的建设，着重培育和发掘一批有价值的“农家乐”和生态旅游项目。如龙门县南昆山乌坭社区位于南昆山生态旅游区的一个偏远贫困山村，为“十百千万”干部下基层驻农村工作挂点村，市旅游局充分利用南昆山乌坭村的自然资源，打造乌坭村乡村游项目。

【旅游强县】 2008年1月4~5日，龙门县创建“广东省旅游强县”工作通过省旅游强县评定委员会的检查验收。在2008年2月27日召开的全省旅游工作会议上，县长许志晖欣然从万庆良副省长手中接过“广东省旅游强县”牌匾。龙门县成为惠州市第一个获得“广东省旅游强县”殊荣的县。

【旅游信息化】 2008年，经惠州市信息产业局同意，市财政局划拨专款，启动惠州市旅游局办公自动化系统的建设。该系统暂设日常办公、工作安排、行政管理三大板块，具体有收发文、内部邮件、个人秘书、档案人事管理、报销管理、会议管理、车辆管理等功能，目标是实现网上办公和无纸化办文，并与旅游网站安全连接，逐步实现电子政务、旅游电子商务的一体化，提高工作效率和旅游信息化水平。

旅游教育培训和精神文明建设

【旅游教育培训】 2008年，惠州市旅游局共举办各类培训14期，1743人次。1月份举办了“中信汤泉酒店服务员政务接待培训班”，共100人接受了专业培训；2月和8月，分两期、共有155人参加全国导游人员资格考试的考前培训班；3月份组织27名中级导游人员参加省举办的中级导游人员研讨会；3月和7月，举办了两期新考导游员上岗前培训班，参加培训人数达147人；4月至5月，组织酒店英语考评员参加省旅游局举办的饭店职业英语培训班；5月，组织参加广东省饭店职业英语考试培训师、考评员培训与考试。全市现有饭店职业英语资格考试培训师8名、考评员5名；6月份协助省旅游局完成了《广东省2008年度饭店中高层管理人员培训》报名、资料审核等工作，全市有27人参加岗位培训并通过考核。同时还开展了广东省饭店职业英语考试，全市有46名考生参加考试；6月17日，协助罗浮山管委会、博罗县旅游局举办了一期景区服务从业人员培训班。7月18~20日，在罗浮山景区举办罗浮山景区业务骨干培训班，两期参训人员共有210人，培训课程为《旅游服务礼仪》、《旅游服务心理》、《旅游服务礼仪、礼节、礼貌》等；6月至7月，完成了2008年度全国中级导游员报名、资料审核等工作；8月，组织全市12名考评员参加广东省全国导游人员资格考试考评员培训与考试；12月，举办2008年度全国导游人员年审教育培训班，全市有700多名导游参加集中培训。

【举办全市旅游质量监督员培训班】 2008年10月，惠州市旅游局在惠州宾馆举办全市旅游质量监督员培训班。全市各旅游企（事）业单位共103人接受培训。省旅游局职能部门派人为学员授课。培训内容针对性强，具有可操作性，提高了全市旅游质监干部队伍的政策法规水平和旅游投诉的处理能力。

【举办旅游行政管理人员培训班】 2008年11月，惠州市旅游局与中共惠州市委组织部联合举办惠州市旅游行政管理人员培训班。全市各县（区）人民政府主管旅游工作的领导，各县（区）旅游局正、副局长，各景区管委会（管理处）正、副主任，旅游重点镇、乡、办事处主管旅游工作的领导，旅游院校主管旅游专业教学的负责人，市旅游局副科以上干部等旅游行政管理人员共92人参加了培训。培训班邀请专家、教授对惠州市旅游发展总体规划、惠州人文历史与旅游景观、葛洪和苏东坡寓惠文化、旅游资源开发与保护、惠州旅游30年发展成果等内容进行授课。培训班学员还专程考察学习了重庆市乡村游（农家乐）的成功经验。

【校企合作开设工读结合班】 2008年10月，惠州旅游学校与惠州金海湾喜来登度假酒店签订《惠州金海湾喜来登班管理协议书》。这是该校与康帝国际酒店成功合作开设“酒店管理康帝班”后，再次与国际知名品牌联姻，探索了校企合作、互利双赢的新路子。

【旅游行业精神文明建设】 2008年，惠州市旅游局成立了“惠州市旅游行业创建全国文明城市工作领导小组”，制订工作方案和建立协调、督查机制。并将旅游行业深入学习实践科学发展观的试点工作与省委解放思想学习大讨论活动，市委倡导的“六个年”、创建全国文明城市等中心工作一起动员部署，形成整体推进、齐抓共建的合力。先后7次召开创建全国文明城市整改会议，定期检查各县（区）创建工作的进展情况。4月至9月，对全市24家旅行社（市直17家、惠阳区4家、大亚湾区3家）和三个区的所有星级酒店共开展6次以上的专项检查及10多次突击检查，共发出300多份整改通知书和1000多条整改意见，逐一抓好整改落实，有效地提升旅游从业人员的服务质量和水平。

【价格诚信单位评选】 2008年11月28日，惠州市旅游局与市物价局联合开展2007年度旅游行业价格诚信单位评选活动。环宇国旅、康帝国际酒店、罗浮山风景区等16家单位荣获“价格诚信单位”称号。

纪 事

3月26日 世界中小企业联合会考察团一行12人到龙门县考察旅游投资环境。

3月12日 “旅校大讲堂”首场讲座在惠州旅游学校开讲。邀请知名企业家、专家学者、社会名流等业界精英担任主讲嘉宾，高规格的讲坛尚属首例。

4月19～20日 福建省旅游参观考察团到龙门县考察旅游资源。

4月23日 惠城区完成西湖孤山住户搬迁工作，为西湖景区发展腾出空间。

5月27日 博罗县富华大酒店举行四星级挂牌仪式。

5月 惠州市旅游局与重庆市武隆县签订旅游合作框架协议。

6月21日～22日 南昆山川龙峡漂流景区举办“华南首届高校漂流大赛”。

10月13日 惠州市委第四巡视组到惠州市旅游局开展巡视调研活动。

11月22日～23日 来自全国各地约800名摩托车爱好者在南昆山生态旅游区举行摩托车趣味性比赛、摩托车特技表演以及爱心助学拍卖会。

12月7～9日 惠州市龙门县和云南省玉龙县举办缔结友好县的签约仪式。惠州市副市长杨灿培和龙门县县长许志晖参加签约仪式，并参观考察了玉龙县的旅游资源。

12月20日 “爱从行动开始”为主题的“百车慈善行”活动在龙门县龙田镇田尾中心小学启动，同时举行了捐赠仪式。

12月21日 2008国际旅游小姐冠军总决赛（中国·广东）大赛总决赛在南昆山温泉大观园举行庆功晚会。

12月29日 惠州市旅游协会、惠州旅游学校联合举办了惠州市金钥匙会员联谊暨“旅校大讲堂”活动。

（侯　瑞）

汕尾市

综 述

【总体情况】 2008年，汕尾市继续打造“红、蓝、绿、古”四大特色旅游品牌，充分挖掘和利用丰富的红色旅游资源。在全市旅游行业开展“微笑服务”、“细微服务”、“明明白白消费”等提升旅游服务品质活动。抓好以节能减排为主要内容的“绿色饭店”创建工作。克服了各种不利因素对旅游业带来的影响，全市旅游业继续平稳向好发展，全年接待旅游总人数221.13万人次，比上年增长15.46%；实现旅游总收入22.93亿元，比上年增长34.08%；旅游创汇510.62万美元，比上年减少2.02%。

【旅游行业规模】 截至2008年底，汕尾市拥有旅行社16家，其中国际旅行社2家，国内旅行社14家；星级饭店15家，其中四星级饭店2家，三星级饭店11家，二星级饭店2家；绿色饭店28家；汕尾市主要景区（点）共10个：红海湾旅游区、金厢滩滨海景区、海丰莲花山森林公园景区、海丰红宫红场、陆河绿色生态走廊景区、陆河神象山公园、陆河瑞龙庄园、陆丰玄武山旅游区（国家4A级）、汕尾凤山祖庙旅游区、陆丰清云山景区；全市旅游从业人员逾万人。其中行业管理人员73人，旅行社320人，景区旅游工作人员850人，宾馆、酒店在岗服务人员约8760人。

【全市旅游工作会议】 2008年3月14日，汕尾市人民政府在市政府会议厅召开全市旅游工作会议。会议传达贯彻了全国和全省旅游工作会议精神，对2007年度汕尾市旅游工作进行了回顾总结，对2008年旅游工作进行了全面部署。李贤谋副市长强调，要以新一轮思想大解放推动汕尾旅游业新一轮大发展，做到“六个创新”：创新发展旅游业的政府主导机制；创新发展旅游业的管理方式；创新鼓励投资旅游业的优惠措施；创新打造汕尾旅游品牌的工作模式；创新创建中国优秀旅游城市的工作思路；创新区域合作、拓展旅游市场的新格局。会议由市政府副秘书长曾志宁主持。市政府副市长李贤谋、市人大常委会副主任陈广周，市政协副主席余红等领导出席会议。市旅游工作协调领导小组成员单位负责人，各县（市、区）分管旅游工作领导、旅游局长，全市各旅游企业负责人共200多人参加会议。

汕尾市召开2008年旅游工作会议

旅游接待与收入

【入境旅游】 2008年，汕尾市接待入境游客2.493万人次，比上年减少2.3%；旅游外汇收入510.62万美元，比上年减少2.02%。

【国内旅游】 2008年，汕尾市接待国内游客336.37万人次，比上年增长18.21%。其中过夜国内游客218.64万人次，比上年增长15.7%，一日游游客117.73万人次，比上年增长20.37%。

【出境旅游】 2008年，汕尾市出境组团社共组织出境游客2044人次，比上年增长71.04%。其中组织港澳游2031人次，比上年增长50.62%。

【黄金周假日旅游】 2008年，春节黄金周全市共接待游客148.36万人次，比上年增长14.54%。其中接待过夜游客13.18万人次，比上年增长13.91%；全市旅游总收入1.16亿元，比上年增长12.62%。

“五一”（5月1~3日）小长假全市共接待游客5.76万

人次。其中接待过夜游客 2.14 万人次；全市旅游总收入 1889.4 万元。

“十一”黄金周全市共接待游客 29.32 万人次，比上年增长 6.54%。其中接待过夜游客 9.25 万人次，比上年增长 8.82%；旅游总收入 9324.56 万元，比上年增长 6.86%。

旅游宣传促销与节庆活动

【旅游宣传促销】 2008 年，汕尾市拥有以红宫红场为代表的“红色”资源，以红海湾遮浪奇观为代表的“蓝色”资源，以粤东第一高峰——海丰莲花山为代表的“绿色”资源，以碣石玄武山为代表的“古色”资源。为集中宣传推介汕尾的“红、蓝、绿、古”四特色旅游资源，打造汕尾旅游品牌，推动汕尾旅游业发展，汕尾市旅游局组织旅游企业和旅游管理部门有关人员参加了泛珠三角、闽粤赣 13 市和粤东 4 市各旅游区域开展的宣传促销活动，与各地旅游界同仁共商区域合作事宜，就共同拓展客源市场，打造旅游品牌，开辟精品线路，发展红色旅游等方面进行了广泛接触与探讨，为客源互动、产品互补、效益共享达成了共识。4 月 25 日，由市旅游局组织旅游企业前往惠州市参加旅游推介会。8 月 11 日，由厦门市旅游局牵头，召开厦门粤东五市区域旅游合作座谈会，市旅游局局长吕以皆带队，市中旅、市汕之旅旅行社总经理参加，厦门、汕尾、汕头、潮州、揭阳、梅州旅游局签订了《六市旅游区域合作协议》。9 月 7 日，由福建省旅游局牵头召集了 4 省 23 市旅游局在厦门举行了《海峡两岸旅游区域合作联盟厦门宣言》，市旅游局局长吕以皆带队参加。

【汕尾“新八景”】 2008 年 1 月，经汕尾市人大审议批准，“五坡正气、玄武灵声、有凤来仪、遮浪奇观、红场星火、莲峰叠翠、金厢银滩、南万椎涛”为汕尾市“新八景”。2 月 28 日，在“庆祝汕尾建市 20 周年”晚会上宣布“新八景”名誉并授牌。

【参加广东国际旅游文化节】 2008 年 11 月 23 ~ 29 日，汕尾市由李贤谋副市长带队，组织各县（市、区）旅游局和旅游企业共 10 个单位、50 多人参加了 2008 广东国际旅游文化节暨泛珠三角旅游推介大会组委会主办的各项活动。在广州主会场展示的具有汕尾旅游文化特色的花车，由海丰白字剧团派出的 6 名演员精彩地演绎了国家非物质文化遗产白字戏“犁园春色”这一鲜活的地域文化，充分展示了“活力汕尾、人文汕尾、和谐汕尾、清新汕尾”的旅游形象，受到组委会的褒奖。参加了 2008 旅游大促销暨广东国际旅游展览会活动，汕尾市设展位 6 个，共派发各类旅游宣传资料 2 万多份，全面推介了汕尾旅游资源，并与各地旅游界同仁进行了广泛的切磋与交流。

汕尾市制作的旅游文化节花车

旅游行业管理

【旅游市场监督管理】 2008 年，汕尾市旅游局认真做好旅游团队和旅游经营单位的检查监督，严厉打击“黑车”、“黑导”和非法经营旅游业务活动行为。同时，加强对旅游者的教育引导，大力倡导文明旅游、健康旅游，宣传《中国公民出境旅游文明行为指南》和《中国公民国内旅游文明行为公约》，提升公民文明旅游素质。开展“旅游诚信活动”，树立“服务游客为本”的思想，提高了旅游从业人员的整体服务质量和水平。全年共出动执法检查人员 80 人次，依法查处违规带团人员 10 人、旅行社超范围广告 1 宗；协调处理了 7 宗一般性的旅游投诉，有效地维护了旅游消费者的合法权益。

【旅游安全管理】 2008 年 5 月 10 日和 9 月 11 日，汕尾市旅游局先后印发了《汕尾市旅游突发公共事件应急预案》、《汕尾市旅游局处理安全事故应急预案》，强化对旅游企业各类应急预案的监管和对旅游安全生产档案的督促检查。2008 年春节、“十一”黄金周及元旦、“五一”小长假等旅游旺季，全市旅游管理部门均组织人员到旅游企业开展明查暗访，共组织 9 个检查组、35 人次对各景区（点）、旅行社、星级饭店进行安全检查，全年未发生旅游安全事故。

【旅行社管理】 2008 年，全市共有 16 家旅行社参加全省旅行社业务年检，参检率 100%，并全部通过年检。全年新增陆丰市陆之旅旅行社、陆丰市东陆旅行社、汕尾市阳光旅行社 3 家国内旅行社。

【导游员管理】 2008 年，汕尾市旅游局认真组织导游资格考试和年审培训工作。完成了全市87名导游员年审培训工作；2008年3月和9月，全市共组织了38人参加全国导游资格考试，有7人通过资格考试。

【旅游饭店管理】 2008年，汕尾市按要求开展星级饭店复核工作，全市应参加复核的星级饭店15家，其中有2家未参加复核年检（长讯宾馆、神秘岛海景酒店）；免复核的星级饭店3家（东陆酒店、新洲宾馆、富之城酒店）；通过复核的星级饭店10家（莲花山度假村、友谊宾馆、蓝岛假日酒店、美丽华大酒店、龙山宾馆、陆丰大酒店、金伯爵广场、得胜宾馆、瑞龙庄园、海港酒店）。全年新评星级饭店3家：东陆酒店升四星级，新增富之城酒店三星级、新洲宾馆三星级。

旅游资源开发和景区(点)建设

【旅游投资和招商引资】 2008年，通过各级政府和各部门的共同努力，通过引进外资、民资和合资等多种形式建设旅游项目。截至2008年底，全市在建的旅游项目共10个，总投资金额为26.55亿元，包括：海丽国际高尔夫球场酒店、鹅埠日月湖生态农业大观园、赤石明热温泉度假村、陆丰怀轩旅游度假区、甲东麒麟山旅游区、陆河黄金坑温泉度假区、上护温泉度假区、南湖度假村、海丰金丽湾度假村（已完工）、市城区巴黎半岛酒店（已建成并于2008年11月28日开业）。上述项目的陆续建成开业，将加快实现汕尾市“建设成珠三角东花园和粤东旅游休闲度假胜地”和“特色旅游产业经济带”的目标以及落实市委市政府“把汕尾建设成工业、旅游业和海洋产业发达的现代化滨海新城”的城市定位。

【红色旅游】 2008年，汕尾市认真组织实施《全国红色旅游发展纲要》，充分挖掘和整合本地红色旅游资源，利用电视、广播、报刊等媒体广泛宣传推介，使“红色之旅”历久弥新。充分利用革命史迹为载体，以旅行社为主，组织接待参观游览主题性爱国主义教育活动，寓思想道德教育于参观游览之中。全年接待参观红色景点的游客和本地学生达20万人次。

【旅游扶贫】 2008年，汕尾市批准的旅游扶贫项目共3个，分别为瑞龙庄园、后门自驾车旅游驿站、金厢滩黄金海岸红色旅游区。获省旅游扶贫资金210万元。

旅游教育培训和精神文明建设

【旅游教育培训活动】 2008年，全市参加导游（含讲解员）培训156人，其中导游员87人，讲解员69人；参加省培训高层管理人员12人。元月份，汕尾市旅游局组织对全市旅行社、旅游景区未持证上岗的工作人员54人进行培训，并经考核全部合格。

【旅游行业精神文明建设】 2008年，汕尾市旅游局在全市旅游系统女干部职工中开展“巾帼建功迎奥运”的主题活动，弘扬奥林匹克精神，涌现出一批先进个人和单位。汕尾市旅游总公司组团部经理陈丽华被国家旅游局、全国妇联授予全国旅游系统“巾帼建功标兵”，海丰县旅游发展总公司国内旅游部被授予“巾帼文明岗”；“五一”劳动节前夕，汕尾市总工会、市人事局、市旅游局联合授予周梅等7人为“市旅游系统劳动模范”、邱伟源等2人为“市旅游系统先进工作者”、汕尾市中国旅行社等6个单位为“市旅游系统先进集体”。共青团汕尾市团委、市旅游局命名汕尾市旅游总公司、海丰旅游服务公司、市东方旅行社、市汕之旅旅行社综合部为2007年度汕尾市“青年文明号”。

【旅游行风建设】 2008年，汕尾市旅游局将“继续解放思想，坚持改革开放，争当实践科学发展观的排头兵”学习讨论活动与推动汕尾旅游工作有机结合，认真组织学习讨论，查找剖析制约汕尾旅游业科学发展的突出问题并研究改进工作意见，明确决策方向，制定了《关于加快特色旅游产业发展的实施意见》和6个行业管理的规定办法（已上报市政府待审批出台）。2008年7月在旅游系统开展纪律教育学习暨整顿机关作风、“万众评公务”活动，加强对广大干部职工的思想道德教育，促进了旅游管理部门工作作风的好转和行业队伍思想素质的提高，树立了良好的行业风气和形象。

（蔡韩娇）

东莞市

综 述

【总体情况】 2008年，东莞市旅游业受到“5·12”汶川大地震、年初冰冻雨雪灾害以及国际金融危机的影响，为加快旅游业的发展，东莞市政府出台《关于进一步加快旅游业发展的意见》，提出要把旅游业作为全市国民经济新的增长点来培植，办成第三产业中的支柱产业。东莞市旅游局积极开展解放思想学习讨论活动和开展学习实践科学发展观活动，提高加快全市旅游业发展重要性的认识，加强了与东莞各镇街政府及旅游企业的联系与沟通。东莞市以建设国际性新型旅游目的地为目标，解放思想促转型，开拓创新谋发展，加大营销塑形象，全年接待海内外游客1870万人次，比上年增长8.51%；旅游总收入128亿元，比上年增长8.25%。

【旅游行业规模】 截至2008年底，东莞市共有旅行社42家，其中国际社9家，国内社33家；非法人分社4家；旅游星级饭店99家，其中五星级20家、四星级25家、三星级32家、二星级以下22家；A级旅游景区2处，其中国家4A级、2A级旅游景区各1处。

【重大旅游决策】 2008年6月20日，东莞市人民政府出台《关于进一步加快旅游业发展的意见》(东府〔2008〕74号)。《意见》要求各级旅游管理部门进一步解放思想、加快旅游业发展，促进东莞由旅游客源地向旅游目的地转变，由生产中心向生产和消费中心转化，把旅游业作为国民经济新的增长点来培植，作为第三产业中的支柱产业，使东莞成为知名的会展休闲商都。力争到2010年，全市旅游接待总人数达到2400万人次，年均增长12%；旅游总收入达到178亿元，年均增长15%。

【召开全市旅游工作会议】 2008年5月7日，东莞市召开全市旅游工作会议。省旅游局副局长曾维炳，东莞市委常委、副市长江凌，东莞市政府副秘书长黄冠球，市旅游局局长蒋小莺等出席会议。会议对近年来全市旅游业发展情况进行了总结，提出了东莞市进一步加快旅游业发展的指导思想、总体目标和工作重点。

【东莞确定旅游形象主标识、宣传语】 2007年12月，东莞市旅游局启动了东莞旅游形象主标识、宣传语征集活动。经过3个多月的面向社会公开征集作品及广泛征求各方专家意见，东莞旅游形象主标识、宣传语征集活动圆满结束。东莞市旅游局于2008年3月25日召开新闻发布会，确定把“多彩的玉兰”和“为东莞喝彩！”作为东莞市新的旅游形象主标识和宣传语。

东莞旅游形象主标识、宣传语揭晓

【举办饭店业服务技能大赛】 2008年8月11～13日，东莞市旅游局、东莞市旅游饭店协会在厚街镇嘉华大酒店成功举办东莞市“尚佳杯”饭店业服务技能大赛，来自全市的四、五星酒店和部分待评星级酒店的27支代表队共239名选手参加，比赛设中式铺床比赛、中式宴会摆台比赛、西式宴会摆台比赛、鸡尾酒调制比赛、中式烹调比赛等5个竞赛项目。8月25～26日，全省旅游系统饭店业服务技能大赛在东莞市厚街嘉华大酒店举办，东莞市旅游局派出的代表队共取得单项一等奖1个、二等奖2个、三等奖1个以及团体三等奖。

【举办中美滑水明星对抗赛】 2008年9月29～30日，2008中美滑水明星对抗赛在东莞市松山湖举行。经过两天的滑水竞技，中国滑水队以微弱优势险胜美国滑水队。精彩赛事吸引20多万名观众及游客前来观赏。

【广东国际旅游文化节】 2008年11月4日，东莞市政府召开专题会议，全面部署参加2008广东国际旅游文化节暨泛珠三角旅游推介大会组委会举办的各项活动。按照组委会的要求，东莞市旅游局邀请了2300名海外嘉宾出席开幕式，设计制作了花车、花船参加巡游活动，组织旅游企业参加了旅游招商会、旅游大促销及旅游展览会等活动。

【旅游抗震救灾】 “5·12”汶川大地震后，东莞市旅游局发动全市旅游系统为四川地震灾区踊跃捐款捐物。据不完全统计，全市旅游系统共捐款超过1000万元。其中，东莞市旅游局捐献衣物450件、捐款1.57万元，29名党员缴交“特殊党费”共2.65万元。

旅游接待与收入

【入境旅游】 2008年，东莞市接待入境旅游者268.05万人次，比上年增长2.21%。其中：接待外国人92.60万人次，比上年增长1.07%；接待港澳台同胞165.3万人次，比上年增长13.03%；旅游外汇收入45.61亿美元，比上年增长6.82%。

【国内旅游】 2008年，东莞市接待国内游客1603.74万人次，比上年增长8.68%，其中国内过夜旅游者982.90万人次，比上年增长2.38%。旅行社组团国内游97.78万人次，比上年增长1.60%，其中，组团省内游74.19万人次，比上年增长1.30%，组团省外游23.60万人次，比上年增长2.56%。国内旅游收入96.99亿元，比上年增长12.33%。

【出境旅游】 2008年，东莞市旅行社组团出境游10.54万人次，比上年增长12.01%，其中：香港游为3.53万人次，增长11.16%；澳门游为3.86万人次，增长14.48%；出国游为3.16万人次，增长9.98%。

【假日旅游】 2008年，春节黄金周接待游客391.87万人次，同比增长36.35%；过夜旅游者30.21万人次，同比增长6.41%；一日游游客361.66万人次，同比增长39.63%；旅游收入9.89万元，同比增长6.80%。“十一”黄金周接待游客439.05万人次，同比增长5.25%；过夜旅游者33.25万人次，同比增长5.56%；一日游游客405.80万人次，同比增长5.23%；旅游收入13.82万元，同比增长9.62%。

旅游宣传促销与节庆活动

【概述】 2008年，东莞市旅游局通过城市营销等模式，整合与旅游相关要素，建立“政企联手、部门联合、区域联盟、上下联动”的旅游宣传促销机制，实施联合促销、全员促销、媒体促销、网络促销等四大策略，突出以城市旅游为营销核心，面向目标市场，境内外推介兼顾，多方出击，形成了城市营销合力，拓展了客源市场。年内与各镇街共同策划并举办了东坑“卖身节”、桥头荷花艺术节、谢岗登山节、东城啤酒节、南城美食节、华南MALL番茄节、松山湖中美滑水明星对抗赛、石排旅游节、常平“欢乐常平”旅游文化节等节庆活动。

【旅游宣传促销】 2008年，东莞市旅游宣传定位为“会展休闲商都”。年内，东莞市旅游局与《凤凰周刊》达成合作协议，出版了多期《凤凰周刊·东莞城市特刊》，拍摄并制作了东莞旅游推介宣传片和城市形象宣传片，设计制作了东莞简介折页，编印了《东莞旅游景点指南》、《东莞旅游地图》、《东莞饭店精粹》、《东莞会展休闲商都》以及设计制作系列宣传纪念品等。11月6～10日，第十二届国际花园城市评选决赛在东莞市松山湖举行，共有17个国家和地区的43个代表团参加决赛。国际花园城市评选决赛活动的成功举办，向世界展示了东莞良好的旅游形象。

【区域旅游协作】 2008年，东莞市开展了一系列区域旅游协作活动。4月4～6日，组团参加了2008广州国际旅游展销会；4月11～13日，组团参加了2008中国（郑州）国内旅游展，并在郑州举行了“2008东莞旅游（郑州）旅游专场推介会”；6月12～15日，组团参加了2008香港国际旅游展，并在香港举行了东莞旅游香港推介会；11月18～23日，组团参加了2008中国（上海）国际旅游交易会；11月28日至12月5日，组团参加了2008广东国际旅游文化节暨泛珠三角旅游推介大会。

组团参加2008广州国际旅游展销会

【第五届“欢乐常平”商贸旅游文化节】 2008年2月21日，第五届“欢乐常平”商贸旅游文化节的重头戏——元宵文化大巡游在常平文化广场隆重上演。东莞市副市长吴道闻宣布文化大巡游活动开始，文化大巡游共有10辆造型各异的专题花车和19个文艺方队组成，巡游人数多达1000多人，近10万市民和新莞人共同观赏到这一活动盛况。整个活动持续30多天，共举办了体育、民俗表演、专题晚会达150多场（次），参与群众5000多人，吸引观众10多万人。

【2008东莞二月初二“卖身节”】 2008年3月9日（农历二月初二），由东莞市文广新局、广播电视台、东莞日报社、旅游局、东坑镇镇政府共同举办的2008东莞二月初二“卖身节”在东坑镇开启。“卖身节”被公布为广东省第二批非物质文化遗产保护名录。“卖身节”主题突出，邀请到了深圳锦绣中华、民俗文化村的少数民族演员进行特色风情表演，樟木头麒麟、石排醒狮、道窖粤曲、清溪客家山歌也到场精彩献艺，以及河南花挑、花驴，东北二人转等，通过“卖身节”系列文化活动打造东坑文化强镇。

【2008年第七届东莞美食节】 2008年9月30日，由东莞市旅游局和东莞市南城街道办事处共同主办。以“千年莞邑，美食天堂”为主题口号，本届美食节重点打造了东莞美食区，向市民展现东莞各镇街传统小食，200多种东莞特色美食集中亮相。

2008第七届东莞美食节开幕式

【东莞市第五届登山节】 2008年9月19日，由东莞市旅游局、东莞市体育局、东莞市谢岗镇人民政府共同举办，以“登银瓶览胜，为东莞喝彩”为主题的东莞市谢岗镇第五届登山节在银瓶山隆重举行。通过举办登山节，使人们在尽情享受大自然的同时，进一步提高爱绿、护绿、植绿的生态环保意识，从而加快东莞市“宜居生态城市”的建设进程。

【2008第四届东莞国际啤酒节】 2008年9月28日，2008第四届东莞国际啤酒节在东莞东城体育公园开幕。本届啤酒节继续传承“畅享激情，醉爱东莞”这一固定主题，推出啤酒节“生态东城，绿色啤酒节”的新主张，响应绿色生态和无醛啤酒、健康食品的趋势，以啤酒为载体，展示东莞本土美食文化特色。

旅游行业管理

【旅游市场监督】 2008年，东莞市旅游行业管理通过明查暗访、经常性的巡查和突击检查，与公安、工商等职能部门联合开展大检查，对“零负团费”、无证照经营旅游业务、非法承包或挂靠经营行为、“黑社黑导”、承包经营等行为予以查处。全年共收到各类旅游投诉82件，有效投诉63件，立案63件，结案63件，结案率100%。其中，由东莞市旅游质量监督管理所协调解决的有8件，理赔金额共8495元。转由旅行社与游客双方协商解决的有17件，无上诉或申诉案件。全年共查处非法经营旅游业务网点8个，并对旅行社私设营业点及超范围经营旅游业务等违规行为给予处理。

【旅行社管理】 2008年，东莞市旅游局做好旅行社业务年检工作，有38家旅行社通过年检，有4家旅行社因超范围经营等原因，暂缓或不予通过年检。全市旅游行业规模不断壮大，景鸿国际旅行社升格为出境游组团社，青年旅行社升格为入境游国际社。全年新批准设立7家旅行社，分别是：优游旅行社、携程旅行社、天马旅行社、松山湖旅行社、宏图旅行社、金泰旅行社、江南假期旅行社。

2008年4月11日，东莞市旅游局与中国康辉旅行社集团有限责任公司签订旅游合作协议

【旅游安全】 2008年，东莞市没有发生重大旅游安全事故和旅游安全责任事故，旅游业安全、稳定，呈现了良好的发展局面。为了切实做好旅游安全工作，东莞市旅游局组织了多次较大规模的督查活动，要求有关景区要加强巡防

检查、排除隐患，要求各企业将重大安全工作情况和重要安全信息及时报送，要求各企业在奥运会、残奥会期间加强值班并做好重要紧急信息报送。通过对企业组织机构的建立、制度的健全完善、人员的教育培训、旅游合同的签订、应急预案的制定，特别是对旅行社在旅游车辆租用等方面进行了督查，为旅行社重视并做好旅游交通安全工作起到了一定的推进作用。

【导游员管理】 2008 年 3 月和 9 月，东莞市旅游局组织了两次全国导游人员资格考试，共有 406 人参加考试，74 人通过资格考试。其中，第一次导游考试参加人数 181 人（新考 139 人，47 人通过）；第二次导游考试参加人数 225 人（新考 195 人，27 人通过）。全市现有导游 872 名，其中初级导游 845 名，中级导游 27 名。按要求完成了导游员年度审核工作。

【旅游饭店管理】 2008 年 9 月至 11 月，东莞市旅游星级饭店评定委员会对全市星级饭店进行了复核，全市应参加复核的饭店共 90 家，实际参加年度复核的饭店有 80 家（五星级 13 家、四星级 21 家、三星级 28 家、二星级 16 家、一星级 2 家），评定性复核酒店的有 10 家（五星级 3 家、四星级 3 家、三星级 1 家、二星级 3 家）。经过复核检查，通过复核的星级饭店有 80 家；因装修改造等原因申请延期复核的饭店有 6 家；因酒店主动申请或企业注销等原因，取消星级的饭店有 4 家。全年新增 2 家三星级酒店（富豪酒店、天鹅湖酒店）。

2008 年，因受到全球金融危机的冲击，东莞市酒店业利润下降。为促进东莞饭店行业的健康发展，市旅游饭店协会制定了《东莞市饭店业守法诚信经营公约》（征求意见稿）；5 月 15 日，旅游饭店协会举办年会，要求会员单位积极开展优质服务诚信经营等行业规范化工作；8 月 11～13 日，东莞市旅游局与市旅游饭店协会联合举办“尚佳杯”饭店业服务技能大赛等工作；11 月 14 日，东莞市旅游局召开了全市酒店业经营情况调研会，市委常委、副市长江凌就“星级饭店要顺势而变实现转型，提升服务质量”等问题提出了具体要求。通过苦练内功，促进了全市饭店业整体服务水平的提高，饭店业在“双转型”中得到健康、持续的发展。

【行业协会】 截至 2008 年底，东莞市旅游协会共有会员单位 108 家。协会共设会长 1 人、副会长 8 人、理事单位 33 个、监事单位 3 个。会长由帝豪花园酒店梁永雄担任。协会总部设在帝豪花园酒店办公楼，协会秘书处设在市旅游局办公楼。年内，东莞市旅游饭店协会制定了《东莞市饭店业守法诚信经营公约》，配合旅游局举办全市饭店业服务技能大赛。

2008 年，由东莞市 9 家旅行社共同发起，成立了东莞市旅行社行业协会。

组团参加 2008 广州国际旅游展销会

旅游资源开发和景区(点)建设

【东莞松山湖开发建设】 松山湖旅游景区是东莞市新开发建设的一个高科技产业园区，被国家科技部评为“中国最具发展潜力的高新技术产业开发区”。园区规划控制面积 72 平方公里，建有 8 平方公里的淡水湖和 14 平方公里的生态绿地，修建了长 130 公里的主干道和 42 公里的滨湖路以及 10 公里长的人行道、自行车道，还开通了连接镇街的公交及园区内的“一元公交”。园区内汽车客运站、停车场一应俱全，设有各类旅游指示牌。整个园区实现了生态资源保护性开发，植树造林 300 万株，建成人工绿地 600 万平方米；开发了“生态游”、“工业游”和“科技游”三大旅游产品，以生态之旅带动工业之旅、科技之旅，从而使特色旅游成为松山湖独有的亮点。景区还通过创建国家 4A、5A 级旅游景区，逐步使景区形成一个集休闲旅游、商贸服务、餐饮娱乐、科技产业功能为一体的城市旅游休闲中心，并最终打造成一个具有旅游开发示范作用的综合型城市科技产业园区。2008 年旅游接待人数高达 400 多万人次。

【茶山镇南社村明清古村落】 位于东莞市茶山镇东南面。全村面积 6.9 平方公里，下辖 7 个村民小组，常住人口约 2.5 万人，其中户籍人口 3488 人。南社村明清古村落具有鲜明的广府农耕文化特色，先后被评为全国重点文物保护单位、中国历史文化名村、中国景观村落、广东最美乡村、广东省旅游特色村、东莞市“文物八景”之一。

南社村始建于宋朝。据《南社谢氏族谱》记载，南宋末会稽（今浙江绍兴）人谢希良之子谢尚仁因战乱南迁，几经周折于宋恭帝德祐乙亥元年（1275 年）定居南社，经历明、清两朝代数百年的历史变迁而形成的古村落。明清时期初显繁荣，人才辈出，先后产生11位进士、举人，32位秀才。明清古村落现存祠堂30间，古民居250多间、庙宇旧址和遗址5座、古井40多口以及古墓36座、古水塘7口，基本保存明清时期原貌。古村落以中间长形水塘为中心，两边利用自然山势错落布列，巷道布局合理，安全防御设施齐全。由民居、祠堂、书院、店铺、家庙、古榕、楼阁、村墙、古井、巷道、牌楼等构成具有浓郁珠江三角洲特色的农业聚落文化景观，保留大量石雕、砖雕、木雕、灰塑及陶塑建筑构件，具有较高的艺术价值。古民居布局以金字间和明字间为主，祠堂除谢氏大宗祠以三进布局外，各家祠、家庙则是以二进四合院落形式，广府建筑风格为主，同时受潮汕、吴越及西方建筑文化影响。是难得的珠江三角洲明清古村落的典型实例。

2002年委托清华大学编制《茶山镇南社村古建筑群保护规划》，并按照保护规划，抓紧抢救修缮濒危的重点古建筑，先后修缮了百岁坊、谢氏大宗祠、晚节公祠、少简公祠等一批建筑物。目前正着手“南社历史博物馆”的规划建设，使之成为国内外游客了解古代广府农村风情的旅游胜地。

【旅游信息化建设】 东莞市旅游局自2007年10月起正式启动东莞旅游网站的建设。2008年1月24日，召开了网站建设初验会，继续加快旅游网站的“加强网站功能、完善框架建设、更新维护网站信息、开展网站管理培训课程”等工作建设，实现了网上咨询、信息发布、网上服务、网上管理等一系列功能；8月20日，网站的承建商对全局各科室的相关人员进行了网站后台管理系统操作培训；8月28日，对全市主要酒店、景点、旅行社的信息联络员进行了详细的旅游商城使用操作培训；9月12日，东莞市旅游局与金旅雅途公司召开网站终验会。

旅游教育培训和精神文明建设

【旅游教育培训活动】 2008年，东莞市旅游局出台了《东莞市饭店业管理人员继续教育方案》，制定了《东莞市饭店业管理人员资格认证标准》。先后在龙泉国际大酒店、汇华国际饭店、长安国际酒店、帝豪花园酒店、波尔顿华禧酒店召开6场说明会，参会人数多达300余人。从8月份开始，采取“送教育到企业”的教育培训方法，分别在龙泉国际大酒店、汇华国际酒店和长安国际酒店开设培训班，来自7家酒店、127名管理人员参加了培训。年内，还做好了酒店职业英语等级考试工作，全市共有262名考生报考5个岗位的初级考试，考试通过人数为119人，其中有9人取得优秀的成绩。

【旅游行业精神文明建设】 2008年，东莞市旅游局继续把旅游企业的诚信经营和建设诚信旅游市场作为行业精神文明建设的基础工作来抓，加大诚信旅游体系的建设，提升社会对旅游行业诚信从业的认可度，引导旅游企业加强对从业人员开展职业道德教育和业务知识的培训教育。以迎奥运为契机，把推动旅游行业精神文明与弘扬奥运精神结合起来，开展“文明与旅游同行”活动，倡导全市旅游从业人员立足本职岗位，比文明、比奉献，自觉养成文明习惯，提升文明素质。东莞市旅游局于5月底开展了旅游行业不正当交易自查自纠工作。积极鼓励全局干部参加东莞市人事局和东莞市委党校举办的各种培训班，着力提高理论水平和业务技能。

【旅游行风建设】 2008年，东莞市旅游局贯彻落实《行政许可法》，规范行政审批事项，扎实推进政务公开。制定了岗位责任制，建立了绩效评价机制。建立健全了党风廉政建设领导小组，制定下发了《二〇〇八年党风廉政建设责任制实施方案》，坚持了领导班子民主生活会制度。加强对旅游行业的治理，认真执行《旅游景点票检治理办法》、《文物保护法》等法规，制止景区乱搭乱建等违规行为。开展了行风整顿和队伍作风建设，制定下发了行风评议工作安排意见，召开了行风评议会，对旅游行业开发缓慢、风景区工作人员素质不高等问题提出整改意见。

纪　事

1月7日　东莞市旅游局组织酒店副总经理以上管理人员约200人参加“关于国际酒店业发展趋势与管理的学术讲座”。

1月15日　召开了“东莞市2008春节镇街旅游办座谈会”。

1月24日　东莞市旅游局与东莞市旅游饭店协会共同召开了2008年春节酒店座谈会。

1月25日　召开东莞市2008年春节旅行社座谈会。

4月18~20日　东莞市旅游局组队参加2008广东旅游系统迎奥运“中山杯”乒乓球比赛。

5月15日　“东莞市旅游饭店协会2008年年会”在东莞市大朗镇举行。

6月30日至11月　东莞市组织举办了2008年东莞市饭店业服务技能大赛。

11月6~10日　东莞市旅游局在旅游饭店的接待、旅行社考察线路的安排等方面为在东莞举行的第十二届国际花园城市评选决赛提供了优质的服务。

（钟金伟）

中山市

综 述

【总体情况】 2008年，中山市旅游业以科学发展观为统领，进一步解放思想，创新发展思路，提升产业素质，转变增长方式，化危为机，呈现出良好的发展态势。城市接待过夜游客528.13万人次，实现旅游总收入97.23亿元，同比分别增长3.5%和12.99%；旅游创汇2.27亿美元，同比增长4.72%。

市委市政府重视旅游业的发展，中山人民政府出台《关于进一步加快旅游业发展的意见》（中府〔2008〕1号）。提出“要在孙中山故居、中山詹园两个国家4A级景区（点）的基础上，分别在南朗镇、南区创建孙中山故里旅游度假区、南区詹园旅游风景区两个国家5A级景区（点）”。并成立中山市国家5A级旅游景区规划建设工作小组，编制了翠亨名人文化旅游区控制详细规划及修建性规划和《南区北台旅游风景区交通规划》。

【旅游行业规模】 截至2008年底，全市拥有旅行社20家，其中：国际社8家，国内社12家；共有星级饭店40家，其中：五星级饭店3家，四星级饭店6家，三星级饭店22家；较大型旅游景点23家，其中国家4A级旅游景区2家。

【重大旅游决策】 2008年3月8日，中山市人民政府出台《关于进一步加快旅游业发展的意见》（中府〔2008〕1号）。《意见》指出，改革开放以来，中山借助人文地理优势大力发展旅游业，有效地提高了城市的知名度和促进了全市经济社会的快速发展。积极实施“三大改革”，努力实现“四个转变”。目标到“十一五”期末，全市旅游业总收入占GDP的13%，努力打造2个国家5A级、5个国家4A级的旅游景区，把中山市建设成为国内及东南亚的休闲度假旅游胜地，争创“中国最佳旅游城市”。

2008年5月22日，中山市旅游局召开贯彻落实市政府2008年1号文会议。

韩泽生副市长为“广东省旅游特色镇”颁匾

【2008广东国际旅游文化节闭幕式】 2008年12月4日晚，2008广东国际旅游文化节暨泛珠三角旅游推介大会闭幕式在中山市兴中体育场举行。中共中央政治局委员、广东省委书记汪洋出席闭幕式并宣布大会闭幕。广东省委副书记、省长黄华华，省人大常委会副主任邓维龙，副省长万庆良，省政协副主席汤炳权等领导出席。闭幕式由副省长雷于蓝主持。闭幕式后，举行了以“彩舞南天”为主题的盛大晚会。晚会分《序幕》、《狮鼓迎宾》、《水乡之韵》、《鹤舞安康》、《飘色如意》、《菊颂吉祥》、《金龙腾飞》7个篇章，集中展示了具有浓郁中山乡土特色的舞狮、咸水歌、鹤舞、飘色、菊花会、舞龙等民间艺术元素。海内外特邀嘉宾和游客代表以及新闻媒体记者共7000多人观看了晚会。

【奥运旅游】 2008年4月19～20日，由广东省旅游局、中山市人民政府主办，中山市旅游局承办的2008广东旅游系统迎奥运“中山杯”乒乓球比赛在中山市隆重举行。

【旅游抗震救灾】 “5·12”四川汶川地区发生地震后，中山市旅游局机关工作人员和离退休老干部共为灾区捐款21490元；中山旅游系统干部职工以及旅游企业共向灾区捐款54.63万元；2008年5月23日，市旅游局领导参加“山川相连”中山市抗震救灾大型募捐晚会现场捐款活动；

2008年5月26日，市旅游局响应全国总工会号召，再次以工会的名义筹集善款。

2008年初，韶关市遭遇冰雪灾害。2008年3月1日，中山市组织千名市民及游客赴韶关大桥镇开展灾后慰问。

组织千名市民游韶关慰问活动

旅游接待与收入

【入境旅游】 2008年，全市共接待入境旅游者65.18万人次，比上年下降4.51%。其中外国人11.90万人次，比上年下降9.29%；旅游外汇收入2.27亿美元，比上年增长4.72%。

【国内旅游】 2008年，全市共接待游客850.64万人次，比上年增长10.10%，其中，国内游客824.11万人次，增长14.22%；接待过夜国内旅游者462.96万人次，增长4.74%；国内旅游收入81.45亿元，增长17.14%。

【出境旅游】 2008年，全市出境游组团社共组织出境旅游16.17万人次，比上年增长14.83%。其中，组织香港游12.56万人次，增长31.31%；澳门游1.38万人次，下降26.76%；出国游2.22万人次，下降15.28%。

【黄金周假日旅游】 2008年春节黄金周，中山市旅游景点共接待游客71.93万人次，同比下降2.38%，旅游业总收入1.51亿元，同比增长2.72%；城市接待过夜旅游者8.1万人次，与去年同期持平，全市平均开房率59%，同比无增跌。"十一"黄金周全市旅游景点共接待游客75.32万人次，同比增长3.21%；旅游业总收入1.65亿元，同比增长1.23%；城市接待过夜旅游者8.26万人次，同比下降2.94%；全市平均开房率60.25%，同比下降2.75%。

2008年中山市旅游黄金周的主要特点是：旅游市场秩序井然，享受型短线游成为市场主体，自驾游成为主要客源，文化旅游潜力巨大。

旅游宣传促销与节庆活动

【旅游宣传】 2008年2月25～26日，中山市参加由国家旅游局和海峡两岸旅游交流协会共同举办，在广西桂林市召开的"第十一届海峡两岸旅行社业联谊会"；4月4～6日，组团参加了在广州锦汉展览中心举办的广州国际旅游交易会；4月11～13日，组团参加了在郑州市举办的中国国内旅游交易会；6月11～15日，组团参加了香港国际旅游展览会；6月4～9日，为配合"中珠澳—大香山"旅游产品的宣传，中山、珠海、澳门旅游局组织三地旅游企业及媒体代表共同赴韩国参加韩国世界旅游交易会（KOTFA），联合举办中、珠、澳赴韩国旅游推介会及记者招待会；6月24日，中山、珠海、澳门旅游局组织三地旅游企业赴美国、加拿大举行中珠澳旅游产品推介会，并在加拿大温哥华参加了第七届世界中山同乡恳亲大会；12月7～8日，赴河源市参加第五届客家文化节。

2008年，在《中国旅游资讯大全》、《凤凰周刊》上刊登"伟人故里，名城中山"旅游宣传广告，并在城区部分小区投放公益广告位181个；配合香港亚洲电视台"YOU CAN COOK"（美食真功夫）摄制组，拍摄了孙中山故居、岭南水乡、中山詹园等景点和市区新貌，京华食街、石岐佬餐厅等餐饮名店，以及东升脆肉鲩、小榄炸鱼球、沙溪隆都美食等菜式。

【旅游互动】 2008年3月1～2日，中山市以"追寻珠玑古巷，畅游丹山碧水"为主题，组织1300多名市民前往韶关旅游；3月8～9日，韶关市以"追寻伟人足迹，畅游名城中山"为主题，组织近300名游客来中山旅游；12月6～7日，中山市以"叶帅故乡美，客家风情浓"为主题，组织1000多名游客到梅州旅游。形式多样的旅游互动，让"广东人游广东，'粤'游越精彩"有了实际体验。

【参加2008广东国际旅游文化节】 2008年，中山市继续设立分会场，主办了一系列特色鲜明的主题活动，包括2008中山市岭南水乡旅游文化节，2008中国国际食品工业经贸洽谈会，首届中国（中山）南方绿化苗木博览会等6个活动项目。中山市组织了300名外国嘉宾参加开幕式，组织旅游企业参加了泛珠三角旅游推介大会，并制作花车、花船参加广州主会场的巡游，其中花车巡游获二等奖。

【2008中山市岭南水乡旅游文化节】 2008年11月1～4日

在民众镇举行。由盛大的开幕式、中山美食嘉年华、中山名优农产品展、中山市旅游摄影展、水乡运动会、动物演艺秀六大活动项目组成。市长李启红、省旅游局局长杨荣森等领导出席开幕式。

11月3日，中山市岭南水乡旅游文化节开幕。杨荣森局长（中）、韩泽生副市长（左二）出席开幕式

【2008中国国际食品工业经贸洽谈会】 2008年11月9～11日，2008中国国际食品工业经贸洽谈会在黄圃镇成功举办。活动以“诚信·文化·引领”为主题。广东省政协副主席汤炳权，中山市委书记陈根楷等领导出席开幕式。11月7日举办了食洽会烟花综艺晚会。11月8日举办“和谐文化”游园晚会。11月9日举办了“广东省中国历史文化名镇暨民间艺术之乡文艺荟萃”展演。整个展会期间还贯穿举办了“历史名镇、和谐黄圃”图片视像展、黄圃工业成果专线游和历史文化名镇民俗文化游以及啤酒美食节等。整个活动吸引数十万名游客到黄圃观光、参会。

【首届中国（中山）南方绿化苗木博览会】 2008年12月26日至2009年1月3日在古镇镇举行。广东省人大常委会主任欧广源，省政协主席陈绍基，市委书记陈根楷，市长李启红等领导出席开幕式。展会期间，共有30万人次前来参观、洽谈和采购。

【公开征集中山旅游广告词】 2008年5月，中山市旅游局发出《关于公开征集旅游宣传广告词的启事》后，共收集到作品一万多件，经由专家、学者、新闻媒体组成的评审委员会评审，“这是孙中山的家乡——广东·中山”为入选作品。制作新的宣传广告片已在中央电视台播放，中山市新的旅游整体形象得到展示和宣传。

【评选石岐“新八景”】 2008年初，由石岐区办事处主办，市委宣传部、中山市旅游局协办。经群众推荐，石岐区网站、中山商报刊登候选名单，专家、评委根据旅游、商业、文化、休闲、景点分布等使用价值，评选出石岐“新八景”：岐江晚望，仙湖塔影，阜峰文笔，老街新韵，仁山玉宇，大信摩尔，风雨岐关西，西山红棉。

旅游行业管理

【旅游市场监督管理】 2008年，中山市进一步在全行业倡导文明旅游、诚信旅游，建设旅游诚信体系；加强与公安、工商、交通等部门的工作沟通与合作，开展联合执法，集中整治“零负团费”、“黑导”、“黑车”等违法违规行为；定期检查中山旅游广告市场，加强对旅行社营业部的检查，以明查暗访的形式掌握旅游经营动态。全年共开展对景区（点）质量检查10次，旅行社业务检查8次，星级酒店检查10次，旅游安全专项督查6次，接待旅游来访及电话咨询40宗，召开旅游质监员会议一次，受理旅游投诉55宗，结案率100%。在会同市整顿和规范旅游购物秩序领导小组成员单位检查旅游购物点时，查处了三乡镇某涉嫌售卖假冒商品的商场，责令该商家向游客退回购物款。全市旅游企业没有发生重大安全事故。

【旅行社管理】 2008年3月，中山市旅游局开展对2007年度全市旅行社业务年检工作，共有17家旅行社参与年检。年检结果显示，2007年全市旅行社总体开展业务情况良好，各项经济指标均有较大增幅。中山市全年新批准设立4家旅行社。中山中国国际旅行社连续12年被评为“全国百强旅行社”。

【旅游饭店管理】 2008年2月28日，中山市旅游局召开2007年度星级饭店复核与重评工作会议。会议倡导在星级饭店中深入开展“诚信旅游”活动，严把星评及复核质量关。复核工作以《旅游饭店星级划分与评定》国家标准为基础，以《星级饭店访查规范》标准为主要考查依据，重点对星级饭店软硬件设施进行复核检查。全市需复检星级饭店35家，重评1家。2008年4至6月，中山市旅游局和市星评委员会组织对全市36家星级饭店进行复核和重评。重点检查星级酒店设施设备的运营及保养情况、公共区域卫生情况、服务与管理制度建设和服务质量，并通过明查暗访的形式，对星级饭店的服务质量和从业人员的素质进行了全面的检查。经过整改，36家星级酒店通过重评和复核。年内，中山市汇景酒店和海逸酒店通过四星级饭店的评定。

【导游员管理】 2008年3月和6月份，中山市旅游局先后两次组织考生参加全国导游人员资格考试。考前按要求在

《中山日报》、中山旅游网上发布广告，聘请省内知名导游、专家为考生进行辅导；举办了全市导游年审培训班，每次培训时间都不少于8天。在导游年审中，按照导游每年带团的数量、游客反馈的意见、导游服务质量等指标对导游进行考核；健全了全市导游档案。年内，中山市共有318名导游员通过年审。质监人员加强对导游人员的执法检查，经常到本市旅游景（区）点检查导游是否持证上岗等导游服务质量；2008年，市旅游局编印了《伟大故里中山》、《中山镇区介绍》等导游学习资料。

2008年4月，中山市成立政务导游队伍。经过初赛、复赛，从236名应考者中挑选15名政务导游员，负责承接市委、市政府和部委办各局的政务接待工作。政务导游人员周到的服务，展示了中山市的旅游新形象，促进了全市导游员队伍整体素质和业务水平的提高。

【应对全球金融危机核退旅行社质量保证金】 2008年12月下旬，根据省旅游局《关于暂退部分保证金支持旅行社度过金融危机冲击难关的紧急通知》（粤旅管〔2008〕35号）要求，中山市共为20家旅行社核退旅行社质量保证金310万元，加上省旅游局核退该市7家国际组团社350万元质量保证金，两项总计660万元。核退旅行社部分质量保证金为缓解旅游企业受金融危机冲击发挥了作用。

【参加全国旅游饭店服务技能大赛】 2008年7月30～31日，由中山市旅游局、市劳动和社会保障局和市总工会联合主办，市饮食业商会协办，在中山市金钻酒店举行2008年中山市旅游饭店业技能大赛。8月25～26日，中山代表队7名选手参加“纪念改革开放30周年”全国旅游饭店服务技能大赛广东赛区“嘉华杯”选拔赛，夺得团体总分第三名，并荣获优秀组织奖。卢兰美、叶诚银等人获得中式宴会摆台冠军以及西餐宴会摆台、鸡尾酒调制、中式铺床以及中餐烹调工艺等四个项目的三等奖。11月份，京华世纪酒店的卢兰美作为广东代表队的比赛选手参加在青岛举行的决赛，获得中餐宴会摆台三等奖，被国家旅游局授予2008年“全国旅游行业技术能手”称号。

旅游资源开发和景区（点）建设

【旅游招商】 2008年3月28日，中山市旅游局共组织19个旅游招商项目、招商额达21.93亿元人民币，参加由市政府举办的“3·28”经贸招商洽谈会。经过努力，争取到10个旅游签约项目的签约（其中外商投资4个），投资总额达29.06亿元人民币。签约及招商项目主要集中在生态旅游景区建设和酒店业两个方面。

【红色旅游】 2008年7月，中山市旅游局分别向湖南省韶山市、四川省广安市旅游局发出《关于共同打造中国20世纪三大伟人故里游精品线路的函》，得到韶山、广安两市的积极反应。9月25～29日，中山市旅游局分别赴湘潭、广安考察交流，三地旅游部门达成合作共识。11月14～15日，三地旅游局联合开展“共同打造中国20世纪三大伟人故里游”精品线路研讨会。12月25日，三地旅游部门在韶山签署旅游合作备忘录。三地的旅游合作充分发挥了名人效应，以提升三地旅游知名度，共同打造“中国20世纪三大伟人故里游”线路。

【城乡旅游】 2008年1月，中山市南朗镇、三乡镇、民众镇被评为“广东省旅游特色镇”，翠亨村、崖口村、新伦村、石军村、北台村、长洲社区被评为“广东省旅游特色村”。

【旅游扶贫】 2008年10月18日，中山市旅游局赴广州参加省旅游局举办的“粤游·粤精彩——广东人游广东”活动，与汕尾市签订《旅游帮扶客源互送协议》。

【詹园旅游景点】 2008年1月25日，韩泽生副市长、旅游局车卫局长、南区党委办领导共同为詹园4A景点挂牌揭幕。

中山詹园4A景点挂牌揭幕仪式

旅游教育培训和精神文明建设

【举办旅游景区建设业务知识专题讲座】 2008年4月1日，中山市为创建孙中山故里旅游度假区、南区北台旅游风景区两个国家5A级旅游景区的目标，邀请了省旅游局业务处室的骨干在怡景假日酒店举办“关于创建国家5A级旅游景区专题讲座”。韩泽生副市长出席并讲话。中山市旅游局干部职工、市旅游发展协调委员会成员单位、镇区分管旅游的副镇长及三产服务办领导、主要景点领导、新闻媒体等130多人参加讲座。讲座重点介绍了国家5A级旅游景区的背景形势、评定细则、管理办法及务实建议等知识。还就广东旅游景区建设如何立足本地，挖掘文化特色；追求精品建设，树立区域品牌；以人为本，提升管理配套水平等问题共同进行了探讨。

中山市举办创建国家5A级景区专题讲座

【旅游教育培训】 2008年4月6～12日，中山市旅游局组织全市旅游特色镇、村有关领导和部分旅游景点、酒店的管理人员以及旅游院校的负责人共37人赴四川考察学习。考察期间，听取了四川大学旅游管理学院的教授和专家关于旅游规划与景区管理和旅游市场营销的专题讲座，参观了成都市郊的三圣乡“五朵金花”旅游风景区、峨眉山风景区、九寨沟风景区、九寨天堂酒店；6月3日，中山市旅游局邀请上海财经大学博士生导师、著名旅游专家何建民教授，在中山国际酒店国际会议中心举行《旅游品牌建设与创新经营管理》大型旅游知识讲座；9月20日，邀请中国旅游报社社长陈志学教授在富华酒店会议中心举行《旅游经理人领导力的培养与提升》大型旅游知识讲座。

【旅游精神文明建设】 2008年初，全国大范围出现罕见雨雪和冰冻天气，铁路、民航、高速公路交通严重受阻，大量外来务工人员滞留广东。2008年2月5日至2月12日期间，中山市有12个游览参观景点对留粤外来务工人员实行门票价格优惠，接待外来务工人员26万人次。其中实行政府定价、政府指导价的孙中山故居纪念馆实行免门票优惠，城市公园全部免费开放，同时还有11个纯商业性投资、由企业自主定价的游览参观景点，为留粤外来务工人员提供折扣幅度在16%～50%不等的门票价格优惠。

纪　事

1月25日 中山詹园国家4A级景点挂牌，成为中山市第二家国家4A级旅游景点。

4月19～20日 “2008广东旅游系统迎奥运‘中山杯’乒乓球比赛”在中山举行。

5月13～14日 东升镇汇景酒店和五桂山长命水海逸酒店四星级饭店挂牌。

7月4日 中山赴台旅游首发团20名游客顺利成行。

11月 卢兰美在全国旅游饭店服务技能大赛中，获得中餐宴会摆台三等奖，被授予“全国旅游行业技术能手”称号。

（刘　婧）

江门市

综 述

【总体情况】 2008 年，江门市旅游业以争当广东重点发展区排头兵为目标，按照市委十一届三次会议对旅游业提出“要围绕旅游‘六大要素’（吃、住、娱、游、购、玩），打响‘三张牌’（碉楼牌、温泉牌、海滩牌）”的总体要求，加强与珠江三角洲地区各城市之间、港澳及北京、四川、湖南、湖北、山东、河南、东北三省等省市的合作。举办2008 中国（江门）华人嘉年华、2008 年旅游饭店服务技能展示大赛及佛山、河源、深圳等城市万人游江门等一系列活动。加强恩平美林温泉小镇、新会银湖湾游艇休闲度假区、盛林生态旅游区、大雁山风景区等一批大型旅游项目开发建设和改造。克服年初冰冻雨雪灾害、“5·12”汶川大地震、“黑格比”台风等自然灾害及世界金融风暴等带来的各种困难，全市旅游经济继续快速增长的态势。全年接待海内外游客 1755.01 万人次，比上年增长 20.14%；旅游总收入 90.57 亿元，比上年增长 30.02%。

【旅游行业规模】 截至 2008 年底，江门市拥有旅行社 45 家，其中国际旅行社 8 家，国内旅行社 37 家。共有星级饭店 31 家，其中五星级饭店 3 家，四星级饭店 4 家，三星级饭店 19 家，二星级饭店 5 家；非星级酒店 30 家。拥有国家4A 级旅游景区 5 家。全市旅游直接从业人员 3.39 万人，其中旅行社从业人员 741 名，持证导游员 1095 人（中级导游员 34 人，初级导游员 1061 人）。

【举办申遗成功表彰大会】 2008 年 12 月 24 日，省政府在开平市隆重举行开平碉楼与村落申遗成功总结表彰大会。广东省和江门、开平市领导以及各有关部门领导，受表彰奖励的单位及个人，海外侨胞、港澳台同胞，社会各界群众代表共一千多人出席大会。会上宣读广东省通令嘉奖，给予省文物局、开平市人民政府、中共开平市委宣传部、开平市“申遗”办公室等 4 个单位记集体一等功，给予开平市市长吴平超等 10 人记一等功；江门市人民政府通报表彰了荣立二等功和三等功的单位和个人；开平市人民政府通报表彰了受到嘉奖和贡献奖的单位和个人。副省长雷于蓝出席表彰大会并强调：要继续发扬申遗精神，借鉴申遗成功经验，推进南越王墓、“海上丝绸之路”等项目筹备申报世界文化遗产，要严格依照保护文化遗产的法律法规对文化遗产进行管理和开发，坚决避免和克服“重申报、轻管理”，“重开发、轻保护”等问题。

开平碉楼与村落申遗成功总结表彰大会

【重大旅游决策】 2008 年 1 月 3 日，江门市委书记陈继兴在市委十一届三次会议所作的报告中明确指出：“要围绕旅游‘六大要素’（吃、住、娱、游、购、玩），打响‘三张牌’（碉楼牌、温泉牌、海滩牌），进一步整合旅游资源，引进旅游大项目，完善旅游线路，开发旅游产品，加大旅游宣传推介力度，力争使 2008 年旅游增长 30%，旅游总收入达到 90 亿元。”

6 月 26～28 日，江门市政协召开第十一届七次常委会议，就加快旅游业大发展进行专题议政。审议并原则通过《关于进一步加快江门市旅游大发展的建议》专题建议案。会议组织与会人员先后到鹤山古劳水乡、恩平歇马举人村、开平马降龙村等旅游景区景点进行为期 3 天的调研视察，现场议政。会议建议成立江门市旅游发展协调领导小组。要集中研究解决旅游业发展中的规划、政策、资金等重大问题；制订江门市旅游产业扶持政策，进一步明确旅游业为全市支柱产业及第三产业的“龙头”；将旅游宣传促销资金纳入财政预算；重点加强与港澳、泛珠三角、长三角、京津塘等地区合作，大力开拓国外市场，以及内陆市场；制定旅游业发展总体规划等。

开平市委、市政府出台《关于推进旅游产业加快发展的决定》，把创建旅游强市确定为开平市的三大战略目标之一，把开平市旅游产业定位为支柱产业。

【重大旅游活动】 2008年11月26～28日，世界遗产旅游博览会暨亚洲奖励休闲旅游展在澳门威尼斯人会展中心举行。澳门特首何厚铧亲临开平碉楼与村落展位参观，并询问参展情况。他表示，开平和澳门要加强旅游合作，面向海内外市场共同推广。

【旅游抗震救灾】 2008年10月23～27日，为支援四川省汶川县雁门乡旅游灾后重建工作，应江门市旅游局邀请，汶川县旅游局及雁门乡萝卜寨旅游区有关人员前来参加“2008中国（江门）侨乡华人嘉年华”活动，并在江门市金汇城市广场举办汶川县雁门乡旅游展，向广大游客立体展现雁门乡原生态山水风光及充满人文风情色彩的羌族民俗特色、民族歌舞的纯净的生态旅游地形象。江门市人大副主任陈照平、副市长李崴、江门市旅游局局长周锦新以及汶川县旅游局局长王旭英、汶川县雁门乡萝卜寨旅游区副总经理胡宇参加开展揭幕仪式。

旅游接待与收入

【入境旅游】 2008年，江门市接待入境旅游者111.40万人次，同比增长93.44%；旅游外汇收入39129.47万美元，同比增长137.37%。

【国内旅游】 2008年，江门市接待国内游客728.02万人次，同比增长17.61%；国内旅游收入63.38亿元人民币，同比增长11.18%。全市接待一日游游客915.6万人次，同比增长16.76%。

【出境旅游】 2008年，江门市组团出境游55306人次，同比下降49.59%。其中，香港游23009人次，下降33.58%；澳门游26529人次，下降61.93%；出国游5768人次，增长6.81%。

【假日旅游】 2008年春节黄金周全市共接待游客126.17万人次，旅游收入3.45亿元人民币，与上年同比分别增长26.17%和11.29%；“五一”（5月1～3日）小长假共接待游客50.58万人次，旅游收入1.43亿元人民币，同比分别增长17.14%和19.17%；“十一”黄金周共接待游客102.89万人次，旅游收入4.11亿元人民币，同比分别增长20.16%和22.69%。

旅游宣传促销与节庆活动

【概述】 2008年，江门市通过积极参与国内、国际旅游交易会和举办系列旅游节庆活动，在巩固传统旅游客源市场的基础上，采取“走出去与请进来”相结合的方法，开拓周边省、市旅游市场，取得了显著成效。

【江港澳旅游合作取得新进展】 2008年6月，江门市旅游局与澳门旅游商会、香港旅游业议会签订了《旅游合作意向书》；6至10月，与澳门旅游局合作，组织澳门旅游局驻东南亚、台湾、香港等地代表和台湾、新加坡旅行社前来考察，并前往澳门向40家马来西亚旅行社举办了推介会；8月，与香港旅游发展局合作，组织香港地接长线旅行社前来考察，寻求开拓欧洲市场；12月，与澳门青旅合作，成功开拓了“江门澳门两地世界文化遗产游”线路，每个月都有日本团来江门市旅游。

江澳旅游合作协议书签订现场

【举办珠三角“万人游侨乡”活动】 2008年，江门市旅游局通过与省内旅游局、旅游企业合作，分别开展“佛山万人游江门”、“河源万人游江门”、“深圳万人游江门”、“千车万人游台山”等活动，组织一万多名珠江三角洲地区的游客前来江门游览、休闲和度假。

【参加旅游交易会】 2008年4月初，江门市旅游局组织旅游企业参加了2008广州国际旅游展销会；6月，组织多家企业参加香港国际旅游交易会，并以世界文化遗产——开平碉楼与村落、温泉之乡、海岛及绿色生态旅游为主题，向旅游批发商及市民宣传推介江门旅游“三张牌”，获得广泛认同。

【开拓省外旅游市场】 2008年，江门市旅游局先后多次邀请四川、湖南、湖北、山东、河南、辽宁、安徽等省近百家旅行社前来考察，成功地推出了川岛—碉楼—温泉线路，吸引众多省外旅行社组团前来江门旅游。10月，与湖南湖湘天下旅行社合作，组织近千名旅游者在川岛举办“我在海边有个家”活动；11月，组织江门各旅游局及旅游企业近40人前往湖南、湖北开展旅游宣传促销活动，分别举办了长沙、武汉推介会，向两省约100家旅行社及10家新闻媒体集中推介了江门市旅游资源。

2008年长沙推介会

【举办华人嘉年华活动】 2008年10月24~26日，由广东省侨务办公室、广东省旅游局、广东省归国华侨联合会、广东省海外交流协会、江门市人民政府联合主办的2008中国（江门）侨乡华人嘉年华暨侨乡旅游节·江门摩托车工业博览会·第一届世界江门青年大会（简称：华人嘉年华）在江门市区举行。整个活动以“侨乡佳节、华人盛会”为主题，分为万人游侨乡、酒店技能大赛、汶川县旅游展和各市（区）节庆活动四大板块共10大活动，包括汶川县旅游展、江门旅游酒店技能展示大赛、江门侨乡美食购物节、江海生态旅游暨美食节、新会葵乡欢乐节、台山川岛风情旅游文化节、开平碉楼文化旅游节、鹤山十里方圆生态游、恩平举人文化旅游节等，每项活动都有丰富多彩的节目，好戏连台，互动性强。仅开幕式活动，共吸引海内外嘉宾、旅游业界代表和游客达85.8万人次，其中旅行社组织的游客达7000人。

【2009中国（江门）侨乡旅游节】 2008年9月23日至10月7日，2009中国（江门）侨乡旅游节在台山市隆重举行。本届旅游节以“川岛风情，欢乐侨乡”为主题，以侨乡文化为主线，共开展48项主要活动，分为旅游节开幕式暨大型歌舞晚会、台山海岛风情系列活动、侨乡风情系列活动、旅游节闭幕式暨大型文艺晚会四大板块。广东省政协副主席梁国聚出席开幕仪式并宣布2009中国（江门）侨乡旅游节开幕。省旅游局纪检组长、监察专员张振林，江门市委书记、市人大主任陈继兴，江门市委副书记、市长王南健，台山市委书记吴晓谋等领导出席开幕仪式。祖籍五邑的澳门特别行政区长官崔世安先生、美国商务部部长骆家辉先生、美国众议院议员赵美心女士通过视频录像为家乡旅游节致祝贺词。

2008中国（江门）侨乡华人嘉年华暨侨乡旅游节开幕式

旅游行业管理

【旅游市场监督】 2008年，江门市整顿与规范旅游市场开展的主要工作包括以查处扰乱旅游市场秩序违规行为、打击超范围经营为重点，加强对导游IC卡的检查和对旅游广告的监管，依法依规做好旅游投诉处理，全年受理旅游投诉案件16宗，旅游投诉49起。投诉的内容主要是一、两天游价格和线路不合理、旺季时旅游交通接驳问题。质监部门对游客投诉处理及时，未出现游客不服上诉案例。

【旅游安全】 从2008年3月至年底开展隐患排查治理工作，各旅游企业开展自查自改，旅游管理部门会同相关部门组成检查组进行检查，落实整改并对隐患情况登记造册，跟踪落实，奥运期间开展“迎奥运、保安全”旅游行业安全隐患交叉大检查活动，发现安全隐患230多项，立即提出整改；各旅游企业制定和完善应急预案，开展应急演练，提高旅游从业人员的应急处理能力；举办旅游企业注册安全主任培训班，全市旅游企业安全责任人参加了培训，并按规定配备注册安全主任。

【旅行社管理】 2008年，江门市组织开展旅行社业务年检工作，全市41家旅行社参加；受理、审批国内旅行社2家，分别是鹤山市八方商旅旅行社、鹤山市春秋假日旅行社，全市旅行社增加到45家；10月，成立了中山菊城假期国际旅行社江门分社。

【导游员管理】 2008年，江门市旅游局进一步加强对导游员IC卡年审工作，严格按照导游证IC卡记分管理办法，以导游员的接待团量和人数、投诉情况为年审依据材料，对全年累计扣分达10分者或不能提供劳动合同（协议书）者不予通过年审。

【旅游饭店管理】 2008年，配合《旅游饭店星级的划分与评定》的实施，发动符合条件的酒店评定星级，加强星级饭店的复核，并将各地饭店的先进做法，如绿色饭店概念、中式铺床、电子信息化等及时向各酒店推广，力求使全市饭店业适应市场的需求。2008年组织对鹤山碧桂园凤凰酒店和江门丽宫国际酒店等开展星级评定工作，鹤山碧桂园凤凰酒店于10月份荣获五星级饭店称号，江门丽宫国际酒店开展申报五星级饭店工作。

【旅游标准化建设】 2008年6～10月，江门市旅游局与市劳动和社会保障局联合举办江门市2008年旅游饭店服务技能展示大赛，1986名选手参加初赛，产生个人奖36个、团体奖项52个；台山川岛和富都温泉创建4A工作和鹤山碧桂园凤凰酒店创五星工作取得显著成效，川岛和富都温泉通过国家4A景区评审，鹤山碧桂园凤凰酒店荣获五星级饭店称号，江门丽宫国际酒店和台山碧桂园凤凰酒店也在积极开展创建五星级旅游饭店工作。

旅游资源开发和景区(点)建设

【概述】 2008年江门市旅游景区建设成果显著，恩平美林温泉小镇、新会银湖湾游艇休闲度假区、盛林生态旅游区、大雁山风景区等一批大型旅游项目先后奠基、开发建设或增资改造。

【开平市福纳千家大型旅游购物餐饮服务区开业】 2008年6月7日，开平市委常委、市宣传部长黄继烨，市人大常委会副主任黄旭征到场祝贺，并为服务区开业剪彩。福纳千家大型旅游购物餐饮服务区，位于塘口镇开阳高速塘口出口处，距立园和自力村旅游区约5公里，以碉楼纪念茶、开平特产等旅游产品为主导，为碉楼旅游提供一站式的后勤服务。区内设有大型土特产购物街、餐饮服务区、综合服务区和绿化休闲观光区等五大功能小区，总投资（三期）预算为2000万元人民币，第一期投资600万元。总占地面积32000平方米，营业面积5000平方米，专设各种车辆停放场面积达18000平方米，整区绿化覆盖面积亦有近万平方米。“土特产购物街”为整个服务区的经营核心，餐厅可接纳400人。

【旅游规划】 2008年，完成了《江门市旅游可持续发展行动方案》、《江门市旅游业“十一五”中期评估报告》等；蓬江区旅游局委托南京大学编制的《蓬江区旅游发展规划（2008—2020年）》通过专家评审；聘请广东省旅游发展研究中心编制《开平碉楼文化遗产旅游发展规划》和《江门市棠下镇良溪旅游发展总体规划》。

【旅游投资和招商引资】 2008年，江门市在建旅游项目约80亿元，洽谈中的项目超过100亿元。主要包括：上川岛旅游度假岛项目，由西班牙DATAGA集团COMORPA公司计划投资15亿欧元开发建设上川岛，建设方向为世界顶级海上运动、康复疗养、休闲购物、文化娱乐和高级商务会展旅游度假岛。已投入2000万元进行资源调查、概念性规划编制等前期准备工作。康桥温泉项目，总投资2亿元，进行环境配套和酒店设置。御景湾大酒店项目，由香港柏宁酒店集团在上川岛按五星级宾馆标准投资兴建。盛林生态旅游区项目，由广州市番禺文华羽绒制品厂和裕丰钢铁集团计划总投资3.5亿，建设岑洞峡谷探险漂流旅游区和山泉湾花园酒店度假区，已投入1.2亿元，岑洞峡谷探险生态漂流度假区于5月试业迎宾。恩平美林温泉小镇，由广州美林基业投资15亿元开发建设，占地5100亩，2月27日奠基，主要开发建设项目：温泉洗浴、星级酒店、体育休闲、高尔夫练习场、房地产开发等。银湖湾游艇休闲度假区项目，由香港和记黄埔地产有限公司及乐活企业有限公司共同开发，项目总投资额为21亿元，总用地规模为3500亩，其中2000亩为建设用地，于3月20日奠基，开发内容包括度假酒店、游艇俱乐部、游艇会展商务中心、意大利风情小镇等项目。蓬江区海逸酒店和鹿茵酒店项目，举行了签约或奠基仪式，投资3000万元的江门丰泽园酒家在江海区开业。鹤山市大雁山风景区“一轴四板块”改造工程，目前整个项目已经初见成效，包括景区西门广场、生态体育公园、西门1.3公里沥青登山道路、海会寺宗教文化广场等众多项目的竣工。

【红色旅游】 2008年，开平市筹资200多万元对周文雍、陈铁军烈士陵园标识牌、景区环境等进行整治；恩平市老促会向江门老促会和省老促会争取支持1.5万元，修葺大田镇广东人民抗日解放军司令部旧址，优化室内外环境，并争取香港侨胞赞助20多万元，对东成镇牛皮塘农会旧址进行了重建，修建了两层新的会址。鹤山市委、市政府也拨出专款对广东人民抗日解放军司令部旧址、鹤山苏维埃旧址宋氏大宗祠等进行了修葺，更新完善展览图片。

【乡村旅游】 2008年，新会古井镇（宋元古战场）、开平碉楼与村赤坎镇（欧陆风情）、台山川岛镇（海岛沙滩）、新会崖门镇（蔡李佛始祖古兜温泉）被评为“广东省旅游特色县镇村”；恩平歇马举人村荣获国家第四批“中国历史文化名村”奖牌和由广东省建设厅、文化厅颁发的“广东省历史文化名村”称号。

【旅游扶贫】 2008年，恩平市凤凰生态乐园景区在旅游扶贫专项使用过程中，按照上级有关规定和所批准的扶贫资金项目进行施工建设。新会葵艺工艺得到省扶持资金60万元，主要用于研发和促销宣传工作。

【旅游商品】 2008年12月5日，2008江门市优秀旅游商品评选活动在开平市福纳千家塘口旅游服务区举行。通过游客投票和专家评委评比，最终评出了开平碉楼纪念茶砖等20个2008年江门市优秀旅游商品及江门市旅游购物推荐单位。

外国游客参观旅游工艺品制作

【旅游信息化】 2008年，江门市旅游局在局内部试行OA办公系统，文件收发、分办、督办等都通过OA系统进行，初步实现局内办文无纸化。江门旅游网围绕2008年旅游宣传促销工作，及时发布信息，图文并茂地报道宣传促销成果。如：2008年江港澳旅游合作取得新进展，珠三角“万人游侨乡”活动成效显著，开拓外省旅游客源市场有突破，2008年中国（江门）侨乡旅游节成功举办等；设“资料下载”栏目，方便旅游企业下载文件、表格；设网上导游报名系统，方便每年两次的导游考试报名；设“政务公开”栏目，推动局政务工作网上公开化。

【旅游品牌建设】 2008年，广东省旅游局、省旅游协会将开平碉楼与村落评为“广东改革开放30年旅游十个‘首创之星’”；省旅游局、省自驾游协会将开平碉楼与村落评为“广东自驾游十佳线路”；由广州日报社、广州电台主办的“选美广东”活动中，赤坎古镇荣获“我最喜欢的乡镇”，并融入了“大珠三角精品旅游线”；由国际旅游营销协会、国际旅行商、世界华人华侨旅游组织举办的2008中国旅游品牌年会将新会区评为“中国最具影响力旅游名城”，也是广东省唯一获此殊荣的城市；台山市川岛旅游度假区在由省旅游局和省林业局联合主办的“我最喜爱的森林生态、滨海旅游景区”评选活动中当选为“我最喜爱的滨海旅游景区”。

【创建国家A级旅游景区】 2008年，江门市积极创建国家A级旅游景区。其中台山川岛旅游区、富都温泉已通过省旅游景区质量等级评定委员会初评，拟推荐全国旅游景区质量等级评定委员会评定。

川岛旅游区地处江门台山市，川岛总面积254.3平方公里，分为上川岛和下川岛，26个小岛（洲），海（岛）岸线总长222.32公里，其中上川岛面积156.7平方公里，下川岛面积98.6平方公里，有可开发海浴场的优质沙滩20多处，总长30多公里；有适宜海水养殖的优良港湾及浅海滩涂，面积达1.5万多公顷；有具备建设国际级大型深水港的天然海港4个。川岛旅游起步于上世纪八十年代，通过多年的开发建设，已经发展成为广东省著名的海滨旅游度假区。上川岛主要景观：飞沙滩、金沙滩、银沙滩、沙螺湾原始次生林、川南石窟景色、渔港晚霞、墨斗洲奇岩怪石、黄猄洲五颜十色砾石滩、方济各纪念园；下川岛主要景观：王府洲旅游中心、王府洲岛、观音山、挂榜湾、牛塘湾。

富都温泉位于台山市都斛镇。2001年开发，2006年6月13日正式对外开放营业。其温泉常温水温高达82℃。温泉水含有氡、碘、硫、镁、铁、铜、锌、钼、镍、钴等16种对人体有益的矿物元素。旅游区区配套有宴会厅、多功能会议厅、购物中心、游客中心、高尔夫练习场、滑草、滑车、骑马、箭射、保龄球、豪华卡拉OK、文化广场、卫生站等项目，其温泉以飘雪温泉为主要亮点。2006年被评为“最具悬念温泉”、“广东十佳温泉度假酒店”、“广东最佳主题特色温泉酒店”。

旅游教育培训和精神文明建设

【概述】 截至2008年底，江门市共有设置旅游专业的大学1家，即江门市职业技术学院；中专类7家，即广东艺华旅游学校、江门市杜阮旅游职业学校、江门市高级技工学校、新英职业学校、江门市第一职业高级中学、台山市职业技术学校、开平市旅游职业学校（开平市第五中学）。每年为旅游行业培养550多名中、高等旅游专业人才。全市旅游行业开展从业人员教育培训共14579人次。

【旅游教育培训】 2008年，全市共组织472名考生参加2008年度全国导游人员资格考试，通过率30.4%；组织800多名导游人员参加2007年度导游员继续教育培训班；举办2008酒店职业英语考前培训班，全市共36名考生参加了考试，通过率44%；举办新《劳动合同法》专题讲座，全市旅游企业的经理共35人参加了培训，通过案例分析、现场互动提问等方式，学员进一步了解和掌握新《劳动合同法》；组织举办导游员岗前培训班，以实地踩线和资深导游的“帮、传、带”方法，使新导游尽快掌握和提高服务技能。10月14日，“江门市2008年旅游饭店服务技能展示大赛总决赛”在江门逸豪酒店隆重举办，决赛项目包括托盘技能接力竞赛、中式铺床、中餐宴会摆台、西餐宴会摆台、调酒、蔬果雕刻等6个项目，共有1986名选手参加初赛，519名选手进入决赛，共产生个人奖36个、团体奖项52个。

【广东首个旅游类博士后科研基地】 2008年11月5日，广东首个旅游类博士后科研基地——“中山大学博士后流动站科研基地——开平旅游局”挂牌仪式在开平立园举行。开平市旅游局局长邝积康主持挂牌仪式，开平市市委常委、组织部部长颜强致辞，中山大学校长助理兼旅游学院院长保继刚教授致辞，参加挂牌仪式的有中山大学校长助理、旅游学院院长、旅游发展与规划研究中心主任保继刚教授，江门市领导以及开平市相关部门单位领导、开平市旅游行业代表、中大旅游学院的相关负责同志共80多人。

【旅游行业精神文明建设】 在2008年10月14日江门市举办的2008年旅游饭店服务技能展示大赛中，评选出了江门市“十佳优秀旅行社”、“十佳最受欢迎的旅游饭店”；新会区小鸟天堂旅游有限公司副经理钟坚喜获国家旅游局和中华全国妇女联合会授予的全国旅游系统“巾帼建功标兵”荣誉称号。

纪 事

6月26~28日 市政协第十一届七次常委会议就加快旅游业大发展进行专题议政。

8月12日 江门市副市长李崴会见台湾旅游业界一行15人组成的考察团。

10月18日 新会区经贸局和旅游局联合策划推介五邑地区首条“手信”一条街——新会区世纪广场旅游商品特色街，举行了开业亮灯仪式。

11月14日 为纪念著名侨领司徒美堂先生诞辰140周年，江门市在开平市城市文化广场举行司徒美堂先生铜像揭幕仪式。

11月26~28日 世界遗产旅游博览会暨亚洲奖励休闲旅游展在澳门威尼斯人会展中心举行。

12月5日 2008江门市优秀旅游商品评选活动在开平市福纳千家塘口旅游服务区举行。

（黄建廉　梁金爱　杨剑明　廖文英　陈天武　周德儒　刘若波）

阳江市

综 述

【总体情况】 2008 年，阳江市实施“旅游强市”战略，通过抓好资源整合、景区（点）建设和行业管理，充分发挥“南海Ⅰ号”宣传效应，大力发展乡村游、短线游等措施，克服了金融风暴、冰冻灾害、“5·12”汶川大地震、强台风“黑格比”等带来的负面影响，收效明显。全年接待海内外总人数 562.7 万人次，旅游总收入 30.02 亿元，与上年同比分别增长 5.1% 和 7.08%。

【旅游行业规模】 截至 2008 年底，全市共有旅行社 22 家，其中国际旅行社 2 家，国内旅行社 20 家。共有星级饭店 34 家，其中五星级 1 家，四星级 3 家，三星级 16 家，二星级 14 家；星级饭店客房数 3086 间、床位 5788 张。拥有国家 A 级旅游景区 2 家，其中 4A 级景区 1 家，3A 级景区 1 家。全国工业旅游示范点 1 家。全市旅游部门从业人员 7200 人，其中旅游管理机构 85 人，旅游饭店 4752 人，旅行社 357 人，其他旅游企业 606 人，旅游景区 1400 人。

【重大旅游决策】 2008 年 3 月 13 日阳江市委副书记、代市长魏宏广率市政府有关部门到海陵岛调研，提出要以“广东海上丝绸之路博物馆”开馆为契机，大力发展旅游业和第三产业；3 月 24 ~ 27 日，阳江市召开人大、政协两会，提出“认真实施《阳江市旅游总体发展规划》，加快景区景点建设，重点抓好三山岛国家旅游度假区游艇和风帆项目、阳春温泉度假村等旅游项目的建设，努力打响阳江的中国优秀旅游城市、中国温泉之乡、‘南海Ⅰ号’等旅游品牌”；4 月 23 日，阳江市委副书记、市长魏宏广带队到阳江市旅游局开展座谈调研时指出：要强化旅游行政统筹管理力度，加强对旅游规划、旅游开发的科学指导，整合旅游资源，加大旅游宣传促销力度；7 月 15 日，阳江市十大旅游景区和市旅游局、市地税局和市邮政局等部门联合召开关于推广景区邮资门票会议。会后，联合印发《关于在全市景区推广邮资门票》的文件。

【重大旅游活动】 2008 年 1 月 22 日，阳春市举行“品尝中华名果 畅游水墨阳春”活动启动仪式，省内外游客一千多人受邀参加仪式。3 月 10 日，阳春市委、市政府举行“中国优秀旅游城市”挂牌揭幕仪式。3 月 20 日，阳江市人大围绕如何加强全市旅游资源规划建设等问题开展专题调研。5 月 17 ~ 18 日，在阳西县咸水矿温泉度假区举办自驾车旅游捐资助学活动，广东“狼群汽车俱乐部”一行 130 人、30 辆汽车参加活动。5 月 27 日，阳江市委书记、市人大常委会主任林少春，市长魏宏广等阳江市四套班子领导与河南省开封市代表团及旅游界人士举行两市缔结友好城市签约仪式。同日，还举行国家地质公园——春湾风景区批准为国家 3A 级旅游景区挂牌暨邮资明信片门禁系统启用仪式。6 月 7 日，为阳春市高流河墟日，来自阳江、云浮、新兴、罗定、恩平、肇庆等周边城市和广州、东莞、深圳等珠三角地区的赶墟游客团队达 50 多个。6 月 8 日，阳江市领导魏宏广、冯桂雄、莫章德、陈芝岳、陈宏、容振标等与民众、游客一起观赏端午龙舟赛。漠阳江观光河道两岸人头攒动，近 10 万观众观看这一盛况。10 月 22 日，由世界休闲组织、广东省旅游局、阳江市政府共同主办的“2008 中国（阳江）海上丝绸之路旅游文化研讨会”在阳江温泉度假村举行。中国旅游研究院学术委员会主任、中国休闲产业联盟常务副会长、秘书长魏小安，省人大常委会宗教华侨委副主任郑通扬，广东省旅游局副巡视员王志红，市委常委、常务副市长陈华康，市人大常委会副主任郑尤坚，以及省内外专家学者 200 多人参加研讨会。中国休闲产业联盟常务副秘书长谭伟奇主持研讨会。11 月 28 日，在北京举行的第二届中国旅游论坛活动中，阳江市被授予“中国最佳生态旅游城市”荣誉称号，阳江市旅游局局长丁锡丰被授予“中国旅游突出贡献奖”荣誉称号。这是在本届论坛上广东省唯一获得的两个奖项。12 月 24 ~ 26 日，由市委常委、常务副市长陈华康及市政府副秘书长蔡德威带队，组织市直有关单位、各县（市、区）政府（管委会）分管领导及旅游局长一行，赴海南省开展旅游考察调研。

【旅游抗震救灾】 2008 年 1 月 27 日至 2 月 12 日，阳江市旅游局指导全市旅游业开展抗冰救灾和做好对外来工的接待、安置工作；“5·12”汶川大地震后，全市立即启动公共突发事件应急预案，迅速查明在四川地震灾区旅游团队及游客情况，立即停止组团前往和途经灾区的旅游活动。

5月13～30日，组织全局干部职工向汶川地震灾区募捐，共捐款7450元；全市旅行社、旅游购物中心、景区点等旅游企业踊跃向四川地震受灾地区进行爱心捐款，共捐款910253元。9月24日，强台风“黑格比”重创阳江旅游业，海陵大堤断裂损坏严重。海陵岛试验区旅游直接经济损失达2500万元。局领导带领有关人员第一时间赶赴受灾现场、察看灾情，连夜统计受困于海陵岛的游客及团队数量。在市政府的统一指挥下，迅速将困在岛上的1600多名游客用船只安全转移，并及时做好灾后复产、恢复重建等工作。

旅游接待与收入

【入境旅游】 2008年，阳江市接待入境旅游者5.47万人次，比上年减少27.4%；旅游外汇收入1536.9万美元，比上年减少22.2%。

【国内旅游】 2008年，阳江市接待国内游客557.19万人次，比上年增长5.6%，其中接待国内旅游者239.69万人次，比上年增长0.65%；国内旅游收入28.95亿元，比上年增长9.13%。

【出境旅游】 2008年，阳江市旅行社组团出境旅游人数为5378人次，比上年增长60.01%。其中香港游1579人次，澳门游1792人次，出国游2007人次。

【假日旅游】 2008年，全国法定假日进行了调整，阳江市旅游部门及时做好假日旅游的各项工作，确保安全有序。春节旅游黄金周，全市共接待游客49.48万人次，旅游总收入为16070万元，分别比上年同期增长7.08%和14.8%；“五一”（5月1～3日）全市共接待游客28.1万人次，旅游总收入10527万元，同比减少1.6%和0.18%；“十一”黄金周全市接待游客39.73万人次，旅游总收入达11904万元，同比减少19.5%和20.2%，

旅游宣传促销与节庆活动

【概述】 2008年，阳江市旅游宣传促销以“山海温情、贵地阳江”为主题，加强国内外旅游市场宣传促销，开展各项宣传促销活动，进一步树立了旅游新品牌和新形象。发行阳江旅游DM杂志《阳江山海风》，与北京金旅雅图信息科技有限公司广东分公司合作建设“阳江旅游目的地营销系统”，与阳江凤凰酒店合作联合举办“南海Ⅰ号”图片、模型、旅游商品展览，在深圳地铁出入口和候车站台设置了30个（规格：375cm×154cm）广告位进行阳江旅游整体形象宣传。1月25日，阳江市被中国矿业联合会授予“中国温泉之乡”；3月20日，阳春市在广州白云宾馆举行“走进百里画廊　畅游水墨阳春”2008阳春旅游推广会，邀请广州市旅游局领导、广州等地40家组团社负责人和10家主流媒体记者参与；4月22日，海陵岛旅游局组织参加在北京举行的“2008中外旅游精品推广峰会”，海陵岛荣获“中国最具特色旅游目的地”；6月中旬和11月份上旬，阳江市分别参与广西钦州、广西贵港市主办的“两广十市”区域旅游合作联席会议；10月至11月，积极筹备参加2008广东国际旅游文化节花车巡游等系列活动；8月18～8月21日，邀请重庆、贵州、四川、江苏等13个省、市旅行社近30名总经理前来阳江现场考察；8月27～28日，市旅游局邀请辽宁、山东、河南等6省、市的旅游界、新闻界70多人前来阳江进行采风踩线考察活动；9月27～28日，由市领导带队组织全市各（市、区）旅游部门和旅游企业到珠海开展旅游宣传和招商，邀请珠海市政府有关部门和旅游企业及有关客商参加座谈；9月和10月，市旅游局组织全市旅游骨干企业参加由省旅游局统一组织的东盟四国旅游交流推介活动和西班牙等国家的宣传招商活动；10月中旬，组织全市部分旅游企业到开封市进行旅游交流回访活动；11月29日至12月1日，阳江市参与了2008广东国际旅游文化节开幕式花车巡游、旅游大促销等系列活动。制作的花车以滨海蓝色和“南海Ⅰ号”旅游元素诠释阳江旅游文化内涵，充分展示了“山海温情、贵地阳江”的旅游形象。参加2008年度“我最喜爱的森林生态、滨海旅游景区”评选活动，阳江闸坡大角湾旅游景区被评为“广东省十佳滨海旅游景区”。

【第六届南海（阳江）开渔节】 2008年8月1日，由阳江市人民政府、广东省海洋与渔业局、国家农业部南海区渔政渔港监督管理局联合主办的第六届南海（阳江）开渔节，在海陵岛试验区闸坡渔港举行开船仪式。开渔节以“万众千帆庆开渔”为主题，整个节庆活动由欢迎酒会、烟花主题汇演和开船仪式等板块组成。

【第五届阳江美食节】 2008年8月31日，第五届阳江美食节烹饪技术大赛和广东月饼评比活动在阳江凤凰酒店举行。全市20家餐饮单位参加，评选出“阳江最受欢迎的乡村美食”、“阳江最受欢迎的海鲜美食”、“阳江最受欢迎的山海珍肴”、“阳江最受欢迎的特色点心”和“阳江十大名厨”及广东金牌月饼、精品月饼和优质月饼三大奖项。阳江市人大常委会副主任郑尤坚、副市长陈芝岳参加了开幕式。9月6日，举办了第五届阳江美食节开幕式。9月初至9月中旬在阳江人民广场举办月饼、美食、啤酒展销活动，

宣传阳江旅游美食和旅游产品、丰富多彩的文艺节目和各种有奖活动吸引了各地游客。

阳江市第五届美食节节庆活动热闹场面　袁丹心摄

【第八届阳江旅游文化节】　2008 年 10 月 22～24 日，举办第八届阳江旅游文化节，主要活动有：开幕式；欢迎酒会暨“阳江十佳导游”颁奖仪式；“南海Ⅰ号”暨“海上丝绸之路”旅游文化研讨会；阳江“温泉之乡”旅游线路考察和挂牌仪式；“山海温情、贵地阳江”旅游主题形象图片展等。

旅游行业管理

【旅游市场监督与管理】　2008 年，阳江市旅游局联合公安、工商、卫生、技监、物价、财税、消防、安监等部门开展综合执法专项检查，重点打击旅游市场的拉客宰客、欺行霸市以及“黑社”、“野导”、“黑车”、“黑船”、“虚假广告宣传”，打击炒房、欺客宰客和“黄、赌、毒”行为，增加游客安全感。打击旅行社“零负团费”、聘用无证导游、旅行社与游客签订的合同内容模糊等。在全市开展了诚信旅游宣传活动，以营造和谐的旅游环境，维护广大游客的权益。全年共开展了 4 次整顿和规范旅游市场秩序工作，3 次参加全市旅游安全大检查行动，查处旅行社与游客签订不规范合同 10 起，查处旅行社超范围广告宣传 5 起，受理和协调处理 14 起旅游投诉案，其中旅行社 4 起，景点 2 起，旅游酒店 8 起，为游客追回经济损失 6.75 万元。检查团队 47 个，导游员 IC 卡 47 人。在检查中对个别导游的执业不规范行为进行现场批评教育和纠正。坚持旅游黄金周期间 24 小时值班，共接旅游咨询和投诉电话 105 个。

【旅游安全管理】　2008 年是奥运安全年，按照国家、省旅游局的工作要求，阳江市旅游局密切配合市安委会的工作部署，着重抓了旅行社的租车、星级饭店的消防安全、旅游景区点安全责任制落实等工作。抓重点行业和领域安全隐患排查，整改企业 44 家，检查 99 家/处次，查隐患 217 处，整改完善 205 处，整改率 95%。组织督查组 6 个，督查企业 28 家，下达整改指令书 15 份，责令 15 家企业进行共 18 项整改，已落实 17 项，整改率达 94%。并对全市旅游企业进行“百日督查”安全大行动，督查率 100%。

加强了黄金周旅游安全管理。建立和健全领导机构，落实安全生产责任，以防范重特大事故和防火为重点，制定检查方案，落实工作责任，对所在地各旅游企业、旅游经营单位和旅游者活动场所开展一次深入的旅游安全大检查。检查重点包括：旅游企业安全生产责任制是否落实，各种证照是否齐全，安全制度是否完善，安全教育工作是否到位，旅游档案是否健全等。3 月 23 日，阳江市旅游局召开全市旅游安全工作会议，与各县（市、区）旅游局（管理中心）和部分企业签订旅游安全责任状；5 月 1～2 日，省旅游局派出一行 5 人的安全检查组到海陵岛检查指导旅游安全工作；5 月 28～29 日，阳江市旅游局成立“百日安全”督查小组，在全市旅游行业开展“百日安全”督查行动；12 月 31 日，阳江市旅游局组织开展元旦小长假和春节黄金周旅游安全大检查。全年未发生重大安全事故。

【旅行社管理】　截至 2008 年底，阳江市共有旅行社 22 家。全年新设立 1 家旅行社（阳江市黄金假期旅行社）。在旅行社管理方面，强化旅行社在组团时必须与游客签订正式合同；积极向游客推荐购买旅游意外保险业务，全市 22 家旅行社均购买了旅行社责任险，投保率 100%；加强旅行社宣传广告的规范管理，实行登记备案制；建立较为完善的旅行社安全管理档案，制订安全管理制度，落实旅行社法人总经理安全工作责任制，同时各旅行社能认真加强对导游员管理，严禁无证导游出团。12 月 30 日，阳江市旅游局组织召开 2008 年度全市旅行社业务年检工作会议，布置了 2008 年度旅行社年检工作。

【导游员管理】　2008 年，全市共有导游员 315 人。3 月 29 日，阳江市旅游局组织开展导游员培训、导游证年审工作。导游员全部通过年审。4 月 12～13 日首次在阳江电大开展 2008 年度第一次全国导游员资格证考试，报名人数 54 人，通过资格考试人数 35 人，通过率 41.5%，在全省排名第三；11 月 7～9 日组织开展 2008 年度第二次全国导游员资格证考试，报名人数 87 人，通过资格考试人数 47 人，合格率 54%，在全省排名第二。阳江市开展评选“阳江十佳”导游的活动，经初赛、复赛、决赛采取模拟景点讲解、才艺展示、知识问答等形式，评选出 10 名“阳江十佳”导游员。

【星级饭店管理】　2008 年，全市共有星级酒店 34 家。其中全年新增 3 家星级酒店（阳江嘉华大酒店、阳江莱茵堡酒店、阳春新朗酒店）。在参加年度星级饭店复核中，因硬件设施设备老化、消防安全不合格被取消星级饭店的有3家（闸坡天龙宾馆、闸坡碧琴楼宾馆、阳西县西园宾馆）。

2008年3月，阳江市星级评委按照五星级饭店标准分别对碧桂园阳江凤凰酒店和阳春东湖国际大酒店申报五星级旅游饭店进行检查，并上报省星级评委，碧桂园阳江凤凰酒店于年底通过省的初评。

【行业协会】 2008年，阳江市旅游协会单位会员200多个，个人会员300多人。协会设置了阳江市旅游协会常务理事，设景区委员会，旅行社和导游委员会，宾馆酒店和餐饮委员会，商业、茶艺、娱乐委员会，协会设会员事务部、信息服务部、专业委员会工作部、教育培训部工作部。办公地址为广东省阳江市金山路中段（市汽车总站西侧）。

2008年12月19日，阳江市旅游协会召开第二次代表大会，并进行换届改选。陈华康担任名誉会长，市人大常委会副主任郑尤坚等担任顾问，阳江市旅游局局长丁锡丰任会长。

旅游资源开发和景区（点）建设

【旅游规划】 2008年8月2日，在阳江市阳西县东湖咸水矿温泉举行由广东新空间旅游规划有限公司编制的《阳江市红树林生态旅游区总体规划》（简称《总体规划》）评审会，经专家组审议予以通过；11月20日，江城区政府举行《阳江市罗琴雅操国际生态旅游度假区总体规划》（以下简称《规划》）评审会，来自中科院广州地理研究所、华南理工大学、暨南大学、华南师范大学、广州美术学院的5位专家听取了《规划》编制单位的汇报，审阅了《规划》文本及相关图件，专家组通过该《规划》。

【旅游投资和招商】 2008年，全市招商建设的旅游项目主要有：海陵岛的广东海上丝绸之路博物馆自由附属设施，阳光半岛国际度假酒店，明珠酒店，阳光·水恋度假公寓，自由岛旅游度假区，闸坡新圣洋渔业休闲基地附属项目，十里银滩滨海旅游度假项目。阳春温泉度假村（五星级标准），已投入首期征地款2000万元，项目由暨南大学旅游规划设计研究院按国家五星级酒店和国家4A级景区标准做好项目总体规划设计，建筑设计方案正在修改完善。阳春金都大酒店（五星级标准）、漠阳国际大酒店（四星级标准）、春湾长兴国际大酒店（四星级标准）等旅游项目在积极推进之中。

阳东县推出东湖旅游区、东平珍珠湾海滨浴场、新洲紫罗山旅游区等招商项目。旅游投资项目有阳东山水绿洲度假村，拟投资3亿至5亿元，占地约2500亩，设有会议酒店区、水上休闲活动区、健康理疗中心区、VIP度假别墅区、山水公园、特色风情街等功能区。该项目于2007年底办好了工商注册登记手续，入资5000万元。

江城区对罗琴山景区整体开发项目进行招商引资，2月18日总投资3亿元的罗琴山景区整体开发项目已举行奠基动工仪式。阳西招商建成了大垌山旅游风景区万佛塔，完成了大雄宝殿主体工程。沙扒镇海天度假邨已完成了观海堤工程，海天旅游度假村主体工程于9月动工，项目投资规模1.2亿元。河北大树岛的项目招商开发也进展顺利。

广东海上丝绸之路博物馆

【旅游区建设】 2008年，全市已开发建设海陵岛大角湾国家4A级旅游景区、银海宋城、东方银滩、北洛湾、马尾岛、珍珠湾等海滨景区（点），已开发建设阳春凌霄岩、玉溪三洞、龙宫岩、春湾石林、崆峒岩景区，已开发建设阳东涛景度假村、阳江温泉度假村、东湖旅游度假区、新洲沸泉、珍珠湾、玉豚山海滨公园、大澳渔家文化村，已开发建设阳西月亮湾健康度假中心、咸水矿温泉度假山庄、河北度假村等，为阳江旅游业的进一步发展打下了良好的基础。

大角湾国家4A级旅游风景区

【新开发、新建设景区（点）】 2008年，全市新开发建设广东海上丝绸之路博物馆、大垌山风景区、海陵三山岛国际旅游度假区、海陵自由岛旅游区、海陵岛新圣洋渔业休闲基地“水上渔家乐食舫”等。“国之瑰宝”工艺博物馆被正式纳入广东省旅游重点发展项目。

【新评A级景区】

〖广东海上丝绸之路博物馆〗 地处广东阳江海陵岛十里银滩，于2005年12月28日动工兴建。博物馆是以“南海I号”宋代古沉船保护、开发与研究为主题，展现其出水文物及水下考古现场发掘动态演示过程为特色的专题博物馆，是世界首个水下考古专题博物馆。该馆由省政府投资近2亿元，阳江市政府划拨约13万平方米土地建设，是广东省建设文化大省的重点项目之一。

该馆建筑特色鲜明，紧扣海洋文化主题。立面由五个不规则的大小椭圆体连环相扣组成，整体既似起伏的波浪，又如展翅的海鸥。建筑摈弃传统的梁架结构，把造船的龙骨形式和南方独特的干栏式建筑形式相结合，风格独特而富有创意。目前，馆内陈列分为八大展厅：序厅、水下观光廊、水下考古平台、海上丝绸之路厅、珍品文物展厅、水下考古时光廊、海洋知识厅、阳江本土文物厅。展示了南宋时期中国景德镇、龙泉、德化、磁灶几大名窑的精美瓷器及金腰带、金戒指、鎏金虬龙纹环等异域风情饰物。

〖阳江涛景高尔夫度假村〗 位于阳江市内，占地面积4200余亩。由华标创业集团以涛景之品牌推出的大型综合生态旅游度假项目。

整个景区建设计划总投资25亿元。由36洞的国际标准高尔夫球场、五星级标准的酒店、温泉、别墅、私人停机坪、郊野公园等组成，是集运动、旅游、休闲、度假、商务于一体的粤西地标。其中高尔夫球场由马来西亚资深设计师C. J Tan精心打造，被誉为“广东首席原生态高尔夫球场”及“广东最具挑战性球场”。度假村内第一个18洞国际标准高尔夫球场——松涛球场建成于2006年底。球场占地面积约50万平方米，球道总长7264码，属山地形球场。“松涛”设计独特，依山丘起伏、沟壑环绕之地势而建，若隐若现于山峦松林之间，是目前广东省最具挑战性的球场。其中A场的“将军洞”和B场的“君临天下”构思巧妙，将“享受尊贵、感悟人生”的哲学思想融入到了大自然的美景之中。还有B场的14号球道——“香格里拉”，碧绿的球道点缀着银色的沙坑，松涛声中夹杂着鸟鸣随阳光洒向绿茸茸果岭，GOLF自然、人文与运动的和谐精神在这里被展示得淋漓尽致，堪称世外桃源、人间仙境。

【乡村旅游】 2008年，阳江市着力推广江城江南休闲园、随垌韬园山庄、阳东鸿运山庄、阳春头堡农家乐休闲基地、青竹园农家乐园、闸坡公路两边乡村风味美食店等多个乡村旅游接待点，推出了闸坡海鲜、烤全羊、猪仔碌叫化鸡、春砂排骨等多款乡村风味美食。

【旅游扶贫工作】 2008年4月25日，阳江市旅游局组织全市各县（市、区）旅游局（管理中心）上报2008年旅游扶贫项目。阳西红树林生态旅游区、阳春春湾风景区、海陵岛渔家民俗博物馆分别列为省重点旅游扶贫项目，并获省旅游扶贫专项资金。

【旅游信息化】 2008年7月9日，阳江市旅游局与中国移动阳江公司联合在阳江汽车总站大厅举行“魅力阳江”阳江市旅游咨询电子触摸屏启用仪式。旅游咨询触摸屏自助终端栏目众多，内容丰富，为游客提供了解阳江的快捷通道；与北京金旅雅图信息科技有限公司广东分公司合作建设“阳江旅游目的地营销系统”，开通阳江旅游目的地营销系统网，利用营销系统实现网上促销、网上预订、网上会展，以适应现代旅游发展；9月26日，阳江市旅游局邀请中山大学、华南师范大学、广东工业大学专家对“阳江旅游DMS系统”通过验收。

阳江市旅游咨询电子触摸屏启用仪式　尹小珍摄

【旅游商品】 2008年7月9日，阳江市旅游商品研发中心举行签约及挂牌仪式，阳江市副市长陈芝岳出席仪式并致辞。研发中心充分挖掘了阳江的漆器、风筝、食品等传统工艺，开发、设计、生产各类适合旅游消费者的旅游商品。阳江市主要旅游产品包括：阳江“三宝”——豆豉、小刀、漆器；阳春“三宝”——春砂仁、蛇鞭酒、蛤蚧酒；此外，还有阳春孔雀石、马水橘、根雕、奇石，阳东益智、荔枝，阳西黄皮蜜饯，阳江海产品、风筝、书画、喜之郎果冻、莲香炒米饼、不锈钢器皿、服装帽袋等。

旅游教育培训和精神文明建设

【旅游教育培训活动】 2008年3月13日，阳江市旅游局组织高星级酒店管理人员参加由省旅游局举办的星级饭店检查员培训班；3月29日，阳江市旅游局组织开展导游人员培训、导游证年审工作；4月12~13日，在全市举办了2008年首次全国导游口试考试；4月份，拟策划建设阳江市旅游学校方案报市政府审批，在春湾风景区和崆峒风景区分别举办了两期从业人员培训班；5月份，组织市部分星级酒店预审员到阳春参观调研。举办全市地方导游员培训班，对全市没有持证的导游员进行培训，颁发地方导游证。同时，对全市持证导游进行年度导游IC卡年审。

【旅游精神文明建设】 2008年4月18~21日，阳江市旅游局局长丁锡丰带队到中山市参加全省旅游系统迎奥运乒乓球比赛。6月30日，组织参加"改革开放30周年"全国旅游饭店服务技能大赛选拔赛。8月25日，组织参加全省在东莞嘉华酒店举办的全国旅游饭店服务技能大赛选拔赛。这次比赛有全省19个市的代表队共99名选手参赛，比赛项目有五个：中式铺床、中餐宴会摆台、西餐宴会摆台、中式烹调和鸡尾酒调制。比赛方式分为中英文问题和技能操作。阳江市选派的阳江凤凰酒店陈华春在中式铺床比赛中获得第二名、阳江凤凰酒店李大娇在西餐宴会摆台比赛中获得第三名、阳江温泉度假村吴晓艺在中餐宴会摆台比赛中获得优秀奖、阳春市悦华酒店李启潮在鸡尾酒调制比赛中获得优秀奖、阳江温泉度假村温伟经和阳春东湖国际大酒店林永阳在中式烹调比赛中获得优秀奖。阳江市旅游局获得"最优秀组织奖"。10月13日，经层层评比选拔，"阳江十佳导游"山炉，分别为：刘丹、邓秋艳、李佩柳、林锐冰、谭佩君、黎锦添、杜月娥、杨嘉瑜、邓雅文和侯景文。12月23日，闸坡旅游公司被评为"2007年度全国国内百强旅行社和全国利税十强国内旅行社"。12月29日，阳江市旅游局推荐阳江市创业宾馆和阳江十八子饭店参加评选"全国青年文明号"活动。

纪　事

2月22~24日 阳江市旅游局由局领导带队到广西北海的银滩、海洋之窗和红树林学习考察。

3月3~4日 广东省旅游局副巡视员谢宏治到阳江市温泉度假村、海陵岛东方银滩和广东海上丝绸之路博物馆开展调研。

3月11~13日 阳江市委副书记、代市长魏宏广率市发改局、市财政局、市建设局、市海洋与渔业局、市旅游局、市投资服务中心等单位主要负责人分别到海陵岛、阳东县调研。

3月12日 海陵岛新圣洋渔业休闲基地"水上渔家乐食舫"开业。

3月18日 由广东省发展和改革委员会牵头组织省有关部门和省海洋及社会科学专家到阳江开展"广东海洋开发战略研究专题调研"。

3月19日 湖南省长沙市惠通旅行社开拓海陵岛旅游市场的首批游客组团抵达海陵区观光。

3月20日 阳江市人大就加强旅游规划建设等议题开展专题调研。

3月20日 阳春市在广州白云宾馆举行"走进百里画廊　畅游水墨阳春"2008阳春旅游推广答谢会。

3月24~27日 阳江市召开人大、政协两会，提出认真实施《阳江市旅游总体发展规划》等议题。

3月25日 阳江市旅游局丁锡丰局长一行5人到广州新白云机场管理局洽谈在阳江设立服务机构事宜。

3月28日 阳江市嘉华酒店、阳江市莱茵堡酒店通过三星级酒店评审，成为阳江市正式挂牌的三星级酒店。

4月3日 江城区政府召开罗琴山景区整体开发项目规划研讨会。

4月6日 由海陵区委书记关泳芬带队，区旅游局、建设局、国土局等部门赴浙江宁波、象山等地参观考察滨海旅游业、海洋渔业的发展经验。

4月7日 阳江市委副书记、市长魏宏广，副市长周乐荣、陈芝岳主持召开"广东海上丝绸之路博物馆"开馆建设办公会议。

4月7~10日 阳江市旅游局评定星级酒店工作小组开展对阳江凤凰酒店、阳春东湖国际大酒店的五星级酒店初评工作。

4月10日 阳江市旅游局局长丁锡丰随省旅游考察团到上海考察，学习上海以国际化视野发展旅游业的做法和经验，结合广东开展解放思想学习讨论活动，推进阳江旅游业科学发展。

4月21日 广东电视台珠江频道《美食特工》和《开心假期》栏目应邀至海陵岛拍摄宣传片。

4月22日 由海陵区委副书记、区管委主任林子泽率队，参加在北京举行的"2008中外旅游精品推广峰会"进行旅游宣传推广，并获得"中国最具特色旅游目的地"荣誉称号。

4月23日 阳江市委副书记、市长魏宏广，副市长陈芝岳带队到市旅游局调研。

4月25日 阳春市人民政府邀请张俐俐教授来阳春举办"当代旅游和绿色营销"旅游专题讲座。

4月25日 阳江市领导丘志勇、陈芝岳等会见广西大型旅游文化演出“印象刘三姐”策划人一行。

4月28日 阳春新朗酒店被阳江市旅游局星评委正式评定为三星级酒店。

5月1~2日 广东省旅游质量监督管理所廖国强所长一行五人到海陵岛检查指导旅游安全工作。

5月9日 阳春市召开全市旅游工作会议。

5月28~29日 阳江市旅游局成立了“百日安全”督查小组，在全市旅游行业开展“百日安全”督查行动。

6月8日 阳江市领导魏宏广、冯桂雄、莫章德、陈芝岳、陈宏、容振标等与民众同赏端午龙舟赛。

7月9日 阳江市旅游商品研发中心举行签约及挂牌仪式，阳江市副市长陈芝岳出席了仪式并致辞。

7月9日 “魅力阳江”阳江市旅游咨询电子触摸屏启用仪式在阳江汽车总站大厅隆重举行。

7月9日 阳江市旅游局在阳江市碧桂园凤凰酒店举行“南海Ⅰ号”旅游文化展览中心揭幕仪式，陈芝岳副市长参加了仪式。

8月20日 阳江市委副书记、市长魏宏广到海陵岛试验区开展调研。考察了雪流湾旅游项目、三山岛国际度假酒店、银海西区大王山度假酒店和保利（集团）项目的选址、筹备情况。

8月27日 来自辽宁、山东、河南三省的新闻界和旅游界一行40多人，到阳江市海陵岛进行了为期一天的采风考察。

9月1日 2008年度珠江小姐竞选活动之“‘海上丝绸之路’环保行”首站抵达阳江。

9月3~17日 中共中央政治局委员、广东省委书记汪洋同志率领广东代表团访问东盟四国。阳江市旅游局派员随同广东省旅游局领导进行旅游交流推介活动。

9月11日 阳江凤凰酒店举行加入国际“金钥匙”组织中国区授徽仪式，该酒店宾客服务部副经理王龙地成为“金钥匙”会员。

9月24日 强台风“黑格比”重创阳江旅游业，海陵岛试验区旅游直接经济损失达2500万元。

9月25日 在阳江市旅游局和区委、区管委的指导下，海陵岛旅游局安全转移游客出岛。

9月27~28日 阳江市在珠海市举行阳江（珠海）旅游推介招商说明会，市委常委、常务副市长陈华康在会上呼吁，打造阳江、珠海、澳门别具特色的“一程多站”的大旅游线路。

10月17日 海陵岛旅游试验区又一高档旅游度假酒店——山海湾酒店破土动工建设。

10月22日 由世界休闲组织、广东省旅游局、阳江市政府主办的“2008中国（阳江）海上丝绸之路旅游文化研讨会”在阳江温泉度假村举行。

11月4日 阳江市人民政府副秘书长蔡德威、阳江市旅游局副局长张开带领旅游企业、新闻媒体代表到贵港参加“两广十市”区域旅游合作联席会议。

11月18~19日 广东省旅游局《粤西发展规划》和《滨海旅游规划》课题组到阳江调研。

11月19日 阳江市委常委、常务副市长陈华康到阳东县开展旅游调研。

11月20~25日 阳江市委常委、常务副市长陈华康等到江城区、高新区开展旅游调研，并参观了石觉寺、平岗温泉、国之瑰宝工艺馆、儒洞温泉、沙扒月亮湾、大洞山净业寺、程村红树林生态旅游区等景区。

11月28日 在北京举办的第二届中国旅游论坛活动中，阳江市被评为“中国最佳生态旅游城市”，阳江市旅游局局长丁锡丰获得“中国旅游突出贡献奖”。

12月2日 阳江市委常委、常务副市长陈华康到海陵岛试验区开展调研。

12月5日 澳大利亚新南威尔士州宝活市梁瀚升副市长一行到海陵岛闸坡大角湾、广东海上丝绸之路博物馆等参观考察。

12月8~11日 由市政府副秘书长蔡德威带队，组织市直有关单位（旅游局、工商局等）、各县（市、区）政府（管委会）分管领导及旅游局长一行，赴井冈山市学习考察，学习其旅游管理经验。

12月24~26日 由市委常委、常务副市长陈华康及市政府副秘书长蔡德威带队，组织市直有关单位（旅游局、财政局、公安局、工商局等）、各县（市、区）政府（管委会）分管领导及旅游局长一行，赴海南进行了专题旅游考察调研活动。

12月26日 海陵岛旅游环境综合整治的银滩大道改造工程、大角湾东区环境改造工程以及市政改造工程等三项工程进行开工仪式典礼。

12月24日 阳江市旅游局局长丁锡丰作客第32期“漠阳民声”广播直播。

（关实芬）

湛江市

综　述

【总体情况】 2008年，湛江市旅游局积极开展抗震救灾工作，与各部门联合举办主题为“汶川抗震救灾传递爱心”的《相约彩色湛江》大型赈灾文艺晚会，筹集善款2340万元，并发动全市旅游行业为灾区捐款124.94万元。“2008中国奥运旅游年”活动期间，湛江市举办“2008中国湛江东海岛人龙沙滩旅游文化节”等以迎奥运为主题的旅游节庆活动，吸引6万多名游客热情参与。办好广东第五届“山洽会”、2008湛江国际龙舟邀请赛、“微笑在湛江”2008导游之星大赛、第六届湛江旅游美食啤酒节、2008廉江红橙旅游文化节和2008广东国际旅游文化节分会场系列活动等，全年全市接待游客总人数891万人次，旅游总收入47亿元，同比分别增长15.85%和14%，为湛江市经济社会快速健康发展作出了贡献。

【旅游行业规模】 截至2008年底，湛江市共有星级饭店43家，其中五星级1家、四星级5家、三星级25家、二星级12家，客房数9546间、床位16847张；还有恒逸国际酒店、海洋国际酒店、枫叶国际酒店、杏磊湾温泉度假村、新大天然酒店等10多家中高档酒店，其他非星级酒店510家。拥有旅行社26家，其中国际社3家，国内社23家。拥有国家A级旅游景区11家，其中4A级2家（湖光岩世界地质公园、蓝月湾温泉度假邨），3A级5家（南亚热带植物园、三岭山森林公园、雷州天成台旅游度假村、吴川吉兆湾旅游度假区、鹤地银湖），2A级景区4家（金鹿园、雷州西湖、三元塔公园、雷祖祠）；另有南三岛旅游度假区、东坡荔园度假村、徐闻白沙湾市级旅游度假区等旅游景点50多处。全市有6家旅游汽车公司，旅游交通汽车100多辆，接待容量超3000人；有1家旅游船务公司，旅游船只3艘，主要经营湛江港湾游项目。全市旅游直接从业人员4万多人，间接从业人员近20万人，其中饭店业从业人员近3万多人、旅游景区从业人员6000多人、持证导游人员1018多人。

【举办2008湛江（肇庆、珠海）旅游推介会】 2008年8月4～6日，由湛江市副市长麦教猛带队，市旅游局组织主要旅游企业负责人、新闻媒体等赴肇庆、珠海、江门等地开展旅游宣传推介活动，并举办2008湛江（肇庆、珠海）旅游推介会，进一步推动湛江与珠三角城市的旅游发展和城市合作，提升湛江旅游知名度。在湛江（肇庆）旅游推介会上，湛江、肇庆两市旅游局和旅行社代表还分别签订了旅游合作协议和互送客源合作协议。

【奥运旅游】 为迎接2008北京奥运会和贯彻“中国奥运旅游年”主题，“五一”期间，由省旅游局、湛江市人民政府主办，以“盛世人龙迎奥运、彩色湛江唱和谐”为主题的“2008中国湛江东海岛人龙沙滩旅游文化节”在东海岛省级旅游度假区隆重举行。1000多名青少年表演世界最长人龙舞和奥运五环标志，以此表达750多万湛江人民情系奥运、心向北京、热爱祖国的炽热情怀。同时，通过丰富多彩的文艺表演、沙滩游乐活动，营造欢乐祥和的节日旅游氛围。共有6万多名游客参与该项活动。

世界最长人龙舞和奥运五环标志　李向凡摄

【旅游抗震救灾】 2008年5月17日，由湛江市政府、广东电视台主办，市旅游局、市文广新局、市体育局、市民政局等部门承办，以汶川抗震救灾传递爱心为主题的《相约彩色湛江》大型赈灾文艺晚会在市区举行。湛江市市长陈耀光、副市长麦教猛出席晚会。中央电视台等全国30多家主要城市电视台，有关报纸、电台、网络等20多家媒体单位以及全国50多家旅行社的代表和市民约4000多人观看晚会。晚会现场共筹集2340万元善心捐款。

在2008年抗击冰雪灾害、为“5·12”汶川地震灾区捐款活动中，湛江市旅游局和全市旅游系统共为灾区捐款124.94万元。

旅游接待与收入

【入境旅游】 2008年，湛江市接待入境游客6.33万人次，同比增长10.09%；旅游外汇收入1891.13万美元，占旅游总收入的2.79%，同比增长5.92%；接待入境旅游者3.30万人次，占接待国际游客总人次的54.03%，同比增长2.30%。在入境游客中，外国人1.73万人次，占42.34%，同比增长5.69%；香港同胞2.51万人次，占39.65%，同比增长27.41%；澳门同胞0.30万人次，占4.74%，同比减少48.28%；台湾同胞0.84万人次，占13.27%，同比增长40%。

【国内旅游】 2008年，湛江市实现国内旅游收入45.72亿元，占全市旅游总收入的97.21%，同比增长14.62%；主要宾馆接待过夜国内游客165.06万人次，同比增长16.23%。

【出境旅游】 2008年，湛江市旅行社组团出境游6724人次，同比减少4.08%。其中香港游3935人次，同比增长1.37%；澳门游1638人次，同比减少22.81%；出国游1151人次，同比增长14.41%。

【黄金周假日旅游】 受寒冷天气影响，2008年春节黄金周湛江市接待游客数量和组团出游人数均出现不同程度的下降。据不完全统计，春节黄金周全市共接待游客88.3万人次，同比下降8.2%；旅游收入1.96亿元人民币，同比下降4.4%。“五一”（5月1~3日）期间，湛江市旅游市场进出两旺，游客纷至沓来，全市接待游客超过60万人次、旅游总收入超亿元，同比去年分别增长29.8%和6.8%。“十一”黄金周湛江市共接待游客106.82万人次，同比增长16.6%；旅游收入2.08亿元，同比增长7.8%。

【举办2008新春欢乐休闲游活动】 2008年元旦至春节期间，湛江市举办“‘畅游彩色湛江，共享欢乐和谐’——2008湛江迎新年城乡休闲游”活动，市旅游局组织各大旅行社、景区景点推出系列优惠措施和精彩活动，吸引近10万城乡居民参与该活动。

旅游宣传促销与节庆活动

【旅游宣传促销】 2008年，湛江市加大对外宣传促销引客入湛力度，积极拓展省内外客源市场，主要开展的旅游宣传促销活动有：4月13日，湛江市旅游局组织市旅游企业参加在河南郑州市举办的2008中国国内旅游交易会，设置湛江旅游展位，共发旅游宣传资料10万份。同时，联合举办琼北湛江旅游推介会，邀请200多名知名媒体和旅游界代表参加。

5月中旬，湛江市旅游局组织举办“2008全国电视旅游节目年会”、“全国百家媒体、旅行社看湛江”旅游推介会和湛江旅游信息化展览体验活动，邀请中央电视台、全国30多家省会城市电视台和20多家报纸、电台、网络媒体的100多名记者以及全国50多家旅行社的代表，前来采风考察推介湛江旅游。

6月24日和11月4日，湛江市旅游局利用在广西钦州市和贵港市举办的“两广十市”区域旅游合作联席会议之机，积极宣传推介湛江。加强与“两广十市”的旅游合作，建立旅游合作机制，共同打造区域旅游品牌。

“全国百家媒体、旅行社看湛江”旅游推介会　林洪强摄

【参加2008广东国际旅游文化节活动】 2008年11月23~30日，湛江市组织参加2008广东国际旅游文化节暨泛珠三角旅游大促销活动。包括设计、制作湛江花车花船参加2008广东国际旅游文化节的花车和花船的巡游活动。组织市旅游促销团参加泛珠三角旅游展览会，充分利用2008广东国际旅游文化节暨泛珠三角旅游大促销活动的宣传平台，大力宣传推介湛江，取得良好的宣传效果。

【2008湛江国际龙舟邀请赛】 2008年6月8日（端午节），由湛江市人民政府主办，市委宣传部、市体育局、市旅游局、市广播电视台承办，香港龙舟协会协办的2008年湛江国际龙舟邀请赛在湛江市金沙湾观海长廊海域举行。来自加拿大、美国、澳大利亚、德国、荷兰、意大利、英国等国家和我国香港、澳门等地及湛江市本地共28支队伍

受邀参加此次龙舟比赛。经过紧张角逐，英国国际龙舟队夺冠，获得第二、第三名的分别是湛江雷州乌石龙舟队和香港龙舟联会队。整个大赛的壮观场面吸引中外游客观众数十万人观看，省内外多家媒体对大赛进行互动报道。

【“微笑在湛江”2008 导游之星大赛】 2008 年 9 月至 11 月，湛江市总工会与湛江市旅游局举办“微笑在湛江”2008 导游之星大赛，为“山洽会”旅游接待工作进行预演。卢辉华和彭云荣获冠军，亚军由迟雪娇、胡佳和孔婷婷获得，其余 10 位选手分别获得季军和优胜奖。湖光岩风景区管理局、湛江市中国旅行社、市旅游学校和湛江海洋国际酒店荣获“最佳组织奖”。

【2008 湛江旅游美食啤酒节】 2008 年 11 月 8～17 日，湛江旅游美食啤酒节在市体育中心举办。本届美食啤酒节由湛江市人民政府主办，市旅游局和赤坎区人民政府承办，以“美食看湛江，休闲在港城”为主题，突出湛江丰富的旅游美食文化。场地面积近 2 万平方米，有标准展位 180 个，酒店特装区 8 个，啤酒广场超过 1000 平方米。设置旅游推介、干货、特色小吃、食街、明火烧烤、酒店特装等 6 个区，活动包括庆典、展销、比赛、表演、互动游戏等五大类，吸引 40 多万名市民和外地游客前来享受美食旅游的乐趣。

陈耀光书记（右二）亲临美食节现场　林洪强摄

【2008 廉江红橙旅游文化节】 2008 年 12 月 7 日，由中共廉江市委、廉江市人民政府、湛江市旅游局主办的“2008 廉江红橙旅游文化节”在廉江体育中心（主会场）举行。此次红橙节也是今年广东国际旅游文化节湛江分会场系列活动之一。本届红橙节共设两个会场，其主题是“活力橙乡，和谐廉江”。红橙节展馆设 500 多个展位，分为“红橙文化”、“家用电器”、“廉江旅游美食”和“全国旅游特色商品”四大展区。节日的活动主要有开幕式、首届“中国城乡信息一体化工程”发展论坛和城乡规划论坛、投资项目洽谈签约仪式和大型项目动工（竣工）剪彩仪式、突出贡献企业家和“慈善之星”颁奖仪式、廉江周边地区无障碍旅游活动启动仪式等。本届红橙节与以往相比，有四大新亮点：一是大型开幕仪式，升国旗、会旗，列花车、方阵进场，振奋廉江人民士气，展示廉江人文环境；二是招商引资力度大；三是举行廉江有史以来规模最大、阵容最鼎盛的文艺演出，邀请国家级演员刘欢、殷秀梅、戴玉强登台献艺；四是为扩大宣传效果，开幕式在湛江市内直播，在广东卫视录播。开幕式当天签约项目 20 多个，投资金额 34.21 亿元，涉及房地产、商贸、集装箱生产、家具制造等，其中有 7 个为珠三角转移项目，投资金额 12.98 亿元，超过签约金额的 35%。

旅游行业管理

【概述】 2008 年，湛江市旅游局不断深化行业管理，认真贯彻落实《行政许可法》，抓好安全生产、市场监管、诚信建设、教育培训、行业指导等一系列行业管理工作，加大对重点旅游项目建设的扶持、指导帮助，进一步优化湛江市旅游业的发展环境。

【旅游市场监督】 2008 年，湛江市旅游局共接受旅游咨询 116 次，受理处理旅游投诉案件 39 宗，查处 3 家违规经营旅行社，组织 80 多名旅游企业代表进行旅游质监工作培训学习，加强旅游质监网络建设。各项旅游监督管理工作积极到位，确保旅游市场安全和谐有序，实现旅游活动“零”事故。

【旅游安全】 2008 年，湛江市旅游局认真做好安全规范指导管理，组织全市旅游行业开展春节、“五一”、端午节等旅游黄金周和小长假的各项工作，并坚持做好黄金周节前到一线检查督导安全生产工作，对餐饮、卫生、消防设备、游乐设施等重点部位予以重点检查，对存在安全隐患的，督促企业马上整改。全年共开展对旅游企业安全生产督导检查达 30 多次，下达整改通知书 10 多份；以开展安全生产“隐患治理年”、“安全生产月”两个活动为契机，督促旅游企业抓好安全自检和防范工作，开展安全生产宣传教育，引导企业安全生产竞技练兵等；为应对年初冻雨雪灾及“5·12”汶川大地震等突发情况，市旅游局迅速反应、积极应对，及时启动各类应急预案，切实保障人民群众生命财产安全。

【旅行社管理】 2008 年，湛江市旅游局以开展 2007 年度旅行社业务年检为抓手，严格按照《旅行社管理条例》审核旅行社的经营资质，对不符合旅行社经营许可条件的金来旅行社等2家旅行社予以暂缓通过年检的处理，确保旅行社经营主体的合法经营。严格执行湛江市旅游局社会服务承诺，加快行政办事效能，对符合条件的湛江风光旅行社、湛江中泰旅行社2家申报成立新旅行社单位在审批权责范围内予以旅行社经营许可批准，并按市政务公开要求积极开展网上审批电子监测系统操作。

【导游员管理】 2008年，湛江市旅游局认真做好导游年审培训、导游证年审和IC卡管理工作，通过举办全国优秀导游先进事迹报告会、专题讲座等形式，为全市导游员提供年审教育培训。全年累计共为409名导游员办理了导游IC卡年审，为206名通过导考考生办理导游挂靠手续和导游证（IC卡），为24名导游员办理迁入、迁出手续。年内，挂靠在湛江市旅游服务中心的导游员人数增加到1018人。全年共有528名考生参加在湛江考点举办的两次全国导游人员资格考试。

【旅游饭店管理】 2008年，湛江市旅游局大力推进旅游饭店软硬件建设，促进旅游饭店改善经营管理和服务质量。积极开展星级饭店复核、评星工作，跟踪服务重点旅游项目建设。皇冠假日酒店被评定为五星级饭店，成为湛江市首家五星级酒店。南海宾馆被评定为四星级饭店。恒逸国际酒店建成开业，金沙湾广场、民大喜来登、君豪国际、广州湾时代广场等高星级酒店开工建设。

为皇冠假日酒店颁发五星级饭店证书　林洪强摄

【旅游标准化工作】 2008年，湛江市旅游局不断加强旅游行业国家标准化建设，抓好酒店评星、景区创A、旅行社评级等规范化建设，引导旅游企业向市场化、国际化、标准化、个性化发展。4月，组织湛江市高星级酒店参加全省星级标准培训班，与海口市旅游局联合组织旅游饭店商务营销暨星级标准学习班。积极推进湛江中旅、湛江金紫荆等5家旅行社开展旅行社资质等级评定工作。

【行业协会】 2008年，湛江市旅游协会积极落实旅游饭店和旅行社分会的换届工作，逐步健全分会日常工作机制，发挥星级饭店分会和旅行社分会的联动服务作用，提升行业协会通力合作、互赢互利效率。3月，召开旅游协会旅行社分会、旅游饭店分会两个分会的换届会议，对各有关部门进行了重新申请登记入会，43家旅行社、旅游饭店、景区（点）以及其他相关单位办理入会手续。

旅游资源开发和景区(点)建设

【概述】 2008年，湛江市拥有国家A级旅游景区12家，其中4A级2家（湖光岩世界地质公园、蓝月湾温泉度假邨），3A级6家（东海岛省级旅游度假区、南亚热带植物园、三岭山森林公园、雷州天成台旅游度假村、吴川吉兆湾省级旅游度假区、鹤地银湖），2A级景区4家（金鹿园、雷州西湖、三元塔公园、雷祖祠），还有南三岛旅游度假区、东坡荔园度假村、徐闻白沙湾市级旅游度假区等旅游景点50多处，全市旅游景区从业人员6274人，年接待游客566万人次，旅游收入13.25亿元。2008年湛江市列入“山洽会”旅游招商项目共计13个，其中已落实拟投资开发项目6个，投资额超过50亿元。

【旅游规划】 2008年，湛江市旅游局积极做好各项旅游业发展规划的编制，做好《湛江市旅游业“十一五”发展规划》的中期评估工作，科学整合全市旅游资源，推动旅游业发展水平不断提高。组织北京神州新纪录规划设计研究院专家，编制完成《湛江市湖光岩大旅游区发展总体规划》的送审稿。1月7日，湛江市旅游局与湛江市规划局召开《湛江市湖光岩大旅游区发展总体规划》专家评审会，邀请中山大学、华南理工大学、广东省旅游研究中心等单位的有关专家参加，对《规划》进行认真评审，专家组原则同意通过该《规划》，并对《规划》提出修改意见。编制单位根据专家组的意见，再次对《规划》进行修改和补充完善，形成了《规划》的正式文本和说明书。根据《旅游规划管理办法》，将《规划》上报省旅游局审批后，收集整理相关材料上报湛江市政府审批。

积极协助坡头区做好规划编制的资料准备工作，组织协调规划专家在做好旅游资源调查的基础上，完成《南三岛旅游度假区总体规划》初稿，并对该规划初稿提出修改补充意见。同时，积极支持坡头区做好《规划》初稿的征求意见工作，并反馈编制单位，对《规划》进行修改补充。正确引导遂溪县做好旅游发展总体规划，整合当地的优势旅游资源，科学发展旅游业，对《规划》初稿提出修改意见。

【旅游投资和招商引资】 2008年，湛江市旅游局组织主要旅游企业整合旅游资源，开发旅游线路，形成了一批具有旅游投资价值的招商引资项目作为2008广东省“山洽会”的旅游招商项目。旅游招商项目共13项，其中已落实拟投资开发项目6个，投资额超过50亿元。11月，湛江市旅游局推荐旅游投资项目参与2008广东国际旅游文化节暨泛珠三角旅游推介大会活动之一的旅游招商会，向海内外旅游客商推介湛江旅游投资环境。

【旅游区（点）与基础设施建设】 2008年，湛江市旅游局积极引导支持旅游景区（点）企业招商引资，不断完善景区（点）基础设施建设，湖光岩、植物园、金鹿园等景区积极筹集资金对景区基础设施进行更新修缮。2008年，森林公园与投资商合作，投入1380万元资金在园内兴建广东三岭山国家森林公园欢乐世界。该项目占地16000多平方米，拥有旋转迪士高、穿梭时空、飓风飞椅、丛林飞鼠、豪华转马、豪华碰碰车、狂牛、越野追逐车、动物乐队、灯塔转盘、蓝色旋风、小火车、六人旋转小蜜蜂、水上乐园等14个游乐项目，是粤西地区规模最大、项目最齐全、品位最高、性能最先进的游乐场。

【新开发、新建设景区（点）】 2008年，湛江市旅游局响应市委、市政府号召，选派得力干部组成固本强基工作组进驻硇洲岛存亮村，以发展“渔家乐”旅游项目为切入点，带领当地干部群众千方百计筹集资金，帮助驻点村全面建设社会主义新渔村，走出了一条新农村建设和集体经济发展的新路子。2008年3月，存亮村成立渔家乐旅游协会和湛江市硇洲岛存亮湾渔家乐有限公司，统一开发经营旅游项目。发动村民参股经营渔家乐旅游项目。在湛江市旅游局的协助下，存亮村争取各方面支持，当年共筹集资金200多万元，建成可容纳100多人就餐的渔家餐馆和可容纳40人用餐的室内餐厅，5户渔家旅馆；存亮村旅游协会还开辟了海滨浴场，积极开发垂钓、放网、拉网、潜水、养殖参观等休闲渔业项目，组织沙滩排球、沙滩足球、篝火晚会、卡拉OK、篮球比赛等游乐项目。2008年以来，存亮村逐渐从昔日名不见经传的小渔村成为今日远近闻名的渔家乐旅游点，全年共接待游客8万多人次，村集体经济和渔民生产增收230多万元。存亮村的村容村貌也发生了喜人变化，2008年存亮村被市委宣传部等部门评为“湛江最美的村庄”。

【新评A级景区】

〖三岭山森林公园〗 位于湛江市区西南3公里处。总面积10875亩，林区面积8825亩，绿化覆盖率100%。曾被评为“省级科普教育基地”、“广东省森林生态旅游示范基地”、“广东最受欢迎自驾游目的地（景点）”等。2008年，创建为国家3A级旅游景区和国家级森林公园。

森林公园植物十分丰富，有乔木318种、灌木536种、植被670种，其中属国家一、二级保护植物6种。野生动物资源丰富，共有脊椎动物4纲18目35科89种，其中属国家一、二类保护动物9种。公园已开发景区面积1800亩，其中有600亩赤溪湖。公园定位为生态型郊野公园，规划为“一湖四区”、“一环九心”。“一湖”：赤溪湖；“四区”：动态活动区、湖滨休闲度假区、科教观光区、生态休闲养生区；“一环”：环湖道路景观带，串联着九大核心功能节点；“九心”：主入口核心区、生态风情区、野生动物保护区、农业观光区、休闲养生区、湿地保护区、森林保育区、康体活动区、休闲度假区。公园年均接待游客近百万人次，已成为湛江市主要的旅游景区之一。

【乡村旅游】 2008年，湛江市旅游局配合创建国家环保模范城市和全国卫生城市，深入整合城市园林、现代农业和农村田园等自然生态风光，开展“湛江人游湛江”活动，推出都市休闲游、和谐城乡游、现代农业观光游和探访最美的乡村、摘果品茶尝靓汤等城乡休闲旅游线路。配合市委宣传部和湛江晚报抓好“湛江最美的村庄”评选，推进霞山特呈岛、硇洲岛存亮村、坡头炭之家、遂溪马六良村、徐闻包宅村和徐闻广安村等特色乡村旅游示范点建设，积极开发渔家乐、农家乐等旅游项目。徐闻县被评为广东省旅游特色县（农业生态），东海岛硇洲镇（渔家风情）、吴川吴阳镇（状元文化）、廉江河唇镇（杨桃沟）被评为广东省旅游特色镇，霞山特呈岛（生态旅游）、遂溪马六良村（农业循环经济）、东海岛金家东村（果林生态）、徐闻包宅村（包公文化）、雷州坡正湾村（白鹭天堂）、吴川蛤岭村（国家级文明村）等被评为广东省级特色旅游村。全年乡村游接待游客80多万人次，给农民带来直接经济收入2000多万元。

【旅游强县】 2008年，湛江市旅游局在对全市县域旅游业发展现状进行深入调研基础上，推动徐闻县、廉江市向省创优办上报创强申请，并指导徐闻县、廉江市落实创强工作方案和形成创强组织机构、分解创强工作任务，调整创强工作进度表，为全面开启创强工作做好准备。

【旅游扶贫】 2008年，湛江市旅游局通过发展县域旅游业，推动农村经济发展，促使农民脱贫致富。贯彻落实省旅游扶贫政策，组织各县（市、区）上报旅游扶贫项目。会同市财政局审核，向省上报旅游扶贫项目10个，获省旅游扶贫重点项目7个，省下拨旅游扶贫专项资金410万元。6月23～27日，省旅游局扶贫项目考察小组在湛江市旅游局有关领导陪同下到湛江各县（市、区）考察旅游扶贫项目，对湛江市旅游扶贫项目的进展予以肯定，并提出了相关的改进意见。

【特呈岛生态农家乐、鱼家乐】 特呈岛是湛江市霞山区海头街道办事处下辖的一个村委会，离市区2.8海里，是湛江港的天然屏障，地理位置得天独厚。全岛呈长方形，南北走向，面积3.6平方公里，全岛7个自然村，常住人口4500多人。

该岛主要产业和经济来源为海洋捕捞及海水养殖。至2008年，全岛共有捕捞渔船485艘，海水养殖10000多箱，为湛全省大型海水养殖基地之一。

2003年4月10日，国家领导人胡锦涛总书记视察特呈岛，还到渔民陈武汉家作客，对群众的生产、生活关怀备至，对解决岛上“行路难”、“卖鱼难”、“避风难”、“饮水难”做了具体指示。特呈岛经过几年的发展发生了可喜变化，“四难”得到解决。看到家乡可喜变化，渔民陈武汉情不自禁地给胡总书记写信，胡总书记很快复信，指示要“早日把特呈岛建设成为文明生态旅游新海岛”。

经过几年的发展，特呈岛建起了环岛观光游览车，办起了渔家餐馆（旅馆）。随着海岛旅游接待条件日渐成熟，游客来岛上观赏红树林、渔排观光、拉网捕鱼、品尝海鲜、体验渔家生活，特呈岛的乡村旅游已成为广东旅游的一大亮点。特呈岛先后被评为“广东省旅游特色村”和“湛江市最美的村庄”。2008年，霞山区特呈岛生态农家乐、渔家乐被确定为省旅游扶贫重点项目。

省旅游扶贫重点项目——特呈岛

【旅游信息化】 2008年，湛江市旅游局认真贯彻落实省、市关于加快旅游信息化建设，实现“信息兴农”、“信息兴旅”目标的战略部署，与广州金旅信息技术有限公司共同制定了《湛江旅游信息化实施方案》并加快实施。5月，广东省农村信息化成果展览在湛江举办。为做好旅游信息化建设的推广及办好展览工作，湛江市旅游局一是收集整理全市乡村旅游资源资料，完成湛江旅游资源网络上传，制作网上宣传网页。二是与信息技术单位配合开展调研工作，选取示范点铺设“银旅通”电子网络销售设备。选取具有信息化建设基础的遂溪的马六良村、湖光岩、东海岛、三岭山森林公园等旅游景区（点）作为首批乡村旅游信息化建设的试点单位。三是通过现场展示等方式，在展览会上向游客推介湛江旅游。2008年，湛江市旅游局继续完善湛江旅游网建设，与相关科研单位共同建设湛江旅游虚拟导航系统，不断完善旅游信息更新和服务，确保湛江旅游网的高效运行。

旅游教育培训和精神文明建设

【概述】 2008年，湛江市旅游局在全市旅游行业深入开展学习实践科学发展观活动，加强党的基层组织、党风廉政建设和机关作风、行政效能建设，创建学习型、服务型、效能型、创新型、实践型机关。建立完善首问首办责任制、行政过错责任追究制、行政首长责任制、党风廉政建设责任制、政务公开等制度，切实抓好制度的落实，畅通信息沟通、信访渠道，认真接受社会监督，做好“旅游行风”上线工作，扩大监督面，增强监督效果，努力提高干部队伍的思想素质、业务水平、服务质量和创新能力，树立“勤政、务实、高效、廉洁、文明”的机关形象。认真办理人大代表、政协委员关于旅游方面的议案、提案，集聚社会各界的智慧和力量，不断开创湛江市旅游工作新局面。年内，湛江市加强与有关部门和海洋大学、市旅游学校等大中专学校办学力量的合作，开展旅游职业教育，培养各类旅游人才。全年共组织主要旅行社、酒店3000多名从业人员进行岗位培训，促进旅游从业人员综合素质和旅游服务水平不断提高。

【旅游教育培训】 2008年，湛江市旅游局不断加强全市旅游队伍建设，提高从业人员的综合素质，培育旅游队伍良好的精神风貌。一是深入中国城酒店、金辉煌酒店、海滨宾馆，以及湛江中旅、湖光岩风景管理区等旅游企事业单位进行岗位培训及继续教育工作的调研。根据实际情况选择中国城酒店为试点进行以公共课和技能培训为主的全市从业人员岗位培训，全年累计开班16个，培训从业人员1600余人次。二是为湛江东锐汽车有限公司和新港城运输有限公司举办了为期3天的从业人员岗位培训班，并对参加培训的从业人员进行考试，对考试合格的450余人办理了岗位培训证书。三是做好导游人员培训工作，举办2008年度全国导游资格考试考前培训班，培训人数达249人；举办2008年导游员年审培训班，使我市近500名导游得到了良好的教育培训。

【旅游行业精神文明建设】 2008年，湛江市旅游局坚持加强旅游行业精神文明建设，全面提升旅游机关整体形象。加强对党员领导班子和干部队伍思想作风建设，开展科学发展观、社会主义荣辱观教育，认真抓好旅游队伍职业道德教育、爱国主义教育和社会主义精神文明建设，深入开展纪律教育学习月活动和城乡清洁工程活动，努力提高整个队伍的思想道德素质，增强了实干意识，培育了创业精神。在2008年抗击冰雪灾害、支援汶川等地抗震救灾中，湛江市旅游局共发动全市旅游行业为灾区捐献124.94万元的资金和物品帮助灾区群众，充分体现出湛江旅游人心怀祖国、一方有难、八方支援的炽热情怀。

【旅游行风建设】 2008年，湛江市旅游局以开展机关行政效能建设和旅游诚信体系建设活动为载体，大力推进旅游行风建设。包括向社会公开工作承诺，明确工作任务和工作完成时限，公开监督热线电话，进一步完善制度，加强监督，增强机关工作人员责任意识、服务意识。认真组织参与广东电台举办的旅游行风热线活动，自觉接受社会监督。加强行业诚信教育，指导旅游企业经营的规范化、标准化建设，增强从业人员诚信服务意识，提高服务水平。

纪　事

1月1日 湛江市旅游局在湛江市国际会展中心举办“迎新年城乡休闲游”启动仪式，各大旅行社组织参与城乡游首发团活动的游客人数达2000多人。

1月28日 湛江市旅游局组织了主题为“高扬激情斗志，唱响彩色湛江”的全市旅游行业春节联欢文艺晚会。陈耀光市长、麦教猛副市长等市领导观看了演出。

1月 湛江市旅游局出台《湛江市旅游突发公共事件应急预案》。

2月27日 在省政府召开的全省旅游工作会议上，湛江市有一批旅游特色县镇村获表彰。

2月 湛江市旅游局印发《湛江市旅游业诚信机制建设工作方案》，加强诚信旅游建设。

3月6日 湛江市旅游局召开全市旅游工作会议。

3月27日 湛江市高级代表团访问新加坡旅游局。新加坡旅游局为湛江代表团作了旅游专题讲座，特别推介了新加坡的教育、商务旅游产品。

4月13日 湛江市旅游局组织旅游企业参加在河南郑州市举办的中国国内旅游交易会，向国内旅游客商派发“彩色湛江旅游画册”、旅游风光DVD、旅游指南折页和琼北湛江合作组织宣传折页等10万多份宣传资料。

5月1~3日 湛江市旅游局举办“2008中国湛江东海岛人龙沙滩旅游文化节”。

5月17日 湛江市旅游局承办“抗震救灾、相约湛江”大型赈灾文艺晚会，为汶川地震灾区募捐到2360多万元的赈灾款项。

5月中旬 湛江市旅游局举办“2008全国电视旅游节目年会”、“全国百家媒体、旅行社看湛江”旅游推介和湛江旅游信息化展览体验活动。

6月8日 端午节期间，湛江市旅游局与市体育局等部门联合承办“2008湛江国际龙舟邀请赛”，吸引了大批国内外游客前来湛江旅游观光。

6月24日 湛江市旅游局参加“两广十市”区域旅游合作（钦州）联席会议。

6月27日 昆明至湛江、湛江至香港航班正式恢复通航。

7月1日 由湛江市总工会、市旅游局举办的“微笑在湛江”2008湛江导游之星技能竞赛开始进行第一轮海选。

8月4~6日 湛江市旅游局举办2008湛江（肇庆、珠海）旅游推介会，与有关市旅游局和旅行社代表分别签订了旅游合作协议和互送客源合作协议。

8月23日 经全国星级评委评定小组检查评定，湛江皇冠假日酒店的软硬件均符合国家五星级饭店标准，成为湛江市第一家五星级旅游饭店。

9月初 省旅游局、省统计局、国资委、省发展研究中心、省中旅集团、粤旅集团等单位组成的“广东旅游业改革与发展调研组”到湛江市调研。

10月24日 琼北湛江区域旅游合作组织网络平台——琼北湛江旅游网（www.qbzjtour.com）在海口市通过验收。

11月4日 湛江市旅游局参加“两广十市”区域旅游合作（贵港）联席会议。

11月7日 湛江市旅游局、湛江市总工会等单位在开发区泰华大厦举办了“微笑在湛江”2008导游之星决赛颁奖晚会。

11月8~17日 由湛江市人民政府主办，市旅游局、市体育局、赤坎区人民政府等承办的湛江旅游美食啤酒节在市体育中心举行。

11月12日 为期5天的湛江海滨酒吧街欢乐节在霞山海滨公园举行。

11月23~30日 湛江市作为2008广东国际旅游文化节分会场组织参加了旅游大促销、花车花船巡游等一系列活动。

12月7日 由中共廉江市委、廉江市人民政府、湛江市旅游局主办的“2008廉江红橙旅游文化节”在廉江体育中心（主会场）举行。

（陈　乐）

茂名市

综　述

【总体情况】　2008年，茂名市旅游业以“冼太故里、中国荔乡、滨海茂名”作为主打品牌，重视发展天马山为主的森林生态旅游，西江温泉、热水温泉为主的疗养保健旅游以及根子为主的荔枝文化旅游。茂名国际大酒店被评定为五星级酒店。全市共接待旅游者412万人次，比上年增长1.7%；旅游总收入56.59亿元，比上年增长5.49%；旅游外汇收入1099.47万美元，比上年增长11.51%。

【旅游行业规模】　截至2008年底，茂名市共有旅馆280家。星级饭店达到18家，其中五星级饭店1家，四星级饭店2家，三星级饭店5家。待评星级饭店有海景湾国际大酒店、星河国际假日酒店、荔晶酒店、粤龙大酒店、高州大酒店等。全市有高品味大酒店、新天地大酒店、8宝美食城等大型高档餐馆150多家，西餐厅近50家，素姬、圣水伊人、美利路、唐人堂等20多家高档次的大型专业康乐场所遍布全市。国家3A级旅游景区3家。拥有旅行社17家，其中国际社2家，国内社15家。持证导游人员625名，其中中级导游20名，初级导游605名。

【举办茂名旅游产业发展论坛】　2008年4月29日，由茂名市旅游局、茂名日报社联合举办的“茂名旅游发展论坛”在市区举行。市委常委、副市长林日娣出席论坛并致辞。市直相关部门和全市旅游行业部门经理以上负责人共220人参加会议。本次论坛是“2008茂名特色景点推介暨旅游产业发展论坛”系列活动的重头戏。林日娣强调茂名市近年来，积极实施“旅游旺市”和“旅游系列开发”的战略，初步形成“休闲度假旅游目的地城市”的发展格局，旅游产业的发展为地方经济和社会发展发挥了积极的作用。她希望出席论坛的专家学者为茂名旅游业的发展建言献策。华南理工大学副教授曹绘嶷、广东省旅游发展研究中心策划总监郑泽国分别作了题为《旅游资源开发与规划》和《城市旅游品牌塑造和旅游产品营销》的演讲。随后还举行了茂名旅游摄影大赛颁奖仪式。

举办茂名旅游发展论坛

【召开全市旅游工作会议】　2008年4月10日，茂名市召开全市旅游工作会议。会议传达了全国、全省旅游工作会议精神，总结了全市2007年旅游工作，研究部署了2008年旅游工作。市委常委、副市长林日娣出席会议并作讲话。会议要求，进一步提高对旅游业地位和作用的认识，加强对旅游工作的领导；清醒地认识茂名旅游业的差距与优势；要做好旅游规划，不断优化旅游发展环境；加快发展壮大县域旅游经济；加快培育一批旅游龙头企业。市直各有关单位负责人，各县（市、区）分管旅游工作的领导，旅游局（发展中心）局长（主任）以及旅行社、景区、饭店主要负责人共100多人参加会议。

茂名市召开全市旅游工作会议

【召开上半年旅游经济形势分析会】 2008年7月24日，茂名市召开上半年旅游经济形势分析会，传达贯彻省旅游局的有关会议精神，着重分析总结全市的旅游经济运行形势，研究和部署下半年的工作任务。参加会议的有市、县两级旅游局领导、市旅游局机关科室负责人以及部分旅行社、景区、饭店主要负责人。市委常委、副市长林日娣出席会议并讲话，她就加大招商引资力度，编制好旅游发展规划，拓宽入茂客源市场，提高经营管理和服务水平，做好旅游安全等工作提出了具体要求。

【旅游抗震救灾】 2008年5月12日，四川汶川发生8.0级大地震后，茂名市旅游局立即下发《关于向四川地震灾区捐助的紧急通知》，局机关共捐款1.4万元，其中党员交纳“特殊党费”9000元。离休老党员王泽不顾体弱多病和家庭困难，向党组织交纳“特殊党费”1000元。全市旅游企业也以不同形式为灾区人民献爱心，茂名国际大酒店开展了“汶川地震爱心救援总动员”活动，有90名酒店员工无偿献血，并将16日当天茶市所有的收入作为善款捐献给灾区，酒店共捐款25万元；粤龙大酒店员工捐款5.57万元，其中董事长戴禄区个人捐款3万元；正在建设中的汇丰大酒店公司及员工捐款4.32万元，捐献价值2万多元的毛毯、棉被160多张；嘉燕大酒店捐款4.72万元，其中董事长车谋个人捐款3万元；南国大酒店公司及员工捐款3.05万元、港币5500元；高品味大酒店、花园酒店、东方世纪娱乐城、华海酒店、东园大酒店、金龙泉大酒店、电白西湖美食城、海景湾国际大酒店等旅游企业员工均纷纷捐款捐物。截至5月22日，全市旅游行业筹集善款68.33万元人民币、港币5500元。

旅游接待与收入

【入境旅游】 2008年，茂名市共接待入境旅游者7902人次，比上年下降53.49%，其中外国人1775人次，比上年下降58.00%；旅游外汇收入1099.47万美元，比上年增长11.51%。

【国内旅游】 2008年，全市接待国内旅游者为171.35万人次，比上年下降5.08%；国内旅游收入55.82亿元，比上年增长5.54%。

【出境旅游】 2008年，全市旅行社组团出境游人数9594人次，比上年增长121.16%。其中香港游6071人次，比上年增长155.30%；组织澳门游2497人次，比上年增长81.73%；组织出国游1026人次，比上年增长75.09%。

【假日旅游】 2008年，全市春节黄金周旅游总收入1.5905亿元，同比增长10%；旅行社组团入茂的游客和散客人数达597181人次，同比增长50%；旅游饭店接待过夜游客58722人次，同比增长10%。

“五一”假日全市旅游总收入6817万元，同比增长15.3%；全市主要旅游景点共接待游客17.37万人次，同比增长10.9%；全市主要住宿设施接待过夜游客2.5万人次，同比增长6.3%；旅行社组团3521人次。

“十一”黄金周全市旅游总收入1.5亿多元，同比增长7.96%；全市主要旅游景区接待游客39.49万人次，同比增长6.36%；全市旅游饭店接待过夜游客6.42万人次，同比增长5.07%。

旅游宣传促销与节庆活动

【旅游宣传促销】 2008年，茂名市全年财政投入宣传促销经费60多万元，全市旅游企业累计投入促销费400多万元，加大了宣传促销的力度。一是组织旅游企业“走出去”，先后5次在珠三角地区及大西南地区举办了较大型的客源地促销活动；二是积极“请进来”，举办了“茂名旅游推介会”、“茂名特色景点摄影大赛”，邀请珠三角地区、大西南地区及以湖南、湖北旅游界组织的“中国龙马旅游联盟考察团”等客源地旅游企业负责人、媒介记者130多人次到茂名踩点；三是在主流媒体上做广告宣传，先后邀请了南方电视台、《环球游报》等媒体记者来茂名现场采访并做电视节目，在广州电视台、《精彩广东交通旅游图》等主流媒体和杂志上刊登茂名旅游宣传广告；四是举办了“茂名旅游发展论坛暨茂名旅游摄影大赛”，先后两次请国内知名旅游专家为全市旅游行业干部职工作主题演讲；五是投资更新了“茂名旅游网”，使其功能更为完善；六是进一步加强了“两广十市”旅游客源的互动，以及在茂湛高速公路设置4个景区指示牌，有效地扩大了茂名市海滨、海岛、农业生态、历史文化旅游等产品的知名度，拓宽了来茂散客的渠道；七是参加了在香港举办的粤港经贸活动和省旅游局组织的赴西班牙等欧洲国家的旅游促销活动；八是积极组团参加2008广东国际旅游文化节等各项活动。

【第三届茂名旅游美食节】 2008年11月26日，茂名市在茂名国际大酒店举行第三届茂名旅游美食节开幕暨“十大美食”、“十佳餐馆”颁奖仪式。市委常委、副市长林日娣，市政协副主席许木咏出席开幕式。林日娣在开幕式上作了讲话，并宣布第三届茂名旅游美食节开幕。本届旅游节为期1个月，采取分会场形式举行，全市共设32个分会场，汇集了全市众多星级饭店、酒店、餐馆、饼屋的特色美食、风味餐饮，为市民提供了一道美食与文化的盛宴。在美食节筹备期间，市旅游局、市旅游行业协会共同举办了2008年度茂名旅游行业“十大美食”和“十佳餐馆”的评选活动。开幕式上对获奖单位进行了颁奖。林日娣在讲话中希望各餐饮单位共同努力，以精湛的厨艺、优质的服务，展现餐饮业良好的精神风貌和文明素质，为茂名市打造休闲度假旅游目的地城市作出贡献。

第三届茂名旅游美食节开幕暨2008年度十大美食、十佳餐馆颁奖仪式

【茂名举办大型旅游推介会】 2008年6月10～13日，茂名市举办了为期3天的“畅游放鸡岛，感受荔乡情”茂名旅游推介会。湖南省长沙市，广西壮族自治区的南宁市、梧州市、玉林市，以及广东省的广州市、佛山市、东莞市、中山市、云浮市、清远市、韶关市、江门市、阳江市等地的100多位地级市旅游局领导和旅行社负责人应邀参加。6月10日下午，市委常委、宣传部长陆庆彪介绍了近年来茂名社会经济和旅游业快速发展的情况。会上，茂名市旅游局运用多媒体向与会嘉宾作旅游宣传推介，具体介绍了放鸡岛、中国第一滩、电白御水温泉、西江温泉、天马山、大仁山、大雾岭、甲门峡、龙门峡等景点的旅游特色；介绍了茂名的冼太夫人文化和荔枝文化，介绍了茂名市作为国家园林城市和“中国优秀旅游城市”，近年来在“吃、住、行、游、购、娱”旅游六要素发展取得的新进展。11日和12日，与会嘉宾们实地考察了放鸡岛海上游乐世界、根子荔枝文化旅游区、天马山生态旅游区、西江温泉度假村等景区景点。来自湖南长沙、广西桂东南的嘉宾通过对放鸡岛海上游乐世界和中国第一滩的实地考察，对推销茂名的滨海旅游产品产生了浓厚的兴趣。来自广东珠三角的嘉宾通过对根子荔枝文化旅游区、天马山生态旅游区、西江温泉度假村的考察，认为茂名有山有海有平原，自然风光与人文古迹交相辉映，粤西风情浓郁，地方特色鲜明，旅游接待设施完善，更加坚定了继续做好组团茂名游的决心。广西玉林市旅游局副局长张乃对指出，茂名的旅游产品和玉林有很强的互补性。玉林市每年出外旅游人数近8万人次。他们当中很多对海滨、海岛旅游度假有兴趣，表示回去后要拿出专门的方案推销茂名游。茂名旅游推介会期间，市旅游局还组织了旅行社、主要星级饭店和旅游景区负责人参与了活动。旅游企业充分利用市旅游局举办推介会这个平台，积极同来自各地的旅行社负责人加强沟通，做好组团入茂的洽谈工作。据不完全统计，在推介会上已有10多家外地旅行社负责人与该市旅游企业达成了组团来茂的意向。湖南长沙通惠旅行社、中山市青年旅行社、佛山市南湖旅行社的负责人计划带领企划部门的经理再次来茂考察路线，洽谈具体细节，抓住放鸡岛潜水、观光和中国第一滩海滨度假旅游的卖点，做好组团来茂名旅游这篇大文章。其中，湖南长沙通惠旅行社决定于6月18日、19日两天，通过“湖湘天下旅游联盟”组织旗下的湖南、湖北两省42家旅行社负责人共45人来茂名市考察放鸡岛、天马山等旅游线路。

【参加2008广东国际旅游文化节活动】 2008年11月28日至12月4日，由国家旅游局和广东省政府共同主办的2008广东国际旅游文化节暨泛珠三角旅游推介大会在广州举行。为了推介茂名旅游业，茂名市委常委、副市长林日娣带领市旅游局、外经贸局、各县（市、区）政府、各县（市、区）旅游局负责人以及放鸡岛、第一滩、西江温泉、天马山、大仁山、平云山、市国旅、国际大酒店、海景湾国际大酒店等旅游企业促销人员共60多人参加了文化节的“旅游开放论坛”、“旅游招商会”、旅游大促销、花车巡游等活动。在11月29日由广东省旅游局和广东省林业局共同主办的“我最喜爱的森林生态、滨海旅游景区”评选活动中，放鸡岛海上游乐世界被评为“我最喜爱的滨海旅游景区”。

旅游行业管理

【旅游市场监督】 2008年，茂名市旅游管理部门充分发挥职能作用，全年重大旅游质量投诉为零，结案率为100%。成立了市治理整顿“零负团费”专项行动工作领导小组，下发了《2008年茂名市整顿旅游市场工作方案》。茂名市旅游局联合市执法部门共同开展了整顿旅游市场秩序的活动，对旅游广告、旅游合同、旅游购物、自费景点和项目等进行了严格的检查，对各旅游企业的产品成本、价格重新进行了核算和适当调整，对没有质量保证的产品进行了禁售。

【旅游安全管理】 2008年，茂名市先后3次召开旅游行业安全生产工作会议。举办了4期有饭店、景区、旅行社管理人员参加的互相观摩学习和参观考察等活动。8月12～14

日，茂名市旅游局联合市安委办举办了一期旅游行业安全知识培训，全市旅游从业人员的再教育培训参训率达96%。建立了各县（市、区）旅游部门的安全生产责任制，对旅游企业存在的安全隐患进行建档跟踪督查。先后联合工商、公安、技监、安监等部门联合开展了10多次旅游市场秩序和安全生产大检查，重点打击无证黑车运送游客的违法行为，较好地刹住了“黑车、黑团、黑导”等安全隐患，分别对2家存在较大安全隐患的旅游企业发出限期整改通知书。完善了《2008年茂名市旅游业应急管理工作计划》，增强了突发事件应急处置能力，确保了全市没有发生旅游责任事故。

【旅行社管理】 截至2008年年底，茂名市共有旅行社17家，全部通过年检。通过深化旅游企业的内部改革，全市有1家旅行社退出市场，2家旅行社进行了并购。全年新设立旅行社2家（茂名宗易旅行社有限公司和茂名市同乐假日旅行社有限公司）。年内，按照《广东省旅行社等级划分与评定标准》，开展了对旅行社资质等级评定工作。

【导游员管理】 2008年，全年累计共为480名导游员办理了导游IC卡年审。经省导游考试办公室批准，茂名市新设立了2008年度二期导游考试现场口试点和笔试点。共组织284人参加全国导游资格考试，其中，102人通过考试取得导游资格证。全年先后对全市导游人员进行政务接待、新《劳动合同法》以及导游带团技巧等内容的教育培训。邀请到了市委宣讲团、茂名职业技术学院和广州香江旅行社等专家教授作专题辅导，全面提升了全市整个导游队伍的职业道德水平和服务技能。

【旅游饭店管理】 2008年，茂名市完成股份制改革的三星级酒店1家，撤销星级资格的酒店3家。茂名市旅游局对全市星评工作的指导，茂名国际大酒店投入800多万元按五星级标准整改，于9月通过了省星级饭店评定委员会的评定，10月份通过全国旅游星级饭店评定委员会的评定，成为茂名市首家五星级饭店；茂名东园大酒店投入资金按四星级标准整改，被评定为四星级饭店；南国大酒店坚持“精品酒店”理念，对娱乐部进行翻新改造工作；西江温泉度假村投入近35多万元对空调、电器等进行维修或更换，更新一批枕芯和布草，绿化美化度假村环境；绿湖宾馆先后投入40多万元资金，按二星级酒店的标准装修配置，加强人员培训，提高经营管理和服务水平；茂名荔晶酒店投资近2亿元扩建装修，于8月份开业；化州星河大酒店投资3亿多元，按五星级标准装修，已开始对外试业。

【茂名国际大酒店荣膺五星级饭店】 2008年11月2日，茂名国际大酒店隆重举行荣膺五星级饭店暨开业五周年庆典。市委书记、市人大常委会主任罗荫国，市政协主席冯立梅，市人大常委会常务副主任宋寿金，市委常委、常务副市长杨光亮，市委常委、秘书长陈淑芬等出席庆典仪式。茂名国际大酒店荣膺“五星级饭店”荣誉，不仅填补了茂名市五星级旅游饭店的空白，也标志着该市接待游客层次和能力的提升。

茂名国际大酒店荣膺五星级饭店

【东园大酒店荣膺四星级饭店】 2008年7月6日，东园大酒店举行了隆重的东园大酒店荣膺四星级饭店揭幕暨“东园”创立18周年庆典仪式，市委常委、副市长林日娣等出席仪式。东园大酒店是全省首家明清风格主题的星级酒店，整体围绕“雍雅、古典，民族精粹”的企业文化理念进行氛围营造。酒店由拥有18年餐饮经营管理经验的东园饮食连锁投资经营，由前身专营餐饮的东园酒家严格按照国家四星级饭店标准改扩建而成。该酒店餐饮、休闲、会议服务俱全，拥有茂名市最大、可容纳千人的宴会厅和可容纳300人的课桌式无柱会议厅。

旅游资源开发和景区(点)建设

【旅游投资和招商引资】 2008年，茂名市旅游项目共吸纳社会投资达3.7亿多元，与上年同期相比增长5.6%。经市领导及有关部门积极争取，广东富盈集团投资建设的五星级酒店项目，总投资13.5亿元，该项目前期准备工作初步完成。

【旅游区（点）与基础设施建设】 2008年，全市一大批旅游项目吸纳社会资金投入对旅游基础设施的建设，产生了良好的效果。放鸡岛海上游乐世界新投入3000多万元，完成了第三期工程，修建了避风塘、游客码头、游客休息区、12公里长观光环岛路和环岛海堤，绿化面积500多亩，可供游览的景点有情人桥、黄金龟等20多个，于4月28日重新对外开放后吸引了大批入茂游客；电白御水温泉旅游区开发建设计划投资1.5亿元，已投入2000多万元，建有别墅19幢、楼房4幢，接待床位500个，风景亭16个、大型冲浪池一个、各式温泉池50个，池区面积25000平方米，绿化面积3万多平方米；龙头山旅游区计划总投资8000万元重新开发建设；市森林公园、根子荔枝文化旅游区、天马山等一批现有景区的设施也进一步改善；御水温泉、平云山、三官山等一批新景区开发进展顺利，有效地改善了该市旅游景区的游览观光、休闲娱乐、餐饮住宿条件；10月，茂名市在广东省旅游局、广州日报社、广东电视台联合举办的“选美广东”活动中，被旅游者和旅游专家评为广东十个“我最喜爱的旅游城市”之一；中国第一滩、放鸡岛海上游乐世界在“选美广东”活动和全省“我最喜爱的生态滨海旅游景区”评选中分别评为全省十大“我最心动的景区”和“我最喜爱的生态滨海旅游景区”。

【旅游扶贫】 2008年，茂名市获得省旅游扶贫专项资金260万元和旅游景点建设资金160万元的扶持。旅游扶贫开发点从原来的7个增至12个。全市各级党委、政府和有关部门，先后投入建设资金5000多万元，还从政策、资金、技术、人才等方面大力扶持旅游扶贫景点开发，改善了扶贫点的交通、通讯、通水、通电条件，建设了一批住宿、餐饮、游览等设施，旅游扶贫点的接待条件大为改善。村民通过在旅游区就业、销售土特产等增加了收入，改善了生活，旅游扶贫取得了良好的效应。

【旅游信息化】 2008年，茂名市旅游局加大互联网的建设。3月，投资9000多元对茂名旅游网进行扩容升级，将全市旅游景区景点、酒店宾馆、旅行社和旅游资讯、招商引资、旅游政策法规和茂名交通情况等旅游信息入网，设置有“在线订房”、“在线投诉”等服务项目及政务公开栏目，为旅客提供“食、住、行、游、购、娱”等六大旅游要素的信息发布平台，为来茂游客提供全面、准确、及时的旅游资讯服务。茂名旅游网浏览量已达4万多人次，平均每月浏览超4000人次，茂名旅游对外宣传辐射力显著增强。

旅游教育培训和精神文明建设

【旅游教育培训】 2008年，茂名市以“在职再培训、外出参观学习”和领导带头授课等形式，先后举办了12期旅游企业部门经理以上培训班、4期导游在职培训班和导游考试培训班；组织了6批次有饭店、景区、旅行社管理人员参加的赴东莞、广西玉林等地的参观考察；组织旅游景区主要负责人赴西安参加“中国旅游景区管理培训班”。旅游企业也开展了形式多样的培训教育活动，国际大酒店、茂名大厦都结合实际举办了海南特色美食节、澳门美食节等活动。

【旅游行业精神文明建设】 2008年，茂名市旅游局成立了由局长任组长的全市旅游行业解放思想学习讨论活动领导小组，制定并下发《关于在全市旅游行业中积极开展“继续解放思想，坚持改革开放、争当实践科学发展观的排头兵”学习讨论活动的实施方案》，整个活动持续4个月。全行业以科学发展为主题，以积极争当东西两翼落实科学发展观的追兵和排头兵为目标，通过理论学习、专题调研活动、举办发展旅游论坛、开展学先进和献言献策等形式，进一步理清了促进旅游业发展的思路，制定了推进旅游业发展的新举措，学习讨论活动收到了预期的效果。

9月，在国家旅游局和全国妇联联合评选表彰“巾帼文明岗位、巾帼建功标兵”活动中，茂名市有2名旅游行业员工被评为“全国旅游系统巾帼标兵”；茂港区旅游总公司售票窗口荣获全国旅游系统“巾帼文明岗位”的称号。

【旅游行风建设】 2008年7月中旬至9月初，茂名市旅游局在机关党员干部中深入开展了以“增强党性观念，推进旅游业科学发展”为主题的纪律教育月活动。通过开好动员会、学好文件、看好专题教育片、抓好专题辅导、抓好建章立制和表彰好先进等环节，使党员干部充分认识开展纪律教育月活动的重要意义，增强对反腐倡廉工作紧迫感，思想上受到一次深刻的党性教育。

纪　事

4月10日 茂名市召开全市旅游工作会议。

4月29日 由茂名市旅游局、茂名日报社联合举办的“2008茂名旅游产业发展论坛”在市区举行。

6月5日 茂名市旅游局到高州市曹江镇银堂村，与该村党员共同开展城乡基层党组织联合组织生活活动。

6月10～13日 茂名市举办“畅游放鸡岛，感受荔乡情”茂名旅游推介会。

（何　山）

肇庆市

综　述

【总体情况】　2008年，肇庆市紧紧围绕建设旅游经济强市和打造“南国旅游休闲之都”战略目标，最大限度化解了雨雪冰冻灾害、国际金融危机等不利因素影响，旅游业实现了平稳、有序、健康发展。具体概括为“三个成功”：一是成功开展解放思想学习活动，创新了旅游业发展思路。二是成功抵御冰冻雨雪灾害，树立了旅游业良好形象。三是成功举办2008广东国际旅游文化节肇庆分会场活动，擦亮了“南国旅游休闲之都”品牌。“七个加大力度”：一是加大旅游体制改革力度，为促进旅游业加快发展注入新的动力。二是加大旅游招商引资力度，拓宽了旅游业发展平台。三是加大旅游宣传促销力度，优化了客源结构。四是加大旅游产品创新力度，增强了旅游吸引力。五是加大星湖保护改造力度，推动了名胜资源的有效利用。六是加大行业管理力度，旅游市场更加规范安全。七是加大旅游队伍建设力度，努力提高接待服务水平。全市主要旅游景区（点）共接待游客1358万人次、旅游收入65.79亿元、旅游外汇收入6684.69万美元，分别比上年增长17.9%、18.98%和31.28%。

【旅游行业规模】　2008年，肇庆市已建成开放的旅游景区（点）42个，其中国家4A旅游景区1家；另有年接待游客超100万人次的景点5个。拥有各类宾馆酒店、旅馆600多家。共有星级饭店33家，其中四星级1家、三星级14家、二星级15家、一星级3家。正在申评和待评的五星级标准3家、四星级标准5家。共有旅行社42家，其中国际旅行社4家、国内旅行社38家。

【重大旅游决策】　2008年6月20日，肇庆市政府印发《关于建设旅游经济强市2008—2010年工作方案》（肇府办〔2008〕60号），明确提出用3年左右的时间把肇庆建设成为旅游经济强市的目标，力争到2010年，旅游收入占GDP的比重达到12%以上。

9月1日，肇庆市委常委会原则通过七星岩东门广场的规划设计方案，并同意分二期进行，在现有用地上先开展一期建设。会议同时提出，在加快东门广场建设的同时，要做好七星岩牌坊广场的维修建设，并在城区内增设公共文化场所，活跃群众文化生活。

9月27日，肇庆市府办以（肇府办函〔2008〕86号）复函市旅游发展局，同意将星湖国家湿地公园从七星岩景区划分出来独立经营运作，确定星湖湿地公园门票价格为60元，门票收入实行收支两条线管理。同时还划定星湖国家湿地公园的主要范围。

【召开全市旅游工作会议】　2008年4月21日，肇庆市委、市政府在市委小礼堂召开全市旅游工作会议。市领导覃卫东、杨浩明、黄三和、孙德、董超凤出席会议。副市长孙德主持会议。市委书记覃卫东、市长杨浩明分别在会上作重要讲话，市旅游发展局局长郑时广传达全省旅游工作会议精神。

会议认为，2007年全市旅游工作，以科学发展观为指导，认真贯彻落实党的十七大和省、市第十次党代会精神，创新旅游发展体制机制，深化旅游资源开发整合，加快旅游基础配套设施建设，强化旅游品牌宣传推介，提升旅游管理服务水平，推动了旅游业实现又好又快发展。会议提出，2008年全市旅游工作要继续解放思想，开拓创新，着力打造一个品牌（南国旅游休闲之都），丰富四大产品（探险游乐园、森林游基地、乡村游典范、自驾游天堂），培育十大精品景区（七星岩、鼎湖山、星湖国家湿地公园、肇庆高尔夫度假村、广新农业生态园、龙母祖庙、盘龙峡、封开国家地质公园、燕峰峡温泉、广宁竹乡）。实现全市旅游景区接待游客1280万人次，比上年增长12%；城市接待旅游者人数1125万人次，增长10%（其中住宿设施接待旅游者人数658万人次，增长8%）；旅游收入64亿元，增长15%。重点抓好九个方面工作：一是转变发展观念，加快推进旅游产业转型升级；二是大力推进精品景区建设，增强旅游产品吸引力；三是全面整合旅游要素资源，提升旅游品牌价值；四是强化旅游宣传促销，扩大旅游客源市场；五是推进体制机制创新，增强旅游发展活力；六是规范旅游行业管理，营造和谐旅游发展环境；七是整合旅游文化市政资源，促进旅游与城市建设、文化发展的融合互动；八是扩大旅游区域合作，拓宽旅游发展空间；九是加强思想建设，提升旅游队伍素质。

市委书记覃卫东要求全市各级党委、政府和旅游部门要进一步解放思想、科学谋划，以世界的眼光、开放的意识、创新的精神，着力拓宽发展载体、大力打造旅游品牌、精心培育旅游产品、强化旅游宣传促销、加强旅游区域合作、优化旅游服务与管理，加快由旅游资源大市向旅游经济强市转变，开创肇庆旅游业发展的新局面。

会上颁发了“中国最佳休闲旅游城市”、“广东省旅游强县”、“广东省旅游特色县（镇、村）”牌匾。肇庆市被中国旅游论坛组委会评为“中国最佳休闲旅游城市”，德庆县被省旅游局授予“广东省旅游强县”和“广东省旅游特色县”称号，广宁县被授予“广东省旅游特色县”称号，德庆县官圩镇、怀集县桥头镇、鼎湖区凤凰镇、封开县河儿口镇4个镇获“广东省旅游特色镇”称号，端州区白石村、封开县杨池古村、广宁县上林村、高要市黎槎“八卦村”、四会市邓村、德庆县金林村6个村获“广东省旅游特色村”称号。

召开2008年全市旅游工作会议

【困难与问题】 2008年，受雪灾、地震、水灾、股灾等负面因素，肇庆市旅游经济运行存在不少困难，主要表现在：一是春节期间，受冰冻灾害和阴雨寒冷天气影响，许多潜在游客放弃出游，省内游人数受到较大影响；同时，由于外省来广东的交通不畅通，刚开拓的省外客源受到较大影响。为此，肇庆开展了“冰雪无情人有情·请外来工到肇庆过大年”活动，虽然确保了一定的游客量，但免票接待数量大，全市免票接待外来工游客达53万人次，其中星湖风景名胜区21.9万人次，大大影响了门票收入，给完成年度经济指标带来了相当大的压力，并导致了一定的资金运作困难。二是国家法定节假日制度改革后，“五一”假期从七天调整为三天，以往旺五天变为仅旺一天，现在的三天与以往同期比，接待人数和收入大幅下降，特别是省外游客下降明显。三是“5·12”四川大地震对旅游市场产生了不小的影响。一则地震影响了市民出游心态，选择出游更加小心、谨慎；二则更多人计划中将旅游经费捐献给了地震灾区，手中可自由支配的费用减少，也影响了出游。即使出游了，旅游支出也相对减少。四是6月份以来南方大面积的水灾，以及之后多次台风，导致许多旅游目的地暂停接待，或旅游交通受阻，游客也大大减少。五是股灾，从6000多点下跌到1700多点，许多股民的财富缩水60%，本来期望从投资股票上赚点钱的愿望落空，使许多人外出旅游的计划落空。六是奥运期间，出于多方面的原因，入境游市场有所下降。同时，奥运正值暑期，很多人都选择在家里看奥运而不外出旅游，导致暑期旅游市场与往年相比下跌明显。七是日益蔓延的国际金融危机对旅游业的影响正逐步加大，也在一定程度上影响了我市的游客接待量和旅游收入。

旅游接待与收入

【概述】 2008年，全市主要旅游景区（点）共接待游客1358万人次，比上年增长17.9%；城市接待旅游者人数1204万人次，增长17.6%；接待过夜旅游者总人数710.76万人次，增长16.5%（其中外国人9.09万人次，增长18.7%；国内游客609.74万人次，增长2.10%）；一日游游客493.22万人次，增长19.1%。全市旅游总收入65.79亿元，比上年增长18.98%；旅游外汇收入6684.69万美元，比上年增长31.28%；纳入全市统计的宾馆酒店的平均客房出租率61.7%，比上年增长6.1个百分点。

【入境旅游】 2008年，全市共接待入境旅游者101.02万人次，比上年增长18.70%（其中外国人9.09万人次，比上年增长16.5%）；旅游外汇收入6684.69万美元，比上年增长31.28%。

【国内旅游】 2008年，全市共接待国内游客1033万人次，比上年增长16.2%，其中一日游游客423.12万人次，比上年增长19.2%；国内旅游收入61.54亿元，比上年增长19.69%。

【出境旅游】 2008年，全市出境游组团社共组织出境游客1.89万人次，比上年增长12.90%（其中，组织港澳游1.64万人次，比上年增长5.3%；组织出国游0.25万人次，比上年增长113.80%）。

【假日旅游】 春节旅游黄金周全市共接待游客133.7万人次，同比增长19.6%，占全年游客接待量的9.8%。其中，接待入境游客18.3万人次，同比增长17.3%；接待国内游客115.4万人次，同比增长20%。从游客的过夜情况看，接待过夜旅游者80.8万人次，同比增长21.4%；一日游游客52.9万人次，同比增长17.1%。

“五一”假期（5月1~3日）全市共接待游客73.39万人次，同比增长7.5%，占全年游客接待量的5.4%。其中，接待入境游客1.58万人次，同比增长10.9%；接待国内游客71.81万人次，同比增长7.2%。从游客的过夜情况看，接待过夜旅游者14.95万人次，同比增长8.2%；一日游游客58.44万人次，同比增长7.3%。

“十一”旅游黄金周全市共接待游客138.9万人次，同比增长15.7%，占全年游客接待量的10.3%。其中，接待入境游客19.23万人次，同比增长14.8%；接待国内游客119.67万人次，同比增长15.8%。从游客的过夜情况看，接待过夜旅游者81.31万人次，同比增长13.7%；一日游游客57.59万人次，同比增长18.6%。

春节、“十一”两大黄金周共实现旅游收入5.46亿元，同比增长20.2%，占全年旅游总收入的8.3%。其中，国际旅游（外汇）收入503.5万美元，同比增长18.9%；国内旅游收入5.11亿元，同比增长20.4%。

旅游宣传促销与节庆活动

【概述】 2008年，肇庆旅游业坚持一手抓新品牌的打造、一手抓新市场的开拓，创新旅游宣传促销模式。先后策划组织了春节、“三八”、“五一”、暑期、“十一”、国际旅游文化节六大系列旅游节庆活动，成功举办了肇庆旅游（香港）春茗联谊会、北京旅游推介会、长三角旅游推介会，参加了广州、郑州、深圳、厦门、上海5个国际国内旅游博览会（展销会）；邀请了沪、苏、浙旅行社负责人和媒体记者考察团到肇庆采风踩线，开展了全市旅游工作大会、国际龙舟邀请赛暨旅游招商推介会、“声声服务”活动年、肇庆金秋经贸洽谈会图片展4项专题宣传。全年各类宣传推介活动现场派发宣传手册、单张、光碟14万份，宣传报道肇庆旅游新闻稿1800多条（则），电视广告460次，电台广告120次，报纸专版68个等，进一步提升了城市知名度和社会影响力，巩固扩大了客源市场。据不完全统计，过夜国内游客中，省外游客所占比例正稳步上升，已超过16%。

2008年，肇庆市先后被评为“中国十大生态休闲基地”、“最佳休闲城市”；“南国旅游休闲之都——肇庆”被评为“中国休闲旅游十佳品牌”；鼎湖山获评“中国四大休闲名山”，并作为中国第一批加入联合国“人与生物圈”计划保护区的森林旅游区，被评为“广东旅游十大首创之星”；盘龙峡景区被评为“最佳休闲旅游景区”；肇庆高尔夫度假村被评为“最佳休闲高尔夫球场”；端砚文化村和悦城龙母祖庙被授予“中华文化传承基地”称号。在2008广东国际旅游文化节上，鼎湖山和盘龙峡景区同时被评为“广东省十佳森林生态旅游景区”。

肇庆市举办国际龙舟邀请赛暨旅游招商推介会

【国内旅游宣传促销】 2008年7月7日，在北京成功举办了“奥运来北京，旅游去肇庆”旅游推介会，市人大常委会副主任黄三和、市政府副市长孙德、市政协副主席董超凤、市政府副秘书长陈义、市旅游发展局局长郑时广和副局长李达标，各县（市、区）分管旅游工作的领导、旅游局局长，以及有关旅行社、旅游景区的负责人等共50多人赴京参加；北京市100多家旅行社的负责人、20多家新闻媒体的记者应邀参加。本次旅游推介会得到了国家旅游局领导和北京市旅游局的大力支持和帮助，有关领导也应邀出席。会上，孙德副市长作了热情洋溢的致辞和旅游推介，并盛意邀请广大北京市民和中外游客到肇庆参观游览，欢迎北京旅游界的新老朋友到肇庆考察踩线。

9月19日，在江苏省无锡市举办“2008广东肇庆市（长三角）旅游推介会”，市人大常委会副主任黄三和、市政府副市长孙德、市政府副秘书长陈义、市旅游发展局局长郑时广和副局长李达标，各县（市、区）分管旅游工作的领导、旅游局局长，以及有关旅行社、旅游景区的负责人和市新闻媒体记者等共50多人参加。本次旅游推介会得到无锡市人民政府、无锡市旅游局、无锡市旅游协会的大力支持，无锡市人大常委会副主任麻建国、市政府副市长刘鸿志、市政协副主席朱伦昌等领导应邀出席，江苏康辉国际旅行社协助组织长三角地区150多家旅行社的负责人、10多家新闻媒体的记者和有关市旅游局领导参加。

先后参加国内多个重大旅游会展宣传推介，主要有：4月份在广州举办的广州国际旅游展销会和在郑州举办的“2008中国（郑州）世界旅游城市市长论坛”、“2008中国（郑州）国内旅游交易会”；5月份在深圳举办的“2008中国（深圳）文化博览会”；9月份在厦门举办的“2008海峡旅游交易博览会”和11月份在上海举办的“上海国际旅游交易博览会”。通过设置富有特色的宣传展位，派发宣传资料，宣传了肇庆旅游形象。在“2008中国（郑州）世界旅游城市市长论坛”上，孙德副市长获邀发言。

【国际旅游宣传促销】 成功举办“2008肇庆旅游（香港）春茗联谊会”。2008年3月4日，由肇庆市人民政府、香港旅游业议会联合主办，市旅游发展局、星湖国际旅行社共同承办的肇庆旅游（香港）春茗联谊会在香港举行。市有关领导孙德、黄新华、李力强等，以及市直有关单位领导、各县（市、区）分管旅游工作的领导和旅游局长、旅游企业代表近100人赴港参加。本次活动得到了香港旅游业议会的积极响应，议会副主席汤麟华及多位理事应邀出席，并协助组织了香港旅行社8大行业协会的主席（会长）和120多家旅行社负责人参加，出席的嘉宾300多人。联谊会由市政府副秘书长陈义主持，市政府副市长孙德、香港旅游业议会副主席汤麟华先后致辞，香港、肇庆两地旅行社代表也分别讲话。会上，肇庆、香港两地旅游部门、旅游界新老朋友齐聚一堂，共叙友情、共商两地旅游发展大计。

参加赴美首发团、东盟四国旅游推介会。7月，肇庆市旅游发展局派员参加了由省旅游局组织的赴美国首发团，向美国的华侨和游客宣传推介肇庆旅游；10月，参加了东盟（越南、新加坡、马来西亚、印度尼西亚）四国旅游推介会。

【“请外来工到肇庆过大年”系列活动】 春节期间，肇庆市开展2008年“请到肇庆过大年”和“请外来工到肇庆过大年”系列活动。主要项目有：大型艺术灯会、肇庆“祈福之夜”新春大型烟花晚会、七星岩山水庙会、鼎湖山魔术祈福会等。同时，针对春节期间罕见的冰冻雨雪灾害，积极贯彻落实省委、省政府有关部署，策划开展了“冰雪无情人有情·请外来工到肇庆过大年”活动，针对外来务工人员推出了多项优待措施、组织了多项旅游文化活动，如七星岩、鼎湖山、阅江楼等景区给予外来工免票参观，年初四在牌坊广场增设“南粤歌王大赛”外来工专场，图书馆、博物馆、纪念馆、展览馆等对外来工免费开放，进入七星岩、鼎湖山景区参观的外来工游客还可获赠吉祥“粽”子等新年贺礼；各县（市、区）也组织开展了一系列外来工旅游文化活动，旅游景区（点）对外来工给予门票优惠等等。丰富的活动，充实的内容，使广大外来务工人员在肇庆度过了一个欢乐、祥和、喜庆的新春佳节，感受到了肇庆的无穷魅力。

【“三八”旅游黄金月系列活动】 2008年“三八”妇女节期间，肇庆市开展了“请到肇庆过三八，千里画廊迎丽人”主题旅游黄金月系列活动。内容包括：请到星湖过“三八”，天使鹤舞迎丽人；幸福女人花，快乐蝴蝶缘；游砚乡，赏名砚，等等。3月15日，美国、日本、韩国、瑞士等13个国家驻穗领事及夫人、随员等30多人到七星岩“国际领事林”开展植树活动，在星湖畔种下象征各国人民友谊的绿树。市政协主席梁国安等领导参加活动，省内外10多家媒体前来采访报道，取得了很好的宣传效果。

【肇庆“五一”欢乐之旅系列活动】 “五一”期间，肇庆市开展了“森林旅游·肇庆‘五一’欢乐之旅”系列活动。着重体现森林旅游登山健身、科普探险、休闲度假的乐趣，吸引了较多游客参与。

【2008肇庆暑期旅游黄金月系列活动】 2008年暑期，肇庆市开展了2008肇庆暑期旅游黄金月活动，以“诚邀天下学子，喜迎盛世奥运”为主题，首次以招标形式发动社会力量参与。活动总投资69万元，其中社会赞助39万元。7月20日，在鼎湖山景区举行2008肇庆暑期旅游黄金活动月启动仪式暨“奥运爱心传递”活动；2008年7月26日，在七星岩景区举行“2008七星岩大学生模特环湖自行车团体赛”。

【“十一”黄金周系列活动】 “十一”期间，肇庆市开展了“十一”黄金周系列活动。市旅游发展局联合中国移动肇庆分公司，举办“七星岩、鼎湖山景区游览线路设计大赛”；鼎湖山景区在宝鼎园举办“鼎湖山论剑——挑战吉尼斯表演”，节目包括吞弯曲剑、鼻孔吹唢呐、变伞、猪八戒背媳妇等，在蝴蝶谷举办“寻找蜂鸟鹰蛾”（珍稀蝴蝶品种）摄影大赛、森林探险等。七星岩景区有丹顶鹤起舞、“七妹出嫁”、刘三妹对歌等节目，特别是从贵州遵义市请来的“独竹漂”表演，吸引了众多游客的观看。盘古山景区有蚩尤部落风情表演，鼎湖区九龙湖有佤族风情表演，高要黎槎八卦村有天然大迷宫寻宝活动，德庆盘龙峡有玩转盘龙天堂系列活动，封开千层峰景区有生态露营时尚聚会，怀集世外桃源有民俗贵儿戏、广西民族歌舞表演等，广宁竹海大观有逍遥竹排游、勇闯探险城等活动，四会贞山景区有贞仙诞等民间民俗表演等等。

【2008广东国际旅游文化节肇庆分会场系列活动】 肇庆市作为2008广东国际旅游文化节暨泛珠三角旅游推介大会分会场，开展了“2008广东国际旅游文化节·肇庆旅游嘉年华”系列活动。主要项目有肇庆美食品尝宴会、肇庆旅游嘉年华启动仪式暨“星湖渔乐坊”开业庆典晚会、“魅力肇庆”专用邮资图暨星湖风景名胜区邮资明信片门票启用仪式、七星岩牌坊广场文化展示、鼎湖山第三届国际森林旅游登山节、七星岩旅游欢乐节、肇庆旅游工艺品（特产）展、肇庆市第三届乡村旅游美食节、德庆龙母感恩节、封开广信文化节、四会柑橘玉器节暨建县2222周年庆典和广宁竹子节等。

2008年11月29日，肇庆市举行2008广东国际旅游文化节·肇庆旅游嘉年华启动仪式暨“星湖渔乐坊”开业庆典晚会，省人大华侨民族宗教委员会副主任郑通扬，市委书记覃卫东、市长杨浩明、市政协主席梁国安，省旅游局副局长周开生，新疆生产建设兵团旅游局局长王宇科，中国康辉旅行社集团公司总裁邹凤等领导出席仪式并为“星湖渔乐坊”揭幕。

鼎湖山第三届国际森林旅游登山节

旅游行业管理

【旅游市场监管】 2008 年，肇庆市继续加大力度整顿和规范旅游市场秩序，围绕旅行社违规经营、超范围经营、导游服务不规范等突出问题开展了一系列旅游市场专项整治活动，如对旅行社营业部清理检查，对部分违规设立和超范围经营的旅行社营业部进行查处；加大对导游 IC 卡的检查力度，全年共检查导游人员 143 人次。联合市物价局举办旅游价格管理办法培训班，要求全市旅行社的线路价格要公示，重点规范住宿酒店标准的标注、自费旅游项目及其价格的明示和旅游购物次数的明示，实行旅游合同价格“透明制”，进一步加强了对旅行社的管理。

肇庆市举办旅游行业质监员培训班

【旅游安全管理】 2008 年是肇庆市“安全生产隐患治理年”，肇庆市旅游发展局制订了《全市旅游行业安全生产隐患排查治理活动实施方案》，督促全市旅游行业积极开展安全隐患排查治理工作；印发了《肇庆市旅游行业安全生产百日督查专项行动方案》，在全市旅游行业开展综合督查与专项督查相结合的百日督查专项行动。同时，每次重大旅游活动和旅游节假日前，市旅游发展局都会同安监、质监、海事、交通、卫生、消防等相关部门到全市旅游业单位开展旅游安全检查督导，强化了旅游安全管理，健全落实了安全生产工作层级责任制，防止了重大旅游安全事故发生。

【旅行社管理】 2008 年，肇庆市全年审核批准新设旅行社 5 家；肇庆市青年旅行社升格为国际旅行社。组织开展了年度旅行社业务年检工作，全市 38 家旅行社参加年检，通过率 100%。积极发动和指导全市旅行社创建星级旅行社，市中旅、星湖国旅申报五星级，另有 6 家申报四星、6 家申报三星。

【导游员管理】 2008 年，肇庆市进一步加强对导游服务行为的规范和管理，针对导游人员在导游活动中存在的突出问题，加大导游 IC 卡检查力度，全年共检查导游人员 143 人次，其中无导游证带团 13 人。组织举办 2008 年导游大赛，肇庆市中旅徐碧璇、向坚豪获旅行社组金奖，鼎湖山管理处王阳、七星岩管理处廖冠薇获旅游景区（点）组金奖，怀集县旅游发展局等单位还被大赛组委会授予优秀组织奖。

【旅游饭店管理】 2008 年 8 月 15 日至 11 月 20 日，肇庆市根据国家和省旅游饭店星评委员会的部署，对全市 33 家星级饭店进行了星级复核；配合湛江市旅游局对四星级饭店皇朝酒店进行了年度复查；指导德庆醉然居假日酒店、高要丽晶大酒店、肇庆国际大酒店申报四星级；完成了裕龙大酒店三星级的检查评定和德庆醉然居假日酒店四星级的申报推荐工作。

旅游资源开发和景区(点)建设

【旅游规划编制与实施】 2008 年完成和开展的旅游规划编制有三项：一是肇庆市古村落旅游开发利用策划方案；二是肇庆市“夜星湖”旅游项目策划方案；三是星湖风景名胜区总体规划修编。

【旅游招商引资】 2008 年 6 月 6 日，肇庆市成功举办 2008 年肇庆旅游招商推介会。市长杨浩明，省外经贸厅副厅长张桂萱，省旅游局纪检组长、监察专员张振林以及境内外众多知名客商和旅行社参加。会上现场签约旅游合作项目28个，签约金额45.75亿元，与上年同比增长240%；在2008广东国际旅游文化节旅游招商会上，现场签约旅游项目1个，签约金额3500万美元。

【旅游景区（点）与基础设施建设】 2008年，肇庆市大力做好旅游景区景点的基础设施建设，并取得显著成效。

星湖风景名胜区：加快推进星湖创5A级景区，完成了景区指引牌、标志牌的改造升级；完成了省人大小型水库议案之一的鼎湖天湖水库和鼎湖水库除险加固工程，通过了ISO14001环境管理体系复核，完成了七星岩火烈鸟岛建设工程，实施了星湖中心堤改造整治、七星桥修复、鼎湖山高压线埋地改造和环山公路防撞栏建设工程，完成了对玉屏岩、阆风岩摩崖石刻和对联、牌匾的抢救翻新，加强了景区文物的修缮保护。

德庆县：为做好创4A级景区工作，龙母祖庙、德庆孔庙景区由县政府批拨专项资金、盘龙峡景区由广东南湖国旅投入资金，对景区全面进行软硬件配套改造。盘龙峡景区进行了厕所改造，设置医疗接待室和绿化美化等；龙母祖庙景区建成了游客服务中心，按创4A级标准进行了厕所改造扩建；德庆孔庙景区建设了游客服务中心，设置了医疗室、游客接待室、影视厅，增加了观景设施、游客休息场所、残疾人厕位等。同时，三景区还在该县有关部门的配合支持下完善了有关交通服务、邮政服务、标识系统和公共图形信息符号等设施。

封开县：一是重点加紧千层峰景区基础配套设施建设，主要完善基础及配套服务设施，如停车场、登山游步道，使用电瓶车作交通工具，建烧烤场、餐厅、茶庄、服务中心，装修小别墅等；二是完善漂流旅游项目建设，在黄岗河内选择适合搞漂流项目的河段进行开发；三是完善龙山景区休闲娱乐项目设施建设，包括酒吧、吧亭、水上竹坊、篝火活动，重新包装龙山大佛，丰富朝拜项目内容，增添游兴。

广宁县：制定并上报了包括中央预算内投资补助资金项目、古水河风景区、万众公司游客服务中心开发项目、上林特色村项目、螺壳山风景区建设项目等旅游扶贫项目。

怀集县：六祖禅宗文化旅游景区利用省旅游景点建设资金60万元建设了停车场、出入景区道路和游客旅游便道。在燕峰峡温泉漂流度假区利用省旅游扶贫资金50万元建设了旅游餐饮购物街和出入热水村的村道，使景区真正实现了封闭式管理。

四会市：对贞山景区、邓村造纸第一村等景区（点）的旅游设施进行了配套建设和完善，增加了旅游服务基础设施，包括旅游导向指示牌、旅游标志、安全警示牌以及公共厕所等。在市内主要交通要道、公路设置了导游指示牌。

【旅游商品开发】 成功举办了“2008广东国际旅游文化节肇庆旅游工艺品（特产）展活动”，本次活动重点邀请了广东及全国各地的工艺品进出口公司及工艺品生产商，其目的就是提供一个集中的交易平台，提升旅游经济强市品牌，增添地方特色，为肇庆旅游产业注入新的动力。

七星岩大学生模特自行车环湖团体赛

【旅游扶贫工程】 2008年，肇庆市有5个项目获得省旅游扶贫资金共300万元，项目分别为七星岩景区夜间文化表演项目、封开杨池古村、德庆禾棚农家乐休闲旅游度假区、怀集县旅游服务中心、四会贞山仙女潭项目；有4个项目获得省财政厅旅游扶贫贷款贴息资金共75万元，项目分别为鼎湖区凤凰黄金沟生态旅游度假村、广宁古水河景区游客服务站、德庆花世界生态旅游区、封开千层峰景区。

旅游教育培训和精神文明建设

【旅游行业精神文明建设】 2008年，肇庆市旅游发展局积极开展旅游系统精神文明建设工作。一方面，注重加强党员干部的思想政治建设，加强党的十七大精神学习，组织旅游系统广大党员干部深入开展解放思想学习讨论活动；另一方面，组织开展了2008年导游大赛、旅游行业“声声服务活动年”优质旅游服务、“十百千万”干部驻村帮扶、抗震救灾捐款、节日慰问等一系列活动。

2008年，肇庆市旅游系统精神文明建设成效显著、效果丰硕。市旅游发展局被市委、市政府评为“肇庆市文明单位”；德庆学宫被国家旅游局和全国妇联授予全国旅游系统“巾帼文明岗”称号，怀集腾业大酒店陆月妹、鼎湖九龙湖景区谢秀燕被授予全国旅游系统“巾帼建功标兵”称号；鼎湖山观光车公司小车班被省旅游局评为全省旅游系统十大“窗口之星”；七星岩管理处门票班组被团省委、省总工会、省妇联、省质量协会联合授予“广东省用户满意服务明星班组”称号；牌坊广场管理所党支部被市直工委评为“先进基层党组织”；七星岩游览公司被市总工会评为“女职工之家”；七星岩游览公司游船班组被评为“工人先锋号”。

【旅游教育培训】 2008年，肇庆市旅游发展局组织业务干部和相关旅游饭店高层管理人员参加了全省旅游饭店星级检查员（内审员）培训班；组织全市部分旅游酒店中高层管理人员共27人参加了省举办的2008年广东省饭店中高层管理人员岗位培训班；先后组织了导游岗前培训和导游年审教育培训；参加了市举办的有关业务知识和法律法规知识学习培训班，组织局机关及下属单位管理人员参加了由市人事局、市劳动局等部门举办的《政府信息公开条例》培训班、《劳动争议调解仲裁法》和《劳动合同法》培训班、人事管理业务培训班等。

【旅游行风建设】 2008年，肇庆市旅游发展局开展了以“增强党性观念，推进科学发展”为主题的纪律教育学习月活动。全系统党员干部理想信念、党性修养、勤政廉政等各个方面都得到提高。

2008年，肇庆市把“声声服务活动年”确定为旅游主题年，开展了以“来有迎声，问有答声，等有暖声，走有送声”为主要内容的旅游服务创优活动，进一步加大力度整顿和规范旅游市场秩序，严厉打击查处各种旅游违规行为，确保了全市旅游业发展的安全、和谐、稳定。

肇庆市开展旅游行业“声声服务活动年”主题活动

纪　事

1月11日 全国人大常委会副委员长许嘉璐在市委书记覃卫东、市政协主席梁国安的陪同下，到七星岩、鼎湖山景区考察指导工作。

3月4日 肇庆市人民政府与香港旅游业议会在香港联合举办“肇庆旅游（香港）春茗联谊会”，肇港两地旅游界、新闻界人士共300多人参加。

3月15日 美国、日本、韩国、瑞士等13个国家驻穗领事及夫人、随员等30多人到七星岩“国际领事林”开展植树活动。

4月10日 肇庆市政府副市长孙德出席在河南省郑州市举办的“世界旅游城市市长论坛”。

4月21日 肇庆市委、市政府召开2008年全市旅游工作会议，市委书记覃卫东、市长杨浩明出席会议并作重要讲话。

4月26日 肇庆市在德庆盘龙峡景区隆重举行旅游行业“声声服务活动年”启动仪式，发布《肇庆市旅游行业礼仪规范与行为准则》。

6月6日 2008肇庆旅游招商推介会在奥威斯酒店举行。现场签约旅游合作项目28个，签约金额45.75亿元。

7月7日 “奥运来北京，旅游去肇庆”2008广东肇庆市（北京）旅游推介会在北京成功举办，两地旅游界、新闻界共300多人参加。

9月19日 肇庆市在江苏无锡市举办2008广东肇庆市（长三角）旅游推介会。

9月27日 由广东省旅游局主办的首届“选美广东”评选活动在梅州举办颁奖仪式，肇庆市被评为“我最喜爱城市”，鼎湖山、盘龙峡被评为“我最心动景区”。

10月3日 市委书记覃卫东在市委常委、秘书长张成文和市有关部门负责人的陪同下，到七星岩、鼎湖山景区视察指导“十一”黄金周旅游工作。

10月4日 广东省副省长雷于蓝在市有关领导陪同下参观考察星湖景区。

11月9日 全国政协副主席李金华在市政协主席梁国安陪同下，到肇庆鼎湖山景区考察指导工作。

11月29日 在省旅游局与省林业局共同主办的“我最喜爱的森林生态·滨海旅游景区”评选活动中，鼎湖山和盘龙峡在森林生态旅游景区同时进入省“十佳”。

11月30日 “魅力肇庆”专用邮资图暨星湖风景名胜区邮资明信片门票启用仪式在牌坊广场隆重举行，肇庆正式登上“国家名片”。

12月13日 肇庆市举办第三届旅游美食节。

（童益南、戴超峰）

清远市

综 述

【总体情况】 2008年，清远市旅游局紧紧围绕“2008中国奥运旅游年”的主题，按照市委市政府提出建设“绿色经济强市、岭南宜居名城、华南休闲之都”的发展战略，以办大工业的理念发展旅游业，加快旅游资源开发，优化旅游产业结构，完善旅游功能配套，出台了一系列旅游招商引资优惠政策，吸引了众多的国内外投资商到清远投资发展旅游业，打造旅游胜地，使清远旅游亮点纷呈，热点不断，从过去的旅游过境地转变为旅游目的地，从过去的旅游中转站变身为旅游中心站。2008年，全市接待国内外游客1488万人次，比上年增长12.47%；旅游总收入56.26亿元人民币，比上年增长17.53%。

【旅游行业规模】 截至2008年底，清远市共有星级酒店43家，其中五星级1家，四星级6家，三星级23家，二星级11家，一星级2家。拥有旅行社41家，其中国际社2家（含组团社1家），国内社39家；按属地划分，市区（含清城区、清新）21家，英德市9家，连州市4家，阳山县2家，连山县2家，佛冈县2家，连南县1家。全市已建成并向游客开放的景区（点）75处，其中有国家4A级旅游景区7个，3A级旅游景区3个。

【召开全市旅游工作会议】 2008年4月7日，清远市政府在国际会展中心召开全市旅游工作会议。会议传达贯彻2008全国、全省旅游工作会议精神，对2007年全市旅游工作进行了总结，研究部署了2008年全市旅游工作。省旅游局副局长周开生，市委副书记、市长徐萍华，副市长曾贤林，市政协副主席唐远强出席会议。会议强调，2008年清远市要围绕“2008中国奥运旅游年”这个主题，以建设旅游目的地城市为目标，按照“绿色经济强市、岭南宜居名城、华南休闲之都”的城市发展定位要求，做大做强旅游经济，实现从旅游资源大市向旅游强市的跨越。力争2008年全市接待国内外游客1520万人次，比上年同期增长15%；旅游总收入突破60亿元，比上年同期增长27.6%。会上，徐萍华市长还就打造清远旅游特色品牌、提升景点建设档次、整合旅游资源，实现旅游强市的战略目标作了具体指示。会议还对获得国家、省级品牌的碧桂园假日半岛酒店、连南瑶族自治县等旅游单位进行了颁牌。

【重大旅游政策】 2008年8月21日，中共清远市委、清远市人民政府颁布了《中共清远市委、清远市人民政府关于大力推进城镇特色化的若干规定（试行）》（清发〔2008〕22号文）。《规定》明确指出，从2009开始，市政府和大部分县（市、区）政府，将每年的宣传促销经费列入地方财政预算。经费的保障，确保旅游宣传推介从被动变主动。

【奥运旅游】 在2008年，清远市紧紧围绕“2008中国奥运旅游年”的主题，以思想大解放和科学发展观统揽全局，转变观念，创新思维，推进了清远旅游业又好又快地发展。

【旅游抗震救灾】 “5·12”四川汶川抗震救灾中，清远市旅游局迅速行动，全局先后4次捐款2.26万元。其中有6名党员交纳“特殊党费”均在1000元以上、19名党员捐款8300元。全市旅游系统共捐款达200多万元。

【旅游业应对复杂多变的经济形势】 2008年，面对国内外复杂多变的经济形势，清远市应对措施包括：稳步推进“开心清远”系列活动；创新宣传促销方式，拓展旅游市场；着力抓好“创强”、“创A”工作，打造旅游品牌；着力抓好从业人员培训，提升服务质量；着力抓好北江旅游带总体规划和游客服务中心的筹建工作；着力抓好旅游招商和旅游扶贫工作；着力抓好行业管理，规范旅游市场等。

旅游接待与收入

【入境旅游】 2008年，清远市接待入境游客21.47万人次，其中接待过夜入境旅游者21.47万人次，比上年增长40.60%，平均停留天数为1.5天；旅游外汇收入4445.72万美元，比上年增长53.54%，占全省的0.48%。

【国内旅游】 2008年，清远市共接待国内游客1467.80万人次，其中接待国内旅游者 469.38 万人次，比上年增长 64.53%；国内旅游收入 53.17 亿元，比上年增长 16.44%，占全市旅游总收入的 94.51%，平均停留天数为 1.12 人/天；旅行社组团国内游人数 30.11 万人次，其中省内游 24.04 万人次，省外游 6.07 万人次。

【出境旅游】 2008 年，清远市组团出境游人数为 4770 人次，比上年下降 26.26%，其中港澳游 4404 人次，出国游 366 人次。

旅游宣传促销与节庆活动

【旅游宣传促销】 2008 年，清远市实施“跨媒体、多层次、全方位”开展以旅游目的地为营销战略，创新宣传推介方式。一方面充分利用地方特色节庆活动，大力推进清远旅游的发展，如每年一度的连南“耍歌堂”、“盘王节”，连州的国际摄影年展，连山的戏水节，阳山的“四驱车节”，佛冈的“豆腐节”，英德的“菜花节”，城区“禾雀花节”等节庆活动，都围绕清远旅游特色进行整合包装，精心策划；另一方面以清远市荣获“中国漂流之乡”、“中国温泉之乡”为主打品牌，举办各类大型推介活动。清远市还作为 2008 广东国际旅游文化节的分会场举办了首届广东省（清远）国际漂流旅游文化节等 7 个项目。8 月 25～29 日，清远市旅游局和广东省旅游局在聚龙湾温泉旅游度假区共同举办“活力广东·精彩岭南”活动；9 月 11 日，郑州市旅游局组织旅游企业来清远开展“欢乐清远行”宣传促销活动，进一步推动了两地旅游的交流与合作。同时，加大在电视、电台、报刊等媒体的投放力度，清远旅游的影响力和美誉度大大增强。

【举办 2008 年“黄腾峡杯”国际自然水域漂流精英赛】 2008 年 4 月 26～29 日，由国家体育总局水上运动管理中心、广东省旅游局、清远市人民政府、清远市旅游局、清远市体育局等单位主办的 2008 年“黄腾峡杯”国际自然水域漂流精英赛暨广东省（清远）国际漂流旅游文化节在清城区黄腾峡生态旅游景区举行。有来自美国、荷兰、捷克、澳大利亚、新西兰等 10 支外国队，以及北京、上海、福建、河南、清远等 10 个国内代表队共 120 多名运动员以及来自香港、珠三角地区的游客、旅行社、媒体等约 5000 人参加。清远市旅游局同时主办了“2008 年首届广东（清远）国际漂流旅游文化节‘生态·漂流·旅游’”学术报告会。学术报告会邀请了中国旅游研究院、德国魏玛城市与旅游规划院的负责人及专家教授就如何更好发挥利用现有的漂流资源，展示山区峡谷漂流的独特魅力，把漂流运动与旅游活动更好地结合起来，做大做强漂流产业，唱响“漂流在清远”的品牌等问题作专题演讲。

清远举办 2008 年“黄腾峡杯”国际自然水域漂流精英赛

【举办 2008 野生禾雀花观赏节】 2008 年 3 月 18 日至 5 月 16 日，由清城区人民政府、市新闻办公室、市旅游局联合主办的“开心清远·闲情山水推介会暨 2008 第四届中国岭南清远牛鱼嘴野生禾雀花观赏节”正式启动。此次观赏节每天都吸引上万名来自珠三角地区游客、港澳和海外游客、摄影发烧友、动植物保护主义者。活动的成功举办，推动了清远市生态旅游的热潮。

清远温泉旅游文化节开幕式现场

【参加第 22 届香港国际旅游展览会】 2008 年 6 月 12～15 日，清远市旅游局组织了全市知名企业参加了由国家旅游局主办、香港旅游事业发展局承办的 2008 年第二十二届香港国际旅游展览会。阳山第一峰景区、佛冈聚龙湾天然温泉度假村、清新温矿泉度假区、德盈新银盏温泉度假村等 10 多家旅游企业参加了展览。

【举办“2008广东·清远温泉旅游文化节暨千家知名旅行社走进清远”活动】 2008年10月29~30日，由广东省旅游局、清远市人民政府、广东省旅游协会联合主办，清远市旅游局、清城区人民政府协办，清远新银盏温泉度假村独家承办的“开心清远　亲情温泉——2008广东·清远温泉旅游文化节暨千家知名旅行社走进清远活动”在新银盏温泉旅游度假村举行。活动内容包括清远旅游文化展、清远旅游景区（点）踩线考察、新银盏温泉亲情之夜焰火文艺表演、民族风情表演、温泉旅游优惠周等。开幕式上，清远市旅游局及部分旅行社分别与香港、湖南永州市、广西贺州市及部分珠三角地区旅游局和旅行社签订无障碍旅游协议。活动的成功举办，全面提升了清远市“中国温泉之乡”的品牌形象。

【第十届中国瑶族·盘王节】 2008年11月13日（农历十月十六）在清远市连山壮族瑶族自治县县城吉田镇举行。来自湖南、广东和广西3省区的9个县（市、区）派队参加。本届盘王节举办活动主要有盘王祭祀仪式、大型主题文艺演出、“瑶族舞蹈”大赛、风情游行、瑶族文化学术研讨会等。观众饱览到了独具风味的祭祀礼仪、歌舞文艺、衣食住行、生活习俗等瑶族文化精华。瑶族盘王节已被列入中国国家级《非物质文化遗产名录》。

【阳山县四驱越野车节】 2008年12月3~13日，由国家体育总局汽车摩托车运动管理中心、广东省体育局、清远市人民政府和阳山县人民政府共同举办。阳山县被誉为“四驱之城、越野之都”，共有150辆赛车参赛，角逐了2008全国汽车场地越野锦标赛总冠军。该项赛事是国内三大顶尖汽车赛事之一。为丰富车节内容，车节期间举办了广东省第二届登山节、品牌汽车展销、啤酒美食节、越野E族年会和阳山2008年重点项目庆典活动等。

阳山县四驱越野车节

【第四届连州市国际摄影年展】 2008年12月6~11日，由连州市人民政府主办，广州传誉文化传播有限公司承办，清远日报社、南方电视台协办。本届年展组委会设立了协调、宣传、展销、图片等16个工作组。共举办了2008年连州国际摄影年展专业摄影主题展、连州采风摄影大赛、摄影器材展示、广东省2008“廉风和畅”廉政建设摄影作品展、清远市摄影家协会会员摄影作品展、“风采连州、抗冰救灾”连州市专题摄影作品展以及具有连州民族特色的民间艺术表演、美食节、招商会等一系列活动。连州自2005年举办摄影年展以来共举办三届大赛，展出摄影作品8000多幅，吸引国内外摄影大师、游客20多万人次。连州被中国摄影家协会授予“中国摄影之城”称号。

旅游行业管理

【旅游市场监督】 2008年清远市全力做好质监工作，旅游局旅游质监部门共组织开展市场检查31次，出动检查人员125人次，检查旅游相关单位数量256个，检查导游人员近139人次，对14名违规导游作出罚款处理，还收缴了各类不合法证件一批，有效地维护了清远市旅游市场的健康发展。

【旅游安全】 为了抓好旅游安全工作，认真开展各项专项整治和安全检查活动，清远市旅游局主要落实两方面：一是严格落实安全责任，做好旅游安全日常监管工作；二是有计划、有部署地开展各项专项整治和专项检查活动，做好各个“黄金周”前后的安全监管、检查工作，使各项安全工作有条不紊地开展。2008年度，根据市政府及市安委会有关工作要求及旅游企业实际，市旅游局研究制定了2008年度安全生产工作方案，并认真落实了各项工作任务，由分管副局长邹俊带队的安全联合专项检查小组全年共计出动检查18次（其中例行检查10次，专项检查8次），出动检查人数近30人，检查旅游企业近130个，发出现场检查整改通知书20份，取得了较为显著的工作成效，全年旅游安全工作基本上达到了“健康、安全、秩序、质量”四统一的目标，未出现重大安全事故，

【旅行社管理】 2008年，清远市旅游局设立7家旅行社。至2008年12月，清远市旅行社总数达到42家。其中国际社2家（含组团社1家），国内社40家。国内社分布有市区（含城区、清新）22家、英德9家、连州4家、阳山2家、连山2家、佛冈2家、连南1家。2008年9月至10月，清远市旅游局联合各县（市、区）旅游局，开展对全市旅行社的专项检查，有效地维护了旅游市场秩序，严厉打击了违规经营的行为。

【导游员管理】 2008年，清远市旅游局于3月和9月组织了两次导游资格考试，参加报考人次458人次。其中通过考试人数为132人，通过率28.8%。2008年4月，在碧桂园假日半岛举办了导游年审培训班，参加人数400多人。根据全市旅游发展大会提出的“组织大培训，提升大服务”的要求，为进一步提高清远市的导游人员素质，同时也为了选拔培养更多高素质的导游人才，由清远市旅游局、清远市旅游协会、中国移动通信集团广东有限公司清远分公司联合主办的“2008（移动旅信通杯）清远市金牌导游大赛”总决赛于12月14日晚在清远市国际会展中心大礼堂举行。通过比赛，一批拔尖和优秀的导游脱颖而出，将成为宣传清远旅游产品、推介清远旅游品牌的形象大使。

【旅游饭店管理】 2008年以来，对各星级饭店进行了年度星级的复核工作及五年期评定性星级复核工作，清远市旅游局确立了在每年初、每个季度前和各个重大节假日前，在星级饭店复核中都召开安全例会并进行安全例行检查，对各旅游企业进行安全督查的检查制度。为了力求使安全检查制度化、规范化，清远市旅游局研究制定了安全检查的相关标准（〔2004〕7号文）及《旅游企业现场检查登记表》，每次检查都按照标准逐项进行打分，并在检查后立即填写《旅游企业现场检查登记表》，要求其限期进行整改。至2008年底，清远市共有星级酒店43家。

旅游资源开发和景区（点）建设

【旅游资源开发】 2008年7月26日，清远市聚龙湾天然温泉度假村顺利通过国家旅游局4A级旅游景区评审验收；9月23日，英德市九州驿站草原天门沟和英德茶叶世界两个景区通过省旅游景区质量等级评定组的验收，成为国家3A级旅游景区；英德宝晶宫风景名胜区启动创建4A级国家旅游景区的各项工作，并于当年9月通过初检。截至2008年底，全市已建成并向游客开放的景区（点）75处，比2000年增长了6倍多。旅游产品从原来的传统观光型旅游转向休闲度假、生态旅游、体育旅游、节庆旅游、商务旅游、民族风情旅游和乡村“农家乐”旅游等多种旅游产品组合。清远市有开发价值的旅游资源多达150处，涵盖了地文景观、水域风光、生物景观、古迹与建筑、消闲求知健身和购物等6大类。

【旅游规划】 2008年，《清远市旅游发展总体规划（2007—2020年）》（以下称《规划》）已报市政府批准审议通过。《规划》明确：近期目标（2007—2010年），到2010年，清远市旅游基础设施和城市旅游功能基本完善。“生态休闲·健康养生”旅游主题突出，旅游吸引力体系得到根本性优化。旅游“六要素”（行、游、住、吃、购、娱）协调发展，形成良好的旅游消费环境、旅游经营环境、旅游投资环境和旅游行业管理环境。全市旅游接待服务设施数量和服务水平显著改善和提高。总体旅游形象鲜明，旅游经济效益明显提高。中期目标（2011—2015），到2015年，清远市成为国内知名品牌的休闲度假、健康养生的旅游目的地和中国最佳旅游城市；旅游景区（点）管理体制合理，旅游服务实现现代化，旅游产业成为可持续发展能力强，拉动经济社会发展的支柱产业—远期目标（2016—2020），到2020年，清远将成为国内最重要的休闲度假型旅游城市之一；旅游经济效益、社会效益和环境效益十分显著，并和谐发展，同时带动清远市经济社会各方面品质极大提升，清远市由“旅游资源大市”成为“旅游经济强市”。

【旅游投资和招商引资】 2008年，一批批落户于清远市的大型旅游企业已进入兴建阶段。如清远市清城区新的招商项目——伯爵园国际旅游度假村，该景区总投资达到6亿元。首期主要建设度假别墅和大型水上游乐设施，二期将建设9洞高尔夫练习场、网球场、狩猎场、五星级酒店等设施。2008年10月，佛冈森波拉度假森林，英德连江口沙滩休闲等外资项目开业。这些新项目的建成将大大提升清远市旅游品牌的魅力和竞争力。

【旅游扶贫】 2008年6月底，清远市旅游局副局长虞卫旗同志陪同省旅游扶贫工作考察组到“三连一阳”地区进行实地考察，对已有的扶贫项目进行检查。清远市把获得省旅游扶贫和财政厅2500万元的扶贫资金注入山区旅游企业，增添了强大的资金源和发展动力，带动山区县域经济发展，促进新农村建设。

【旅游强县（市）工作】 2008年3月10日，清新县召开创建“中国旅游强县”表彰奖励大会。国家旅游局委托王嵘山处长来清远颁发牌匾。省旅游局副局长周开生、清远市副市长曾贤林和清远市旅游局领导以及县领导班子出席会议。1月20日，英德市正式被省旅游局命名为“广东省旅游强县（市）”。12月22日，佛冈县召开创建“广东省旅游强县”动员大会，以开展旅游强县活动为契机，不断完善旅游配套设施，加大旅游宣传推介力度，努力营造良好的旅游环境，不断提升旅游产品的档次，把旅游业培育成为佛冈第三产业的龙头。

【阳山神笔洞旅游风景区】 位于阳山县城西北9公里处，是阳山县新开发的原生态旅游度假区。喀斯特岩溶景观秀冠南国，溶洞旱、水两洞高低错落，遥相对峙。旱洞（千佛洞）由黄蜡石构成，洞内堆集有新老钟乳、石笋；水洞

（神笔洞）位于旱洞下方，为景区之精华。2800多米长的地宫漂流，横贯四座山峰和多个村寨的地下。漂流出口处，豁然展现一片经历亿万年地质变化、风雨冲刷、大自然雕琢而成的天然石林。两边的河川秀水、山梁绝壁，呈现一派仙山瑶池之势，令人叫绝。观田园风光、步天然石林、涉河川秀水、登山梁绝壁，一步一景，美不胜收。

阳山神笔洞旅游风景区

【九州驿站英德天门沟景区】　始建于2005年。地处英德市石牯塘镇八宝山，属英德古西京驿道的尧山脚下，唐宋时期便设有尧山客栈。2008年，被评为国家3A级旅游景区。该景区计划5年内达到同时容纳3000人以上的住宿接待功能。

树屋村

天门沟按地理分九站一廊，即一至九站和水石长廊，形如"V"状，高1000余米，全沟4大落差、百余级流水瀑布，长5000余米，其中自天门而下之飞瀑，名为天门飞瀑，垂直单级落差136米之巨。天门上婉转1500米之水石长廊，更是如同仙境，锦潭无数、泉流不息。

该景区相继建成了树屋村、树上温泉、树上餐厅等原生态旅游养生平台，自然环境优美，是现代都市人梦寐以求的休闲养生之所。

旅游教育培训和精神文明建设

【旅游教育培训】　2008年5月28~29日，清远市旅游企业高层管理人员培训班在好来登大酒店举行。来自全市各级旅游局领导班子成员和旅行社、旅游酒店、景区总经理共230余人参加培训。副市长曾贤林作动员讲话。培训班特别邀请到中山大学旅游学院、广东国际酒店、旗舰（香港）专业酒店培训公司以及暨南大学的专家教授授课。6月10日至7月10日，清远市7个县（市、区）分别举办旅游行业服务技能大赛，大赛覆盖面广，参赛选手多，达到了"大培训、优服务"的目的。经技能培训和预赛，共选拔62名选手组成7个代表队进行中式铺床、中餐摆台、艺术插花3个项目的角逐，6人获得金奖、9人获得银奖、15人获得铜奖。清远市劳动局和社会保障局对荣获金奖的选手颁发了国家职业资格训级证书。

【旅游精神文明建设】　从2008年1月份起，在全市旅游系统认真开展了解放思想学习讨论活动。客观分析了本市旅游业发展的现状，找准了存在的主要问题，确定了发展目标，提出了破解难题的思路和措施，取得了明显成效。7月份，清远市星辉旅游公司客户部经理潘彩霞、清新县三坑镇清溪园农家乐董事长蔡雪梅、连州市鸿都大酒店总经理蔡鸿被国家旅游局、全国妇联联合授予"巾帼建功标兵"荣誉称号。

纪　事

2月5日　省旅游局局长郑通扬到新银盏温泉度假区、清新和佛冈等旅游区慰问留守岗位的外来人员。

2月25日　清远市国际会展中心举行"清远市旅游文化图文展"开幕仪式。

2月27日　在广州市召开的全省旅游工作会议上，连州市获得"广东省旅游强县（市）"牌匾。

3月6~8日　在2008年举办的"亚洲酒店论坛暨中国酒店星光奖颁奖典礼"上，清远市的森波拉酒店获颁"中国十大最佳主题酒店"，森波拉酒店总经理文文先生当选为"中国酒店业最佳总经理"。

3月10日　在清新县召开的清新县创建"中国旅游强县"表彰奖励大会上，国家旅游局为清新县颁发"中国旅游强县"牌匾。

3月29日　2008第三届中国·岭南（广东清远牛鱼嘴）野生禾雀花观赏节开幕式暨广东青少年科技教育基地授牌、广东省社会科学院旅游研究基地揭牌仪式在清远牛鱼嘴风景区举行。

4月7日 清远市召开旅游工作会议。省旅游局副局长周开生，市委副书记、市长徐萍华，副市长曾贤林，市政协副主席唐远强等出席会议。

4月16日 清远市召开旅游系统解放思想大讨论座谈会。

4月28~29日 清远市举办2008年“黄腾峡杯”国际自然水域漂流精英赛暨首届广东（清远）国际漂流旅游文化节。

3月29日 “第三届中国岭南野生禾雀花节”在清远市牛鱼嘴风景区举行。

5月4日 清远市举办2007年度兑现奖励政策暨抗灾救灾和重建复产表彰大会。

5月28~29日 “全市旅游企业高层管理人员培训班”在好来登酒店举行。

6月5日 根据中共清远市委组织部（清组干〔2008〕89号）的文件精神，任命雷玉春为清远市旅游局党组成员、书记；免去刘柏洪市旅游局党组成员、书记。2008年7月2日，清远市人民政府（清府〔2008〕57号）文，经市第五届人民代表大会常务委员会第十一次会议审议通过，任命雷玉春同志为市旅游局局长，免去刘柏洪同志市旅游局局长职务。

6月26日 清远市旅游行业服务技能大赛总决赛在英德海螺国际大酒店举行。

7月26日 清远市聚龙湾天然温泉度假村接受国家旅游局的4A级旅游景区评审验收，并高分顺利通过。

8月6日 清远市星辉旅行社被评为2007年度全国“百强”国内旅行社。

8月27日 广东省旅游局联合清远等市旅游局共同举办“活力广东·精彩岭南”采风踩线活动。来自上海、江苏和浙江三个省市30多家新闻媒体和旅行社的代表近50人到我市的旅游景区景点进行参观考察、采风踩线。

9月23日 清远市九州驿站英德天门沟景区和英德茶叶世界为国家3A级旅游景区。

9月25~26日 清远市英德市通过旅游强县验收。

9月11日 河南省郑州市到清远市举办“欢乐郑州行”旅游宣传推介交流活动。

10月29日 “开心清远　亲情温泉——2008广东·清远温泉旅游文化节暨千家知名旅行社走进清远活动”在清远新银盏温泉度假村拉开序幕。

11月13~14日 清远市在国内首次举办两岸温泉结盟新闻发布会。

11月19日 由中国电子商务协会和用友移动商务科技总策划，清远旅游街运营中心和清远俊郎信息科技有限公司承办的移动商街全国首家“清远旅游街”启动。

11月25日 连州地下河启动创建国家5A级景区工作。

11月28日 清城区黄腾峡生态旅游景区、佛冈聚龙湾天然温泉度假村、连州地下河、英德英西峰林、九州驿站英德天门沟景区参加在广州举行的2008国际旅游文化节百家优秀旅游景点专场泛珠三角旅游招商会。

11月30日 西班牙和德国旅游代表团考察清远。

12月4日 清远市作为2008广东国际旅游文化节分会场共举办7项活动：2008年“黄腾峡杯”国际自然水域漂流精英赛暨首届广东（清远）国际漂流旅游文化节，连山县壮族七月香戏水节，2008广东·清远温泉旅游文化节暨千家知名旅行社走进清远活动，第十届中国瑶族盘王节，连南县排瑶耍歌堂，第四届中国四驱越野车节和第四届连州国际摄影年展。

12月14日 “2008（移动旅信通杯）清远市金牌导游大赛”总决赛在清远国际会展中心大礼堂举行。

12月29日 由广东省旅游局、清远市人民政府共同主办的清远（香港）旅游招商推介会在香港港丽酒店隆重举行。

（张秀莲）

潮州市

综 述

【总体情况】 2008年，潮州市旅游业面对严重自然灾害和金融危机等严峻形势，坚持“深度挖掘，高度提升”，完善古城文化旅游主导区建设，发展两县生态休闲旅游，着力促成周末游和修学游，打造海西旅游驿站，推出《潮州有座广济桥》歌曲提升宣传力度，抓住北京奥运年旅游热潮和发展两岸旅游政策出台的有利时机，提升城市旅游知名度，打造“古城文化游、乡村文化游、工业文化游”三大潮州旅游品牌。全市全年接待过夜旅游者总人数245.19万人次，比上年增长13.30%；旅游总收入35.75亿元，比上年增长15.87%。

【旅游行业规模】 截至2008年底，潮州市拥有星级饭店12家，其中四星级酒店3家，三星级酒店5家，二星级酒店3家，一星级酒店1家；拥有旅行社23家，其中国际社4家，国内社19家；国家A级旅游景区2家，其中4A级、3A级景区各1家。

【旅游抗震救灾】 “5·12”汶川大地震发生后，潮州市旅游局、潮州市旅游协会积极响应上级号召，联合向全市旅游系统发出倡议书，动员全市旅游系统各级各部门和广大干部职工，在大灾大难面前发扬“一方有难八方支援”的优良传统美德，以各种方式向四川省地震灾区开展捐助，以实际行动贯彻落实党中央、国务院抗震救灾的部署，支援灾区群众，为地震灾区重建家园提供帮助。全市旅游系统有46个单位的干部职工参加捐款，捐款总额共计68.3万元，其中汇侨大酒店捐款超过17万元，潮州宾馆捐款超过14万元，东山湖温泉度假村除发动员工捐款外，还捐出一天的营业额支援灾区，充分体现了全市旅游系统众志成城、支援灾区的高度热情。针对旅游系统有较多员工来自四川等地震地区的情况，潮州市旅游局注重做好关心来自地震灾区员工生活等工作。要求各级旅游部门和旅游企业切实安排好来自地震灾区员工的生活和工作，帮助他们解决实际困难；认真细致做好思想引导工作，帮助他们渡过心理难关，树立起抗灾复产、重建家园的坚强信心。

旅游接待与收入

【入境旅游】 2008年，潮州市接待入境旅游者26.29万人次，比上年增长11.45%。其中外国人2.33万人次。旅游外汇收入8773.73万美元，比上年增长26.73%。平均停留天数为2.49天。

【国内旅游】 2008年，潮州市国内旅游平稳上升，呈现良好发展态势。全市接待国内旅游者218.90万人次，比上年增长13.53%。国内旅游收入29.03亿元，比上年增长13.50%，占旅游总收入的82.63%。平均停留天数为2天。

【出境旅游】 2008年，潮州市各旅行社组织出境游13734人次，比上年增长7.27%。其中香港游6004人次，同比增长8.26%；澳门游2811人次，同比增长7.66%；出国游4919人次，同比增长5.88%。

【假日旅游】 2008年，潮州市春节黄金周景区景点接待游客55.6万人次，其中接待海内外游客17.1万人次；“十一”黄金周全市景区景点接待游客57.9万人次，其中接待海内外游客23.1万人次。

旅游宣传促销与节庆活动

【旅游宣传促销】 2008年，潮州市针对古城文化旅游区开始形成，乡村旅游发展良好的态势，大力加强旅游宣传推介。借势北京奥运旅游宣传，在《2008中国网通黄页奥运会专刊》刊登宣传潮州文化旅游专版，奥运会举办期间在北京等7个奥运赛事城市发送。响应两岸旅游合作热点倡议，配合首次来潮采访的台湾东森电视台，组织进行旅游景点、潮州菜、潮州工夫茶、潮州工艺的实地采访，向台湾民众宣传潮州文化旅游。深度挖掘古城文化内涵，发挥品牌优势，把富有特色的地域历史文化、陶瓷婚纱等工业文化同绿色生态的乡村文化相结合，“广济桥”和“牌坊街”两大品牌逐步打响，潮州文化旅游核心竞争力进一步提高，尤其推出《潮州有座广济桥》歌曲并在央视播出，增加了潮州旅游宣传推介的新亮点。潮州市在由广东省旅游局主办的首届“选美广东”评选活动中被评为广东十个“我最喜爱城市”之一，广济桥被世界休闲组织评为“中国休闲悠优奖”。组织旅游企业参加了2008广东国际旅游文化节、广州国际旅游交易会、郑州国内旅游交易会和香港国际旅游交易会、第四届海峡两岸旅游博览会等活动，积极开拓中远程旅游客源市场。邀请参加第四届海峡两岸旅游博览会的海内外旅游业界和媒体嘉宾30多人到潮州参观考察。加强了与台湾、澳门等旅游区域的协作，促进了潮州旅游在海外的发展。设立2008广东国际旅游节潮州分会场，举办了旅游美食（商品）交流会，邀请参加广州主会场活动的嘉宾、游客等前来潮州考察、旅游，进一步提升潮州旅游的知名度。设立了首家城市旅游咨询服务中心，直接接受游客的咨询、查询、预订、投诉等服务。引入民营资金设计制作潮州旅游电子杂志，突出潮州古城文化旅游区，以“广济桥”和“古牌坊街”为宣传主题出版三期并制成光盘广泛派送。

【参加广东省国际旅游文化节】 2008广东国际旅游文化节期间，潮州市首次设立分会场，除参加广州主会场举办的旅游花车花船巡游和旅游大促销活动项目外，还在市体育馆广场举办了为期10天的潮州旅游美食（商品）交流会。整个交流会共接待顾客15万人次，营业额近100万元。本次活动大胆引入市场运作机制，采取政府主办、相关企业合作承办的方式，既节约了人力和资金，也提高了经济效益和活动影响力。通过交流会这个平台，将饮食和旅游结合起来，进一步打响了潮州旅游品牌。同时，这次交流会打破了以往旅游美食活动的传统，引进新的旅游元素，吸引了汽车公司、婚纱公司参展，充分发挥了旅游的总体功能。

【区域旅游交流与合作】 2008年，潮州市旅游局重点加强与粤东区域旅游和海峡西岸区域旅游合作，开辟旅游无障碍区域。牵头组织《粤东旅游指南》一书的编辑出版工作，以线路策划为导向，再次体现了粤东区域合作的成果。积极发挥地处“闽粤旅游驿站”的优势，主动融入粤东区域和海峡西岸区域旅游区的旅游合作之中，参与编制《粤东、海西旅游发展规划》，推进区域旅游合作。8月份，潮州市和粤东各市、厦门市等六市旅游局联合在厦门举行加强六市区域旅游协作座谈会。会上，各市代表就进一步加强六市合作，发挥优势，共同推进海峡西岸旅游区的建设和旅游经济发展达成共识，签订了新的更有实质性的旅游合作协议。9月份，在参加海峡旅游博览会中，又与海峡两岸区域中的23个城市签订了区域旅游合作的《厦门宣言》。随后，组织参加在厦门举行的第四届海峡旅游博览会，又组织海博会的海内外旅游界、新闻界嘉宾前来潮州考察参观，进一步提升潮州旅游影响力，促进“引客入潮”。同时，在市政府领导的带领下到肇庆参观学习该市文化旅游的管理体制，通过理论指导旅游实践工作。

旅游行业管理

【旅游市场监督管理】 2008年，潮州市旅游管理部门与公安、工商、质检、物价等部门联合执法，加强对旅游市场监督管理，重点督查旅行社、星级酒店、景区景点依法经营情况，坚持打击超范围经营、恶性削价竞争、购物欺诈等，严厉查处“黑店”、“黑社”、“黑车”等非法行为，坚持不懈地净化旅游市场。加强旅游诚信体系建设，建立健全旅行社经理人员、导游人员信誉档案，维护了旅游行业的正常经营秩序。

督促各旅游企业进一步建立和完善火灾、重大交通事故、群体事物中毒、急性传染病、水上活动安全、公共突发事件等安全应急预案，切实加强演练，确保旅游业“健康、安全、秩序、质量四统一”目标的实现。组织安全生产大检查，开展安全月活动，检查旅游经营单位50多个（次），勒令限期整改3个。加强旅游安全生产宣传教育，组织企业上街举办宣传活动，发放宣传资料、“旅游安全小册子”上万份。开通旅游安全知识咨询电话，为市民和游客提供一个旅游安全知识咨询服务。全市实现旅游安全无事故，无旅游质量投诉案件。

【旅行社管理】 2008年，潮州市旅游管理部门新设立旅行社2家。严厉查处“黑马”旅行社，严禁超范围发布旅游广告；严厉查处无证导游、无证旅游车，整顿违规行为。先后出动执法大检查7次，查处违规旅行社2个（次）。强化旅行社年检管理，全市有23家旅行社参加年检，历时2个月，有22家旅行社通过年检，1家旅行社暂缓通过年检。

【导游员管理】 2008年，潮州市于3月和6月共组织两次全国导游人员资格考试，全市报考人数147人，通过考取人数36人，通过率为25%。4月份，分三期对全市持卡的初级导游员进行教育培训，共培训导游员272人。

【旅游饭店管理】 2008年6月至9月，潮州市星评委对全市12家星级饭店进行年度复核，星级饭店全部通过复核。饶平大酒店新评为三星级酒店。

旅游资源开发和景区(点)建设

【促进优秀旅游景区升级】 鼓励和支持优秀旅游景区创建国家4A级旅游景区，促进景区景点重质量，上档次。东山湖温泉度假村在潮州市旅游局的直接指导下，通过加大投入、优化设施，使景区的“硬件”和“软件”全面提升，并通过我局向国家和省旅游局的申报，在短短的半年内，先后通过了“省检”和“国检”，于11月被国家旅游局命名为国家4A景区，成为首家4A级旅游景区，对全市旅游景区的提质升级起到了很好的带领作用。绿岛山庄、绿太阳生态度假区、淡浮院目前也都正在紧锣密鼓地开展创建活动。

【古城文化旅游区建设】 2008年，潮州市针对古城文化旅游区初步形成的实际，加大了对古城文化旅游区旅游资源整合，推动古城文化旅游区旅游功能配套建设，以建设国家5A级景区为目标，积极配合规划与建设，提供创建思路和建设标准。策划编制了古城文化旅游区游览线路、古城电瓶车线路、导游词，对旅游停车场进行初步的规划并报市政府参考决策。把市工艺美术研究所、市艺葩木雕厂、潮州戏苑、天下茶庄文化馆等潮州传统工艺和文艺单位整合成为文化旅游定点单位，正式纳入古城文化旅游区线路，作为展示全市文化旅游的重要窗口，并积极对外宣传促销。为推动古城文化旅游的形成和发展、开展积极的调研和探索。在市政府领导的带领下到肇庆参观学习该市文化旅游的管理体制。对“牌坊街”建成后增加潮州文化民俗活动进行筹划和探讨。对明年我市举办侨博会的旅游活动项目进行研究。

【创建“广东旅游强县”工作】 2008年，潮州市旅游局积极鼓励和支持潮安、饶平两县开展创建旅游强县工作，组织专项调研，推动两县的“创强”工作向前推进。绿岛山庄被评为“厦门市市民周末旅游十大目的地”之一。潮安县全面启动创建广东省旅游强县工作，成立了创强办，从宣传发动、硬件改造、资料综合三个方面，扎实推进创强工作。加快县城至各主要旅游景区的公路建设改造，促进全县旅游硬件设施逐步完善，旅游配套功能不断增强。积极实施“情趣潮安”品牌战略，大力推进重点旅游项目开发建设。饶平县继续夯实发展基础，积蓄发展动力，完成了《饶平县旅游发展规划》的修编工作，大力推进旅游景区景点、宾馆建设，建设旅游网站，推进旅游信息化建设，积极推进宣传推介工作，重点包装一批旅游资源级别高、开发条件好、市场前景和经济效益佳的旅游项目，使全县旅游软硬件环境都有了较好的改善。

【着力发展短线游】 根据黄金周时间调整，以及金融海啸的影响由虚拟经济向实体经济的蔓延加剧、国内消费萎缩的实际，引导企业发展短线游、重视周末游，在加强对周边城市推介的同时，积极对周边城市新景点进行集合成线，不断推出新题材、新线路、新亮点，从增加项目、优惠价格、优质服务上吸引周边城市游客出游，积极推行“广东人游广东”、“粤东人游粤东”等扩大内需策略。

【建设修学旅游基地】 培育开发旅游新产品。富丽公园充分利用集团公司富丽学校设施及公园现有设施场地环境的优势，致力建设修学旅游基础，成为目前我市设施最齐全、规模最大、内容最丰富的修学旅游基地。潮安县航天航空科技城从建设投入开始就以开展科普教育、修学旅游为目标，是我市专业性较强的修学旅游基地。淡浮院、绿岛山庄、绿太阳旅游区、中华名茶园等企业也纷纷增设了修学旅游、科普教育项目，市青旅、国旅、潮安中旅、市湘子桥旅行社等旅行社也十分重视青少年群体，组织修学旅游也积累了经验，正有声有色地开展，修学旅游活动已开始在全市兴起。

【旅游扶贫】 潮州市旅游局针对我市部门山区经济发展相对落后的实际，在全市开展旅游扶贫工作，采取资金扶持与政策扶持、规划扶持、宣传促销扶持相结合的旅游扶贫方法。积极开展基层党组织互帮互助活动，深入了解村情民意及存在问题，多次组织活动慰问贫困农户。8月份，再次组织部分旅游企业到东兴村考察旅游资源，探究从旅游项目扶贫这个角度来扶持村经济发展，把茶文化融入旅游发展事业上来。

旅游教育培训和精神文明建设

【旅游教育培训】 结合具体实际，积极实施旅游人才战略，大力加强旅游队伍建设，开展多形式、多层次的培训教育活动，建立起一个比较完善的旅游教育培训网络，培养了一批能够满足不同层次需求的旅游人才。5月份，经广东省旅游局批准，广东省旅游学校潮安分校在潮安县职业技术学校成立，将为潮安创建广东省旅游强县提供强大的人才智力保障。抓好导游的强化教育和景区讲解员的培训，4月举办三期持卡初级导游员再教育培训班，共培训导游272人；同时做好旅游企业中、高层管理人员的培训教育工作。韩山师院旅游管理系紧紧配合潮州旅游的发展，开展潮州文化的研究、潮州旅游资源的调研，提出了发展潮州修学旅游的专题研究，特批成立旅游规划所，协助地方开展景区旅游规划。市职业技术学校与旅游企业紧紧结合，在开展学生实习的同时，有效地缓解了企业人员不足的问题。

【旅游精神文明建设】 潮州市旅游局被评为2008年度市“文明单位”，潮州宾馆前厅部被评为全国旅游系统“巾帼文明岗”，淡浮院余小玲被评为全国旅游系统“巾帼建功标兵”。

（沈建中）

揭阳市

综　述

【总体情况】　2008年，揭阳市旅游工作以科学发展观为统领，主动服从和服务于全市经济社会发展的大局，按照年初全省、全市旅游工作会议提出的工作目标和总体部署，以打造特色旅游城市为目标，以提升区域旅游竞争力为核心，全市旅游资源开发、旅游市场感召力、旅游客源市场拓展等工作都取得明显成绩，旅游经济呈现出快速发展势头。全市全年旅游接待总人数578.75万人次，比上年增长18.1%，其中入市游248.5万人次，比上年增长25.5%；旅游总收入21.43亿元，比上年增长19.21%。

【旅游行业规模】　截至2008年底，全市拥有一定规模的旅游饭店和度假村77家，客房总数4558间（套），床位8612张。其中星级饭店10家（五星级1家、四星级5家、三星级1家、二星级以下3家）；星级饭店客房总数1258间（套），床位总数2365张。拥有国家3A级旅游景区1家。共有旅行社22家，其中国际社3家，国内社19家。

【召开全市旅游工作会议】　2008年3月11日，揭阳市政府在特美思大酒店召开全市旅游工作会议，传达学习全国和全省旅游工作会议精神，总结2007年全市旅游工作，研究部署2008全市旅游工作。市政府叶少明副市长出席会议并讲话，市政府林俊生副秘书长主持会议，各县（市、区）人民政府（管委会）分管旅游工作的副县（市、区）长和管委会副主任，市旅游局局长、副局长，各县（市、区）旅游局局长、副局长，全市各旅游企业法人及新闻媒体代表共90多人参加会议。

【打造“岭南水城”】　2008年，揭阳市委、市政府高度重视旅游业的发展，市委书记陈弘平、市长陈奕威、副市长叶少明多次就打造“岭南水城”作出重要指示，并亲自带队开展调研和考察。2008年5月，市委四届五次全会明确提出：“打造特色城市，就是要以榕江南北河和城内水系为依托，以历史文化名城为基础，融合文化底蕴、水乡风貌和现代气息，构筑人与水相亲相近的生态水乡，打造‘岭南水城’，建设一个世界级揭阳。”打造“四大天下”：“贵雅天下”，就是玉都从现有规划的4平方公里扩展到20平方公里，打造成为世界第一的玉器城；“康美天下”，就是普宁药品城扩大到3000亩以上，打造成为世界级的药品城；“衣被天下”，就是普宁纺织服装产业继续扩大规模，打造成为世界级的轻纺城；“装点天下”，就是揭西建成世界历史文化展示基地、世界知名森林度假基地、世界山地车高尔夫运动基地，打造世界级旅游城。

2008年5月27日，国家商标局正式受理揭阳市“岭南水城”的商标注册；国家商标局于7月21日正式受理其产业定位词“岭南水城·贵雅天下，岭南水城·康美天下，岭南水城·衣被天下，岭南水城·装点天下”的商标注册。

2008年6月3～16日，及时为“岭南水城”注册了中文国际、国内域名，中文通用域名，英文国际、国内域名，并为“岭南水城”制作了通用网址。英文国际域名2个（lnshch. net，lnshch. com）；英文国内域名3个（lnshch com. cn，lnsc. gov. cn，lnshch. net. cn）；中文国际域名10个（岭南水城 . net，岭南水城 . com，岭南水城－贵雅天下 . net，岭南水城－衣被天下 . net，岭南水城－康美天下 . net，岭南水城－装点天下 . net，岭南水城－衣被天下 . com，岭南水城－贵雅天下 . com，岭南水城－装点天下 . com，岭南水城－康美天下 . com）；中文通用域名15个（岭南水城 . 中国，岭南水城 . 网络，岭南水城 . 公司，岭南水城－衣被天下 . 公司，岭南水城－衣被天下 . 网络，岭南水城－贵雅天下 . 中国，岭南水城－衣被天下 . 中国，岭南水城－康美天下 . 中国，岭南水城－装点天下 . 中国，岭南水城－装点天下 . 公司，岭南水城－装点天下 . 网络，岭南水城－贵雅天下 . 公司，岭南水城－贵雅天下 . 网络，岭南水城－康美天下 . 公司，岭南水城－康美天下 . 网络）；通用网址：岭南水城。

2008年5月27日，国家商标局正式批复受理揭阳市注册“岭南水城”系列商标后，全国共有25家新闻媒体包括新华社、《南方日报》、南方网、中国经济网、星岛环球网、《汕头特区晚报》等媒体大量报道。

【旅游抗震救灾】　“5·12”汶川地震发生后，揭阳市启动应急措施，立即通知各旅行社暂停组团前往和途经四川地震灾区旅游，迅速查清全市游客在灾区滞留情况，并要求全市旅游部门认真贯彻省旅游局各项工作部署。市旅游局党组书记、局长谢锐锋亲自部署全市旅游系统向地震灾区捐款活动。5月16日，市旅游局向各县（市）旅游局和各旅游企业发出《关于组织向四川省地震灾区捐款的紧急通知》。截至5月19日，全市旅游系统共捐款37.51万元。

旅游接待与收入

【入境旅游】 2008年，揭阳市接待入境旅游者4.08万人次，比上年增长9.3%。其中外国人0.41万人次，比上年减少27.99%；旅游外汇收入0.60亿元，比上年增长5.76%。

【国内旅游】 2008年，揭阳市接待国内游客574.67万人次，比上年增长18.2%。其中接待过夜旅游者156.87万人次，比上年增长12.60%；国内旅游收入20.83亿元，比上年增长19.65%。

【出境旅游】 2008年，揭阳市旅行社组织出境旅游人数587人次，比上年下降39.48%。其中组织香港游473人次、澳门游50人次、出国游64人次。

【假日旅游】 2008年，揭阳市春节黄金周旅游接待人数80.4万人次，同比下降5.9%。其中过夜游客2.59万人次，同比增长2%；一日游游客77.81万人次，同比下降6.1%。旅游总收入1.36亿元，同比下降4.9%。

"五一"假期（5月1~3日）全市旅游接待人数22.89万人次。其中过夜游客1.23万人次，一日游游客21.66万人次；旅游总收入4033万元。

"十一"黄金周旅游接待人数75.16万人次，同比增长14.1%。其中过夜游客4.89万人次，同比增长26.3%；一日游游客70.27万人次，同比增长13.4%。旅游总收入2.1亿元，同比增长18.6%。

旅游宣传促销与节庆活动

【旅游宣传促销】 揭阳市旅游局把推动"揭阳游"和推介揭阳城市形象作为工作的重点，打好"组合拳"，大气魄、大手笔谋划和推进旅游宣传促销工作。一是城市形象定位更加鲜明响亮。2008年5月，在揭阳市召开的市委四届五次全会上，确定了市区以"水"为"龙头"带动形成山海工商城市的发展格局，打造"岭南水城"的战略目标。揭阳市旅游局向国家商标局成功注册"岭南水城"商标，在全部可注册商标的45个类别中全面覆盖，并特地加注138项保护性商标。及时为"岭南水城"注册了中文域名和通用网址。注册"岭南水城"一系列商标和域名，使揭阳城市形象定位更加鲜明，口号更加响亮，大大提高揭阳市在海内外的知名度和美誉度，对宣传和推介揭阳城市形象和城市品牌，推动和促进揭阳经济的快速发展产生了巨大作用。二是明确了客源市场定位。2月24~28日，组织全市两家组团社参加由国家旅游局在桂林举办的"第十一届海峡两岸旅行业联谊会"；4月4~6日，组团参加广东省旅游局、广州市旅游局在广州锦汉展览中心举办的2008年广州国际旅游展销会；6月18~20日，组织普宁泥沟英歌舞队和揭东锡场溪头少年潮州锣鼓、标旗队共190人参加澳门迎奥运倒计时50天大型民间文艺大巡游活动；9月6~11日，组团参加厦门第四届海峡旅游博览会，重点宣传推介揭阳特色旅游产品，揭西生态休闲度假旅游产品；9月17~22日，组团参加省委、省政府组织的东盟四国访问团，大力推介揭阳特色旅游产品，揭阳市的中华历史文化长廊、大南山八国风情园和普侨区潮汕特色文化主题公园3个项目被列为招商引资活动的重点招商项目；10月23~31日，叶少明副市长和谢锐锋局长参加省政府在西班牙举办系列经贸交流活动，利用这一机会宣传揭阳旅游形象，加大旅游交流与合作，推动揭阳旅游项目的招商引资；11月25日，设计精美图片在《凤凰周刊》（2008第33期）上大力宣传揭阳岭南水城城市形象；11月26日至12月4日，叶少明副市长率团参加2008广东国际旅游文化节，全方位宣传揭阳城市形象和旅游产品。年内，揭阳市开展"十佳"景区评选和征集旅游标志的活动。经群众投票评选和聘请专家进行初评，初评入围景区16个，入围旅游标志10个，并在揭阳日报、相关网站上公布，进行短信投票。评选出"揭西大北山森林公园、京明温泉度假村、黄满磜瀑布旅游区、榕江音乐喷泉、市区儒释道文化旅游区、进贤门、风门古径、南岩古寺、世铿院、黄岐山森林公园"为揭阳市"十佳"景区，由林奕聪设计的"岭南水城"等6件作品入围揭阳市旅游标志。

在"走出去"的同时，注重挖掘内部潜力，创新旅游促销手段。1月22~23日，邀请梅州市旅行社总经理、业务经理约30人，到揭西京明温泉度假村、黄满磜瀑布、大北山森林公园等景区考察踩线；2月9日，组织外地客源到本市观赏迎春烟花晚会，并参观市区主要旅游景点；年内，还邀请了揭阳知名画家卓素铭和林俊复以揭阳的山水名胜为内容绘制《揭岭春晖》巨幅山水国画，在中央电视台作相关宣传报道；编辑完成了《粤东旅游指南》揭阳部分；协调京明温泉度假村、大北山森林公园、黄满磜瀑布旅游区聘请营销专家对景区开展营销策划等。

奥运前夕，在北京人民大会堂展出的《揭岭春晖》

【举办第七届中国（揭阳）国际玉器节】 2008年10月21～26日，第七届中国（揭阳）国际玉器节在揭阳市阳美玉都举行。中国轻工业联合会会长陈士能，中国报协副主席、广东省报业协会会长、南方报业传媒集团总经理钟广明，云南省昆明市副市长廖晓珊，亚洲珠宝联合会主席、北京珠宝首饰研究院院长李劲松，亚洲珠宝联合会第一副主席成大均，泰国正大集团副总裁李闻海，缅甸金固珠宝有限公司董事长杨钏玉，台湾珠宝商会会长林林昌以及揭阳市领导陈奕威、杜安义、陈石波、吴选钊、谢峻、刘小辉、李林楷等出席开幕式。本届玉器节内容包括玉器文化推广交流会、中国（揭阳）玉都广场建设项目开工仪式、第三届中国玉器“百花奖”大赛、精彩大型文艺晚会以及聘请“中国玉都顾问”等五大主题内容。

第七届中国（揭阳）国际玉器节

【参加澳门迎奥运大型民间文艺大巡游活动】 2008年6月18～20日，应澳门潮州同乡会邀请，揭阳市旅游局组织普宁泥沟英歌舞队和揭东锡场溪头少年潮州锣鼓、标旗队共190人参加澳门迎奥运倒计时50天大型民间文艺大巡游活动。揭澳两地文化交流得到了加强，进一步推介了揭阳特色民俗文化。

英歌舞队和潮州锣鼓、标旗队参加迎奥运大型民间文艺大巡游活动

旅游行业管理

【旅游市场监督】 2008年，揭阳市县两级旅游行政管理部门加大执法和管理力度，集中开展执法检查，建设诚信旅游体系。一是宣传、执行国家政策法规，处理违规行为，维护正常旅游市场秩序；二是积极开展旅游市场的整顿和规范，打击超范围经营、无证经营等现象，规范旅游用车，批评、警告旅行社2家；三是督促星级饭店加强软硬件的建设，推动各项安全措施的落实；四是建立工商、公安、交通、安监局等部门组织的旅游联动机制，加强旅游黄金周和重点时段旅游市场的监控。五是做好旅行社责任险投保和意外险投保工作，为旅行社规避风险和维护广大旅游消费者权益提供强有力的保障。利用“3·15”消费者权益保护日，在市区东风广场举行旅游咨询服务活动，针对旅游的有关法律法规、旅游投诉以及旅游中经常出现的一些问题，向公众进行广泛的宣传介绍，使市民开开心心旅游，明明白白消费。

【旅游安全】 2008年是揭阳市安全生产隐患治理年，坚持以“治理隐患、防范事故”为主题，突出重点、形成合力，实现了全年旅游安全无事故。印发《揭阳市旅游突发公共事件应急预案》和《2008年揭阳市旅游安全生产应急预案》等各项安全防范预案，在全行业开展安全生产百日督查专项行动，加大安全生产隐患整改督办力度，完善安全生产事故隐患排查治理长效机制。每个旅游黄金周期间，揭阳市旅游局启动联动机制，会同各有关部门领导，开展安全生产专项整治活动。“十一”黄金周前夕，叶少明副市长亲自带队对全市旅游安全设施、游乐设施、客房、餐厅等进行检查，实地了解黄金周旅游接待准备工作，深入一线查询有关旅游应急预案的准备情况。据统计：2008年全市旅游系统组织检查活动24次，共出动人员148人，发出整改通知书4份，共落实整改项目42个，投入安全隐患整改资金250多万元。

【旅行社管理】 2008年，根据省旅游局《关于抓紧推进我省旅行社资质等级评定工作的通知》（粤旅管〔2008〕162号），结合《广东省旅行社资质等级评定标准》，揭阳市旅行社资质评定委员会领导小组全面开展旅行社资质等级评定工作。揭阳市光辉国际旅行社等5家旅行社作为三星级旅行社评定条件予以推荐。根据省旅游局《关于开展2008年度全省旅行社业务年检工作的通知》（粤旅管〔2008〕233号）要求，于2008年12月起对全市旅行社组织实施年检。全市共参加年检旅行社22家，通过年检20家。其中普宁市中国旅行社暂缓通过，揭西棉湖中旅社因经营不善，依据有关规定给予注销经营许可证。11月，广州广之旅国际旅行社正式落户揭阳，设立了分公司。年内，全市批准设立旅行社1家（揭东县金凤凰旅行社）。

【旅游饭店管理】 截至2008年底，揭阳市共有星级饭店10家。全市有9家星级饭店参加年度复核，通过复核的有8家。其中揭阳榕江大酒店于2007年评定为五星级饭店，按规定不列入复核范围。取消不符合星级条件的饭店1家（揭阳市新华宾馆）。

【行业协会】 2008年12月22日，完成了市旅游协会的换届重建工作。聘请市政府叶少明副市长为协会名誉会长，聘请广东省旅游发展研究中心博士陈南江、国内外知名旅游营销专家郑泽国为协会顾问；选举通过揭阳市旅游局局长谢锐锋兼任协会会长、市旅游局副局长李介兴兼任协会常务副会长，榕江大酒店、揭阳市特美思大酒店、揭阳市光辉国际旅行社、京明温泉度假村为副会长单位，杨少忠为协会秘书长；选举通过阳美国际大酒店、惠来宾馆、揭东金叶酒店、揭西特美思度假村、普宁金叶大厦、揭阳市青年旅行社、揭阳市假日旅行社、揭阳市中国旅行社、普宁铁山旅行社、南岩古寺、惠来华家海滨度假村、普宁盘龙湾温泉度假村、揭东万竹园为协会理事单位；通过普宁市旅游局局长张少民、揭东县旅游局局长许奕鸿、揭西县旅游局局长林子东、惠来县旅游局局长严文水为特邀理事；通过揭阳市旅游局钟木桐、杨少忠、陈文雄为个人理事。换届后协会会员由六个方面组成，共有会员64名，其中旅行社21名、旅游酒店12名、旅游景区13名、旅游车队1名、购物点1名，特邀理事、特邀会员和个人理事共16名。

旅游资源开发和景区(点)建设

【概述】 揭阳市是广东省东部一个具有两千多年历史的古城，是潮汕文化的发祥地，广东省历史文化名城，中国著名侨乡，享有“岭南水城”的美誉。市内人文和自然旅游资源十分丰富，有原生态的温泉、瀑布、森林、湖泊、海滩等旅游资源。有始建于宋朝，至今已有800多年历史的揭阳孔庙、进贤门、双峰寺等古建筑群；有举世无双的东方玉佛国，拥有2万多尊玉佛像的南岩古寺。这里河流纵横交错，江海交融，名副其实的“岭南水城”；这里民间戏曲、民俗工艺丰富多彩，英歌舞、潮剧、玉雕、金漆木雕、潮绣、烟花火龙、嵌瓷是中国国家非物质文化遗产；而具有“亚洲玉都”、“中国玉都”之称、享誉海内外的阳美玉器城，具有100多年的历史，是目前亚洲最大、品位最高、工艺最精的翡翠玉器加工和流通中心。

图为揭阳加工生产的送子观音和九龙杯

【旅游规划及开发建设】 2008年，揭阳市旅游部门共完成了南岩古寺、大南山侨区八国文化风情园、大北山森林公园的总体规划编制。积极配合上级有关部门做好粤东旅游规划、海峡西岸旅游规划和广东滨海旅游规划工作。截至2008年底，揭西京明温泉度假村创4A级景区已通过省检，惠来世铿院已完成3A级景区的评定工作，市区中华历史文化长廊的规划建设正稳步推进；全市还有一大批旅游景点和旅游项目正抓紧开发建设，盘龙湾温泉二期工程、揭东万竹生态园等景区配套建设顺利开展；原有景区景点更加重视品牌的塑造、品质的提升、内容的丰富和特色的彰显，揭西京明温泉度假村、大北山森林公园、大洋高尔夫球俱乐部、普宁盘龙湾温泉度假村、南岩古寺和揭东万竹园已成为游客青睐的旅游亮点。

【旅游扶贫】 2008 年，揭阳市认真做好旅游扶贫项目的筛选、推荐、上报工作。普宁南岩古寺旅游区、揭西大北山森林公园、惠来海滨度假区、大南山侨区八国文化风情园、揭东万竹园旅游区等 5 个项目被列为省旅游扶贫重点项目，黄满石祭瀑布旅游区被列为旅游扶贫贴息项目，共争取到旅游扶贫资金 400 万元。

揭西大北山森林公园

【惠来神泉华家海滨度假村】 位于惠来县神泉镇华家村与溪东村一带海滨，距县城 10 公里，由惠来县联华工贸总公司董事长黄宏鹏先生独资创建。度假村规划面积 2000 亩，其中陆地面积 480 亩，海滩面积 520 亩，海面 1000 亩。度假村区域面向浩瀚南海，黄金沙滩广阔平坦，水清、沙软、浪平，岸边植被良好，海边古怪礁石，千姿百态，登高望海，海天一色。度假村从规划、设计到建设都按高起点、高质量标准进行，计划投资 4671 万元，分三期进行，建设六大功能区。第一期工程已按期完成，从征地、规划、设计到建设已投入资金 2000 多万元，建设了海滨浴场、南港渔家以及对度假村进行绿化等基础配套，于 2008 年 5 月 24 日试业。

旅游教育培训和精神文明建设

【旅游教育培训】 2008 年，揭阳市旅游管理部门认真落实导游人员年审管理制度。开展了不少于 56 小时的导游员年审理论培训，组织导游员到景区实地培训学习，交流各自带团经验，对导游员按规定进行 IC 卡年审；2008 年 11 月 17 ~18 日，京明度假村举办学习培训班，聘请广东省旅游职业技术学校老师开展旅游知识专题讲座，50 多名中层管理人员及景区讲解员接受了培训；2008 年 12 月，组织全市各县（市、区）旅游局长、扶贫项目（点）高层管理人员共 14 人参加由省旅游局在中山大学举办的专题培训班。

【旅游行业精神文明建设】 2008 年，揭阳市围绕全市旅游业的发展目标，加强了旅游行业的队伍建设和旅游行风建设，把塑造行业文化、提升行业整体素质作为精神文明建设工作核心，不断提升旅游行业的软实力。先后开展了“迎奥运、讲文明、树新风”的热潮，全面提升了旅游文明素质，树立诚信文明、热情服务的良好形象；在全行业中开展了“安全生产活动月”、“优质服务月”等活动，大力弘扬社会主义荣辱观，增强服务游客，奉献旅游的主人翁精神；组织参加了 2008 年广东旅游系统迎奥运乒乓球比赛和全国旅游饭店服务技能大赛，获得最优秀组织奖；揭阳市榕江大酒店被广东省质量协会、广东省总工会等 6 个部门联合评选为 2008 年“广东省用户满意服务明星企业”。

【旅游行风建设】 2008 年，揭阳市旅游局确立了“抓行风，树形象，促发展”工作理念，在旅游管理队伍中开展政风行风建设。在干部职工中开展思想解放大讨论主题实践活动，强化“有为就有位”的理念，着力培养一支政治素质好、业务能力强、作风硬的旅游行政管理队伍。加强党风廉政建设，深入推进政务公开工作，积极推动系统内党建工作，建设清正廉洁、高效务实的行政机关，在全行业倡导和形成“班子团结、队伍奋进、工作创新、行业和谐”的良好氛围。

纪 事

5 月 20 日 在揭阳市召开的市委四届五次全会上，将打造国内外有一定知名度、世界有影响的“岭南水城”摆上议事日程。

5 月 27 日 揭阳市旅游局向国家商标局申报和受理注册“岭南水城”商标，并在可注册商标的 45 个类别中全面覆盖。

10 月 21 ~ 26 日 第七届中国（揭阳）国际玉器节在揭阳市阳美玉都隆重举行。

（吴舜锋）

云浮市

综 述

【总体情况】 2008年，云浮市以建设粤西旅游休闲基地为目标，举办了一系列别具特色的旅游主题活动，全方位宣传推介云浮“六祖故里·云石之都”旅游形象，做好创建中国优秀旅游城市、饭店评星、景区评A等一系列工作，举办2008年云浮旅游文化节、广东（云浮）新兴禅宗六祖文化节等一系列活动，加强了新兴龙山露天温泉、象窝茶场、神仙谷景区、北峰山景区和云城区兴业广场、金凯莱国际商务酒店等一批大型旅游项目开发建设和改造，克服了世界金融危机等自然灾害带来的各种困难，全市旅游经济继续快速增长的态势。全市全年共接待游客435.9万人次，同比增长11.53%，其中住宿设施接待过夜游客327.61万人次，同比增长11.54%，国际游客5.64万人次，同比增长11.63%，国内游客321.98万人次，同比增长11.53%；社会旅游总收入34.45亿元，同比增长11.02%；旅游外汇收入1975.5万美元，同比增长11.69%。

【旅游行业规模】 截至2008年底，云浮市共有旅行社12家，其中国际旅行社1家，国内旅行社11家；星级饭店21家，其中四星级饭店3家，三星级饭店7家，二星级饭店11家；国家A级旅游景区6家，其中3A级景区3家，2A级景区3家。

【广东（云浮）新兴禅宗六祖文化节】 2008年12月2～4日，由广东省民族宗教委、云浮市人民政府和广东省佛教协会联合主办，新兴县人民政府和云浮市有关部门共同承办的广东（云浮）新兴禅宗六祖文化节系列活动在新兴县隆重举行。中国佛教协会副会长、广东省佛教协会会长明生法师，中国佛教协会副会长、中国佛教协会西藏分会会长珠康·土登克珠仁波切，中国佛教协会副会长、云南省佛教协会副会长祜巴龙庄勐，广东省佛教协会副会长洪满法师、传正法师、光明法师、耀智法师、光镇法师、则明法师、法性法师、明慧法师、惟信法师，广东省佛教协会副秘书长弘如法师、明向法师、心静法师、自度法师，国恩寺方丈如禅法师，中国佛教协会副秘书长蘧俊忠，国家宗教事务局副局长蒋坚永，广东省人大常委会副主任王宁生，省政府副省长雷于蓝，省政协副主席蔡东士，广东省省委常委、统战部部长周镇宏，副部长、省民族宗教委员会主任陈绿平，云浮市委书记王蒙徽，云浮市委副书记、市长黄强，市委宣传部部长吴伟鹏以及珠海、佛山、深圳、韶关、惠州等地有关方面的负责人和信众2000多人出席活动。

活动以“弘扬禅宗优秀文化，共建和谐美好社会”为主题，12月3日，周镇宏宣布2008年广东禅宗六祖文化节开幕。国家宗教事务局副局长蒋坚永、广东省副省长雷于蓝分别讲话。黄强市长代表市委和市政府致辞。禅宗六祖文化节期间，举行了国恩寺舍利子重光两周年瞻礼暨世界和平祈福大法会，来自海内外包括汉传佛教、藏传佛教、南传佛教的近百名高僧大德、法师以及上千名居士参加；举办了禅宗六祖文化与构建和谐社会研讨会、禅意书画展览、千人斋宴等活动；深圳市交响乐团在六祖广场上演大型梵呗交响合唱《神州和乐》。禅宗六祖文化节期间，累计接待游客3.6万人次。

2008年首届“广东禅宗六祖文化节”活动盛况

【2008云浮旅游文化节】 2008年10月24日至11月2日，由广东省旅游局、云浮市人民政府共同主办，云浮市旅游局承办的2008云浮旅游文化节暨第二届旅游文化美食节在市英东体育馆隆重开幕。省旅游局副局长周开生，副市长、市旅游文化节组委会主任崔逢池分别在开幕式上致辞。陈显良、林木辉等市领导和中外嘉宾、各地游客以及云浮各界群众5000余人参加了开幕式。整个活动以“活力广东，

感悟云浮”为主题，分别举办了2008云浮第二届旅游文化美食节、导游服务技能大赛、首届旅游商品评选、旅游大促销、颁奖晚会、啤酒狂欢节、幸运抽奖、卡拉OK大赛等活动项目。据统计，本次旅游文化节期间共接待游客约17.8万人次，比首届旅游文化节增长78%；来自大陆以及宝岛台湾等150多家著名餐饮企业开设参展摊位162个（其中本地企业展位42个，外地企业展位120个），均比首届有不同程度的上升。旅游文化节的成功举办让广大游客和云浮市民品尝到了粤、川、鲁、湘等菜系各地美食；产生了“云浮十大金牌导游”，提高和规范了导游服务质量；为全市旅行社、景区广泛推介了全市旅游资源和旅游精品，搭建了旅游产品促销平台和营造了旅游节庆氛围；首届旅游商品评选活动，进一步推动了全市旅游商品发展特别是旅游土特产、工艺纪念品的开发和利用。旅游文化节让市民享受到了节日的愉悦和丰盛精美的精神文化大餐，成为群众欢乐祥和的盛会。

市领导参观2008云浮旅游文化节现场

【召开全市旅游工作暨创优工作总结大会】 2008年3月28日，云浮市政府召开全市旅游工作暨创优工作总结大会。会上，副市长、市创优组委会副主任崔逢池对两年来全市创优工作进行了全面总结。会议认为：全市创建中国优秀旅游城市工作目标已基本实现，按照国家有关精神，暂告一段落；会议还回顾了2007年的旅游工作，对2008年全市旅游工作进行了部署，提出了着力将云浮打造成为广东省山区旅游休闲基地的目标。

旅游接待与收入

【入境旅游】 2008年，云浮市接待入境旅游者5.64万人次，比上年增长11.63%。其中外国人0.33万人次，比上年增长19.23%。旅游外汇收入1975.50万美元，比上年增长11.69%。

【国内旅游】 2008年，云浮市接待国内旅游者321.98万人次，比上年增长11.54%；国内旅游收入33.08亿元，比上年增长11.42%。

【出境旅游】 2008年，云浮市旅行社组团出境旅游791人次，比上年减少9.81%。其中香港游361人次、澳门游332人次、出国游98人次。

【黄金周假日旅游】 2008年“春节”黄金周期间，云浮市接待旅游者52.72万人次，其中过夜旅游者10.58万人次，一日游旅游者42.14万人次；旅游总收入8890万元，同比增长10.75%。

“五一”（5月1~3日）小长假期间，全市接待旅游者13.09万人次，其中过夜旅游者3.14万人次，一日游旅游者9.95万人次；旅游总收入5900万元，同比增长20.16%。

“十一”黄金周期间，全市接待旅游者38.96万人次，其中过夜旅游者14.44万人次，一日游旅游者24.52万人次；旅游总收入1.32亿元，同比增长14.58%。

旅游宣传促销与节庆活动

【2008云浮（佛山）旅游推介会】 2008年9月25日，由云浮市政府主办的云浮市（佛山）旅游推介会在佛山宾馆举行。推介会上，云浮市副市长崔逢池、佛山市副市长麦洁华分别介绍了两市旅游业发展情况，双方共同表达了进一步加强沟通与合作，促进客源互送，为两地旅游业又好又快发展的良好愿望。这是云浮市迄今首次在异地举办的旅游推介会，旨在促进“双转移”工作和拓宽旅游发展的需要。两市旅游界及媒体开展了座谈交流，纷纷推介各自的旅游产品。

2008云浮（佛山）旅游推介会

【参加“两广十市”区域旅游合作联席会议】 2008年11月5日，第九届“两广十市”区域旅游合作联席会议在广西贵港市隆重召开。会议以“两广十市共携手，推动宗教文化游”为主题，进一步探讨与交流了“两广十市”区域旅游合作相关议题，并签订《两广十市深化区域旅游合作协议书》。其间，来自“两广十市”主管旅游的市领导及旅游局部门负责人宣传推介了各自旅游资源及旅游产品，共同携手开拓旅游大市场，构筑独具魅力和吸引力的两广旅游圈。

【组团参加2008广东国际旅游文化节】 2008年11月28日，由省政府主办的2008广东国际旅游文化节在广州隆重举行。副市长崔逢池率云浮代表团参加开幕式、旅游招商会、旅游论坛、旅游大促销暨广东国际旅游展览会等活动。在旅游文化节期间，云浮市“青山绿水云浮游、六祖故里石乡行”和“感悟云浮”的旅游形象得到展示，城市风采得到彰显，产生了良好的社会效益和宣传效应，全市共接待业界同行、游客5000多人（次），派发宣传资料近1.5万份，前来参观与交流的商家近百家，旅游招商会项目签约达2200万美元。制作的代表云浮市旅游形象的花车首次在2008广东国际旅游文化节花车组项目评比中获特等奖。

云浮市制作的花车

【旅游宣传促销活动】 2008年，云浮市为有效做好“引客入云”工作，开展系列旅游宣传促销活动。包括2008广州国际旅游展、2008中国（郑州）国内旅游交易会、2008香港旅游展览会、“两广十市”区域旅游合作（贵港）会议、云浮（佛山）旅游推介，成功举办了2008云浮旅游文化节、广东禅宗六祖文化节、云浮第二届旅游文化美食节、云浮首届旅游商品评选活动和云浮导游服务技能大赛等活动，组团参加了2008广东国际旅游文化节暨泛珠三角旅游推介大会，并首次获得了泛珠三角花车大巡游评选活动特等奖。上述一系列旅游宣传促销活动，有力推介了我市的旅游资源，提高了云浮旅游知名度，进一步巩固、拓展和延伸了旅游客源市场。

旅游资源开发和景区(点)建设

【旅游区（点）基础设施建设】 2008年，云浮市新上大型建设景区项目共5个，吸引各类投资2.15亿元；新增星级饭店3家，新开设旅行社3家，六祖故里旅游度假区、蟠龙洞景区、龙湾生态旅游区被评为国家3A级旅游景区，新兴县被授为“广东省旅游强县”。

2008年，云浮市加大了招商引资力度，成功引进国内知名企业广东南海凤铝铝业公司计划投资4.5亿元改造龙山露天温泉；新兴县第七建筑工程集团公司在拥有两家四星级酒店的基础上，又出资收购了太平镇象窝茶场，并重新包装改造为以茶文化为主题的生态景区，还投资新开设了一家旅行社，将打造成一家集酒店、景区和旅行社于一体的多元化经营企业；神仙谷景区、北峰山景区等4个项目也分别与客商达成投资开发意向；郁南县建城镇经济发展总公司与香港山月实业有限公司签订合作意向共同开发神仙滩景区，景区的规划、征地拆迁及修筑道路等前期工作已陆续展开；云城区引进资金8000万元新建成了大型购物休闲广场——兴业广场和9000多万元按四星级标准设计的金凯莱国际商务酒店。

【旅游扶贫工作】 2008年，云浮市6个项目被省定为重点旅游扶贫项目，其中市旅游咨询服务中心、新兴县飞天蚕生态茶园、新兴县六祖文化苑、罗定龙湾农家旅馆、罗定罗镜历史文化旅游度假区、云安县仙人谷生态旅游区被列入广东省旅游扶贫重点项目，获省级旅游扶贫资金330万元；被列入旅游景点建设资金项目5个，获专款150万元。上述旅游扶贫项目的开发，直接解决就业人数500多人，间接带动就业近1100人，旅游扶贫项目设施的不断配套完善，带动吸引外资、侨资、民资开发旅游的在建项目与合同项目资金达1.2亿元。

【2008年主要旅游景区介绍】

〖蟠龙洞省级风景名胜区〗 位于广东省云浮市云城区，距广州市160公里。省级风景名胜区。2007年被评为国家3A级旅游景区。

蟠龙洞景区属喀斯特（岩溶）地貌的自然生态风景区，规划面积21.36平方公里，由古化石区、玉罗伞帐、天堂大厅和蟠龙天湖等主要景点组成。主景区蟠龙洞是一个经历了1.7亿多年逐渐形成的次生溶洞，发育于石灰岩变质的大理岩中，洞内次生化学沉积物千姿百态，洞体迂回曲折，形若蛟龙。洞分三层，上层天堂通天洞，下层龙泉地下河，中层九曲长廊，层层相连，洞内石花高挂，钟乳低垂，石笋如林；最为奇特的是其洞内的石花——石头开花，在洞内的岩壁上长出的簇簇石花，晶莹如玉，洁白无瑕，在1987年的"国际洞穴年会"上被世界洞穴协会誉为"世界三大石花洞"之一。据洞穴专家用碳十四同位素年龄法测定，其开始形成于约35万年前并以每100年长1厘米的速度生长。它是由三种洞穴化学沉积物方解石、文石和卷曲石以花卉状组合而构成，其典型的组合结构以钟乳石为干，文石为枝、为花，卷曲石为节、为皮、为蕾。

〖**龙山温泉省级旅游度假区**〗 位于新兴县集成镇（现称六祖镇），总面积8.71平方公里。省级旅游度假区。2007年被评为国家3A级旅游景区。度假区建有集古典风味、现代特色与欧陆风情于一体的宾馆别墅，是旅游观光、朝拜圣贤、度假疗养、商务会议的首选之地。原全国政协副主席叶选平曾欣然题词：龙山圣地。2006年12月28日出土的佛舍子使之声名大振，慕名前来瞻礼的香客信众络绎不绝。景区内的龙山温泉水是广东省内独一无二的硫氢化物泉，出水温度高达72.8℃，泉水含硫磺、氡、二氢化纳和矿物质等20多种对人体健康有益的元素。区内建有总面积6000平方米的露天浴场。区内有宾馆17家，客房760多间，床位1700多个，功能配套，设施齐全，集会议、食宿、娱乐、保健、观光、朝圣、购物于一体，是省内著名的疗养度假胜地。

新兴龙山温泉

〖**罗定龙湾生态旅游区**〗 位于罗定市龙湾镇南充村。2007年被评为国家3A级旅游景区。龙湾生态旅游区山地属云开大山山脉，山势险峻，地形复杂。海拔高度在300～1251.5米之间，地形切割深，多形成"V"形谷，山坡坡度达30°～70°，总落差为900多米，共分数十级。南线谷地有一处落差600米的雨季性瀑布，被称为"云开高瀑"。北线谷地有一道落差高达300米、宽20多米的飞瀑沿着石壁倾泻直下，被称为"天河飞瀑"。瀑布飞洒之处，自然泳池浑然天成，状如金盘、月牙，形态各异。景区还以小高原气候、红枫林、珍稀野生动植物为主要特色。最高处有"小高原"之称，攀爬其上可以充分体验高寒地带气候。春日，红苞怒放，灿若云霞；夏临，青峰沐水，花木繁茂；秋至，金枫迎宾，漫山红艳；冬来，群峰峭拔，时迎霜雪。该景区集大自然的雄、奇、险、秀、幽、奥、野于一体，独具游乐观赏价值。还富具人文气息，景区内现存有原始耕作时代的农家遗址、手工作坊时代的染坊遗址，流连其间，亲身体验刀耕火种、自给自足的"农家乐"情趣，充分领略返璞归真的真谛。

〖**金水台温泉**〗 位于开平、新兴、鹤山、高明四市县接壤的水台镇，距广州市区100公里、珠海170公里，交通便捷。2006年12月23日建成开业。金水台温泉水质晶莹清澈，有淡淡的"臭鸡蛋"味，水温高达70℃，水质含有偏硅酸、氡、硫、钾、钙等十多种对人体有益的矿物质元素，有很好的保健疗养价值。金水台温泉由多米尼家外商投资，首期投资人民币1.2亿元，占地面积45万平方米，池区面积达3万多平方米，建有30多个特色不一的温泉池。景区的各种会务及娱乐设施完善，富有加勒比海风格的别墅60多套。温泉酒店共有豪华客房200多套。

金水台温泉

〖**青山绿水温泉旅游度假区**〗 坐落于新兴县东成镇，毗邻佛山高明区、高要市、鹤山市，距新兴县城11公里。区内生态环境优美，四面环山，层林叠翠，动植物及水资源保护良好，是一个天然的生态宝库。青山绿水温泉度假区规划用地面积达10平方公里，度假区成立于2004年12月，由南海市投资开发建设，是集参与性、知识性、趣味性、娱乐性为一体的旅游度假"小城"。截至2008年底，已开发土地面积达1万多平方米，建成可试业大小露天温泉池70多个，客房30间。度假区分为大型露天温泉区、娱乐区、休闲度假区、科教区和生态区等。

旅游行业管理

【**旅游安全管理**】 2008年，云浮市牢固树立"没有安全就没有旅游"的观念，扎实抓好旅游安全管理工作。会同有关部门展开对景区、旅行社、星级饭店等重要场所开展安全检查，重点在元旦、“五一”、“十一”、春节等节假日开展旅游安全大检查。对存在安全隐患和不符合消防、卫生要求的提出整改意见，及时整改。旅游质监所加强检查了导游人员、旅游汽车的证照和资格证书等，对旅游市场和经营场所，做到齐抓共管，维护市场良好秩序。全市全年未发生重大旅游安全事故。共派出安全隐患排查工作检查组18个组次，出动检查人员106人次，累计检查企业58家，对排查出安全隐患的均发出整改意见，要求旅游企业做好记录、落实整改，并将整改情况及时上报市、县旅游部门。

【旅游饭店管理】 2008年，云浮市推行旅游星级饭店和绿色饭店的标准，加强管理工作。全年新增2家三星级饭店（卓成大酒店、金鹏大酒店）。全市星级饭店增至21家，绿色饭店18家。

【旅行社管理】 2008年，云浮市新开设3家国内社（云浮伴你同游旅行社、云浮市阳光旅行社、新兴县翔顺旅行社）。全市共有12家旅行社通过年检。

【旅游市场整顿】 2008年，云浮市对全市的旅行社、星级饭店的违规经营和虚假广告等行为进行了查处，全市共处理投诉7宗，涉及人数14人。同时，深入开展诚信旅游活动，引导诚信单位和从业人员“守法经营、诚信服务”，为游客理性消费营造良好的市场环境。

旅游教育培训和精神文明建设

【旅游教育培训】 2008年，为推动星级饭店特别是高星级饭店参加全省首次酒店职业英语等级考试，云浮市旅游系统加强旅游队伍岗位培训，先后举办了7次旅游相关接待技巧、仪容仪表、礼貌礼节等综合培训和专项业务培训，其中市旅游局组织发动全市53名酒店从业人员参加全省首次酒店职业英语等级考试，提高了星级饭店特别是高星级饭店英语接待服务水平，报考人数位居山区市前列；在云浮导游服务技能大赛期间，对全市旅行社专（兼）职导游进行大练兵；全市旅游系统共有50多人次参加了全省2008年饭店中高级管理人员岗位培训班和旅行社中高级管理人员岗位培训班。

【机关作风建设】 2008年，云浮市旅游系统进一步转变机关作风，提高依法行政、依法治旅的水平，树立良好行风和形象。深入开展学习实践科学发展观活动，认真落实好行政首长问责制、党风廉政建设责任制、政务公开等制度，切实转变机关工作作风，继续开展“学习型、服务型、效能型、廉洁型”机关创建活动，不断提升全市旅游队伍的管理服务水平和廉洁意识，推动我市旅游业又好又快发展。一是全年累计开展以局党组中心组、党支部会议等学习会议活动35次，对全局人员在省旅游局、市委、市政府重大决策以及时政理论、业务学习、廉政教育、责任教育、作风教育等内容进行专题学习。二是倡导和鼓励干部加强业余自学，通过自学取得各种专业资格证书和学历文凭，不断提高队伍综合素质。2008年局机关干部参加旅游、会计、行政管理等各类自选培训和在职进修的人数超过40%。

纪　事

1月22日　经广东省旅游强县验收组的全面验收，新兴县以高分通过省验收，成为全市第一个广东省旅游强县。

3月28日　市政府召开全市旅游工作暨创优工作总结大会，副市长、市创优组委会副主任崔逢池出席大会并讲话。

4月19~21日　市旅游局局长袁伙月，副局长黄少强率队到中山参加2008广东省旅游系统迎奥运“中山杯”乒乓球比赛。

6月12日　副市长崔逢池率领市旅游部门、有关旅游企业负责人组团出席2008香港国际旅游展览会，展会上云浮市有五个旅游招商项目。

7月3日　市委组织部以云组干〔2008〕114号文，决定李树同志任市政协机关副调研员，免去其市旅游局党组成员职务，黄少强同志任市旅游局副调研员，免去其市旅游局党组成员职务。叶金波、岑德洪同志任市旅游局党组成员。同时，以云组干〔2008〕115号文，决定免去李树、黄少强同志市旅游局副局长职务。叶金波、岑德洪同志任市旅游局副局长（试用期一年）。

7月5日　广东省酒店职业英语等级考试首次考试在云浮中专设点开考，参加人数达53人。

9月25日　为配合做好“双转移”工作，云浮市政府在佛山市举办“云浮市（佛山）旅游推介会”。

10月24日　2008云浮旅游文化节暨第二届旅游文化美食节在市区英东体育广场隆重开幕。

11月5日　第九届“两广十市”区域旅游合作联席会议在广西贵港市隆重召开。

11月28日　副市长崔逢池率云浮市代表团参加2008广东国际旅游文化节开幕式、旅游招商会、旅游论坛、旅游大促销暨广东省国际旅游展览会等系列活动。

12月3日　广东禅宗六祖文化节在六祖故里新兴县隆重开幕。

（伍廷显）

政策法规

（第 291～324 页）

2008年广东旅游法规建设综述

【总体情况】 2008年，广东省大力推进旅游建章立制工作。上半年，省旅游局经过深入调研、征求各方面意见和建议，代拟起草了《关于加快我省旅游业改革与发展建设旅游强省的决定》，并于2008年11月25日，由省委、省政府联合发布《关于加快我省旅游业改革与发展建设旅游强省的决定》（粤发〔2008〕20号）；广州市人大制定了《广州市旅游条例》，业经广东省第十届人大常委会批准，于2008年12月1日起施行；珠海市人大常委会将1998年颁布实施的《珠海市旅游管理条例》修订为《珠海市旅游条例》，并于2008年5月29日经广东省十一届人大常委会第二次会议批准，于2008年8月1日起正式实施。

2008年，全省各市认真开展旅游大调研活动，出台了一批破解旅游发展难题的新政策、新举措。如：深圳市政府出台《关于对旅行社组织外国游客来深实行奖励的办法》，河源市委、市政府出台《关于建设广东生态旅游示范区，加快旅游业转型升级的决定》，东莞市政府出台《关于进一步加快旅游业发展的意见》，中山市政府发布《关于进一步加快旅游业发展的意见》，清远市委、市政府出台《关于大力推进城镇特色化的若干规定》等。

2008年8月7日，省旅游局和省政府港澳事务办公室共同主办、香港中国旅游协会协办的CEPA旅游政策咨询交流会在珠海举行。

【国家旅游局关于废止部分规章】 2008年6月8日，国家旅游局根据《国务院办公厅关于开展行政法规规章清理工作的通知》（国办发〔2007〕12号）的要求，对现行规章进行全面清理后决定废止3个部门规章（见附件）。

附件　国家旅游局决定废止的规章目录

序号	规章名称	公布机关及日期	说　明
1	旅游投诉暂行规定	1991年6月1日国家旅游局公布	已被《旅行社质量保证金赔偿暂行办法》（国家旅游局第7号令）、《旅行社管理条例实施细则》（国家旅游局第16号令）代替。

续表

序号	规章名称	公布机关及日期	说　明
2	中外合资旅行社试点暂行办法	1998年12月2日国家旅游局公布	已被《旅行社管理条例》（国务院第334号令）代替。
3	旅行社经理资格认证管理规定	1997年5月8日国家旅游局公布	“旅行社经理资质认证核准”审批项目已经被《国务院关于第三批取消和调整行政审批项目的决定》（国发〔2004〕16号）取消。

【《珠江三角洲地区改革发展规划纲要（2008－2020年）》关注广东旅游业的发展】 2008年底，国务院批准实施《珠江三角洲地区改革发展规划纲要（2008－2020年）》（以下简称“《纲要》”），将珠江三角洲地区改革发展提升纳入国家区域发展战略框架。《纲要》除前言外，包括12章，共52节，全文近3万字。《纲要》的规划范围是，“以广东省的广州、深圳、珠海、佛山、江门、东莞、中山、惠州和肇庆市为主体，辐射泛珠江三角洲区域，并将与港澳紧密合作的相关内容纳入规划”。《纲要》对珠三角地区赋予五大战略定位，其中包括“世界先进制造业和现代服务业基地”，并指出“坚持高端发展的战略取向，建设自主创新新高地，打造若干规模和水平居世界前列的先进制造产业基地，培育一批具有国际竞争力的世界级企业和品牌，发展与香港国际金融中心相配套的现代服务业体系，建设与港澳地区错位发展的国际航运、物流、贸易、会展、旅游和创新中心。”

《纲要》从“构建现代产业体系”、“提高自主创新能力”、“推进基础设施现代化”、“统筹城乡发展”、“促进区域协调发展”、“加强资源节约和环境保护”、“加快社会事业发展”、“再创体制机制新优势”以及“构建开放合作新格局”九个方面，提出了推进珠三角改革发展的远景规划、重点任务和相应的政策措施。其中对旅游业提出的明确要求包括：“支持珠江三角洲地区与港澳地区在现代服务业领域的深度合作，重点发展金融业、会展业、物流业、信息服务业、科技服务业、商务服务业、外包服务业、文化创意产业、总部经济和旅游业，全面提升服务业发展水平。”“发展一批具有国际影响力的专业会展，扩大中国（广州）进出口商品交易会、中国（深圳）国际高新技术成果交易会、中国（珠海）国际航空航天博览会、中国（广州）中小企业博览会、中国（深圳）国际文化产业博览交易会的国际影响力，打造世界一流的会展品牌。”“建设全国旅游综合改革示范区，建成亚太地区具有重要影响力的国际旅游目的地和游客集散地。”“加快建设珠海高栏港工业区、海洋工程装备制造基地、航空产业园区和国际商务休闲旅游度假区。”

在构建开放合作新格局，提升开放型经济水平方面，《纲要》强调，“提高利用外资水平。积极吸引世界500强企业和全球行业龙头企业投资，严格限制低水平、高污染、高能耗的外资项目进入。引导外资投向高新技术产业、现代服务业以及研发、营运中心等，推动能源、交通、环保、物流、旅游等领域国际合作。”在推进与港澳更紧密合作方面，《纲要》要求，“积极开展与港澳海关合作，深化口岸通关业务改革，探索监管结果互认共享机制，加强在打击走私、知识产权保护方面的合作。支持广东省与港澳地区人员往来便利化，优化‘144小时便利免签证’。”“深化落实内地与港澳更紧密经贸关系安排（CEPA）力度，做好对港澳的先行先试工作。支持粤港澳合作发展服务业，巩固香港作为国际金融、贸易、航运、物流、高增值服务中心和澳门作为世界旅游休闲中心的地位。”“鼓励共同发展国际物流产业、会展产业、文化产业和旅游业。”在提升对台经贸合作水平方面，《纲要》要求，“支持建立多种交流机制，加大协会、商会等民间交流力度，鼓励开展经贸洽谈、合作论坛和商务考察。加强与台湾在经贸、高新技术、先进制造、现代农业、旅游、科技创新、教育、医疗、社保、文化等领域合作。”在深化泛珠江三角洲区域合作方面，《纲要》要求，“将泛珠江三角洲区域合作纳入全国区域协调发展总体战略，继续深化合作，促进东中西部地区优势互补、良性互动、协调发展。”“加强指导协调，不断完善合作机制和合作规划，创新合作模式，探索设立合作项目专责小组等方式，确保合作取得实效。”“推进生态环境建设、加强保护水源和污染防治的合作。开展科技、人才、知识产权保护、旅游等方面的合作，建设区域技术、人力资源、无障碍旅游区等合作平台。”“主动消除行政壁垒，建立企业信用信息共享机制、联合执法机制、维权联动机制和检测结果互认制度，支持加快形成公平开放、规范统一的大市场。”在加强与东盟等国际经济区域的合作方面，《纲要》要求，“鼓励与东盟开展旅游合作，建立旅游便利签证合作机制。”

【出台《关于加快我省旅游业改革与发展建设旅游强省的决定》】 2008年11月25日，中共广东省委、广东省人民政府出台了《关于加快我省旅游业改革与发展建设旅游强省的决定》（粤发〔2008〕20号）。《决定》指出了加快旅游业改革与发展的重大意义，明确了加快旅游业改革与发展、建设旅游强省的指导思想、基本原则和主要目标，提出了推动旅游管理体制创新、建设旅游大品牌、构建旅游大格局、培育旅游大产业、开拓旅游大市场、营造旅游发展大环境等六大主要任务，确立了加强组织领导、编制科学发展规划、加大财政扶持力度、加大旅游宣传推广力度、完善扶持旅游业发展的政策法规、加强旅游人才队伍建设等六大保障措施。根据《决定》，广东省力争到2012年初步建成旅游强省，到2020年建成辐射华南、服务全国、影响亚太、面向世界的具有较高国际水准的旅游目的地。

【附：省政府副秘书长谢鹏飞就《决定》出台答记者问】
2008年11月25日，中共广东省委、广东省人民政府印发《关于加快我省旅游业改革与发展建设旅游强省的决定》。12月25日，省政府副秘书长、省政府发展研究中心主任谢鹏飞就《决定》的有关问题回答记者提问。

问：省委、省政府为什么要出台这个《决定》?

答：当前，我省经济社会已全面转入科学发展新阶段。加快我省旅游业改革与发展，建设旅游强省，是进一步落实省委、省政府关于争当实践科学发展观排头兵和加快建设现代产业体系的重要部署。

旅游产业是现代服务业的重要组成部分，是连接生产与消费的重要纽带，旅游业带动功能强，综合效益大，一业兴而百业旺。加快旅游产业改革与发展不仅有利于优化产业结构，扩大就业，增加税收，还有利于扩大内需，刺激消费，改变广东经济增长过度依赖投资和出口拉动的局面，为我省经济持续稳定发展注入新的动力。随着中国经济迅速崛起和城乡居民收入水平不断提高，旅游观光、休闲度假已成为群众提升生活质量的迫切需求，旅游业将成为拥有巨大市场潜力的朝阳产业。加快旅游产业改革与发展，不仅有利于满足人民群众日益增长的精神文化需要，有利于培育新的支柱产业，还有利于统筹区域与城乡协调发展，把人流、资金流从发达地区带到欠发达地区，对构建以人为本的和谐社会发挥积极的推动作用。

广东是我国旅游大省，在全国旅游产业格局中的地位举足轻重，但缺乏知名品牌和战略谋划已成为制约广东旅游经济发展的两大突出问题。国家要求广东建成全国旅游综合改革示范区，对广东寄予厚望，同时也给广东带来新的压力和动力。在新形势下，广东必须有新的思维和新的举措来推动旅游产业的新一轮大发展，才能完成国家赋予广东的光荣使命，为我省争当实践科学发展观排头兵做出新的贡献。省委、省政府出台这个《决定》，必将极大地促进广东省旅游业的改革与发展。

问：《决定》对于我省旅游业的改革与发展提出了哪些奋斗目标？如何实现这些目标？

答：省委、省政府的这个《决定》具有战略眼光，针对性和可操作性极强。《决定》提出，我省旅游业的改革与发展的近期目标是：到2012年，旅游整体形象更加鲜明，旅游基础设施更加完善，旅游环境更加优化，旅游产业素质显著提升，旅游产业总体规模、服务质量、综合效益领先全国，初步建成旅游强省。远期目标是：到2020年，建设成为辐射华南、服务全国、影响亚太、面向世界的具有较高国际水准的旅游目的地，国内游、入境游和出境游三大市场全面繁荣。并且提出了具体的量化指标。

要实现上述目标，必须从建设全国旅游综合改革示范区和全国旅游强省的战略高度，解放思想，锐意进取，创新旅游业发展的体制机制、整合旅游资源、创建旅游品牌、打造行业“航空母舰”、完善旅游产业链条、培育壮大新业态等方面实现新的突破。为此，《决定》提出并具体阐述了推动旅游管理体制创新、建设旅游大品牌、构建旅游大格局、培育旅游大产业、开拓旅游大市场、营造旅游发展大环境等六项工作重点，并且从组织领导、发展规划、财政扶持、宣传推广、政策法规、人才队伍建设等六个方面提出保障措施。

问：建设全国旅游综合改革示范区是广东省推进旅游业改革发展的重大举措，请您介绍一下这方面情况。

答：今年5月12日，汪洋书记、黄华华省长率团拜访国家旅游局，提出要把广东全省设立为“中国旅游改革综合试验区”的构想，邵琪伟局长代表国家旅游局表示完全赞同并大力支持。今年7月省委、省政府《关于加快建设现代产业体系的决定》正式提出，要“建设全国旅游综合改革示范区，推行国民旅游计划，大力发展休闲旅游、文化体育、节庆和商务会展旅游”。这次《决定》，也将建设全国旅游综合改革示范区作为一项重要内容。建设全国旅游综合改革示范区，关键在于创新广东旅游发展机制。包括：创新理念。一是要形成发展“大旅游”的理念。旅游业发展到今天，与民生、环保、城建、交通等领域的关系越来越密切，对整个经济社会发展的推动力和影响力越来越大，必须作为重要的支柱产业来发展。二是要树立“以人为本”的理念。人是旅游的主体，要为游客提供更多的人性化旅游消费需求，为游客创造和谐宽松的旅游环境。三是树立“诚信经营”的理念。旅游业只有诚信经营才能在激烈的竞争中立于不败之地。

创新机制。要形成有利于旅游产业发展和企业成长的体制和机制。在政府层面，应该为旅游主管部门提供更多更有效的调控手段，为旅游企业发展创造更好的市场环境。政府还应该注重大的公益性项目建设以及旅游品牌的打造。在企业层面，要根据市场的需求和顾客的需要，努力探索和创新旅游经营模式，大胆地改革创新。在资源开发和宣传推广等方面，充分利用广东作为全国旅游综合改革试验区的机遇，先行先试。

创新营运模式。推进旅游企业改革与创新，鼓励优势旅游企业重组扩张，努力打造一批旅游龙头企业。大力发展旅游循环经济，创建“绿色饭店”、“绿色景区”。鼓励旅游企业开展环境管理体系认证，形成绿色旅游管理体系。鼓励开展各种旅游经营方式、运作模式的创新和探索。

创新和完善旅游管理体制。强化完善旅游行政管理部门职能；发挥各类旅游协会作用，制定行业规范，推进行业自律；加快建立健全导游人员执业的准入机制、激励机制、保障机制和责任追究机制。

问：老百姓对《决定》提出的国民旅游计划十分关注，请您介绍一下有关情况。

答：科学发展观的核心是以人为本。我们大力发展旅游业的目的，就是要最大限度地满足人民群众日益增长的旅游需求。国民旅游计划，是国民经济和社会发展计划重要的组成部分，是政府通过社会影响和政府行为在社会各方面（包括经济层面、法制建设和政策制度等）确立旅游业恰当地位的一种历史进程。国家旅游局《关于进一步促进旅游业发展的意见》（旅发〔2007〕51号）提出，随着国家带薪休假制度的落实，鼓励有条件的地区制定国民旅游计划，鼓励企事业单位开展奖励旅游、福利旅游。积极探索企事业单位开展奖励旅游、福利旅游，以及将修学旅游列入中小学课程等做法。推行国民旅游计划有一个逐步探索的过程，相信随着《决定》的贯彻实施，将有更多的鼓励、方便群众出行的具体措施出台，使老百姓充分分享广东省旅游业大发展的成果，使旅游真正成为人们普遍的、正当的、必需的消费行为，成为生活要素之一，让旅游真正走进千家万户，为拉动内需、带动经济发展和精神文明建设作出贡献。

（省旅游局政策法规处）

省委、省政府出台规范性文件

中共广东省委 广东省人民政府关于加快我省旅游业改革与发展建设旅游强省的决定

粤发〔2008〕20号

为贯彻党的十七大精神，深入贯彻落实科学发展观，进一步加快我省旅游业改革与发展，建设旅游强省，根据国家关于加快服务业发展的有关精神，结合我省实际，现作出如下决定。

一、加快我省旅游业改革与发展意义重大

（一）加快旅游业改革与发展是转变经济增长方式的重要举措。旅游业是现代服务业的重要组成部分，发展旅游业是构建我省现代产业体系的重要举措。加快旅游业改革与发展有利于优化产业结构，扩大就业，拉动内需，刺激消费，增加财税收入，改善我省经济增长主要依赖投资和出口拉动的现状，为经济社会又好又快发展注入新的动力。

（二）加快旅游业改革与发展是促进区域协调发展的重要途径。随着我国经济社会发展和城乡居民收入水平不断提高，旅游已成为人民群众提高生活质量的迫切需求。加快旅游业改革与发展有利于培育新的经济增长点，统筹区域与城乡协调发展，满足人民群众日益增长的精神文化需要，不断提高人民群众健康水平与幸福指数，为构建和谐社会发挥积极作用。

（三）加快旅游业改革与发展是谋求新一轮旅游产业大发展的迫切需要。我省是旅游大省，在全国旅游业格局中占有重要地位，但旅游总体形象不鲜明、缺乏科学规划和核心竞争力等问题已成为制约我省旅游业发展的瓶颈。加快旅游业改革与发展，建设全国旅游综合改革示范区，有利于我省以新举措推动旅游业新一轮大发展，为全国旅游业改革发展积累经验。

二、指导思想、基本原则和主要目标

（一）指导思想

以邓小平理论和“三个代表”重要思想为指导，深入贯彻落实科学发展观，贯彻党的十七大和省委十届二次、三次全会精神，以解放思想为引领，以改革开放为动力，以全面展示南粤风采、广东特色为主线，用世界眼光谋划我省大旅游发展新格局，推动旅游事业实现新的跨越，把我省建成旅游强省。

（二）基本原则

——改革创新原则。深化旅游体制改革，建立健全旅游市场运作机制，创新旅游发展模式，形成政府引导、市场运作、企业为主、社会参与的旅游产业发展格局。

——分类指导原则。针对我省旅游发展区域不平衡和产品结构不合理等实际情况，采取不同的发展策略和措施，鼓励和引导旅游产业错位发展，形成特色鲜明、优势互补的旅游产业发展新局面。

——合作发展原则。加强省内旅游景区和企业间的合作，深化粤港澳旅游合作，推进国内国际旅游合作，走互利共赢的道路。

——可持续发展原则。坚持旅游资源开发与保护并重，兼顾经济效益与社会效益，营造和谐社会环境，实现旅游资源永续利用和旅游业全面协调可持续发展。

（三）主要目标

近期目标：到2012年，我省的旅游整体形象更加鲜明，旅游基础设施更加完善，旅游环境更加优化，旅游产业素质显著提升，旅游产业总体规模、服务质量、综合效益领先全国，初步建成旅游强省。全省旅游总收入达到4500亿元左右，旅游创汇达到130亿美元左右，旅游业增加值占全省服务业增加值的9%以上。全省建成10个以上5A级旅游景区（点），培育5个以上具有国际竞争力的知名旅游品牌。

远期目标：到2020年，建成辐射华南、服务全国、影响亚太、面向世界的具有较高国际水准旅游目的地，国内游、入境游和出境游三大市场全面繁荣。全省旅游总收入达到7600亿元左右，旅游创汇达到180亿美元左右，旅游业增加值占全省服务业增加值的10%以上。

三、主要任务

（一）推动旅游管理体制创新

1. 建（设全国旅游综合改革示范区。争取国家支持，努力推进全国旅游综合改革示范区建设，率先试行国民旅游计划，大力发展休闲旅游。积极探索企事业单位开展奖励旅游、福利旅游，以及将修学旅游列入中小学课程等做法。进一步推进在粤内地居民赴港澳个人旅游活动。优化“144小时便利签证”措施。进一步落实《内地与香港关于建立更紧密经贸关系的安排》（CEPA），深化粤港澳旅游合作，积极先行先试，探索旅游体制机制创新。机关、企事业单位和社会团体经审批获准的公务活动，可委托旅行社安排交通、住宿、餐饮、会务等事项。

2. 创新营运模式。推进旅游企业改革与创新，鼓励优势旅游企业重组扩张，努力培育一批旅游龙头企业。大力发展旅游循环经济，创建“绿色饭店”、“绿色景区”。鼓励旅游企业开展环境管理体系认证，形成绿色旅游管理体系。鼓励开展各种旅游经营方式、运作模式的创新和探索。

3. 创新和完善旅游管理体制。强化旅游行政管理部门职能，完善省、市、县（市、区）三级旅游行政管理机构。发挥各类旅游协会作用，制定行业规范，推进行业自律。建立健全导游人员执业的准入、激励、保障和责任追究等机制。

4. 完善旅游统计体系。加强旅游统计工作，完善旅游统计指标体系，建立旅游统计卫星账户，与国民经济核算体系相衔接，准确把握旅游产业整体情况，为我省旅游发展决策提供科学依据。

（二）建设旅游大品牌

1. 塑造“活力广东”旅游总体形象。以“活力广东”总体形象为核心，推进旅游与文化的融合。以名城、名人、名山、名寺和广府、潮汕、客家文化为依托，着力建设“岭南文化、活力商都、黄金海岸、美食天堂”四大旅游品牌，全面提升我省旅游的核心竞争力。

2. 推广“岭南文化”旅游品牌。充分展示岭南艺术、岭南民俗和岭南历史文化的独特魅力，大力推介西关大屋、客家围屋、开平碉楼等岭南建筑艺术，深挖广绣、广彩、广雕、石湾陶塑及粤剧、岭南民歌、广东音乐的文化内涵，弘扬敢为人先、务实进取、开放兼容、敬业奉献的岭南人精神。

3. 提升“活力商都”旅游品牌。依托以广州、深圳为中心的珠三角都市圈，重点发展商务、会展、购物、主题公园、温泉、高尔夫旅游，充分展示现代都市文明和城市风貌，建设主题形象鲜明、具有国际水准的休闲旅游度假区，带动和促进现代服务业优化发展。

4. 培育“黄金海岸”旅游品牌。充分发掘和利用我省海岸线长、岛屿众多、气候适宜等丰富的海洋资源优势，大力发展滨海旅游经济，高水平规划建设新型滨海旅游区、海岛旅游精品项目，不断提高滨海休闲旅游产品的品位。

5. 优化“美食天堂”旅游品牌。充分发挥“食在广东”的品牌优势，以粤菜、潮菜、客家菜为基础，积极吸纳世界各地的美食精华，推进美食街、美食城建设，广泛开展美食节等主题活动，进一步弘扬广东饮食文化。

（三）构建旅游大格局

1. 珠三角地区以都市旅游为重点，率先实现旅游业的现代化和国际化。充分发挥广州和深圳两个中心城市的龙头作用，重点发展高端休闲度假、商务会展、主题公园和工业旅游，构建珠三角都市旅游圈，使之成为我国旅游业发展水平最高、国际性最强的区域之一，辐射和带动全省旅游业全面发展。

2. 粤东以潮汕客家文化为纽带，促进特色旅游资源整合。利用粤闽赣、粤台旅游合作优势，大力发展凸显潮汕文化、客家文化、侨乡文化的地方特色旅游。

3. 粤西以海岸为主线，推动滨海旅游品牌建设。充分挖掘滨海旅游资源，大力推广滨海游、农业生态游、岩溶景观游、历史文化游，重点建设区域旅游精品，把粤西建成国内知名的具有休闲、健身、度假等功能的滨海旅游目的地。

4. 粤北以名山名寺为依托，加快山区旅游业发展。依托丹霞山世界地质公园、南华寺、漂流、温泉和少数民族风情等资源，着力建设具有休闲度假、观光考察、科考探险等功能的粤北旅游圈。

（四）培育旅游大产业

1. 加强旅游产业体系建设。按照大旅游、大市场的发展理念，推进同业集聚和产业协作，完善旅游产业体系，延长旅游产业链，重点扶持重大旅游项目、旅游龙头企业、精品旅游线路和具有广阔前景的旅游新产品。

2. 创新旅游生产经营模式。鼓励旅游景区加强与关联企业的合作，推进旅游景区投资经营多元化。支持旅游景区品牌化经营，提升管理服务质量。培育壮大旅游房车、邮轮、游艇制造和高尔夫用品、旅游保健防护用品、特殊旅游用品等生产企业，支持建设旅游制造业基地。推进旅游生产营销的规模化，完善旅游产品交易市场，发展旅游电子商务，推进旅游信息化进程。

3. 创新旅游产品和服务。大力培育和创新旅游产品，积极发展乡村旅游、森林生态旅游、工业旅游、农业旅游、滨海旅游、会展旅游、科技旅游、文化旅游、教育旅游、康体旅游、红色旅游、温泉旅游、邮轮旅游等，形成丰富多样的旅游产品体系。

4. 大力发展休闲旅游。适应旅游发展的需要和旅游消费的需求，积极推进休闲旅游资源的整合，加强对休闲旅游发展的规划和引导，提升休闲旅游产品的文化品位，创新发展新型休闲旅游模式，加快开发建设一批满足高端消费的海滨海岛、温泉养生、森林山地、自驾车、邮轮游艇、高尔夫旅游等高端休闲旅游产品，构建休闲旅游产品体系。

（五）开拓旅游大市场

1. 促进省内旅游合作。引导珠三角地区的资金、人才到粤北和东西两翼开发旅游资源、创办旅游企业，推进产业、劳动力“双转移”，促进区域旅游协调发展，推动区域旅游合理布局。大力推进省内客源市场互动，统筹城乡旅游发展，形成城乡一体化新格局。

2. 加快国内旅游合作步伐。加强与各省区特别是泛珠三角区域的旅游合作，进一步推进区域间资源共享、优势互补，共同促进国内旅游市场繁荣发展。

3. 提升粤港澳旅游合作水平。深化粤港澳三地旅游合作，加大三地联合推介促销力度，推广“144 小时便利签证”措施，将粤港澳旅游区建成我国最具知名度、市场最为活跃和国际化水平最高的世界旅游目的地。

4. 推动国际旅游合作。建立我省与东盟旅游协调联络机制，加强与东盟旅游合作，扩大与亚太地区的旅游合作交流领域，提升与欧美和非洲国家旅游合作水平，进一步拓展国际旅游合作空间。

5. 大力发展入境游。促进与国际旅游组织、旅游企业的合作，充分利用我驻外机构、华人华侨社团等资源优势，全方位宣传推介广东旅游。创新宣传促销方式，利用国际会议、展览、节庆、国际友好省州（城市）交流等平台，多渠道开发广东旅游市场。着力优化入境游客的消费结构，延长停留时间，增加人均消费。

（六）营造旅游发展大环境

1. 加快完善旅游配套设施。各地各部门要切实解决制约旅游业发展的瓶颈问题，完善与旅游景区（点）配套的基础设施，优先建设连接旅游景区（点）的道路。在主要旅游城市、旅游城镇和景区（点）建设游客服务中心或接待站点。在出入境口岸、机场、车站、高速公路、码头和市区主干道及主要景区（点）设置规范的旅游标识牌。

2. 规范旅游市场秩序。推动完善旅游服务质量监督管理体制，加大旅游投诉处理、旅游市场执法力度，加快推进旅游行业标准化建设。强化旅游安全监管，营造安全旅游环境。全力推进诚信旅游，推行优质旅游计划，加强旅游行风建设。

四、保障措施

（一）加强组织领导。各级党委和政府要高度重视旅游业的改革与发展，将其纳入当地经济社会发展的总体规划，出台相关配套政策和措施，建立健全有关工作协调机制，加强对旅游业发展的指导和协调。

（二）编制科学发展规划。加快推进全省旅游发展总体规划及分区旅游规划的修编工作。完善和规范旅游规划编制和评审程序，强化旅游规划的科学性和严肃性。各地的旅游规划和重大旅游项目开发建设要符合全省旅游总体规划要求。

（三）加大财政扶持力度。各地要进一步加大对旅游业的投入，主要用于重点旅游项目基础设施建设，编制旅游发展规划，加大旅游宣传促销力度，扶持旅游企业做大做强，着力推动知名旅游品牌和精品线路建设。省财政每年安排的农村劳动力培训转移及促进就业专项资金，可按规定用于旅游行业人才培训。

（四）加大旅游宣传推广力度。充分发挥政府主导作用，利用各种渠道，整合资源，强化广东旅游目的地整体形象宣传。旅游、宣传部门要密切合作，进一步提高宣传策划水平，加大宣传推广力度。新闻媒体要全力支持，大力宣传推介广东旅游，扩大广东旅游的国际知名度和影响力。

（五）完善扶持旅游业发展的政策法规。积极推动《广东省旅游管理条例》修订工作。研究制订旅游发票贴花保障制度。对列入我省旅游业发展规划的重大旅游建设项目和发展生态旅游项目用地给予支持；对投资 10 亿元以上的重大旅游建设项目用地计划由省专项安排。支持农村集体经济组织利用非耕农用地，在不改变土地农用性质的前提下以合作方式与开发商合作开发旅游项目，利用集体建设用地建设接待、办公用房的，合作经营单位可凭合作协议办理接待、办公用房报建手续。进一步加大对符合条件的旅游企业和项目的信贷支持，拓宽旅游企业融资渠道，完善金融扶持政策。

（六）加强旅游人才队伍建设。加大旅游人才尤其是旅游管理人才培养力度，优化旅游人才队伍结构，建立以高等学校和职业技术学校为基础的旅游人才教育培训体系。加快建设高级旅游职业技术学院，培养中高级旅游经营管理人才和生产服务一线技能型人才。加强对旅游从业人员的继续教育、职业资格培训和考核评价，建立完善的职业资格评定和劳动保障制度，推动导游人员等级纳入国家职业资格等级评定序列，实行导游员聘任薪酬与职业资格挂钩制度。逐步建立我省旅游人才信息库，推动人力资源合理配置。

（二〇〇八年十一月二十五日）

地方旅游法规

广州市旅游条例

（2008年5月29日广州市第十三届人民代表大会常务委员会第十次会议通过
2008年7月31日广东省第十一届人民代表大会常务委员会第四次会议批准）

第一章 总 则

第一条 为促进旅游业的发展，保护和合理开发旅游资源，规范旅游经营行为，维护旅游者和旅游经营者的合法权益，根据有关法律、法规，结合本市实际，制定本条例。

第二条 本条例适用于本市行政区域内旅游业的促进和发展，旅游资源的开发和保护，旅游经营和旅游者的旅游活动，以及相关的监督管理。

第三条 旅游业发展应当体现广州特色，与经济社会发展相协调，遵循以人为本、规划引导、科学和可持续发展的原则，实现社会效益、环境效益、经济效益相统一。

第四条 市旅游行政主管部门负责本市行政区域内旅游管理工作，组织实施本条例。

区、县级市旅游行政主管部门负责本辖区内旅游管理工作。

规划、国土、工商、文化、建设、交通、港口、经贸、市政园林、市容环卫、环境保护、农业、林业、水务、公安、安监等相关行政管理部门按照各自职责，协同实施本条例。

本条例规定由旅游行政主管部门会同有关部门办理的事项，被会同部门应当予以配合。

第二章 旅游促进与发展

第五条 市、区、县级市人民政府应当把旅游业的发展纳入国民经济和社会发展规划，根据本区域历史文化传统、民俗以及资源特点发展旅游产业；建立和完善旅游业发展促进机制，统筹旅游业发展的重大问题，促进旅游业与相关行业的协调发展；培育多元化的旅游市场主体，鼓励多种经济成分参与。

第六条 市、区、县级市人民政府应当加强旅游基础设施建设，改善旅游环境，为旅游区（点）规划和配套建设交通、环境保护、卫生、供水供电、通讯、安全保障以及自然环境、文化遗产保护等设施。

第七条 市交通行政管理部门编制城市公共交通线路及站点布局规划时，应当兼顾城市旅游观光点客流量的需要，征求旅游行政主管部门的意见。

机场、火车站、汽车客运站、码头、商业步行街（区）、旅游区（点）等客流量大的区域，应当设置方便旅游者的站点、设施。

旅游观光公共交通线路，应当符合旅游规划的要求，其站点的设置应当遵循方便旅游者的原则。

第八条 公安交通管理部门应当采取措施保障旅游者在本市交通繁忙拥挤地段的景点、商业步行街、会展中心、旅游饭店等地进行旅游活动的交通安全，并为大型旅游车辆停靠和旅游者上下车提供必要的便利。

第九条 旅游交通标识及主要旅游区（点）交通导向指示牌，由旅游行政主管部门编制设置方案，纳入城市道路标识建设系统，统一规划，统一设置。

第十条 市文化行政管理部门应当对本市范围内具有较深厚历史背景和文化内涵的街区、建（构）筑物设置统一的说明标牌，介绍有关历史文化内容。说明标牌的设置应当适应旅游观光的需要。

第十一条 市旅游行政主管部门应当根据本市旅游服务业的发展状况和趋势，组织编制旅游服务人才发展专项规划，经市有关部门综合平衡后组织实施。

第十二条 市旅游行政主管部门应当根据市场需求和本市旅游资源的优势、特点，制定并组织实施国际、国内旅游形象宣传计划；组织和协调重大旅游宣传推广活动。市旅游行政主管部门可以根据旅游市场开发的需要建立境内外旅游宣传网点。

区、县级市旅游行政主管部门负责组织本地区的旅游宣传推广活动。

第十三条 旅游行政主管部门应当推进旅游行业信息化建设和旅游电子商务的发展。

旅游行政主管部门应当在游客流量较大的地区设立公益性旅游咨询服务机构和固定的自助交互式旅游信息多媒体设施。

第十四条 市旅游行政主管部门应当建立旅游统计信息管理系统，开展旅游统计调查和分析预测，并加强区域间旅游信息互通。

第十五条 本市建立旅游经营者信用信息通报制度。市旅游行政主管部门应当定期向社会公布旅游经营者受行政处罚及有效投诉等相关信用信息。

第十六条 旅游行政主管部门应当建立并完善旅游信息发布制度。市旅游行政主管部门应当在主要法定节日以及重大旅游活动举行期间，向社会公开发布本市旅游交通以及主要旅游区的旅游接待情况等信息。

本市旅游区域发生事故或者出现危险，可能危及旅游者人身和财产安全的，旅游行政主管部门应当及时向旅游经营者发布相关的警示信息。市、区、县级市人民政府应当按照《中华人民共和国突发事件应对法》等法律、法规的规定向社会发布警示信息。

第十七条 旅游行政主管部门应当制定旅游紧急事件和安全事故应急救援预案，督促、指导旅游经营者制定旅游紧急事件和安全事故应急救援预案。

发生旅游紧急事件或者旅游安全事故时，旅游行政主管部门应当按照规定及时启动旅游紧急事件或者旅游安全事故应急救援预案，并报请同级人民政府采取措施组织救援。

第十八条 旅游行政主管部门和经贸、文化等相关行政管理部门应当采取措施，促进具有本市地方特色的旅游纪念品（工艺品）、旅游用品、土特产品等旅游商品的研制、开发、生产、销售。

第十九条 旅游行政主管部门应当完善旅游投诉制度，设立并公布投诉电话和电子邮箱，接受旅游者的投诉。旅游行政主管部门在接到旅游者投诉后，属于本部门处理的，应当在四十五日内将处理结果答复投诉者；对应当由其他部门处理的，应当在七日内转交有关部门处理，并告知投诉者。有关部门收到转交的投诉后，应当在四十五日内将处理结果答复投诉者，法律、法规另有规定的从其规定。

第二十条 市旅游行政主管部门根据旅游业发展的需要，会同市发展改革行政管理部门，组织编制本市旅游发展规划，报市人民政府批准实施。旅游发展规划的编制，应当征求规划、国土、港口、林业等相关行政管理部门的意见。

旅游发展规划的相关内容，经城市规划行政管理部门综合协调后，纳入城市总体规划。

区、县级市人民政府组织编制本辖区的旅游发展规划时，应当与市旅游发展规划相衔接。

第二十一条 旅游发展规划应当充分发挥区域经贸旅游业合作发展的综合优势，科学规划区域内各类旅游资源的开发利用和保护，促进本市旅游业健康、协调发展。

第二十二条 市旅游发展规划的编制应当包括以下内容：

（一）明确本市旅游主题形象和发展战略，提出旅游业发展目标及其依据；

（二）明确本市旅游产品开发的方向、特色与主要内容，提出旅游发展重点项目，对其空间及时序作出安排；

（三）对步行街（区）、历史文化景点、大型主题公园、森林公园以及具有明显旅游价值、功能的城市标志性建筑、市政公用设施、企业等区域，作出游客规模、流量、流向以及接待服务需求预测，并据此提出旅游节点设置和空间布局的技术要点建议；

（四）明确本市旅游业发展的各要素结构、空间布局及供给要素的比例关系，并按照可持续发展原则，提出合理的措施；

（五）明确旅游资源开发和周边生态环境保护的目标、措施、分阶段实施步骤及标准；

（六）对具有旅游价值的非物质文化遗产，提出开发、利用和保护方案；

（七）编制旅游发展规划的相关规范及标准规定的其他内容。

第二十三条 本市旅游功能明显的重点区域，由市旅游行政主管部门组织编制旅游专项规划，经征求相关部门意见后，报市人民政府批准实施。

旅游专项规划应当符合旅游发展规划。

市旅游行政主管部门编制旅游专项规划和旅游资源开发保护规划，应当同时编制环境影响评价报告书。

第二十四条 具有明显旅游功能的区域，在其控制性详细规划编制阶段，市、县级市人民政府城乡规划主管部门等组织编制单位应当征求旅游行政主管部门的意见。市、县级市人民政府城乡规划主管部门和镇人民政府组织编制具有明显旅游价值、功能的城市标志性建筑、市政公用设施、步行街（区）、历史文化景点、大型主题公园以及旅游区（点）、宾馆饭店等建设项目的修建性详细规划时，应当征求市、县级市旅游行政主管部门的意见。

第二十五条 旅游行政管理部门会同有关部门，对本行政区域内的旅游资源进行普查与评价，建立旅游资源档案。

第二十六条 旅游行政主管部门应当会同同级建设、规划、土地、市政园林、林业、水务、文化、环保等部门，加强对本地区旅游资源的保护工作。

已经开发利用的旅游资源应当严格执行风景名胜、历史文化与文物以及土地、林业等法律、法规有关资源保护的规定。重要的尚未开发的旅游资源，由市旅游行政主管部门提出保护和开发方案，报市人民政府批准后实施。

第二十七条 新建、改建、扩建旅游区（点）等旅游建设项目，应当符合旅游发展规划和城乡规划，其建筑规模和风格应当与周围景观相协调，不得破坏旅游环境和生态环境。

利用文物和具有较深厚历史背景和文化内涵的街区、建（构）筑物等资源开发旅游项目，应当依法履行保护责任，确保文物以及其他历史文化资源安全。

第二十八条 市旅游行政主管部门对本市商务会展游、工业游、自驾游、乡村游等旅游新类型，应当会同有关部门及时制定相关的旅游服务技术规范，指导并监督相关旅游经营者规范旅游服务行为、提高旅游服务质量。

第二十九条 本市对从事组织、接待游客乘坐游船观光游览珠江广州河段的经营活动实行行政许可，由市人民政府指定的部门根据珠江游专项规划，通过招标或者拍卖等公平竞争的方式决定。

申请珠江游经营行政许可的，申请人应具备以下条件：

（一）依法注册的企业法人；

（二）有与经营业务相适应的资金；

（三）有符合珠江旅游管理要求的经营方案；

（四）有良好的企业信用。

第三章 权益保障与经营管理

第三十条 旅游者的合法权益受法律保护。旅游者享有以下权利：

（一）知悉旅游经营者所提供的产品及服务的真实情况；

（二）自主选择旅游经营者及其所提供的产品或者服务的方式和内容；

（三）要求旅游经营者按照约定或者国家标准、行业标准、地方标准提供质量与价格相符的服务；

（四）人格尊严、民族风俗习惯及宗教信仰得到尊重；

（五）因购买或接受旅游经营者的产品或服务受到人身、财产损害，依法获得赔偿；

（六）法律、法规、规章规定或者旅游合同约定的其他权利。

第三十一条 旅游者参加旅游活动应当遵守法律、法规和社会公德，尊重旅游地的民族风俗习惯和宗教信仰，保护旅游资源、生态环境和旅游设施，遵守旅游秩序和安全、卫生管理规定，履行旅游合同约定的义务。

旅游者在接受导游服务时，不得有下列有损导游人员人格尊严的行为：

（一）强迫导游人员陪酒、陪唱；

（二）以猥亵言行骚扰导游人员；

（三）法律、法规规定的其他有损人格尊严的行为。

第三十二条 旅游经营者和旅游从业人员可以依法成立或者加入相关旅游行业协会或者旅游专业协会，依照协会章程享有权利和履行义务。

旅游行业、专业协会应当加强行业自律，规范行业竞争，维护会员的合法权益。旅游专业协会应当对会员加强职业道德和执业纪律的教育，组织业务培训，保证会员依法执业。

旅游行业、专业协会向行政管理部门反映会员、会员单位诉求或者对扰乱旅游市场秩序的个人和单位提出依法处理建议的，有关行政管理部门应当在收到书面反映或者建议之日起的一个月内，将调查或者处理结果书面回复协会。尚未处理完毕的，可以在前述规定的时限内先将处理情况书面回复，处理完毕后再将处理结果书面回复。

第三十三条 旅游经营者的自主经营权受法律保护。任何单位或者个人不得违反法律、法规的规定，向旅游经营者收费、摊派或者对其进行检查。

旅游经营者有权拒绝旅游者违反法律、法规、规章、社会公德的服务要求。

任何单位或者个人不得非法获取、使用或者披露旅游经营者的商业秘密。

第三十四条 旅游经营者从事旅游经营活动应当遵守国家法律、法规，遵循自愿、平等、公平、诚实信用的原则。

旅游经营者应当依照价格管理的相关规定，公开服务项目和收费标准。

第三十五条 未取得《旅行社业务经营许可证》的机构和个人，不得为旅游者代办出境、入境和签证手续，不得招徕、接待旅游者，不得为旅游者提供安排食宿等有偿服务。

第三十六条 旅游经营者利用互联网为旅游者提供的旅游服务信息应当真实、可靠。利用互联网络经营旅行社业务的，应当取得《旅行社业务经营许可证》。

第三十七条 旅游经营者必须遵守国家有关安全生产的法律、法规，建立健全安全生产责任制度，配备与经营范围相适应的安全设备和设施，并加强对旅游设备、设施的日常维护和保养，保证其安全运转。对高空、高速和水上游乐项目以及其他可能危及旅游者人身、财物安全的事项，应当向旅游者作出真实说明和明确警示，并采取防止危害发生的措施，保障旅游者人身、财物安全。

发生旅游安全事故，旅游经营者应当及时采取措施组织救护，发生重大旅游安全事故，还应当立即向旅游、公安、卫生、安全生产监督等有关行政管理部门报告。

第三十八条 旅游经营者应当制定紧急事件和安全事故的应急救援预案，建立、完善旅游风险防范机制。发生紧急事件或者安全事故时，旅游经营者应当及时启动应急救援预案，采取相应措施，保护旅游者的人身和财产安全。

第三十九条 旅游经营者接待旅游者所使用的车辆以及所聘用的驾驶员，应当具有相应营运条件、资质，符合交通安全标准。

未取得交通行政管理部门核发的旅游运输经营资质、资格的机构和个人，不得从事旅游客运经营活动。

第四十条 达到国家标准、行业标准和地方标准并取得服务质量资质等级证书的旅游经营者，应当按照相应的标准提供服务。

未取得服务质量资质等级证书的旅游经营者，不得使用服务质量资质等级标志和称谓进行广告宣传或者经营活动。

第四十一条 旅游经营者及其从业人员不得有下列行为：

（一）向公众发布虚假的、引人误解的旅游信息；

（二）隐瞒真实情况，提供质价不符的商品和服务；

（三）向旅游者索取合同约定以外的费用。

（四）超出合同约定的次数和时间强行安排旅游者购物；

（五）强行安排旅游者参加合同约定以外的付费活动。

第四十二条 旅行社设立分社、门市部的，应当在取得营业执照之日起十五日内，将营业执照复印件按有关规定向所在地的区、县级市旅游行政主管部门备案。所在地的区、县级市旅游行政主管部门接受备案后，应当在五日内向备案人发出备案回执，并报市旅游行政主管部门。

第四十三条 旅行社对外公布的团队旅游线路价格，应当包括交通、住宿、餐饮、景点（区）门票、导游（领队）服务费等费用。出境旅游线路还应当明示是否包括办理签证（签注）等费用。旅行社与旅游者双方另有约定的除外。

第四十四条 旅行社组织旅游活动，应当与旅游者订立旅游合同，明确约定行程安排、服务项目、服务方式、价格标准、违约责任等事项。

旅游行程中安排购物和自费项目的，应当在签订旅游合同前明示，并在合同中明确购物场所、购物次数、自费项目和停留时间。

第四十五条 订立旅游合同，可以参照旅游、工商行政管理部门推荐的合同示范文本。旅游者有特殊需求的，可以与旅行社特别约定。

第四十六条 旅行社的下列行为应当事先征得旅游者书面同意：

（一）将已签约的旅游者转给其他旅行社出团或者与其他旅行社联合出团的；

（二）在合同约定的范围以外增加服务项目需要收取费用的；

（三）变更或者调整合同约定的旅游项目和服务标准的。

前款规定的变更事项未取得旅游者书面同意的，旅行社应当继续履行其与旅游者已签订的旅游合同。

第四十七条 旅行社未按旅游合同约定标准提供相关服务的，承担违约责任，给旅游者造成损失的，依法赔偿。损害责任是由其他旅行社造成的，签约旅行社承担赔偿责任后，有权向造成损害的旅行社追偿。

旅游商店不得违反《中华人民共和国反不正当竞争法》的规定给予旅行社或者导游人员回扣。

旅游者在旅行社安排的旅游商店内购买的商品中发现掺杂、掺假，以假充真，以次充好，以不合格商品冒充合格商品，或者销售失效、变质的商品的，旅游者有权要求旅行社赔偿。旅行社赔偿后，可以向旅游商店追偿。

旅游者与旅行社对赔偿事项有争议、需要进行商品质量鉴定的，由当事人送有法定鉴定资质的机构进行鉴定。经鉴定属于假冒伪劣商品的，鉴定费用由旅行社承担；符合产品质量要求的，鉴定费用由旅游者承担。

第四十八条 旅行社组织旅游活动或者接待旅游者时，应当履行下列告知义务：

（一）事先向旅游者明确说明旅游地需要特别遵守、尊重的有关法律法规、规章制度、环境保护以及环境卫生管理、风俗习惯、宗教信仰等注意事项；

（二）向出境旅游者说明有关外汇兑换、出入境海关检查的规定以及旅程需搭乘交通工具的安全注意事项；

（三）旅游费用中所含保险的种类，以及可以向游客推荐购买的保险种类；

（四）法律、法规规定的其他应当告知的事项。

第四十九条 旅行社应当根据国家、省和本市的有关规定，按照劳动合同中依法约定的工资标准为专职导游人员支付工资并缴纳社会保险费用。旅行社聘请兼职导游人员应当签订劳务协议，按约定支付劳务报酬。

导游人员带团期间发生的工伤及人身意外伤害，由委派旅行社承担相应的民事责任。

旅行社不得向委派出团的导游人员收取任何形式的费用。

导游人员进行导游活动，应当履行国务院《导游人员管理条例》规定的各项义务，并为旅游者提供符合合同约定和国家规定标准的导游服务。

第五十条 导游服务机构与旅行社或者旅游区（点）应当就推荐聘用导游事项签订协议，约定双方的权利义务，明确所推荐聘用导游的工作报酬。

导游人员在导游服务机构之间流动的，相关的导游服务机构应当为其办理转移登记手续。

第五十一条 旅行社安排的带团导游，应当在与其建立劳动关系的和在导游服务机构登记的导游人员中选用。

旅行社应当为带团导游人员提供符合公序良俗和人身安全要求的工作、住宿等条件。旅行社不能提供的，导游人员有权拒绝从事导游服务，由此给导游人员造成损失的，旅行社应当予以赔偿。

第五十二条 旅行社和导游服务机构应当加强对已签约或者登记的导游人员的培训教育。

第五十三条 旅行社和导游服务机构应当建立导游服务质量跟踪管理制度，树立优秀导游员品牌，提升导游服务质量。

导游服务机构应当将已登记的导游人员的姓名、性别、年龄、等级、语种、学历、从事旅游服务工作的经历等基本信息在旅游行政主管部门的网站公布。

第五十四条 广州市导游服务费标准由旅行社协会和导游专业协会共同协商定期发布。

第五十五条 宾馆、饭店以及其他接待旅客住宿的经营单位，应当按照下列规定采取防护措施保护旅客的人身和财产安全：

（一）在旅客住宿的房间安装房门防盗装置；

（二）在经营单位内部的公共区域安装安全监控设施；

（三）在可能损害旅客人身或者财产安全的场所设置相关警示牌；

（四）按照国家规定配置消防设施和器材以及消防安全疏散标志；

（五）法律、法规规定的其他防护措施。

在接待旅客住宿的经营场所范围内，经营者未依前款规定采取措施，致使旅客的人身受到损害或者其携带的财物遭受损毁、灭失的，经营单位依法承担相应的责任。

第五十六条 旅游区（点）应当根据国家标准设置供水、供电、通讯、停车场、公共卫生间、垃圾收集装置等旅游配套服务设施和环境保护配套设施。

旅馆、旅游区（点）和其他旅游经营场所设置的各类服务引导标识（牌），应当使用符合国家标准的公共信息图形符号。

第五十七条 旅游区（点）应当根据旅游安全、环境保护、文物保护以及服务质量等要求，委托具有资质的专业机构，测算合理的旅游接待容量，并在主要入口的显著位置公布。

旅游区（点）应当根据公布的旅游接待容量以及气候环境等因素，在游客流量达到或者接近控制标准前及时进行疏导，实行游客流量控制，并及时告示。

旅游区（点）因特殊原因缩小游览范围或者减少景点的，应当在售票前明示或者降低门票价格。

第四章 法律责任

第五十八条 旅游经营者违反本条例第三十四条第二款、第三十七条第一款、第三十八条、第三十九条、第四十三条、第四十九条第一款、第五十七条第三款规定的，由相关行政管理部门或者司法机关按照有关法律、法规和规章的规定处理。

第五十九条 违反本条例第三十五条、第三十六条规定的，由旅游行政主管部门按照国务院《旅行社管理条例》的有关规定处理。

第六十条 违反本条例第四十条第二款规定，旅游经营者未取得服务质量资质等级标志而擅自使用资质等级标志、称谓进行广告宣传或者经营活动的，由旅游行政主管部门责令限期改正，没收违法所得，并处违法所得一倍以上五倍以下的罚款；逾期不改正的，责令停业整顿。

第六十一条 旅游经营者及其从业人员违反本条例第四十一条规定，有该条禁止行为之一的，由旅游行政主管部门责令限期改正，对单位可以处一千元以上五千元以下罚款；对个人可以处五百元以上二千元以下的罚款。法律、法规另有规定的从其规定。

第六十二条 违反本条例第四十二条规定，旅行社设立分社或者门市部不办理备案登记手续的，由所在地的区、县级市旅游行政主管部门予以警告，责令限期改正。

第六十三条 违反本条例第四十七条第二款规定，旅游商店违法给予旅行社或者导游人员回扣的，由相关行政管理部门按照《中华人民共和国反不正当竞争法》的有关规定处理。

第六十四条 违反本条例第四十八条规定，旅行社未履行告知义务，致使旅游者遭受损失的，旅行社应当依法承担民事责任。

第六十五条 违反本条例第四十九条第三款规定，旅行社向导游人员收取任何形式的出团费用的，由旅游行政主管部门处以收取费用五倍以上十倍以下的罚款。

第六十六条 违反本条例第五十条第一款规定，导游服务机构与旅行社或者旅游区（点）未就推荐聘用导游事项签订协议的，由旅游行政主管部门责令改正，拒不改正的，由旅游行政主管部门或者有关行政管理部门依照相关法律、法规的规定处理。

第六十七条 违反本条例第五十条第二款规定，导游服务机构不为导游人员正常流动办理转移登记手续的，由旅游行政主管部门责令改正；逾期不改正的，处以一千元以上五千元以下的罚款。

第六十八条 违反本条例第五十一条第一款规定，旅行社选用未在导游服务机构登记的导游人员上岗带团的，由旅游行政主管部门责令限期改正，可以处一千元以上五千元以下罚款。

第六十九条 违反本条例第五十一条第二款规定，旅行社不为带团导游人员提供符合公序良俗和人身安全要求的工作、住宿等条件的，由劳动和社会保障行政管理部门按照有关法律、法规的规定处理。

第七十条 违反本条例第五十三条第二款规定，导游服务机构不将已登记的导游人员的基本信息在旅游行政主管部门的网站公布的，由旅游行政主管理部门责令改正；逾期不改正的，处以一千元以上五千元以下的罚款。

第七十一条 为旅游者提供服务的经营者，在提供饮食、住宿、交通、游览、购物等服务时，违反食品安全、治安管理、公路运输管理、水路运输管理、产品质量管理等法律、法规的，由相关行政管理部门依法处理；造成旅游者人身、财产损害的，依照《中华人民共和国民法通则》、《中华人民共和国消费者权益保护法》等法律、法规的规定，承担相应的法律责任。

第七十二条 旅游行政主管部门工作人员有下列行为之一的，由其所在单位、上级主管部门或者监察机关给予行政处分；构成犯罪的，依法追究刑事责任：

（一）不按规定发布旅游信息，造成旅游活动秩序混乱等严重后果的；

（二）不按规定制定、启动旅游紧急事件和安全事故应急救援预案，或者不按规定督促、指导旅游经营者制定旅游紧急事件和安全事故应急救援预案，造成严重后果的；

（三）拒绝受理或者拖延办理旅游投诉的；

（四）不按规定履行职责致使旅游资源受到严重破坏的；

（五）侵占、挪用旅行社缴纳的质量保证金的；

（六）违反法律、法规的规定向旅游经营者收费、摊派的；

（七）其他玩忽职守、滥用职权、徇私舞弊的行为。

第五章　附　则

第七十三条 本条例中旅游价值、功能明显的区域和建筑设施的名录，由旅游行政管理部门会同相关部门和有关专家研究提出，报市人民政府审定后公布。

第七十四条 本条例自 2008 年 12 月 1 日起施行。《广州市旅游管理条例》同时废止。

珠海市旅游条例

（2008 年 1 月 29 日珠海市第七届人民代表大会常务委员会第九次会议通过
2008 年 5 月 29 日广东省第十一届人民代表大会常务委员会第二次会议批准）

第一章　总　则

第一条 为有效保护和合理开发利用旅游资源，规范旅游市场秩序，维护旅游者和旅游经营者的合法权益，促进旅游业的发展，根据有关法律、法规，结合本市实际，制定本条例。

第二条 本条例适用于本市行政区域内旅游业的促进和发展、旅游资源的保护和开发、旅游经营者的经营行为、旅游者的旅游活动以及相关的监督管理活动。

第三条 市、区旅游行政主管部门（以下简称旅游行政主管部门）负责所辖行政区域旅游业的统筹规划、综合协调、宣传推广和监督管理等工作。

公安、工商、城市管理行政执法、规划、交通、卫生、文化等部门应当在各自职责范围内，协同旅游行政主管部门做好相应工作。

第四条 市人民政府应当将旅游业作为本市的重要产业，加强旅游基础设施建设；鼓励、支持投资开发旅游资源；促进旅游业以及相关产业的协调发展，使珠海成为重要的游客集散地和主要的旅游目的地。

第五条 本市发展旅游业应当突出珠海特色，坚持旅游资源保护、开发和利用相结合的原则，经济效益、社会效益和环境效益相统一的原则。

第二章　旅游业的促进与发展

第六条　市旅游行政主管部门应当根据旅游发展总体规划，制定市场营销战略与策略，组织、协调本市旅游整体形象的宣传、推广和大型旅游活动，促进旅游业的发展。

第七条　市人民政府应当设立旅游发展专项资金，列入年度财政预算，由市旅游行政主管部门专项使用，市财政部门审核监督。

旅游发展专项资金主要用于城市形象宣传、旅游公益设施建设和重大旅游促进活动的组织以及对旅游业发展作出显著贡献的单位和个人的奖励等。

各区人民政府应当根据本地旅游业发展的需要，设立旅游发展专项资金。

第八条　市、区人民政府对引进重大旅游项目、促进旅游业发展作出显著贡献的单位和个人给予表彰和奖励。

第九条　市人民政府应当优化旅游投资环境，保护投资者合法权益，鼓励国内外企业和个人按照本市旅游发展规划投资旅游业，开发旅游资源，建设旅游设施。

第十条　符合珠海旅游发展规划的旅游开发大项目、旅游区基础设施建设项目，有项目收益归属关系的人民政府可以给予贷款贴息或者其他扶持措施。

第十一条　市人民政府应当充分利用本市的区位优势，加强与周边城市和地区的协作配合，互通信息、资源共享，实现优势互补，促进旅游区域合作。

第十二条　市、区人民政府应当支持教学科研机构开展旅游教育工作，推进研究成果产业化。

第十三条　本市规划和建设公共交通网络，应当兼顾旅游业发展的需要，逐步发展和完善旅游观光公共交通服务；旅游观光交通线路和公共交通线路、停车场（站）等交通设施应当配套建设，资源共享。

旅游交通标识及主要旅游区（点）交通指示标志，应当纳入城市道路标识系统，统一规划，统一设置。

机场、车站、码头、口岸、旅游饭店、旅游区（点）等应当设置方便旅游团队使用的停车场、上下客站点。

城市重要出入口应当预留自助游服务中心用地，列入近期建设规划的自助游服务中心项目应当按计划建设。

第十四条　旅游者通行量较大的城市道路沿线的公厕应当合理布局，规范管理，并设置明显的导向标志。

临街经营单位的厕所应当对外开放，供旅游者使用。

第十五条　市旅游行政主管部门应当加强旅游信息化建设，建立、健全旅游信息网络，在出入境口岸、公共交通枢纽站点、主要旅游区（点）和主要商业街区，设置公益性旅游咨询站点或者设施，提供旅游信息咨询服务。

第十六条　本市推行旅游服务标准化。旅游行政主管部门应当会同质量技术监督管理部门组织实施旅游业的国家标准、行业标准和地方标准，督促和指导旅游经营者实行标准化、规范化服务。

第十七条　鼓励和支持开发具有珠海历史、人文内涵或者旅游地独特性的旅游纪念品。

第十八条　国家机关、企业事业单位和社会团体的公务活动，可以委托旅行社办理交通、住宿、餐饮、会务等事项。

第十九条　市旅游行政主管部门应当建立假日旅游信息和旅游警示信息发布制度。

第二十条　旅游行业协会应当制定行业服务规范，完善行业自律，规范行业竞争，维护协会会员的合法权益。

旅游行业协会可以根据会员需要，提供旅游信息咨询服务，组织旅游市场开发、旅游促销，发布市场信息，开展行业交流和培训，可以向政府及其有关部门提出促进旅游发展的建议。

旅游行业协会可以授权旅游经营者使用本协会的优质服务推荐标志。

第二十一条　政府及其有关部门应当提供必要的保障，鼓励旅游志愿服务组织无偿为旅游者提供服务与帮助。

第三章　旅游规划与旅游资源的保护和开发

第二十二条　市旅游行政主管部门负责本市旅游资源的普查、评估，会同规划行政管理部门组织制定旅游发展总体规划，并纳入国民经济和社会发展中长期规划和城市总体规划。相关部门编制与旅游产业相关的规划时，应当征求市旅游行政主管部门的意见，并与旅游发展总体规划相协调。

第二十三条　市旅游行政主管部门应当根据市旅游发展总体规划，会同规划等部门组织编制海洋、海岛、特色旅游区等专项规划。

经批准的旅游发展规划和旅游区规划应当严格执行，不得擅自变更，确需变更的，应当按照法定程序报请批准。

第二十四条　开发建设旅游项目应当符合旅游发展规划，进行充分论证，避免盲目建设。

依法从事旅游资源开发活动的单位和个人，在取得有关部门的立项和建设许可后，应当报市旅游行政主管部门备案。

依法从事旅游资源开发活动的单位和个人，应当提前制定专项旅游资源开发保护方案，并报市旅游行政主管部门备案。开发保护方案应当包括旅游资源开发过程中的保护措施和建成后景区的旅游资源保护措施。

第二十五条　具有明显旅游观光功能的区域，在其控制性详细规划编制阶段或者评审阶段，应当征求市旅游行政主管部门的意见；历史文化景点、大型主题公园以及旅游区（点）、饭店等建设项目，应当在修建性详细规划或者建筑设计方案编制阶段，征求市旅游行政主管部门的意见。

第二十六条 本市有关行政管理部门对饭店、旅游区（点）、大型游乐场等旅游建设项目进行立项审批时，应当书面征求旅游行政主管部门的意见。

第二十七条 市旅游行政主管部门根据市旅游发展规划，会同有关部门制定重点旅游建设项目目录，纳入近期建设规划，经市人民政府批准后，向社会公布。

重点旅游建设项目应当符合土地利用总体规划，涉及新增建设用地的，在全市土地利用年度计划指标内优先解决。

制定重点旅游建设项目目录，应当将项目开发建设可以享受的优惠扶持政策和所涉及的审批事项、审批期限一并予以明确。

第二十八条 重点旅游建设项目的开发主体确定后，发展和改革、规划、国土、环保等相关部门应当按照重点旅游建设项目目录的要求，保障各项政策措施的落实。

重点旅游建设项目涉及大型基础设施建设的，纳入市政府投资计划统筹安排。

第二十九条 新建、改建、扩建饭店、旅游区（点）、大型游乐场等旅游建设项目，其建筑规模和风格应当与周围景观相协调。对旅游区（点）、大型游乐场等旅游建设项目周边地区进行规划或者项目建设时，优先考虑用于旅游项目的配套完善。其建筑规模和风格应当与已有的旅游景观相协调。

对不符合旅游发展规划、与旅游环境不相协调的设施和建筑，市人民政府应当依法处理。

第三十条 市旅游行政主管部门应当与环保、建设、国土、林业、文化、水务等部门密切合作，推进本市旅游资源保护工作。

第三十一条 利用历史文化风貌区和优秀历史建筑以及其他历史人文资源开发旅游项目，应当保持其特有的历史风貌，不得擅自改建、迁移、拆除。

市、区有关行政管理部门应当对本市范围内具有较深厚历史背景和文化内涵的村镇、街区、建（构）筑物进行保护修缮。

第三十二条 各级人民政府应当加大海岛基础设施的投入，加强海岛土地资源整合，加快游艇俱乐部及游艇基地的规划建设，开发海洋观光、潜水及游艇垂钓等海洋生态旅游产品。

第三十三条 重点打造温泉、高尔夫等特色旅游品牌产品，加大推广及宣传力度，促进休闲度假旅游目的地建设。

第三十四条 大力推动会展项目建设，积极举办专业会展、文艺演出、体育赛事、科技博览等文化交流活动。

第三十五条 鼓励开发现代农业观光旅游。对开展乡村民俗旅游、果蔬采摘等旅游项目的单位和个人，各级人民政府应当予以支持和促进。

第三十六条 对澳门环岛游经营活动可以实行特许经营。具体办法由市人民政府制定。

第三十七条 市人民政府应当协调年度节庆活动计划，鼓励旅游经营者开发节庆旅游产品，培育具有影响力、公众参与性强的特色节庆活动。

第四章　权益保护与经营规范

第三十八条 旅游经营者享有参与编制旅游规划和开发旅游产品等权利。

旅游经营者有权拒绝旅游者违反法律、法规、规章、社会公德或者超出旅游合同约定的服务要求。

任何单位或者个人不得非法获取、使用或者披露旅游经营者的营销计划、销售渠道、客户名单以及其他商业秘密。

第三十九条 旅游经营者不得假冒等级标志或者称谓从事广告宣传或者经营活动。

第四十条 未经旅行社聘用并经旅游行政主管部门许可，任何人不得私自经营旅游业务。

旅游咨询服务公司、酒店商务中心、导游服务公司等中介机构和个人不得擅自利用交通票务代理、酒店房务代理、出入境签证代理等开展招徕接待旅游者业务。

依法设立的导游服务公司、旅游咨询服务公司、旅游网络公司等机构，应当报旅游行政主管部门备案。

旅行社在本市设立的分社、门市部等分支机构，应当向市旅游行政主管部门备案，接受市旅游行政主管部门监督管理。

利用网络经营旅行社业务的，应当向旅游行政主管部门申请领取《旅行社业务经营许可证》。

第四十一条 市旅游行政主管部门应当颁布旅游合同示范文本。旅行社经营业务，应当参照示范文本签订书面合同。

安排旅游者购物的，应当在合同中明确购物场所、次数和停留时间，所安排的购物场所应当具有合法的经营资格。

旅行社应当将导游服务费在对外报价中单独列出。

第四十二条 旅游经营者及其从业人员不得以任何形式强制旅游者购物或者超出合同约定的次数和时间安排购物，不得强迫或者变相强迫旅游者参加额外付费项目。

第四十三条 旅游经营者不得以低于正常成本的价格进行招徕或者竞销，不得以任何形式扰乱旅游市场秩序。

旅游经营者不得采用给付驾驶员、导游员介绍费等不正当方式招徕旅游者。

第四十四条 旅行社应当租用具有合法运营资格的车

辆为旅游者提供旅游客运服务。

旅游客运企业不得为未取得旅游经营许可的单位和个人提供旅游客运服务，自行组织旅游包车的除外。

节假日旅游客运高峰期间，经交通行政主管部门批准并核发临时旅游客运证明，旅游客运企业可以吸纳非营运车辆从事临时性旅游客运经营业务。

第四十五条 购物商场应当在经营场所主要出入口显著位置标明真实商号名称和标记，应当将营业执照和当地工商行政管理部门、质量技术监督行政管理部门、旅游行政主管部门的消费提示牌和监督举报电话张贴、悬挂在经营场所显著位置。购物商场的印章、牌匾所使用的名称应当与登记注册的企业名称相符，所销售商品必须与营业执照核准的经营范围相一致。

购物商场应当按照价格主管部门的规定，明码标价，使用规范的中文如实标明商品的品名、产地、规格、等级、计价单位、价格等有关情况。

第四十六条 购物商场销售商品应当向消费者出具购物凭证。购物凭证应当清楚、真实标明所销售商品的名称、规格等级、销售数量和销售价格，并加盖购物商场印章。购物商场经营者应当保存购物凭证存根至少六个月以备有关行政管理部门检查。

消费者要求提供销售商品发票的，购物商场应当即时开具，并不得要求消费者负担额外的费用。

第四十七条 旅游者在旅游合同所约定或者旅行社指定的购物商场内购买商品，购物商场在商品中掺杂、掺假，以假充真，以次充好，以不合格商品冒充合格商品，或者销售失效、变质的商品的，旅游者有权要求旅行社协助退换商品，造成旅游者损失的，旅游者有权要求旅行社赔偿；旅行社赔偿后，可以向购物商场或者商品生产者追偿。

第四十八条 旅行社应当依照国家有关规定缴纳质量保证金。旅行社有下列情形之一的，旅游行政主管部门可以依法使用旅行社质量保证金对旅游者进行赔偿：

（一）旅行社因自身过错未达到合同约定的服务质量标准而造成旅游者经济权益损失的；

（二）旅行社的服务未达到国家或者行业标准而造成旅游者经济权益损失的；

（三）旅行社破产造成旅游者预交旅游费损失的；

（四）国家旅游局认定的其他应该用保证金赔偿的情形的。

第四十九条 旅行社聘用导游服务公司注册的导游、领队人员的，应当与该公司签订书面合同，约定双方的权利义务。从事导游、领队活动的人员，应当依法取得导游证、领队证，持证上岗。旅行社不得聘用无证导游、领队人员。

旅游经营者聘用专职或者兼职导游人员，应当依法签订劳动合同并为其支付工资和缴纳社会保障费用。

旅游经营者应当为旅游者办理国家相关法律法规规定的保险，并为派遣带团的导游和领队人员购买人身意外保险。

旅行社聘请或者委派导游人员出团时，不得向导游人员收取任何形式的费用。

第五十条 导游人员应当不断提高自身文化素养，主动向游客介绍珠海的景物、名胜、风土人情、历史文化和经济社会发展情况。导游人员在进行导游活动时应当自觉维护珠海城市形象，不得有损害珠海城市形象的行为。

导游人员应当向游客宣读中国公民境内或者出境旅游文明行为公约，倡导游客形成良好的文明旅游意识。

第五十一条 旅行社和导游服务管理机构应当加强对已经登记、签约、注册的导游人员的培训教育，建立导游服务质量跟踪管理制度，树立优秀导游员品牌，提升导游服务质量。

第五十二条 导游服务管理机构向旅行社或者旅游区（点）提供导游人员中介服务，应当与旅行社或者旅游区（点）签订书面中介服务协议，约定双方的权利义务，明确所委派导游的工作报酬。

导游人员在旅行社或者导游服务管理机构之间流动，原单位应当为其办理转移登记手续提供方便。

第五十三条 星级饭店将其餐厅、娱乐场所等出租、承包的，承包经营者应当保证提供与星级相称的服务质量。

第五十四条 旅游区（点）内的购物、餐饮、卫生等设施，应当合理布局，加强管理。

任何组织和个人不得擅自在旅游区（点）及其周围摆摊、设点和出租景观，不得尾随、纠缠、胁迫、欺骗旅游者购买商品或者接受服务。

第五十五条 旅游区（点）应当根据国家标准设置供水、供电、通讯、停车场、公厕、垃圾收集装置等旅游配套服务设施和环境保护配套设施。

第五十六条 旅游区（点）内应当设置说明牌、指示牌以及界线标志，使用符合国家标准的公共信息图形符号。

口岸、车站、码头、机场、旅游饭店及其他主要旅游设施，应当设置导向标志或者解说标牌，其内容应当符合相关法律法规和国家强制性标准的规定。

第五十七条 实行政府定价或者政府指导价的旅游区（点）需要制定或者调整价格时，应当先征求旅游行政主管部门的意见，再报政府价格主管部门审批。

第五十八条 政府有关部门应当按照国家规定，对旅游经营者依法进行监督管理。

旅游行政主管部门应当健全旅游投诉制度，设立并公布投诉电话，接受旅游者的投诉。

市旅游质量监督管理机构负责旅行社质量保证金赔偿

案件的办理以及旅游投诉、旅游市场检查工作。

第五十九条 旅游行政主管部门及其质量监督管理机构收到旅游投诉申请后，应当按照有关规定及时调查处理。

第六十条 旅游行政主管部门应当建立旅游经营者诚信信息通报制度，将被旅游等行政管理部门依法给予行政处罚和被旅游者有效投诉的相关信息，向社会定期公布。

第五章 旅游安全

第六十一条 旅游行政主管部门应当组织具有行业特点的安全宣传教育工作，督促、检查旅游业重点单位落实有关旅游业安全管理制度和安全防范措施，组织制订旅游安全应急预案，消除事故隐患，协调有关行政管理部门依法查处违反旅游安全规定的行为。

安全生产监督、公安、工商、交通、建设、文化、质量技术监督、食品药品监督等其他有关行政管理部门按照各自职责做好旅游安全监督管理工作。

第六十二条 旅游经营者是旅游安全生产主体，应当认真履行法律、法规和国家、省关于旅游安全生产的有关规定。

第六十三条 旅游经营者应当建立安全事故应急救援预案和安全救助机制，设立安全管理机构或者配备专门人员，配置必要的旅游安全救护设备和设施，切实保障旅游者的人身、财产安全。

第六十四条 旅游经营者应当对员工进行安全教育和培训，普及安全常识、提高安全技能，特种作业人员必须持证上岗。

第六十五条 旅游经营者应当加强设备、设施的日常维护和保养，保证安全运转，对存在的安全隐患，应当立即组织消除。

涉及人身安全的特种旅游项目和客运索道、大型游乐项目，其设备、设施应当符合国家有关安全标准，并定期检测。

第六十六条 旅行社组织旅游，应当保证所提供的服务符合保障旅游者人身、财产安全的要求；对可能危及旅游者人身、财产安全的事宜，应当向旅游者作出说明和警示，并采取防止危害发生的措施。

第六十七条 旅游区（点）应当根据接待需要，设置地域界限标志、服务设施和游览导向等标志；对具有一定危险性的区域或者项目，应当设立明显的提示或者警示标志，并采取必要的防护措施。

第六十八条 旅游区（点）应当根据旅游安全、环境保护、文物保护以及服务质量等要求，确定旅游接待承载能力，实行游客流量控制。

旅游区（点）达到或者接近游客流量控制标准时，旅游区（点）的经营管理者应当及时进行疏导，并采取分时进入或者限制进入等措施。

第六十九条 旅游者应当自觉遵守有关安全规定，增强自我保护意识。提倡旅游者购买人身意外伤害保险。

第七十条 公民自助组织出游应当遵守社会公德、保护环境，对旅游活动中可能危及人身财产安全的情况，采取相应的措施，保护人身、财产安全。

第六章 法律责任

第七十一条 违反本条例规定的行为，有关法律、法规已有相关处罚规定的，由城市管理行政执法、旅游、工商、价格、公安、交通等相关部门依法处理。

第七十二条 违反本条例第三十九条规定的，由城市管理行政执法部门责令限期改正，并可以处一万元以上三万元以下的罚款。

第七十三条 违反本条例第四十条第二款，第四十一条第二款、第三款规定的，由城市管理行政执法部门责令限期改正，情节严重的，并可以处二千元以上一万元以下的罚款。

第七十四条 违反本条例第四十四条第一款规定的，由城市管理行政执法部门责令限期改正，并可以处五千元以上二万元以下的罚款。

违反本条例第四十四条第二款规定的，由交通行政管理部门责令改正，并可以处五百元以上五千元以下的罚款。

第七章 附 则

第七十五条 本条例所称旅游业，是指利用旅游资源和旅游服务设施，从事旅游招徕、接待，为旅游者提供游览、交通、住宿、餐饮、购物、娱乐等服务的综合性产业。

本条例所称旅游资源，是指具有观赏、游览或者休闲价值，可以为发展旅游业开发、利用并能产生经济效益和社会效益的自然资源、人文资源和其他社会资源。

本条例所称旅游经营者，是指专门或者主要从事旅游经营活动的法人、其他组织和个人。

本条例所称购物商场，是指通过与旅行社或导游签订书面或口头协议，直接或主要接待旅游团队消费者的各类购物场所。

本条例所称饭店，是指为旅游者提供食宿等服务的宾馆、酒店、度假村等。

第七十六条 本条例自2008年8月1日起施行。1999年1月1日起施行的《珠海市旅游业管理条例》同时废止。

地方规范性文件

中共河源市委 河源市人民政府 关于建设广东生态旅游示范区 加快旅游业转型升级的决定

（河委发〔2008〕20号）

为把我市建设成为广东生态旅游示范区，加快我市旅游业向生态休闲度假转型升级，根据国务院《关于加快发展服务业的若干意见》和省委、省政府《关于加快旅游业改革和发展建设旅游强省的决定》精神，以及省委、省政守将河源定位为生态发展区的要求，结合我市实际，特作如下决定：

一、充分认识发展生态旅游产业的重要性

生态旅游是凭借良好的自然生态环境来满足人们学习生态知识、旅游观光、休闲度假、疗养健身需求的一种高层次旅游活动。生态旅游是朝阳产业，随着经济发展和人们生活水平的提高，旅游休闲已成为人们日常生活的一个重要组成部分，产业发展前景广阔；生态旅游是一个带动性很强的综合性产业，除了“行、游、住、食、购、娱”六大行业外，同时辐射带动众多产业的发展，涉及银行、保险、传播、农业、工业、环保、建筑、电信、文体、会展等众多行业，对拉动当地CDP增长和创造就业岗位，具有乘数效应；生态旅游业是循环经济产业，旅游产品大多具有一次投入、重复消费、长久利用的特点，是节省能源、充分利用资源、符合建设节约型社会要求的产业；生态旅游业是无烟环保产业，其对环境产生的污染极小，而且，旅游开发本身还可以促进生态环境的优化；旅游业是对外交往频繁、开放度较高的产业，对于扩大城市的知名度和影响力、优化发展环境、提高市民素质等方面都将起到重要作用。同时，我市毗邻珠三角，交通便利，生态旅游资源丰富，经过十多年的发展，我市的生态旅游业已初具规模，形成了“客家古邑·万绿河源·温泉之都·恐龙故乡”四大旅游品牌。因此，我市发展生态旅游业具有明显的优势，前景非常广阔。

二、建设广东生态旅游示范区的指导思想和发展目标

（一）指导思想。以邓小平理论、“三个代表”重要思想和科学发展观为指导，以承办2010年第23届世界客属恳亲大会为契机，以良好的生态环境为基础，以丰富优美的生态资源为依托，以生态旅游规划为先导，集约开发生态旅游资源。通过扩规模、建精品、增特色、塑品牌，着力培育旅游产业集群，大力发展生态观光、生态休闲、生态度假旅游产业，加快实现旅游业转型升级，将生态优势转化为经济优势和竞争优势，形成规模经济和支柱产业，打造区域生态旅游驰名品牌和泛珠三角生态旅游休闲度假目的地。

（二）发展目标。到2012年，将我市建设成为广东生态旅游示范区，旅游业成为我市国民经济的支柱产业，5年内实现旅游入市人数、旅游总收入年均递增15%以上，旅游总收入占全市GDP比重达10%以上；建设一批规模较大、档次较高、在省内外有一定知名度的精品景区和高星级饭店；把我市建设成为独具生态特色、旅游产业发达、设施完善、服务优良、特色鲜明的旅游强市，成为“泛珠三角的后花园”，客家文化、恐龙文化生态保护基地和人们回归自然的休闲度假胜地。

三、大力开发生态旅游精品

充分发挥我市拥有一流的森林、空气、水资源生态环境优势和山、河、湖、泉、林、龙（恐龙）、史等旅游资源丰富的优势，以休闲度假游为重点，挖掘生态旅游资源，打造旅游精品，形成“山水休闲、生态野趣、温泉保健、恐龙奇观、客家风情、漂流历险、美食养生、红色经典”等特色旅游产品，打造“客家古邑·万绿河源·温泉之都·恐龙故乡”等特色品牌。

（一）都市旅游。城市发展总体规划与休闲度假规划相衔接，充分考虑旅游休闲因素，构建休闲度假城市的建设要素体系，强化城市综合休闲旅游服务功能。保护延续地方传统客家文化与民居建筑特色，实现现代城市与传统人文和历史要素的完美结合，展现“客家古邑”深厚的文化底蕴。规划足够的园林与绿地，形成城在园中，园在城中的绿色城市风景，全力推进公园城市建设，塑造“万绿河源”的城市形象。打造“两江四岸”滨水休闲城市景观，建构“客家水乡”的滨江城市形态。建设集交通、景观、生态、文化功能“四位一体”的城市道路，规划建设贴近社区惠民便民的小公园和小广场，集商业、饮食、旅游、文化于一体的中央商务游憩区、历史文化街区、特色购物街、酒吧一条街、旅游购物中心、特色美食城、文化娱乐城等城市旅游配套和市民休闲工程。近期完善或新建新丰江国家森林公园（万绿湖、桂山）、客家文化公园、恐龙文化公园、笔架山公园、梧桐山公园、越王山公园等一批重点公园和景区，将河源建设成为具有山水生态和客家文化特色的公园之城。

（二）生态观光。利用我市的青山秀水和田园风光资源优势，大力发展生态观光、生态野趣度假旅游，建设以大桂山、野趣沟、霍山、越王山为重点的生态观光和休闲度假基地。同时，利用我市山地众多优势，大力发展自驾车营地、攀岩探险等旅游。

（三）森林度假。利用我市众多的森林资源和一流的空气优势，大力发展森林休闲度假旅游，建设以九连山为重点的森林休闲度假基地。规划建设高山避暑、森林探险、森林氧吧等项目。

（四）滨水休闲。利用我市清澈的河流、湖泊、水库资源，大力发展漂流历险、赏水戏水、豪华游艇等滨水休闲度假旅游，建设以万绿湖国际会议度假中心为重点的滨水休闲度假基地。

（五）养生健体。综合利用我市丰富的温泉资源优势，大力发展大型温泉度假旅游项目，建设温泉保健休闲度假基地。充分利用我市丰富的中药材、客家美食资源优势，大力发展中医药养生、美食养生、体育休闲、野外拓展旅游，建设养生健体旅游基地。

（六）乡村农家游。结合生态农业开发，建设生态农业观光休闲度假基地。实行农业开发与旅游观光相结合，旅游发展与新农村建设相结合，以建设生态镇为载体，发展农家乐旅游产品，建设一批乡村家庭旅馆，开展乡村旅游，引导城市居民到乡村寻根忆祖、吃农家饭、住农家屋、干农家活、享农家乐，回归田园生活，体验农耕文明。

（七）历史文化游。挖掘整理客家民居、客家美食及客家民俗、客家山歌、地方戏、民间技艺、民间传说等非物质文化遗产，大力发展客家风情游。深入挖掘赵佗兴王之地、孙中山祖籍地等悠久历史文化和紫金苏区、东江纵队、粤赣湘边纵队等红色革命文化，加强有关文物收集、保护和修复，大力发展历史人文休闲旅游和红色旅游，打造人文历史旅游精品。重点策划建设好客家文化公园、恐龙文化公园和赵佗古城。

（八）新型旅游。适应旅游业融合性、专业性发展的新趋势，大力培育自驾车游、会议旅游、博展旅游、修学旅游、医疗保健旅游、购物旅游、商务旅游、体育旅游、节庆旅游、宗教旅游等高效益型旅游业。

四、建设广东生态旅游示范区的主要措施

（一）科学规划。充分发挥规划在旅游开发管理中的龙头作用，按照“先规划后建设”和“严格保护、合理开发、永续利用”的原则，坚持科学规划，防止盲目开发、低水平重复建设和破坏生态环境与自然景观。根据省委、省政府将河源定位为生态发展区的要求，以及把河源打造成休闲度假城市的目标，重新修编河源市旅游发展总体规划，构建以生态旅游为重点的全市旅游大格局，制定和出台旅游景区规划建设管理规定，成立河源市规划委员会旅游规划分会，规范对全市旅游项目的规划建设和管理。加快编制特色旅游规划和重点旅游区域规划，重点抓好万绿湖、大桂山、九连山、温泉度假、恐龙公园等重点景区景点规划编制和实施，推进重点景区景点综合开发。各县区根据全市旅游发展总体规划和专项规划，修编、完善本地区的旅游发展规划。

（二）集约开发生态旅游资源。坚持政府主导、市场运作，加强资源整合，建设一批品位高、特色新的精品旅游景区景点，提高我市旅游产品的核心竞争力，全面提升旅游产业的文化品位。通过对万绿湖的资产重组、引进战略性投资伙伴，统一开发万绿湖，整体完善旅游基础设施和各项配套设施，规划建设“万绿生态旅游度假区”，切实把万绿湖打造成我市旅游业的“航空母舰”和名副其实的龙头景区。

（三）完善城市旅游功能。进一步加快市区“两江四岸”景观带建设，增加水上娱乐项目，完善停车场等设施。加大市区的绿化、美化、净化、亮化工作力度。完善全市旅游设施，着力改善各旅游景区景点的道路及交通指引、供水、供电、通信、绿化、卫生等基础设施，重点对万绿湖旅游大道进行扩建和升级，完善游客中心、停车场、住宿、餐饮、购物、游览、娱乐、旅游厕所等配套设施。加快旅游咨询服务中心建设，为外地入市游客特别是日益增长的自驾车散客提供免费周到的咨询服务。加快建设一批高星级旅游饭店，满足日益增长的游客需求，增加城市接待能力。规划建设市区的美食、购物、娱乐等街区或广场，延长游客逗留时间，增加旅游总收入。

（四）增加旅游项目的文化内涵和参与性。紧紧围绕我市丰富的客家文化、历史文化、生态文化和恐龙文化等文化旅游资源，加强对各种文化遗产的挖掘、保护和利用，提高旅游文化内涵，提升文化品位。实行农业、林业、渔业、文化的开发建设与旅游观光相结合，旅游发展与新农村建设相结合，融入参与性项目，开发特色餐饮、特色住宿、特色观光、特色休闲、特色商品、特色娱乐等特色旅游项目。深入挖掘具有浓郁客家特色的民间文学、民间戏曲、民间音乐、民间美术、民间舞蹈、民间习俗等非物质文化遗产和古村落、古建筑等文化遗址，打造客家风情旅游精品。通过举办客家文化旅游节及在景区安排客家歌舞演出等各种手段，将我市的客家文化、恐龙文化、历史文化、生态文化融入到整个旅游业当中，提高我市旅游的文化品位。

（五）加大宣传促销力度。建立和完善政府牵头、旅游企业为主、部门协同、上下互动、口径一致、形式多样的宣传促销机制。各级政府和宣传、外事、旅游、文化、新闻媒体等单位要把旅游宣传作为对内、对外宣传工作的重要组成部分。尤其是各新闻单位要在开辟旅游专栏、专题，扩大旅游宣传报道容量的同时，积极与省内外传播媒体交流河源旅游宣传节目，宣传我市发展旅游业的重大举措和有重大影响的旅游活动，提高我市“客家古邑·万绿河源·温泉之都·恐龙故乡”等四大品牌的知名度。改进宣传促销方式，积极参加国内外旅游交易会和各种促销活动，开展企业联合和区域联合促销。积极扩大与周边省、市、泛珠三角及京九铁路沿线城市的区域旅游合作，大力促进与“千里客家文化旅游长廊”三省十市的交流与合作。加快“河源旅游网”的整合完善和旅游目的地营销系统建设，大力发展旅游电子商务，健全旅游统计体系、旅游信息调查体系和假日旅游预订体系，加快城市旅游咨询服务中心建设。

（六）大力发展旅游商品制造业。加强我市旅游商品的研发工作，开发客家文化、恐龙文化、历史文化、生态文化、竹木工艺、土特产品、风景美术等系列旅游商品和纪念品。加快培育旅游商品市场、购物中心和特色街区，着力提高游客购物、娱乐消费的比重，提高旅游业的经济效益。

（七）加强旅游人才队伍建设。将旅游高级人才需求纳入全市人才引进和培训计划。建立健全旅游人才和从业人员教育、培训体系，整合旅游教育培训资源，充分利用导游管理培训机构和市内外各大中专院校，加快培育中、高级旅游管理服务人才和实用人才。通过举办培训班、研讨班及有计划地选送旅游系统优秀干部到高校或国外旅游机构深造，重点培养规划开发、行业管理、市场营销等高素质旅游管理人才。建立完善旅游专业人员职称评定，实行导游员聘任薪酬与职称挂钩制度。逐步建立河源旅游人才信息库，加强人才储备和交流，推动人力资源合理配置。

（八）加强行业管理。整顿和规范旅游市场秩序，认真实施《旅行社管理条例》和《导游人员管理条例》，加大对全市旅行社和导游员的执法监察工作；制定出台关于加强社会旅馆管理的有关规定，规范对非星级酒店的管理监督；加强对旅游景区存在问题的整改和旅游资源开发管理，全面提升我市旅游景区规划建设水平和经营管理水平。

五、强力推进旅游业转型升级

（一）加强对旅游业的组织领导。各级党委、政府要把建设广东生态旅游示范区工作列入重要议事日程，坚持主要领导亲自抓，分管领导具体抓，职能部门共同抓，做到领导到位、责任到位、资金到位、措施到位、工作到位。对县区政府和市直有关部门的旅游工作实行目标考核和奖励。成立河源旅游发展促进委员会，由旅游、宣传、发改、经贸、财政、规划建设等相关部门组成，定期召开会议，加强协作，形成合力，大力促进旅游业转型升级各项工作落到实处。

（二）加大旅游业的资金投入。各级政府要把旅游业作为支柱产业予以高度重视，营造浓厚的旅游发展氛围。市、县区政府要设立旅游发展专项资金，重点用于旅游宣传促销、旅游发展规划、旅游教育培训、旅游基础设施建设、重点项目引导、考核奖励等专项开支。各级政府和相关部门要优先支持重点旅游区的交通道路、供电供水、广播电视通讯等重要基础设施建设。市财政从2009年起，每年安排旅游宣传促销经费200万元，旅游产业发展资金300万元，以后逐年增加；各县区政府也要相应安排旅游宣传促销经费和旅游产业发展专项资金并逐年增加。

（三）加大对旅游业的政策扶持。将观光、休闲、度假旅游项目纳入消费性服务业发展的扶持政策范围，将商务、会展、工农业旅游项目纳入生产性服务业发展的政策支持范围。在解决旅游项目用地方面，每年预留一定的用地指标作为旅游项目用地。根据旅游发展总体规划，搞好旅游项目用地储备，保障旅游产业建设用地需求。进一步简化旅游用地审批手续，对景区景点的建设用地指标和有关费用给予支持和优惠，4A级景区景点、市区五星级饭店、各县四星级以上饭店等大型旅游项目可参照享受工业项目的优惠政策。鼓励农村集体利用非耕地农用地，以租赁方式与开发商合作开发生态旅游项目，租赁经营单位可凭租赁协议办理接待、办公临时用房报建手续（不含宾馆、饭店等基本建设用地）。

（四）鼓励旅游项目开发。市旅游行政管理部门根据市旅游发展规划，会同有关部门制定重点旅游建设项目目录，经市政府批准后，向社会公开招商。进一步放宽旅游业领域市场准入，鼓励境内外企业、其他组织和个人采取多种形式投资旅游业。保护投资者的合法权益。

（五）深化旅游业体制和机制创新。深化以产权为核心的国有旅游企业改革，推动民营资本、外来资本进入国有旅游企业，通过收购、兼并、资产重组、参股等形式实现产权多元化，让国有旅游企业摆脱体制上的束缚，增强发展活力。大力引进并吸收国内外知名旅游服务机构及企业进驻河源，以带动产业经营理念和管理水平的提高，提升市场竞争力。引导旅游企业建立现代企业制度。引进旅游管理高层次人才，完善激励、约束和监督机制，鼓励资源、客源、品牌、技术、管理等旅游要素参与收益分配。鼓励专业管理公司经营管理宾馆酒店业。按照旅游资源所有权、管理权与经营权分离的原则，以特许、托管、承包、租赁等方式，鼓励有实力的旅行社及其他旅游企业合作经营旅游景区景点，积极吸引社会资金参与旅游资源的开发和建设，整合资源，组建旅游集团，增强竞争力。

（二〇〇八年十二月二日）

东莞市人民政府
关于进一步加快旅游业发展的意见

（东府〔2008〕74号）

为加大产业结构调整和转型升级的力度，加快发展第三产业，全面提升我市旅游业发展水平，提升城市形象，吸引和聚集高素质人才，发展高质量的经济，打造高品位的城市，实现经济社会双转型，现就进一步加快旅游业发展提出如下意见。

一、充分认识进一步加快发展旅游业的重要意义

（一）明确旅游业在经济社会发展中的地位和作用

随着经济的迅速发展，我市涌现出一大批高星级酒店、高尔夫球场等旅游设施，旅游业保持了良好的发展势头，在国民经济和社会发展中的地位和作用越来越重要。由于我市旅游业起步晚，存在城市形象不鲜明、旅游特色不突出、外界获取东莞信息不完整等因素，虽有良好的基础服务设施和庞大的潜在客源市场，却尚未能成为个性突出的旅游目的地城市，旅游产业发展水平与我市经济发展的水平不相适应。我们要进一步加快旅游业发展，促进东莞由旅游客源地向旅游目的地转变，加快东莞由生产中心向生产和消费中心转化。进一步加快发展旅游业是贯彻落实科学发展观，调整优化经济结构，促进产业结构调整和转型升级的重要举措；是扩大就业，提高人民生活水平的有效途径；是促进对外开放与交流，提升城市品位的重要手段。

（二）各有关部门和镇街要大力支持旅游产业的发展

各镇街和各有关部门要充分认识加快发展旅游业的重要意义，认识旅游业是一项产业关联性强、带动性大、投入产出率高的综合产业，促进旅游业的发展也是实现经济社会双转型的一项重要举措。加强城市营销，提升东莞的城市整体形象是各部门各镇街的共同工作，要加强联动和协作，要提高认识，统一思想，真正把旅游业作为我市国民经济新的增长点来培植，努力把旅游业办成我市第三产业中的支柱产业，促进旅游业发展跃上新台阶。

二、进一步加快旅游业发展的指导思想和总体目标

（一）加快旅游业发展的指导思想

以建设国际性新型旅游目的地为目标，按照政府主导、市场运作、企业经营的原则，突出抓好旅游资源的优化整合，做到科学规划、高起点建设、综合配套、精心管理、高品质服务、打响国际化品牌，实现从旅游客源地向旅游目的地转变，使东莞成为知名的会展休闲商都。

（二）加快旅游业发展的总体目标

到2010年，全市旅游接待总人数达到2400万人次，年均增长12%；旅游总收入达到178亿元，年均增长15%。

三、进一步加快旅游业发展的重点工作

（一）加大城市营销力度，树立东莞新形象

一是塑造品牌。按照打造会展休闲商都旅游品牌的总目标，精心策划，塑造鲜明的东莞旅游形象，通过电视、互联网、报刊、户外广告等渠道广泛宣传。二是加强旅游宣传促销活动。精选特色旅游线路，积极参加国家、省组织的旅游推介活动，突出东莞旅游特点和优势，提升东莞城市知名度和影响力；组织有针对性的旅游推介活动，开拓客源市场。三是办好节庆活动，丰富旅游文化内涵。按照政府指导、市场运作的原则，办好卖身节、啤酒节、登山节、龙舟节、美食节等旅游文化活动，将景区游览与本地民俗民情体验串联起来，丰富东莞旅游的文化内涵，充分利用主题活动和节庆活动推介东莞旅游。四是加强旅游区域合作。积极参与旅游区域合作，促进优势互补，客源共享。五是建立旅游信息网络平台。建立东莞旅游目的地网络信息营销系统，在游客集中的地方逐步设立多媒体触摸电脑咨询终端，提供多语种旅游信息咨询服务。

（二）做好旅游规划，完善旅游基础设施

一是统筹规划全市旅游业发展，做好全市旅游总体规划修编工作，搞好重点旅游资源及周边的控制性详细规划，并严格组织实施。二是加快城市公共交通和各主要景区交通网络建设，加强通信、银行、医疗、旅游交通沿线指示牌以及城市公共信息网络等配套设施建设。三是充分利用我市制造业的优势，设立特色、专业化的东莞产品特卖场，宣传东莞的产品，吸引游客来东莞购物，满足游客的多元化消费需求。

（三）开发旅游特色产品，重点打造两大旅游印象区和推出三大精品旅游线路

一是打造“松山湖、莞城、同沙、生态园”的旅游印象区，使之成为东莞政治、经济、文化、城市休闲、现代娱乐于一体的最具岭南文化特色的城市休闲旅游度假区。二是打造“虎门、虎门港、长安、厚街”的旅游印象区，使之成为具有现代港口、时尚潮流、历史文化的商务会展旅游区。三是通过不同的组合，推出商务会展、休闲度假、文化娱乐三大精品旅游线路，将东莞打造成为以商务会展、城市休闲为重点，以娱乐、酒店、餐饮为特色，以运动、文化为补充的珠三角重要商务会展、休闲度假的旅游城市。

（四）提高旅游从业人员素质

一是大力发展旅游教育。扶持相关院校办好旅游专业、扩大招生规模，推动企业与学校建立旅游人才供需合作关系。二是加大业务培训力度。旅游行政管理部门要与有关部门密切配合，加大力度抓好旅游从业人员的业务培训和考核，切实提高旅游从业人员的素质。三是开展行业创优活动。组织开展技能竞赛、评选先进等活动，不断增强旅游从业人员的服务意识，进一步提高旅游行业的服务质量和水平。

（五）优化旅游业发展环境

1. 加强财政资金扶持。2008—2010 年，市财政按当年实际情况，对旅游业发展提供资金扶持。一是每年安排专项经费，用于旅游宣传促销，纳入地方年度财政预算，并根据财力逐年增加，各镇街要结合实际安排相应旅游宣传促销经费。二是每年安排专项经费，用于旅游人才培训工作。三是设立专项奖励经费，鼓励旅游企业走品牌化、规模化道路，提升行业素质和竞争力。

2. 完善旅游管理体制。一是市旅游行政管理部门要强化旅游综合协调管理和服务职能，把工作重点转移到宣传促销、市场监管、行业督导、环境营造等方面，形成职责明晰、运作规范、调控有力、精简高效的旅游行政管理新机制。二是鼓励成立旅游综合性和专业性行业协会，完善旅游中介组织机构，充分发挥协会和中介机构的指导、服务和监督功能。

3. 规范旅游市场秩序。一是倡导诚信经营，创造良好的市场秩序。二是规范经营行为，依法查处无证经营，进一步规范旅行社的经营与服务。三是强化旅游安全管理，落实安全责任制，完善突发事件应急预案，建立旅游安全救援指挥系统，指挥协调旅游重大安全事故和旅游安全突发事件的救援工作；加大安全质量监督检查力度，切实保障游客生命财产安全。

（二〇〇八年六月二十日）

中山市人民政府
关于进一步加快旅游业发展的意见

（中府〔2008〕1号）

为进一步提升我市旅游业的发展水平，加快推动旅游业发展成为现代服务业的重要支柱产业，促进经济结构的优化升级，现就进一步加快我市旅游业发展提出如下意见：

一、充分认识加快旅游业发展的重要意义

旅游业是国际公认的朝阳产业，具有关联度高、带动性强、可持续循环利用等显著特征。改革开放以来，我市借助人文地理优势大力发展旅游业，有效地提高了中山的知名度和促进了全市经济社会的快速发展。目前我市旅游业正面临着新的挑战。旅游业总量偏小、资源分散、体制落后、后劲不足等问题，已经严重制约我市旅游业的进一步发展。同时，我市旅游业也面临着新的发展机遇。经济社会的发展为旅游业提供了广阔的发展空间，“两个适宜”城市的环境为旅游业提供了丰富的资源，交通设施的改善为旅游业提供了良好的环境，国际游资的大量存在为旅游业提供了更多的融资机会。各级各部门要从全局和战略的高度，充分认识加快旅游业发展是提升我市城市综合竞争力的重要举措，是实现产业结构优化升级的战略选择，是建设宜居城市的客观要求。要进一步增强加快旅游业发展的紧迫感和责任感，勇于迎接挑战，善于抢抓机遇，采取切实有效的措施，开创旅游业发展新局面。

二、明确指导思想、基本原则和目标任务

（一）指导思想

深入贯彻落实科学发展观，通过新一轮的思想大解放，推动新一轮旅游业的大发展。积极实施“三大改革”。改革管理体制，理顺条块关系；改革经营体制，培育经营队伍；改革产权制度，引入战略投资者。努力实现“四个转变”。从景点经营向线路经营转变；从项目开发向板块开发转变；从项目招商向规划招商转变；从产业经营向产业与资本经营相结合转变。大胆探索产业经营与资本营运相结合的旅游发展新路子，促进我市旅游业实现跨越式发展，全面提升我市的综合竞争力。

（二）基本原则

1. 政府主导原则。充分发挥政府在总体规划、政策环境、市场监管等方面的主导作用，增强国有旅游资源的核心竞争力。

2. 板块撬动原则。按旅游板块统一规划建设，整合、重组、优化和开发旅游资源，打造各具特色的旅游板块。

3. 文化带动原则。深入挖掘旅游项目的文化底蕴，为旅游项目注入更多的文化元素，增强旅游景点的吸引力和生命力。

4. 资本运作原则。整合和盘活旅游资源，运用资本市场，扩大旅游业融资和实现国有旅游资产的保值增值。

5. 可持续发展原则。以有效保护核心旅游资源和环境为前提，实现旅游、资源、环境协调发展。

（三）目标任务

实现旅游业总收入增幅高于全市服务业的增幅，到“十一五”期末，旅游业总收入占GDP的13%，努力打造2个国家5A级、5个国家4A级的旅游景区，把我市建设成为国内及东南亚的休闲度假旅游胜地，争创“中国最佳旅游城市”。

三、创新旅游业发展模式

（一）整合资源打造六大旅游板块。坚持规划先行、科学布局的理念，进一步完善《中山市旅游发展总体规划》，高标准规划建设温泉片区、南朗片区、南区片区、富华片区、长江怡景片区、古香林片区等6大旅游板块。积极整合中山温泉周边旅游资源，引入战略投资者，打造以商务会议、休闲、养生为主的复合型温泉度假地；重新规划建设南朗片区，整合翠亨村、纪念馆、中山城、翠亨宾馆、海上温泉等旅游资源，打造具有国际影响力的人文、历史、文化融一体的观光旅游胜地；大力开发南区各类主题旅游资源，以詹园、文笔山大风车旅游世界、华侨文化旅游区为旅游节点，打造兼具生态休闲、人文艺术和古迹文化内涵的风景旅游景区；重组盘活富华酒店等国有资源，加快丰富各类住宿、美食、购物、娱乐等现代都市旅游元素，

打造以城市旅游和休闲旅游为重点的旅游景区；统筹协调长江片区内的高尔夫球会、怡景假日酒店、长江宾馆、浪漫水城、圣贤山庄等旅游资源的发展，打造高档次的休闲度假、商务会议的旅游风景区；依托古香林优越的自然和区位优势，充分挖掘生态保护文化和历史宗教文化，打造集生态休闲、会议度假和旅游观光为一体的大型综合旅游胜地。

（二）推进国有旅游资源资本运作。加大统筹策划力度，通过对国有旅游资源进行重组保值、发展增值、上市放量增值等三个步骤，进一步扩大旅游业的市场融资渠道和实现国有旅游资产的保值增值。加快对国有旅游资产进行重组，实施债权清理和债务重组计划，搞活内部经营机制，切实提高国有旅游项目的经营效益，实现重组保值；逐步将重组后的国有增值资产及已选定的未来开发项目组合成新的独立或联合总资产包，引入投资合作伙伴及其资金，开发建设首期合资合作项目并力争取得预期收益，实现发展增值；进一步在市场上融入二、三期的发展资金，加快旅游项目发展，取得更好的业绩和效益，然后按各投资项目所取得的预期更好业绩和效益，进行独立或统一包装分拆在内地、香港上市，实现放量增值。

（三）深化旅游区域合作。加强与邻近地区的旅游合作，完善工作机制，创新合作手段，共同打造区域旅游品牌和旅游精品线路。明确与港澳珠的合作定位，建成文化旅游共同区；加强与穗深的合作，建设珠三角休闲度假集聚区；发展与国际华人社区的合作，规划建设华人归国寻根优先区；深化与其他地区合作定位，建成文化旅游与商务旅游特色区。整合包装高尔夫游、温泉水疗游、华侨文化游、美食游等线路，通过中港澳珠旅游区域合作机制向国际市场推广；整合包装伟人故里游、城市风光游、特色产业游、休闲度假游等线路，拓展国内旅游市场；整合包装灯饰等特色产业游，大力发展产业文化旅游。通过深层次的区域合作，形成多层次、全方位的旅游市场联合营销体系，实现旅游产业的综合性开发，扩大旅游业的总体收益。

（四）拓展旅游节庆活动。不断探索和创新办节模式，继续办好菊花节、美食节、民俗旅游文化节、岭南水乡文化节、华侨文化节等大型节庆活动，努力培育新的旅游节庆品牌。充分利用孙文西路文化步行街，定期举办民俗文艺性巡游或展览，做好延长步行街到纪念堂的规划和建设。配合办好灯博会、电展会、服博会、“3·28”招商洽谈会等会展活动，拓宽旅游节庆活动渠道。

四、激发旅游业发展活力

（一）深化国有旅游企业经营机制改革。参照国际惯例及先进的管理经验，积极推进工效挂钩、提成奖励、优先配售股权等激励措施，搞活国有旅游企业经营机制，充分调动国有旅游企业经营者的积极性，实现旅游企业效益最大化。大胆探索旅游景区（点）所有权与经营权分离改革，通过拍卖、招标或者协议的方式，将景区（点）的经营权依法有偿出让给有实力的旅游企业，按照统一规划进行旅游资源的深度开发、建设和经营。鼓励和支持有实力的大企业以集中规划、成片开发的形式取得旅游景区（点）经营权。

（二）完善非国有旅游企业激励机制。认真落实国家和省有关加快非公有制经济发展的各项扶持政策，全面向社会资本开放旅游市场（国家明令禁止的除外），积极引导非公有制经济进入旅游领域，不断提高旅游业非公有制经济的比重。依法建立和完善旅游产业融资担保体系，鼓励和扶持重点非国有旅游项目采取项目特许权、运营权、旅游景区门票质押担保和收费权融资等方式，进一步扩大融资规模。积极采取 BOT、TOT 等融资方式，吸引社会资金参与旅游基础设施的建设。

（三）鼓励旅游企业提升发展水平。积极扶持本地旅游企业的发展，对进入年度全国百强行列的旅行社给予奖励；对新评定为四星级以上饭店、国家 3A 级以上旅游景区（点）、全国工农业旅游示范点、中华餐饮名店等国家定级或国家、省授予质量等级和荣誉称号的企业给予奖励；对获得市级以上荣誉称号的旅游企业员工给予奖励；对引进大型投资项目的企业和个人给予奖励；对旅行社组团在本市过夜游的，给予适当奖励。具体奖励办法由市服务办和旅游局研究制定。

（四）扶持开发特色旅游商品。鼓励开发能够体现我市历史文化、城市建设、民俗风情、特产资源等地方特色的工艺品、旅游产品和旅游纪念品。大力培育名牌旅游商品，把传统工艺与现代新技术结合起来，设计生产出一系列具有观赏性、趣味性、纪念性、实用性、便携性的旅游纪念精品，进一步拓宽旅游业发展的领域。各级政府适时启动一定的政府采购市场，优先采购特色旅游商品，扶持特色旅游商品不断发展壮大。

五、完善旅游业保障机制

（一）切实加强组织领导。发挥旅游业发展协调委员会的指挥协调作用，切实加强对旅游重点项目的指导，协调解决旅游业发展中存在的突出问题。旅游部门发挥好行业主管部门的牵头和第一责任人作用，及时分析旅游发展态势，积极以新建项目推动发展，以改革创新促进发展。市假日旅游协调领导小组全面负责指导我市假日旅游，协调处理“黄金周”期间的重大交通、安全、紧急救援和旅游投诉等有关事项。

（二）加大对旅游业的投入。随着旅游业对经济发展贡献的不断增加，财政逐年增加对旅游业的投入。

1. 服务业专项资金扶持。在市服务业发展专项资金中安排一定的资金，采取贴息、奖励、补贴等形式，专项用于扶持旅游服务业的发展。重点扶持做好旅游板块的规划研究，搞好旅游基础设施建设，以及扶持旅游市场的开拓等。

2. 旅游宣传专项资金扶持。加大在国家级媒体的宣传推介力度，在专项宣传经费中安排300万元，专项用于在中央电视台等具有重大影响力的媒体对中山市进行整体形象宣传，进一步提升我市旅游推介的层次和文化内涵。

3. 旅游基础设施建设专项扶持。把旅游基础设施纳入全市各项基础设施的整体规划统筹进行建设，市财政的建设资金优先保证与旅游景区（点）配套的道路、给排水、供电等基础设施的建设需要。规划局、建设局、旅游局负责编制旅游基础设施的建设规划，市财政局统筹在每年的基建预算中确保有一定资金用于完善旅游基础设施。

（三）规范旅游市场管理。严格按照国家和省、市有关法律法规和行业标准，加强对旅游市场的监督管理。对旅行社、旅游星级饭店、旅游景区（点）全面实行质量标准化等级评定管理。不断完善旅游市场综合治理机制，严肃查处和打击无证无照经营、价格欺诈、毁约失信等违法违规行为，大力倡导诚信经营和诚信服务。进一步完善旅游协会的职能，强化旅游产业联盟，在客源共享、线路整合、价格协调等方面发挥更大的作用。

（四）健全旅游安全管理。切实加强旅游安全监管，督促、检查旅游重点单位落实有关旅游安全管理制度和安全防范措施。做好旅游高峰期和重点旅游景区社会治安、交通疏导、消防监管、卫生防疫、大型游乐设备监督管理和紧急救援工作。加强对导游人员、旅游车（船）驾驶员、大型游乐设备作业人员及乘务人员的安全培训工作。

（五）大力培养旅游人才。充分发挥本地高等院校、中等职业教育学校和旅游培训机构作用，根据旅游业的发展需要不断调整优化旅游专业，强化对旅游人才的培养和旅游从业人员的在岗培训。在全市干部培训专项资金中，每年安排一定的资金用于旅游人才培训。加强同境内外旅游院校和培训机构的交流与合作，重点拓展澳门旅游业人才的培训市场，把中山建设成为澳门旅游和服务业外包的重要基地。建立人才激励机制，鼓励引进国内外高层次旅游科技和管理人才。

（六）加快出台配套实施细则。旅游局负责研究《关于加快旅游业发展的实施细则》、《旅游服务业标准化管理的实施细则》；国资委负责研究《中山市国有旅游资源资产重组改革的实施细则》、《国有旅游资源资产经营机制改革的实施细则》；市服务办负责研究《支持开发旅游商品的实施细则》。争取通过完善配套相关措施，切实推动旅游业实现跨越式发展。

（二〇〇八年三月八日）

中共清远市委　清远市人民政府
关于大力推进城镇特色化的若干规定（试行）

（清发〔2008〕22号）

为大力推进城镇特色化建设，提升城市品位，促进清远经济社会又好又快发展，根据国家和省的有关政策精神，结合我市实际，特作如下规定。

一、加快公路交通建设

（一）实行体制创新，进一步下放管理权。

（二）重新明确公路建设工程项目的补助标准。

为加快山区公路建设，省进一步提高了对少数民族和扶贫开发重点县及山区市、县公路桥梁建设项目的补助标准，从2007年起每公里补助标准分别是：省道非收费公路项目补助少数民族和扶贫开发重点县100万元至150万元，山区县70万元至120万元；桥梁每平方米的补助标准分别是：省道桥梁800元至1000元，县通镇公路桥梁少数民族和扶贫开发重点县400元至800元，山区县300元至600元。公路的危桥加固省投资补助标准为：省道，扶贫重点县补助65%，山区县补助60%；县乡公路的桥梁，扶贫重点县补助40%，山区县补助35%。

（三）征用土地优惠办法。

（四）税费优惠办法。

（五）加强公路建设资金的筹措和工程资金的管理。

1. 实行多渠道筹措建设资金。

2. 加强对公路建设资金的管理。

（六）强化项目的监督和管理。

二、加快电力电网建设（略）

三、加快大型批发市场建设（略）

四、加快旅游业发展

（一）实行重点扶持政策。

对年接待游客30万人次和3A级以上的景区景点，三星级以上的旅游酒店、宾馆（其中清城区、清新县五星级以上，英德市、连州市、佛冈县、阳山县四星级以上，连山壮族瑶族自治县、连南瑶族自治县三星级以上），建筑面积3万平方米以上的旅游购物商场，从事旅游纪念品开发的企业，当年缴纳入库的营业税（不含销售住宅楼房地产缴纳的营业税）和企业所得税的地方留成部分（扣除财税部门查补征收往年应缴税款入地方库部分）超过100万元以上，且逐年增长幅度超过20%以上的，均可享受以下优惠政策（如同一开发商在同一地点开发两个及两个以上项目的，只能合并为一个项目享受以下优惠政策）：

1. 行政事业性规费优惠。凡属我市范围内各部门（包括中央、省驻清单位）收取的各项行政事业性规费，除堤围防护费、水资源费和河道堤防占用费按规定上缴国家、省部分和工本费外，一律按现行收费标准的50%计收。

2. 财政奖励优惠。

（1）新办旅游企业当年缴纳入库的营业税（不含销售住宅楼房地产缴纳的营业税）和企业所得税地方留成部分（扣除财税部门查补征收往年应缴税款入地方库部分）首次超过100万元以上的新增部分，或再次超过100万元，且逐年增长幅度达到20%以上的新增部分，以上年为基数（达不到100万元的也按100万元为基数），财政部门按地方留成新增部分（扣除财税部门查补征收往年应缴税款入地方库部分）的50%奖励给企业。

（2）上述企业如发现有违反法律法规行为、拖欠职工工资、发生重大生产安全事故、职工多次上访、违反计划生育政策之一的，不得申报和享受奖励，已领取的奖励金一律予以收缴。

（3）凡符合享受财政奖励条件的企业必须在次年1月1日至1月31日向财政等有关部门申报，逾期不予办理。奖励的资金除文件明确规定外，其他由财政负担的市直、清城区、清新县按清府〔2003〕77号执行。具体的考核计算办法由市财政局另行制定。

3. 创名牌方面奖励。新评创建国家、省级旅游品牌的县（市、区）、4A以上景区、四星以上酒店、全国“百强”旅行社，给予创名牌方面奖励。

4. 关于土地使用税的征收。按景区景点区域内建筑物（名胜古迹、百年以上的古建筑物除外）和经营项目的实际占地面积计收景区景点国有土地使用税。建筑物和经营项目的实际占用面积由税务部门界定。

（二）加大财政对旅游的投入。

1. 市、县（市、区）财政每年拿出一定数额的专项资金，对具有新增长点的景区景点和重点旅游项目在起步阶段给予适当的引导性投资，以扶持其加快上规模、上档次、上水平、出效益。政府的投入主要用于外部环境的改善和引导性的投资，以及旅游资源的优化整合、旅游规划的修编和旅游的整体推介。由旅游、文化、质监、财政等部门组成评定小组，对被评定为具有地方特色和文化内涵的旅游商品、纪念品，财政给予适当的开发扶持资金。同时，通过多种渠道，积极争取中央、省和对口扶持单位对重点旅游景区景点的支持，以促进旅游业的发展。

2. 对年接待游客30万人次以上的私人投资兴办的旅游景点景区，当年缴纳入库的营业税和企业所得税的地方留成部分（扣除财税部门查补征收往年应缴税款入地方库部分）超过100万元以上，且比上年增长幅度达到20%以上的新增部分，以上年为基数（上年达不到100万元的也按100万元为基数），其新增税收的地方留成部分，由当地财政部门按地方留成部分（扣除财税部门查补征收往年应缴税款入地方库部分）的50%奖励给企业，用于企业扩大再生产。

（三）加大金融部门的扶持力度。

对投资者在我市依法投资兴办的景区景点和相关旅游项目，各金融部门优先给予贷款支持。对某些景区景点遗留的历史债务，可采取短期贷款转为长期贷款，抵押贷款转为按揭贷款等灵活变通办法处理，减轻企业的债务负担。鼓励银企合作和金融服务创新，鼓励各地探索旅游企业解决融资难的途径和办法。

（四）加大旅游整体推介力度。

政府搭台，企业唱戏。组织大推介，树立大形象，要从单一企业推介转向政府和企业联手推介、从分散推介转向整合推介、从落后推介转向先进推介，运用组节办会、强势媒体、网络等现代传播工具，提升清远旅游整体形象。在坚持合法和企业自愿的前提下，政府和企业联手搭建活动平台。要利用“开心清远”这一活动平台，加大旅游整体推介力度，整体推介经费主要采取“取之于旅游、用之于旅游”的筹资方式解决。

市政府每年在财政收入中安排市旅游局200万元，专项用于清远旅游宣传促销；各县（市、区）政府每年在财政收入中安排当地旅游局50万元的资金专项用于当地旅游宣传促销，并按财政收入增长比例和旅游发展情况逐年适量递增。积极争取省财政旅游景点建设专项资金对我市“开心清远”活动的支持，争取到的资金用于整体推介，并由市财政局监督使用。

（五）加强对旅游项目、酒店、宾馆、景区景点的管理。

1. 旅游建设项目立项时，要先向清远市旅游局递交项目申请报告，征得同意后，再按照建设相关程序报批。符合我市旅游整体规划的项目，可享受本规定的相关优惠政策。

2. 在旅游行业开展优质旅游服务活动。由市旅游局牵头，会同市公安局、市工商局、市卫生局、市质监局、市物价局、市经贸局、市外经贸局、市财政局、市国税局、市地税局、市公安消防局、市安监局、市委宣传部等单位，对我市星级旅游酒店、宾馆和景区景点的服务设施、服务质量、守法经营等方面进行综合评定，评选出若干家优质旅游服务酒店、宾馆和景区景点作为动态管理单位。对被评为优质旅游服务的单位，未经县级以上主管政法工作的领导批准或受其委托的公安机关主要领导批准，任何部门和个人不得乱查房、乱扣人和乱罚款，违者追究相关部门领导和人员的责任。对未评定优质旅游服务单位的旅游企业，旅游行政主管部门及相关部门要加强监督检查，发现有欺客宰客、重大投诉、环保不合格、环境卫生差及存在重大安全隐患的，由相关职能部门严肃查处，限期整改。

3. 为进一步规范旅游购物市场，凡开办旅游购物商场，必须报旅游行政主管部门审批同意（已开业的旅游商场补办审批手续），再按照有关规定程序办理。

4. 完善星级酒店、景点景区、旅行社、旅游公司、旅游购物商场的诚信管理和质量监督；完善对旅游企业的礼仪培训、导游人员的业务培训，90%以上的导游经培训达到持证上岗的要求。加强诚信服务建设，建立健全诚信评价与奖励制度，每两年对旅游企业、导游人员、旅游从业人员进行综合性考评，评出“十佳旅游景区、十佳旅游酒店、十佳旅行社、十佳导游员、十佳服务员”等，由市旅游局、市旅游协会授予荣誉证书，并给予表彰奖励。

5. 加强市、县两级旅游协会的建设，建立健全行业自律机制，引导公平竞争，共同发展，打击虚假广告。

（六）营造旅游大发展的良好环境。

各级各部门要通力协作，积极配合，为营造清远大旅游创造良好的发展环境，交警、交通、城监、工商、卫生、环保、质监等执法部门，要切实做到文明礼貌执法。对违反交通规则的外来旅游车辆要多教育、多引导、多解释，做到少罚款、少扣证、少拖车，树立清远的良好形象。

加快景区交通、道路、旅游服务中心、公共卫生、商场、酒店的配套建设。交通部门对重点景区要优先安排开通旅游专线车。市、县交警部门在节假日要增派警力疏通主要旅游交通道路，对测速区域、路段要有明显标志，引导车辆遵规行驶。

（七）切实加强旅游招商引资工作。

1. 引进大企业，促进大发展。对新开发的亿元以上项目、4A级以上景区、四星级以上酒店、10000平方米以上购物商场、国家级和国际级旅游品牌项目，以及原投资亿元以上旅游景区，增添新景点、延长产业链条、提升企业品牌而增加投入，其新增资产部分达8000万元以上的扩建项目实行“优先纳入开发计划，优先安排建设用地，优先安排融资，特事特办”的办法，做到早立项，早建设，早出效益。除按规定上缴国家、省部分和工本费外，项目建设过程中一切行政事业性规费一律按最低标准减半收取。通过上大扶大、扶优扶强，到2012年全市4A以上景区、五星级以上酒店、10000平方米的购物商场分别达到10个以上。

2. 加快旅游招商。充分发挥旅游资源优势，进一步加大旅游招商引资和国有景区的改革力度，探索景区所有权与经营权分离、经营权流转的新办法，吸引外资民资参与国有景区产权改革，提高资源配置效率。积极鼓励外地客商以独资、合资、合作、租赁等形式开发旅游资源，兴办景区景点、酒店、宾馆、商场、文化娱乐等旅游项目。对以本地旅游资源作价与外商合作兴办的旅游项目，可采取先让利外商，后双方按合同比例参与分配。

3. 激活民资，发展农家乐。我市的农家乐、乡村游资源非常丰富，要结合社会主义新农村建设加快开发和利用。新开发建设的农家乐、乡村游项目，达到本规定扶持条件的一视同仁给予扶持；经营面积达到5万平方米以上的，在争取省的旅游扶贫专项资金和旅游景点建设专项资金支持时，给予优先申报，作为开发农家乐项目的扶持资金。

五、特色城市建设相关扶持政策（略）

六、商贸（专业市场）和旅游项目招商引资奖励办法

为进一步加大我市招商引资力度，迎接新一轮产业大转移，加快我市商贸（专业市场）、旅游业发展，对我市商贸（专业市场建设项目）、旅游项目的招商引资采取如下奖励措施。

1. 机关、企事业单位和干部职工、海内外人士、社会各界人士，均可参与招商引资工作，可在国内外相应发达地区建立招商引资中介网络，为我市招商引资做好牵线搭桥工作，实现以商引商，以资源优势招商，以投资环境优势招商。

2. 设立招商引资奖励专项资金。在市直、清城区、清新县每年土地使用权出让净收益中提取10%，作为市招商引资奖励专项资金，奖励专项资金由市、县（区）统筹，在财政设立专账，用于招商引资的奖励。

3. 引资单位、顾问或引资人引进商贸（专业市场）和旅游项目，该项目投产后第一年（以投产后12个月计算，下同）实际入库的增值税（营业税）和企业所得税的地方留成部分达到100万元（含100万元）以上的，一次性奖励10万元人民币；第一年实际入库的增值税（营业税）和企业所得税的地方留成部分达到300万元（含300万元）以上的，一次性奖励15万元人民币；第一年实际入库的增值税（营业税）和企业所得税的地方留成部分超过500万元（含500万元）以上的，一次性奖励20万元人民币。

4. 申报奖励项目必须按如下要求提供材料：

（1）按要求如实填报申请表格，一式五份。

（2）该引资企业的会计师事务所的验资报告。

（3）有效的身份证、户口本复印件及企业营业执照复印件。

（4）企业投产后第一年上缴税收额的证明（由税务局提供）或第一年出口额的证明（由海关提供）。

（5）企业对引资人的证明（证明该企业是谁引进的）。

5. 对招商引资项目的奖励，以每个项目计算奖励，每年的年终统一由引资单位、顾问或引资人以书面形式向项目所在地的工业园区管理机构或企业主管部门申报，申报期限以次年1月31日截止。接到申报后，由工业园区管理机构或企业主管部门根据所引进的项目类别，分别会同市及县（区）外经贸局、经贸局、财政局、农业局、旅游局共同审核，报市、县（区）政府审批同意后在招商引资奖励专项资金中兑现，不足部分的奖励资金由市直、清城区、清新县财政负责，各级财政负担比例按《关于调整中心区域利益共同体财政体制实施方案》（清府〔2003〕77号）执行。对被清新县政府聘请为引资顾问的各类引资公司或引资人引进的项目落户于清新县区域内的，其招商项目的奖励资金由清新县财政全额负责。

6. 本奖励办法只限于奖励在市、清城区、清新县区域内正式立项项目并符合本规定第3条条件的单位、顾问或引资人员，其他各县（市）可参照本奖励办法，结合本地实际，制定具体奖励办法。

7. 清发〔2004〕3号的原奖励办法与本奖励办法不一致的地方，以本奖励办法为准。

七、本《规定》从2008年1月1日起执行，至2012年12月31日止。

八、本《规定》由市委政策研究室负责解释。

（二〇〇八年八月二十一日）

旅游标准规范

特色旅游购物街区服务规范

2008年7月8日发布　　　　2008年9月1日实施

广州市质量技术监督局发布

前　　言

本规范由广州市旅游局提出。

本规范起草单位：广州市旅游局、正佳广场。

本规范主要起草人：马相承、柯显东、丁劭筠、杨莉、梁明珠、廖卫华、谢涤湘、王德红、赵功凯。

本规范为首次发布。DBJ440100/T 8 – 2008 1

1.　范围

本规范规定了特色旅游购物街区的术语、定义及服务要求。

本规范适用于广州市行政区内各类特色旅游购物街区的建设和管理。

2.　规范性引用文件

下列文件中的条款通过本规范的引用而成为本规范的条款。凡是注日期的引用文件，其随后所有的修改单（不包括勘误的内容）或修订版均不适用于本规范。然而，鼓励根据本规范达成协议的各方研究是否可使用这些文件的最新版本。凡是不注日期的引用文件，其最新版本适用于本规范。

GB 2894　安全标志标准

GB 9664　文化娱乐场所卫生标准

GB 9670　商场（店）、书店卫生标准 GB/T 10001 标志用公共信息图形符号

GB 13495　消防安全标识

GB/T 13869 用电安全导则

GB 16153　饭馆（餐厅）卫生标准

GB 16179　安全标志使用导则

GB/T 17217 城市公共厕所卫生标准

3.　术语和定义

下列术语和定义适用于本规范。

3.1　特色旅游购物街区

商业特色鲜明、旅游氛围浓厚，可同时满足游客购物体验及观光休闲需求的街区。包括具有特色旅游购物功能的商业街、购物中心和专业市场等三大类。

3.2　特色旅游商业街

具有观光、休闲等旅游功能，能够体现地方文化特色或城市景观的商业街。

3.3　特色旅游购物中心

具有休闲、娱乐、体验等旅游功能，区域影响力大的购物中心。

3.4 特色旅游专业市场
具有观光、体验等旅游功能，兼顾零售的专业市场。

4. 要求 DBJ440100/T 8－2008 2

4.1 商业条件及基础设施

4.1.1 街区内的经营单位应按规定办理相关证照，包括工商注册登记、卫生许可证、消防检查意见书、排污申报许可证、组织机构代码证等，依法持证经营，并定期进行年检。

4.1.2 商业街长度不得少于200 m，临街商业网点密度为50%以上；购物中心和专业市场营业面积不低于50000 m^2。

4.1.3 交通便捷，有公交车或地铁直接通达。

4.1.4 停车场地配置合理，游客停车方便。

4.1.5 设置与营业场所面积和顾客流量相适应的厕所，符合GB/T 17217要求。

4.1.6 设有无障碍通道、低位收款台等。

4.1.7 银行营业网点或ATM等设施配置合理。

4.1.8 宜设有闭路电视监控系统和公共广播系统。

4.2 文化特色

4.2.1 具有独特的文化氛围，商业、文化、旅游能够良性互动。

4.2.2 重视保护、合理利用开发街区内的物质和非物质文化资源。

4.2.3 可设立相关主题的博物馆、展览馆，展示文化特色。

4.2.4 宜设置具有地方特色的手工艺品作坊或旅游商品表演销售区。

4.3 购物环境

4.3.1 应设有公共休息区，宜配置园林绿化景观和雕塑小品。

4.3.2 街区内或周边有一定数量的餐饮休闲设施。

4.3.3 环境舒适，空气清新，室内营业场所设有空调。

4.3.4 建筑风格应与其自身的功能定位、环境特色相协调。

4.3.5 户外广告、灯饰应符合相应标准和有关规定，具有特色，宜使用节能灯具。

4.3.6 橱窗及各种商业展示布置创意独特，具有较强的艺术性。

4.4 旅游服务设施

4.4.1 在明显位置设置游客问讯中心或服务台，为游客提供小件行李保管等便利性服务。

4.4.2 设有专门的客服人员提供导购服务和指引。

4.4.3 设有电脑触摸屏系统或影视屏，或提供相关旅游宣传资料。

4.4.4 应合理设置符合GB/T 10001要求的指示标识牌。

4.4.5 设置中英文对照的导览图或全景图。

4.4.6 宜有一定数量工作人员使用外语为客人提供服务。

4.5 商业行为规范

4.5.1 遵守国家法律法规，保护顾客合法权益，做到“守法经营，公平竞争，文明经商，诚信服务，亮证经营”。

4.5.2 执行有关商品质量监督，提供符合国家规定的售后服务。

4.5.3 规范价格标签管理，所有商品和有偿服务应明码标价。

4.5.4 不欺客宰客，无围追兜售行为，不经营假冒伪劣商品。

4.5.5 维护游客合法权益，不向任何团队和个人支付有损消费者权益和违反国家有关规定的回扣或佣金。

4.6 服务质量

4.6.1 从业人员着装规范、整洁，仪容仪表端庄、大方。

4.6.2 语言文明，礼貌、热情，对游客一视同仁，尊重客人的宗教信仰与风俗习惯。

4.6.3 为顾客提供预购和邮寄托运服务。

4.7 公共服务管理 DBJ440100/T 8－2008 3

4.7.1 建立管理机构，制度完善，管理规范。

4.7.2 加强从业人员的业务知识和服务技能培训。

4.7.3 应有顾客投诉处理机制，投诉处理及时。

4.7.4 定期开展顾客满意度调查。

4.8 卫生

4.8.1 各类文化娱乐场所的卫生应符合 GB 9664 要求，餐饮场所的卫生应符合 GB 16153 要求，商业网点的卫生应符合 GB 9670 要求。

4.8.2 卫生责任制和卫生检查制度健全。

4.8.3 环境整洁，无杂物，无积水，无乱堆、乱放现象。

4.8.4 垃圾箱（桶）完好、分类设置，垃圾及时清理。

4.8.5 公共卫生间设施完好，无污物、无异味，有保洁员现场维护。男女厕位比例合理，有残疾人厕位。

4.9 安全

4.9.1 消防及安全管理制度健全，认真执行相关安全法规和标准。

4.9.2 经营场所应配备符合 GB 2894、GB 13495、GB/T 13869、GB 16179 要求的各种消防设施及安全标识。

4.9.3 配有专业保安人员，维护购物街区秩序。

4.9.4 出入口方便游客集散，紧急出口畅通无阻。

4.9.5 建立安全事故处理预案及应急救援机制。

4.10 品牌建设

4.10.1 制定发展规划，旅游发展前景良好。

4.10.2 进行整体宣传推广，提高知名度。

4.10.3 有形象标志和旅游宣传口号。

4.10.4 持续改善服务质量，提高游客满意度。

4.10.5 设立专门网站，开展网络营销。

4.10.6 有效纳入旅游线路，或与旅行社建有业务合作关系。

2008 年 11 月 24 日至 12 月 5 日，广州市在举办第二十二届广州（国际）美食节。图为本届广州（国际）美食节开幕式（左）和闭幕式暨颁奖典礼。

特色乡村旅游区（点）服务规范

2008 年 7 月 8 日发布　　　　2008 年 9 月 1 日实施

广州市质量技术监督局发布

前　　言

本规范由广州市旅游局提出。

本规范起草单位：广州市旅游局、广州市农业局。

本规范主要起草人：马相承、柯显东、丁劭筠、杨莉、谢涤湘、林木钦、杨华杰。

本规范为首次发布。DBJ440100/T 9－2008 1

1. 范围

本规范规定了特色乡村旅游区（点）的术语、定义及服务要求。

本规范规定了广州市行政区域内特色乡村旅游区（点）的设置与服务管理要求。

2. 规范性引用文件

下列文件中的条款通过本规范的引用而成为本规范的条款。凡是注明日期的引用文件，其随后所有的修改单（不包括勘误的内容）或修订版均不适用于本规范，然而，鼓励根据本规范达成协议的各方研究是否可使用这些文件的最新版本。凡是不注明日期的引用文件，其最新版本适用于本规范。

GB 8978　污水综合排放标准

GB 9663　旅店卫生标准

GB/T 10001　标志用公共信息图形符号

GB 16153　饭馆（餐厅）卫生标准

GB/T 17775　旅游景区质量等级的划分与评定

GB 18483　饮食业油烟排放标准

GB/T 18971　旅游规划通则

GB/T 18973　旅游厕所质量等级的划分与评定

3. 术语和定义

下列术语和定义适用于本规范。

3.1　乡村旅游区（点）

利用乡村自然景观和人文环境等资源，为游客提供观光、休闲、度假、餐饮、娱乐、购物、科普、农事体验等服务的旅游活动场所，包括特色旅游村、农业观光旅游区、旅游农庄、乡村特色餐馆等类型。

3.2　特色旅游村

环境优美整洁，自然或人文旅游资源特色鲜明，具有较大旅游发展潜力的村落。

3.3　农业观光旅游区

具有较大规模的农业观光、生产和科研基地，将农业生产、休闲观光、科普教育等有机结合，利用生产科研优势，发展旅游而形成的旅游区。

3.4 旅游农庄

为游客提供具有浓郁乡村特色的观光、休闲、住宿、餐饮、娱乐、购物、农事体验等多种功能的综合性服务场所。

3.5 乡村特色餐馆

具有一定规模、特色浓郁的乡村餐饮服务场所。DBJ440100/T 9－2008 2

4. 总体要求

4.1 基本条件

乡村旅游区（点）应按规定办理相关证照，包括工商注册登记、卫生许可证、消防检查意见书、排污申报许可证、组织机构代码证等，依法持证经营，并按照有关规定定期进行年检。

乡村旅游区（点）应有乡村氛围，依托乡村环境开发利用乡村资源，旅游产品乡土气息浓郁。

4.2 基础设施

4.2.1 公共图形符号规范、明显，符合 GB/T 10001 的要求。

4.2.2 交通可达性良好，出入道路能满足旅游接待需要。

4.2.3 电力、通讯设施完善，设置有电话、咨询和投诉处理等公共服务设施，并确保畅通。

4.2.4 设置与游客接待规模相适应的厕所，并根据 GB/T 18973 对厕所进行规范化建设改造，达到旅游厕所星级以上标准。

4.2.5 住宿、餐饮等接待设施充足、齐备。

4.2.6 停车场地面积适当，布局合理，有专人负责管理。

4.2.7 消防、安全设施齐备、有效，危险地段安全警示标志明显。

4.2.8 具有相应的医疗急救措施，配备常用应急药品。

4.3 旅游服务

4.3.1 有专职或兼职工作人员负责接待工作。

4.3.2 树立游客至上、优质服务的宗旨。

4.3.3 从业人员热情有礼，文明用语，服务态度良好。

4.3.4 信守职业道德，遵纪守法，诚信经营。

4.3.5 注重仪容仪表，着装统一、有特色。

4.3.6 服务项目明确，消费明码标价，符合国家有关物价政策。

4.3.7 讲解内容丰富、生动，科学合理。

4.3.8 应对从业人员进行职业培训。

4.4 旅游管理

4.4.1 建立管理机构，健全岗位责任制，实行岗位规范服务。

4.4.2 建立健全并落实服务、安全、卫生等相关的管理制度，定期进行各项检查。

4.4.3 建立投诉处理机制，处理投诉及时得当。

4.4.4 旅游区（点）的设立应符合当地旅游发展规划，有条件的宜按照 GB/T 17775、GB/T 18971 要求编制旅游区（点）规划。

4.4.5 做好宣传推广，有一定的宣传途径，配备必要的宣传资料。

4.4.6 旅游发展充分体现生态、环保等可持续发展理念，保护当地特色自然资源和生态环境，节约能源资源，倡导绿色消费。

4.4.7 保护当地的历史古迹、文物、特色建筑物，保护当地的文化特色和传统民俗、生活习惯。

4.4.8 旅游区（点）的发展应惠及当地村民，宜吸收当地村民就业。

4.5 安全管理

4.5.1 设置安全管理机构，或配备专职、兼职安全管理人员，并经过当地安监部门组织的专业培训。

4.5.2 建立安全责任制，签订安全责任书。

4.5.3 建立安全档案，安全管理制度、操作规程健全，安全措施落实到位。

4.5.4 建立紧急救援机制、突发事件处理及应急机制，有应急预案。

4.5.5 配备与接待规模相适应的安保人员，保证游览秩序和维护安全。

4.5.6 采取有效措施保障游客安全。DBJ440100/T 9－2008 3

4.6　卫生要求
4.6.1　环境优美，整洁卫生。
4.6.2　餐饮场所卫生应符合 GB 16153 的要求，厨房位置合理，饮用水、食品等符合相关标准和有关规定。
4.6.3　住宿场所卫生应符合 GB 9663 的要求，宾客用品更换、洗涤、消毒制度健全。
4.6.4　垃圾处理、污水排放、饮食油烟排放应符合 GB 8978、GB 18483 等相关规定。
4.6.5　设置足够的垃圾箱（桶），并有专人及时清理。
4.6.6　卫生设备和设施完好。
4.6.7　卫生责任制度和卫生检查制度健全，定期进行卫生检查。
4.6.8　从业人员应持有卫生部门核发的《健康证》。

5.　分类要求

5.1　特色旅游村
5.1.1　自然或人文旅游资源特色鲜明，生态环境良好。
5.1.2　旅游开发与新农村建设有机结合，有明确的发展目标。
5.1.3　有多处旅游参观点，旅游项目内容丰富、形式健康，本地民俗特色浓郁。
5.1.4　宜开发有当地特色的旅游节庆活动。
5.1.5　附近有重要旅游区的，宜与之联动发展。
5.1.6　村容村貌优美、整洁干净，无乱堆、乱放、乱建、随意丢弃垃圾等不良现象。
5.1.7　基础设施和旅游配套较为完善。
5.1.8　民风淳朴，热情好客，邻里和睦。
5.1.9　村民对旅游业发展普遍理解、支持，并积极参与。
5.2　农业观光旅游区
5.2.1　生态环境良好，景观特色突出。
5.2.2　专业性生产经营活动与旅游开发结合良好。
5.2.3　基础设施完善，功能分区合理，整体风格与周边环境协调。
5.2.4　接待场地、餐厅、客房和娱乐等旅游设施布局合理、规模适当。
5.2.5　有专门的游客参观通道，参观线路组织合理。
5.2.6　应设置农业科普设施。
5.2.7　注重旅游产品创新，开展形式多样的旅游活动。
5.2.8　宜开展农事体验活动。
5.2.9　提供专业的导游解说服务。
5.2.10　应发展农产品旅游购物。
5.3　旅游农庄
5.3.1　农庄内外环境优美，整体风格与乡村氛围相协调。
5.3.2　为游客提供种养采摘或其他农家生活体验活动。
5.3.3　具备观光、休闲、住宿、餐饮、娱乐、购物等多功能，设施齐备，布局合理。
5.3.4　具有一定的占地面积和接待规模。
5.3.5　宜举办乡土特色明显、参与性强的文体活动。
5.3.6　宜设置特色农产品展示或销售区。
5.4　乡村特色餐馆
5.4.1　整体风格具有乡村特色，与周边环境协调。
5.4.2　就餐环境、菜式出品乡村风格鲜明。
5.4.3　注重菜式创新，有几款具本地特色的农家菜。DBJ440100/T 9－2008 4
5.4.4　宜与生产基地或农户建立农产品购销合作关系。
5.4.5　宜配套相应的农事展示或活动设施。
5.4.6　宜设置特色农产品展示或销售区。

活力广东
GUANGDONG
Guangdong——Spot of vitality

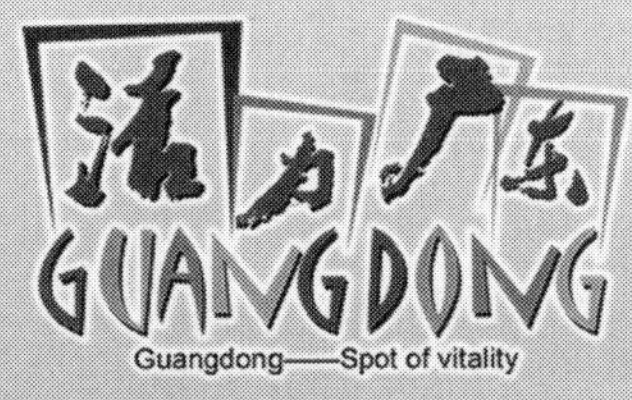

旅游发展规划

（第 325 ~ 344 页）

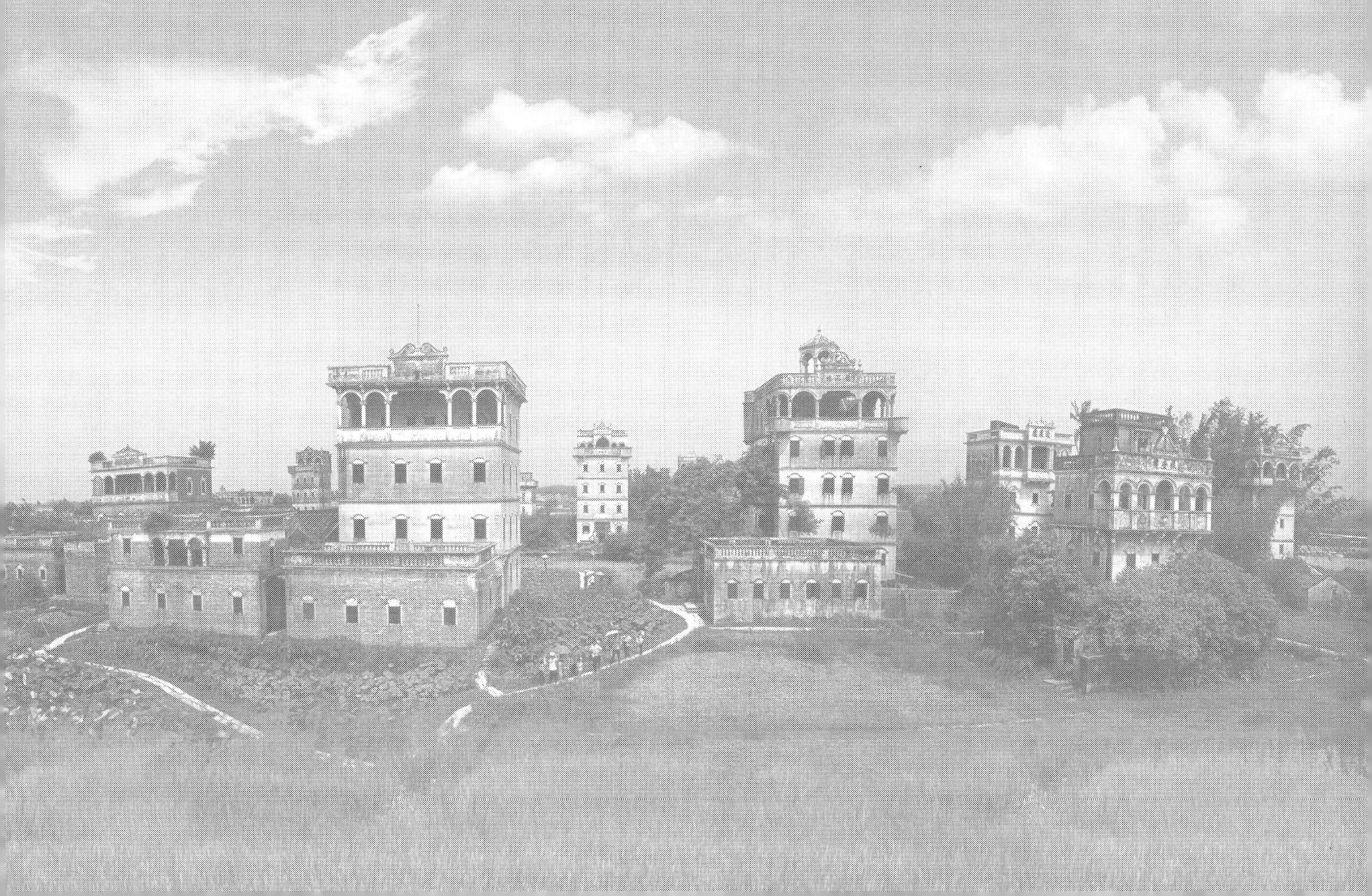

河源市旅游景区规划建设管理若干规定

（河府〔2008〕135 号）

第一章　总　则

第一条　为进一步加强我市旅游景区规划建设管理工作，提高我市旅游景区的档次和水平，根据《中华人民共和国城乡规划法》、建设部《风景名胜区条例》、国家质监总局《旅游规划通则》、国家旅游局《旅游发展规划管理办法》和《广东省旅游管理条例》的有关规定，结合我市实际，制定本规定。

第二条　本规定适用于我市城乡规划区范围内的旅游景区规划建设管理。

第三条　本规定所指旅游景区包括旅游景区、旅游景点、各种旅游度假区、旅游主题公园、大型游乐园等。

第二章　旅游景区的设立

第四条　旅游景区是以旅游及相关活动为主要功能的地域和空间。设立重点旅游景区和市中心城区旅游景区，应当符合市、县区旅游业发展规划，提交景区概念性规划方案，报市旅游规划分会审议；设立其他旅游景区，报县级人民政府审批。

第五条　旅游景区划分为重点旅游景区和一般旅游景区。总投资2000 万元（含2000 万元）以上人民币的为重点旅游景区，总投资2000 万元（不含2000 万元）以下人民币为一般旅游景区。

第三章　旅游景区的规划建设和管理

第六条　编制旅游景区规划，应当符合市、县区旅游业发展规划，与所在地的土地利用总体规划和城乡总体规划，自然生态保护区、文化文物保护区、风景名胜区等规划相协调，规划成果符合国家标准《旅游规划通则》的规范要求。

第七条　旅游景区所有项目的建设必须办理规划许可和施工许可手续。实施工程质量监督和安全生产管理，规范建设活动行为，严禁违法用地、违法建设行为。

第八条　旅游景区的管理按属地管理的原则进行管理，旅游景区的行业主管部门为各级旅游部门。

第九条　旅游景区所有旅游项目的设计、施工必须由具有相应资质的单位承担，严禁违反规划无证设计、无证施工、无验收投入使用等违规建设行为。各种游乐设施的安装、检测以及消防、防雷、安全等必须取得相关管理部门合格证或使用许可证方可投入使用。

第四章　法律责任

第十条　凡未经批准，擅自占用或非法占用山岭、河流、溶洞、水库、山坑、耕地、林地等旅游资源从事旅游开发的，属违法违规建设行为，由各级旅游、土地、林业、水利等行政主管部门按国家有关法律法规严肃查处，并依法拆除违法违规建（构）筑物。

第十一条　旅游景区项目建设不符合规划，或不按法定程序办理规划许可和施工报建手续的，由各级规划建设部门会同旅游部门责令停工，完善手续。否则，坚决依法拆除。

第十二条　未经检测或检测不合格，不能提供安全合格证明的游乐设施，不准使用，由各级质监部门责令停工、拆除。

第十三条　设计单位和施工单位无证设计、无证施工或超资质设计、超等级施工的，由县级以上规划建设主管部门按照有关法律法规严肃查处，构成犯罪的，移交司法部门追究刑事责任。

第十四条　相关主管部门和其他行政管理部门工作人员在旅游景区规划建设管理过程中玩忽职守、徇私舞弊、索贿受贿的，依法追究行政责任，构成犯罪的，依法追究刑事责任。

第五章　附　则

第十五条　本规定自2008 年12 月1 日起施行。

备注：河源市人民政府于2008 年11 月10 日印发。

惠州市旅游发展总体规划（修编）

（2008—2020）（摘要）

第二章　惠州市旅游资源评价

惠州市旅游资源综合评价如表1所示。

表1　惠州市旅游资源综合评价表

层级	旅游资源	资源开发指向	主要客源市场
核心资源	南昆山国家森林公园	山地度假	珠三角、港澳
	南昆山温泉大观园、惠东平海海滨温泉、龙门温泉	温泉度假	珠三角、港澳
	巽寮湾、大亚湾	海滨度假	粤港澳、北方度假市场
	惠州高尔夫球会、惠阳棕榈岛高尔夫度假村、惠州汤泉高尔夫俱乐部、惠州（罗浮山）嘉宝田高尔夫俱乐部、惠州涛景高尔夫球会	商务康体娱乐	粤港澳
	罗浮山	文化、生态	全国
	惠州历史文化名城、西湖	观光休闲	全国
重要旅游资源	大辣甲岛、三门岛	度假休闲	珠三角、港澳
	象头山国家级自然保护区、港口海龟国家级自然保护区	科考观光	珠三角、港澳
	九龙峰、象头山、桂峰山	山地度假、观光	珠三角
	东江游水上观光	城市旅游	珠三角
	东升渔村、蓝田瑶族村寨	观光、度假	珠三角、港澳
	香溪堡、客家围屋、平海古城、嘉义庄农民画、南昆山坞泥社区、皇思杨古围村、崇林世居、冠和博物馆	观光	珠三角
	白盆珠水库	休闲观光	珠三角
	平海古城	观光	珠三角
	王朝云暮、东坡纪念馆、元妙古观、归善学宫、梁化古城、嘉佑寺遗址	观光	本地、全国专业市场
	中山纪念堂、邓演达故居、东江人民革命烈士纪念碑、叶挺纪念馆、叶挺故居、廖仲恺纪念碑、东征阵亡烈士纪念碑、高谈“东江红都”	红色旅游纪念地、爱国主义教育基地	珠三角、全国专业市场
	九龙潭、川龙瀑布	观光、郊游	本地
	龙门沙迳功武村、博罗龙华五村、惠东增光田坑城、惠东多祝黄狮村、惠阳秋长围屋、惠阳镇隆围屋	观光	本地
	飞鹅岭公园、中山公园、塔山公园、下埔滨江公园	游乐园、公园	本地
	燕岩洞	洞穴观光、郊游	本地
	莲花山、古田自然保护区	观光休闲、郊游	本地

续表

层级	旅游资源	资源开发指向	主要客源市场
重要旅游资源	角洞水库、白盆珠水库、天堂山水库、显岗水库、红花湖、永汉渡槽、七星湖、金山湖、东江、西林河段、西枝江、秋香江、香溪河	郊游、农家乐	本地
	澳头港、东江古码头、泗州塔、文笔塔、合江楼遗址	观光	本地

惠州市旅游资源评价总体结论如下：

● 旅游度假资源类型丰富、聚集度好，形成了几个特色板块

惠州市域范围内形成了以惠州古城和西湖为代表的城市文化资源，以南昆山、罗浮山为代表的山岳型文化生态资源，以巽寮湾为代表的海滨度假资源，以龙门温泉带为代表的温泉度假资源四个核心的度假资源板块。

● 多样性的度假旅游资源与周边多元化的度假消费需求匹配良好

● 大部分资源为遍在性旅游资源

● 具备开展商务、会展旅游的资源基础

● 工业发展及旅游开发对环境和资源保护提出了较高要求

第三章　惠州市旅游业发展战略与目标

1　惠州市旅游发展战略

1.1　战略思路

惠州主打休闲度假旅游品牌，大力发展会展/商务旅游和城市旅游，推进各类旅游产品与文化、生态的有机联合，巩固区域观光旅游市场，积极开拓高端客源市场，形成风格鲜明、层次分明、体系完善的旅游产品和旅游市场格局。同时，在开发中保护旅游资源，在保护中有序开发。

1.2　发展战略

惠州市旅游发展战略模式如图 3－1 所示。

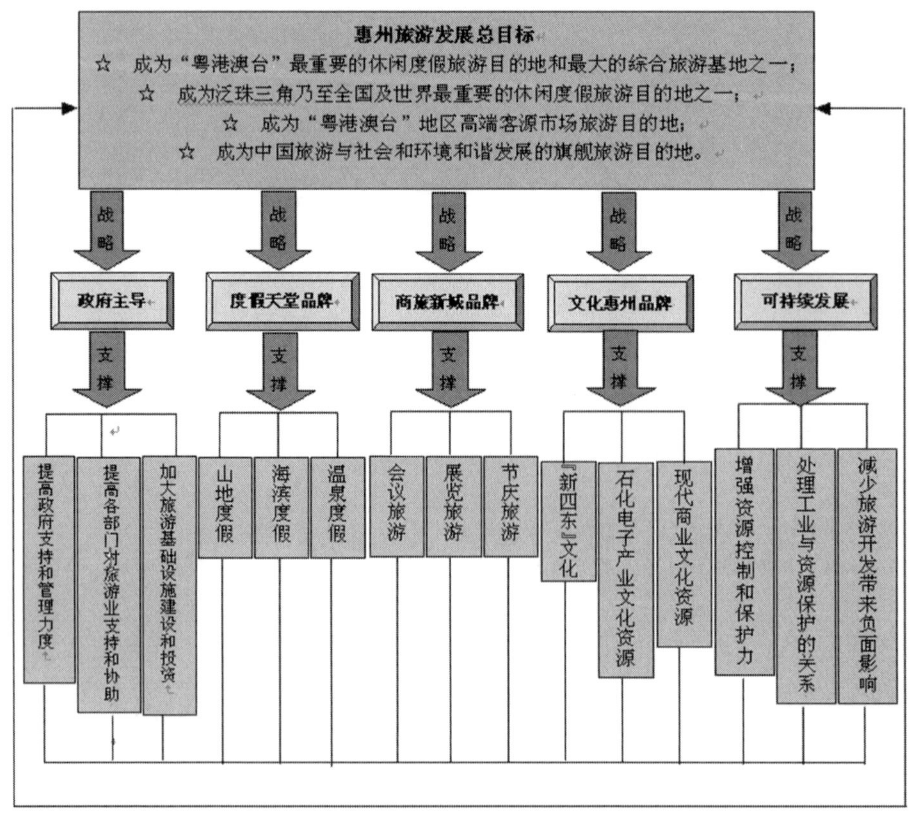

图 3－1　惠州市旅游发展战略模式示意图

度假天堂品牌战略：主打度假品牌和形象，近期以山地度假为突破口，大力发展滨海度假、温泉度假、康体娱乐度假、城市休闲度假；关注游客的参与取向和体验价值，开发多层次的度假旅游产品；在区域市场中注重与周边地区的联合和错位竞争，全方位宣传并形成惠州“度假天堂”的旅游品牌和形象。

商旅新城品牌战略：依赖惠州经济综合实力和度假资源，积极发展会展/商务旅游，近期以“会议＋休闲度假”的产品形式树立惠州会展/商务旅游形象；开发多层次的节庆旅游，增强旅游目的地吸引力；中远期努力开拓产业依托型的展览旅游和商贸旅游；大力改善商务会展旅游的配套设施与硬件环境，增加高档饭店，配套大型会议设施和会展中心；积极宣传促销会展/商务产品，打造惠州商旅新城品牌。

文化惠州品牌战略：致力于城市整体文化旅游氛围的营造，构建“新四东”文化旅游品牌，强调文化与自然山水的复合型旅游产品的开发，结合开发惠州民间艺术旅游，使之打造成为广东省传统文化旅游目的地，形式多样地宣传文化惠州品牌，推动惠州文化旅游发展。

政府主导战略：充分认识旅游业对惠州第三产业的龙头带动作用，政府发挥主导作用，为旅游业发展创造良好的外部环境和政策支持。成立重点旅游区发展协调小组，提升政府机构对旅游行业的指导力度，依法增强政府对旅游发展的协调控制力。

● 可持续发展战略：提高行业进入门槛，防止低质量、低水平开发，扶持和倡导高质量、高附加值的产品开发；保护旅游资源，树立环境就是资源的概念，依照法律法规保护资源和环境并创造条件保护历史文化遗产；促进旅游产品开发与文化和生态的结合，提升旅游的社会、经济、文化和环境的综合效益。

1.3 策略支撑

● 提升政府机构对旅游行业的指导力度，建设和打造整体旅游目的地品牌与形象

☆ 提升政府机构对旅游行业的指导力度

政府应整合资源，统筹规划和控制项目开发及建设。按照惠州市旅游发展总体规划，有层次、有步骤、有时序地逐步展开。

☆ 各有关部门要进一步提高对发展旅游业的认识

旅游局、发改委、经贸局、财政局、国土资源局、文化局、规划建设局、环保局、林业局等部门，要制定促进旅游业发展的相关措施，营造全社会支持旅游业发展的环境。

☆ 改变惠州市旅游资源开发表现出较强的“点状式”特征

惠州目前旅游资源开发只局限于孤立项目和景区的建设，该模式不利于资源统筹开发、难以形成统一品牌和概念，更不具备规模效应，对目的地整体打造、对当地区域发展和产业扩张的带动作用不大。市政府应该成立旅游区片发展协调小组，设于旅游局，协调重点旅游区片的建设和发展。

☆ 推进中心城市建设，营造旅游氛围，加快中心城市旅游建设

完善中心城市旅游产品发展所需的公共支持体系，提升惠州城市旅游功能。完善景观设计，构建休闲空间，增加会展和商务功能，完善旅游服务基础设施，丰富城市文化休闲娱乐活动。

☆ 加强政府导向型投入，加大旅游基础设施建设

加快旅游交通组织，完善内外交通网络，做好境内道路与珠三角快速路网的连接；完善景区内部道路，建设景区景观道路和徒步道及登山道；优先安排至旅游景区景点的交通道路改造与建设；优先安排景区景点用电用水、给排水、通讯等公共设施建设项目，改善旅游业发展环境。

☆ 加大旅游目的地营销投入，树立惠州旅游鲜明形象

增加营销预算和投入，加强旅游目的地创新营销，加大促销力度，树立旅游目的地“度假天堂、商旅新城、文化惠州”的品牌形象。重点加强对珠三角和港澳等发达地区的宣传促销，积极利用重大节事活动进行营销。

● 建设特色鲜明、层次多样、体系完善的旅游产品体系

通过全市旅游产品的开发、培育、提升和结构调整，努力扩大惠州市休闲度假型旅游产品在珠三角市场的份额；积极开发专项产品，构建特色旅游产品体系，培育惠州市旅游竞争优势。近期以“山地度假”和“会议＋度假”产品为突破口，在深化开发山地度假、海滨度假、温泉疗养、会展/商务旅游、城市旅游、文化旅游、生态旅游的基础上，积极开拓乡村旅游、休闲地产、休闲体育、休闲渔业等产品，形成以休闲度假旅游产品为主导的、多层次的、点面结合的综合旅游产品体系。并因此发挥聚集效应，实现旅游产品的扩展和提升。

● 保护旅游资源与生态环境，保障旅游可持续发展

☆ 增强政府对资源的控制和保护力度

惠州是典型的资源依赖型旅游地，高品位的资源和生态环境是惠州市旅游发展的原动力。因此，应该立足资源优势，依法增强政府对资源的控制力，提高行业进入门槛；制定旅游资源保护和开发的相关法规，并定期监测和评价旅游资源的保护情况；工程项目的社会环境影响评价应该加入对旅游资源影响的相关内容。

☆ 正确处理工业发展与资源保护的关系

惠州市正处于经济大发展阶段，资源和生态环境保护面临着工业发展的巨大压力，处理好工业发展与资源开发

和保护的关系对惠州旅游业的快速健康发展至关重要。对于那些环境脆弱敏感易受破坏区，应成片控制和保护，不可因其他产业布局不当和贸然的旅游开发破坏其脆弱的生态平衡关系。

☆ 科学规划，加强管理，减少旅游开发带来的负面影响

提高旅游资源的开发建设水平和服务管理水平，减少旅游开发带来的负面影响；按照国际标准的生态旅游概念和发展范式，在自然资源优越的地区发展名副其实的生态旅游；对于具有开发潜力但目前仍未有开发条件的资源，进行严格保护，为旅游的持续发展预留好资源和空间；建立并完善社区参与机制，引导外来投资与当地社区合作，保障社区的可持续发展。

● 促进旅游与文化结合，形成旅游与文化良性互动机制

一方面，深入挖掘惠州文化内涵，营造文化氛围，提高惠州旅游产品的文化含量，扩展惠州旅游的外延和内涵；另一方面，通过文化旅游产品的开发建设，有效保护和丰富惠州的"新四东"文化品牌，强化城市文脉，从而实现旅游与文化的良性互动。

2 惠州市旅游发展目标体系

2.1 旅游发展总目标

通过综合旅游规划和旅游目的地管理手段的有机结合，统筹旅游发展的经济、社会、生态环境效益，将惠州市建设成为"粤港澳台"地区和泛珠三角地区乃至全国及世界最重要的休闲度假旅游目的地和最大的综合旅游基地之一，成为"粤港澳台"地区如私家游艇、直升飞机、国际邮轮等高端客源市场旅游目的地，并将惠州打造成为旅游与社会、环境和谐发展的旗舰旅游目的地。

经济方面，惠州市的旅游产业将发展壮大成为全市第三产业中的龙头产业并成为城市新的经济增长点，以促进惠州市产业结构优化升级，推进一、二、三次产业协调发展，增强惠州市经济整体竞争力。

文化方面，促进旅游与文化的有机结合，弘扬城市历史文化和风俗文化，维护城市的历史传承，打造"新四东"旅游文化品牌，发展文化创意产业，使惠州成为广东文化旅游的重要目的地。

环境方面，协调旅游资源开发与旅游资源保护，实现经济效益和环境效益的统一。

2.2 旅游发展阶段目标和措施

● 近期目标和措施（2008—2010）

☆ 成片保护和控制脆弱敏感型资源，尤其保护好稔平半岛的滨海资源、龙门县的温泉资源以及一些重要的森林资源。处理好工业发展与旅游资源保护与开发的矛盾，一些污染严重的产业应该重新选址布局；管理和控制好公共资源，严格控制土地的审批使用权，从而为旅游进一步发展保留后续开发潜力。

☆ 以度假旅游为龙头、以休闲生态型旅游产品为重点、以会展旅游为新增长点进行旅游产品开发和升级换代。以产品创新为基本策略，整合境内山地、温泉、滨海度假资源，树立行业可持续发展理念，高质量、多层次、有时序地进行整体开发，并对原有一些开发层次低的休闲度假产品进行改造和完善。

☆ 加强景区与景点的建设与整治工作，使景区景点的建设沿着高品质的方向发展，对低劣的开发建设实施有效引导和控制。争取本阶段末惠州4A景区增加至8个。

☆ 有重点、形象鲜明地进行目的地整体营销和促销。重点营销"森林度假"和"会议+休闲度假"概念，打造一些资源条件好，开发优势强的拳头产品和带动性景区，成为珠三角山地度假旅游和会议旅游目的地品牌。

☆ 有效保护和合理利用历史文化遗产，挖掘文化内涵，创造文化氛围，建设文化载体，积极开发文化旅游资源，开发运作各类节庆活动促销文化品牌，积极发展文化创意产业。本阶段重点营销和打造惠州东江民俗文化和罗浮山宗教文化品牌。

☆ 强化并贯彻区域合作概念。贯彻《惠州市旅游发展总体规划》的空间布局纲要，倡导区域合作理念。鼓励和协助区域内各个景区景点之间的开发建设与营销合作，尤其注重在开发建设环节的合作，避免重复性开发建设活动带来的资源浪费与环境破坏，建立公共区域综合型服务系统；强化龙门与从化及增城的联动，建立环南昆山度假带、加强南昆山山地度假区与增城白水寨景区、大亚湾海滨度假区与深圳大鹏湾海滨度假区、东江游景区与河源等东江流域景区之间的跨区域合作，共同打造面向广州、深圳、东莞、惠州等重要客源市场的山地、海滨综合度假地。

☆ 初步完善城市旅游功能。建设和改造城市滨水区、步行道、城市公园和城市广场，增加服务设施和活动项目；增加和完善商业步行街、滨江游憩休闲带，西湖大观园文化区等区域的休闲功能，丰富城市旅游休闲活动，初步营造城市的旅游品位和意境。逐步在惠城区江北增加商务会展、文化体育娱乐设施，分批分步地完善城市旅游服务基础设施。

☆ 建设和完善游客服务中心，改善旅游接待服务设施数量、结构和服务水平。

☆ 至本阶段期末，惠州市旅游收入指标在广东省内的排名提前至第6位。旅游接待总人数达到1750万~1850万人次，其中境外游客量达到150万~160万人次，旅游总收入达到110亿~130亿元；实现旅游业对林业和渔业等第一产业的带动作用，促进其转型转产发展；旅游产业的经济

效益初步提高，在国民经济中的地位初步提升。

● 中期目标和措施（2011—2015）

☆ 旅游资源和生态环境得到更有力地保护和控制。

☆ 启动“环城游憩带”、“惠东沿江森林生态休闲区”、“东江文化景观旅游带”的整治和建设。

☆ 扩大旅游产品开发的广度和深度，紧紧围绕度假旅游为核心，构建休闲度假产品系列；推进会议会展旅游产品的开发和营销，大力发展展览业；增强生态旅游产品的开发；进一步促进城市旅游；利用广州亚运会和深圳大运会的重要契机，大力发展体育休闲旅游；营造综合环境，开发高端旅游产品，努力开拓富豪客源市场。

☆ 进一步优化景区的建设，到本阶段末惠州创建4A景区至11个。

☆ 进一步完善旅游服务和旅游设施，增强旅游软硬设施建设，提升服务质量和管理水平；继续提高旅游产品的知名度，培育较强的客源市场竞争力，强化惠州市在珠三角市场中休闲度假旅游目的地形象。

☆ 进一步完善文化载体建设，营造与优化对于旅游者具有吸引力的城市文化环境。

基本实现文化资源与旅游产品的转换。打造惠州的“新四东”文化品牌，使之成为惠州旅游的独有特色；文化创意产业初具规模，成为惠州旅游产业新亮点，成为旅游收入新的增长点。

☆ 实施“无障碍旅游通道”建设。创造有利时机加强跨行政区域、跨部门旅游区域合作概念的宣传，在全市范围内共建旅游发展“无障碍通道”，尤其加强跨区域产权、跨境交通等管理体制的疏通与理顺工作。

☆ 全市旅游发展格局基本形成；基本形成较为完善的旅游产业体系，旅游产业结构趋向高级化，区域分布趋于科学合理；产业链作用得到发挥，旅游产业在经济效益、带动就业等方面有较大贡献，大力推动第三产业的发展，产业地位进一步巩固和提高。

☆ 深化区域内部合作。按照惠州旅游发展总体规划分区纲要，促进区域内各个景区景点的深度合作，使各个景区在规划建设、产品组合、宣传促销以及综合服务等各个环节实现全方位合作；共同塑造区域整体形象，树立统一品牌，进一步完善共同的区域性合作系统。

☆ 深化跨区域合作。随着惠州市域内部景区建设的不断完善以及客源市场的不断培育，进一步深化同周边区域的合作，共同打造面向粤港澳地区的山地、海滨综合度假旅游地。

☆ 至2015年，旅游接待总人数达到2300万~2500万人次，其中境外游客量达到230万~270万人次，旅游业收入170亿~200亿元。旅游产业的经济效益有较大提高，旅游产业在国民经济中的地位提升，并促进了第三产业结构优化，成为惠州市经济发展的支柱产业之一。

● 远期目标和措施（2015—2020）

☆ 继续优化休闲度假产品的品质和结构，成为粤港澳台地区知名休闲度假旅游目的地。

☆ 提供高质量、多样化、个性化的旅游产品，城市旅游、会展/商务旅游、文化旅游、生态旅游日趋成熟，完成惠州市旅游产品体系建设，使惠州市成为珠三角居民周末和假期最重要的旅游目的地之一。

☆ 继续完善高端旅游产品体系建设，使惠州成为粤港澳台地区高端客户休闲度假的重要旅游目的地。

☆ 实现惠州市“百里生态旅游走廊”的网络化发展。

☆ 形成完善的旅游产业体系，旅游基础设施和城市功能发达，旅游产业结构合理，旅游业的产业优势和经济作用凸现。除了推动第三产业发展之外，旅游业还对第一、第二产业发展产生较强的辅助和促进作用，旅游业成为惠州市第三产业的龙头产业。

☆ 进一步打造惠州市文化旅游精品线路，惠州市文化旅游产品市场形象不断强化；文化创意产业深度发展，使文化创意品牌带动旅游业，使文化创意品牌为旅游增加附加值；人文资源和文化优势成为惠州新的经济增长点，在广东省内和省外客源市场中享有较高声誉。

☆ 实现广泛的内部区域合作。建立高效的“旅游无障碍通道”；形成重点突出、形象统一、层次分明、特色鲜明的旅游区域空间格局，构建完整的休闲度假产品网络体系。

☆ 继续深化跨区域合作。将“旅游无障碍通道”拓展到整个珠江三角洲范围，面向全国打造南国山地、海滨度假胜地品牌形象。

☆ 至2020年，旅游接待总人数达到3500万~4000万人次，其中境外游客量达到290万~360万人次，旅游业总收入达到或超过250亿~300亿元。

第四章　惠州市旅游发展分区规划

2　总体空间布局规划

2.1　总体布局结构

确定惠州市旅游发展总体布局结构为：“一心、两带、三区”。

☆ 一心：中心城市综合旅游区；“乡土·生态”主题环城游憩带。

☆ 两带：百里生态旅游带、东江文化旅游景观带。

☆ 三区：北部山地综合旅游区；环大亚湾滨海休闲度假区；惠东沿江森林生态休闲区。

2.2　一心：惠州市中心区

2.2.1　中心城市综合旅游区

包括惠城区和惠阳区两个行政区域，是惠州市旅游发展的空间枢纽、旅游综合服务中心，提供旅游接待与信息服务的首要基地；

以该区特色景区（点）为基础，依托中心城市的社会、政治、经济和文化功能，适合开展休闲娱乐、会展商务、城市观光、康体度假等旅游活动，承担综合旅游区功能；

促使城市建设、东江景观建设与旅游发展的有机结合；

使城市旅游成为惠州城市化和特色城市的重要力量。

2.2.2 “乡土·生态”主题环城游憩带

引入环城游憩带的概念，以象头山、叶挺故居、惠阳古树森林公园及周边的客家围屋、乡村景观为核心，将惠州城市周边的零散景区、景点以及农家乐、农家菜馆、历史悠久的汤泉串联在一起，打造一个具有乡土生态特色的环城游憩带。

2.3 两带

2.3.1 百里生态旅游带

百里生态旅游带定位为惠州市精品自驾车旅游线路。以S244省道、粤赣高速、广惠高速及其东延线为主要轴线，北起南昆山、罗浮山，南至东环大亚湾海域，囊括惠州所有生态旅游特色资源。包括一海（海滨）、二湖（西湖、白鹭湖）、三山（罗浮山、南昆山 、象头山）、四泉（龙门温泉、惠州汤泉、南昆山温泉、矮陂温泉）、五场（惠州、棕榈岛、汤泉、嘉宝田、涛景高尔夫球场）、六漂流（福田、南山、永汉河、罗浮山、响水河、川龙峡等漂流）组合成精品自驾车旅游线路。

2.3.2 东江文化景观旅游带

近期以东江为纽带，整合惠城区东江沿岸的景观、游憩资源，结合两岸景观改造、生态恢复以及灯光工程等辅助性工程，树立东江游整体休闲氛围。在此基础上，视角拓展至整个东江流域，整合东江流域的民俗文化，以节庆、主题文化餐厅、豪华娱乐邮轮等形式为载体，使东江游成为展示惠州城市旅游形象的名片。远期发展应注重与东江上游的河源等城市或地区开展合作，对东江流域进行整体开发，由此打造区域性的文化景观旅游带。改变东江目前单纯以发电、交通以及饮水、灌溉为主的利用方式，突出东江的文化内涵，使东江最终成为流域范围内文化、景观以及旅游联系的纽带。

2.4 三区

2.4.1 北部山地综合旅游区

范围涉及龙门县及博罗县。是惠州具有竞争优势的旅游区，其旅游资源品位高，组合好。具体包括：

● *以森林度假和温泉度假为龙头、以南昆山为核心的综合型山地温泉度假区*

目前南昆山已经具备了较强的度假、会议功能，而且初步形成了高、中、低端层次多样化的度假产品结构体系，在市场上具有一定的知名度。龙门县永汉镇温泉产品已初具规模，但缺乏品牌形象。龙门温泉带不仅空间上毗邻南昆山，而且在行政区划上也同属于龙门县，二者又都是典型的度假产品，因此未来发展宜将二者结合。

本区应该进一步加强对森林资源和温泉资源的保护，在保护的前提下，进一步完善南昆山山岳度假产品和永汉镇温泉产品；逐步开发桂峰山度假旅游产品；联动从化以及增城旅游地，通过夏季山地避暑、冬季温泉沐浴等不同度假产品满足人们不同时段的度假需求，打造粤港澳地区最有特色的生态型多功能度假地。

● *罗浮山宗教文化度假区*

罗浮山为中国道教十大名山之一，系“新四东”文化的重要支撑，素有“中国道教圣地”之美誉，在粤港澳台地区具有独特的地位。而且道教信仰在珠江三角洲、港澳及海外华侨中有广泛的信众。

保护罗浮山道教文化载体和完善文化旅游产品，吸引香客和信众；保护和建设本区的生态环境，整合周边的乡土资源；开辟生态旅游和度假旅游；发展会议+宗教、会议+休闲康体、会议+观光旅游；继续完善现有观光旅游产品；开拓修学旅游市场。

2.4.2 惠东沿江森林生态休闲区

该区包括惠东县县域，区内的景区景点包括：白盆珠水库、古田省级自然保护区、梁化森林公园风景区、莲花沙山、九龙峰风景名胜区、永记生态园以及粤赣湘边纵队纪念公园、热汤温泉等景区景点。

该区资源优势突出体现在江河、山水的有机结合，具备开展森林生态休闲度假及观光旅游的良好资源条件；同时山水中点缀着具有数百年历史的客家围屋，具有较丰富的文化内涵。

2.4.3 环大亚湾滨海休闲度假区

该休闲度假带包括巽寮湾旅游区、亚婆角旅游区、大亚湾游乐场、东升渔村、海龟自然保护区、南门海旅游区、平海古城等景区及景点。

以巽寮湾为核心，整合环大亚湾的海滨度假地和海滨资源，为旅游发展预留足够空间。

结合开展休闲渔业，帮助渔民有效实现转产转业；加强环境控制，充分体现海滨旅游的经济效益及社会和环境效益。

该区同深圳大鹏湾的大小梅沙毗邻，未来发展中宜采取区域合作概念，将二者联动共同打造成主要面向香港、深圳、广州、东莞以及惠州的海滨休闲度假区。

3 区域合作布局

有机地融入以珠三角为龙头的粤港澳台国际旅游目的地体系；

强化龙门与从化及增城的联动，打造面向珠三角区域的环南昆山度假带；

大亚湾海滨度假区联动深圳大鹏湾海滨度假区；

与梅州、河源联合挖掘和开发客家文化旅游资源，加强与粤东及江西赣州和福建龙岩客家文化区域的联动，推进客家文化长廊旅游线路产品建设，并实现联合促销；

与河源、东莞联合开发东江文化旅游资源，促进东江文化旅游向品牌化、系列化方向发展；

实现与广东省其他地市红色旅游资源的整合，将“广州—惠州—汕尾—梅州”打造成为广东省红色旅游线路；与江西、福建进行区域合作，实现无障碍红色旅游，共同开拓和共享客源市场；

主题产品区域之间的相互合作。与江苏句容、广州开展葛洪修学养身游；与黄冈、杭州、海口联合打造东坡遗迹游；与武当山、青城山、龙虎山和齐云山联合推出道家洞天福地游。

4 各县区发展规划要点

4.1 惠城区、惠阳区

4.1.1 旅游资源概况

惠城区和惠阳区旅游资源丰富，自然与人文旅游资源相得益彰。自然旅游资源以西湖、东江滨水景观带以及惠阳近郊田园风光为基础，而人文旅游资源则以西湖、苏东坡寓惠文化、东江民俗文化等历史文化旅游资源以及高尔夫球场、商业街、城市游憩商业区等现代城市人文景观资源为基础。主要旅游景区（点）包括：

自然类

西湖风景名胜区、东江滨水景观带、惠阳近郊田园风貌区、汤泉、象头山森林水库度假区、红花湖风景区、金山湖风景区等。

人文类

西湖风景名胜区，苏东坡王朝云遗迹，东江文化遗迹，孙中山领导的武装暴动遗迹，淡水祖庙，廖仲恺、邓演达和叶挺故居，崇林世居等历史文化旅游资源；涛景湾高尔夫球场、棕榈岛高尔夫度假村、惠阳酒店商务休闲娱乐、江北商务会展中心区、商业步行街、数码广场商业购物中心等。

4.1.2 发展现状及问题诊断

惠州曾获得“中国优秀旅游城市”、“中国人居环境范例奖”等光荣称号，同时也是广东省历史文化名城，自古有“岭南名郡”之称。随着港口建设以及高速公路网络的完善，惠州市区的区域经济中心和交通集散中心职能不断强化。遗憾的是，惠州城市旅游的潜力没有得到充分挖掘。目前，旅游发展中存在的问题主要有：

旅游产品重点不突出；

旅游资源利用和产品开发模式单一，深度和广度尚不够；

旅游资源的整合程度较低；

城市旅游形象模糊，难以对目标市场形成强有力的吸引；

城市旅游交通功能有待完善；

城市旅游信息系统建设环节薄弱。

4.1.3 发展目标

珠江三角洲地区休闲娱乐功能突出的历史文化名城，最适于生活、居住和休闲娱乐的生态绿色家园。

4.1.4 发展思路与措施

● *总体战略*

通过整合与建设，结合旧城复兴，凸现中心城市在惠州市旅游发展中的集散中心、休闲娱乐、会展商务、信息服务功能。

● *整合策略*

☆ 加强城市环境整治，全面改善城市环境质量

充分利用东江、西湖以及一系列的城市公园、近郊农田等开敞空间的生态功能，确定城市生态基本格局，对城市环境实施全面整治，规划留出合理的生态和景观廊道；结合景观节点的整治和建设工作，全面提升惠州市的城市环境质量。

☆ 改善城市交通组织状况，提高步行和公交出行分担率

引导非公共过境交通从旧城区的东西两侧分流，缓解环城西路、长寿路、南坛西路、南坛东路、下埔路以及环城东路、水门路、南门路等旧城区道路的交通压力；改善以西湖风景区外围以及整个旧城商业区域的交通环境；结合城市环境整治和人性化空间设计和组织，增强区域的步行适宜性，引导人们更多地选择自行车、公交车和步行出行。

☆ 丰富和完善旅游产品结构体系，增强各个产品之间的联动性

目前惠城和惠阳区已经形成了差异化的发展趋势，惠城区主要是综合型的城市旅游地，而惠阳区则主要是面对深圳、东莞等地的商务和短途旅游者的娱乐和商务旅游地。从单个资源或产品来看，目前惠城和惠阳区都有较大的整合发展空间。

● *建设策略*

☆ 结合惠州古城项目，加快对惠州明城墙的恢复性建设工作，突出明代城墙的历史风貌特色，增强整个惠州的历史文化氛围，提升惠州市城市旅游的文化品位；

☆ 结合惠州古城以及后续的旧城更新改造项目，加快对危旧房屋的改建、加固以及恢复性重建，加快旧城改造的步伐，推动惠州市城市旅游的整体渐进式发展；

☆ 整治淡水古城的环境，挖掘淡水古城的文化旅游

项目；

☆ 加强旅游网络信息化平台建设工作，增加旅游信息的传递效应；

☆ 配合即将启动的东江游项目，加强东江两岸景观环境建设和基础设施建设，尤其注重针对自行车和步行项目的无障碍道路交通组织和停住休憩场所的规划设计和营建；

☆ 增强各个景区景点及交通节点处的游客信息中心建设；

☆ 环城游憩带重点建设叶挺故居旅游区。

● 控制策略

☆ 划定旧城区传统城市风貌区范围，实施严格的保护和控制措施。控制桥东的水东街一带以及环城西路与东江之间的地带，保留这片相对完好的传统街巷保存区域，使之成为惠州市作为历史文化名城的重要载体。在维护传统风貌的基础上，加快对环境的整治和老建筑的更新改造。

☆ 划定东江两岸开敞空间范围，对开敞空间实施严格保护，控制开发。

☆ 对西湖景区内日益走低的活动项目进行合理引导，增强其休闲、娱乐功能。

● 完善城市旅游的吸引体系

☆ 建设景观与环境吸引、形象吸引、产品吸引和设施吸引四个吸引体系。

☆重视旅游业和文化创意产业的高度融合，提高城市的软实力，增加城市旅游吸引力。具体通过文艺展演、影视、文学艺术、新闻出版、印刷、建筑设计等众多载体进行展现，关注其文化性、创意性。

4.2 惠东县

4.2.1 旅游资源概况与区位

惠东县旅游资源丰富，依山傍海、风景秀丽。既有奇峰异石，又有海湾沙滩；既有滨海旅游资源，又有生态旅游资源；既有红色旅游资源，又有古色旅游资源。惠东西北部有古田省级野生动植物自然保护区，东北部有广东省第三大的白盆珠水库和全省为数不多的建于明末清初的多祝黄狮古建筑群，中部有西来庵、九龙风谭公祖庙、狮朝洞地藏王庙和观音庙，南部的稔平半岛有稔山长沙湾、巽寮湾、平海古城、南门海、港口小星山、古炮台和全国唯一的海龟自然保护区。

4.2.2 发展现状及问题诊断

随着珠三角地区休闲度假旅游需求的日益上升，生态度假旅游产品获得市场认可，惠东县旅游得到了一定发展。但是，旅游总体形象不够清晰，市场定位尚不明确；产品开发比较粗糙，需要进一步提升；部分区域开发过度，对脆弱的生态环境带来压力并破坏原有景观。目前存在的主要问题有：

☆ 产品方面。旅游资源类型较多，但开发重点不一；生态型产品为主导，但缺乏整合，整体形象不突出；产品功能开发过于单一，竞争力不够，需要进一步整合多样性功能；巽寮湾资源、红色旅游资源、农业旅游资源等开发过程缺乏区内产品开发之前的互动；生态旅游产品和历史资源开发未能很好地体现生态主题和历史主题。

☆ 开发方面。海滨开发建设过度，影响了巽寮湾的旅游定位，尤其是度假旅游产品的开发；生态农业产品社区联动能力不强，自身特色不足，易于被模仿；历史景观资源的空间整合力度不够，造成单个产品的吸引力有限。

☆ 面临的威胁。随着惠州市整体经济和产业功能的调整，海滨资源和农业资源的旅游开发面临着其他产业发展的威胁，主要体现在资源的争夺和景观的破坏两个方面；农业旅游面临众多省内景点的竞争，红色旅游产品也是如此，历史景观旅游受到佛山等地的竞争。

4.2.3 发展目标

产品主题：凭借水体、森林度假资源和农业生态观光资源发展生态度假休闲产品；依托滨海资源，建设豪华邮轮专用泊位，逐步发展成为粤港澳地区重要的国际邮轮港口，并建设帆船帆板训练基地，开展游客参与性的帆船训练和体验活动产品，从而形成帆船、邮轮、水上运动和休闲观光中心；依托历史文化资源开发观光旅游产品。

市场定位：高中端度假旅游者、商务休闲游客和历史观光旅游者。

4.2.4 发展思路与措施

● 发展思路

☆ 以海滨度假和生态度假产品为主导，联动开发森林度假旅游产品，辅以农业观光休闲、历史观光产品，形成层次分明的产品体系。

☆ 重点建设巽寮湾海滨度假区、白盆珠水库观光休闲区和惠东沿江森林生态休闲区。

☆ 结合当前珠三角区域度假市场发展态势，扬长避短，找准细分度假市场，明确度假区发展方向；通过丰富和深化度假区的建设和提升，打造惠州市中高端休闲度假旅游目的地。

● 措施

☆ 发展巽寮湾海滨度假和惠东沿江森林生态旅游休闲产品，联动开发生态农业、休闲渔业，开发红色旅游，辅以历史资源产品，形成完整的、主次分明的区域旅游形象。

☆ 着力打造巽寮湾海滨度假品牌，设计开发面向中高端旅游者的度假旅游产品，特别重视高端旅游产品的开发，如拓展游艇旅游、豪华邮轮、帆船帆板比赛与培训等旅游功能。

☆ 建设惠东沿江森林生态旅游休闲区。

☆ 深度开发白盆珠水库观光休闲旅游产品。

☆ 充分延展休闲渔业和农业生态观光产业链，形成特色产品。

☆ 提高基础设施建设水平，控制生态旅游区和度假区的建设开发强度和密度。

☆ 控制工业和养殖业对生态环境造成的影响。

☆ 开展区域联动的宣传策略，突出惠东县是广东海滨度假资源禀赋最高的竞争优势。

4.3 博罗县

4.3.1 旅游资源概况与区位

博罗县自然资源丰富。境内的罗浮山集道、佛两教于一山，融自然景观与人文景观于一体，是中国道教十大名山之一，素有“岭南第一山”和“中国道教圣地”之美称。博罗县土地肥沃，四季如春，年平均气温21℃，属亚热带季风气候，是广东重要的农业生产基地。博罗县水力资源和土地资源非常丰富，具备发展大工业的条件。象头山国家级自然保护区位于惠州市北部，博罗县境内，距惠州市区18km，紧贴北回归线，是北回归线上一片难得的绿洲。

4.3.2 发展现状及问题诊断

● 发展现状

罗浮山作为岭南名山之一，是葛洪领导的道家改革的主要实践基地。旅游业在此已经得到比较充分的发展，在岭南地区拥有较高的知名度，景区开发已经逐渐成熟。罗浮山成为岭南重要宗教活动基地和旅游目的地。

博罗县其他地方旅游还处于未开发阶段，作为岭南重要的粮食生产基地，博罗县的农业资源没有得到相应的旅游开发。象头山自然资源存量也比较丰富，具有较高的开发潜力，目前尚处于未开发状态，需要尽快制定规划，确定发展方向，进行合理的开发。

● 问题诊断

罗浮山没有成为国家级一流旅游名山，对博罗县旅游发展尚未起到龙头带动作用；

作为宗教名山，其建设缺陷在于宗教氛围薄弱，道家文化的精华挖掘不深；

管理体制不顺，制约了其保护和发展；

罗浮山的人文资源和自然资源有待于进一步开发。

4.3.3 发展目标

进一步提升罗浮山的精品地位，加快建设象头山、汤泉度假区，丰富博罗县旅游产品类型，丰富博罗县旅游形象，使博罗县成为惠州重要的文化旅游和度假旅游胜地。

目标市场：华南地区和港澳区域的宗教旅游市场；珠三角区域的自然观光、休闲度假、商务会议市场。

4.3.4 发展思路和措施

● 发展思路

完善罗浮山旅游产品体系建设，提升罗浮山品牌的知名度和美誉度；提高罗浮山旅游带动效益；加快象头山蓄能电站森林水库度假区建设和特色工业旅游点；完善汤泉文化度假区建设；开发农业观光休闲产品；加强与龙门及惠州城区的联动。

● 措施

☆ 尽快启动象头山规划和景区建设

象头山蓄能电站具有较好的区位优势和交通优势，近期可以建设成为具有一定规模的森林水库度假区。象头山蓄能电站森林水库度假区可发展成为面向商务游客以及本地中高端市场，以度假为主，结合水上娱乐、休闲以及登山、野营等水库休闲娱乐活动的度假旅游产品。森林水库度假区后期建设中，通过对局部的地形处理、植物种植设计等手段增强该区域的度假环境氛围。注重对自然环境的保护和恢复性建设，力求体现整体乡野气息环境，充分发挥自然环境对产品品味提升的作用。

☆ 把汤泉打造成为惠州地区最具文化底蕴的温泉度假区

目标市场主要针对来自广州、深圳、东莞、惠州市区以及博罗县的周末度假者及商务游客。突出汤泉的历史地位，将汤泉的历史文化以生动详尽的方式向游客解说，提升汤泉的文化品位，以温泉的文化品位吸引游客，而非以温泉水本身吸引游客。对环境实施局部改造，尤其注重对总统套房等高端接待设施环境的细部设计，加强室内外景观的联系性，改善室内环境。在绿化种植方面，尽量采用野生品种，力求体现汤泉温泉度假区充满山林野趣的整体环境特色。

☆ 将罗浮山建设成为在全国有影响力的道教旅游名山

要正确定位，突出道教文化地位，创造道教文化氛围，防止过度商业化。在不违反国家有关法律政策的前提下，深度挖掘葛洪和道教文化资源，大力弘扬道教文化，使游客感受“道”的真谛。调整罗浮山管理机制，优化经营。加强与其他道教名山的联动，举办宗教文化节，扩大区域影响力。进一步加强宣传，强化宗教圣地形象。

☆ 打造东江十里画廊滨水景观带

在东江博罗流域段，发挥东江水域交通优势，以东江两岸的田园风光及自然风光为核心吸引物，打造三个码头节点，形成珠三角地区重要水上旅游观光线，即观音阁、县城罗阳镇、圆州镇节点，共同打造东江水上旅游线。

4.4 龙门县

4.4.1 旅游资源概况与区位

龙门县主要以森林度假和温泉度假资源为主。南昆山森林度假资源丰富，气候条件十分优越，适于开发森林度假产品，且南昆山距离广州近，区位优势非常明显。龙门县境内的永汉镇地热与温泉资源丰富，并呈密集分布，是广东省温泉密集区。

4.4.2 发展现状及问题诊断

南昆山最近几年旅游业获得了较大发展，省内知名度逐渐提高，产品体系日趋完善，形成了集度假、休闲、会议等产品于一体的山地旅游度假地。永汉镇温泉在旅游开发中地位日趋重要，已形成温泉带雏形。目前，龙门县旅游存在的主要问题有：

☆ 南昆山度假区基础设施建设缺少系统规划和控制，交通条件需要进一步改善。

☆ 自身市场定位尚不十分明确。温泉度假产品尚需形成系列，进一步开发森林休闲度假产品，针对目标市场展开市场营销，形成清晰明确的市场形象。

☆ 随着旅游发展，南昆山环境保护负担日益加重，需要加强环保系统建设。南昆山道路开发及其镇区服务中心建设必须以环境保护为指导原则。

☆ 合理安排社区和当地小企业对温泉资源的经营。

☆ 南昆山度假旅游面临着河源、肇庆和白水寨等地的竞争。

4.4.3　发展目标

产品级别：将南昆山打造成为知名的山地生态度假和休闲旅游地，把永汉镇温泉带建设成为多功能、多元化发展的综合型温泉度假地。充分整合龙门县现有的各种资源，以永汉镇温泉和南昆山森林度假为龙头，以百里生态长廊为线索，发展龙门县生态休闲度假旅游产业。

市场定位：高中低档的休闲度假者、会议度假市场。未来可针对背包客和散客市场开发特色旅游。

4.4.4　发展思路与措施

● *发展思路*

以南昆山森林度假产品和周边的温泉度假产品为主导，大力发展度假旅游、商务会议旅游、生态旅游、休闲旅游产品，辅以农业观光旅游、探险旅游等特色产品，进行多元化经营，形成功能齐全的中高档休闲度假区。

● *措施*

☆ 提高开发进入门槛，引入高档次的开发商，保证产业发展的高水准，使南昆山森林度假和永汉镇温泉度假成为惠州市旅游业发展的旗舰产品。

☆ 强调先规划，后开发，预留旅游空间以备后续使用。

☆ 明确旅游业发展方向和定位。继续打造数个类似十字水的高档度假区，形成市场亮点，推进森林度假理念和市场认知，提升龙门县旅游的品牌影响力。开发设计会议＋山地度假、会议＋温泉度假旅游产品，近期启动高端森林会议度假设施，形成强有力的市场吸引力。

☆ 重视自驾车市场需求，完善自驾车交通设施建设，开发相应产品。

☆ 明确自身定位，开展多元化经营，适度发展乡村旅游、背包客旅游和生态旅游。

☆ 在旅游发展中重视社区居民利益，强调社区参与。发展家庭旅馆和农家餐厅，规范其服务和卫生质量，促进乡村旅游的可持续发展。

☆ 进一步加大基础设施投资，特别是完善南昆山、温泉带的自行车道和步行道系统，为休闲度假者提供活动空间。

☆ 综合规划旅游接待设施，提升从业人员素质。

4.5　大亚湾经济开发区

4.5.1　旅游资源概况与区位

大亚湾经济开发区地处惠州市东南，西接深圳，陆路距香港60km，海路47海里。大亚湾濒临南海，水域面积近500km^2，有岛屿和岩礁近百个，属典型的亚热带海洋性气候，历年平均气温21.8℃。位于大亚湾西北隅的惠州澳头，三面环山，口临南海，水下地形平坦，常年风平浪静，回淤少，可供几万吨船舶进出和停泊，是天然避风良港。因水陆交通方便，澳头历史上已是一个通商口岸。1982年，国务院批准它为对外开放口岸，1992年批准其为对外籍船舶开放。此外，它还是广东省一等渔港，湾内泥沙底质，浮游动植物种类繁多，鱼贝类资源丰富，盛产高级海产品，其中有饮誉港澳地区和东南亚各国的“水桂鱿鱼”、“三门龙虾”。大亚湾景点很多，主要有大亚湾游乐场、清泉寺、辣甲岛、岩前万年庵、螺岭、小桂湾、铁炉峰、老虎洲等。随着大亚湾核电站的建设，以及其他产业的建设，工业资源也将成为大亚湾新型的旅游资源。

4.5.2　发展现状及问题诊断

大亚湾经济开发区现阶段主要以发展工业和经济建设为主，主要有以下几个特点：外来投资持续增长，石化工业快速推进，汽车零部件业和电子业发展势头强劲，港口业务发展迅速。大亚湾目前处于一个经济快速发展时期，未来该地区经济和工业的发展必将推动商务会议旅游产品、度假旅游产品的发展。目前存在的主要问题有：

☆ 旅游产业基础薄弱。大亚湾经济开发区旅游发展的基础相对薄弱，产业体系不完善，旅游业从业人员素质有待提高。

☆ 环境保护压力。经济的快速发展导致城镇化建设加快，度假景观资源遭到破坏、环境保护压力加剧。

4.5.3　发展目标

总目标：旅游业成为第三产业的龙头。

产品定位：主要发展海滨度假旅游、海岛旅游、游艇旅游、邮轮旅游、工业旅游、商务会议旅游，利用良好区位和经济发展优势，打造一流的海滨商务度假区和特色工业观光旅游区。

市场定位：珠三角的海滨度假游客和中高端商务旅游者、面向粤港澳地区的富豪客源市场、面向全国的工业旅游市场。

4.5.4　发展思路与措施

● *发展思路*

☆ 借助经济发展和发达的商贸往来，充分利用海滨资源和海岛资源，大力发展海滨度假旅游；规划配套中高档次的商务会议设施，发展商务旅游、会议+海岛旅游、会议+滨海度假产品，打造地区级商务会议旅游地；适当发展豪华邮轮旅游、游艇旅游，开展市民和游客参与性强的帆船训练和比赛活动；适当发展海岛生态旅游、休闲渔业、乡（渔）村旅游等特色旅游产品。

☆ 利用中海壳牌南海石化项目的品牌效应，开展观光、科普等形式的工业旅游，实现名牌工业产品拉动效应，进一步强化大亚湾旅游形象。

● 措施

尽快编制大亚湾经济开发区旅游总体规划，并确保规划的前瞻性、科学性，尤其确保规划拥有可持续发展理念；

合理协调大亚湾经济建设和景观建设之间的关系，保护旅游资源；

控制滨海度假区房地产的开发密度；

促进工业旅游和休闲渔业的发展；

建设中高档次商务度假设施，满足中高档次商务会议旅游市场需要；

逐步建设专用的邮轮码头。

第八章　惠州旅游客源市场开发与形象策划

1.2　惠州市客源市场开发促销思路

1.2.1　开发促销的原则

☆ 联合促销。政府与企业之间的联合促销；区域内重点旅游地区之间、旅游业与相关产业之间、旅游企业之间在宣传促销方面的联合；与区域外的联合促销；新旧产品的组合营销。

☆ 主题促销。强调树立惠州市鲜明的旅游形象，针对不同的细分市场推出不同的主题促销活动。

☆ 渠道多元化促销。采取多种分销渠道，提供及时、全面、客观、实在的信息；利用多种促销媒体，包括电视、广告、网络、印刷资料等；采取多种促销方式，包括人员促销、媒体促销、节庆促销、公共关系促销、奖励促销等。

☆ 成长产品重点营销。中远期内，对休闲度假旅游、会展/商务旅游、生态旅游、文化旅游等旅游产品进行深度营销，进一步强化惠州旅游魅力，开发新的细分市场。同时优势产品开始向高端市场转移，提升惠州旅游市场质量。

☆ 发挥政府作用。企业单独进行大规模市场营销能力不足，政府应加大旅游市场营销经费的财政投入，并积极通过其他融资方式组织各旅游企业进行市场营销。

1.2.2　国内客源市场开发促销

1.2.2.1　目标

☆ 国内游客量和旅游收入目标：惠州规划近期、中期、远期国内游客量和旅游收入如表8－1所示。

☆ 广东省内市场目标：进一步扩大珠三角市场规模，争取省内市场游客数量的持续增长；提高省内旅游市场效益，包括延长游客平均停留时间和提升游客花费；增加省内市场游客的重游率。

☆ 国内邻近省份旅游市场目标：惠州的邻近省份旅游市场包括湖南、湖北、福建、江西、广西。提高惠州在泛珠三角区域省份的知名度；树立惠州市旅游整体形象，建立良好的口碑；逐年扩大邻近省份旅游市场的游客数量。

☆ 国内中远程旅游市场目标：中远程距离的客源省份包括北京、上海、江苏、浙江、四川、重庆、山东、辽宁等省份和城市。提高惠州在这些省份的游客认知度，争取游客量的稳步增长，提高游客在惠州的平均逗留时间和花费。

☆ 国内中远程重点开拓城市：重点开拓直航的中远程客源市场，如北京、苏州、杭州等城市，提高惠州在这些城市的游客感知度，争取游客量在惠州机场扩建后大幅上升。

2.2　惠州市旅游形象定位与策划

2.2.3.1　区域整体形象宣传口号

提出三个方案供惠州旅游形象宣传参考。

● 方案一：休闲惠州，度假天堂

这一定位是在体现惠州形象实体的基础上，进一步提升的结果。体现了惠州独具特色的资源优势和产品优势，对游客具有强烈的号召力。

● 方案二：活力广东，悠闲惠州

这一定位有两层考虑。其一，广东省经济发达，充满活力，旅游市场特别是休闲度假市场需求大。惠州旅游资源种类多，海滨、山地、温泉等适合休闲度假的旅游资源富集，市场前景广阔。其二，这一定位既考虑到惠州的客源市场集中在粤港澳地区，利于宣传；同时，又注重惠州“休闲度假”品牌的塑造，适合海外市场宣传时采用。

● 方案三：绿色惠州，商旅古城

这一定位既突出了惠州生态旅游资源优势，又体现了未来市场的需求。同时，这一定位还为每隔一段时间推出新的旅游产品形象留出充分的余地。

清远市旅游发展总体规划（2007—2020）（摘要）

一、总　则

第一条　规划范围

同清远市行政区域范围。

第二条　规划期限

近期：2007—2010 年

中期：2011—2015 年

远期：2016—2020 年

第三条　指导思想

遵循“着眼大区域，营造大环境，塑造新形象，发展大旅游”理念，依托清远市旅游资源优势与旅游市场发展趋势，整合旅游资源，提升整体旅游形象，大幅度提升游客的忠诚度；发挥政府主导作用，坚持统一规划、加强管理、突出特色、合理利用、科学保护和建设精品的发展方针，充分发挥清远市生态环境优美、旅游资源特色突出的优势，不断提高旅游产品的文化内涵，培育富有竞争力的旅游产品；加强与周边地区的协调与合作，谋求共同发展；在中国优秀旅游城市的基础上，把清远建设成为国内著名品牌的休闲度假、健康养生的旅游目的地和中国最佳旅游城市，拉动经济社会的发展。

实施十大发展战略：

1. 旅游精品名牌战略
2. 整合发展战略
3. 形象提升战略
4. 旅游产业集群发展战略
5. 内涵集约式发展战略
6. 可持续发展战略
7. 休闲度假导向的特色旅游产品战略
8. 文化兴旅战略
9. 适度超前战略
10. 科教兴旅战略

第四条　战略目标

1. **总体目标**

在规划期末，清远市成为“生态 · 休闲 · 度假”旅游主题突出，国内知名品牌的休闲度假、健康养生的旅游目的地和中国最佳旅游城市；实现旅游产品的精品化、旅游服务的现代化，以及旅游环境、旅游管理、旅游宣传现代化；旅游六要素协调发展，形成良好的旅游消费环境、旅游经营环境、旅游投资环境和旅游行业管理环境；旅游产业成为可持续发展能力强，拉动经济社会发展的支柱产业。

2. **细分目标**

（1）产业目标

近期：第三产业的龙头产业，促进国民经济和社会发展的动力产业。

中远期定位是：清远市国民经济的支柱产业之一。

（2）社会目标

通过旅游发展提高清远市在省内的地位和重要性，扩大知名度和美誉度，增强清远市人民的凝聚力和主人翁责任感，带动人们脱贫致富，促进社会的快速发展与全面繁荣。

（3）生态目标

充分利用市境范围内的山水生态资源，树立生态品牌，整合旅游产品，构筑生态产品体系，营造符合市场需求的良好生态大环境。

3. **阶段性目标**

（1）近期目标（2007—2010）

到 2010 年，清远市旅游基础设施和城市旅游功能基本完善；“生态 · 休闲 · 度假”旅游主题突出，旅游吸引力体系得到根本性优化；旅游六要素协调发展，形成良好的旅游消费环境、旅游经营环境、旅游投资环境和旅游行业管理环境；全市旅游接待服务设施数量和服务水平显著改善；总体旅游形象鲜明，旅游经济效益明显提高。

具体内容为“三个实现，四个上水平”。

“三个实现”：即到“十一五”末期，要实现每年接待游客人次 2000 万以上；实现 50% 以上县（市、区）取得中国优秀旅游城市或者广东省旅游强县（市、区）称号；实现创全国性的区域品牌 10 个以上。

“四个上水平”：即旅游景区要上新水平，全市拥有 4A 景区 10 个以上，创建 5A 景区取得新突破；环境配套要上新水平，拥有 10 个以上的五星级酒店、10 个以上的超万平方米的购物商场；游客层次要上新水平，境外游客占游客总量的 10% 以上；服务质量要上新水平，90% 以上的导游达到持证上岗要求。

（2）中期目标（2011—2015）

到 2015 年，清远市成为国内知名品牌的休闲度假、健康养生的旅游目的地和中国最佳旅游城市；旅游景区（点）

管理体制合理，旅游服务实现现代化，旅游产业成为可持续发展能力强，拉动经济社会发展的支柱产业。

（3）远期目标（2016—2020）

到2020年，清远成为国内最重要的休闲度假型旅游城市之一；旅游经济效益、社会效益和环境效益十分显著，并和谐发展，带动清远市经济社会各方面品质极大提升，清远市由“旅游资源大市”成为“旅游经济强市”。

二、现状及问题

第五条　清远旅游业发展SWOT分析

（1）优势（Strength）

A. 生态环境好

B. 旅游资源丰富

C. 交通区位优越

D. 距离珠三角客源市场近

E. 特色旅游品牌已初步建立

F. 地区经济实力不断增强

G. 旅游房地产的兴起

H. 政府高度重视

（2）劣势与不足（Weakness）

A. 旅游接待设施薄弱

B. 旅游大环境建设滞后

C. 旅游整体效益不高

D. 市场营销和产品开发力度不足

E. 经济社会发展对旅游的支持力度不够

（3）机遇（Opportunity）

A. 对外交通极大改善

B. 广东省政府对山区开发的重视和旅游扶贫工程的实施

C. 泛珠三角区域旅游合作打造无障碍旅游区

D. 休闲度假旅游飞速发展

E. 自驾车旅游迅猛发展

F. 旅游业成为社会投资热点

（4）挑战（Threat）

A. 众多旅游目的地的迅速发展

B. 周边地区的同构竞争

C. 珠三角的工业产业转移带来的环境压力

D. 原有龙头景区辉煌褪色

E. 文化内涵的深度挖掘

F. 人才和技术的制约

第六条　清远旅游面临的关键问题

（1）扩大市场吸引范围

（2）实现产品结构转型

（3）延长停留时间，提高旅游经济效益

（4）整合资源、提升形象

（5）旅游融资

三、旅游资源类型及评价

第七条　旅游资源基本类型及数量结构

根据国家标准《旅游资源分类、调查与评价》（GB/T 18972－2003），清远市旅游资源包含了8个主类、28个亚类、81种基本类型，共获得主要旅游资源单体500多处（类）。

第八条　旅游资源综合评价

（1）旅游资源丰富，种类多

（2）自然旅游资源原生态好，优势突出

（3）人文旅游资源特色明显、品位高

（4）观光农业资源丰富，开发潜力较大

（5）遍在性旅游资源多，空间竞争大

第九条　旅游资源等级评价

四级旅游资源：包括北江峡江休闲观光游、飞霞风景区、德盈新银盏温泉旅游度假村、狮子湖高尔夫球场、黄腾峡生态旅游区、故乡里主题公园、东湖、大龙湖、银盏谷漂流、伯爵园国际旅游度假村、清新温矿泉旅游度假区、玄真古洞旅游度假区、五星漂流度假区、飞来峡水利枢纽风景区、名将体育俱乐部、连州地下河景区、湟川三峡景区、天龙峡、宝晶宫风景区、仙湖温泉度假区、英西峰林、天骄影视城、南岗千年瑶寨、聚龙湾天然温泉度假村、羊角山千岛湖、观音山王山寺旅游度假区、国际赛车场、贤令山风景区、广东第一峰旅游风景区等。

三级旅游资源：包括银盏温泉、广州后花园、牛鱼嘴原始生态风景区、太和古洞、桃源生态旅游区、笔架山、天湖、薰衣草世界、潭岭天湖、仙桥地下河、三排瑶寨、大旭山、黄花湖温泉度假区、洛洞南国大寨等。

二级旅游资源：包括明霞古洞、清新伊甸园旅游度假区、政江塔、三排地下盘王宫等。

第十条　旅游资源空间组合评价

清远市的旅游资源，根据其空间分布和属性，大致分为三大资源富集区。

（1）中心组团资源富集区——休闲度假、生态农业、时尚山水旅游资源区

（2）“三连一阳”组团资源富集区——山水生态、民族风情、历史文化旅游资源区

（3）“英佛”组团资源富集区——自然生态、康体山水文化旅游资源区

四、客源市场需求

第十四条　客源市场定位

1. 国内客源市场定位

(1) 核心市场——珠三角地区及港澳台地区

(2) 基础市场——清远本地及周边市场

(3) 机会市场——泛珠三角经济发达地区及全国

2. 游客细分市场定位

清远市旅游市场开拓要重点针对下列五大细分市场：

(1) 自驾车市场

(2) 公司（企事业）团体市场

(3) 中青年白领市场

(4) 家庭市场

(5) 青年学生市场

3. 入境客源市场定位

(1) 核心客源市场——港澳台

(2) 发展客源市场——日本、韩国、东南亚

(3) 机会客源市场——其他海外市场

第十五条　市场开拓策略与措施

(1) 开发建设期（2007—2010年）——内练素质，提升形象

完善旅游基础设施和城市旅游功能，突出“生态·休闲·度假”旅游主题，优化旅游吸引力体系；协调旅游六要素发展，形成良好的旅游消费环境、旅游经营环境、旅游投资环境和旅游行业管理环境；显著改善全市旅游接待服务设施数量和服务水平。对内抓好旅游从业人员的业务素质培养，提升旅游形象；对外加大对“开心清远，旅游首选”旅游整体形象以及其他重要的特色品牌“康体温泉”、“休闲漂流”、“绿色美食”、“民族风情”、“生态时尚”宣传，配合各个旅游开发项目，重点针对珠江三角洲地区和港澳台进行团体单位如旅行社、机关、公司的营销，重点推出休闲度假游、乡村休闲游、生态观光游、民俗体验游、体育健身游，初步把清远资源优势和产品特色发挥出来，打造1个AAAAA景区，10个以上具有“休闲度假”特色的国家级AAAA旅游景区，5个AAA级旅游景区。

(2) 发展巩固期（2011—2015年）——旅游服务实现现代化

配合建设国内知名品牌的休闲度假、健康养生的旅游目的地和中国最佳旅游城市，促进旅游景区（点）管理体制更趋合理，实现旅游服务现代化。积极开发东南亚市场和自驾车游市场，引进和利用资金组建旅行社集团，不断开发新客户；引导投资者加大对各自经营景点的宣传促销力度，抓好旅游产品、旅游市场、旅游管理的开发建设工作，形成旅游规模效益；加强服务体系建设，提高服务质量，不断推出特色旅游产品；继续完善旅游资源的开发，旅游产业六大要素得到全面发展，打造3个AAAAA景区，15个以上具有“休闲度假”特色的国家级AAAA旅游景区，6个AAA级旅游景区，实现旅游强市的目标。

(3) 完善成熟期（2016—2020年）——由“旅游资源大市”成为“旅游经济强市”

根据规划，到2020年清远要成为国内最重要的休闲度假型旅游城市之一；旅游经济效益、社会效益和环境效益十分显著，并和谐发展，带动清远市经济社会各方面品质极大提升，清远市由“旅游资源大市”成为“旅游经济强市”。为此，需要推出旅游新概念，重点推出产权度假、分时度假产品，全方位针对客源市场进行宣传促销，打造一个国际级休闲度假景区，一系列AAAAA景区，和具有“休闲度假”特色的国家级AAAA旅游景区。全方位开拓国外、省外旅游市场，增强旅游竞争力，组建综合性的旅游企业集团，建立起与国际接轨的完善的旅游业经营管理体制。构建规范、有序的旅游市场营销体制，树立良好稳定的清远旅游形象，使旅游业成为清远国民经济的支柱产业。

五、旅游功能空间布局

清远旅游可以规划为“四纵两横”的旅游交通空间结构和“三个中心、两大发展轴、三个功能区、四大旅游合作区、十一条精品线路、二十个旅游精品景区”的空间布局。

第十六条　一个组织中心（清远市区）

组织中心是整个清远旅游圈的交通、信息、管理、服务、教育核心，是清远旅游的组织与创新中心。

未来优先完善这一中心的旅游交通和服务中心功能，构建包括环清城区中央游憩区和环清新中央游憩区在内的双中央游憩区，建设东湖五星级接待基地，开发北江旅游区、后花园南大门旅游区等旅游产品，积极向周边地区进行辐射与联合。

第十七条　三个服务中心（清远市区（含清新县城）、英德、连州）

包括清远市区（含清新县城）、英德市、连州市。主要分担游客疏散与接待功能，与空间结构中的“二大发展轴”、“三大功能区”相对应，担负产业轴向外延伸、资源横向交流的作用，同时作为上下级旅游中心地的中间部分，是旅游发展的纽带。对于三个服务中心，应进一步完善旅游吸引物软硬件建设，加强服务中心的交通枢纽、游客疏散和旅游接待的作用，密切与上下级中心地的联系。

第十八条　四个次中心（佛冈、阳山、连南、连山）

包括佛冈县城、阳山县城、连南县城、连山县城，是二级旅游接待中心，主要分担游客疏散与接待功能，担负产业轴向外延伸、资源横向交流的作用。同时，又是各自县所在旅游景区的主要接待地和游客集散地；随着基础设施的完善，游客不断增多，旅游不断发展，也将逐步成为地方旅游发展的主要游客集散地、接待中心，可能成为副中心，起着“上传下达”的沟通作用，是旅游发展的纽带。

第十九条　二十个旅游接待基地

包括清城区石角镇、东城街，清新县三坑镇、太和镇、飞来峡、浸潭镇，佛冈的汤塘镇、高岗镇，英德的连江口镇、九龙镇、波罗镇，阳山的七拱镇、秤架乡，连州的东陂镇、星子镇，连南的寨岗镇、三排镇，连山的永和镇、福堂镇、小三江镇。

第二十条　两大旅游发展轴

一轴为“清连旅游发展轴”，即后花园南大门景区—清西旅游大道景区—清城区—伦洲岛—北江飞霞景区－英西峰林地质公园－阳山越野车主题公园—北山寺—千年瑶寨—连州历史文化名城—地下河—福山—潭岭天湖—大东山旅游发展轴。

二轴“北江旅游发展轴”，即清城区—伦洲岛—飞霞风景区—飞来峡水利枢纽—飞来峡温泉旅游度假区—连江口水上运动中心—黎溪—金海湾—宝晶宫—英德溶洞温泉—英德市区—仙桥地下河—仙湖温矿泉度假区—英德草原天门沟—大草原大峡谷旅游发展轴。

第二十一条　三大旅游功能区

指中心城区核心组团休闲度假旅游区、“三连一阳”组团自然生态与民族风情旅游区、“英佛”组团生态休闲度假旅游区。

中心城区核心组团休闲度假旅游区：包括清城区、清新县范围。以城市休闲、娱乐、美食、购物、温泉、漂流为主要特色，在完善基础设施，提高产品档次、服务质量的基础上，重点打造旅游购物、休闲娱乐、温泉度假、漂流探险、佛教文化旅游等综合性旅游产品，构筑以主题景观（项目）、休闲度假、会议、美食、购物、动态参与活动为龙头的现代休闲度假胜地。

“三连一阳”组团自然生态与民族风情旅游区：包括“三连一阳”地区。该功能区主要以原始森林生态旅游、民俗风情、历史文化为特色，在加大基础设施建设，提高道路通达性的同时，不断提高旅游产品开发档次，提高服务水平，保护文化特色和自然环境。重点突出以丰富的历史文化底蕴和秀丽的山水为基础，打造山水观光游、民俗风情游、历史文化游、休闲度假等重点旅游产品，使其成为面向整个大珠江三角洲旅游圈的原始森林生态和民俗文化欣赏和参与体验旅游地。

“英佛”组团生态休闲度假旅游区：包括英德市、佛冈县。该功能区拥有良好的自然资源和生态环境，特别是其优良的北江水质、宽阔的江面、良好的植被和清洁的大气质量，为发展休闲度假产业奠定了非常优越的基础。在加大基础设施建设的同时，不断提高旅游产品开发档次，提高服务水平，保护自然环境，主要应重点开发北江水上运动、山地休闲度假、农业旅游、乡村文化体验、生态体验、滨水假期、游艇家族、岩溶风光游等产品。

第二十二条　四大旅游合作区

清肇佛合作区：位于清远西南部，主要包括清新、清城区与肇庆（四会市、广宁县）、佛山（三水区、南海区），连山与肇庆（怀集、广宁）、佛山的合作。

清广惠合作区：位于清远东南部，主要包括英德市、佛冈、清城区、广州（从化市、花都区、增城市）、惠州市（龙门县）。

清韶合作区：位于清远东北部，主要包括英德市、阳山县、连州市、韶关市（曲江区、乳源县、乐昌市）。

粤桂湘旅游合作区：位于清远北部、西北部，主要包括清远市的连州市、连山县、连南县，肇庆市的怀集、封开、德庆，广西桂林市、贺州市、梧州市，湖南省的衡阳市、郴州市、永州市等。

第二十三条　“四纵两横”旅游走廊

即京珠高速自驾车旅游走廊和107国道自驾车旅游走廊、京广铁路观光旅游走廊、武广铁路观光走廊和G323（昆汕高速公路）观光旅游走廊、清佛（揭茂高速公路）旅游走廊、清韶高速旅游走廊。

表2　清远精品旅游景区一览表

景区名称	所属县（市、区）	景区特色	主要开发项目
“一脚踏三省”鹰扬关景区	连山县	历史底蕴深厚，生态环境良好，区位优势独特	雄鹰雕塑、岭南第一石、碑廊、客栈、烽火台、雄关古道、茶马驿站、雄关博物馆、军事主题公园、军事主题酒店、各种军事物资、各种军训设施、军事演播大厅、防空洞、土碉堡、战壕、铁索桥、游客中心
南粤天然奇观大旭山景区		自然生态、瀑布奇观	河谷溯溪、山地氧吧、农家乐、山野美食中心、观瀑台、山地运动项目、原生态氧吧、康体运动基地、山野森林浴
高山环抱天鹅湖景区		湖泊景观、休闲度假	钓鱼台、度假别墅、接待中心、农家美食园、游艇、竹排

续表

景区名称	所属县（市、区）	景区特色	主要开发项目
瑶族精华千年瑶寨景区	连南县	民族文化，瑶族风俗，民族艺术	瑶族文化主题酒店，牛角，盘王等民族雕塑，民俗博物馆，演艺中心，各种民俗作坊，瑶练馆，梯田
民族风情三排瑶寨景区		民族文化，瑶族风俗，民族艺术	演艺中心、度假民俗村、牌坊、万山朝王观光台、景区大门、采摘基地、瑶家乐、民俗作坊、瑶王庙、瑶美食中心
洞生洞连州地下河景区	连州市	溶洞奇观休闲健身	丰阳古村落、摄影基地、攀岩场、东陂腊味坊、户外拓展营、文化碑林、度假营地、娱乐中心、东陂古街、冯达飞故居
历史文化名城连州城景区		民俗文化、抗战文化	旅游购物娱乐一条街、名人雕塑公园、大云洞摩崖石刻、碑林、古书院、民国广东省政府博物馆、抗战博物馆、光孝寺、海阳湖、文化广场、慧光公园、湟川三峡
温泉瀑布大东山景区		自然生态、温泉休闲度假	温泉度假酒店、湖泊游艇、钓鱼台、氧吧、山地越野基地、森林浴、度假木屋、接待中心、山地运动、娱乐场
四驱越野争霸阳山站景区	阳山县	汽车文化、乡村休闲	越野车主题公园、越野车主题雕塑、乡村特色旅馆、汽车旅馆、赛车俱乐部、汽车博物馆、自驾车露营区、篝火晚会区、乡村娱乐购物街、乡村美食区、农家乐、越野车比赛场、汽车训练区、拓展训练区、华侨故居、西路温泉、三山寨、修理与汽车用品服务部
“广东第一峰”石坑崆景区		生态休闲、体育健身	999云梯、瑶王庙寺、观光缆车、山地极限运动、冰雪观光区、高山体育训练基地、太平洞瑶寨高山农业观光区、石坑崆高山休闲营地、日出观景台、温泉、河谷溯溪、高山氧吧、高山露营区、第一峰宾馆、漂流
摩崖石刻贤令山景区		宗教文化、历史文化	北山寺二期工程、韩山书院、雕塑文化公园、韩愈文化广场、文化旅游一条街、文物一条街、各种旅游接待基础设施
豁然开朗金海湾景区	英德市	乡村休闲度假、江河内湖风光览胜	产权式酒店、会所、贵族休闲运动、高尔夫运动场、游艇、水上运动、酒店会议中心、度假中心、攀岩、越野车赛场、赛马场、射箭场、烧烤区、野战游戏场
地质公园英西峰林走廊景区		休闲度假、喀斯特风光、田园风光	喀斯特主题酒店、影视基地、水上歌舞台、水车群、乡村民俗博物馆、乡村休闲中心、农家乐、水果采摘基地、民俗表演中心、山地自行车赛场、帐篷露营地、竹排漂流、峰林观光游览区、服务中心
岭南第一洞宝晶宫景区		洞穴风光、湖泊风光	碧绿湖度假区、英石演奏中心、彩绘中心、康体中心、文化博物馆、洞穴观光、湖泊运动、水上高尔夫、洞穴温泉别墅
峡谷草原九州驿站景区		草原、峡谷自然风光、山地康体休闲	山野SPA馆、采摘基地、康体运动基地、山野森林浴、山野高尔夫、高山滑草场、草地跑马场、高山花园、蒙古包、草原热气球场、高山草原滑翔基地、风车、飞碟射击基地、草原演艺中心、河谷溯溪、高山木屋
天然林海佛冈观音山景区	佛冈县	宗教文化、休闲观光	大雄宝殿、塑观音像、佛教碑林、香炉、佛塔、颂经阁、观音堂、佛教文艺堂、宗教主题酒店、观景台
南国大寨洛洞景区		康体休闲、会议、培训、历史文化	知青博物馆、知青农场、知青标语区、乡村休闲度假区、农家乐、康体健身俱乐部、温泉度假村、农业观光基地、拓展训练营、产权酒店、射击场、保龄球馆

续表

景区名称	所属县（市、区）	景区特色	主要开发项目
康体养生清西旅游大道综合景区	清新县	休闲度假康体养生	完善原有项目，表演剧场、机械娱乐设施、温泉水上运动中心、主题雕塑、漂流、温泉、康体运动项目、飞碟射击基地、温泉水球、温泉 SPA、温泉表演中心、田园采摘基地
欢乐后花园南门景区	清城区	生态休闲康体养生	旅游服务中心、果汁 SPA 馆、果园瑜伽、果园太极、果园氧吧、摘果、民俗文化表演中心、温泉、民俗博物馆、拓展训练中心、产权酒店、休闲养生中心、山道滑板、高尔夫运动中心、美食中心
丽质天生北江飞霞景区		生态休闲宗教文化	宗教主题酒店、寺庙乐、自行车越野场地、主题雕塑、湿地公园、滑水、赛艇、垂钓、竹排、整修寺庙、休闲中心

六、精品景区与精品线路

第二十四条　二十个精品景区（点）

第二十五条　十一条精品旅游热线

围绕清远“生态·休闲·度假”旅游总主题和“开心清远，旅游首选”旅游整体形象，突出“温泉之乡”、“漂流之乡”、“民族风情”、“生态时尚”特色品牌，依托精品景点（区）和交通、服务设施，优化组合，重点打造十一大精品旅游热线。

1. 连阳热线·连阳民族风情之旅
2. 北江热线·漂流温泉休闲度假之旅
3. 英西热线·喀斯特风光与休闲度假之旅
4. 清佛热线·湖光山色浪漫游
5. 英佛热线·山地休闲度假之旅
6. 清连热线·自驾车山水民俗游
7. 清英热线·自驾车山地休闲游
8. 清肇热线·粤西北民俗休闲游
9. 清韶热线·粤北山地休闲游
10. 清桂热线·自驾车休闲游
11. 清湘热线·跨省自驾探索游

八、旅游形象设计与促销

第三十六条　旅游形象策划

作为中国优秀旅游城市，清远原有的“后花园”形象，已在某种程度为游客和当地群众所接受，事实成为品牌。但珠江三角洲地区边缘的城市也纷纷效仿，提出类似的形象理念。如河源提出“万绿河源，粤港花园”，肇庆提出“千里画廊”，茂名提出“金海岸，大花园，新茂名”等。因此，清远迫切需要整合资源，在原有总体形象的基础上进行提升。

根据本次旅游资源和客源市场的调查，以及旅游发展趋势的把握，特对清远旅游提出如下思想：

旅游总主题：生态·休闲·度假

旅游整体形象：北江山水·欢乐后花园

旅游宣传口号：开心清远，旅游首选

其他重要的具体品牌可以包括如下：

- 康体温泉
- 休闲漂流
- 溶洞奇观
- 绿色美食
- 民族风情
- 生态时尚

第三十七条　旅游形象塑造

清远的形象代表着区域内从自然环境到社会环境，从物质到文化，从地方整体到企业个体等多方面的综合形象，所以其形象系统构成比传统意义上的企业识别要复杂得多。为了便于操作，可从物质景观形象、社会文化景观形象、旅游企业形象、核心地段形象、代表性人物或事件、视觉识别系统、其他感觉形象等几个方面对清远的旅游形象加以塑造。

九、旅游资源与环境保护建设

第三十八条　生态环境保护要点

- 正确处理好“工业发展”与“旅游发展”之间的矛盾
- 正确处理好“旅游发展”与“水电发展”之间的矛盾
- 水环境保护
- 森林植被保护
- 大气环境保护
- 固体污染物的处理

第三十九条　生态环境建设重点

（1）加强对北江沿岸的生态景观营造

（2）严格对生态自然保护区的保护力度

（3）加强对重点景区景点的环境保护

（4）加强主要旅游公路沿线的环境保护，打造绿色景观廊道——“风景道”

（5）优化城镇景观环境形象

（6）建立健全的、规范化的生态环境保护管理体系

第四十条　旅游资源分级保护

结合清远市旅游资源现状基本情况和开发前景，对全市旅游资源等级划分如下：

一级保护区：具有较高的观赏价值、历史价值、科学价值与不可再生性、稀缺性等特点，具有地方特色和较高开发价值的旅游资源。包括北江及其两岸、广东第一峰、飞霞山、鹰扬关、大旭山、笔架山、太和古洞、金龙洞、桃源生态旅游区、大东山、大峡谷大草原、清新温矿泉、新银盏温泉、黄花湖、观音山、宝晶宫、连南千年瑶寨、三排瑶寨、连州地下河、英西峰林、湟川三峡、玄真古洞、金海湾等景点（区）。

二级保护区：指那些具有一定观赏价值、历史价值和特色的普遍存在的旅游资源。主要包括牛鱼嘴、天鹅湖、贤令山、北山古寺等景点。

十、发展模式与对策

第四十二条　提升旅游品牌

1．整体形象品牌

（1）品牌现状

经过多年的发展，清远市初步形成了“漂流、温泉、民族风情、山水、奇洞”等特色旅游品牌，“后花园”形象具有相当的知名度，先后获“中国优秀旅游城市”、“中国漂流之乡”、“中国温泉之乡”称号。此外，清新县获广东省首个“广东省旅游强县”，阳山县获“四驱之城，越野之都”、“广东旅游强县”，连州地下河获“中国生态旅游示范区”。目前，全市拥有清新温矿泉、连州地下河两个4A级景区。

在2007欧中旅游合作论坛组委会组织评选活动中，清远温泉与漂流荣获“欧洲人最喜爱的中国景区”和“中国最出名的十大景区”殊荣。

（2）品牌提升策略

在原有“后花园”形象的基础上，围绕“生态·休闲·度假”旅游总主题，进一步打造“开心清远，旅游首选”总体形象，创造条件争创“中国最佳旅游城市”行列。

推进清新县创建“中国旅游强县”，连州市创建“中国优秀旅游城市”，英德市、佛冈市创建“广东旅游强县（市）”，连南创建“广东旅游资源特色县”和“千年瑶寨”申报“世界文化遗产”工作。在景区品牌方面，推进创A工作，近期达到1个5A景区，10个以上4A旅游景区，5个3A级旅游景区；中期到达到3个5A景区，15个以上4A旅游景区，6个3A级旅游景区；远期要达到5个5A景区，20个以上4A旅游景区，8个3A级旅游景区。

近期实现50%以上县（市、区）取得中国优秀旅游城市或者广东省旅游强县（市、区）称号；实现创全国性的区域品牌10个以上。通过创强、创优这一载体，强化政府主导型的旅游发展机制，全力推进各县（市、区）旅游资源大整合、品牌大推介、景区大建设、产业大提升。营造“百业扶旅游，旅游带百业”的良好氛围。把旅游创强工作纳入党委政府工作的议事议程，坚持党政主要领导亲自抓，分管领导具体抓，职能部门共同抓，做到责任到位、措施到位、投入到位。建立相关部门旅游目标考核机制，全面促进创强工作的落实。各县（市、区）旅游部门要在政府主导作用下，以新思路、新构想，谋求旅游业的新发展。

在政府的主导作用下，充分发挥计划、城建、交通、水利、园林、宗教、文化、农业、林业、环保等部门的合力作用，既要重点抓好代表城市形象的硬件项目建设，又要注重软件项目的达标。

按照国家优秀旅游城市的发展要求，各旅游企业要对照标准抓好整改提升，做到上档次上水平，提高景区、酒店的管理接待水平和提供优质的服务，发挥最好的经济效益。

1．整体形象品牌

2．漂流休闲旅游品牌

3．温泉康体旅游品牌

4．民族风情旅游品牌

5．山地休闲度假品牌

6．节庆文化旅游品牌

7．生态农业旅游品牌

8．绿色美食旅游品牌

9．体育休闲旅游品牌

10．会议会展旅游品牌

第四十三条　提升旅游管理质量

1．政府主导，加强旅游局的管理职能

2．改革体制，理顺发展思路

3．引进人才，推行公务员制度

4．依法管理，实行政策扶持

5．部门协调，发展“大旅游”

6．多方引资，加快景区建设

7．加强管理，建立投资管理服务体系

8．技术创新，实现科技兴旅

9．内引外联，加强区域合作

第四十四条　提升旅游服务质量

1．形成行业质量意识

2．建立质量管理体系

3．改进质量薄弱点

全省旅游业统计资料

（第 345 ~ 368 页）

2008年广东旅游业主要统计数据

【总体情况】 2008年，广东省旅游外汇收入91.78亿美元，比上年增长5.44%；国内旅游收入2029.93亿元，比上年增长13.29%；旅游总收入2668亿元，比上年增长8.67%。

【入境旅游】 2008年，广东省口岸入境旅游人数10323万人次，比上年增长0.04%，其中外国人615.95万人次，比上年下降8.36%。港澳台游客仍为入境游的主体，约占总数的94.03%。

2008年，全省口岸入境旅游前5名客源国依次为：日本107万人次，马来西亚60万人次，美国59.9万人次，韩国58.2万人次，新加坡37.8万人次。

【住宿设施接待】 2008年，广东省住宿设施接待入境过夜旅游者2607.05万人次，比上年增长11.88%，其中外国人609万人次，比上年增长1.89%；港澳同胞147.11万人次，比上年增长18.23%；台湾同胞250.94万人次，比上年下降1.53 %。

2008年全省住宿设施接待过夜国内旅游者人数13574.34万人次，比上年增长11.10%。

【旅行社接待】 2008年，广东省旅行社接待入境旅游者377.73万人次，比上年下降15.81%。其中外国人101.09万人次，比上年下降21.25%；港澳同胞250.12万人次，比上年下降12.36%；台湾同胞26.52万人次，比上年下降23.95%。

2008年全省旅行社组团国内旅游1479.47万人次，比上年下降9.25%。其中组团省外游427.6万人次，比上年下降13.32 %；组团省内游1125.5万人次，比上年下降1.05%。

【出境旅游】 2008年，广东省口岸出境旅游者达3152万人次，比上年增长16.19%。其中去外国旅游人数为191万人，比上年增长8.76%；由旅行社组团省内居民出境旅游人数358.7万人，比上年下降6.12%。其中香港游164.2万人，比上年增长6.53%；澳门游87.1万人，比上年下降31.62%；出国游107.3万人，比上年增长6.81%。

【旅游业产业规模】 截至2008年底，广东省纳入统计范围的各类旅游企事业单位9032家（旅游管理机构118家，旅游饭店7138家，旅行社1074家，旅游景区、景点722个）。

旅游饭店规模：全省纳入统计的旅游饭店7138家，其中星级饭店1164家（白金五星级1家，五星级68家，四星级176家，三星级589家，二星级310家，一星级20家）。拥有客房数40.1万间，床位数69.5万张。旅游饭店业直接从业人员51.4万人。

旅行社规模：全省共有旅行社1074家，其中国际社209家，国内社865家。旅行社从业人员3.1万人（未含兼职导游）。

旅游景区（点）：国家级旅游度假区1家，省级旅游度假区29家；国家A级旅游景区共99家，其中5A级景区2个，4A级景区57个，3A级景区28个，2A级景区12个。2008年度全省新增A级景区（点）14家，其中4A级旅游景区9家，3A级旅游景区5家。

【区域旅游发展情况】 2008年，广东省旅游经济地区间的差异逐渐继续缩小，全年旅游总收入排名前五位的城市依次为：广州市（837.71亿元），深圳市（517.83亿元），佛山市（186.12亿元），珠海市（155.09亿元），东莞市（128.69亿元）。上述五市旅游经济总量占全省的68.2%。

山区五市（韶关、河源、梅州、清远、云浮市）旅游总收入为210.88亿元，增幅达到19%，相当于GDP和第三产业的比重分别为8.5%和26.1%，高于全省平均比重。五市旅游总收入依次排序为：清远市（56.26亿元，比上年增长17.53%），韶关市（52.60亿元，比上年增长29.42%），梅州市（36.55亿元，比上年增长18.93%），云浮市（34.45亿元，比上年增长11.01%），河源市（31.02亿元，比上年增长15.14%）。

（叶志青）

旅游统计基本概念和主要指标解释

【游客】 指任何为休闲、娱乐、观光、度假、探亲访友、就医疗养、购物、参加会议或从事经济、文化、体育、宗教活动，离开常住国（或常住地）到其他国家（或地方），其连续停留时间不超过12个月，并且在其他国家（或其他地方）的主要目的不是通过所从事的活动获取报酬的人。游客不包括因工作或学习在两地有规律往返的人。

【常住国与常住地】 常住国：指一个人在近一年的大部分时间所居住的国家（或地区）或在这个国家（或地区）只居住了较短的时间，但在12个月内仍将返回的这个国家（或地区）。常住地：指一个常住国的居民，在近一年的大部分时间所居住的城镇或在这个城镇只居住了较短的时期，但在12个月内仍将返回的这个城镇。判定一个游客是国际游客还是国内游客不是根据这个游客的国籍而是根据他的常住国或常住地而定。

【入境旅游人数】 指报告期内来中国（大陆）观光、度假、探亲访友、就医疗养、购物、参加会议或从事经济、文化、体育、宗教活动的外国人、港澳台同胞等入境游客。统计时，外国人、港澳台同胞按每入境一次统计1人次，即入境旅游人数。入境旅游人数包括入境（过夜）旅游者和入境一日游游客。

【入境（过夜）旅游者】 指入境游客中，在中国（大陆）旅游住宿设施内至少停留一夜的外国人、港澳台同胞。

入境（过夜）旅游者不包括下列人员：应邀来华访问的政府部长以上官员及其随行人员；外国驻华使领官员、外交人员以及随行的家庭服务人员和受赡养者；常驻中国（大陆）一年以上的外国专家、留学生、记者、商务机构人员等；乘坐国际航班过境不需要通过护照检查进入中国（大陆）口岸的中转旅客；边境地区往来的边民；回中国（大陆）定居的港澳台同胞；已在中国（大陆）定居的外国人和原已出境又返回在中国（大陆）定居的外国侨民；归国的中国（大陆）出国人员。

【入境一日游游客】 指来华人境的海外游客中，未在中国（大陆）旅游住宿设施内过夜的外国人、港澳台同胞。海外一日游游客应包括乘坐游船、游艇、火车、汽车来华旅游，在车（船）上过夜的游客和机、车、船上乘务人员，但不包括在境外（内）居住而在境内（外）工作，当天往返的港澳同胞和周边国家的边民。

【国内游客】 指报告期内在国内观光游览、度假、探亲访友、就医疗养、购物、参加会议或从事经济、文化、体育、宗教活动的本国居民，其出游的目的不是通过所从事的活动谋取报酬。统计时，国内游客按每出游一次统计1人次。国内游客包括国内（过夜）旅游者和国内一日游游客。

【国内（过夜）旅游者】 指国内居民离开惯常居住地在境内其他地方的旅游住宿设施内至少停留一夜，最长不超过12个月的国内游客。国内旅游者应包括在中国（大陆）境内常住一年以上的外国人、港澳台同胞，但不包括到各地巡视工作的部以上领导、驻外地办事机构的临时工作人员、调遣的武装人员、到外地学习的学生、到基层锻炼的干部、到境内其他地区定居的人员和无固定居住地的无业游民。

【国内一日游游客】 指国内居民离开惯常居住地10公里以上，出游时间超过6小时，不足24小时，并未在境内其他地方的旅游住宿设施过夜的国内游客。

【旅游接待与收入】 旅游收入：游客（海外游客和国内游客）在旅游过程中（由游客或游客的代表为游客）支付的一切旅游支出就是国家（省、区、市）的旅游收入。旅游支出应包括（过夜）旅游者和一日游游客在整个游程中行、游、住、食、购、娱，以及为亲友、家人购买纪念品、礼品等方面的旅游支出，不包括为商业目的购物和购买房、地、车、船等资本性或交易性的投资、馈赠亲友的现金及给公共机构的捐赠。旅游收入包括国际旅游（外汇）收入和国内旅游收入。国际旅游（外汇）收入：海外旅游者在中国（大陆）境内旅行、游览过程中用于交通、参观游览、住宿、餐饮、购物、娱乐等全部花费。国内旅游收入：指国内旅游者在国内旅行、游览过程中用于交通、参观游览、住宿、餐饮、购物、娱乐等全部花费。

【其他】 国籍：是指给游客颁发护照（或其他身份文件）的政府所在的国家。外国人：指属外国国籍的人，加入外国国籍的中国血统华人也计入外国人。港澳台同胞：指居住在中国香港特别行政区、澳门特别行政区和台湾省的中国同胞。

（叶志青）

2008 年广东省接待国内游客抽样调查综合情况分析

【基本情况】 按照国家旅游局的要求，省旅游局于 2008 年 7 月至 12 月对全省 12 个地级以上市的国内旅游情况进行了抽样调查，并以此作为对全省国内旅游人数及其构成、出游花费、停留时间等主要指标进行测算。本次调查对象为 2008 年到广东省旅游的国内游客，调查地点为宾馆、旅馆及其景点，调查方式由调查员持问卷面访游客或游客自填问卷两种方式。全省共收回有效问卷 13590 份，在旅游住宿设施方面收回问卷 7264 份，占有效问卷的 53.45%；在旅游景点方面收回问卷 6326 份，占总数的 46.55%（其中过夜游客占 67.09%，一日游游客占 32.91%）。

【游客来源构成】 调查表明：本省居民是广东国内旅游最大的客源市场，占被调查游客总数的 51.52%；来广东旅游的外省游客主要集中在与广东邻近的泛珠三角区域，排在前三位的省（区）分别是湖南、湖北和广西，分别占 7.56%、3.94% 和 3.71%；来自江西、福建、四川、北京、河南的游客所占比重均超过 2%。排在前十位的客源地游客占到广东旅游的全部游客的 81.91%。

与上年调查数据相比，本省居民游客量有所增长，从 46.38% 上升到 51.52%。外省区游客中，前三位（湖南、湖北和广西）位置没有发生变化；来自于长三角的游客比重有所降低，如来自上海的游客比重从 2007 年的 2.32% 下降为 2008 年的 1.75%，来自浙江的游客比重从 2007 年的 2.8% 下降为 2008 年的 1.83%，来自江苏的游客比重从 2007 年的 2.29% 下降为 2008 年的 1.77%。（见表 1）

表 1　来广东国内游客前十位客源地　（单位：%）

名次	第一	第二	第三	第四	第五	第六	第七	第八	第九	第十
省市区	广东	湖南	湖北	广西	江西	福建	四川	北京	河南	山东
比重	51.52	7.56	3.94	3.71	2.78	2.72	2.71	2.66	2.39	1.92

【游客性别年龄构成】 本次抽样调查表明：来广东旅游的国内游客中，男性占 60.30%，女性占 39.70%；25～34 岁之间占总数的 36.94%，35～44 岁之间占总数的 33.70%，65 岁以上及 14 岁以下的比重较小。统计表明，25～44 岁之间的人群是广东的主要旅游人群和主要消费者，占总数的 70.64%。

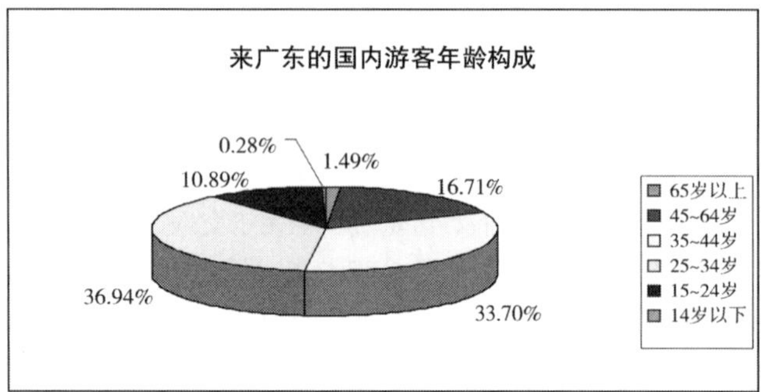

【游客职业构成】 本次抽样调查表明：到广东旅游的国内游客当中，管理与销售人员占 32.71%，公务员占 14.76%，专业文教科技人员占 13.28%，离退休人员占 3.70%（上年为 2.51%）。由此可推测，随着老龄化社会的进程加快，老年人出游呈上升趋势。

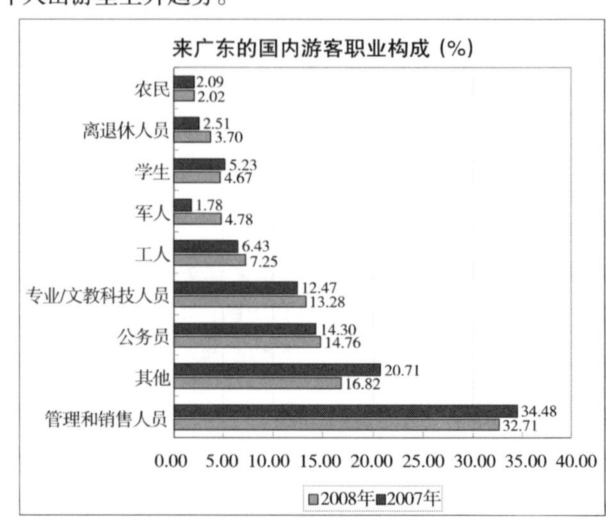

【游客出游目的】 2008 年，来广东旅游的游客当中，以休闲观光度假为主，占总人数的 47.07%，因商务活动出游的游客占 21.56%，因会议出游的游客占 7.56%。抽样调查表明：商务会展旅游已成为到广东游客的主要目的之一。

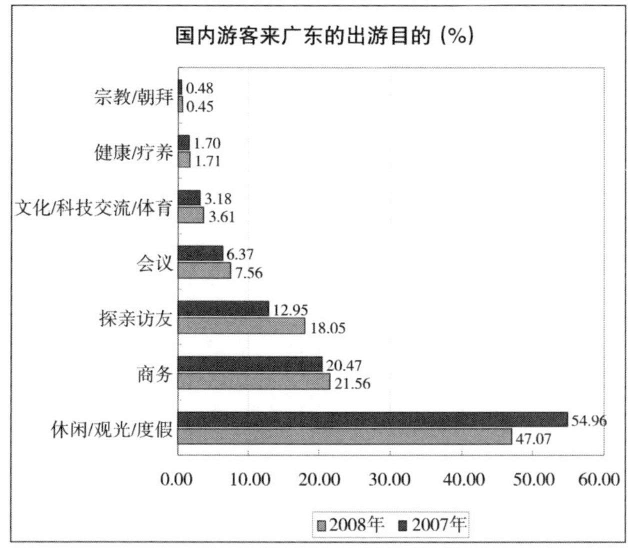

【游客出游方式构成】 从调查数据分析表明：游客通过公共交通工具和自驾车方式（含个人自驾车及单位公车）来广东旅游的比重较大，两者比重合计占总数的 75.06%，与上年的 74.40% 基本持平。

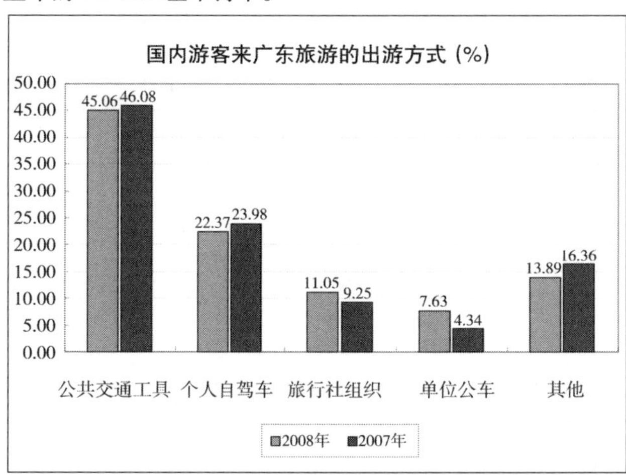

【住宿游客去景点游览的比重】 本次抽样调查表明：住宿游客中，去景点游览的客人比重占 51.97%，同比有所下降。从各市的调查的情况看，东莞（67.54%）、汕头（60.87%）、广州（60.60%）、佛山（53.02%）、珠海（49.28%）五市的住宿游客不去景点游览的比重较高。游客中商务客人占居比重较大，相当部分客人不去景点。

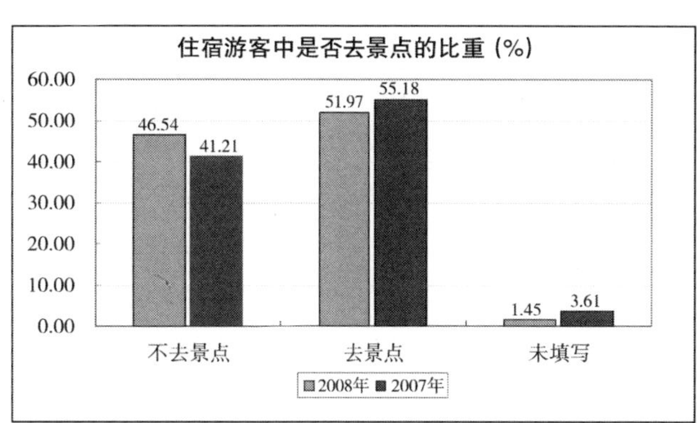

【国内游客人均停留时间构成】 2008 年，国内游客在广东旅游人均停留时间为 2.35 夜（2007 年为 2.44 夜）。其中：住宾馆酒店的游客人均停留时间为 2.12 夜，住旅馆的为 2.25 夜，住亲友家中的为 3.10 夜；在粤游客中，停留 2～3 夜为最多，占 48.61%，停留 1 夜的占 35.61%，停留 4～7 夜的占 14.36%，停留 8 夜以上的最少。在景区景点接受调查的游客中，一日游游客占 32.91%，过夜游客占 67.09%。分类统计结果如下：

1. 游客在各市人均停留时间。（见表 2）

表 2 游客在各市人均停留时间 （单位：夜）

城市	夜数	城市	夜数	城市	夜数
广州	2.33	汕头	2.00	梅州	1.85
韶关	1.45	佛山	1.88	清远	2.04
深圳	3.27	湛江	2.30	东莞	2.29
珠海	2.84	惠州	1.48	潮州	1.75

2. 按出游方式分类人均停留时间。（见表 3、表 4）

表 3 不同出游方式的人均停留时间 （单位：夜）

出游方式	公共交通工具	个人自驾车	旅行社组织	单位公车	其他
停留时间	2.53	2.11	2.07	2.22	2.51

表 4 各市不同出游方式人均停留时间 （单位：夜）

出游方式	公共交通工具	个人自驾车	旅行社组织	单位公车	其他
广州	2.47	1.98	2.21	2.01	2.53
韶关	1.31	1.48	2.00	1.27	1.56
深圳	3.05	3.45	2.82	2.71	3.40
珠海	3.11	2.40	3.04	2.40	2.84
汕头	2.22	1.77	1.82	2.57	2.70

续表

出游方式	公共交通工具	个人自驾车	旅行社组织	单位公车	其他
佛山	2.36	1.87	1.82	1.94	1.57
湛江	2.27	2.37	2.05	3.52	2.53
惠州	1.51	1.47	1.23	1.56	1.73
梅州	1.85	1.84	1.44	2.00	2.15
清远	1.82	1.71	1.33	1.90	1.83
东莞	2.52	1.90	1.38	1.54	2.25
潮州	2.00	1.26	1.41	1.00	2.11

3. 按性别分类的人均停留时间为：男性游客人均停留时间为2.31夜，女性游客人均停留时间为2.41夜，女性略高于男性。

4. 按年龄分类的人均停留时间。(见表5、表6)

表5　不同年龄范围的人均停留时间　(单位：夜)

年龄范围	65岁以上	45～64岁	25～44岁	15～24岁	14岁以下
停留时间	2.38	2.25	2.22	2.41	2.75

表6　各市不同年龄范围人均停留时间表　(单位：夜)

城市	65岁以上	45～64岁	25～44岁	15～24岁	14岁以下
广州	2.42	2.25	2.21	2.35	2.76
韶关		1.23	1.50	1.48	1.47
深圳	4.21	3.14	3.13	3.25	3.71
珠海	3.19	3.18	2.51	3.03	2.75
汕头	1.00	1.58	1.71	2.38	2.91
佛山	1.22	1.48	1.69	2.23	1.21
湛江	2.00	2.08	2.31	2.32	2.89
惠州	1.50	1.53	1.52	1.33	
梅州	1.65	1.92	1.84	1.82	1.90
清远	2.00	1.51	1.96	2.21	2.15
东莞	1.63	2.83	2.44	2.06	1.52
潮州	1.00	1.73	1.64	1.97	1.20

5. 按出游目的分类人均停留时间。(见表7、表8)

表7　不同出游目的人均停留时间　(单位：夜)

出游目的	休闲观光	探亲访友	商务	会议	健康疗养	宗教朝拜	文体交流
停留时间	2.34	2.48	2.26	2.19	2.49	2.67	2.56

表8　各市不同出游目的人均停留时间表　(单位：夜)

城市	休闲观光度假	探亲访友	商务	会议	健康疗养	宗教朝拜	文化体育科技交流
广州	2.25	2.57	2.39	2.07	2.28	2.19	2.98
韶关	1.49	1.23	1.53	1.33		1.00	1.25
深圳	3.22	3.63	3.46	2.97	3.11	4.45	2.58
珠海	2.68	3.11	3.10	2.40	3.00	2.80	3.64
汕头	1.86	2.21	1.92	2.10		1.00	3.42
佛山	2.20	1.72	1.46	1.26	1.29	2.00	4.00
湛江	2.12	2.38	2.42	3.87	2.20		2.25
惠州	1.24	2.08	1.44	1.79	1.43	1.00	1.00
梅州	1.83	2.03	1.79	1.32	1.50	1.00	1.84
清远	1.86	1.75	1.62	4.44	1.67		1.52
东莞	2.30	2.54	2.13	1.81	2.00	2.40	2.24
潮州	1.54	2.19	1.76	1.67		2.80	1.50

6. 按游客职业分类人均停留时间。(见表9、表10)

表9　不同职业的人均停留时间　(单位：夜)

游客职业	公务员	管理和销售人员	专业文教科技人员	工人	军人	农民	离退休人员	学生	其他
停留时间	2.28	2.40	2.18	2.29	2.89	2.85	2.32	2.41	2.28

表 10　各市不同职业的人均停留时间　（单位：夜）

城市	公务员	管理和销售人员	专业文教科技人员	工人	军人	农民	离退休人员	学生	其他
广州	2.46	2.29	2.25	2.22	2.45	2.63	2.51	2.51	2.34
韶关	1.19	1.56	1.74	1.00		1.50	1.60	1.22	1.44
深圳	3.00	3.52	3.17	2.96	3.13	3.75	3.21	3.20	
珠海	2.61	3.21	2.61	2.38	2.63	2.04	3.34	2.82	2.79
汕头	1.79	2.19	1.69	2.07	3.60	2.50	1.60	1.88	2.03
佛山	2.24	1.55	1.64	1.74	1.67	1.29	1.13	2.02	2.67
湛江	2.11	2.35	2.31	2.93	1.00	4.20	2.00	2.14	2.22
惠州	1.17	1.45	1.55	1.78	2.00		1.47	1.00	2.04
梅州	1.73	1.92	2.10	1.64	1.61	2.00	1.98	1.58	1.63
清远	1.86	1.62	1.43	4.00	1.56	2.82	1.27	2.10	1.97
东莞	2.36	2.05	2.18	1.82	1.00		2.21	1.63	2.66
潮州	1.83	1.55	1.35	2.20	3.50	1.00	1.37	2.45	1.83

【游客人均天花费】　2008 年，本次抽样调查汇总的国内游客花费情况主要包括国内过夜游客在各市人均天花费及构成，国内一日游游客人均花费，国内过夜游客在广东省内的人均天花费等三大部分。

1. 国内过夜游客在各市人均天花费及构成。（分别见表 11、12、13、14、15）

表 11　各市不同年龄游客的人均天花费　（单位：元）

城市	65 岁以上	45～64 岁	25～44 岁	15～24 岁	14 岁以下
广州	1038.19	1000.10	938.53	835.02	729.64
韶关		826.05	820.02	712.25	637.89
深圳	797.77	980.07	986.40	1000.84	711.73
珠海	598.14	610.32	620.58	600.91	527.44
汕头	248.33	728.42	551.82	547.03	570.62
佛山	645.45	537.45	576.93	574.20	533.30
湛江	385.54	488.21	473.81	405.16	468.71
惠州	550.00	454.50	422.67	438.51	
梅州	526.06	500.34	533.65	489.15	390.02
清远	358.33	627.57	576.03	474.51	393.39
东莞	558.84	588.64	600.55	541.87	599.58
潮州	200.00	341.45	454.47	390.16	283.33

表 12　各市不同职业的游客人均天花费　（单位：元）

城市	公务员	管理和销售人员	专业文教科技人员	工人	军人	农民	离退休人员	学生	其他
广州	956.99	883.90	780.90	846.06	917.52	801.70	982.51	801.33	926.74
韶关	663.98	746.81	765.61	581.11		666.67	556.95	772.73	826.12
深圳	1043.52	916.27	878.75	819.57	1093.01	790.70	890.00	628.77	
珠海	737.81	490.46	537.82	409.87	623.81	695.74	564.19	473.20	769.36
汕头	494.72	600.72	635.72	537.53	914.89	306.00	820.42	591.77	552.86
佛山	398.75	657.27	496.50	504.18	475.00	841.85	644.00	380.43	704.43
湛江	439.86	523.22	342.59	539.46	362.50	257.14	429.09	361.68	373.89
惠州	563.47	438.53	404.28	295.63	337.50		586.07	483.33	306.36
梅州	550.15	544.88	424.32	409.06	594.05	521.76	426.49	351.06	522.80
清远	521.84	588.43	571.62	411.07	325.00	379.51	535.71	332.73	552.66
东莞	522.25	578.38	584.65	463.50	1280.00		521.28	612.88	604.87
潮州	332.52	528.62	416.70	440.91	278.57	300.00	278.08	295.56	423.40

表 13　各市不同出游目的游客人均天花费　　（单位：元）

城市	休闲观光度假	探亲访友	商务	会议	健康疗养	宗教朝拜	文化体育科技交流
广州	850. 19	746. 41	1006. 59	961. 04	1112. 09	874. 63	728. 19
韶关	671. 33	814. 16	962. 14	649. 28		600. 00	649. 80
深圳	916. 81	808. 07	1070. 81	1000. 61	1246. 88	582. 37	1603. 51
珠海	645. 70	481. 54	646. 57	441. 67	777. 38	264. 29	561. 94
汕头	485. 24	635. 25	687. 01	691. 13		341. 00	496. 37
佛山	614. 94	570. 29	597. 91	551. 77	769. 17	116. 67	207. 50
湛江	429. 65	447. 37	503. 54	498. 76	490. 91		441. 78
惠州	510. 86	294. 35	470. 00	388. 11	410. 00	450. 00	588. 46
梅州	489. 08	504. 68	555. 82	536. 08	538. 33	810. 00	441. 85
清远	495. 51	504. 18	606. 67	430. 46	810. 00		612. 37
东莞	501. 78	591. 20	606. 79	641. 12	427. 50	684. 58	630. 40
潮州	373. 08	307. 32	569. 62	533. 33		153. 57	500. 00

表 14　各市过夜省内外游客人均天花费情况表　　（单位：元）

城市	随机调查游客比重		人均天花费（元）		
	本省游客	外省游客	本省游客	外省游客	平均
广州市	42. 97%	57. 03%	800. 02	925. 44	882. 03
韶关市	74. 00%	26. 00%	774. 13	740. 28	766. 17
深圳市	19. 85%	80. 15%	883. 11	955. 42	943. 97
珠海市	50. 07%	49. 93%	416. 10	756. 70	600. 28
汕头市	46. 38%	53. 62%	558. 41	588. 09	576. 12
佛山市	41. 51%	58. 49%	531. 69	598. 43	569. 90
湛江市	47. 13%	52. 87%	441. 87	463. 86	453. 47
惠州市	73. 35%	26. 65%	446. 80	403. 43	434. 27
梅州市	72. 38%	27. 62%	490. 29	527. 99	501. 71
清远市	61. 74%	38. 26%	484. 39	535. 53	503. 85
东莞市	53. 40%	46. 60%	549. 23	604. 95	582. 22
潮州市	48. 80%	51. 20%	389. 31	399. 56	395. 44

表 15　不同住宿类别国内游客人均天花费表（单位：元）

城市	住宿在宾馆酒店	住宿在旅馆	住宿在亲友家中
广州市	882.03	528.96	311.71
韶关市	766.17	417.17	689.75
深圳市	943.97	290.65	296.18
珠海市	600.28	423.37	486.74
汕头市	576.12	525.63	164.00
佛山市	569.90	501.10	353.34
湛江市	453.47	293.02	222.76
惠州市	434.27	388.71	432.92
梅州市	501.71	361.22	461.23
清远市	503.85	455.15	441.19
东莞市	582.22	100.00	224.24
潮州市	395.44	322.74	207.66

2. 国内一日游游客人均花费。（见表 16）

表 16　各市一日游游客人均花费表（单位：元）

城市	一日游游客人均花费
广州市	508.00
韶关市	441.44
深圳市	665.27
珠海市	432.42
汕头市	280.79
佛山市	214.17
湛江市	146.15
惠州市	488.89
梅州市	229.19
清远市	348.78
东莞市	296.22
潮州市	275.12

【国内游客对住宿设施的选择】　通过各市对当地景点游客的抽样调查显示，住宾馆饭店游客比重较高，其次是住在亲友家中；选择住旅馆招待所的比重较低。（见表 17）

表 17　游客对住宿设施的选择情况表（单位：%）

地区	旅馆/招待所	饭店/宾馆	亲友家庭	不在本市过夜
广州市	18.31	32.02	44.03	5.64
韶关市	15.98	42.21	4.92	36.89
深圳市	4.70	48.22	40.55	6.54
珠海市	26.13	46.32	23.04	4.51
汕头市	42.57	42.24	9.57	5.61
佛山市	13.71	39.01	12.77	34.52
湛江市	6.53	43.37	10.30	39.80
惠州市	26.03	45.45	10.74	17.77
梅州市	6.30	54.94	6.91	31.85
清远市	20.21	43.40	4.68	31.70
东莞市	0.51	78.48	7.85	13.16
潮州市	17.48	22.92	16.05	43.55

【国内游客对广东旅游的印象】　本次抽样调查主要从游客对广东旅游的总体印象及住宿餐饮、长途交通、市内交通、景点游览、娱乐、购物、服务等 9 个方面进行抽样统计，结果如下：

1. 总体印象。国内游客对广东的旅游服务质量评价不错，评价“好”及“一般”的合计达到 94.76%，评价差的只有 1.18%。总体印象评价“好”的比重超过 50% 的市有东莞、珠海、湛江、惠州、梅州。

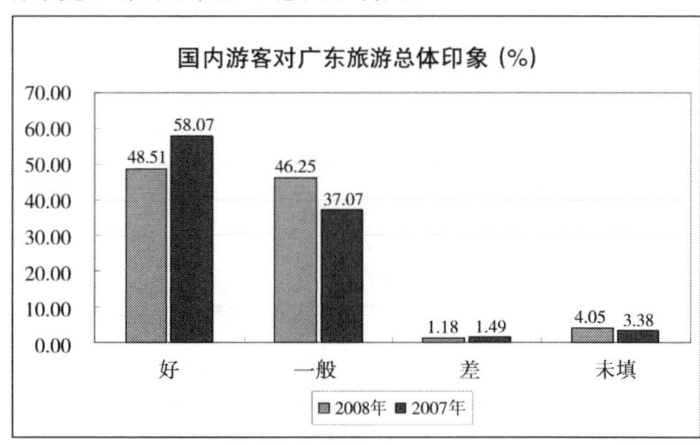

2. 对住宿的印象。评价“好”的比重超过 65% 的市有：东莞（98.97%）、惠州（79.22%）、梅州（79.18%）、湛江（76.67%）、珠海（65.70%）。

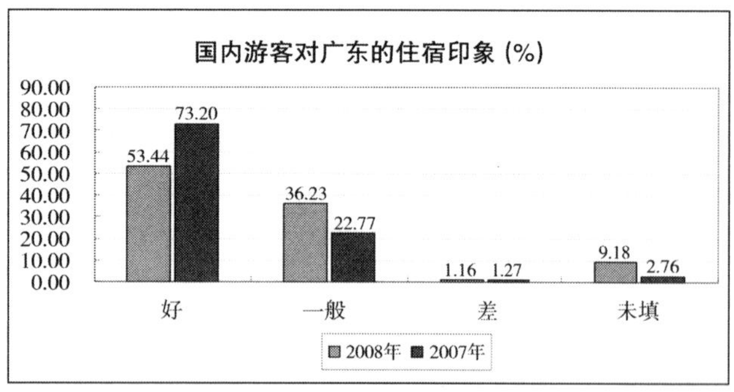

3. 对餐饮的印象。统计数据表明：国内游客对广东的餐饮总体评价不错，评价“好”及“一般”的比重合计占92.06%；评价“差”的仅占2.05%，低于2007年的2.50%。评价“好”的比重超过60%的市有：东莞（97.08%）、湛江（69.05%）、梅州（68.49%）。

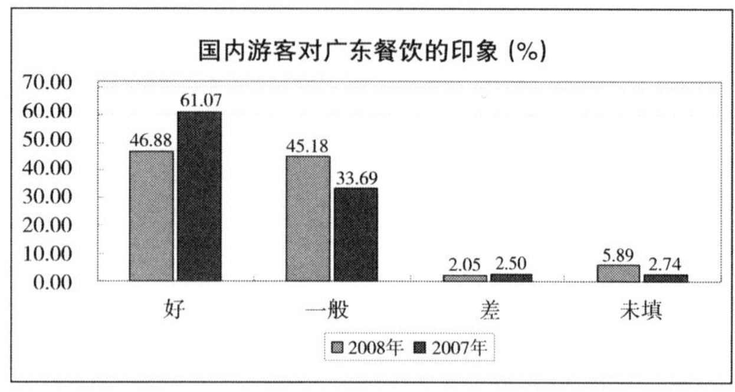

4. 对长途交通的印象。统计数据表明：国内游客对广东的长途交通印象总体评价有上升趋势，评价“好”及“一般”的比重合计占83.88%，比2007年的81.70%有提升；而评价“差”的比重为4.11%，比2007年的7.30%有较大幅度的降低。评价“好”的比重超过45%的市有：东莞（98.28%）、梅州（50.99%）、湛江（46.42%）、珠海（46.23%）。

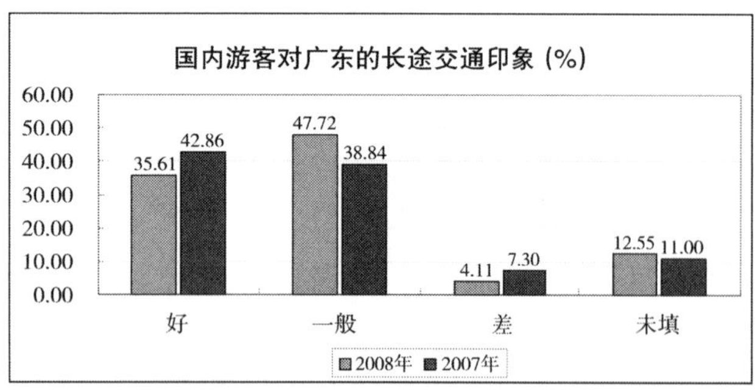

5. 对市内交通的印象。统计数据表明：国内游客对全省各市内的交通状况还比较满意，虽然评价“好”的指标有所下降，但评价“一般”的指标有较大幅度的提升，两项合计达到86.11%；评价“差”的比重为5.45%，比上年的9.25%有较大降幅。评价“好”的比重超过50%的市有：东莞（97.77%）、惠州（69.16%）、梅州（52.57%）、湛江（50.81%）、珠海（50.73%）。

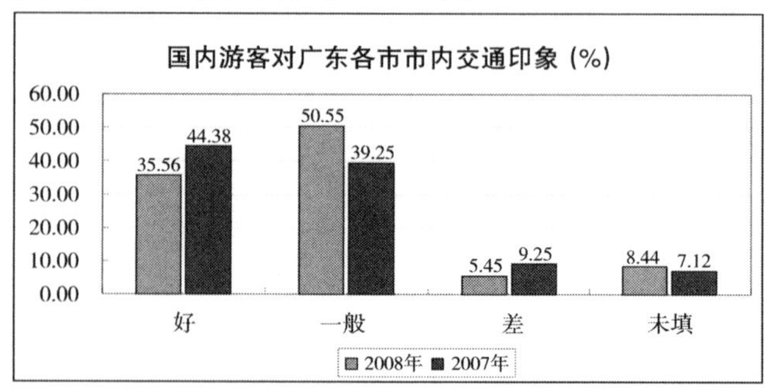

6. 对游览景点的印象。统计数据表明：国内游客对广东的游览景点还比较满意，评价“好”的占44.92%，评价“一般”的占42.03%，两项合计占86.95%；评价“差”的比重仅占总数量的2.28%，比上年的3.13有小幅下降。评价“好”的比重超过50%的市有：东莞（95.02%）、惠州（89.94%）、湛江（63.51%）、梅州（58.67%）、珠海（54.44%）、韶关（53.44%）。

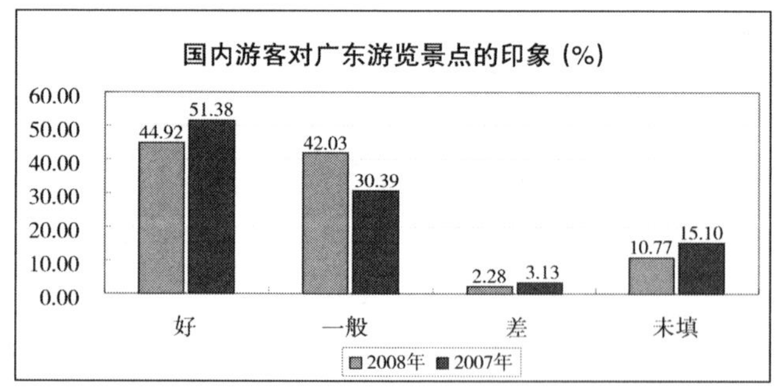

7. 对娱乐的印象。统计数据表明：国内游客对广东的娱乐服务业比较满意，评价“好”的占42.30%，评价“一般”的占39.92%，两项合计为82.22%，上年两项合计数据为79.16%，有小幅提升；评价“差”的比重为2.60%，比上年的4.00%有不小的下降。评价“好”的比重超过53%的市有：东莞（97.77%）、湛江（58.66%）、珠海（53.64%）、梅州（53.37%）。

8. 对购物的印象。统计数据表明：国内游客对广东的购物印象比较满意，评价“好”的占49.82%，评价“一般”的占38.45%，两项合计为88.27%。评价“好”的比重超过57%的市有：东莞（97.59%）、梅州（63.66%）、湛江（61.20%）、珠海（57.48%）。

9. 对服务的印象。统计数据表明：国内游客对广东旅游业的服务比较满意，评价“好”的占43.83%，评价“一般”的占42.63%，两项合计为86.46%。评价“好”比重超过55%的市有：东莞（91.92%）、惠州（77.60%）、梅州（66.03%）、湛江（60.97%）、汕头（55.90%）。

（费永红）

2008年广东省各市旅游业收入情况

ANNUAL RECEIPTS OF TOURISM TRADE BY LOCALITY 2008

单位：亿元人民币 Unit：100 million yuan

市别 City	收入合计 Total	比上年增长（%）Growth（%）	其中			
			旅游外汇收入 International Tourism Receipts	比上年增长（%）Growth（%）	国内旅游收入 Domestic Tourism Receipts	比上年增长（%）Growth（%）
全省合计 Total	2668.00	8.67	638.07	-3.80	2029.93	13.29
广州 Guangzhou	837.71	4.96	217.56	-10.54	620.15	11.75
深圳 Shenzhen	517.83	1.31	188.21	-5.85	329.62	5.91
珠海 Zhuhai	155.09	7.04	65.90	-4.16	89.18	17.16
汕头 Shantou	67.89	10.50	4.51	-0.27	63.38	11.36
佛山 Foshan	186.12	16.48	40.43	-1.95	145.69	22.90
韶关 Shaoguan	52.60	29.42	1.50	-25.59	51.10	32.29
河源 Heyuan	31.02	15.14	0.65	-20.54	30.38	16.25
梅州 Meizhou	36.55	18.93	2.10	2.49	34.45	20.11
惠州 Huizhou	96.55	14.57	23.00	5.28	73.55	17.83
汕尾 Shanwei	22.83	37.08	0.35	-12.54	22.48	38.30
东莞 Dongguan	128.69	8.25	31.70	-2.58	96.99	12.33
中山 Zhongshan	97.23	12.99	15.78	-4.48	81.45	17.14
江门 Jiangmen	90.57	30.20	27.19	116.50	63.38	11.18
阳江 Yangjiang	30.02	7.08	1.07	-29.03	28.95	9.13
湛江 Zhanjiang	47.03	14.02	1.31	-3.39	45.72	14.62
茂名 Maoming	56.59	5.49	0.76	1.70	55.82	5.54
肇庆 Zhaoqing	65.79	18.98	4.25	9.54	61.54	19.69
清远 Qingyuan	56.26	17.53	3.09	40.04	53.17	16.44
潮州 Chaozhou	35.75	15.87	6.72	27.38	29.03	13.50
揭阳 Jieyang	21.43	19.21	0.60	5.76	20.83	19.65
云浮 Yunfu	34.45	11.01	1.37	1.87	33.08	11.42

2008年广东省国际旅游（外汇）收入构成

BREAKDOWN OF INTERNATIONAL TOURISM RECEIPTS 2008

单位：万美元　　Unit：USD 10000

	收入总额 Receipts	结构比例（%） P. C. Total（%）
合　计 Total	917760.13	100.00
一、长途交通费 Long Distance Transportation Fee	224851.23	36.10
1. 民航 Air	204660.51	26.50
2. 铁路 Rail	6424.32	3.50
3. 汽车 Motor	9177.60	2.70
4. 轮船 Sea	4588.80	3.40
二、游览 Sightseeing	27532.80	4.00
三、宿费 Accommodation	212920.35	10.80
四、餐饮 Food And Beverage	144088.34	8.00
五、商品销售 Shopping	157854.74	18.60
六、娱乐 Entertainment	67914.25	7.00
七、邮电通讯 Communication	10095.36	2.60
八、市内交通 Local Transportation	24779.52	2.20
九、其他服务 Others	47723.53	10.70

2008年黄金周（含“五一”小长假）旅游接待人数和收入统计

NUMBER OF VISITORS AND TOURISM RECEIPTS IN GOLDEN HOLIDAY WEEK 2008

时　间 Time	接待人数（万人次） Number of Tourists Received (10000 persons)	同比增长（%） Growth（%）	过夜旅游者（万人次） Number Of Tourists Staying Overnight Received (10000 Persons)	同比增长（%） Growth（%）	一日游游客（万人次） Number Of Day Visitors (10000 Persons)	同比增长（%） Growth（%）	旅游收入（万元） Tourism Receipts (10000 yuan)	同比增长（%） Growth（%）
1.25~2.1	2057.02	1.89	484.05	-7.10	1572.97	5.01	1003520.00	-2.50
5.1~5.3	786.51	-60.70	185.75	-69.21	600.76	-57.03	371500.17	-63.44
10.1~10.7	1900.06	7.95	551.27	8.78	1348.79	7.85	1039388.00	7.70
合计	4743.59	-17.94	1221.07	-25.14	3522.52	-15.11	2414408.17	-19.79

2008年广东省各市国际旅游（外汇）收入

ANNUAL INTERNATIONAL TOURISM RECEIPTS BY LOCALITY 2008

单位：万美元 Unit：USD 10000

市　别 City	旅游外汇收入 International Tourism Receipts	比上年增长（%） Growth（%）	占全省比重（%） P. C. Total（%）
全省合计 Total	917760.13	5.44	100.00
广州 Guangzhou	313035.40	-1.92	34.11
深圳 Shenzhen	270800.00	3.23	29.51
珠海 Zhuhai	94823.39	5.08	10.33
汕头 Shantou	6490.64	9.34	0.71
佛山 Foshan	58176.12	7.51	6.34
韶关 Shaoguan	2159.07	-18.42	0.24
河源 Heyuan	930.66	-12.88	0.10
梅州 Meizhou	3028.14	12.37	0.33
惠州 Huizhou	33091.11	15.42	3.61
汕尾 Shanwei	510.62	-2.77	0.06
东莞 Dongguan	45613.75	6.82	4.97
中山 Zhongshan	22702.28	4.72	2.47
江门 Jiangmen	39129.47	137.37	4.26
阳江 Yangjiang	1536.88	-22.19	0.17
湛江 Zhanjiang	1891.13	5.92	0.21
茂名 Maoming	1099.47	11.51	0.12
肇庆 Zhaoqing	6684.69	31.28	0.73
清远 Qingyuan	4445.72	53.54	0.48
潮州 Chaozhou	8773.73	26.73	0.96
揭阳 Jieyang	862.37	15.96	0.09
云浮 Yunfu	1975.50	11.69	0.22

注：按折算前同比

2008年接待过夜主要国家旅游者人数

FOREIGN VISITOR ARRIVALS BY NATIONALITY 2008

单位：人次　　Unit：person－times

国　别 Nationality	合　计 Total	占总数比重（%） P. C. Tatal（%）	比上年增长（%） Growth（%）
合　计 Total	6089965	100.0	1.89
韩　国 Korea	324946	5.3	－18.92
日　本 Japan	857245	14.1	－33.04
菲律宾 Philippines	33250	0.5	－14.01
新加坡 Singapore	198030	3.3	－19.38
泰　国 Thailand	130201	2.1	－25.20
印　尼 Indonesia	128426	2.1	－20.56
马来西亚 Malaysia	292148	4.8	－17.28
美　国 United States	451920	7.4	－22.51
加拿大 Canada	94133	1.5	－24.55
英　国 United Kingdom	112122	1.8	－23.29
法　国 France	96766	1.6	－21.18
德　国 Germany	93714	1.5	－27.38
意大利 Italy	66470	1.1	－27.57
俄罗斯 Russia	38321	0.6	－8.01
澳大利亚 Australia	110028	1.8	－20.77
新西兰 New Zealand	16242	0.3	－34.48
其　他 Others	3046003	47.8	58.66

2008年广东省各市接待过夜旅游者人数

NUMBER OF TOURISTS STAYING OVERNIGHT RECEIVED BY LOCAL CITY 2008

单位：人次　　　　Unit：person－times

市别 City	接待过夜旅游者总人数 Total	比上年增长（%）Growth（%）	其中 入境旅游者 Inbound Tourists	比上年增长（%）Growth（%）	外国人 Foreigners	比上年增长（%）Growth（%）	国内旅游者 Domestic Tourists	比上年增长（%）Growth（%）
合计 Total	161813923	11. 22	26070476	11. 39	6089965	1. 89	135743447	11. 10
广 州 Guangzhou	35287423	5. 69	6124801	0. 19	2144926	－3. 88	29162622	6. 92
深 圳 Shenzhen	26593062	3. 87	8695727	4. 60	1514186	－6. 32	17897335	3. 51
珠 海 Zhuhai	11154382	6. 61	2862150	1. 07	493068	－4. 03	8292232	8. 65
汕 头 Shantou	6180637	10. 99	139313	－7. 24	74897	－5. 28	6041324	11. 50
佛 山 Foshan	8023780	0. 80	980855	－1. 11	160538	－6. 68	7042925	1. 08
韶 关 Shaoguan	6455436	25. 28	60701	－29. 36	2498	－9. 20	6394735	26. 21
河 源 Heyuan	3300472	13. 62	39854	－5. 02	1425	－8. 83	3260618	13. 89
梅 州 Meizhou	3535724	8. 19	87489	3. 18	23190	57. 33	3448235	8. 32
惠 州 Huizhou	8076605	14. 21	1327919	9. 50	323312	8. 29	6748686	15. 18
汕 尾 Shanwei	2211330	15. 46	24930	－2. 32	297	10. 00	2186400	15. 70
东 莞 Dongguan	12109405	2. 21	2280419	1. 47	926035	1. 07	9828986	2. 38
中 山 Zhongshan	5281307	3. 50	651753	－4. 51	118972	－9. 29	4629554	4. 74
江 门 Jiangmen	8394136	24. 06	1113981	93. 44	151259	147. 32	7280155	17. 61
阳 江 Yangjiang	2451652	－0. 21	54717	－27. 43	2937	23. 25	2396935	0. 65
湛 江 Zhanjiang	1683559	15. 92	32994	2. 30	17280	5. 69	1650565	16. 23
茂 名 Maoming	1721395	－4. 78	7902	－53. 49	1775	－58. 00	1713493	－4. 32
肇 庆 Zhaoqing	7107574	16. 52	1010213	18. 70	90919	16. 5	6097361	2. 10
清 远 Qingyuan	4908503	63. 32	214703	40. 60	11677	84. 82	4693800	64. 53
潮 州 Chaozhou	2451900	13. 30	262900	11. 45	23337	12. 74	2189000	13. 53
揭 阳 Jieyang	1609511	12. 51	40804	9. 33	4101	－27. 99	1568707	12. 60
云 浮 Yunfu	3276130	11. 54	56351	11. 63	3336	19. 23	3219779	11. 54

2008年广东省旅行社组团接待旅游者人数

TOURISTS RECEIVED BY TRAVEL AGENCY 2008

单位：万人次　　Unit：10000 person – times

	2007年	2008年	比上年增长（%） Growth（%）
1. 入境旅游者 Inbound Tourists	448.64	377.73	–15.81
#外国人 Foreigners	128.37	101.09	–21.25
港澳同胞 Compatriots of Hong Kong and Macao	285.40	250.12	–12.36
台湾同胞 Compatriots of Taiwan	34.87	26.52	–23.95
2. 国内旅游者 Domestic Tourists			
其中：组团 By group tour	1630.22	1553.16	–4.73
3. 出境旅游者 Outbound Tourist	382.04	358.66	–6.12
#香　港 Hong Kong	154.16	164.23	6.54
澳　门 Macao	127.43	87.13	–31.62
出　国 Go abroad	100.45	107.30	6.82

2008年广东省接待过夜旅游者人数

NUMBER OF TOURISTS STAYING OVERNIGHT RECEIVED 2008

单位：万人次　　Unit：10000 person – times

	2007年	2008年	比上年增长（%） Growth（%）
合　　计 Total	14548.38	16181.39	11.22
1. 入境旅游者 Inbound Tourists	2330.32	2607.05	11.88
# 外国人 Foreigners	597.71	609.00	1.89
港澳同胞 Compatriots of Hong Kong and Macao	1477.78	1747.11	18.23
台湾同胞 Compatriots of Taiwan	254.83	250.94	–1.53
2. 国内旅游者 Domestic Tourists	12218.06	13574.34	11.10

2008 年旅行社组团国内旅游人数

NUMBER OF DOMESTIC GROUP VISITERS 2008

单位：人次　　Unit：person－times

市　别 City	国内游（人数）Domestic Tourists	比上年增长（%）Growth（%）	省内游（人数）Within Province Tourists	比上年增长（%）Growth（%）	省外游（人数）Outer Province Tourists	比上年增长（%）Growth（%）
合计 Total	15531554	－4. 73	11255260	－1. 05	4276294	－13. 22
广 州 Guangzhou	5413648	－17. 43	3917528	－17. 39	1496120	－17. 52
深 圳 Shenzhen	2158841	－11. 71	1206922	－2. 26	951919	－21. 34
珠 海 Zhuhai	678212	－21. 18	555055	－17. 38	123157	－34. 71
汕 头 Shantou	447491	7. 32	286213	11. 18	161278	1. 11
佛 山 Foshan	2186116	5. 26	1818757	7. 16	367359	－3. 21
韶 关 Shaoguan	108036	－2. 91	49848	3. 11	58188	－7. 53
河 源 Heyuan	55227	－47. 82	30940	－50. 53	24287	－43. 90
梅 州 Meizhou	84877	22. 81	47120	41. 69	37757	5. 30
惠 州 Huizhou	393982	－7. 77	306445	－1. 38	87537	－24. 84
汕 尾 Shanwei	20868	17. 01	11125	11. 69	9743	23. 75
东 莞 Dongguan	977800	1. 60	741846	1. 30	235954	2. 56
中 山 Zhongshan	1094434	3. 57	947736	4. 80	146698	－3. 75
江 门 Jiangmen	617952	－19. 77	527136	－12. 21	90816	－46. 52
阳 江 Yangjiang	130702	41. 03	81602	37. 09	49100	48. 10
湛 江 Zhanjiang	190506	－9. 54	79405	－1. 92	111101	－14. 31
茂 名 Maoming	206567	25. 76	124548	26. 95	82019	23. 99
肇 庆 Zhaoqing	258841	9. 84	183777	5. 35	75064	22. 66
清 远 Qingyuan	301057	4. 11	240361	26. 55	60696	－38. 83
潮 州 Chaozhou	137000	8. 64	62244	10. 75	74756	6. 95
揭 阳 Jieyang	38692	5. 92	17757	6. 50	20935	5. 44
云 浮 Yunfu	30705	0. 29	18895	0. 38	11810	0. 15

2008年广东省各市旅行社组团出境游人数

NUMBER OF OUTBOUND GROUP VISITORS BY LOCALITY 2008

单位：人次　　Unit: person - times

市别 City	合计 Total	比上年增长（%）Growth（%）	其中					
			香港游 Hong Kong	比上年增长（%）Growth（%）	澳门游 Macao	比上年增长（%）Growth（%）	出国游 Abroad	比上年增长（%）Growth（%）
合计 Total	3586607	-6.12	1642345	6.53	871344	-31.62	1072918	6.81
广州 Guangzhou	1650217	-16.74	590778	-12.87	497182	-35.86	562257	6.32
深圳 Shenzhen	972031	1.95	544546	13.21	104920	-29.04	322565	-0.61
珠海 Zhuhai	219949	-1.28	92367	52.56	92309	-30.81	35273	22.35
汕头 Shantou	30236	-2.99	18624	-6.02	1888	-7.54	9724	4.48
佛山 Foshan	294593	48.57	158531	66.63	71870	5.04	64192	84.85
韶关 Shaoguan	4733	-2.55	2093	-6.69	1552	6.67	1088	-6.13
河源 Heyuan	3637	2.89	2342	-7.72	656	24.01	639	36.54
梅州 Meizhou	1725	-27.52	672	11.07	120	-71.01	933	-31.45
惠州 Huizhou	24600	4.43	15031	17.64	4999	12.01	4570	-27.64
汕尾 Shanwei	2044	71.05	1800	50.63	231		13	
东莞 Dongguan	105400	12.01	35291	11.16	38556	14.48	31553	9.98
中山 Zhongshan	161674	14.83	125607	31.31	13840	-26.76	22227	-15.28
江门 Jiangmen	55266	-49.63	23009	-33.58	26529	-61.93	5728	6.07
阳江 Yangjiang	5378	60.01	1579	22.98	1792	22.07	2007	229.56
湛江 Zhanjiang	6724	-4.08	3935	1.37	1638	-22.81	1151	14.41
茂名 Maoming	9594	121.16	6071	155.30	2497	81.73	1026	75.09
肇庆 Zhaoqing	18924	12.90	10211	37.80	6188	-24.27	2525	113.80
清远 Qingyuan	4770	-26.26	3020	-32.51	1384	-16.93	366	11.59
潮州 Chaozhou	13734	7.27	6004	8.26	2811	7.66	4919	5.88
揭阳 Jieyang	587	-39.48	473	605.97	50	-93.44	64	-54.61
云浮 Yunfu	791	-9.81	361	-41.30	332	91.91	98	10.11

2008 年广东省出境旅游团体人数（按线路分）

OUTBOUND TOURISTS LEAVING THE COUNTRY THROUGH TRAVEL SERVICE GROUP TOUR 2008

单位：人次 Unit：person – times

市　别 City	合计 Total	香港 Hong Kong	澳门 Macao	港澳 Hong Kong & Macao	泰港澳 Thailand, Hong Kong & Macao	新马泰港 Singapore, Malaysia Thailand & Hong Kong	新马港 Singapore, Malaysia & Hong Kong	泰国 Thailand	泰港 Thailand & Hong Kong	新泰港 Singapore, Thailand & Hong Kong	菲律宾 Philippines	韩国 Korea	韩港 Korea & Hong Kong	澳大利亚 Australia	日本 Japan	越南 Vienan	其他 Others
全省合计 Total	3586607	1521557	816774	218484	14366	74335	118010	132354	23502	17955	21561	66303	12343	27061	137369	21897	362265
广 州 Guangzhou	1650217	590778	497182	54699	347	40368	54329	51095	5288	740	13283	28805	162	12408	68757	13247	218729
深 圳 Shenzhen	972031	427336	79472	134358	5067	22784	37022	59398	11953	10178	4400	18225	7165	10024	54302	5969	84378
珠 海 Zhuhai	219949	92367	92309	6313	508	1656	5725	2511	574	654	305	3178	12	621	3887		9329
汕 头 Shantou	30236	15874	1468	3170	0	1177	1488	1614	31	0	70	1112	0	445	1655	0	2132
佛 山 Foshan	294593	158194	71870	337	2880	1237	8869	8324	2880	457	468	4685	948	1203	2456	2638	27147
韶 关 Shaoguan	4733	1155	731	1756		346	127	121	5		1	25		11	153		302
河 源 Heyuan	3637	1232	263	1503		121						29		42			374
梅 州 Meizhou	1725	413	120	259		123	79	36		8		121		29	50	1	90
惠 州 Huizhou	24600	15031	4999	701	760	560				13		278		145	867		1246
汕 尾 Shanwei	2044	1800	231			13											
东 莞 Dongguan	105400	42350	11986	7981	4800	3618	3596	2981	1954	5874	2516	5875	3873	1079	3936	0	2981
中 山 Zhongshan	161674	125607	13840	398	0	851	4666	4982	527	0	296	2569	94	555	0	0	7289
江 门 Jiangmen	55266	23009	26529	93	0	491	1252	648	16	31	9	503	41	141	906	0	1597
阳 江 Yangjiang	5378	1879	1792			280		37			161	260		200	180	20	569
湛 江 Zhanjiang	6724	1514	760	1585		81	360	20	260		3	111	3	6	38		1983
茂 名 Maoming	9594	3830	538	3113	0	148	117	52	0	0	20	148	0	17	147	17	1447
肇 庆 Zhaoqing	18924	9722	8258	217	4	70	110	182	0	0	0	36	0	2	21	0	302
清 远 Qingyuan	4770	2829	1251	309		11	65	22	14			2	45	8			214
潮 州 Chaozhou	13734	6004	2811	1522		400	157	331			16	292		125	2		2074
揭 阳 Jieyang	587	274	50	152							12	34					65
云 浮 Yunfu	791	361	314	18			48				1	15			12	5	17

2008年广东省各市旅行社构成

BREAKDOWN OF TRAVEL AGENCIES 2008

单位：家、人　　　　Unit：Number

市　别 City	小　计 Total	国际社 International Travel Agencies	国内社 Domestic Travel Agencies	旅行社从业人员 Employees of Travel Agencies
合计 Total	1074	209	865	31478
广 州 Guangzhou	198	66	132	6473
深 圳 Shenzhen	185	42	143	5717
珠 海 Zhuhai	89	16	73	1864
汕 头 Shantou	63	7	56	1016
佛 山 Foshan	68	21	47	2419
韶 关 Shaoguan	44	1	43	588
河 源 Heyuan	29	2	27	347
梅 州 Meizhou	33	3	30	670
惠 州 Huizhou	37	3	34	1897
汕 尾 Shanwei	16	2	14	242
东 莞 Dongguan	42	9	33	2147
中 山 Zhongshan	20	8	12	1399
江 门 Jiangmen	45	8	37	776
阳 江 Yangjiang	22	2	20	357
湛 江 Zhanjiang	26	3	23	1470
茂 名 Maoming	17	2	15	1100
肇 庆 Zhaoqing	42	4	38	1957
清 远 Qingyuan	41	2	39	428
潮 州 Chaozhou	23	4	19	210
揭 阳 Jieyang	22	3	19	234
云 浮 Yunfu	12	1	11	167

2008 年广东省旅游住宿设施分布情况

BASIC STATISTICS ON TOURIST AGENCIES HOTELS 2008

单位：家　　　　　　　　　　　　Unit：Number

市　别 City	合　计 Total	星级宾馆 小　计 By Star Class	白金 五星级	五星级 Five Star Class	四星级 Four Star Class	三星级 Three Star Class	二星级 Two Star Class	一星级 One Star Class	无星级宾馆 Star Class Unappraised
合计 Total	7138	1164	1	68	176	589	310	20	5974
广 州 Guangzhou	1402	218	1	8	31	110	66	2	1184
深 圳 Shenzhen	488	143		10	28	67	38		345
珠 海 Zhuhai	391	88		8	8	64	8		303
汕 头 Shantou	48	42		3	7	20	10	2	6
佛 山 Foshan	156	96		4	17	45	29	1	60
韶 关 Shaoguan	696	54		1	7	36	8	2	642
河 源 Heyuan	479	30		1	2	14	12	1	449
梅 州 Meizhou	272	31			2	14	14	1	241
惠 州 Huizhou	604	63		2	9	39	13		541
汕 尾 Shanwei	21	15			2	11	2		6
东 莞 Dongguan	745	99		20	25	32	20	2	646
中 山 Zhongshan	114	40		3	6	22	7	2	74
江 门 Jiangmen	61	31		3	4	19	5		30
阳 江 Yangjiang	39	34		1	3	16	14		5
湛 江 Zhanjiang	176	43		1	5	25	12		133
茂 名 Maoming	31	18		1	2	5	10		13
肇 庆 Zhaoqing	722	33			1	14	15	3	689
清 远 Qingyuan	609	43		1	6	23	11	2	566
潮 州 Chaozhou	17	12			3	5	3	1	5
揭 阳 Jieyang	18	10		1	5	1	2	1	8
云 浮 Yunfu	49	21			3	7	11		28

2008年广东省各市旅游住宿设施床位分布情况

BREAKDOWN OF TOURIST HOTEL BY LOCALITY 2008

市 别 City	家数 Number of Tourist Hotel	客房（间） Number of Room	床位（张） Number of Bed	从业人员（人） Employees
全省合计 Total	7138	400544	694712	514595
广 州 Guangzhou	1402	121137	207622	132800
深 圳 Shenzhen	488	48622	74994	53534
珠 海 Zhuhai	391	36525	68137	54000
汕 头 Shantou	48	7397	12556	7115
佛 山 Foshan	156	17346	32615	26018
韶 关 Shaoguan	696	18763	36241	25475
河 源 Heyuan	479	12762	26737	14358
梅 州 Meizhou	272	9162	17566	7628
惠 州 Huizhou	604	23457	41744	21299
汕 尾 Shanwei	21	2582	7683	5329
东 莞 Dongguan	745	19510	26864	71343
中 山 Zhongshan	114	8819	17358	16436
江 门 Jiangmen	61	10306	16263	9483
阳 江 Yangjiang	39	4002	7534	4752
湛 江 Zhanjiang	176	5841	10431	11046
茂 名 Maoming	31	4320	6145	4168
肇 庆 Zhaoqing	722	20799	33146	18890
清 远 Qingyuan	609	21584	38029	20000
潮 州 Chaozhou	17	1518	2383	2777
揭 阳 Jieyang	18	2499	4556	3535
云 浮 Yunfu	49	3593	6108	4609

2008年广东省旅游景区（点）构成情况

BASIC STATISTICS ON SCENIC SPORTS 2008

单位：处 Unit：Number

市　别 City	合　计 Total	已评级						未评级
		小　计	5A级 5A Level	4A级 4A Level	3A级 3A Level	2A级 2A Level	1A级 A Level	
合计 Total	714	99	2	57	28	12		615
广州 Guangzhou	87	21	1	13	5	2		66
深圳 Shenzhen	38	3	1	2				35
珠海 Zhuhai	40	2		2				38
汕头 Shantou	7	4		3	1			3
佛山 Foshan	43	5		5				38
韶关 Shaoguan	36	2		2				34
河源 Heyuan	28	4		1	1	2		24
梅州 Meizhou	21	6		4	2			15
惠州 Huizhou	58	6		4	2			52
汕尾 Shanwei	13	1		1				12
东莞 Dongguan	28	2		1		1		26
中山 Zhongshan	18	2		2				16
江门 Jiangmen	32	5		5				27
阳江 Yangjiang	9	2		1	1			7
湛江 Zhanjiang	55	11		2	5	4		44
茂名 Maoming	22	3			3			19
肇庆 Zhaoqing	42	1		1				41
清远 Qingyuan	75	10		7	3			65
潮州 Chaozhou	38	2		1	1			36
揭阳 Jieyang	13	1			1			12
云浮 Yunfu	11	6			3	3		5

2008年广东省各市景点分布

BREAKDOWN OF SCENIC SPORTS 2008

单位：个、人　　　　Unit：Number

市别 City	小计 Total	已评级	未评级	景点从业人员 Employees of Scenic Spots
合计 Total	714	99	615	84367
广州 Guangzhou	87	21	66	12716
深圳 Shenzhen	38	3	35	15190
珠海 Zhuhai	40	2	38	4083
汕头 Shantou	7	4	3	351
佛山 Foshan	43	5	38	3450
韶关 Shaoguan	36	2	34	1573
河源 Heyuan	28	4	24	2282
梅州 Meizhou	21	6	15	3425
惠州 Huizhou	58	6	52	11000
汕尾 Shanwei	13	1	12	983
东莞 Dongguan	28	2	26	3508
中山 Zhongshan	18	2	16	1088
江门 Jiangmen	32	5	27	3907
阳江 Yangjiang	9	2	7	1400
湛江 Zhanjiang	55	11	44	6274
茂名 Maoming	22	3	19	1043
肇庆 Zhaoqing	42	1	41	3430
清远 Qingyuan	75	10	65	4386
潮州 Chaozhou	38	2	36	2500
揭阳 Jieyang	13	1	12	1003
云浮 Yunfu	11	6	5	775

活力广东
GUANGDONG
Guangdong——Spot of vitality

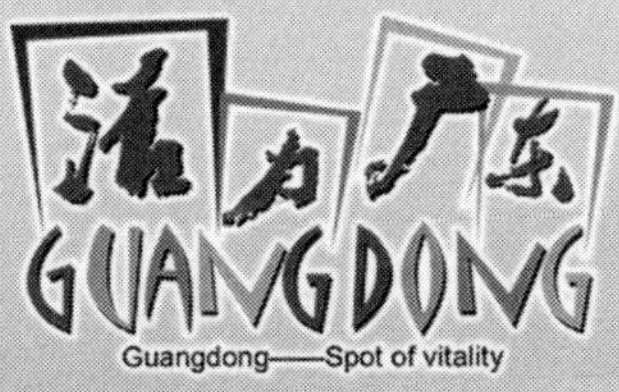

各级旅游管理机构

（第 369 ~ 384 页）

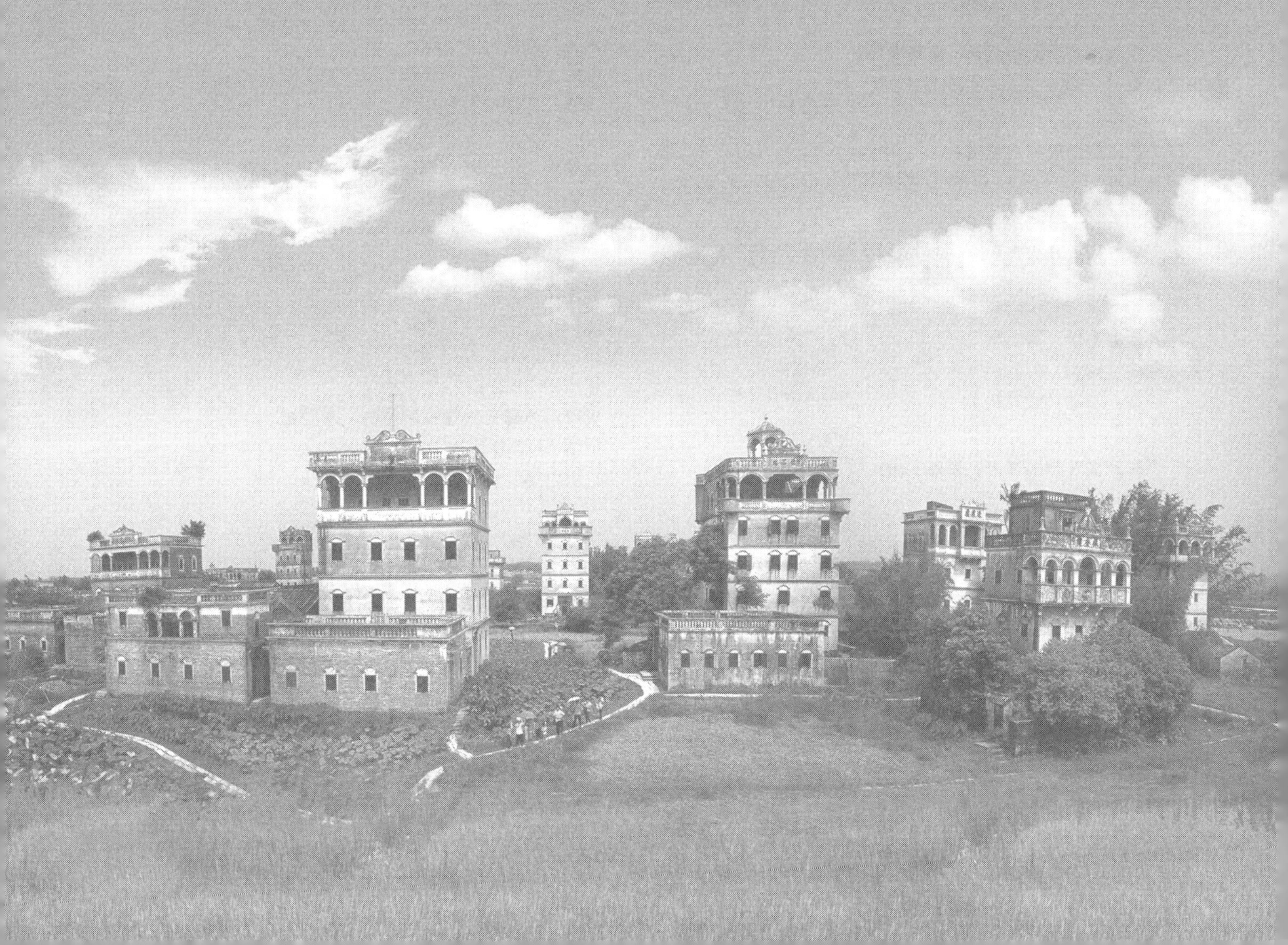

广东省旅游局

省旅游局领导

广东省旅游局党组书记、局长：
杨荣森（2008 年 2 月 29 日任职）

广东省旅游局副局长、机关党委书记：
曾维炳（2004 年 5 月 13 日任职）

广东省旅游局副局长：
周开生（2007 年 10 月 12 日任职）

广东省旅游局纪检组长、监察专员：
张振林（2007 年 12 月 16 日任职）

广东省旅游局副巡视员：
王志红（2007 年 12 月 16 日任职）

局机关、直属事业单位负责人

办公室主任：邱招贤
电话：（020）87513611
传真：（020）87513620

机关党委专职副书记、党办主任：梁　晖
电话：（020）87513651
传真：（020）87513657

政策法规处处长：曾晓峰
电话：（020）87513616
传真：（020）87513551

质量规范与管理处处长：甘达坚
电话：（020）87513622
传真：（020）87513630

资源与市场开发处处长：毛　诚
电话：（020）87513631
传真：（020）87513640

规划统计处处长：于非己
电话：（020）87513758
传真：（020）87513764

教育培训处处长：李振德
电话：（020）87513612
传真：（020）87513690

人事处处长：余　斌
电话：（020）87513641
传真：（020）87513650

监察室主任：刘益华
电话：（020）87513625
传真：（020）87513600

机关工会主席：蔡立斌
电话：（020）87513652
传真：（020）87513657

省旅游质量监督管理所所长：廖国强
电话：（020）87513661
投诉电话：（020）22386699
（020）87513664
传真：（020）87513670

机关后勤保障中心主任：林上福
电话：（020）87513691
传真：（020）87513694

省旅游发展研究中心副主任：陈南江
电话：（020）87513711
传真：（020）22220298

省旅游服务中心（培训部）副主任：黄跃珍
电话：（020）87513681
传真：（020）87513690

省旅游服务中心（服务部）副主任：罗美玲
电话：（020）87513672
传真：（020）87513674

省旅游职业技术学校校长：冒超球
地址：广州市同和街同泰路1111号
电话：（020）37247320

广东省旅游局
地址：广州市黄埔大道西463号
电话：（020）87502666
传真：（020）87503222
邮编：510630
网址：http：//www.visitgd.com

广东省旅游局主要职责

一、贯彻执行国家和省有关旅游工作的方针政策和法律法规，起草有关地方性法规、规章草案和政策并监督实施。

二、研究和推进旅游综合改革，协调旅游安全、旅游应急救援、节假日旅游、红色旅游工作，引导休闲度假，协调和推动国民旅游休闲计划实施。

三、制定国内旅游、入境旅游和出境旅游的市场开发战略并组织实施，组织广东旅游整体形象的对外宣传和重大推广活动，负责国内、国际旅游合作与交流事务。

四、组织省内旅游资源的普查、规划、开发和相关保护工作，引导旅游业社会投资，引导旅游产品开发和旅游制造业发展，监测旅游经济运行，负责全省旅游统计工作及行业信息发布。

五、协调管理旅游服务质量和市场秩序，组织实施旅游区、旅游设施、旅游服务、旅游产品等方面的标准工作，依法负责有关旅游业务的审核、审批工作和出入境旅游管理工作，指导旅游行业精神文明建设和诚信体系建设，指导行业组织的业务工作。

六、会同有关部门拟订赴港澳台旅游政策并组织实施，开展对港澳台旅游市场推广工作，承办赴港澳台旅游的有关事务和其他粤港澳台旅游合作交流事务。

七、制定并组织实施旅游人才规划，指导旅游教育培训工作，会同有关部门指导实施旅游从业人员的职业资格标准和等级标准工作。

八、承办省人民政府和国家旅游局交办的其他事项。

内设机构：

一、办公室（与机关党委办公室合署）

负责文电、会务、机要、档案等机关日常工作；承担信息、保密、信访、新闻宣传和政务公开等工作；负责机关和指导直属单位财务、党群工作。

二、政策法规处（协调发展处）

起草有关地方性法规、规章草案和政策并监督实施；研究全省旅游经济运行中的重大问题，承担旅游体制改革的有关工作；承办有关行政复议、行政诉讼工作；承担旅游业政策、法规的宣传与咨询工作；承担机关有关规范性文件的合法性审核工作；协调和推动全国旅游综合改革示范区建设；承担旅游安全综合协调工作，指导旅游应急救援和保险工作；引导休闲度假，组织实施国民旅游休闲计划；承担节假日旅游和旅游节庆活动的综合协调工作；承担旅游扶贫工作。

三、行业管理处

协调管理旅游服务质量和市场秩序；承担旅游标准有关工作，拟订、指导实施旅游景区景点、度假区及旅游住宿、旅游交通、餐饮、旅行社等的服务标准；承办旅行社审批、领队证审核、境外驻粤旅游机构审核和出入境旅游管理工作；指导旅游诚信体系建设和创建旅游强县工作。

四、市场开发处

承担国内、国际旅游市场开发工作和合作交流事务，承担广东旅游整体形象的宣传推广工作；组织开展重点旅游区域、目的地、线路的宣传推广工作；指导驻其他国家和地区旅游办事机构的业务工作；推进旅游行业信息化工作。

五、规划统计处

拟订旅游发展规划并组织实施；承担旅游资源的普查工作；指导重点旅游区域、目的地和线路的规划、开发和保护；引导旅游业社会投资及旅游制造业发展；承担旅游统计工作；承担红色旅游有关工作。

六、港澳台旅游事务处

开展对港澳台旅游市场的推广工作；承办赴港澳台旅游的有关事务和粤港澳台旅游合作交流事务；指导驻港澳台旅游办事机构的业务工作。

七、教育培训处

拟订并实施全省旅游行业人才教育培训的中长期规划；组织、指导旅游行业人员教育培训工作；指导实施旅游从业人员的职业资格标准、等级标准；承担旅游从业人员管理及导游证年审工作；承担国内外旅游教育培训的交流与合作工作；承担旅游人才援藏、援疆等工作。

八、人事处

负责机关和指导直属单位的人事管理、机构编制、劳动工资和离退休人员服务等工作。

（许文静）

各市、县（市、区）旅游局

广州市

广州市旅游局
局党委书记、局长：朱　力
地址：广州市东风西路 140 号 13 楼—15 楼
电话：（020）81078200
传真：（020）81078234
邮编：510170
http://www.visitgz.com
http://www.gzly.gov.cn

局党委副书记、纪委书记、机关党委书记：唐仕荣
电话：（020）81078200

巡视员：马相承
电话：（020）81078200

副局长：李志新
电话：（020）81078200

副局长：黄小晶
电话：（020）81078200

副局长：谭爱英
电话：（020）81078200

副巡视员：周泽健
电话：（020）81078200

办公室
电话：（020）81078233
传真：（020）81078234

政策法规处
电话：（020）81078237

国际市场开发处
电话：（020）81078257

资源开发与市场推广处
电话：（020）81078266

行业规范与管理处
电话：（020）81078243

质量监督与执法处
电话：（020）81074230

行业培训指导处
电话：（020）81078242

科技与信息处
电话：（020）81078253

政治处
电话：（020）81078205

工会
电话：（020）80178207

纪委办、监察室
电话：（020）81078229

机关党委
电话：（020）81078210

离退休干部管理处
电话：（020）81078206

广州旅游质量监督管理所
电话：（020）81078277　86666666
紧急救援中心
电话：（020）81078250　86666330

越秀区旅游局
局长：陈健秀
地址：广州市越华路 183 号 10 楼
电话：（020）87763807
传真：（020）87622911
邮编：510030

海珠区经贸局
局长：沈　杰
地址：广州市前进路前桂大街 9 号
电话：（020）84236185
传真：（020）84446302
邮编：510230

荔湾区文化广电新闻出版局（旅游局、版权局）
局长：郭泽果
地址：中山七路恩龙北街 5－7 号
电话：（020）81592820
传真：（020）81592801
邮编：510175

白云区经贸局
局长：段栓柱
地址：广州市广源中路 238 号白云区政府 7 楼
电话：（020）86580436
传真：（020）86575757
邮编：510405

黄埔区旅游局
局长：杨家伟
地址：广州市黄埔区大沙东路333号5楼
电话：(020) 82378982
传真：(020) 82378987
邮编：510700

天河区经济贸易局（旅游局）
局长：林志云
地址：广州市天府路1号天河区政府2号楼
电话：(020) 38622870
传真：(020) 38624261
邮编：510655

南沙区经贸局（旅游局）
局长：潘玉璋
地址：广州市南沙开发区港前大道1号
电话：(020) 84986656
传真：(020) 84986646
邮编：511457

萝岗区旅游局
局长：孙秀清
地址：经济技术开发区管委会大楼西座5楼
电话：(020) 82111566
传真：(020) 82111554
邮编：510730

番禺区旅游局
局长：黎德权
地址：番禺区市桥镇清河东路319号区行政办公中心东附楼1楼
电话：(020) 84640711
传真：(020) 84640744
邮编：511400

花都区旅游局
局长：黄兆祥
地址：花都区迎宾大道交通大楼14楼
电话：(020) 36897862
传真：(020) 36898392
邮编：510800

从化市旅游局
局长：曾令泰
地址：从化市街口镇东成路20号
电话：(020) 87928163
传真：(020) 87926819
邮编：510900

增城市旅游局
局长：史青山
地址：增城市荔城镇府前路滨海一街海涛居5-6栋首层
电话：(020) 82644822
传真：(020) 82664398
邮编：511300

深圳市

深圳市旅游局
局长：李小甘
地址：深圳市福田区福中三路市民中心C区1楼
电话：(0755) 82003200
传真：(0755) 82003201
邮编：518035
http:www.szta.gov.cn

副局长：岳川江
电话：(0755) 82003268

副局长：易能全
电话：(0755) 82003208

副巡视员：王　敏
电话：(0755) 82003182

办公室
电话：(0755) 82003160
传真：(0755) 82003201

行业管理处
电话：(0755) 82003161

资源与市场开发处
电话：(0755) 82003210

旅游质量监督管理所
电话：(0755) 82003220

罗湖区旅游局
局长：王　萍
地址：深圳市罗湖区文锦中路罗湖管理中心大厦21楼
电话：(0755) 25666620
传真：(0755) 25666630
邮编：518007

福田区旅游局
局长：张尊众
地址：深圳市福田区福民路123号福田区委大楼26层
电话：(0755) 82918198
传真：(0755) 82918631
邮编：518048

南山区旅游局
局长：周　辉
地址：深圳市南山区桃园东路区委大楼A座8楼
电话：(0755) 26561748
传真：(0755) 26542170
邮编：518059

宝安区旅游局
局长：贝济标
地址：深圳市宝安区23区海关大楼
电话：(0755) 27848298
传真：(0755) 27849315
邮编：518101

盐田区旅游局
局长：李枝尧
地址：深圳市盐田区深盐路2088号区行政文化中心大楼
电话：(0755) 25228508
传真：(0755) 25226631
邮编：518081

龙岗区旅游局
局长：史大鹏
地址：深圳市龙岗区中心城清林中路海关大厦东座 12 楼
电话：（0755）28949662
传真：（0755）28949660
邮编：518172

珠海市旅游局
局长：张梅生
地址：珠海吉大海滨南路旅游大酒店 12 楼
电话：（0756）3366901
传真：（0756）3366902
邮编：519015
http：www. zhtour. gov. cn

副局长：王春剑
电话：（0756）3334966

副局长：秦风尝
电话：（0756）3336063

办公室
电话：（0756）3366901

管理科
电话：（0756）3336057

市场科
电话：（0756）3336539

资源科
电话：（0756）3366904

旅游质监所
电话：（0756）3346666
（0756）3336061

旅游协会
电话：（0756）3355181

香洲区旅游局
局长：刘小满
地址：香洲区人民西路香洲行政中心 403 室
电话：（0756）2516428、2516088
传真：（0756）2516483
邮编：519010

金湾区旅游局
局长：吴立波
地址：金湾区办公中心 3 号楼 1 楼
电话：（0756）7799315
传真：（0756）7263591
邮编：519090

斗门区旅游局
局长：陈夏森
地址：斗门区井岸朝福路 436 号 5 楼
电话：（0756）5551157
传真：（0756）5153885
邮编：519100

万山海洋开发试验区经济发展局
局长：匡　澍
地址：香洲区梅华东路 301 号 2 单元 4 楼 413
电话：（0756）2233017
传真：（0756）2257044
邮编：519000

横琴新区产业发展局
地址：横琴新区德政路 41 号
电话：（0756）8841733
邮编：519031

珠海市高新区社会发展局
局长：周火根
地址：珠海市金鼎金峰中路 208 号
电话：（0756）3629815
传真：（0756）3629810
邮编：519085

汕头市

汕头市旅游局
局长：陈华佳
地址：汕头市跃进路 28 号 4 楼
电话：（0754）88297615
传真：（0754）88286555
邮编：515037

副局长：于临生
电话：（0754）88973637

副局长：陈　斌
电话：（0754）88971151

纪检组长：刘向平
电话：（0754）88976363

调研员：黄燕湖
电话：（0754）88295611

副调研员：方展荣
电话：（0754）88975666

办公室
电话：（0754）88293456
传真：（0754）88286555

资源与市场开发科
电话：（0754）88451799

质量规范与管理科
电话：（0754）88297614

质量监督管理所
电话：（0754）88297616

导游服务中心
电话：（0754）88973837

金平区旅游局
局长：汤华新
地址：汕头市金园路 12 号
电话：（0754）88604761

传真：（0754）88626858
邮编：515041

龙湖区旅游局
局长：陈邦哲
地址：汕头市珠江路23号珠江楼6楼
电话：（0754）88831051
传真：（0754）88831096
邮编：515041

澄海区旅游局
局长：陈建伟
地址：澄海区文冠路党政办公楼
电话：（0754）85861480
传真：（0754）85850350
邮编：515800

濠江区旅游局
局长：杨育挺
地址：汕头濠江区达濠商业街秀峰路1号审计综合楼2楼
电话：（0754）87386933
传真：（0754）87386966
邮编：515071

潮阳区旅游局
局长：郑立候
地址：潮阳区中山西路10号
电话：（0754）83822059
传真：（0754）83615871
邮编：515100

潮南区旅游局
局长：陈少华
地址：潮南区峡山商贸城15街629号
电话：（0754）87762589
传真：（0754）87762578
邮编：515141

南澳县旅游局
局长：蔡利逊
地址：南澳县后宅镇光明路老财政楼
电话：（0754）86806090
传真：（0754）86803033
邮编：515900

佛山市

佛山市旅游局
局长：朱粤平
地址：佛山市禅城区佛山大道93号
电话：（0757）82984405
传真：（0757）82981017
邮编：528000
http://www.visitfoshan.com

副局长：陆建生
电话：（0757）82211736

副局长：谢建华
电话：（0757）82981346

办公室
电话：（0757）82981035
传真：（0757）82981017

行业管理科
电话：（0757）82981346
传真：（0757）82212061

资源与市场开发科
电话：（0757）82963039
传真：（0757）82963039

旅游质量监督所
电话：（0757）82212061
传真：（0757）82212061

禅城区经贸局
副局长（分管旅游）：林宝仪
地址：佛山市禅城区潮安路禅城区政府通济大院8楼
电话：（0757）82340836
传真：（0757）82340837
邮编：528000

南海区旅游局
局长：黄永坚
地址：南海区桂城南新一路3号
电话：（0757）86222401
传真：（0757）86286786
邮编：528200

顺德区旅游局
局长：劳志和
地址：顺德区大良镇德民路区政府大楼2楼
电话：（0757）22831379
传真：（0757）22831375
邮编：528333

高明区旅游局
局长：廖冠明
地址：高明区沧江路10号
电话：（0757）88881287
传真：（0757）88881112
邮编：528500

三水区旅游局
局长：刘健宇
地址：三水区西南镇沙头大道1号
电话：（0757）87704026
传真：（0757）87758093
邮编：528100

韶关市

韶关市旅游局
局长：王晓梅
地址：韶关市风度北路市政府大楼12楼
电话：（0751）8885710
传真：（0751）8916132
邮编：512000
http:www.sgtravel.cn

副局长：蔡　福
电话：（0751）8888650

副局长：陈仲耀
电话：（0751）8884718

副局长：罗永东
电话：（0751）8888109

办公室
电话：（0751）8885710

人事科
电话：（0751）8891607

管理科
电话：（0751）8891005

开发科
电话：（0751）8916130

质监所
电话：（0751）8916131

南雄市旅游局
局长：黄志星
地址：南雄市雄州镇永康路13号
电话：（0751）3822010
传真：（0751）3822909
邮编：512400

曲江区旅游局
局长：梁志勇
地址：曲江区马坝镇文化路口
电话：（0751）6666003
传真：（0751）6667088
邮编：512100

乳源县旅游局
局长：卢东华
地址：乳源县鹰峰西路7号
电话：（0751）5384529
传真：（0751）5387381
邮编：512700

新丰县旅游局
局长：朱卫斌
地址：新丰县政府内
电话：（0751）2262181
传真：（0751）2262610
邮编：511100

乐昌市旅游局
局长：梁丽娟
地址：乐昌市政府大院内档案局1楼
电话：（0751）5551113
传真：（0751）5551113
邮编：512200

仁化县旅游局
局长：李世朗
地址：仁化县新城横路37号4楼
电话：（0751）6358911
传真：（0751）6353418
邮编：512300

始兴县旅游局
局长：邓海清
地址：始兴县城墨江桥北路粤兴大厦3楼
电话：（0751）3312828
传真：（0751）6131999
邮编：512500

翁源县旅游局
局长：黄　旭
地址：翁源县龙仙镇文化局新大楼4楼
电话：（0751）2860177
传真：（0751）2860177
邮编：511100

浈江区旅游局
局长：黄建华
地址：浈江区启明路文化中心
电话：（0751）8311159
传真：（0751）8311158
邮编：512023

河源市

河源市旅游局
局长：古敏生
地址：河源市新区兴源东路1号华怡大厦2楼
电话：（0762）3388793
传真：（0762）3388285
邮编：517000

副局长：李德标
电话：（0762）3388865

副局长：张振辉
电话：（0762）3888235

副局长：杨友平
电话：（0762）3387021

纪检组长：何　彤
电话：（0762）3388032

副调研员：吴运坚
电话：（0762）3388122

办公室
电话：（0762）3388920

人事教育科
电话：（0762）3388795

质量规范与管理科
电话：（0762）3388185

资源与市场开发科
电话：（0762）3387555

质量监督管理所
电话：（0762）3387777
传真：（0762）3388285

源城区旅游局
局长：罗伟平
地址：源城区政府大院内
电话：（0762）3325113
传真：（0762）3334100
邮编：517000

东源县旅游局
局长：欧文初
地址：东源县政府大院内
电话：（0762）8833277
传真：（0762）8831117
邮编：517100

和平县旅游局
局长：黄春彭
地址：和平县政府大院内
电话：（0762）5641365
传真：（0762）5641365
邮编：517200

龙川县旅游局
局长：巫资发
地址：龙川县老隆镇东风路50号4楼
电话：（0762）6893003
传真：（0762）6752547
邮编：517300

紫金县旅游局
局长：傅作荣
地址：紫金县党政大楼0524号房
电话：（0762）7838996
传真：（0762）7838996
邮编：517400

连平县旅游局
局长：罗光明
地址：连平县环城南路县政府招待所4楼
电话：（0762）4326978
传真：（0762）4337998
邮编：517500

梅州市

梅州市旅游局
局长：陈建新
地址：梅州市嘉应路24号
电话：（0753）2260389
传真：（0753）2242728
邮编：514021
http://www.mzta.gov.cn

副局长：杨贵宏
电话：（0753）2259296

副局长：丘加悦
电话：（0753）2259199

办公室
电话：（0753）2279102　2242776

资源开发与管理科
电话：（0753）2246318

市场促销与管理科
电话：（0753）2243687

旅行社饭店管理科
电话：（0753）2259681

旅游质量监督管理科（所）、旅游执法大队
电话：（0753）2243654

梅县旅游局
局长：杨柏芳
地址：梅县新城行政区
电话：（0753）2587791
传真：（0753）2587123
邮编：514700

兴宁市旅游局
局长：刘文忠
地址：兴宁市中山东路1号
电话：（0753）3327258
传真：（0753）3325298
邮编：514500

丰顺县旅游局
局长：陈国清
地址：丰顺县汤坑镇雄风大道74号
电话：（0753）6689333
传真：（0753）6689889
邮编：514300

平远县旅游局
局长：肖明羲
地址：平远县平远大道新村商住楼
电话：（0753）8899878
传真：（0753）8899878
邮编：514600

梅江区旅游局
局长：李志雄
地址：梅州市仲元路区政府大院
电话：（0753）2196933
传真：（0753）2196933
邮编：514011

蕉岭县旅游局
局长：古添强
地址：蕉岭县桂岭大道中216－1号
电话：（0753）7892818
传真：（0753）7892758
邮编：514100

大埔县旅游局
局长：黄周水
地址：大埔县文化路27号
电话：（0753）5535328
传真：（0753）5532992
邮编：514200

五华县旅游局
局长：张茂华
地址：五华县政府大院内
电话：（0753）4431073
传真：（0753）4436200
邮编：514400

惠州市

惠州市旅游局
局长：崔　爽
地址：惠州市环城西路80号3号楼
电话：（0752）2234273
传真：（0752）2207428
邮编：516001
http://www.huizhoutourism.com.cn

党组书记、副局长：吴琦生
电话：（0752）2208678

副局长：李仕民
电话：（0752）2210078

副局长：谭跃华
电话：（0752）2214676

副局长：郭武飘
电话：（0752）2684138

办公室
电话：（0752）2230701　2210068
传真：（0752）2207428

质量规范与管理科
电话：（0752）2221051　2208232
传真：（0752）2221051

资源与市场开发科
电话：（0752）2208430　2661791
传真：（0752）2661792

旅游质量监督管理所
电话：（0752）2238354
传真：（0752）2200806

导游管理中心
电话：（0752）2225198　2106235

惠城区旅游局
局长：杨鸿辉
地址：惠州市下角寿山路4号1楼
电话：（0752）2231782
传真：（0752）2213082
邮编：516001

惠阳区旅游局
局长：张文志
地址：惠阳区淡水金惠大道区政府大楼1楼127室
电话：（0752）3370048
传真：（0752）3364631
邮编：516211

惠东县旅游局
局长：陈继祥
地址：惠东县平山镇平深路爱华围5号
电话：（0752）8865678
传真：（0752）8894128
邮编：516300

博罗县旅游局
局长：李耀培
地址：博罗县罗阳镇北门路133号3楼
电话：（0752）6622568
传真：（0752）6622568
邮编：516100

龙门县旅游局
局长：陈瑞玲
地址：龙门县城西林路42号
电话：（0752）7781777
传真：（0752）7781777
邮编：516800

大亚湾旅游局
局长：杨世亮
地址：大亚湾经济技术开发区管委会5楼511室
电话：（0752）5562291
传真：（0752）5562290
邮编：516081

汕尾市

汕尾市旅游局
局长：吕以皆
地址：汕尾市公园路西旅游大厦
电话：（0660）3381891
传真：（0660）3398800
邮编：516600
http://www.swlyj.com

副局长：林兴文
电话：（0660）3364802

副局长：邓晓虹
电话：（0660）3282080

办公室
电话：（0660）3364804
传真：（0660）3398800

质量规范与管理科
电话：（0660）3398929

资源与市场开发科
电话：（0660）3396193

旅游质量监督管理所
电话：（0660）3364163

陆丰市旅游局
局长：林植章
地址：陆丰东海镇北堤路19号
电话：（0660）8821137
传真：（0660）8821137
邮编：516500

海丰县旅游局
局长：罗金泉
地址：海丰县海城农林路39号
电话：（0660）6603662
传真：（0660）6600848
邮编：516400

陆河县旅游局
局长：邱伟源
地址：陆河县城朝阳路85号
电话：（0660）5528551
传真：（0660）5528551
邮编：516700

汕尾市城区旅游局
局长：许岸悦
地址：汕尾市文明南路209号
电话：（0660）3356051
传真：（0660）3356053
邮编：516600

红海湾开发区旅游局
局长：刘文芬
地址：汕尾市红海湾田墘街道南苑小区南阳街6号
电话：（0660）3438856
传真：（0660）3438856
邮编：516620

华侨管理区旅游局
局长：庄泽棠
地址：汕尾市华侨管理区办公大楼

电话：（0660）8251958
传真：（0660）8253299
邮编：516532

东莞市

东莞市旅游局
局长：蒋小莺
地址：东莞市城区万寿路 76 号
电话：（0769）22226869
传真：（0769）22226805
邮编：523003
http://www.dongguan.travel

副局长：李耀辉
电话：（0769）22226665

副局长：余建民
电话：（0769）22228286

副局长：李亚鹏
电话：（0769）22220136

副调研员：叶树红
电话：（0769）22227618

办公室
电话：（0769）22226801

质量规范与管理科
电话：（0769）22226722

资源与市场开发科
电话：（0769）22226762

信息科
电话：（0769）22226676

旅游质量监督管理所
电话：（0769）22227160

中山市

中山市旅游局
局长：车　卫
地址：中山市东区起湾道 3 号竹苑广场 7 楼
电话：（0760）88811825
传真：（0760）88806615
邮编：528403
http://www.zhongshantour.com.cn

副局长：吴东就
电话：（0760）88800686

副局长：梁照平
电话：（0760）88800316

副局长：梁渭林
电话：（0760）88801089

副调研员：谭桂林
电话：（0760）88804601

副调研员：欧阳泽生
电话：（0760）88810078

办公室
电话：（0760）88811825

行业管理科
电话：（0760）88818786

市场拓展科
电话：（0760）88809664

资源开发科
电话：（0760）88805214

旅游质量监督管理所
电话：（0760）88805211

江门市

江门市旅游局
局长：周锦新
地址：江门白沙大道 6 号之二
电话：（0750）3551911
传真：（0750）3551300
邮编：529000
http://www.jm-tour.com
Email:jmtour@pub.jiangmen.gd.cn

副局长：冯裕聪
电话：（0750）3551877

副局长：张　华
电话：（0750）3551611

办公室
电话：（0750）3551911
传真：（0750）3551300

市场科
电话：（0750）3530883

质管科
电话：（0750）3515566
旅游投诉电话：（0750）3515566

蓬江区旅游局
局长：何坚毅
地址：江门市建设二路 18 号 7 楼
电话：（0750）8222220
传真：（0750）3221932
邮编：529000

江海区旅游局
局长：陈全学
地址：江门市东海路 338 号江海区机关大院 3 号楼 7 楼
电话：（0750）3861530
传真：（0750）3861659
邮编：529000

新会区旅游局
局长：胡锦旋
地址：新会圭峰山风景区管委会 A 座
电话：（0750）6173301
传真：（0750）6173302
邮编：529100

台山市旅游局
局长：容兆廉
地址：台山环北大道 46 号 2 楼

电话：（0750）5503287
传真：（0750）5512456
邮编：529200

开平市旅游局
局长：邝积康
地址：开平长沙东路3号
电话：（0750）2229177
传真：（0750）2293314
邮编：529300

鹤山市旅游局
党组书记：扬　明
地址：鹤山沙坪镇东升路50号
电话：（0750）8902286
传真：（0750）8989649
邮编：529700

恩平市旅游局
局长：吴诗国
地址：恩平沿江路2号
电话：（0750）7711728
传真：（0750）7727302
邮编：529400

阳江市

阳江市旅游局
局长：丁锡丰
地址：阳江市东风二路60号行政服务中心3楼
电话：（0662）3361261
传真：（0662）3361292
邮编：529500
http://www.visityj.com/

副书记：陈达华
电话：（0662）3366033

副局长：张　开
电话：（0662）3366381

副局长：柯远平
电话：（0662）3361969

副调研员：杨　江
电话：（0662）3318816

办公室
电话：（0662）3361261　3318816
传真：（0662）3361292

资源与市场开发科
电话：（0662）3318692

质量规范与管理科
电话：（0662）3357693

旅游服务指导中心
电话：（0662）3188777

质量监督管理所
电话：（0662）3356345

旅游监察大队
电话：（0662）3188777

江城区旅游管理中心
主任：关秋华
地址：江城区建设路108号
电话：（0662）3110195
传真：（0662）3110996
邮编：529500

海陵岛旅游局
局长：邓修来
地址：海陵岛闸坡镇碧涛村5栋4楼
电话：（0662）3890246
传真：（0662）3890400
邮编：529536

阳春市旅游局
局长：陈以霜
地址：阳春市南新大道6号
电话：（0662）7735179
传真：（0662）7735179
邮编：529600

阳东县旅游管理中心
主任：冯　敏
地址：阳东县政府综合楼
电话：（0662）6611536
传真：（0662）6632777
邮编：529900

阳西县旅游管理中心
主任：梁道高
地址：阳西县政府综合楼2楼
电话：（0662）5533329
传真：（0662）5531732
邮编：529800

湛江市

湛江市旅游局
局长：林　红
地址：赤坎区海滨六路3号之三沙湾大厦A座5楼
电话：（0759）3161921
传真：（0759）3161178
邮编：524044
http://zjtravel.yinsha.com

副局长：陈振华
电话：（0759）3162169

副局长：陈　龙
电话：（0759）3161908

办公室
电话：（0759）3161923　3161303
传真：（0759）3161178

质量规范与管理科
电话：（0759）3161962

资源与市场开发科
电话：（0759）3161963

质量监督管理所
电话：（0759）3161636　2262444

湛江市旅游服务中心
电话：（0759）3161136　3161038

霞山区旅游局
局长：卢河江
地址：霞山区解放西路 22 号政府大厦
电话：(0759) 2173899
传真：(0759) 2173899
邮编：524013

麻章区旅游局
局长：张　蓓
地址：湛江市麻章区政通东路 1 号
电话：(0759) 2732922
传真：(0759) 2732922
邮编：524094

坡头区旅游局
局长：吕其让
地址：坡头区南调路区府大楼 1 楼
电话：(0759) 3950032
传真：(0759) 3950032
邮编：524057

雷州市旅游局
局长：洪　新
地址：雷州市雷城西湖大道 38 号工商银行 7 楼
电话：(0759) 8815000
传真：(0759) 8808778
邮编：524200

廉江市旅游局
局长：黎法槐
地址：廉江市迎宾一路 7 号
电话：(0759) 6609005
传真：(0759) 6609005
邮编：524400

吴川市旅游局
局长：陈　豪
地址：吴川市市府招待所 2 号楼
电话：(0759) 5608851
传真：(0759) 5613022
邮编：524500

遂溪县旅游局
局长：黄高梅
地址：遂溪县遂城镇中山路 133 号
电话：(0759) 7768413
传真：(0759) 7768413
邮编：524373

徐闻县旅游局
局长：陈北跑
地址：徐闻县政府大楼 1 楼
电话：(0759) 4879770
传真：(0759) 4879772
邮编：524100

东海岛旅游局
局长：李　武
地址：东海岛旅游度假区
电话：(0759) 2389365
传真：(0759) 2389381
邮编：524072

茂名市

茂名市旅游局
局长：李清汉
地址：茂名市迎宾路 137 号大院 3 号楼
电话：(0668) 2288187
传真：(0668) 2287085
邮编：525000
http://www.mmlyj.com

调研员：李　宁
电话：(0668) 2891286

副局长：陈中波
电话：(0668) 2869767

副局长：车健明
电话：(0668) 2869737

副调研员：黄经豪
电话：(0668) 2891286

办公室
电话：(0668) 2288187
传真：(0668) 2287085

旅行社管理科
电话：(0668) 2285548

饭店管理科
电话：(0668) 2886589

资源与市场开发科
电话：(0668) 2869757

旅游质监科
电话：(0668) 2270544

信宜市旅游局
局长：江柳钦
地址：信宜市政府大院
电话：(0668) 8878665
传真：(0668) 8878665
邮编：525300

高州市旅游局
局长：钟　平
地址：高州市中山路 73 号
电话：(0668) 6658383
传真：(0668) 6658282
邮编：525200

化州市旅游局
局长：杨　剑
地址：化州市政府大院
电话：(0668) 7360777
传真：(0668) 7360777
邮编：525100

电白县旅游局
局长：肖国忠
地址：电白县政府综合楼 1 楼
电话：(0668) 5115335
传真：(0668) 5115335
邮编：525400

茂南区旅游局
局长：潘谢斌
地址：茂名市油城三路319号
电话：（0668）2112122
传真：（0668）2112122
邮编：525000

茂港区旅游局
局长：马　堂
地址：茂名市茂港区政府大楼3楼
电话：（0668）2688128
传真：（0668）2688128
邮编：525027

肇庆市

肇庆市旅游发展局
局长：郑时广
地址：肇庆市莲湖西路
电话：（0758）2231081
传真：（0758）2224054
邮编：526040
http://www.zqtourism.com

副局长：李达标
电话：（0758）2282316

副局长：房宇文
电话：（0758）2209022

副局长：郑向平
电话：（0758）2265568

副局长：张丽文
电话：（0758）2231081

办公室
电话：（0758）2231081　2224627

行业管理科
电话：（0758）2262296（投诉）

市场开发科
电话：（0758）2266439　2261696

资源规划科
电话：（0758）2286192

劳动人事科（党办）
电话：（0758）2224850

财务管理科
电话：（0758）2224365　2277932

离退休干部管理科
电话：（0758）2224903

市旅游服务中心
电话：（0758）2238509

鼎湖区旅游发展局
局长：赖宏升
地址：肇庆市鼎湖坑口区府大院
电话：（0758）2625260
传真：（0758）2625260
邮编：526070

端州区旅游局
局长：陈秀萍
地址：肇庆市古塔中路15号
电话：（0758）2721364
传真：（0758）2721364
邮编：526040

封开县旅游发展局
局长：陈　剑
地址：封开县江口封洲二路行政中心
电话：（0758）6681820
传真：（0758）6681820
邮编：526500

德庆县旅游发展局
局长：潘子杰
地址：德庆县委大院
电话：（0758）7781728
传真：（0758）7781852
邮编：526600

高要市旅游局
局长：谢富文
地址：肇庆市人民中路12号
电话：（0758）2234578
传真：（0758）2235122
邮政：526040

四会市旅游局
局长：徐达强
地址：四会市汇源路8号
电话：（0758）3368919
传真：（0758）3368919
邮编：526200

广宁县旅游局
局长：杨淦标
地址：广宁县南街镇南东一路17号
电话：（0758）8638388
传真：（0758）8638388
邮编：526300

怀集县旅游发展局
局长：严耿文
地址：怀集县怀城镇解放中路78号
电话：（0758）5522631
传真：（0758）5531618
邮编：526400

清远市

清远市旅游局
局长：雷玉春
地址：清远市新城人民二路18号市国际会展中心5楼
电话：（0763）3363770
传真：（0763）3366896
邮编：511518
http://www.qyta.gov.cn/

副局长：邹　俊
电话：（0763）3363238

副局长：虞卫旗
电话：（0763）3361448

办公室
电话：（0763）3363390

传真：（0763）3366896

资源与市场开发科
电话：（0763）3368636

人事教育科
电话：（0763）3364299

质量规范科
电话：（0763）3363126

旅游质量监督管理所
电话：（0763）3364098

英德市旅游局
局长：邓明华
地址：英德市浈阳路运通大厦9楼
电话：（0763）2231666
传真：（0763）2221111
邮编：513000

连州市旅游局
局长：陈仪宁
地址：连州市番禺路128号潭电大厦9楼
电话：（0763）6638118
传真：（0763）6638128
邮编：513400

清新县旅游局
局长：朱小玲
地址：清新县太和镇笔架路3号行政服务中心2楼东面
电话：（0763）5815373
传真：（0763）5833070
邮编：511800

阳山县旅游局
局长：祝翠冰
地址：阳山大道107号2楼
电话：（0763）7886278
传真：（0763）7886282
邮编：513100

连南县旅游局
局长：李建平
地址：连南三江镇县政府办公大楼
电话：（0763）8668003
传真：（0763）8662008
邮编：513300

佛冈县旅游局
局长：黄小云
地址：佛冈县振兴北路人民中心行政综合办公楼104室
电话：（0763）4294568
传真：（0763）4294568
邮编：511600

连山县旅游局
局长：蒋振江
地址：连山县鹿鸣东路行政服务中心
电话：（0763）8735287
传真：（0763）8765287
邮编：513200

清城区旅游局
局长：罗惠琼
地址：清城区东城新区行政服务中心大楼4楼
电话：（0763）3939158
传真：（0763）3939158
邮编：511500

潮州市

潮州市旅游局
局长：谢鸿洲
地址：潮州市城新西路交通大厦8楼
电话：（0768）2355899
传真：（0768）2295501
邮编：521000
http://www.chaozhoutour.net

副局长：刘书灿
电话：（0768）2295069

副局长：郑永宁
电话：（0768）2295059

副局长：吴永利
电话：（0768）2355790

副调研员：陈伟忠
电话：（0768）2295578

办公室
电话：（0768）2291733
传真：（0768）2295501

规划业务科
电话：（0768）2295019

市场开发与培训科
电话：（0768）2295032

潮州市旅游质量监督管理所
电话：（0768）2277123

潮州市旅游监察大队
电话：（0768）2277123

潮州市旅游服务中心
电话：（0768）2285149

潮安县旅游局
局长：陈钟强
地址：潮安县政府新综合楼6楼
电话：（0768）5816829
传真：（0768）5816184
邮编：515600

饶平县旅游局
局长：林吉贵
地址：饶平县城西区六号路外经大楼7楼
电话：（0768）7801361
传真：（0768）7801972
邮编：515700

湘桥区旅游局
局长：黄炎藩
地址：潮州市新洋路区党政办公楼1楼
电话：（0768）2219932
邮编：521000

揭阳市

揭阳市旅游局
局长：谢锐锋
地址：揭阳市东山区卢前路中段民主楼2层
电话：（0663）8292227
传真：（0663）8292077
邮编：522031

副局长：杨金河
电话：（0663）8292520

副局长：谢静鸿
电话：（0663）8292563

副局长：李介兴
电话：（0663）8292287

办公室
电话：（0663）8292227

旅游业务管理科
电话：（0663）8292076

资源与市场开发科
电话：（0663）8292775

教育培训科
电话：（0663）8292074

质量监督管理所
电话：（0663）8292446

普宁市旅游局
局长：张少民
地址：流沙镇长春路联运大楼南栋东梯5楼
电话：（0663）2248753
传真：（0663）2248752
邮编：515300

揭东县旅游局
局长：许奕鸿
地址：揭东县城金凤路中段县政府后2楼204室
电话：（0663）3262893
传真：（0663）3275989
邮编：515500

揭西县旅游局
局长：彭伟明
地址：揭西县滨江公园侧
电话：（0663）5527938
传真：（0663）5527938
邮编：515400

惠来县旅游局
局长：严文水
地址：惠来县惠城镇葵南新路
电话：（0663）6681071
传真：（0663）6681071
邮编：515200

云浮市

云浮市旅游局
局长：袁伙月
地址：云浮市玉皇路78号
电话：（0766）8825088
传真：（0766）8810058
邮编：527300
http:/www.yunfutravel.com

副局长：叶金波
电话：（0766）8818099

副局长：岑德洪
电话：（0766）8818093

办公室
电话：（0766）8816580
传真：（0766）8810058

人事教育科
电话：（0766）8813392

资源与市场开发科
电话：（0766）8839082

行业管理科
电话：（0766）8822360

罗定市旅游局
局长：吴云锋
地址：罗定市龙园路131号
电话：（0766）3833886
传真：（0766）3833186
邮编：527200

郁南县旅游局
副局长：林少华
地址：郁南县都城镇中山路31号
电话：（0766）7337229
传真：（0766）7337229
邮编：527100

新兴县旅游局
局长：陈子雄
地址：新兴县城中山路95号
电话：（0766）2920898
传真：（0766）2882029
邮编：527400

云安县旅游局
局长：冯友强
地址：云安县港城大道6号
电话：（0766）8616656
传真：（0766）8613392
邮编：527500

云城区旅游局
局长：黄锦全
地址：云浮市区解放中路32号区府大院
电话：（0766）8813669
传真：（0766）8813669
邮编：527300

名　　录

（第 385 ~ 437 页）

广东省第二批国家级非物质文化遗产名录

<table>
<tr><th>序号</th><th>类　别</th><th colspan="2">项目名称</th><th>申报地区或单位</th><th>备　注</th></tr>
<tr><td>1</td><td rowspan="2">民间文学</td><td colspan="2">雷州歌</td><td>雷州市</td><td></td></tr>
<tr><td>2</td><td colspan="2">谜语（澄海灯谜）</td><td>汕头市澄海区</td><td>第一批扩展项目</td></tr>
<tr><td>3</td><td rowspan="3">传统音乐</td><td colspan="2">惠东渔歌</td><td>惠州市</td><td></td></tr>
<tr><td>4</td><td colspan="2">古琴艺术（岭南派）</td><td>广州市</td><td>第一批扩展项目</td></tr>
<tr><td>5</td><td colspan="2">十番音乐（佛山十番）</td><td>佛山市</td><td>第一批扩展项目</td></tr>
<tr><td>6</td><td rowspan="12">传统舞蹈</td><td colspan="2">麒麟舞</td><td>海丰县</td><td></td></tr>
<tr><td>7</td><td colspan="2">灯舞（沙头角鱼灯舞）</td><td>深圳市</td><td></td></tr>
<tr><td>8</td><td colspan="2">禾楼舞</td><td>郁南县</td><td></td></tr>
<tr><td>9</td><td colspan="2">蜈蚣舞</td><td>汕头市澄海区</td><td></td></tr>
<tr><td>10</td><td colspan="2">瑶族长鼓舞</td><td>连南瑶族自治县</td><td></td></tr>
<tr><td rowspan="5">11</td><td rowspan="5">龙舞</td><td>埔寨火龙</td><td>丰顺县</td><td rowspan="5">第一批扩展项目</td></tr>
<tr><td>人龙舞</td><td>佛山市</td></tr>
<tr><td>荷塘纱龙</td><td>江门市蓬江区</td></tr>
<tr><td>乔林烟花火龙</td><td>揭阳市</td></tr>
<tr><td>醉龙</td><td>中山市</td></tr>
<tr><td>12</td><td colspan="2">狮舞（席狮舞）</td><td>梅州市</td><td>第一批扩展项目</td></tr>
<tr><td>13</td><td colspan="2">傩舞（湛江傩舞）</td><td>湛江市麻章区</td><td>第一批扩展项目</td></tr>
<tr><td>14</td><td rowspan="3">传统戏剧</td><td colspan="2">广东汉剧</td><td>广东汉剧院</td><td></td></tr>
<tr><td>15</td><td colspan="2">潮剧</td><td>揭阳市</td><td>第一批扩展项目</td></tr>
<tr><td>16</td><td colspan="2">木偶戏（五华提线木偶）</td><td>梅州市</td><td>第一批扩展项目</td></tr>
<tr><td>17</td><td>曲艺</td><td colspan="2">歌册（潮州歌册）</td><td>潮州市</td><td>第一批扩展项目</td></tr>
<tr><td>18</td><td>传统体育、游艺与杂技</td><td colspan="2">蔡李佛拳</td><td>江门市新会区</td><td></td></tr>
<tr><td>19</td><td rowspan="11">传统美术</td><td colspan="2">石雕（雷州石狗）</td><td>雷州市</td><td></td></tr>
<tr><td rowspan="2">20</td><td rowspan="2">玉雕</td><td>广州玉雕</td><td>广州市荔湾区</td><td rowspan="2"></td></tr>
<tr><td>阳美翡翠玉雕</td><td>揭阳市</td></tr>
<tr><td>21</td><td colspan="2">核雕（广州榄雕）</td><td>增城市</td><td></td></tr>
<tr><td>22</td><td colspan="2">彩扎（佛山狮头）</td><td>佛山市</td><td></td></tr>
<tr><td>23</td><td colspan="2">灰塑</td><td>广州市</td><td></td></tr>
<tr><td rowspan="2">24</td><td rowspan="2">镶嵌</td><td>嵌瓷</td><td>汕头市</td><td rowspan="2"></td></tr>
<tr><td>嵌瓷</td><td>普宁市</td></tr>
<tr><td>25</td><td colspan="2">新会葵艺</td><td>江门市新会区</td><td></td></tr>
<tr><td>26</td><td colspan="2">盆景技艺（英石假山盆景技艺）</td><td>英德市</td><td></td></tr>
<tr><td>27</td><td colspan="2">内画（广东内画）</td><td>汕头市</td><td>第一批扩展项目</td></tr>
</table>

续表

<table>
<tr><th>序号</th><th>类 别</th><th colspan="2">项目名称</th><th>申报地区或单位</th><th>备 注</th></tr>
<tr><td rowspan="2">28</td><td rowspan="5">传统美术</td><td colspan="2" rowspan="2">潮州木雕</td><td>揭阳市</td><td>第一批扩展项目</td></tr>
<tr><td>汕头市</td><td>第一批扩展项目</td></tr>
<tr><td>29</td><td colspan="2">泥塑（大吴泥塑）</td><td>潮安县</td><td>第一批扩展项目</td></tr>
<tr><td rowspan="2">30</td><td rowspan="2">灯彩</td><td>佛山彩灯</td><td>佛山市</td><td>第一批扩展项目</td></tr>
<tr><td>潮州花灯</td><td>潮州市湘桥区</td><td>第一批扩展项目</td></tr>
<tr><td>31</td><td rowspan="7">传统技艺</td><td colspan="2">枫溪瓷烧制技艺</td><td>潮州市枫溪区</td><td></td></tr>
<tr><td>32</td><td colspan="2">广彩瓷烧制技艺</td><td>广州市</td><td></td></tr>
<tr><td>33</td><td colspan="2">香云纱染整技艺</td><td>佛山市顺德区</td><td></td></tr>
<tr><td>34</td><td colspan="2">白沙茅龙笔制作技艺</td><td>江门市</td><td></td></tr>
<tr><td>35</td><td colspan="2">龙舟制作技艺</td><td>东莞市</td><td></td></tr>
<tr><td>36</td><td colspan="2">月饼传统制作技艺（安琪广式月饼制作技艺）</td><td>广东省安琪食品有限公司</td><td></td></tr>
<tr><td>37</td><td colspan="2">家具制作技艺（广式硬木家具制作技艺）</td><td>广州市</td><td>第一批扩展项目</td></tr>
<tr><td rowspan="2">38</td><td rowspan="3">传统医药</td><td rowspan="2">传统中医药文化</td><td>潘高寿传统中药文化</td><td>广东省广州潘高寿药业股份有限公司</td><td></td></tr>
<tr><td>陈李济传统中药文化</td><td>广州陈李济制药厂</td><td></td></tr>
<tr><td>39</td><td colspan="2">中医正骨疗法（平乐郭氏正骨法）</td><td>深圳市</td><td>第一批扩展项目</td></tr>
<tr><td>40</td><td rowspan="9">民俗</td><td colspan="2">灯会（洋村灯会）</td><td>开平市</td><td></td></tr>
<tr><td>41</td><td colspan="2">庙会（佛山祖庙庙会）</td><td>佛山市</td><td></td></tr>
<tr><td>42</td><td rowspan="4">抬阁（芯子、铁枝、飘色）</td><td>南朗崖口飘色</td><td>中山市</td><td></td></tr>
<tr><td rowspan="4">43</td><td>台山浮石飘色</td><td>台山市</td><td></td></tr>
<tr><td>吴川飘色</td><td>吴川市</td><td></td></tr>
<tr><td>河田高景</td><td>陆河县</td><td></td></tr>
<tr><td colspan="2">汉族传统婚俗（斗门水上婚嫁习俗）</td><td>珠海市</td><td></td></tr>
<tr><td>44</td><td colspan="2">茶艺（潮州工夫茶艺）</td><td>潮州市</td><td></td></tr>
<tr><td>45</td><td colspan="2">中秋节（佛山秋色）</td><td>佛山市</td><td>第一批扩展项目</td></tr>
</table>

注：国务院（国发〔2008〕19号）2008年6月7日正式公布第二批国家级名录项目510项和第一批国家级名录扩展项目147项。广东省推荐80个项目申报第二批国家级名录，共有45项列入第二批国家级名录（其中第二批国家级名录项目29项；扩展项目共16项）。

（资料由广东省非物质文化遗产保护中心提供）

广东省省级文物保护单位名录

文物保护单位名称	所在地	年代	类别	批次和公布日期
王大宝墓	潮州市潮安县归湖镇神前村	宋	古墓葬	1989.6.29
镇风塔	潮州市饶平县柘林镇	元	古建筑	1989.6.29
大埕所城（含古戏台、古街道、城隍庙）	潮州市饶平县所城镇	明	古建筑	2002.7.17
饶平土楼（含南阳楼、润丰楼、新彩楼、镇福楼）	潮州市饶平县上善永善村、新丰丰联村、饶洋赤棠村、上饶马坑村	明、清	古建筑	2002.7.17
紫来楼	潮州市樟溪镇乌溪村	明、清	古建筑	2008.11.18
黄冈丁未革命纪念亭	潮州市黄冈镇中山公园	1934	近现代重要史迹及代表性建筑	2008.11.18
广济门城楼	潮州市市区东门街	明	古建筑	1989.6.29
海阳县儒学宫	潮州市市区昌黎路	明	古建筑	1989.6.29
涵碧楼	潮州市市区西湖公园内	民国	近现代重要史迹及代表性建筑	2002.7.17
葫芦山摩崖石刻	潮州市市区西湖公园葫芦山上	宋—清	石窟寺及石刻	1978.7.18
凤凰塔（又名涸溪塔）	潮州市市区桥东涸溪	明	古建筑	1978.7.18
金鳌洲塔	东莞市万江区金泰村	明	古建筑	1989.6.29
黎氏大宗祠及古建筑群（含黎氏大宗祠、京卿黎公家庙、荣禄黎公家庙、文阁、古巷门楼、居仁里、诗家坊、文明启迪、奕世文林、凤鸣里）	东莞市中堂镇潢涌村	明—民国	古建筑	2002.7.17
康王庙	东莞市石排镇横山村	清	古建筑	2002.7.17
苏氏宗祠	东莞市南城区胜和社区蚝岗村	明	古建筑	2008.11.18
方氏宗祠	东莞市厚街镇河田村祠边坊	明	古建筑	2008.11.18
卫佐邦墓	东莞市东城区同沙林场飞鹅岭	清	古墓葬	2008.11.18
村头村遗址	东莞市虎门镇村头村	新石器时代	古遗址	1989.6.29
燕岭古采石场遗址	东莞市石排镇燕窝村、田边村	明—清	古遗址	2002.7.17
蚝岗贝丘遗址	东莞市南城区胜和社区蚝岗村	新石器时代	古遗址	2008.11.18
蒋光鼐故居	东莞市虎门镇南栅村	1930	近现代重要史迹及代表性建筑	2002.7.17
国殇冢	东莞市道滘镇闸口村	1949	近现代重要史迹及代表性建筑	2002.7.17
容庚故居	东莞市莞城区旨亭街	清—民国	近现代重要史迹及代表性建筑	2008.11.18
牛眠埔洪仁玕避难遗迹（含永培书室遗址、福音堂、鼎和堂、张彩廷纪念碑、张声和夫妇墓）	东莞市塘厦镇牛眠埔	清—民国	近现代重要史迹及代表性建筑	2008.11.18

续表

文物保护单位名称	所在地	年 代	类 别	批次和公布日期
朱执信纪念碑	东莞市虎门镇人民南路执信公园	民国	近现代重要史迹及代表性建筑	2008. 11. 18
梁园	佛山市禅城区松风路先锋古道93号	清	古建筑	1989. 6. 29
林家厅及古民居群（含林家厅附近民居）	佛山市禅城区石湾高庙路6号	清	古建筑	2002. 7. 17
霍氏古祠建筑群（含霍勉斋公家庙、椿林霍公祠、霍氏家庙、石头书院、忠烈墓）	佛山市澜石街道办石头村	明	古建筑	2008. 11. 18
河宕遗址	佛山市禅城区石湾河宕村	新石器时代	古遗址	1989. 6. 29
简氏别墅	佛山市禅城区人民路臣总里19号	清—民国	近现代重要史迹及代表性建筑	2002. 7. 17
兆祥黄公祠	佛山市禅城区福宁路95号	民国	近现代重要史迹及代表性建筑	2002. 7. 17
灵龟塔	佛山市高明区荷城灵龟公园内	明	古建筑	1989. 6. 29
大岗山窑址	佛山市高明区荷城灵龟公园内	唐	古遗址	1989. 6. 29
北涌亭	佛山市南海区里水镇文化站	明	古建筑	1978. 7. 18
曹氏大宗祠	佛山市南海区大沥镇曹边村	明	古建筑	2002. 7. 17
崔氏大宗祠	佛山市南海区沙头镇城区	明	古建筑	2002. 7. 17
绮亭陈公祠	佛山市南海区西樵镇	清	古建筑	2002. 7. 17
慈悲宫牌坊	佛山市南海区九江镇下西翘南	明	古建筑	2008. 11. 18
良二千石牌坊	佛山市南海区九江镇下西村	明	古建筑	2008. 11. 18
云泉仙馆	佛山市南海区西樵山白云洞	清	古建筑	2008. 11. 18
平地黄氏大宗祠	佛山市南海区盐步平地	清	古建筑	2008. 11. 18
象林塔	佛山市南海区西樵山白云洞口	清	古建筑	2008. 11. 18
西樵山遗址	佛山市南海区丹灶镇西樵山风景区	新石器时代	古遗址	1978. 7. 18
鱿鱼岗遗址	佛山市南海区西樵镇鱿鱼岗村	新石器时代	古遗址	1989. 6. 29
石燕岩采石遗址	佛山市南海区西樵镇西樵山狮脑峰	明、清	古遗址	2002. 7. 17
胥江祖庙	佛山市三水区芦苞镇北郊麦村	明、清	古建筑	1989. 6. 29
大旗头村古建筑群（含民居、祠堂、家庙、裕礼郑公祠、郑氏宗祠、振威将军家庙、尚书第、建威第、文塔、晒坪、广场池塘）	佛山市三水区乐平镇大旗头村	清	古建筑	2002. 7. 17
银洲贝丘遗址	佛山市三水区白坭镇周村管理区银洲村	新石器时代晚期	古遗址	2002. 7. 17
梁士诒墓	佛山市三水区白坭镇岗头村九亩墩	1933	近现代重要史迹及代表性建筑	2008. 11. 18
清晖园	佛山市顺德区大良街道办	清	古建筑	1989. 6. 29
贞女桥	佛山市顺德区龙江镇世埠村	南宋—明	古建筑	2002. 7. 17
明远桥	佛山市顺德区杏坛镇逢简村	明	古建筑	2002. 7. 17
青云塔	佛山市顺德区大良镇八坊村神步山顶	明	古建筑	2002. 7. 17
何氏大宗祠	佛山市顺德乐从镇沙边村	明—清	古建筑	2002. 7. 17

续表

文物保护单位名称	所在地	年 代	类 别	批次和公布日期
陈氏大宗祠	佛山市顺德区乐从镇南村	清	古建筑	2002. 7. 17
金楼及古建筑群（含金楼、泥楼、见龙门、慕堂苏公祠、砖雕大照壁、苏三兴大宅）	佛山市顺德区北滘镇碧江村	清	古建筑	2002. 7. 17
西山庙	佛山市顺德区大良街道办	清	古建筑	2002. 7. 17
黄氏大宗祠	佛山市顺德区杏坛镇石滩村	清—民国	古建筑	2002. 7. 17
尊明苏公祠	佛山市顺德区北滘镇碧江村	明	古建筑	2008. 11. 18
真武庙	佛山市顺德区容桂街道外村	明	古建筑	2008. 11. 18
刘氏大宗祠	佛山市顺德区杏坛镇逢简村	明	古建筑	2008. 11. 18
报功祠	佛山市顺德区北滘镇桃村	明、清	古建筑	2008. 11. 18
梅庄欧阳公祠	佛山市顺德区均安镇仓门村	清	古建筑	2008. 11. 18
冯氏贞节牌坊	佛山市顺德区北滘镇林头村	清	古建筑	2008. 11. 18
察院陈公祠	佛山市顺德区龙江镇新华西村	清	古建筑	2008. 11. 18
聚奎阁	佛山市顺德区容桂街道外村	清	古建筑	2008. 11. 18
七乡蟠龙水闸	佛山市顺德区乐从镇良村	清	古建筑	2008. 11. 18
九列故居	佛山市顺德区杏坛镇北水村	清	近现代重要史迹及代表性建筑	2002. 7. 17
冰玉堂	佛山市顺德区均安镇沙头村	1951	近现代重要史迹及代表性建筑	2008. 11. 18
石井桥	广州市白云区石井镇	清	古建筑	2002. 7. 17
升平社学旧址（含义勇祠）	广州市白云区石井镇	1841	近现代重要史迹及代表性建筑	1978. 7. 18
卢廉若墓	广州市白云区白云山青龙岗	1927	近现代重要史迹及代表性建筑	2008. 11. 18
五岳殿	广州市从化市神岗镇	明—清	古建筑	2002. 7. 17
莲花城	广州市番禺区莲花山旅游区山顶北	明、清	古建筑	1989. 6. 29
莲花塔	广州市番禺区莲花山	明、清	古建筑	1989. 6. 29
留耕堂	广州市番禺区沙湾镇北村承坊里	清	古建筑	1989. 6. 29
屈大均墓	广州市番禺区新造镇思贤村宝珠岗麓	清	古墓葬	1989. 6. 29
琶洲塔	广州市海珠区新港东路琶洲村	明	古建筑	1989. 6. 29
仲恺农校旧址	广州市海珠区纺织路东沙街 24 号	近代	近现代重要史迹及代表性建筑	1982. 6
康乐园早期建筑群（含岭南大学校舍建筑群“马丁堂、格兰堂”、岭南大学附中建筑群、岭南大学附小建筑群、马岗顶洋教授建筑、模范村中国教授住宅群、孙中山铜像、七进士牌坊）	广州市新港西路中山大学	1924	近现代重要史迹及代表性建筑	2002. 7. 17
邓氏宗祠	广州市海珠区宝岗大道龙涎里 2 号	1895	近现代重要史迹及代表性建筑	2008. 11. 18

续表

文物保护单位名称	所在地	年 代	类 别	批次和公布日期
资政大夫祠建筑群（含资政大夫祠、南山书院、亨之徐公祠、衬祠、后楼、水仙古庙）	广州市花都区新华镇三华区三华村内	清	古建筑	2002.7.17
冯云山故居遗址	广州市花都区新华镇大村禾落地	1814—1847	近现代重要史迹及代表性建筑	1978.7.18
南海神庙（含浴日亭）	广州市黄埔区庙头村	明—清	古建筑	1978.7.18
通福桥（又称五眼桥）	广州市芳村石围塘街五眼桥村	明	古建筑	2008.11.18
锦纶会馆	广州市荔湾区康王南路289号	清	古建筑	2008.11.18
玉嵒书院与萝峰寺（含钟玉嵒墓、钟氏大宗祠、诰封将军祠、钟氏六宗祠）	广州市萝岗区萝岗街萝峰社区	清	古建筑	2008.11.18
云从龙墓	广州市沙河镇兴华街银河村五仙桥马仔岭云家山	元	古墓葬	2008.11.18
十九路军淞沪抗日将士坟园	广州市水荫路113号	1933	近现代重要史迹及代表性建筑	2002.7.17
刘氏家庙	广州大道北2号	1900	近现代重要史迹及代表性建筑	2008.11.18
广州古城墙	广州市越秀区越秀公园内	明	古建筑	1989.6.29
五仙观及岭南第一楼	广州市越秀区惠福西路西斋巷	明	古建筑	1989.6.29
镇海楼	广州市越秀区越秀公园内小蟠龙岗上	明	古建筑	1989.6.29
大佛寺大殿	广州市惠福东路惠心中街	清	古建筑	2008.11.18
清真先贤之墓	广州市越秀区解放北路901号	唐	古墓葬	1978.7.18
药洲遗址	广州市越秀区教育路80号	南汉	古遗址	1989.6.29
中国共产党广东区委员会旧址	广州市越秀区文明路194号至200号（原为文明路75至81号）	1924—1927	近现代重要史迹及代表性建筑	1978.7.18
省港罢工委员会旧址	广州市越秀区东园横路3号	1925—1927	近现代重要史迹及代表性建筑	1978.7.18
广东贡院明远楼与中山大学天文台旧址（此两处建筑原包含在国家级文物保护单位“国民党‘一大’旧址”之内）	广州市越秀区文明路215号	1927	近现代重要史迹及代表性建筑	1978.7.18
广州起义烈士陵园	广州市越秀区中山三路红花岗	1927	近现代重要史迹及代表性建筑	1978.7.18
中国共产党第三次全国代表大会会址	广州市越秀区恤孤院路3号	1923	近现代重要史迹及代表性建筑	1979.12.19
广东省农民协会旧址	广州市越秀区中山三路东皋大道礼兴街6号	1925—27	近现代重要史迹及代表性建筑	1979.12.19
白云楼鲁迅故居	广州市越秀区白云路2号	1927	近现代重要史迹及代表性建筑	1979.12.19
广东财政厅旧址	广州市北京路376号	1915	近现代重要史迹及代表性建筑	2002.7.17

续表

文物保护单位名称	所在地	年代	类别	批次和公布日期
越南青年政治训练班旧址、越南青年革命同志会旧址	广州市文明路 246 号、248 号	1925	近现代重要史迹及代表性建筑	2008. 11. 18
万寿寺	广州市增城市荔城镇前进路 21 号市工人文化宫内	明	古建筑	1989. 6. 29
湛若水墓	广州市增城市永和镇陂头村天蚕山麓	明	古墓葬	2002. 7. 17
纶生白公祠（含“乐善好施”牌坊）	广州市新滘镇龙潭村	清	古建筑	2002. 7. 17
“三·二九”起义指挥部旧址	广州市越华路小东营 15 号	1911	近现代重要史迹及代表性建筑	1978. 7. 18
周恩来同志主持的中共两广区委军委旧址	广州市万福路 190 号	1926	近现代重要史迹及代表性建筑	1979. 12. 19
外国人公墓	广州市长洲镇深井村竹岗	近代	近现代重要史迹及代表性建筑	2002. 7. 17
广雅书院旧址	广州市西湾路 1 号广雅中学内	1889	近现代重要史迹及代表性建筑	2002. 7. 17
广东邮务管理局旧址	广州市沿江西路 43 号	1913	近现代重要史迹及代表性建筑	2002. 7. 17
中央银行旧址	广州市沿江中路 193 号	1925	近现代重要史迹及代表性建筑	2002. 7. 17
阮啸仙故居	河源市东源县义合镇	清	近现代重要史迹及代表性建筑	1989. 6. 29
黄潭寺遗址	河源市连平县元善镇	新石器时代晚期	古遗址	1989. 6. 29
正相塔（老塔）	河源市龙川县佗城镇	唐	古建筑	1978. 7. 18
下塔	河源市龙川县田心镇	北宋宣和二年	古建筑	1989. 6. 29
龙川学宫	河源市佗城镇学前街	清	古建筑	2008. 11. 18
坑仔里遗址	河源市龙川县佗城镇	新石器时代	古遗址	1978. 7. 18
石峡恐龙蛋化石埋藏地	河源市源城区	白垩纪晚期	古遗址	2002. 7. 17
银岗古窑场遗址	惠州市博罗县龙溪镇岗村	先秦	古遗址	2002. 7. 17
东江纵队司令部旧址	惠州市博罗县罗浮山	清	近现代重要史迹及代表性建筑	1979. 12. 19
罗浮山摩崖石刻	惠州市博罗县罗浮山	宋—民国	石窟寺及石刻	1989. 6. 29
邓演达故居	惠州市惠城区三栋镇	1895	近现代重要史迹及代表性建筑	2002. 7. 17
田坑村古建筑群（含村围、门楼、大夫第、大夫宗祠、进士第、正屋前后座、北炮楼及北横屋）	惠州市惠东县多祝镇长坑村田坑	清	古建筑	2008. 11. 18
功武村古建筑群（含五宅第、古码头、正街、廖氏宗祠）	惠州市龙门县沙迳镇功武村	清	古建筑	2002. 7. 17

续表

文物保护单位名称	所在地	年 代	类 别	批次和公布日期
见龙围与炮楼	惠州市龙门县地派镇渡头村	清	古建筑	2008. 11. 18
廖金凤墓	惠州市龙门县龙田镇凌角塘村丫髻山白坟地	元	古墓葬	2008. 11. 18
归善学宫	惠州市惠新中街1号	明、清	古建筑	2002. 7. 17
《大田洞摩崖石刻平瑶记》石刻	江门市恩平大田石山洞	1353	石窟寺及石刻	1989. 6. 29
司徒美堂故居	江门市开平市赤坎镇牛路里	清末	近现代重要史迹及代表性建筑	1989. 6. 29
赤坎旧镇近代建筑群（含中华西路、堤西路、中华东路、堤东路的近代建筑物）	江门市开平市（含中华西路、堤西路、中华东路、堤东路的近代建筑群）	近代	近现代重要史迹及代表性建筑	2002. 7. 17
风采堂	江门市开平市荻海茭荻咀	民国	近现代重要史迹及代表性建筑	2002. 7. 17
江门海关旧址	江门市海傍街江门海关大院	1905—1924	近现代重要史迹及代表性建筑	2008. 11. 18
新宁铁路北街站旧址	江门市甘化集团公司职工生活区	1927	近现代重要史迹及代表性建筑	2008. 11. 18
汀江圩华侨近代建筑群（共占地30亩，合94幢建筑物）	江门市台山市端芬镇六乡村	民国	近现代重要史迹及代表性建筑	2002. 7. 17
陈宜禧故居	江门市台山市斗山镇	1922	近现代重要史迹及代表性建筑	2002. 7. 17
台山县政府大楼	江门市台山市台城镇中山三巷6号	1933	近现代重要史迹及代表性建筑	2002. 7. 17
台山县立中学	江门市台城镇纱帽山	民国	近现代重要史迹及代表性建筑	2008. 11. 18
浮月洋楼	江门市台山斗山镇墩头村委会浮月村	民国	近现代重要史迹及代表性建筑	2008. 11. 18
翁家楼	江门市台山端芬镇庙边模范村	民国	近现代重要史迹及代表性建筑	2008. 11. 18
紫花岗摩崖石刻	江门市台山市南湾镇	清	石窟寺及石刻	2002. 7. 17
龙兴寺石塔	江门市新会市会城镇马山	隋—唐	古建筑	1978. 7. 18
镇山宝塔	江门市新会市圭峰山玉台寺	元	古建筑	1978. 7. 18
新会学宫	江门市新会市会城镇公园路	明—清	古建筑	1989. 6. 29
崖门炮台	江门市新会市古井镇崖门村	清	古建筑	1989. 6. 29
司谏进士坊	江门市新会市荷塘镇南村	明	古建筑	2002. 7. 17
张将军家庙	江门市新会市双水镇豪山村	清	古建筑	2002. 7. 17
周源李公祠	江门市新会市荷塘镇篁湾村	清	古建筑	2002. 7. 17
陈垣故居	江门市新会市棠下镇石头村	清	近现代重要史迹及代表性建筑	2002. 7. 17
陈白沙祠	江门市西区大道四十四号	明万历	古建筑	1979. 12. 19
陈少白故居	江门市外海镇南华里1号	清	近现代重要史迹及代表性建筑	2002. 7. 17

续表

文物保护单位名称	所在地	年 代	类 别	批次和公布日期
打铁街作坊群	揭阳市揭西棉湖镇	清	古建筑	2002. 7. 17
培风塔	揭阳市普宁市洪阳镇后坑村	乾隆七年（1742）	古建筑	1989. 6. 29
德安里民居群（含燕诒堂、诒承堂、承先堂、方氏家庙）	揭阳市普宁市洪阳镇南村	清	古建筑	2008. 11. 18
“八一”南昌起义南下部队指挥部军事决策会议旧址	揭阳市普宁市流沙镇新河东路1号	1927	近现代重要史迹及代表性建筑	1979. 12. 19
城隍庙	揭阳榕城城隍庙	宋—明洪武二年	古建筑	1989. 6. 29
关帝庙	揭阳榕城天福路	明—清	古建筑	2002. 7. 17
陈氏家庙	揭阳市榕城区仙桥镇涂库村	清	古建筑	2002. 7. 17
周恩来同志革命活动旧址（即揭阳学宫）	揭阳榕城韩祠路	宋—清	近现代重要史迹及代表性建筑	1978. 7. 18
丁日昌旧居	揭阳市北滘元鼎路	1878	近现代重要史迹及代表性建筑	2008. 11. 18
电城钟鼓楼	茂名电白县电城镇十字街口	明—民国	古建筑	2008. 11. 18
隋谯国夫人冼氏墓（含娘娘庙）	茂名市电白县电城镇山兜丁村	隋	古墓葬	2002. 7. 17
宝光塔	茂名市高州市城区宝光路	明	古建筑	1989. 6. 29
高州冼太庙	茂名市高州市城区文明路	明	古建筑	2002. 7. 17
电白郡、县城旧址	茂名市高州市长坡镇旧城村	南朝	古遗址	1989. 6. 29
广东省农民协会南路办事处旧址	茂名市高州市城区后街40号	1927	近现代重要史迹及代表性建筑	2002. 7. 17
高州中山纪念堂	茂名市高州中山路市委大院	1934	近现代重要史迹及代表性建筑	2008. 11. 18
广南医院旧址	茂名市高州分界镇正街194号	1942	近现代重要史迹及代表性建筑	2008. 11. 18
化州学宫	茂名化州市河东教育路2号	清	古建筑	2002. 7. 17
文武帝庙	茂名市茂南区鳌头镇	清—民国	古建筑	2008. 11. 18
大洪国王宫旧址	茂名市信宜市镇隆镇八坊村文明街	清	近现代重要史迹及代表性建筑	1989. 6. 29
凌十八故居	茂名市信宜市钱排镇北内塘坳村	清	近现代重要史迹及代表性建筑	2002. 7. 17
“丝纶世美”牌坊	梅州市茶阳学前街	明	古建筑	1989. 6. 29
节烈坊	梅州市湖寮镇龙岗	清	古建筑	1989. 6. 29
花萼楼	梅州市大东镇联丰	明	古建筑	2002. 7. 17
泰安楼	梅州市湖寮镇龙岗	清	古建筑	2002. 7. 17
“八一”起义军三河坝战役烈士纪念碑	梅州市三河镇汇东	1964	近现代重要史迹及代表性建筑	1979. 12. 19
张弼士故居	梅州市大埔县西河镇车龙村	清	近现代重要史迹及代表性建筑	2002. 7. 17
森堂公祠	梅州市大埔县城青梅路	民国	近现代重要史迹及代表性建筑	2008. 11. 18

续表

文物保护单位名称	所在地	年 代	类 别	批次和公布日期
三河中山纪念堂	梅州市大埔三河镇汇城村	1929	近现代重要史迹及代表性建筑	2008.11.18
东江第一次工农兵代表大会遗址	梅州市丰顺县八乡山下庄屋评	近代	近现代重要史迹及代表性建筑	1989.6.29
石寨土楼（含方楼、楼德楼、郭氏宗祠）	梅州市蕉岭县北礤镇石寨村	明	古建筑	2002.7.17
谢晋元故居	梅州市蕉岭县西部	清	近现代重要史迹及代表性建筑	2002.7.17
东山书院	梅州市梅江区下市状元桥	清	古建筑	2008.11.18
灵光寺	梅州市雁洋镇阴那村	明	古建筑	1978.7.18
桥溪村古民居建筑群［含世德堂、朱氏祖祠、守庆公祠、世德楼、燕怡楼、慎安居、凌云馆、宝善楼、桥溪小学（原称“宝园”）、宝善家塾、渊庆楼、宝庆居、继善楼、逸楼、世安居、祖德居］	梅州市雁洋镇桥溪村	明—民国	古建筑	2002.7.17
邹坊文祠	梅州市平远县仁居镇邹坊村	清	古建筑	2008.11.18
凌风塔	梅州市平远县石正镇潭头村	清	古建筑	2008.11.18
小树庐	梅州市平远县仁居镇城南村	民国	近现代重要史迹及代表性建筑	2008.11.18
长乐学宫	梅州市华城镇十字街	明	古建筑	1989.6.29
狮雄山塔	梅州市华城镇东南狮雄山	明	古建筑	1989.6.29
英烈庙	梅州市双华镇大陂村	明	古建筑	1989.6.29
狮雄山建筑遗址	梅州市华城镇东南塔岗村	西汉	古遗址	1989.6.29
李惠堂旧居	梅州市横陂镇老楼村联庆楼	清—民国	近现代重要史迹及代表性建筑	2008.11.18
兴宁学宫	梅州市兴城镇司前街	南宋	古建筑	1989.6.29
两海会馆	梅州市五华兴城镇神光路	清	古建筑	2002.7.17
千佛铁塔	梅州市东山千佛塔寺	南汉	古建筑	1989.6.29
元魁塔	梅州市松口镇铜琶村	明	古建筑	1989.6.29
南华又庐	梅州市南口镇侨乡村	清	古建筑	2002.7.17
人境庐及古民居建筑（含荣禄第、恩元第）	梅州市东山小溪唇	清	近现代重要史迹及代表性建筑	2002.7.17
棣华居	梅州市白宫镇新联村	1918	近现代重要史迹及代表性建筑	2002.7.17
联芳楼	梅州市白宫镇新联村	1931	近现代重要史迹及代表性建筑	2002.7.17
东坑黄氏宗祠	清远市佛冈佛水头镇莲瑶村东坑围	明—民国	古建筑	2008.11.18

续表

文物保护单位名称	所在地	年 代	类 别	批次和公布日期
南岗古排［含瑶长屋、洪秀全史迹陈列室、瑶练屋、邓姓老屋（A-24）、邓姓老屋（B-1）、邓姓老屋（B-6）、邓姓老屋（B-17）、邓姓老屋（B-25）、房姓老屋（C-23）、房姓老屋（C-27）、房姓老屋（C-37）、房姓老屋（C-68）、盘姓老屋（D-12）、盘姓老屋（D-14）、唐姓老屋（A-89）、唐姓老屋（A-100）、石棺墓西（A-139）、石棺墓北（D-115）、石棺墓南（D-116）］	清远市连南县三排镇南岗村	明、清	古建筑	2008. 11. 18
冯达飞故居	清远市连州市东陂镇东坡街达飞巷	清	近现代重要史迹及代表性建筑	2002. 7. 17
惠爱医院旧址（红七军伤病员治疗处旧址）	清远市连州城西双喜山连州二中	1896	近现代重要史迹及代表性建筑	2008. 11. 18
大云洞摩崖石刻	清远市连州市连州镇城西	宋—民国	石窟寺及石刻	1989. 6. 29
巾峰山摩崖石刻	清远市连州市连州镇巾峰山	宋—近代	石窟寺及石刻	2002. 7. 17
藏霞古洞	清远市清城区峡山北禺伯公坑	清	古建筑	2008. 11. 18
峡山石刻	清远市清城区峡山北禺	宋—民国	石窟寺及石刻	2008. 11. 18
陈可钰故居	清远市清新县石潭镇新民街	1944	近现代重要史迹及代表性建筑	2002. 7. 17
贤令山摩崖石刻	清远市阳山县城北面贤令山	唐—清	石窟寺及石刻	1978. 7. 18
蓬莱寺塔	清远市英德市浛洸镇	宋	古建筑	1979. 12. 19
功垂捍御牌坊	清远市英德市英城街道办事处城西居委会白楼村	清	古建筑	2008. 11. 18
牛栏洞遗址	清远市英德市云岭镇	旧石器时代晚期—新石器时代早期	古遗址	2002. 7. 17
史老墩遗址	清远市英德市沙口镇清溪村	新石器时代	古遗址	2002. 7. 17
南山摩崖石刻	清远市英德市郊南山	唐—民国	石窟寺及石刻	1978. 7. 18
碧落洞摩崖石刻	清远市英德市英城镇龙头村燕子岩	唐—民国	石窟寺及石刻	1989. 6. 29
观音岩摩崖石刻	清远市英德市英城镇	宋—近代	石窟寺及石刻	2002. 7. 17
大南山石刻革命标语红宫红场	汕头市潮南区红场镇	1928—1932	近现代重要史迹及代表性建筑	1979. 12. 19
文光塔	汕头市潮阳区文光街道文光公园内	宋	古建筑	1989. 6. 29
大颠祖师塔	汕头市潮阳区铜盂镇灵山寺	唐	古墓葬	1978. 7. 18
海门“万人冢”遗址	汕头市潮阳区海门镇莲花峰公园	民国	近现代重要史迹及代表性建筑	1987
莲花峰摩崖石刻	汕头市潮阳区海门镇莲花峰公园	宋	石窟寺及石刻	1989. 6. 29
大莱芜炮台	汕头市澄海区莱芜岛	清	古建筑	1989. 6. 29
龟山建筑遗址	汕头市澄海区广益街道北陇、官湖居委会	汉	古遗址	1989. 6. 29
陈慈黉故居	汕头市澄海区隆都镇前美村	民国	近现代重要史迹及代表性建筑	2002. 7. 17

续表

文物保护单位名称	所在地	年 代	类 别	批次和公布日期
崎碌炮台	汕头市金平区海滨路中段	清	古建筑	1989. 6. 29
广东东江各属行政委员公署旧址	汕头市金平区外马路129号	1926	近现代重要史迹及代表性建筑	1979. 12. 19
国民革命东征军总指挥部、总政治部旧址	汕头市金平区外马路207号	1925	近现代重要史迹及代表性建筑	2002. 7. 17
猎屿铳城	汕头市南澳县深澳镇猎屿岛	明	古建筑	1989. 6. 29
坎下城城墙	汕尾市城区香洲街道城内路尾坎下城	明	古建筑	2008. 11. 18
彭湃烈士故居（含得趣书室）	汕尾市海丰县城东镇	清末	近现代重要史迹及代表性建筑	1978. 7. 18
赤山约农会旧址	汕尾市海丰县海城镇龙山乡	现代	近现代重要史迹及代表性建筑	1978. 7. 18
广德禅院	汕尾市陆丰碣石镇广德大巷26号	清	古建筑	2008. 11. 18
陆丰县总农会旧址	汕尾市陆丰东海镇六驿村	现代	近现代重要史迹及代表性建筑	1989. 6. 29
应山石桥	韶关乐昌市黄圃镇应山村附近	清乾隆丙戌年	古建筑	2002. 7. 17
珠玑石塔	韶关南雄市珠玑镇珠玑村（珠玑古巷）	元	古建筑	1979. 12. 19
梅关关楼与古道	韶关南雄市梅岭镇梅岭村梅岭顶上	唐	古建筑	1989. 6. 29
广州会馆	韶关南雄市老城区阜前街	明	古建筑	2002. 7. 17
南雄府城正南门	韶关南雄市雄州镇中山街	明—清	古建筑	2002. 7. 17
里东戏台	韶关南雄市珠玑镇里东街	清	古建筑	2008. 11. 18
钟鼓岩摩崖石刻	韶关南雄市梅岭镇梅岭村对面山	唐—宋	石窟寺及石刻	1989. 6. 29
仙人塔	韶关曲江区大塘镇新桥杨屋村正南300米的蛇岭	宋	古建筑	1979. 12. 19
韶州府学宫大成殿	韶关曲江区风采路66号	明	古建筑	2008. 11. 18
澌溪寺塔	韶关市仁化县董塘镇澌溪山瑶族自治村澌溪河畔	唐—宋	古建筑	1979. 12. 19
华林寺塔	韶关市仁化县闻韶镇下徐村	宋	古建筑	1989. 6. 29
文峰塔	韶关市仁化镇矮岭头村	明	古建筑	2008. 11. 18
双水塔	韶关市仁化县扶溪镇水口村	明	古建筑	2008. 11. 18
鲶鱼转遗址	韶关市仁化县周田镇西南面	新石器时代	古遗址	1978. 7. 18
丹霞山摩崖石刻	韶关市仁化县城南锦江河畔丹霞山风景区	宋—清	石窟寺及石刻	2008. 11. 18
镇溪祠古戏台	韶关市乳浮县侯公渡镇宋田新屋村镇溪祠	明、清	古建筑	2008. 11. 18
云门寺南汉碑	韶关乳源县乳城镇东6公里处云门寺内	南汉	石窟寺及石刻	1989. 6. 29
罗围城堡建筑遗址	韶关始兴县城西北约5公里太平镇的罗围村	西汉—南朝	古遗址	1989. 6. 29
张九龄家族墓地	韶关市武江区西河镇田心村后罗源洞	唐	古墓葬	1978. 7. 18
余靖墓	韶关市武江区甘棠村成家山南坡	北宋	古墓葬	2002. 7. 17

续表

文物保护单位名称	所在地	年代	类别	批次和公布日期
雁塔	韶关市新丰县丰城镇东双角村	清	古建筑	2002.7.17
走马岗遗址	韶关市北郊约3公里的浈江区良村	新石器时代	古遗址	1978.7.18
北江农军学校旧址	韶关市建国路	1925—1927	近现代重要史迹及代表性建筑	1978.7.18
曾氏大宗祠	深圳市沙井街道新桥村	清	古建筑	2002.7.17
铁仔山古墓群	深圳市西乡街道办臣田村铁仔山	战国—民国	古墓葬	2008.11.18
黄默堂墓	深圳市福田区莲花山北麓	宋	古墓葬	2002.7.17
大万世居	深圳市坪山街道大万村	清	古建筑	2002.7.17
鹤湖新居	深圳市龙岗街道罗瑞合村	清	古建筑	2002.7.17
龙田世居	深圳市坑梓街道田段心村	清	古建筑	2002.7.17
茂盛世居	深圳市横岗街道茂盛村	清	古建筑	2002.7.17
土洋村东江纵队司令部旧址	深圳市葵涌镇土洋村	1945	近现代重要史迹及代表性建筑	2002.7.17
元勋旧址	深圳市罗湖区笋岗街道笋岗社区	明—清	古建筑	2002.7.17
南头古城垣	深圳市南山区南头古城	明	古建筑	2002.7.17
中英街界碑	深圳市沙头角镇中英街	清	近现代重要史迹及代表性建筑	1989.6.29
北山石塔	阳江市江城区北山文化公园内	南宋	古建筑	1979.12.19
阳江学宫	阳江市江城区南恩路105号江城第一小学	清	古建筑	2008.11.18
刘氏家塾	阳江市阳春市三甲镇三圩石咀	清	古建筑	2002.7.17
独石仔洞穴遗址	阳江市阳春市陂面镇底村岗独石山	旧石器时代晚期	古遗址	1979.12.19
铁屎迳铸钱遗址	阳江市阳春市石望镇铁屎迳村	南汉	古遗址	1989.6.29
通真岩摩崖石刻	阳江市阳春市春湾镇铜石岩	宋	石窟寺及石刻	1989.6.29
崆峒岩摩崖石刻及洞内古建筑	阳江市阳春市春城镇河西崆峒岩	明	石窟寺及石刻	1989.6.29
七贤书院	阳江市阳西县织篢镇太平村太平小学	清	古建筑	2008.11.18
文塔	云浮市罗定市塔山路	明	古建筑	1989.6.29
菁莪书院	云浮市罗城镇北区道前街	清	古建筑	2002.7.17
罗定学宫	云浮市罗城镇北关里	清	古建筑	2002.7.17
蔡廷锴故居	云浮市罗定市罗镜镇龙岩管理区	近代	近现代重要史迹及代表性建筑	1989.6.29
龙龛岩摩崖石刻	云浮市罗定市苹塘镇村委	唐	石窟寺及石刻	1989.6.29
国恩寺	云浮市新城南13公里	唐	古建筑	1989.6.29
大湾古民居建筑群（含其昌栈大屋、祺波大屋、李氏大宗祠、锦村李公祠、拨亭李公祠、象翁李公祠、禄村李公祠、峻峰李公祠、诚翁李公祠、介村李公祠、正村李公祠、学充李公祠、芳裕家塾、洁翁李公祠）	云浮市郁南县大湾镇五星村委会大湾寨	清—民国	古建筑	2002.7.17
光二大屋	云浮市郁南县连滩镇西坝村	清	古建筑	2008.11.18

续表

文物保护单位名称	所在地	年　代	类　别	批次和公布日期
邓发故居	云浮市云城区城西石塘村	清光绪	近现代重要史迹及代表性建筑	1979. 12. 19
三元启秀塔	湛江市雷州市三元塔公园内	明	古建筑	1979. 12. 19
莫氏宗祠	湛江市雷州白沙镇东岭村	明、清	古建筑	2008. 11. 18
真武堂	湛江市雷州雷城镇南亭街	明—民国	古建筑	2008. 11. 18
唐氏墓群	湛江市雷州市唐家镇柯山岭	宋—清	古墓葬	2008. 11. 18
罗州故城遗址	湛江市廉江河唇镇龙潮村	唐	古遗址	1978. 7. 18
湛江人民抗法斗争旧址（含黄略村人民抗法斗争纪念、抗法斗争南柳人民誓师处、湛江人民抗法斗争麻章营部旧址）	湛江市遂溪县	近代	近现代重要史迹及代表性建筑	1978. 7. 18
双峰塔	湛江市吴阳镇塔脚村	明	古建筑	2002. 7. 17
张炎故居	湛江市吴川市塘缀镇樟山村	近代	近现代重要史迹及代表性建筑	1989. 6. 29
陈兰彬故居	湛江市吴川市黄坡镇黄坡村	清	近现代重要史迹及代表性建筑	2002. 7. 17
广东省农民协会南路办事处梅录旧址	湛江市吴川市梅录镇营盘街 28 号	1925	近现代重要史迹及代表性建筑	2008. 11. 18
李汉魂故居（含勤园、俭园、村口门楼）	湛江市吴川市黄坡镇岭头村	1933	近现代重要史迹及代表性建筑	2008. 11. 18
广州湾法国公使署旧址	湛江市霞山区海滨一路	1903	近现代重要史迹及代表性建筑	2002. 7. 17
贵生书院与门前古道	湛江市徐闻县徐城镇贵生路	明	古建筑	1989. 6. 29
广府会馆	湛江市徐闻县徐城镇民主路 45 号	清	古建筑	2008. 11. 18
新坡村广济桥	湛江市湖光农场新坡	清	古建筑	2002. 7. 17
龙山宫	肇庆市德庆县官圩镇	明	古建筑	1989. 6. 29
三元塔	肇庆市德庆县德城镇	明	古建筑	1989. 6. 29
三洲岩摩崖石刻	肇庆市德庆县九市镇三洲村	宋—清	石窟寺及石刻	2002. 7. 17
华表石摩崖石刻	肇庆市德庆县回龙镇建丰村	明	石窟寺及石刻	2002. 7. 17
蚬壳洲遗址	肇庆市鼎湖区广利镇龙一村	新石器时代	古遗址	1989. 6. 29
端石老坑洞遗址	肇庆市鼎湖区砚坑村	唐—现代	古遗址	2002. 7. 17
包公井	肇庆市端州区龙顶岗	宋	古建筑	2002. 7. 17
泰新桥	肇庆市封开县平凤镇平岗新村	明	古建筑	1989. 6. 29
大梁宫大殿	肇庆市封开县河儿口镇扶河村旁	明	古建筑	2002. 7. 17
封川县古城墙	肇庆市封开县江口镇封川村	明、清	古建筑	2008. 11. 18
黄岩洞洞穴遗址	肇庆市封开县河儿口狮子岩山麓	中石器时代	古遗址	1979. 12. 19
塘角嘴遗址	肇庆市封开县杏花镇利宅村塘角嘴山	新石器时代	古遗址	1989. 6. 29
垌中岩遗址	肇庆市封开县河儿口镇山根村黄口山	旧石器时代	古遗址	2008. 11. 18
罗沙岩遗址	肇庆市封开县河儿口镇庙边村后山	旧石器时代	古遗址	2008. 11. 18
高要学宫	肇庆市端州区正东路 42 号	明	古建筑	1979. 12. 19
文明塔	肇庆高要市南岸镇镇塘岗	明万历	古建筑	1989. 6. 29

续表

文物保护单位名称	所在地	年 代	类 别	批次和公布日期
茅岗建筑遗址	肇庆高要市金利镇茅岗村	新石器时代晚期	古遗址	1989. 6. 29
周其鉴故居	肇庆市南街镇新楼村	清	近现代重要史迹及代表性建筑	1989. 6. 29
广宁县农民协会旧址	肇庆市南街镇江佈村白庙梁家祠	1927	近现代重要史迹及代表性建筑	2002. 7. 17
中国人民解放军粤桂湘边纵队司令部旧址	肇庆市广宁县赤坑镇交赞村	1949	近现代重要史迹及代表性建筑	2002. 7. 17
怀城文阁	肇庆市怀集县城东沿江东路	清	古建筑	2008. 11. 18
江头乡农会旧址（含陈伯忠故居）	肇庆市四会县黄田镇江头村	1924—1927	近现代重要史迹及代表性建筑	2008. 11. 18
崇禧塔	肇庆市市塔脚路北侧	明	古建筑	1978. 7. 18
石洞古庙	肇庆市星湖风景名胜区内	明—清	古建筑	2002. 7. 17
叶挺独立团团部旧址	肇庆市江滨东路阅江楼	明	近现代重要史迹及代表性建筑	1978. 7. 18
荣睿纪念碑	肇庆市鼎湖山风景名胜区内	现代	其他	1979. 12. 19
鼎湖山摩崖石刻	肇庆市鼎湖山风景区内	唐—近代	石窟寺及石刻	2002. 7. 17
烟墩山塔	中山市石岐区中山公园烟墩山	明	古建筑	2008. 11. 18
长洲黄氏大宗祠	中山市西区长洲村	明—民国	古建筑	2008. 11. 18
烟洲书院	中山市西区长洲村	清	古建筑	2008. 11. 18
探花及第牌坊	中山市沙溪镇龙瑞村	清	古建筑	2008. 11. 18
陈氏宗祠建筑群	中山市南朗镇榄边茶东村	清	古建筑	2008. 11. 18
何竣岗墓	中山市板芙镇虎爪村鹿鸣岭	明	古墓葬	2008. 11. 18
陆皓东故居	中山市南朗镇翠亨村	清	近现代重要史迹及代表性建筑	1989. 6. 29
杨殷故居	中山市南朗镇翠亨村	清	近现代重要史迹及代表性建筑	1989. 6. 29
程君海故居	中山市南朗镇新填地大塘巷	清—民国	近现代重要史迹及代表性建筑	2008. 11. 18
郑观应故居	中山市三乡镇雍陌村	近代	近现代重要史迹及代表性建筑	2008. 11. 18
中山县殉国烈士纪念碑	中山市石岐区西山公园	1927	近现代重要史迹及代表性建筑	2008. 11. 18
马公纪念堂	中山市南区沙涌村应彪路1—3号	1933	近现代重要史迹及代表性建筑	2008. 11. 18
中山纪念中学建筑群（含校门、寿屏堂、皓东堂、哲生堂、鹤龄堂、逸仙堂、慕贞堂）	中山市南朗镇翠亨村	1934—1936	近现代重要史迹及代表性建筑	2008. 11. 18
陆皓东坟场	中山市南朗镇翠亨村犁头尖山	1937	近现代重要史迹及代表性建筑	2008. 11. 18

续表

文物保护单位名称	所在地	年 代	类 别	批次和公布日期
珠江纵队司令部旧址	中山市五桂山镇南桥槟榔山村14号古氏宗祠	1945	近现代重要史迹及代表性建筑	2008. 11. 18
菉猗堂及建筑群（含赵氏祖祠、逸峰赵公祠、崑山赵公祠）	珠海市斗门区斗门镇南门村	明—民国	古建筑	2008. 11. 18
苏兆征故居	珠海市香洲区唐家湾镇淇澳村	清	近现代重要史迹及代表性建筑	1979. 12. 19
苏曼殊故居	珠海香洲区前山街道办沥溪村西街27号	近代	近现代重要史迹及代表性建筑	2008. 11. 18
甄贤社学旧址	珠海香洲区南屏镇甄贤小学	1871	近现代重要史迹及代表性建筑	2008. 11. 18
唐绍仪故居（含共乐园和望慈山房）	珠海香洲区唐家湾镇唐家村山房路99号	民国	近现代重要史迹及代表性建筑	2008. 11. 18
香洲烈士墓	珠海香洲区凤凰南路149号	1925	近现代重要史迹及代表性建筑	2008. 11. 18
石溪摩崖石刻	珠海市香洲区山场村后山	明	石窟寺及石刻	2002. 7. 17
梅溪石牌坊	珠海市前山街道办梅溪村	清	古建筑	1989. 6. 29
杨氏大宗祠	珠海市南屏镇北山村	清	古建筑	2002. 7. 17
三灶岛“万人坟”遗址（含“千人坟”遗址）	珠海市三灶镇竹沥山	抗日战争时期	近现代重要史迹及代表性建筑	1983

备注：截至2008年底，广东省拥有省级文物保护单位356处。

（资料由广东省文物局提供）

广东省国家A级旅游景区（点）质量等级评定名录

旅游景区（点）名称	所在地	级 别	评定时间（年）
深圳华侨城旅游度假区	深圳市南山区	AAAAA	2007
广州长隆旅游度假区	广州市番禺区迎宾路	AAAAA	2007
珠海圆明新园	珠海市前山镇	AAAA	2000
肇庆星湖风景名胜区	肇庆市城区	AAAA	2000
深圳观澜湖高尔夫球会	深圳市宝安区观澜镇	AAAA	2000
韶关丹霞山风景名胜区	韶关市仁化县	AAAA	2000
阳江海陵岛大角湾风景名胜区	阳江市海陵岛	AAAA	2000
广州白云山风景名胜区	广州市北部	AAAA	2000
清远清新温矿泉旅游度假区	清远市清新县三坑镇	AAAA	2000
中山孙中山故居	中山市南朗镇	AAAA	2000
佛山西樵山风景名胜区	佛山市南海区	AAAA	2000
梅州雁南飞茶田旅游度假区	梅州市梅县雁洋镇	AAAA	2001
河源新丰江国家森林公园	河源市旅游大道	AAAA	2001
广州中山纪念堂	广州市东风中路	AAAA	2001
广东美术馆	广州市二沙岛烟雨路	AAAA	2001
广州宝墨园	广州市番禺区沙湾镇紫坭村	AAAA	2001
广州莲花山旅游区	广州市番禺区东面	AAAA	2001
汕头中信高尔夫海滨旅游度假区	汕头市濠江区	AAAA	2002
汕头礐石风景名胜区	汕头市南区	AAAA	2002
江门圭峰山风景名胜区	江门市新会区会城镇	AAAA	2002
江门开平立园	开平市塘口区	AAAA	2002
江门金山温泉旅游度假区	恩平市那吉镇那吉墟	AAAA	2002
惠州西湖风景名胜区	惠州市区	AAAA	2003
湛江湖光岩风景名胜区	湛江市西南部	AAAA	2003
东莞鸦片战争博物馆	东莞市虎门镇	AAAA	2003
广州西汉南越王墓博物馆	广州市越秀区解放北路的象岗山	AAAA	2004
汕头南澳生态旅游区	汕头市南澳县	AAAA	2004
广州黄花岗烈士陵园	广州市越秀区先烈中路	AAAA	2004
梅州雁鸣湖旅游度假村	梅州市梅县雁洋镇	AAAA	2004
广州越秀公园	广州市白云区	AAAA	2005
广州从化碧水湾温泉度假村	从化市流溪温泉旅游度假区	AAAA	2005
佛山三水荷花世界	佛山市三水区中部	AAAA	2005
江门新会古兜温泉旅游度假村	江门市新会区崖南	AAAA	2005

续表

旅游景区（点）名称	所在地	级 别	评定时间（年）
清远连州地下河	清远连州市东陂镇	AAAA	2006
佛山市三水森林公园	佛山市三水区	AAAA	2006
江门锦江温泉	恩平市大田镇	AAAA	2006
珠海农科中心	珠海前山镇	AAAA	2006
韶关曹溪温泉	韶关市曲江区	AAAA	2006
中山詹园	中山市南区	AAAA	2007
深圳仙湖植物园	深圳市罗湖区	AAAA	2007
佛山清晖园	佛山市顺德区	AAAA	2007
惠州龙门温泉旅游度假区	惠州市龙门县	AAAA	2007
惠州南昆山温泉旅游大观园	惠州市龙门县永汉镇	AAAA	2007
惠州南昆山生态旅游区	惠州市龙门县	AAAA	2007
广东省飞来峡水利枢纽风景区	清远市清新县飞来峡镇	AAAA	2007
清远玄真古洞生态旅游区	清远市清新县城北侧	AAAA	2007
清远黄腾峡生态旅游区	清远市清城区黄腾峡	AAAA	2007
清远碧桂园假日半岛故乡里旅游度假区	清远市清城区石角镇碧桂园假日半岛内	AAAA	2007
湛江蓝月湾温泉度假邨	湛江市海滨三路 32 号	AAAA	2007
汕尾玄武山旅游区	汕尾陆丰市碣石镇北郊	AAAA	2007
佛山长鹿休闲度假农庄	佛山市顺德区伦教三洲建设东路 8 号(近番禺沙湾)	AAAA	2008
梅州叶剑英纪念园	梅州市梅县雁洋虎形村	AAAA	2008
梅州灵光寺旅游区	梅州市雁洋镇境内的阴那山麓	AAAA	2008
潮州东山湖温泉度假村	潮州市潮安县沙溪镇	AAAA	2008
清远聚龙湾天然温泉度假村	清远佛冈县汤塘镇	AAAA	2008
广州起义烈士陵园	广州市中山二路 92 号	AAAA	2008
中国科学院华南植物园	广州市天河区天源路 1190 号	AAAA	2008
广州动物园	广州市先烈中路 120 号	AAAA	2008
广州陈家祠旅游区	广州市中山七路恩龙里 34 号	AAAA	2008
汕头莲花峰旅游区	汕头市潮阳区	AAA	2001
广州抽水蓄能电站旅游区	广州从化市吕田小杉	AAA	2002
茂名西江温泉度假村	茂名信宜市郊北界西江村	AAA	2005
茂名天马山生态旅游区	茂名信宜市北界镇	AAA	2005
茂名水东湾第一滩旅游度假区	茂名市茂港区	AAA	2005
湛江南亚热带植物园	湛江市西南部	AAA	2005
湛江雷州天成台旅游度假村	雷州市乌石镇乌石港右侧的北海滩	AAA	2005
湛江吴川吉兆湾旅游度假区	湛江吴川市覃巴镇吉兆海滨	AAA	2005
广州洪秀全故居纪念馆	广州市花都区新华街	AAA	2005

续表

旅游景区（点）名称	所在地	级 别	评定时间（年）
广州气象卫星地面站	广州市天河区东莞庄路	AAA	2005
广州十九路军淞沪抗日将士陵园	广州市天河区水荫路	AAA	2005
河源霍山风景区	河源市龙川县田心镇	AAA	2005
潮州韩文公祠	潮州市湘桥区笔架山（韩山）山麓	AAA	2005
梅州五华热矿泥山庄	梅州市五华县转水镇	AAA	2005
梅州五指石风景名胜区	梅州市平远县	AAA	2005
湛江鹤地银湖旅游区	湛江廉江市河唇镇	AAA	2006
清远市太河古洞旅游区	清远市清新县太和镇北郊花尖山	AAA	2006
惠州香溪堡旅游区	惠州市龙门县	AAA	2007
惠州冠和博物馆	惠州市河南岸惠淡路金山湖畔冠和金山龙庭之内	AAA	2007
阳江春湾风景区	阳江阳春市春湾镇	AAA	2007
云浮罗定龙湾生态旅游区	云浮罗定市龙湾镇	AAA	2007
云浮六祖故里旅游度假区	云浮市新兴县	AAA	2007
云浮蟠龙洞省级风景名胜区	云浮市城区内	AAA	2007
广州荔湾区博物馆	广州市龙津西路逢源北街84号	AAA	2008
揭阳世铿院	揭阳市惠来镇葵潭镇玄武社区	AAA	2008
清远九州驿站英德天门沟景区	清远英德市石牯塘镇八宝山	AAA	2008
清远英德茶叶世界	清远英德市英红镇	AAA	2008
湛江三岭山森林公园	湛江市区西南3公里处	AAA	2008
广州九龙潭水上世界度假区	广州市花都区北兴镇	AA	2001
河源水坑生态娱乐旅游区	河源市龙川县	AA	2002
河源新丰江电站大坝旅游区	河源市西南3公里处	AA	2003
湛江市雷州西湖公园	雷州市雷城西湖大道37号	AA	2004
湛江市雷州雷祖祠	雷州市游览区	AA	2004
湛江市雷州三元塔公园	雷州市曲街4号（原雷城“南门头”）东侧	AA	2004
湛江市金鹿园	湛江市湖光镇	AA	2004
东莞市冠和博物馆	东莞市樟木头镇	AA	2006
广州市丹水坑风景区	广州市萝岗区南岗镇	AA	2006
云浮市郁南大湾南江古民居文化景区	云浮市郁南县	AA	2007
云浮市罗定罗镜东山公园旅游区	罗定市区	AA	2007
云浮市罗定蔡廷锴将军故居旅游区	罗定市罗镜镇龙岩村	AA	2007

备注：截至2008年底，广东省共有国家A级旅游景区（点）99家，其中5A级2家，4A级57家，3A级28家，2A级12家。排名以评定时间为序。

（资料由省旅游局提供）

2008年广东省出境游组团社名录

地 区	序 号	旅行社名称	许可证编号
广州（37家）	1	广东国旅国际旅行社股份有限公司	L－GD－GJ00001
	2	广东省中国旅行社股份有限公司	L－GD－GJ00002
	3	广东省中国青年旅行社	L－GD－GJ00003
	4	广州广之旅国际旅行社股份有限公司	L－GD－GJ00004
	5	广东铁青国际旅行社有限责任公司	L－GD－DJ00009
	6	广州东方国际旅行社有限公司	L－GD－GJ00011
	7	广州招商国际旅游公司	L－GD－GJ00022
	8	广东省香江旅游公司	L－GD－GJ00037
	9	广东熊猫国际旅游有限公司	L－GD－GJ00053
	10	广东粤侨国际旅行社有限公司	L－GD－GJ00055
	11	广州交易会国际旅行社有限公司	L－GD－GJ00056
	12	广州市番禺旅游总公司	L－GD－GJ00062
	13	广州市番禺中国旅行社	L－GD－GJ00063
	14	广东省天马国际旅行社有限公司	L－GD－GJ00112
	15	广州市丽景国际旅行社	L－GD－GJ00113
	16	广东中妇旅国际旅行社有限责任公司	L－GD－GJ00114
	17	广东中信国际旅行社有限公司	L－GD－GJ00115
	18	广东和平国际旅行社有限公司	L－GD－GJ00117
	19	广东南湖国际旅行社有限责任公司	L－GD－GJ00128
	20	中青旅广州国际旅行社有限公司	L－GD－GJ00135
	21	广东羊城之旅国际旅行社有限公司	L－GD－GJ00144
	22	广东省南方国际航空旅游公司	L－GD－GJ00145
	23	广州花园国际旅行社	L－GD－GJ00164
	24	广东自游商旅国际旅行服务有限公司	L－GD－GJ00180
	25	广东时尚国际旅行社有限公司	L－GD－GJ00184
	26	广东风光国际旅行社有限公司	L－GD－GJ00187
	27	广州康辉国际旅行社有限公司	L－GD－GJ00188
	28	广州市领航国际旅行社有限公司	L－GD－GJ00209
	29	广州市良辰美景国际旅行社有限公司	L－GD－GJ00210
	30	广州教育国际旅行社有限公司	L－GD－GJ00218
	31	广东南方传媒国际旅行社有限公司	L－GD－GJ00221
	32	广州市汇粤国际旅行社有限公司	L－GD－GJ00223

续表

地　区	序　号	旅行社名称	许可证编号
广州（37家）	33	广州西敏国际旅行社有限公司	L－GD－GJ00224
	34	广东天天假期国际旅行社有限公司	L－GD－GJ00226
	35	广州国之旅国际旅行社有限公司	L－GD－GJ00216
	36	广州成功之路国际旅行社有限公司	L－GD－GJ00238
	37	广州携程国际旅行社有限公司	L－GD－GJ00235
深圳（30家）	38	深圳市深旅国际旅行社有限公司	L－GD－GJ00007
	39	深圳中国国际旅行社有限公司	L－GD－GJ00010
	40	深圳招商国际旅游有限公司	L－GD－GJ00018
	41	深圳市口岸中国旅行社有限公司	L－GD－GJ00023
	42	深圳市中国旅行社有限公司	L－GD－GJ00025
	43	深圳市深华国际旅行社有限责任公司	L－GD－GJ00028
	44	深圳特区华侨城中国旅行社	L－GD－GJ00031
	45	深圳中青旅国际会议展览有限公司	L－GD－GJ00034
	46	深圳市鹏运国际旅行社有限公司	L－GD－GJ00048
	47	深圳市九洲国际旅行社有限公司	L－GD－GJ00049
	48	深圳机场国际旅行社有限公司	L－GD－GJ00051
	49	深圳市巨邦国际旅行社有限公司	L－GD－GJ00052
	50	深圳市宝安中国旅行社有限公司	L－GD－GJ00119
	51	深圳市罗湖国际旅行社有限公司	L－GD－GJ00129
	52	深圳市海外国际旅行社有限公司	L－GD－GJ00131
	53	深圳市东星国际旅行社有限公司	L－GD－GJ00133
	54	深圳市职工国际旅行社有限公司	L－GD－GJ00136
	55	深圳市中侨国际旅行社有限公司	L－GD－GJ00156
	56	深圳市宝中旅旅行社有限公司	L－GD－GJ00170
	57	深圳市航空国际旅行社有限公司	L－GD－GJ00178
	58	深圳市广铁青国际旅行社有限公司	L－GD－GJ00196
	59	深圳市鹏城康辉旅行社有限公司	L－GD－GJ00198
	60	深圳市鹏之旅国际旅行社有限公司	L－GD－GJ00229
	61	深圳市世纪假日国际旅行社有限公司	L－GD－GJ00177
	62	深圳市建南国际旅行社有限公司	L－GD－GJ00227
	63	深圳市特色国际旅行社有限公司	L－GD－GJ00228
	64	港中旅京华国际旅行社（深圳）有限公司	L－GD－GJ00254
	65	中国国旅（深圳）国际旅行社有限公司	L－GD－GJ00246
	66	深圳市金冠国际旅行社有限公司	L－GD－GJ00233
	67	深圳市海韵国际旅行社有限公司	L－GD－GJ00239

续表

地 区	序 号	旅行社名称	许可证编号
珠海（9家）	68	珠海海外旅游有限公司	L－GD－GJ00006
	69	广东省拱北口岸中国旅行社有限公司	L－GD－GJ00042
	70	珠海市旅游有限公司	L－GD－GJ00047
	71	珠海航空国际旅行社有限公司	L－GD－GJ00050
	72	珠海中国国际旅行社有限公司	L－GD－GJ00083
	73	珠海市君悦国际旅行社有限公司	L－GD－GJ00166
	74	珠海国际度假旅行社	L－GD－GJ00169
	75	珠海里程国际旅行社有限公司	L－GD－GJ00193
	76	珠海海天国际旅行社有限公司	L－GD－GJ00202
汕头（4家）	77	汕头市旅游总公司	L－GD－GJ00005
	78	中国康辉汕头旅行社有限公司	L－GD－GJ00020
	79	汕头市中国旅行社有限公司	L－GD－GJ00041
	80	汕头天驰国际旅行社有限公司	L－GD－GJ00181
韶关（1家）	81	韶关市中国旅行社有限责任公司	L－GD－GJ00143
河源（1家）	82	河源市旅游总公司	L－GD－GJ00090
梅州（3家）	83	梅州市旅游总公司	L－GD－GJ00084
	84	梅州市中国旅行社有限公司	L－GD－GJ00085
	85	梅县中国旅行社	L－GD－GJ00140
惠州（3家）	86	惠州环宇国际旅行社有限公司	L－GD－GJ00030
	87	惠州市中国旅行社	L－GD－GJ00098
	88	惠州市青年国际旅行社有限公司	L－GD－GJ00203
汕尾（2家）	89	汕尾市旅游总公司	L－GD－GJ00086
	90	汕尾市中国旅行社	L－GD－GJ00122
东莞（6家）	91	东莞市国际旅行社有限公司	L－GD－GJ00065
	92	东莞市中国旅行社有限公司	L－GD－GJ00066
	93	广东国泰国际旅行社有限公司	L－GD－GJ00189
	94	东莞康辉国际旅行社有限公司	L－GD－GJ00190
	95	东莞市腾龙假日国际旅行社有限公司	L－GD－GJ00205
	96	东莞市景鸿国际旅行社有限公司	L－GD－GJ00246
中山（7家）	97	中山市海外旅游有限公司	L－GD－GJ00012
	98	中山中国国际旅行社有限公司	L－GD－GJ00026
	99	中山中国旅行社	L－GD－GJ00027
	100	中山温泉国际旅行社有限公司	L－GD－GJ00076
	101	中山市菊城假期国际旅行社有限公司	L－GD－GJ00078
	102	中山市青年国际旅行社有限公司	L－GD－GJ00186
	103	中山市职工国际旅行社有限公司	L－GD－GJ00225

续表

地　区	序　号	旅行社名称	许可证编号
江门（5家）	104	江门市大方旅游国际旅行社有限公司	L－GD－GJ00014
	105	江门市中国旅行社有限公司	L－GD－DJ00040
	106	台山市旅游公司	L－GD－GJ00106
	107	台山中国旅行社	L－GD－GJ00139
	108	江门市国旅国际旅行社有限公司	L－GD－GJ00152
佛山（14家）	109	佛山市禅之旅国际旅行社有限公司	L－GD－GJ00013
	110	广东顺之旅国际旅行社有限公司	L－GD－GJ00029
	111	佛山市南海中旅国际旅行社有限公司	L－GD－GJ00036
	112	佛山国旅国际旅行社有限公司	L－GD－GJ00038
	113	佛山市中旅国际旅行社有限公司	L－GD－GJ00039
	114	佛山市顺德区中旅国际旅行社有限公司	L－GD－GJ00093
	115	佛山市三水中旅集团有限公司国际旅行社	L－GD－GJ00094
	116	佛山海外国际旅行社有限公司	L－GD－GJ00095
	117	佛山市口岸国际旅行社有限公司	L－GD－GJ00160
	118	佛山市康辉国际旅行社有限公司	L－GD－GJ00174
	119	佛山市天宁国际旅行社有限公司	L－GD－GJ00206
	120	佛山明媚假期国际旅行社有限公司	L－GD－GJ00208
	121	佛山市顺德广之旅国际旅行社有限公司	L－GD－GJ00201
	122	佛山市上游国际旅行社有限公司	L－GD－GJ00204
阳江（1家）	123	阳江市国旅国际旅行社有限公司	L－GD－GJ00124
湛江（2家）	124	湛江市旅游总公司	L－GD－GJ00017
	125	湛江市中国旅行社有限公司	L－GD－GJ00088
茂名（2家）	126	茂名市国旅国际旅行社有限公司	L－GD－GJ00123
	127	茂名市中国旅行社	L－GD－GJ00153
肇庆（2家）	128	肇庆市中国旅行社有限公司	L－GD－GJ00033
	129	肇庆星湖国际旅行社有限公司	L－GD－GJ00080
清远（1家）	130	清远市中旅国际旅行社有限公司	L－GD－GJ00101
潮州（3家）	131	潮州市中国旅行社有限公司	L－GD－GJ00067
	132	潮州中国国际旅行社有限公司	L－GD－GJ00068
	133	潮州风光国际旅行社有限公司	L－GD－GJ00212
揭阳（2家）	134	揭阳市中国旅行社	L－GD－GJ00071
	135	揭阳市旅总国际旅行社	L－GD－GJ00182
云浮（1家）	136	云浮市中国旅行社有限公司	L－GD－GJ00082
港澳游组团社（2家）	1	广州康泰国际旅行社有限公司	L－GD－GJ00171
	2	广东永安国际旅行社有限公司	L－GD－GJ00179

备注：截至2008年底，广东省共有出境游组团社136家。

（资料由省旅游局提供）

2008 年度广东省旅行社名录

地区	旅行社名称	许可证编号	地址	类别
广州 (国际社 66 家，国内社 132 家)	广东国旅国际旅行社股份有限公司	L－GD－GJ00001	广州市解放北路 618－120 号 15 楼	国际社
	广东省中国旅行社股份有限公司	L－GD－GJ00002	广州市沿江中路 195－197 号沿江大厦	国际社
	广东省中国青年旅行社	L－GD－GJ00003	广州市越秀区中山一路 23 号 2 楼	国际社
	广州广之旅国际旅行社股份有限公司	L－GD－GJ00004	广州市机场西乐嘉路 1－13 号	国际社
	广东铁青国际旅行社有限责任公司	L－GD－GJ00009	广州市越秀区中山一路 94 号	国际社
	广州东方国际旅行社有限公司	L－GD－GJ00011	广州市流花路 120 号	国际社
	广州招商国际旅游有限公司	L－GD－GJ00022	广州市越秀区中山五路 219 号中旅商业城 23 楼	国际社
	广东省香江旅游公司	L－GD－GJ00037	广州市环市西路 183 号	国际社
	广州天马国际旅行社有限公司	L－GD－GJ00044	广州市越秀区环市东路 371－375 号北塔 2802A	国际社
	广东省三茂铁路国际旅行社	L－GD－GJ00046	广州市环市东路 374 号	国际社
	广东熊猫国际旅游有限公司	L－GD－GJ00053	广州市越秀区东风中路 363 号国信大厦 6 楼	国际社
	广东省从化温泉中国国际旅行社	L－GD－GJ00054	广东从化温泉镇	国际社
	广东粤侨国际旅行社有限公司	L－GD－GJ00055	广州市越秀北路 87－89 号 4、5、8 楼	国际社
	广州交易会国际旅行社有限公司	L－GD－GJ00056	广州市流花路 117 号	国际社
	广东金色国际旅行社有限公司	L－GD－GJ00057	广州市越秀区沿江中路 298 号 A 栋 22C 房	国际社
	增城市安达国际旅行社	L－GD－GJ00060	广州增城市荔城街岗前西路 12 号	国际社
	广州市番禺旅游总公司	L－GD－GJ00062	广州市番禺区市桥繁华路 7 号	国际社
	广州市番禺中国旅行社	L－GD－GJ00063	广州市番禺区市桥镇大北路 130 号	国际社
	广州市花都国际旅行社有限公司	L－GD－GJ00064	广州市花都区秀全大道 43 号	国际社
	广东省珠江国际旅行社	L－GD－GJ00109	广州市沿江中路 195 号沿江大厦首层	国际社
	广东省国际体育旅游公司	L－GD－GJ00111	广州市广州大道北 408 号 2 楼	国际社
	广东省天马国际旅行社有限公司	L－GD－GJ00112	广州市东风中路 501 号东建大厦 13 楼	国际社
	广州市丽景国际旅行社	L－GD－GJ00113	广州市环市东路华桥新村爱国路 1 号首层	国际社
	广东中妇旅国际旅行社有限责任公司	L－GD－GJ00114	广州市天河区珠江新城华穗路 263 号双城国际大厦东塔 19 楼 1901～1905 室	国际社
	广东中信国际旅行社有限公司	L－GD－GJ00115	广州市越秀区中山一路 30 号 9 楼	国际社
	广东省职工国际旅行社	L－GD－GJ00116	广州市越秀南东园横路五号总工会大厦 7 楼	国际社
	广东和平国际旅行社有限公司	L－GD－GJ00117	广州经济技术开发区青年路 105 号	国际社
	广东南湖国际旅行社有限责任公司	L－GD－GJ00128	广州市越秀区广卫路 18 号 1～8 层	国际社
	中青旅广州国际旅行社有限公司	L－GD－GJ00135	广州市中山一路 57 号南铁大厦 5 楼	国际社
	广东羊城之旅国际旅行社有限公司	L－GD－GJ00144	广州市惠福西路 36～38 号 6 楼	国际社
	广东省南方国际航空旅游公司	L－GD－GJ00145	广州市机场路 272 号南航贸易大厦 6 楼（机场路南云东街 1 号）	国际社
	广州快达国际旅行社	L－GD－GJ00146	广州市广卫路 23 号首层	国际社
	广东粤新国际旅行社有限公司	L－GD－GJ00148	广州市环市东路 329 号 4 楼	国际社
	广东活力商务国际旅行社有限公司	L－GD－GJ00149	广州市东山区沿江路 313 号新中原大厦 9 楼 03 室	国际社
	广东绿色国际旅行社	L－GD－GJ00154	广州市天河区燕岭路 29 号燕岭大厦 1、2 层	国际社
	广东省羊城铁路国际旅行社	L－GD－GJ00157	广州市站前路 117 号	国际社
	从化市华夏国际旅行社	L－GD－GJ00161	广州从化市街口街河滨南路 34 号	国际社

续表

地区	旅行社名称	许可证编号	地址	类别
广州	广州花园国际旅行社	L-GD-GJ00164	广州市环市东路368号	国际社
	广州康泰国际旅行社有限公司	L-GD-GJ00171	广州市环市东路498号广发花园大厦首层	国际社
	广州南沙国际旅行社	L-GD-GJ00173	广州市番禺区市桥镇桥兴大道60号	国际社
	广东永安国际旅行社有限公司	L-GD-GJ00179	广州市西湖路99号民政大厦3楼303室	国际社
	广东自游商旅国际旅行服务有限公司	L-GD-GJ00180	广州市石牌西路8号伟腾数码科技大厦13楼	国际社
	广东时尚国际旅行社有限公司	L-GD-GJ00184	广州市机场路南云西街13号6楼602室	国际社
	广东风光国际旅行社有限公司	L-GD-GJ00187	广州市环市东路450号广东华信中心10楼1006房	国际社
	广州康辉国际旅行社有限公司	L-GD-GJ00188	广州市沿江中路313号康富来大厦5楼	国际社
	广州花都国都国际旅行社有限公司	L-GD-GJ00191	广州市花都区新华镇公园前路27号丽苑大厦A19	国际社
	广州岭南国际旅行社有限公司	L-GD-GJ00192	广州市东风东路767号东宝大厦601室	国际社
	广州市领航国际旅行社有限公司	L-GD-GJ00209	广州市环市东路326号广东亚洲国际大酒店	国际社
	广州市良辰美景国际旅行社有限公司	L-GD-GJ00210	广州市天河路353-365号天俊阁201、206房	国际社
	广州市金粤国际旅行社有限公司	L-GD-GJ00211	广州市东湖路25号首层	国际社
	广州国之旅国际旅行社有限公司	L-GD-GJ00216	广州市东山区犀牛路38号东方广场A座1509室	国际社
	广州大都市国际旅行社有限公司	L-GD-GJ00217	广州市人民中路408号鲜宝大厦605房	国际社
	广州教育国际旅行社有限公司	L-GD-GJ00218	广州市越秀区中山四路172号地下	国际社
	广州美联国际商务旅行社有限公司	L-GD-GJ00219	广州市越秀区原道路44号之一首层	国际社
	胜景旅游（广东）有限公司	L-GD-GJ00220	广州市天河区林和西路9号耀中广场B座1712	国际社
	广东南方传媒国际旅行社有限公司	L-GD-GJ00221	广州市越秀区人民北路686号	国际社
	广东省广弘中旅国际旅行社	L-GD-GJ00222	广州市越秀区先烈南路30号401、405、408室	国际社
	广州市汇粤国际旅行社有限公司	L-GD-GJ00223	广州市东风中路268号广州交易广场1904室	国际社
	广州西敏国际旅行社有限公司	L-GD-GJ00224	广州市荔湾区中山七西路50号西门口广场	国际社
	广东天天假期国际旅行社有限公司	L-GD-GJ00226	广州市体育西路133号天河大厦3704~3705室	国际社
	广州携程国际旅行社有限公司	L-GD-GJ00235	广州市天河区体育东路114号2401~2房	国际社
	广州成功之路国际旅行社有限公司	L-GD-GJ00238	广州市天河路天河直街55号4A房	国际社
	佳天美（广州）国际旅行社有限公司	L-GD-GJ00243	广州市天河区林和西路9号923~24房	国际社
	广州市澳信国际旅行社有限公司	L-GD-GJ00248	广州市环市东路417号东方广场5楼L房	国际社
	广州空港之旅国际旅行社有限公司	L-GD-GJ00251	广州机场路282号云港酒店304房	国际社
	翠明假期（广东）旅行社有限公司	L-GD-GJ00242	广州市天河路351号广东外经贸大厦2701单元之19号房	国际社
	广州市职工旅行社	L-GD-GN00025	广州市东风西路230号	国内社
	广州市环宇旅行社有限公司	L-GD-GN00026	广州市豪贤路172号豪贤商务大楼905~911	国内社
	广州市五羊旅行社	L-GD-GN00027	广州市越秀区德政中路韫祥楼31号铺	国内社
	广州鹅潭旅行社	L-GD-GN00031	广州市沿江东路406号	国内社
	广州海运集团海星旅游公司	L-GD-GN00088	广州市海珠区江南大道中218号	国内社
	广州艳阳天旅行社有限公司	L-GD-GN00096	广州市越秀区教育路113号801房自编之8	国内社
	广州市广视旅行社有限公司	L-GD-GN00103	广州市越秀区西湖路99号民政大厦305室	国内社
	广东好时光旅行社有限公司	L-GD-GN00109	广州市环市东路326号亚洲国际大酒店2317房	国内社
	广东省口岸旅行社有限公司	L-GD-GN00113	广州市农林下路40号王府井大楼1909室	国内社

续表

地区	旅行社名称	许可证编号	地址	类别
广州	广东四通旅行社有限公司	L－GD－GN00114	广州市东风西路195号广州医学院教学学术交流中心1023房	国内社
	广东省中科旅行社	L－GD－GN00125	广州市连新路171号广东国际科技中心首层	国内社
	广州市金威旅行社	L－GD－GN00158	广州市荔湾区芳村鹤洞路151号	国内社
	广州马会旅行社	L－GD－GN00160	广州市黄埔大道西668号（赛马场内）	国内社
	广州大江南北旅行社有限公司	L－GD－GN00161	广州市芳村大道中271号之二	国内社
	广州市白云山旅行社有限公司	L－GD－GN00163	广州市越秀区德政北路401－409号610房	国内社
	广州市交通旅行社有限公司	L－GD－GN00176	广州市东华东路413号农业展览馆4楼	国内社
	增城挂绿旅行社	L－GD－GN00177	广州增城市荔城街荔城大道137号2幢	国内社
	广州远景旅行社有限公司	L－GD－GN00180	广州市德政北路444号首	国内社
	广东国航假期旅行社有限公司	L－GD－GN00183	广州市东山区农林东路30号	国内社
	广东华侨友谊旅行社有限公司	L－GD－GN00184	广州市广州大道中900号金穗28楼C	国内社
	广州番禺交通旅行社有限公司	L－GD－GN00198	广州市番禺区市桥禺山大道243号	国内社
	广东省广梅汕铁路旅行社	L－GD－GN00231	广州市梅花路18号首层	国内社
	广东南鹰旅行社有限公司	L－GD－GN00241	广州市机场路585号鹏景大厦1108室	国内社
	广州海明旅行社	L－GD－GN00257	广州市广卫路23号首层	国内社
	广州喜程旅行社	L－GD－GN00259	广州市番禺区市桥光明北路223号	国内社
	广州市博览旅行社	L－GD－GN00272	广州市荔湾区十八甫南路108号	国内社
	广州市黄金假日旅行社有限公司	L－GD－GN00273	广州市越秀南路185号创举商务大厦703室	国内社
	广州市长洲旅行社有限公司	L－GD－GN00274	广州市黄埔区鱼珠东路鱼珠码头东侧候船室	国内社
	广州市番禺美丽华旅行社	L－GD－GN00283	广州市番禺区市桥清河中路118号	国内社
	广东电力旅行社有限公司	L－GD－GN00289	广州市南岸路77号粤电花园管理处3楼	国内社
	从化市天伦旅行社有限公司	L－GD－GN00307	广州从化市街口镇河滨南路38号天伦酒店内	国内社
	广州三人行旅行社有限公司	L－GD－GN00318	广州市黄埔区港湾路448号	国内社
	增城市蓝景旅行社有限责任公司	L－GD－GN00319	广州增城市荔城镇园圃路5路	国内社
	广州林海旅行社有限责任公司	L－GD－GN00320	广州市建设大马路13号陶然酒店301、311室	国内社
	广州市假日通旅行社有限公司	L－GD－GN00388	广州市文明路65号	国内社
	广州春秋假日旅行社有限公司	L－GD－GN00394	广州市越秀区起义路173号302房	国内社
	广州春之旅旅行社有限公司	L－GD－GN00398	广州市天河路47号	国内社
	广州阳光假日旅行社有限公司	L－GD－GN00400	广州市东风东路836号1座1503房	国内社
	广州市金榜旅行社有限公司	L－GD－GN00408	广州市白云区机场西乐嘉路93号5A2室	国内社
	广州运通旅行社有限公司	L－GD－GN00409	广州市越秀区东风西路158号C22房	国内社
	广州市快事达旅行社有限公司	L－GD－GN00410	广州市番禺区市桥镇兴泰路159号	国内社
	广州市日龙彩虹旅行社有限公司	L－GD－GN00411	广州市番禺区东环街东环路168号	国内社
	广州市山海天旅行社有限公司	L－GD－GN00412	广州市花都区天贵路60号山海湾大酒店首层	国内社
	广州市天南地北旅行社有限公司	L－GD－GN00417	广州市天河区林和中路150号1805房	国内社
	广州市金怡假期旅行社有限公司	L－GD－GN00439	广州市番禺市桥平康路73－75号（德胜广场）	国内社
	广州市三平旅行社有限公司	L－GD－GN00442	广州市白云区云霄路88号B－5018	国内社
	广州市神洲旅行社有限公司	L－GD－GN00447	广州市花都区新花街12号自编3－6号铺	国内社
	广州协程旅行社有限公司	L－GD－GN00449	广州市越秀区中山二路3号粤运大厦5楼D室	国内社
	广州红树林旅行社有限公司	L－GD－GN00453	广州市广州大道中345号润侨大厦312房	国内社
	广州市风行旅行社有限公司	L－GD－GN00454	广州市天河区体育西路育蕾二街4号104	国内社

续表

地区	旅行社名称	许可证编号	地址	类别
广州	广州领前旅行社有限公司	L-GD-GN00455	广州市越秀区环市东路淘金坑40号102室	国内社
	广州超粤旅行社有限公司	L-GD-GN00457	广州市八旗二马路92号首层	国内社
	广州市盛世明珠旅行社有限公司	L-GD-GN00467	广州市江泰路51号之二504	国内社
	广东友好旅行社有限公司	L-GD-GN00480	广州市东风中路501号东建大厦7楼	国内社
	广州国龙旅行社有限公司	L-GD-GN00492	广州市天河区中山大道138号广运楼2楼	国内社
	广州市广之旅国内旅行社有限公司	L-GD-GN00493	广州市白云区乐嘉路1号广之旅办公大楼3楼	国内社
	广州双湖旅行社有限公司	L-GD-GN00494	广州市天河区华景路165号221房	国内社
	广州市环球旅行社有限公司	L-GD-GN00495	广州市环市中路300号天秀大厦B座1908室	国内社
	广州市鸿燕旅行社有限公司	L-GD-GN00502	广州市花都区新华街宝华路30号A区114号铺	国内社
	广州市中国旅行社	L-GD-GN00563	广州市广园中路211号A2栋11楼	国内社
	广州市龙游仙踪旅行社有限公司	L-GD-GN00568	广州市解放北路865号首层	国内社
	广州市星宸旅行社有限公司	L-GD-GN00570	广州市淘金路淘金街19号101房	国内社
	广州市华龙旅行社有限公司	L-GD-GN00572	广州市沿江东路421号东城大厦B座1506室	国内社
	广州中游旅行社有限公司	L-GD-GN00580	广州市越秀区麓景路7号1408、1410室	国内社
	广州金旅旅行社有限公司	L-GD-GN00583	广州市白云区新市镇汇侨二街29号	国内社
	广州市广厦旅行社	L-GD-GN00589	广州市北京路374号广州大厦8号楼3306房	国内社
	广州市梦旅旅行社有限公司	L-GD-GN00590	广州从化市街口街蓝田路棋杆镇政府楼1栋	国内社
	广州泰乐之旅旅行社有限公司	L-GD-GN00595	广州市经济技术开发区青年路东园二街14号	国内社
	广州市康旅旅行社有限公司	L-GD-GN00596	广州市海珠区昌岗中路166号之三富盈大厦	国内社
	广州市旺之旅旅行社有限公司	L-GD-GN00603	广州市白云区金迪城市花园金辉阁3楼J座	国内社
	广州市亨富涞旅行社有限公司	L-GD-GN00616	广州市越秀区环市中路201号7楼会议室	国内社
	广州市南航旅游旅行社有限公司	L-GD-GN00625	广州市白云区机场路向云西街10号院内民航职业技术学院	国内社
	广州云景旅行社有限公司	L-GD-GN00626	广州市越秀区环市东路367号白云宾馆2楼B3	国内社
	广州市中宇旅行社有限公司	L-GD-GN00627	广州从化市街口西宁东路1栋地下2-3号	国内社
	广州市贵豪旅行社有限公司	L-GD-GN00628	广州市东山区中山一路小东园14号408房	国内社
	广州永乐旅行社有限公司	L-GD-GN00652	广州市环市东路368号花园大厦746、752房	国内社
	广州市康城旅行社有限公司	L-GD-GN00661	广州从化市街口镇河滨北路20-22号	国内社
	广州京奥旅行社有限公司	L-GD-GN00675	广州市天河区天河北路30号时代广场西1003B	国内社
	广州市金马旅行社有限公司	L-GD-GN00676	广州市越秀区起义路173号701D房	国内社
	广州市龙行天下旅行社有限公司	L-GD-GN00678	广州市海珠区江南西路111号中油酒店11层	国内社
	广州幸运旅行社有限公司	L-GD-GN00688	广州市白云区机场路33号中央酒店写字楼5楼973房	国内社
	广州市天人合一自驾游旅行社有限公司	L-GD-GN00689	广州市海珠区广州大道南路27号	国内社
	广州市名晖教育旅行社有限公司	L-GD-GN00691	广州市海珠区宝岗大道268号1408房	国内社
	广州正佳旅行社有限公司	L-GD-GN00705	广州市天河路228号正佳广场南一号门	国内社
	广州航旅旅行社有限公司	L-GD-GN00716	广州市机场路24号广东音像城商务大楼401号	国内社
	广州市成顺旅行社有限公司	L-GD-GN00717	广州市环市东路417号5楼5C房	国内社
	广州市申浪旅行社有限公司	L-GD-GN00735	广州市东华南路176-178号1103室	国内社
	广州优先旅行社有限公司	L-GD-GN00770	广州市机场路585号鹏景大厦106室	国内社

续表

地区	旅行社名称	许可证编号	地址	类别
广州	广州市槐乡旅行社有限公司	L－GD－GN00771	广州市三元里大道广花二路山西大厦北楼1309房	国内社
	广州市自由人旅行社有限公司	L－GD－GN00786	广州市天河区龙口西路91号明珠大酒店1楼	国内社
	广州凤凰旅行社有限公司	L－GD－GN00787	广州市越秀区新河浦八十六号之六2楼	国内社
	广州市穗通旅行社有限公司	L－GD－GN00795	广州市天河区中山大道中38号加悦大厦1002房	国内社
	广州畅游旅行社有限公司	L－GD－GN00796	广州市德政北路538号达信大厦1811～12房	国内社
	广州新途旅行社有限公司	L－GD－GN00804	广州市沿江中路195号沿江大厦1910～1912	国内社
	广州长晖旅行社有限公司	L－GD－GN00811	广州市广九大马路31号富力宜居1号商铺	国内社
	广州市捷诚旅行社有限公司	L－GD－GN00812	广州市越秀区东风东路739号地质大厦201室	国内社
	广州市恒安旅行社有限公司	L－GD－GN00826	广州市流花路120号东方宾馆3号楼	国内社
	广州市四季风旅行社有限公司	L－GD－GN00827	广州市瑶池大街22号3楼	国内社
	广州市千适旅行社有限公司	L－GD－GN00839	广州市荔湾区中山八路46号516房	国内社
	广东中旅假日旅行社有限公司	L－GD－GN00849	广州市越秀区环市东路371－375号世贸大厦北塔2802室	国内社
	国内社广州华龄美旅行社有限公司	L－GD－GN00862	广州市天河北路大都会广场4513（广州市环市东路478号1号1楼）	国内社
	国内社广州市悠游旅行社有限公司	L－GD－GN00870	广州市荔湾区新隆沙西街1号45栋201房	国内社
	广州开心旅行社有限公司	L－GD－GN00891	广州市荔湾区长堤街15号南座4楼	国内社
	广州金鹤旅行社有限公司	L－GD－GN00892	广州市天河区林和东路侨林街43号中旅商务大厦西塔2802房	国内社
	广州易网通旅行社有限公司	L－GD－GN00896	广州市天河区体育西路111号建和中心29层	国内社
	广州市荔壹旅行社有限公司	L－GD－GN00910	广州市中山八路新虹街38号905	国内社
	广州辉煌旅行社有限公司	L－GD－GN00911	广州市机场路282号云港大厦A301房	国内社
	广州东星航空旅行社有限公司	L－GD－GN00924	广州市白云区机场路282号云港大厦A304房	国内社
	广州市青枫旅行社有限公司	L－GD－GN00925	广州市荔湾区花地大道中51号四层B412B房	国内社
	广州市易达旅行社有限公司	L－GD－GN00926	广州市沿江中路195－197号沿江大厦1909室	国内社
	广州市浪程旅行社有限公司	L－GD－GN00940	广州市越秀区寺右新马路10号之五北面501房	国内社
	广州市全球风行旅行社有限公司	L－GD－GN00941	广州市华乐路53号华乐大厦南塔20楼2007房、2018房	国内社
	增城市中国旅行社	L－GD－GN00958	增城市荔城街荔城大道55号	国内社
	广州市闪耀旅行社有限公司	L－GD－GN00964	广州市越秀区广卫路17－19号之一金科大厦1606室	国内社
	广州市珑腾旅行社有限公司	L－GD－GN00965	广州市天河区燕岭路燕桥大厦2212室	国内社
	广州市天客旅行社有限公司	L－GD－GN00970	广州市荔湾区西华路134号2号楼606	国内社
	广州祺烨旅行社有限公司	L－GD－GN00976	广州市天河区黄埔大道西33号8楼D	国内社
	广州泛海旅行社有限公司	L－GD－GN00979	广州市广州大道北197号10C03室	国内社
	广州市众汇旅行社有限公司	L－GD－GN00984	广州市白云区广花二路281号金来大厦1020室	国内社
	广州市金泰旅行社有限公司	L－GD－GN01006	广州市荔湾区中山八路23号1904房	国内社
	广州市蓝岸旅行社有限公司	L－GD－GN01007	广州市天河区五山路261号1号楼	国内社
	广州市天崖旅行社有限公司	L－GD－GN01008	广州市天河区五山路261号9号楼A101之四	国内社
	广州龙润旅行社有限公司	L－GD－GN01030	广州市解放北路618－620号自编号1805房	国内社
	广州市乐游旅行社有限公司	L－GD－GN01058	广州市越秀区先烈中路102号华盛大厦南塔1311～12房	国内社

续表

地区	旅行社名称	许可证编号	地址	类别
广州	广州市禾协之旅旅行社有限公司	L－GD－GN01059	广州市荔湾区黄沙大道144号901房	国内社
	广州洋溢旅行社有限公司	L－GD－GN01074	广州增城市新塘镇亚太新城富丽园第2栋汇太中路189号商铺	国内社
	广州鑫南旅行社有限公司	L－GD－GN01075	广州市广州大道南448号财智大厦1901室	国内社
	广州中洋旅行社有限公司	L－GD－GN01076	广州市越秀区东风东路836号东峻广场4座	国内社
	广州市佰信旅行社有限公司	L－GD－GN01079	广州市天河车陂路95号311房	国内社
	广州携旅旅行社有限公司	L－GD－GN01091	广州市天河区黄埔大道西路45号2楼202、203房	国内社
	广州市粤航金铁商务旅行社有限公司	L－GD－GN01092	广州市海珠区艺苑路5号港艺商务大厦907室	国内社
	广州百众旅行社有限公司	L－GD－GN01093	广州市广州大道北路瑞兴街时代花生雅苑A1－A3栋首层106号	国内社
深圳 （国际社42家，国内社143家）	深圳市深旅国际旅行社有限公司	L－GD－GJ00007	深圳市罗湖区建设路南方证券大厦B座11层	国际社
	深圳中国国际旅行社有限公司	L－GD－GJ00010	深圳市罗湖区和平路船步街2号	国际社
	深圳招商国际旅游有限公司	L－GD－GJ00018	深圳市南山区蛇口太子路18号海景广场2A单元	国际社
	深圳市口岸中国旅行社有限公司	L－GD－GJ00023	深圳市罗湖区和平路1043号华侨大厦1楼	国际社
	深圳市中国旅行社有限公司	L－GD－GJ00025	深圳市人民南路3023号中旅大厦6楼	国际社
	深圳市深华国际旅行社有限责任公司	L－GD－GJ00028	深圳市嘉宾路2018号深华商业大厦2602室	国际社
	深圳华侨城国际旅行社有限公司	L－GD－GJ00031	深圳市南山区华侨城光桥街综合楼2层	国际社
	深圳中青旅国际会议展览有限公司	L－GD－GJ00034	深圳市罗湖区银湖路12号齐明别墅B1－2栋	国际社
	深圳市报业国际旅行社有限公司	L－GD－GJ00045	深圳市深南中路1014号3楼	国际社
	深圳市鹏运国际旅行社有限公司	L－GD－GJ00048	深圳市福田区上步南路上步大厦14楼ABCL	国际社
	深圳市九洲国际旅行社有限公司	L－GD－GJ00049	深圳市福田区上步中路花园A栋1～2层	国际社
	深圳机场国际旅行社有限公司	L－GD－GJ00051	深圳宝安国际机场机场酒店3楼	国际社
	深圳市巨邦国际旅行社有限公司	L－GD－GJ00052	深圳市深南东路3085号	国际社
	深圳市宝安中国旅行社有限公司	L－GD－GJ00119	深圳市罗湖区人民南路新安大厦6楼	国际社
	深圳市罗湖国际旅行社有限公司	L－GD－GJ00129	深圳市建设路1008号汇展阁31楼	国际社
	深圳市南油国际旅行社有限公司	L－GD－GJ00130	深圳市南山区东滨路南油文化广场1楼	国际社
	深圳市海外国际旅行社有限公司	L－GD－GJ00131	深圳市深南东路2019号东乐大厦13楼	国际社
	深圳市南山国际旅行社有限公司	L－GD－GJ00132	深圳市罗湖区春风路3007号桂都大厦24楼	国际社
	深圳市东星国际旅行社有限公司	L－GD－GJ00133	深圳市福田区车公庙泰然六路苍松大厦南座13A17室	国际社
	深圳市职工国际旅行社有限公司	L－GD－GJ00136	深圳市新园路3号职旅大楼	国际社
	深圳市中侨国际旅行社有限公司	L－GD－GJ00156	深圳市深南中路3007号国际科技大厦705～713房	国际社
	深圳市广深铁路国际旅行社有限公司	L－GD－GJ00162	深圳市罗湖区深圳火车站东楼负一层火车站东出口处	国际社
	深圳市宝中旅行社有限公司	L－GD－GJ00170	深圳市嘉宾路城市天地广场Ⅱ、Ⅲ区	国际社
	深圳市世纪假日国际旅行社有限公司	L－GD－GJ00177	深圳市罗湖区嘉宾路太平洋商贸大厦1216～1217室	国际社
	深圳市航空国际旅行社有限公司	L－GD－GJ00178	深圳市福田区农林路鑫竹苑A栋4楼	国际社

续表

地区	旅行社名称	许可证编号	地址	类别
深圳	深圳市鹏翔国际旅行社有限公司	L－GD－GJ00195	深圳市福田区莲花支路公交大厦首层东北角	国际社
	深圳市广铁青国际旅行社有限公司	L－GD－GJ00196	深圳市和平路船步街15号渔景大厦首层	国际社
	深圳顺风旅行社有限公司	L－GD－GJ00197	深圳市罗湖区嘉宾路2018号深华商业大厦1805～1806室	国际社
	深圳市鹏城康辉旅行社有限公司	L－GD－GJ00198	深圳市振华路100号深纺大厦C座5楼	国际社
	深圳市南方国际旅行社有限公司	L－GD－GJ00199	深圳市罗湖区东门南路34号太阳岛大厦21F	国际社
	深圳市建南国际旅行社有限公司	L－GD－GJ00227	深圳市福田区深南西路车公庙工业区天安数码时代大厦副楼503房	国际社
	深圳市特色国际旅行社有限公司	L－GD－GJ00228	深圳市罗湖区桂园路2号电影大厦A1203室	国际社
	深圳市鹏之旅国际旅行社有限公司	L－GD－GJ00229	深圳市东门南路2028号东莞外贸大厦505室	国际社
	深圳市捷旅国际旅行社有限公司	L－GD－GJ00230	深圳市罗湖区东门南路3002号华都园5楼A－E座	国际社
	康泰国际旅行社（深圳）有限公司	L－GD－GJ00231	深圳市罗湖区天安国际大厦B座2501、2509房	国际社
	深圳市国贸国际旅行社有限公司	L－GD－GJ00232	深圳市罗湖区南湖路深华商业大厦1507号	国际社
	深圳市金冠国际旅行社有限公司	L－GD－GJ00233	深圳市罗湖区和平路1199号金田大厦1201室	国际社
	深圳市沙头角旅游有限公司	L－GD－GJ00236	深圳市沙头角海涛路1号购物中心E座3楼	国际社
	深圳市深联国际旅行社有限公司	L－GD－GJ00237	深圳市罗湖区人民南路3009号新安大厦5楼A、B室	国际社
	深圳市海韵国际旅行社有限公司	L－GD－GJ00239	深圳市南山区蛇口港湾一路蛇口港客运楼一楼内	国际社
	港中旅京华国际旅行社（深圳）有限公司	L－GD－GJ00245	深圳市福田区滨河路联合广场A栋塔楼A910	国际社
	中国国旅（深圳）国际旅行社有限公司	L－GD－GJ00254	深圳市福田区深南中路竹子林求是大厦301L	国际社
	深圳市江南旅行社有限公司	L－GD－GN00001	深圳市迎春路8号安华大厦16楼	国内社
	深圳市世纪里程旅行社有限公司	L－GD－GN00166	深圳市宝安区宝城九区宝民路广场大厦807室	国内社
	深圳市蓝天之旅旅行社有限公司	L－GD－GN00167	深圳市宝安区新安龙井路一号东江豪苑11C1室	国内社
	深圳市五洲旅行社	L－GD－GN00171	深圳市罗湖区新园路15号迎宾馆综合楼2层	国内社
	深圳市天下行旅行社有限公司	L－GD－GN00172	深圳市福田区车公庙福安大厦1楼、4楼	国内社
	深圳市华荣旅行社有限公司	L－GD－GN00280	深圳市罗湖区嘉宾路金威大厦11楼	国内社
	深圳市永康旅行社有限公司	L－GD－GN00281	深圳市罗湖区东门南路东莞外贸大厦305室	国内社
	深圳市铁道旅行社有限公司	L－GD－GN00310	深圳市罗湖区和平路船步街15号23楼	国内社
	深圳市唐龙旅行社有限公司	L－GD－GN00376	罗湖区莲塘畔山路4－5号	国内社
	深圳市大众旅行社有限公司	L－GD－GN00381	深圳市福田区梅林路海康大厦613室	国内社
	深圳市世纪风行旅行社有限公司	L－GD－GN00392	深圳市罗湖区嘉宾路4018号爵士大厦19A05	国内社
	深圳市佳速旅行社有限公司	L－GD－GN00397	深圳市人民南路3012号天安国际大厦B座2809室	国内社
	深圳市运通行旅行社有限公司	L－GD－GN00430	深圳市福田区深南中路2008号华联402室	国内社
	深圳市欢乐假日旅行社有限公司	L－GD－GN00530	深圳市罗湖区笋岗东路宝安广场A栋17－C	国内社
	深圳市君之旅旅行社有限公司	L－GD－GN00531	深圳市罗湖区深南东路5015号金丰城大厦B座501室	国内社
	深圳市长江旅行社有限公司	L－GD－GN00533	深圳市福田区滨河路景福大厦景蕙阁19E	国内社

续表

地区	旅行社名称	许可证编号	地址	类别
深圳	深圳市牡丹旅行社有限公司	L－GD－GN00559	深圳市罗湖区嘉宾路4028号太平洋商贸大厦516室	国内社
	深圳市南方假日旅行社有限公司	L－GD－GN00621	深圳市罗湖区深南东路中建大厦25楼2506室	国内社
	深圳市深之旅旅行社有限公司	L－GD－GN00634	深圳市罗湖区红桂路2068号红桂大厦812室	国内社
	深圳市中南旅行社有限公司	L－GD－GN00635	深圳市翠竹路1138号大江南北酒楼10层北	国内社
	深圳市兆华旅行社有限公司	L－GD－GN00636	深圳市福民路星河明居星逸座19楼1904房	国内社
	深圳市名仕商务精品旅行社有限公司	L－GD－GN00637	深圳市宝安区西乡街道宝民二路59号兴鑫源商务大厦三楼310室	国内社
	深圳市河山之旅旅行社有限公司	L－GD－GN00638	深圳市福田区上步南路国企大厦19楼G室	国内社
	深圳市畅游天下旅行社有限公司	L－GD－GN00639	深圳市宝安区松岗镇松涛花园A－7	国内社
	深圳市假日旅行社有限公司	L－GD－GN00640	深圳市罗湖区深南东路2094号湖润大厦地面第一层部分	国内社
	深圳市新西湖旅行社有限公司	L－GD－GN00641	深圳市罗湖区人民南路房地产大厦13楼A	国内社
	深圳市裕乐旅行社有限公司	L－GD－GN00642	深圳市福田区深南中路2008号华联大厦1705室	国内社
	深圳市金凯旅行社有限公司	L－GD－GN00643	深圳市罗湖区嘉宾路4028号太平洋商贸大厦910～915室	国内社
	深圳市红蜻蜓旅行社有限公司	L－GD－GN00644	深圳市深南大道北侧浩铭财富广场A座15室	国内社
	深圳市鹏程假期旅行社有限公司	L－GD－GN00645	深圳市罗湖区南湖路国贸商业大厦33H	国内社
	深圳市中油商务旅行社有限公司	L－GD－GN00646	深圳市南山区南山大道1110号中油酒店2608室	国内社
	深圳市南粤旅行社有限公司	L－GD－GN00647	深圳市罗湖区罗芳路南方大厦C1504室	国内社
	深圳市华美旅行社有限公司	L－GD－GN00648	深圳市罗湖区嘉宾路海燕大厦8楼803室	国内社
	深圳市中航假期旅行社有限公司	L－GD－GN00649	深圳市宝安区前进路87号供销大厦1楼	国内社
	深圳市环宇捷径旅行社有限责任公司	L－GD－GN00650	深圳市福田区福华路151号附楼201室	国内社
	深圳市精英旅行社有限公司	L－GD－GN00651	深圳市福田区振中路玮鹏花园5栋3B室	国内社
	深圳市神州旅行社有限公司	L－GD－GN00657	深圳市福田区上步南路锦峰大厦27楼15－17号	国内社
	深圳市中洲旅行社有限公司	L－GD－GN00662	深圳市南山区华侨城湖滨花园溦芳阁22A	国内社
	深圳市珍珠旅行社有限公司	L－GD－GN00663	深圳市福田区福强路星河锦居大厦701室	国内社
	深圳市新天地旅行社有限公司	L－GD－GN00664	龙岗区中心城18小区荔枝园新全盛酒店首层	国内社
	深圳市泰运通旅行社有限公司	L－GD－GN00668	深圳市宝安区25区前进一路华丰商务厦4楼B403	国内社
	深圳市运通旅行社有限公司	L－GD－GN00669	深圳市罗湖区嘉宾路海燕大厦1107	国内社
	深圳市众辉旅行社有限公司	L－GD－GN00673	深圳市深南中路统建楼3栋1905室	国内社
	深圳市神州假期旅行社有限公司	L－GD－GN00679	深圳市福田区深南中路2201号嘉麟豪庭B座2503室	国内社
	深圳市港捷旅旅行社有限公司	L－GD－GN00680	深圳市人民南路佳宁娜广场B座2101室	国内社
	深圳市海星旅行社有限公司	L－GD－GN00682	深圳市罗湖区嘉宾路2008号彭年广场东佳大厦1706室	国内社
	深圳市四季旅行社有限公司	L－GD－GN00683	深圳市罗湖区春风路庐山大厦B座8E	国内社
	深圳市快乐时光旅行社有限公司	L－GD－GN00684	深圳市罗湖区春风路联城大厦15楼东侧	国内社
	深圳市走遍天下旅行社有限公司	L－GD－GN00686	深圳市南山区创业路现代城华庭5栋6k	国内社
	深圳市行知天下旅行社有限公司	L－GD－GN00687	深圳市福田区车公庙段杭钢富春商务大厦1411室	国内社

续表

地区	旅行社名称	许可证编号	地址	类别
深圳	深圳市华夏之旅旅行社有限公司	L-GD-GN00692	深圳市罗湖区迎春路8号安华大厦1718室	国内社
	深圳市飞扬假期旅行社有限公司	L-GD-GN00695	深圳市宝安区六区裕宝大厦2楼	国内社
	深圳市采逸旅行社有限公司	L-GD-GN00696	深圳市南山区南海大道海王大厦B座20D	国内社
	深圳市华航假期旅行社有限公司	L-GD-GN00697	深圳市福田区振中路玮鹏花园28H	国内社
	深圳市彩云旅行社有限公司	L-GD-GN00700	深圳市福田区深南中路南光捷佳大厦2713室	国内社
	深圳市东方明珠旅行社有限公司	L-GD-GN00701	深圳市罗湖区人民南路新安大厦10C	国内社
	深圳市经典假日旅行社有限公司	L-GD-GN00703	深圳市罗湖区爱国路3033号泰宁百货商场一楼A座	国内社
	深圳市太平洋旅行社有限公司	L-GD-GN00720	深圳市深南东路2105号中建大厦1201室	国内社
	深圳市海岸旅行社有限公司	L-GD-GN00722	深圳市福田区振华路45号汽车大厦A402-2	国内社
	深圳市天马旅行社有限公司	L-GD-GN00723	深圳市福田区上步南路国企大厦永福楼20G	国内社
	深圳市天天游旅行社有限公司	L-GD-GN00724	深圳市南山区南新路英达钰龙园A栋A0002铺	国内社
	深圳市龙游旅行社有限公司	L-GD-GN00725	深圳市福田区滨河路与益田路交会处西南侧南方国际广场B栋0212室	国内社
	深圳市金鹏旅行社有限公司	L-GD-GN00733	深圳市宝安区龙华镇人民路金鹏商业广场	国内社
	深圳市阳光里程旅行社有限公司	L-GD-GN00734	深圳市福田中心区民田路九洲创展大厦1413室	国内社
	深圳市畅游旅行社有限公司	L-GD-GN00736	深圳市福田区南园路佳兆业中心A座2720室	国内社
	深圳市鹏程四海旅行社有限公司	L-GD-GN00737	深圳市福田区燕南路君悦阁1709室	国内社
	深圳市深泰旅行社有限公司	L-GD-GN00738	深圳市罗湖区文锦中路1027号深业大厦720室	国内社
	深圳市阳光假日旅行社有限公司	L-GD-GN00740	深圳市福田区福虹路世界贸易广场A座17层02室	国内社
	深圳市深业旅行社有限公司	L-GD-GN00746	深圳市福田区上步中路1003号科学馆804室	国内社
	深圳市中之旅旅行社有限公司	L-GD-GN00748	深圳市深南东路广深宾馆810室	国内社
	深圳桓通旅行社有限公司	L-GD-GN00753	深圳市宝安区沙井新桥洋仔五区2巷11号	国内社
	深圳市飞扬假日旅行社有限公司	L-GD-GN00762	深圳市福田区金田路御庭园逸华庭3D	国内社
	深圳市大自然旅行社有限公司	L-GD-GN00763	深圳市福田区南园路68号上步大厦6A	国内社
	深圳市友谊之旅旅行社有限公司	L-GD-GN00764	深圳市罗湖区迎春路8号安华大厦7楼	国内社
	深圳市华夏新思路旅行社有限公司	L-GD-GN00765	深圳市深南中路3027号嘉汇新城汇商中心1206室	国内社
	深圳市环宇通假期旅行社有限公司	L-GD-GN00768	深圳市罗湖区和平路1199号金田大厦410室	国内社
	深圳市假期旅行社有限公司	L-GD-GN00779	深圳市福田区竹子林紫竹四路市道桥管理处综合楼1~3楼（市道桥管理大楼二楼211#）	国内社
	深圳市天海旅行社有限公司	L-GD-GN00780	深圳市罗湖区深南东路中建大厦25楼2508号	国内社
	深圳市逸龙旅行社有限公司	L-GD-GN00781	深圳市罗湖区金塘街丽晶大厦北座29D	国内社
	深圳市青年旅行社有限公司	L-GD-GN00782	深圳市罗湖区东门北路1006号怡泰中心C座公路大厦2615室	国内社
	深圳市华源旅行社有限公司	L-GD-GN00788	深圳市罗湖区人民南路3023号中旅大厦913房	国内社
	深圳市彩世界旅行社有限公司	L-GD-GN00789	深圳市龙岗区龙城街道办盛龙路217号3楼	国内社
	深圳市好阳光旅行社有限公司	L-GD-GN00798	深圳市南山区学府路荟芳园A座302~13室	国内社
	深圳市名人假期旅行社有限公司	L-GD-GN00802	深圳市南山区南海大道东创业路北保利城花园写字楼508室	国内社

续表

地区	旅行社名称	许可证编号	地址	类别
深圳	深圳市纵横天下旅行社有限公司	L-GD-GN00816	深圳市罗湖区宝安南路1001号华瑞大厦B座33A	国内社
	深圳市洲际旅行社有限公司	L-GD-GN00819	深圳市宝安区25区华丰商务大厦B402	国内社
	深圳市假日通旅行社有限公司	L-GD-GN00820	深圳市福田区深南中路2008号华联大厦1403~1404室	国内社
	深圳市新侨旅行社有限公司	L-GD-GN00829	深圳市罗湖区志极路南华大厦1栋A座402	国内社
	深圳市山水旅行社有限公司	L-GD-GN00834	深圳市南山区华侨城步行街202号	国内社
	深圳市创景旅行社有限公司	L-GD-GN00835	深圳市南山区南头街5号妇女儿童活动中心7楼	国内社
	深圳市旅行家旅行社有限公司	L-GD-GN00841	深圳市龙岗区龙岗街道九州家园二期11栋17号商铺	国内社
	深圳市唐人旅行社有限公司	L-GD-GN00842	深圳市宝安区民治街道人民南路龙泉集团办公楼2楼	国内社
	深圳市海峡友谊旅行社有限公司	L-GD-GN00843	深圳市罗湖区人民南路嘉里中心1311室	国内社
	深圳市健华旅行社有限公司	L-GD-GN00851	深圳市罗湖区人民南路新安大厦17楼C室	国内社
	深圳新景界商务旅行社有限公司	L-GD-GN00852	深圳市罗湖区沿河南路1064号国旅大厦15楼	国内社
	深圳市飞扬旅行社有限公司	L-GD-GN00855	深圳市罗湖区深南东路2002号中国物贸大厦801（南方联合大酒店）	国内社
	深圳市虹联旅程旅行社有限公司	L-GD-GN00867	深圳市福田区彩田北路民宁园办公楼403室	国内社
	深圳市莱斯达旅行社有限公司	L-GD-GN00871	深圳市福田区深南中路佳和大厦B座14楼	国内社
	深圳市金润旅行社有限公司	L-GD-GN00872	深圳市罗湖区湖贝路2号新纪元大厦12楼	国内社
	深圳市金航程旅行社有限公司	L-GD-GN00873	深圳市罗湖区嘉宾路城市天地广场Ⅰ、Ⅲ区	国内社
	深圳市皇朝旅行社有限公司	L-GD-GN00874	深圳市罗湖区文锦南路金安大厦23D	国内社
	深圳市乔旅旅行社有限公司	L-GD-GN00876	深圳市南山区桂庙路62号顺天大厦办公楼	国内社
	深圳市新景界东旭旅行社有限公司	L-GD-GN00880	深圳市罗湖区沿河南路1064号国旅大厦15楼	国内社
	深圳市新文化旅行社有限公司	L-GD-GN00883	深圳市福田区上步南路国企大厦永福楼9B	国内社
	深圳市汉邦旅行社有限公司	L-GD-GN00900	深圳市罗湖区建设路1072号东方广场2209室	国内社
	深圳市携程旅行社有限公司	L-GD-GN00903	深圳市罗湖区深南东路4003号世界金融中心A座30层F单元	国内社
	深圳市南国旅行社有限公司	L-GD-GN00906	深圳市罗湖区东门南路3018号天俊外贸食出大厦801B	国内社
	深圳市飞航旅行社有限公司	L-GD-GN00908	深圳市福田区深南中路2008号华联大厦1119室	国内社
	深圳市食游天下旅行社有限公司	L-GD-GN00918	深圳市罗湖区深南东路2023号广深大厦1106室	国内社
	深圳市大洲旅行社有限公司	L-GD-GN00919	深圳市福田区深南大道与彩田路交界西南星河世纪大厦A栋1816房	国内社
	深圳市金色年华旅行社有限公司	L-GD-GN00920	深圳市南山区南海大道海王大厦A座大堂	国内社
	深圳市风光旅行社有限公司	L-GD-GN00938	深圳市罗湖区深南东路文华大厦东座24D	国内社
	深圳市中安旅行社有限公司	L-GD-GN00939	深圳市罗湖区湖贝路华佳广场2410室	国内社
	深圳市世纪行旅行社有限公司	L-GD-GN00948	深圳市福田区深南中路6072号大庆大厦607A	国内社
	深圳市驴行天下旅行社有限公司	L-GD-GN00952	深圳市福田区红岭中路南国大厦2栋10D	国内社
	深圳市锦都假期旅行社有限公司	L-GD-GN00953	深圳市深南中路2008号华联大厦511室	国内社
	深圳市阳光之旅旅行社有限公司	L-GD-GN00963	深圳市南山区西丽镇石鼓路金泰楼3#5楼505室	国内社
	深圳市热风旅行社有限公司	L-GD-GN00973	深圳宝安新安前进路冠利达大厦1栋409室	国内社

续表

地区	旅行社名称	许可证编号	地址	类别
深圳	深圳市神州行旅行社有限公司	L－GD－GN00975	深圳市福田区彩田路彩虹新都彩荟阁28F	国内社
	深圳市鹏旅旅行社有限公司	L－GD－GN00980	深圳市福田区深南中路2018号兴华大厦A座10楼10A3	国内社
	深圳市永恒旅行社有限公司	L－GD－GN00981	深圳市罗湖区人民南路深房广场A座4505室	国内社
	深圳市天泰旅行社有限公司	L－GD－GN00982	深圳市罗湖区沿河北路东方都会大厦B2208	国内社
	深圳市深航假期旅行社有限公司	L－GD－GN01001	深圳市福田区农林路鑫竹苑A栋4楼	国内社
	深圳市卓悦旅行社有限公司	L－GD－GN01002	深圳市福田区彩田路福建大厦A座1101室	国内社
	深圳市开泰旅行社有限公司	L－GD－GN01003	深圳市罗湖区文锦渡口岸报关大楼1002室	国内社
	深圳市商旅通旅行社有限公司	L－GD－GN01005	深圳市罗湖区东门南路2028号东莞贸易大厦主楼9层	国内社
	深圳市白鹭旅行社有限公司	L－GD－GN01010	深圳市福田区深南中路核电大厦907室	国内社
	深圳市嘉景旅行社有限公司	L－GD－GN01014	深圳市福田区彩田路彩田名苑红荔轩23B	国内社
	深圳市天地间旅行社有限公司	L－GD－GN01015	深圳市宝安区沙井街道万丰丰洋路255室	国内社
	深圳市新明杨旅行社有限公司	L－GD－GN01016	深圳市罗湖区红桂路红桂大厦603室	国内社
	深圳市卓越嘉美旅行社有限公司	L－GD－GN01027	深圳市福田区皇岗路与滨河路交界东南皇城广场大厦1802室	国内社
	深圳市新金銮旅行社有限公司	L－GD－GN01035	深圳市宝安区龙华街道和平路金銮时代广场（弓村大厦）7楼708室	国内社
	深圳市辉阳假期旅行社有限公司	L－GD－GN01043	深圳市罗湖区春风路52－56号桂都大厦2301室	国内社
	深圳市阳晨旅行社有限公司	L－GD－GN01044	深圳市福田区福华路南漾福居东座25H	国内社
	深圳市八方商务旅行社有限公司	L－GD－GN01045	深圳市福田区福中路17号国际人才大厦1301室	国内社
	深圳顺心旅行社有限公司	L－GD－GN01050	深圳市福田区落马洲与深圳河交汇处名津广场1座31C、32C	国内社
	深圳市乐途旅行社有限公司	L－GD－GN01051	深圳市罗湖区文锦北路文锦广场文安中心1112室	国内社
	深圳市中诚假期旅行社有限公司	L－GD－GN01062	深圳市罗湖区嘉宾路太平洋商贸大厦1211室	国内社
	深圳市龙洲旅行社有限公司	L－GD－GN01067	深圳市罗湖区文锦大厦106号2层	国内社
	深圳市广通联旅行社有限公司	L－GD－GN01070	深圳市罗湖区深南东路文华大厦东座28E	国内社
	深圳市悦达旅行社有限公司	L－GD－GN01081	深圳市罗湖区深南东路2017号华乐大厦422	国内社
	深圳市旅程天下旅行社有限公司	L－GD－GN01089	深圳市福田区深南中路2008号华联大厦3楼	国内社
	深圳市金都旅行社有限公司	L－GD－GN01098	深圳市罗湖区嘉宾路城市天地广场Ⅰ、Ⅲ区	国内社
珠海（国际社16家，国内社73家）	珠海海外旅游有限公司	L－GD－GJ00006	珠海市吉大园林路信海商业大厦2楼	国际社
	珠海经济特区环球国际旅行社	L－GD－GJ00024	珠海市拱北迎宾南路1081号中珠大厦903号	国际社
	广东省拱北口岸中国旅行社有限公司	L－GD－GJ00042	珠海市拱北迎宾大道华侨宾馆内	国际社
	珠海市旅游有限公司	L－GD－GJ00047	珠海市拱北粤海东路1028号	国际社
	珠海航空国际旅行社有限公司	L－GD－GJ00050	珠海拱北迎宾大道中珠大厦1、11楼	国际社
	珠海中国国际旅行社有限公司	L－GD－GJ00083	珠海市凤凰南路1034号	国际社
	珠海国际金融旅行社有限公司	L－GD－GJ00137	珠海拱北粤海东路1150号	国际社
	珠海神州国际旅行社	L－GD－GJ00158	珠海市吉大路羊城晚报珠海综合楼	国际社
	珠海市君悦国际旅行社有限公司	L－GD－GJ00166	珠海市吉大路105号石油大厦1楼	国际社
	珠海市澳国旅国际旅行社有限公司	L－GD－GJ00167	珠海拱北迎宾南路1043号	国际社
	珠海石景山国际旅行社有限公司	L－GD－GJ00168	珠海拱北粤海东路1138号升冠大厦7楼A座	国际社

续表

地区	旅行社名称	许可证编号	地址	类别
珠海	珠海国际度假旅行社	L-GD-GJ00169	珠海市情侣南路428号九洲港大厦1楼	国际社
	珠海里程国际旅行社有限公司	L-GD-GJ00193	珠海市吉大景山路粤财大厦20楼7~9单元	国际社
	珠海九洲国际旅行社	L-GD-GJ00200	珠海市情侣南路428号九洲港大厦1楼	国际社
	珠海海天国际旅行社有限公司	L-GD-GJ00202	珠海市吉大路43-45号商铺	国际社
	珠海阳光国际旅行社有限公司	L-GD-GJ00215	珠海市拱北粤海东路升冠大厦2楼A座	国际社
	珠海惠嘉旅行社有限公司	L-GD-GN00033	珠海市香洲凤凰北路1012号粮发大厦2单元	国内社
	珠海市望海旅行社	L-GD-GN00034	珠海市香洲区海滨北路3号望海楼内	国内社
	珠海经济特区怡海旅行社	L-GD-GN00035	珠海市吉大九洲大道东怡海大厦1001室	国内社
	珠海市湾仔旅游服务公司	L-GD-GN00037	珠海市湾仔南湾南路澳门环岛游码头	国内社
	珠海市碧海旅行社有限公司	L-GD-GN00041	珠海市拱北粤海东路1138号2栋四楼C座	国内社
	珠海经济特区濠江旅行社	L-GD-GN00084	珠海市情侣南路428号	国内社
	珠海市平沙金雁旅游公司	L-GD-GN00089	珠海市平沙镇平塘大街12号	国内社
	珠海市珠江旅行社有限公司	L-GD-GN00100	珠海市拱北粤海东路升冠大厦四楼B座	国内社
	珠海市斗门区白藤湖旅游发展公司	L-GD-GN00199	珠海市斗门区白藤湖湖滨1区3号	国内社
	珠海市斗门中国旅行社有限公司	L-GD-GN00200	珠海市斗门区井岸镇人民路霞山1号	国内社
	珠海市斗门区东亚旅行社有限公司	L-GD-GN00230	珠海市斗门区井岸镇中兴中路40号	国内社
	珠海市斗门区泰安旅行社有限公司	L-GD-GN00347	珠海市斗门区井岸镇美湾街111号	国内社
	珠海斗门青年旅行社有限公司	L-GD-GN00348	珠海市斗门区井岸镇朝福路65号	国内社
	珠海市新风光旅行社有限公司	L-GD-GN00349	珠海市拱北中珠大厦大堂商场1-01铺	国内社
	珠海易时代商务旅行社有限公司	L-GD-GN00350	珠海市拱北迎宾大道中建（商业）大厦22楼	国内社
	珠海市青年旅行社有限公司	L-GD-GN00351	珠海市拱北昌平路128号铺	国内社
	珠海市黄杨旅行社	L-GD-GN00366	珠海市斗门区井岸镇井湾路1号3-6号铺	国内社
	珠海人人旅行社有限公司	L-GD-GN00367	珠海市九洲大道中2121号	国内社
	珠海泰申旅行社有限公司	L-GD-GN00368	珠海市拱北迎宾南路1155号中建大厦8楼803房	国内社
	珠海市御泉旅行社有限公司	L-GD-GN00539	珠海市斗门区斗门镇御温泉度假村内	国内社
	珠海西藏旅行社有限公司	L-GD-GN00540	珠海市吉大九洲大道中段江村路口嘉丽苑301室	国内社
	珠海市缤纷旅行社有限公司	L-GD-GN00541	珠海市拱北粤海东路1025号步步高大酒店大堂	国内社
	珠海市新世纪旅行社有限公司	L-GD-GN00542	珠海拱北侨光路5号华策大厦49号铺	国内社
	珠海市国际会议中心度假旅行社有限公司	L-GD-GN00543	珠海市吉大路2号国际会议中心一层东侧	国内社
	珠海华视旅行社有限公司	L-GD-GN00544	珠海市吉大海滨南路光大贸易中心首层B1室	国内社
	珠海海威旅行社有限公司	L-GD-GN00546	珠海市吉拱北围基路28号和园大厦402室	国内社
	珠海市永佳旅行社有限公司	L-GD-GN00547	珠海市香洲凤凰南路1167号1楼	国内社
	珠海市浪漫时光旅行社有限公司	L-GD-GN00548	珠海市拱北迎宾南路1081号中珠大厦803室	国内社
	珠海市采风旅行社有限公司	L-GD-GN00549	珠海市拱北粤海东路1138号升冠大厦四楼D室	国内社
	珠海广之旅旅行社有限公司	L-GD-GN00588	珠海市拱北迎宾南路1081号中珠大厦八楼802室	国内社
	珠海东航旅行社有限公司	L-GD-GN00614	珠海市银桦路8号8楼A、F座	国内社
	珠海快乐假期旅行社有限公司	L-GD-GN00623	珠海市吉大九洲大道东1263号云海酒店附楼	国内社
	珠海市华美达旅行社有限公司	L-GD-GN00633	珠海市拱北迎宾大道香江大厦4楼	国内社
	珠海飞扬旅行社有限公司	L-GD-GN00653	珠海拱北粤海东路1006号1楼5号	国内社
	珠海南国晨旅行社有限公司	L-GD-GN00658	珠海市香洲北堤码头客运站大厅	国内社
	珠海市天天游旅行社有限责任公司	L-GD-GN00674	珠海市拱北迎宾南路2079号2单元503室	国内社

续表

地区	旅行社名称	许可证编号	地址	类别
珠海	珠海凤凰假日旅行社有限公司	L－GD－GN00677	珠海市香洲五洲花城世派街13号商铺之一	国内社
	珠海风情旅行社有限公司	L－GD－GN00693	珠海市拱北水湾路223号凌海名庭4C	国内社
	珠海市华深旅行社有限公司	L－GD－GN00694	珠海市吉大园林路平安大厦首层108号	国内社
	珠海市怡晴旅行社有限公司	L－GD－GN00702	珠海市拱北迎宾南路名门大厦303	国内社
	珠海新华旅行社有限公司	L－GD－GN00730	珠海市拱北迎宾南路中建大厦2001室	国内社
	珠海富林旅行社有限公司	L－GD－GN00731	珠海市吉大路57号羊城晚报综合楼2楼西北	国内社
	珠海市金四海旅行社有限公司	L－GD－GN00751	珠海市拱北粤海东路1138号升冠大厦806室	国内社
	珠海星辉旅行社有限公司	L－GD－GN00773	珠海拱北迎宾南路1081号中珠大厦113室	国内社
	珠海光大旅行社有限公司	L－GD－GN00774	珠海市斗门区井岸镇江湾中路228－230号	国内社
	珠海市云天旅行社有限公司	L－GD－GN00775	珠海市香洲翠微北路宝源花园2栋首层	国内社
	珠海海旅假期旅行社有限公司	L－GD－GN00794	珠海市吉大园林路104号第2层	国内社
	珠海市岛之旅旅行社有限公司	L－GD－GN00817	珠海市香洲翠海路122号2栋3楼	国内社
	珠海市顺安旅行社有限公司	L－GD－GN00818	珠海市拱北夏湾港三路260号	国内社
	珠海市易达假期旅行社有限公司	L－GD－GN00830	珠海市拱北国防路101号粤海国际花园2区10栋17－1号底层商铺	国内社
	珠海远航旅行社有限公司	L－GD－GN00831	珠海市吉大景山路82号水湾大厦11楼1单元	国内社
	珠海市海煜旅行社有限公司	L－GD－GN00832	珠海市吉大石花东路123号院海湾花园102栋3B房	国内社
	珠海市港中旅旅行社有限公司	L－GD－GN00844	珠海市拱北迎宾南路1144号1栋803房	国内社
	珠海市中恒旅行社有限公司	L－GD－GN00845	珠海市拱北莲花路282号八楼A5、A6	国内社
	珠海澳中之旅旅行社有限公司	L－GD－GN00864	珠海市拱北迎宾南路中珠大厦1402	国内社
	珠海市东南旅行社有限公司	L－GD－GN00865	珠海市拱北水湾路131号1115室	国内社
	珠海市朋友旅行社有限公司	L－GD－GN00869	珠海市拱北粤海东路1145号粤海酒店西楼9D1	国内社
	珠海中澳旅行社有限公司	L－GD－GN00912	珠海市吉大景山路216号602－606室	国内社
	珠海汇华博雅商务旅行社有限公司	L－GD－GN00947	珠海市吉大九洲大道东1151号商铺	国内社
	珠海万里游旅行社有限公司	L－GD－GN00956	珠海市拱北区下湾华平路71号商铺	国内社
	珠海市春秋旅行社有限公司	L－GD－GN00972	珠海市吉大路九洲大道中段1053号	国内社
	珠海山水旅行社有限公司	L－GD－GN00974	珠海市吉大水湾路南油大酒店行政楼413室	国内社
	珠海市鼎峰旅行社有限公司	L－GD－GN00998	珠海市迎宾南路2240号	国内社
	珠海新一天旅行社有限公司	L－GD－GN00999	珠海市桂花北路231号（兰埔花园）	国内社
	珠海市华旅旅行社有限公司	L－GD－GN01017	珠海市拱北夏湾港昌路8号国华花园55号商铺	国内社
	珠海四季旅行社有限公司	L－GD－GN01028	珠海市九洲大道西2108号绿园名居1栋5号铺	国内社
	珠海市飞越旅行社有限公司	L－GD－GN01029	珠海市拱北水湾路131号405室	国内社
	珠海新天地旅行社有限公司	L－GD－GN01032	珠海市吉大海洲路53号丽晶酒店2楼206室	国内社
	珠海拱北中旅麒麟商务旅行社有限公司	L－GD－GN01033	珠海市拱北迎宾大道华侨宾馆	国内社
	珠海市美好旅行社有限公司	L－GD－GN01057	珠海市香洲区银香路8号信禾酒店2楼	国内社
	珠海华青旅行社有限公司	L－GD－GN01069	珠海市九洲大道2121号金桥大厦附楼1楼	国内社
	珠海驿站旅行社有限公司	L－GD－GN01082	珠海市拱北昌盛路226号商铺	国内社
	珠海国华旅行社有限公司	L－GD－GN01095	珠海市拱北粤华路183、185、187、189号	国内社

续表

地区	旅行社名称	许可证编号	地址	类别
汕头 （国际社7家，国内社56家）	汕头市旅游总公司	L－GD－GJ00005	汕头市跃进路35号	国际社
	中国康辉汕头旅行社有限公司	L－GD－GJ00020	汕头市练江路18号龙湖工业区H10幢1～2楼	国际社
	汕头市中国旅行社有限公司	L－GD－GJ00041	汕头市汕樟路41号	国际社
	汕头中国国际旅行社	L－GD－GJ00069	汕头市金砂路53号金凤城凤座4楼	国际社
	汕头天驰国际旅行社有限公司	L－GD－GJ00181	汕头市金砂路188号帝豪酒店大堂西侧	国际社
	汕头市乐观国际旅行社有限公司	L－GD－GJ00240	汕头市东厦路90号金东花园12、16、27幢	国际社
	汕头市商之旅国际旅行社有限公司	L－GD－GJ00250	汕头市金砂路104号金龙大厦A幢6A号房	国际社
	汕头经济特区旅游有限公司	L－GD－GN00003	汕头市迎宾路轻化大厦4楼	国内社
	汕头市康泰旅行社有限公司	L－GD－GN00023	汕头市东厦路78号1座021	国内社
	汕头市职工旅行社	L－GD－GN00043	汕头市中山路89号	国内社
	汕头市乐荣旅行社有限公司	L－GD－GN00104	汕头市红领巾路5号	国内社
	汕头市好之旅旅行社有限公司	L－GD－GN00108	汕头市澄海区城区中山北路179号	国内社
	汕头市金华旅行社	L－GD－GN00110	汕头市金凤路桃园50幢108号	国内社
	汕头市红头船旅行社有限公司	L－GD－GN00130	汕头市澄海区益民路	国内社
	汕头经济特区中贸旅行社	L－GD－GN00140	汕头市金砂路100号友谊商业大厦1703单元	国内社
	汕头高新区四海旅行社有限公司	L－GD－GN00152	汕头市金新路125号	国内社
	汕头市好风光旅行社有限公司	L－GD－GN00153	汕头市金环路建南花园7幢首层	国内社
	汕头假日旅行社有限公司	L－GD－GN00187	汕头市建南花园5座一层101号	国内社
	汕头市海燕旅行社	L－GD－GN00188	汕头市海滨路4号	国内社
	汕头市南国商务旅行社	L－GD－GN00189	汕头市金砂路53号金凤城凤座凤头4楼西侧	国内社
	汕头市名胜旅行社有限公司	L－GD－GN00190	汕头市迎宾路建设大厦409、411房	国内社
	汕头市青云旅行社有限公司	L－GD－GN00192	汕头市金砂东路125号环碧花园10栋	国内社
	汕头市华天旅行社有限公司	L－GD－GN00195	汕头市水仙园26栋106室	国内社
	汕头市新永安旅行社有限公司	L－GD－GN00269	汕头市海滨花园西区30栋118号	国内社
	汕头市大地旅行社	L－GD－GN00271	汕头市汕樟路37号	国内社
	汕头海洋旅行社有限公司	L－GD－GN00292	汕头市龙眼路87号	国内社
	汕头广梅汕铁路旅行社	L－GD－GN00293	汕头市泰山路火车客站大楼首层出站口处	国内社
	南澳海之旅旅行社	L－GD－GN00333	汕头市南澳县后宅镇前江安居工程街景楼4号	国内社
	汕头市金潮旅行社有限公司	L－GD－GN00371	汕头市金陵路8号老干中心裙楼二层06号	国内社
	汕头市潮人旅行社有限公司	L－GD－GN00372	汕头市中山东路中泰花园8、12、17幢102号	国内社
	汕头市光大旅行社有限公司	L－GD－GN00373	汕头市龙湖区朝阳庄中区7栋104之6号房	国内社
	汕头市春秋旅行社有限公司	L－GD－GN00374	汕头市龙湖区丽水庄东区1幢103－203	国内社
	汕头市金叶旅行社	L－GD－GN00405	汕头市潮阳区棉新大道潮阳金叶大厦大堂内	国内社
	南澳县海岛旅行社有限公司	L－GD－GN00418	汕头市南澳县后宅镇海滨路6号	国内社
	汕头市龙泰旅行社有限公司	L－GD－GN00424	汕头市澄海区文祠西路48幢106号	国内社
	汕头市澄海区假日旅行社有限公司	L－GD－GN00425	汕头市澄海区德政路益冠园24－25号	国内社
	汕头市汕澄旅行社有限公司	L－GD－GN00427	汕头市澄海区凤翔中山南路70号	国内社
	汕头市广之旅旅行社有限公司	L－GD－GN00551	汕头市金砂东路春泽花园18－19幢03铺面	国内社
	汕头市新旅程旅行社有限公司	L－GD－GN00552	汕头市春泽庄中区1幢（锦龙商业大厦）608室	国内社
	汕头市航旅旅行社有限公司	L－GD－GN00553	汕头市珠江路丽日庄西区54幢北座303室	国内社
	汕头市佳辰旅行社有限公司	L－GD－GN00554	汕头市丹阳庄西一区14幢107室	国内社
	汕头市澳海信达旅行社有限公司	L－GD－GN00555	汕头市龙眼路31号之二	国内社

续表

地区	旅行社名称	许可证编号	地址	类别
汕头	汕头市青之旅旅行社有限公司	L－GD－GN00556	汕头市金环路30号之四	国内社
	汕头市金桥旅行社有限公司	L－GD－GN00557	汕头市龙湖区碧霞庄中区16－18座103号房	国内社
	汕头市顺成旅行社有限公司	L－GD－GN00654	汕头市澄海区澄华文祠西路424号	国内社
	汕头市泰昌旅行社有限公司	L－GD－GN00655	汕头市澄海区文冠路金冠园3栋9号	国内社
	汕头市清新旅行社有限公司	L－GD－GN00656	汕头市澄海区振兴路19栋3铺间	国内社
	汕头市汕之旅旅行社有限公司	L－GD－GN00681	汕头市外马路151号汕头商厦505房	国内社
	汕头市南安旅行社有限公司	L－GD－GN00707	汕头市长平路11街区财政大楼1105房	国内社
	汕头市环宇旅行社有限公司	L－GD－GN00708	汕头市金环路金环花园1栋211号	国内社
	汕头中国青年旅行社有限公司	L－GD－GN00878	汕头市长平路91号中源大厦402～403房	国内社
	汕头市乐阳旅行社有限公司	L－GD－GN00881	澄海区益民路300号铺间	国内社
	南澳县瀛南旅行社有限公司	L－GD－GN00882	南澳县前江安居工程西区A幢D102	国内社
	汕头市澄海区澄旅旅行社有限公司	L－GD－GN00890	澄海区德政路宜馨花园18号	国内社
	汕头市友好旅行社有限公司	L－GD－GN00934	汕头市中泰花园51、52栋115号商场	国内社
	汕头市泰达旅行社有限公司	L－GD－GN00944	汕头市滨港路银都翠苑2栋09号铺面	国内社
	汕头市澄海区华承旅行社有限公司	L－GD－GN00969	汕头市澄海区东里镇东里步行街4栋20号	国内社
	汕头市纵横游旅行社有限公司	L－GD－GN00988	汕头市公信路中侨园11座2楼02－03房	国内社
	汕头市顺驰旅行社有限公司	L－GD－GN00992	汕头市澄海区东里镇美园路12栋7号	国内社
	汕头市澄海区愉悦旅行社有限公司	L－GD－GN00995	汕头市澄海区东里镇东发工业区	国内社
	汕头市和泰旅行社有限公司	L－GD－GN01024	汕头市长平路53号	国内社
	汕头市康乐旅行社有限公司	L－GD－GN01049	汕头市金砂路134号中信世贸花园1、2栋111号	国内社
	汕头市新天地旅行社有限公司	L－GD－GN01083	汕头市迎宾路9号南梯204室	国内社
韶关（国际社1家，国内社43家）	韶关市中国旅行社有限责任公司	L－GD－GJ00143	韶关市熏风路12号综合大楼1、2楼	国际社
	翁源县旅游公司	L－GD－GN00048	翁源县城建国路14号	国内社
	乐昌市金鸡岭中国旅行社	L－GD－GN00049	乐昌市坪石镇金鸡路4号	国内社
	韶关市第一村旅行社	L－GD－GN00131	韶关市园前路供销大厦15楼	国内社
	韶关市粤泰旅行社有限公司	L－GD－GN00132	韶关市风采路104号	国内社
	韶关市曲江区旅游公司	L－GD－GN00202	曲江县马坝镇鞍山路45号	国内社
	乳源县旅游公司	L－GD－GN00203	乳源县城鹰峰西路	国内社
	乐昌市旅游有限公司	L－GD－GN00204	乐昌市乐城镇金融路11号	国内社
	南雄市旅游公司	L－GD－GN00205	南雄市雄州镇三影塔广场13栋7－8号	国内社
	韶关市国泰旅行社有限责任公司	L－GD－GN00246	韶关市风度北路中港大厦408室	国内社
	韶关市教育旅行社	L－GD－GN00249	韶关市解放路73号教育大厦三楼308、309室	国内社
	韶关商会旅行社	L－GD－GN00250	韶关市园前路9号1楼	国内社
	乐昌市长城旅行社	L－GD－GN00287	乐昌市昌山西路65号	国内社
	韶关市友好旅行社有限公司	L－GD－GN00402	韶关市熏风路16号首层	国内社
	韶关市风情旅行社有限公司	L－GD－GN00403	韶关市惠民南路南枫花园A1座29－30商铺	国内社
	韶关市曲江区阳光旅行社有限公司	L－GD－GN00404	韶关市曲江区马坝镇城南大道河源豪苑34栋	国内社
	始兴县旅游公司	L－GD－GN00433	始兴县红旗路60号	国内社
	韶关市中天旅行社有限公司	L－GD－GN00434	韶关市熏风路24号	国内社
	新丰县旅游公司	L－GD－GN00435	新丰县法政路4号	国内社
	韶关市职工旅行社	L－GD－GN00436	韶关市建国路7楼A401	国内社
	仁化县丹霞山旅行社有限公司	L－GD－GN00437	仁化县新城路61号	国内社

续表

地区	旅行社名称	许可证编号	地址	类别
韶关	仁化县丹霞山中国旅行社	L-GD-GN00474	丹霞山风景区内	国内社
	翁源县友谊旅行社有限公司	L-GD-GN00561	翁源县县城朝阳路45号	国内社
	韶关市大丹霞旅行社有限公司	L-GD-GN00600	韶关市园前西路六栋2楼	国内社
	韶关市健之旅旅行社有限公司	L-GD-GN00601	韶关市熏风路12号富康大厦首层5号商铺	国内社
	韶关市国之旅旅行社有限公司	L-GD-GN00602	韶关市解放路49号	国内社
	韶关市喜安交通旅行社有限公司	L-GD-GN00670	韶关市站道路56号	国内社
	韶关市广之旅旅行社有限公司	L-GD-GN00709	韶关市解放路162号韶华酒店504、505	国内社
	韶关市旅总旅行社有限公司	L-GD-GN00710	韶关市熏风路12号东南大厦2楼	国内社
	韶关市中青旅行社有限公司	L-GD-GN00756	韶关市园前路4号601房	国内社
	韶关市风采假日旅行社有限公司	L-GD-GN00760	韶关市浈江区东堤南路1号之8	国内社
	乐昌市中青旅行社有限公司	L-GD-GN00792	乐昌市文化路紫荆花苑8栋13号	国内社
	韶关市凤凰假期旅行社有限公司	L-GD-GN00793	韶关市园前路4号供销大厦3楼	国内社
	乳源瑶族自治县天翔旅行社有限责任公司	L-GD-GN00846	乳源县鹰峰东路	国内社
	韶关市快乐假期旅行社有限公司	L-GD-GN00847	韶关市浈江区风采路风采广场301号	国内社
	韶关市曲江区风光旅行社有限公司	L-GD-GN00853	韶关市曲江区马坝镇安山路34号计生局综合大楼首层南起第4-5号门店	国内社
	韶关市开心假日旅行社有限公司	L-GD-GN00857	韶关市风度北路123号	国内社
	乳源瑶族自治县大峡谷旅行社有限公司	L-GD-GN00933	乳源县乳城镇景江路1号	国内社
	乳源瑶族自治县瑶家源旅行社有限公司	L-GD-GN00961	乳源县鹰峰西路总工会一楼5号	国内社
	新丰县阿婆髻旅行社有限公司	L-GD-GN00986	新丰县公园内2号县文化广播局1楼	国内社
	翁源县龙翔旅行社有限公司	L-GD-GN00987	乳源县龙仙镇建国路8号龙翔大酒店龙翔楼首层	国内社
	新丰县交通旅行社有限公司	L-GD-GN01025	新丰县法政路4号	国内社
	韶关市武江区康乐旅行社有限公司	L-GD-GN01036	韶关市武江区新华南路艺苑大酒店茶艺馆首层	国内社
	始兴县新华书店新华旅行社	L-GD-GN01037	始兴县太平镇公教路56号1栋	国内社
河源（国际社2家，国内社27家）	河源市旅游总公司	L-GD-GJ00090	河源市兴源路华怡大厦首层	国际社
	河源市中国旅行社	L-GD-GJ00091	新市区文明路大众2号楼	国际社
	河源市源城区中国旅行社	L-GD-GN00007	河源市区大桥南路120号	国内社
	龙川县旅游总公司	L-GD-GN00008	龙川县老隆镇东风路50号	国内社
	紫金县中国旅行社	L-GD-GN00019	紫金县紫城镇新紫路57号	国内社
	紫金县旅游公司	L-GD-GN00050	紫金县紫城镇东风路63-2号	国内社
	和平县中国旅行社	L-GD-GN00051	和平县阳明镇东堤路30号	国内社
	河源市青年旅行社	L-GD-GN00145	河源市东华路11号行政服务中心1楼侧	国内社
	东源县万绿湖旅行社	L-GD-GN00146	河源市建设大道130号鸿翔华庭A2-101	国内社
	新丰江旅行社有限公司	L-GD-GN00252	河源市河源大道南17号（金利大酒店首层）	国内社
	连平县九连山旅行社	L-GD-GN00294	连平县商业局办公大楼首层	国内社
	河源市海峡旅行社	L-GD-GN00296	河源市大同路美食街80号	国内社
	河源市源城区假日旅行社	L-GD-GN00297	河源市学前坝旺业街西面5号101-103号	国内社
	河源市客家女旅行社有限公司	L-GD-GN00340	河源市新市区茶亭街茶园小区新1-201	国内社
	河源市桂山旅行社有限公司	L-GD-GN00341	河源市红星路振业馨园AB101	国内社

续表

地区	旅行社名称	许可证编号	地址	类别
河源	河源市华侨旅行社	L－GD－GN00342	河源市长安路 400 号 8 楼	国内社
	河源市大自然旅行社有限公司	L－GD－GN00343	河源市新市区富民街 17 号	国内社
	河源市绿意旅行社有限公司	L－GD－GN00665	河源市中山大道运恒花园 B 座 102 号	国内社
	河源市绿都旅行社有限公司	L－GD－GN00728	河源市新市区富民街 22－2 号	国内社
	河源市开心假日旅行社有限公司	L－GD－GN00799	河源市新市区兴源东路南边润祥居第十卡	国内社
	河源市槎城旅行社有限公司	L－GD－GN00800	河源市新市区华达北街西二巷 23 号	国内社
	龙川县客都旅行社有限公司	L－GD－GN00814	龙川县老隆镇东风西路 65 号	国内社
	河源市金旅旅行社有限公司	L－GD－GN00914	河源市大同路 239 号	国内社
	河源市翔丰旅行社有限公司	L－GD－GN00915	河源市翔丰国际酒店 1 楼商业街	国内社
	河源市源之旅旅行社有限公司	L－GD－GN00921	河源市中山大道西长安路北振业馨园二区 B103 号	国内社
	河源市嘉年华旅行社有限公司	L－GD－GN00922	河源市中堤路丽江城 B5 栋 13 号	国内社
	河源市东源县阳光假期旅行社有限公司	L－GD－GN00923	河源市东源县行政大道 18 号	国内社
	和平县新世纪旅行社有限公司	L－GD－GN00971	河源市和平县城和平大道 88 号	国内社
	连平县金色阳光旅行社有限公司	L－GD－GN01065	连平县元善镇商城东一街	国内社
梅州（国际社 3 家，国内社 30 家）	梅州市旅游总公司	L－GD－GJ00084	梅州市彬芳大道 28 号	国际社
	梅州市中国旅行社有限公司	L－GD－GJ00085	梅州市江南路 105 号	国际社
	梅县中国旅行社	L－GD－GJ00140	梅州市江边路 10 号	国际社
	梅州市客之旅旅行社有限公司	L－GD－GN00081	梅州市江南路 44 号	国内社
	丰顺县环游旅行社有限公司	L－GD－GN00082	丰顺县新世纪 24 区雄风大道 73 号	国内社
	梅州市梅江旅行社有限公司	L－GD－GN00106	梅州市梅江区鸿都花园和兴路 28 号	国内社
	梅州市金海旅行社有限公司	L－GD－GN00138	梅州市江南利民路 1 号	国内社
	蕉岭县华侨旅行社有限公司	L－GD－GN00206	蕉岭县蕉城镇溪峰路 24 号	国内社
	丰顺县温泉旅行社	L－GD－GN00251	丰顺县城汤坑路 151 号	国内社
	梅州市嘉能旅行社	L－GD－GN00261	梅州市嘉应中路一号 2 楼	国内社
	平远县中国旅行社	L－GD－GN00285	平远县平城南路 42 号	国内社
	大埔县梅河旅行社	L－GD－GN00331	大埔县文化路 111 号	国内社
	平远县五指石旅行社	L－GD－GN00344	平远县平远大道新村商住城	国内社
	梅州市假日旅行社有限公司	L－GD－GN00345	梅州市嘉应东路鸿雁小区 A 栋 9 号	国内社
	兴宁市永嘉旅行社	L－GD－GN00346	兴宁市兴城兴东路	国内社
	大埔县中国旅行社	L－GD－GN00441	大埔县城文化路 27 号	国内社
	兴宁市交通旅行社	L－GD－GN00486	兴宁市人民大道 3 号交通大厦 4 楼	国内社
	梅州市青年旅行社有限公司	L－GD－GN00487	梅州市江南嘉应东路金良新村 2 号	国内社
	五华县华之旅旅行社有限公司	L－GD－GN00498	五华县水寨镇华兴北路县政协大楼 1 楼	国内社
	梅州市悦佳旅行社有限公司	L－GD－GN00577	梅州市彬芳大道 41 号	国内社
	梅州市康辉旅行社有限公司	L－GD－GN00593	梅州市江边路 H 栋 18 号	国内社
	五华县风光旅行社有限公司	L－GD－GN00671	五华县水寨镇华侨直街	国内社
	梅州市东山旅行社有限公司	L－GD－GN00672	梅州市梅江区东郊（广东梅县东山中学侧）	国内社
	五华县华丰旅行社有限公司	L－GD－GN00685	五华县沿江路	国内社
	梅州市江南旅行社有限公司	L－GD－GN00744	梅州市彬芳大道 29 号	国内社
	丰顺县逢源旅行社有限公司	L－GD－GN00821	丰顺县汤坑镇汤坑路 49 号逢源酒店一楼 101 号	国内社

续表

地区	旅行社名称	许可证编号	地址	类别
梅州	梅州市远景旅行社有限公司	L-GD-GN00856	梅州市江南丽都西路客都大酒店B座首层	国内社
	蕉岭县桂岭旅行社有限公司	L-GD-GN00859	梅州市蕉岭县蕉城镇北街19号	国内社
	梅州市自家人旅行社有限公司	L-GD-GN00877	梅州市广梅路中高峰	国内社
	梅州市客乡情旅行社有限公司	L-GD-GN00959	梅州市江边路兴都苑3-4号	国内社
	兴宁市鹏飞旅行社有限公司	L-GD-GN00989	兴宁市兴城东风路79号	国内社
	梅州春秋旅行社有限公司	L-GD-GN01041	梅州市署前路9号	国内社
	梅州市嘉和旅行社有限公司	L-GD-GN01042	梅州市江南正兴路水岸新天1号	国内社
惠州（国际社3家，国内社34家）	惠州环宇国际旅行社有限公司	L-GD-GJ00030	惠州市南坛南路21号	国际社
	惠州市中国旅行社	L-GD-GJ00098	惠州市鹅岭南路22号	国际社
	惠州市青年国际旅行社有限公司	L-GD-GJ00203	惠州市花边北路7号鸿升大厦1-2楼	国际社
	惠州市东江旅行社有限公司	L-GD-GN00009	惠州市新岸路一号国商大厦A栋11楼F	国内社
	惠州市虹海旅行社有限公司	L-GD-GN00010	惠州市下角东路5号	国内社
	惠东县旅游服务公司	L-GD-GN00012	惠东县平山镇新平路爱华围	国内社
	博罗县中国旅行社	L-GD-GN00014	博罗县罗阳镇桥西四路乐圆里	国内社
	广东省罗浮山旅游开发总公司	L-GD-GN00016	博罗县罗浮山朱明洞景区内	国内社
	惠州市西湖旅游总公司	L-GD-GN00074	惠州市鹅岭北路23号之一	国内社
	龙门县旅游公司	L-GD-GN00079	龙门县城香滨路3号	国内社
	博罗县旅游总公司	L-GD-GN00211	博罗县城北门路133号	国内社
	惠州康辉旅行社有限公司	L-GD-GN00321	惠州市长寿路圆通桥大厦首层104号	国内社
	龙门县新华旅行社有限公司	L-GD-GN00323	龙门县龙城镇新兴路1号	国内社
	惠州市金山旅行社有限公司	L-GD-GN00325	惠州市下埔南二街一巷3号	国内社
	惠州市畅游旅行社有限公司	L-GD-GN00326	惠州市南坛南路20号沿街2号门店	国内社
	惠州市惠阳联华旅行社有限公司	L-GD-GN00327	惠州市惠阳区淡水镇石坑四路77号	国内社
	惠州市芳华旅行社	L-GD-GN00354	惠州市惠城区环城西一路21号附楼	国内社
	惠东县新世纪旅行社有限公司	L-GD-GN00355	惠东县平山镇利埔路37号	国内社
	博罗新青年旅行社有限责任公司	L-GD-GN00358	博罗县罗阳镇罗阳二富华花园D2座	国内社
	惠州康达旅行社有限公司	L-GD-GN00359	惠州市惠东县平山镇广汕路161号	国内社
	惠州市国泰旅行社	L-GD-GN00361	惠州市下埔路北二街8号	国内社
	惠州西湖中国旅行社	L-GD-GN00470	惠州市惠城区南坛北路27号滨江苑D栋2楼	国内社
	惠州市联运旅行社有限公司	L-GD-GN00489	博罗县罗阳镇建设路5栋	国内社
	惠州市永记旅行社有限公司	L-GD-GN00514	惠州市螺仔湖一路2号流芳宾馆2楼	国内社
	龙门县南昆山盈泰旅行社有限公司	L-GD-GN00558	龙门县南昆山生态旅游区下坪	国内社
	惠州市惠之旅旅行社有限公司	L-GD-GN00578	惠州市惠城区麦地麦新路13号	国内社
	惠州大亚湾龙泉旅行社有限公司	L-GD-GN00721	惠州市大亚湾澳头安惠大道73号3楼	国内社
	惠州大亚湾海岸旅行社有限公司	L-GD-GN00729	惠州市大亚湾北澳大道1号	国内社
	惠州市惠阳区泰阳旅行社	L-GD-GN00838	惠阳区淡水镇白云二路53号旅游大厦1楼	国内社
	惠州市大亚湾顺安旅行社有限公司	L-GD-GN00840	惠州市大亚湾西区上杨	国内社
	惠州市大众旅行社有限公司	L-GD-GN00893	惠州市南门路龙船街2号1楼	国内社
	惠州市好风景旅行社有限公司	L-GD-GN00894	惠州市惠阳区淡水镇万顺一路	国内社
	惠州市假日风光旅行社有限公司	L-GD-GN00913	惠州市麦地路幸福家园第一栋二层14号	国内社
	惠州市好尔游旅行社有限公司	L-GD-GN00930	惠州市惠沙堤15号滨江花园B座堤上一层1号	国内社

续表

地区	旅行社名称	许可证编号	地址	类别
惠州	惠州市时代青年旅行社有限公司	L－GD－GN00931	惠州市惠阳区淡水街道办事处白云四路 72 号	国内社
	惠州市假日旅行社有限公司	L－GD－GN01026	惠州市下角中路 20 号江南汽车修配厂办公楼	国内社
	惠州市四海达旅行社有限公司	L－GD－GN01060	惠州市惠东县平山镇新平路党校侧银都大厦 A 栋	国内社
汕尾（国际社 2 家，国内社 14 家）	汕尾市旅游总公司	L－GD－GJ00086	汕尾市公园路西（城南路交界处）	国际社
	汕尾市中国旅行社	L－GD－GJ00122	汕尾市香洲路龙富花园 B 栋 5－6 号	国际社
	陆丰市碣石玄武山旅游服务公司	L－GD－GN00054	陆丰市碣石玄武山旅游区内	国内社
	海丰县旅游服务公司	L－GD－GN00212	海丰县城海银路	国内社
	海丰县中国旅行社	L－GD－GN00213	海丰县海城镇城北居委（穿城路北侧）	国内社
	汕尾市红海湾旅行社	L－GD－GN00329	汕尾红海湾开发区田乾人民中路 153 号	国内社
	汕尾市东方旅行社有限公司	L－GD－GN00338	汕尾市区文明南路 209 号	国内社
	陆河县惠康旅行社有限公司	L－GD－GN00562	陆河县朝阳路 116 号	国内社
	汕尾市汕之旅旅行社有限公司	L－GD－GN00615	汕尾市区美丽华大酒店 1 楼后右侧	国内社
	陆河县绿之旅旅行社有限公司	L－GD－GN00759	陆河县城朝阳路 92 号	国内社
	海丰红之旅旅行社有限公司	L－GD－GN00807	海丰县海城镇广富公路局宿舍东侧 1－2 间	国内社
	汕尾市新青年旅行社有限公司	L－GD－GN00854	汕尾市汕尾大道中盐业大厦一楼 4－5 号	国内社
	海丰县丰收之旅旅行社有限公司	L－GD－GN00898	海丰县海城镇红城大道西（县水利局对面）	国内社
	陆丰市陆之旅旅行社有限公司	L－GD－GN01020	陆丰市陆城人民路 88 号	国内社
	陆丰市东陆旅行社有限公司	L－GD－GN01021	陆丰市东海镇洛州东路 3 号	国内社
	汕尾市阳光旅行社有限公司	L－GD－GN01055	汕尾市城区城苑路 2 栋 101 号	国内社
东莞（国际社 9 家，国内社 33 家）	东莞市国际旅行社有限公司	L－GD－GJ00065	东莞市东城区东城大道 188 号新华大厦 3 楼	国际社
	东莞市中国旅行社有限公司	L－GD－GJ00066	东莞市南城区元美路华凯广场 A 座二层	国际社
	广东国泰国际旅行社有限公司	L－GD－GJ00189	东莞市莞城区新芬路 66 号	国际社
	东莞康辉国际旅行社有限公司	L－GD－GJ00190	东莞市城区东纵大道 3 号东湖花园商城 1 层	国际社
	东莞市腾龙假日国际旅行社有限公司	L－GD－GJ00205	东莞市东城区东城中心 A2 区 A 二层－19 层商铺	国际社
	东莞市景鸿国际旅行社有限公司	L－GD－GJ00246	东莞市东城南路联和大厦 8 楼	国际社
	东莞市东华国际旅行社有限公司	L－GD－GJ00247	东莞市东城区岗贝东城东路 5 号东华大厦 1－2 楼	国际社
	东莞市四海国际旅行社有限公司	L－GD－GJ00249	东莞市莞城区东城大道东平街 223 号	国际社
	东莞市青年国际旅行社有限公司	L－GD－GJ00250	东莞市城区新芬路 42 号	国际社
	东莞市泰平旅行社有限公司	L－GD－GN00002	东莞市虎门镇龙泉宾馆 7 楼	国内社
	东莞市石龙旅行社	L－GD－GN00055	东莞市石龙镇绿化中路 2 号	国内社
	东莞市丰行旅行社有限公司	L－GD－GN00092	东莞市城区罗沙路 126 号金沙大厦	国内社
	东莞市讯通旅行社有限公司	L－GD－GN00128	东莞市城区莞太大道 5 号讯通大楼	国内社
	东莞市阳光旅行社有限公司	L－GD－GN00179	东莞市南城区簪花路 8 号华凯豪庭活力中心	国内社
	东莞市明珠旅行社有限公司	L－GD－GN00247	东莞市南城区莞太路 8 号综合大楼 5 楼	国内社
	东莞市志诚旅行社有限公司	L－GD－GN00413	东莞市东城南路联和大厦六层 609 号	国内社
	东莞市南湖旅行社有限公司	L－GD－GN00414	东莞市莞城路南城大厦 10 楼 2－3 号	国内社
	东莞市华南旅行社有限公司	L－GD－GN00440	东莞市新城市中心区簪花路 18 号	国内社
	东莞市南方观光旅行社有限公司	L－GD－GN00482	东莞市莞太路口创业新村 6 号楼	国内社
	东莞市华夏旅行社有限公司	L－GD－GN00483	东莞市南城区元岭路新街 4 号	国内社
	东莞市广之旅旅行社有限公司	L－GD－GN00581	东莞市莞城东城大道 188 号新华大厦 3 楼	国内社
	东莞市君达假期旅行社有限公司	L－GD－GN00587	东莞市东城大道世博广场 K 区 303 室	国内社

续表

地区	旅行社名称	许可证编号	地址	类别
东莞	东莞市开心假日旅行社有限公司	L-GD-GN00604	东莞市南城区莞太大道7号之一、二楼	国内社
	东莞市幸福假期旅行社有限公司	L-GD-GN00607	东莞市东城区南城路93号3楼	国内社
	东莞市新华旅行社有限公司	L-GD-GN00629	东莞市虎门镇金洲北坊新区2号新华旅游大厦	国内社
	东莞市康福旅行社有限公司	L-GD-GN00711	东莞市莞城区八达路124号电子大厦6楼	国内社
	东莞市金旅假期旅行社有限公司	L-GD-GN00712	东莞市厚街镇深水坑嘉逸楼1-2层	国内社
	东莞市粤晖旅行社有限公司	L-GD-GN00713	东莞市道滘镇外环工业大道大罗沙路段	国内社
	东莞市南方阳光商务旅行社有限公司	L-GD-GN00776	东莞市虎门镇港口路12号新丰大厦首层	国内社
	东莞市文康旅行社有限公司	L-GD-GN00885	东莞市长安镇长中路22号	国内社
	东莞市光大交通旅行社有限公司	L-GD-GN00886	东莞市万江曲海社区市汽车总站二楼1室	国内社
	东莞市欢泰旅行社有限公司	L-GD-GN00902	东莞市虎门镇太沙路81号地铺	国内社
	东莞市东行天下旅行社有限公司	L-GD-GN00916	东莞市东城区旗峰路国泰大厦大堂内1号铺	国内社
	东莞市畅游天地旅行社有限公司	L-GD-GN00942	东莞市城区县正路12号	国内社
	东莞市永泰旅行社有限公司	L-GD-GN00957	东莞市南城区新城市中心区菊香苑35幢182号二楼B1室	国内社
	东莞市优游旅行社有限公司	L-GD-GN01011	东莞市东城区新世纪花园东城支路5号A铺	国内社
	东莞市携程旅行社有限公司	L-GD-GN01012	东莞市南城区莞太路与建设路交会处福民大厦北楼709号B	国内社
	东莞市天马旅行社有限公司	L-GD-GN01040	东莞市常平镇常东路华美酒店1楼	国内社
	东莞市松山湖旅行社有限公司	L-GD-GN01052	东莞市松山湖松科苑3号2楼	国内社
	东莞市宏途旅行社有限公司	L-GD-GN01086	东莞市城区金牛路八达花园A5区23号	国内社
	东莞市金泰旅行社有限公司	L-GD-GN01087	东莞市虎门镇太沙路81号水利所地铺之一	国内社
	东莞市江南假期旅行社有限公司	L-GD-GN01088	东莞市常平镇沿河东路威盛商务大厦302	国内社
中山（国际社8家，国内社12家）	中山市海外旅游有限公司	L-GD-GJ00012	中山市东区怡华街10号	国际社
	中山中国国际旅行社有限公司	L-GD-GJ00026	中山市石岐东区恒信花园A区第六幢49-62卡	国际社
	中山中国旅行社	L-GD-GJ00027	中山市东区恒信花园B区53-57号	国际社
	中山温泉国际旅行社有限公司	L-GD-GJ00076	中山市东区银通街19号之十三	国际社
	中山市东方国际旅行社有限公司	L-GD-GJ00077	中山东区恒信花园A区十幢89-92卡	国际社
	中山菊城假期国际旅行社有限公司	L-GD-GJ00078	中山市小榄镇新市路95号之二	国际社
	中山市青年国际旅行社有限公司	L-GD-GJ00186	中山市岐关西路口青旅大厦	国际社
	中山市职工国际旅行社有限公司	L-GD-GJ00225	中山市石岐孙文东路90号之三 职旅大厦	国际社
	中山交通旅行社	L-GD-GN00121	中山市中山一路111号	国内社
	中山市星星旅行社有限公司	L-GD-GN00573	中山市东区银通街19号之五	国内社
	中山市新旅假期旅行社有限公司	L-GD-GN00667	中山市小榄镇新永路90号第四铺	国内社
	中山市南湖旅行社有限公司	L-GD-GN00790	中山市东区体育路恒信花园D区5栋31-32	国内社
	中山市假日旅行社有限公司	L-GD-GN00813	中山市西区富华道72号兴业大厦三楼305	国内社
	中山市乐途旅行社有限公司	L-GD-GN00875	中山市东区朗晴轩19栋3卡商铺	国内社
	中山新联假期旅行社有限公司	L-GD-GN00928	中山市石岐区湖滨中路31号10-11卡	国内社
	中山市富达旅行社有限公司	L-GD-GN00945	中山市西区富华道133号1楼	国内社

续表

地区	旅行社名称	许可证编号	地址	类别
中山	中山市阳光假期旅行社有限公司	L－GD－GN01034	中山市东区起湾道盛景园10－13栋首层4卡及夹层4卡	国内社
	中山市世纪行旅行社有限公司	L－GD－GN01038	中山市东区华苑大街76号	国内社
	中山市大视角旅行社有限公司	L－GD－GN01039	中山市石岐区中山二路52号2栋102卡	国内社
	中山市广博旅行社有限公司	L－GD－GN01072	中山市东区银通街15号中座三层商场（中卡）	国内社
江门（国际社8家，国内社37家）	江门市大方旅游国际旅行社有限公司	L－GD－GJ00014	江门市蓬江区白沙大道西6号101首层	国际社
	江门市中国旅行社有限公司	L－GD－GJ00040	江门市蓬江区跃进路长乐里28号1至4楼	国际社
	台山市旅游公司	L－GD－GJ00106	台山市台城镇环北大道石花华侨新村19号	国际社
	鹤山市中国旅行社	L－GD－GJ00108	鹤山市沙坪北湖路1号	国际社
	江门市新会区海外旅游公司	L－GD－GJ00126	江门市新会区会城冈州大道中60号	国际社
	台山中国旅行社	L－GD－GJ00139	台山市台城镇通济路1号	国际社
	江门市国旅国际旅行社有限公司	L－GD－GJ00152	江门市白沙大道西2号	国际社
	开平市广旅国际旅行社	L－GD－GJ00175	开平市长沙东路3号地下	国际社
	恩平广之旅旅行社有限公司	L－GD－GN00057	恩平市东门广场商业城B座7号之一	国内社
	江门市新会区金辉旅行社有限公司	L－GD－GN00059	江门市新会区会城朱紫路60号	国内社
	鹤山市旅游公司	L－GD－GN00124	鹤山市沙坪镇前进路28号	国内社
	开平市中国旅行社有限公司	L－GD－GN00215	开平市三埠区长沙文新路1号	国内社
	恩平中国旅行社	L－GD－GN00216	恩平市西堤路33号	国内社
	江门市新会区开心旅行社有限公司	L－GD－GN00253	江门市新会区会城知政南路2号101室	国内社
	江门市教育旅行社有限公司	L－GD－GN00330	江门市广新路9号首层	国内社
	江门市中新旅行社有限公司	L－GD－GN00339	江门市白沙大道西44号之一	国内社
	江门市威威旅行社有限公司	L－GD－GN00384	江门市建设路42号	国内社
	台山市川岛旅行社有限公司	L－GD－GN00469	台山市台城镇平湖路2号首层	国内社
	台山市中侨旅行社有限公司	L－GD－GN00479	台山市南门路117号	国内社
	江门市青年旅行社有限责任公司	L－GD－GN00515	江门市蓬江区建设路30号首层	国内社
	江门广之旅旅行社有限公司	L－GD－GN00516	江门市蓬江区白沙大道西23号	国内社
	江门市欢乐旅行社有限责任公司	L－GD－GN00518	江门市蓬莱路28号	国内社
	江门市白云旅行社有限公司	L－GD－GN00519	江门市跃进路100号	国内社
	鹤山市好景旅行社有限公司	L－GD－GN00520	鹤山市沙坪镇裕民路163号	国内社
	江门新会区风光旅行社有限公司	L－GD－GN00526	江门市新会区会城镇冈州大道中50号	国内社
	江门市新会区春秋假日旅行社有限公司	L－GD－GN00527	江门市新会区会城中心南路12号	国内社
	江门市新会区阳光旅行社有限公司	L－GD－GN00528	江门市新会区会城镇募兴路20号103～105室	国内社
	江门市新会区时尚旅行社有限公司	L－GD－GN00529	江门市新会区东庆北路26号106－2室	国内社
	江门市假日旅行社有限公司	L－GD－GN00631	江门市美景路9号101室	国内社
	江门市新会方健旅行社有限公司	L－GD－GN00715	江门市新会区会城东庆北路5号3座101室	国内社
	江门市飞扬旅行社有限公司	L－GD－GN00769	江门市蓬江区建设路49号	国内社
	江门市江海区国皓旅行社有限公司	L－GD－GN00784	江门市江海区江海一路35号	国内社
	江门市新会区理想旅行社有限公司	L－GD－GN00801	江门市新会区会城镇中心南路12号106室	国内社
	江门市大观旅行社有限公司	L－GD－GN00815	江门市蓬江区白沙大道西4号2～4卡铺位	国内社
	恩平市锦江旅行社有限公司	L－GD－GN00889	恩平市东门路18号	国内社

续表

地区	旅行社名称	许可证编号	地址	类别
江门	开平市印象碉楼旅行社有限公司	L－GD－GN00927	开平市长沙曙光东路城市广场110－112号	国内社
	江门市新浪旅行社有限公司	L－GD－GN00932	江门市迎宾路五邑学校伟伦中心首层	国内社
	台山市乐途旅行社有限公司	L－GD－GN00943	台山市台城镇石化路科学馆内	国内社
	恩平市知己旅行社有限公司	L－GD－GN00949	恩平市恩城新塔路1号4栋首层4－5号商铺	国内社
	江门市华厦旅行社有限公司	L－GD－GN00950	江门市新会区会城圭峰路3号	国内社
	江门市环宇旅行社有限公司	L－GD－GN00951	江门市江华路114号之一首层	国内社
	恩平市泉之旅旅行社有限公司	L－GD－GN00960	恩平市桥峰路48号金汇豪庭一栋铺位1号	国内社
	开平市金典旅行社有限公司	L－GD－GN00985	开平市长沙三埠区曙光西路64号	国内社
	鹤山市八方商旅旅行社有限公司	L－GD－GN01077	鹤山市沙坪镇东升路37号	国内社
	鹤山春秋假日旅行社有限公司	L－GD－GN01084	鹤山市沙坪镇前进路26号	国内社
佛山（国际社21家，国内社47家）	佛山市禅之旅国际旅行社有限公司	L－GD－GJ00013	佛山市禅城区汾江南路8号首层	国际社
	广东顺之旅国际旅行社有限公司	L－GD－GJ00029	佛山市顺德区大良南国中路顺之旅大厦	国际社
	佛山市南海中旅假日国际旅行社有限公司	L－GD－GJ00036	佛山市南海区桂城南海大道商贸大厦2楼	国际社
	佛山国旅国际旅行社有限公司	L－GD－GJ00038	佛山市禅城区汾江南路75号	国际社
	佛山市中旅国际旅行社有限公司	L－GD－GJ00039	佛山市祖庙路14号1座	国际社
	佛山市金马旅游（集团）公司	L－GD－GJ00092	佛山市体育路46号	国际社
	佛山市顺德区中旅国际旅行社有限公司	L－GD－GJ00093	佛山市顺德区大良环市北路明阳楼二座首、二层	国际社
	佛山市三水中旅集团有限公司国际旅行社	L－GD－GJ00094	佛山市三水新华路42号	国际社
	佛山海外国际旅行社有限公司	L－GD－GJ00095	佛山市南海区桂城南海大道北38号	国际社
	佛山市高明区旅游公司	L－GD－GJ00096	佛山市高明区荷城文华路560号	国际社
	佛山市高明区中国旅行社	L－GD－GJ00097	佛山市高明区荷城沿江路56号	国际社
	佛山市三水之旅国际旅行社有限公司	L－GD－GJ00127	佛山市三水区西南街道康乐路9号	国际社
	佛山市华银国际旅行社有限公司	L－GD－GJ00159	佛山市南海区桂城佛平路112号东骏大厦407楼	国际社
	佛山市口岸国际旅行社有限公司	L－GD－GJ00160	顺德区大良近良居委会环市东路康湖名苑商厦南座6楼A之一	国际社
	佛山市康辉国际旅行社有限公司	L－GD－GJ00174	佛山市顺德区大良蓝田路27号	国际社
	佛山市顺德广之旅国际旅行社有限公司	L－GD－GJ00201	佛山市顺德区大良云路居委碧溪路又一居商铺4－7号铺	国际社
	佛山市上游国际旅行社有限公司	L－GD－GJ00204	佛山市顺德区大良友谊路顺利德大厦3－5号铺	国际社
	佛山市天宁国际旅行社有限公司	L－GD－GJ00206	佛山市华远东路19号侨都大厦2楼	国际社
	佛山明媚假期国际旅行社有限公司	L－GD－GJ00208	佛山市禅城区汾江西路1号14楼B座之三	国际社
	佛山市康健国际旅行社有限公司	L－GD－GJ00234	佛山市顺德区大良沿江北路121号建设大厦第3层D区1号写字楼	国际社
	佛山广之旅国际旅行社有限公司	L－GD－GJ00244	佛山市季华七路2号怡翠玫瑰园12－13座P110号铺第二单元	国际社
	佛山市南海区金都旅行社	L－GD－GN00144	佛山市南海区佛山机场路口金都大酒店内	国内社
	佛山市中宇假期旅行社有限公司	L－GD－GN00185	佛山市禅城区祖庙路56号	国内社

续表

地区	旅行社名称	许可证编号	地址	类别
佛山	佛山市顺德区英特商务旅行社有限公司	L－GD－GN00313	顺德区大良县东路35－53号信德楼35－53号	国内社
	佛山市顺德区青年旅行社有限公司	L－GD－GN00314	顺德区大良镇环市东路府又花园三座16－17号	国内社
	佛山市南之旅旅行社有限公司	L－GD－GN00328	佛山市南海区桂城南海大道原华南针织厂房1楼	国内社
	佛山市顺德区星光假期旅行社有限公司	L－GD－GN00353	顺德区大良街道办锦龙大道154号	国内社
	佛山市顺德区康之旅旅行社有限公司	L－GD－GN00375	佛山市顺德区大良街道办事处文秀居委会县东路信德楼51号铺	国内社
	佛山市青年旅行社有限公司	L－GD－GN00419	佛山市南海区大沥园东路西五巷1号首层	国内社
	佛山市永安假期旅行社有限公司	L－GD－GN00422	佛山市佛平路军桥大厦7号首层	国内社
	佛山市盈之旅旅行社有限公司	L－GD－GN00431	佛山市禅城区发展大厦30字楼（第28层）H号	国内社
	佛山市明之旅旅行社有限公司	L－GD－GN00443	佛山市桂城南兴三路桂城街道办侧14、15铺	国内社
	佛山市金华旅行社有限公司	L－GD－GN00459	佛山市禅城区季华五路28号首层	国内社
	佛山市顺德区环宇旅行社有限公司	L－GD－GN00488	顺德区大良县东路6号	国内社
	佛山市顺德区企发旅行社有限公司	L－GD－GN00503	佛山市顺德区大良街道凤山西路19号首层之一	国内社
	佛山市捷旅假期旅行社有限公司	L－GD－GN00521	佛山市顺德区大良县前路四巷1号	国内社
	佛山市新联假期旅行社有限公司	L－GD－GN00591	佛山市南海区桂城季华七路2号怡翠玫瑰园12－13座首层P110号之三铺	国内社
	佛山市南海时尚假期旅行社有限公司	L－GD－GN00592	佛山市南海区大沥香基东路中北信用社侧	国内社
	佛山市纵横天地旅行社有限公司	L－GD－GN00630	佛山市禅城区平远直街10号202室	国内社
	佛山市凤凰旅行社有限公司	L－GD－GN00698	佛山市禅城区金澜北路25号金华园1座首层	国内社
	佛山市喜之旅旅行社有限公司	L－GD－GN00732	佛山市南海区桂城海三路28号A座地下11号铺位	国内社
	佛山市三水天下游旅行社有限公司	L－GD－GN00743	佛山市三水区西南街康乐路11号	国内社
	佛山市学旅假期旅行社有限公司	L－GD－GN00745	佛山市南海区桂城南新一路清华园2号铺	国内社
	佛山市逍遥天下旅行社有限公司	L－GD－GN00752	佛山市禅城区惠景一街3号A7铺	国内社
	佛山市南湖旅行社有限公司	L－GD－GN00757	佛山市禅城区汾江中路侨苑新村二栋二楼之二	国内社
	佛山东方假日旅行社有限公司	L－GD－GN00772	佛山市禅城区汾江南164号佛山市工商大厦2楼201室	国内社
	佛山市风景线商务旅行社有限公司	L－GD－GN00791	佛山市顺德区大良县东路38号之一	国内社
	佛山市三水区畅游天下旅行社有限公司	L－GD－GN00822	佛山市三水区西南街童乐路5号	国内社
	佛山市顺德区同乐旅行社有限公司	L－GD－GN00823	佛山市顺德区大良丹桂路御景园二期3号铺	国内社
	佛山市顺德区澳之旅旅行社有限公司	L－GD－GN00824	佛山市顺德区大良街道办升平居委会新路79号铺	国内社
	佛山市南海区三人行旅行社有限责任公司	L－GD－GN00858	佛山市南海区盐步穗盐路穗景楼3号铺	国内社
	佛山市和平旅行社有限公司	L－GD－GN00860	佛山市禅城区市东下路39号之三首层、二层	国内社
	佛山市三水区美丽华旅行社有限公司	L－GD－GN00863	佛山市三水区西南街道健力宝北路33号	国内社
	佛山市顺德区广中假日旅行社有限公司	L－GD－GN00887	佛山市顺德区大良镇凤山东路雍翠庭8号铺	国内社

续表

地区	旅行社名称	许可证编号	地址	类别
佛山	佛山市高明沧江旅行社有限公司	L－GD－GN00899	佛山市高明区荷城街文华路645号铺	国内社
	佛山开心假期旅行社有限公司	L－GD－GN00929	佛山市高明区文明路285号	国内社
	佛山市新之旅旅行社有限公司	L－GD－GN00955	佛山市禅城区汾江西路1号外贸大厦B座14楼	国内社
	佛山市浩兴旅行社有限公司	L－GD－GN00967	佛山市南海区里水镇新兴二路39号	国内社
	佛山市万顺旅行社有限公司	L－GD－GN00991	佛山市顺德区陈村镇锦龙路综合大楼第一号铺	国内社
	佛山凤腾旅行社有限公司	L－GD－GN00994	佛山市祖庙路33号百花广场4108－09室	国内社
	佛山市华之旅旅行社有限公司	L－GD－GN01018	佛山市高明区西安河江区跃华路广德巷梁竞强集资楼首层101号商铺	国内社
	佛山市美之旅旅行社有限公司	L－GD－GN01019	佛山市禅城区大福南路26号2区六至十座首层29号	国内社
	佛山市粤龙旅行社有限公司	L－GD－GN01056	佛山市禅城区金澜北路17号7楼C单元	国内社
	佛山市羊城之旅旅行社有限公司	L－GD－GN01061	佛山市南海区桂城佛平二路73号首层	国内社
	佛山市金之旅旅行社有限公司	L－GD－GN01068	佛山市海南区金都大酒店附楼1楼	国内社
	佛山市星辰旅行社有限公司	L－GD－GN01078	佛山市禅城区祖庙路33号4127室	国内社
	佛山市康怡假期旅行社有限公司	L－GD－GN01080	佛山市南海区桂圆东一路7座首层	国内社
	佛山市缤纷旅行社有限公司	L－GD－GN01090	佛山市顺德区大良街道办事处文秀居委会文秀路36号铺	国内社
阳江（国际社2家，国内社20家）	阳江市国旅国际旅行社有限公司	L－GD－GJ00124	阳江市东风一路长江国际俱乐部附楼	国际社
	阳江市中国旅行社有限公司	L－GD－GJ00125	阳江市东风二路35号	国际社
	阳江市江城区江之旅旅行社有限公司	L－GD－GN00060	阳江市江城区漠江路201号	国内社
	阳东东之旅旅行社	L－GD－GN00061	阳东县城龙日路33号	国内社
	阳江市海陵岛闸坡旅游公司	L－GD－GN00063	阳江市海陵岛闸坡镇大角湾风景区	国内社
	阳江市青年旅行社有限公司	L－GD－GN00168	阳江市江城区西平路中源园F栋701房	国内社
	阳春市旅游总公司	L－GD－GN00217	春城镇南新大道6号	国内社
	阳春市中国旅行社	L－GD－GN00218	春城镇朝南路8号	国内社
	阳春市安泰旅行社	L－GD－GN00258	阳春市东湖中路72号	国内社
	阳江市华龙旅行社有限公司	L－GD－GN00316	阳江市东风三路14号首层东二商铺	国内社
	阳江市开心旅行社有限公司	L－GD－GN00451	阳江市石湾南路81号	国内社
	阳东县青年旅行社	L－GD－GN00458	阳东县始兴北路35号	国内社
	阳春市虹日旅行社有限责任公司	L－GD－GN00500	阳春市南新大道2号登宝大厦首层014号	国内社
	阳江市龙之旅旅行社有限公司	L－GD－GN00501	阳江市二环路1号	国内社
	阳江市天天旅行社有限公司	L－GD－GN00504	阳江市漠江路315号A幢之4号	国内社
	阳江市新里程旅行社有限公司	L－GD－GN00505	阳江市东风二路荣华小区1＋1号	国内社
	阳江市华泰旅行社有限公司	L－GD－GN00594	阳江市东风一路48号	国内社
	阳江市海之旅旅行社有限公司	L－GD－GN00837	阳江市区安宁路经协小区A18号	国内社
	阳江市闸坡大角湾旅行社有限公司	L－GD－GN00884	阳江市闸坡镇旅游大道118号	国内社
	阳春春之旅旅行社有限公司	L－GD－GN00954	阳春市朝南路4号（市政府对面）	国内社
	阳江市海陵岛海岛旅行社有限公司	L－GD－GN00977	阳江市闸坡镇旅游大道中162号	国内社
	阳江市黄金假日旅行社有限公司	L－GD－GN01000	阳江市安宁路101号	国内社

续表

地区	旅行社名称	许可证编号	地址	类别
湛江 （国际社3家，国内社23家）	湛江市旅游总公司	L－GD－GJ00017	湛江市霞山区海昌路20号	国际社
	湛江中国国际旅行社有限公司	L－GD－GJ00087	湛江市人民大道中34号开发区财政局2楼	国际社
	湛江市中国旅行社有限公司	L－GD－GJ00088	湛江市霞山区人民大道南18号	国际社
	湛江市青年旅行社	L－GD－GN00064	湛江市霞山区人民大道南39号	国内社
	湛江铁路旅行社	L－GD－GN00066	湛江市霞山区解放西路40号火车站大楼内	国内社
	湛江富海旅行社有限公司	L－GD－GN00142	湛江市霞山区文明中路4号	国内社
	湛江市南珠旅行社有限公司	L－GD－GN00263	湛江市霞山区人民大道南75号	国内社
	雷州市旅游总公司	L－GD－GN00266	雷州市西湖大道053号	国内社
	徐闻县旅游公司	L－GD－GN00267	徐闻县徐城德新一路87号	国内社
	湛江市金紫荆假日旅行社有限公司	L－GD－GN00445	湛江市霞山区人民大道南45号国贸大厦10楼A10	国内社
	湛江市阳光旅行社有限公司	L－GD－GN00446	湛江市赤坎区中山一路2号世贸大厦1幢C座202室	国内社
	湛江市神州假期旅行社有限公司	L－GD－GN00506	湛江市赤坎区海园路华盛家园鑫怡阁商铺15号2楼	国内社
	湛江市粤华航空旅行社有限公司	L－GD－GN00507	湛江经济技术开发区人民大道中29号	国内社
	湛江广之旅旅行社有限公司	L－GD－GN00508	湛江市赤坎区海田路28号3楼	国内社
	湛江市金来旅行社有限公司	L－GD－GN00509	湛江市赤坎区南桥南路60号（华景公寓侧）	国内社
	湛江市缤纷假日旅行社有限公司	L－GD－GN00582	湛江市霞山区人民大道南20号2楼	国内社
	湛江湛之旅旅行社有限公司	L－GD－GN00608	湛江市赤坎区百园路54号	国内社
	湛江市霞山教育旅行社有限公司	L－GD－GN00609	湛江市霞山区录塘路63号	国内社
	湛江市天马旅行社有限公司	L－GD－GN00632	湛江市霞山区海昌路20号首层	国内社
	湛江市环球旅行社有限公司	L－GD－GN00754	湛江市霞山区人民大道南69号首层右边	国内社
	湛江市蓝月湾旅行社有限公司	L－GD－GN00767	湛江市海滨二路32号海滨宾馆内	国内社
	湛江海旅旅行社有限公司	L－GD－GN00861	湛江市霞山区人民大道南6号	国内社
	湛江湖光岩旅行社	L－GD－GN00936	湛江市湖光岩风景区内	国内社
	湛江市怡海旅行社有限公司	L－GD－GN00937	湛江市霞山区民治路185号1楼	国内社
	湛江市风光旅行社有限公司	L－GD－GN01022	湛江市龙潮路湛江美食休闲广场	国内社
	湛江市中泰旅行社有限公司	L－GD－GN01047	湛江市赤坎区海天东三路6号	国内社
茂名 （国际社2家，国内社15家）	茂名市国旅国际旅行社有限公司	L－GD－GJ00123	茂名市人民南路94号	国际社
	茂名市中国旅行社	L－GD－GJ00153	茂名市迎宾路46号	国际社
	高州市中国旅行社	L－GD－GN00069	高州市观山路4号	国内社
	信宜市中国旅行社	L－GD－GN00070	信宜市人民南路58号	国内社
	化州市中国旅行社	L－GD－GN00071	化州市文仙路57号	国内社
	茂名广之旅旅行社有限公司	L－GD－GN00101	茂名市迎宾路89号农垦局1楼	国内社
	茂名市青年旅行社	L－GD－GN00123	茂名市文明北路30号	国内社
	茂名市茂东铁路旅行社	L－GD－GN00239	茂名市站前路茂东火车站西侧2楼	国内社
	茂名市茂南假日旅行社	L－GD－GN00244	茂名市油城三路319号2楼	国内社
	高州市旅游总公司	L－GD－GN00260	高州市中山路35号高州市旅游总公司	国内社
	茂名金典旅行社有限公司	L－GD－GN00387	茂名市官山三路22号	国内社
	信宜市云开旅行社有限公司	L－GD－GN00389	信宜市区新尚路53号	国内社
	茂名市光明旅行社有限公司	L－GD－GN00624	茂名市迎宾三路189号大院C座首层10号	国内社

续表

地区	旅行社名称	许可证编号	地址	类别
茂名	茂名市恒泰旅行社有限公司	L－GD－GN00750	茂名市迎宾四路153号东南侧1－3间	国内社
	茂名宗易旅行社有限公司	L－GD－GN00978	茂名市油城七路36号一楼4－6号	国内社
	茂名市同乐假日旅行社有限公司	L－GD－GN01013	茂名市新福四路188号大院汇景新城	国内社
	茂名市神马旅行社有限公司	L－GD－GN01085	茂名市油城三路222号大院	国内社
肇庆（国际社4家，国内社38家）	肇庆市中国旅行社有限公司	L－GD－GJ00033	肇庆市天宁北路90号	国际社
	肇庆星湖国际旅行社有限公司	L－GD－GJ00080	肇庆市天宁北路82号	国际社
	肇庆市活力国际旅行社有限公司	L－GD－GJ00241	肇庆市端州区翠星路鸿福新村E幢5－7卡	国际社
	肇庆市青年国际旅行社有限公司	L－GD－GJ00252	肇庆市城北路110－111号财联大厦9楼	国际社
	广宁县中国旅行社	L－GD－GN00006	广宁县南街镇南东一路37号	国内社
	封开县青年旅行社有限公司	L－GD－GN00075	封开县江口镇河堤一路30号	国内社
	四会市旅游有限公司	L－GD－GN00086	四会市城中区新风一巷五号之二	国内社
	肇庆市端州旅游公司	L－GD－GN00105	肇庆市建设三路46号市商业大厦11楼H卡	国内社
	肇庆市交通旅行社有限公司	L－GD－GN00133	肇庆市文明路14号	国内社
	肇庆市国泰旅行社有限公司	L－GD－GN00134	肇庆市前进南路鼎湖新村三区一栋	国内社
	肇庆鼎湖旅行社	L－GD－GN00135	肇庆鼎湖山风景区内	国内社
	怀集县中国旅行社	L－GD－GN00220	怀集县环城西路25号	国内社
	肇庆市龙之旅旅行社有限公司	L－GD－GN00236	肇庆市翠星路11号12－13卡	国内社
	肇庆通联旅行社有限公司	L－GD－GN00237	肇庆市莲湖中路7号陶然居首层10－12卡	国内社
	肇庆市职工旅行社	L－GD－GN00238	肇庆市天宁北路76号	国内社
	肇庆市肇之旅旅行社有限公司	L－GD－GN00245	肇庆市天宁北路43号肇庆文化假日酒店2楼	国内社
	肇庆金世纪旅行社有限公司	L－GD－GN00369	肇庆七星岩旅游度假区瑞士花园	国内社
	肇庆市铁路旅行社	L－GD－GN00370	肇庆市端州区站北路21号	国内社
	肇庆市新时代旅行社有限公司	L－GD－GN00462	肇庆市古塔中路25号	国内社
	肇庆市教育旅行社有限公司	L－GD－GN00463	肇庆市阅江路江景花苑二区G3幢第二卡	国内社
	四会市美丽华旅行社有限公司	L－GD－GN00465	四会市体育路九座地下	国内社
	肇庆市锦绣东方旅行社有限公司	L－GD－GN00597	肇庆市康乐花园E4幢首层2卡	国内社
	肇庆环球商务旅行社有限公司	L－GD－GN00598	肇庆市前进南路东堤湾11栋107号	国内社
	肇庆市环宇旅行社有限公司	L－GD－GN00610	肇庆市芙蓉西一街7号首层101卡	国内社
	肇庆市凤凰假期旅行社有限公司	L－GD－GN00611	肇庆市工农南路1号	国内社
	肇庆市风光旅行社有限公司	L－GD－GN00612	肇庆柑园南路1号中原翠筑夹层	国内社
	肇庆市神州旅行社有限公司	L－GD－GN00617	肇庆市八一路11卡	国内社
	肇庆市广之旅旅行社有限公司	L－GD－GN00618	肇庆市建设三路10号柏丽雅居A幢202号	国内社
	肇庆市南湖旅行社有限公司	L－GD－GN00666	肇庆市天宁北路天宁广场首层A115B卡	国内社
	肇庆市华厦旅行社有限公司	L－GD－GN00699	肇庆市人民中路20号	国内社
	肇庆山水旅行社有限公司	L－GD－GN00714	肇庆市阅江路阅景花苑西座首层第17卡	国内社
	肇庆市利星旅行社有限公司	L－GD－GN00727	高要市城区沿江一路八号丽晶大酒店大堂内左侧	国内社
	肇庆市四海旅行社有限公司	L－GD－GN00755	肇庆市建设三路40号江山大酒店4楼	国内社
	肇庆市西江旅行社有限公司	L－GD－GN00766	肇庆市文明路32号	国内社
	肇庆市阳光旅行社有限公司	L－GD－GN00777	肇庆市星荷豪苑D幢28卡	国内社
	肇庆市江南旅行社有限公司	L－GD－GN00968	肇庆市桥北路百花园桃花苑25幢2楼	国内社
	肇庆市中达旅行社有限公司	L－GD－GN00990	肇庆市前进路10号第十一层1111号	国内社
	肇庆市精彩假期旅行社有限公司	L－GD－GN00993	肇庆市端州区建设3路商业大厦11楼H卡	国内社

续表

地区	旅行社名称	许可证编号	地址	类别
肇庆	肇庆市和平旅行社有限公司	L－GD－GN01004	肇庆市蓓蕾南路10号盛泽明苑第8卡	国内社
	肇庆市天下行旅行社有限公司	L－GD－GN01031	肇庆市西江路36号山水时尚酒店大堂内	国内社
	肇庆市佰乐通旅行社有限公司	L－GD－GN01073	肇庆市端州区星湖西路出头村委办公室附属楼	国内社
	广东中旅（肇庆）旅行社有限公司	L－GD－GN01097	肇庆市端州五路2号时代广场首层第1－C18卡	国内社
清远 （国际社2家，国内社39家）	清远市国旅国际旅行社有限责任公司	L－GD－GJ00100	清远市桥北路牛皇庙西三座3号	国际社
	清远市中旅国际旅行社有限公司	L－GD－GJ00101	清远市先锋东路13号	国际社
	英德市旅游服务公司	L－GD－GN00076	英德市教育西路旺达花园C4幢5号	国内社
	佛冈县佛旅旅行社有限公司	L－GD－GN00078	佛冈县石角镇振兴中路113号、115号	国内社
	英德市青年旅行社	L－GD－GN00228	英德市和平中路75号	国内社
	清远市步步高旅行社有限公司	L－GD－GN00229	清远市曙光一路88号首层	国内社
	清远市新里程旅行社有限公司	L－GD－GN00322	清远市新城东5号区连江路23栋104卡	国内社
	清远市（连山）民族旅行社有限公司	L－GD－GN00332	清远市连山壮族瑶族自治县吉田镇勤政路文化馆首层	国内社
	英德市中国旅行社	L－GD－GN00334	英德市和平中路102号	国内社
	连州市粤北旅行社	L－GD－GN00335	连州市番禺路168号	国内社
	阳山县阳城旅行社	L－GD－GN00336	阳山县阳城镇北门路322号	国内社
	英德市英州旅行社有限责任公司	L－GD－GN00365	英德市英城建设路64号	国内社
	清远市凤之旅旅行社有限公司	L－GD－GN00390	清远市清城区牛皇庙新二座一梯206房	国内社
	清远市新美景旅行社有限公司	L－GD－GN00416	清远市小市滨江路富华大厦2楼	国内社
	阳山县中国旅行社有限公司	L－GD－GN00421	阳山县北门路141号	国内社
	连山壮族瑶族自治县中国旅行社	L－GD－GN00466	连山县吉田镇鹿鸣东路	国内社
	清远市星辉旅行社有限公司	L－GD－GN00473	清远市小市路15号首层	国内社
	清远市口岸旅行社有限公司	L－GD－GN00490	清远市新城银泉路社科中心5楼	国内社
	连南瑶族自治县瑶山旅行社有限公司	L－GD－GN00499	连南瑶族自治县三江镇民族二路10号	国内社
	连州新时代旅行社有限公司	L－GD－GN00560	连州市南门大道B1栋12号	国内社
	连州市金色假期旅行社有限责任公司	L－GD－GN00564	连州市人民路218号连州宾馆内	国内社
	清远市燕翔旅行社有限公司	L－GD－GN00619	清远市新城鹿鸣路越君东方苑2403	国内社
	清远市大地游踪旅行社有限公司	L－GD－GN00620	清远市新城东二号区13号商业大厦第三层	国内社
	清远市开心假期旅行社有限公司	L－GD－GN00660	清远市清城曙光二路三座	国内社
	清远市金色旅行社有限公司	L－GD－GN00718	清远市新城连江路赢之城C1－005、C1－007	国内社
	清远市清新假期旅行社有限公司	L－GD－GN00741	清远市清新县清和大道12号2楼	国内社
	英德市英之旅旅行社有限公司	L－GD－GN00785	英德市峰光路劳动保障局侧	国内社
	清远市远景旅行社有限公司	L－GD－GN00806	清远市新城东8号区20号金典名居103、201号	国内社
	清远市风情旅行社有限公司	L－GD－GN00808	清远市新城连江路七十八号清远商业文化中心	国内社
	清远市北江情旅行社有限公司	L－GD－GN00836	清远市新城银泉北路鸿信宾馆首层	国内社
	清远运通旅行社有限公司	L－GD－GN00879	清远市新城北江二路国泰广场首层01－02号	国内社
	连州市骄阳旅行社有限公司	L－GD－GN00901	连州市兴业中路10号	国内社
	英德市今日假期旅行社有限公司	L－GD－GN00935	英德市和平北路20号	国内社
	佛冈青年旅行社有限公司	L－GD－GN00946	佛冈县石角镇环城中路382号	国内社

续表

地区	旅行社名称	许可证编号	地址	类别
清远	英德市小岛旅行社有限责任公司	L－GD－GN00997	英德市英洲大道长线街一号小岛宾馆负一楼	国内社
	清远市缤纷旅行社有限公司	L－GD－GN01023	清远市清城区新城人民二路13号尚景峰B梯	国内社
	清远市永安旅行社有限公司	L－GD－GN01048	清远市松岗路一号1、2楼西面铺位	国内社
	英德市安泰旅行社有限公司	L－GD－GN01063	英德市富强东路凤凰城146号	国内社
	英德市潮流旅行社有限公司	L－GD－GN01064	英德市英城镇建设路	国内社
	清远市花花假期旅行社有限公司	L－GD－GN01066	清远市新城区连江路金沙商务大厦11层B02A	国内社
	清远青旅旅行社有限公司	L－GD－GN01096	清远市新城凤鸣路名豪苑	国内社
潮州 （国际社4家，国内社19家）	潮州市中国旅行社有限公司	L－GD－GJ00067	潮州市潮州大道南段金田花园15幢	国际社
	潮州中国国际旅行社有限公司	L－GD－GJ00068	潮州市潮枫路57号潮新巷19号（旅游大厦）	国际社
	潮州市潮之旅国际旅行社有限公司	L－GD－GJ00194	潮州市枫春路406号	国际社
	潮州风光国际旅行社有限公司	L－GD－GJ00212	潮州市潮枫路兰园8号	国际社
	潮安县天马旅游公司	L－GD－GN00102	潮安县城区文体局办公楼首层5－6号	国内社
	潮安县中国旅行社	L－GD－GN00169	潮安县政府综合办公大楼2楼	国内社
	饶平县中国旅行社	L－GD－GN00221	饶平县黄冈镇丁未路611号	国内社
	潮州市青年旅行社	L－GD－GN00255	潮州市枫春路枫春市场163－164号	国内社
	潮州市海联旅行社	L－GD－GN00256	潮州市南较路右二横8号（南较路中段）	国内社
	潮州招商旅行社有限公司	L－GD－GN00298	潮州市潮枫路中段迎宾馆左侧	国内社
	饶平县天地人旅行社有限公司	L－GD－GN00309	饶平县黄冈镇沿河北路龙新花园A座10号	国内社
	潮州市假日旅行社有限公司	L－GD－GN00452	潮州市枫春路中段吉街大厦首层8号	国内社
	潮州市鸿运旅行社有限公司	L－GD－GN00565	潮州市潮枫路2号	国内社
	潮州市龙之旅旅行社有限公司	L－GD－GN00566	潮州市潮州大道锦江花园15－16号	国内社
	饶平县阳光之旅旅行社有限公司	L－GD－GN00567	饶平县黄冈镇丁未路567号	国内社
	潮州市湘子桥旅行社有限公司	L－GD－GN00622	潮州市新春路新雅园A幢3－4号铺面	国内社
	饶平县鸿泰旅行社有限公司	L－GD－GN00783	饶平县黄冈镇沿河北路38号	国内社
	饶平县青年旅行社有限公司	L－GD－GN00848	饶平县黄冈镇沿河北路36号首层	国内社
	潮安县春秋旅行社有限公司	L－GD－GN00904	潮安县彩塘院前公路旁76－77号	国内社
	潮州市春辉旅行社有限公司	L－GD－GN00905	潮州市城新西路福居楼7－8号铺面	国内社
	潮安县安之旅旅行社有限公司	L－GD－GN00909	潮安县城区潮安大道旁中心市场一幢4号	国内社
	潮州东南旅行社有限公司	L－GD－GN01046	潮州市福安路新泰花园第10号铺	国内社
	潮州市天伦旅行社有限公司	L－GD－GN01054	潮州市绿榕路阳光花园4号铺面	国内社
揭阳 （国际社3家，国内社19家）	揭阳市中国旅行社	L－GD－GJ00071	揭阳市区新兴路6号	国际社
	揭阳市光辉国际旅行社有限公司	L－GD－GJ00151	揭阳市榕城区进贤门大道北侧办公大楼	国际社
	揭阳市旅总国际旅行社	L－GD－GJ00182	揭阳市东山区卢前路中段民主楼2楼	国际社
	普宁市旅游总公司	L－GD－GN00044	普宁市联运贸易服务公司大楼A栋5楼	国内社
	揭西县旅游总公司	L－GD－GN00046	揭西县城滨江公园侧	国内社
	揭阳市青年旅行社有限公司	L－GD－GN00127	揭阳市东山区建阳路联泰花园8－10号	国内社
	揭阳市顺华旅行社	L－GD－GN00173	揭阳市区新兴路揭阳宾馆内	国内社
	揭西县棉湖中国旅行社	L－GD－GN00196	揭西县棉湖迎宾路1号	国内社
	普宁市金叶旅行社有限公司	L－GD－GN00233	普宁市流沙河滨路1号	国内社
	揭阳市宝马旅行社有限公司	L－GD－GN00234	揭阳市区进安街中段	国内社
	揭阳康辉旅行社有限公司	L－GD－GN00301	揭阳市榕城区同心路口	国内社

续表

地区	旅行社名称	许可证编号	地址	类别
揭阳	普宁市侨联旅行社	L-GD-GN00302	普宁市流沙镇新河西路7号	国内社
	揭阳市中和旅行社有限公司	L-GD-GN00379	揭阳市榕城新兴东路北侧飞燕五巷一号	国内社
	揭阳假日旅行社有限公司	L-GD-GN00383	揭阳市东山华诚花园一期南区北向113号	国内社
	普宁市中国旅行社	L-GD-GN00471	普宁市区内河西路5号	国内社
	普宁市铁山旅行社有限公司	L-GD-GN00747	普宁市流沙大道市政府西侧龙苑一栋107	国内社
	揭阳吉旅旅行社有限公司	L-GD-GN00888	揭阳市东山区锦绣家园二期首层7-8号	国内社
	普宁市新东方旅行社有限公司	L-GD-GN00917	普宁市流沙南平里41幢95号	国内社
	揭西县新世纪旅行社有限公司	L-GD-GN00962	揭西县棉湖镇道江西路公园东大门东侧12号	国内社
	普宁市美林旅行社有限公司	L-GD-GN00966	普宁市流沙大道西21号	国内社
	揭西县霖都旅行社有限公司	L-GD-GN00983	揭阳市河婆镇霖都大道183号	国内社
	揭东县金凤凰旅行社有限公司	L-GD-GN01094	揭东县县城金溪大道步行街48号、50号	国内社
云浮（国际社1家，国内社11家）	云浮市中国旅行社有限公司	L-GD-GJ00082	云浮市建设南路70号	国际社
	新兴县中国旅行社	L-GD-GN00223	新兴县城中山路95号	国内社
	罗定市中国旅行社有限公司	L-GD-GN00224	罗定市罗城人民南1号石围居委会商住楼首层	国内社
	郁南县中国旅行社	L-GD-GN00225	郁南县都城镇城中路85号	国内社
	罗定市飞翔旅行有限公司	L-GD-GN00254	罗定市龙园路131号	国内社
	云安县信安旅行社	L-GD-GN00299	云安县港城大道6号	国内社
	云浮市青年旅行社有限公司	L-GD-GN00485	云浮市区玉皇路116号2楼	国内社
	云浮市阳光旅行社有限公司	L-GD-GN00704	云浮市兴云西路25号首层	国内社
	云浮广之旅旅行社有限公司	L-GD-GN00778	云浮市云城区城南路55号	国内社
	云浮市假日旅行社有限公司	L-GD-GN00996	新兴县新城镇沿江南路83号	国内社
	新兴县翔顺旅行社有限公司	L-GD-GN01053	新兴县新城镇黄塘翔顺花园七建办公综合楼1-4号商铺	国内社
	云浮市伴你同游旅行社有限公司	L-GD-GN01071	云浮市云城区育华路8号	国内社

备注：截至2008年底，广东省共有旅行社1074家，其中国际社209家，国内社865家。

（资料由省旅游局提供）

活力广东
GUANGDONG
Guangdong——Spot of vitality

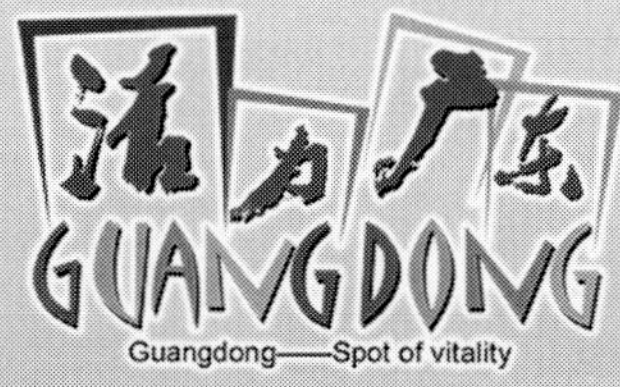

旅游企业形象宣传

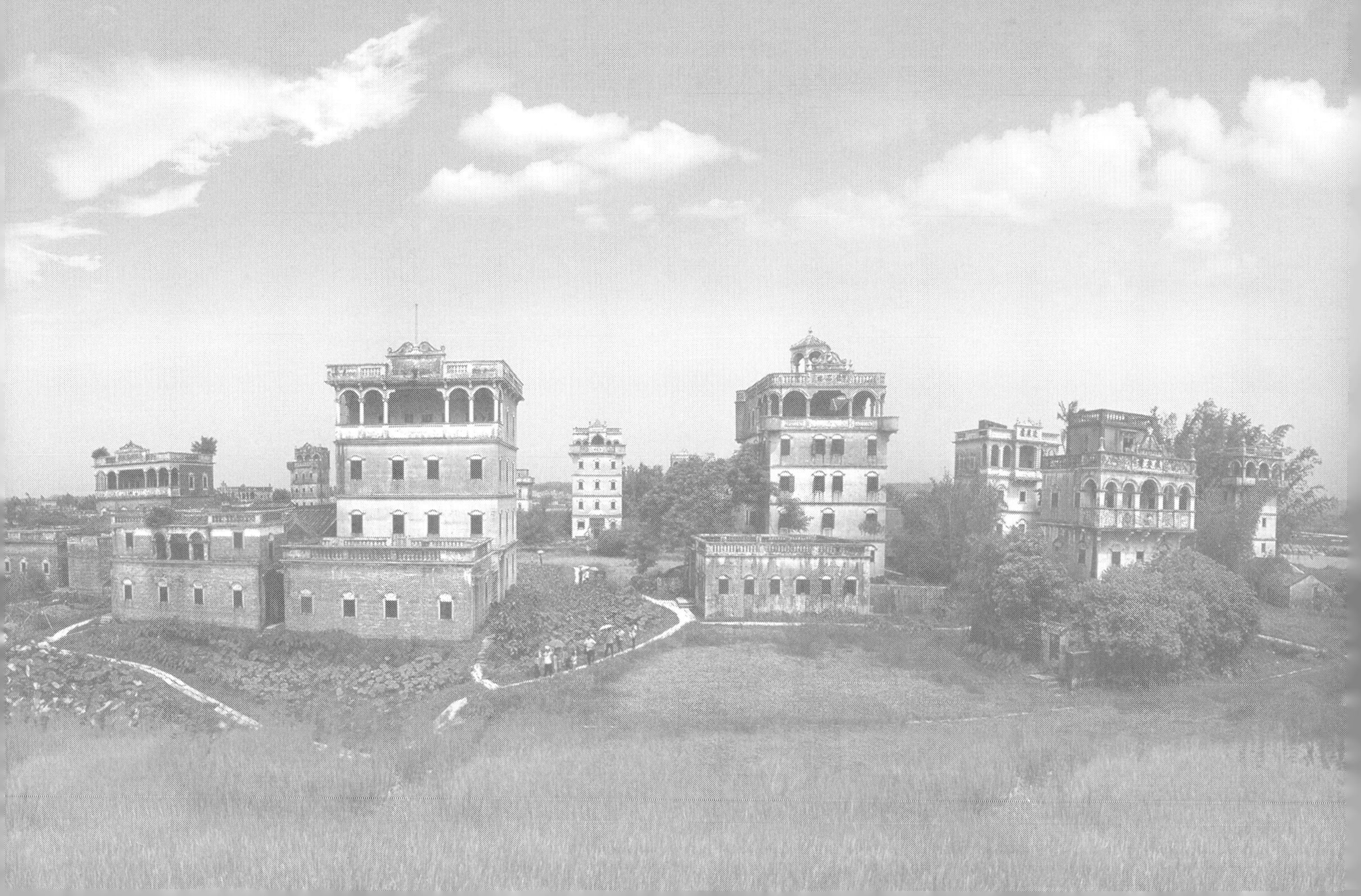

亚洲最大的科普教育基地
独具特色的科学主题公园

广东科学中心是广东省委、省政府批准兴建的大型科学活动场所，既是目前亚洲规模最大的科普教育基地、国家4A级旅游景点和广东省首个科技旅游示范点，也是科技成果与技术产品展示、推广、交易以及学术交流的综合平台。

广东科学中心位于广州市大学城(番禺区小谷围岛西端)，占地面积45万平方米，建筑面积13.75万平方米。主体建筑造型独特，气势恢宏，正面像一只灵动的“科学发现之眼”，侧面像一支整装待发的“舰队”，俯瞰酷似一朵盛开的“木棉花”，是我国“绿色建筑”代表工程和广州市的标志性建筑。

广东科学中心一期展示工程主要是科普教育主题展览，于2008年9月26日建成开放。场内设有儿童天地、实验与发现、数码世界、交通世界、绿色家园、飞天之梦、人与健康、感知与思维、数字家庭9个常设主题展区；三维巨幕、四维、球幕、虚拟航行4座科技影院；多个临时主题展区和开放实验室。展品将科学性、知识性、趣味性有机融合，让观众在动手参与、亲身体验中获得科技知识。户外的科学探索乐园拥有8万平方米人工湖和60多个经典科学展品，培植有2000多种岭南特色植物，设计独特，景观迷人，是深受公众喜爱的科学乐园。

科技影院：4D，动感，巨幕，球幕，梦幻神奇的视听体验。

IMAX3D巨幕影院

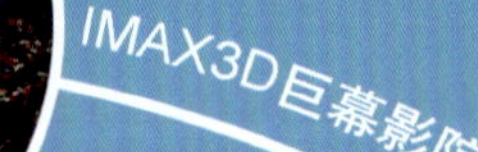

IMAX3D巨幕影院： 屏幕宽29米，高22米，是目前亚洲最大的巨幕影院，可容纳600多名观众。七八层楼高的屏幕，立体的画面和音响效果让观众犹如置身电影的情境之中，体验前所未有的新奇旅程！

虚拟航行动感影院

虚拟航行动感影院： 共有45个座位。虚拟航行动感影院所使用的海上航行模拟器充分运用了计算机仿真、数字图像合成和图像拼接等技术，为观众营造逼真的航行环境和动感氛围。

4D影院

4D影院： 共有72个座位。立体的画面和音响效果，结合座椅以及影院整体的特效把观众带入虚拟的场景之中，使观众在看影片时有身临其境的感受。当风云雷电、雨雪纷飞、地动山摇等等通过观众的视觉、听觉、触觉同时汇集到大脑，产生一种无可言表的感官刺激！

数字球幕影院

数字球幕影院： 屏幕直径达18米，是国际上首次利用最新激光投影技术建设的球幕影院，可容纳观众近200名。该影院不仅可以实现全球幕视频回放，还可以实现交互式内容的演示。观众可以遨游浩渺的星空、欣赏迷人的海底世界，感觉无可比拟的视听享受！

广东科学中心

儿童天地：认识在这里萌芽，实践从这里出发！

主要以12岁以下儿童观众为展示对象。通过互动游戏、角色扮演和情景体验等互动参与方式，让儿童观众在玩耍中发现周围世界里的科学现象，丰富童年的生活感知及经历，激发好奇心、想象力和创造力。

儿童天地—我的超市

实验与发现：带着您的好奇和想象，开始一场科学发现之旅！

以科学史上重要的科学发现为线索，从经典物理学、数学，近代相对论、量子论，到当代前沿的基因、纳米理论，展示科学发展的基本脉络。让观众在体验科学发现过程的同时，学习基本的科学思想和科学方法，激发科学发现的兴趣。

实验与发现—太阳系

数码世界：在“0”与“1”的世界里舞动奇迹！

展厅以计算机、网络、通信和数字娱乐为主要内容，展示信息时代的基本概念和尖端知识，体验数字乐园，感受“数字家庭”和“数字产业发展”等信息产业发展趋势。

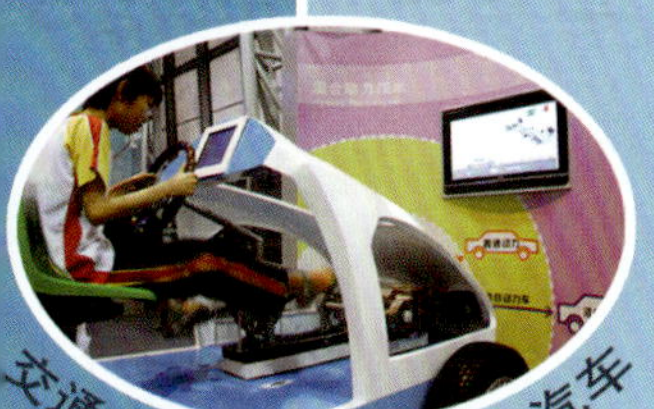

交通世界—混合动力汽车

数码世界—移动通讯

交通世界：汽车离我们更近了，我们不能离文明更远了。

展厅以汽车交通为主要内容，展示汽车的构造原理、制造技术和汽车文化，以及电子信息、新材料、新能源和新技术的应用，让观众体验轨道和智能交通的发展趋势。

绿色家园：人类只有一个地球！

以岭南生态为背景，展示自然生态环境及其变迁规律和人类不当行为导致的资源危机、环境污染和生态失衡，进而推动全社会开展新能源利用、环境治理和生态恢复等绿色行动，传播绿色文明。

绿色家园—风能发动

飞天之梦：追随人类探索飞行的脚步，去揭示天空的奥秘。

“飞天之梦”展馆采用互动性的展示方式，让观众追随人类探索飞行的脚步，感受飞翔的乐趣和宇宙的奥秘，了解航空科技知识、载人航天系统工程，激励青少年勇于钻研尖端科技，关注浩瀚的宇宙，探索人类的未来。

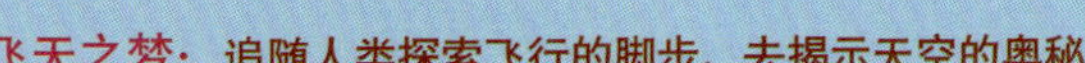

飞天之梦—悬挂式滑翔伞

人与健康：探索人体奥秘，关爱健康生活！

展厅通过展示人体结构和健康的科学理念，以及生活方式与健康之间的关系，使观众了解一系列与自身生活密切相关的科学知识。

人与健康—胎儿发育

感知与思维：感知是人类认识世界的基础，思维是人类创造智慧的源泉！

展厅通过观众的一系列感知活动，将脑科学、心理学等学科内容巧妙地结合起来，使观众在认识大脑、探索思维神秘领域的同时，亲历感知的奇妙体验过程。

感知与思维—透视小屋

数字家庭体验馆：体验广东数字家庭，感受未来数字生活！

观众以体验的方式了解数字生活的理念和方式、各种新技术产品和服务功能，同时了解“广东省数字家庭行动计划”的进展情况，而企业利用这个平台了解公众信息、交流和探讨接口问题，为科研和产业发展指引方向。

数字家庭—趣味阅读卡

除科普展览之外，广东科学中心还致力组织各类大型科技文化活动，策划组织丰富多彩的科普展览和贴近观众的教育活动，并为各级政府、企业、事业单位提供完善的科技展览、推广、交易、交流和会议服务。宽阔的广场，充足的展览场地，完善的配套设施，可满足社会各界开展多种科技活动的需求。

广东科学中心开馆以来，先后荣获“广东省科普教育基地”、“广东省青少年科技教育基地”、“热心公益·共建首善”单位、“国民旅游休闲示范单位”、国家4A级旅游景区“广东省首个科技旅游示范点”等荣誉称号，正逐渐成为广东省科普教育、科技成果展示、学术交流、休闲娱乐的重要场所。

广东科学中心即将展开的二期建设工程，将围绕“国内领先，国际一流”的目标，按照省委、省政府建设科技强省的战略要求，把科学中心建设成为具有国际水平的现代科技成就展示窗口和交流平台。

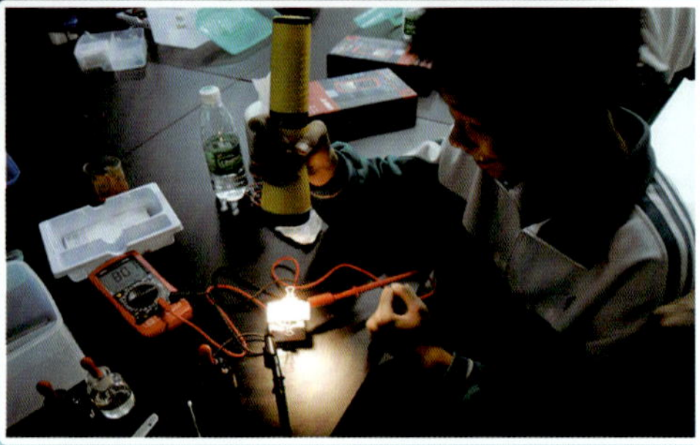

开放实验室：机器人，太阳能……探究过程的奇妙等您去发掘。

开放实验室采用探究式实验，强调青少年在实验过程中受到教育，引导青少年选择多种实验方案进行实验，甚至由青少年自己提出实验方案，启发青少年的创造力，目前开放有太阳能电池制作实验和机器人实验。

科学表演台：科学表演台，想玩你就来。

在科学表演台，大家可以看、可以学，更可以上台参与互动。通过一系列的互动科学小实验，大家会发现，科学就在我们的身边，科学不仅是非常有趣，更是非常好玩的!

户外科学探索乐园：传播生态理念，体验科学奥妙

广东科学中心室外的科学探索乐园，布置了60多个经典的科普展品，种植了2000多种岭南特色植物，游客可以在优美的环境中感受浓厚的科学气氛。

Guangdong Science Center
广东科学中心

参观须知

开放时间：周二至周日开放，逢周一闭馆（节假日除外）；正常日开放时间为9:30至16:30；售票时间为9:30至15:30。

交通指南：广东科学中心离广州市中心（市政府所在地）约20公里，可乘35路公共汽车或地铁4号线大学城北站A出口转乘383路公共汽车抵达；自驾车从南沙港快线和华南快速干线进入广州大学城，再根据道路指示牌抵达。

服务设施

游客餐厅：两大餐区，可容纳1000多游客同时进餐，环境舒适，卫生安全。

科普商场：科普读物、创意文具、科学模型、纪念礼品和益智玩具等多种商品，琳琅满目，满足观众多种需求。

图书阅览区：近100种科普图书与报刊，免费为观众提供更全面、更丰富的知识和服务。

学术交流中心：设有多个功能齐全的会议厅和报告厅，可举办各种科技产品推广、技术交流活动和科普报告活动。

科学家俱乐部：住宿套房、康体设施和咖啡厅等设施完善，服务周到，可满足社会各界开展多种科技活动的需求。

联系我们

电话：020-39348080、39348123　　传真：020-39348000、39348124

地址：广州大学城西六路168号　　网址：www.gdsc.cn

夜色中繁华的德化步行街与郑州粤海酒店

郑州

ZHENGZHOU

热烈庆祝郑州粤海酒店盛大开业！

中国·河南省郑州市二七区德化街5号　邮政编码 450000　电话/Tel: (86-371)60308888　传真/Fax: (86-371)60307999　网址/Website:www.gdhhotels.com

GDH 粤海酒店
Guang Dong Hotel

郑州
ZHENGZHOU

郑州粤海酒店是国内知名酒店管理集团——粤海（国际）酒店管理集团有限公司全资拥有并经营管理的高星级酒店，坐落于繁华的城市中心商业区二七广场、紧邻具有百年历史的德化步行街、距全国最大的铁路交通枢纽——郑州火车站仅500米，地理位置优越，交通便利。

郑州粤海酒店拥有361间客房，有极致尊贵的粤海套房和豪华套房，并根据客人的不同需求特别设计了女士楼层、商务楼层、日式楼层、无烟楼层等多种特色客房。KTV酒吧、洗浴沐足等娱乐保健项目带您尽享难忘的商务之旅。

酒店拥有豪华多功能厅和多个风格各异、面积不等的会议室，可举办各种形式的商务会议以及庆祝活动，并可提供各种形式的会议茶歇、庆祝宴会服务。4楼粤海轩中餐厅主营纯正粤菜和创新豫菜，中餐包房格调高雅，是您商务宴请的上佳之选。28层璇宫西餐厅是郑州市独一无二的旋转餐厅，同时也是郑州市最佳观景之地，身处99米高空，在享用特色佳肴的同时，临窗远眺，商都美景一览无遗。

浪漫优雅、星空璀璨的旋转餐厅——璇宫

郑州粤海酒店的粤海套房，极致尊贵与典雅

郑州粤海酒店本着“德诚于中、礼形于外”的服务理念，以国色天香的花中之王“牡丹”作为酒店的主题文化，产品和服务都充分展现牡丹花的寓意——富贵、圆满、浓情，为国内外宾客创造恬静祥和、亲情无限的温馨家园，打造您的家外家。

海泉湾 泡着温泉看大海

Hot Sping in Haiquanwan

看

有“南海第一泉”之称的珠海海泉湾度假区温泉中心，因为拥有罕见的天然海洋温泉而闻名。这里的海洋温泉源自大海深处，经年不息，出口水温达到83℃，富含丰富的钠、钾、钙、硅酸、氯离子等30多种有益于人体的微量元素及矿物质，是优质海底温泉。

一级一级泡温泉

在如同摩洛哥皇宫般的海泉湾度假区中兜兜转转，我们终于到达海泉湾度假区海洋温泉中心。整个温泉中心占地面积近5万平方米，步入温泉中心前厅，正中是28米高的流水光束，被称为“时光隧道”。穹顶的水顺着光纤束缓缓流下，好像永不停歇的时间。光束变幻着迷人的色彩：浅黄、淡紫、嫩绿、粉蓝……与穹顶的色彩变幻呼应。两面墙壁是巨幅浅浮雕：唐明皇及杨贵妃出浴图。

揽海区是国内最大的室内温泉区。虽然是在室内，但架高18米，显得气势恢宏，毫无压抑感。温泉水拾级而下，形成三个台阶的落差，共4层。最高一级台阶的正中便是泉眼，泉水突汩而出。温泉的服务员告诉我们，泉眼的水温高达83℃。当年发现这一罕见的海底温泉时，泉井自喷高度达11米，水量丰富，每天自流1600立方米，保护性开采每天可达3200立方米。

服务员示意我们，在揽海泡温泉应该由最低一级泡起，一级级往上泡。因为最低一级的水温只有30℃，刚刚入水，需要一个适应期。依次往上是35℃、40℃、45℃。越往上蒸汽越多，在高耸的大厅中袅袅升腾，弥漫了整个揽海区。

每一级的温泉不同的不仅是水温，疗效也不一样：比如微细泡乳状泉，适合清洁皮肤、美容；喷气水孔式温泉，适合按摩促进血液循环。

倾听大海的呼吸声

由于海泉湾温泉毗邻大海，因此最爽的就是泡在温泉里，悠然地望着近在咫尺的蔚蓝色海洋。

华灯初上，室外的沙滩泉、溶洞泉在灯光映衬下显得温柔而神秘。说不清是一种什么诱惑，把我们带到室外。沙滩温泉就在海边，与大海仅隔着一条小径，泉眼环它一周。这里可容纳700-800人同时泡浴。沙滩泉与溶洞泉相通，洞内面积约有1000平方米，曲曲折折，撩起人的探险欲望。泡在山上的温泉池里可以俯视大海。山上有三道滑梯，可以顺水溜到下面的池里，这里便成了孩子的乐园。

灯光下，一簇建筑显得特别华丽。这应算是半露天温泉，一根根粗直的圆柱支撑着3个半球形的穹顶，每个穹顶下都有一池温泉，而四周则是平滑的石椅，上面放着木枕。这就是海泉湾的土耳其式皇宫大浴场。按照土耳其的沐浴方式，浸泡过温泉后，躺在石椅上休息，石台热烘烘的，有人给你按摩、擦背，这就是著名的土耳其干蒸。

恺撒泉比我想象中要朴实多了，高低错落分布着3个不同水温的池子，泡在里面不停地用竹筒舀上来，淋在自己身上。也难怪，恺撒大帝名声虽响，但忙于征战，加上当时物质条件有限，有个温泉泡已经是贵族生活了。旁边唐明皇的“华清池”比西泽稍讲究些，一个海棠池、一个莲花池。在恺撒泉和“华清池”之间，有条浅浅的小溪，里面铺满了鹅卵石，水仅没膝。这是专门给人走的，脚底按摩。

最奇怪的是俄罗斯式莫妮卡，分成几个小组，共12个池，温泉水不深，池子也不大。我正纳闷：俄罗斯人牛高马大，就算一人一池也躺不进去呀。服务员告诉我，莫妮卡是一种坐式温泉，只泡下半身，主要靠四周水力按摩腰部。

各式温泉种类繁多

在整个温泉中心分布着中式、欧式、泰式和日式4个休息厅，冬天可以在此避避风，夏天叹叹空调，再亲手煮几个温泉蛋补充体力。

蓝色的玻璃马赛克装饰着拱形的天花，一排人体雕塑平添典雅、华贵，休息室里淡蓝色的窗帘在微风中飘动。不用介绍也能感受到欧风扑面。圆形的罗马大浴场、带着木头芬香的芬兰浴、以色列死海浴……据称，罗马浴是要用小树条轻轻打在身上，以便血脉、经络的畅通。我们也要挨几下“鞭子”吗？

以以色列死海为主题的死海盐池，富含各种矿物质，选用来自以色列死海所出产的矿物盐，不断注入到纯正的海洋温泉水中，从而使温泉水中含有更为丰富的矿物质和微量元素，由于泉水比重大，入浴者能够浮在水面上看报纸，可坐可卧，可翻可滚。

芬兰浴采用原生的芬兰木建造浴房，用桦木作炭烧热火山石，使室内的温度达到70℃以上，于淡淡的芬兰木香中，人体全身的毛孔被水汽滋润着，仿佛如菊花一般全都绽放了。然后，再跳入旁边的冷水池，冰火两重天。

东方区并不很大，只有160多平方米，用东方人喜爱的竹子点缀。日式石板浴，就是躺在石板上干烤；盐雾浴与矿砂浴可以同时进行，穿上矿砂衣，躺在矿砂池里，全身覆盖矿砂，只露脑袋在外面。天花上同时喷洒着高盐分的雾，待全身热透再跳进冷水池中；大长今泉的室中升着壁炉；中式温泉当然以国宝中药浴为主。

海洋矿物泥浴采用纯天然、无污染的海洋温泉泥土为原料，精心提取其精华，经过最严格、最安全的指标性监测，该产品无毒性、抗过敏，完全符合国家标准。身处矿泥池，周身肌肤充分吸收海洋温泉泥中有益微量元素。经权威部门监测，具美白纤体、排毒养颜、减肥健美、治疗腰寒症和软化疤痕等功效，倍受年轻女性推崇。

为让客人泡得安心、玩得舒心，海洋温泉还制定了科学的“海洋矿物泥浴浸泡流程”，指引客人科学、健康、安全浸泡。海洋温泉矿泥浴项目分四个小池，一个大池，供客人自行选择。如想“身陷泥潭”，深黑色的泥浆连同39.2℃的温暖定让享受服务的游客周身舒适，流连忘返。更为奇妙的是，身处泥浴整个人可漂浮起来，令身体彻底放松。为了促进矿物质的更好吸收，海洋温泉还为客人配备了石板浴，干、湿蒸桑拿房等项目，让客人体验全新的温泉文化之旅。

海泉湾度假区以罕有的海洋温泉为核心，由两座五星级海泉湾维景大酒店、刺激动感的神秘岛主题乐园、集美食娱乐演艺于一体的渔人码头、高科技的梦幻剧场、设备一流星级服务的体检中心、为健康加油的运动俱乐部、打造精英团队的拓展训练营、异域风情的加勒比海岸、高档休闲的高尔夫项目、休闲垂钓区以及国家级自驾车营地等产品和项目组成，是中国目前功能最齐全、综合配套最完善的超大型旅游休闲度假区和国际会议中心。

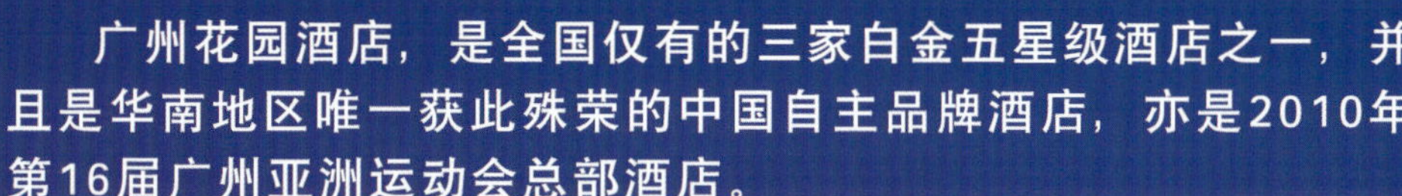

广州花园酒店，是全国仅有的三家白金五星级酒店之一，并且是华南地区唯一获此殊荣的中国自主品牌酒店，亦是2010年第16届广州亚洲运动会总部酒店。

花园酒店装饰富丽堂皇，拥有828间客、套房以及800多间公寓和写字楼，设备豪华，环境典雅舒适。12间各具特色的中西餐厅及酒吧，荟萃中、法、日等多国风味美食，配合细致殷勤的专业服务，必能令每位宾客称心如意。现代华丽的国际会议中心和10间多功能宴会厅，配套设施一应俱全，为不同需要的宾客提供高水准的多元化服务，是宴请宾客，举办会议的理想场所。

专为行政楼层客人而设的行政酒廊，格调高雅，服务配套完善，是享受休闲时光，鸟瞰城市美景的尊贵之所。酒店内全新的空中花园，环境优美，功能齐备，是各界名流和宾客休闲、康乐的最佳场所。在这里，宾客可到设施完善的健康中心或国际知名的悦春SPA彻底放松身心，尽享休闲愉悦。舒展过后，还可漫步于酒店后花园，欣赏瀑布美景，品味惬意人生。

此外，酒店还设有停车场、商务中心、购物商场、银行、邮局和票务中心等其它多项设施，为来自世界各地的宾客提供宾至如归的尊贵服务。

北纬23° 风景迤逦

酒店处于被誉为“北回归线上的瑰丽翡翠”的白水寨省级风景名胜区内，毗邻南昆山国家森林公园、从化石门山国家森林公园，拥揽白水仙瀑布、卧佛山等无数胜景。距离广州市区约70公里，距离香港、深圳、东莞、惠州等珠三角城市均在1.5小时车程内。

天然氧吧 全身呼吸

区域内林木终年繁盛，据测量，每立方厘米负离子含量高达11万多个，为广东地区之最，素有“珠三角的绿肺”之称。同时，还是广州增城市实施公园化发展战略的重点规划区域，此区域现已明确定位于发展都市农业和生态旅游。

酒店处于群山环抱之中，空气清新怡人，处处鸟语花香，四季如春，移步换景，由天然山泉水汇聚而成的湖泊、跌水瀑布与古典浪漫的欧式建筑和蓝天、白云以及近在咫尺的白水仙瀑布相映生辉，诗意无限。

香江出品　匠心打造

酒店由休闲地产领军企业香江地产按照白金五星级标准倾力打造，整个项目占地面积逾两万亩，计划投资过百亿元。在打破传统的温泉旅游模式的基础上，定位于集休闲、旅游、度假、养生、商务、会议、培训等为一体，为广东温泉旅游产业的转型升级提供了一个良好的新模式，并引导国内温泉度假旅游的新潮流。

恢宏巨制　引领时尚

主题酒店450多间客房、风情酒店200多间客房、温泉独立式客房及企业会所180多套，及特色温泉区和水上娱乐区近70000平方米，规模水平为行业之最。其中，温泉池区包括三进酒区（红酒、米酒、啤酒）、森林瀑布区、中医养生区、精油区等，水上游乐区则设有冲浪、漂流等游乐项目。另外，国际会议中心、豪华KTV包房、高档特色餐厅等服务配套设施一应俱全。

定制服务　专享尊崇

酒店引入欧洲皇室管家服务理念，聘请广州白天鹅酒店管理公司为顾问，全力打造“一站式”量身定制的个性化服务模式，为客户提供一种领略巅峰人生价值的顶级感受。

TEL:(+8620)6228 6888
FAX:(+8620)6228 1088

地址:中国广东广州增城白水寨锦绣香江
Add:Guangdong Guangzhou Zengcheng Baishui Waterfall Global Villa

发展商：香江控股　广州大瀑布旅游开发有限公司

DEVELOPER: SOUTHERN LIGHTS GREAT FALLS TOURISM DEVELOPMENT CO., LTD., GUANGZHOU

广州2010年亚运会
旅游服务供应商

广州2010年亚运会旅游服务供应商
广州亚运志愿信使团指定组团社

行业标杆 广东骄傲

国家工商总局认定“中国驰名商标”
中国质量协会颁发“中国用户满意鼎”
国家旅游局评定“全国旅游系统先进集体”

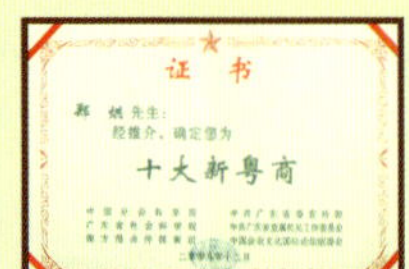

广之旅国际旅行社股份有限公司
【公司简介】

广之旅国际旅行社股份有限公司成立于1980年12月5日，是华南地区规模最大，实力最强，美誉度最高的旅行社，国内唯一获得全国旅游业质量管理最高荣誉“中国用户满意鼎”的综合性强社。全国旅行社中唯一被国家信息产业部指定的“国家电子商务试点单位”，打造出全国地方旅行社第一个“中国驰名商标”，在全国旅行社中唯一被世界生产力科学联盟(WCPS)授予“2006世界市场中国行业十大年度品牌”，在国家旅游局最新公布的08年度全国旅行社业务年检排序中，广之旅荣幸成为广东唯一进入全国十强的旅行社集团，在全国出境游业务十强旅行社中荣居广东首位。

经过29年的发展，广之旅目前在广州市内已拥有40多家营业点，在全省已有200多家营业网络遍布珠三角，构建了华南地区最为完善的销售网络，此外在香港、澳门、北京、云南、马来西亚、澳大利亚等地设有分支机构，业务遍及全球100多个国家和地区。2008年营业额超18亿元，组团人数超过160万人次，继续领跑华南地区旅行社。2008年11月，广之旅以绝对优势摘取了“广东旅游十大首创之星”的桂冠，并获得改革开放三十年“广东标杆企业”、“十大新粤商”的荣誉。广之旅的发展历程，对于广东整个旅游行业而言，不仅具有示范意义，更是标杆而引领风气之先。2009年6月18日，广之旅更签约成为“广州2010年亚运会旅游服务供应商”。

郑烘
广之旅董事长

广州富力君悦大酒店

Grand Hyatt Guangzhou

广州富力君悦大酒店位于广州天河区珠江新城心脏地带，距离中国进出口商品交易会琶洲展馆和广州火车东站只需15分钟车程，结合了出色的建筑和四通八达的特性，让客人更能体验广州的魅力。典雅优美的大堂设于22楼，饱览珠江和珠江新城的景色。酒店拥有375间豪华客房，5间餐厅及酒吧，1间大宴会厅、6间多功能厅和1间董事会议厅，健身中心及水疗Spa。非凡不仅来自现代豪华设备，更出于体贴入微的殷勤服务，下榻于此，体验礼待的最高境界！

Grand Hyatt Guangzhou is located in the centre of Pearl River New City, Tianhe District, Guangzhou's new CBD, only 15 minutes from the China Import and Export Fair Pazhou Complex and Guangzhou East Railway Station. Grand Hyatt Guangzhou combines both stunning architectural design and unique character with proximity, allowing easy access for guests to experience the charisma of Guangzhou city. Featuring a sky lobby overlooking spectacular views of the Pearl River, the hotel offers 375 luxurious rooms, five restaurants and bars, a grand ballroom, six meeting rooms and one boardroom, a spa and fitness centre. Experience a whole new level of service, exclusively at Grand Hyatt Guangzhou.

1 凯菲厅
2 君悦客房
3 空中大堂
4 酒店外观
5 O spa理疗房

皇家城堡 貴族體驗

Royal Castle Noble Experience

哥頓酒店是顺德首家五星級商務酒店。總建築面積達6萬平方米，酒店樓體充滿着濃鬱的歐陸浪漫情調和嚴謹細致的東方文化氣息，是歐洲傳統與新亞洲建築風格相揉和的完美體現。

哥頓酒店座落于“大佛山-顺德-容桂”中心板塊的中軸綫上，正對風景秀麗的花溪公園和獅山公園，距廣州、佛山僅40分鐘車程，距廣州白雲國際機場及澳門也僅需90分鐘車程，鄰近顺德港，每天有多班輪船往返香港。

酒店擁有200間豪華客房及套間，50平方米的超大空間豪華客房柔美簡約、时尚温馨，私人管家全方位人文關懷。容納1000人的無柱哥頓國際宴會廳及多個規格會議室、多功能廳，随时為您的會議及宴會妥善周到地精心安排。

顺德名厨精心制作的廣東佳肴及地道純正的顺德菜式使您盡情領略。异國風情的萬國料理西餐廳是您品嘗世界各地美食的另一個好去處。SPA水療美體、健身房、露天泳池、網球場、棋牌室、俱樂部、桑拿館和休閑會所也會使您在忙碌的工作之余找到一個激情、愜意的休閑放松場所。

The Golden Hotel is the first five-star luxury hotel in Shunde.Cover 60000 square meters .The hotel is full of the heavy romantic mood of European and the precise meticulous eastern cultures that is the perfect combo of European tradition and new Asian architecture style .

The GoldenHotel is located at the Ronggui avenue .which is on the middle of big Foshan-Shunde-Ronggui area .Facing to the ShiShan Park and the HuaXi Park .The traffic is quite convenient ,only 40 minutes drive to Guangzhou and Foshan city ,only 90 minutes to Guangzhou International Airport and Macao. Adjacent to Shunde Port, it has a lot of boats coming and going between Shunde to HongKong everyday.

The hotel have 200 deluxe guest rooms and suite .50 meters of roomage for luxury rooms super-simple 、 stylish warm ,housekeeper a full range of humanistic care to accommodate. There aren't the post Golden Ballroom and could admit 1000 people it both have all kinds of conference room and multifunctional hall .we will make the proper considerate and careful arrangements for your meetings and banquets at any moment .Shunde famous chefs elaborate Cantonese delicious food and orthodox dishes to make your enjoying.The hotel have SPA、gymnasium outdoor、 swimming pool 、tennis court、 chess card room 、night club and recreation club are which provide a tasteful and an exciting recreation area that guest could fully relax them after busy work.

地址：廣東省佛山市顺德區容桂大道中38號
Address:No .38 Ronggui Avenue,Shunde District,Foshan ,Guangdong
電話 Tel: 86-757-2838 6888　傳真 Fax: 86-757-2838 7608
網址 Website: www.goldenhotelgd.com

顺德首家五星級旅游飯店

顺德嘉信康年花園酒店
JIAXIN CONIFER SHUNDE

顺德嘉信康年花园酒店——康年国际酒店集团与顺德嘉信置业发展有限公司联合致力打造的国际高档休闲商务酒店。

酒店地处佛山市顺德新城区CBD地段，毗邻区政府、顺德会展中心、105国道、广珠轻轨、顺德港码头、新白云机场候机楼，交通便利，距广州市区仅30分钟车程，瞬间直通粤港澳。周边有史努比缤纷世界主题公园、大良新城区大型商业广场、顺德清晖园、宝林寺、李小龙乐园等著名旅游景点。

酒店拥有300多间设计高雅、宽敞舒适的豪华客房及商务套房，别致的客房露台及空中花园景观，让您尽情享受都市中的宁静；花园西餐厅、户外咖啡吧、多功能宴会厅及康乐设施一应俱全，是成功人士商务活动、休闲度假的胜地。

JiaXin Conifer ShunDe is a successful project created by Conifer Hotels & Resorts and JiaXin Realty Development Co. Ltd.

Hotel located at the Central Business District of ShunDe, near by The Government, ShunDe Exhibition Centre, No.105 Highway, ShunDe Ferry and Baiyun Airport Bus Station. The transportation there is extremely convenient. It is only 30 minutes' drive to Guangzhou. It is also surrounded by the Snoopy Theme Park, Large-scale Commercial Plaza, Qinghui Garden, Baolin Temple, Bruce Lee Theme Park etc.

Over 300 superior rooms and grand deluxe suites are designed by famous designers, and rooms have private balconies, sky gardens landscape. Garden Western Restaurant, Outdoor Coffee Bar, Function Rooms, and Health Facilities are inclusive .The hotel is ideally suited for business and leisure travelers.

康年国际酒店集团管理

MANAGED BY CONIFER HOTELS & RESORTS

中国广东省佛山市顺德区大良新城区兴顺路嘉信城市广场一期
Jiaxin Citiplaza,Phase 1,Xingshun Road,The New City,Shunde District,Foshan,China
电话/Tel: 86-757-28988888 传真/Fax: 86-757-22801222
邮编/Post Code: 528300 http://www.jiaxinconiferhotel.com

巴黎半岛酒店

巴黎半岛酒店，坐落于粤东海滨小城——汕尾市的中心地带，地理环境优越，交通便利，与广州、深圳和汕头等周边城市只有2.5到3.5小时车程之隔，是当地首家以国际五星级标准配置及管理的酒店。

酒店优雅舒适的欧式装饰，融入粤东风情传统艺术，经典中尽显特色。酒店由东西两翼及裙楼组成，共有300间客房。其中东翼有132间豪华套房，65～168平方米的行政套房都设有独立的起居室。其余168间客房位于酒店的西翼，房间面积在28平方米以上。高贵典雅的房间装潢，以深褐色和米色为主色调，加上房内配套齐全的设施用品，给人以家外之家的感觉！酒店为VIP客人的到来，准备欢迎茶服务，尽显热情好客的特点。

各具风味特色的中、西、泰、韩餐厅由各地名厨主理，为各方客人烹制美味佳肴。位于酒店十九楼的云顶吧、泰国餐厅和韩国餐厅能一览汕尾的海滨景色，更是用餐洽谈的理想之地。面积在34～408平方米之间的多功能厅，能为会议、酒会、中西式婚宴等提供金碧辉煌的场地，其中408平方米的大厅能同时容纳500多人。

康体中心总面积5000平方米，内设水疗、桑拿、室内恒温游泳池、高尔夫室、足浴房、按摩房、健身室等康体设施，为顾客带来全身心的放松愉悦之旅。

巴黎半岛酒店秉承“服务与质量至上”的管理和服务理念，力求为顾客奉上高星级的服务体验，满足各界人士的需求。

堂

复式套房

会议厅

按摩推拿房

地址：广东省汕尾市城区汕尾大道中段　**邮编：**516600　**电话：**(86)660-3216888　**传真：**(86)660-3293298

E-mail: hotel@parispeninsula.com　Http://www.parispeninsula.com

★ 七十年代中国高层建筑的典范
★ 紧随中国旅游饭店业蓬勃发展的步伐
★ 经历了国有企业改革开放三十年的洗礼
★ 实现了从三星到五星的成功跨越
★ 中国旅游饭店业具有标志性与影响力的酒店
白云宾馆—广东省粤旅集团有限公司属下企业
地址：中国广州市环市东路367号
电话/TEL：(8620) 83333998
图文传真/FAX：(8620) 83336498
网址/WEB SITE:www.baiyun-hotel.com
ADD:367,HUANSHI DONG ROAD,GUANGZHOU,CHIAN
订房电话/BOOKING ROOMS：(8620) 83333998-3128
邮政编码/POST CODE:510065
电子邮箱/E-mail:rmrsvn@baiyun-hotel.com
LA PERLE
丽柏广场

廣東大廈
GUANGDONG HOTEL

廣東大廈

(广州)珠海特区大酒店
ZHUHAI SPECIAL ECONOMIC ZONE HOTEL

N
广州火车站
往機場
天河東站(直通車)
環市中路
锦汉会展中心
越秀公园
广州越天大厦
流花公園
東風西路
市政府
東風中路
中國進出口商品交易會
西朗
地鐵
琶洲

新大地宾馆是按4星级标准装修的时尚精品文化商务酒店，它隶属中国进出口商品交易会，是流花地区唯一办理境外采购商报到的酒店。

酒店地处广州市越秀区站前路，位于繁华流花商圈核心地带。酒店交通便利，5分钟可到达广州火车站、广东省客运站、广州市客运站、流花车站，乘车30分钟可到达广州火车东站、新白云国际机场、交易会琶洲展馆等地。

酒店拥有各类高级客房194间，格调高雅舒适，所有客房均配置多媒体电脑，并提供24小时免费上网。中西餐厅风格迥异、会议厅设备齐全，商务、票务、康乐中心服务周全，新大地宾馆是各界商务客人下榻广州之首选酒店，欢迎您的光临！

New Mainland Hotel is a Business Hotel, which belongs to CHINA IMPORT AND EXPORT FAIR. It is located in the CBD of Liuhua. It is designed and constructed according to the standard of 4-star Hotel. There are 194 well furnished luxurious guest rooms with personal computer and free broadband internet. Chinese and Western Restaurants, Business Center, Meeting-hall, Store, Ticket Office, Recreation center are furnished for all customers.

地址：中国广州市站前路108-122号　108-122 ZHANQIAN ROAD,GUANGZHOU CHINA
ZIP/邮编：CODE:510010　TEL/电话：020-86221638　FAX/传真：020-86221880
Http/网址：www.newmainland.com

广东中旅（集团）有限公司

GUANGDONG CHINA TRAVEL SERVICE (HOLDINGS)LTD.

建国后最早开展入境游、最早投资兴建和管理大型酒店，改革开放后最早开展港澳游和出境游。

中国驰名商标，国家旅游局主办全国国际社百强排名多年广东第一，2007-2008连续两年被评为全国利税十强国际社。

中国旅行社协会副会长、中国中旅集团理事会副会长、广东旅行社行业协会会长、中国道路运输协会常务理事单位。

“全国旅游系统先进集体”、“中国守合同重信用企业”、“中国出境游十大批发商”、“全国文明诚信单位”。

旅游板块

首创“百人徒步穿越罗布泊”，举办“重走长征路 喜愿传中国-纪念长征胜利70周年大型自驾之旅”等活动，引领广东旅游市场。

美国游、台湾游首发组团社之一。省市多家机构公商务旅行指定承办单位。“签证专家”——80多个国家各类签证的老牌代办机构。

“城市预订网”分销商突破1500个，为华南地区网络规模最大、服务最齐全的旅游分销商。

电话：0086-20-83336888400-884-0011（全国统一服务热线）
www.gdcts.com
地址：广州市沿江中路195-197号

汽车板块

广州亚运指定接待单位，拥有300多台高级豪华客车，经营旅游用车、大型会展用车、企业班车，广州至中山、广州至汕头等长途客运线路。

电话：0086-20-86184455/83366638　www.ctsbus.cn
地址：广州市沿江中路195-197号

酒店板块

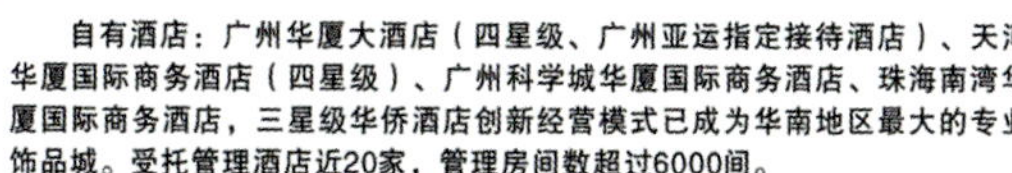

自有酒店：广州华厦大酒店（四星级、广州亚运指定接待酒店）、天河华厦国际商务酒店（四星级）、广州科学城华厦国际商务酒店、珠海南湾华厦国际商务酒店，三星级华侨酒店创新经营模式已成为华南地区最大的专业饰品城。受托管理酒店近20家，管理房间数超过6000间。

电话：0086-20-83355988　www.hotel-landmark.com.cn
地址：广州市海珠广场侨光路8号

景区板块

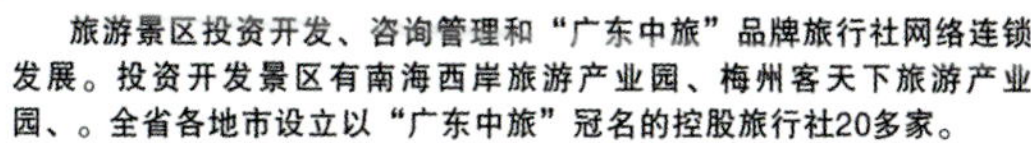

旅游景区投资开发、咨询管理和“广东中旅”品牌旅行社网络连锁发展。投资开发景区有南海西岸旅游产业园、梅州客天下旅游产业园、。全省各地市设立以“广东中旅”冠名的控股旅行社20多家。

电话：0086-20-83356587
地址：广州市沿江中路195-197号

广东天豪大酒店

广东天豪大酒店是一家以“水文化，活水养生、会议”为主题的大型一站式三星级商务休闲酒店，集客房、水疗、保健按摩、中西餐饮、棋牌、美容、茶艺、影院、网吧、康乐为一体。酒店装修富丽堂皇，典雅大气，彰显时尚、高贵。本酒店引进国际先进管理模式，为商务、休闲旅行的您提供“整洁、舒适、安全”的住宿环境。

本酒店位于广州市天河区科韵北路段，北接广园快速干线出口，毗邻天河软件园，南距广州琶州国际会展中心仅5分钟车程，东距广州天河购物中心、体育中心仅10分钟车程，距中信广场、广州车站仅12分钟车程。

客房按四星级标准精心设计，室内空间宽敞、采光、隔音效果佳，拥有六种不同标准的房型：高级单人房、高级双人房、豪华单人房、豪华双人房、豪华套房、豪华商务套房。客房内设国内、国际直拨电话，高清晰数字电视（内含泰星台、欧洲足球台）、宽频上网接口、迷你吧等服务项目（另外，部份客房还配有自动麻将和茶具）。客房内每张床及床上用品都经过精心挑选，无论您是长途旅行还是商务休闲，一经入住，家的感觉将会迎面而来，淋浴、网上冲浪、休息. . . 一切都那么惬意、舒适！

酒店主要服务及配套设施有：水疗、保健按摩、棋牌、美容、网吧、康乐、餐厅、会议室、商务中心、停车场等。本酒店接受国内外各主要银行卡、竭诚为国内外宾客提供尽善尽美的服务

广东天豪大酒店——成功人士商务、休闲、娱乐的殿堂！

地址：广州市天河区棠下棠安路123号　邮编：510665
电话：020-85666668　传真：020-85666375　网址：www.tianhaohotel.com

汕头市 龙湖宾馆

会议中心

汕头市龙湖宾馆是粤东地区首家高星级涉外酒店，也是全国同行业中首家通过ISO-9002国际质量体系认证的酒店。宾馆现拥有豪华客房251间，装修风格各异的宴会厅、中餐厅、西餐厅和大堂酒吧，以及具有现代气息、功能齐全的夜总会、娱乐中心、理疗中心、商务中心、龙湖会议中心等一系列配套设施。宾馆开业二十六年来，以“诚挚、朴实、亲切、热情”的服务风格赢得了海内外宾客的一致赞赏，同时也赢得“全国百家优秀饭店”、“中华餐饮名店”、“广东省先进集体”和“旅游诚信建设示范单位”等一系列荣誉称号。

龙湖宴会厅

客　房

地址：广东省汕头市大北山路2号　电话：0754-88260706　传真：0754-88260708　邮编：515041

特美思大酒店

TEMEISI HOTEL

★★★★

广东省揭阳市特美思大酒店有限公司，座落于揭阳市最繁华的商业金融黄金地带，是目前本地区设备最先进、功能最齐全的大型豪华商务涉外的四星级酒店，于一九九六年一月二十九日开业。

酒店主楼高22层，裙楼高6层占地面积9千平方米，总建筑面积3.2万平方米，酒店拥有豪华客房、商务客房、豪华套房、高级豪华套房及总统套房各类舒适客房约300间/套，大、中、小型会议厅4个，中餐配置有大型宴会厅、豪华包厢，可供848人同时用餐，还有西餐厅、先进的商务配套以及各种康乐休闲设施一应俱全，酒店建设风格独特装饰典雅，各项设施先进完善。是商务洽谈，观光旅游，探亲访友下榻的理想场所。

揭阳特美思大酒店恭候您的光临！

电话：（0663）8223888
传真：（0663）8221999
网址：Www.jytms.Com
邮编：522000

0663-8223888 地址：广东省揭阳市东山区马牙路与建阳路交汇处

肇庆星湖俱乐部皇朝酒店

肇庆星湖俱乐部皇朝酒店位于肇庆市中心，往返市区各旅游景点与肇庆高尔夫球会只需20余分钟，往火车站或客运码头也只需10分钟，酒店一侧可眺望七星岩湖光秀色，紧邻繁华大道及七星岩牌坊。

肇庆星湖俱乐部皇朝酒店是市内最高档豪华的大型现代化综合酒店之一。酒店楼高六层，占地面积27000平方米，总建筑面积逾60000平方米。

肇庆星湖俱乐部皇朝酒店拥有330间套，精美舒适的客房、夏威夷设计的户外泳池、荟萃中外美食的新君悦鱼翅海鲜酒楼和凯旋门西餐厅、粤西地区最豪华的无柱式千人多功能会议厅、以及多种娱乐、消闲设施。客房内宽带上网端口免费使用。大堂吧、大堂、会议室免费提供无线上网信号。理论上网速均可达10M以上。

肇庆星湖俱乐部皇朝酒店的管理和服务人员均通过专业培训，时刻秉承着“宾客至上，服务第一”的服务宗旨，为宾客提供高水平的服务，令宾客永远感到真正是尊贵身份，宾至如归。皇朝酒店实行现代化专业管理，使用先进完善的电脑化管理、保安、结账及消防监控系统，确保宾客在酒店内安全、舒适、便捷。

地址：广东省肇庆市端州五路九号　电话：0758-2238238
网址：www.dynastyhotel.cn　邮箱：dynastyhotel@21cn.net

佛山市禅之旅国际旅行社有限公司
地址：佛山市禅城区佛山大道北169号
电话：0757-82963080　邮编：528000

广东省沙头角林场梧桐山宾馆
地址：深圳市盐田区梧桐路2002号
电话：25550844　邮编：518081

深圳市海韵国际旅行社有限公司
地址：深圳市南山区蛇口港客运站一楼
电话：0755-26864543　邮编：518067

广东农垦燕岭大厦有限公司
广东绿色国际旅行社
地址：广州市天河区燕岭路29号燕岭大厦
电话：37232053　邮编：510507

广州海运集团海星旅游公司
地址：广州市海珠区江南大道中218号4楼4D室
电话：020-84102918　邮编：510245

广东熊猫国际旅行社有限公司
地址：广州市越秀区东风中路363号国信大厦6楼
电话：83557913　邮编：510000

广州市长洲旅行社有限公司
地址：广州市黄浦区长洲军校路160号
电话：82204220　邮编：510700

深圳市中国旅行社有限公司

公司规模：深圳市中国旅行社有限公司成立于1983年，是深圳成立特区后经营历史最长、经营规模最大的专业旅行社之一。公司注册资本1677万元，隶属于深圳市中旅（集团）有限公司，具有独立法人资格，2002年经国家旅游局批准获取出境游组团资格。

主营业务：以旅游为主业，经营国内、出境、入境旅游业务。代订国内、港澳国际酒店，代办旅游探亲签证、国内及国际机票业务。

"游·你做主"，本公司将进一步提高旅游服务质量，为四方游客提供热情、周到、优质的服务。

地址：深圳市人民南路3023号中旅大厦六楼　公司电话：400779699

增城市安达国际旅行社

何必舍近求远，美景就在身边：榄园竹海，红荔飘香，休闲绿道，增江画廊…骑着自行车徜徉其间，悠然自得，神清气爽。荔乡仙境—增城，绝对是您回归自然，放松心身，亲子互动的休闲胜地。

"接待热心、安排精心、服务贴心、旅程开心"
增城市安达国际旅行社全体同仁，热忱期待您的光临。

联系电话：020-82663392　传真：020-82663391

CTS **港中旅（广东）国际旅行社有限公**

港中旅（广东）国际旅行社有限公司是经国家旅游局批准经营的国际旅社，注册资本5000万元人民币，主营入境游、国内游和中国公民出境游业务兼营旅游客运服务，承办各类专项培训、商务考察、会议、参观学习活动。

我公司作为中旅总社华南区域公司，以广州为基地，统筹经营管理广东广西、福建、海南四省范围内各项业务。同时依托港中旅集团在华南地区完的旅游产业链和丰富的旅行社网点布局，力争经过不懈努力，在三年内成为东地区竞争实力最强、品牌信誉最好、顾客认知度最高的综合性大型旅行社

地址：广州市越秀区中山五路219号中旅商业城2单元2301房、3单元2301房2302房、3A单元2301房、2302房、5单元2301房
电话：020-83279811　传真：020-83279988

深圳市国丰旅业娱乐有限公司国丰大酒店

地址：深圳市福田区福华路2066号
电话：0755-83371888　邮编：518033

深圳市白鹭旅行社有限公司
地址：深圳市福田区燕南路5号豪宫大厦7B
电话：0755-83658960　　邮编：518031

广州市汇粤国际旅行社有限公司
地址：广州市东风中路268号广州交易广场1904室
电话：83197050　　邮编：510030

珠海度假村酒店有限公司珠海国际度假旅行社
地址：珠海市情侣南路428号九洲港大厦一楼
电话：3263000　　邮编：519015

黄埔军校旧址纪念馆
地址：广州市黄埔长洲岛
电话：82201082　　邮编：510715

广东风光国际旅行社有限公司
地址：广州市沿江中路195号沿江大厦23楼
电话：020-83331538　　邮编：510115

广州携程国际旅行社有限公司
地址：广州市体育东路116-118号财富广场
电话：83936393　　邮编：510620

广州市山海天旅行社有限公司
地址：广州市花都区新华街天贵路60号
电话：36809999　　邮编：510800

广东永安国际旅行社有限公司
地址：广州市西湖路99号民政大厦三楼303房
电话：83368388　　邮编：510030

佛山市和平旅行社有限公司
地址：佛山市禅城区市东下路39号之三首层、二层
电话：86128800　　邮编：528000

佛山市金之旅旅行社有限公司
地址：佛山市南海区佛山机场路口中恒金都酒店内
电话：0757-85538888　　邮编：528231

广州阳光假日旅行社有限公司
地址：广州市东风东路836号东峻广场1503室
电话：28821002　　邮编：510080

广州市全球风行国际旅行社有限公司
地址：广州市寺右新马路108号丰伟大厦25A-1房
电话：62349348　　邮编：510060

广州市中国旅行社
地址：广州市广园中路211号A2栋3楼
电话：86382165　　邮编：510405

广州欢畅旅行社有限公司
地址：番禺市桥德兴路278号
电话：34613000　　邮编：511400

广州丽都大酒店
地址：广州市北京路182号
电话：83321988　　邮编：510115

广东和平国际旅行社有限公司
地址：广州市经济技术开发区青年路105号铺
电话：61223808　　邮编：510060